U0510186

中国社会科学院
老年科研基金资助

中国社会科学院老学者文库

明清农业经济发展变化与启迪（1368—1911）

江泰新　苏金玉 ◎ 著

中国社会科学出版社

图书在版编目（CIP）数据

明清农业经济发展变化与启迪：1368—1911／江泰新，苏金玉著．—北京：中国社会科学出版社，2022.8

（中国社会科学院老学者文库）

ISBN 978 – 7 – 5227 – 0753 – 2

Ⅰ.①明…　Ⅱ.①江…②苏…　Ⅲ.①农业经济史—中国—1368 – 1911　Ⅳ.①F329.048

中国版本图书馆 CIP 数据核字（2022）第 142627 号

出 版 人	赵剑英
责任编辑	王　曦　李斯佳
责任校对	王佳玉
责任印制	戴　宽

出　　版	中国社会科学出版社
社　　址	北京鼓楼西大街甲 158 号
邮　　编	100720
网　　址	http://www.csspw.cn
发 行 部	010 – 84083685
门 市 部	010 – 84029450
经　　销	新华书店及其他书店

印刷装订	北京君升印刷有限公司
版　　次	2022 年 8 月第 1 版
印　　次	2022 年 8 月第 1 次印刷

开　　本	710×1000　1/16
印　　张	53.25
插　　页	2
字　　数	906 千字
定　　价	288.00 元

凡购买中国社会科学出版社图书,如有质量问题请与本社营销中心联系调换
电话:010 – 84083683
版权所有　侵权必究

前　言

　　写一部《明清农业经济发展变化与启迪》，是我们几十年的夙愿，也是时代的需求。

　　农业的重要性是大家所熟悉的问题，明太祖朱元璋说："军国之费，所资不少，皆出于民；若使之不得尽力田亩，则国家资用，何所赖焉。"① 清圣祖认为"国之大计在农"。② 其中对粮食问题重要性的论述就很多：洪武二十七年，朱元璋还说："比年以来，时岁颇丰，民庶给足，田里皆安。"③ 又如谚语云：手中有粮心不慌；吃饭问题是天下第一大问题；民以食为天；家中不可一日无粮，三日无粮闹饥荒；等等，讲的虽然是粮食问题，但指的都是农业经济发展的重要性，是民生的第一大问题。尤其是新人口政策提出后，今后人口增速必然加快，随着人口增加，对粮食需求也会增多。这需要决策者提前做好安排，加大农业生产投入的同时，统筹安排好粮食用地及经济作物用地需求，确保新增人口口粮问题。这是大事，切不可掉以轻心。

　　在封建社会里，农业是国民经济的基础产业，人们食的、穿的、用的都取之于农业；国家财政收入亦取之于农业，取之于商税部分很少；封建地主的地租亦取之农业。农业安置了全国百分之九十以上的人口，为国家富强、人民安居乐业奠定物质基础，并形成文化发展的动力。就现在而言，农业仍是国家的基础产业，是人民日常口粮主要来源，是国家重要战略物资，是国家粮食安全的堡垒，受到政府资助和保护。习近平总书记说："保

---

① 《明洪武实录》卷 16。
② 《清圣祖实录》卷 6。
③ 《明洪武实录》卷 232。

障粮食安全对中国来说是永恒的课题,任何时候都不能放松"①。农业不是可有可无的问题,而是任何时候都不能放松的大问题,尤其是粮食生产,是重中之重,任何时候都要作为政府重点工作来抓,不可有半点松懈。从明清农业经济发展研究中,总结出经验和教训,对今天发展农业经济仍然有重要的现实意义。

由于农业生产的重要性,向来为学术界所重视。加上明清时期已进入封建社会晚期,出现了许多新的经济因素,因此这一时期的农业经济问题就特别引人关注。"明清时期农业经济发展"这一课题,也就成为学术界关注的热点、重点,研究者特多,成果也特多。

从我们接触到的资料看,目前有关明清时期农业经济研究的成果以及所涉及的领域有:①垦荒及垦荒政策研究,以及耕地面积问题讨论;②区域农业及省地农业经济研究;③经济作物种植和发展;④高产作物引进与推广,以及耕作制度改革;⑤农田水利事业的变化;⑥农业科学技术的发展;⑦粮食作物生产商品化;⑧地区农业垦殖与生态变化;⑨明清时期的军屯,以及官田民田化;⑩农村市场的发展;⑪明清时期的土地买卖;⑫明清农业雇工;⑬明清时期的农业资本主义萌芽的发展;⑭明清时期灾害对农业经济的影响;⑮国家粮价政策及国家粮食安全;⑯农业与家庭手工业结合问题;⑰有关明清时期的农业资料书的出版。可谓成果丰硕。虽然这个时期成果十分丰富,但却缺乏一部对农业经济发展变化进行较为系统、较为全面的总结,并在此基础上进行经验总结的著作,这是令人遗憾,也令人痛心的。这也是推动我们写作《明清农业经济发展变化与启迪》一书的动力。

农史研究,应包括经济关系的总和,也就是说包括生产力和生产关系两大部分。过去的农史著作以生产力为主体,很少或者说根本没有涉及人与人之间的生产关系论述,这类著作如果称为农史的话,不如称为农业技术史更为确切,因为它缺少另外一部分,这是以前农史研究中遗留下来的欠缺,不能反映出农史发展变化的整体面貌。在人们认识逐渐深化的情况下,原来的农史写法。已经不能满足人们探求农史发展变化的需求,写一部更为全面的农史,已成学术界的迫切愿望。在顺应历史潮流要求下,我

---

① 　王炳林、赵军主编:《中国共产党治国理政历史经验研究——咨询报告集萃(2017)》,人民出版社 2017 年版,第 280 页。

们希望写出一部既包括生产力，又包括生产关系的农史，摆脱过去农史著作重生产力、轻生产关系的倾向，还农史原本的面貌。

我们为什么想写这样的一部书呢？原因有三个。

第一是总结历史经验与教训。总结明清农业经济发展过程中有什么经验可以吸取，有什么教训值得借鉴，使后人在发展农业经济时少走弯路，减少摸着石头过河过程中摸索的时间，节约改革的成本；总结市场经济对农业经济发展的影响，做好对农民的引导，减少农民发展经济过程中的盲目性。同时，维护好市场秩序，保障农民利益；弄清明清农业经济发展与不发展的深层次原因，使我们从历史经验中明白土地资源配置的重要性，以及应如何安排好土地资源，做到既能保证口粮供给，又能满足社会发展不断提升的要求，使农民在多种经营中获得更多收益，让广大农民走向共同富裕道路。

第二是嘱托与承诺。缘由是我和陈树平由厦门大学毕业分配到经济研究所后，按照研究室安排，我们俩师从李文治先生。第一次与李先生见面时，先生给我们的任务是先做资料工作，分工是：树平侧重搞明清农业生产力资料，泰新侧重搞明清时期土地问题资料。任务安排好后，先生就向我们提出：在掌握资料基础上，先做专题研究，最后，希望你俩共同合作，写出一部"明清农业经济发展史"。我们俩一直铭记着李公的教导和嘱托。以后，我俩研究课题一直朝着这一目标前进。20 世纪 80 年代末 90 年代初，我曾经着手写作这个问题，但没有坚持下来。暂停写作原因是那时还上班，把精力都放到承担国家社科基金课题和研究室的集体课题上，加上树平调离经济所，分身乏术，无法兼顾。退休后又承担了国家重大课题"清史"中"漕运篇"写作。该课题完成后，又承担中国社会科学院老干部局资助的课题"清代地权分配研究"。不过资料收集工作一直没有停断。此课题2013 年年底已完成，现在身体还健康，还有精力来做这项工作；加上树平主编的《明清农业史资料》已经出版，有关生产力方面的资料较为完备，应该说已是水到渠成之时。于是就又把写此书的想法提到日程上来。写这样一部书，既是完成李公的嘱托，又是完成我的承诺。中国人从来有一诺千金的好传统，我应该践约，不能辜负导师、同事对我的期望。

第三是责任心。泱泱中华大国，缺乏一部较为全面、较为系统总结明清农业经济发展变化与启迪的著作，在过去来说，是情有可原的。因涉及面太广，时间又长，问题又多，一时难以厘清，这是可以理解的。中华人民共和国成立七十多年来，经数代学者努力，各类专题著作不断涌现，为写好这样一部著作，已提供了必要的前提条件，我们这些后来者，如果不把这项任务承担起来，就对不起时代所授予的职责。正因为如此，写好这样一部书，对我们这一代人来说，负有承前启后之责，做好这件事，是责无旁贷的，应努力去担当。这是我们面对时代要求所作出的回应，或者说是响亮的回答。

本书要写什么？

农业，从广义来说包括农、林、牧、副、渔五业。本文所指农业是指狭义的农业，即指种植业这一部分，因为它是五业之首，所占的比重最大，从业人口最多，其产品既是人民生活的主要源泉，又是国家财政收入主要来源，是民富国强的主要经济支柱，是社会稳定的基石。民以食为天，民不可一日无粮，自然成为关注重点。但在论述过程中，也会涉及林、牧、副、渔各业，但主要着眼于农村副业的角度，另因篇幅关系，往往是点到为止，只能是挂一漏万，不作为重点论述。这是要事先申明的一点。

本课题涉及内容包括明清时期垦荒、边疆海岛农业区扩大；官田、民田占有及官田民田化；人口发展与农业；农业生产技术的发展（含水利建设、低产田改造、耕作制度变化、高产作物推广及引进、优良品种培育、施肥技术、农具改良、经济作物扩大、自然灾害对农业影响等）；小农经济发展，含家庭手工业发展、经济作物收益；关注政府政策措施及生产关系对生产力发展变化影响，如政府赋税改革、地租形态演变及农民自主经营能力增强、佃农经济实力增强、地主经济发展与变化、庶民地主的扩大、身份自由的农业雇工发展，农业资本主义萌芽发生；关注市场经济发展与变化，对农业经济的影响；关注明清农业经济破坏。本书在写作过程中，花了较多篇幅来探讨农业生产结构的调整，如包括经济作物种植，家庭手工业发展以及生产关系调整。我们认为这是必要的，因为产品结构调整，以及新生产关系萌发，对明清农业发展起到拉动作用。如果忽视了这一点，对明清农业经济发展也就很难说清楚。

该课题的主要突破点有七个方面：第一，学术界曾有一种意见认为，明清时期农业经济停滞不前，本书想弄清楚这个问题，给学术界一个交代；第二，揭示封建社会晚期农业经济发展的新变化；第三，农业人口变化对农业生产影响问题，这点以往在农业经济史研究中涉及较少，现在应给予关注和重视；第四，探讨市场与农业经济发展关系；第五，弄清明清时期农业经济发展与不发展的原因，为今后国家经济发展提供历史借鉴；第六，政府对粮地减少的担忧；第七，写出一部较为全面、较为系统的明清农业经济史，弥补农史研究之不足。过去，人们写农史重生产力发展与变化，轻生产关系发展与变化，这样的农史所提供的认识只是农业生产的一个侧面，而不是农史的全部。本书将生产力和生产关系放到一起来写，试图让人们阅读该书时能获得农业史全貌，改变农史研究长期以来偏重一端的状况。

本书第一个且最重要的创新是：把人口发展变化与土地资源开发利用紧密结合起来，始终关注人在生产活动中的作用。以前人们研究农业生产时，把主要精力放在耕地面积垦拓，耕牛、籽种、肥料投入，水利开发，高产作物传播，耕作制度改革，经济作物发展以及新生产关系发生等问题上，而对人口发展变化、农业经济发展变化，很少与人口变动联系在一起进行研究，这是令人遗憾之事。农业生产应包括土地资源和人力资源两大部分，谁也离不开谁。如果只有人，而没有土地资源，正如再巧的家庭主妇也难为无米之炊；如果只有土地资源，而没有人去耕种，再肥腴的土地也长不出庄稼，耕地就会变成荒地一块。只有人力资源和土地资源相结合，才能创造出财富，满足人们各种需求。在农史研究中，只谈土地资源一块，不谈人力资源，实际上是缺少一半，而且是更重要的一半。这种情况必须得到改正，不能再让其长期延续下去了。

第二个创新是：提出要稳妥地改造小农经济，使之适合社会化大生产发展的需求。小农经济以一家一户为经济单位，长江以南农户占有耕地面积一般只有几亩至十几二十亩，达到三十亩便属于地主阶层了；北方农户占有耕地面积多些，多者可达几十亩，但其亩产量很低，也只能保持温饱。很难为社会发展提供更多产品，满足社会不断发展的需求；同时，小农经济很脆弱，经不起天灾人祸的袭击，一遇天灾人祸，往往就有一部分家庭走向破产道路，或成为佃农，或成为流民。这些无家可归的流民成了社会动荡不安的火种，严重威胁社会稳定和安全。当小农经济发展成为社会大生产障碍时，政府要积极努力创造条件，使个体农业经济逐渐纳入社会化生产大潮中，为社会经济持续发展开创新途径。"小农经济万岁论"不符合社会发展大方向，但小农经济改造必须稳步进行，在保证农民增收情况下，向大农业迈进。如果在这个程中，破坏农民切身经济利益，就会破坏农业经济现阶段发展，从而影响社会安定，增加改革成本。就是说：前进目标要坚定,但步骤要稳妥,在做好现阶段工作同时,不断促使新因素产生,使新的因素不断得到积累,朝着前进目标不断迈进,做到尽量减少社会变革成本。我们要承认经济发展阶段论,但又不能唯阶段论,不能把阶段绝对化,一定要做好在前一阶段积累为向后一阶段过渡创造条件,为迎接下一阶段到来做好准备。事物发展是承前启后的,而不是绝对化的,更不能以阶段论为借口,把事物发展凝固化,当然也要禁忌拔苗助长,造成改革成本增加。这里最重要的是要掌握好"度",或者说"时机",在时机成熟时,积极做好引导工作,使小农经济改造得以顺利进行。使农业生产在保障国家粮食安全的同时,不断提供更多更丰富的农产品,满足国家需求使人民获得更多、更安全的口福。使农业生产发展与国家需求得到统一,使农民走向合作化康庄大道,走向共同富裕。

第三个创新是:扩大农史研究对象,把生产关系和生产力捆绑在一起进行探讨。在本书研究过程中,始终坚持历史唯物史观,以实事求是的精神去分析、认知每个历史事件,在继承前人研究成果的基础上,求创新、求发展。在研究方法上,本书力求多样化,在不同问题上,采用不同研究方法,使问题认识更深化,更具说服力。本书写作目的在于:努力为人们提供一个更符合明清农业经济发展的历史认识以及可供人们吸取的经验和教训,为今后农业经济持续发展做出贡献。

研究明清农业经济发展史,既具有重要历史意义,又具有不可忽视的现实意义。从中国封建经济发展与不发展角度来考察,关键在农业;而农业发展与不发展,关键在土地资源占有是否均衡。土地资源绝大部分为自耕农和半自耕农占有时,农业生产发展,农村繁荣,农民致富。但随着农业经济发展与变化,打破了农民占有绝大多数土地、地主只占少量土地的格局,即土地资源大部分或绝大部分为少数官僚、地主占有时,社会经济就会朝贫富两极分化的道路越走越远,大多数农民便会失去土地,走向贫困化道路。这时,农业经济发展势头就被打断并走向衰退,而社会也随之走向动荡不安。土地资源占有是否均衡,成为明清农业发展或不发展的瓶颈,也成为封建社会发展或动乱的最深层原因,或者说是分水岭。土地是农民衣食源泉,是社会安定稳定器,如何处理好农民手中耕地问题,对当前社会经济发展与社会稳定仍然具有重大意义。对历史经验加以总结和提炼,可以使我们在借鉴中,建立新的对策,减少或避免转型之中的经济成本和社会代价。

写好这部书,我们有信心。首先,在这之前,我所做的工作有:完成了二百多万字的《明清土地问题》资料书的初稿；其次，完成相关著作有：《中国地主制经济论——封建土地关系发展与变化》（与李文治先生合著），本书明清部分由我完成；《中国经济通史·清代经济卷》中"土地的垦拓"和"土地分配篇"由我写作；《清代地权分配研究》；《论清代土地关系的新变化》等著作。最后，理论上的准备，经过长期探索，对问题看法已趋成熟，或者说胸有成竹。也就是说，无论在理论准备上，还是在资料准备上，我都做了较充分的准备。另一条件是，我的合作者非常敬业，非常认真，工作努力，对按时、按质、高标准完成任务提供保证。我想我们是有条件把这部书写好的。

目　　录

绪　　论

一　在封建社会时期中国农业经济发展受地主制经济体制制约[1]

中国封建社会农业经济的发展，受地主制经济体制发展变化的制约，这是中国封建社会的特点。在封建社会长河中，中国农业经济呈现出螺旋式发展现象，每个王朝前期得到发展，到王朝后期又衰落下去，但每个后来的王朝又比前个主朝有所发展，这种既发展又不发展的现象，其根源在于受地主制经济体制发展变化的制约。因此在探讨明清农业经济发展史之前，探讨地主制经济体制如何在中国社会经济中发挥作用，是十分重要的。因为这是纲，纲起则目张也。

中国封建社会是一个农业大国，百分之九十以上老百姓都以农业为生，农业是他们赖以生存的经济基础，离开农业，他们的生产生活就会陷入困境，这是中国传统社会最大的国情。在中国传统社会中，土地问题又是农业生产中的最大问题。土地所有权问题则是农业发展变化中的核心所在，也是农业、农村、农民经济生活中的关键所在。

春秋战国时期，中国传统社会经历了一次经济体制变革时期，由西周时期的领主制经济体制向地主制经济体制过渡，经过几百年的发展与变动，到秦汉时期，地主制经济体制得以确立。废井田，"民得买卖"，开创了中国经济运行的新纪元。

地主制经济体制是以地主经济为核心，包括国有经济、自耕农经济、佃农经济、手工业经济、商业经济在内的多种经济成分构成，是多元化的

---

[1]　本小节写作参考李文治、江太新《中国地主制经济论——封建土地关系发展与变化》，中国社会科学出版社 2005 年版；江太新：《三农与市场——以明清经济发展为例》，《中国经济史研究》2005 年第 4 期。

经济体制。其中小农经济（包括自耕农经济和佃农经济）是地主制经济的基础。当地主经济无限扩张时，地主制经济体制下的多种经济成分之间的平衡关系就会被打破，自耕农经济会受到极大的打击而衰败下去，广大自耕农便沦落为佃农，或地主的依附农，或雇工人。佃农经济因受自耕农破产的挤压，原来的佃农中有相当部分受到排挤而沦落为流民，主佃之间的依附关系随着小农经济破坏而得到强化，整个农民阶层社会地位在下降。与此同时，手工业者也因小农经济破产，产品找不到出路而改行或倒闭。这时地主制经济体制就会发生倒退，甚至逆转。不甘心破产、没落的小农和手工业者就会为争取曾经有过的经济利益进行抗争，一场以农民和手工业者为主体的声势浩大的农民战争爆发了。在伟大的农民战争洗涤下，地主经济遭到严重破坏，土地又回到农民手中，这时地主制经济体制又回到正常轨道上，各种经济成分之间的利益暂时得到平衡。当土地回到农民手中后，劳动生产者的积极性又会得到巨大发挥，社会经济又会在新一轮经济关系中得到恢复和发展，人民生活富足，社会安定，国家财政收入充裕，国力强大，整个社会又呈现出繁荣昌盛、欣欣向荣景象。

经过一场巨大的农民战争洗礼后，地主阶级遭到巨大打击，有的地主在战争中丧命，或被当地农民所镇压，有的地主在逃亡中死于沟壑。在整个过程中，地主阶级势力遭到极大削弱，而农民阶级力量却得到空前提升，农民阶级和地主阶级之间的力量发生巨大变化。在农村两大阶级力量发生巨大变化的情况下，农民纷纷摆脱地主的压迫和剥削，身份地位获得空前提高。新王朝建立之后，为了安定社会秩序，恢复破败的经济，采取一系列措施，如在稳定社会安定方面，首要任务是把农民安附在土地上，提出耕者有其田，鼓励农民垦荒；在恢复发展生产方面，提出免税年限，给垦民耕牛籽种，兴修水利，灾年免除部分田赋，或给赈济，抑制地主对土地的兼并，清肃吏治；等等。这时，小农经济在较为宽松的社会经济条件下得到恢复和发展，整个社会经济在小农经济拉动下也由破败走向恢复，走向发展，走向繁荣，处处呈现欣欣向荣景象，人民生活走向富裕，社会走向和谐共处，市场走向繁荣，国家走向富强。与此同时，封建依附关系在不断削弱，农民身份地位不断提高。然而，这一切变化都受到地主制经济体制发展变化的影响和约束。

在封建社会时期，西欧实行的是庄园制经济体制，而中国实行的是地主制经济体制。由于两者实行的经济体制不同，故运行规则有巨大差别，从而中国封建经济带有自己鲜明的特点，或说具有中国特色的封建经济。这种经济体制比西欧经济体制更优越，更能促进社会经济发展。下文讨论它们之间主要差别的表现。

（一）地权体现形式不同

中国地主制经济体制下，土地为私人所有，可以买卖，地权分配状况变动无常。一般情况下，在一个封建王朝前期，经过农民战争或长期战乱之后，旧有的土地关系被打破，地权趋向分散，小土地所有制占据绝对比重；到中后期，经过土地买卖兼并，地权走向集中，地主大量出现，其中就有由农民发展起来的中小庶民地主。总之，中国地主制经济不是严格等级所有制，从而反映出土地制度灵活性。这时一个地主田庄只是一个经济实体，在政治上要受地方政权的直接统治。西欧领主制则不同，土地是由国王按等级分封的，基本不能买卖，产权由领主长子世袭，是严格的等级所有制。等级与阶级是一致的。等级是阶级差别的一种形式，阶级差别是按人的等级划分固定下来的。每个人的等级地位不变，阶级地位也固定不变，是一种僵化的土地制度。在这种条件下，一个封建领主庄园不只是一个经济实体，也是一个政治实体。由此，体现出两者地权形式的差异性。

（二）土地经营方式不同

中国封建地主采取租佃制方式经营土地，将土地分成一小块一小块出租给农民耕种，地主通过收取实物地租或货币地租对佃农进行超经济剥削，以侵蚀佃农剩余劳动。但农民为地主生产实物地租的同时，也为自己生产所需产品。因此农民生产时，无论是在时间上还是在空间上都是统一的，农民有更多可供自己支配的时间从事其他经济活动。西欧庄园主则不然，他们采取的是农奴制经营方式，将庄园土地分为两部分，一是份地，一是领地。领地是为满足领主生活所需的那部分土地，份地是分给农民耕种的那部分土地。领主直领地由领种份地农民进行耕种，农民每周要用几天时间耕种直领地，剩下时间才能耕种自己的份地，农民以劳役地租形式为领主提供地租。农民在耕种份地或直领地时，无论在时间上还是在空间上都是分开的，这就决定了他们难得有更多时间发展个人经济。

（三）封建依附关系的差异

西欧领主制是指由一个封建领主所占有的土地，其产权是永恒不变的，土地遂具有主人的阶位；土地像封建领主的非有机体，封建依附关系遂构成封建地权的一种固有属性。在该封建主剥削下的农民，遂也世代相传，对封建领主具有强烈的人身隶属关系，这种农民实际上是近乎奴隶地位的农奴。中国地主制经济则不然，由于产权经常变动，尊卑贵贱等级关系不是同土地产权连生的，租佃农虽由于佃种土地与地主发生人身依附关系，但对封建地权来说它是外加的，土地主权可脱离人身依附关系而独立存在，就是说人身依附关系不是地权的固有属性。正是由于这种关系，人身依附关系的强弱可因地主权势的大小和有无而不同，如地主具有官僚身份，封建依附关系可以强化；如果是一般庶民地主，封建依附关系可以相对削弱。尤其值得关注的是，人身依附关系的强弱时期可因历史时期而不同，在地主权势嚣张的时代，封建关系可以强化；在地主制经济正常运转时期又是一种情况，如某些历史时期，社会上一度出现过严格等级关系，但这种严格等级制度难以长期持续，在整个地主制经济时代不占主导地位，经过一个时期的持续，最终又退出历史舞台，进入正常运转轨道。总的发展趋势是在整个封建时代，人身依附关系总是由强到弱，最后趋向松解，这时租佃农对地主只有单纯的纳租义务关系。但人身依附关系无论发生什么变化，地主占有租佃农大部分剩余劳动并未改变，从而整个地主制经济时代的封建社会性质也不会改变。

（四）与市场联系差异

在整个封建时代，中国在地主制经济体制下，占人口总数百分之九十的农民家庭都属于小农经济，其特点为耕地面积小、家庭人口规模小。中国传统社会家庭人口构成为"八口之家"，根据清代获鹿县烟户册统计，一般家庭以四五口为多，也有十几口大家庭，但为数不多。中国家庭结构特点是：子壮分家，所以一般家庭以夫妇为主体，与几个未成年孩子生活在一起，成婚的孩子则另立家室，家庭规模都不大，劳动力也不多。另外，不论自耕农也好，佃农也好，他们的耕地面积都不大。据当代人研究，南方耕种稻田，一个劳动力只能耕种 10 亩地，多了则要请帮工或出租。北方耕种的是旱地，一个劳动力可耕种 20 亩地或更多，因此耕地面积会大些，一般小农家庭不会超过百亩，但单位面积产量要比南方低许多。地主虽然占有较多土地，大地主甚至多至几万亩，但他们都将土地分成小块出租给农民耕种，自营部分很小甚至根本不自营。这样构成的家庭只能以粮食生产为主，很单一。在生活资料方面，农家除粮食、蔬菜外，如食盐、油脂、酱、醋等，穿戴方面的衣服、帽子、头巾等，盖的被子、挂的蚊帐，求神祭祖的香、纸、蜡烛等；生产上所需的农具如犁、耙、锄头、铁铣、铁搭、镰刀等，肥料中的饼肥、石灰、骨肥等，这一切都得通过市场获得。鲁仕骥谈到江西新城十八都情况时说，其村落大者不过百余家，小者十数户而已，以樵以耕，仅谋衣食，稍能自给。"其日用之所需竹木、陶埴、插釜、甑醯、盐酱之属，皆资给于余里之市廛"①。另由于耕地面积小、家庭人口结构小，一个家庭无法进行多种经营，除粮食能自给或半自给外，其他生产生活资料都得依靠市场提供。离开市场，这些以家庭为经济核算单位的农民家庭连简单再生产都无法进行。为了满足家庭生产生活需要，农家把部分粮食或手工制品送到市场出售，换成货币后，再从市场购回所需生产生活资料，实现再生产有序进行；地主则把收取的粮食送到市场出售，换取货币，以供各种消费。在地主制经济体制下，农民、地主、手工业者、商人、官僚等都与市场发生千丝万缕的联系。从这个角度来说，中国封建社会是自给自足自然经济是一种误解，地主制经济本质上是市场经济，不是自给自足自然经济。如果一定要把小农经济与自给自足经济联系起来，这种自给自足是通过市场交换来实现的，与自然经济下自己生产满足自己日常所需的自给自足有本质差别，不可混为一谈。西欧领主制经济体制则不同，每个庄园占地面积都很大，而且人口众多，庄园内的劳动者与庄园主有强烈人身依附关系。另外因为土地辽阔，有利于进行多种作物种植以及林、牧、渔副业发展，生产各种生活资料和原料，满足庄园食用所需；因为人口众多，有利于分工，如铁匠、金银匠、皮鞋匠、马鞍匠、旋工、大车工、刀剑匠、成衣匠、制酒人、制面包人等，生产庄园日用所需甚至武器所需；因为庄园内劳动者与庄园主有强烈人身依附关系，他们不能自由迁移，不能改变工种。所以分工可以固定不变，不易导致内部供应链的断裂。因此，庄园内部的生产可以做到保证内部使用价值的自给自足，无须依赖市场补充，这种不与市场发生联系的封闭式的自给自足，才是真正意义上的自然经济。从上述情况看，中国封建经济与市场联系更密切，更依赖市场。

从以上论述看，可以得出这样的认识：首先中国封建经济发展与变化，受地主制经济体制所制约；其次，农业经济发展或不发展与市场关系密切。

---

① 鲁仕骥：《山木居王外集》卷3，《十八都义仓记》。转见傅衣凌《明清社会经济史论文集》，中华书局2008年版，第347—348页。

二　对明清农业经济发展史中几个理论问题的思考

在研究历史过程中，由于学者经历不同，看问题角度不同，对同一问题往往有不同看法，这是很正常的现象。正因为对问题有不同看法，才推动研究工作不断深化，不断创新，不断向前发展，在求同存异过程中得出规律性的共同认识。不同认识的碰撞，是促进研究工作发展最有效的途径。要做到这一点，首先要求社会科学研究者，既要有一叶见秋之灵感性，又要防止一叶障目之盲目性。学者要具备这种科学眼光，就必须脚踏实地，努力把握更多、更丰富的资料，并认真分析资料，分清主次、从属关系；同时树立历史唯物史观，把握事物发展的总体规律，具备较为深厚的基础知识和比较扎实的理论根底。其次是学习、引进人类先进科学知识，坚持实事求是精神，吸取精华，扬弃或抵制历史虚无主义糟粕。尊崇历史，按历史唯物史观办事，这是社会科学工作者应有态度。学者具备了这两种品质，做出来的研究成果才更有科学性，于国于民更有意义。如果把历史当作一个小姑娘，爱怎么打扮就怎么打扮，到头来只会搬起石头砸自己的脚。戏弄历史的人，最终将被历史抛弃。

在这种认识指导下，我想在开始写这本书之前，就学术界对明清农业经济发展研究中存在的几个问题，谈一些粗浅认识，有不当或不妥之处，或谬误之处，敬请方家斧正和批评，使谬误不致误导后人。

（一）地主制经济体制发展变化对明清两代农业经济影响

封建经济运行模式是多元化的，既有西方的庄园制运行模式，又有中国的地主制经济运行模式。过去学者研究中国封建经济运行模式时，多采用庄园制模式，但由于这种经济运行模式与中国国情不合，出现水土不服现象而被扬弃。在20世纪三四十年代中国封建经济性质大辩证中，王亚南先生率先提出："中国的封建制是以地主经济为它的特点"[①]。后来，经过中国学者几代人努力，这种认识得到确立，从而打破了西方封建经济一统论，为有中国特色的封建经济论奠定理论基础。从而地主制经济论成为破解中国封建经济发展变化的利器。

---

① 王亚南：《王亚南文集》卷4，《中国地主经济封建制度论纲》，福建教育出版社1988年版，第68页，谓："如其说，西欧各国社会的封建制是以领主经济为它的特点，则中国的封建制是以地主经济为它的特点"。

中国地主制经济体制，是以自耕农半自农经济为主体，地主经济为指导的多种经济成分共存的经济体制。当其正常运行时，自耕农和半自耕农经济占统治地位，其余各种经济成分（如地主经济、手工业经济、商业经济等）得到协同发展。当地主制经济运行偏离正常轨道时，地主经济得到快速发展，并从从属地位上升到统治地位；自耕农和半自耕农经济则逐渐萎缩，从统治地位下降到从属地位；其余经济成分在地主经济压迫和剥削下，逐渐衰落下去，从事手工业者或从事商业者，以致失业。地主制经济体制运行方式如何影响封建经济发展与衰落呢？试以元、明、清三代为例，加以阐述。

元代，权贵地主获得很大发展，加上南宋时期保留下来数量众多的豪强地主，这时呈现出地权高度集中态势，大量自耕农和半自耕农破产，沦落为权贵地主的依附农，或缙绅地主的荫户，或一般地主的佃户。不论是依附农还是荫户，他们的身份地位都在下降，人身依附关系在加强。在经济方面，不论是自耕农还是佃农，所受压迫、剥削都在加重。这时，地主制经济运行超越了正常运行轨道，农业滞后，农村经济破产，农民贫困化，农民起义不断，社会动荡不安，社会经济发展出现了衰落和倒退现象。①

元末明初农民大起义，对元朝权贵及缙绅地主进行强有力的打击，贵族、官僚、豪绅地主死的死，逃的逃，地主的权势在衰落，原来的依附农也好，荫户也好，佃户也好，他们当中绝大多数都摆脱了地主的压迫和剥削，在明初出现大量荒地的情况下，许许多多农民通过垦荒获得了土地产权。李文治先生说："从元末农民大起义对封建土地关系的冲击及明太祖打击豪强、招民垦荒给为永业及所制定的赋役政策等方面考察，在一个相当长的时期内，农民小土地所有制广泛存在，是无容置疑的。"他以地权一向集中的苏州府为例，通过对洪武三年苏州府征收田赋数据考察入手，指出"无论如何估计，这时苏州府地主所有制所占耕地不会超过一半以上，农民小土地所有制占着相当大的比重，苏州府地权分配如此，其他地区可想而知"。② 从当时情况考察，明代初期有百分之八九十的土地为农民所占有，

---

①　参见李文治、江太新《中国地主制经济论——封建土地关系发展与变化》，中国社会科学出版社 2005 年版，第六章。

②　李文治：《明清时代封建土地关系的松解》，中国社会科学出版社 1993 年版，第 74—75 页。

地主占有土地在百分之十左右。明前期小土地所有者占有耕地仍不少于百分之八十。

在农民所有制占据统治地位情况下，自耕农的数量极大增加，农民社会地位也在上升。在法律地位上，自耕农与地主同属于庶民阶层，与地主同处于一个等级上。佃农与地主之间的依附关系在松解，佃户见地主只施以少长之礼而已，如果是同族佃户，还免去这种约束，只按辈分高低行事。① 这时地主制经济又摆脱了畸形发展道路，回到正常运行轨道上来。农民生产积极性得到很大发挥，农业经济由衰落到恢复，从恢复到发展，从发展到兴盛。这时，明代经济又呈现出一个繁荣期。在社会经济发展推动下，嘉靖、万历年间，在中国社会经济内部萌发了新型的经营方式，亦即以雇佣身份自由的工人经营土地方式，替代土地出租经营方式。即同一农场主以雇用多个人身自由的农民进行土地经营的方式，进行农业生产。这种生产方式，人们称之为"农业资本主义萌芽"。到明后期，随着地主制经济发展，朱明王朝的权贵大量掠夺土地，缙绅也乘机兼并土地，也有自耕农为了逃避赋役负担而投靠官僚。这时，绝大部分土地又从自耕农和半自耕农手中转移到地主手中，为地主所占有，地主经济获得迅速发展。地主经济从明初从属地位上升到统治地位，农民所有制则从明初统治地位下降为从属地位，许许多多自耕农沦落为佃户，有的成了流民。这时地主制经济体制又偏离了正常运行轨道，这些沦落的佃户深受权贵地主和缙绅地主的压迫和剥削，封建依附关系加深，农民生产积极性受到抑制。加上"三饷"并收，赋役繁重，农民纷纷离开土地，抛弃原有家园，走上背井离乡之路。土地无人耕种，农业生产下降，农业经济由繁荣逐渐走向衰落，以致整个社会经济出现萧条状态。由农业经济发展拉动起来的市场经济，由于自耕农和半自耕农大量破产，供求关系出现断裂，市场经济又由发展到萎缩，手工业产品由于找不到出路，厂家倒闭，整个社会经济处于衰落状态。加上明末清初长期战乱，明中叶发展起来的农业资本主义经营方式遭到严重摧残。权贵地主和缙绅地主的强大，极大地阻碍了农业生产的发展，成了社会经济发展的桎梏。最后，朱明王朝在农民战争打击下，没落下去。

明末清初经历了长达半个世纪之久的战乱，朱明王朝被推翻了，明代发展起来的权贵地主和缙绅地主在农民战争扫荡下衰败下去，广大农民在

---

① 《太祖洪武实录》卷73。

土地大量荒芜情况下，在清政府垦荒政策鼓励下，通过垦荒获得了土地产权，百分之八九十的农民回到自耕农队伍中，摆脱原来地主阶级的压迫和剥削，自耕农队伍得到迅速壮大。清初，内务府庄田和王府庄田，虽然使用带有农奴性质的壮丁从事农业生产劳动，个别地区也还保留有佃仆制，但从全国而言是很少的一部分，而且从乾隆朝起，庄田已废除壮丁生产制，并采取一般租佃制度经营，将土地出租给农民耕种。至于佃仆制，清政府曾经三令五申予以废除，因此对整个社会经济而言影响并不大。清代前期的社会经济，是在地主制经济体制正常运行的轨道下得到发展。在自耕农和半自耕农大量存在情况下，农业经济由破坏走上重建，从衰落走向发展，从发展走向繁荣，农村经济摆脱了萧条的阴影。在农民收入增加、对市场需求增多情况下，整个社会呈现出：商品经济得到蓬勃发展，市场繁荣；赋税易完，国库充盈；社会稳定，人民安居乐业，耕读结合，人才辈出大好局面。从而，整个社会经济再次呈现出朝气蓬勃的发展景象，出现了中国封建社会最后一个繁荣期，史称"康乾盛世"。新的生产关系在持续发展过程中获得新生。这时，庶民地主规模在扩大，富裕农民，其中包括富裕佃农在发展，自由雇佣劳动在壮大，同住共食，尔我相称，身份平等雇工队伍，也在新的历史条件下获得发展。乾隆中期以后，由于土地兼并日趋激烈，地主经济得到发展和膨胀，失去土地的自耕农数量日趋增加，占地规模日趋缩减。清前期占有土地百分之八九十的农民所有制，到清后期已下降到次要地位，地主占有的土地从清中期前的百分之十左右，上升到百分之五六十。农民所有制统治地位，让位于地主土地所有制。在清代中后期，地主剥削佃农情况始终占据统治地位。在贫富两极分化加剧情况下，地主制经济体制成了社会经济发展的绊脚石。社会经济又呈现由盛而衰、走下坡路的状态。由于地主制经济体制具有很大灵活性和坚韧性，新生的生产关系萌芽得到发展同时，又很难突破其躯壳。要求经济得到持续发展，摧毁旧有的经济体制，成为清朝最为迫切的社会问题。在地主制经济体制下，明清两代社会经济发展经历了由衰败到繁荣，又由繁荣到衰落的螺旋式发展的历史过程。

从宋、元、明、清改朝换代的历史考察来看，各个王朝兴衰具体之道虽有不同，但在土地资源占有关系变化上，却是一致的。当土地资源绝大部分为农民所占有时，自耕农和半自耕农大量存在，他们通过辛勤劳动，可以获得丰衣足食。或者说：饭能果腹，身上有衣穿，脚下有鞋穿；上能交纳赋税，下能培养子弟入学读书；婚丧喜庆、礼尚往来，不用借债。总括起来一句话：基本生活能得到有效保障。或者说，这时地主阶级户均占有土地数量虽然较多，但从整体来看，占地比重并不太大，地权占有较为均衡，贫富差别并不十分明显，两极分化控制在一定范围内，民间没有贫富隔阂。以清代前期来说，如江苏《吴江县志》载："闻之康熙雍正间，国家极盛之时也。闾阎百物充溢，米石仅千文，士大夫家宴宾客用钱数百而品物已具，工匠饩廪人日数十钱而已。其时不以贫富相耀。"① 陕西户县情况是："康熙盛时，兵革之息，农桑渐复。至乾隆时，又为有清全盛之期……人烟辐辏，庐舍鱼鳞，各村充塞，俱不能容，村外环集，殆无隙地，家给人足，是知礼义"。② 这时社会稳定和谐，经济发展，市场繁荣。由于农民家庭收入改善，一方面体现政府赋税收入增多，另一方面体现农民对市场需求也日益旺盛，这时整个国家出现一片欣欣向荣景象：民富国强，市场繁荣，农民生活安稳，社会安宁，人与人之间和睦相处，友好相待；人民与政府之间和谐共处。整个社会处于政通人和态势。当地主制经济体制偏离正常运行轨道时，社会财富占有就会失去昔日平衡。土地资源向地主一极大量集中的结果，使广大农民失去土地，或沦落为佃农，或沦落为流民，社会出现明显两极分化：出现"朱门酒肉臭，路有冻死骨"景象。这时，由于自耕农大量消失，国家财政收入减少，国库空虚。政府为了增加财政收入，加重对农民掠夺，以致农民贫困化，需求减少，市场进入萧条期，整个社会经济处于恶性循环之中，社会走向衰落。广大大民群众为了活下去，抗租抗税斗争层出不穷，甚至寻求革命手段，打破这种资源占有不均衡状态，以推动资源占有更加合理、更加均衡，使社会在新的经济基础上重新走向发展道路。

历史经验告诉我们，在社会经济发展过程中，政府要根据不同历史时期出现的经济问题以及不同经济发展阶段，不断调整各阶层在不同经济发展阶段的经济利益关系，使社会变革及社会发展带来的相应红利获得合理、公平享受，使各个阶层对生产资料占有保持均衡态势，使社会资源为广大人民群众造福。实现资源共享，把两极分化控制在一定范围内，是社会和谐共处的基础，这一基础不可动摇，失去这个基础，社会就会出现裂

---

① 光绪《吴江县续志》卷 19《人物四·行谊》。
② 民国《户县志·风俗》。

缝甚至崩塌。这是中国历史发展留给后代的最为珍贵的财富，也是最有价值的历史启示。关注到这一点，具有十分重大的意义，是使大家走向共同富裕道路的重要途径。吸取经验和教训，为今后社会发展提供借鉴和启迪。

（二）政府政策对农业发展影响

在研究这个问题时，我们既要看到政府政策对农业发展起到推动、引导的作用，也要看到政府政策对农业发展起到抑制和破坏的作用。对这种现象进行认真分析，对认识不同时期农业发展所呈现的阶段性十分有好处，同时对如何保持农业持续发展，具有重要借鉴和启迪之功。

1. 垦荒政策

明初及清初，由于长期战乱，人们或死或逃，造成土地严重荒芜。人与地分离情况普遍存在，如何使人力资源与土地资源再度结合，需要政府政策来引导。经过长期战乱，人民陷于极度贫困之中，既无耕牛，又无种子，如何去垦荒？政府不给予支持，垦荒就无从谈起；垦荒需要花时间、花工本，如何制定升科年限就是一个问题，规定不合理，农民就不愿回归土地，他们认为未得利而先受害，这不是他们想要做的；又如垦复土地归谁所有问题得不到解决，刚刚垦复好的土地，又落入所谓原业主手里，这就会造成农民观望不前；如果垦荒过程中，政府不能严厉打击向垦民敲诈勒索的官吏，垦民也会畏缩不前。诸如此类问题，如果不能及时得到解决，土地就无法得到迅速垦复，农民不能回归土地上，社会秩序就很难得到稳定。同时，由于土地迟迟得不到垦复，田赋增加就如同画饼，国家财政就会长期陷于困境。所以，一个系统的、全面的、以关注农民切身利益又兼顾政府切身利益的垦荒政策的制定，就成为推动明初、清初农业走向恢复和发展的动力。由于明初、清初政府充分理解这些存在问题对垦荒的重要性，政府在较短时间内出台较完善的垦政，引导农民回归土地。① 以使明初、清初农业得到较快恢复和发展，为明代、清代前期的繁荣奠定厚实物质基础。

---

① 明代垦荒政策参见郭厚安《明实录经济资料选编》，中国社会科学出版社 1989 年版，《垦荒》第 403—415 页。清代垦荒政策参见江太新《清初土地垦荒情况与清政府的垦荒政策》，载方行、经君健、魏金玉主编《中国经济通史·清代经济卷》（上），中国社会科学出版社 2007 年版，第 24—60 页。

2. 赋役制度改革

明、清两代田赋改革，对两代社会经济发展起到好作用。明初田赋征收以实物为主，正统年间，将"浙江、江西、湖广、南直隶不通航楫之处，各种土产，折收布绢白金，赴京充俸"①，定"粮四石，收银一两解京"②规定。南畿、浙江、江西、湖广、福建、广东、广西米麦共四百余万石，折银一百余万两，解入内承运库，称为"金花银"。明万历九年"一条鞭法"出台，减轻农民赋役负担，使"有粮无地者得以脱虎口矣"。③ 就国家而言，万历十年"太仓粟可支十年，周寺积，金至四百余万"，④ 一改正德、嘉靖虚耗。

清康熙五十五年，广东将丁银"就各县地亩摊征，每地银一两，摊丁银一钱六厘四毫不等"⑤。此后，各省纷纷效法，将丁银摊入地亩，或将丁银摊入地粮。同时，清政府又着手解决"火耗"充公问题，并对"火耗"征收做了重新规定，一般一两银子收一二钱，比以前有所减轻。⑥ 摊丁入地后，除山东、河南、江苏、安徽、江西、湖北、湖南七省漕粮征收地的田赋以缴纳粮食外，无漕粮各省区的田赋以征收银两为准。由于明清两代随着赋役折银普遍推行，由征收实物改为征收货币，农民为缴纳货币，不一定必须生产粮食作物了，而可以根据自己经营的土地情况扩大商品性农业作物生产。农户根据市场需求情况，种植产量高、收益好的农作物。这一政策调整的另一结果，使农民获得了更多迁徙的自由，对山区开发和经济作物发展，起到推动作用。故明清两代，棉、麻、桑、蔗、烟、兰靛、果蔬等经济作物，得到很大发展。

3. 健全社会保障制度

加强社会保障制度建设，有助于自耕农延续。明清两代政府为了防灾抗灾，都设有常平仓、社仓等，对遇到自然灾害袭击的农民，实施社会救济，如蠲免赋役，出粜常平谷或出借社仓米谷，截漕赈济，设粥厂或按大、

---

① 《明正统实录》卷21。

② 《明史》卷78《食货》。

③ 万历《沧州志》卷3《田赋》。

④ 《明史纪事本末》。

⑤ 王庆云：《石渠余记》卷3，《纪丁随地起》。

⑥ 转见李文治、江太新《中国地主制经济论——封建土地关系发展与变化》，中国社会科学出版社2005年版，第361页。

小发米赈济，以工代赈，对失去房屋者，政府发银助建，对出卖儿女者，政府出钱代赎等措施，帮自耕农渡过灾荒，免于家破人亡并有助灾后经济恢复与发展。但当政府进入中后期后，由于吏治腐败，常平仓、社仓储粮受到严重侵腐，加上政府后期财政短缺，社会救济功能丧失，自耕农孤立无援，于是加速没落。①

4. 抑制土地兼并政策

明初、清初两代政府实施抑制地主兼并土地政策。如洪武四年三月，朱元璋谕中书省臣曰："今临濠之田，连疆接壤，耕者亦宜验其丁力，计亩给之，使贫者有所资，富者不得兼并。若兼并之徒多占田以为己业，而转令贫民佃种者，罪之"。② 顺治元年，政府定"不许带田投献"③ 令。顺治二年，政府对兼并土地者采取严厉措施：对"凡包衣大等新收投充汉人，于本分产业外，要行搜取，又较原给园地册内所载人丁有浮冒者，它衣大处死不赦"④。顺治十七年，政府严厉推行"各省奏销案"，拖欠钱粮严重的山东、浙江、福建、广东、江西、陕西、江南（江苏、安徽）都卷入此案中。在政府严厉打击下，"一时人皆落胆"⑤。"当日多弃田而逃者，以得脱为者"⑥。给兼并者以沉重打击。

明清政府到中后期，由社会经济发展，地主经济势力日益壮大，明清两代政府前期维护自耕农政策，逐渐受到地主阶级挤压，两代政府制定政策时，屁股不再坐在维护农民利益这边，而为地主兼并土地打开方便之门。由于明、清两代政府在中后期没能管控好各阶层经济发展不均衡情况，使地主经济得以不断发展，小农经济则不断萎缩，社会经济贫富两极分化，国家赖以生存的经济基础遭到破坏，财政收入亏空，农民赋税负担加重，尤其明末"三饷"并收，清后期漕粮征收加重，以及清季战争赔款转嫁到田赋上，增加了农民经济负担，严重破坏农业生产。农民抗粮斗争不止，

---

① 郭厚安：《农业·四灾荒·赈恤·蠲免》，载《明实录经济资料选编》，中国社会科学出版社1989年版；江太新：《对顺康雍乾时期扶农政策的考察》，《中国经济史研究》2007年第3期。

② 《太祖洪武实录》卷62。

③ 康熙《大清会典》卷23《户部·户田》。

④ 《清世祖实录》卷13。

⑤ 曾羽王：《乙酉笔记》。

⑥ 叶梦珠：《阅世编》卷6，《赋税》。

社会动荡不安。

在封建社会里，政府政策措施，如果偏离地主制经济体制正常运行轨道，也就是说，政府制定政策背离了绝大多数人利益，背离了广大人民群众走共同富裕道路的大方向，而向地主经济倾斜，这种政策必将导致广大农民破产，导致社会经济衰落，最终也断送王朝自身命运。王朝更替事实，说明政府对随时管控好、处理好各阶层经济利益均衡发展具有不可推卸责任。这点为后人制定政策提供宝贵的经验，不容忽视。

（三）垦荒与生态问题

由于明清两代人口急剧增长，为了满足新生人口对口粮的需求，除对因战乱或因灾害造成的荒地进行复垦以外，还对山区、湖区、沙洲、边疆地区、海岛等进行大规模的垦拓。人们为了能够生存下去，垦荒成了当时最便捷、最经济、最直接的选择。但由于缺乏总体规划，乱垦乱伐，其结果是带来严重的生态失衡，给社会经济发展造成严重灾难。如开山造田会致森林面积锐减。有的地方原来森林茂密，经过垦拓后，已成童秃；有的山区因植被破坏，造成水土流失，而成不毛之地。另，由于森林植被破坏，山洪暴发，失去阻挡能力，造成山下河流因沙石淤积，而造成河水断流；山下良田因沙石淤积，成乱石滩，而无法耕种。有的湖泊经围垸之后，湖区容纳水的面积大为缩小，洪水一来，无所容纳，漫浸成灾，往往造成田园、家产被水冲毁，财产受到巨大损失；有的垸田阻挡水流出路，大水一发，田禾尽毁，多年经营的心血付之流水。由于没有顾及发展与环境之间和谐发展的关系，造成了生态失衡，影响到地区经济持续发展。这是后人应当吸取的历史教训。但明清时期生产技术水平还较低，通过提高生产技术提高农田产量，还做不到满足人口急剧增长的粮食需求。根据现代学者研究，要养活一个人，平均需要四亩耕地，而从乾隆二十七年（1762），全国人口激增至2亿，到道光十四年（1834），全国人口突破了4亿大关。如果不去垦荒，这些新增人口的口粮就没办法得到解决，大量的新增人口只能活活饿死。在当时来说，出现了两难选择，一是选择垦荒，扩大耕地面积，满足新增人口的粮食需求；二是放弃垦荒，那就意味着把大量新增人口推向死亡线上。在科学技术还不发展的古代社会，放弃垦荒这一选择是不明智的，或说是行不通的。这是当时的历史实际，是不依人们主观意志为转移的。如果离开当时历史实际，指责这些拓殖者，那是历史虚无主义。今天，我们回过头来总结这段历史时期的经验，不要用今天眼光来衡量历史，苛求前人，而必须遵循历史唯物主义的精神，进行实事求是的分析。这不是为了指责前人的得失，而是从总结历史的经验和教训中，得出有益的启示，使我们今后在前进道路上不重蹈覆辙，让我们今天发展经济的同时，使经济发展和环境保护协调起来，使经济和环境都能得到持续发展，把我们的家园建设成"青山常在，清水长流，空气常新"[1] 的良好生态环境，并使我国的经济得到持续发展。

其实，明清两代政府在保护生态问题方面，并不是毫无作为。如永乐年间，四川嘉定州，"手植松柏过千株，今乔木阴森"[2]。正统十一年九月，巡抚直隶工部左侍郎周忱奏："近者富豪之家，筑成圩田，排遏湖水。每遇水涨，患即及民，宜悉平之"。英宗"从之"。[3] 明万历年间，陈璘出守南澳，买了松苗四万、杉苗三万有奇，令种于福建漳州卫、广东潮州卫各山头。[4] 天启崇祯年间，浙江开化县，"民间惟栽杉木为生"[5]。到清政府时，这一认识进一步得到深化，乾隆时期，政府对围垸就有重要指示，并有执行的措施，规定凡阻碍洪水去路的围垸，不论是新修还是旧有，都一律刨废，不准重建。对过度开发造成水土流失严重山区，要弃耕还林。同时严禁将塘池陂泽改垦为田，要求官吏每年进行查勘，间一两年奏报一次查勘情况。[6] 有文章认为清政府对保护生态环境毫无认识[7]，这恐怕不是事实，是误解。造成原因：一是可能对资料掌握不全，二是为"创新"而掩盖事实。史家应尽量对研究课题作更多了解，不要因赶潮流、抢热门而仓促上阵，应脚踏实地，做好文章，尽量避免误导后人，为社会积聚更多正能量。彭雨新先生认为："山区开发固然造成了植被破坏和水土流失，但是，广被山区的甘薯、玉米，正给绿色植被以年年翻新；同时，山区梯田的开发方式，在一定斜度（如 25 度）以内开沟作垄，可使水土流失减至最低限度。

---

① 中共中央宣传部：《习近平总书记系列重要讲话读本（2016 年版）》，学习出版社、人民出版社 2016 年版，第 233 页。

② 嘉定《乐山县志》卷 7。

③ 《英宗正统实录》卷 145。

④ 陈璘：《南澳山种树记》，见顺治《潮州府志》卷 12。

⑤ 崇祯《开化县志》，见雍正《浙江通志》卷 106。

⑥ 江太新：《论清代前期土地垦拓对社会经济发展的影响》，《中国经济史研究》1996 年第 1 期。

⑦ 蓝勇：《乾嘉垦殖对四川农业生态和社会发展影响初探》，《中国农史》1993 年第 1 期。其他文章对此类问题亦有论述，这里不一一列举。

并不是一有山区开发，下游必定成灾。而且，下游之所以成灾，也有多种原因，未可一概而论"。①

（四）关于农业发展动力问题

有关农业生产发展的动力问题。这是一个系统工程，如耕地面积的扩大、耕地的改良、耕作制度的改革、生产技术的提高、种子的改良、高产作物的引进和推广、农田水利的兴修及灌溉面积的扩大、肥料质量提高和施肥技术改进、农业生产工具发展等，都为农业发展提供动力，但在古代科学技术水平较低情况下，对农业发展至关重要的动力，是劳动力的投入以及农民生产积极性的发挥。缺少劳动力的投入，缺乏农业生产积极性的发挥，缺失生产方式的变化，就不可能出现中国封建社会的繁荣与发展。

农业生产要发展，其一是解决好和处理好劳动力资源与土地资源相结合问题。土地资源再丰富，土质再肥沃，如果不与劳动力相结合，只不过是荒地一块而已，茅草丛生、野兽出没，不会长出粮食，也不会生产出财富；同时，如果农业劳动力资源不与土地资源相结合，劳动力资源再丰富也无用武之地，也创造不出财富来。如何解决好、处理好劳动力资源与土地资源相结合，这是每个封建王朝首先要处理好的问题。"驱农归田"是历代王朝首要国策，如招徕政策、移民安置政策、军屯政策等。当劳动力回归土地后，要处理好防止劳动力再次与土地分离问题。如果出现大批劳动力背井离乡，又会出现土地复荒问题。如何安排好、处理好农村劳动力去留以及留多少问题，对保障农业生产发展，至今仍有重要现实意义。

其二是如何调动农民生产积极性。明清时期，农民生产积极性发挥，受到地主制经济发展与变化的制约。当地主制经济沿着正常轨道运行时，一方面自耕农队伍壮大，另一方面主佃之间关系松解，农民获得更多自由支配生产和自身劳动力安排权力，这种情况存在，有利于调动农民生产积极性的发挥。但当地主制经济偏离正常运行轨道时，社会就会出现严重的土地兼并现象，权贵地主通过奏请或强夺方式取得大量的土地，缙绅地主则通过投靠或强买掠取大量土地。大肆兼并土地的结果，造成大量自耕农的破产，从而沦落为地主的荫户或佃户。人身依附关系加强，生产自主性和时空利用都受到挤压，同时，所受剥削压迫加重，农民生产积极性受到极大压抑，在耕作过程中或怠工，或偷工减料。自耕农由于受剥削加重，

① 彭雨新：《清代土地开垦史》，中国农业出版社 1990 年版，第 150 页。

无力购买肥料，无力兴修水利。投入减少，使生产减收，以致走向破产之路。农民为摆脱政府苛重赋役剥削和地主压迫和剥削，往往弃地而逃亡，造成劳动力与劳动对象分离，使农业经济发展受到破坏或衰落。

农民生产积极性提高，与政府对农民扶持、保护密切相连，或者说与当时社会保障制度完善程度有关。当农民遇到水旱等自然灾害时，政府能否采取各种措施，如减轻赋税负担、发粮赈济、以工代赈、平抑粮价、资助水利兴修、资助失去房屋灾民建房等，使农民增强抗灾和发展生产信心，使农民不会轻弃其乡，以致颠沛流离，或客死他乡，造成劳动力减员。

其三是关注农业技术发展与更新。在关注到人的主观能动性对社会经济发展的作用的同时，必须关注科学技术的发展。科学技术发展是社会经济发展的巨大推动力，这点是不容否认的。不重视科学技术创新，死死抱住祖宗传下来的那点农业技术，就不能做到弯道超越，摆脱不了低产窠巢。前人在如何提高水利建设技术、做好耕作制度改革、大力推广高产作物种植、发展经济作物、重视种子改良、提高施肥技术等方面，给后人做出了榜样。这种创新精神，对当今农业生产发展都有积极的启迪意义。

其四是农田经营方式改革。如一田二主或三主经营方式出现，自由雇工经营发展，为农业生产发展开拓了新途径，等等。

讨论明清农业生产力发展时，不要看到一牛一犁一贯制情况，就否定明清时期农业的发展。生产工具改革，对提高农业生产力会起到很大作用，这是不容否定的。但仅仅是提高农业生产力其中的一个组成部分，不能因生产工具改革滞后而否定明清农业经济发展。其实，就一牛一犁情况而言，其本身也在发展，并不是一成不变。明清时期，用钢包犁头，使犁更锋利、更耐用，这本身就是一个发展。因此，仅仅拿一牛一犁一贯制来否定明清时期农业发展，恐怕有失严谨。切勿忘记：农业生产发展是由一个综合性指标来确定的。

同时还要看一牛一犁耕作方式是否适合当时当地耕作需要，如果适合当时当地生产发展需要，这种生产方式还是合理的、有生命的。生产工具的发展，往往是与生产经营方式联系在一起的。中国传统社会是以一家一户为经营单位。据当代学者研究，五口之家的农户，在南方水田耕作区，所能耕种的面积，一般在十亩左右，而且这十亩土地，往往又不连成片，东一块、西一块，每块耕地又分割得很小，大的三五亩，小的只有几分，甚至几厘而已，尤其是山区梯田耕种面积既小，又不规则，有的农户耕种的几亩地,分散在几处,有的相隔几里之遥。在这种经营方式下,一牛一犁耕种方式给农户带来很大的便利。同时犁经过改良以后,已可以适应深耕细作的要求。在这种生产条件制约下,牛耕的普遍使用及延续有其历史的必然性。今天中国地处山区的农田耕作的生产工具仍然是一牛一犁,在农民生产积极性极大提高和科学技术发展结合下,水稻的亩产由过去的几百斤上升到千斤,北方的谷子亩产由以前几十斤、多者百来斤,而今亩产可达几百斤甚至千斤。由此可见,生产工具虽然重要,但不是唯一的,在研究过程中,我们不能只看生产工具是否有发展,而要利用综合指标来衡量。在讨论这个问题时,一定要记住两点:一是人的能动作用,一是不要忘记农业生产发展是一个系统工程,需要从各个角度、各个层面来探讨,摆脱唯工具论束缚。

(五) 对明清时期农业发展的估价

用什么指标来衡量明清时期农业生产水平呢?过去大多数学者都是以粮食平均亩产的高低衡量农业生产发展指标,所以学者都从这个角度来探讨。从这个角度出发,有学者认为宋代是中国农业生产发展的顶峰,也有学者认为明清时期是顶峰,也有人认为清一代是农业生产停滞时期。

应该怎样来看待这一问题,我们认为应该从两个方面入手:一是从粮食亩产入手,因为粮食亩产是生产过程中诸多因素的综合体现,应该说是情理之中之事;二是从生产关系变化入手,探讨旧经济体制内有没有新的经济因素产生。新经济因素产生是推动旧有经济变革的动力,是社会经济向前发展的曙光。新经济因素产生是社会经济前进的表现,应给予恰当估计。如果能把这两个问题说清楚,这个问题大概可以得到解决。

为什么首先从粮食亩产谈这个问题呢?因为亩产量是生产过程中诸种因素结合的产物,是综合性的指标。通过粮食亩产可以反映出水利兴修及农田灌溉面积情况,土地改良、耕作制度改革、农业耕作技术变化、种子改良、高产作物引进和推广情况、肥料质量和施肥技术,也可以反映农民生产积极性情况。根据吴慧先生研究:按照当今市亩、市斤计算,战国中后期粮食亩产为 216 斤;秦汉时期粮食亩产为 264 斤;东晋南朝时期,粮食亩产为 257.6 斤;北朝时期,粮食亩产为 257 斤;唐代粮食亩产为 334 斤,比汉时增长 26.6%;宋代粮食亩产为 309 斤,比汉时增长 17%;元代粮食亩产为 338 斤,比汉时增长 28%;明代粮食亩产为 346 斤,比汉时增长

31.9%；清代粮食亩产为 367 斤，比汉时增长 39.01%。① 如果按照上述数据，明代与宋代作比较的话，明代粮食亩产要比宋代增长 12%；如果清代与宋代作比较的话，清代粮食亩产要比宋代增长 18.8%。从吴慧先生研究成果看，除东晋、南北朝时期亩产略低于秦汉外，唐以后情况是：粮食亩产是一个朝代比一个朝代增加，并没有出现宋代亩产比其后面几个朝代亩产都高现象，也没有出现清代停滞状况，反而出现宋代亩产低于唐代情况。可见，宋代粮食亩产既不是空前的，更不是绝后的。再如，根据罗贯一先生研究，两宋稻谷的产量平均每亩为 2.2 石，折合市斤为 286 斤，谷子每亩产量为 1 石，每石合市秤为 130 斤。如宋代全国平均亩产约 131.1 市斤，元代全国亩产平均为 187.5 市斤，比宋代高 42.87%；明代为 297.6 市斤；清代"即以粮食生产为例，单位面积产量与农业劳动生产率两个主要指标，都达到了明时的最高水平"。② 如果这个数据有参考价值的话，元代以及明清时期粮食亩产都要超过宋代。如果以《宋史》提供的 39 个粮食亩产事例为依据进行考察的话，其中一个事例缺乏具体数据，略去不计，剩下 38 个事例有具体数量可循。在统计中，凡 2—3 石者，本文按 2.5 石计数，或 3—4 石者，按 3.5 石计算，其余照此类推。根据 38 个事例统计，平均粮食亩产约 2.1 石，每石按 92.4 斤计算，约合每亩产量为 195 斤。③ 清代粮食亩产研究中，各家数据不尽相同，据史志宏先生最新研究成果显示：顺治十八年（1661）平均亩产为 285 市斤，康熙二十四年（1685）平均亩产为 266 市斤，雍正二年（1724）平均亩产为 281 市斤，乾隆三十一年（1766）为 310 市斤，嘉庆十七年（1812）平均亩产为 326 市斤，光绪十三年（1887）平均亩产为 310 斤，宣统三年（1911）为 295 市斤。如果把这几个年份亩产爬平拉均，得平均亩产为 292 市斤。④ 这是估计较高的例子。本书写作过程中，采用了以估计数最低的一家作为对照数，这样做，可能会比较客观一点。据郭松义先生在《中国经济通史·清代经济卷》统计，全国

---

① 吴慧：《中国历代粮食亩产研究》，中国农业出版社 1985 年版，第 194 页。

② 罗贯一：《中国农业经济史》，中国社会科学出版社 1989 年版，第 620、694、752、851 页。

③ 漆侠主编：《宋史》，上海人民出版社 1987 年版，第 135—137 页。

④ 史志宏：《清代农业生产指标的估计》，《中国经济史研究》2015 年第 5 期，第 12 页表 5。

20 个省平均，清代粮食亩产约为 238.7 斤。① 这个数据与宋史数据比较的话，有清一代粮食平均亩产要比宋代高出 43.7 斤，也就是说清代粮食亩产要比宋代高出 22.4%。这个事例也说明清代粮食亩产并不是停滞不前，而是有所提高。如果这些统计资料基本符合历史实际的话，说明宋代以后，中国粮食亩产是逐步在提高。这是一个最直观、最明了的事实，这个估计可能更符合生产力发展的规律。

明清时期，生产关系发生剧烈的变化，如自耕农与政府之间的关系在松解，农民除了向政府缴纳赋税外，其余没有什么联系，农民活动的空间和时间都不受限制；佃农与地主之间关系松弛化，在日常生活中，佃户见田主只行子侄之礼即可，但这只是宗法关系中长幼关系而已，摆脱了律法上奴仆地位；雇工人身份地位亦发生变化，万历以前短工已获得人身自由，他们可以自由地出卖自己的劳动力，万历十六年，政府把这一事实写入条律，以法律的形式固定下来，这又使更多短工获得出卖劳动力的自由。乾隆五十三年，清政府又规定，一般农户所雇请的长工不管有没有签订文契，或时间长短，只要在日常生活中，彼此之间"尔我相称"、同食共住，其身份与凡人等，摆脱了"雇工人"的身份地位，获得了自由出卖劳动力的权利，使自由雇工的队伍更加扩大；庶民地主扩大以及雇工经营的发展，使中国封建社会内部孕育了新的生产关系萌芽。同时一田多主制发展，使土地所有制关系发生新的变化，一种以合股经营土地所有制在形成，打破了一块土地只有一个投资者的格局，从而形成一块土地多人投资新格局。这种社会关系新的变化，是明清以前所没有的，它是封建社会晚期所具有的特征，是社会经济发展的必然结果。这种新的生产关系的发生，对明清农业生产发展起到推动作用。

历史的发展有时也会出现暂时的倒退，但与整个历史长河相比，他毕竟是短期的。社会发展的总趋势是：后浪推前浪，一浪高过一浪，后者在前者基础上向前迈进。明清时期是中国封建社会晚期，也是中国封建社会经济发展到最高峰的时期。鸦片战争以后，在帝国主义掠夺、封建政府压迫、地主阶级剥削下，也就是说在三座大山压榨下，中国封建经济呈现出衰落景象。从此，中国人民走向反压迫、反剥削、争取民族独立、争取国

---

① 方行、经君健、魏金玉主编：《中国经济通史·清代经济卷》上册，第384—385 页。

家富强的新的斗争历程。

（六）封建社会地租率问题

国内某些学者认为：中国过去"实际地租率则只有单位面积产量30%样子，或略多一点，而不是一向所说的50%"①。还认为"租佃制在农村本是一种'资金运作'方式"②。在此基础上，进一步提出中国历史上的土地制度是否应称为"地主土地所有制"③ 的质疑。美籍华人学者赵冈甚至直截了当提出："将中国的传统社会认定为封建地主经济制是一项很不幸的误判"④。这是一个很严肃问题，既关联对中国传统社会经济体制运行方式的认识，也涉及对中国共产党领导下反帝反封建革命斗争认识问题，同时涉及对马列主义唯物史观的认识。因此，对此问题的认识来不得半点马虎，必须严肃对待。

针对赵冈说法，李文治、江太新在《中国地主制经济论——封建土地关系发展与变化》⑤ 一书中对中国地主制经济作了详尽的论述，予以答复。2008年我又在《封建名实问题讨论文集》发表了一篇名为《对中国传统社会经济结构体制的认识》⑥ 论文。文章着重论述中国地主制经济体制与西欧庄园制经济体制的不同与共同。不同点主要体现在四个方面：1. 地权体现形式不同；2. 封建依附关系的差异；3. 土地经营方式不同；4. 产品交换方式不同。共同点是：尽管这两种经济运行方式各不同，但是有一点是共同的，即以地主所有制为主导地位的经济结构始终没有改变，地主占有租佃农大部分剩余劳动也没有改变，从而在整个地主制经济时代的封建经济结构也不会改变。同时指出：只看到两者经济运行方式巨大差别，看不到两者经济间最基本结构的共同点，从而否定秦汉至清这一段漫长的历史时期，

---

① 高王凌：《租佃关系新论——地主、农民和地租》，上海书店出版社2005年版，第76页。

② 高王凌：《租佃关系新论——地主、农民和地租》，上海书店出版社2005年版，第181。

③ 高王凌：《租佃关系新论》，《中国经济史研究》2005年第3期。

④ 赵冈：《农业经济史论集——产权、人口与农业生产》，中国农业出版社2001年版，第223页。

⑤ 李文治、江太新：《中国地主制经济论——封建土地关系发展与变化》，中国社会科学出版社2005年版。

⑥ 中国社会科学院历史研究所、经济研究所、中国社会科学杂志社、《历史研究》编辑部编：《封建名实问题讨论文集》，江苏人民出版社2008年版。

中国经济结构不是封建经济结构的认识，是错误的。2010年，我又在《中国经济史研究》第4期上发表了《对清代土地关系新变化的认识》一文。该文着重谈四个问题：第一，注重历史发展的连贯性；第二，要重视理论修养，做扎实资料工作；第三，经济运行方式不同，封建经济性质不变；第四，地租数额与地租率问题。尤其是第四个问题，又是该文重中之重，花了较多篇幅，专门讨论地租问题。对他们所提出的问题，进行深入探讨。该文提出：对待历史问题的研究，一是要重视经纬研究，即既要重视纵向研究，又要重视横向研究，不要割断历史；二是立新要实事求是，符合历史唯物观的发展规律；三是论证要有丰富的材料作基础，不要拔高个别事例，而否定普遍存在的事实。这是科学研究者应有的立场。

要弄清中国封建社会是否是"地主制经济体制"这个问题，首先要讨论的问题是：地主是不是掠夺农民剩余劳动。也就是说地主向佃农收多少地租问题，即地租率有多少。什么是地租率？这是一个有争议的问题。有人认为在定额租制下，地租收入与额租之比，叫地租率。还有一种意见认为地租率应是实际亩产与地租收入之比，这才是地租率。坚持前一种意见者，为什么要抛开实际亩产与实际地租收入作为计算地租率的标准呢？其原因在于否定地主对农民残酷剥削，在于美化地主，甚至否定有地主存在。如果他们承认地租率是实际亩产与地租实际收入之比的话，地主只收30%的地租的谎话，就无立足之地，他们虚伪的面目就不攻自破，昭然于天下。所以，离开实际亩产与地主实际收租额谈地租率，毫无意义。我们认为这种计算地租率的做法是一种误解，或是一种有意识的误导。在佃农与地主订立租约期间，不管地主收取的地租数量变化多大，与实际亩产之比不变，地租的剥削率就不会改变。这点，是必须要明确的，是不能回避或躲闪的问题，是回应地主收多少成地租的关键所在，是地租是否存在掠夺剩余劳动问题的关键所在。如果撇开当年亩产实际收入与地主的地租实际收入而空谈地租率，便等于隔靴抓痒，没有抓到问题要点，而成为没有丝毫实际意义的数字游戏。

到清代，分成租继续向定额租过渡，定额租由从属地位上升到统治地位。在定额租制下，定额租租率是如何定的？地租占农田亩产量多少？这是首先要回答的问题。定额租是由分成租转化而来的，地租与亩产比例仍然沿袭二五分成传统法则，地租数额占亩产一半这点不变，变的只是把常年租额确定下来，在正常年景下，每年按规定租额缴纳地租而已。租额制订原则，按一般常态来说，是以若干年亩产平均值为依据，佃户要把亩产一半缴纳地租。也有按丰年亩产对分的。所以，租额实际上还是保持在50%这个常例上。定额租又分两种，一种是遇到灾年情况下，主佃双方通过协商，把租额改回二五分成制；另一种是硬租，也有称铁板租的，不管年成好坏，租额不变。

　　定额租有没有得到贯彻？方行先生认为：一是丰收年，一是特别肥沃的土地范围内，定额租制在广大土地上是得到贯彻的。如在江苏"金陵上田……主人得半"，"民间业佃例各半"。在浙江，地主"安坐而收其半"，农民"多佃种富家之田，而私租之半"。在湖南，地主田，"发佃耕，收一半"；"主佃各得其半"；农民佃田，"其租谷大约半田所出"。在四川，"旧田取租……获十输五"。在广东，"佃户就田主赁田而耕，岁晚所获之半归之"。直隶滦州地租，"丰岁所收，每亩石过四五"，常年"每亩租息有多至二三斗者"。所以当时有人说，"民间之田租，原酌乎地力之中以为额，使彼此均食其利者也"[①]。这是地主收50%租率明确无误记载，并不是某些人所宣扬的地主只收30%的租。这就戳穿了他们的鬼把戏。如果不能正视这一点，就会受蒙蔽，以致堕落到拾人牙慧的地步，跟着别人屁股走。但不可否认，也有定额租无法收齐的。虽然，有的租额无法实现，但按实际亩产各得其半传统惯例不变，不管地租额如何变化，地主收取地租占亩产50%的地租率始终不会改变。这是地主收租的底钱，是不容许佃户突破的。

　　有的租额为什么很难收齐？第一，租额定得高。根据历史文献记载，定额租具体做法有两种：一是"大约计丰年所收之半为常"，一是"计数年之中为常"[②]。以丰年所收之半为额定租额，显然高出常年亩产之半，使农民无力承受。因定额租租额定得高，佃户很难按照定额完租，按陶煦说法是：定额租"犹虚额也"[③]。第二，粮食生产深受自然环境影响，这是谁都知道的事实，也是人们都知道的常识。如果当年风调雨顺，粮食亩产就会增加。在丰收之年，额租是能收齐的；如果遇到灾年，如水灾、旱灾、风灾、虫灾、雹灾、地震等，粮食亩产就要减少，甚至可能颗粒无收。这时

---

① 参见方行《中国古代经济论稿》，厦门大学出版社2015年版，第110页。

② 陈芳生：《先忧集》。参见方行《中国古代经济论稿》，厦门大学出版社2015年版，第108页。

③ 陶煦：《租核》。

定额租也无法收齐，但丝毫不影响地租占亩产量 50% 的租率。遇灾之年，收租办法就会回到分租时做法，"看收成定分数"①，或"视丰歉为盈缩"②。怎么分？浙江青田习俗是："遇水旱，租主佃户面同分收，此常例也"③。遇到灾情政府处理地租收入办法是：如江苏巡抚陈宏谋告示称："即就田内所收各半均分"④，即按产均分。这是民间普遍的习俗，也是政府惯例。这时，地主收取的地租与定额之比是减少的，但与实际亩产之比来说，地主地租额占亩产量 50% 这点，丝毫没有改变。第三，在自然条件逐渐恶化、水利失修、地力逐渐下降情况下，粮食亩产逐渐减少。关于这一点章有义、史志宏都有论及。⑤ 遇到这种情况下，定额就会往下调整。所以定额租租额也不是一成不变的。不管一块地的租额变化有多大，但地主的地租收入占农田产量 50% 的底线，是始终不会改变的。若佃户拖欠升合之租，都会被地主列入刁佃簿。⑥ 所以，避开当年实际亩产与实际地租收入比例，突出强调地租收入数量与定额租之比只有 30% 的说法，那是偷梁换柱做法，是严重的误导。如果在灾年，地主依然按定额收租的话，灾情较轻年份，地租率就会超过 60%，甚至 70%。重灾年份，地租率则高达 80%—90%，甚至 100%。这对农民来说意味着什么呢？农民辛苦一年，打下来的粮食大部分被地主所掠取。另，地主除收租之外，对农民进行额外勒索，他们也视而不见。如江西乾隆《宁都仁义乡横塘滕茶亭内碑》载：批赁时田主必索佃户"批礼银"，"苛索入学贺礼，帮纳差漕"等，⑦ 不一而足。对这样的问题，他们为什么提也不提呢？其原因就是怕露馅，怕透出地主对农民残酷剥削真像。所以只好把问题严严实实包裹起来。这种既蒙又骗的做法，对于一个堂堂皇皇的学者来说，并不是一个光明磊落行为，是缺乏诚信表现。

就分成租而言，有两种情况：一种是不考虑双方各出多少生产资料或

---

① 包世臣：《安吴四种》卷 4。

② 乾隆《乌青镇志》卷 2。

③ 乾隆《儒林六都志》，《土田》。

④ 中国第一历史档案馆、中国社会科学院历史研究所：《清代土地占有关系与佃农抗租斗争》，中华书局 1988 年版，第 659 页。

⑤ 章有义：《明清徽州土地关系研究》，中国社会科学出版社 1984 年版；史志宏：《清代农业生产指标的估计》，《中国经济史研究》2015 年第 5 期。

⑥ 中国社会科学院经济研究所馆藏：《屯溪档案·刁佃簿》。

⑦ 前南京国民政府司法行政部编：《民事习惯调查报告录》（上），中国政法大学出版社 2000 年版，第 243—244 页。

生活资料，依然是对半分成；另一种是考虑主佃双方谁出牛只、籽种多少情况，谁出得多，谁就多分。① 据魏金玉、黄冕堂等先生研究，二五分成一直是中国封建地租主导方式。② 我在编《明清土地问题资料》书稿时，接触了大量资料，许多文献记载都以主佃"二五分成"为常态，部分地区地租亦有高于50%的，也有少数低于50%的。从徽州地区留下的大量租簿资料看，也是以二五分成为主。我在《论清代徽州地区亩产》③ 及《论清代徽州地区地契中粮食亩产与实际亩产之间的关系》④ 两文中，列举了大量事例就说明这点。北方地租，据那苏图称：以主六佃四为主。这里，地主以佃户住其房、出籽种等为由，占据农田亩产60%收入。据黄正林研究，民国时期，甘肃地区地租收入习惯是"上地地主六成佃户四成，中地地主与佃户各得五成，下地地主三成佃户七成"。平凉和武威一带，按收获量分给地主三分之一。黄正林指出：这种情况存在是以"农具、肥料、种子等均由佃种者自行负担，由佃方承地主完粮者"的前提下，"庄家［稼］收获后，按收获量分给地主三分之一地租"。⑤ 黄正林研究方法是对的，他没有停留在地主收三分之一地租问题上，而是进一步追究其原因所在，揭示出佃户要以承担籽种、田赋为前提下才出现这种情况。这里要特别提出值得关注的两个问题：一是农具、种子、肥料等均由佃户投入，二是田赋由佃户交纳。试问：如果佃户把收入的三分之二扣去种子、肥料等投入，及所缴纳的田赋支出，其实际收入还有三分之二吗？换句话说，把籽种和田赋负担都打入地租，地主地租收入可就不是三分之一了。按封建社会常规，将田赋负担"什一而税"作为衡量标准，地主地租应加上"什一而税"部分，据此而算，地主地租当占收入四成。如果田赋负担超过"什一而税"标准，那么，地主地租收入比重还要增加。从地主不愿承担田赋负担这个角度来考察，完全可能出于当地田赋负担繁重，故以少分地租为诱饵，把繁重田

　　① 方行、经君健、魏金玉主编：《中国经济通史·清代经济卷》（下），中国社会科学出版社2007年版，第1735—1736页。

　　② 方行、经君健、魏金玉主编：《中国经济通史·清代经济卷》（下），中国社会科学出版社2007年版，第1148页；黄冕堂：《清史治要》，第166页。

　　③ 江太新、苏金玉：《论清代徽州地区亩产》，《中国经济史研究》1993年第3期。

　　④ 江太新：《论清代徽州地区地契中粮食亩产与实际亩产之间的关系》，赵华富编《首届国际徽学学术讨论会论文集》，黄山书社1996年版。

　　⑤ 黄正林：《民国时期甘肃农家经济研究》，《中国农史》2009年第1期。

赋负担转嫁给佃户。这是很浅识的问题，并不存在什么高深奥妙之处。另外，正如黄正林所说，少交租土地都是劣等土地。这就意味着，农民耕种这种土地时，需要投入更多人力、更多肥料。把这些因素都考虑进去，地主所收入的地租就不止三分之一了。如果按所投入资本计算的话，地主地租收入，可能会过半。如果有人不顾上述事实，而死死抱住地主收三分之一地租来说事，那只能说论者存心误导，或者心存不可告人的目的，一门心思想把问题搞乱，好浑水摸鱼。作为学术研究工作者，遇到这类问题时，一定要多问为什么？深究其原因，不要被表面数字所迷惑，更不要断章取义，而违背学术良知。在分成组制下，地租占亩产量50%，这是有大量史实为证的，也是大家所公认的。

关于地租减少的另一个问题，即土地贫瘠化。如山洪暴发，一些土地被沙石所积，而地力下降；有的因水利废坏，长期得不到修理，耕地失去灌溉之利；另是农民贫困化，减少对土地投入，造成亩产下降；等等。由于自然条件变化，农民贫困化，致使粮食亩产下降。在这种情况下，定额租会根据土地实际收入做些调整，减少额租数量。但不管地租减少多少，地主地租收支仍占当年实际亩产50%，地主所收的地租率仍旧保持50%这个基点不会改变。50%地租率，是地主固守不放的底线。地主占据佃农大部分剩余劳动这一事实不会改变，从而封建社会制度下的地主制经济也不会改变。

从另一角度来考察，地主对地租剥削是丝毫不退让的。还有一些地主，灾年不按习俗惯例行事，仍按额租收取，致使出现佃户卖男鬻女的悲剧。乾隆皇帝及其臣僚也承认：地主"往往于被灾年份，照常征租，穷民已所出者，有卖男鬻女以偿租者"①。此外，从安徽省徽州地区光绪年间的一本刁佃簿看，欠租一两斤者，甚至欠租几两者，都被列入刁佃行列。但那些鼓吹地租减少论者，却对此视而不见，充耳不闻，耍起掩耳盗铃把戏。地主剥削地租是其阶级本性，美化地主对地租剥削行为是不可取的。

此外，这些为地主唱赞歌的人，从来不谈地主收六成租、七成租情况，生怕露出马脚而打自己嘴巴。

栾成显先生谈对高、赵等人观点时指出："任何理论都必须以实证为基础。实践是检验真理的唯一标准，实证为史学研究之第一原则。如果一种

---

① 《清高宗实录》卷118。

理论没有事实根据，或其论据似是而非，经不起推敲检验，总之，如果其所依据的不是基本的历史事实，则是难以成立的"①。

国内外一些学者之所以在地租率这个问题大做文章，其目的是推销其中国传统社会无地主论私货。所以，我们反复强调弄清楚什么是地租率这一概念，以及弄清中国封建社会长期以来实际地租情况，揭露地主对地租剥削是出于阶级本性，就显得非常重要。只要社会科学工作者能坚持实事求是精神，从历史事实出发，就可以排除历史虚无主义的干扰和影响，回到历史唯物主义轨道上来，为有中国特色历史经济研究做出更多贡献。

---

① 栾成显：《中国古代农村土地制度研究刍议》，《河北大学学报》（哲学社会科学版）2008 年第 2 期。

第 一 章

明清时期的土地开垦与农业
耕作区的扩大

中国是个农业大国，农业要发展首先要解决人力资源与土地资源相结合问题。

明王朝是经过元末 20 多年战争建立起来的新王朝，清王朝则经过明末清初近半个世纪战乱建立起来的新王朝。两个王朝都是建立在经过战争扫荡的土地上，当时情况是：人口大量伤亡，土地大量荒芜，经济凋敝，社会治安极为动荡，国家财政收支极为困难。因此，明、清两个王朝建立之初，都面临着一个共同问题：恢复农业生产，安定社会秩序问题。而恢复生产的首要任务就是垦荒，把战争中抛荒的土地垦复回来。要垦荒，就需要劳动力，招徕流亡人口，并把他们安置在土地上。招徕劳动力和垦荒是明初、清初两个王朝的基本国策。在此基础上，推出一系列相配套政策，使垦荒得以顺利进行，经济得以迅速恢复，人民生活得以稳定，社会秩序得以安宁，政府财政收入得以保障。

第一节 明初的土地荒芜及政府的垦荒政策

一 元末明初土地荒芜情况

从元至正八年（1348）方国珍起兵海上至朱元璋称帝，中国大地上前后经历了近 20 年的战争。朱元璋称帝之后，又进行多年的统一战争。战火所至，人死的死，逃的逃，大量土地无人耕种而抛荒，生产遭受严重破坏，社会经济凋敝，人不聊生。至正二十三年（1363）时，朱元璋曾指出："自兴兵以来，民无宁居，连年饥馑，田地荒芜"①。但这时离战争结束尚有时日。随着战火蔓延，社会经济破坏的情况要比至正二十三年还要严重得多。

就湖广情况而言，至正二十五年（1365）时，就职于湖广的章溢奏称：宋元时"居民万家"的荆州白水镇，当他看到时已成为一片废墟，其他地方也"多废地"。② 至洪武三十年（1380）时，湖广地区残破依旧，据常德武陵县民反映："武陵等十县，自丙申（1356）兵兴，人民逃散，虽或复业，而土旷人稀，耕者少，荒芜者多"③。

北方诸省残破情况则更为严重。据洪武元年到开封知府就任的宋冕说："今丧乱之后，中原草莽，人民稀少"④。洪武三年（1370），郑州知府苏琦称："自辛卯（1351）河南起兵，天下骚然，兼以元政衰微，将帅凌暴，十年之间，耕桑之地变为草莽"⑤。同年，山东济南知府陈修与司农官说：北方郡县近城之地多荒芜。⑥ 洪武四年，朱元璋称：兵革之后，中原民多流亡。⑦ 洪武十年，工部奏张致中上书言三事："其三曰：北方郡县开垦荒田，岁有增广，而土旷民稀，垦辟有限"⑧。洪武十八年，朱元璋还说："中原诸州，元季战争受祸最惨，积骸成丘，居民鲜少"⑨。至永乐元年，河南裕州还是："本州地广民稀"，希望拨山西泽、潞等州县地狭民稠之地，"分丁来耕"。⑩ 洪武二十一年，户部郎中刘九皋还提到河北地区的情况，他说："今河北诸处，自兵后田多荒芜，居民鲜少"⑪。顾炎武说："明初承元末大乱之后，山东、河南多是无人之地"⑫。

西北地区破坏情况更加严重。洪武三年，指挥使宁正至西北地区河州

---

① 《明洪武实录》卷50。
② 转见韩大成《明代城市研究》，中国人民大学出版社1991年版，第3页。
③ 《明洪武实录》卷250。
④ 《明洪武实录》卷37。
⑤ 《明洪武实录》卷50。
⑥ 《明洪武实录》卷53。
⑦ 《明洪武实录》卷62。
⑧ 《明洪武实录》卷111。
⑨ 《明洪武实录》卷176。
⑩ 《明永乐实录》卷17。
⑪ 《明洪武实录》卷193。
⑫ 顾炎武：《日知录》卷10，《开垦荒地》。

时，他所看到的情况是："城邑空墟，人骨山积"①。洪武八年，陕西按察司金事虞以文奏："洪武七年冬，巡按至汉中，见其民多居深山，少处平地。其膏腴水田，除守御官军及南郑等县民开种外，余皆灌莽弥望"②。

西南地区的四川、云南破坏情况也十分严重。云南地区，洪武十九年时，西平侯沐英奏称："云南土地甚广，而荒芜居多"③。四川地区，中华人民共和国成立20年后，经济依然凋敝，大部分地区还得不到垦复。洪武二十年，四川汉阳县知县郭淑文还奏称："四川所辖州县，居民鲜少……成都故田数万亩，皆荒芜不治"④。两年后，四川指挥同知徐凯又说："汉州地广民稀"⑤。荒凉情况并没有什么变化。。

江南一带境况也大致相同。元代扬州是个繁华都市，到朱元璋攻克该城时，"城中居民仅余十八家"。战局平息后，仅仅增至"四十余户而已"⑥。盐城一带"地广衍，湖荡居多，而村落少，居室小，民无盖藏"⑦。沐阳县（今灌南县）直到嘉靖年间，外地居民迁来此地时，荒地还甚多，诸姓"插草为标，占为民地"⑧。就朱元璋老家安徽凤阳而言，土地荒芜情况也十分严重。洪武三年，朱元璋说："临濠朕故乡也，田多未辟，土有遗利"⑨。洪武七年，朱元璋又云："临濠吾乡也，兵革之后，人烟稀少，田土荒芜"⑩。朱元璋谈到浙西经济萧条时说："惟尔两浙，自归附以后，民力未苏"。江西景德镇破坏更为严重，元末战火及灾荒疫疠，把一个唐宋以来的瓷都毁坏殆尽，出现人民十死八九、房屋悉为灰烬、田园荒芜、道路阻塞、十里五里绝无人烟的惨状。瑞金曾经是人口众多、经济发达的地区，在籍者有6193户，至元末战争以来，已亡绝过半，田多荒芜，租税无从所出。⑪

---

① 《明洪武实录》卷56。
② 《明洪武实录》卷100。
③ 《明洪武实录》卷179。
④ 《明洪武实录》卷181。
⑤ 《明洪武实录》卷216。
⑥ 《明洪武实录》卷5。
⑦ 民国《盐城县志》卷10。
⑧ 转见曹树基《中国移民史》第5卷，第39页；乾隆《新安镇志》。
⑨ 《明洪武实录》卷53。
⑩ 天启《凤阳新书》卷5。
⑪ 《明洪武实录》卷169。

至永乐三年，抚按江西给事中朱肇还说："南康二府多荒闲田"①。

二　明朝政府垦荒政策及垦荒情况

"久困兵革"带来的严重后果是："人民凋敝，土地荒芜，失业者多"②，租税无所出。这种状况严重威胁新王朝的稳定和发展。尽快改变这种残破局面，成为朱明王朝建国初期的主要任务。朱元璋认为"为国之道，以足食为本"③。洪武三年，朱元璋指出："屯田以守要害，此驭夷狄之长策，李牧、赵充国常用此道，故能有功。至于垦田实地，亦王政之本。……诚得良守令劝诱耕桑，休养生息"④。洪武六年四月定："务农屯田，什一取税"⑤。在朱元璋思想指导下，明初垦荒工作得到迅速发展。

为了把垦荒工作做好，朱元璋制定了一系列政策和措施，如移民、招民垦荒，组织军、民屯田，制定地权归属相关政策，给予垦户耕牛、种子措施，升科年限制定，官吏奖惩等都做了具体规定。下面，我们将分别加以阐明。

1. 把人力资源与土地资源密切结合起来

经过长期战乱之后，新建立的王朝都面临着土地荒芜、人民逃亡情况。一边是荒芜土地无人耕种，成荒野凄凄；另一边是流民遍野，衣食无着，无田可耕。如何把劳动力与荒芜土地结合起来，考验当时政府智慧与魄力。

明朝建立之初，荒地甚多，尤其经过长期战乱的地方，人亡地荒情况十分严重。要把荒芜的土地垦复回来，首先要解决的是劳动力的问题，因此，如何把荒芜的土地与劳动人口结合起来，成为政府当务之急。土地再多，不与劳动力捆绑在一起，就长不出庄稼，打不出粮食，不但口粮无从出，国家财政短欠也无法解决，再肥美的土地也等于废地，更何况本身就是荒地！出身于农家的朱元璋对这点很理解。驱民归田、移民垦荒，就成明初政府最大国策。一方面，移狭乡之民到宽乡去开垦；另一方面，组织军队屯田、罪犯屯田，把闲置劳动调动起来。

---

① 《明永乐实录》卷39。
② 《明洪武实录》卷17。
③ 《明洪武实录》卷16。
④ 《明洪武实录》卷50。
⑤ 《明洪武实录》卷81。

（1）移民垦荒

洪武四年，魏国公徐达驻师北平（今北京）时，就"徙北平山后之民三万五千八百户，一十九万七千二百七口，散处卫府。籍为军者给以粮，籍为民者给田以耕。又以沙漠遗民三万二千八百六十户，屯田北平府管辖之地，凡置屯二百五十四个，开田一千三百四十三顷"①。六年，太仆寺丞梁埜仙帖木尔言："黄河迤北宁夏所辖境内，及四川西南至船城，东北至塔滩，相去八百里，土田膏沃，舟楫通行，宜命重将镇之，俾招集流亡，务农屯田，什一取税，兼行中盐之法，可使军民足食"。朱元璋"从之"。②九年十一月，徙山西及河北真定等处民无产业者，往凤阳种田。③ 十五年九月，迁广东番禺、东莞、增城，及元将何真所部降民二万四千四百余人于泗洲屯田。④ 二十年十月，诏湖广常德、辰州二府民三丁以上者，出一丁往云南屯耕。⑤ 二十一年八月，徙山西泽、潞二州之民无地者，往彰德、真定、临清、归德、太原诸处闲旷之地，令自便置屯耕种。⑥ 二十三年四月，命杭、湖、温、台、苏、松诸郡民无田者，许令往淮河迤南滁、和等处就耕。⑦ 二十四年二月，遣陕西西安右卫、华阳诸卫官军八千余人往甘肃屯田。⑧ 二十五年二月，徙山东登、莱二府贫民无恒产者，五千六百三十五户就耕于东昌。⑨ 二十八年七月，山东青、兖、登、莱、济南五府，民五丁以上及小民无田可耕者，起赴东昌编籍屯种，共一千零五十一户，四千六百六十六口。⑩ 三十年二月，命户部遣官江西，分丁多之民及无产业者，到常德武陵县耕种。⑪ 洪武年间移民垦荒者多达168万余人。

洪武之后，移民垦荒政策继续实施，如建文四年九月，徙山西无田者

① 《明洪武实录》卷66。
② 《明洪武实录》卷81。
③ 《明洪武实录》卷186。
④ 《明洪武实录》卷148。
⑤ 《明洪武实录》卷186。
⑥ 《明洪武实录》卷193。
⑦ 《明洪武实录》卷196。
⑧ 《明洪武实录》卷207。
⑨ 《明洪武实录》卷216。
⑩ 《明洪武实录》卷239。
⑪ 《明洪武实录》卷250。

至北平垦种。① 永乐元年三月，命户部将山西泽、潞等州县无田之家，分丁到河南裕州耕种。② 同年，又迁苏州等十府、浙江等九省富民至北京耕种。③ 二年九月，徙山西民人万户，至北京耕种。④ 三年九月，再次徙山西民万户，至北京州县耕种。⑤ 十四年十一月，迁山东、山西和湖广人民，至保安州开荒垦种。⑥ 据曹树基先生估计，这批移民约有2300户，约合12000人。⑦ 永乐年间移民垦荒者也达35万之多。

以上移民垦荒事例，仅是《明实录》中的一部分，并不是全部，就所列举的事例看，移民垦荒是明初的一大特色，对劳动力资源合理配置具有重要意义。看来资源配置除通过市场经济手段来调节外，通过政府有计划调节也不失为一种办法。

明初驱农归田政策取得巨大成效，耕地面积不断扩大，洪武元年垦荒数额才770顷，⑧ 以后逐年增加，至洪武七年垦荒数额高达921124顷。⑨ 从官民田总数看，洪武十四年，全国官民田才"三百六十六万七千七百一十五顷四十九亩"⑩，至洪武二十六年，全国耕地面积已达"八百五十九万七千六百二十三顷"⑪。12年间全国耕地面积增加2.3倍还多。

（2）组织军民屯垦

明代解决垦荒劳动力另一措施，是组织军队和百姓屯垦。两者虽然都是屯垦，但各方面都有不同。

军屯。朱元璋对军屯极为重视，最早始于元至正十八年（1358）十一月，立民兵万户府，令军士于南京龙江诸处屯田，开明代屯田之先河。至正二十三年，朱元璋谕将士曰："兴国之本，在于强兵足食。昔汉武以屯田定西戎，魏武以务农足军食。定伯兴王，莫不由此。自兴兵以来，民无宁

① 《明永乐实录》卷12。
② 《明永乐实录》卷17。
③ 《明会典》卷19。
④ 《明永乐实录》卷34。
⑤ 《明永乐实录》卷46。
⑥ 《明永乐实录》卷182。
⑦ 曹树基：《中国移民史》第5卷，第339页。
⑧ 《明洪武实录》卷30。
⑨ 《明洪武实录》卷95。
⑩ 《明洪武实录》卷140。
⑪ 《明史》卷77《食货志一·土田》。

居，连年饥馑，田地荒芜，若兵食尽资于民，则民力重困。故令尔将士屯田，且耕且战。……自今诸将宜督军士及时开垦，以收地利，庶民兵食充足，国有所赖"①。洪武七年，朱元璋又强调兵屯重要性："今重兵之镇，惟在北边。然皆坐食民之租税，将不知教，兵不知习，猝欲用之，岂能济事？且兵食一出于民，所谓农夫百，养战士一，若徒病民力以供闲卒，非长策也。古人有以兵屯田者，无事则耕，有事则战，兵得所养而民力不劳，此长治久安之道"②。洪武年间，历次派大将屯田，军屯由卫所管理，屯兵百名委百户督之，屯兵三百名委千户督之，屯兵五百名以上委由指挥提督管之。边境地区，军士三分守城，七分屯种；内地二分守城，八分屯种。每军受田五十亩为一分，给耕牛农具。初，亩税一斗，三十五年定科则，军田一分，正粮十二石，贮屯仓，听本军自支，余为本卫官军俸粮。永乐初，定屯田官军赏罚条例，岁食米十二石外，余六石为率，多者赏钞，缺者罚俸。后又定以田肥瘠不同，奖罚各有别。屯军年六十与残疾及幼者，耕以自食，不限则例。屯兵因公事妨农务者，免征籽粒。③

军屯事例：洪武八年正月，遣卫国公邓愈、河南侯陆聚往陕西，中山侯汤和、平章李伯昇往彰德、真定，指挥冯俊、孙通、赖镇往汝宁，李溢、耿孝、黄宁、李青、陈方庸、武兴往北平、永平，董兵屯田，开卫戍守。④洪武十五年，诏遣延安侯唐胜宗、长兴侯耿炳文巡视陕西城池，督军屯田。⑤洪武十九年九月，西平侯沐英奏请在云南"置屯，令军士开耕以备储"。得到朱元璋认可。⑥洪武二十二年四月，命毕节卫开屯耕种，以自给。⑦洪武二十五年二月，朱元璋同意四川都指挥同知徐凯建议：成都六卫西蜀重镇，择士宜以十之六屯田，惟汉州地广民稀，宜全发二卫军士往彼屯种自食。⑧洪武二十七年，令辽东定辽等二十一卫军士，自明年俱令屯田

---

① 《明洪武实录》卷12。
② 《明洪武实录》卷87。
③ 《明史》卷77《食货一·田制·屯田》。
④ 《明洪武实录》卷96。
⑤ 《明洪武实录》卷147。
⑥ 《明洪武实录》卷179。
⑦ 《明洪武实录》卷195。
⑧ 《明洪武实录》卷216。

自食，以纾海运之劳。① 后因籽粒繁重，屯军多逃亡，以至军屯衰落。天启三年，巡按湖广监察御史舒荣都说："军之不可问者，以逃亡故绝居十之三，而以失屯因以失伍者强半。"② 军屯衰落已无法阻止。能否破解政府过度需索，已成为维护军屯成败关键。

军屯税收，前后有变化。洪武三年，中书省题请征收"太原、朔州诸处屯田，宜征其岁租以省边用"建议，朱元璋定："边军劳苦，能自给足矣，犹欲取其税乎？勿征"。③ 洪武二十年九月，"诏定屯卒种田五百亩者，岁纳粮五十石"④。洪武二十五年定：军士屯田，每岁所收谷种外，余粮以十之二上仓，以给士卒之城守者。⑤ 永乐九年定：凡屯田军以公事妨农务者，悉免征籽粒。⑥ 正统元年定：屯田正军该纳余粮六石，余丁地亩如民田，亩五升起科。⑦ 余不多举。

民屯又分两种，一为民屯，一为商屯。下面分别加以论述。

民屯，由狭乡迁往宽乡之民，或招徕流亡之民，或罪徙者所组成，他们由地方州县政府负责管理，一般由政府负责给屯民以耕牛、农具、籽种。凡由政府给牛、种者，税十之五；自备牛、种者，税十之三。⑧ 洪武二十年，诏湖广常德、辰州二府，民三丁以上者出一丁，往云南屯种。⑨ 洪武二十一年迁山西泽、潞二州，民之无田者往河北彰德、真定、临清、归德、太康诸处闲旷之地，令自便置屯耕种，免其赋役三年，仍户给钞二十锭，以备农具。⑩ 洪武二十二年，山西沁州民张从整等一百一十六户应募屯田，分于北平、山东、河南旷土耕种。⑪ 同年，迁杭、湖、温、台、苏、松诸郡民无田者，往淮河迆南滁、和等处就耕。官给钞，户三十锭，使备农具，

---

① 《明洪武实录》卷233。
② 《明天启实录》卷26。
③ 《明洪武实录》卷56。
④ 《明洪武实录》卷185。
⑤ 《明洪武实录》卷216。
⑥ 《明永乐实录》卷78。
⑦ 《明英宗实录》卷16。
⑧ 《明史》卷77《食货志一·田制·屯田》。又见《明洪武实录》卷50。
⑨ 《明洪武实录》卷186。
⑩ 《明洪武实录》卷193。
⑪ 《明洪武实录》卷197。

免其赋役三年。① 洪武二十五年徙山东登、莱二府贫民无垣产者五千六百三十五户，就耕于东昌。② 洪武二十八年，迁青、兖、济南、登、莱五府民五丁以上，及小民无田耕种者，起赴东昌编籍屯种，凡一千五十一户，四千六百六十六口。③ 在实施民屯的同时，罪犯屯田也在进行。如永乐元年，就把罪犯安置到保定、真定、顺天等府属州县屯种。④ 实际上这些屯田户为国家的佃农。

商屯。"明初募盐商于各边开中，谓之商屯"⑤。洪武四年定中盐例，根据里程远近，商人交一至六石粮食，可与政府换取一小引盐引。⑥ 盐商们因长途运输粮食耗费巨大，便在各边雇佣劳动力开垦田地，生产粮食，就地交仓，以换盐引。明初商屯范围很大，凡各边境地区皆有商人募民屯种，虽与民屯、军屯相比，规模较小，但对边境开发还是有积极意义。

2. 官给牛种

官给耕牛籽种，是明代屯田措施的一个重要组成部分，也是历代垦荒史中一大亮点。耕牛或由政府给钱自买，或政府直接买牛分给屯种贫民。洪武二十五年，"给山西民兵十万，人钞各三十锭，令买牛屯田"⑦。同年十二月，"命户部遣官于湖广、江西诸郡买牛二万三千三百余头，分给山东屯种贫民"⑧。永乐元年，工部尚书黄福奏，陕西行都司所属屯田，多缺耕牛耕具，合准北京例，官市牛给之，耕具于陕西布政司所属制造。"悉从之"⑨。永乐三年，工部尚书宋礼言："陕西兰州、庆阳、凤翔诸卫新拨屯军缺耕牛，请以百人共牛四十只，官买给之"⑩，从之。宣德七年，辽东诸卫屯种耕牛，今牛多死，缺用。用绢布五万匹，换朝鲜耕牛一万头，⑪ 以补缺。嘉靖七年定：空闲田地，听尽力开垦，俟三年后方征屯粮。一、给犁

---

① 《明洪武实录》卷 196。
② 《明洪武实录》卷 216。
③ 《明洪武实录》卷 239。
④ 《明永乐实录》卷 20。
⑤ 《明史》卷 7《食货志一·田制·屯田》。
⑥ 《明洪武实录》卷 61。
⑦ 《明洪武实录》卷 220。
⑧ 《明洪武实录》卷 223。
⑨ 《明永乐实录》卷 25。
⑩ 《明永乐实录》卷 34。
⑪ 《明宣德实录》卷 88。

种。动支官银一万两，委官收买牛只种粮，制造犁铧，审勘贫丁无力者，人给牛牝牡各一头，犁铧各一张，种粮五石。① 如此事例《明实录》中俯拾皆是，这里不再赘述。

3. 垦地归属问题

垦荒地归谁所有，这是垦荒中一个重要问题，这一问题得不到解决，会影响垦荒进展。对此问题朱元璋已有足够认识，洪武元年八月即宣布："州郡人民，因兵乱逃避他方，田产已归有力之家，其耕垦成熟者，听为己业；若还乡复业者，有司于旁近荒田内如数给与耕种。其余荒田，亦许民垦辟为己业"②。洪武三年，迁苏、松、嘉、湖、杭五郡无田种耕之民，到临濠垦种，"就以所种田为己业"③。

4. 优免

洪武三年，苏、松、嘉、湖、杭五郡无田之民到临濠垦田，定"三年不征其税"④。同年，济南府知府陈修及司农奏请："北方郡县近城之地多荒芜，宜召乡民无田者垦辟……皆免三年租税"，"从之"。⑤ 洪武八年，陕西按察司佥事虞以文称："今各县招谕山民，随地开种，鲜有来者。盖由归附之后，其民居无常所，田无常业。……今若减其租赋，宽其徭役，使居平野，以渐开垦，则田益辟而民有恒产矣！"上善其言，"诏陕西行省度行之"⑥。洪武三十五年九月，户部定：山西太原、平阳二府泽、潞、辽、沁、汾五州丁多田少及无田之家，分其丁口以实北平各府州县。"五年后征其税"⑦。永乐九年，给山东迁东昌等府逃民以耕，"俟三年后科征税粮"⑧。十年又定，免迁东昌等地垦民"蠲其役三年"⑨。宣德元年重申：招民垦种"税粮俟三年后如民田例起科"⑩。正统四年定：垦田"应输税粮，停征五

① 《明嘉靖实录》卷85。
② 《明洪武实录》卷30。
③ 《明洪武实录》卷53。
④ 《明洪武实录》卷53。
⑤ 《明洪武实录》卷53。
⑥ 《明洪武实录》卷100。
⑦ 《明永乐实录》卷12。
⑧ 《明永乐实录》卷77。
⑨ 《明永乐实录》卷81。
⑩ 《明宣德实录》卷17。

年";官军户下人丁尽力耕种,"免其子粒"。① 嘉靖二十四年定:"有能开垦闲田者,蠲赋十年"②。其余不一一枚举。

由于明政府对垦荒重视,以及实施一系列优惠政策,极大鼓舞农民垦荒积极性,因元末战乱而荒芜的土地,得到了迅速垦复。请看洪武元年至十六年全国各地垦荒数。见表1-1。

表1-1　　　　　　　　洪武元年至十六年全国各地垦荒数

时间	报垦省府州县	垦田数（亩）	资料来源
洪武元年	天下州县垦田	77000	《洪武实录》卷37
洪武二年	天下郡县垦田	89800	《洪武实录》卷47
洪武三年	山东河南江西三省府州县垦田	213520	《洪武实录》卷59
洪武四年	天下郡县垦田	10662242	《洪武实录》卷70
洪武六年	天下垦田	35398000	《洪武实录》卷86
洪武七年	天下郡县垦荒田	92112400	《洪武实录》卷96
洪武八年	直隶宁国诸州、山西、陕西、江西、浙江各省垦田	6230828	《洪武实录》卷102
洪武九年	天下垦田	2756027	《洪武实录》卷110
洪武十年	垦田	151379	《洪武实录》卷116
洪武十二年	开垦田土计	27310433	《洪武实录》卷128
洪武十三年	天下垦荒闲田地	5393100	《洪武实录》卷134
洪武十六年	垦荒田 内：直隶应天等四府垦田 山西平阳府垦田	126544 * 73833 52712	《洪武实录》卷158
合计		180647818	

注：*洪武十六年垦田数与直隶应天四府及山西平阳府垦田之和相差1亩。但原出处如此,不便订正。特此声明。

资料来源：梁方仲：《中国历代户口田地田赋统计》乙表28,载《明实录中关于洪武朝增垦田亩数的记载》,上海人民出版社1980年版；郭厚安编：《明实录经济资料选编》,中国社会科学出版社1989年版,第403—406页。

① 《明正统实录》卷52。
② 《明嘉靖实录》卷296。

经过二十多年垦荒，至洪武二十六年时，据统计全国耕地面积达八百五十万七千六百二十三顷，史称："盖骎骎无弃土矣"①。"骎骎无弃土"仅是赞语而已，实际上到永乐初，一些地方还有荒可垦。

第二节　明清两代政府垦荒政策和土地开垦

一　清初土地荒芜情况

明末清初的战乱，持续了半个世纪之久，农民大量逃亡，耕地严重荒废。顺治皇帝说："自兴兵以来，地多荒芜，民多逃亡"②。顺治二年（1645），御史刘明瑛奏称："比年以来，烽烟不靖，赤地千里，由畿南以及山东，比比皆然"③。各省情况如下。

[直隶]顺治元年，巡按卫周允疏称："巡行各处，极目荒凉"，"地亩荒芜，百姓流亡十居六七"。④顺治十二年，直隶巡抚董天机奏称："近畿之地素称沃衍，今日荒熟参半。"⑤

[山西]顺治八年，户部和硕端重亲王等奏报：山右经大兵大荒之后，"田地榛芜，生齿雕耗，旧日里甲徒存牍籍之名，有一甲止存数人，甚有一里一甲全然脱落，其侥幸如故者十不一二"⑥。顺治十三年山西布政使彭有义称："晋省自姜逆蹂躏之后，继以灾祲频仍，百姓逃亡最众，田地荒芜甚多"⑦。同年十二月巡抚山西、太原等地白如梅亦称：山西省至顺治十三年尚有"荒芜地38516顷，逃亡人丁47258丁，俱系真荒真亡。毫无假饰"⑧。

[陕西]顺治四年，总督陕西、四川等处粮饷王来用称：西安府山阳县"寇乱十载，城破三次，券焚、吏亡。当年二十里，今并为一里；当年七千

---

① 《明史》卷77《食货志一·土田》。
② 《清世祖实录》卷43。
③ 《清世祖实录》卷14。
④ 《清世祖实录》卷12。
⑤ 顺治十二年二月十六日，直隶巡抚董天机揭。
⑥ 顺治八年八月二十八日，户部和硕端重亲王波洛等题。
⑦ 顺治十三年四月十九日山西布政使彭有义奏。见《户部抄档·地丁题本·山西三》。
⑧ 顺治十三年十二月二十一日巡抚山西、太原等地白如梅题。见《户部抄档·地丁题本·山西三》。

六百余丁，今止五百有零；原地九百顷，今止耕百顷有零"。兴安州白河县县令刘毓实报："于县治地方逐处步行，但见白骨遍地，草木迷天，行一日无居民一家，虎狼伏道，烟火绝迹。……再查旧粮原额九百零二石，人丁一千五百余丁，今查熟粮止四十二石，人丁二十丁"。巩昌府两当县"自崇祯七年以来，被贼陷城，旧城无一椽一瓦，四野十室九空，虽留一二子遗，皮骨空立。旧粮一千三百余石，今止熟粮三百二石；旧丁六千三百，今亲见在人止四百余丁"。① 顺治八年，总督孟乔芳奏报：八府一州无主荒田共二十万六千二百九十五顷零，有主荒田共六万四千二百五十顷零。② 直至康熙年间，汉中一带，仍是"耕耘失宜，甚有谷稗争秀者"③。商丹盆地"自前明兵燹以后，地广人稀，荒芜日积"④。

〔甘肃〕顺治六年陕西总督孟乔芳称："照得甘镇地方，罹逆回之变，无处不被蹂躏。……臣驻营城外，已逾半载，目击十里内，颓垣断壁，莽无炊烟。十里之外，仅存孑遗，亦皆蓬首鹑衣，啼饥号寒，有朝不谋夕之势"⑤。

〔山东〕顺治元年，一份奏折称：山东"土地荒芜，有一户之中，只有一二人，十亩之中，只有二亩"⑥。顺治四年，巡按山东监察御史吴达称："微臣巡历所至，如高（唐）、濮（州）等州，范（县）、汶（上县）、茌（平县）、莘（县）等县，极目荒芜，此固昔日户部履亩躬查之区，臣不敢渎陈"⑦。顺治六年，户部尚书巴哈纳等奏报：嘉祥县原额耕地五千十二顷九十九亩，今无主荒地多达二千八百五十七顷二十五亩。⑧ 荒芜土地超过一半以上。顺治九年，直隶总督马光辉奏称："臣于五月初八日，亲历榆园一带以至济宁。所过之处皆系寇毁于前水淹于后，满目尽为荆榛，四望绝无人迹，荒凉至极"⑨。

---

① 顺治四年三月，《户部抄档·地丁题本·陕西三》。
② 顺治八年七月十九日，陕西三边总督孟乔芳揭。
③ 康熙《洋县志》，《风俗》。
④ 康熙《续修商志》卷3。
⑤ 顺治六年六月初三日户部尚书巴哈纳题。《户部抄档·地丁题本·甘肃三》。
⑥ 顺治四年巡按山东监察史吴达题。见《皇清奏议》卷3。
⑦ 顺治四年巡按山东监察史吴达题。见《皇清奏议》卷3。
⑧ 顺治六年六月二十四日，户部尚书巴哈纳等题。
⑨ 顺治九年五月二十八日，直隶总督马光辉题本。见《历史档案》1981年第2期。

[河南] 顺治元年，河南巡抚罗绣锦奏报："河北府县荒地九万四千五百余顷，因兵燹之余，无人佃种"①。顺治十一年，河南巡抚亢得奏报，河南九十四万八千六百七顷民田中，实在纳粮地仅为二十七万八千三百四十七顷，有主无主荒地高达六十七万二百六十顷；卫所更名地十万八百二十八顷中，纳粮地仅三万六千七百五十二顷。②有主无主荒地共计七十三万五千一十二顷，占原耕地面积70%。

[南直隶] 顺治三年，池、太等四府一州的情况是：地方残破，江宁城外九十余村，十室九空。③顺治九年（1652），苏松巡按御史秦世祯说，淮徐之地"人民销于锋镝，畎亩弃为榛莽，仳离之象，愁叹之声，殆有不忍见闻者"④。

[江西] 顺治八年，江西巡抚夏一鹗奏报："江省自明季抵今，变乱不胜纪矣。'献贼'、左兵，先后十年蹂躏。入本朝，金逆一人反复，江民两次横尸。……街无行影，巷无哭声，江民至此，十有一二存乎！所幸乱地才恢，又苦委官四出，捕人拷诈，指伪诛求，一人附逆，戮及一族；一族附逆洗尽四乡。……伤哉江民，或疫死，或饿死，或刑死，或狱死，或烹死，死则一，而受死之惨，亘古罕闻"。至于土地荒芜情况，他奏道："伤哉江土，有水荒，有绝荒，荒则一，而抛荒之惨，亦亘古罕闻"。还称，江西一省"今除九江造报无荒外，实计通省有主荒田四万四千五百五十六顷有奇，无主荒田二万四千三百九十八顷有余"。由于有田无人耕种，致使"膏腴上亩，土结水枯，极目秋原，草深数尺"。⑤同年，巡抚南赣等地刘武元也说："试观江省之苦，南昌与南赣并惨，而南赣之苦更莫惨于赣县等邑者。查户口百不存十，稽荒田盈千盈万。荆榛蔽野，虎狼拒路；里甲之控，血泪几枯；告罄之文，绘图难尽"⑥。顺治十年，江西巡抚蔡士英疏称："随据各刑官备造清册，通省有主荒田地山塘七万二千二百二十二顷八十六亩，无主荒芜田地山塘三万五千三百一十八顷四十三亩，较前抚臣所报实多二

---

① 《清世祖实录》卷11。

② 《户部抄档·地丁题本·河南四》。

③ 《江宁巡抚王九华揭贴》，《明清史料·丙编四》，第518页。

④ 顺治九年六月初十日，户部尚书车克题。《户部抄档·地丁题本·江苏三》。

⑤ 顺治八年六月二十六日江西巡抚夏一鹗题奏。《户部抄档·地丁题本·江西三》。又见《历史档案》，1981年第2期。

⑥ 顺治八年九月二十六日巡扰南赣等地刘武元题。《地丁题本·江西二》。

万五千六顷六十七亩。"①

[湖北] 据户部题本反映，湖北情况是："万井烟寒，千家空杵"，"横亩皆焦，千里尽赤，野无粒食之农，村尽逃亡之屋"②。顺治九年湖川总督也说："入境以来，亲见荒村野火，寥落堪悲，鹄面鸠形，死亡待踵。……省会素称饶富，天府雄藩；今则兵火余生，徒存瓦砾，编蒲暂息，朝暮苟延，父母妻子潜遁梁子湖之中，一惊风鹤，辄负担而逃，城成空谷"③。

[湖南] 顺治四年，湖南巡抚张懋熺奏曰："岳州之焚毁杀戮极惨，而巴陵为最惨。自壬午以来，无岁不被焚杀，无地不为战场；加以今春奇荒，骼骴盈道，蓬蒿满城。职自岳至长，……村不见一庐舍，路不见一行人，惨目骇心，无图可绘。长沙为群逆盘踞数年，剥民已尽脂膏，临循复行焚杀，城中房舍皆无，民皆弃家远遁。"又说："衡州除连年兵寇杀掳之外，上岁颗粒无收，春夏米价腾涌，百姓饿死大半"④。顺治九年，湖广巡按湖南御史李敬指出："由岳州及衡川、永州，道路俱生荆棘，土田半长蓬蒿；骸骨遍野，见者寒心；虎狼负隅，行者裹足"⑤。顺治十三年（1656），桃源地方"民逃官掳，田地抛弃"；辰城则"庄佃书役夺掳逃，田地尽为茂草，百里绝无人烟"⑥。

[四川] 顺治八年，湖广道御史巡按四川郝洛奏称：保宁、顺庆、潼川、龙州四府州二十九县土地荒芜情况是："焚虏之后，一望丘墟，各属开荒册籍，汇算所垦熟田止二百三十五顷，不及别省中县十分之一。……蜀民死于寇攘灾荒者十室而九。邑不满三十户，有司历年招徕册籍十三府一州二十九县共得九千三百五十余口数，不及别省半县"⑦。顺治十六年四川巡抚高民瞻奏称：昭化县"军民士庶，万不存一二，庐舍田园尽鞠为

---

① 顺治十年五月二十一日，江西巡抚蔡士英疏。见雍正《江西通志》卷118《艺文》。

② 《户部题本》，载《明清史料·丙编三》。

③ 顺治九年十月×日湖川总督祖泽远揭贴。见《明清史料·丙编九》，第822页。

④ 顺治四年八月初九日，湖南巡抚张懋熺揭贴。见《明清史料·丙编七》，第608页。

⑤ 顺治九年六月十八日，户部尚书车克等题。

⑥ 顺治十三年六月二十三日，户部尚书车克等题。

⑦ 顺治八年湖广御史巡按四川郝洛上疏。《碑传集》卷64《郝洛行状》。

荒草"。广元县则"人民故绝，满道蓬蒿，遍成荆棘"①。顺治十七年，四川巡按御史张所志云："巴州、梓潼，城郭丘墟，人民远窜"，"顺（庆）城之与顺属，其萧条景象更难言绘"，"职自去秋放舟南下，一入蓬（安）界，目不忍睹，雉堞金汤，鞠为茂林丛麓，而乡堡村镇亦成石田荆棘"，"岳池户丁无几"，"中江凋敝不堪，射洪归并潼川，遂宁归并蓬溪，乐至、安岳虽然开复，奈无一民一户，石田空城，有名无实，久成旷土"，川北二府一州，所辖州县二十有七，自开复至今十有余载，"而凋疲难起，荒残如故"。②康熙三年，四川巡抚张德坚奏报："惟兹境内行数十里，绝无烟爨；迨至郡邑，城鲜完郭，居民至多者不过数十户，视其老幼，鹄面鸠形；及抵村镇，止茅屋数间，穷赤数人而已"③。若大四川，残破如此，令人心寒。直至康熙十年，四川全省粮熟地才14810顷。④仅相当于万历年间134828顷耕地的11%而已。将近90%的土地还处于抛荒之中。

二　清代的垦荒政策及垦荒情况

清政府建立之初，全国抛荒的耕地高达十分之六。明万历六年，全国耕地面积为701397628万顷，顺治八年，全国耕地为290858461万顷，清初耕地仅为明万历六年的41.47%。⑤这种情况严重威胁清王朝财政收入，也严重威胁到新政权稳定及人民生活安宁。为尽早摆脱这种两难的困境，清政府决定大力推行垦荒改策。垦荒政策内容包括有：招抚流民屯垦，明确产权，缓征田赋，严禁科派差徭，以垦荒成效考核官吏政绩，鼓励绅衿地主开垦，纠正虚报、谎报垦地数等。其政策特点是：根据当时、当地实际情况，对现行政策加以调整，使之更符合实际，更有利于政策落实。下面分别加以阐明。

垦荒是一个系统工程，需要各项政策措施配套，不配套就会影响垦荒进程。经过几年摸索，顺治六年提出了一套较为完整的垦荒政策："自兴

---

① 顺治十六年四月三十四日四川巡抚高民瞻题。
② 顺治十七年四月初一日，四川巡按御史张所志揭贴，《明清史料·丙编十》。
③ 康熙三年前后四川巡抚张德坚奏报。见康熙《四川总志》卷35《筹边》。
④ 康熙《四川总志》卷5。
⑤ 参见梁方仲《中国历代户口、田地、田赋统计》。

兵以来，地多荒芜，民多逃亡，流离无告，深可悯恻。著户部都察院传谕各抚按，转行道州县有司，凡各处逃亡民人，不论原籍、别籍，必广加招徕，编入保甲，俾之安居乐业。俟耕至六年之后，有司官亲察成熟亩数，抚按勘实，奏请奉旨，方议征收钱粮。其六年之前，不许开征，不许分毫金派差徭。如纵各衙官、衙役、乡约、甲长，借端科害，州县印官无所辞罪。务使逃民复业，田地开辟渐多。各州县以招民劝耕之多寡为优劣；道府以责成催督之勤惰为殿最，每岁终抚按分别具奏，载入考成。该部院速颁示遵行"①。这是清初垦荒的最基本法规。从这基本法看，清政实际上做三件事：一是解决劳动力资源问题；二是如何发挥农民垦荒积极性问题；三是加强对官史考成。下面，我们考察其执行情况及其演变过程。

1. 招抚流民屯垦

要垦荒就需要劳动力，劳动资源不与土地资源相结合，垦荒就无从谈起。清政府如何解决劳动力资源与土地资源相结合问题呢？方大献认为：将荒地分给游民、官兵屯垦之法，可以解决劳动力问题；② 罗绣锦也提出"乞令协镇官兵开垦"要求。③ 张懋熺当看到"官兵不愿种田时，又提出"招抚佃种"主张。④ 到顺治六年，清政府才提出"不论原籍别籍，一律广加招徕"政策。顺治八年，清世祖谕令："民人愿出关者，令山海关造册报部，分地居住"。⑤

招垦有三种，第一种形式是，由政府招收，即对招来的流移民人给以荒地垦种，借以耕牛籽种资助。顺治元年，清政府许诺：凡招徕垦种"流民"及其他"无力者"，由国家发给牛种。所给牛种银第二年"缴还一半"，第三年"照数全纳"。⑥ 其形式有：由封建国家兴屯开垦。国家将无主荒地及有主而不能按规定年限起科荒地，俱收作"官地"，招民认垦，官府贷给牛种，三年后即"永为民业"。⑦ 但由于政府缺乏屯本，再加上工作中种种

---

① 《清世祖实录》卷 43。

② 顺治元年八月二十日，户部尚书英古代议复山东请开垦劝农事启本。

③ 《清世祖实录》卷 11，顺治元年十二月。

④ 《湖南巡抚张懋熺揭贴》，《明清史料·丙编三》，第 608 页。

⑤ 《清朝文献通考》卷 1、卷 51。

⑥ 《康熙会典》卷 24《户部赋役》。

⑦ 《康熙会典》卷 24《户部赋役》。

弊端，这种开垦形式，于顺治十三年即告停办。第二种形式是，将无主荒地分给招徕垦民自行耕种，这是清代垦荒的主要形式。第三种形式是，地方政府把招垦之事交给本地有身家的绅衿富户，由他们"分领其事"，并"借给屯本"给垦户。① 此法在辽东试行过。

顺治年间，各地荒田甚多，流移之民招至后，各地政府把无主荒田分给他们"开垦耕种"，能开多少，即准于开垦多少，不受顷亩限制。顺治九年湖南巡抚李敬在安插江汉回归之民时"今百姓各认原业，竖牌于田；无人认业者，许流移之民，计亩永种"。② 让流民尽力开垦，并没有规定承种数量。这一政策实施结果，为清代造就大量自耕农打下基础。

除了大规模招民垦荒外，清政府还让一部分兵丁屯田垦荒。顺治元年，顺天巡抚宋权建议：除作战兵丁外，每名守备兵给地 50 亩，令其耕种自足。③ 顺治九年，礼部给事中刘余谟上疏，请求把湘、川、两广荒田，分授给投诚兵和驻防兵，择其强壮者为兵，其余老弱者皆令屯田。④ 顺治十三年，清政府还特准当地驻兵，垦种直隶口外闲旷土地，"各边口内旷地，听官兵垦种"⑤。但终因兵屯费用大、成本高、收效差，至顺治末年，已先后告停。

清初在解决垦荒劳动力问题上，与明代相比，显得比较单一，除招垦和兵屯外，缺乏以行政手段推进移民垦荒模式。

2. 调动农民垦荒积极性

把农民招来了，能否使农民回归田亩，又是另一码事。清政府如何做到使农民愿意回归田亩，并积极垦荒的呢？清政府的做法如下。

其一，明确产权。

无主荒地经过垦复后，所有权归谁，这是垦荒中急切需要解决的问题。作为生产劳动者的农民，他们热切地盼望自己能占有一部分土地，因此荒地开垦后的地权归属问题，如果不能得到妥善解决，农民就不愿回到土地上去，垦荒问题就难以解决。顺治十八年，河南御史刘源濬指出：南

---

① 顺治十三年三月二十五日，户部尚书戴明说题复王永祚条陈招垦屯田事。
② 顺治九年六月十八日，户部尚书车克等题复湖南招徕垦荒可于三年后起科事本。
③ 《清世祖实录》卷5，顺治元年六月二十四日。
④ 《清世祖实录》卷67，顺治九年8月十九日。
⑤ 《清朝文献通考》卷1。

阳、汝宁荒地甚多，应急议开垦，但无人承种，"官虽劝耕，民终裹足不前也"。他们分析产生这种现象的原因时指出："无人承种之荒地，[农民]耕熟后，往往有人认业，兴起讼端，官即断明，而资产荡然矣!"①由此造成的状况是：农民垦荒积极性受到严重挫折。清政府对此问题十分重视，对垦户产权问题分情况作了处理。在大多数省份实行：地方政府将本地无主荒地，分给垦户开垦种植，"永准为业"。对个别因长期战乱，人口伤亡十分严重的省份，如四川实行不论有主、无主荒田，自由插占并"永准为业"。顺治十三年（1656），四川巡抚高民瞻宣布：蜀地不论有主、无主荒田，任人开垦，"永给为业"②。至此，产权归属问题基本上得到解决，同时扩大了垦户开垦对象，对促进垦荒工作进展发挥了良好作用。

其二，缓征田赋。

垦荒能否顺利进行，还取决于政府能否给垦民免除一定年限的赋税负担。垦荒是一项投资大、时间长的工程，不是说当年开垦，当年就有收成。如果政府急于升科，就会造成农民未获开垦之利，而先受开垦之害。农民则裹足不前。也就是说，垦荒的头几年，如果政府不能免除垦户赋税负担，农民就不愿回到土地上。顺治年间，山东巡抚夏玉说：开荒垦地，必春耕一犁，当暑一犁，秋间种麦时复耕一犁，"有此耕三耙六之功，始能布种，是望获己在隔年矣"。如果"即行收租，小民未获开荒之利，先受开荒之累"。所以"必且观望不前"。③顺治十三年，四川巡抚高民瞻奏报：他到四川后，大力推行垦荒，并令地方官府招集流移，以实户口。尽管工作很努力，但结果是："迄今数月有余，而复业垦荒者犹是寥寥然，未有成效可观"。他在分析成效不大原因时指出："川北石田瘠薄，年若丰稔，尚足相偿，苟雨旸不时，举终岁勤劳，付之乌有，比及三年又起科矣，是未必食开耕之利，而复愁差粮之犹，此又劝垦之难也。居者恐差粮为累，而不肯疾而开荒；流者愈虑资身无策，而不敢轻于复业也"。④

---

① 《清圣祖实录》卷3，顺治十八年六月。
② 顺治十三年六月初七日，四川巡抚高民瞻题。
③ 顺治十年十月二十二日，山东巡抚夏玉题条陈屯垦事本。
④ 顺治十三年六月初七日，四川巡抚高民瞻题。

为解决垦荒中出现的这种停滞不前的状况，早在顺治元年，方大猷提出过"三年起科"的建议。同年十二月，罗绣锦提出过"三年后量起租课"建议。顺治六年，清政府制定六年后开征的政策："俟耕至六年后，有司官亲察成熟亩数，抚按勘实，奏请奉旨，方议征收钱粮"。但在当时国库空虚、入不敷出情况下，这一规定仅仅是一纸空文而已。所以，顺治十三年时，四川巡抚高民瞻不得不重新奏请："大破成格，以示宽恤，凡其复业者暂准五年之后当差，开荒者暂准五年之后起科"。他认为政府这样做的话，就可使"庶几万哀鸿子遗感我皇上浩荡洪仁，乐于还乡力农，然后地辟财裕，军兴有资"。① 清政府批准四川实行五年起科后不久，又颁布命令："定各省屯田，已行归并有司，即照三年起科事例，广行招垦"②。除四川一省实行五年升科外，三年开征为各直省奉行基本政策。雍正元年定，新开垦土地，"水田仍以六年起科，旱田以十年起科"③ 新规。乾隆五年，高宗指出：有畸零之地，任其闲旷，不致力开垦，主要是农民害怕"报垦则必升科"，"或因承种易滋争讼"。针对上述情况，他下令："凡边省、内地零星土地可以开垦者，嗣后悉听该地民夷垦种，免其升科，并严禁豪强首告争夺"。并要求各省督抚对"何等以上仍令照例升科，何等以下永免升科之处"，"悉心定议具奏"。④ 高宗谕令下达后，各省根据本地情况，分别制定了免于升科规定。⑤ 各地免于升科情况，见《光绪大清会典事例》卷164，这里不赘述。

其三，严禁科派差徭。

顺治六年，政府明文规定："其六年以前，不许开征，不许分毫金派差役"。同时指出，如纵容衙官、衙役、乡约、甲长借端科害，"州县印官无所辞罪"。尽管规定很严，但实际上派差派款之事，所在有之。《通考》曾指出，顺治十八年，"开种之初，杂项杂役仍不能免，此官虽劝垦，而民终裹足不前"⑥。为扭转这种裹足不前的局面，同年，清政府宣布了放宽服徭

---

① 顺治十三年六月初七日，四川巡抚高民瞻题。
② 《清世祖实录》卷102，顺治十三年七月癸丑。
③ 《清世宗实录》卷6，雍正元年四月乙亥。
④ 《清高宗实录》卷123，乾隆五年七月甲午。
⑤ 各省定则，见光绪《大清会典事例》卷164《户部·田赋·免科田地》。
⑥ 《清朝文献通考》卷1《田赋一》。

役期限："如河工、供兵等项差役，给复十年，以示宽大之政"①。

其四，鼓励绅衿地主开垦。

为了加速垦荒的进程，朝廷和地方官都寄希望于绅衿地主投入开垦行列。顺治十年，清政府为了加速满族发祥地开发，特规定："辽东招民开垦至百名者，文授知县，武授守备"②。顺治十三年七月，正当兴屯制度废止之际，清政府又宣布："各省屯田荒地……有殷室人户能开至二千亩以上者，照辽阳招民事例，量为录用"③。同时，顺治十四年，清政府所颁布《垦荒劝惩则例》中，也有奖励地主开垦的规定："文武乡绅垦五十顷以上者，现任者记录，致仕者给匾旌奖"④。这一政策实施后，曾在顺治晚期垦荒中收到一定实效。

其五，纠正康熙晚年、雍正年间虚报捏报弊端。

康熙晚期，虚捏垦额以湖南最为典型。康熙五十三年，钦差瓦特、总督迈柱令民认垦，以足万历年间原额，结果"认垦者尚在未垦"，"因欲足额，更不计其灾荒虚捏也"。⑤ 又如湘乡县被勒认垦额多到 5421.61 顷⑥，善化被勒认垦数也高达 1473.838 顷⑦，益阳被勒认垦额也在 1020.23 顷之多。⑧

雍正年间，捏报、勒垦之风有愈刮愈烈之势，仅雍正十二年，湖北部分州县卫所首报额及劝垦额高达 26135 顷，但其中捏报虚额十分惊人。如郧西县首报垦额为 7830 顷，其中有 6025 顷纯属捏报。捏报虚额占首报的 76.9%；又钟祥等县卫所劝垦额为 5207 顷，这其中虚捏数为 1173 顷。⑨ 虚捏部分占劝垦额 22.5%。河南捏报是由田文镜为巡抚总督以来，苛刻搜求，以严厉相尚，而属员又复承其意旨而造成。雍正年间，河南省先后报垦 9 次，其中田文镜上报 7 次，报垦数额为 13630 顷，占全部报垦额的 94%。

---

① 《清世祖实录》卷3，顺治十八年六月至七月。
② 乾隆《盛京通志》卷23《户口》。
③ 《清世祖实录》卷23，顺治十四年四月壬午。
④ 顺治十四年十一月初九日，直隶总督董天机揭贴。
⑤ 同治《平江县志》卷15。
⑥ 嘉庆《湘乡县志》卷2。
⑦ 彭雨新：《清代土地开垦史》，第68页。
⑧ 嘉庆《益阳县志》卷7。
⑨ 郧西、钟祥首报额、劝垦额、捏报额数计参见彭雨新《清代土地开垦史》，第77页。

田文镜"徒务开垦虚名，小民无受产之益，而受加赋之累"①。其继任者王士俊，却"借垦地之虚名，而成累民之实害"②。据法敏奏，山东邹平等90州县卫所报告抛荒地129146顷69亩余，经逐一查勘，内有积碱未消、浮沙涨漫、山石硗瘠、低洼积水等地共125589顷74亩，俱属难以垦复，其实在可垦地查有3556顷95亩余③。由此看来，实在可垦地仅为报告抛荒地中的2.8%而已。据乾隆十六年（1746），安徽巡抚魏定国称：雍正八、九两年，宿州卫共报垦地30顷，是前任守备李巍畏罹处分，"私勒册书摊派，虚捏报垦，并非实有垦熟之地"④。这个问题四川、广西、福建、山西等省都存在。

由于康雍年间虚报、捏报之风盛行，这一问题一直没有得到很好的解决。直到乾隆当政后，纠正浮夸风才被提到议事日程，并得以解决。

康熙年间，尤其是初期和晚期，在垦荒中都出现捏报、勒垦等上下相欺的现象。如康熙初年，湖南衡阳"牧令争以报垦为功"，"报垦荒田六百余顷，科粮千四百余石，实无所出"⑤。湘乡县捏报包荒粮高达9904余石，而可耕垦地粮仅为4602余石，捏报包荒粮为可耕垦地粮的215%。因而，民困于重征，四处外逃，远者还流落到滇黔，结果"井里成墟，田益荒矣"⑥！江苏崇明亦有这样的情况。康熙十一年，四川抚臣罗森报开垦地5601顷，但"非实在开垦"⑦。从各直省垦荒实际情况看，康熙二年、三年两年共报垦6221.39顷，而康熙四年报垦数却高达36911.66顷⑧。其实，绝大部分只是认垦数，是尚未垦复的荒地。康熙六年，山东道御史王伯勉就曾针对"有司捏垦，妄希议叙，百姓包荒，不堪赔累"情况，提出"以杜冒功虐民之弊"办法，但未能得到重视，户部仅提出"下部议行"⑨ 之

① 《清高宗实录》卷743，乾隆三十三年十月戊午。
② 《清高宗实录》卷7，雍正十三年十一月丙辰。
③ 雍正十二年十二月×日，巡抚山东等处督理营田法敏奏；《户部抄档·地丁题本·山东四》。
④ 乾隆十一年四月二十七日，安徽巡抚魏定国题本。《户部抄档·地丁题本·安徽三》。
⑤ 同治《衡阳县志》卷7。
⑥ 嘉庆《湘乡县志》卷2。
⑦ 康熙二十一年十一月四川巡抚杭爱奏，《东华录》卷7。
⑧ 彭雨新：《清代土地开垦史》，第46页。
⑨ 《清圣祖实录》卷22。

议，从而失去一次纠正浮夸风的机会。

高宗即位后，很快就指出"各省奏报开垦者，多属有名无实，竟成累民之举，而河南尤甚"。① 随即下令"禁虚报开垦"。雍正十三年十月谕称："各直省劝令开垦荒地，以广种作，以资食用，俾无旷土游民，原系良法美意，然必该督抚董率所属官吏实力奉行，毫无粉饰，俾地方实有垦辟之田，民间实受耕获之利，以此造报升科，方于国计民生有所裨益。乃朕见各省督抚题报开垦者，纷纷不一，至于河南一省，所报亩数尤多，而闽省继之。经朕访察，其中多有未实……名为开荒，而实则加赋，非徒无益于地方，而并贻害于百姓也"。并严厉指出，今后"凡造报开垦亩数，务必详加查核，实系垦荒，然后具奏"，"若不痛洗积弊，仍蹈前辙，经朕访闻，必从重处，不稍姑贷"。② 同年大学士朱轼上奏，主要内容有：一是土地开垦已达到了饱和点，在"生齿日繁"之时，"断无可耕之地而任其荒芜者"，因此，不应对现存的荒地作不切实际的估计。二是山田硗确，随垦随荒；江岸河边，坍涨无定，因而新垦之后未尽升科；又瘠薄土地，数亩只纳一亩之粮。这些都不应视为"欺隐"。三是各地报垦多有不实，四川、广西、河南等省情况甚为严重，应速加制止。四是"民间田地正赋，既无定数，何用苛求"，不要孜孜于报垦升科。五是提出停止丈量、首报，恳请开除虚捏田数额。高宗对此奏折十分重视，立即批示："依议""速行"。③ 乾隆元年，高宗又令：将河南"老荒及盐碱、河滩之地，确无可疑者，悉行开除，以慰民望"④。这是顺康雍以来，垦荒政策的一大转变，从以前急功近利、捏报、虚报的浮夸不实作风，转到比较实事求是作风上来。

根据高宗"痛洗积弊"指示，乾隆初年，各省进行一系列清理工作，对从前报垦开荒数额进行审核，豁除捏报、虚报不实之额。如河南省，乾隆元年请豁除虚报、难垦数达8435顷17亩，占雍正十二年、十三年原报老荒、夹荒、盐碱河滩等地22148顷51亩⑤的38%。又如山东，乾隆二年，题请豁免雍正十二年报垦地2177顷9亩4分中的不堪开垦无粮地864顷97

---

① 《清高宗实录》卷5，雍正十三年十月。
② 《清高宗实录》卷4，雍正十三年十月乙亥。
③ 雍正十三年十月×日大学士朱轼上奏。《户部抄档·地丁题本·山西三》。
④ 《清高宗实录》卷13，乾隆元年一月癸巳。
⑤ 乾隆元年×月×日，河南巡抚富德题本。《户部抄档·地丁题本·河南四》。

亩 7 分。① 请求豁免额占报垦额的 39.7%；再如，乾隆初年豁除雍正七至十三年分虚报垦田高达 12440 顷 39 亩 9 分。② 根据《清高宗实录》记载，乾隆初年，豁除康雍（主要是雍正年间）年间捏报、虚报垦田数额高达 48600多顷。乾隆朝纠正浮夸风的政策，不仅对垦荒有很大推动作用，对减轻农民负担也有重要意义。

3. 加强对官吏的考成

垦荒工作能否顺利进行，与官吏作为有很大关系，清政府为奖勤罚懒制定了考成条例。顺治六年，政府宣布："各州县以招民设法劝耕之多寡为优劣，道府以善处责成催督之勤惰为殿最，每岁终，抚按分别具奏，载入考成"。此规定由于过于空泛，操作起来难度很大，顺治七年户部复准河南建议，同意："州县官垦地一百顷以上，纪录一次；若州县与县府所属全无开垦者，各罚俸三个月"。③ 顺治十四年前，清政府为了更好调动各级地方官员督垦的能动性，又拟定了《垦荒劝惩则例》，规定："督抚按一年内垦至二千顷以上者记录，六千顷以上者加升一级。道府垦至一千顷以上者记录，二千顷以上者加升一级。州县垦至一百顷以上者记录，三百顷以上者加升一级。卫所官员垦至五十顷以上者记录，一百顷以上者加升一级"。并严厉指出，"若开垦不实，及开过复荒，新旧官俱分别治罪"。④ 此项考成则例，已见十三年实行，这里所载，应是追认此条例。顺治十三年后，广西、湖南、山西等地官员，皆有依据《垦荒劝惩则例》或有记录一次或加升一级嘉奖，也有受降级惩罚的记载。⑤

4. 清顺康雍乾垦荒数额

在清政府大力推动下，清初大量荒芜的土地，迅速得到恢复。表 1－2至表 1－5 反映了各个时期垦荒情况。

---

① 乾隆二年三月二十六日，山东巡抚法敏题；乾隆十一年二月二十三日，户部尚书海望题。《户部抄档·地丁题本·山东四》。

② 《户部抄档·地丁题本·湖北四》。

③ 康熙《大清会典·户部·土田》。

④ 《清世祖实录》卷108，顺治十四年四目壬午。

⑤ 顺治十六年二月×日，广西巡抚于时跃题本；顺治十三年二月×日湖南监察御史赵祥星题；顺治十三年三月×日，巡抚山西太原等地白如梅奏报。

表1-2 顺治十四年至十八年垦荒数额统计

报垦省份	报垦年份	报垦数额（顷）	资料来源
安徽（庐、阳等府）	顺治十四年	3000.00	《清世祖实录》卷113
湖南	顺治十五年	8259.00	《清世祖实录》卷118
湖南	顺治十八年	2890.72	《清圣祖实录》卷2
河南	顺治十五年	90000.00	《清世祖实录》卷120
山东	顺治十五年	5800.00	《地丁题本·山东四》
广西	顺治十七年	2250.00	《清世祖实录》卷142
广西	顺治十八年	1500.00	《清圣祖实录》卷2
直隶	顺治十八年	1339.69	《清圣祖实录》卷2
合计		115039.41	

表1-3 康熙元年至八年各直省垦荒田数额

省别	各年度报垦额（顷）							
	康熙元年	康熙二年	康熙三年	康熙四年	康熙五年	康熙六年	康熙八年	合计
湖北	4739		1807.00	4600.00				11146.00
湖南	1408.30		11505.07		3811.70			16725.07
云南		1200.00	2459.00					3659.00
河南			19361.00	6680.00				26041.00
贵州			695.15*					695.15
山东				3230.00		122.60		3352.60
江西				2835.00	2835.45			5670.45
广东							10747.66	10747.66
合计	6147.30	1200.00	35827.22	17345.00	6647.15	122.60	10747.66	78036.93

注：*据乾隆七年二月二十三日，监察御史包祚永奏本［《户部抄档·地丁题本》贵州（三）］。

资料来源：参见彭雨新《清代土地开垦史》，中国农业出版社1990年版，第46页。

表 1 - 4 康熙二十八至康熙六十一年部分省区垦地数额　单位：亩

省份	府县卫所等	年份	报垦数	丈出数	报数	资料来源
直隶	昌平县	康熙二十八年			121	《圣祖实录》卷 140
河南	开封府 宜、陈、归、睢 4 卫 汝阳县、确山县 封邱县 邓、新等 7 县 陈州、正阳等 6 州县	康熙二十九年	643.15			
		康熙三十二年	1600			
		康熙二十九—三十二年	3809			《圣祖实录》卷 150
		康熙三十三年	4576			《圣祖实录》卷 160
		康熙三十二年				康熙《开封府志》 卷 14
		康熙二十九—三十三年	577	98	2527	民国《汝阳县志》 卷 4
		康熙三十二年	153			
		康熙二十八年	30			康熙《封邱县志》 卷 4
		康熙二十九年	494.63			
		康熙二十九—三十九年	141.35			
		康熙二十九—三十二年			108.90	《世宗实录》卷 1
		康熙六十年	563		81.16	《世宗实录》卷 17
		康熙六十一年	352			
山东	新泰等 7 县	康熙六十一年	65			《世宗实录》卷 17
江苏	海州山阳	康熙三十二年	1137			《圣祖实录》卷 158
安徽	安、宁、太、庐、 凤、滁、和 7 州县	康熙二十六年	388.15			《圣祖实录》卷 130
安徽	颍州、太湖等 7 县	康熙六十一年	58			《世宗实录》卷 14
江西	进贤等 7 县	康熙六十一年	66			《世宗实录》卷 17
湖南		康熙三十一年		66160		《圣祖实录》卷 155
湖北	蕲州等 13 州县及 荆右、施州 2 卫	康熙六十一年	888			《世宗实录》卷 15
四川		康熙三十一年	88500	88500		《圣祖实录》卷 156
	成都等 8 府、君州 等 5 州及九姓土司	康熙四十二年	1724.61			《圣祖实录》卷 211
	成都等府	康熙五十年			15380	《圣祖实录》卷 248
	成都等 8 府、嘉定 等 4 州	康熙五十九年			1752.58	《圣祖实录》卷 272
广东	钦州等 29 州县卫所	康熙六十一年	142			《世宗实录》卷 9
云南	大理、蒙化 2 府	康熙六十一年	38			《世宗实录》卷 17
合计		康熙二十八— 六十一年	105945.89	154758	19970.64	

表1-5　　　　　　　　　雍正二年各直省耕地面积

省别	耕地面积（亩）	省别	耕地面积（亩）
直隶	70171418	浙江	45885288
奉天	580658	江西	48552851
吉林	—	湖北	55404118
黑龙江	—	湖南	31256116
江苏	69332409	四川	21503313
安徽	34200121	福建	31307100
山西	49242560	台湾	—
山东	99258674	广东	32898409
河南	65904537	广西	8157782
陕西	30654547	云南	6481766
甘肃	21791254	贵州	1454569
新疆	—	总计	724037490

注：1. 康熙六十一年至雍正十三年，各直省报垦总额为69690顷。见彭雨新《清代土地开垦史》第73页表。

2. 乾隆三十三年后新疆各大垦区垦种总数为900800.2亩。

资料来源：梁方仲：《中国历代户口田赋田地统计》乙表61，《清代各朝各直省田地数》中，雍正二年统计数。

下面，我们以山西为例，说明清前期垦荒进展历程。见表1-6。

表1-6　　　　　山西省各府州清前期原额田地和开垦田地统计　　　　　单位：顷

地名	原额和垦额	民地并河滩淤地	屯地	更名地	额外更名地	共地	除额外地以外实共地	备注（各府、直隶州所辖州县）
太原府属	原额（赋役全书载） 垦额（顺治八年至雍正十三年）	52693.65 3558.40	994.36 290.90	1774.38 271.70	568.80 68.53	56030.99 4219.53	55462.39 4151.00	阳曲太原榆次太谷祁县徐沟交城文水苛岚州岚县兴县等
潞安府属	原额 垦额（顺治十二年至乾隆二十九年）	32403.75 4387.34	1048.32 63.05	81.22 6.11		33533.29 4456.50		长治、长子、屯留、襄垣、潞城、壶关、黎城等

地名	原额和垦额	民地并河滩淤地	屯　地	更名地	额外更名地	共地	除额外地以外实共地	备　注（各府、直隶州所辖州县）
汾州府属	原额 垦额（顺治九年至乾隆二十六年）	44617.24 5986.23	366.73 18.89	103.42① 1.55			45087.39 6006.62	汾阳、孝义、平遥、介休、石楼、临县、永宁、州宁等乡
泽州府属	原额 垦额（顺治九年至乾隆二年）	6811.08 1862.20					25386.60 2572.71	凤台、高平、阳城、陵川、沁水各县
辽州直隶州	原额 垦额（顺治七年至雍正六年）	6811.08 1862.20		182.34②			6993.42 1862.20	辽州、和顺、榆社三县
沁州直隶州	原额 垦额（顺治十二年至雍正十二年）	7433.80 2376.40	533.78 66.52	344.10			8311.69 2442.92	沁州、沁源、武乡三县
平定直隶州	原额 垦额（顺治十二年至嘉庆二年）	9715.23 692.71	116.43 114.58				9831.66 807.29	平定州孟县寿阳三县
大同府属	原额 垦额（顺治七年至嘉庆二十年）	19569.08 10792.68	15468.54 2753.88	882.55 596.46	815.90 615.994	36736.07 14759.01	35920.17 14143.02	大同、怀仁、浑源、应州、山阴、阳高天镇、广灵、灵邱等县，并大同府通判、经历司各色地
朔平府属	原额 垦额（顺治十年至乾隆十三年）	2005.61 2727.97	12361.03 8251.37		7203.29 1394.27		21569.93 12373.61	右玉、朔州、左云、平鲁四县及大同中东西四路等地
宁武府属	原额 垦额（顺治九年至乾隆三十一年）	8184.65 4727.85		3107.73 115.36	523.45 10.92		11815.83 4854.53	宁武、神池、偏关、寨县四县

续表

地名	原额和垦额	民地并河滩淤地	屯 地	更名地	额外更名地	共地	除额外地以外实共地	备 注（各府、直隶州所辖州县）
忻州直隶州	原额 垦额（顺治六年至乾隆三十七年）	9578.08 3572.26	602.78 354.99	1210.78 272.49			11391.64 4199.74	忻州、定襄、静乐三县
保德直隶州	原额 垦额（康熙十六年至雍正六年）	742.63 172.62			32.15		742.63 204.77	保德州河曲县
平阳府属	原额 垦额（顺治七年至乾隆三十五年）	42916.19 4363.36	841.05 276.21	440.60 143.96			44197.84 4783.53	临汾、洪洞、浮山、岳阳、曲沃、翼城、太平、襄陵、吉州、汾西、宁乡等县
蒲州府属	原额 垦额（顺治七年至乾隆三十年）	25533.21 4590.61	3476.92 3.15	1068.83 3.07	4.77 123.30	30083.73 4720.13	30081.36 4596.83	永济、临晋、虞乡、荣河、万泉、猗氏等县
解州直隶州	原额 垦额（顺治八年至乾隆二十九年）	20132.38 2921.46	138.43 7.22	182.11 3.48	125.28		20452.92 3057.44	解州、安邑、夏县、平陆、芮城五县
绛州直隶州	原额 垦额（顺治九年至乾隆一年）	28320.36 4601.67	660.64 135.99	563.35 3.96	4.77	29548.71	29543.94 4741.62	绛州、垣曲、闻喜、绛县、稷山、河津等县
霍州直隶州	原额 垦额（顺治八年至雍正八年）	6948.30 1259.72	237.20 1.05	432.25 53.58			7617.75 1314.35	霍州、赵城、灵石三县
隰州直隶州	原额 垦额（顺治七年至雍正十一年）	4204.20 1121.31	521.67 70.94	5.43			4731.30 1192.25	隰州、大宁、永和三县
归化城等七厅	原额 垦额（乾隆元年至五十四年）	29945.90 799.26		513.22			29945.90 1312.48	归化厅、萨拉齐厅、丰镇厅、清水河厅、抚克托城厅、宁远厅和林格尔厅

注：①又36垠。②更名山一座。"额外更名地"栏中有7个注，"除额外地以外实共地"栏有1个注，都略去，特此说明。需要了解所注内容者，请看彭先生原表。

资料来源：彭雨新：《清代土地开垦史资料汇编》，武汉大学出版社1992年版，第364页，表3-26。

第三节　明清两代政府对边疆地区的土地开发

一　明代对边疆地区的开发

1. 明代对"三边"地区的开发

明代对西北三边地区的开发，主要是通过军屯办法进行，即以军队垦种为主，结合百姓垦种。

明初，蒙古势力很强大，而今青海、河湟以外之大部及河西走廊以北及以南地区，实际均长期在蒙古及藏族贵族势力控制之下。① 为了支持边疆防务，增强军队给养，军屯成为当时主要选择。

明代军屯始于洪武初期。洪武三年宁正为河州卫指挥，由于他"勤于招徕，不数年河州遂为乐土"。又"修筑唐旧渠，引河水溉田，开垦田数万顷，兵食饶足"。② 洪武十年，朱元璋遣使"命邓愈发凉州等卫军士分屯碾北〔伯〕、河州等处"。③ 洪武二十五年二月，明太祖从户部尚书赵勉之请，同意陕西临洮等十二卫军事屯田，"每岁所收，谷种外余粮，请以十之二上仓，以给士卒之戍守者。"同时又"命天下卫所军卒，自今以十之七屯种，十之三守城，务尽力开垦以足军食"。④ 至洪武末，凉州、西宁等地粮食生产，不仅足供本地食用，而且可以向其他地区输出。洪武三十年，甘州、山丹等六卫地寒，军伍"每以缺粮为病"，地方当局请"以凉州等卫输官粮，储济其不足"。⑤ 永乐中，河陇屯垦继续发展。永乐四年，河湟分兵屯田，贵德十屯，保安有其四。《循化志》称"屯地共二百一十八顷一十四亩五分一厘，实征粮一千三百八十八石，保安四屯即在其内"⑥。宣德、弘治继续屯垦，至嘉靖时，宁夏地区耕地日辟，计宁夏本镇、灵州、中卫、鸣

① 转见王致中等《中国西北社会经济史研究》，三秦出版社 1996 年版，第 113 页。

② 《明史·宁正传》。

③ 《明太祖实录》卷 112。

④ 《明太祖实录》卷 217。

⑤ 《明太祖实录》卷 249。

⑥ 乾隆《循化志》。转见王致中等《中国西北社会经济史研究》，三秦出版社1996 年版，第 115 页。

沙州四处，共屯田达一万五千余顷。①

民屯。为了解决狭乡人多地少问题，明政府采取将狭乡人民迁往人少地多宽乡进行开垦。洪武三年，徙苏、松、嘉、湖、杭五郡之民，凡四千余户，往朱元璋故乡临濠开种，"就以所种田为己业"②。洪武九年令，对人少地多之乡，"徙五方之人实之"③。洪武十三年，贵德民屯之保安四屯中，吴屯即江南移民，季屯、李屯、脱屯是河州汉民移入者。

犯屯。明初，以罪徙西宁屯田者也不乏其人，"据今民间相传及家谱所载：洪武九年，南京竹市巷居民于春节玩'社火'，有化妆猴子做骑马背者。上闻之，以为污蔑皇后马氏，遂将此巷之民发配西宁屯田"④。

明代，西宁府属各土司均占有大量土地，"备领所部耕牧"。《循化志》称："按土司之先以归附有功，赐以安插之地。明初开创，旷土本多，招募番回开垦，遂据为己有。汉人无田者亦从之佃种，所称土户不尽其部落地。故不曰庄而曰佃，言之皆土司佃户也。"其中韩土司属下，即有所谓思巴佃、麻险佃、江哈佃、营滩佃、那古佃、矢巴佃、达庆佃、甲干佃、扎麻佃、马坰佃等。⑤ 另外，蒙古族、藏族的农业生产也多受政府扶持。如当马牛站辅，正统六年，"严霜早降，秋田无收"，部议同意"免其税粮"⑥ 正统十三年秋，命以东昌府闲地给"舍人锁南奔等二十六人有差，每官授地百二十亩，头目舍人一百亩，达人八十亩"⑦。

至明中后期，屯政遭到严重废坏。这个废坏，正统年间已显现。《明史·食货志》称："自正统后，屯政稍弛，而屯粮犹存三分之二。其后，屯田多为内监、军官占夺，法尽坏。宪宗之世颇议厘复，而视旧所入不能什一矣"⑧。弘治时，"西宁一卫，田土肥饶……多为势家影占"⑨。除此之外，据王致中等研究，战争对河陇地区农业的破坏，实与有明一代相始终。如

---

① 转见王致中等《中国西北社会经济史研究》，三秦出版社 1996 年版，第116 页。

② 太祖《洪武实录》卷 53。

③ 嘉靖《宁夏新志》卷 1《宁夏总镇》。

④ 转见王致中等《中国西北社会经济史研究》，三秦出版社 1996 年版，第116 页。

⑤ 转见王致中等《中国西北社会经济史研究》，三秦出版社 1996 年版，第116 页。

⑥ 《明正统实录》卷 22。

⑦ 《明正统实录》卷 168。

⑧ 《明史·食货志》卷 77。

⑨ 《明弘治实录》卷 151。

宁夏地区洪武初，有灵武口之战、五井之战；宣德间有花果园之战、长流水之战；嘉靖间有蜂窝山之战、沙湖之战、秦坝关之战、打砷口之战等。①长期战争，士兵无暇顾及耕种，另战士伤亡也使劳动力减少，致使屯田逐渐萎缩。尽管西北河陇地区屯垦，在明中后期遭到很大破坏，但从总的趋势看，还是有很大发展，据《明会典》称：陕西都司及行都司所属屯田，永乐时仅为4245672亩，至万历初已近16840404亩，增加了12594732亩。增加部分几乎是原来的3倍。

明代畜牧业也有发展。明政府在西北设立二苑马寺四十八监的牧地，放牧马匹。与此同时，还大力发展民间放牧，如甘肃、西宁地方当局又采取了积极的宽恤优待政策，继续招抚藏民，安插保护。时称"西垂宴然，士歌马腾"，"童子可牧牛羊于嗾野矣"。②

2. 云南地区开发

明王朝建立，给云南开发带来新的生机。30万军队进入云南后，设立了40多个卫130个所，进行屯田，以使"兵自为食"。在此基础上，先后又有来自四川、湖广、西安等地的士卒入滇屯垦。根据《明太祖实录》卷184、卷185、卷187、卷188、卷201资料统计，仅洪武年间，入滇屯垦汉族人数已达43.5万。在进行兵屯同时，明政府还在云南推行民屯和商屯，一方面"移中土大姓以实云南"，一方面实行"盐商中纳"之法，募商屯垦。据统计，有明一代，入滇开发移民有50万之众，都司卫所屯田总数达1117154亩。屯田之外，还有为数不少的民田。据弘治十五年（1503）统计，有民田363135亩，至万历六年（1579）增至1799359亩。两项相加达2916513亩。比元代耕地面积扩大了4.4倍。③

二 清代对边疆地区开发

1. 对西北"三边"地区的开发

清代西北地区的垦殖。明末清初战乱，再加上灾荒肆虐，河陇地区已残破不堪，据总督三边军务孟乔芳称："一寇乱数十年，民化青磷，田鞠茂

---

① 参见王致中等《中国西北社会经济史研究》，三秦出版社1996年版，第119页。
② 乾隆《西宁府新志》，《艺文》。
③ 转见陈庆德《云南民族经济在皇朝中央集权制度的开发进程》，《云南社会科学》1998年第5期。

草，无处不有荒田，无户不有绝丁"。甘州、凉州、宁夏、西宁、兰州、庄浪各地，"民间所耕熟田，不过近城平衍处，其余则荒芜弥望，久无耕耨之迹"。① 加上地方官吏追逼"荒粮"，致使合水县杀戮之余，全县仅剩 666家。更甚者，还有八旗官兵圈占。百姓已无庐舍之恋。如陇南徽县："房地圈占由来之久，加以年岁不登，差派日重，骨髓已空，筋力已尽，支应不能，抗法则不敢，庐舍产业都无可恋，惟有相率携妻子而去"②。这种情景，十分凄凉。

清政府一方面为解决赋税无着问题，另一方面为使农民回归地亩，稳定社会秩序，为此采取一系列恢复经济的措施。如准许垦种无主荒地为永业，如将明藩王土地改为"更名田"，归耕种者所有，又如将屯田改为民田，再者放垦牧苑，等等。

垦种无主荒地，永准为业。顺治六年定："察本地无主荒田，州县官给印信执照，开垦耕种，永准为业"③。同时对垦荒者给予缓征田赋待遇，顺治元年定：垦荒者三年起科，至顺治六年时，因考虑到垦荒艰辛，政府改定六年起科，"俟耕至六年之后，有司官亲察成熟亩数，抚按勘实，奏请奉旨，方议征收钱粮。其六年之前，不许开征，不许分毫金派差徭"④。至乾隆五年，乾隆帝特降谕旨："凡边省内地零星地土，可以开垦者，嗣后，悉听该地民夷垦种"⑤。同年，乾隆帝又下令：凡边省、内地零星地土可以开垦者，"嗣后悉听该地民夷垦种，免其升科，并严禁豪强首告争夺"⑥。

"更名田"。据清赋役册记载，河陇诸府县有明代藩王田土共近 60 万亩，且多膏沃良田。⑦ 清王朝建立以后，废藩王之田产为民产，归耕种者升科纳粮，州县立册，称"更名田"。原为藩王佃户的农户，而今摆脱了贵族的压迫和剥削，成了自耕农，有利于发挥农民生产积极性，有利于西北地

① 乾隆《庆阳府志·艺文》。转见王致中等《中国西北社会经济史研究》，三秦出版社 1996 年版。

② 嘉庆《徽县志》卷 7。转见王致中等《中国西北社会经济史研究》，三秦出版社 1996 年版。

③ 《清世祖实录》卷 43。

④ 《清世祖实录》卷 43。

⑤ 《清高宗实录》卷 123。

⑥ 《清高宗实录》卷 123。

⑦ 转见王致中等《中国西北社会经济史研究》，三秦出版社 1996 年版，第 129 页。

区经济恢复与发展。

改军屯为民地。有明一代，西北地区有大量屯田，而且主要是兵屯。顺治三年定屯田官制，设守备兼营屯田，立千总百总，分理屯田事宜，"改卫军为屯丁"①。同年"又改编凉州卫军为屯丁，免除军名，令种屯地"②。但此项工作直至顺治十二年，还未解决。宁夏巡抚黄图安"条议宁夏积弊疏"称："宁夏屯田，本地屯兵一千名，每岁领饷银六千两，合仓粮六千石，又费官银买给车辆牛只"，屯田所得，"十年份所获，不过收芘粮六千余石，十一年份所获，亦不过九千六百余石。率皆糜谷粗粮，难以充饷，是所获不足抵所食，所领六千金并牛车官费银，俱付之不可问"。又曰"宁镇派往凤翔之五百屯兵"，岁派岁逃，亦害大于利。于是他建言不仅要"化兵为农"，而且要"即变兵为民"，所种田土，"照卫地一律起科"。③

"民屯"在甘属各地极为普遍。如宁、西、甘、肃诸府，几乎全为屯地。至乾隆三十年前后，改屯为世业的过程基本完成。据统计，清代甘属各处屯地达六百余万亩。④ 这些原为国家佃户的农民，在屯地改为民田过程中，变成自耕农，所纳籽粒改租为税，极大地减免了租税负担，有利于调动农民生产积极性，对促进河陇地区农业发展有重要作用。

（1）新疆地区的垦拓

清代，新疆的垦拓始于康熙五十四年，因平定准噶尔战事需求，分别在北路科布多、莫岱察罕瘦尔、鄂尔斋图果尔等处和西路安西、哈密、巴里坤、吐鲁番相继设屯。雍正四年，清廷答应策妄的划界请求，将西、北路大军撤回。北路科布多、鄂尔斋图果尔，西路吐鲁番、巴里坤等屯田也随之放弃。雍正七年，噶尔丹策零犯科舍图卡伦，清廷再次出兵西、北路。因"军需浩繁"，雍正十年时，又在甘、凉、肃州募民兴屯，使西路屯田扩展到凉州镇一带。同时，北躇鄂尔昆—济尔玛台—图拉屯田有了很大发展。据乾隆元年川陕总督刘于义称：雍正十二年，柳林湖报垦 12 万亩，毛目城报垦 18750 亩，三清湾报垦 16180 亩，柔远堡报垦 1923 亩，双树墩报垦 1562 亩，九坝报垦 1186 亩，平川堡报垦 2004 亩，昌林湖报垦 1600 亩，共

---

① 《甘宁清史略正编》卷 14。

② 《清史稿》，《食货一·田制》。

③ 参见王致中等《中国西北社会经济史研究》，三秦出版社 1996 年版，第 129—130 页。

④ 参见王致中等《中国西北社会经济史研究》，三秦出版社 1996 年版，第 130 页。

报垦 163205 亩。① 乾隆元年清准再次议和，清军陆续回撤，吐鲁番、巴里坤、科布多、鄂尔昆等处屯田相继放弃。谓："将原派屯兵撤回差操，以实营伍"②。乾隆二十一年，清军在额尔齐斯设立兵屯，但规模不大。乾隆二十四年，清廷平定天山南北路，西北战事结束，河西无再设置兵屯必要，于是改为民屯，招民认垦。同时，西北屯田重心由北路、西路转移到新疆。但新疆大规模屯田，是在乾隆二十一年清军进入天山南北路以后兴起的。随着准部阿睦尔撒纳反叛平定，以及南疆平定，新疆局势稳定，给新疆的开拓和发展，造就了良好的社会环境。

　　清政府为了开拓和发展新疆经济，乾隆中期以后，发布了一系列优惠政策，鼓励内地人民到新疆垦殖。同时派绿旗军到新疆屯垦，遣送罪犯到新疆开垦等措施，增加新疆劳动力。据统计：乾隆二十七年，应募入疆民户约有 8000 家。③ 乾隆四十三年有 1136 户商民携眷属到新疆认垦。其实来新疆者远非此数，自乾隆二十七年后，几乎每年都有不少民户在各屯区认垦。此外，清廷为了加强伊犁垦区开发，自乾隆二十七年至三十二年，从乌什、叶尔羌、和阗、哈密、吐鲁番等处调来回民 6000 户在此垦种。乾隆年间，新疆垦田数额远不止 900800.2 亩，因为回屯人数在乾隆年间远不止 6000 户，同时，回屯每户所耕种土地也不止 30 亩。由于清政府对新疆回屯人民并没有垦田数额限制，户垦田 30 亩只是新疆一般民户授田面积。回屯户只有纳粮数额规定，回屯户为了保证完纳交粮任务，他们就得尽量多开垦耕地。另外，为了满足新生人口口粮需求，也促使他们尽量扩大垦种面积。更何况乾隆三十一年以后，从内地招募来的民户所垦种耕地，因缺乏资料，也没有计算在内，所以乾隆年间，新疆实际垦田数额要大大多于 90 万亩。

　　到嘉道年间，新疆地区开垦有新的发展：一是天山南路新垦区的开发；二是老垦区的扩大；三是旗屯的设立。

　　（2）天山南路新区开垦

　　天山南路的招垦，最先见于嘉庆十二年，民人魏良灏等 30 户，认垦城

---

　　① 《户部抄档·地丁题本·甘肃四》，乾隆元年十二月二十日，川陕总督兼甘肃巡抚刘於义题。

　　② 《敦煌随笔》卷下《屯田》。

　　③ 参见王希隆《清代西北屯田研究》，兰州大学出版社 1990 年版。

外园地。嘉庆末道光初，白山派和张格尔在浩罕支持下，不断在天山南路作乱，致招垦工作无法进行。道光七年，御史钱仪吉奏请：南路仿照北路"开设屯田"①，以保证官兵粮饷。十一年，将军长龄进一步提出：将喀什噶尔附近的合拉赫依及叶尔羌地区的巴楚克等"西四城可种之地，招民开垦，有愿携眷者，听之"②。喀拉赫依招垦在十二年初见成效。长龄奏曰：屯地"计延袤二百顷有奇，现今已招之五百余人"③。至道光十五年，招集屯民五百六十户，佃耕二百零二顷六十二亩，道光十四年份应征小麦六百零七石全数交仓。④ 巴尔楚克民屯始于道光十二年，叶尔羌办事大臣璧昌与副将唐丰率兵千名，在此烧荒开地、筑城、开渠引水，招民种地。道光十四年，"开田二万四千余亩，共招种地民人三百六十名（户）"⑤。至道光十六年，巴尔楚克屯区已垦出荒地十余万亩。

塔什图毕民屯，始于道光十八年，伊犁将军奕山筹画垦辟塔什图毕地区"拨回户垦种纳粮"。道光十九年，水利工程告竣，可灌地 1644 亩。道光二十一年，布彦泰奏称："塔什图毕三道湾开垦地 924 顷 93 亩"⑥。

（3）老垦区的扩大

老垦区的扩大随处可见，但规模较大的要算锡伯渠南岸的垦辟。嘉庆七年至道光十三年，经过六年不断努力，在伊犁河上游察什查只山口河湾处凿开山崖，建成一条长达百里的新渠，使渠南北八万余亩土地得到开垦，并成为伊犁地区最富庶地方。

（4）旗屯的设立

旗屯之设置，乾隆年间已有动议。⑦ 但直到嘉庆七年才得到实施。将军松筠奏报："现在八旗生齿日繁，应在近水可种之田，于本年四月奏明惠远、惠宁两满城酌派闲散三百六十名分地试种"，当年收成尚佳。此后，在惠远设有八个屯，惠宁城设有四个屯，两城共有旗屯十二个。共计"种植

---

① 《清宣宗实录》卷 125。
② 《清宣宗实录》卷 206。
③ 《清宣宗实录》卷 269。
④ 《清宣宗实录》卷 250。
⑤ 《叶尔羌守城纪略》。
⑥ 《清宣宗实录》卷 250。
⑦ 《新疆治略》卷 6。乾隆二十九年，清政府指示："伊犁田土肥润，如敷多人耕作，莫若令满洲官兵耕种"。

杂粮四万余亩"①。

　　鸦片战争后在伊犁将军布彦泰，特别是林则徐参与筹划下，又兴起一个开辟新高潮。

　　2. 蒙古地区的开垦

　　蒙古的开垦，在乾隆以前已开始。到乾隆十三年，土默特旗、喀喇沁旗被垦的草场已达 277500 亩以上。清政府查知此事后，下令：今后民人"厉行禁入"内蒙古。② 大约在此前后，流民已越边到达西辽河流域的科尔沁左翼草原，在科左前旗私垦者达 300 户，聚居七大屯，在科左中旗，民人聚落 70 村屯。到科左后旗民户，据乾隆五十六年勘查时，已达到 2330 户，开垦"大荒""老荒"达 265648 亩。③

　　3. 西南地区开拓

　　经明末清初长期战乱之后，云南、贵州地区土地荒芜甚多，云贵总督赵廷臣奏称："滇黔田土荒芜，当亟开垦。将有主荒田令本主开垦，无主荒田招民垦种，俱三年起科，该州县给予印票，永为己业"④。雍正八年七月，云贵广西总督鄂尔泰，遵旨酌定乌蒙总兵刘起元条奏苗疆事宜中，其中有一款关于军屯之事："一、乌蒙地广田多，应将无业田地每兵赏给三十亩，或有余了，准其倍给，并量与牛种银两，劝令开垦"⑤。乾隆七年四月，云南总督张允随奏请："嗣后民夷垦种田地，如系山头、地角、坡侧、旱濒，尚无砂石夹杂，在三亩以上者，俟垦有成效，照旱田例，十年之后，以下则升科；若系砂石硗确、不成片段及瘠薄已甚、不能灌溉者，俱长免升科"等，高宗"从之"。⑥

　　雍正九年，张允随首先派员前往昭通府清丈土地，接着便招募该府附近州县的一千余户倮民，每人分给二十亩土地，使其进行垦种。并令云南布政司动支库银二万两采买米石，借给垦户充作当年口粮和籽种，使其"仅忖播种，俾无乏食之虞"。乾隆五年，他重申清政府谕令，鼓励少数民

　　① 《新疆治略》卷 6。
　　② 《东北边政通考》，第 224 页。
　　③ 《吉林通志》卷 1；《户部则例》卷 7《田赋》。
　　④ 《清圣祖实录》卷 1。
　　⑤ 《清世宗实录》卷 96。
　　⑥ 《清高宗实录》卷 165。

族群众开荒垦种，并"严禁豪强首争之弊，俾勤耕力作之穷民无所疑畏"。①
经过鄂尔泰、张允随等大臣努力，云南省耕地面积增加较快，据统计雍正
二年时，全省耕地面积为 7217624 亩，② 至雍正十年，耕地面积增至
7973278 亩，至乾隆三十一年，仅民田一项，耕地就达到 8336351 亩。③ 至
咸丰元年（1851）在册民田增至 9 399 929 亩。④

第四节　山区开发⑤

山区开发，明代就开始，但不多，因为当时土地开垦与人口增长相对
平衡，当时耕地还能承受新增人口压力，故愿意背井离乡者不多。经过清
顺康雍年间土地开垦，到乾嘉年间以后，出现了两种情况：一是平陆地区
的开垦已达到极限，再也无空闲之地可垦；二是人口递增，乾隆年间人口
过两亿，到道光年间又翻了一番，达到四亿之多。人口以几何级数增长，
而土地增长却缓慢得多，人均耕地面积锐减，加之地主兼并土地势头加剧，
丧失土地农民日增，失业农民和新增之民面临缺食困境。在这种情况下，
为了解决新增人口食饭问题，为了解决农村中过剩人口，向山区进军，已
成一种不可遏制的潮流。

就当时而言，山区开发，有许多优越条件：一是山区人口稀少，还有
发展空间；二是山地租金很轻，花上数千钱即可租数沟数岭之地，对手头
上没有多少资金的游民来说是天大好事；三是山区开发，一般田赋轻微，
甚至享受免除升科优惠待遇。如乾隆五年定"陕西所属，地处边陲，山多
田少，凡山头地角欹斜逼窄，砂碛居多，昕民试种，永免升科"。又定"江
西所属，山头地角，开垦地亩数在二亩以下，及山巅水涯，高低不齐，砂
石间杂，坍涨不一者，均免其升科"。还定"浙江所属，临溪傍崖、畸零不

---

① 转见李埏主编《中国封建经济史研究》，云南人民出版社 1987 年版，第 262 页。
② 梁方仲：《中国历代户口田地田赋统计》，上海人民出版社 1980 年版，第
380 页。
③ 《新纂云南通志》卷 138《农业考·屯垦清丈》。
④ 梁方仲：《中国历代户口田地田赋统计》，上海人民出版社 1980 年版，第
380 页。
⑤ 本节写作参见彭雨新《清代土地开垦史》，中国农业出版社 1990 年版，第
138—150 页。

成坵段之硗瘠荒地，听民开垦，免其升科"。① 其他山区情况大致相同。"免其升科"规定，激发了流民垦境积极性。加上很少临时摊派，人民不为赋役所逼，而生活相对安定，也吸引了为赋役所逼、走投无路的农民离开家园，加入垦山队伍。四是是地宜种植五谷杂粮，食能糊口，以及山区物产丰富，既有竹木之饶，可开设木厢厂，亦可开设造纸厂，又有铁矿可供炼铁，盐井可供开凿，便于谋生。正如严如熤所说："（巴山）老林之中，其地辽阔，其所产铁矿、竹箭、木耳、石菌；其所宜苞谷、荞豆、燕麦。而山川险阻，地土硗瘠，故徭粮极微。客民给地主钱数千，即可租种数沟数岭；江、广、黔、楚、川、陕之无业者侨寓其中数以百万计，依亲傍友，垦荒种地，架数椽栖身。岁薄不收则徙去，斯谓之棚民。其种地之外，多资木厢、盐井、铁厂、纸厂、煤厂佣工为生。"② 这些条件对从农村游离出来的农民是有很大吸引力的。在多种因素促成下，一支浩浩荡荡的垦山大军，以锐不可当的势头，向山区进发。下面以陕西、江西、浙江为例加以阐述。

一　陕南地区开垦

据彭雨新先生研究，陕南地区明末清初受战乱影响，破坏极重。康熙年间，陕西省招徕外地流民开垦，汉中一带渐有川、楚、豫、徽等省贫民来垦种谋生。正如严如熤所称：兴安州所属平利、洵阳、白河、紫阳、石泉、汉阴，"从前俱系荒山僻壤，土著无多"。"自乾隆三十七八年以后，因川楚间有歉收处所，穷民就食而来，施即栖谷依崖，开垦度日，而河南、江西、安徽等处贫民亦多携带家室来此认地开荒。"③ 此后山区才逐渐得到开发。

下面根据卢坤《秦疆治略》一书中有关外省移民到陕南山区开垦情况作一概述。

宁陕厅："居民五方杂处，土著者仅有十分之二"。

商州："山地为川楚客民开垦殆尽"。

---

① 　光绪《大靖会典事例》卷164《户部田赋免科田地》。

② 　卓秉恬：《奏陈川陕楚老林情形》；严如熤：《三省边防备览》卷14，《艺文下》。

③ 　严如熤：《兴安升府疏》，《三省边防备览》卷14，《艺文下》。

镇安县："跬步皆山，土著不过十之一二，客民十居八九"。

洛南县："山内皆系川楚客民，开垦地亩"。

山阳县："向来树木丛杂，人烟稀少，不过一万余口，近则各省客民渐来开山，加至十倍之多"。

商南县："跬步皆山，久经开垦……惟客民过多，五方杂处"。

留坝厅："土著民人甚少，大半川楚安徽客民"。

南郑县：汉江以南称为南坝，"多系四川、湖广、江西等处外来客民佃地开荒"。

西乡县："西南巴山老林……流民迁徙其中"。

凤县："土著稀少，多系川、湖九业游民八田地开垦"。

略阳县："东北栈坝、黑河，多川、湖客民五方杂处"。

平利县："民人多系楚蜀迁居之户，全赖开山种地以资生"。

白河县："境内四面皆山，外来佃种者十居六七"。

石泉县："自白莲教乱，富者去而之他，贫者流而为匪，川楚民业之徒纷纷而来，开山种地"。

砖坪厅："土著民少，客户民多……境内皆山，开垦无遗，即山坳石隙无不遍及"。

周至县："向来皆是老林，人迹罕到……近年（嘉庆年间）各省之人俱有，虽深山密箐，有土之处皆开垦无余"。①

这些人迹罕到或原来人烟稀少之地，正由于"流民之入山者……扶老携幼，千百为群，到处络绎不绝"②，原是跬步皆山的老林，经过四川、湖广、江西、安徽等客民辛勤劳动，得到开发，数以百万客民找到落脚地方，为当地经济发展奠定基础。

二　江西山区开垦

江西山区开发较早，明代万历年间，已有本省和外省流民进入袁州、瑞州一带深山区，过着棚户开垦岁月。明末清初大乱期间，一部分棚民参加了农民军，遭到镇压；一部分棚户则转移到深山，维持艰苦生活。山区

---

① 以上资料见卢坤《秦疆治略》。参见彭雨新《清代土地开垦史》，中国农业出版社 1990 年版，第 139—141 页。

② 严如熤：《三省边防备览》卷 11，《策略》。

开发暂时被打断。康熙中期以后，社会经济得到迅速发展，平原旷土垦辟殆尽，一些边界和邻境无地流民，先后结伴而行，来赣垦山耕地度日。① 例如：

武宁县：乾隆年间，"自楚来垦山者万余户，藂蠥密嶂，尽为所据"②。

定南县："定南……实属山多田少……兼之广东无籍穷民来此垦种，异籍环处"③。

宁都县："（宁都）下三乡佃耕者悉属闽人：建宁、宁化之人十七八，上杭、连城居其二"④。

广信府："因山径未塞，附近居民棚户或窃入樵采；佃种人户……多系闽人"⑤。

袁州："昔多旷土，要止耕于平地；自闽、广人至，男女并耕高岗峭壁"⑥。

崇义："侨寓者众，……俗杂五方"⑦。

乾隆十九年，以伍诺玺为首的地方官进山查勘，查知当时山内如螺蛳尾原立禁界之下的"一封书"及芋头坑等处，"凡山头地角靡不开种殆尽"，又"大东坑亦约有零星开田至百余亩……洞门底亦有零开田地其二百余亩"。⑧ 从明隆庆万历年间起，严禁开垦的黄岗山的黄岗洞周围约300里地方，至乾隆中后期，因外围贫民逐渐向内移进，禁区范围缩至100余里。⑨ 嘉庆年间，广信府知府王赓言向上级政府陈述开放禁山有六利，⑩ 此后地方官多主张弛禁。由是嘉庆、道光年间入山者渐多，"高阜处所，种植茶树、山薯、杂粮等物；低洼之地，尽属稻田；或傍崖为屋，或砌石成蹊，谷口崖腰，人烟相接"⑪。

---

① 彭雨新：《清代土地开垦史》，中国农业出版社1990年版，第142页。

② 乾隆《武宁县志》卷10《风俗》。

③ 道光《赣州府志》卷73《艺文·定南县改厅疏》。

④ 《魏季子父集》卷8《与李邑侯书》。

⑤ 胡宝璟：《请仍封禁铜塘山疏》，乾隆二十一年；乾隆《上饶县志》卷5《阨塞》。

⑥ 民国《宜春县志》《风俗》。

⑦ 同治《安南府志》卷2《风俗》。

⑧ 伍诺玺：《请罢弛封禁山议详》，同治《上饶县志》卷5《阨塞》。

⑨ 彭雨新：《清代土地开垦史》，中国农业出版社1990年版，第144页。

⑩ 王赓言：《拟陈封转山利弊禀稿》，见同治《上饶县志》卷5《阨塞》。

⑪ 王恩溥：《禀请铜塘山禁稿》，见《上饶县志》卷5《阨塞》。

从雍正至乾隆前期，各地棚户大量增加，除武宁县"自楚来垦山者万余户"外，宁都在乾隆初年，由于闽人涌入，一时户口大增，"四关居民数万户，丁口十万计"。① 有些地方由于人口猛增，有县升为直隶州者，如宁都是也。有县升为厅者，如莲花县于乾隆七年升为厅，定南县于乾隆三十八年升为厅。②

来到这里的客民，"有土民雇其佣工，地主招其垦田者；有山主利其力作，曲为隐庇者；或种靛麻，或种茶、烟，或佃耕做纸"③。

三　浙江山区开垦

浙江山区开垦，始于邻省无业之民，波及本地民众。如江西贫民多到衢县开垦："西邑流民向多垦山，种苞萝"④。江苏、安徽流民则到相邻昌化县开垦："嘉庆间，江苏棚民垦种苞芦，居人亦荷锄踵接"⑤。与昌化附近的吉安、孝丰、於潜、临安、余杭、分水等县都大肆垦山；浙东的奉化、嵊县、新昌、天台等县也纷纷效尤。原来"棚民"的称号用于外来流民，到嘉庆年间则垦山者已无主客的界限了。于是，山区的开垦不仅耕作线愈益向前推进，而且每一垦区的耕作都在向纵深发展，其趋势非达到"地无遗利"不止。⑥

在各地流民及本地民众大肆开垦下，"浙江各山区，旧有外省游民，搭棚开垦……以致流民日聚，棚厂满山相望"⑦。《处州府志》载："盛世民生蕃衍，凡山谷硗瘠皆垦种番薯、苞粟、靛、菜之属，以牟微利"⑧。"于潜、临安、余杭等县，棚民租山垦种，阡陌相连"⑨。"湖郡南西北三面皆山……外来之人租得荒山，即芟尽草根，兴种番薯、苞芦、花生、芝麻之属，弥

---

① 道光《赣州府志》卷73《艺文》。
② 彭雨新：《清代土地开垦史》，中国农业出版社1990年版，第143页。
③ 《雍正硃批谕旨》裴度奏折。
④ 民国《衢县志》卷6《食货下·农田》。
⑤ 道光《昌化县志》卷3《河洽志》。
⑥ 彭雨新：《清代土地开垦史》，中国农业出版社1990年版，第144页。张鉴等：《雷塘庵主弟子记》卷2。
⑦ 张鉴等：《雷塘庵主弟子记》卷2。
⑧ 光绪《处州府志》卷4《水利》。
⑨ 王凤生：《浙西水利备考》。

山遍谷，到处皆有"①。

第五节　同光年间耕地复垦

清咸丰、同治年间，南方有以太平军为首的农民大起义，西北有少数民族起义，战争持续了20多年。由于起义军遭受清军残酷镇压，以及起义军占领区遭受清军肆意蹂躏，人口伤亡巨大，荒地随处可见，战区出现人亡地荒惨状。

[江苏]战后苏州情况是："官军克苏州后，房舍、桥梁尽被拆毁，十八里中杳无人烟，鸡犬牛马绝迹。自此至无锡，沿途如沙漠，……遗骸积血，望而生畏"②。常州：同治四年时，赵烈文记："至一村，登岸探访，但见白骨狼藉丛莽中……一村民户不啻百余家，觅半日仅睹一妇与二幼童，糜粗粝以为食"③。荒凉景象，让人挥之不去。据同治八年（1869）录华友报道，"江苏太仓州城，连遭贼难，房屋烧毁，几于十之八九，人民离散掳杀过半"④。人口大量减少情况，可从李文治先生汇集的"江苏省11县战前战后人口变动情况表"获知：该表称，其中战后得留原额51%—63%的有5县，即嘉定51%，青浦63%，常熟57%，昭文63%，金匮53%。其余7县皆为17%—37%。如句容26%，吴江37%，无锡21%，江阴31%，溧水17%，高淳29%，丹徒32%。⑤

[安徽]"查安徽全省……地方虽有已复之名，而田亩，多系不耕之土。其尤甚者，或终日不过行人，百里不见炊烟"⑥。皖南宁国、广德两府荒田不下数百万亩。⑦

---

① 同治《湖州府志》卷43《经政略·水利》。

② 《支那之友》1865年1月13日，转见李文治编《中国近代农业史资料》第一辑，生活·读书·新知三联书店1957年版，第148页。

③ 赵烈文：《能静居士日记》二月初四日条，转见李文治编《中国近代农业史资料》第一辑，生活·读书·新知三联书店1957年版，第150页。

④ 己巳年（1869）十二月十九日《上海新报》。

⑤ 李文治编：《中国近代农业史资料》第一辑，生活·读书·新知三联书店1957年版，第151页表。

⑥ 《曾国藩集》卷24《奏稿》。

⑦ 金安清：《皖南垦荒议》，转引自强斋主人编《皇朝经济文编》卷40，《户政八·屯垦》。

[浙江]"粤匪之乱，浙江蹂躏最甚，户口凋零，田畴荒芜。同治五年克复，按各属册报荒芜田、地、山、荡至 112366 顷 74 亩有奇"①。据谭钟麟光绪五年奏报："金、衢、严三属被兵较重，山深土瘠，垦复较难。现据查出田地等项一千一百二十八顷，尚有荒产一万数千顷"②。王韬说："江、浙、皖三省被贼蹂躏之地，几于百里无人烟。其中大半人民死亡，室庐焚毁，田亩无主，荒弃不耕"③。人民大量死亡情况，李文治先生将该省嘉兴府属 7 县（嘉兴、秀水、嘉善、海盐、平湖、石门、桐乡），战前战后丁口作了对比，以道光十八年丁口数为 100 计，至战后同治十二年，所属各县丁口情况是：口（指妇女）为 32%，丁数为 33%④而已。男女人口与道光十八年相比皆减少三分之二。人口减少惨状，令人触目惊心。

[陕西] 同治年间，安定县"兵燹以后，城无居人……荒田满目"⑤。

清政府在应对起义军时，是"竭天下全力以平之"⑥。战乱以后，"财用匮乏"⑦。垦复大量荒芜土地，成为同治、光绪两朝政府重要任务。官员上奏："荒地一年不开，钱粮一年无着"⑧。又有官员称："民不务本，易以为乱"⑨。为了增加田赋收入，为了稳定社会秩序，放荒招垦，成了当时要务。同治元年，谕令各省疆吏于地方收复后，"招集流亡，垦辟地亩"⑩。同治二年谕旨定："所有逆产，自宜查明入官"以及田"给还原主"政策。八年又定："流亡有归业者，为之清还田产，缓其逋租；假以籽种之资，俾有归农之乐；务使兵燹余生，各安旧业，以恤民艰而固根本"⑪。

在政府推动下，复垦取得一些成绩。但由于垦荒政策以保护"原主"

---

① 《浙江省财政说明书·岁入部·收款·田赋》，第 7 页。转见彭雨新《清代土地开垦史》，中国农业出版社 1990 年版，第 236 页。

② 谭钟麟：《各属荒熟田地开单奏报片》，载《谭文勤公奏稿》卷 7。

③ 《平贼议》，载王韬《弢园文录外编》卷 7。

④ 李文治编：《中国近代农业史资料》第一辑，生活·读书·新知三联书店 1957 年版，第 156 页。

⑤ 民国《陕西通志》卷 67。

⑥ 李宗羲：《开县李尚书政书》卷 6，《政书·星变陈宫疏》，第 29 页。

⑦ 《洋务运动》第 3 册，第 525 页。

⑧ 严作霖：《陕卫治略》卷 4，《禀藩抚》。

⑨ 张树声：《张靖达公奏议》卷 3，第 29 页。

⑩ 严中平主编：《中国近代经济史（1840—1984）》下册，人民出版社 1989 年版，第 703 页。

⑪ 《大清会典事例》卷 168《户部·田赋·劝课农桑》。

地产，以及赋税负担重和需用钱买地垦荒，加上水利破坏，使部分地区复垦工作进展缓慢。

江苏省江、常、镇三府至同治八年，已垦熟田不及十分之五。其中江宁府所属七县原额田有 55200 余顷，至同治八年，未垦荒地仍有 3 万多顷。① 句容县，"兵燹以后，荒地虽多，二十年来生聚，行见次第兴复"。《县志》称：道光二十七年有"原额田地一万四千四百四十二顷九十一亩……民赋田七千三百六十三顷五十八亩"。至光绪末，报垦数仅及六成而已。"报垦虽及六成……岁无全稔"。② 据报道：该省至光绪三十一年，农务局还在查荒招垦。③ 彭雨新先生称：据说当时未垦荒地尚有 200 余万亩（多系"虚荒"）。④

浙江杭州府的富阳、余杭、临安、于潜、新城、昌化，湖州府的长兴、孝丰、安吉、武康，严州府的淳安、分水等县，至同治五年，垦复荒田仅占 20%—30%，未垦荒地占 70%—80%。杭州府所属的仁和、钱塘，嘉兴府的嘉兴、秀水、嘉善、海盐、平朝、石门、桐乡，湖州府的乌程、归安，严州府的建德、桐庐、寿昌，金华府的金华、兰溪、汤溪，衢州府的龙游，绍兴府的诸暨等县，至同治五年，未垦荒地占 50%—60%。垦荒进展较好州县，如杭州府的德清，严州府的遂安，金华府的东阳、义乌、永康、武义、浦江，衢州府的西安、开化等县，至同治五年垦熟的荒地也只占 70%—90%。⑤

安徽广德州，据光绪七年《州志》记载："年来田赋渐有起色，悉赖该客民等远来开垦之力。"⑥ 可能是属于复垦较好地方。建平县复垦工作却进展缓慢，据知县汤鼎烜称：至光绪四年，该县"现共计有主无主熟田二万三千六百四亩六分九厘。……荒田，约计尚有十四万亩有奇"⑦。计此估算，

---

① 马新贻：《奏议》卷 7，《招垦荒田酌议办理章程折》，同治八年五月十四日。

② 光绪《续纂句容县志》卷 4《卷之首·凡例》。

③ 光绪三十一年《江苏农务总局查荒招垦详细章程》，《东方杂志》第二卷第七期，《实业》第 119—125 页。

④ 彭雨新：《清代土地开垦史资料汇编》，武汉大学出版社 1992 年版，第 244 页。

⑤ 以上资料见严中平主编《中国近代经济史（1840—1984）》下册，人民出版社 1989 年版，第 802—812 页。

⑥ 彭雨新：《清代土地开垦史资料汇编》，武汉大学出版社 1992 年版，第 242 页。

⑦ 转见陈树平主编《明清农业史资料（1368—1911）》第一册，社会科学文献出版社 2013 年版，第 103 页。

垦熟田地仅占 16.86%，尚有 83% 的荒地未得到垦复。

西北地区少数民族起义被镇压后，政府推行垦复工作做得较好。如陕西安定县，县令江汇川，于同治年间推行垦荒。"汇川始集流亡……贷钱买牛，借谷作种。邻县堡寨，无分畛域，凡叛产荒地无人耕种者，招抚南山客农，携眷开垦。其初至也，荒田满目，阖邑仅数百人，三年后垦地十四万亩，户口增至数万人"①。富平县，"土旷人稀，阖邑丁口约略计之，三去其二。当事筹划垦辟，遂仿南山诸邑招集客民开垦例，于是川、楚无业之氓，全然而至，计口授田"②。同治八年，甘肃陕西所属"庆、泾各属，人民散亡略尽，公（左宗棠）乃分军进驻，选吏士能作苦者官其地，招辑流亡，计口授田，督丁壮及时耕种，给以籽粮农器，险要为官屯，领兵官主之，堡塞为民屯，府、州、县主之，因地所宜，播种粟、糜、荞麦诸种。……而陕西榆、延的董福祥、李双良等降众及饥民亦十七万人，公奏请发部帑十万刃（两），从归化、绥远购粮赈抚，令绥德知州陈瑞芝与刘军将黄万友择老君殿、瓦窑堡、周象岭荒地，移众居之，俾耕垦自给"③。

山西、河南在光绪三年至四年，发生严重旱灾，土地荒芜，人民逃亡，农业生产长期得不到复苏。如山西榆次、霍州、吉州、芮城、荣城、和顺、太平、介休、垣曲、太原以及口外和林格尔等地，至光绪九年，还有很多荒地未垦。

以上这种情况存在，致使某些地区暂时缓解了人与地突出矛盾。

太平天国运动及西北少数民族起义失败后，出现了大量荒地，使一些客民获得土地产权。但由于地主阶级进行大肆反攻倒算，清政府推行维护"原主"产权、没收"逆产"、清理"绝产"的政策驱动下，一些镇压起义军的军功、豪绅、商人乘机侵夺土地，使原来农民起义占领区出现的新型土地占有格局迅速发生逆转。由于地主阶级疯狂夺地，致使有些地区地权占有比农民起义前更为集中。

---

① 民国《陕西通志》卷 67。
② 光绪《富平县志》卷 3。
③ 左宗棠：《左文襄公全集·年谱》卷 5。转见陈树平主编《明清农业史资料（1369—1911）》，第 95 页。

第六节　明清时期的耕地面积

明洪武二十六年全国土田数额为850762368亩，弘治十五年为622805881亩，万历六年为701397628亩。[1] 清顺治十六年为549257700亩，康熙二十四年为607842900亩，雍正二年为723642900亩，乾隆三十一年为780715600亩，嘉庆十七年为792106100亩。[2] 从以上数据看，明代耕地面积以洪武二十六年为高峰，弘治十五年则急剧下降，至万历六年又有较大回升；清代情况似乎与明代有点区别，从顺治至嘉庆年，历朝呈现上升趋势。

中华人民共和国成立以后，对明清两代耕地面积曾经有过热烈的讨论。明代耕地面积讨论，主要分歧集中于弘治朝。共有三种不同说法，《明实录》作800多万顷（十八年以前）；《万历会计录》《大明会典》记为600多万顷；《后湖志》与霍韬《修书陈言疏》作400多万顷。《中国经济通史·明代经济卷》对以前讨论加以概括，即对于史册所载在籍田亩数高低悬殊之成因，一种以为，明代的田土是由行政系统和军事系统分别管理、统计的。"较小的数字是户部综合州县耕地数，较大的数字则为行政系统与军事系统管辖耕地的总和"[3]。另一种认为，除册文讹误、脱漏、欺隐之外，从各个不同时期各种典籍的统计数据看，问题的症结主要在湖广和河南两省的田土数。洪武二十六年，湖广和河南的田土数分别为220余万顷、140余万顷。而到明中叶以后，河南的田土数却只有40余万顷，减少100余万顷；湖广的田土数，在一些史册里则仅存20余万顷，减少200万顷。假如湖广、河南两省的田土数前后大致相当，则南北直隶并各布政司在籍田数，在明初和明中叶以后也就没有多大差异了。[4]

进入明后期，从万历元年（1573）开始，大学士张居正为内阁首辅。他为了挽救明王朝衰退，积极进行政治经济改革。经济改革的一项重要内

---

①　梁方仲：《中国历代户口田地田赋统计》，上海人民出版社1980年版，第334—335页，乙表30。

②　以上数据系根据李文治《中国近代农业史资料》，生活·读书·新知三联书店1957年版，第60页表，在此基础上调整以后的数计。

③　顾诚：《明前期耕地数新探》，《中国社会科学》1986年第4期；《明帝国的疆土管理体制》，《历史研究》1989年第3期。

④　林金树等：《关于明代田土管理系统问题》，《历史研究》1990年第4期。

容，就是加强田土管理，严禁欺隐，以增加国家赋税收入。为此，曾在万历六年对各省的田土进行过一次统计，得"十三布政司并直隶府州实在田土总计七百一万三千九百七十六顷二十八亩"①。万历八年，张居正通令全国各地进行田土统计。丈量后，各省新丈出的田土计 144 余万顷，万历十年田亩数近 850 万顷。明后期两京十三省在册田土 850 余万顷，如果加上各种欺隐以及由于政治腐败等原因所造成之弊端而没有登记入册的田土；再加上两京十三省以外之蒙古、新疆、青海、西藏、东北（辽东地区例外）等边陲地区的田土数，大明帝国当时的耕地面积当为 1000 万顷上下。②

清代耕地面积讨论热点主要在于：一种观点认为，清政府统计数字不实，是被缩小了的数据；另一种观点认为，在没有更充分证据推翻政府统计数字之前，应采纳这一数据。

认为清代耕地面积不实者的意见是：不论南方还是北方，都有折亩现象，少的两亩折一亩，多的六七亩折一亩，乃至八九亩折一亩。除折亩之外，还有隐瞒地亩，"民间往往因为避免政府征税，故意隐匿，不肯实报。官吏虽明知其秘密，但为种种关系，亦不肯据实查报"③。因此，实际耕地面积要远远多于官方统计数。为了弄清这个问题，人们试图从各个角度去探求。如有人以航测中得到数据，推算清代耕地面积总数，也有人以口粮需要量测算耕地面积。这些努力和尝试都是有益的。

清代存在折亩不是什么秘密，如《会典》称：陕西"洛川县地向系八亩四分折正一亩，宜川、延川二县地四亩折正一亩"，"肤施县地五亩折正一亩；甘泉县地三亩折正一亩"。④ 清大臣陆陇其亦称：直隶元氏县"上地每三亩六分七厘四毫折征粮地一亩，至下下地则十一亩折征粮地一亩"⑤。直隶获鹿县清代《编审册》、安徽徽州府祁门县《新丈亲供首状》都有这方面反映。⑥

---

①　万历《大明会典》卷 17《田土》。

②　《中国经济通史·明代经济卷》（上），第 91－96 页。

③　刘世仁：《中国田赋问题》，文海出版社（台）民国二十四年版，第 26 页。史志宏：《清代前期的耕地面积及粮食产量估计》，《中国经济史研究》1989 年第 2 期。

④　雍正《大清会典》卷 27。

⑤　陆陇其：《三鱼堂文集》卷 3，《杂著·寿宁志论》。

⑥　参见江太新《关开清代前期耕地面积之我见》，《中国经济史研究》1995 年第 1 期。

至于隐瞒地亩，尹秦奏报时就曾指出："将成熟之田园，以多报少，欺隐之田，竟倍于报垦之数"①。诸如此类情况，方志在在有之，这里不再赘述。

上述种种情况存在，当然会影响耕地面积不实。但令人遗憾的是，过去探讨这个问题时，回避了三个方面问题：一是关于当时为什么要实行折亩；二是忽视了小亩存在，有清查扩大化偏向，有把山、塘、湖、荡化作耕地的另一方面事实；三是忽视了随着新生人口增多，民宅侵田等事实，忽视自然灾害对耕地的侵蚀；等等。

事实很清楚，清代存在大亩同时，也存在小亩。严可均《铁桥漫稿》云：江苏太湖流域，平畴水田有的 1 亩只有 190 步，斛水田有的 1 亩只有 200 步。② 相对于 240 步为 1 亩而言，这里的一亩只有 0.79 亩或 0.83 亩。很明显这里的小亩是指小于 240 步的亩。乾隆十五年，中央政府为统一天下弓尺，要求各将旧用弓尺报部审核，审查结果"有以三尺二寸为一弓者，有以七尺五寸为一弓者"③，相去悬殊。这种情况，绝非太湖仅有，安徽徽州地区普遍存在。④ 另外，还有卖田者虚报田亩。据雍正元年《清查田粮影射疏》称：直隶、浙江等处田地，多有名为有地，而其实无租税可收者，其大略有四，其中与耕地面积有关的是："从来置田之户多系乡绅富户，其弃田之人贿通置产家人，将高下错差，一概指为美产，往往以九亩作十亩，或以九亩五六分作十亩"⑤。这些事实，被很多研究者忽视。

人口增加，就需增加住房面积，这是人之常情，也是人之常理。清代人口发展十分迅速，乾隆二十七年，全国人口突破 2 亿大关，道光十四年，又突破 4 亿大关。清代习俗是"子壮出分"，出分的子媳则需住房，因此，民宅争地问题十分严重。以前缺乏这方面统计，中华人民共和国成立后有这方面统计资料，如 1957 年至 1986 年，全国累计减少耕地 6.1 亿亩，净减 2.3 亿亩，平均每年净减 790 万亩，仅 1993 年全国耕地就减少 937 万亩，相

①　尹秦：《台湾由粮利弊疏》，载《清经世文编》卷 31。
②　严可均：《铁桥漫稿》卷 2，《杂诗注》。
③　转见刘世仁《中国田赋问题》，文海出版社（台）民国二十四年版。
④　参见江太新《关于清代前期耕地面积之我见》，《中国经济史研究》1995 年第 1 期。
⑤　阙名：《清查田粮影射疏》，见《清经世文编》卷 32。

当于一个青海省的耕地面积。① 减少的面积中，有相当一部分是作为民宅建筑所用。从当代住宅建筑侵田情况，多少也可以反映出清代前期民宅侵田这一事实。

清代经济发展也带动了商业的繁荣，各地的市、镇、墟场（集）都有很大发展。据许檀研究，明代农村集市约 10000 个，清中期发展到至少 22500 个，清末超过 30000 个。如江南，明代苏州府有市 50 个、镇 45 个；至清代，市增加到 56 个，净增 6 个，镇增加至 47 个，净增 2 个。松江府明代有市 20 个、镇 42 个；至清代，市增加至 26 个，净增 6 个，镇增加至 70 个，净增 28 个。② 北方情况也大致相同，如直隶获鹿县，乾隆以前只有 8 个集市，乾隆以后新增设 9 个集市。③ 新增集市倍于前。市、镇、墟场（集）的大量发展，无疑是要占去许多粮田。因此，估计耕地面积时，应充分考虑到这种因素，不能略而不计。

下面，我们来探索折亩和欺隐原因。御史尹秦在《台湾田粮利弊疏》称：台湾"欺隐之田，竟倍于报垦之数"，这是隐匿之故呢？还是官府知情不报呢？实际上，官府是知情的，但不行清查。这是为什么？

请看尹秦的申述："臣等细访，向来任其欺隐，不行清查之故，则其说有五：现征科则，计亩分算，数倍于内地之粮额，若非以多报少，不能完纳正供。此其说一也；台湾沙地，每岁夏秋大雨，山洪奔泻，田园冲为沟壑，而流沙壅积，熟田亦变荒壤，若非以多报少，将何补苴亏缺！此其说二也；台地依山临海，所有田园，并无堤岸保障，海风稍大，咸水涌入，田园卤浸，必俟数年咸味尽去之后，方可耕种，若非以多报少，何以抵纳官粮！此其说三也；台郡土脉炎热，不宜用肥，两三年后力薄寡收，便须荒弃两年，然后耕种，若非以多报少，焉能转换办公？此其说四也；佃丁系漳、泉、潮、惠客民，因贪地宽，可以私垦，故冒险渡台，设使按亩清查，以租作粮，伊等力不能支，势必各回原籍，以致田园荒废，额赋虚悬，此其说五也"④。尹秦所奏五款中，其中第二、第三、第四款直接涉及耕地面积计算问题，尤其是第三款中提到休耕问题，更值得重视，按耕三年，

---

① 李瑞环：《关于农用土地的几个问题》，《汕头日报》1994 年 7 月 2 日。
② 樊树志：《明清江南市镇探微》，复旦大学出版社 1990 年版。
③ 参见江太新《清代获鹿人口试探》，《中国经济史研究》1991 年第 2 期。
④ 尹秦：《台湾田粮利弊疏》，见《清经世文编》卷 31。

轮休二年情况看，每年就有 40% 的土地抛荒，以恢复地力。这部分休耕的土地，就应该排除耕地面积之外，才是合理的，若不把休耕土地除外，必然要夸大耕地面积，这是不可取的。若再把因灾、良田卤浸，需数年后咸味尽去，方能复耕这部分土地亦考虑进去，台湾欺隐之地哪有"竟倍于报垦之数"？因此，我们对某一事物的考察，必须深入下去，探究其根源，不要被表面现象迷惑。像台湾地区的这种情况，其他地方亦照样存在。如陕西巡抚秦承恩在申述陕西为什么要实行折亩时指出："陕西省淹浸不常之地，非系涧侧，即属河滨，水性之坍涨靡常，地亩之出无定……一经冲刷，多被泥淤，岁收实止一二，应请以五亩折正一亩"。同时，他还特别强调，这些"土力硗薄之地，一经播种，若不听其休息，虽多费工力，亦属无收，应请以四亩折正一亩。至于极边寒冷之地，山多土少，风气严寒，虽有人力之劳，籽粒之费，缘土性寒冷生发较迟，收成最薄，应请以三亩折正一亩，"[1] 雅尔图出任河南巡抚后，谈及河南耕地时指出："盖缘豫省土地，有一种沃野之地，年年可耕，即禹贡所谓厥土惟壤也；又有一种硗瘠之地，树艺一两年，则其土无力，不能生发，必另耕一处，将此处培壅一两年，然后复种，如此更番迭换，始得收获，即禹贡所谓下土坟垆也。前人立法，不分高下等则，一体纳粮，止于弓丈之间，准其独大，以恤民力。"[2] 折亩是有客观原因的，在研究耕地面积时，不能忽略这一点。李绂在《条陈广西垦荒事宜疏》中也谈到休耕问题，他说：广西之民"每耕薄地，二三年后而去之，又历数年，地力既复，然后再种，致多荒土"[3]。

还有值得注意的是：冒报。这有两种情况：一是以熟作荒，以熟田之数"符所报之额"；一是以荒作熟，把无法垦种之地，悉入报垦之数，结果"是名为开垦，其实有垦之名无熟之实也"[4]。这种虚悬情况也影响到对清代耕地面积的估计。乾隆初年，政府对此弊端虽加纠正，但彻底与否，则难以说清。

综上所述，我们觉得在无更精确的统计资料时，清代前期耕地面积还是依照官方公布统计资料为宜。或许不是十分准确，毕竟是各省赋税征收

---

① 乾隆五十六年二月初五日，陕西巡抚秦承恩题。《户部抄档·地丁题本·陕西四》。
② 雅尔图：《勘报开垦虚实疏》，乾隆五年，见《清经世文编》卷 34。
③ 李绂：《条陈广西垦荒事宜疏》，见《清经世文编》卷 34。
④ 曹一士：《清核实开垦地盐疏》，见《清经世文编》卷 34。

的依据。比起用其他手段推算出来的耕地面积总是实在些。另，还要注意到的一点是：什么叫耕地面积？耕地面积应指当年实际种植面积。耕地面积应是一个变量，要扣除当年休耕之地，扣除被水冲毁、破沙淹没之地，不宜以垦报之数为依据，尤其不宜以航测之数充之，否则会走向耕地面积扩大化不归之路。耕地面积扩大化既不利于民，也不利于国。耕地面积扩大化，会贻误决策者对人民生计做出适当安排，是不可取的。

第七节　垦荒的成绩及存在问题

明初和清初的政权，都建立在长期战乱之后的废墟上，土地荒芜，人民流离失所，国家财政枯竭。为摆脱这一困境，明初、清初统治者都竭力推行垦荒政策。在中国封建社会里，政府财政收入主要来源靠农业税，也就是说靠耕地面积多少而定，耕地面积扩大，田赋收入就增多，耕地面积缩小，田赋收入就减少。另外，自耕农多少，亦是田赋征收多少指标。这两点已为当时朝野的共识。

明初和清初的人民，在政府优惠的垦荒政策鼓舞下，尽力于田亩，因长期战乱而荒芜的土地，在较短的时间里得到垦复。此后，在新增人口压力下，山区、边区、湖畔、滩地、海岛也相应得到开发。明清两代的垦荒对当时社会经济发展起到重要作用，功不可没。但由于乱垦、泛垦，对生态也起了破坏作用。

一　垦荒成绩

第一，垦荒增加了明清两代政府的财政收入。

元末明初长达20多年的战乱，对农业生产破坏极大，史书称："民无宁居""田地荒芜"，① 这是当时极其深刻的写照。在这种情况下，国家田赋收入严重减少。洪武初年，田赋收入多少不得而知，但经过十余年垦种后，到洪武十四年（1381）时，全国田赋收入：计米麦豆谷才达到26105251石。随着垦荒政策大力推行，10年后，情况就大不相同了，据洪武二十三年统计：米麦豆谷收入已达31607600余石，比洪武十四年增收

---

① 《明太祖实录》卷12、卷17。

21%，至洪武二十六年，田赋收入又增至 32789800 余石。① 比洪武二十三年又增加了 3.7%。国家财政收入得到明显改善。《明史·食货志》载："洪、永、熙、宣之际，百姓充实，府藏衍溢"。或说："府县仓廪蓄积甚丰，至红腐不可食"。

国家财政收入增加，使政府有更多财力推动垦荒政策的实施。如洪武二十一年，迁山西泽、潞二州无田者往彰德、真定、临清、归德、太原诸处闲旷之地垦荒时，明政府"户给钞二十锭，以备农具"。② 二十二年四月，迁浙江杭、湖、温、台及江苏苏（州）、松（江）诸郡民无田者，往淮河迤南滁、和等处就耕时，"官给钞户三十锭，使备农具"③。二十四年二月，遣陕西西安右卫、华阴诸卫官军八千余人往甘肃屯田，给"官田、农器、谷种"④。二十五年闰十二月，命户部遣官于湖广、江西诸郡县买牛二万二千三百余头，"分给山东屯种贫民"⑤。如此事例，洪武、永乐年间十分普遍，这里不赘述。明政府之所以能逐步增加给垦民的补贴，完全是建立在国家田赋增收上，这点是不容置疑的。

财政收入增加，也为明政府由南京迁都北京打下坚实物质基础。同时也为明前期繁荣昌盛、国泰民安打下坚实经济基础。

明末清初长达半个世纪的战乱，社会经济破坏情况比明初有过之而无不及。如山东，顺治九年（1652），据马光辉奏称："所过之处……满目尽为荆榛，四望绝无人迹，荒凉至极"⑥。高民瞻奏及四川情况时指出：昭化县"军民士庶，百不存一二，庐舍田园尽鞠为荒草"，广元县"人民故绝，满道蓬蒿，遍成荆棘"⑦。直隶情况是："地亩荒芜，百姓流亡十居六七"⑧。其他各省荒废情况大致相同。⑨ 刚从废墟上建立起来的清王朝，至顺治八年，全国耕地面积才 2908584.61 公顷，比天启年间 7436319 公顷少了

① 《明太祖实录》卷 140、卷 206、卷 230。

② 《明太祖实录》卷 193。

③ 《明太祖实录》卷 196。

④ 《明太祖实录》卷 207。

⑤ 《明太祖实录》卷 223。

⑥ 顺治九年五月二十八日，直隶总督马光辉题本。转见《历史研究》1981 年第2 期。

⑦ 顺治十六年四月二十四日，四川巡抚高民瞻题。

⑧ 《清世祖实录》卷 12。

⑨ 参见《中国经济通史·清代经济卷》（上），第一章。

4527734.39 顷。若以天启年间全国耕地面积为 100% 的话，顺治八年，全国荒芜的土地还占 60% 以上。由于土地大量荒芜，国家财政收入陷于严重困境。这时国家田赋收入才 14859000 余两，而政府开支却高达 15734000 余两，出入相抵，尚不敷 857000 余两之多。① 清政府为摆脱这一财政危机，稳定十分不安定的社会秩序，首先把垦荒摆在首要地位上。经过顺治、康熙两代不懈努力，随着荒地日益垦复，国家财政收入也日以加增。至康熙六年，清政府已完全摆脱财政危机，扭转入不敷出困境。据统计，这年户部存银已达 2488492 两。康熙八、九两年 "每岁存剩约六七百余万两"。康熙十二年（1673），三藩之乱爆发，军费开支日增，尽管如此，户部仍有库存，如康熙十六年，存银尚有 53077216 两，康熙十七年，存银数额虽有减少，但仍有存银 3339920 两。经过漫长的八年戡乱后，军费开支大减，户部存银激剧增加，至康熙二十五年，户部存银上升到 26052735 两。以康熙三十一年至六十一年的 31 年为例，户部存银都在 300 万两至 400 万两之间，最高年份达 4736 万余两。②

由于财政收支富余，平定三藩之乱，耗时长达八年之久，耗去军费开支高达 1 亿两以上。③ 此后，在平定准噶尔等战争中，军费开支更是高得惊人，但政府财政开支并没出现亏额情况。这些巨额开支主要是来自垦荒的成果。

清政府财政收入增加，国库充实，使清政府有足够财力进行赋税改革和关注人民生活。如康熙五十五年（1716），颁布免除新增人丁丁银，就是一例，至于蠲免赋税之事，康、雍、乾《实录》中俯拾即是，蠲免次数之多，数量之大为历代王朝所仅见。

第二，造就大批自耕农民。

明清两代建立之初，由于大力推行垦荒政策，大量无地和少地人民，重新获得了土地，成了自耕农。如洪武三年，四千余户苏、松、嘉、湖、杭五郡无田者，迁往临濠垦种 "就以所种田为己业"，"三年不征其税"。④ 同年六月，济南府知府陈修及司农官上言，北方郡县近城之地多荒芜，宜

① 顺治九年刘余谟《垦荒兴屯疏》，见《皇朝经世文编》卷 34《户政》。
② 以上存银数见法式善《陶庐杂录》卷 1；《康雍乾户部银库存年存款数》，见《历史档案》1984 年第 4 期；姚文然：《姚端恪公文集》卷 6。
③ 陈锋：《清代军费研究》，武汉大学出版社 1992 年版，第 247 页。
④ 《明太祖实录》卷 53。

招乡民无田者垦辟，"户率十五亩，又给地二亩与之种蔬，有余力者不限顷亩，皆免三年税"，朱元璋同意其奏。① 顾炎武也称："明初承元末大乱之后，山东、河南多是无人之地，洪武中诏'有能开垦者即为永己业'"②。同时还限令富者对土地的兼并。明太祖谕令称："富者不得兼并，若兼并之徒多占田以为己业，而转令贫民佃种者罪之"③。清政府在垦荒政策上，也推行垦者有其田措施，《康熙会典》称：由国家设屯招垦土地，三年后，即"永为民业"④。清顺治年间定：无主荒田，谁开垦为谁的产业。

在明初政府鼓励下，大量的流民回归到土地上，狭乡无地或少地之民，迁徙到宽乡就垦，加上政府抑制兼并、招民佃耕等措施，大量无地或少地农民获得了土地，成为规模庞大的自耕农阶层。据称，明洪武时，迁徙到山东西部、河南、北平三地结合部人口有 100 余万人，南京约 24 万人、临濠 24 万人。⑤ 永乐年间还从山西与山东东部共迁移出 12 万人，安南移出 2 万人。移入居民最多的地方，首推北京，总数为 30 万人左右。据统计，洪武朝移民为 160 余万人（实际可能达到 300 万），永乐朝 35 万人（实际可能达到 60 万人）。⑥ 这些迁往"土旷人稀"之民，获得了自有土地。如徙"沙漠民三万二千八百六十户，屯田北平府管内之地，凡置屯二百五十四（个），开田一千三百四十三顷"⑦。又如云南，在沐英镇守十年，垦田至百万亩，在沐春镇守七年，垦田 30 余万亩，开河灌田数万亩，民复业者五千余户。⑧ 另加上原有自耕农，明前期自耕农广泛存在，占农户绝大多数，为明代经济发展奠定良好的社会基础。

清初，耕地面积仅及天启年间的 39% 而已，60% 以上土地处于荒芜之中，至康熙后期即已垦复完毕。这些荒地大部分由招垦流民开垦，垦地归他们所有。以河北获鹿为例，直至乾隆年间，70% 以上土地为农民所有。安徽休宁，据康熙五十五年《三都十二图（上）编审红册》记载，233 户农

---

① 《明太祖实录》卷 53。
② 顾炎武：《日知录集释》卷 10，《开垦荒地》。
③ 《明太祖实录》卷 62。
④ 《康熙会典》卷 24《户部赋役》。
⑤ 参见林金树等《中国明代经济史》；曹树基《中国移民史》第五卷。
⑥ 转见《中国经济通史·明代经济卷》（上），第 335 页。
⑦ 《明太祖实录》卷 66。
⑧ 《明史》卷 126《沐英传》。

民中，所有耕地为农民所有，这里还没有地主户。四川也有大量自耕农，他们通过插占而成自耕农。① 安徽《霍山县志》记载："中人以下，咸自食其力，薄田数十亩，往往子孙世守之，佃而耕者仅二三"②。这里十之七八都是自耕农。

在封建社会里，自耕农是政府征收田赋的主要承担者，自耕农的多寡，直接影响到国家财政收支的丰歉，以及国家的兴衰和稳定。这点已为学术界所共识。明中期以前，自耕农大量存在，是明中期繁荣昌盛的社会基础；清乾隆中期以前，自耕农大量存在，也是清代康乾盛世最深厚的社会渊源。

第三，缓解了新增人口对粮食需求的压力。

据《明太祖实录》记载，明洪武十四年，全国人口为 59873305 人，③ 至万历二十八年（1600）人口增加到 1.5 亿。④ 也有人估计这时人口为 1.5 亿至 2 亿。⑤ 洪武十四年耕地面积为 36677715 顷。⑥ 至明万历三十年，耕地面积增至 11618948 顷。⑦ 在这 200 多年间，人口增加 2.5 倍，土地却增加将近 3.2 倍，耕地面积增长超过人口增加速度，这对解决新增人口粮食供求关系无疑是一件好事。

顺治八年（1669），全国人丁仅为 10633326 丁；经过顺治、康熙长达七八十年休养生息，至雍正元年（1723），全国人丁上升到 25326307 丁，比顺治八年增加 2.38 倍；到乾隆二十七年（1762），全国人口突破 2 亿大关；到道光十四年（1834），全国人口高达 4 亿之多。人口激剧增长，对粮食需求也激剧增加，为了满足新增人口对粮食的需求，清政府鼓励人民开垦一切可供开垦的土地。在清政府这一政策指导下，基本解决了新增人口口粮的需求。总之虽然生产技术提高、高产作物传播对解决新增人口粮食发挥过作用，但在当时科学技术远不如今天发达情况下，很难把亩产提得

---

① 参见江太新《清初垦荒政策及地权分配情况考察》，《历史研究》1982 军第 5 期；江太新、段雪玉：《论清代前期土地垦拓对社会经济发展的影响》，《中国经济史研究》1996 年第 1 期。

② 光绪《霍山县志》卷 2。

③ 《明太祖实录》卷 140。

④ 何炳棣：《1368—1958 年中国人口研究》，葛剑雄译，上海古籍出版社 1989 年版。

⑤ 王其渠：《明初全国人口考》，《历史研究》1988 年第 1 期。

⑥ 《明太祖实录》卷 140。

⑦ 梁方仲：《中国历代户口田地田赋统计》，上海人民出版社 1980 年版，甲表 63。

很高,解决粮食供求问题,起关键作用的还是耕地面积的垦拓。这点是无可置疑的。

第四,垦荒促进山区和边区的开发。

明清两代,山区不断得到开发,这其中有人口压力问题,也有社会需求增加问题,因而加速了山区开发。

明代山区发展。如荆襄山区,成化七年,已屯聚流民 938000 余人。① 仅勋西一地,迄成化十三年,已新开垦耕地 14300 多顷。② 至明中期,勋西已是"其谷产较洵阳、山阳诸邑"③。到明末,这里"山坞之中,居庐相望,沿流稻畦,高下鳞次,不似山陕间矣"④。汉中山区,"成化年间以来,各省逃移人民,聚集栽植茶株数多……户口日繁,茶园加增不知几处"⑤。嘉靖年间,赣南地区已改变以种水稻为主的较为单一的种植方式,多种经营得到发展。如种植蓝靛、种植杉树已成新兴产业。为不与粮田争地,开发山区成为势所必然。周用说:"搬运谷石,砍伐竹木,及种靛栽杉,烧炭锯板等项,所在有之"⑥。其中种兰靛在此地发展更快,成化末年才传入,"不数年,兰靛之出与汀州无异,商贩亦皆集焉"⑦。到明后期,赣州城南人"种兰作靛,西北大贾岁一至,汛舟而下,州人颇食其利"⑧。至清代仍长盛不衰,康熙《赣州府志》称:"耕山者种此(蓝靛),而赣县山谷尤多"⑨。兴国"靛本草,名蓝靛,俗作靛。……邑产除油烟外,兰利颇饶"⑩。至明末,该地区已成兰靛的主要产地。

清代山区发展。大批流民进入赣西北后,他们租山栽竹,开设纸厂。万载县的情景是"棚栅连络百十里,侨民资竹纸以生"⑪。赣北铜鼓县所生

① 《明宪宗实录》卷 93。

② 《明宪宗实录》卷 167。

③ 严如熤:《三省山内风土杂识》。

④ 徐宏祖:《徐霞客游记》卷 1(下),《游太华山日记》。

⑤ 杨石综:《为修复茶马旧制第二疏》,见《明经世文编》卷 115。

⑥ 周用:《乞专官分守地方疏》,《西江志》卷 146《艺文》。

⑦ 乾隆《泰和县志》,《物产》,引弘治志。

⑧ 天启《赣州府志》,《土产》。《古今图书集成·方舆汇编·职方典》卷 923《赣州府部》。

⑨ 康熙《赣州府志》,《物产》。

⑩ 道光《兴国县志》,《物产》。

⑪ 《邓公岭经行记》,见李荣升《李厚冈集》卷 14。

产的土纸，"通行南北，商贾皆骤"①。进入赣西北流民还种植油茶林，发展茶油业。如靖安"邑人近争种茶子……榨其仁以取油，计一邑之所产，岁取值逾十万缗"②。到清后期，"以金鸡礤至朱源洞口，沿河两边十几里的山上，全部是油茶林……年产茶油在十万斤以上，多的一家超过万斤，少的也有百把斤"。

流民进入山区后，使原来经济落后的山区为之一变，在他们辛勤开发下，经济得到很大发展。又如云南普洱地区的荒山野岭，客民大量迁入后，茶业得到巨大发展，普洱所属六茶山"周八百里，入山作茶者数十万人，茶客收买，运于各处，每盈路"，所产之茶"名重于天下"。③ 陕西、湖北、四川三省交界的巴山老林也得到开发，在此基础上，个体手工作坊向工场手工业发展，棚民"多资木厢、盐井、铁厂、纸厂、煤厂佣工为主"④。新的生产关系在此得到发展。边疆地区由于经济开发，社会经济也得到发展。如新疆乌鲁木齐"商贾辐辏，比之巴里坤城更为殷繁"，昌吉湖、图壁、码纳斯等处"商贾众多，计与乌鲁木齐相似"。"富者出资雇工，尽力承垦"。⑤ 河套地区则"各处都有山东人，或行商、或力田"⑥。东北地区"商贩大贾，南方珍货，十备六七，街肆充溢，车骑照耀，绝非昔日陋劣光景"⑦。台湾在这个时期里，水利事业兴修，农田垦拓，茶业、制糖业都获得巨大进展。据丁绍仪称："比闻台居民，亦多以茶为业，新辟埔地，所植尤繁。"⑧ 郁永河《稗海记游》载："台人植蔗为糖，岁户二三十万，商船购之，以资日本、吕宋诸国"⑨。

山区、海岛及边区开垦，改变了这些地方贫穷、落后的面貌，加速了当地经济、文化的发展，以及民族之间的友好和融合，使这些地区的社会

①　《铜鼓县志通讯》第九期，《铜鼓土纸》，转见曹树基《赣北山区的开发》，《中国农史》1986 第 2 期。

②　《铜鼓县志通讯》第二期，《油茶"王国"与茶油"大王"》，转见曹树基《赣北山区的开发》，《中国农史》1986 第 2 期。

③　檀萃：《滇海虞衡志》卷 11，《草木》。

④　严如熤：《三省边防备览》卷 14，《艺文下》。

⑤　《清经世文编》卷 81《兵政·塞防》下，第 1991 页。

⑥　《清圣祖实录》卷 230。

⑦　转见谢国桢《清初流人开发东北史·结论》，台湾开明书店 1969 年版。

⑧　丁绍仪：《东瀛识略》卷 5。

⑨　乾隆《台湾府志》卷 17。

经济发展与内地社会经济发展一体化过程大大缩短，从而加强了中华民族的凝聚力、向心力。这一历史功绩，值得后人大书特书。①

此外，流民还把先进的生产工具，先进的生产技术，先进的耕作和管理方法，先进的文化、医疗卫生知识等，带去山区、海岛、边区。这些不再赘述。

第五，为明朝"永宣之治"及清朝"康乾盛世"到来，奠定社会经济基础。

明清两代前期，在政府垦荒政策鼓励下，造就了大量自耕农，这不仅使农民过上自食其力生活，而且使国家赋税易收，国库丰廪，国力强盛，市场繁荣，文化昌盛，整个国家呈现政通人和、社会经济欣欣向荣大好局面。

二　垦荒过程中对生态破坏

明清两代垦荒也存在一些严重问题，由于缺乏统筹兼顾原则，过分鼓励垦荒拓土，造成植被破坏、水土流失、水灾连年不断，甚至生态失衡，给社会经济持续发展带来了不良的效果。

1. 山区过度开垦

由于对山区树木乱砍滥伐，不但森林资源受到破坏，植被也受破坏，造成水土大量流失，其结果是天晴则旱，下雨则涝，给当地人民带来很大的苦难。据何乔远说，明万历年间，福建安溪县"田畴陇亩在崇冈复岭间，此其山腹岭足者也。而坡陀延斜以种庶、黍，剞巇垦艺，大雨旁流，无草木根抵为之底障，土坠于溪，而塈几实矣。"② 据明末清初人顾炎武说：湖南、湖北"近年深山穷谷，石陵沙阜，莫不开辟耕耨。然地脉既疏，则沙砾易崩，故每雨则山谷泥沙尽入江流，而江身之浅涩，渚湖之湮平，职此故也。"③ 据安徽道宪杨懋恬奏称："徽属山多田少，棚民租垦山场，由来已久，大约始于前明，沿于国初，盛于乾隆年间"，棚户租山垦种，"以至沙

---

① 江太新、段雪玉：《论清代前期土地垦拓对社会经济发展的影响》，《中国经济史研究》1996 年第 1 期。

② 乾隆《安溪县志》卷 4《风土》。

③ 顾炎武：《天下郡国利病书》卷 74，《湖广三》。

土冲泻，淤塞河道农田。"① 山西"正德前，树木丛茂，民寡薪采，山之诸泉，汇而有盘陀水，流而为昌源河……嘉靖初，流民竟为居室而之木，采无虚岁，而土人且利山之濯濯，垦以为田，寻株代蘖，必铲削无遗，天若暴雨，水无所碍，朝即落南山，而夕即达平壤，延涨冲决，流无所定"②。陕南地区"山民伐林开垦……土既挖松，山又陡峻，夏秋暴雨，水痕条条，只存石骨"③。

　　但大规模垦山活动始于清代，所以清代垦山带来的生态破坏要甚于明代。如陕西、湖北、四川三省交界山区，在明代时已经开始开发，但活动范围有限。由于那时老林还多，"就其深广而言，楚则二竹（竹山、竹溪）、巴（东）、归（州），环绕数万里也；蜀则太平、东乡、开（县）、云（阳）、大宁，环绕数百里也；秦则宝（鸡）、眉（县）、周至、宁陕、孝义、洋县环绕数百里也；蜀秦交界，则巴山界岭绵长数百里也"④。对周边环境还影响不大。进入清中期以后，这些森林又遭破坏，有的甚至开垦殆尽。商南县原是"跬步皆山，久经开垦，并无老林"。凤县"数十年前尽是老林，近已开空"。汉阴"南北两山老林皆垦伐殆尽"。周至县"虽深山密菁，有土之处，皆开垦无余"⑤。大宁等处，清初时尚有环绕数百里老林，至嘉庆、道光时"尽成童山"矣⑥。卢坤称"南山一带，老林开空，每当大雨之时，山水陡涨，夹沙带石而来，沿河地亩屡被冲压"⑦。康熙年间，湘鄂西山区的建始县、长乐县、龙山县、乾州厅，"此前四处树木荫森……今则砍伐无存"⑧。鄂西房县"比年来开垦过多，山渐为童，一经霖雨，浮石冲动，划然下流，沙石交淤，水无所归，旁啮平田……熟田半没于河州，膏腴之壤，竟为石田"⑨。湘赣交界山区，在垦民掠夺下，"山已童秃"，

---

①　道光杨懋恬《查禁棚民案稿》，道光《徽州府志》卷 4 之 2。
②　光绪《山西通志》卷 66，明阎绳方文。
③　嘉庆《汉中府志》卷 21《风俗》。
④　《小方壶舆地丛钞》第六帙。
⑤　严如熤：《老林记》。
⑥　光绪：《大宁县志》卷 3。
⑦　卢坤：《秦疆治略》。
⑧　同治《乾州厅志》《气候》。
⑨　同治《房县志》。

"木皆砍伐"。① 在湘潭交界地甚至出现"非数十年休息，不能下种"② 惨状。《攸县志》也记载："山既开挖，草根皆为锄松，遇雨浮土入田，田被沙压，甚至沙泥石块渐冲渐多，涧溪淤塞，水无来源，田多苦旱……小河既经淤塞，势将沙石冲入大河，节节成滩，处处浅阻，旧有陂塘或被冲坏，沿河田亩，或坍或压"③。森林被砍伐，植被遭破坏，其结果良田变石田。④ 闽浙赣皖山区情况也差不多，如浙江衢州原是山林"郁乎苍苍，参天蔽野"，至道咸时，已是"旷野四郊"⑤ 矣! 奉化："棚民垦山播种，山上浮土夹流而下，凝滞江底，久渐淤塞，每值秋霖冲激，溪流暴涨，众壑争驰，大江无所容其停蓄，于是泛滥四溢，入田亩为害禾稼"⑥。上饶："年年掘动山土，每遇春夏大雨，辄土崩沙涌，阻遏涧溪，塞填陇亩，遂使膏腴变为硗瘠，为害甚巨。"⑦ 森林大量被砍伐，结果水源失去涵养之处，至杭、湖两属各县"每遇大雨，泥沙直下，近于山之良田，尽为沙地；远于山之巨浸，俱为淤泥。以致雨泽稍多，溪湖漫漫，田禾淹没，岁屡不登。至于水遇晴而易涸，旱年之灌溉无由，山有石而无泥"⑧。皖南山区更是"凡崚嶒险峻之处，无不开垦"⑨。由于垦山，造成水土流失、生态破坏者，据陈树平等人编著《明清农业史资料》来看，还有福建浦城县、建阳县，湖北建始县，安徽祁门县、旌德县，浙江湖州，江西上饶县，陕西固始县、西乡县、商州等处。

2. 过度围湖造田

适度围湖造田，可以解决部分耕地紧张问题，是件造福人类之事。但过度围垸，却会阻拦水的去路，酿成严重水灾，淹没良田、家室，或冲毁围坝，洗刷垸田，冲垮楼房，人为鱼鳖，威胁人民生命财产安全。如浙江上虞县，明嘉靖年间，由于民占垦三湖之地过多，且地势渐低，"必泄水方

---

① 同治《攸县志》卷 54《杂识》。
② 乾隆《武宁县志》卷 10《风俗》。
③ 同治《攸县志》卷 54《杂识》。
④ 以上资料来源转见张建民《明清农业垦殖论略》，《中国农史》1990 年第 4 期。
⑤ 汪元方：《请禁棚民开山阻水以杜后患疏》，《道咸同光奏议》卷 29。又见《皇朝经世文续编》卷 39。
⑥ 光绪《奉化县志》，《水利》。
⑦ 同治《上饶县志》卷 10《土产》。
⑧ 汪元方：《请禁棚民开山阻水以杜后患疏》，《道咸同光奏议》卷 29。
⑨ 道光《徽州府志》卷 4《营建·水利》。

可布种，因大开孔坝昔闸，以致湖水少蓄，灌溉无资，一遇旱魃，五乡遂致啼饥。"① 江苏丹阳县，过度围湖造田，致使"练湖涓滴无存，湖旁民田悉为荒瘠。"② 下面以湖南、湖北围垸为例，对滥围湖造田危害作进一步分析。

两湖围湖造田，在明清两代有很大发展，据《华容县志》称：明初有六十八垸，正统时，大水后修复为四十八垸，其后"增至百余区"③。据万历《湖广总志》称："大泽重湖，居民各自为垸，故南则陶湖、牛埠，北则太平马猖，西则自伏、咸林，东则荷湖、黄汉等，凡百余垸"④。据嘉靖《沔阳州志》称："沔居泽中，土惟涂泥……故民田必因高下修堤障之，大者轮广数十里，小者十余里，谓之曰垸，如是百余区"⑤。到清代，围湖造田又有大的发展，据张建民研究，仅乾隆朝，潜江之围垸达 156 处，沔阳135 处，天门 109 处，汉川 44 处，江陵 150 处上下，孝感 56 处，湘阴 133处，益阳 108 处，沅江 98 处，龙阳 74 处，里州 30 处，华容 33 处。⑥ 其中沔阳围垦面积达四百余万亩。⑦ 江汉湖区的水面积由全盛时期的 26000 平方公里，到清末只剩 10000 平方公里，湖面减少了 61.5%。从 1825 年至 1896年 70 年间，洞庭湖水面积就缩小近 600 平方公里。其他地区水域被围垦情况尚没计算在内。⑧

大规模的、盲目的围垦水域，势必导致河湖水面的缩小，阻拦水流的去路，而酿成严重灾害。这种情形在明嘉靖前即已出现，《沔阳州志》记载："垸益多，水益迫……水至不得宽缓"⑨ 的情况已经发生。万历《湖广总志》称，时川、汉两水，每遇夏秋则交涨泛滥于荆州、承天（安陆府）、沔阳、武昌、汉阳之间，"沃壤千里悉成巨浸，虽筑堤浚冗，岁费不下万

---

① 顾炎武：《天下郡国利病书》卷 85，第 26 页。

② 《清圣祖实录》卷 239。

③ 康熙《华容县志》卷 3《水防》。

④ 万历《湖广总志》卷 33《堤防考》。

⑤ 嘉靖《沔阳州志》卷 8《河防》。

⑥ 张建民：《清代江汉——洞庭湖区堤垸农田的发展及其综合考察》，《中国农史》1987 年第 2 期。

⑦ 参见张建民《明清农业垦殖论略》，《中国农史》1990 年第 4 期。

⑧ 参见张建民《明清农业垦殖论略》，《中国农史》1990 年第 4 期。

⑨ 嘉靖《沔阳州志》卷 8《河防》。

金，竟委之泥沙……田地荒莱者过半，庐舍坟冢多成故墟，至有百里无人烟者"①。至清代，情况则更为严重，《汉阳府志》云：江汉平原"处处岸崩，在在堤决，水天一色，川原莫辨，鱼游畎亩，田地悉归河泊"②。洞庭湖垸田区则是"鞠为墟薮，莽无阡陌"，"异时堤而防之为田者，今已归还洞庭，无复人烟矣"。③ 人与水争地为利，其结果是"水必与人有地为殃"④。因水患频频发生，史称："水患无岁无之"或"无岁不有冲决之患"。⑤

表 1－7 为元、明、清三代江汉湖区部分州县水患情况。

表 1－7   元、明、清三代江汉湖区部分州县水患情况

州县	元		明		清		备注
	90 年	每次水患相隔年数	276 年	每次水患相隔年数	268 年	每次水患相隔年数	
平均数	—	47.3	—	21.3	—	6.7	
汉阳	2	45.0	20	13.8	27	9.9	同治《汉阳县志》卷4
汉川	4	22.5	69	4.0	112	2.4	同治《汉川县志》卷14
沔阳	4	22.5	25	11.0	115	2.3	光绪《沔阳州志》卷1
天门	2	45.0	18	15.3	23	11.7	道光《天门县志》卷15
潜江	2	45.0	27	10.2	69	3.9	光绪《潜江县志》卷2
监利	1	90.0	10	27.6	52	5.2	同治《监利县志》卷12
江陵	—	—	—	—	82	3.3	新编《江陵县水利志》
公安	5	18.0	14	19.7	40	6.7	同治《公安县志》卷3
石首	1	90.0	4	69.0	18	14.9	同治《石首县志》卷3

注：每次水患相隔年数中小数点后，只取一位数，其余数采取四舍五入法。

从表 1－7 可以看到，江汉地区水患有逐个朝代增加情况，以简单平均值计，元代时每州县平均47.3 年发生一次水灾；明代时每州县平均21.3 年发生一次水患；清代时每州县平均6.7 年发生一次水患。到有清一代，水患

---

① 万历《湖广总志》卷 32《水利上》。
② 万历《湖广总志》卷 32《水利上》。
③ 同治《武陵县志》卷 16；光绪《华容县志》卷 14。
④ 彭树葵：《陈湖北水道疏》，见《皇清奏议》卷 44。
⑤ 同治《汉川县志》卷 22《杂识》。

频繁情况，明显高于元、明两代。这种情况与围垸造田增加趋势大体一致。

我们在这里总结明清两代因盲目开山为田、过度围湖造田造成生态环境严重破坏情况，其目的不是指责前人，而是希望通过对前人所走过的路进行总结，得出利弊，对我们今后的工作有借鉴作用。"以史为鉴"，使我们国家在今后经济建设中既做到发展经济，又保护好自然环境。也就是说一切生产活动都要讲科学，都要在一定"度"内进行，使青山常在，绿水长流，空气清新，为社会经济持续发展奠定更坚实的基础，为建设人们乐于居住的山清水秀的美丽家园做更多贡献。

三　对生态维护

在垦荒实践过程中，明清两代政府以及民间的有识之士开始意识到滥垦会破坏局部地区，乃至大范围的生态平衡。明嘉靖年间，浙江上虞县民过度围湖造田，"以致湖水少蓄，灌溉无资，一遇旱魃，五乡遂致啼饥"，以致乡民上告。[①]　浙江慈溪县围湖造田之风，在明代已很兴盛，"万历十五年以后，几乎无一年不断改正爬平，而仍无一年不控告占垦"。宁波太守宋湘文认为，占湖为田危害甚大。他说："占湖为田，一遇旱年，多占一亩湖田，即少一亩湖水，此其害也"[②]。万历年间，何乔远谈到福建安溪地方垦殖时说：田畴陇亩多在崇冈复岭间，此其山腹岭足者也。他认为，这样的垦种，对环境还不至于构成危害。但在"坡陀延斜以种蔗、黍，剞巇垦艺，大雨旁流，无草木根抵为之底障，土坠于溪，而壑几实矣"，[③] 指出坡地植被破坏，以致溪流堵塞。明末清初人顾炎武指出：湖北、湖南江流浅涩、渚湖湮平，其原因是植被破坏。他说："近年深山穷谷，石陵沙阜，莫不开辟耕耨。然地脉既疏，则沙砾易崩，故每雨则山谷泥沙尽入江流，而江身之浅涩，渚湖之湮平，职此故也"[④]。到清代，人们对滥围湖造田之害深有感受，《丹阳县志》称：康熙年间，该县滥围湖造田，造成"岁有旱干之患，害不可胜言矣。"[⑤] 乾隆年间，直隶总督方观承作出决定："不许淀沽下

---

① 顾炎武：《天下郡国利病书》卷85。

② 光绪八年三月初一日《新报毁工种桑策》。见陈树平主编《明清农业史资料（1368—1911）》第一册，社会科学文献出版社2013年版，第163页

③ 乾隆《安溪县志》卷4《风土》。

④ 顾炎武：《天下郡国利病书》卷74，《湖广三》。

⑤ 光绪《丹阳县志》卷3《水利》。

游，民间私垦"①。康熙四十八年，户部议覆：江苏巡抚于准疏言，丹阳县练湖一区，冬春可泄水济运，夏秋可灌民田，自康熙二十年间，抚臣慕天颜题请上湖之地佃种升科，部议准行。"历年以来，奸民图利，将下湖之地亦渐次佃种升科，练湖消滴无存，湖旁民田悉成荒瘠矣。今请改下湖升科之田，复全蓄水为湖，可资千顷灌溉，利益民生，兼济漕运。"② 河北任县志称："愚民贪一时之利，喜于占耕；有司求一己之功，矜言垦辟。殊不思多一分耕耘之地，即少一分容受之区，大水时至，仍为泽国，田庐被没"③。政府对植被破坏也有所认识。乾隆七年，朝廷在"训督抚董率州县经画地利"谕示中，便提出"至于竭泽焚林，并山泽树蓄一切侵盗等事，应行禁饬申理之处，转饬地方官实力奉行，该督抚不时稽查"④ 要求。为了纠正垦荒中所出的偏差，政府及民间有识之士纷纷提出纠正乱垦及乱围湖建议，开始着手解决滥垦问题。

1. 查禁

万历元年，浙江上虞县乡民王茂贞上奏，得旨下工部，咨移两台行会稽知县杨维新、上虞知县林廷植会勘，调查后称："小民因将近田湖地屡次占种，为经奏勘，立碑禁革"⑤。雍正元年，河道总督就山东汶上县、东平羽卜、骄宁州、鱼台县、滕县、峄县各处湖泊围垦之事作了规定："除垦熟田亩外，丈量立界，严禁侵占"⑥乾隆十一年，湖南巡抚杨锡绂上疏："请严池塘改田之禁"，提出"若自今以往，严行禁止，于东南各省甚为有益"。⑦ 随后，户部议准了杨锡绂建议，下令"官地民田，凡有关水道之蓄泄者，一概不许报垦，倘有自持己业，私将塘池陂泽改垦良田，有碍他处民田者，查出严惩"⑧。乾隆十三年，湖北巡抚彭树葵就任后，接到高宗皇帝一道上谕，要他"将湖河滩地禁止侵占一案，作何办理之处，查明呈

---

① 吴熊光：《伊江笔录》上编。

② 《清圣祖实录》卷 239。

③ 民国《任县志》卷 1。

④ 《清高宗实录》卷 169。转见郭松义《民命所系：清代的农业和农民》，中国农业出版社 2010 年版，第 387 页。

⑤ 顾炎武：《天下郡国利病书》卷 85。

⑥ 宣统《山东通志》卷 74。

⑦ 杨锡绂：《请严池塘改田之禁疏》，见《清经世文编》卷 38《户政》。

⑧ 光绪《大清会典事例》卷 166《户部·田赋·开垦一》。

奏"。他的查处办法是："现在惟有檄饬各州县，于冬春之际，亲行履勘，将阖邑所有现垸若干，各依土名查清造册……嗣后，即以此次所查，著为定数，听民安业，此外永远不许私自加增"。① 乾隆二十八年六月十四日，高宗就陈宏谋奏请严滨湖私筑之禁一折，传谕湖南继任巡抚乔光烈，要他"每年亲行查勘，间一二岁，即将有无占筑情形详悉具奏，永以为例"②。乾隆五十三年，因萧姓多年来在窖金洲上种芦苇，阻遏江流，以致荆州邵城万城堤溃，遭受一次严重的水灾。此事发生后，高宗下令各省督抚："嗣后凡滨临江海河湖处所沙涨地亩，除实在无关利病者，毋庸查办外，如有似窖金洲之阻遏水道致为堤工地方之害者，断不准其任意开垦，妄报升科，如该处民人冒请认种，以酿成水患，即照萧姓之例，严治其罪，并将代为详题之地方等官一并从严治罪，决不姑贷"③。嘉庆二十年，户部决定："浙江省棚民……俱不准再种苞芦，致碍农田水利。……此次清厘后，不准再有增添。如本地人民将公共山场，不告知合业之人，私招异籍民人搭棚开垦者，招租之人照子孙盗卖祀产例，承租之人照占官民山场律治罪"。④ 道光十六年九月癸末，宣宗皇帝命令江抚陶澍等"严饬所属各州县，于棚民垦种处所设法严密管束，或宽预期限，令其渐回本乡。其未经开垦之山，著即严行查禁"⑤。道光三十年，汪元方奏请"相应请旨饬浙江抚臣转饬有棚民之各县，将未开之山出示禁止，设有违禁私卖私开，准里保山邻举发，棚民业户与中保分别严惩"⑥。

2. 刨垸

对那些禁而不止，又有阻遏水道的私垸，政府的办法是"刨垸"。明正统十一年，巡抚直隶工部左侍郎周忱奏：应天、镇江、太平、宁国诸府，旧有石臼等湖，不得耕种，是以每遇山溪泛涨，水有所泄，不为民患。"近者富豪之家，筑成圩田，排遏湖水。每遇水涨，患即及民，宜悉平之"。正

① 彭树葵：《查禁私垸滩地疏》，见《清经世文编》卷 117《工政廿三》。
② 贺熙龄：《请查滨湖私垸永禁私筑疏》，《清经世文编》卷 39《工政十一》。
③ 光绪《大清会典事例》卷 166《户部·田赋·开垦一》。
④ 光绪《大清会典事例》卷 158《户部·户口》。
⑤ 《清宣宗实录》卷 288。
⑥ 汪元方：《请禁棚民开山阻水以杜后患疏》，见《道咸同光奏议》卷 29。又见《皇朝经世文续编》卷 39。

统帝批示："从之"。① 明万历二年，对浙江上虞县过度围湖筑垸问题，政府作了规定："嘉靖三十九年以后占种，议令复退为湖。……上虞县查照原议筑塞孔坝闸，修理小穴等闸，每闸设闸夫二名，湖东湖西老人二名，以司启闭。会稽沟闸仍旧为便，不许支移。备将改正退湖缘由，刻立石碑，以垂永久。"② 据宁波宋湘文太守称：自万历十五年以后，"几乎无一年不断改正爬平，而仍无一年不控告占垦"③。尽管成效很小，但说明政府已经看到乱围垸的害处。乾隆二十八年，清政府在湖南、湖北两省进行围田勘查，以乾隆二十八年前为界，凡二十八年前围垸，"未经列入应毁应留册内"的，"应兑刨毁"④。列入应毁册的，就毫不留情刨毁。如湖南长沙县，在二十八年勘查时，石株围、团头围即"勘明刨毁"⑤。嘉庆七年，马慧裕在《湖田占水疏》奏折中报告："查湖南滨湖十州县，共官围百五十五，民围二百九十八，刨毁私围六十七，存留私围九十一"⑥。道光五年，湖南布政使贺熙龄在《请查滨湖私垸永禁私筑疏》中，再次呼吁清廷："请旨敕下湖南巡抚，严禁私垸，每岁责成地方水利各官详悉查勘，如有新筑围田阻碍水道之处，即行刨毁，若有受贿存留，朦混结报者，查出参处"⑦。

3. 对保留下来的围垸，政府则要求加固堤障

对围垸的安全，清朝政府极为关注，龙阳（今汉寿县）围垸曾于康熙七、八两年大修，至雍正六年又"奉旨发帑修筑，每堤障加高三尺，加宽五尺"；武陵（今常德市）也于康熙二十一年和雍正六年增修，雍正六年也是由政府拨款修筑。⑧ 沅阳县是有名水患区，顺、康、雍正三代共92年间，水灾达42次，频率为45.7%。经过雍正年间增修堤垸，以后又每年加固，因而抵御水患能力有所提高，乾、嘉、道115年中，该县水患共40次，频

---

① 《明正统实录》卷145。
② 顾炎武：《天下郡国利病书》卷85。
③ 光绪八年三月初一日《新报·毁土种桑策》。转见陈树平主编《明清农业史资料（1368—1911）》第一册，社会科学文献出版社2013年版，第163页（以后引该著时，不再列出版社及出版时间，特此声明）。
④ 同治《长沙县志》卷6《水利》。
⑤ 同治《长沙县志》卷6《水利》。
⑥ 马慧裕：《湖田占水疏》，《清经世文编》卷177《工政·各省水利四》。
⑦ 贺熙龄：《请查滨湖私垸永禁私筑疏》，《清经世文续编》卷38《工政十一》。
⑧ 雍正《湖广通志》卷21《水利》。

率为34.8%。特别是嘉庆二十五年内，受灾仅4次，频率为16%。① 湖北汉川县"民则勤事堤防，故曰以堤为命"②。

4. 退耕还林

对租期已满退垦之山，政府决定退耕还林，禁止继续垦种。嘉庆三年，陕西西乡县代理知县方溥恩："劝谕后山居民不许垦种"，六年知县张槐传发布规定："永将北山封禁，以绝后患。各山地主情愿遵谕，不再开挖，各栽桐漆等树，立为碑记"。③ 江浙、安徽之民，早在乾隆年间，便到皖南徽州一带垦山，嘉庆十一年，官方下令禁止垦山，但效果不佳。道光四年，两江总督陶澍发布命令，决定棚民租满退山之后，"不得仍种苞芦，改种茶杉，增蓄柴薪，以免坍泻"④。除了禁垦和退耕还林外，道光五年，陈盛韶提出进一步解决垦山方法："惟山近溪河，谕令沿山存脚开沟，方准垦种，庶几两全"⑤。道光前期，福建建阳县志作者提出："今欲使田无水旱，推于未经垦种之山，力行禁止，以弭患于未然。其已垦种者，设法更易，如张益公之拔茶植桑，庶九们成沃壤，岁岁丰稔矣。"⑥ 陕西西乡县知县张廷槐，在道光六年下令："永将北山封禁"，同时"各栽桐漆等树"，并"立为碑记"。⑦

5. 民间对生态维护

安徽徽州地区，遗留下来许多碑刻，其中有部分是禁砍碑，内容是禁乱砍滥伐树木、禁开荒。众议对乱砍滥伐树木或开荒者进行惩治：罚戏、罚银，以维护家乡青山绿水。康熙三十三年，徽州休宁县沂川村《立山养石碑记》条文称：水口山场禁止砍伐树木，违者罚戏一台，罚银一两。知风报者，赏银五钱，有意包庇或是徇私舞弊的同样罚银五钱。乾隆二十七年，婺源县漳村立碑，禁止砍伐来龙山场，倘有不法棍徒擅敢砍伐，罚戏外，还要据实赴县具禀，以凭严拿。乾隆四十七年，婺源思口立碑约定：

---

① 参见张建民《清代湖北的洪涝灾害》，《江淮论坛》1984年第10期。

② 田宗汉：《汉川图记征实》卷3。转见陈树平主编《明清农业史资料（1368—1911）》第一册，第167页。

③ 民国《陕西通志》卷60。

④ 《陶文毅公全集》卷26。

⑤ 陈盛韶：《问俗录》卷1。

⑥ 道光《建阳县志》卷2。

⑦ 民国《陕西通志》卷60。

禁内外人等不得入山砍烧，并攀枝摘叶。犯者，罚戏一台。嘉庆二年，祁门县历口镇环砂村立"永禁碑"，对乱砍滥伐盗、毁林垦荒、砍树挖根等严重破坏山林资源行为，进行禁革。该村 22 位村民，公议订立"养山合墨文约"。对违犯者罚戏处分。嘉庆十八年，祁门新安乡叶源村树"勒石永禁"碑，内容是禁止砍伐坟林、水口上的树木、河洲两岸蓄养树木，苗山不许樫斫，禁止赌博等。违者罚款罚戏。有人认为，由于历代村民自觉遵守乡规文约，如今祁门县渚口乡滩下水口林，成了徽州水口林一道亮丽的风景。光绪二十七年，婺源延村定章程：禁止人来龙山伐木取土，如敢故违，定行照章议罚。[①] 以上事例说明，不能说民间对维护生态平衡没有认识，没有作为。客观地说，百姓对维护生态还发挥不小作用，中国遗留下来的许许多多古村落，都是山清水秀，这是历史见证。

从以上所述，可看到明清两代政府，甚至部分村民对乱伐树、滥开垦、滥围垸所造成的生态失衡是有一定认识的，也采取一定措施来保护生态平衡。至于是否做得很好，则另当别论。随着人们对生态环境重要性认识不断提高，对生态平衡要求更加迫切，希望从总结垦荒过程中得出经验和教训，这是科学的态度，也符合今天建设山清水秀家园要求，应当提倡。有文章认为，明清两代政府对保护生态环境毫无认识，这种看法不够全面，也是经不起推敲的。作为对历史事件的评价，应尊重历史，多方面发掘资料，根据事实做出判断，实事求是地对问题进行总结，提请后来者不要重蹈覆辙，应爱护家园，绝不能把历史当作一个小姑娘，想怎么打扮就怎么打扮，更不能因追风、抢风头，而枉顾事实，这些都是不可取的，也是不严肃的。只有这样，社会才能进步，后来者才会少走弯路。我们的经济建设才能得以持续发展，为人民谋取最大化利益。

四　本章小结

1. 本章中心是垦荒

垦荒需要劳动力资源，所以如何把流移人口吸引至垦荒上来，就成了十分重要的问题。高层制定政策时，必须要关注垦民关切，了解垦民关切，在国家利益和个人利益之间选择时，政策应更多向垦民倾斜，使农民愿意

---

① 　以上资料来源转见陈琪《古代徽州罚戏碑刻与乡村社会自治》，《徽州社会科学》2017 年第 7 期。

回归南亩，并安心于南亩，把垦荒事业稳步向前推进。当前，我国正在大力推行城镇化的工作，应避免因农村人口过量流出而造成农村空洞化，当劳动力大量离开农村的同时，应把承包转耕经营方式落实好，防止农田重新荒芜，造成产业空心化。在做好城镇化工作同时，要切实防止农村空洞化，关切产业空心化，切实做好城镇化与农业现代化协同发展大文章。如果协同工作做不好，又会发生农田抛荒情况，影响到粮食安全这一大事。

2. 及时处理好垦荒过程中出现的各种问题

如招徕流民如何安置，耕牛籽种如何解决，垦复田土归谁所有，垦荒地多少年后才交纳田赋，垦荒过程中官吏向垦民敲诈勒索如何处理，对官员捏报、虚报垦田问题如何处理，等等。这些问题处理不及时，或处理不当，都会对垦荒造成巨大影响。因此政府必须时时关注垦荒的进程，及时发现问题，并正确对待，严肃处理。尤其是对官吏敲诈勒索行为必须严加禁止，吏治不能放松，否则对垦荒会造成很大危害。时时刻刻抓好吏治工作，对经济发展有巨大意义。

3. 对明清两代垦荒中出现破坏生态行为问题，应认真加以总结

在坚持和维护以人为本的前提下，在肯定两代垦荒对社会经济发展同时，又要对两代垦荒过程中出现破坏生态的行为，加以实事求是总结，明确其危害性。同时，我们要认识到：人对自然认识有一个摸索的过程，不能以我们今天的认识去苛求前人，更不能借以此事指责前人。总结历史经验的目的是"以史为鉴"。在今天科学技术发展水平下，解决吃饭问题，已有更多手段可供选择，如通过改良种子，提高单位面积产量，已取得很大成绩。又如把高产作物土豆主粮化，也获得进展。已经可以用更少土地，养活更多人口。因此，应避免以单纯扩大种植面积为目标的乱垦乱伐所带来的生态破坏，要严加限制。与此同时，要不断提高人们保护生态意识，从而避免重走历史老路，为人民留住更多青山绿水，为国家经济持续、高效发展做出更多、更大贡献。

第 二 章

人口变化与农业生产

以前研究农业史的著作,对人口变化与农业关系的研究重视不够。农史作者更多关注的只是明初、清初移民垦荒问题,对人口增长或减少对农业生产发展与变化关注不多。农业生产离不开两个要素:一是土地资源,一是劳动力资源。仅有土地资源,没有劳动力参与活动,土地本身长不出庄稼,甚至变成荒地一块:茅草、灌木丛生,野兽出没之地,无法生产出满足人们需求的产品。另人口变化本身,对农业生产发展会产生巨大影响,或加速农业发展,或使农业衰退。关注人口增减化,或人口结构(如男女比例、老中青比例)变化,以及政府对农业人口保护政策实施,对农业经济发展都具有头等重要意义。

第一节 明清时期的人口

一 明代各朝户数与人口

根据《明实录》记载,并参照梁方仲《中国历代户口田地田赋统计》甲表65,现将明洪武至天启年间户数及人口数列表,如表2-1所示。

表2-1 明洪武至天启年间户数及人口数

序号	时代	户数(户)	人口数(口)	序号	时代	户数(户)	人口数(口)
1	太祖朝	10669399	58323933	5	英宗朝(正统)	9533021	52730601
2	成祖朝	9867204	53165705	6	代宗朝(景泰)	9462126	53578081
3	仁宗朝	9940566	52083651	7	英宗朝(天顺)	9403357	54325757
4	宣宗朝	9783231	5146284	8	宪宗朝	9146327	62361424

续表

序号	时代	户数（户）	人口数（口）	序号	时代	户数（户）	人口数（口）
9	孝宗朝	10000043	51122428	12	穆宗朝	10008805	62537419
10	武宗朝	9274406	60078336	13	神宗朝	10030240	56305050
11	世宗朝	9602368	62594775	14	熹宗朝	9835426	51655459

注：本表还参见梁方仲《中国历代户口田地田赋统计》甲表65。由于本章重在人数，故未把本表田地录入。特此说明。

资料来源：（与表中序号相对应）

1.《明太祖实录》卷140、卷214，所载洪武十四年（1381）及二十四年（1391）数字平均。

2.《明成祖实录》卷15、卷26、卷37、卷49、卷62、卷74、卷86、卷99、卷111、卷123、卷135、卷146、卷159、卷171、卷183、卷195、卷207、卷219、卷232、卷244、卷254、卷268，《仁宗实录》卷5，所载洪武三十五至永乐二十二年（1402—1424）年数字平均。

3.《明宣宗实录》卷12，所载洪熙元年（1425）数字。

4.《明宣宗实录》卷23、卷34、卷49、卷60、卷74、卷85、卷97、卷107、卷115，所载宣德元年至九年（1426—1434）数字平均。

5.《明英宗实录》卷12、卷25、卷37、卷49、卷62、卷74、卷87、卷99、卷111、卷124、卷136、卷148、卷161、卷173、卷186，所载宣德十年至正统十四年（1435—1449）数字平均。

6.《明英宗实录》卷199、卷211、卷224、卷236、卷248、卷261、卷273，所载景泰元年至七年（1450—1456）数字平均。

7.《明英宗实录》卷285、卷298、卷310、卷323、卷335、卷347、卷360，所载天顺元年至七年（1457—1463）数字平均。

8.《明宪宗实录》卷12、卷24、卷37、卷49、卷61、卷74、卷86、卷99、卷111、卷123、卷136、卷148、卷160、卷173、卷185、卷198、卷210、卷222、卷235、卷247、卷259、卷273、卷285，所载天顺八年至成化二十三年（1464—1486）数字平均。

9.《明孝宗实录》卷8、卷21、卷33、卷46、卷58、卷70、卷83、卷95、卷107、卷120、卷132、卷145、卷157、卷169、卷182、卷194、卷206、卷219，所载成化二十三年至弘治十七年（1487—1504）数字平均。

10.《明武宗实录》卷8、卷20、卷33、卷45、卷58、卷70、卷82、卷95、卷107、卷119、卷132、卷144、卷156、卷169、卷181、卷194，所载弘治十八年至正德十五年（1505—1520）数字平均。

11.《明世宗实录》卷21、卷145、卷269、卷392、卷516，所载嘉靖元年（1522）、十一年（1532）、二十一年（1542）、三十一年（1552）、四十一年（1562）数字平均。

12.《明穆宗实录》卷15、卷27、卷40、卷52、卷64，所载隆庆元年（1567—1571）数字平均。

13.《明神宗实录》卷379，所载万历三十年（1602）数字。

14.《明熹宗实录》卷4、卷17、卷42、卷66、卷79，所载泰昌元年（1620）、天启元年（1621）、三年（1623）、五年（1625）、六年（1626）数字平均。

　　下面再将《万历会典》户口总数所载北直隶府州、南直隶府州、十三布政使司明洪武、弘治、万历三朝分区户口数和每户平均人口数列表，如表2-2所示。

表2-2　明洪武、弘治、万历三朝分区户口数和每户平均人口数

直隶府州及布政使司别		户数（户）			人口数（口）			每户平均人口数（口）		
		洪武二十六年	弘治四年	万历六年	洪武二十六年	弘治四年	万历六年	洪武二十六年	弘治四年	万历六年
	总计①	10652770	9113946	10621431	77885169	53227158	60692856	189.11	291.46	311.82
北直隶府州	顺天府		100518	101134		669033	706861		6.66	6.99
	永平府		23539	25094		228944	255646		9.73	10.19
	保定府		50639	45713		528482	525083		11.50	11.49
	河间府		42548	45024		378658	419152		8.89	9.31
	真定府		59439	74738		597673	1093531		10.06	14.63
	顺德府		21614	27633		181825	281957		8.41	10.20
	广平府		27764	31420		212846	264898		7.67	8.43
	大名府		66207	71180		574972	692058		8.68	9.72
	延庆州		1787	2755		2544	19267		1.42	6.99
	保安州		445	772		1560	6445		3.51	8.35
	合计	334792①	394500	425463	19265952②	3376537	4264898	5.73	76.53	96.3
南直隶府州	应天府	163915	144368	143597	1193620	711003	790513	7.28	4.92	5.51
	苏州府	491514	535409	600755	2355030	2048097	2011985	4.79	3.83	3.35
	松江府	249950	200520	218359	1219937	627313	484414	4.88	3.13	2.22
	常州府	152064	50121	254460	775513	228363	1002779	5.10	4.54	3.94
	镇江府	87364	68344	69039	522383	171508	165589	5.98	2.51	2.40
	庐州府	48720	36548	47373	367200	486549	622698	7.54	13.31	13.14
	凤阳府	79107	95010	111070	427303	931108	1203349	5.40	9.80	10.83

直隶府州及布政使司别		户数（户）			人口数（口）			每户平均人口数（口）		
		洪武二十六年	弘治四年	万历六年	洪武二十六年	弘治四年	万历六年	洪武二十六年	弘治四年	万历六年
南直隶府州	淮安府	80689	27978	109205	632541	237527	906033	7.84	8.49	8.30
	扬州府	123097	104104	147216	736165	656547	817856	5.98	6.31	5.56
	徽州府	125548	7251	118943	592364	65861	566948	4.72	9.08	4.77
	宁国府	99732	60364	52148	532259	371543	387019	5.34	6.16	7.42
	池州府	35826	14091	18377	198574	69478	84851	5.54	4.94	4.62
	太平府	39290	29466	33262	259937	173699	176085	6.62	5.89	5.29
	安庆府	55573	46050	46609	422804	606089	543476	7.61	13.13	11.66
	广德府	44267	45043	45296	247979	127795	221053	5.60	2.84	4.88
	徐州	22683	34886	37841	180821	354311	345766	7.97	10.16	9.14
	滁州	3944	4840	6717	24797	49712	67277	6.29	10.27	10.02
	和州	9531	7450	8800	66711	67016	104960	7.00	9.00	11.93
合计		1912814	1511843	2069067	10755938	7983519	10502651	111.48	128.31	124.98
十三布政使司	浙江	2138225	1503124	1542403	10487567	5305843	5153005	4.90	3.53	3.34
	江西	1553923	1363629	1341005	8982481	6549800	5859026	5.78	4.80	4.37
	湖广	775851	504870	541310	4702660	3781714	4398785	6.06	7.49	8.13
	福建	815527	506039	515307	3916806	2106060	1738793	4.80	4.16	3.37
	山东	753894	770555	1372206	5255876	6759675	5664099	6.97	8.77	4.13
	山西	595444	575749	596097	4072127	4360476	5319359	6.84	7.58	8.92
	河南	315617	436843	633067	1912542	2614398	5193602	6.06	5.98	8.20

续表

直隶府州及布政使司别		户数（户）			人口数（口）			每户平均人口数（口）		
		洪武二十六年	弘治四年	万历六年	洪武二十六年	弘治四年	万历六年	洪武二十六年	弘治四年	万历六年
十三布政使司	陕西	294526	306644	394423	2316569	3912370	4502067	7.87	12.76	11.41
	四川	215719	253803	262694	1466778	2598460	3102073	6.80	10.24	11.81
	广东	675599	467390	530712	3007932	1817384	2040655	4.45	3.89	3.85
	广西	211263	459640	218712	1482671	1676274	1186179	7.02	3.65	5.42
	云南	59576	15950	135560	259270	125955	1476692	4.35	7.90	10.89
	贵州③	—	43367	43405	—	258693	290972	—	5.87	6.70
合计		8405164	7207603	8126901	47863279	41867102	45925307	71.9	86.62	90.54

注：①《明史食货志》记有以上三个年份户口总数，但不记分区之数。据《食货志》所载，"洪武二十六年天下户16052860"，"六百万"当为"六千万"之误，其余记录全同《会典》。

②洪武朝（1368—1398）尚未建都北京，时北直隶府州各称"北平布政使司"，故该年仅有该司合计而无各府分计之数。

③贵州布政使司洪武（1368—1398）时尚未成立，至永乐十一年（1413）始置。

资料来源：明《万历会典》卷19，《户部》6，《户口》1，《户口总数》。参见陈树平主编《明清农业史资料（1368—1911）》，社会科学文献出版社2013年版，第3—5页表1—1—2。

编者说明：

《明史·地理志》亦记有以下三个年份，南、北直隶州府及十三布政使司的户数、人口数（唯户口总数则载在《食货志》中），其中有些数字与《会典》所记有出入，今附录于下：

洪武二十六年（1393）：浙江户数作1138225；江西人口数作4602660。

弘治四年（1491）：南直隶常州府户数作50131；南直隶凤阳府人口数作193531；南直隶真定府人口数作5040655。

万历六年（1578）：北直隶真定府户数作8982482；湖广人口数作1202349；安庆府口数作616089；河南户数均与山西同，当系出于抄录错误；扬州府人口数作817056；广东人口数作5040655。

二　清代人丁及人口数

有清一代人口统计资料较前代而言，较为系统，可信程度也要更高一些。但顺治元年至乾隆五年，政府只公布人丁数（少数地方志中也记载人口数的），这97年没有人口数。[①] 于是方家根据各种测算，所得结果如表2-3所示。

表2-3　　　　　　　胡、张，赵、谢，王三家对顺康雍三朝人口估算

胡焕庸、张善余[①]	顺治九年	康熙元年	康熙三十一年	康熙六十一年	雍正十二年
	8500000	90000000	115000000	145000000	160000000
赵文林、谢淑君[②]	顺治三年	康熙元年	康熙三十一年	康熙六十一年	雍正十二年
	88486000	91791000	100403000	124103000	131771000
王育民[③]	顺治八年	康熙元年	康熙三十年	康熙六十年	雍正十二年
	42533304	76822932	81454272	103053912	109421848

注：①胡焕庸、张善余：《中国人口地理》（上册），华东师范大学出版社1986年版。
　　②赵文林、谢淑君：《中国人口史》，人民出版社1988年版。
　　③王育民：《中国人口史》，江苏人民出版社1995年版。
　　资料来源：方行等主编：《中国经济通史·清代经济卷》（上），第118页注①。

郭松义先生对如何估算乾隆五年前人口数时，提出三点需要注意问题：第一，得确认晚明人口；第二，关注明末以来时局和气象变化所造成清初人口的大滑坡；第三，推算人口时，必须同时把逃亡流散和隐漏人口、折丁、朋丁比例，以及豁免不征丁银的官宦绅衿、八旗人口和兵丁、少数民族人口等一起匡估在内。基于以上因素，他认为顺治中期，全国人口不满一亿，最多一亿。康熙二十年战争结束，全国人口只徘徊在一亿稍出头的数额。至康熙末，全国人口已进至一亿二千万至一亿四千万的水平。雍正末，全国人口则有一亿四千三百四十万一千五百五十九口。[②] 相对于胡焕

---

　　① 方行、经君健、魏金玉主编：《中国经济通史·清代经济卷》（上），中国社会科学出版社2007年版，第117页。
　　② 方行、经君健、魏金玉主编：《中国经济通史·清代经济卷》（上），中国社会科学出版社2007年版，第118—119页。

庸、张善余，赵文林、谢淑君，王育民几位先生研究结果而言，郭先生估计可能实在些。

从乾隆六年起，政府开始以大小男妇颁布人口数，这个统计数为学术界认可，并没争议。乾隆六年起，各年度人口可从《清实录》和《东华续录》查到。为读者方便起见，以每十年为计，但遇到人数变化重要年份，则不限于十年，如乾隆二十七年、道光十四年即是；又如年号变更时，则从元年开始计算。表2－4为乾隆六年至同治十二年人口数变化情况。

表2－4　　　　　　乾隆六年至同治十二年人口数变化情况

年度	人口数（口）	资料来源		备考
		清实录	王先谦东华续录	
乾隆六年	143411559	《高宗实录》卷157	《乾隆卷》卷14	
乾隆十六年	181811359	《高宗实录》卷405	《乾隆卷》卷34	
乾隆二十六年	198214555	《高宗实录》卷651	《乾隆卷》卷54	
乾隆二十七年	200472461	《高宗实录》卷677	《乾隆卷》卷56	《清通典》同。《清通考》卷19作200473275口
乾隆三十六年	214600356	《高宗实录》卷899	《乾隆卷》卷74	
乾隆四十六年	279816070	《高宗实录》卷1147	《乾隆卷》卷94	
乾隆五十五年	301487115	《高宗实录》卷1369	《乾隆卷》卷112	
乾隆五十六年	309354110	《高宗实录》卷1393	《乾隆卷》卷114	
嘉庆一年	275662044	《仁宗实录》卷12	《嘉庆卷》卷2	
嘉庆十年	332181403	《仁宗实录》卷155	《嘉庆卷》卷20	福建、陕西未经查报
嘉庆二十年	326574895	《仁宗实录》卷314	《嘉庆卷》卷40	
道光元年	355540258	《宣宗实录》卷27	《道光卷》卷4	
道光十年	394784681	《宣宗实录》卷182	《道光卷》卷22	
道光十四年	401008574	《宣宗实录》卷261		《东华续录》无记载
道光二十年	412814828	《宣宗实录》卷343	《道光卷》卷42	福建、湖南未报
道光三十年	414493899	《文宗实录》卷24	《咸丰卷》卷6	

年度	人口数（口）	资料来源		备考
		清实录	王先谦东华续录	
咸丰元年	432164047	《清朝文献通考》卷 19		福建之台湾府、广西之永安府尚未册报
咸丰十年	260924675	《清朝文献通考》卷 19		直隶之保定等 10 府，安徽、江苏、江西、浙江之仁和等 20 州县，福建之台湾府，巴里坤，乌鲁木齐，广西，云南，贵州之都匀、镇远等 2 府及八寨等 18 厅州县尚未册报
同治元年	255417324	《清朝文献通考》卷 19		直隶之保定等 10 府，江苏、浙江，安徽，福建之台湾府，陕西，巴里坤，乌鲁木齐，广西，云南，贵州之共义、都匀、镇远等 3 府及普安等 22 厅州县尚未册报
同治十年	272354831	《清朝文献通考》卷 19		祸建补造
同治十二年	277133224	《清朝文献通考》卷 19		

注：本表仅取梁先生甲表 76 及甲表 77 中部分年份人口数，特此申明。

资料来源：转见梁方仲《中国历代户口田地田赋统计》，上海人民出版社 1980 年版，甲表 76、甲表 77。

第二节　人均耕地变化

明清两代人口增加或减少，对农业生产的发展会带来巨大影响。

明初及清初，由于人口少、荒地多，这时明清两代政府主要任务是垦复问题。由于老荒地很多，人口却由于元末明初、明末清初长期战乱或灾荒而锐减，平原地区完全能容纳尚存人口，根本用不着向山区要地。进入明中期后，由于人口增长快于耕地增长，原有耕地已无法解决新增人口粮食问题。于是，在明弘治、万历年间，一些人多地少的地方，开始有农民进入山区垦荒，但当时人口规模还在一亿左右，增加数量还不是太多，人口对土地需求还不是很迫切，这时对山区垦发还停留在零星开垦上。到清中期以后，情况就不同了，由于社会安定，人民生活稳定，人口激剧增加，至乾隆二十七年，全国人口突破二亿大关，至乾隆五十五年，全国人口增加到三亿。而这段时间仅仅二十八年而已。至道光十四年达到四亿人。人口快速增长，人与地之间矛盾突出而且尖锐，致使乾隆以后出现大批流民向山区挺进，向山区要粮。湖区人民则兴起围湖造田新高潮。咸丰、同治年间，南方发生大规模太平天军起义，战争前后近二十年。西北地区则爆发大规模回民起义。两地在清军严厉镇压下，人口伤亡巨大，土地也大量荒芜。战前，原本人多地少的江浙地区，这时却出现了有田无人耕、有地无人种的凄凉景象，人与地矛盾暂时得到缓解，甚至有的地方出现复垦不足情况，对农业生产发展产生巨大影响。可见，人口发展与变化和土地资源开发、利用是连在一起的，谁也离不开谁。

1. 明代人均（或人丁均）地亩变化情况

从表 2−5、表 2−6 可以看到，明代三朝两个直隶省和十三个布政使司人均地亩数统计说明，随着人口增加，人均地亩虽然在逐渐减少，但至万历朝时，表中除云南、贵州两个布政使司人均地亩不到 2 亩外，其余都在 4 亩以上，湖广人均地亩甚至高达 50.38 亩。从历朝每口平均田地数看，除太祖朝和世宗朝人均地亩在 6 亩多外，其余各朝人均地亩都在 7 亩以上，神宗朝甚至高达 20 亩。按照当代学者研究，养活一口人大概需要 4 亩地。如果按这个数字衡量，除云南、贵州外，绝大多数布政使司尚未出现人地失衡问题。明代虽有棚户记载，但从历朝人均地亩看，人均地亩都在 4 亩以上，还谈不上人地失衡问题。这也说明，有明一代未出现垦山潮的原因之所在。

表 2 - 5　　　　　　　洪武、弘治、万历三朝每户每口平均田地数

南北直隶及十三布政使司别	洪武二十六年		弘治四年		万历六年	
	每户平均田地（亩）	每口平均田地（亩）	每户平均田地（亩）	每口平均田地（亩）	每户平均田地（亩）	每口平均田地（亩）
北直隶	173.99	30.23	68.37	7.86	115.79	11.55
南直隶	66.35	11.80	53.59	10.15	37.41	7.37
浙江	24.18	4.93	31.42	8.90	30.28	9.06
江西	27.75	4.80	31.42	6.14	29.91	6.85
湖广	283.84	46.83	44.91	59.13	409.41	50.38
福建	17.94	3.73	26.71	6.42	26.05	7.72
山东	96.04	13.78	70.46	8.03	45.00	10.90
山西	70.31	10.28	67.94	8.96	61.74	6.92
河南	459.25	75.81	95.25	15.91	117.14	14.28
陕西	107.04	13.61	85.01	6.66	74.24	6.51
四川	51.98	7.64	42.50	4.15	51.33	4.35
广东	35.13	7.89	15.47	3.98	48.40	12.58
广西	48.47	6.91	23.46	6.43	43.00	7.93
云南	—	—	22.77	2.88	13.27	1.22
贵州	—	—	—	—	11.90	1.78
十三布政使司平均数	79.18	13.91	71.43	12.29	70.72	12.52

注：原表中各年度都有户、口、田地（亩）数，本表未录入。特此说明。

资料来源：梁方仲：《中国历代户口田地田赋统计》，上海人民出版社 1980 年版，第 340—341 页乙表 32：洪武弘治万历三朝每户每口平均田地数。

表 2 - 6　　　　　　　明代历朝每户平均人口数及每户平均田地数

朝代	每户平均人口数（口）	每户平均田地数（亩）	每口平均田地数（亩）
太祖朝	5.47	35.3	6.5
成祖朝	5.39	—	—
仁宗朝	5.24	41.9	8.0
宣宗朝	5.26	42.9	8.2
英宗朝（正统）	5.53	44.9	8.1
代宗朝（景泰）	5.66	44.9	7.9

朝代	每户平均人口数（口）	每户平均田地数（亩）	每口平均田地数（亩）
英宗朝（天顺）	5.78	45.2	7.8
宪宗朝	6.82	52.3	7.7
孝宗朝	5.12	82.8	16.2
武宗朝	6.48	50.6	7.8
世宗朝	6.52	44.9	6.9
穆宗朝	6.25	46.7	7.5
神宗朝	5.61	115.8	20.6
熹宗朝	5.25	75.6	14.4

资料来源：梁方仲：《中国历代户口田地田赋统计》，上海人民出版社 1980 年版，第 201 页甲表 66：明代历朝每户平均人口数及每户每口平均田地数。

2. 清代人均（丁口）地亩变化

清雍正十二年以前，由于有大量荒地存在，人与地矛盾尚未突出。但乾隆十八年以后，除了奉天新垦区和四川一度人均地亩较多外，其他直省情况变生很大变化：一是人口增加速度快，二是可供垦种土地越来越少，耕地增长落后于人口增长，因此人均耕地面积出现递减局面。如表 2 - 7 至表 2 - 9 所示。

表 2 - 7　　　　清顺治、康熙、雍正三朝每朝及每十年
平均人丁数、田地数及每丁平均亩数

年度	时间	人丁（口）	田地（亩）	每丁平均亩数（亩）
顺治八年至十八年	1665—1661 年	16092425	444882535	27.65
康熙元年至六十一年	1662—1722 年	20645245	600042690	29.06
康熙元年至十年	1662—1671 年	19337790	539648414	27.91
康熙十一年至二十年	1672—1681 年	17249080	518810817	30.08
康熙二十一年至三十年	1682—1791 年	20176763	584316438	28.96
康熙三十一年至四十年	1692—1701 年	20393765	598176046	29.33
康熙四十一年至五十年	1702—1711 年	21394913	620122958	28.98
康熙五十一年至六十一年	1712—1722 年	24894255	726532488	29.18
雍正元年至十二年	1723—1734 年	26397880	882811795	33.44

资料来源：梁方仲：《中国历代户口田地田赋统计》，上海人民出版社 1980 年版，第 251 页甲表 75：清顺治、康熙、雍正三朝每朝及每十年平均人丁数、田地数及每丁平均亩数。

表 2 – 8　　　　清乾隆十八年各直省人丁、民田及每人平均田地数

直省别	人丁（口）	民田（亩）	每人平均田地数（亩）
各直省总计	209839548	741449550	3.53
直隶	16690573	68234390	4.09
奉天	713485	2752527	3.86
江苏	23779812	65981720	2.77
安徽	23355141	36468080	1.56
山西	10468349	53548135	5.12
山东	25634566	96714003	3.77
河南	16562889	73173563	4.42
陕西	7348565	25957947	3.53
甘肃	11537539	23633095	2.05
浙江	16523736	46240000	2.80
江西	11540369	46100620	3.99
湖北	8399652	56844390	6.77
湖南	8907022	31308342	3.52
四川	2958271	46007126	15.55
福建	8094294	13804703	1.71
广东	6938855	33696253	4.86
广西	4706176	9975244	2.12
云南	2148597	8336351	3.88
贵州	3441656	2673062	0.78

注：本表仅录人丁（口）、民田（亩）及人均地亩数，田赋部分略。特此说明。

资料来源：梁方仲：《中国历代户口田地田赋统计》，上海人民出版社 1980 年版，第 396 页乙表 75：清乾隆三十一年各直省人丁、民田及每人平均田地数。

表 2 – 9　　　　清嘉庆十七年各直省人丁、田地及其平均数

直省别	人丁（口）	民田[1]（亩）	每人平均田地数（亩）
各直省总计	351693179	792024423	2.25
直隶	27990871	74143471	2.65
奉天	942003	21300690	22.61
江苏	37843501	72098486	1.91

续表

直省别	人丁（口）	民田①（亩）	每人平均田地数（亩）
安徽	34168059	41436875	1.21
山西	14004210	55279052	3.95
山东	28958764	98634511	3.41
河南	23037171	72114592	3.13
陕西	10207256	30677522	3.01
甘肃②	15354872	24798192	1.62
浙江	26256784	46500369	1.77
江西	23046999	47274107	2.05
湖北	27370098	60618556	2.21
湖南	18652507	30581596	1.69
四川	21435678	46547134	2.17
福建③	14779158	14517472	0.98
广东	19174030	32034835	1.67
广西	7313895	9002579④	1.23
云南	5561320	9315126	1.67
贵州	5288219	2766007	0.52

注：①原书记有黑龙江"公田"61600亩，但无该处（按光绪三十三年设行省，以前则放"镇守黑龙江等处将军"）人口数，故本表不列入。各直省合计如加上黑龙江上项田数，则应为792106023亩。又原书所记各直省总计为791525196亩，与各直省合计稍有出入。请参看本编表61及其附注①及②。

②其中包括迪化州、镇南府等处人口数161750人，田数1114057亩。按光绪十年（1884）建新疆行省，改甘肃迪化州、镇西府及哈密、吐鲁番等隶属新疆省。

③其中包括台湾府人口数1748人，田数863810亩。

④已将田臼、田数等折成亩数，计算入内。

资料来源：梁方仲：《中国历代户口田地田赋统计》，上海人民出版社1980年版，第400页乙表76：清嘉庆十七年各直省人口、田地及其平均数。

到了乾隆以后，由于人口大幅度增长，人与地的矛盾突现了。全国19个直省中，只有直隶、山西、河南、湖北、四川、广东6个直省人均地亩保持在4亩或4亩以上，四川还高达15.55亩。到嘉庆十七年时，即相隔59年后，情况发生巨大变化，除新开发奉天省人均地亩保持22.61亩外，其余18个直省，人均地亩都在4亩以下。人均地亩保持在3亩或3亩多一点的，只有山西、山东、河南、陕西4省；人均0.52亩至2.65亩者却多达14个直省，占总数的73.68%。这时四川人口增加最快，乾隆十八年时，人均占地还高达15.55亩，至嘉庆十七年时，人均耕地只剩下 2.17 亩。这时，全国七成以上省份，耕地短缺情况十分严重。这是乾嘉道年间大规模垦山和围垸深层原因。加上乾隆中期以后，地主经济发展，土地兼并剧烈，农民失去田地情况严重。失业之民加入新生人口谋生行列，使垦山、围垸、寻找新垦区队伍的规楼更加扩大。咸同年间，南方各省爆发大规模农民起义，由于清政府残酷镇压以及长期战乱，人亡地荒情况十分严重，有些地区到光绪晚期还在招垦。西北地区回民起义被镇压后，也出现人地矛盾相对缓和情况。这也说明人们对土地需要是与人口增长或减少互为表里，人口增加越快，对扩大耕地要求就越迫切；人口大规模减少后，原有土地已能满足人们粮食需要，开荒拓地行为就会失去动力，地价也会相应回落。如果看不到人口变化与农业经济发展的巨大影响，就很难加深对农业发展认识。

第三节　家庭人口规模与经营方式

明清两代，家庭户均人口有所变化，明代户均人口要多些，家庭规模要大些。如表 2－10 所示。到清代户均人口要少些，家庭规模也小些。

表 2－10　　　　　　　　　明代历朝户均人口

朝代	每户平均人口数（口）	朝代	每户平均人口数（口）
太祖朝	5.47	宪宗朝	6.82
成祖朝	5.39	孝宗朝	5.12
仁宗朝	5.24	武宗朝	6.48
宣宗朝	5.26	世宗朝	6.52
英宗朝（正统）	5.53	穆宗朝	6.25
代宗朝（景泰）	5.66	神宗朝	5.61
英宗朝（天顺）	5.78	熹宗朝	5.25

资料来源：梁方仲：《中国历代户口田地田赋统计》，上海人民出版社 1980 年版，第 201 页甲表 66：明代历朝每户平均口数。

以上是明代历朝户均人口数统计，下面我们再看洪武、弘治、万历三朝分区户均人口数统计，这有利于对各区户均人口差别加深认识。如表 2－11 所示。

表 2 - 11　　　　　洪武、弘治、万历三朝分区户均人口数统计

直隶府州及布政使司		每户平均人口数（口）		
		洪武二十六年	弘治四年	万历六年
总计		5.56	5.83	5.71
直隶	顺天府		6.66	6.99
	永平府		9.73	10.19
	保定府		11.50	11.49
	河间府		8.90	9.31
	真定府		10.06	14.63
	顺德府		8.41	10.20
	广平府		7.67	8.43
	大名府		8.63	9.72
	延庆州		1.42	6.99
	保安州		3.51	8.35
合计		5.75	8.70	10.02
南直隶	应天府	7.28	4.92	5.51
	苏州府	4.79	3.83	3.35
	松江府	4.88	3.13	2.22
	常州府	5.10	4.56	3.94
	镇江府	5.98	2.51	2.40
	庐州府	7.54	13.31	13.14
	凤阳府	5.40	9.80	10.83
	淮安府	7.84	8.49	8.30
	扬州府	5.98	6.31	5.56
	徽州府	4.72	9.08	4.77
	宁国府	5.34	6.16	7.42
	池州府	5.54	4.93	4.62
	太平府	6.62	5.89	5.29
	安庆府	7.61	13.16	11.66
	广德州	5.60	2.84	4.88
	徐州	7.97	10.16	9.14
	滁州	6.29	10.27	10.02
	和州	7.00	9.00	11.93

续表

直隶府州及布政使司		每户平均人口数（口）		
		洪武二十六年	弘治四年	万历六年
合计		5.62	5.28	5.08
十三布政使司	浙江	4.90	3.53	3.34
	江西	5.78	4.80	4.37
	湖广	6.06	7.49	8.13
	福建	4.80	4.16	3.37
	山东	6.97	8.77	4.13
	山西	6.84	7.58	8.92
	河南	6.06	5.98	8.20
	陕西	7.87	12.76	11.41
	四川	6.80	10.24	11.81
	广东	4.45	3.89	3.85
	广西	7.02	3.65	5.42
	云南	4.35	7.90	10.89
	贵州		5.97	6.70
合计		5.69	5.81	5.65

注：原表有户数、口数，本表只录入户均人口数。

资料来源：梁方仲：《中国历代户口田地田赋统计》，上海人民出版社 1980 年版，第 203—204 页，甲表 69：洪武、弘治、万历三朝分区户口数。

下面，再来看看清代每户平均丁口数。如表 2 - 12、表 2 - 13 所示。

表 2 - 12　　　　清乾隆十八年各直省户、丁口数及每户平均数

直省别	户数（户）	丁口数（口）	每户平均丁口数（口）
各直省总计	38845354	103050000	2.65
直隶	3071975	9374217	3.05
盛京	59212	221742	3.74
江苏	5478287	12618987	2.30
安徽	4136125	12435361	3.01
山西	1779247	5162351	2.90
山东	4539957	12769827	2.81

续表

直省别	户数（户）	丁口数（口）	每户平均丁口数（口）
河南	3029528	7114346	2.35
陕西	1033177	3851043	3.73
甘肃	1002518	2133222	2.13
浙江	3043786	8662808	2.85
江西	2185195	5055251	2.31
湖北	1756426	4568860	2.60
湖南	1664721	4336332	2.60
四川	750785	1368496	1.82
福建	1127746	4710399	4.18
广东	1241940	3969248	3.20
广西	943020	1975619	2.09
云南	371284	1003058	2.70
贵州	629835	1718848	2.73

资料来源：梁方仲：《中国历代户口田地田赋统计》，上海人民出版社 1980 年版，第 261 页，甲表 81：清乾隆十八年各直省户、丁口数及每户平均丁口数。

据梁方仲《清宣统年间调查（公元 1912 年汇造）之户口数的修正》统计表看，包括三个层面平均数：一是大区平均数，二是直省平均数，三是所属府州平均数。从大区看，户均人口 6.63 人有东三省，户均人口 5.04—5.39 人有华南、华中、华北、热察绥四区，其余新疆全省、川滇边务所属、青海、额鲁特蒙古、西藏等六区户均人口皆在 4.57—4.90 人。从 23 个省地看，户均人口 4.15—4.97 人者有察哈尔、浙江、云南、绥远、江苏、山东、四川、贵州、江西、福建 10 个省，户均人口 5.01—5.60 人者有安徽、陕西、直隶、甘肃、湖南、山东、热河、广东、广西、河南、湖北 11 直省，户均人口最高省份皆在东三省：奉天为 6.45 人，吉林为 6.92 人。从府州驻防层面看，户均人口 2.30—2.78 人者有福州驻防、杭州驻防、滨江五十五属船户、京城廿四旗、吉林全省旗属 5 处。户均人口 3.32—3.83 人者有是车盟、都统所属各旗台站及驻防、乍浦驻防、杜尔伯特等四部落、归绥土司、右翼五处、青海住牧刚咱七旗 7 处。户均人口 6.15—6.92 人者有 8 处，除西陵各旗营外，其余 7 处皆东三省。户均人口 7.13 人者为宁夏驻防一处。户均人口 8.68 人者有沙毕一处。户均人口 33.57 人者有内务府三旗，户均人口 97 人者有杜尔伯特等四部落喇嘛，户均人口 209 人者有青海寿庙信徒。

其余六七十处府州和驻防户均人口皆为4—5.62人。① 除寺庙、内务府三旗外，各直省民户皆以小家庭结构为主体。

　　清代户均人口有多少，从获鹿县调查材料可以更清楚看到。

表 2－13　　　　　　直隶获鹿县嘉道咸时期家庭人口数

类别	嘉 庆 朝		道 光 朝		咸 丰 朝	
	户数（户）	百分比（%）	户数（户）	百分比（%）	户数（户）	百分比（%）
合计	4346		4517		2810	
一人户	144	3.31	152	3.37	168	5.98
二人户	524	12.06	582	12.88	383	13.63
三人户	805	18.52	898	19.88	545	19.40
四人户	829	19.08	929	20.57	549	19.54
五人户	661	15.21	654	14.48	409	14.56
六人户	471	10.84	427	9.45	252	8.97
七人户	279	6.42	278	6.15	165	5.87
八人户	169	3.89	183	4.05	90	3.20
九人户	149	3.43	106	2.35	68	2.42
十人户	96	2.21	88	1.95	60	2.14
十一人至十五人户	182	4.19	168	3.72	107	3.81
十六人及以上户	37	0.85	52	1.15	14	0.50

　　资料来源：《获鹿县档案》，嘉庆、道光、咸丰年间《烟户册》。馆藏：河北省档案馆。

　　为什么要不厌其烦列举户均人口，其原因让读者了解中国是个以小农经济结构为主体的社会。这种家庭经济结构特点是：由一夫一妇带一个或两三个未成年孩子组成，家庭劳动力少，能耕种耕地也不多。根据现代学者研究，南方耕种的是水田，花工多，五口之家所能耕种耕地不过十亩，超过了就得请短工或长工，或出租部分土地。北方种的是旱地，每个劳动

---

　　① 参见梁方仲《中国历代户口田地田赋统计》，上海人民出版社1980年版，第268—270页，甲表86所提供资料。

力所能耕种也不过二三十亩而已。因此，每个家庭耕地面积也不多。明正统十四年，兵科给事中刘斌说：田多者不过十余亩，少者或六七亩、或二三亩，或无田而佣于人。[①] 安徽休宁县万历九年还给我们留下了十五都五图更为翔实的信息：该图共 522 户，占地不足 1 亩者有 322 户，占总户数的 61.69%；占地 1 含—5 亩者有 162 户，占总户数 31.04%；占地 5 含—10 亩者有 27 户，占总户数的 5.17%；占地 10 含—15 亩者有 8 户，占总户数的 1.53%；占地 15 含—20 亩者有 2 户，占总户数 0.38%；占地 30 亩及以上者 1 户，占总户数的 0.19%。[②] 当然，北方广大平原地区，户均占有土地会多些，但其亩产量要比南方低得多。总之，不管占地多少，小农家庭经济结构不会改变，而且这种情况在明代可能带有普遍性。至清代，这种情况也没有什么变化。表 2 – 14 为清代苏州府长洲县二十四都二十图和下二十一都八图土地占有情况简表。

表 2 – 14　　　　　清代苏州府长洲县二十四都二十图
和下二十一都八图土地占有情况

都图	土地面积（亩）	坵段数	国有土地	个体农户所有土地（亩）							总户数
			军屯田（亩）	5 亩以下户	5（含）—10 亩户	10（含）—20 亩户	20（含）—50 亩户	50（含）—100 亩户	100（含）—130 亩户	130（含）—250 亩户	
二十四都二十图	1058807	479	0	211	51	50	17	0	2[①]	0	331
下二十一都八图	3000321	1025	53. 126[②]	261	85	103	55	6	0	4[③]	514
合计	4059128	1504	53. 126	472	136	153	72	6	2	4	845

注：①顾玉庚有地 100 亩，张越儿有地 129.57 亩，两户共占该图全部土地的 21.68%。

②苏州卫的军屯田，名义上是国有土地，实质上已成为民田。据《乾隆五十八年苏州卫屯田严禁佃户抗欠短租碑》记载，"苏卫屯散处各县民田之内，竟有佃户私建民屋……私相典卖顶替"（原拓片藏苏州博物馆）。

③彭忠有地 136.159 亩，陈尔兴有 278.568 亩，金万年有地 25.598 亩，金年有地 206.147 亩，四户共占该图全部土地 29%，四户中有三户都留有少量土地独自经营，陈尔兴有 2.899 亩，金万年有 28.158 亩，金年有 21.034 亩。

资料来源：转见洪焕椿、罗仑主编《长江三角洲地区社会经济史研究》，南京大学出版社 1989 年版，第 305 页表。

---

①　《明英宗实录》卷 186。

②　中国社会科学院经济研究所藏：《屯溪档案》。

有清一代户均土地情况，从获鹿县"康熙四十五年至雍正四直隶获鹿地权分配情况"表、"乾隆十一年至乾隆三十六年直隶获鹿县地权分配情况"表，"康熙五十五年徽州休宁县部务地区各类农户占地情况统计表"、"雍正、乾隆年间浙江遂安县部分业户土地分配情况"表，都可以看到绝大部分农民家庭占地在几亩至二十几亩之间。①

从明清两代家庭经营土地规模看，各家经营的土地都不多，几亩至二十几亩者为大多数。这种家庭经济结构的好处是能调动农民生产积极性，除管理好农田外，他们还可以合理安排经济作物种植，或利用剩余劳动力搞副业生产，更加主动、更加积极参与市场活动中去，以博取蝇头小利，增强自身经济实力。夫妇合力，把家庭经济搞活，以增强自身抗兼并或光复家业雄心。于是，这种家庭经济结构既有很强的坚韧性一面，但由于经济规模太小，又有脆弱的一面，经不起灾荒、疾病、人祸袭击，容易走上破产道路，从而制约了农业生产进一步发展。至于大家庭，劳动力充足，占有土地规模相对大些，经济实力会更强，往往有些农户由力农起家，上升到富农行列。但由于人多，往往难于管理。妯娌之间容易发生矛盾，各自有盘算，心力不齐；加上吃的是大锅饭，做与不做一个样，做多做少也一个样，容易造成窝工、消极怠工。这种大家庭最终走向分家析产道路。地主户占地规模虽然在百亩或数百亩，甚至几千亩、几万亩，但自我经营者不多，尤其是缙绅地主，都把土地分成一小块一小块租给无地或少地农民耕种，过着衣租食税生活，还是以出租经营为主。雇工经营的庶民地主虽有，但还不是很普遍，即使有自耕者，所占耕地也不超过 30 亩，其余土地仍以出租经营。

在封建社会里，政府的财政主要来源取自自耕农，市场经济的繁荣也是主要靠农民消费来拉动。所以，自耕农兴衰直接关系到国家兴盛富强和衰落，关系到社会的稳定繁荣和动荡不安。因此，关注自耕农命运成为每个王朝政策的重点，也是我们考察的重点。

---

① 方行、经君健、魏金玉主编：《中国经济通史·清代经济卷》（下），中国社会科学出版社 2007 年版，第 1009—1021 页。

第 三 章

明清两代政府发展农业生产的措施

农业生产的发展与政府的政策措施有极大关系，忽视这点，就不可能对农业生产发展与衰退有深刻理解。明清两代政府在促进农业生产发展方面，是从四方面着手的：一是推行维护农业经济的政策，实行徭役改革及蠲免赋税措施，减轻农民负担。二是建立和健全社会保障制度，设立常平仓、社仓，常备不懈，应对灾荒袭击，保障人民生命、财产安危；与此同时，鼓励族田发展，增加家族共有经济和公共积累，扶贫济困。三是农业灾害与政府救济。四是整顿吏治，防止腐败，稳定社会安定。

第一节　明清两代政府赋役制度的改革

在维护农民的切身经济利益方面，明清两代政府都做了些工作，尤其是每个王朝的前期。如鼓励开荒，实现耕者有其田；抑制豪强对土地兼并；实施轻徭薄赋政策，以减轻农民赋役负担。垦荒政策第一章已做了详细论述，这里不再论及。本节重点是以实行赋役制度改革，减轻农民负担作为探讨的重点。

随着地主经济发展，以及吏治腐败，豪强地主往往与书吏勾结，把赋税和徭役的负担转嫁到农民身上，从而迫使承受不了赋役重负的农民，纷纷背井离乡，使农业生产发展受挫。朱元璋认为："民力有限，而徭役无穷，当思其力，毋重困之"①。提出赋税徭役改革的总体要求。从而，赋役改革也成为两代政府培本的重要措施之一。

---

① 《太祖洪武实录》卷26。

一 进行徭役改革

在封建社会里，赋重役繁是发展农业生产最大的障碍，是农民沉重的经济负担的主要原因。减轻农民赋役负担，是发展农业生产的重要举措。

1. 明代赋役改革和一条鞭法推行

明洪武年间，在全国范围内推行户贴制度，"籍藏于部，贴给于民"①。在户贴制基础上建立了黄册制度。同时实行里甲制度，"以一百一十户为里，推丁粮多者十户为长，余百户为十甲。……城中曰坊，近城曰厢，乡者为里。"② 据《明史·食货志》记载，赋役征派为"赋税十取一，役法计田出夫"。"租曰夏，税曰秋粮"。徭役规定："曰成丁，丁而役，六十而免，又有职役优免者。役曰里甲，曰均徭，曰杂泛，凡三等。以户计曰甲役，以丁计曰徭役，上命非时曰杂役，皆有力役，有雇役。府州县验册，丁口多寡，事产厚薄，以均适其力。"明代田赋制度重建，率先从绘制鱼鳞册着手，为田赋征收奠定基础。为田赋顺利征收，以及避免官吏征收田粮过程中中饱私囊，揽户侵吞税粮，明政府建立了粮长制。

黄册和鱼鳞册的制定，在当时来说，至少有两方面作用：第一，清查一些漏、脱、欺隐的户口和土地，打击豪强大户对赋役的欺隐、转嫁行为，增加国家控制的人口和土地能力，同时有利于增加国家赋税收入和徭役征派。第二，由于在一定程度上阻止了豪右飞洒、"诡寄"等不法行为，农民赋役负担有所减轻，对调动农民的生产积极性发挥了很好作用。

但由于官僚地主反对、阻挠，以及一些地方官吏对黄册制度推行不力，赋役不均现象又有所发生。早在宣德年间，浙江右参议彭璟奏称："豪富人民，每遇编充里役，多隐匿丁粮，规避徭役；质朴之民皆首实；有司贪贿，更不穷究。由是徭役不均，细民失业"③。正统十二年，巡抚山东监察御史史濡等奏："山东青州府，地瘠民贫，差役繁重。"④ 成化二年，给事中丘弘说："官吏、里书，乘造册而取民财；豪富奸狡，通贿赂以避重役。……富

---

① 《续文献通考》卷13《户口考二》。
② 《明史》卷68《赋役制》。
③ 《宣宗实录》卷79。
④ 《正统实录》卷152。

家倾家破产，贫者弃祖离乡"①。正德十六年，户部复御史宁钦奏："节年逃亡逋欠及势要奸民飞诡税粮，负累赔补，小民丁产不敷，亦行窜避。以致逋租日多，里甲日耗"②。嘉靖七年，京师情况是："军民杂处，十家之中，免役者九；又以其近旁隙舍主匿奸人。贫民至代为更徭，劳役不堪"③。嘉靖九年，江西道监察周襈陈五事，其中之一称："迩来大造黄册，多飞派，诡寄之奸。故徭役之征，多放富差贫"④。嘉靖十一年，为解决"豪猾不得以苟免，权势不得以脱漏"⑤ 情弊，进行黄册清理。嘉靖二十四年，定品官绅衿赋役优免条例：京官一品，免粮三十石、人丁三十丁，二品二十四石、二十四丁，三品二十石、二十丁，四品十六石、十六丁，五品十四石、十四丁，六品十二石、十二丁，七品十石、十丁，八品八石、八丁，九品六石、六丁。内官、内使亦如之。外官各减一半，举监师生各粮二石、人丁二丁。杂职省察吏承又半之。以礼致仕者，免其十分之七。闲住者免其一半。犯赃革职者，不在优免之例。⑥以限制品官、举监师生逃税避役行为。但事后却成为官僚地主逋逃赋役的保护伞。

农民逃亡、失业，致使明代赋役收入累减。明洪武年间，全国夏秋二税，共有米 2473 万石，麦 471 万石，弘治年间，秋粮米下降到 2216 万石，夏麦 462.5 万石。⑦ 嘉靖初年，秋粮米又下至 1822 万石，夏麦 460 万石。⑧为了保证国家财政来源，政府着力进行赋税改革，如周忱在江南，尤其在苏松地区率先实行"平米法"；弘治年间，巡抚朱瑄在江南一带施行"论亩加耗法"，使有田大户加重赋役负担；嘉靖十六年，应天巡抚欧阳铎推行"征一法"，开始调整官民田科则改革；嘉靖二十六年，嘉兴知府赵瀛创扒平科则。江浙地区以外，改革重心放在徭役方面，如有均平银、钢银、一串铃、十段锦册等。万历年间，张居正在前人改革基础上，推行一条鞭法。张居正称："豪家田至七万顷，粮至二万，又不以时纳"。"豪强兼并，赋役

① 《宪宗成化实录》卷33。
② 《世宗嘉靖实录》卷3。
③ 《世宗嘉靖实录》卷94。
④ 《世宗嘉靖实录》卷110。
⑤ 《世宗嘉靖实录》卷142。
⑥ 《世宗嘉靖实录》卷300。
⑦ 《明史卷》82。
⑧ 唐文基：《明中叶东南地区徭役制度的改革》,《历史研究》1981 年第 2 期。

不均，花分诡寄，恃顽不纳田粮，偏累小民"。贫苦的农户"曲输为累，民穷逃亡，故额顿减"。① 一条鞭法，为"总括一县之赋役，量地计丁，一概征银，官为分解，雇役应付"②。一条鞭法推行后，"从此役无偏累，人始知有种田之利，而城中富室始肯买田，乡间贫民不肯轻弃其田矣；至今田不荒芜，人不逃窜，钱粮不拖欠"③。雍正年间编写的《江西通志》亦称，实行一条鞭法后，"父老于是无亲役之苦，无鬻产之虞，无愁叹之声，无贿赂侵渔之患，悉去汤火"④。虽然，这话有颂扬之嫌，但也反映了明王朝赋役改革给农民带来一定经济利益，这是不可否认的。这是明政府固本另一措施。但至明末时，三饷并征，又把农民推向赋役负担的深渊，逼得农民大量逃离土地，而使土地荒芜，致社会动荡。

2. 清政府推行摊丁入地法

清初，在赋役制度方面，承袭明制。但法久弊生，农民赋役负担极为繁重，如丁银征收，各省情况不一，轻重悬殊，出现"有地之家，田连阡陌，所输丁银无几；贫民粮仅升合，所输丁银独多"⑤ 情况。曾王孙谓："富者既多脱幸，承差者俱属穷黎"，而"素封之家多绝户，穷檐之内有赔丁"。⑥ 一是科则轻重不一，"轻者自每丁一分数厘，重则如山西之丁有四两者，巩昌有八九两者"⑦。黄六鸿曰："北地粮轻丁重，每有差徭俱照丁派，故每丁有派至二两者"。他感慨地说："若穷苦之人，将何所取办乎！"⑧ 除田赋，丁徭之外，又有名目繁多的附加税，如火耗，就是一项沉重的负担，以致有些地方出现"税轻耗重，数倍于正额"。⑨ 另，据经君健先生称：由于优免权存在，缙绅则可利用其本身的势力以及与地方现任官吏勾结，加以扩大和滥用，可以"有田连阡陌，坐享膏腴而全不应差"。所谓"包揽"和"诡寄"的问题，有清一代未能解决。结果百姓负担大大加重，"免差之

---

① 《张文忠公全集》奏疏一，《陈六事疏》；书牍六，《答应天巡抚宋阳山论均田足民》，《明史纪事本末》卷61《江陵柄政》。

② 《明神宗实录》卷220。

③ 万历《上元县志》卷11《艺文》，姚汝循：《寄庄议》。

④ 雍正《江西通志》卷234《田赋》。

⑤ 嘉庆《湖北通志》卷18《户口》。

⑥ 曾王孙：《清风堂文集》卷13。

⑦ 王庆云：《石渠余记》卷3，《纪停编审》。

⑧ 黄六鸿：《福惠全书》卷9，《编审部》。

⑨ 钱陈群：《条陈耗羡疏》，载《皇朝经世文编》卷27。

地愈多,则应差之地愈少,地愈少则出钱愈增"①。由于官吏勾结,农民赋役负担越来越重。

大批贫苦农民,由于无法忍受繁重的赋役负担,而纷纷逃亡。如康熙末年估计,仅"山东民人往来口外垦地者,多至十余万"②。人口流移不定,丁银征收遇到严重困难。康熙五十一年,政府宣布"盛世人丁概不加赋"③,只以康熙五十年全国人丁数 2462 万余丁、丁银 235 万两为定额,以后新增人丁不再负担丁银。这一措施,为以后将丁银摊入地亩提供了前提条件。《海宁州志》称:"今滋生人丁概不加赋,则丁口亦有一定,可以派归田粮,永为成例"④。

摊丁入地法从康熙五十五年起在广东试行,其他各省分别在雍正和乾隆年间实行,按各省情况不同,丁银或摊入地亩,或摊入钱粮,对丁多地少之家来说,他们的负担会减轻些。如河北获鹿县:摊丁入地前,农民及庶民地主丁银的负担占整个税额的 35.56%;摊丁入地后,丁银负担只占整个税额的 17.15%,下降了 18.41%。尤其是那些没地户及土地在 30 亩以内户,丁银负担都要比以前有较大下降。表 3-1 反映了各类农户丁银负担变化情况。

表3-1　　　　　获鹿县郑家庄社一、二、四、六、七甲各类
农户的丁银负担(康熙四十五年、乾隆元年)

占地类别	康熙四十五年			乾隆元年		
	户数(户)	丁银(两)	每户平均负担丁银(两)	户数(户)	丁银(两)	每户平均负担丁银(两)
无地户	378	41.27	0.11	494	0.02 *	
1 亩以下户	68	6.25	0.09	77	0.14	
1(含)—5 亩户	256	26.44	0.10	286	3.45	0.01
5(含)—10 亩户	303	30.85	0.10	253	7.11	0.03
10(含)—15 亩户	258	27.56	0.11	186	8.90	0.05

①　经君健:《试论清代等级制度》,《纪念中国社会科学院建院三十周年学术论述集·经济研究所卷》,经济管理出版社 2007 年版,第 178 页。
②　《清圣祖实录》卷 249。
③　《清圣祖实录》卷 250。
④　乾隆《海宁州志》卷 3《田赋》。

续表

占地类别		康熙四十五年			乾隆元年		
		户数 （户）	丁银 （两）	每户平均 负担丁银 （两）	户数 （户）	丁银 （两）	每户平均 负担丁银 （两）
15（含）—20 亩户		136	18.03	0.13	121	7.72	0.06
20（含）—25 亩户		98	15.24	0.16	85	8.18	0.10
25（含）—30 亩户		60	10.62	0.18	50	5.62	0.11
30（含）—35 亩户		26	4.65	0.18	41	4.81	0.12
35（含）—40 亩户		26	5.47	0.21	24	3.21	0.13
40（含）—45 亩户		19	3.92	0.21	28	4.85	0.17
45（含）—50 亩户		12	2.80	0.23	18	3.27	0.18
50（含）—60 亩户		25	7.46	0.30	28	5.63	0.20
60（含）—70 亩户		13	4.58	0.35	11	2.73	0.25
70（含）—80 亩户		6	3.10	0.52	10	2.76	0.28
80（含）—90 亩户		3	1.10	0.37	2	0.55	0.28
90（含）—100 亩户		—	—	—	4	1.82	0.46
100 亩及 以上户	庶民	7	4.50	0.65	8	5.69	0.71
	绅衿	6	0.00	0.00	20	15.52	0.78
合计		1700	213.84	0.13	1746	91.98	0.05

注：＊雍正二年以后，本县丁银已摊入地亩征收，无地户应不再负担丁银，乾隆元年无地户尚出现丁银负担，是由于有地户把土地卖出后，赋税未过割给买主，因此出现无地户负担丁银现象。

资料来源：据康熙四十五年郑家庄社一、二、四、六、七甲《编审册》统计，该五甲共有折征粮地 2900.6 亩，以每亩折征粮地完纳 0.134 两税粮计，需缴纳税银 387.47 两。又据乾隆元年郑家庄社一、二、四、六、七甲《编审册》统计，该五甲有折征粮地 3315.9 亩，以每亩折征粮地完纳 0.134 两税银计，需纳税银 444.34 两，这里所列百分比系丁银与地丁银之比。

从获鹿县保留下来的《编审册》看，摊丁入地以前，无地户每户平均负担丁银为 0.11 两，摊丁入地后，无地户已不再有丁银负担。1（含）—5 亩至 80（含）—90 亩户丁银负担来看，摊丁入地后，户均丁银明显减轻。只有 100 亩以上庶民户及绅衿户丁银负担加重。绅衿户摊丁入地前无丁银负担，摊丁入地后，每户平均丁银达 0.78 两。有地 100 亩庶民户，摊丁入地前每户平均负担丁银为 0.65 两，摊丁入地后增至 0.71 两，净增 0.06 两。这是一份非常难得的资料，通过这个窗口，可以看到摊丁入地的意义和作用。将丁银摊入地亩征收以后，无地或少地农民减轻了赋役负担。李维钧称：摊丁入地"实与贫民有益……但有力之家非所乐"①。戴兆佳谓："独利于贫民，而不利于官室"②。这是反映了摊丁入地后的情况。摊丁入地后，农民赋役负担减轻了，这对农家经济发展是有利的。这是清政府固本措施之一。

摊丁入地后，人民摆脱了与政府之间封建依附关系，获得更多人身自由权。将丁银摊入地亩征收后，使田赋与丁役完全合二为一，史称："自后丁徭和地赋合而为一，民纳地丁之外，别无徭役矣！"③ 一些地方志还说："从古未有之善政也"④。丁银摊入地亩后，劳动人民与封建政府之间的依附关系割断了，从而在人身上获得更多自由，也给自由迁徙提供更多机会，给工商业发展提供更多从业人员，有利于工商业发展。与此同时，对保证"国赋无亏"也有实际作用，《夏津县志》称："自摊丁之法立，穷民免累，而国赋无亏"⑤。赋役征收化繁为简，对减少贪官污吏从中需索、贪墨，减少穷民被追累逼迫之苦，也发挥了重要作用。

二　蠲免税粮，为农民减负

明清两代政府除灾年减赋外，还以各种名目蠲免赋税，减轻农民负担，以增强农民自身经济实力，抵御灾荒袭击。

1. 明代赋税蠲免

吴元年（1367），朱元璋下令免太平府租赋二年，应天、宣城等一年。⑥同年五月，又免徐、宿、濠、泗、襄阳、安陆等郡税银粮三年。⑦ 洪武二年，朱元璋在诏免山东洪武元年税粮后，又诏免山东等地本年度税粮。诏称："不期天旱，民尚未苏，再免今年夏秋税粮。近者大军平燕都、下晋冀，朕念北平、燕南、河东、山西之民，久被兵残，困于征敛，尤甚齐鲁，今年税粮亦与蠲免。其河南诸郡，自归附以来，久欲济之，奈西北未平，出师所经，拟资粮饷，是以未遑。今晋冀既平，理宜优恤。北平、河南及

---

① 《雍正硃批谕旨》，雍正元年七月李维钧折。
② 戴兆佳：《天台治略》卷6。
③ 《清史稿》卷121《食货》。
④ 乾隆《济宁直隶州志》卷5《舆地》。
⑤ 萧奭：《永宪录》卷1。
⑥ 《明太祖实录》卷17。
⑦ 《明太祖实录》卷18。

徐、宿等州已免除粮外，西抵潼关、北界大河，南至唐、邓、光、息，洪武二年夏税秋粮，一体蠲免"①。洪武三年三月，免应天，徽州等十六府州、河南、北平、山东三省税粮。② 同年五月，免苏州逋负秋粮三十万五千八百余石。③ 此后，除洪武六年、七年、八年、十年、十五年、十七年、十九年、二十年、二十一年、二十二年、二十三年、二十五年、二十六年、二十七年、三十年、三十一年、三十二年、三十三年、三十四年没有蠲免记载外，其余16个年份都有蠲免记录，有些年份还有蠲免二次记载。表3-2反映了明代历届政府蠲免情况。

表3-2　　　　　　　明代历届政府蠲免情况（洪武至万历）

时间	蠲免省别及州县	资料出处
吴元年正月	太平府租赋二年，应天，宣城等租赋一年	《太祖实录》卷17
吴元年五月	免徐、宿、濠、泗、襄阳、安陆等郡税银粮3年	《太祖实录》卷18
洪武二年正月	免山东、北平、燕南、河东、山西、北平、河南、潼关、唐、邓、光、息	《太祖实录》卷36
洪武三年三月	免应天，徽州等十六府州，河南、北平、山东三省税粮	《太祖实录》卷50
洪武三年五月	免苏州逋负秋粮305800余石	《太祖实录》卷52
洪武四年五月	免江西秋粮、免两浙秋粮及没官田租	《太祖实录》卷65
洪武五年十月	蠲应天、太平、宁国、镇江、广德五府秋粮免河南、福建、江西、浙江、北平、湖广及直隶扬州、淮安、池州、安庆、徽州五府税粮	《太祖实录》卷105
洪武九年三月	免山西、陕西今年田租	《太祖实录》卷105
洪武十一年八月	免应天、太平、镇江、广德诸州秋粮	《太祖实录》卷119
洪武十二年五月	免北平税粮	《太祖实录》卷124
洪武十三年五月	蠲免天下秋粮	《太祖实录》卷131
洪武十四年十月	免应天等五府秋粮，官田减半征收，民田全免	《太祖实录》卷139
洪武十六年五月	免应天、太平、镇江、宁国、广德五府税粮	《太祖实录》卷154
洪武十八年十一月	河南、山东、北平水灾，免河南237500石，免山东、北平2555900余石	《太祖实录》卷176
洪武二十四年七月	免应天、太平、宁国、镇江、广德五府州官租之半	《太祖实录》卷210
洪武二十八年九月	免山东税粮	《太祖实录》卷241
洪武二十九年八月	免太平等五府田租	《太祖实录》卷246
洪武三十五年八月	免应天等五府税粮、役	《太宗实录》卷11

---

① 《明太祖实录》卷36。
② 《明太祖实录》卷50。
③ 《明太祖实录》卷52。

续表

时间	蠲免省别及州县	资料出处
永乐三年正月	免北京、顺天、永平、保定免田租二年	《太宗实录》卷 33
永乐五年五月	河南郡县旱涝，发粟赈之	《太宗实录》卷 49
永乐十一年六月	徐州水灾，发廪赈之	《太宗实录》卷 88
宣德元年七月	山东灾，免夏税	《宣宗实录》卷 19
宣德二年八月	直隶徐州、保定、山西二十三县灾，蠲其租税	《宣宗实录》卷 30
宣德三年四月	天下税粮蠲免三分	《宣宗实录》卷 41
宣德三年五月	直隶真定府赵、定冀三州，真定等十八县，顺德府五县，广平三县，夏税免征	《宣宗实录》卷 43
宣德七年三月	今减租之令务在必行	《宣宗实录》卷 88
宣德十年五月	被灾之处，佃户田租如例蠲免	《英宗实录》卷 5
正统九年八月	陕西州县旱灾，蠲米 486000 余石	《英宗实录》卷 120
成化六年八月	顺天八府税粮，悉与除蠲，成化五年十二月以前拖欠粮免追；南北直隶并各布政司自成化四年十二月前拖欠，悉皆蠲免；顺天八府，山东、河南有承佃各王府、公主及内外官员之家田地庄园，拖欠租米，自成化五年十二月以前并今年现有灾伤无收去处，免追	《宪宗实录》卷 82
成化十五年十月	南北直隶、河南、山东、陕西、江西、湖广、四川、福建等水灾，该征并拖欠税粮，悉为宽免	《宪宗实录》卷 195
成化二十三年九月	大赦天下。成化二十一年十二月以前，各处拖欠税粮，未征之数尽行蠲免；成化二十二年十二月以前未征者，悉皆蠲免，明年岁办之数，量免五分，以宽民力	《孝宗实录》卷 2
正德九年二月	永平等府旱涝相仍，一岁岁赋，亟勘报蠲免	《武宗实录》卷 109
万历十年二月	各处拖欠"一体蠲免"	《神宗实录》卷 121

资料来源：表根据郭厚安编《明实录经济资料选编》，中国社会科学出版社 1989 年版，第447—466 页编制。

明政府除蠲免田主赋外，还下令田主依例减免佃户租谷，开创了灾年佃户交租可享减免之例的先河。正统十年，给事中年富奏称："江南小民，佃富人之田，岁输其租。今诏免灾伤税粮，所蠲特及富室，而小民输租如故。乞命被灾之处，富人田租如例蠲免。"英宗"从之"①。成化六年，诏谕："顺天八府、山东、河南等处被灾军民，有承佃住种各王府、各公主府及内外官员之家田地庄园，拖欠租米，自成化五年十二月以前并今年现

---

① 《英宗正统实录》卷 5。

有灾伤无收去处，免追。"① 灾荒之年，佃户可享部分租谷减免，或免追租谷，对佃户来说不仅仅减轻了田租负担，而且能增强抗灾力度。

2. 清代赋税蠲免

在赋税蠲免的力度上，清代与明代比较的话，清政府要大大地超过明政府。清政府蠲免税粮有因灾蠲免，有各省轮流蠲免，有带征蠲免，有积欠蠲免，有恩蠲免等。享受蠲免利益者有田主，也有佃户，"征租者照蠲免分数亦免佃户之租"②。清政府蠲免税粮之多，次数之繁，为历代仅见。如据康熙三年定：自顺治元年至十五年以前所有银、米、药材、绢、布匹等悉予蠲免。③ 自康熙元年至康熙四十四年十一月间，"所免钱粮数目，共九千万有奇"④。至康熙四十九年止，"前后蠲除之数，据户部奏称，共计已逾万万"⑤。因灾伤蠲免的份额也有增加，如顺治十年议定，被灾八九十分者，免十分之三；五、六、七分者，免十分之二；四分者，免十分之一。康熙十七年议定、歉收地方，除五分以下不成灾外，六分者，免十分之一；七八分者，免十分之二；九十分者，免十分之三"。至雍正六年，将蠲免之例，加以调整，"加增分数，以惠烝黎。其被灾十分者，著免七分；九分者，著免六分；八分者，著免四分；七分者，著免二分；六分者，著免一分"⑥。到乾隆三年时，高宗皇帝又提出：受灾五分者，亦准报灾，经"地方官查勘明确，蠲免钱粮十分之一，永著为例"⑦。并把蠲免面扩大。乾隆十年，重新议定，如业户蠲免一两者，应免佃户五钱。⑧ 乾隆六十年，高宗皇帝自称："行庆施惠，闿泽频加，节经普免天下漕粮三次，地丁钱粮四次。其余遇有偏灾，随行蠲赈，不下千亿万两。近将各省积欠钱粮，概行蠲免，又复数千余万两"⑨。嘉庆年间，蠲免钱粮及积欠事例，仍在坚持。此后，由于政府财政拮据，蠲免和赈济力度都有所削弱。

---

① 《宪宗成化实录》卷82。
② 《清圣祖实录》卷34。遗憾的是：这一政策没能坚持到底。
③ 《清圣祖实录》卷12。
④ 《清圣祖实录》卷223。
⑤ 《清圣祖实录》卷244。
⑥ 《清世宗实录》卷67。
⑦ 《清高宗实录》卷68。
⑧ 《清高宗实录》卷245。
⑨ 《清高宗实录》卷1488。

　　乾隆十年，全国地丁钱粮额银共 2824 万余两。如按此数计，全国各省钱粮蠲免四次，共计蠲免钱粮达 11296 万余两。表 3 - 3 反映了顺治、康熙、雍正、乾隆、嘉庆五朝各省蠲免范围。

表 3 - 3　　　　　　　顺治、康熙、雍正、乾隆、嘉庆五朝

各省蠲免范围统计　　　　　　　　单位：个

时间		直隶		山东		河南		山西		陕西		甘肃	
		部分	全免	部分	全免	部分	全免	部分	全免	部分	全免	部分	全免
顺治	省	—	—	—	—	—	—	—	—	—	—	—	—
	府	28	9			11		10		25			
	州县	181	7	331	6	119	22	39	121	13	8	15	
	卫所	16		3		3				3		6	2
康熙	省	2	5	4	3	1	3	2	2	6	5	2	7
	府	20	12	7	6			1	13	12	2		4*
	州县	93	723*	118	402	4	217*	19	87	78	122	113*	59*
	卫所		2		2	1					13	16	28
雍正	省		1									5	1
	府										2		1
	州县	11	205		149		17		2	1			10
	卫所		2		8							4	
乾隆	省	4	7	2	7	4	3	4	1	4	5	10	4
	府	7	2		2			1	14*		23*	296*	126*
	州县	376	480*	415*	211*	161	246	68	75	49	89	107	63
	卫所			6	8				3			12	
嘉庆	省		1		1		1		2		1		1
	府	1				26*				87*			
	州县	177	96	2	2	26		12	27	76	42	16	94
	卫所												
合计	省	6	9	6	11	5	7	6	5	10	11	17	13
	府	55	23	7	8	11*	28*	12	27*	37	114	296*	131
	州县	838	1518	866	770	310	502	128	312	217	261	251	226
	卫所	16	364	3	18				3	3	13	38	30

续表 1

时间		江苏 全免	江苏 部分	安徽 全免	安徽 部分	江西 全免	江西 部分	浙江 全免	浙江 部分	福建 全免	福建 部分	湖北 全免	湖北 部分	湖南 全免	湖南 部分
顺治	省	1													
	府	10		2	1	3		5				22		3	
	州县	61	21	17	2	109	1	63	43		12	59	28	28	1
	卫所	26	15					14				4	7	13	
康熙	省	5	3	3	2	1	3	4	5	2	2	2	4	3	5
	府	10	11		3		5		9			4	7		
	州县	90*	629	369*	14	479*	26	321*	33	50	12*	407*	14	197*	
	卫所	9	47	3	36		20		9	1			46		7
雍正	省				1		1				1		2		
	府				2										
	州县				228*	85*	21		84		1	7	23	1	16
	卫所				6		4				7	3	14		4
乾隆	省	2	4	3	3	1	1	3	7	5	3	1	3	4	3
	府	46*	35*	53*	6				4	3	2		2		
	州县	449*	133*	261*	235	30	12	70	12	50	35	70*	35	10	5
	卫所	23	6	42	37			17	1	29	14	29	14		
嘉庆	省		1		1		1		1		2	1	1	1	1
	府									1	9				4*
	州县	23		34		7	1	2	22			39	138	1	2
	卫所	5		7	5				2			8			
合计	省	7	9	6	7	2	6	7	14	4	9	4	8	8	9
	府	66*	48*	55*	10	3	5	5	13	4	11*	26	9	3	4*
	州县	623	1011	338*	698*	154	515*	111	460	83	98	192	631*	54	221*
	卫所	63	74	52	82		20	33	17	30	14	44	68	13	11

续表2

时间		广东		广西		四川		贵州		云南		奉天	
		全免	部分	全免	部分	全免	部分	全免	部分	全免	部分	全免	部分
顺治	省							6					
	府												
	州县	10											
	卫所	3				1							
康熙	省	1	2	4	3	4	3	3	4	2	2	1	1
	府		4						1			4	
	州县	6	15*		8				1		13		
	卫所		1					1	7		6		
雍正	省			1		1		2		2			
	府									2	4		
	州县	2	8			10					7		
	卫所												
乾隆	省	3	2	2	1	3	1	1	2	1	2	3	2
	府			5					5	3	5	5	1
	州县	38	17			21	146*	4		9	2	20	9
	卫所										26		
嘉庆	省		1		1	1	1		1		1		
	府					2	38*	2			64	4	1
	州县					142	73	12	1	8		10	1
	卫所					2							
合计	省	4	6	7	5	9	5	6	7	5	5	4	3
	府		4			5	2	38*	8	6	5*	69*	13
	州县	56	40		8	173	219*	17	1	17	22	30	10
	卫所	3	1			3		1	7		32		

注：①凡＊者，如出现在府统计数内，包括府、州、县数；凡出现在州县统计数内，则包括州、县、卫、所之数。

②奉天省内乾隆部分免中包括吉林宁古塔在内；嘉庆朝全免统计中包括黑龙江齐齐哈尔地方。

③在蠲免田主灾年赋税同时，康熙、雍正、乾隆年间，还沿袭明正统年间做法：规定"征租者照蠲免分数亦免田（佃）户之租"，减轻佃户负担。①

资料来源：据陈振汉等编《清实录经济史资料》，农业编第三分册（下），北京大学出版社1989年版，第199—247页整理而成。

---

① 参见经君健《经君健选集》，中国社会科出版社2011年版，第292—301页。

由于清政府对农民支持，以及灾年对劳动力的保护，清代农业生产由衰落走向复苏，又从复苏走向发展、走向繁荣，为康乾盛世到来打下基础。到清后期由于吏治腐败和管理混乱，国家财政收入恶化，削弱灾年对劳动力的保护措施，致使大灾以后，农业生产很难恢复。

第二节　建立和完善社会保障体系

一　建立常平、社仓制度

明清两代处于自然灾荒多发期，政府为了备荒救灾需要，在各直省建立常平仓，在乡村建立社仓，在城市建立义仓，储藏粮食，建立社会保障制度，以备不时之需。

1. 明代

预备仓始于明太祖洪武之初，政府出纸币二百万贯，"诏行省各选耆民运钞籴粮，储之乡村，以备赈济，即令掌之。其后州县充积而籴犹未已"。洪武二十二年，曾诏户部遣官运钞征河南、山东、北平、山西、陕西五行省，"俟夏秋粟麦收成，则于乡村辐辏之处市籴储之，以备岁荒赈济"。洪武二十四年，朱元璋"恐缘此以病民，乃罢耆民籴粮"。永乐中，天下府县多设仓储。永乐十七、十八年，山东泰安州饥荒，于预备仓借粮 21000 余石赈济。嘉靖六年起，下令整顿预备仓，命有司设法多积米谷以防荒。以"仿古常平法"，收粮时比时价量增二三文，籴粮储之，"青赈贫民，秋成还官，不取其息"。各仓积后安则酌为减少：府以 1 万石，州以四五千石，县以二三千石为率。明立簿籍查考，岁籴减价粜与穷民。①

常平仓在弘治前已存在，如成化十八年就已有"命南京粜常平仓粮"②记载。明弘治中，江西巡抚林俊尝请建常平仓及社仓。正德十六年（1521）安徽婺源县，在县衙西侧建立常平仓，又称"廉惠仓"，共计 68 间，分别为：天号仓 17 间，地字号仓 12 间，人字号仓 17 间，和字号仓 10 间，永字号仓 12 间。丰年由官府积谷藏储，遇灾荒用以赈济饥民。③

---

① 参见吴慧主编《中国商业通史》第三卷，中国财政经济出版社 2012 年版，第 783—785 页。

② 《续文献通考》。

③ 转引自陈爱中《文公阙里——紫阳镇》，《徽州社会科学》2017 年第 2 期，第 53 页。

社仓在正统元年开始推行。顺天府推官徐郁请："令所在有司增设社仓,仍取宋儒朱熹之法,参酌时宜,定为规画,以时敛散,庶凶荒有备而无患"[1] 建议,获准推行。嘉靖八年乃令各抚、按设社仓。令民二三十家为一社,择家殷实而有行义者一人为舍首,处事公平者一人为社正,能书算者一人为社副。每朔望会集,别户上中下,出米四斗至一斗有差,斗加耗五合,上户主其事。年饥,上户不足者量贷,稔岁还仓。中下户酌量赈给,不还仓。有司造册送抚按,岁一察核。仓虚,罚社首出一岁之米。[2]

济农仓始于宣德时的江南巡抚周忱及其下属的苏州知府况钟、松江知府赵豫。他们除用官钞买粮外,另采取向富人劝储、清理田赋节省漕运开支等方法广为储粮。济农仓发挥了"青黄不接、车水救苗、人民缺食之际支给赈济"[3] 之功能。但仅限于苏松地区。

2. 清代

清沿明代仓储制度,在各省设立常平仓,乡村设立社仓、义仓,两淮盐商及浙江商人还捐资在城市设立义仓。

顺治十一年以前,社会救济制度不健全,近京地方遭受灾荒,饿民得钱犹难易米。经此大饥荒之后,许多大臣提规复常平仓、义仓、社仓之议。十二年题准:各州县自理赎锾,春夏积银,秋冬积谷,悉入常平仓备赈。十三年议准"积谷赈济"。常平仓之谷或"劝谕乡绅士民,捐输米谷";或准湖北抚司、道府、州县等官捐谷;或议定按亩捐谷,如山东、浙江"每亩捐谷四合";或按地丁捐粮,如陕西、甘肃照依应征地丁,输纳银一钱、米一斗者:"令其捐输粮三合";或动用库银购谷,如陕西动用西安司库兵饷银十四万两,交地方官采买存贮。雍正元年动用浙江库帑,买米三万石,运厦门、漳泉、福建省城收贮;或截留漕粮,如将康熙六十一年截留漕粮六万二千五百九十石,贮于卫辉府;等等。康熙、雍正年间,全国常平仓储备粮食有48110680石。因储粮过多,出现红腐现象,乾隆十三年,全国仓储额做了调整,额定33792330石,比原额少14318350石。表3-4反映了乾隆十三年各省常平仓积谷数情况。

---

[1] 《续文献通考》。

[2] 《明史》卷79《食货三》。

[3] 吴慧主编:《中国商业通史》第三卷,中国财政经济出版社2012年版,第786—787页。

表 3 - 4　　　　　　　　　乾隆十三年各省常平仓积谷数

省别	额定积谷（石）	说明
云南	701500	乾隆初年前定额
陕西	2733010	乾隆初年前定额
甘肃	3280000	乾隆初年前定额
福建	2566449	以乾隆十三年现存仓谷，作为定额
广东	2953661	以乾隆十三年现存仓谷，作为定额
贵州	507010	以乾隆十三年现存仓谷，作为定额
直隶	2154524	以雍正年间旧额为准
盛京	1200000	以雍正年间旧额为准
山东	2959386	以雍正年间旧额为准
山西	1315837	以雍正年间旧额为准
河南	2310999	以雍正年间旧额为准
江苏	1538000	以雍正年间旧额为准
安徽	1884000	以雍正年间旧额为准
江西	1370713	以雍正年间旧额为准
浙江	2800000	以雍正年间旧额为准
湖北	520935	以雍正年间旧额为准
湖南	702133	以雍正年间旧额为准
四川	1029800	以雍正年间旧额为准
广西	274378	以雍正年间旧额为准
通计直省共积谷	33792330 *	

注：* 按 19 省额定积谷计算，积谷数为 32802335 石，与通计直省共积谷 33792330 石相较，欠额 988995 石。各省额定数可能有误。

资料来源：嘉庆《大清会典事例》卷 259《户部》。

康熙四十二年上谕称："谕于各村庄设立社仓，以备饥荒。如直隶设立社仓，果有益于民生，各省亦照此例。嗣廷臣等议定：社仓之谷，于本乡捐出，即贮本乡，令诚实之人经管。上岁加谨收贮，中岁粜借易新，下岁量口发赈。"[①] 但成效不大。社仓至雍正乾隆时才得到大发展。据报：乾隆十八年统计时，"捐谷数共二十八万五千三百余石，合百四十四州县

---

① 《清朝文献通考》卷 34《市籴三》。

卫所，共村庄三万五千二百一十，为仓千有五百"①。到乾隆三十二年，江西巡抚吴绍诗在奏折中说："江西社谷向系捐自民间，现在每州县本息社谷，查据各属册报，自二三万石至六七千石，最少亦二三千石不等，通省共计七十五万八千七百六十余石，不为不多。"② 试以山西为例，如表3－5所示。

表3－5　　　　　　　　乾隆年间山西部分州县社仓数、义仓数

州县	社仓（处）	义仓（处）	资料来源
太原	3	5	乾隆《太原府志》
榆次	4	6	乾隆《太原府志》
太谷	6	无	乾隆《太原府志》
祁县	3	无	乾隆《太原府志》
长治	19	3	乾隆《潞安府志》
长子	10	5	乾隆《潞安府志》
襄垣	6	6	乾隆《潞安府志》
壶关	4	7	乾隆《潞安府志》
凤台	12	9	乾隆《凤台县志》
高平	8	4	乾隆《高平县志》
阳城	4	无	乾隆《阳城县志》
陵川	5	5	乾隆《陵川县志》
和顺	5	3 间	乾隆《重修和顺县志》
闻喜	分贮四乡	10 间	乾隆《闻喜县志》
稷山	68 村	16 村	乾隆《稷山县志》
绛县	仓廒 2 座	5	乾隆《绛县志》
介休	104	5	乾隆《介休县志》
孝义	17	3	乾隆《孝义县志》
翼城	5 间	无	乾隆《翼城县志》
平陆	仓廒 5 座	仓廒 2 座	乾隆《平陆县续志》
夏县	5	4	乾隆《解州夏县志》
曲沃	8	5	乾隆《新修曲沃县志》

资料来源：王璋：《灾荒·制度·民主——清代山西灾荒与地市经济研究》，博士学位论文，南开大学，2012 年。

---

① 同治四年《户部则例》卷 18。

② 转见陈支平《朱熹的姓仓设计及其流变》，《中国经济史研究》2016 年第 6 期，第 30 页。

下面再看乾隆年间山西义社仓积谷及出借情况，如表3-6所示。

表3-6　　　　　　　　乾隆年间山西义社仓积谷及出借情况

时间	义仓（石）			社仓（石）		
	应贮	出借	出借率（%）	应贮	出借	出借率（%）
乾隆十六年	172158	86557	50.3	405678	157354	38.8
乾隆十七年	183128	96626	52.8	427406	182006	42.6
乾隆十八年	163250	77302	47.4	375306	137741	36.7
乾隆十九年	197847	86913	43.9	448470	147273	32.8
乾隆二十一年	200492	143564	71.6	469454	264909	56.4
乾隆二十二年	203812	123317	60.5	473398	209139	44.2
乾隆二十三年	178729	70397	39.4	437200	167900	38.4
乾隆二十五年	145013	61626	42.5	374565	164461	43.9
乾隆二十六年	157504	33634	21.5	358551	71292	19.9
乾隆二十七年	199845	65185	32.6	450507	137754	30.6
乾隆二十八年	232553	69659	30.0	536296	148596	27.7
乾隆二十九年	232539	78551	33.8	541198	156379	28.9
乾隆三十年	235783	78325	33.2	554002	178583	32.3
乾隆三十二年	245484	69411	28.4	579643	171809	29.6
乾隆三十三年	250373	76157	30.4	596736	188574	31.6
乾隆三十五年	253423	85860	33.9	614197	196439	32.0
乾隆三十八年	264725	74457	28.1	659240	187123	28.4
乾隆四十一年	273491	67010	39.2	689260	352428	51.1
乾隆四十五年	228990	61054	26.7	469692	138639	29.5
乾隆四十八年	239618	38315	16.0	502498	61732	12.3
乾隆四十九年	240444	74066	30.8	506996	231348	45.6
乾隆五十年	191016	57931	30.3	305581	107712	35.2
乾隆五十一年	190025	22595	11.5	311703	38048	12.2
乾隆五十二年	197030	45440	23.1	316757	84107	26.6

　　资料来源：中国第一历史档案馆藏：《民数谷数折、义仓谷石数折》。转见王璋《灾荒·制度·民生——清代山西灾荒与地方社会经济研究》，博士学位论文，南开大学，2012年。

社仓在救灾上发挥了很好的作用。如乾隆二十四年出版的福建《建宁县志》称："近则，乡设社仓、米廒，以备凶荒。即岁浸不给，而殷户各量力分派，计户口多寡，别以坊里轮值平粜，其法甚善，而遏籴之弊，不禁自除。"① 设立社仓之前，各个地方为了保护本地区利益，往往禁止粮食出口："往岁洊饥，分甲就食，四境拦截，几于彼此不通"② 的情况，增加了灾区救灾难度。各地设立社仓之后，解决了各地先前设卡遏籴问题，使灾民易于买到粮食，渡过灾荒。同时，也有利于农业生产的恢复。

义仓、社仓储粮与常平仓储粮相比数量要少得多，但使用灵活、快捷、有利于解燃眉之急。乾隆中期后，据陈支平先生研究：安徽、福建、山西都有把社仓息谷变价他用情况,③ 这对削弱社仓、义仓的防灾备荒功能发挥，对救灾起到不良影响。

城市义仓，系两淮商众及浙江商众捐资设立。据同治《户部则例》卷18 记载，各处盐义仓额储谷 550000 石左右。

清代与明代相比，仅就太平仓而言，仓储数量更大。如康熙、雍正年间各直省储粮总量为 48110680 石，乾隆十三年规制为 33792330 石。④ 乾隆年间储粮数额虽比康雍年间少减少了 14318350 石。但仅就这个数额而言，就够一千万人吃 1 年，如果赈灾时间仅为 3 个月，那么就可救济 4000 万人。除了太平仓积谷外，各地义仓、社仓储粮还不少。这些仓储积谷对加强清前期社会保障，意义十分重大。但嘉道以后，由于仓储管理不善，仓储失额严重，加上政府抽调，仓储日益空虚，失去救灾功能，使灾民处于绝望中。光绪初年，山西、河南大荒，由于常平仓、社仓空虚，灾民得不到及时和有效救济，结果饿殍遍地，死者无数。仓储之重，必须牢记。

二　设置族田义庄，赡养族人

族田发展有个变化过程，开始于北宋，南宋发展较快，元代趋于平缓，明初一度停滞，至明后期有所恢复和发展。据李学如称：有明一代族田义

---

① 乾隆《建宁县志》卷 9《风俗》。

② 乾隆《建宁县志》卷 9《风俗》。

③ 参见陈支平《朱熹的社仓设计及其流变》，《中国经济史研究》2016 年第 6 期，第 31 页。

④ 嘉庆《大清会典》卷 159。

庄的数额在 200 宗左右①，清代得到极大发展。主要原因得益于政府鼓励和保护。其做法是：把禁止义庄田产买卖列入法规。族田种类繁多，如祭田、学田、税田、役田、瞻族田等，其中最主要的是瞻族田。瞻族田收入或按人头、按月给粮，或对贫苦族人进行赈济，或灾年赈济，帮助困难族众摆脱困境。瞻族田的发展是最直接、最有效的社会保障体系之一。虽然也有弊端，但其社会保障功能是主要的。②

族田来源主要有三个方面：一是官僚地主捐赠；二是商人捐赠；三是族众出资合买。对此问题，刘鸿翱作了如下概括："或独出于子孙之仕官者"，"或独出于子孙之殷富者"，"或祠下子孙伙议公出者"③。

下面，据我们所能接触到文献记载及当代人论文中转见的资料作初步统计。计宋元时代其 65 例，其中两浙及江南东路最多，凡 32 例，其次福建路及广南东路，凡 19 例，其他各路一至数例不等。明清两代族田事例增多，各省族田事例，到目前为止，据作者接触到的有限资料所见事例数列如表 3－7 所示。

表 3－7　　　　　　　　　　明清两代族田事例统计④　　　　　　　单位：例

时间	总计	江苏	浙江	安徽	江西	湖南	湖北	四川	福建	广东	广西	山东	直隶	山西	河南	陕西	甘肃	云南
明代	186	48	20	41	11	7	2	2	30	11	1	5	3	1	1	—	—	3
清代	431	216	26	68	17	11	1	14	30	24	2	14	4	2	3	2	1	

注：1. 此表只说明族田发展趋势，各省族田实际件数比表中所列要大得多。

2. 据郑振满《清代台湾乡族组织的共有经济》一文统计，台湾各姓族田，到清朝末年有 18897 例，未列入表。

资料来源：族谱、族规、地方志书、文集等，不一一详注。

---

① 参见李学如《宗族义庄维系基层社会秩序》，《中国社会科学报》2017 年 3 月 13 日，第 4 版《历史学》。

② 参见李文治、江太新《中国宗法宗族制和族田义庄》，社会科学文献出版社 2000 年版。

③ 参见李文治、江太新《中国宗法宗族制和族田义庄》，社会科学文献出版社 2000 年版，第 167 页。

④ 参见李文治、江太新《中国宗法宗族制和族田义庄》，社会科学文献出版社 2000 年版，第 188 页。

表 3 - 7 所列远非全貌，表内所列各省族田事例比该省实际数字要少得多。如江西，据乾隆年间记载，全省各州县置有祠产者凡 6739 个族姓，[①] 表中江西只有 7 例，只为实际族田事例的 0.25%。

因明代族田事例较少，下面特以江苏、浙江为例，将明代族田情况列表如表 3 - 8 所示。

表 3 - 8　　　　　　　　　明代江苏族田事例

捐赠时间	州县	捐赠人	捐赠田额（亩）	用途摘要
洪武	桃源	沈氏		义庄。蠲免杂泛
弘治	宜兴	徐溥	800	内祭田 50 亩、学田 200 亩、役田 300 亩，优免差役。一云义田千亩
弘治	无锡	华听竹	500	听竹捐祭祖，余以赡族
嘉靖	宜兴	任卿	2800	置学田 1000 亩，赡族义田 1000 亩，役田 800 亩
正德（？）	江阴	黄澜		置义田
嘉靖	溧阳	钱锋	3000	义庄，以赡同族
嘉靖	金匮	华某	1200（租、石）	义庄，收租 1200 石。万历废，清初重建，光绪间田至千亩
嘉靖（？）	宜兴	徐显卿	600	以千金买田 600 亩，以 300 亩助本族粮役，以 300 亩为义田
嘉靖	仪真	王汝立		创义田、义房，以联宗族
嘉靖万历	仪真	张承业		置义田以赡族
嘉靖万历	镇江府	姜宝等	1000 余亩	置为义田，立法赈给。一云"尝割田千亩以赡族"
明	太仓州	钱某	300	设义仓
嘉靖隆庆	无锡	吴清	1800	义田。租入十分之三赡族，十分之七助役
万历	长洲	顾存仁	600	义田
万历	青浦	顾正心、顾懿德	50000	正心置济荒、义学、赡族诸田 4 万亩。懿德置役田 1 万亩
明	太仓州	钱某	300	义田

[①] 辅德：《复奏查办江西祠宇疏》。

捐赠时间	州县	捐赠人	捐赠田额（亩）	用途摘要
万历	元和县	吴之良	600	义田
万历	吴县	申时行	1140	创建义庄、祭田
万历	吴江	沈瓒	430	设义庄
明后期	山阳	丘氏		建祠堂以祀先祖，置祭田若干亩
明	宜兴	吴驭	200	割上腴田二顷为祠田以赡宗族
明	宜兴	陈一经		置义塾、义田，子廷克成其志
明	无锡	华燠	不详	
明	无锡	华云	1000	
明	无锡	华从龙	不详	
明	无锡	秦锐	不详	创祭田
明	常州	伍某		义田，禁典卖
明				
明	长洲县	徐某		义田，禁典卖
明	武进	段镛	数十亩	置义田
明	丰县	陈邦瑞	300	义田
明	丰县	黄禄	300	义田
明	肖县	任汶	不详	置义田赡贫族
明	南汇	倪淑	400	义田
明	华亭县	吴炯		置义田赡族人
明	？	张淇	1000	置义田千亩以赡族人
明	高淳	刘室	100	义田
明	？	王抒之父	1000	义田，赡族
明	？	王毅		置义田若干亩以赡族人，又置祭田若干亩以时致祭
明	溧水县	端木彬	80	
明	溧阳县	史孔吉	不详	捐田赡族
明	溧阳县	马一龙	不详	置祀堂义田
明	溧阳县	史际	540	置祠田
明	丹阳县	贺镐	不详	置睦族田、公义田

续表

捐赠时间	州县	捐赠人	捐赠田额（亩）	用途摘要
明	句容	朱士章	200	义田
崇祯	元和县	陈仁锡	300	设义庄
崇祯	吴县	席本祯		立义庄、设义塾，赡族之贫者，每月朔望给粟
明末	上海（?）	唐姚端		置义田若干亩

资料来源：李文治、江太新：《中国宗法宗族制和族田义庄》，社会科学文献出版社2000年版，第90—94页，江苏族田事例。

　　江苏省明代族田事例不止表3-8所列之数，范金民先生所著《国计民生——明清社会经济研究》一书中，《明清江南宗族义田的发展》一文还搜集有其他事例，这里不再重复。需要者可查范氏之作。[①]

　　下面，以徽州地区为例，探讨族田义庄设立。

　　明清两代，徽州地区族田、义庄设立也较多，歙县、休宁、婺源、黟县、祁门、绩溪六邑皆有。设立族田、义庄者有缙绅，也有商人。明时，婺源汪应蛟原是户部尚书，辞官后，购置义田50亩；祁门一都胡天禄经商发家后，"输田三百亩为义田……族之婚者、嫁者、丧者、葬者、嫠妇无依者、穷民无告者，一一赈给"。清代，徽州商人建族田、义庄者也大有人在。康熙年间，两淮盐商歙西吴禧祖、吴之腾、吴之俊、吴邦佩、吴邦伟等人"捐银万数千缗，置田千余亩，岁收其入，于季春孟冬之月，给其族颠连之无告者，丧者助葬，立法如范氏义庄"。雍正乾隆间，歙县鲍峻"捐屯饷、设义仓、助军需"。歙县雄村曹景宸置田500亩，以助族中寡妇和学子会试费用。乾嘉年间，婺源齐兆传、程世杰"尝置义田三百余亩，立义仓，丰年积贮，遇凶祲减价平粜"。侨居扬州盐商鲍启运在故里棠樾设义田义仓"体源户"，义田每年可收租谷13708.75斗，赡济对象有六类：一是"本族鳏寡孤独四穷之人"；二是"自幼废残，不能受室，委实难于活命者"；三是年至六十的鳏独及继嗣人未及十八岁者；四是孀居有子年未及二十五岁（?）者；五是孤了年未及十八岁者；六是未出嫁前的孤女。凡符合

　　[①]　范金民：《国计民生——明清社会经济研究》，福建人民出版社2008年版，第326—330页。

以上条件之一者，生前每人每月给谷三斗（闰月照发）；死后酌情给予丧葬费（谷粒）。即成年人每人给谷三十六斗，"孤子女自十五岁以内者给谷二十四十（斗），十岁以内者给谷十八斗，五岁以内者给谷九斗"。"敦本户"义田每年可收租谷9127.76斗，这个义仓的租谷主要用于青黄不接或遇凶年粜与族人。救助面比"体源户"稍宽一些，但救济粮要收取低廉谷价，以供完纳国课。①

　　各个地方、各个家族的族田数量有所不同。少者几亩、几十亩，多者上千亩，甚至几万亩。如苏州范氏义庄，宋皇祐元年初建时只有田1000亩，南宋增至3168亩，明初一度减为1000亩，明后期又增为3000亩，清道光时增至8000亩，或谓以后又增至20000亩以上。苏州潘氏、陶氏、汪氏三族义田皆扩增至20000余亩。万历年间松江府青浦县顾正心父子置义田、役田共50000亩。上海朱氏义庄，至道光十三年增至2158亩。苏州彭氏义庄，建于乾隆十五年，后扩大至1922亩。吴县蔡氏族田有1500亩。皖中桐城马氏义庄，初建时有田200亩，以后续增，田额倍于前，"地租岁入千余石"。广东省族田增加尤为迅速。增城县湛氏族田，早在明代就在不断扩增，"有陈（粮）则又出以市田，田广人富"。番禺何氏留耕堂族田，创建于明万历十五年，置田2144亩，至光绪十五年时，田已增至52741。顺德潘氏嘉庆五年兄弟析产时，"留烝尝田三石"，至道光间再置田1100亩有零。②

　　就各省族田估计，族田占比最大的首推广东省。据乾隆年间奏报，各族尝户，"大户之田多至数千亩，小户亦有数百亩不等。"据光绪海丰县知县徐赓陛禀称："粤东祖祠祭产，田必数千顷"，族田"粮额占其邑之半"。据陈翰笙1934年调查，番禺、顺德、中山、新会、南海、东莞、鹤山、宝安8县族田，在各县总耕地中所占比重是：顺德、新会两县族田最高，占60%；东莞县族田占20%；其余5县占30%—50%不等，8县族田平均占比50%。③ 中山等六县有沙田60万亩，"原多为祖尝产，即祠堂公有田"④。

---

　　① 转引自陈平民《封建社会背景下民间的"义田""义仓"》，《徽州社会科学》2017年第5期，第26—27页。引者说明："体源户"赡养对象之四"孀居有子年未及二十五岁者"年龄可能有误，有疑。

　　② 转见李文治、江太新《中国宗法宗族和族田义庄》，社会科学文献出版社2000年版，第185—187页。

　　③ 参见陈翰笙《广东农村生产关系与生产力》，上海中山文化教育馆1934年版。

　　④ 人民出版社编辑部编：《新区土地改革前的农村》，人民出版社1951年版。

广西族田数量,据梁任葆估计,道光末年每县平均约有 30000 亩。①

福建省族田有多少,限于资料无法统计。据《福建土地改革文献汇编》,闽北南平专区 7 县 71 乡统计,这时征收没收的土地统计 197038 亩,族田占 58.23%。闽东福安专区辖区,族田占总耕地面积的 22.78%。又据《福建省农村调查》看,各类公有地包括族产和地方公产,闽北闽西占总耕地的 50% 以上。沿海各地占 20% —30%。台湾族田占有份额也较多,估计有 472445 亩,② 按嘉庆二十五年台湾耕地为 745181 亩③ 计,族田约占 63.4%。④

黄河流域各省也有族田,但与南方各省比,要少得多。

族田义庄的主要功能是赡族。顾炎武说:范氏义庄,使“范氏无穷人”⑤。钱大昕说:“创立义田以赡宗族”⑥。下面举些事例说明。

江苏省元和县王氏义庄,以租入赡济孤寡贫乏者。长洲县顾氏义庄,以租入助族中孤寡贫乏者。吴县程氏义庄,赡族对象为老年、寡妇、幼孤、废疾而贫困者,无力安葬嫁娶者,幼孤而无力读书者等。苏州府朱氏义庄,“支属之无告者有给焉”。无锡县华氏义庄,以租入赡给自十一世以下子弟,“其不能业者给口食,其婚娶槽瘃给各有差。”金匮县华氏义庄,以租入赡给鳏寡孤独废疾者。武进县蒋氏义庄,以租入赡给贫寒户耕、读、婚、丧等费。溧阳史际设立义庄,专用于“以待荒岁之赈”。

如义田较多的皖南,宣城县吴氏,每属春冬两季,以义田租赡济贫族。石埭县陈氏,族田租入,于“穷族之无力婚丧葬者,即给贺仪及丧葬费,其废疾又家道极穷者则按月补助。”歙县黄氏义田租赡“族中四穷”。

浙江海宁县曲氏义庄田租,于族人“给谷帛以赡不足,助婚嫁,资殡葬。”海宁县查氏条规,赈恤对象有恤嫠、恤孤、废疾、养老、助婚、助丧等项。桐乡县蔡氏义庄为规:“一般幼孤无养者、废疾者、以及年在五十以

---

① 梁任葆:《全田起义前广西的土地问题》,《历史教学》第 67 期,1956 年 7 月号。

② 郑振满:《清代台湾乡族组织的共有经济》,厦门大学历史系,打印稿。

③ 《嘉庆重修统一志》。

④ 以上所引转见李文治、江太新《中国宗法宗族和族田义庄》,社会科学文献出版社 2000 年版,第 195 页。

⑤ 顾炎武:《日知录》卷 6,《庶民安故财用足》。

⑥ 钱大昕:《潜研堂文集》卷 20,《陆氏义庄记》。

上之茕独"，计日给钱米。镇海县孝氏义庄，于族人"生无以养予以粟，死无以敛予以棺。"杭州许氏义庄，以租入助族中之贫苦孤寡及婚嫁丧葬等费。乌程县姚氏义田，以租入"周族中之尤贫困及疾病死丧者"。

江西南昌县万氏祭田，租入除供祭祀外，"余给以期功之贫者"。广昌县魏氏义田，"众支下子孙之困穷者"。临江府聂氏义田，以租入周济贫困户。安吉县孙氏义田，将田编号，"其贫不能自赡者给一号"，以资养赡。江夏陈氏《义庄规条》，"族中如有因灾贫乏不能自为存活者，十五岁以上男妇给米一升，十五岁以下者给米三合，未三岁者不给。"

福建台湾府：义田"以恤宗支"①。

珠江流域族田则以广东为最。广东，各姓"族产颇厚"，"每岁按丁口分米若干，分银若干。"② 新会县《潮连乡志》载："一遇凶岁，贫者嗷嗷，每借祖尝分给。"南海林氏族田，每年租入约为银8000两，以"赡恤子姓之贫者"。

湖南湘潭县郭氏义庄，以租入赡给十世祖从下诸子孙。湘乡县蒋氏义庄，以租入"助养房内鳏寡孤独废疾者"。

四川绵竹县马氏族田，"凡老穷寡弱，岁给米布棉花，病有药，死有棺，不能嫁娶有衾饰衣被。"新都县魏氏族田，"照丁给谷以赡族"。叙州府郭氏族田，以租入赡济族中之"鳏寡、孤独及无力养、葬、婚嫁、贫不能读者"。巴县刘氏祭田，租入除祭典外，"尽以赡同族之不足"③。

北方建置族田要比南方少，但也有一些事例。如山东钜野县田氏前置义田，"凡同族中婚嫁不举，社食不给者，咸取给焉。"东平州孟氏所置族田，以租入为族儿"养赡之费"④。直隶安平州张氏有"赡族田"300亩。⑤ 景州张氏有"义田"300亩。⑥ 均以租入赡养贫族。清代山西、甘肃也有关

---

① 《台湾私法附录参考书》，转见郑振满《清代台湾乡族组织的共有经济》，打印稿。

② 韩峰：《义田记》，见叶耀元编《祠庭王氏家谱》。

③ 以上所引，转见李文治、江太新《中国宗法宗族和族田义庄》，社会科学文献出版社2000年版，第204—206页。

④ 光绪《东平州志》卷15。

⑤ 光绪《畿辅通志》卷243。

⑥ 光绪《畿辅通志》卷230。乾隆间张殿甲置族田1100亩，其中祭田800亩，义田300亩。

于建置义田赡族记载。

其余地方义庄赡族事例,不再一一枚举。义庄的设立对赈恤贫困、救灾是有意义的。同时,对农业生产发展也起到维护作用。有人说,族田义庄是地主的变相的私产,这种看法可能不够全面,也与事实相悖。

有些宗族除了设立义庄赡养族众外,还设立了完纳赋役的公田、役田。在封建社会里,田赋徭役对农民来说是一项沉重负担,有些宗族专门设立公田、役田,为宗族成员缴纳赋役,减轻族众负担,使农民有更多资金投入生产,对农业生产起到推动作用。

第三节　农业灾害与政府救济

一　自然灾害及其对农业生产的影响

在科学技术发展水平还达不到控制自然灾害发生的情况下,自然灾害对农业生产的影响是巨大的。人们虽然可以通过筑堤、建闸、开塘、修浚河道、打井、植树造林等措施,减少旱灾和水灾对农业生产的影响,但到目前为止,人们还不能控制自然灾害的发生,尤其是旱灾和水灾的危害。正视自然灾害对农业生产的影响,对抗灾救灾有十分重大的作用。同时加强政府社会保障职能提升,对保障人民生命安全、保证灾后生产恢复都具有十分重要意义。

1. 明清时期的自然灾害

对明清两代自然灾害情况的掌握,由于占有资料多少程度有所不同,所以对各个时段的灾情掌握也有所差异。比如,明洪武至弘治这段时间,因为采集资料仅限于《明史》卷88,以及郭厚安编《明实录经济资料选编》农业部分中的水利、灾荒、流民中的有灾荒记载,所以资料面就较狭窄,所列举的灾类也较少,相应的受灾数计也会减少。明正德至崇祯这一段时间,因为使用《明实录》分类卡片,把所有《明实录》中有关"灾"的资料都集中在一起了,所以资料来源面要广得多,发生的灾害种类也较全,比较能反映当时实际情况。清顺治至嘉庆的灾情资料,系根据陈振汉等编的《清实录经济史资料》第二分册中表整理而成,所以也较全。尽管各个阶段所掌握资料多少、详略不同,但还是可以通过表3-9、表3-10得到对明清两代灾情的总体印象。

表3-9　　　　　　　　　　明洪武至万历年间灾情　　　　　　　　单位：起

时间	灾别				各地受灾情况	资料来源
	水	旱	蝗	雪		
洪武元年	1				决曹州双河口，入鱼台	《明史》卷88
洪武八年	1				决开封大黄寺堤	《明史》卷88
洪武十二年		1			广平所属郡邑"致民艰于树艺，衣食不给"	《实录》卷124
洪武十四年	1				决阳武、祥符、中牟	《明史》卷88
洪武十五年	1				决朝邑，七月决荥泽阳武	《明史》卷88
洪武十七年	1				决开封东月堤，自陈桥至陈留横流数十里，又决杞县	《明史》卷88
洪武十八年	1				河南、山东、北平"涝伤民田"	《实录》卷176
洪武二十二年	1				河没封仪县治	《明史》卷88
洪武二十三年	1				春，决归德州；秋，决开封西华诸县，漂没民舍，受灾者达15700余户	《明史》卷88
洪武二十三年	1				七月，苏州府崇明县大风雨三日，"偃禾嫁"通州海门县"漂溺者众"	《实录》卷203
洪武二十四年	1				明河水暴溢，决原武至开封城北五里	《明史》卷88
洪武二十五年	1				复决阳武	《明史》卷88
洪武三十年	1				8月决开封，城三面受水	《明史》卷88
永乐三年	1				决温县堤4000丈，"淹民田四十余里"	《明史》卷88
永乐五年	1	1			河南"民所收，有十不及四五者，有十不及一者，亦有掇草实为食者"	《实录》卷44
永乐八年	1				秋，河决开封，被灾者4000余户，没民田7500余顷	《明史》卷88
永乐十一年	1				徐州"有鬻男女以图者，人至父子相弃，其穷极矣"	《明史》卷88
永乐十四年	1				决开封州县14	《明史》卷88
宣德元年		1			雨溢开封城	《明史》卷88
宣德一年	1				山东"麦已无收"	《实录》卷19

续表

时间	灾别				各地受灾情况	资料来源
	水	旱	蝗	雪		
宣德二年	1				直隶徐州、保定深、泽、博野、束鹿、蠡县，河间府河间县"冲决堤岸，淹没禾稼"	《实录》卷30
		1			山西蒲、泽、解、绛、霍5州，沁水、岳阳、平陆、临晋、猗氏、曲沃、安邑、襄城、芮城、稷山、垣曲、翼城、太平、河津、闻喜、汾西、赵城、永和、浮山、临汾、荥河、万泉、夏23县，河南府灵宝县"田谷旱伤"	《实录》卷30
宣德三年		1			真定府赵、定、翼3州、真定、平山等18县及顺德府平乡、内丘、唐山、沙河、钜鹿五县，广平府肥乡、邯郸、永年3县"麦皆枯死无收"	《实录》卷43
				1	山西灾	《实录》卷43
宣德五年				1	近年各和间有灾伤	《实录》卷69
宣德九年			1		直隶大名府8县、广平府5县、凤阳府1州，淮安府2县。	《实录》卷111
宣德九年			1		山东济宁1州1县、东昌府1州1县、青州府1县、济南府1县；河南卫辉府6县、彰德府1州3县、怀庆府6县、开封府5县，畿南、北直隶、山东、河南4省4州40县，"境内蝗蝻覆地尺许，伤害禾稼"	《实录》卷111
宣德十年				1	江南灾伤	正统实录5
正统二年		1			湖广黄州等府"连年亢旱，人民流移，其女子或为人奴，或被略卖"	《实录》卷29
正统二年	1				阳武、原武、荥泽、濮州范县决堤	《明史》卷88
正统三年	1				河复决阳武及邱州堤	《明史》卷88
正统五年		1			山西平定、岢岚、翔、代等州，寿阳、静乐、灵丘等县人民"往往车载幼小男女，牵扶瞽疾老羸，采野菜，煮榆皮而食；百十成群，沿途住宿"，"况今四月不雨，麦苗少长，田土未耕"	《实录》卷66

续表

时间	灾别				各地受灾情况	资料来源
	水	旱	蝗	雪		
正统五年		1			陕西监生王玛言"道经巩昌府宁远、优羌二县，见民俱食树皮草根。有妇饿死洞旁，其孩提犹呱呱哺乳"	《实录》卷68
正统八年				1	真定、保定、山东诸处	《实录》卷102
正统九年		1			西安等府、华州待州、高陵等县"今年亢旱，人民缺食，流徙死亡，道路相挤，甚至将男女鬻卖，以给日用"	《实录》卷124
正统九年		1			陕西州县"数月不雨，麦禾俱伤"	《实录》卷120
正统十年		1			陕西所属西安、凤翔、乾州、扶风、咸阳、临潼等府、州县旱伤，"人民饥窘，携妻挈子出湖广，河南各处趁食，动以万计"	《实录》卷132
正统十二年				1	山东青州府"频年灾歉，诸城一县，逃移曹10300余户。民食不给，至扫草子，削树皮为食。续又逃亡2500余家。地亩税粮动以万计，请暂停征。从之"	《实录》卷152
正统十二年	1	1			山东湖广等布政司，淮安府、州、县，"连被水旱，入民艰难，或采食野菜树皮，苟废朝昏；或鬻卖妻妾子女，不顾廉耻，或流移他乡，趁食佣工，骨肉离散，至相聚为盗"	《实录》卷153
正统十二年				1	山东、山西，产直隶淮安等府	《实录》卷154
正统十二年	1	1			兖州府沂州累岁旱、涝	《实录》卷155
景泰三年	1				河南开封等府并南直隶凤阳等处	《英宗实录》卷216
景泰四年	1				河复决新塞口南诏，决荥阳漫流原武，抵祥符、扶沟，通许洧川尉氏、临颍、郾城、陈州、高水、西华、项城、太康，没田数十万顷	《明史》卷88
景泰五年					雪镇守福建兵部尚书孙原贞奏："自尝冬至今春，积雪连旬，穷阴弥月"	《英宗实录》卷247
景泰七年	1	1				《英宗实录》卷270

续表

时间	灾别				各地受灾情况	资料来源
	水	旱	蝗	雪		
天顺元年				1	山东、直隶等处，连年灾伤	《英宗实录》卷278
天顺五年	1				河决汴梁，"坏官民房舍过半周，军民溺死者无算"	《明史》卷88
成化四年				1	陕西"平凉、延安、应阳等府属人户"为因年荒、贼扰，迁移外郡，十有七八	《宪宗实录》卷52
成化六年				1	荆襄流民"皆各处被灾，公私急迫而来者也"	《宪宗实录》卷79
成化六年	1	1			京畿顺天等8府，南北直隶、山东、河南等布政司："水旱灾伤之余，米价腾贵。"除京畿外，"但在外州县，饥荒尤甚。村落人家，有四五日不举烟火，闭门困卧待尽者；有食树皮草根，及因饥疫病死者；有寡妻只夫，卖儿卖女卖身者"	《宪宗实录》卷86
成化七年	1				山东7府，浙江嘉、湖、杭、绍4府："自夏苦雨骤降，海潮大发，淹没禾稼，损坏房舍，漂溺人畜不可数计"	《宪宗实录》卷94
成化十五年	1	1			南北直隶、河南、陕西、江西、湖广、四川、福建水旱	《宪宗实录》卷195
成化二十年				1	山西连年灾伤，平阳一府逃移者58700余户。内安邑、猗氏西县饥死男妇6700余口。蒲、解等州、临晋等县饿殍盈途，不可数计。父弃其子，夫卖其妻；甚至有全家聚哭，投河而死者；弃其子女于井而逃者	《宪宗实录》卷256
弘治二年	1				河决开封	《孝宗实录》卷28
弘治二年				1	川、陕、湖、贵岁荒	《孝宗实录》卷28
弘治十四年				1	浙江天台："本州之民，逃亡者多于现在，饥寒困苦者十八九，邻近州府，大率皆然"	《孝宗实录》卷172

　　注：灾别栏中"灾"是《实录》中笼统称谓，因无法分别其是水灾、旱灾、蝗灾或雪灾等灾害，故特设一栏。

　　资料来源：《明史》卷88；又据郭厚安编《明实录经济资料选编》《农业·水利·灾荒·流民》等整理而成。

表 3-10　　　　　　　　　明正德至崇祯年间自然灾害统计　　　　　　　单位：起

时间	水灾	旱灾	蝗灾	风灾	雹灾	霜灾	雪灾	地震	总计
正德	49	6	1	14	33	2		2	107
嘉靖	31	30	4	5	47	3	2	7	129
隆庆	13	4	3		16	1	1	3	41
万历	73	25	8	12	45		5	11	179
天启	11	6	3	2	4	1		1	28
崇祯	20	5	5	3	6		3	1	43
合计	197	76	24	36	151	7	11	25	527

注：1. 未列入上表灾情有：火灾 174 起；雷灾 39 起；疫灾 10 起；虎灾 2 起；鼠灾 2 起；鸟灾 1 起，没有注明具体灾名的 36 起。

2. 风、雨、雹灾连在一起时，一般放在雹灾中计算。

3. 泰昌元年有 1 起没注明具体灾名，未计。

资料来源：《武宗实录》《世宗实录》《穆宗实录》《神宗实录》《熹宗实录》《毅宗实录》。

另据《中国农业通史明清卷·附录》载，明清自然灾害情况统计情况如表 3-11 至表 3-14。

表 3-11　　　　　　　　　明代各种自然灾害统计　　　　　　　单位：起，%

灾种	水	旱	风	雹	雪	霜	低温	蝗	虫	鼠	疫	地震	沙尘暴	饥荒	合计
灾次	1516	1046	48	325	22	33	3	328	28	7	48	968	32	859	5 263
比重	28.80	19.87	0.91	6.18	0.42	0.63	0.06	6.23	0.53	0.13	0.91	18.39	0.61	16.32	—

注：因四舍五入计算，比重相加不等于 100%。

资料来源：转见闵宗殿主编《中国农业通史·明清卷》，中国农业出版社 2016 年版，第 20 页。

表 3-12　　　顺、康、雍、乾、嘉时期各直省自然灾害统计　　　　　单位：起

省份	水灾	旱灾	蝗虫/黄疸	风灾	雹灾	雪灾	霜灾	地震	总计
奉天	24	8	3	3	4	2	3		47
吉林	13	1	2		7				23
黑龙江	17	9	1		1		7		35
直隶	129	64	20	2	52		10	26	303
河南	82	38	6	3	13		1	1	144

续表

省份	水灾	旱灾	蝗虫/黄疸	风灾	雹灾	雪灾	霜灾	地震	总计
山东	95	44	13	7	17		2	3	181
山西	40	28	8	1	37		16	8	138
陕西	44	33	5	2	41	1	15	3	144
甘肃	69	66	12	6	75	1	29	6	264
江苏	141	50	16	15	18		1		241
安徽	115	52	7	1	10			1	186
江西	51	36		2	2				91
浙江	61	46	8	18	4		2		139
福建	36	23	1	21	1			2	84
湖北	83	41	2		1			1	128
湖南	58	29	2	1	1			1	92
广东	34	12	4	13				1	64
广西	8	5	1						14
四川	13	2		1	2	2	2	15	37
贵州	7	1			2			2	12
云南	29	2			3	1		13	48
西藏		1				1			2
青海						3			3
新疆	6	5	3			2		3	19
蒙古	4	17		1	1	6	4		33
合计	1159	613	114	97	292	19	92	86	2472

注：原资料有"疫""灾种不详"两栏，本表删去不计。

资料来源：根据陈振汉等编《清实录经济史资料·农业编》第二分册整理而成。

表3-13　　　　顺、康、雍、乾、嘉五朝的自然灾害统计　　　　单位：起

时间	水灾	旱灾	蝗虫、黄疸	风灾	雹灾	雪灾	霜灾	地震	总计
顺治	78	38	22	8	42	1	4	20	213
康熙	245	184	25	3	43	2	7	28	537
雍正	72	33	3	5	9	2	2	3	129
乾隆	514	251	49	63	144	8	60	31	1120
嘉庆	250	107	13	13	49	4	25	7	468
合计	1159	613	112	92	287	17	98	89	2467

资料来源：根据陈振汉等编《清实录经济史资料》第二分册中表整理而成。

表 3 - 14　　　　乾隆元年至宣统三年长江流域水灾统计（州县数）

时间	记载灾情资料条数（条）	上游区（个）					中游区（个）				下游区（个）		国际河（个）	合计县数（个）	兼受风潮数（个）
		干流	金沙	岷沱	嘉陵	乌江	干流	洞庭	汉江	鄱阳	干流	太湖			
乾隆六十年	1026	33	55	88	56	17	251	241	172	263	478	351	33	2038	136
嘉庆二十五年	395	12	23	8	31	5	105	43	163	107	171	80	9	757	7
道光三十年	971	55	24	48	57	17	441	230	306	334	590	408	6	2516	18
咸丰十一年	147	2	1	0	0	0	65	92	27	124	20	107	1	439	59
同治十三年	147	7	21	6	8	1	90	88	38	147	52	64	8	530	2
光绪三十四年	1010	99	140	115	106	38	455	442	285	716	522	508	59	3485	76
宣统三年	106	6	20	3	7	13	34	58	22	47	55	67	14	346	
总计	3803	214	284	268	265	97	1441	1194	1013	1738	1888	1585	130	10111	298

资料来源：根据水利电力部水管司科技司、水利电力科学研究院编《清代长江流域西南国际河流涝档案史料》加工整理而成。

从表 3 - 9、表 3 - 10、表 3 - 13 可以看出，从明洪武至弘治 138 年间，发生水灾 31 起，旱灾 16 起，蝗灾 2 起，雪灾 12 起；从正德至崇祯 139 年间，水灾 197 起，旱灾 76 起，蝗灾 24 起，风灾 36 起，雹灾 151 起，霜灾 7 起，雪灾 11 起，地震 25 起；从顺治至嘉庆 177 年间，水灾 1159 起，旱灾 613 起，蝗灾 112 起，风灾 92 起，雹灾 287 起，雪灾 17 起，霜灾 98 起，地震 89 起。此外，李向军还提供了一个由顺治至道光年间的灾情表。据他统计：水灾 16384 起，占总灾 56%；旱灾 9185 起，占总灾 32%；雹灾 1281 起，占总灾 4%；虫灾 538 起，占总灾 2%；其他灾种都占总灾 1% 左右。①水利电力部水管司科技司和水利电力科学研究院对乾隆至宣统年间长江流

---

① 参见李向军《清代荒政研究》，中国农业出版社 1995 年版。

域水灾也作了一个统计，这 176 年，长江流域地区有水灾报告资料共 3803 条，上游地区被灾县份 1128 个；中游地区被灾县份达 5386 个；下游地区被灾县份 3473 个；受国际河影响而受灾县份 130 个，合计受灾县份 10111 个。上游区被灾县份占 11.16%；中游区被灾县份占 53.27%；下游区被灾县份占 34.35%；因国际河被灾县份占 1.29%。

从表 3-9 至表 3-14 中看，无论是明代还是清代，水灾都是居第一位的，有清一代，一年中有 150 个以上县份同时被灾的达 22 次之多。水灾主要发生在江苏、江西、浙江、湖南、四川、湖北、安徽、山东、直隶、河南诸省。夏涝、秋涝以黄河、淮河、海河平原，长江中下游一带发生概率最高，多由暴雨或连日大雨造成。黄、淮、汉水、海河、长江等水溢泛滥，也导致了大范围的水灾。[①] 从时段看，长江流域水灾主要发生在道光、光绪、宣统年间，平均每年遭水灾的县份达 115.3 个；光绪年间，平均每年遭水灾的县份达 102.5 个；道光年间，每年遭水灾县份平均达 83.9 个。

旱灾在整个灾情中居第二位。据研究，一年中，全国有 150 个县，同时遭受旱灾袭击的有 12 次。旱灾主要发生在直隶、山东、甘肃三省，浙江、江西、江苏、河南、湖北、陕西、安徽等地次之。华北、西北多春旱，江淮多伏旱，华中多秋旱。

下面，以河南尉氏县灾情为例，如表 3-15 所示。

表 3-15　　　　　明清时期河南尉氏县灾年与丰年情况表

时间	灾荒或丰收情况
弘治七年	丰稔，斗麦十钱
弘治十一年	大有年，斗粟十钱
正德十一年	春，大饥
正德十四年	春夏，连雨月余，麦禾俱损
嘉靖七年	水旱相仍，民饥
嘉靖八年	春，大饥。六月，蝗飞蔽天
嘉靖九年	夏，蝗；入秋，复生蝻
嘉靖十年	蝗伤稼殆尽
嘉靖十一年	大蝗，知县游凤仪以粟召民捕之，升斗相易，不数日积满诸仓

---

① 参见李向军《清代荒政研究》，中国农业出版社 1995 年版。

续表

时间	灾荒或丰收情况
嘉靖十五年	大饥，大疫
嘉靖十六年	九月，黄河水溢城外，郊野不浸者仅五六里大，无麦禾
嘉靖十七年	春，大饥，疫疠大作
嘉靖十八年	春，大饥。秋蝗
嘉靖二十七年	五月，大水淹没，禾稼殆尽
嘉靖三十年	五月，大风拔木
嘉靖三十二年	春，大饥
隆庆四年	秋，大有年
万历四年	秋，大水
万历十五年	大饥，大疫
万历十六年	春，大饥，大疫
万历二十二年	荒旱，大饥
万历二十七年	三月，旱；秋，大旱，无禾；冬大饥
万历三十二年	大饥
万历三十三年	大有年
万历四十年	三月，蝗
万历四十二年	蝗蝻食禾稼，民大饥
万历四十四年	六月，蝗
崇祯三年	夏，大水，雨雹伤禾稼
崇祯五年	六月二十二日，暴雨彻夜，黄河泛滥，平地水深二丈，五谷食毁大半
崇祯七年	六月十四日，蝗自东南来，落地户余，住十余日，五谷食毁大半
崇祯十三年	四月，蝗食禾；七月，大旱，蝗，禾草俱枯；八月，阴霜杀菽，大饥，斗粟银二两，人相食
顺治四年	二月，大风雨雹；七月，大水
顺治五年	四月，水雹伤麦；六月淫雨坏秋
顺治十一年	五月，淫雨
康熙元年	六月，开封黄练口河决被灾；八月，大雨伤稼
康熙三年	大旱，蝗为灾
康熙六年	大有年
康熙九年	春夏大旱
康熙十七年	七月大水，岁饥
康熙十八年	大

续表

时间	灾荒或丰收情况旱
康熙二十二年	春多淫雨，有蟛蜞食麦，歉收。岁大饥
康熙二十三年	二月，大风、霾、黄沙蔽日、昼晦，旱
康熙二十四年	夏，淫雨兼旬，秋禾淹没，疟痢瘟疫互行
康熙二十八年	春旱，麦枯
康熙二十九年	春旱，风霾蔽日，麦枯。秋有虫食禾苗。八月陨霜害稼
康熙三十年	七月，飞蝗蔽天，继生蝻成蝗，食禾殆尽
康熙三十三年	夏蝗，遣官谕所在吏民捕，蝗殆尽
康熙三十九年	大有年
康熙四十八年	四月淫雨，麦尽淹没，次年谷价腾贵
康熙六十年	旱
康熙六十一年	旱
雍正元年	黄河溢，禾尽淹
雍正三年	大有年
雍正四年	大有年
雍正五年	大有年
雍正六年	大有年
雍正七年	大有年
乾隆四年	六月，大雨四十余日，称禾淹没
乾隆五年	麦丰收。秋，蝗
乾隆八年	秋禾淹没，岁饥
乾隆二十二年	六月至七月，淫雨伤稼，民大饥
乾隆二十六年	河决阳桥，尉氏禾尽淹没
乾隆四十年	四月，淫雨七昼夜，平地水深五六尺
乾隆四十三年	春，多暴风，二麦黄枯
乾隆五十年	春大旱，无麦
乾隆五十一年	春大饥，斗麦千三百钱
嘉庆四年	夏雨伤稼
嘉庆十八年	旱，无麦禾，岁大饥
嘉庆十九年	春大饥。夏瘟疫流行
嘉庆二十四年	八月初二日，黄河水溢，稼尽淹

注：需要了解明清两代各地受灾更多情况，可参见陈树平主编《明清农业史资料》第三册，第八章第六节《水旱灾害》。这里不再多举。

资料来源：道光《尉氏县志》卷1，第69—76页。转见陈树平主编《明清农业史资料》第一册，社会科学文献出版社2013年版，第1282—1284页。

总结明清时代灾荒情况和发生灾情规律，对我们今后开展防灾、抗灾具有十分重大意义。

2. 自然灾害对农业生产的影响

水灾一条线，洪水所到之处，一片泽国；旱灾一大片，禾苗化为枯草；飞蝗所过之地，庄稼被吃尽。这些都是自然灾害对农业生产危害的写照，但具体来说，主要有如下几个方面。

第一，影响到当年农业收成。洪武十七年，黄河自开封东门堤决口，自陈桥至陈留横流数十里，庄稼被淹没。① 洪武十八年，河南、山东发大水，"涝伤民田"②。洪武二十三年七月，苏州府崇明县大风雨三日，"偃禾稼"③。永乐三年，决温县堤，"淹民田四十余里"④。永乐八年秋，黄河在开封决口，淹"没民田七千五百余顷"⑤。宣德元年，山东灾，"麦已无收"⑥。二年，直隶徐州，保定深、泽、博野、束鹿，河间府河间县，因堤岸被洪水冲决，"淹没禾稼"⑦。同年，山西久不下雨，蒲、泽、解、绛、霍五州，沁水、岳阳、平陆等二十三县，河南府灵定县，"田谷旱伤"⑧。三年，真隶真定府赵、定、翼三州，平山等十八县，顺德府平乡等五县，广平府肥乡等三县，麦皆枯死无收。⑨ 正统五年，山西平定，岢岚、翔、代等州，寿阳、静乐、灵丘等县，"况今四月不雨，麦苗少长，田土未耕"⑩。景泰四年，黄河再次决口，从河南荥阳漫流原武，抵祥符、扶沟、通许、洧川，尉氏、临颍、郾城、陈州、商水、西华、项城、太康，"没田数十万顷"⑪。万历二年，山东、河南、陕西等省大旱，"赤地千里"，长江两岸庐舍漂流，江西、湖北、湖南大半地方为洪涝所害，"又闻被灾者达半矣"!⑫ 乾隆年间，直隶霸州、保定、固安、

---

① 《明史》卷88。
② 《明史》卷88。
③ 《明洪武实录》卷203。
④ 《明史》卷88。
⑤ 《明史》卷88。
⑥ 《明宣德实录》卷19。
⑦ 《明宣德实录》卷30。
⑧ 《明宣德实录》卷30。
⑨ 《明宣德实录》卷43。
⑩ 《明正统实录》卷66。
⑪ 《明史》卷88。
⑫ 《明神宗实录》卷176。

宛平、大兴、文安等一百零五州县卫所"今春雨泽愆期，间被冰雹，三麦歉收"；又东安、迁安、抚宁、唐县、定兴、河间、灵寿、延庆、怀安、西宁、蔚州、怀来等州县，"四、五、六等月被雹伤禾"。① 乾隆四十年，直隶畿南一带，六七月间，因雨水过多，永定河水涨，漫溢濒河近淀之保定、文安等五十二州县厅，均被潦成灾，而霸州等六县较重。甘肃省五月间，雨水未能沾足，皋兰、安定三十一厅州县，夏禾偏被旱雹等灾。江苏省夏秋雨泽愆期，句容等四十六州县被旱，及萧县境内间有被水偏灾。安徽省定远等三十九个州县卫秋禾被旱，及宿州、灵璧二处临河地亩被淹。豫省沁河两次水涨，漫刷武涉县民埝，将附近之张村等三十七村庄河滩地亩被淹。② 被灾者伤多达五省一百七十一个厅州县卫所。《实录》中记载："收成歉薄""被水歉收""收成亦未免歉薄""二麦歉收"随处可见，这里不再赘述。顺治至嘉庆灾害情况，可参看陈振汉等编《清实录经济史资料》。

各直省夏、秋两季收成情况，嘉庆以前未见估算材料，只见一些零星记载，如永乐三年，河南遭受水、旱两灾，"民所收，有十不及四五者，有十不及一者"③。乾隆十三年，山东兖、沂、曹、泰等府春旱，虽四五月得雨，但"其麦收分数"，仅"六分以上"，而且是丰歉通计而论。④ 如果不是丰歉通计，受灾地区收成还达不到六成。乾隆四十二年，甘肃至秋无雨，夏禾枯死，无收。⑤ 因数计不全，收成份数很难给人们一个较完整概念。道光以后，李文治先生根据中国社会科学院经济研究所藏《清代农业生产收成表》，编制了从1821年至1911年10个省份夏、秋两季收成份数统计表。虽然影响农作物收成份数有多种原因，如缺乏肥料、土地贫瘠、水利失修、战争等，但其中最主要的原因是自然灾害。道光年间，平均每年遭受水灾县份达177个，遭旱灾县份达50个，抛开雹灾、虫灾、风灾、霜雪灾、地震等灾情不计，水、旱两灾，每年被灾县份达227个，这就必然会影响到当年粮食作物收成。从直隶河南等10省收成看，收5成至7成以上的占20.3%，收7成至8成的占45.8%，由8成至9成的占16.5%，收到9成以上的仅2.4%，无收或缺记载的占16.5%。因自然灾害造成农业生产减收，由表3-16可见一斑。

---

① 《清高宗实录》卷220。
② 《清高宗实录》卷999。
③ 《明成祖实录》卷44。
④ 《清高宗实录》卷315。
⑤ 《清高宗实录》卷1038。

表 3 - 16　　1821—1840 年各省夏季、秋季收成分数统计

时间	直隶		河南		山西		陕西		浙江		安徽		江西		湖北		湖南		福建	
	夏	秋	夏	秋	夏	秋	夏	秋	夏	秋	夏	秋	夏	秋	夏	秋	夏	秋	夏	秋
1821 年	8 +	7 +	7 +	6 +	7	7	7 +		8 +	7 +	—	8 +	8 +	7 +	—	7 +	8 +	7 +	—	
1822 年	8 +	7 +	7 +	7 +	7 +	8 +	7 +		7 +	—	7 +	8 +	8 +	7 +	8	7 +	8 +	—	—	
1823 年	6 +	5	7 +	7 +	7	7 +	7	8 +		7 +	7 +	5 +	8 +	—	—	7 +	7 +	8 +	8 +	8 +
1824 年	7 +	7 +	8 +	8 +	7	7 +	6 +	7 +	8 +		6 +	8	8 +	8 +	7 +	7	7 +	8 +	7 +	—
1825 年	8	8 +	7 +	—	6	7 +	6 +	—	8	7 +	7 +	8 +	8 +	7 +	7 +	7 +	8 +			
1826 年	6 +	8 +	6 +	7 +	6 +	7 +	7	—		8 +	7 +	7 +	8 +	7 +	7 +	7 +	—	8 +	—	—
1827 年	7 +	9	8 +	8 +	7 +	7 +	6 +	—		7 +	7 +	—	8	8 +	7 +	7 +	7 +	8 +	—	8
1828 年	7 +	9 +	8	7.92	7 +	8 +	7 +	6 +		7 +	7 +	6	8	7 +	7 +	7 +	—	—	—	8 +
1829 年	7 +	9 +	7.7	7.7	7	8 +	—	7 +		7 +	7 +	7 +	8 +	7 +	7 +	7 +	—	—	—	—
1830 年	8 +	7 +	7.89	7.6	7	7 +	7 +	—		7 +	7 +	7 +	7 +	7	7	7 +	—	7 +	—	—
1831 年	7	7	7.7	—	7	7	8 +			7 +	6 +	5 +	7 +	—	7	6 +	—	—	—	
1832 年	7 +	6 +	6.66	7 +	—	6 +	—	—		6 +	6 +	6 +	7 +	7 +	6 +	—	7 +	7 +	—	
1833 年	7 +	8 +	7 +	7 +	6 +	6 +	7 +	6 +		7 +	6 +	7 +	7 +	6 +	7 +	8 +	—	8 +	—	
1834 年	7 +	—	—	7.5	5 +	7 +	7 +	6 +		6 +	7 +	7 +	7 +	7 +	6 +	6 +	7 +	—	—	

续表

时间	直隶		河南		山西		陕西		浙江		安徽		江西		湖北		湖南		福建	
收成	夏	秋	夏	秋	夏	秋	夏	秋	夏	秋	夏	秋	夏	秋	夏	秋	夏	秋	夏	秋
1835 年	6+	7+	6+	7+	6+	6+	—	7+		—	7+	6+	8	6+	6+	—	6+	—		
1836 年	7+	8	7+	7+	6+	6+	7+	6+		8+	7+	7+	7+	7+	6+	6+	7+	8+	—	
1837 年	—	7	7+	—	6+	6+	7+	6+		8+	6+	—	7+	8+	6+	7+	7+	8+	—	
1838 年	6+	7+	6+	7+	6+	6+	7+	6+		8+	7+	7+	7+	8+	6+	8	7+	8+	—	
1839 年	6	7+	6+	7+	6+	7+	—	—	7+	6+	6+	7+	7+	6+	6+	7+	8+	7+		
1840 年	6+	7+	6+	7+	—	6+	—	6+	6+	6+	6+	6+	7+	7+	7	6+	7+	8+	7+	

注：本表有收成估计数和"—"共369个，其中收成5—5+者共4个，6—6+者共71个，7—7+者共169个，8—8+者共61个，9—9+者共3个，"—"者共61个。

资料来源：李文治编：《中国近代农业史资料》第一辑，第755—760页。《各省历年夏季收成分数统计》《各省历年秋季收成分数统计》合并而成，年份取1821—1840年这段。1841年以后略去。

清后期自然灾荒更为频繁，农业生产衰退更快。据陈树平所做的 15 个年份（1840—1910）8 省秋成不足六成统计看，共同特点是：越靠近清末，秋成不足六成的县数就越多。就山西省而言，108 个县中，42 个县以下秋成不满六成只见于前 4 个年份，其后 11 个年份秋成不满六成者都在 50 个县以上，最高年份达 102 个县。河南省 107 个县中，20 个县以下秋成不足六成者只有前 2 个年份，还有 2 个无统计数年份外，其余 11 个年份秋成不足六成者都在 62 个县以上，其中有 8 个年份达 100 个县以上。陕西省 91 个县中，20 个县以下秋成不足六成的只有前 4 个年份，除 1 个年份不详外，其余 10 个年份都在 29 个县以上，其中 60 个县以上者有 4 个年份。浙江省各个年份上报秋成县份有多有少，但占 50% 以上县秋成都不足六成的有 9 个年份。安徽省 60 个县中，有数据可查者计 8 个年份，前 3 个年份在 17 个县以下，其余年份都在 41 个县以上。湖北 68 个县中，除 5 个年份数据不详外，还有 2 个年份在 4—8 个县，其余 8 个年份都在 17 个县以上，最高年份达 37 个县。江西、湖南两省收成好些，江西省有数据可查 12 个年份中，除有 1 个年份出现 16 个县秋成不足六成外，其余年份都在 9 个县以下。湖南省 75 个县中，秋成不足六成的 2 个县数较高年份：一个年份 18 个县、一个年份 27 个县，其余 9 个有数据可查者都在 2—5 个县。①

第二，受灾地区劳动力减少，影响当地生产发展。每当大的灾荒发生后，尤其是连年灾荒后，树皮、草根都已食尽，为了活命，或卖儿鬻女，或嫁妻，或走上流徙之路，外出寻食。在流徙途中饿死者不知其数。造成劳动力大量减少，以致土地荒芜。如宣德三年，李新奏称："山西饥民，流徙南阳诸郡，不下十余万口"②。正统二年，四川马湖府同知杨礼称："湖广黄州等府连年亢旱，人民流移，其子女或为人奴，或被略卖，深为可悯"③。九年，陕西左都御史陈镒奏："西安等府，华州等州，高陵等县，今年亢旱，人民缺食，流徙死亡，道路相挤；甚至将男女鬻卖，以给日用。"④ 十年三月，监察御史马恭奏报云："陕西远近饥民，求食者日有三千余人，饿死数多。高陵、渭南、富平等县居民，俱闭门塞户，逃窜趁食。"又尔谦奏

---

① 详细情况参见陈树平主编《明清农业史资料（1368—1911）》第三册，社会科学文献出版社 2013 年版，第 1499 页表 10 - 6—1。

② 《明宣宗实录》卷 42。

③ 《明英宗实录》卷 29。

④ 《明英宗实录》卷 124。

报："祥符县境内，屯聚男妇千余人；原武县境内，亦屯聚千余；俱系饥民"。① 十二年，山东监察御史等奏："山东青州府，地瘠民贫，差役繁重，频年荒歉。诸城一县，逃移者一万三百余户。民食不给，至扫草子、削树皮为食。续又逃亡二千五百余家"②。天顺元年，忠义前卫司吏张昭称："今山东、直隶等处，连年灾伤，人民缺食，穷乏至极，艰窘莫甚。园林桑枣，坟墓树砖，砍掘无存。易食已绝，无可度日，不免逃窜。携男抱女，衣不遮身，披草荐蒲席，匍匐而行，流移他乡，乞食街巷。欲卖子女，率皆缺食，谁为之买？父母妻子不能相顾，哀号分离，转死沟壑，饿殍道路，欲便埋葬，又被他人割食，以致一家父子自相食。"③ 弘治四年、五年，江苏大水，归有光称："至六年百姓饥疫死者不可胜数"④。嘉靖十七年，席书奏疏称：今岁南京地方，夏秋旱涝相继，人民饥馑殊甚，初卖牛畜，继鬻妻女，老弱辗转，少壮流移，或缢死于家，或饿死于路，"父老皆言今非昔比。"⑤ 万历九年、十年，山西连年大旱，百姓死亡，"平凉、固源城外掘万人坑三五十处，处处都满。"⑥ 崇祯十三年，据山东肥城县志载，旱蝗相集，禾稼尽伤，甚而母子、兄弟、夫妇相食，惨不忍言，"人民死者以万计"⑦。

清康熙十二年，圣祖指出，山东田间小民俱依有身家者为之耕种。丰年则有身家之人所得者多，而穷民所得之分甚少。"一遇凶年……有力者流移四方，无力者即转死于沟壑。"⑧ 康熙十九年，圣祖曰：自去冬以来，雨雪未降，今已入夏，甘霖尚稽，久旱伤麦，"且失业之民，饿馑流移，尤堪悯恻"⑨。康熙四十三年，山东、直隶被灾，"饿民弃其家业"，"流至京城者甚多。"⑩ 雍正元年，直隶、山东、河南被灾，流民"有就食京都"⑪。乾隆七年，黄河由江南石林、黄村二口漫溢，贯注微山、南阳等湖，所有滕

① 《明英宗实录》卷127。
② 《明英宗实录》卷152。
③ 《明英宗实录》卷278。
④ 归有光：《奉熊分可水利集并论今年水灾事宜书》，载《震川先生全集》卷8。
⑤ 徐光启：《农政全苏》卷44，《荒政·备荒考中》。
⑥ 朱国祯：《涌幢小品》卷27。
⑦ 康熙《肥城县志》下卷。
⑧ 光绪《山东通志》训典1。
⑨ 《清圣祖实录》卷89。
⑩ 《清圣祖实录》卷215。
⑪ 《清世宗实录》卷5。

县、鱼台、峄县、金乡、济宁、临清等州县卫，村庄田庐多有淹浸。"小民流移迁徙"①。曹树基等在《中国移民史》第六卷中，对清代移民有详细研究。虽然这些移民不一定是因灾荒而外迁，但其中有不少是由灾荒所致，如淮南县，乾隆"四十三四年，安徽、两湖数省屡被灾，小民络绎前来"②。兴安州居民大多由川楚间有"歉收"处所迁徙而来。③ 据光绪六年统计，山西交城灾后户数和人口只有光绪三年前统计数的三分之二。"死于饥困、死于疫疠者，竟减三分之一。"方志作者痛惜："亦惨矣哉！"④

第三，土地荒芜。灾区由于大量劳动力外逃，或劳动力死亡，致使当地因劳动力短缺而土地荒芜。正德十四年，山东御史徐冠所言："山东自流贼残破之后，水旱相仍，人民逃窜，田多荒芜"⑤。崇祯十三年，河南内黄县，红风大作，麦死无遗。至五月家家遭瘟，人死七分。"当时有地无人，有人无牛，地遂荒芜。""垣颓屋破，野烟空锁，子母分离，赤地千里，诚可怜也。"⑥ 河南许州，崇祯十三年大旱、蝗害，秋禾尽伤，青草皆枯，斗米易钱二千文，人相食，饿死大半。是年冬及次岁春，"有全家饿死者十分之七，逃亡者无算。"⑦

清代大灾以后，情况也大致相同。据陈仪称：雍正十一年，畿辅丰润、玉田一带，山洪暴涨，淹没"田庐万计。"⑧ 直隶文安县，据吴邦庆奏称：道光三年，"夏秋雨潦诸水漫溢为灾，邻邑文安在水中央者已两载，触目恻然。"⑨ 曾国藩奏称：光绪四年，山西"此次大祲之后，丁壮转徙他乡，老弱填委沟壑。灾重之区，十室仅存二三，次亦不及五六。荒田废地，无邑无之。"⑩ 沿海地亩，在暴风骤雨的袭击下，大多堤岸被毁，田被沙压、盐

---

① 《清高宗实录》卷175。

② 嘉庆《山阳县志》卷12。转见曹树基等《中国移民史》第六卷，第123页。

③ 嘉庆《安康县志》卷17《文征》。

④ 光绪《交城县志》卷6。

⑤ 《明武宗实录》卷174。

⑥ 刘如仲：《荒年志碑》，转见陈树平主编《明清农业史资料》第三册，第1285页。

⑦ 道光《许州志》卷11。

⑧ 陈仪：《陈学士文钞陈学士家传》，见《畿辅河道水利丛书》，第2页。

⑨ 吴邦庆：《畿辅水道管见》，见《畿辅河道水利丛书》，第53页。转见陈树平主编《明清农业史资料》第三册，第1285页。

⑩ 曾国藩：《缕陈要务疏》卷9，《曾忠襄公奏议》。

水所浸，大水退后，已成荒田。另耕牛、农具皆缺，于生产发展都不利，灾荒以后，往往要经过几年时间才能恢复。

3. 战乱及政策失误

造成粮食短缺原因，除自然灾害造成粮食减产外，还有人为因素。这个问题可以从两方面考察：一是战乱，给人民带来灾难；一是政府政策失误。

由于广大群众对政府乱摊派、或赋役不公、或吏役敲诈勒索不满而引起公愤，政府不是采取措施来解决问题，而是用武力来对付这些处身于水深火热的百姓，从而引发了百姓的反抗。战争使百姓逃亡、死伤，田园荒芜。如清政府为镇压太平军起义，对太平军所占地方进行反复扫荡，致江南数省人亡地荒，直至光绪年间都还有未垦荒地。

明时，有的巡官蔽匿灾情。嘉靖八年，河南连岁旱荒，民多饥死，河南都御史潘埙"凡郡邑请赈济者，埙牵制文移，往返驳勘，不以时允发"①，贻误灾情，影响政府决策。

清代每每丰收年景，便会出现人逃地荒现象。康熙初年，苏州连年丰收，但丰收并没有给当地人民带来欢乐，由于米贱价低，所收不足以完纳田赋，为逃避政府追捕，弃粮于仓，人逃地荒；有的人家为了完粮，卖儿卖女，而田绝对无人购买。人称熟荒。这种情况出现，完全出于政府政策失误，如果政府能适时提高粮价，使人民享受丰收之乐，何至于出现熟荒呢！这是令人痛心不已之事，这是应当吸取的教训。

从以上事实看，虽然有些自然灾害很难避免，但可以事前加以预防，事后加以妥善处理，可以把灾害减轻到最低程度，对生产恢复会起到十分重要的作用。另外，某些自然灾害的发生与人的生产活动有关，在人们谋求生产发展同时，忽视了对生态本身的保护，从而加重了灾情，导致自然界报复。认识这点十分重要，可以唤醒人们按自然规律办事，重视对生态的保护，保住绿水青山。这不仅仅是为了保住国家经济持续发展根基，而且绿水青山本身就是金山银山，是人类社会发展的目的本身。此外，民以食为天，不可一天无粮，国家应保持充裕粮食和其他物资储备，尤其是粮食类储备。有了充分物资储备，灾情发生时就可从容应对。人无远虑，必有近忧，事先做好准备，可以化解遇到的困难。我们之所以写这一节，首

---

① 《明世宗实录》卷99。

先是希望后人能从中得到警示，使人民生活过得更好、更幸福，国家更昌盛。其次是防止政府政策失误而造成不必要的灾难。这是人祸，是完全可以避免的。只要政府调整一下政策就可以完全避免。在市场经济条件下，为保护人民根本利益，政府适时对市场加以调控，显得十分必要。

二　灾荒与粮价

灾荒，尤其是大灾荒，对社会经济造成的巨大灾难和破坏，伤害是巨大的，是令人触目惊心的，是令人悲痛的。看看当时官员奏报，其惨状便历历在目。明宪宗成化六年十二月，吏部尚书姚夔言：顺天、河间、真定、保定四府在外州县"饥荒尤甚。村落人家，有四五日不举烟火，闭门困卧待尽者；有食树皮草根，及因饥疫病死者；有寡妻只夫，卖儿卖女卖身者。"① 正德九年二月，永平等府，旱涝相仍，"民茹草根树皮且尽，至有阖室饥死者。"②

缺粮，引起市场第一个反应是粮价上涨，小灾小涨，大灾大涨。粮食价格上涨，致使饥民求食无门，必加重灾情恶化和社会的动乱及不安宁。

明嘉靖三十八年八月甲子，巡抚辽东都御史侯汝谅奏：辽左地方三岁不登。春初入境，"见其巷无炊烟，野多暴骨，萧条惨楚，目不忍视。问之则云：去年凶馑，斗米至银八钱。母弃生儿，父食死子"③。万历二十九年，畿辅八府及山东、山西、辽东、河南荒旱，出现"斗米银二钱，小米斗银二钱。野无青草，载道流离，盗贼群行，白昼抢劫"④ 情景。《政和县志》记载，明代时，该县"田甚少，土甚瘠，获利甚薄，民甚劳，雨旸时若，则户仅裕一年之食，下户犹待贸易以足之。不幸而有荒歉之臻，则上户之粟或有仓箱之积者，非十倍之其常价不出也。是以富民遇歉则益富，平民遇荒歉，则不避于死亡矣。"⑤ 万历四十四年春，山东黄县，大饥异常，斗粟千文，饿殍载道，人至相食。⑥ 崇祯三年，陕西延绥镇，值岁大饥，市无

① 《宪宗成化实录》卷86。
② 《武宗正德实录》卷109。
③ 《世宗嘉靖实录》卷475。
④ 《神宗万历实录》卷359。
⑤ 道光《政和县志》卷10下《艺文》。
⑥ 康熙《黄县志》卷7。

见粟，"斗米千钱，军民饥死者大半。"① 崇祯十三年，河南尉氏县灾荒相仍。四月蝗灾，七月大旱，禾草俱枯，八月阴霜杀菽。民大饥，斗粟竞卖到银二两，出现"人相食"② 惨状。刘如仲记载：崇祯十三、十四两年，河南内黄县连连遭灾。卖地为食者，每亩价止三百文。"惟物类大贵，斗米价值一千七百文，高粮（粱）价九百文，斗麦价一千六百文，斗豆价一千五百文，独荞麦惟正当种时，每斗价三千五百文。"③ 据叶绍袁称：崇祯十四年，江苏是岁，田禾夏苦亢旱，至秋间复为蝗虫所食，所收不及十之三四。十月中，糙米价至二两八九钱，白粟三两之外。"凡中人之家，皆艰于食。吴中向推饶丽，今则饿殍在途。"他感慨地说：万历十六年为大荒，然米价止一两六钱，"今价倍于昔，且习以为常，民力几何，曷以度岁月？"④ 谈迁说：崇祯十三年灾，秋时山东、河南、山西、畿南人食木皮，至冬，人相食。十四年，大江南北皆竞弃子女，售器具，流殍塞路，少妇不值千钱，斗米三钱。⑤ 崇祯十四年，大旱、蝗灾相仍，"米价腾踊，石至四两，饿殍盈道。十五、十六年，经年亢旱，树皮、草根剥掘殆尽。有饥民于西城上制人肉以充食。"⑥

清代粮价问题更突出。江苏昆山县，顺治四年丁亥，是岁大饥，米石价四两。八年辛卯大水，米石价四两二钱。今（约乾隆二十年）本地米价至五两外矣。⑦ 康熙九年，苏、松、杭、嘉、湖、绍六府，方五百里内同日被灾。高低田禾尽没，倾圮民房墙垣，不计其数，压死居民，"米价腾贵，奸民倡乱，抢米"⑧。叶梦珠谈到粮价变动时说，顺治初年"斗米几及千文"。九年以后"以次递减"，至十四年，"每石米价银止八钱，亦有六七钱者。"康熙二十二年，"白米每石价银九钱上下"⑨。康熙四十六年，苏、

---

① 康熙《延绥镇志》卷3。

② 道光《尉氏县志》卷1。

③ 刘如仲：《荒年志碑》，转见陈树平《明清农业史资料》第三册，第1285页。

④ 叶绍袁：《痛史启祯记闻录》卷2。

⑤ 谈迁：《枣林杂俎》，《智集》。转见陈树平主编《明清农业史资料》第三册，第1280页。

⑥ 王昌：《蚓庵琐语》，转见陈树平《明清农业史资料》第三册，第1292页。

⑦ 龚玮：《灾年米价》，见《乐林笔谈》卷6。

⑧ 王逋：《蚓庵琐语》，第20页。

⑨ 叶梦珠：《阅世编》卷7，《食货二》。

松、常、镇四府大旱，是时米价每升七文，竟长至二十四文。① 康熙四十八年上谕称："今京城米价甚贵，朕闻小米一石须银一两二钱，麦子一石须银一两八钱，尔等与九卿会议，如何可以平价"②。康熙五十二年，圣祖云："朕闻广东米价腾贵，每石卖至一两八九钱至二两不等。……兹米价骤增，小民必至艰食。"③ 康熙年间，江苏甘泉发生严重灾荒，时人雷士俊说："城门之外，见死尸遍野，饿民六七成群，体瘠肤枯，气息奄奄待死。"又说："江都之米斗价二钱，累日所收，不足一饱之米，其敛乎而毙，无足怪者。"④ 指出粮价腾涌，人民无力购买，只有待毙实情。乾隆元年，高宗谈到"粮价昂贵"时说："如平阳、汾州、蒲州等府属，米麦价值，每石卖至二两之外，太原、潞安、泽州等府属亦一两五钱至一两九钱不等。"⑤ 乾隆四年，高宗说："朕访闻得甘省米粮价值，如粟米一项，西宁则每石三两六钱二分，凉州则二两九钱二分；小麦一项，西宁则每石二两九钱七分，凉州则二两六钱二分。……则未免昂贵，小民难以糊口。"⑥ 乾隆十七年，无锡黄邛说："邑中米价，雍正以上，石不过两。以予幼时所见，康熙四十六七年迭遭水旱奇荒，树皮剥食殆尽，而米价未满二两。自六十年至雍正三年，连旱五岁，米价亦无大昂。……于今天子嗣位十有八年，邑无大水旱，而米价反大踊贵。昔以一两为平者，渐以两半为平。戊辰（乾隆十三年）至庚午（乾隆十五年）至二两外。"⑦ 乾隆三十五年，斗米值三百五十文。⑧ 号称天府之国的四川，粮价亦在飞涨。乾隆时，云贵总督张允随奏称："雍正八九年间，每石尚止四五钱，今则动至一两外，最贱亦八九钱。"⑨ 乾隆五十一年，河南尉氏县，春大饥，"斗麦一千三百钱"⑩。乾嘉年间人洪亮吉说："闻五十以前，吾祖吾父之时，米升钱不过六七，布丈钱不过三四十，一人岁得布五丈，为钱二百，得米四石，为钱二千八百，则一人食力，可

---

① 钱泳：《履园丛话》，《丛话一》第 27 页。

② 《圣祖实录》卷 240。

③ 《圣祖实录》卷 254。

④ 民国《宿松县志》卷 17《实业志·农业》。

⑤ 《高宗实录》卷 11。

⑥ 《高宗实录》卷 69。

⑦ 黄邛：《锡金识小录》卷 1。

⑧ 《吴县志》卷 52。

⑨ 《高宗实录》卷 311。

⑩ 道光《尉氏县志》卷 1。

以养活十人。今则不然……且升米钱需三四十，丈布钱须一二百，所入愈微，所出益广，于是士农工贾各减其值以求售，布帛粟米各昂其值以出市，此即终岁勤勤，毕生皇皇，而自好者居然有沟壑之忧。"① 嘉庆年间，原来粮价"本贱"的盛京，而今"奉天府属稻米价值，自二两至三两八钱，锦州府属稻米价值，自三两三钱至三两八钱，其余别色谷价亦多增长，盛京粮价本贱，今昂贵若此，旗民生计，不无拮据。"② 江苏常、昭地区，五六十年来，小麦每石价格以钱二千为常，惟嘉庆四年"价至四千余"。③ 光绪三年，温忠翰奏："直隶、山东、山西、河南等省，田禾缺雨，荒旱成灾，粮价日增，流民遍野。"④ 为了加深和系统理解灾荒与粮价变动情况，下面以清代山西省为例，详见表 3 – 17。

表 3 – 17　　　　　　　　　　　清代灾荒与粮价

时间	灾情与粮价
顺治七年	保德：夏斗米价银四钱，秋大熟
顺治十一年	沁州：大旱。四至七月不雨，斗米银五钱，民大饥。武乡：大旱，四至七月不雨，斗米银五钱，民大饥。襄垣：四至七月干旱，秋大稔，斗米贵至银五银钱。泽州大旱，斗米千五百文
顺治十二年	陵川：夏大旱，岁大饥，斗米钱千五百文。武乡：大饥，斗米一千二百文，民流亡殆尽。辽州：大旱，升米一百五十
顺治十三年	壶关：大旱，斗粟千钱。高平：大旱，斗粟一千五百文
康熙五年	保德：丰年米贱而人苦，斗米价银四五分，豆不及三分，麦价不过五分。年虽丰而人苦谷贱
康熙十四年	平顺大丰，谷贱，市价石米易银三钱四五分
康熙十七年	保德恒丰斗米易银四五分
康熙十九年	保德：旱，斗米银三钱，民多外逃
康熙三十年	平阳府八州县被灾，将五台辽崞县储米借给
康熙三十三年	保德：夏秋阴霜，斗米至银四钱，连续五年霜旱

———————————

① 洪亮吉：《意言》，《生计篇》。

② 《仁宗实录》卷 116。

③ 转见江太新《清代粮价变动及清政府的平抑粮价》，《平准学刊》第五辑(下)，光明日报出版社 1989 年版。

④ 《光绪东华续录》卷 17。

续表

时间	灾情与粮价
康熙三十六年	临县：大旱，斗米银七钱，民饥相食。孟县：春饥，斗米五百钱
康熙三十八年	岳阳：春饥，米价贵，野有饿殍
康熙五十九年	永和：连续大旱，米麦石至十金
康熙六十年	沁源：荒旱，斗米半千。翼城：大旱饥，斗米钱八千，民剥树皮食之，涑水涸。临县：大旱，斗米银八九钱。武乡：大旱，正月至七月后始雨，豆一粒未收，秋斗米钱四千。翼城：春不雨，岁大饥，斗米银八钱
康熙六十一年	沁州：大旱风霾，民大饥，正二月不雨，入夏不雨，整日大风，干苗吹积路旁如落叶，至秋又旱，斗米价银九钱有零
雍正二十一年	六月，偏关大水，西门城内水深二丈，斗米三百钱
乾隆十二年	襄陵：谷价腾贵
乾隆十三年	闻喜：六至八月不雨，秋禾全无，麦米腾贵。万泉：旱无麦，粟贵四百钱
乾隆十七年	襄陵、汾城：米价腾贵
乾隆二十三年	长治：七月大旱，秋雨伤禾，米价腾贵
乾隆二十四年	长子：三月不雨，漳水几绝，七月始大雨，斗米钱四百文。代州：旱饥，斗米银八钱。垣曲：饥，米麦腾贵。长治、长子、高平、襄垣：三至六月大旱，斗米贵至四百文
乾隆二十六年	孟县：麦熟，米价降
乾隆五十一年	辽州：饥，米价腾贵
乾隆五十七年	长子：夏旱秋霜，斗米钱六百文
乾隆五十八年	屯留：旱甚，米贵民饥
嘉庆九年	曲沃：大饥，石麦二十金，民食树皮蒲根。解州：大饥，斗麦银二两四钱。稷山：旱，野无清草，斗谷千钱
嘉庆十年	泽州：大饥，人相食，斗米千钱，冬大雪，檐冰长挂至地。连年大旱，岁大饥，斗米千钱；人食树皮草根，逃亡者甚多。壶关：岁大饥，斗米八百八十钱，面粉百斤五千五百钱。河津：大旱，秋麦无种，斗米银一两有奇。灵石：乙丑丙寅岁大饥，斗米千钱，贫民食草木以延旦夕命，令诸父老忧村人之填沟壑也
嘉庆十一年	榆次：饥，斗米一千二百文。绛州：夏麦枯死，米麦计价银十二两
嘉年十二年	交城：春旱、夏大雨，斗米一千三百文，大旱

续表

时间	灾情与粮价
嘉庆十五年	沁源：春旱，斗米八百文，五六月始雨，民种黍始减价。阳城：正月昼晦渐变赤色，春旱，斗米一千五百文
嘉庆十九年	阳城：岁歉，米价腾贵。冬无雪
嘉庆二十二年	辽州：饥，米价腾贵
道光八年	壶关：大稔，斗粟百二十钱，面百斤一千二百钱
道光十三年	寿阳：旱。道光十三、十四、十五三年连年岁发早霜，斗米钱一千六百余文
道光十四年	昔阳、平定：亢旱，斗米一千二一百文。泽州：从秋七月旱至来年六月，岁大饥，斗米钱八百
道光十五年	曲沃：夏大旱，斗米银一两，秋大熟。沁源：春夏旱，六月十七日雨，八月阴霜杀稼，民饥，斗米七百有零。盂县：八月大风损禾殆轻。禾熟未收。斗米一千二百文。太原：夏六月大雨，汾水溢没古塞村。九十四村淹塌民房一千四百四十一间。饥，斗米一千五百文
道光十六年	襄垣：连岁歉收，民饥。斗米钱七百文
道光十八年	隰州：雨雹，粟价腾贵
咸丰三年	忻州：秋大稔，粟价甚贱
咸丰四年	岳阳：大有年，粮价大减银价昂。怀仁：丰年，粟五十钱
咸丰七年	昔阳：七月大雷雨，毁楼、秋旱蝗，米价腾贵
咸丰九年	泽州：春饥。泽州连年旱。春斗米价值千四百
咸丰十一年	寿阳：春正月六日巳时小雨，夏旱，斗米钱二千二百文
同治元年	陵川：大旱，飞蝗伤禾，斗米八百文
同治七年	洪洞：春米价腾贵，夏大熟
光绪三年	怀仁：夏旱秋霜，五谷不登，山村较甚，斗粟市钱千余，人食草根树皮。岢岚：谷不成实，米价昂贵，斗米三千余。浑源：夏旱，秋欠收，粟腾贵。徐沟连岁大旱，西至陕，南至豫，赤地数千里。米一斗银二三两，民苦无食。太原：春秋大旱，大饥，斗米二千八百余文，民死于饿死者十之三四；是岁大疫，死于病者枕藉。平定、昔阳：四至六月不雨，秋大旱，人相食，斗米价一千六百文。虞乡：八月不雨，斗米数金，人食树皮草根，人相食。洪洞：斗米制钱三千六七百文不等。泽州：斗米二千五百文，斤麦一百四十文，房地衣物均无买生。平陆：每麦一斗，价银自四五钱起至五两许；每谷一斗，价银自二三百文至三千零

续表

时间	灾情与粮价
光绪四年	临县：旱饥，斗米二两，米麦市斗银三两六钱。四五月粟绝市，草籽蒲根每斗银一两余，秋大疫。夏县：犹不雨，谷麦价昂贵。陕、豫接壤属灾区，南贩不通，斗米价至五千钱，居民变卖产物迄无受者。陵川：大旱饥，斗米千六百文，道殣相望。襄垣：正月初一日，日见四珥，春微雪，夏秋不雨无禾，斗米钱一千五百文，民大饥，人相食，糠秕草根全元。盂县：大荒旱，人相食，米腾贵，斗米二千二百文。屯留：春不雨，夏无麦，斗米一千四百文有奇，人相食，疫大作
光绪七年	昔阳：大有，小米每斗二百文，连稔，农人病之
光绪二十五年	泽州：大旱，斗米值八百钱

注：康熙三十六年，榆次未收入，原因是缺米价表述。

资料来源：本表系根据石涛、李志芳《出乎意料的关联：清代山西粮价与灾害》，载刘建生主编《商业与金融：近世以来的区域经济发展》，山西经济出版社 2009 年版，第 268—271 页资料制成。

　　粮价腾涌和粮价过贱，对农业生产都会起到严重的破坏作用。

　　雍正间，河南祥符、封丘之灾民，因"乏食穷民沿途求乞，而村镇中更有卖鬻男女，为山陕客商买去者。"[1] 乾隆十二年，上谕云："山东兖州、济南、泰安一带，得雨均未沾足，际此青黄不接之时，闻各处米、麦、杂粮价日渐增长。以粟米而论，每仓石市价白银一两四五钱至二两七八钱不等，其余麦、豆价值可以类推。"[2] 乾隆十三年，闽浙总督喀尔吉善奏称：乐清县"本年三月间，因该处雨泽愆期，米价昂贵，贫户播种无资"，"转浼郑南等保借，遂备写田契抵押。"[3] 道光十、十一、十二、十三年，常、熟、昭文地区，连年灾荒，"米麦腾贵"，"张墅远近风景萧条。十二年春，乞丐满路，民皆食豆饼、御麦子，且有藉米糠、豆渣延命者。……十三年春，哀鸿在在滋事。"当时人哀叹曰："民艰真有难尽述者。"[4] 这些艰于食城乡人民，为了易取升斗，苟延旦夕，只好"毁庐室，斩蒿蕨，犬豕牛羊

---

[1]　《世宗实录》卷 103。
[2]　《高宗实录》卷 290。
[3]　《朱批奏折》。
[4]　《一斑录·杂述二》。

杀戮殆尽，釜甑衣物，典卖无存，甚则抛妻割子与人为仆妾。"① 光绪三年，河南宜阳县大旱，四年春"斛谷万钱，人相食"。"合邑户口流亡十之六七，六畜宰杀无遗种"。② 河南渑池县，大灾之后，"斗米五千钱，父子相食，饿莩盈野，人死至十分之七。"③ 山西、陕西等地，光绪一、二、三年连续大旱，至光绪四年，"斗米价至五千钱。居民竞变产迄无受者，卖妻鬻儿女，每得不足供数日餐。……一村一镇，死亡日以数十计，民不聊生。"④ 在灾荒和米贵双重打击下，种地无种子者有之；离开土地，离开家园，沿途乞讨者有之；死于沟壑者有之。造成劳动力大量流失，土地大量荒芜，使农业生产遭受到严重破坏。

粮价昂贵会破坏农业生产，但当粮价低于价值时，其破坏农业生产作用不亚于粮价腾踊之时。前面已有论述，本处再列举数例。康熙五年，山西保德获大丰收，但大有之年带来的不是喜悦，而是苦。表 3 - 17 载：年虽丰而人苦于谷贱。康熙十年，广东揭阳"是时谷贱伤农，谓之熟荒。"《揭阳县志》作者按云："揭惟耕，农无他业，谷太贱则无可输课，耕夫无以赡家，田多抛荒。"⑤ 浙江《嘉善县志》称：康熙年间，"大江南北，比年米价甚贱，民间完官纳税，必以米易银，而后可以终事。今岁卖米无从，遂至催征莫措，谷贱伤农，询非虚语。"⑥ 河南巡抚蒋炳指出："豫民终岁之计，凡完粮、嫁娶一切费用俱取资于麦，若价值太贱，也恐伤农。"⑦ 乾隆元年，川陕总督查郎阿说，甘肃今年五谷丰收，价值平贱，所得无已，"是以丰收之年转受粮贱之累，名为熟荒。"⑧ 这点很有启迪意义：提出了当丰收之年，政府应如何调控好粮价这一非常重要问题。解决好这一问题，既能保证让农民丰产之年能增产增收，过上好日子；又能保障政府赋税正常征收，保证国库充裕。

---

① 黄一清：《义仓引》，见同治《龙山县志》卷 16。
② 光绪《宜阳县志》卷 2。
③ 民国《渑池县志》卷 20。
④ 光绪《夏县志》卷 5。
⑤ 《揭阳县志》卷 7。
⑥ 周宸藻：《积储庙荒疏》，见光绪《嘉善县志》卷 31《奏疏》。
⑦ 《宫中档·乾隆朝奏折》，乾隆十八年四月十一日，河南巡抚蒋炳奏。
⑧ 《清朝文献通考》卷 36《市籴五》。

三　政府应对灾害措施

在没有战乱的情况下，造成地方农业人口流失和死亡的主要因素是自然灾害，尤其是大旱灾和大水灾。谚语称：水灾一条线，旱灾一大片，说明灾情严重性以及受灾范围广的特点。受灾情影响，粮食歉收，或无收。为了活命，人们只好扶老携幼，背井离乡，四处乞讨，或卖儿卖女，以延时日，甚至出现人相食惨状。在这种情况下，难免出现人亡地荒现象，给农业生产恢复造成困难。在遇到这种情况时，明清两代政府往往蠲免税粮，减轻农民负担；或进行赈济，以减少劳动人口伤亡，维护生产良性发展。明永乐帝曰："国之本在民，而民无食，是伤其本"①。正统十四年，兵科给事中刘斌奏："民为邦本，故人启于民不可不思保恤之也。然恤民之道，当先困穷。盖困穷之民，田多者不过十余亩，少者或六七亩、二三亩，或无田而佣于人，幸无水旱之厄，所获亦不能充数月之食，况复旱涝乘之，欲无饥寒，胡可得乎"？呼吁"勤加抚恤"。② 加强社会救济，成为明清两代政府抗灾救灾大事。

1. 赈济

灾荒最突出的表现是：粮食歉收或无收，民食维艰。民以食为天，解决吃饭问题是灾年最重要任务。这时，如果有强有力的社会保障，便可使自然灾害造成的损失减轻到最低程度，生产便能得到更快恢复。明清两代政府，在加强和完善社会保障方面做了许多工作。

（1）明代

明永乐十一年，徐州患水灾，"即遣人驰驿发廪赈之。所鬻男女，官为赎还"③。永乐十七、十八年，山东泰安州饥荒，于预备仓借粮 21000 余石赈之。④ 正统九年，陕西州县遭受旱灾，"发廪赈济，官为赎还男女四千人"⑤。景泰五年，直隶诸处被灾，发米赈济，"共支放苏、松、常、镇并淮安，扬州粮九十七万二百七十三石有奇，赈济六府饥民一百三万五千二百

---

① 《太宗永乐实录》卷49。

② 《明英宗录》卷186。

③ 《明太宗实录》卷88。

④ 转引自吴慧主编《中国商业通史》第三卷，中国财政经济出版社 2012 年版，第 783 页。

⑤ 《明英宗实录》卷120。

七十户，男妇大小三百六十二万一千五百三十六口"①。宣德三年，直隶真定府赵、定、冀三州，真定、平山、获鹿、井陉、阜平、栾城、藁城、灵寿、无极、元氏、曲阳、行康、新河、隆平、高邑、赞皇、临城、新乐十八县及顺德府平乡、内丘、唐山、沙河、钜鹿五县，广平府肥乡、邯郸、永年三县各奏自去年十月至今年夏不雨，麦皆枯死无收，今征夏税，艰于办纳。"上谓行在户部臣曰：旱无麦而欲征税，民何从出？今郡县言者甚众，其悉免征"②。正统十年，刑科给事中年富说："江南小民，佃富人之田，岁输其租。今诏免灾伤税粮，所蠲特及富室，而小民输租如故。乞命被灾之处，富人田租如例蠲免"，户部复奏，"从之"。③ 正统九年八月，陕西右都御史陈镒奏：陕两州县，数月不雨，麦禾俱伤。同意"凡蠲米四十八万六千石有奇"④。成化六年，顺天、河间、真定、保定四府被灾，除发粮赈济外，政府还帮助贫困者恢复生产："贫者给与牛具种子"⑤。成化七年，山东七府并浙江嘉、湖、杭、绍四府，自夏苦雨聚降，淹没禾稼，损坏房舍，政府定"赈以官粮"，"若所在无粮，则借拨于有粮之处。凡牛具种子，亦措赈贷"。⑥ 成化二十一年，调用漕粮一百万石，赈济山西、河南、山东、直隶饥民。⑦ 正德九年，永平等府被灾，"发所在仓库赈之"，"仍输通州粮十万石，减催杲散，一应岁赋，亟勘报蠲免"。⑧ 嘉靖七年，河南陕州灾重，"请留兑军粮五万石行赈"，另又请"再留五万石兑军粮赈之"。⑨ 嘉靖三十八年，辽左被灾，"仍发给牛具银五万两，以备本春播种"⑩。"许将梁城所剩米，并各预备仓，义仓贮谷，所委官严核贫民等级，分投散给"⑪。

　　然而，万历二十二年（含二十二年）以后，虽有官员报灾请赈奏章，

① 《明英宗实录》卷 242。
② 《明宣宗实录》卷 43。
③ 《明英宗实录》卷 5。
④ 《明英宗实录》卷 120。
⑤ 《明宪宗实录》卷 86。
⑥ 《明宪宗实录》卷 94。
⑦ 《明宪宗实录》卷 260。
⑧ 《明武宗实录》卷 109。
⑨ 《明世宗实录》卷 95。
⑩ 《明世宗实录》卷 475。
⑪ 《明神宗实录》卷 260

但未见政府拨粮赈济事例。如大学士王锡爵等奏:"适奉传旨,以河南巡按陈登云封进饥民所食雁粪持示,臣等不胜痛恸。见今国财耗竭,万难措处,请尽辞俸薪取赈。并乞皇上暨两宫各院量发内藏,分投布施"①。国库已民空,政府已无力救民水火。此后,未见明实录中有赈灾保护劳动人口记载。此后,明朝政府对农业生产完全丧失保护作用。

(2)清代

清政府对救灾工作很重视,赈济规模和力度都很大。以前很少动用的漕粮,到清代却成赈灾粮重要来源。

漕粮是国家"天庾正供",历朝都很少挪为他用。明代虽然有时也调拨漕粮赈济,但次数不多。万历二十年一月五日,直隶顺、永二府所属地宝坻、武清、东安、漷县、香河五县频罹重灾,蓟辽总督顾养谦提议:用通州漕粮二万石赈济灾民,户部以"至于京、通所贮漕粮,向无擅动之例"②为由,加以拒绝。清代突破了不能大量动用漕粮赈灾先例,据《漕运则例纂》和《漕运全书》、《东华录》诸文献记载,从康熙三十年起至光绪三十年止,政府为各省载留赈济漕粮5011867石以上。③ 这还仅仅是京畿以外各省遇到灾荒截拨漕粮赈济或平粜的数量,至于京畿因灾截漕赈济或平粜数量还要多。据统计,自乾隆二年起至光绪二十七年止,直隶一省,截漕赈粜就有46次之多,截留漕米多达5980332石。④ 其中,乾隆二年至同治十三年这137年,赈粜30次,共计米麦4750332石。又光绪四年至二十七年,赈粜16次,共计米岁1230000石。⑤ 下面,列举直隶历年截漕赈粜、嘉庆五年至同治十二年京师发粮赈济及各省截拨漕粮赈粜事例,如表3-18、表3-19所示。

① 《神宗万历实录》卷271。

② 《明神宗实录》卷260。

③ 据杨锡绂《漕运则例纂》卷20;乾隆四十三年至同治据《漕运全书》卷64、卷65、卷66、卷69、卷71做出;光绪朝据《东华录》卷13、卷19、卷20、卷21、卷55、卷56、卷84、卷87、卷90、卷110、卷111、卷112、卷115、卷126、卷129、卷148、卷150、卷205做出。

④ 见李文治、江太新《清代漕运(修订版)》,社会科学文献出版社2008年版,第70页。

⑤ 乾隆二年至同治十三年赈粜数是据《漕运全书》做出的;光绪四年至二十七年赈粜数是据《东华录》做出的。

表 3 – 18　　　　　　　乾隆二年至光绪二十七年直隶截漕赈粜情况

时间	截漕赈粜区	漕运省份	截拨粮数（石）	赈粜
乾隆二年	直隶	湖北	300000	备赈
乾隆四十三年	直隶、山东	江西	50000	赈饥
乾隆四十五年	直隶	—	100000	赈恤
乾隆四十五年	直隶	—	200000	赈恤
乾隆四十五年	武清、房山四十一州县	—	600000	—
乾隆四十七年	直隶	—	90232	—
乾隆五十年	大名等十州县	—	100000	赈借
乾隆五十五年	直隶	江西	300000	—
乾隆五十七年	直隶顺德、广平、大名三府	—	500000	赈
嘉庆六年	天津、海头、郑家口	—	600000	—
嘉庆十三年	直隶	—	200000	—
嘉庆十八年	直隶顺德、广平、大名三府	江西	40000	赈恤
嘉庆十八年	直隶顺德、广平、大名三府	湖广	50000	赈恤
嘉庆二十二年	直隶保定一带	湖南	117900	备赈
嘉庆二十二年	大兴、宛平	通仓	8000	—
嘉庆二十四年	永定河下游各州县	江西、湖南	180000	赈恤
嘉庆二十四年	大兴、宛平二县	京仓	4400	—
道光二年	直隶	天津北仓	350000 *	赈恤
道光三年	直隶	江西、湖广	400000	赈恤
道光三年	直隶	江西	—	—
道光三年	直隶文安等州县	河南、山东	121200	平粜
道光三年	直隶文安等州县	江安	80000	平粜
道光六年	直隶大名府属	江苏	50000	赈恤
同治六年	直隶	江苏、浙江	100000	赈恤
同治六年	通州	通仓	1000	赈恤
同治七年	直隶沧州、南皮等七州县	天津北仓	—	赈恤
同治十年	天津等处	江苏、浙江	100000	赈恤
同治十一年	直隶各州县	江北	105800	赈恤
同治十二年	通州	通仓	1000	赈恤
同治十三年	通州	通仓	1000	赈恤

续表

时间	截漕赈粜区	漕运省份	截拨粮数（石）	赈粜
光绪四年	直隶	江苏苏、松	120000	赈恤
光绪四年	直隶	江苏江北	40000	赈恤
光绪五年	直隶	江苏江北	60000	赈恤
光绪六年	直隶	湖北	30000	赈恤
光绪六年	直隶	江苏、浙江	100000	赈恤
光绪九年	直隶	—	—	赈恤
光绪十年	直隶通州、天津各州县	江苏、浙江	100000	赈恤
光绪十二年	顺天府属	江苏江北	—	—
光绪十三年	顺天府属	京仓	50000	—
光绪十八年	直隶	江苏及江北	100000	赈济
光绪十九年	直隶	江苏及江北	100000	赈济
光绪二十年	直隶	江苏	120000	赈济
光绪二十二年	直省	江苏江北	100000	赈济
光绪二十七年	畿南	山东	50000	赈济

注：有＊者，包括各州县常平仓米石在内。

资料来源：转见李文治、江太新《清代漕运（修订版）》，社会科学文献出版社 2008 年版，第 69—70 页。

表 3 - 19　　　　嘉庆五年至同治十二年京师发粮赈济情况

时间	赈济区域	赈济粮数（石）	原因	备注
嘉庆五年	京师附近	—	饥荒	煮粥
嘉庆六年	永定门外	2640	灾荒	灾民二万余人，此外设粥厂又数百石
道光三年	京师附近	4000	—	设厂煮粥，北新仓粟米 2000 石，海运仓棱米 2000 石。每日大口准报销米三合，小口减半
道光四年	京师附近	4000	—	
	五城	1500	老少流民势难返回乡里	大口 0.5 升，小口减半，逐日分别散给
	普济堂、功德林二处粥厂	300	收养贫民	拨京仓小米，咸丰三年、四年各加赏小米二百石

续表

时间	赈济区域	赈济粮数（石）	原因	备注
道光六年	外城	270	—	设粥厂赈济。每月需米，于八月一日起给发
同治五年	—	200		
同治八年	—	500		
同治九年	—	500		
同治十一年	—	200		
同治十二年	—	500		

资料来源：光绪《漕运全书》卷64。

　　清政府之所以对京畿、京师特别重视，在于京畿密迩京师，京师稳定对国家具有特殊意义。

　　京师以外，各省截漕赈济平粜事例，见表3-20。

表3-20　　各直省截拨漕粮赈粜情况（康熙三十年至光绪三十三年）

时间	截拨赈粜区	漕运省份	截拨粮数（石）	赈粜	附注
康熙三十年	陕西西安、凤翔二府	—	200000	赈恤	灾荒
康熙四十九年	淮扬所属各县，福建泉州、漳州	淮扬本地浙江	—	减价发粜	水灾旱灾
乾隆七年	上下两江地区	江浙	—	—	水灾
乾隆十八年	江北高邮		1070000	赈济	水灾
乾隆四十三年	河南	江西	200000	赈饥	
乾隆四十四年	亳州、蒙城、凤阳、泗州	安徽颍州、凤阳、泗州	35000	平粜	水灾
乾隆四十六年	江苏崇明县	江苏	100000	平粜	风潮
乾隆四十六年	沛县、睢宁、丰县、铜山、邳州、宿迁	淮、徐各属	50000	赈济平粜	被灾
乾隆四十七年	徐州、海州、淮安	江苏	80000	赈恤	水灾

续表

时间	截拨赈粜区	漕运省份	截拨粮数（石）	赈粜	附注
乾隆四十七年	山东兖州	江西	30000	赈济	
乾隆五十年	山东兖州等府	江安	201000	赈借	
乾隆五十年	河南卫辉	河南、山东	300000	赈借	旱灾
乾隆五十年	徐州、海州各属	邳、宿一带水次	10000	赈贷	旱灾 8000 石分拨徐州各属，20000 石分拨海州各属
乾隆五十年	安徽亳州、蒙城各处	江西	10000	赈贷	旱灾
乾隆五十一年	山东		本年应行运通米豆尽数截留	赈恤	借粜兼行
乾隆五十七年	河南	—	200000	—	
嘉庆三年	山东	江西	400000	赈恤	
嘉庆五年	湖北	湖北	127700	赈恤	农民暴动、歉收
嘉庆八年	山东菏泽等县		130000	赈济	黄河漫口成灾
嘉庆十八年	河南北部及开封府	江西	—	赈济	
嘉庆十八年	山东济宁、东昌二府	江西	20000	平粜	
嘉庆二十四年	山东被淹各属	泰安等闸内三十八州县	103667	赈恤	水灾
咸丰二年	江南	湖南、江西	300000	赈济	水灾。其中湖南漕粮 126400 石有奇，江西漕粮 173500 石有奇
咸丰二年	山东	江西	300000	赈恤	
咸丰五年	兰仪等六县	河南荥阳等十二州县	50300	赈恤	水灾。除济源县已解本色 4600 石留备展赈外，余照每石 1.25 两二折银报解，散给被水灾民

时间	截拨赈粜区	漕运省份	截拨粮数（石）	赈粜	附注
同治六年	沿河一带及济南滨州等处	山东	180000	赈恤	水灾。四年份漕粮截留100000石，七年份漕粮截留80000石
光绪二年	江苏江北	江苏	10000	赈济	旱灾
光绪四年	山西	江西、湖北	60000	赈济	
光绪四年	河南、山西	抵津南漕	160000	赈恤	
光绪四年	河南	通仓籼米	100000	赈济	
光绪九年	湖北	湖北	30000	赈济	水灾。光绪九年冬漕采办米
光绪十三年	河南郑州	河南	—	—	黄河决口，留漕折银
光绪十三年	安徽	安徽	—	—	截漕折银50000两备赈
光绪十四年	江苏	江苏江北	—	赈济	
光绪十八年	山东	山东	—	赈济	新漕全数截留
光绪十八年	江苏镇江府属	江苏江北	50000	赈济	旱灾
光绪十八年	江苏宁、扬两属	江苏江南	30000	赈济	旱灾
光绪十九年	山东	山东	60000	赈济	
光绪二十一年	奉天	湖北	50000	赈济	灾
光绪二十一年	山东	山东	—	赈济	
光绪二十一年	山东	湖北	50000	赈骄	
光绪二十四年	江苏淮、徐、海各属	江苏	80000	赈济	
光绪二十四年	山东	山东	—	赈济	新漕全数截留，一部分备赈
光绪三十三年	江苏	江苏	150000	—	新漕全数截留，一部分备赈

资料来源：转见李文治、江太新《清代漕运（修订版）》，社会科学文献出版社2008年版，第72—74页表。

　　漕粮功能社会化，极大地增强了赈灾的力度，使更多农民免遭高利贷盘剥，能较为顺利渡过灾荒难关，从而除保住手中仅有耕地外，还保护了劳动力，对灾后恢复生产发挥了良好作用。但由于乾隆中期以后，政治腐败，致使常平仓储粮和漕粮不断减少，对救灾功能逐渐削弱，以致光绪初年山西、河南大灾赈济无力，灾民饿死者遍野，令人触目惊心。

　　2. 平粜

　　平抑物价是中国历代王朝的一项基本国策。西汉思想家桑弘羊提出："执准守时，以轻重御民"，同时主张实行"市价不贰"做法，达到"贵贱有平而民不疑"。① 明代政治家丘濬说："为天下王者，惟省力役、薄赋欲、平物价，使富者富，贫者不至于贫，各安其分，止其所得矣。"② 清朝统治者继承了前代王朝平抑物价思想，吸收了前代平抑物价有效做法并加以利用。

（1）明代

宣宗时除曾将京通仓米平价出粜外，"兼预给俸粮以杀米价"③。成化六年，京畿大水，规定附近各路大仓和水次官粮，除足支来年夏初官军俸饷外，所余粮米减价出粜。凡有粜者止于两石，十二月起至来年三月止。贫民无力粜粮者，验口给以救济。④ 英宗时因京师米贵，采取措施有二：一是，先命户部将官俸预发三个月。官吏将士预领的俸粮吃不了，便会流向市场，以平抑粮价；二是，如果上述措施不足以平粮价，再将东西仓米减价发粜。⑤

（2）清代

康熙二十二年，"畿辅地方歉收，米价腾贵"。政府即下令："通仓每月发米万石，比时价减少粜卖，止许平民零粜（？粜）数斗，富贾不得多粜（？粜）转贩。"康熙三十年，陕西省西安、凤翔二府灾荒，次年圣祖谕令："将本年（河南）漕米截留二十万石赈恤灾区。"康熙三十一年，西安米贵，圣祖命转运湖广米石至西安平粜，西安粮价即平。康熙年间，淮扬所属各县水灾，"米价腾贵，生计维艰"，圣祖令截拨当地漕粮"较时价减值发粜"。康熙三十四年，顺义粮食歉收，圣祖命运仓米到顺义减价发卖。康熙四十九年，福建泉州、漳州旱灾歉收，圣祖令"截留浙江米石运闽"。康熙六十年，直隶、山东、河南、山西、陕西大旱，令直隶巡抚将常平仓谷1605272石、令山东巡抚将常平仓谷473万石、令河西南巡抚将常平仓谷134.7万石、令山西巡抚将常平仓谷480200石平价粜卖。乾隆七年，上下两江地区水灾，清政府虑地方米粮不足，米价上涨，令将乾隆八年漕粮"酌留本省"。乾隆十八年，高邮运河决口，拨米107万石赈济。乾隆二十四年，高宗令减甘肃皋兰各属粜价。谕旨云："甘肃皋兰省会之地，以及平

① 胡寄窗：《中国经济思想史简编》，中国社会科学出版社1981年版。
② 胡寄窗：《中国经济思想史简编》，中国社会科学出版社1981年版。
③ 《明史》卷78《食货志二·赋役》。
④ 《明史》卷78《食货志二·赋役》。
⑤ 《臣鉴录》，转见吴慧主编《中国商业通史》第三卷，中国财政经济出版社2012年版，第781页。

番、古浪、武威、靖远、张掖、肃州等属粮价较贵，而关外之安西五卫价值尤昂，虽该督等现在减价平粜，然照常例酌减恐仍不足以平市价，并著加恩：将粟米每石减粜银二两四钱，小麦每石减粜银二两二钱，庶贫民不致难于买食。"《清朝文献通考》载："其后直隶、山东、江苏、河南、湖北、甘肃诸省之灾，发粜截漕及资于捐输者不可胜举"。乾隆时的漕运总督杨锡绂称：截拨漕粮用于各地赈济和平粜米石，康熙朝为214万石，雍正朝为290余万石，乾隆元年至三十二年达1320余万石。乾隆后期，各省截拨漕粮赈粜仍然频繁，据同治《漕运全书》载：乾隆四十三年河南发生饥荒，截拨江西漕粮赈恤。乾隆四十六年和四十七年，山东兖州发生灾荒，截留江西漕粮30万石赈济。乾隆五十年河南卫辉发生旱灾，截留河南、山东漕粮30万石赈借。① 清王朝截漕赈济这种政策措施，一直持续到清后期，详情见《各省截拨漕粮赈等表》。② 这里不再赘述。

3. 以工代赈

灾年为减少劳动人口流移和死亡，明清两代政府除蠲免、赈济、平粜外，还出台了以工代赈办法，把灾民养活下来。

水灾过后，河道需要清浚，堤岸需要加固。这时，政府往往会把治河与赈济结合起来，招灾民到工地工作，按日发给灾粮或工价。这不仅减轻政府治河负担，同时又起到保护劳动人口的作用。

明弘治六年，苏松发生水灾，第二年，巡抚江南右副都御史何鉴，发米15万石赈济灾民，并与徐贯一起主持修浚吴淞江，兼及白茆河，用人力5万，用米28万石，以工代赈。隆庆四年春，苏松地区受灾，"饥民动以千百"。都御史海瑞于今年（隆庆五年）正月初三日，委松江府同知黄成乐督率上海县知县张巘、嘉定县知县邝一本分理浚吴淞江事。兴工之中，兼行赈济。"千万饥民稍安戢矣"。海瑞指出，赈济于兴作，所费官金不过五六万，自"上海南跄口至嘉定黄渡，平陆六十余里，两月成江。清水奄至，蓺泥自去"。③

---

① 参见李文治、江太新《清代漕运》，社会科学文献出版社2008年再版，第68—71页。参见江太新《清代粮价变动及清政府的平抑粮价》，《平准学刊》第五辑（下），光明日报出版社1989年版，第423—424页。

② 参见李文治、江太新《清代漕运（修订版）》，社会科学文献出版社2008年再版，第72—74页表：各省截拨漕粮赈粜表。

③ 参见洪焕椿、罗仑主编《长江三角洲地区社会经济史研究》，南京大学出版社1989年版，第110—111页。

有清一代，以工代赈已成为制度化。清初定："直隶各省地方民堤民埝，遇偏灾之年，该督抚查明应修工程，假实在民力不敷者，照例具题以工代赈"①。康熙四年，圣祖称："偶遇岁歉，艰食可虞，若发帑建闸，使贫民得资佣工，度日糊口，亦善策也"②。以工代赈，乾隆年间事例最多。据不完全统计，乾隆三年、四年、七年、九年、十年、十三年、二十二年③、二十三年④、三十一年⑤，都有以工代赈记载。乾隆以后，由于政府财政收入减少，缺乏经济实力支撑，以工代赈事例在减少。如嘉庆只有四年、十九年、⑥ 二十五年⑦有以工代赈记载；道光只有二十一年有以工代赈记载⑧。

劳动力损耗，不是一年二年，或三五年能得到恢复的。一个孩子从出生到成年，需要十几年漫长时间。因此，保护现有成年农业劳动人口，成为发展农业生产的要务。灾年以工代赈措施，对保护劳动力和人民生命财产发挥了重要作用；同时，对农业生产尽早恢复也很有意义。

4. 从国际市场进口粮食

为了应对灾荒，弥补国内储粮不足，清政府对载运粮食来中国的商人进行奖励。康熙六十一年，圣祖听暹罗国（今泰国）来人说，其地米贱，二三钱银即可买稻米一石。于是，当嘱其运三十万石至广东、福建、宁波等处贩卖，免其税。雍正二年，暹米到粤，饬照粤省时价，速行发卖，其压船随带货物，亦准免税。雍正六年，暹米在厦门发卖，照例系在内地应征税，经部议准：米谷不上税。此后，进口米谷不上税这款规定成为定例，无复再议。乾隆七年，高宗帝宣布："外洋商人有航海运米至内地者，尤当格外加恩。"乾隆八年为始，外商凡带米十万石以上者，免其船货税银十分之五；五千石以上者，免十分之三。在鼓励外商运米来华同时，清政府还鼓励本国商人到安南（今越南）、暹罗等国运米回国。规定运米回国者，地

---

① 杨西明：《实赈全书》卷2，《以工代赈》。

② 《清圣祖实录》卷231。

③ 参见《清高宗实录》卷81、卷98、卷172、卷178、卷251、卷216、卷314。

④ 民国《夏邑县志》卷9《杂志·灾异》。

⑤ 参见《清高宗实录》卷542、卷765。

⑥ 《清仁宗实录》卷44、卷300。

⑦ 杨西明：《实赈全书》卷2，《以工代赈》。

⑧ 参见陈业新《道光二十一年豫皖黄泛之灾与社会应村研究》，《清史研究》2011年第2期。

方官给予牌照,验放无阻,并严禁兵吏需索,并可免税粜卖。还规定:本国商人出国贸易,只买货不买米回国的话,货税要加倍计算。清前期,由于国内粮食供求关系还不是很突出,由国外进口粮食数量还是很有限。至清后期,尤其是光绪年以后,进口粮食已达到"欲避无从"地步。[①] 据外贸资料记载,同治六年后,进口粮食数量,期间虽有变动,但总体在增加的趋势不变。表3-21反映了同治六年至宣统三年(1867—1911)进口粮食情况,以供参考。

表3-21　　　　　　　　　1867—1911 年进口粮食统计

时间	量(石)	值(两)	担(价)	时间	量(石)	值(两)	担(价)
1867 年	713496	1101565	1.54	1890 年	7574257	11445779	1.51
1868 年	349167	510009	1.46	1891 年	4684675	6597259	1.41
1869 年	346573	481526	1.39	1892 年	3948202	5826415	1.47
1870 年	141298	247993	1.75	1893 年	9474562	12965249	1.37
1871 年	248369	405620	1.63	1894 年	6440718	9743005	1.51
1872 年	658794	1092873	1.66	1895 年	10096448	15622509	1.55
1873 年	1156862	1439862	1.25	1896 年	9414568	15021979	1.60
1874 年	6293	7596	1.21	1897 年	213702	4011053	1.91
1875 年	84621	106773	1.26	1898 年	4645360	10448838	2.25
1876 年	576279	660278	1.15	1899 年	7365217	17813038	2.42
1877 年	1050901	1593617	1.52	1900 年	6207226	11376675	1.83
1878 年	297567	527468	1.77	1901 年	4411609	7050887	1.60
1879 年	248939	333796	1.34	1902 年	9730654	23611125	2.43
1880 年	30433	43517	1.43	1903 年	2801894	7649711	2.73
1881 年	197877	247064	1.25	1904 年	3356830	8379530	2.50
1882 年	233149	288002	1.24	1905 年	2227916	8544971	3.84
1883 年	253210	303485	1.20	1906 年	4686452	11749590	2.51
1884 年	151952	202359	1.33	1907 年	12765189	34417307	2.70
1885 年	316999	466624	1.41	1908 年	6736166	26578933	3.95
1886 年	518448	894262	1.72	1909 年	3797705	15655342	4.12
1887 年	1944251	2755654	1.42	1910 年	9409594	31320326	3.33
1888 年	7132212	9633829	1.35	1911 年	5302805	18695724	3.53
1889 年	4270879	6021090	1.41				

注:1.每担粮价系采用小数点后两位(四舍五入);2.1867—1873 年,系上海两;1873—1911年,系海关两。

资料来源:杨端六、侯厚培等:《六十五年来中国国际贸易统计》,中央研究院社会科学研究所1931 年版。

---

① 张謇:《代江督拟设导淮公可疏》宣统元年,《张季子九录·政闻录》卷10。

从表3－21来看，1886年以前的20年，除1873年和1877年两年进口粮食上百万担以外，其余年份都在几十万担之间。1887年后的25年，除1897年外，进口粮食都在200万担以上，1895年和1907年还突破千万担。张謇指出：临时依靠进口粮食救灾，费时、费事、费钱，"周折之繁，欲避无从；费用之巨，欲省不得"①。此论很深刻。

清代粮食进口增加与国内储备不足密切相干。嘉庆以后，常平仓积谷开始出现缺额。六年上谕称：常平仓"存贮谷石，定有额数，原以备本处水旱偏灾平粜、赈济之用。若仓储充实，取之裕如，何至民食难于接济。总由各州县平日不能实心经理，或出粜后并未随时买补还仓，或竟任意侵挪亏缺，以致积贮空虚，猝遇偏灾茫无所措。"② 十四年，嘉庆帝查阅各直省上报十一至十三等年份的"常平仓奏销册报"，发现所存数2212.2万石，"较之额贮数目不及十分之七"③。至道光十五年，道光帝再查"常平仓奏销册报"时，各省存谷仅240余万石，共需"补谷一千八百余万石之多"④。同治三年，朝廷称各地常平仓谷"任米粟空虚，遇变无所倚赖"⑤。嘉庆以后，常平仓积谷剧减，极大地削弱了赈灾功能。至光绪以后，救灾用粮严重依赖进口。

古训云：农家耕种，一年要有三个月存粮，三年要有一年存粮，十年要有三年存粮。这样，遇上灾年，就可平安度日矣！农家如此，国家何尝不是如此！粮食是战略物资，首先着眼于发展国家粮食生产，尽量做到自给有余，吃自己生产的米做成的饭，摆脱依赖进口；其次是有计划进口粮食，作为补充。一旦战争爆发，敌对国可以把粮食作武器，控制国际粮食出口，或以高价牟利，以使对手国因缺粮而国内发生动乱，或因买粮耗去巨资，削弱抵抗能力。另外，灾情一爆发，急于救火，灾民嗷嗷待哺，靠临时抱佛脚，但远水解不了近渴，恐怕粮食还在途中，而饥民已奄奄一息矣。要把大力发展国内粮食生产放在第一位来抓，同时要扎扎实实做好粮食储备工作。这是关系到国计民生之大事，不可稍有松懈。

---

① 张謇：《代江督拟设导淮公可疏》宣统元年，见《张季子九录》卷10《政闻录》。

② 嘉庆《大清会典事例》卷259《户部》。

③ 《清仁宗实录》卷220。

④ 《清宣宗实录》卷274。

⑤ 光绪《大清会典事例》卷192。

5. 灾后恢复农业生产措施

大灾之后，农民家庭已经一贫如洗，既无种子可供播种，更无耕牛可供役使，再加上缺乏劳力，农业生产无法顺利进行。在这种情况下，政府为恢复生产，为帮助农民重建家园，为保证政府田赋收入，其采取措施是：一是给贫困灾民以牛具种子。明成化六年、十二年请敕"候春气消和，即教民播种麦田，贫者给与牛具种子。凡空闲地段，责令栽种椿、槐、柳、桑、枣诸木，五七年后便可济用。"① 成化七年八月，户部给事中李森等奏，山东七府并浙江嘉、湖、杭、绍四府，自夏苦雨骤降，海潮大发，淹没禾稼，损坏房舍，漂溺人畜不可数计。户部议："令二处巡抚、巡按官"复勘，果有被灾缺食，悉如奏行。若所在无粮，则借拨于有粮之处。凡牛具种子，亦措赈贷。"② 获批准。二是由政府出钱，为贫弱之家赎回因灾出卖人口。正统九年，陕西州县，数月不雨，麦禾俱伤。民之弱者鬻男女，强者肆劫掠。镇守陕西右都御史陈镒奏："臣发廪赈济，官为赎还男女四千人，获劫掠者千九百人，其未获赎者尚多，乞今岁租税，量蠲四分，其六分米布兼收。"奏请得到批复："从之"。③ 嘉靖三十八年，嘉靖帝定："岁终，仍发给牛具银五万两，以备来春播种。"④ 清代情况亦例似，不再赘述。

四　小结

明清两代政府对保护农业人口和农业生产方面虽然做了些许工作，但还是差得很远，很多地方灾情并不是很严重，但百姓逃荒出走；灾情严重地方，不能得到及时救济，以致出现饥民遍野、饿殍遍地惨象。造成这种现象的原因，概括起来有三点：第一，藏富于民做得不够。古人曰，居家过日，一年要储备三月粮，三年要储备一年粮，十年要储备三年粮，备荒也。但政府赋役，尤其是苛捐杂税繁重，致使民不聊生，家无粮可储，无钱可存。第二，官吏不作为，隐灾不报，粉饰政绩，以致上达不通，延误决策，致使灾情加重，或致动乱。第三，吏治腐败。有两方面情况，一是官吏侵吞救灾粮款，发救灾财；一是侵吞或挪用常平仓储粮，或缺额不报，

---

① 《宪宗成化实录》卷 86。
② 《宪宗成化实录》卷 94。
③ 《英宗正统实录》卷 120。
④ 《世宗嘉靖实录》卷 475。

致使常平仓储粮越来越少，大灾一来，政府束手无策，眼睁睁看着灾民活活饿死。以上这些都是惨痛的历史教训，应引起我们高度重视，引以为戒，不要让惨痛的历史再次重演，造福于黎民百姓。能以史为鉴，则人民之大幸，国家之大幸。

自然灾害的特点是突发性强，在这种情况下，平时要做好粮食生产和粮食储备这两项工作。要把粮食生产作为国家的基本国策，狠抓不放，同时做好粮食储备工作。粮食是战略物资，因此，在紧抓粮食生产不放松，立足于自给的同时，安排好长期粮食进口工作，切忌临时抱佛脚，做到有备无患，使敌对势力无可乘之机。解决好远水不能解近渴问题，以及防备国际市场遏籴或要高价两个问题，要坚持做好日常粮食进口工作，最大限度保证国家粮食安全。应把发展粮食生产、储粮备荒提到国家战略高度来认识，常备不懈，以应对不时之灾。

第四节　吏治整肃对农业发展的影响

吏治好坏是生产发展或倒退、社会安宁或动荡的"晴雨表"。明清两代政府对此问题十分关注。所说"官逼民反"，皆由吏治败坏而来也。

一　明清两代前期的政治腐败与整治

明朝前期，政府为了发展农业生产，对贪污腐败官吏进行整治。明洪武二十八年，朱元璋指出："近缘边列卫，因中原之民艰于供给，故立屯田之法，以代民力。奈何将校不能抚绥，又重困之。如东胜卫百户吴信，不恤士卒，侵克其赏赐，贪图无厌，是致受害者称讼。……使守边者皆如吴信，田土何得而治。"[1] 永乐五年，"上闻河南饥，有司匿不上闻。命刑部悉逮置于法。又敕都察院左都御史陈瑛等曰：'国之本在民，而民无食，是伤其本。……比者河南郡县，荐罹旱涝，有司匿不以闻，又有言雨旸时若，禾稼茂实者。及遣人视之，民所收，有十不及四五者，有十不及一者，亦有掇草实为食者。闻之侧然'。"由于有司隐瞒灾情，"已有饥死者矣"。[2]

---

① 《明太祖实录》卷237。
② 《明太宗实录》卷49。

永乐七年，太宗指出，致民逃徙者，仍"县官不能抚民"①。宣德七年，广西布政司奏："靖江王府及诸将军，岁禄多不受米，而遣人下有司计直索钱，往往三倍取直……民甚苦之。"② 正统十年，擢浙江监察御史为陕西按察司副史，辞行时，英宗对他说："甘肃为西陲要地，旧制军士屯种，足以给用。近年以来，官豪势要及各管头目，贪图厚利，将膏腴屯田侵夺私耕，又挟势专占水利，以致军士虚包子粒，负累逃徙者多。"③ 从太祖、太宗、英宗口中，我们可以感受到：官吏贪腐，或不作为，致使屯田废坏；或重税盘剥，农民弃业逃徙，对农业生产起到巨大的破坏作用。世宗嘉靖四十四年，给事中周诗言："方今天下最苦，民贫不乐其生。臣尝吏于南北，稍知病源：大约豪宦连田阡陌，其势力足为奸欺；而齐民困于征求，顾视田地为陷阱。……臣又闻淮之南北，逃亡特甚，有经行数千里绝无人烟，灌莽弥望。"④ 明中叶后，"仕宦富室，竞相蓄田，贪宦势族有畛隰遍于邻境者。"⑤ 贪官污吏大肆兼并土地，致使大批自耕农破产，或逃离土地，或沦为佃农，直接破坏农业生产，影响农民生产积极性发挥。

清顺治十年，户部尚书葛达洪《题请严敕各督抚力行垦荒禁革弊端本》中指出，官吏私征事。"迩者山东巡按御史冯右京疏参知州宣蕴事件，内有开荒一款，私征贴并银一千余两；功令三年之后起征，而贪吏见年起征，不仰体朝廷生养至意，妨耕害农。若此类者，天下必不止一宣蕴。"⑥ 透过这份奏疏，反映贪吏"妨耕害农"之严重。康熙三年，刑科给事中杨雍建指出："况有不肖州县，剥民润橐，利己邀功，遂或捏报溢额，致今小民包赔，利其流害益不可问。"⑦ 雍正元年，世宗指出："但向来开垦之弊，自州县以至督抚，俱需索陋规，致垦荒之费浮于买价，百姓畏缩不前，往往膏腴荒弃。"⑧

---

① 《明太宗实录》卷 67。
② 《明宣宗实录》卷 91。
③ 《明英宗实录》卷 132。
④ 《明世宗实录》卷 545。
⑤ 谢肇淛：《五杂俎》卷 4。
⑥ 转见彭雨新《清代土地开垦史资料汇编》，武汉大学出版社 1992 年版，第 40 页。
⑦ 《皇朝经世文编》卷 31《户部·赋役三》。
⑧ 《清世实宗录》卷 6。

二 吏治整肃与农业生产发展

明朝建立之初，比较重视对官吏的整治。明朝建国者朱元璋，本身是农民起义领袖，对元朝政府为什么灭亡还记忆犹新，他的继承者对元朝灭亡也印象深刻。朱元璋认为要使王朝长治久安、人民安居乐业，必须实行善政，而"善政在于养民"。认为"养民"必须从整顿吏治开始。而整顿吏治，必须从肃贪着手，因为"吏治之弊，莫过于贪。"这种弊害不除，"养民"目标就难以实现。于是，中华人民共和国成立之后，他便着手制定《大明律令》，用制度笼子规范官吏行为准则。随后又编纂《大诰》，制定对贪污受贿官吏进行处罚的条例，其中规定："为惜民命，犯官吏贪脏满六十两，一律处死，决不宽贷。"下面枚举几个官吏贪脏及不作为官吏被治罪事例。

"洪武十六年，刑部尚书开济，尝受一囚赂，以狱中死囚代而脱之。另开济的妹早寡，姑老独存，开济利其家产，尽掠取之。该罪犯被处死刑。"① 洪武二十五年，户部尚书赵勉有罪，下狱。② 洪武二十五年，金工二十七人，盗内库金。二十七名罪犯被处以谪戍金齿。③ 洪武二十八年，东胜左卫百户吴信因"不恤士卒，侵克其赏赐，贪得无厌，是致受害者称讼"，被诛。④ "洪武三十年，驸马都尉欧阳伦，尝遣家人往陕两贩茶出境货鬻，倚势横暴，所在不胜其扰。伦因坐贩私茶，事觉赐死。"⑤ 永乐元年十一月，都督袁宇被奏劾："昔镇云南，占据官军屯田一千余亩，私役军人耕种；侵支官屯子粒；擅用军器颜料，不法之事，非止一端。"判"追所侵物入官"。⑥ "永乐五年，河南郡县，荐罹旱涝，有司匿不以闻。又有言雨旸旸时若，禾稼茂实。及遣人视之，民所收，有十不及四五者，有十不及一者，亦有掇草实为食者。闻之恻然。亟命发粟赈之，已有饥死者矣。对此不作为官员，永乐帝令：将有关官员悉置于法。"⑦ 永乐八年，隆平侯张信"恣肆

① 《太祖实录》卷158。
② 《太祖实录》卷223。
③ 《太祖实录》卷217。
④ 《明太祖实录》卷237。
⑤ 《太祖实录》卷253。
⑥ 《明太宗实录》卷24。
⑦ 《太宗实录》卷49。

贪墨，无有厌足。近强占丹阳县练湖八十余里，又占江阴县官田七十余顷。"命三法司严治之。"①

明永乐五年五月辛未，上闻河南饥，有司匿不上闻，政府对这些不作为官员，"命刑部悉逮置于法"②。永乐十五年，巡按云南监察御史刘洁，劾奏云南布政司右参政姚肇私受商人贿赂，坏乱盐法。左布政使周敖、右参议濮铭坐视不举，俱应逮问。上曰："藩翰大臣，贪黩如此，何以责即县？命洁鞫治。"③

洪熙元年十月，山两天城卫镇守都指挥金事魏清，被揭发私占官军屯田二顷及役军士五十余人于家，被判"罪应杖，当罚役"④。

宣德元年七月乙未，上谓户部尚书夏言吉曰："山东民食大半仰麦。今久不雨，麦已无收，秋谷亦未可知，朕特免其夏税。旧闻诏书所蠲，户部每复催征。或云已收在官，或云灾伤未甚，多方沮格，致朝廷失信于民。稽思天下有饥者犹已饥之；伊尹作相，一夫失所，则曰是予之辜。卿国之大臣，宜体此心，慎勿复蹈前弊。"⑤ 对官吏有令不行的违规行为，进行严厉警告。

正统十年，浙江布政司右参政俞士悦言民情六事，其中有两项特别值得关注。奏称："近年以来，民间起运秋粮，兑与军船装运，谓之两使。今浙江每粮一石，加耗七斗。其兑米之际，官军恃强，或淋尖跌斛，加倍措纳；或准折加耗，低价勒取。乞敕户部，今后名委正官监临，不准私兑。一、各处小民，或因欠税粮，或因负私债，或被富豪吞并产业，或因官吏诈欺财物，不得已逃移外境潜避。今蒙赦宥，悉令复业。奈何强暴之徒侵欺田土，隐占房屋，取索利息，重征税粮。乞敕法司出榜禁约，今后有此，照依土豪事例，全家编发充军。""上以其言切于时弊，令该部行之。"⑥

景泰十四年十二月壬申，兵科给事中刘斌奏："一、民惟邦本，故人君于民不可不思保恤之也。然恤民之道，当先困穷。盖困穷之民，田多者不过十余亩，少者或六七亩、或二三亩，或无田而佣于人，幸无水旱之厄，

---

① 《明太宗实录》卷73。
② 《太宗永乐实录》卷49。
③ 《明太宗实录》卷106。
④ 《明宣宗实录》卷10。
⑤ 《宣宗宣德实录》卷19。
⑥ 《明英宗实录》卷8。

所获亦不能充数月之食，无复旱涝乘之，欲无饥寒，胡可得乎？及赋税之出，力役之征，区长里正往往避强凌弱，而豪宗右室每纵吞噬，贪官污吏复肆侵虐。虽屡屡明诏，然富民沾恩者多，贫民蒙恩者少。宜令各处巡抚等官亲督有司官吏，勤加抚恤，抑遏富豪，务使小民均蒙实惠。……帝深嘉纳，命礼部集议行之。"① 刘斌把农民困苦、官吏贪索、豪民侵吞揭露无为。

　　成化四年，南京吏科给事中王让奏请："南京户部收粮委官，罔恤民困，专务剥削。每于收受正数之外，又行加罚，甚至纵容官斗，肆害百端。民困于下，怨归于上。召灾致祸，未必不由于此。乞敕都察院转行总督粮储都御史严加禁革，具实奏闻区处。""诏下其言于所司。"② 成化九年镇守淮安漕运总兵平江伯陈锐奏漕运事宜中有一项称："各府、县官通同粮里长滥收恶米；及兑粮之际，复泼水和沙。其河南、山东等处，米益不精。领兑在船，蒸湿浥烂，难于上纳。乞敕各处巡抚、巡按等官，严督所司，痛革其弊，违者究治。""诏从之"。③ 成化十三年，户部给事中张海奏请有关漕运奖惩事宜："一、所运粮多抵换揽和，以致亏损。请行所司辨验，其有犯者，除徒流以下常罪，俱不分官军，谪戍边卫。一、运船漂流粮米，岁多于旧。良由船不坚固，人不协力。乞行总督官禁约，官军不许离船，慎选舟师教习操舟。仍行提举司及造船卫所，务令修造坚固，其有漂流，虽经所司勘实，亦必加罪。若漂流粮至万石以上者，罪及总督官。一、漕运官军以到京馈送为由，多方科敛。请行所司禁约京、通二仓收粮官吏，不许留难需索。仍行总督官禁管运官科敛，及行巡河、巡仓御史内外纠察，违者罪之。一、运粮官军无升赏之格，以故人不知劝。请自明年为始，有漕运三年，船无损失，粮不漂流及不违限者，官量升俸，军加行粮；或将该赏钞绽，加折铜钱。其受赏之后无功者，即以所加俸粮，截日住支。"奏获准："从之"。④ 成化十八年，南京留守前卫百户高洪、赵颙、唐垲已用荐管事，后谋管屯田，事发后，上批"洪等宜究治"。⑤

　　弘治十六年，针对官豪势家役兵丁事，令"许隐占之家，限三月以里，

---

① 《英宗实录》卷186。
② 《明宪宗实录》卷60。
③ 《明宪宗实录》卷112。
④ 《明宪宗实录》卷172。
⑤ 《明宪宗实录》卷231。

首官改正免罪，军丁发回卫所收补；不首者，官每五丁降一级，甚者罢职充军，军发沿边墩台永远哨瞭。庶豪官不敢隐占，奸军不得避役。"①

嘉靖七年，户部尚书邹文盛等报："陕州饥尤甚，则镇、巡未有言及。"② 官吏隐瞒灾情，加重了灾情发展及人民的愤懑。政府为纠正这种状况，采取相应措施：一、嘉靖八年，给事中蔡经等奏称：河南、陕西、四川、湖广灾甚，饥民流劫为患。朝廷虽屡发帑银，有司但以补充额赋，不佐百姓之急。户部"请敕各巡抚，督同司、府、州县官将前后奏行救灾事宜，悉心干理，务俾盗息民安，以称上意。其王府拖欠禄粮，且先择其极贫者，以次处补。仍察有司奉行勤惰，如法赏罚。"③ 得到嘉靖帝同意。嘉靖八年三月，巡抚河南都御史潘埙因救灾无力，被革职，"勒令致仕"④。嘉靖三十六年，因共欠漕粮十四万九千九百余石，粮二万七千九百余两事，都督黄印坐论降一级。把总吴匡而下六百九十人，以失期妄报，罚治有差。⑤

由于明前期吏治整肃，曾出现"永宣之治"盛世。

至明后期，由于明政府对吏治管理松弛化，官吏贪污受贿，欺诈、侵夺农民之事层出不穷，以致农业生产遭受破坏，民困失业，怨愤天下，招灾致祸，断送了明朝统治。

清朝建立之初，对吏治严加整顿，对贪污受贿官吏，严加打击。⑥

天津总督骆养性奏："年来加派繁多，小民已苦不给，加之墨吏苛求，瞒官作弊，正额之外，重加火耗……民无聊生之日，皆由吏胥为奸。"⑦ 吏科给事中林起龙称："今贪官污吏遍天下，虽有参劾，不过十分之一，其他弊端较明季更甚。"⑧ 对此，引起清期统治者高度重视。顺治元年，多尔衮指出："明国之所以倾覆者，皆由内外部院官吏贿赂公行，功过不明，是非

---

① 《明孝宗实录》卷196。
② 《世宗嘉靖实录》卷95。
③ 《世宗嘉靖实录》卷98。
④ 《世宗嘉靖实录》卷99。
⑤ 《明世宗实录》卷462。
⑥ 参见李治亭《清康乾盛世》卷二(三)、卷五(三)部分资料，江苏教育出版社2005年版。
⑦ 《明清史料》丙编第三本，第208页。
⑧ 林起龙：《严贪吏以肃官方疏》，见《皇清奏议》卷7。

不辨，凡用官员，有财之人虽不肖亦得进；无财之人虽贤才亦不得用，所以贤者皆抱恨隐沦，不贤者多夤缘倖进……乱政坏国皆于此，罪亦莫大于此。"他警告官员，如不"尽洗从前贪婪肺肠"，仍"行贿营私，国法具在，必不轻处，定行枭示"①。顺治元年十月，在诏书中谈到治国理政时指出："国之安危，全系官僚之贪廉，官若忠廉，则贤才向用，功绩获彰，庶务皆得其理，天下何患不治！官若奸贪，则贿赂肆行，庸恶倖进，无功冒赏，臣憝俱以漏网，良善必至蒙冤，吏胥舞文，小民被害，政之紊乱、实由于此。"② 多尔衮《谕军民人等令旨》规定：如有官吏作弊，私自暗中加派税粮，"察实纠参，必杀无赦。"③ 顺治二年四月专颁给陕西等省"恩诏"中，痛斥"官吏贪赃，最为民害"。规定：省内一切大小官吏，"但有贪贿枉法，剥削小民者，俱治以死罪。"④ 顺治八年，世祖亲政后，对都察院官员说："朝廷治国安民，首在严惩贪官，欲严惩贪官，必在审实论罪。"⑤ 顺治十二年十一月宣告：自今以后，"内外大小官员，凡受赃至十两以上者，除依律定罪外，不分枉法不枉法，俱籍其家产入官，著为例。"⑥

世祖亲政后，对都察院官员说："朝廷治国安民，首在严惩贪官。"⑦ 顺治七年，世祖一次亲自处理了朝廷大员 13 人。对贪官处理尤重。⑧ 顺治八年十月，江南巡抚秦世祯揭发江宁巡抚土国宝"徇私贪污诸不法事"，世祖命"严讯"。⑨ 顺治十二年十一月，顺天巡按顾仁因受贿被处死，妻子及子女、家产籍没入官。刑部司官贺绳烈寡廉鲜耻，倚恃不法，巡抚居间行贿。判斩首。⑩ 据周远廉统计，自顺治八年至十七年，世祖亲自批准处理的重要

---

① 《清世宗实录》卷5。参见李治亭《清康乾盛世》，江苏教育出版社 2005 年版，第 56 页。

② 《清世祖实录》卷9。

③ 《明清史料》丙编，第一本。转见李治亭《清康乾盛世》，江苏教育出版社 2005 年版，第 58 页。

④ 《清世祖实录》卷 15。

⑤ 《清世祖实录》卷 45。

⑥ 《清世祖实录》卷 95。

⑦ 《清世祖实录》卷 45。

⑧ 李治亭：《清康乾盛世》，江苏教育出版社 2005 年版，第 67 页。

⑨ 《清世祖实录》卷 61。

⑩ 《清世祖实录》卷 95。

贪污案达 45 件之多。① 至于其他贪污案件之多，也就难以统计了。② 在清世祖严厉打击下，贪污受贿之风受到抑制，迎来了一个比较清廉政治。清朝前期统治者吸收明朝灭亡教训，对吏治大加整治，对农业生产发展起到推动作用，为封建社会最后一个盛世到来，做了经济上和政治上准备。

康熙帝在治国理政问题上，重点放在察吏安民上，他说："官吏之贤否，民生之休戚所关。"强调"大臣者，小臣之表也。吏不廉，则民生不安；大臣不法，则小臣不廉"③。他把整治吏治重点放在抓大臣是否贤廉上。与此同时，做好制度建设，预防官吏贪污。他痛恨贪官污吏，称："朕恨贪官之吏，更过于噶尔丹。此后，澄清吏治，如图噶尔丹，则善矣。"④ 还定下一条规定："凡别项人犯，尚可宽恕，贪官之罪，断不可宽。此等人藐视法纪，贪污而不悛者，只以缓决故耳。"⑤ 以示反贪肃贪决心。康熙二十三年，圣祖指出："今见山东逃亡京畿近地及边外各处为匪者甚多，皆由地方势豪侵占良民田亩，无所倚藉，乃至如此。"⑥ 昭梿谈到山东情况时指出："大吏屡非其人，吏治废弛，贪污遍野。""巧取于民"，致使"奸民为之动摇"⑦。

康熙三十七年，"山东巡抚李炜，居官不善，地方饥馑，百姓乏食，竟不奏闻。……着革职。"⑧ 康熙四十三年，山东巡抚王昌国因"擅收赈养饥民官员银两贮库，以至不得即行赈养"⑨，被革职查办。

康熙朝，在吏治有所好转的情况下，采取防治与惩罚相结合政策，一边着手制度建设，在扎牢制度笼子的同时，加严对腐败官吏制裁。在制度建设上，如制订"易知由单"和"自封投柜"等制度。顺治十八年，四川道御史夏人佺揭露地方官加派：现今田赋正额，每亩多不过二三钱，少只

---

① 转见李治亭《清康乾盛世》，江苏教育出版社 2005 年版，第 70 页。
② 李治亭：《清康乾盛世》，江苏教育出版社 2005 年版，第 70 页。
③ 《清圣祖实录》卷 250。
④ 《清圣祖实录》卷 183。
⑤ 《清圣祖实录》卷 122。
⑥ 《清圣祖实录》卷 116。
⑦ 昭梿：《啸亭杂录》卷 10。
⑧ 《圣祖实录》卷 185。
⑨ 《圣祖实录》卷 215。转见马西沙《清代康、雍、乾三朝对民间宗教的政策及其后果》，《世界宗教研究》2016 年第 5 期。

几分，但"地方官摊派科敛，较正额多且十余倍，少或数倍"①。使百姓深受苦累，为防止官吏加收，政府建立"易知由单"和"自封投柜"规制。规定提前一个月向各户发征收应交钱粮之数通知单；征钱粮时由各户将银钱亲自投入柜中。杜绝各州县官吏克扣、贪污之机会。对"加派私征"者，督抚对下属州县私弊隐瞒、蒙混不报者，将督抚降五级调用。②康熙六年，有人举报，地方官"滥征私派，苦累小民，屡经严饬，而积习未改……致小民脂膏竭尽，困苦已极"③。对此情况，责成户部严查。另，对选拔官员制定更为严格条规。康熙二十四年定：督抚等保举府州官，被保举者必须填写："无加派火耗"和"实心奉行上谕十六条，每月底，聚乡村乡约讲解字样"。如保举不实，依照"徇情荐举卓异例"，给督抚各降二级调用，提供保举详细情况司道府官，各降三级。④康熙二十四年，山西巡抚穆尔赛因把文水等县多加"火耗"，窃为己有。又女儿出嫁时，向其所属官员索取礼物，被判处死刑。⑤对贪官不留情，杀无赦。据李治亭列举事例看，从康熙二十三年始至五十一年四月止，清圣祖处理重大贪污受贿案三起：一是特派侍郎宜昌阿会同广东巡抚金俊查看尚之信在广州的家产时，乘机侵吞白银89万两案，被处斩首者有宜昌阿、金陵、宋俄托、卓尔图、尚之璋、宁天祚、王输等；王永柞处纹刑，笔帖式伊包、硕多礼斩首，包庇其罪行的刑部侍郎禅塔海革职，赖塔削去加级，罚俸一年。私分的赃银追还：一是康熙二十五年侍卫纳尔泰揭发蔡毓荣侵吞吴三桂没收入官的家财和人口，以及贿赂官员案。经吏、户、刑三部会审，蔡毓荣行贿纳尔泰800两银，入昆明城私吞黄金200两、白银8000两，以及纳三桂孙女为妾等罪俱实，拟刑立斩，贪得金银照数入官；一是康熙五十一年，揭发出原任刑部尚书齐世武等人受贿案。经多次会审查清：齐世武受贿3000两白银，原任步军统领托合齐受贿2400两，原任兵部尚书耿额受贿1000两，户部侍郎李仲极纵容家人受赂，户部尚书穆和伦、侍郎塔进泰纵容家人受贿。圣祖批复：齐世武、托合齐、耿额依议处绞刑，于秋后处决。李仲极革职，穆和伦和塔

---

① 《清圣祖实录》卷2。
② 《清圣祖实录》卷12。
③ 《清圣祖实录》卷26。
④ 《清圣祖实录》卷122。
⑤ 《清圣祖实录》卷123。

进泰各降三级，从宽免降，调往他处，另行安排。① 通过康熙朝前五十年整治，不论是中央还是地方都涌现出一大批贤臣良吏，② 对农业生产发展发挥很大推动作用。但康熙最后十年间，却放松了对吏治管理，致使官吏贪污受贿之风死灰复燃。

世宗执政后，更加强吏治整顿，强调："吏治不清，民何以安!"③ 为此，他要各级官员揭发贪黩不法、侵吞公帑、勒索百姓、行贿受贿贪官，并要求一经核实，就马上处理。同时在整顿吏治问题上，还采取了鼓励表彰和严厉惩治相合方针。对廉洁奉公、实心任事官员进行表彰，树立榜样。如表扬田文镜等人时说："言天下巡抚中，实心任事，不避嫌怨，为国为民者，唯田文镜、李卫、杨文乾三人"④。而谢济世却因诬告之罪被革职，发往阿尔泰军前效力赎罪。⑤ 结党排陷好人的黄振国、汪诚处死，邵言纶、关瀛发遣边疆充军。⑥ 对贪污受贿、玩忽职守的官吏进行严厉打击。雍正三年，年羹尧案败露。虽然他平定青海有功，但贪黩之罪难容。据弹劾及提供罪证案牍共 92 款，仅仅经济方面犯罪就有：接受他人题补官员感谢银有 40 余万两，勒索捐纳人员额外银 24 万两，私占咸宁等 8 处盐窝，勒令 4 省效力人员每人帮银 4000 两，在浦州截获私盐值银 1 万两入己，又冒销四川军需银 160 余万两，又加派银 56 万两，侵用康熙六十年至雍正三年俸工银 14.9 万，抄没塔儿寺内之物私自变价 1.4 万余两，砍取桌子山木材，借称公用，存贮入己。积累赃私巨万。世宗最后裁决是：令年"自裁"。⑦ 雍正五年，科隆多案发，顺承郡王锡保等，给科隆多定罪 41 款，其中不法与贪污罪共 23 款。如勒索诈取安图银 38 万两，收取赵世显银 1.2 万两，收受满俘黄金 300 两，收受苏克齐银 3.6 万两，收受甘固玺黄金 500 两，收受六格格猫眼映红宝石，收受李树德银 2.1 万余两，收入菩萨保银 5000 两等。科隆多虽然是世宗舅舅，但最终定罪时：判科隆多"监禁"，他的儿子岳兴阿

---

① 以上三案参见李治亭《清康乾盛世》，江苏教育出版社 2005 年版，第 252 页。
② 参见李治亭《清康乾盛世》，江苏教育出版社 2005 年版，第 250—251 页。
③ 《康世宗实录》卷 3。
④ 《清世宗实录》卷 51
⑤ 《清世宗实录》卷 51。
⑥ 转见李治亭《清康乾盛世》，江苏教育出版社 2005 年版，第 317 页。
⑦ 《清世宗实录》卷 39。

革职，玉柱发往黑龙江当差。① 这时还处理四川巡抚蔡珽贪污、受贿、冒销案。蔡珽因冒销藩库银共十万余两，黄金 900 两等 17 款罪行，被处以死刑。② 由于世宗雷厉风行整顿吏治，吏治得到整肃。雍正八年，世宗云："近年以来，朕留心体察内外文武大小官员，虽不尽大法小廉，而奉公守法，各勤职业者多，朕心深为嘉悦。"③ 纠正了康熙末年吏治滑坡情况，吏治转向清廉，为康乾盛世延续起到承前启后之功。

雍正朝整顿吏治另一个成绩是：不但填补了国库亏空，而且做到仓庾充实。关于国库"亏空"问题，康熙六十一年十二月，世宗一针见血指出：问题的根本在于：一"系上司勒索"，一"系自己侵渔"，岂都是"因公那（挪）用"！④ 田文镜更指出：所谓亏空"半亏在官，半亏在役，而实在民欠者无几。"⑤ 雍正二年，怡亲王允祥清查户部库帑，报称：亏空白银达250 余万两，补足此数，约计 10 年。⑥ 世宗不遗余力清查各省及中央部内的银库亏空案，发现一个，处理一个，革职抄家，并由所犯各官赔偿亏空钱粮做法，使各级官员深受震动，再不敢轻易越规。经数年努力整顿，圣祖时亏空钱粮基本上追缴完毕，此后一段时间，很少再发生钱粮亏空的现象。⑦ 至雍正十三年，库银达 3453 万两⑧；各省应征粮食及漕粮，都按时征收，仓庾充实。据昭梿称："积贮可供二十余年之用"⑨。

高宗执政后，除纠正前朝冤假错案的同时，接受朱轼题请：停止丈量、首投、"恳请开除"虚捏垦田数额建议。⑩ 雍正十三年十月，下令禁止虚报开垦。称今后"凡造报开垦亩数，务必详加查核，实系垦荒，然后具奏"，

---

① 《清世宗实录》卷 62。

② 《清世宗实录》卷 61。

③ 《清世宗实录》卷 93，《清世宗实录》卷 39，《清世宗实录》卷 62。

④ 《清世宗实录》卷 2。

⑤ 《宫中档·雍正期奏折》，第 11 辑。转见李治亭《清康乾盛世》，第 356 页。

⑥ 《清世宗实录》卷 26。

⑦ 参见李治亭《清康乾盛世》，第 362 页。

⑧ 史志宏：《清代户部银库收支和库存统计》，福建人民出版社 2008 年版，第 104 页，表 1－31。

⑨ 昭梿：《啸亭杂录》卷 1，《理足国帑》。

⑩ 雍正十三年十月×日，大学士朱轼上奏，见《户部抄档》，《地丁题本·山西》（三）。

"若不痛洗积弊,仍蹈前辙,经朕访闻,必从重处分,不稍如贷。"[1] 对在垦荒过程中弄虚作假,为了邀功、加赋,私取官员进行处理。雍正年间,河南省先后报垦九次,其中田文镜上报七次,报垦数额为1360顷,占全部报垦额的94%。高宗提出:田文镜"徒务开垦虚名,小民未受地产之益,而受加赋之累"。其继任者王士俊,却"借垦地之虚名,而成累民之实害"[2]。王士俊以开垦虚报被撤职。根据《清高宗实录》记载,乾隆初年,豁除康雍年间(主要是雍正年间)捏报、虚报垦田数额多达48600多顷。对打击投机取巧官吏、减轻农民负担有重要意义。昭梿在评价高宗时说:"纯皇帝即位时,承宪宗严肃之后,皆以宽大为政,罢开垦,停捐纳,重农桑,汰僧尼之诏累下,万民欢悦,颂声如雷。吴中谣:'乾隆宝,增寿考;乾隆钱,万万年'之语。"[3] 说明其执行政策受到百姓欢迎。

经顺治、康熙、雍正三朝对吏治大力整顿,清前朝出现政通人和大好局面,为康乾盛世繁荣打下坚实基础。所以,一个廉洁、有作为的政府,对经济发展可发挥至关重要的作用。但明清两代政府到了后期,放松了吏治,不能长期坚持反腐斗争,以致官吏贪污腐化死灰复燃,对明清两代政府后期经济发展、社会安定产生严重影响,以致招致王朝覆灭。肃贪清腐,是国家长治久安、经济繁荣保证。这是治国理政的金科玉律,要长抓不放,警钟长鸣!

---

[1] 《清高宗实录》卷4。
[2] 《清高宗实录》卷7。
[3] 昭梿:《啸亭杂录》卷1,《纯皇初政》。

第 四 章

农业生产的发展

明清两代，农业生产有较大发展，农田水利在恢复前代旧有堤坝、疏浚旧有河道同时，山、陕等地又开展新的水利建设，新疆等新垦区进行大规模水利兴修。农业技术有所改进，复种面积在扩大；冷水田、盐碱地、西北等地石板田等得到改造；耕作制度得到改良，水稻种植向北方推移，北方杂粮向南方推广；高产作物引进同时，得到广泛推广，农田亩产有所提高。尤其是粮食作物由自给型向商品经济发展。原有经济作物种植得到扩大同时，新增加经济作物种类不断涌现，商品性农业得到进一步发展。但自然灾害也越来越肆厉，水灾、旱灾频繁发生，加上过度垦殖，给农业生产发展带来巨大破坏。

第一节　农田水利的发展

农田水利发展和变化，是影响农业生产发展的关键所在。所以，明清两代政府对农田水利设施建设非常重视，把水利兴修作为立国之大事。朱元璋在至正十八年（1358）十一月，任命元帅康茂才为营田令，专领水利事时说："理财之道，莫先于农，春作方兴，虑旱潦不时，有妨农事，故命尔此职。务巡各处，俾高无患干，卑不病涝，务在蓄泄得宜"①。洪武二十七年，朱元璋遣国子监生及人才到天下郡县，督吏民修水利时曰："朕尝令天下修治水利，有司不以时奉行，致令民受其害。今遣尔等往各郡县，集吏民，乘农隙，相度其宜，凡陂塘湖堰可潴蓄以备旱暵，宣泄以防霖潦者，

---

① 《明太祖实录》卷6。

皆因其地势治之。"① 正德嘉靖间，徐献忠说：予寓居吴兴，屡见各县山乡，旱灾不收，大受饥困。元儒梁寅有凿池溉田之议，其略云："畎亩之间，若十亩而废一亩以为池，则九亩可以无灾患；百亩而废十亩以为池，利九十亩可以无灾患"②。予尝至上虞之下溉湖观之，方知梁子之议可行，而永久利民矣。万历年间，左光斗说："北人不知水利，一年而地荒，二年而民徙，三年而地与民尽矣。今欲使旱不为灾，涝不为害，惟有兴水利一法"③。清顺治帝亦责成地方官悉心讲求疏通水道，修筑堤防，以时蓄泄，俾水旱无虞，民安乐利。④ 康熙四十六年，清圣祖曰："大抵民恃田亩为生，田资灌溉为急，虽东南名称水乡，而水溢易泄，旱暵难支，高丘之地，无力所施，往往三农坐困。朕兹为民生再三图画，非修治水利，建立闸座，使蓄水以灌输田畴，无以为农事缓急之备"⑤。道光年间，陈含章谈到水利建设与赈恤蠲缓关系时说："曩令早用二三百万以治河，则可节省六七百万之蠲赈，藏之公府，并可保全十千余万之食货，藏之民，则上下公私交受其益也。倘再不速用数百万以治河，窃恐每年仍须蠲赈银米二三百万，而河道终须修治，仍须用数百万，民间不收之粮食，又不下三四千万，无论公项不支，而直隶数百万生灵将不可复问，则上下公私，交受其困也"⑥。道光年间，布彦泰等奏垦复荒地勘占兴工一折称："开垦地亩必先讲求水利，来源畅旺，则灌溉有资"⑦。明清两代政府对农田水利重要性都有明确认识，所以在两代政府重视下，农田水利事业得以大规模兴修。

一　明代水利工程的建设

元末，中国水利事业遭到很大破坏，明初对此进行普遍兴修。

有明一代，农田水利兴修主要表现在洪武、永乐、宣德、正统、景泰、成化年间，其中以洪武年间最为突出，详见表4－1。

---

① 《明太祖实录》卷234。

② 徐光启：《农政全书》卷16，《水利·浙江水利》。转见陈树平主编《明清农业史资料（1368—1911）》，第三册，第1003页。

③ 《左光斗传》，《明史》卷244。

④ 《清世祖实录》卷84。

⑤ 《浙江通志》卷52，《水利》。

⑥ 程含章：《总陈水患情形疏》，光绪《畿辅通志》卷83 。

⑦ 《清宣宗实录》卷403。

表 4 - 1　　　　　　　　　**洪武年间主要兴修的农田水利**

时间	兴修水利内容	用工数量	受益农田	资料来源
洪武元年	修和州铜城堰闸 200 余里			《明史》卷88
洪武四年	修治广西兴安县灵渠 36 陡		万顷	《洪武实录》66
洪武六年	开上海胡家港长 1200 余丈，疏浚开封府从小木到陈州河河口 8 闸	民夫 20000 人	可通船	《明史》卷88
洪武八年	浚陕西泾阳洪渠堰，开莱阁河	民夫 15000 人	泾阳、高陵等五县之田大获其利	《洪武实录》卷101
洪武九年	修都江堰			《明史》卷88
洪武十二年	修宁夏唐代旧渠		数万顷	《洪武实录》卷178
洪武十四年	修海盐县海堤修开封黄河大堤	民夫 2 万人		《明史》卷88
洪武十七年	修磁州漳河决堤，决荆州岳山坝		增官田租 4300 余石	《明史》卷88
洪武十九年	筑福建长乐海堤		长乐田无斥卤之患，岁获其利	《明史》卷88
洪武二十三年	修崇明海门堤 23933 丈，用民夫 252800 余人	民夫 252800 余人		《洪武实录》卷 203 《明史》卷88
洪武二十三年	整修归德黄河决口疏通府所属水道 190 滩，永宁江门大滩 82 处			《明史·河渠志》卷88
洪武二十四年	修绍兴上虞县海堤 4000 丈；浚定海、鄞二县东钱湖；修临海横山岭水闸及宁海、奉化海堤 4300 丈	用工 16160 人	100 万顷	《洪武实录》卷 207、卷 208 《明史》卷88
洪武二十五年	疏通溧阳银墅东坝河道 3960 丈，又沙子河至胭脂坝凡 360 丈	民夫 359700 人		《洪武实录》卷 221 《明史》卷88
洪武二十七年	派人到全国各地督责地方官修水利			《洪武实录》卷 234

续表

时间	兴修水利内容	用工数量	受益农田	资料来源
洪武二十八年	天下郡县计修塘堰 40987 处，河流 4162 处，陂渠堤岸 5048 处			《洪武实录》卷 243
洪武二十九年	修灵渠 36 陡、浚渠 5000 丈，筑堤 150 丈万顷		其滨可灌田万顷，河渠可通小舟	《洪武实录》卷 247 《明史》卷 88
洪武三十一年	修泾阳洪渠堰 103668 丈		民皆利焉	《洪武实录》卷 256 《明史》卷 88
洪武三十五年	修吴淞、钱塘、娄江			《永乐实录》卷 15

　　另，据洪武二十八年记载，这一年开塘 40987 处，疏浚河道 4162 处，修堤岸 5048 处。[①]

　　至于永乐、宣德、正统、景德、成化年间农田水利兴修情况，请参见《明史·河渠志》卷 88 或郭厚安编《〈明实录〉经济资料选编》，这里不再详述。除《明实录》《明史》记载外，冀朝鼎根据对各省地方志记载，对明代水利工程做了统计：直隶 228 项，山西 97 项，河南 24 项，陕西 48 项，甘肃 19 项，江苏 234 项，安徽 30 项，浙江 480 项，江西 287 项，福建 212 项，广东 302 项，湖北 143 项，湖南 51 项，四川 5 项，云南 110 项，总计为 2270 项。[②] 明代水利建设规模超过前代。明代水利工程是元代的 7.3 倍，是宋代的 2 倍。[③] 下面，试以苏松地区农田水利建设为例，详见 4—2。

表 4－2　　　　　　　　　　苏松地区农田水利建设

时间	农田水利的兴修
洪武十年	常熟县开奚浦
建文四年	疏吴淞江

---

　　① 《明太祖实录》卷 243，洪武二十八年十二月。

　　② 冀朝鼎：《中国历史上的基本经济区与水利事业的发展》，中国社会科学出版社 1992 年版。

　　③ 冀朝鼎：《中国历史上的基本经济区与水利事业的发展》，中国社会科学出版社 1992 年版。据本书记载：宋代水利工程为 1110 项，元代水利工程为 309 项。

续表

时间	农田水利的兴修
永乐元年	凿嘉定小横沥以通秦、赵二泾；浚昆山葫芦河等河道
永乐二年	夏言吉开昆山东南下界浦；挑嘉定县四顾浦；浚常熟白茆塘。没苏州千墩浦至黄泾，长共29000丈；松江大黄浦、赤雅浦12000丈。浚导阳陵、昆承等湖水；浚耿泾、福山塘诸河道
永乐四年	修常熟福山塘36里
永乐五年	修长洲、吴江、昆山、华亭、钱塘、仁和、嘉兴堤岸
永乐九年	姚善修白茆、耿泾、福山等河
永乐十三年	浚太湖下流诸河港。民获耕种之利
永乐二十一年	修嘉定抵松江潮圯圩岸5000丈。昆山县重浚太平河，西自兴福河，东至半泾，长36里，阔10丈，深1.7丈
宣德三年	陆伯论请修常熟七里塘东西百里。诏可
宣德六年	唐敏请浚常熟耿泾塘。从之
宣德七年	苏州知府况钟清浚吴淞江、刘家港、白茆港等出水泾河进行疏通深阔。俱准行
宣德九年	浚盐铁塘
正统二年	郭南浚七浦塘。民获其惠
正统五年	周忱浚松江及昆山县顾浦
正统六年	昆山县开至和塘、新塘、盐铁塘、杨林塘、黄昆泾、鳗鲡泾
正统七年	周忱浚苏松二府沿海诸河
正统十年	郭南重浚七浦塘。周忱修吴江石塘、土塘30里。官出资
景泰五年	李敏浚白茆、盐铁等塘
天顺二年	巡抚崔恭开吴淞江
成化三年	知县邓洪浚耿泾、新泾
成化五年	知县樊瑾浚九曲港，计3850余丈
成化八年	浚吴淞江，凡130里。吴县知县雍泰筑石华石塘
成化十年	巡抚史毕亨与苏州知府邱震议开吴淞江，面宽114.5丈，底广8.5丈，深1.2丈。嘉定县分浚6353.6丈；昆山县务浚5353.7丈。用夫46832工
成化十一年	毕亨、吴彬筑常熟县尚湖西北段圩田围
成化十四年	巡抚牟俸请浚太湖入海诸水道。听所浚筑
弘治七年	徐贯开苏州河港。修复河、港、泾、渎、湖、塘、陡门、堤岸150道，役夫二十余万
弘治九年	工部主事姚文灏浚筑沙湖堤

续表

时间	农田水利的兴修
弘治十年	工部主事姚文灏浚至和塘。冬,又浚七鸦浦。常熟知县杨子器浚梅里塘,又浚盐铁、马沙等塘
弘治十一年	工部郎中傅潮浚常熟许浦、梅李二塘。浚许浦役22000人,长420丈;浚梅李湖役12000人,长6310余丈
弘治十二年	户部员外郎赖先凿长洲县浒墅关永通渠
弘治十三年	苏州通判陈暐浚湖川塘
弘治十八年	筑常熟塘坝,自尚湖口抵江。及黄泗等浦、新庄等沙30余处
正德七年	提督水利御史俞谏浚白茆河
正德十四年	郎中陈文沛复浚梅李塘
正德十六年	开浚白茆港、吴淞江。浚尚湖、昆承、阳城等湖支河19道;浚吴淞江下流6330余丈,并吴江长桥大石、赵屯、大盈、四褐等四浦;常州府乌泾等渎63,桃花等港、市河等河各4;湖州府大钱、小梅等港及溇港72
嘉靖元年	李充嗣再浚白茆河,四越月工成;又浚吴淞江。苏州通判孔贤开浚赵屯、大盈、道祸等浦
嘉靖二年	林文沛橄吴县开光福塘、胥口塘,共长4946丈。昆山县开杨林河,长8415丈。常熟开市河、梅李塘、福山港,共长11498丈。嘉定县开盐铁河、西炼祁,长4398丈。又昆山、上海县同开吴淞江淤浅处二段,共长4377丈
嘉靖四年	蔡乾浚塘、浦、河、港
嘉靖十七年	常熟知县冯汝弼建造各港石闸
嘉靖二十二年	吕光洵浚诸浦等塘。太仓州知州冯汝弼修筑海塘,自刘家河北至常熟县界9287丈;刘家河至嘉定县界1856丈,增高五六尺
嘉靖二十三年	吕光洵开苏松诸水
嘉靖二十五年	巡抚欧阳必进浚太仓州七鸦浦,建昆山县钱堰石闸,凡用民夫18400工,银7823两,为时97日
嘉靖三十八年	巡抚翁大立请建吴淞、白茆、七浦等处,选成石闸,启闭以时,挑镇江、常州漕河。绍可
嘉靖四十二年	令酌浚支河
隆庆元年	蔚元康浚常熟、太仓、嘉定三州县境七浦、杨林、盐铁、吴塘、顾浦、青鱼泾
隆庆二年	常熟知县张博建白茆港石闸。用银4140两,役工51030有奇
隆庆四年	浚吴淞江。是兴工之中兼行赈济,千万饿民,或得安载。留漕粮20万石。浚吴淞江5000余丈,役夫164万余

续表

时间	农田水利的兴修
隆庆五年	常熟县重浚奚浦。长 4410 丈，广 5 丈，深 6 丈，用夫 88950 人，官给银 2233 两
万历三年	开黄浦、白茆、吴江诸淫塞口，修浙江泖盐等县冲口、海塘，越三年工成
万历五年	林应训开吴江县长桥南北两滩，长 45 里，用银 24980 有奇，钱 83000 有奇
万历七年	林应训浚吴淞江，复浚白茆塘
万历八年	浚吴淞江 80 余里，筑塘 90 余处。发帑金 20 万两。是年，常熟县重浚三丈浦
万历十五年	常熟知县邓炳浚横沥塘等河
万历十六年	浚苏松等四府河港塘渎，支帑金 10 万两
万历二十二年	董汉儒筑枫桥堤，长 20 里，甃石成堤，蠲钞羡 3000 两
万历二十六年	管学畏修沙湖堤，蠲羡银 1400 两有奇。修堤 75 丈，高 10 丈，广 0.9 丈。同年，常熟知县段然浚耿泾、山泾等河
万历三十三年	吴江县知县刘时俊筑石塘，凡 99814 尺，为桥 13，为渎 37。南连檇李，北接茂苑，为里 83，凡费银 27000 两
万历三十四年	巡抚周孔教浚苏州城内三横四直河道。常熟知县耿桔浚三丈浦、盐铁浦、湖漕塘、横沥塘、李墓塘、贵泾、横泾、奚浦等支干，各河处处通流，居民立石颂功
万历三十七年	常熟知县杨连筑元和塘，垒石筑堤，长 25 里，甃石成堤
万历四十二年	监察御史薛员吴淞江
万历四十三年	昆山知县陈祖苍浚至和塘、小虞浦、横塘，共 47 里
万历四十五年	巡抚王应麟浚苏州城内河三横四直，并府学前环绕玉带河
天启四年	昆山知县闵心镜浚运河。松江府属入境运道浅淤，浚过 3934.8 丈，面阔 12 丈不等。同年巡抚周起元请浚吴淞江与白茆河
天启七年	巡抚李待问浚夏驾浦
崇祯元年	苏州府同知将尔弟浚瓦浦，长 6420 丈，面阔 10 丈不等
崇祯八年	巡抚张国维借巡抚王一鹗修吴江县石塘。村塘圮，不堕塞础窦，致湖浚涨没田庐，兼阻漕运牵挽。勘核全坍应修 1055 丈，半拥 2086 丈
崇祯九年	巡抚张国维檄吴江知县章日炌浚长桥础，修九里塘，平望绪家桥；太仓知州钱肃乐修湖川塘；昆山知县杨永吉浚夏驾浦
崇祯十年	张国维同巡抚路振飞重浚至和塘
崇祯十六年	昆山知县杨永吉开浚夏驾浦 4982 丈，南接吴淞江，北至小瓦浦，东至太仓州界青鱼泾。又浚大石浦 2952 丈

资料来源：洪焕椿、罗仑主编：《长江三角洲地区社会经济史研究》，南京大学出版社 1989 年版，第 125—137 页。

　　明代，云南水利事业在也有很大发展。沐氏在治理云南过程中，"治水利"成为沐氏大事。组织疏浚河道，兴修水利，在杜绝水患方面，做了许多贡献。洪武初，知州潘大武建东晋湖闸。在赵州城北十里，环龙山下水出九股，潘大武建闸蓄聚成湖，灌溉上下草甸、红山、千户营、犁头湾、石鼻头、华营、斑庄七村田地。洪武二十九年筑汤池渠。西平侯沐公发卒万五千，令云南指挥同知王俊董其事，逾月功竣，引流分灌，得腴田若干顷，岁获其饶，军民赖之。景泰五年，总戎继轩沐公建南坝闸，令参赞思庵郑公董其事，越半年事成。用工凡八万二千九百有奇。既成，田不病于旱潦，而吾农得以足食。据《云南通志》载，云南县从景泰至同治，修建水利工程就有 11 处之多，有些水利工程还多次重修或加修。成化十八年，浚云南东西二沟，自松华坝、黑龙潭抵西南柳坝、南村，灌田数万顷。弘治六年，宪副王公行之令郡卫知府资良，指挥庞松各出民兵共役，三旬而成，水通物润且有地，以乡计者四，以亩计者数百万。嘉靖年间，临元道文衡筑文公堤，引河源出汤池、明湖。水南流，自江头以抵乐道入大江池，环绕五十余里，灌田数十万亩。隆庆年间，昆明县城西三十里曰龙院村，布政使陈善令民凿横山为阴沟洞，引白崖水灌田四万余亩，民甚利之，所谓横山水洞也。万历四年，兵备道许宗鉴修浚泸水堤。泸水溉田七十里，但沙滞泥淤，最易冲决。公疏浚之，并置有桩柞田，以为疏浚之费，士民称之曰：许公堤。万历四十六年，水利道朱芹条议大修松华坝。以频年节缩水利之费取给为多，鸠工庀材，无不精坚，民不劳而永逸，功甚懋焉。[①]　下面以遂溪县水利兴修为例，详见表 4 - 3。

表 4 - 3　　　　　　　　　　　明代云南遂溪县水利兴修表[①]

渠陂塘名及规模	时间	修筑情况	灌溉情况
博格塘	洪武四年	知县王渊重修，久废为田	灌博格洋田
古州塘（广十五亩）	洪武二十年	知县王渊重修	灌古州田
特侣塘（广四十八顷）	洪武四年	同知余麒孙沿旧重修	灌东洋田四千余顷
	万历三十二年	司理高雄岳扩建第十一审	
	万历三十七年	同知张应麟重修二至十等九闸	

　　① 　以上资料参见陈树平主编《明清农业史资料（1368—1911）》第三册，社会科学文献出版社 2013 年版，第 1107—1076 页。

续表

渠陂塘名及规模	时间	修筑情况	灌溉情况
潭车塘（广十二亩）	洪武	知县张昭重修	灌潭车村、下岸等处田
都贺陂	洪武	县丞薛成玉重修	灌云脚等处田
张赎塘[②]（广四十亩）	洪武	县丞薛成玉重修	闸渠俱灌东洋田
都典塘（广六亩）	洪武	县丞薛成玉重修	灌东洋田
曾古塘（广三亩）	洪武	知县张昭重修	灌东山村田
调离塘（广十二亩）	洪武	知县张昭重筑	灌塘边村田
徒磊塘（广二十亩）	洪武	县丞薛成玉筑	灌东岸田二顷余
那都流潭塘[③]	洪武	开筑	
那永塘（广十余亩）	洪武	重筑	灌官井村田
黄家塘（广十亩）	洪武	开筑	灌居梅村田
平余塘（广十余亩）	洪武	开筑	灌白沙村田
宾娄塘	洪武	知县张昭重修	灌那瑞、琥坑田
东溪陂	嘉靖十年	知县张惠筑	灌南门、西门等处田
	万历五年	推官陈玉政补筑	

注：①原表中雍正十年，知县叶思华重修特侣塘第十一闸未列入本表；莲藕塘、司马塘、茅花塘、圣塘坛沟四处因年代不明未列入本表。②嘉靖时，乡民买为田，郡人张一拱赎还为塘，因名。③后水涸塘湮，民居承买为田。

资料来源：陈树平主编：《明清农业史资料（1368—1911）》第三册，社会科学文献出版社2013年版，第1050页表8-2—7。

　　除了修筑挑挖河道外，井灌在北方有很大发展。明代人徐光启称：凿井灌田"此法北土甚多"。"近河南及真定诸郡，大作井以灌田，旱年甚获其利"。[①] 徐光启又说："闻三晋最勤，汲井灌田，旱暵之岁，八口之力，昼夜勤动，数亩而止"[②]。由于有水井可灌田，农民虽辛苦，但昼夜勤劳却换得数亩之田免于受旱之灾。

二　清代水利工程的建设

　　清政府对农田水利兴修更为重视，据《清实录》和《清会典》记载，

---

① 徐光启：《农政全书》卷16，《水利·浙江水利》。
② 徐光启：《农政全书》卷16，《水利·泰西水法》（上）。

自顺治到光绪265年间，经朝廷议准兴建的直省水利工程就有974宗，其中乾隆朝占486宗，将近占了半数。①清代水利以政府大型骨干工程为主导，带动民间水利工程发展。在水利工程资金方面，以民间自筹为主，政府资助为辅。民间水利工程以小型为主。同时，边疆地区农田水利事业也有长足进步。

就清代而言，灌溉工程兴建较多之地，如陕西，乾隆时黄河流域的西安等47个州县，兴建的水利工程达1171项，灌田面积达64万余亩。②渭南的小型灌渠则多如牛毛，大致形成以西安、眉县、华阴为中心三个系统；渭北地区水利建设以龙洞和同峪河渠、永漳渠、怀德渠、广惠渠的整修为主，扩大了泾阳、三阳、高陵等县的灌溉面积。

宁夏在清中期还开凿大清渠、惠农渠和昌润渠等大小灌渠，全部渠长2229里（另大支渠1221.7里），溉田16万余亩。③原来的唐徕渠、汉延渠也得疏通，这五大渠与黄河斜交，乘势灌田达百余万亩。又曾在肃、凉、甘三府大兴水利，共开渠400余里，灌田156000余亩，规模最大的柳林湖屯区，大小总渠支渠数十道，引柳林湖水，垦熟屯地12万余亩。④

新疆水利事业在乾隆以后取得较大发展。据彭雨新研究：平定准噶尔贵族叛乱、新疆统一后，随着屯田的发展，水利事业在南北疆迅速发展起来，至光绪末年，新疆有干渠944条，支渠2333条，灌溉农田达11198539亩。⑤除了利用地面水灌溉外，新疆人民还利用开凿坎儿井的办法，把渗入砾石层的水源加以开发利用。据《新疆图志》记载，公元17、18世纪时，北疆的巴里坤、济木萨、乌鲁木齐、玛纳斯、革化乌苏，南疆的哈密、鄯善、吐鲁番、于阗、和田、莎车、疏附、英吉沙尔、皮山等地都有坎儿井。最长的哈拉巴斯曼渠长150公里，能灌田169万亩。

井灌，在明代基础上，清代获得巨大发展。河北、河南、山东、山西、

① 郭松义：《民命所系：清代的农业和农民》，中国农业出版社2010年版，第125页。
② 梁家勉：《中国农业科学技术史稿》，中国农业出版社1989年版，第471页。
③ 郭松义：《民命所系：清代的农业和农民》，中国农业出版社2010年版，第225页。
④ 郭松义：《民命所系：清代的农业和农民》，中国农业出版社2010年版，第225页。
⑤ 彭雨新：《清代土地开垦史》，中国农业出版社1990年版，第255—256页表。

陕西等省多凿井灌田。

乾隆二年，陕西代理巡抚崔纪动员全省开井，奏准将地丁耗羡银无息贷与贫民，以作打井经费，三年交还。在这一措施下，农民"踊跃从事，即素未悉其利者，委曲开导，亦皆鼓舞兴作"①。乾隆八年至十八年，陈宏谋两度接任陕西巡抚，继续推行开井事宜。据陈树平先生统计，崔纪任职期间新开灌井为32900口，陈宏谋任职期间新开灌井为28000口。② 河北农民习惯于井灌，人们自行开井者更多。《枣强县志》载，乾隆时"直省各邑修井灌田者不可胜纪"，栾城、正定等县井灌都极为发达。乾隆二十七年载："无极县添挖新井八百眼，而藁城、晋州察实情况，各报六千三百，四千六百有奇。栾城一百五十六村内，亦得井三千六百二十眼。余如赞（皇）、元（氏）、行（唐）、正（定）、获鹿都以千计。乾隆十年，灵（寿）、平（山）两邑某某凿井各若干"③。据上所述，正定府有井二万眼以上。山东以"园蔬烟地不虞旱"缘故，故多有井。临清知州王君博还教民用荆薄代砖打井。④ 山西则数有"井利甲于诸省"之称，其中"平阳一带、洪洞、安邑等数十邑，土脉无处无砂，而无处不井，多于豫、秦"⑤。河南井灌在清代也有很大发展，道光初年的王凤生说：安阳、辉县、修武、武陟等县，"间有量地凿井，辘轳灌田之处"⑥。道光二十七年，许州大旱，知州江根敬"劝民掘井三万余"⑦。至于南方的湖南、安徽、福建南部等地区，亦因地制宜凿井灌田。

清代京畿水利很值得重视。清政府为在京畿营田，进行大规模水利兴修。⑧

京畿水稻种植始于明代，但地区不多，数量也很少。清代营田始于康熙年间，蓝理在天津任总兵时，引用海河潮水，仍泄水于本河以灌田，每

---

① 民国《陕西通志》卷61《井利附》。
② 陈树平：《明清时期的井灌》，见《中国社会经济史研究》1982年第4期。
③ 《培远堂偶存稿》卷29《文檄》；乾隆《正定府志》卷4。
④ 盛百二：《增订教科书·区种十种》，第96—97页。
⑤ 《答高安朱公》，见《丰川续集》卷18，第22页。
⑥ 王凤生：《河北采风录》，《凡例》，第1页。
⑦ 民国《许昌县志》卷8，第35—36页。
⑧ 本小段写作参考：1.彭雨新编：《清代土地开垦史资料汇编》，武汉大学出版社1992年版；2.李成燕：《清代雍正时期的京畿水利营田》，中央民族大学出版社2011年版。特此申明。

田一顷，用水车四部，曾在天津开拓水稻田 150 顷，可作水田利稻者有 50 顷，秋收亩产三四石不等。① 但蓝理调离后，剩下水稻田不多，唯城南尚在，民呼为"蓝田"。②

雍正三年始，在怡亲王主持下，京畿营田有很大进展。他采取边修水利边治田办法，双管亦下，在治水过程中，开田种稻。在水利兴修上，他抓住南北运河、东西二淀、南北二泊、京东诸河治理为龙头，带动其他水利兴修。

1. 运河整治

雍正三年的大水，使南运河的主要支流卫河决口十三处，北运河堤岸埽坝多处被冲溃。怡亲王疏通沧州之南的砖河和青县之南的兴济河，分别长一百二十里和九十里，自歧口入海。又在砖河和兴济河上名建一座滚水坝，控制水势。北运河埽坝于雍正四年修复。但雍正五年河水再处泛滥，东西两岸有四处决堤。经过雍正六年、七年续修，使"上下分流，区画尽善，运道民生均获宁谧"。政府为运道修筑"所费帑金已不下六十余万矣"。③

2. 东、西二淀及诸河治理

东、西两淀跨雄县、新城、霸州等十几个州县，广袤一百多里，畿辅六十多条河汇入西淀，后经霸州苑家口会同河，又合子牙、永定二河汇入东淀。怡亲王首先对白沟河、依城河、猪龙河进行整治。整治后，良乡、涿州、固安、霸州"四州县秋禾皆获丰稔"④。"猪龙顺轨，濒河田畴比年丰稔"⑤。对各淀治理后，"堤内大澱淀数百顷皆引流种稻，屡获丰收，泽国已成乐土矣"⑥。

3. 对南、北二泊及诸河治理

这里治理的河道对象主要是滹沱河、滏阳河及漳河。经过治理"滹沱

---

① 光绪《重修天津府志》卷28；光绪《畿辅通志》卷91《河渠十七·水利营田》（二）。

② 光绪《重修天津府志》卷28。

③ 陈仪：《直隶河渠志》，《白河》条。

④ 陈仪：《直隶河渠志》，《牡牛河》条。

⑤ 陈仪：《直隶河渠志》，《西淀》条。

⑥ 陈仪：《直隶河渠志》，《东淀·西淀》条。

亦庆安澜矣"①，可引滏水营田。对南、北二泊治理主要是浚深和筑堤，使"二泊之会于滏阳者，下流无滞"②。

4. 对东京诸河的治理

这里治河的对象有凤河、蓟运河、窝头河、鲍丘河、还乡河。对这些河流治理主要是疏通、建闸、筑堤、裁弯取直。经过对凤河治理，宛平、武清一带的积涝得到解决，桐林、牛镇、三间房等处开渠引水，营田数十顷。蓟运河治理后，解决了宝坻饮水和灌溉及泄洪问题，使宝坻县免受淹潦之患。对窝头河、鲍丘河治理后，"俾潮汐通流，兼资灌溉"③，"数年以来，香、宝田畴高下皆稔，无泛滥之患矣"④。对还乡河治理后，"俾沿河沮洳之区概行艺稻"⑤，"沿河沮洳之场皆成膏壤矣"⑥。玉田县生员齐伟诗云："并看三农咸乐业，芃芃禾黍偏青畇"⑦。在兴修水利的同时，怡亲王在水利营田府下设京东、京西、京南及天津四个营田局。⑧ 开局营田的当年，京东的滦州、丰润、蓟州、平谷、宝坻、玉田六州县，开稻田335顷；京西的庆都、唐县、新安、沫水、房山、涿州、安州、安肃八州县，开稻田760顷72亩；天津、静海、武清等三县开稻田623顷87亩；京南正定、平山、定州、邢台、沙河、南和、平乡、任县、永平、磁州十州县开稻田1567顷78亩。计营田3287顷37亩。⑨ 据称，怡亲王自五年分局，至于七年，营成水田有六千顷有奇。⑩ 新营田并获得丰收。雍正六年，天津营田观察使黄世发自营的五顷水田获得丰收，亩收至五六石。⑪ 怡亲王奏称："新营水田……每亩可收稻谷五、六、七石不等"⑫。《顺天府志》认为，雍正年间畿辅地

① 乾隆《正定县志》卷4《地理下·水利》。
② 《钦定大清会典事例》卷924《工部六十三·水利》。
③ 乾隆《宝坻县志》卷16《集说》。
④ 陈仪：《直隶河渠志》，《鲍邱河》条。
⑤ 光绪《玉田县志》卷3《舆图志略·山川》。
⑥ 陈仪：《直隶河渠志》，《还乡河》条。
⑦ 光绪《玉田县志》卷3《舆图志略·山川》，《还乡河》条。
⑧ 《皇朝经世文编》卷108《工政·直隶水利》（中）。
⑨ 李成燕：《清代雍正时期的京畿水利营田》，中央民族大学出版社2011年版，第167页。
⑩ 《皇朝经世文编》卷108《工政·直隶水利》（中）。
⑪ 李成燕：《清代雍正时期的京畿水利营田》，中央民族大学出版社2011年版，第188页。
⑫ 怡亲王：《恭进营田瑞稻疏》，见雍正《畿辅通志》卷94。

区的水田亩产量为谷五石。① 民间见水田获利，鼓舞效法，自营己田。据李成燕统计：雍正年间民营田有 2516 顷 90 亩有奇。向所称汙莱沮洳之乡，率富完安乐，幽吹蜡鼓相闻，可谓极一时之盛矣。② 林则徐说：怡贤亲王总理畿辅水利营田，不数年垦成六千余顷，厥后功虽未竟，而当时效有明征。至今论者，称道勿绝。③ 怡亲王去世后，京畿水利工程受影响，有的地区回归旱地耕作，但也有留下来的。至同治年间，"玉田、丰润尚食其利"④。

京畿营田，雍正以后没有大规模开展，但还是不断在进行。雍正时营田除给后人留下许多梦想外，也给京畿低产田改造提供新思路。

永定河原名"浑河"。发源于山西北部黄土高原，挟带大量泥沙而下，流至京西石景山过卢沟桥，纵横荡漾，迁徙无常，为害甚大。为了清除这一水患，当时曾从良乡起到东安开辟一条长 200 余里的新河道，在两岸修筑长堤，束水出霸州三角淀，达西沽入海。原来冲决之处，百姓皆筑舍居住，荒瘠变成了膏腴。⑤

清代，长江流域各省水利事业，也有很大发展。如湖北均州州南筑四十里水堰，"灌田数十顷"，至康熙年间，仍"水利永赖"。⑥ 光化县，开挖沟渠"周回曲折不下四十余里"⑦。咸丰年间，远安凿沟引笕，引水灌田。⑧

与湖北相比，湖南水利工程远超湖北。如康熙年间，善化县修象鼻坝，"荫田三千顷"，雍正年间又加以增修，其"田不忧旱，利赖无穷"。⑨ 在安县应水水旁多筑堤坝，"以利田溉"⑩。浏阳县，嘉庆前有 47 塘 42 陂以溉田，后继续兴修，"地利尽辟，水利多兴"⑪。嘉庆年间，湘潭境内河流，大

---

① 光绪《顺天府志》卷 48《河渠志十三·水利》。

② 以上内容及资料参见李成燕《清代雍正时期的京畿水利营田》，中央民族大学出版社 2011 年版。

③ 林则徐：《畿辅水利议叙略》，盛康：《皇朝经世文续编》卷 114，《工政十一·直隶水利》。

④ 王家璧：《请议行畿辅水利成法疏》，盛康：《皇朝经世文续编》卷 114，《工政十一·直隶水利》。

⑤ 岳琛主编：《中国农业经济史》，中国人民大学出版社 1989 年版，第 250 页。

⑥ 康熙《均县志》卷 2。其中引文不再注原著。

⑦ 光绪二十八年知县张国兰禀，见《农学丛书》第 4 集。

⑧ 朱锡绶《沮江随笔》卷下。

⑨ 乾隆《善化县志》卷 3。

⑩ 光绪《东安县志》卷 8。

⑪ 同治《浏阳县志》卷 4。

小港，置水车，"为塘为堰，为坝，为泉为井，或溉数千亩，或溉数百亩，而私家所蓄者不与焉"①。

江西水利建设，在有清一代，也获得进展。瑞金，在乾隆前，由官府出钱购买冈后河两岸田亩，作陂圳"以灌田村田亩"②。东乡县丰城等地，则层层筑坝蓄水溉田，"有溉及千余亩者，有溉及数百亩者"。丰城、清江、高安三县溪流水利，圳、陂、塘经过修浚后，"岁可增谷六十万石"③。这是了不起的成绩。据嘉庆年间记载，奉新县"西乡沿河建筒车水，不劳人力，昼夜灌溉，故雨或偶缺，禾皆丰收"④。《饶州府志》称，鄱阳修筑陂塘圩堰有117处，灌田达14010亩；安仁有163处，灌田58399亩；乐平有337处，灌田119256亩。⑤

安徽各县水利建设也很火热。建平县桐纳乡筑塘港陂堰167处，灌田71177亩；昭德乡筑塘652处，灌田58997亩；临湖乡筑塘439处，灌田75676亩；妙泉乡筑塘258处，灌田56875亩；原通乡筑塘590处，灌田74268.1亩。⑥康熙四十八年，宁国府修筑堤坝，"溉田十数万亩，水利以溥"⑦。雍正年间，怀远县在原有陂塘基础上，进行重新修理，灌田亩积比原来数千亩，又有所增加。《县志》称：灌田顷亩增加。⑧有清一代，怀宁修筑塘堰灌田工程甚多，有灌溉面积可查者，计51塘堰，共灌田28600亩，此外尚有灌数百亩者24个，灌田千亩者9个。⑨可见水利工程之完善。道光年间，安徽对郭陂塘和龙王坝进行重新修建，完工后"附近荒田千顷悉成腴壤"⑩。

有清一代，苏州府水利工程得到政府极其重视。从康熙十年至同治十三年间，修浚河道共63次，花去款项，有据可查者高达1187434.23两，其中用银多达十万两以上工程有：康熙十年修浏河、吴淞江，用银132862两；康熙

① 《湘潭水利》，见张云璈《简松草堂文集》卷7。
② 乾隆《瑞金县志》卷1。
③ 董沛《晦暗斋笔语》卷3。
④ 吴名凤：《此君园文集》卷19。
⑤ 同治《饶州府志》卷2。
⑥ 光绪《广德县志》卷4。
⑦ 嘉庆《宁国府志》卷5。
⑧ 嘉庆《怀远县志》卷6。
⑨ 民国《怀宁县志》卷5。
⑩ 道光《安徽通志》卷首，又卷6。

十二年开浚白茆港，用银 104000 两；乾隆二十六年，修吴淞江、娄江、东江，用银 222000 两；同治十年浚吴淞江，用款 125100 两。① 详见表 4 - 4。

表 4 - 4　　　　　　　　　　清朝苏州府水利兴修情况

年代	水利工程	用款数（银两）	款项来源
康熙十年	浏河、吴淞江	132862.00	留漕折银兴工
康熙十二年	浚吴江之垂虹桥二十余里，修宝带桥诸水		皆资百姓之力
康熙二十年	开浚白茆港	104000.00	巡抚慕夫颜请动用正项
康熙四十八年	开浚白茆、福山两港，修白茆旧闸、建福山新闸	34997.00	领工料银
雍正五年	开浚白茆港、梅李塘、常熟福山塘、太仓州浏河	78173.57	诏发帑兴修白茆港、梅李塘二河，共用银 68485.58 两；福山塘用银 9687.99 两
雍正六年	修吴江、震泽二县运河	19523.68	发帑
雍正八年	修吴江、震泽南北塘	26396.00	发帑
雍正九年	修长洲县运河塘	8276.00	用帑
雍正十二年	筑吴县穿窿山麓堰闸池塘	2360.00	发帑
雍正十三年	浚常熟三丈浦、洋港西	2608.42	三丈浦用银 1608.28 两，西洋港用银 1000.14 两
乾隆元年	开浚镇泽县浪打穿直港	1085.90	
乾隆二年	重筑元和塘	23816.60	用帑
乾隆三年	浚吴江县长桥河		
乾隆四年	修震泽县荻塘，昭文县重修许浦　常熟县浚竺塘、景竪等 5 塘	2633.10　1754.69	
乾隆九年	昆山县重浚玉带河		用民夫 33883 工
乾隆十年	昭文、常熟重浚城内诸河		用民夫 13178 工
乾隆十一年	重浚府城内诸渠	4248.10	发帑
乾隆十六年	浚福山塘	21055.00	借藩库银，分两年带征摊还
乾隆十七年	浚三丈浦		

---

① 转见李文治、江太新《清代漕运》，中华书局 1995 年版，第 23—26 页表。

续表

年代	水利工程	用款数（银两）	款项来源
乾隆十九年	开浚白茆塘 建筑海塘	21382.14 27716.64	借帑，分年摊还 借帑，分年摊还
乾隆二十六年	修吴淞江、娄江、东江等三江水利	222000.00	借用公款，按亩摊还
乾隆二十九年	修筑元和塘	9175.00	昭文县承办4500两，常熟县承办4675两。借用公帑，分年带还
乾隆三十二年	浚木渎、横金塘河 再浚福山塘	20000.00 9000.00	义田余租银 借帑，分年带还
乾隆三十五年	浚白茆塘	85000.00	分年带还
乾隆四十年	浚福山塘	8522.30	动用公积商捐本息银
乾隆四十三年	浚白茆河一段		由民户出费疏浚
乾隆五十年	浚昭文贵泾塘		由民自认分挑
乾隆六十年	浚竺泾塘		民力自浚
嘉庆十二年	浚常熟城河		邑人吴峻基出赀
嘉庆二十五年	浚常熟至和塘		由邑绅捐浚
道光元年	浚昭文城河	1860.00	
道光二年	浚常熟城河，浚昆新城河		
道光六年	浚常熟福山塘		邑人黄泰出赀助工
道光十年	浚吴县雕鹗河 浚吴县兴福塘	15110.00	由邑绅捐办 邑绅潘子功捐赀
道光十一年	浚浏河		借帑
道光十四年	浚白茆河及徐六泾	89017.54	共用银5900余两，林则经、陶澍等捐廉
道光十六年	浚福山塘		按庄图派费，按亩出资
道光三十年	浚白茆诸河		借藩司及海关道库银，由常熟、昭文及得沾水利之长洲、元和、无锡、金匮、江阴七县按田派捐归还
咸丰九年	浚昭文城河		邑人王元钟等筹款办理
同治二年	浚常、昭城河		由善后局绅士拨款
同治四年	浚常熟三丈浦 浚昭文许浦塘		共用银10978394文，秋成按亩摊派

续表

年代	水利工程	用款数（银两）	款项来源
同治五年	浚浏河 浚关塘		用银 210185000 文，由长、元、吴江、震、昆、新、华、娄、上、青、太、镇、嘉、宝、崇 16 州县摊征 长洲知县蒯德模捐廉修筑
同治七年	浚白茆河	70000.00	由藩司海关西库借银，由昭文、常熟、江阴、无锡、金匮、长洲、元和等县分三年摊征归还
同治十年	浚太湖溇港 浚吴淞江	22400.00 125100.00	由苏、沪两局厘金项下撙节拨用 由厘金项下拨用
同治十一年	浚昭文徐六泾	13800.00	由藩司垫款，归白茆河工摊征
同治十二年	浚苏城河道 重浚吴江分水港 浚木渎市河 筑白茆闸大坝，开越河		共用钱 4739417 文
同治十三年	浚吴县横金塘河		借帑兴工，共用工费钱 26000 串有奇

资料来源：光绪《苏州府志》卷11。转见李文治、江太新《清代漕运》，中华书局1995年版，第23—26页。

　　福建水利事业也很发达。顺治年间，兴化府康廉采督修濑溪桥，更筑石堤，以障木兰之水，南北二洋田，资灌溉者数百万亩。[1]宁德与海相通，旧防海潮之堤已废坏，乾隆十四年，喀尔吉善奏：春天请重修，获乾隆帝应允，堤修好后，可灌田万亩。[2]乾隆二十四年，闽浙总督杨应琚奏：莆田县木兰坡是宋明所建，已年久残漏，若加修筑，可"分灌田万顷。"[3]获乾隆帝同意。

　　福建的台湾府是新垦区，水利建设得到蓬勃发展。据康熙《诸罗县志》记载：自康熙三十一年至康熙五十六年间，共兴修陂圳达 75 处之多。一年

---

① 道光《陵县志》卷19。
② 《清高宗实录》卷583。
③ 《清高宗实录》卷583。

中兴修一两处有之，兴修四五处有之，其中五十三年兴修 9 处、五十四年兴修 13 处，五十六年兴修 10 处。① 大部分由庄民合筑，也有相当部分由知县周钟瑄捐款捐粮助庄民合筑。据闽浙总督喀尔吉善等称：台湾府凤山县南境"凡可兴之水利，无不尽开"②。彰化县在清前期先后筑圳 24 处。灌田多者如：施厝圳，可灌溉五十里之田；井仔陂灌田甚多；万斗六溪圳灌田千余甲；险圳灌溉七十余庄之田；王田圳可灌七庄之田③；等等。兴修水利的热情可见一斑。

两广地区对农田水利建设也十分注重。康熙五十七年，康熙帝同意修筑遂溪、海康二县东洋塘堤、水闸，可灌洋田万顷。④ 乾隆十一年，修潮州府海阳县东南北等处堤工。⑤ 嘉庆四年，粤东西北两江发大水，护田围基被水冲坏，嘉庆帝令内阁曰："南海等七县围基，系属保护田庐，关系紧要，既经被水冲损，自应赶紧修葺。"⑥

至于其他各省农田水利兴修情况，这里不再枚举。⑦

5. 水利官的设置及职责

水利兴修后，怎么管理才能发挥最大效益？根据潘春辉研究：明清之际，河西走廊曾设专职水利官员。例如，明代镇番县设水利通判，瓜州设水利把总等。清雍乾以后，河西的水利官员逐渐转为地方官兼任总水官，例如雍正年间肃州州同兼司水利，永昌县令也兼管水利。县官兼管水利之下，各乡村则有相对固定的分渠长，分工协作掌握水利事务。道光《镇番县志》记载，该县"旧有水利通判，乾隆年裁，嗣后遂隶于县，而水老董其役。康熙四十一年，设水利老人，即今之水老也"。他们职责是：修建渠坝、渠道的日常维护及排查水患。另一职责是分水，根据水资源情况，按

---

① 陈树平主编：《明清农业史资料（1368—1911）》第三册，社会科学文献出版社 2013 年版，第 1059—1061 页。

② 《清高宗实录》卷 315。

③ 陈树平主编：《明清农业史资料（1368—1911）》第三册，社会科学文献出版社 2013 年版，第 1062—1063 页。

④ 《清圣祖实录》卷 278。

⑤ 《清高宗实录》卷 270。

⑥ 《清仁宗实录》卷 44。

⑦ 其他各省农田水利兴修情况，参见陈树平主编《明清农业史资料（1368—1911）》第三册第八章，《农田水利》。

照户数多寡公允排水。①

三　小结

由于明清两代政府重视水利兴修，对农业生产发展发挥良好作用：一是以前无法利用土地，因水利兴修而成沃壤；一是使原来耕地增加粮食亩产量；一是防洪抗旱，利国利民；一是加深人们对水利重要性认识。

1. 水利兴修使原来荒废土地得到开发利用

江苏应天府，明嘉靖年间，庞嵩摄府事，筑堤辟莱，得田三千一百亩，立惠民庄四，"流移尽还"②。浙江正统年间，范衷知浙江寿昌县，兴水利三百四十六区，辟荒田二千六百余亩。③ 江西清嘉庆年间，星子县对蓼花池加以疏浚，"涸出田亩甚多，岁增获数万石"④。本章第二节可供参考，不一一枚举。

2. 兴修好水利，可增加土地产出

修渠、凿井灌田结果，使旱田单位面积产量提高。明天顺八年，巡抚陕西右副都御史项忠奏：泾阳县瓠口郑、白二渠，旧引泾水溉田四万余顷，至元犹有八千顷。其后渠水日就浅滞，利因以废。宣德初，遣官修凿，军民复享其利，"亩可收四石或三石。今河湮塞而水不复通，渠旁之田，遇旱为赤地。间或得收，每亩获视旧仅十之二"⑤。卢坤说，陕西兴平县城南多有凿井灌田者，"夏秋所获，自较旱田颇胜"⑥。蒋炳南实地考察后称："凡有井之地，悉为上产"⑦。崔纪则更为具体地指出：山、陕井浇地，"肥者比常田收获不啻数倍，硗者亦有加倍之入"⑧。张之洞亦说，他河北老家井地收成"可多常地三倍"⑨。河南新安、渑池两县有渠井之利者，"以水地较旱地，亩可多收麦二斗，每斗四十八斤，可得钱二千文。得二渠灌地十五

---

① 参见潘春辉《清代河西走廊水利官员的管机》，《中国社会科学报》2018 年 9 月 3 日第 5 版。

② 杨景仁：《筹济编》卷 28。

③ 《续通典》卷 4《食货四》。

④ 同治《星子县志》卷 2。

⑤ 《明成化实录》卷 11。

⑥ 卢坤：《秦疆治略》，第 6 页。

⑦ 张念祖：《中国历代水利述要》，第 108 页。

⑧ 民国《陕西通志》卷 61《井利附》。

⑨ 张之洞：《畿辅旱灾请速筹荒政折》，见《张文襄公奏稿》卷 1，第 24 页。

六万亩，即每年麦收可多得三十万缗，实为莫大之利"①。据陈树平先生估计，在崔纪、陈宏谋主持下新开井数，仅陕西一省就可灌田487200亩，可增产谷物达到584640石；直隶霸州仅乾隆九年新开井达2000眼，灌地面积达16000余亩，增产谷物可达19200余石。② 可见，水利事业的发展，十分有利于土地潜力的发挥。

其他地方情况也一样：如雍正年间，湖北京山"奉旨发帑修筑温汤泉，灌溉稻田，其收数倍"③。就雍正年间京畿营田而言，共营成水田6000顷。④ 雍正七年二月，雍正帝说："现今畿辅之地，营种水田以来，收获甚多。"⑤ 以前缺乏水利灌溉设施的农田，水利设施改善后，农田单位面积产量可以成倍增长。

3. 水利设施建设，是利国利民之举措

广西临桂县横山村西南原有大堰，束陂角以下之水以资灌溉，池头、油塘尾、陂角及横山四村之田皆赖焉。自石堰倾圮数十年间，村人苦之。雍正十一年，在陈宏谋倡导下，易土以石，重修完工。十年后，陈宏谋回到家乡，看到水利兴修后变化，深有感触地说："今去家十载，归见烟火繁庶，风俗和美，倍于往昔，心窃幸之。惟是人多田少，莫能振起。今资水之利，加以人力之勤，田租可望倍收，菽麦可以兼种，庶几早完国课，余九余三；秀者向学以事诗书，朴者安分以力南亩；亲亲长长，讲让型仁。采风者称仁里焉。"⑥ 这里虽然有自我赞美成分，但反映水利兴修后，农村的变化却是实实在在的。

4. 维护好水利设施，事关人民生命财产安全及国家财政收入之大事

固圩堤，疏通道，是圩田丰收的保障。陈宏谋说：江西一省，滨水环山，人多田少，虽系低洼可耕之地，民间咸筑立圩堤以资捍卫，一圩之内，烟村罗列，土地肥美，全赖圩堤坚固，始可种植安居。本司莅任，经过瑞洪、邬

---

① 《西政丛钞掌故》，光绪二十八年，第23页。

② 陈树平：《明清时期的井灌》，《中国社会经济史研究》1982年第4期。

③ 乾隆《湖北下荆南道志》卷9。

④ 李成燕：《清代雍正时期的京畿水利营田》，中央民族大学出版社2011年版，第287页。

⑤ 《清世宗实录》卷28，雍正七年二月甲午。

⑥ 光绪《临桂县志》上册，第541—542页。转引自陈树平主编《明清农业史资料（1368—1911）》第三册，社会科学文献出版社2013年版，第1054—1055页。

子、赵围、样溪、涤差等处，皆有圩堤，在在残缺，仅存一线。询之土人，俱云近年曾已受淹，惟一二坚厚之圩，俱获丰收。"可见圩堤之坚厚，实关年岁之丰歉，非等泛常之水利，界在可修、不可修之间者也"。[1] 吴麒谈到黄浦水利时说：今夫黄浦为松郡巨川，吞纳湖汐，宣泄泖淀，田畴赖以灌溉，沟浍赖以通达，国之人皆知之，不待言矣。顾震泽数万顷，居江浙七郡之中，受七郡之水以归于海，自历代以来，皆吴淞江宣泄。"今吴淞壅塞，专恃黄浦以为尾闾，使黄浦少塞，则七郡皆沉灶矣，故曰有关乎一省也。江浙七郡者，财赋之奥区，朝廷之外府也。一邑之所输，足当他方之数郡。使黄浦不治，而霖潦为灾，湖水震荡，则国计无所仰，而习农为旰食，故曰有关乎天下也"。[2] 随时关注水利变化情况，及时修堤筑坝清淤，是人民生命财产的保障，是农业丰收的保障，是国家财政收入的保障，也是建设好家园的保障。历史经验及教训，对今后管理好农田水利，很有启迪。

明清两代后期，水利失修，以致农业生产衰落，这一经验教训，是我们今天的最好反面教材，应引以为戒，切勿重蹈覆辙。

第二节　农业技术的推广

一　低产田的改造

我国劣质土地数量不少，如西北地区沙砾地，沿海地区盐碱地，西南地区石片地，这些贫瘠土地如何利用起来并改造成良田，对国家、对人民来说，都是利莫大焉。明清两代劳动人民发挥自己聪明才智，在不断实践过程中，对这些劣质土地分别进行治理，如有"化斥卤为良田"的事例，以水压碱法，以及采用深耕冻垡、熏土暖田改造冷浸田的办法等。但由于往昔地多人少，对劣质土地的开发和改良并没有紧迫感。清雍乾以后，随着生齿日繁，以及肥腴荒地已垦复，于是，在农民寻找耕地日益迫切情况下，对劣质耕地开发和改良，被提到政府和农家议事日程上来。因此，清代改造低产田的成绩优于前代。本文论述也以清代为主，兼及明代。

1. 盐碱地治理

北方低产田主要分布在黄淮海平原的盐碱地。我国历来有引水洗盐、

---

[1]　陈宏谋：《请兼委佐杂督修圩堤详》，乾隆六年，《培远堂偶存稿》卷11。
[2]　吴麒：《水利议》，见《皇朝经世文续编》卷93。

放淤压盐和种稻洗盐等办法，治理盐碱地。

明大学士丘濬建议于京东沿海地区筑堤捍水，改良和利用滨海土地。他提出"必筑堤岸以拦咸水之入，疏沟渠以导淡水之来"① 的办法，治理滨海盐碱地。嘉靖九年，兵部尚书李成勋建议在天津一带，"开通陂塘，筑堰引水，以种稻田"②。万历年间，宝坻县知县袁黄总结了挖沟排碱法。方法是：一在海边筑岸，或树桩，以抵潮汛；二是做成中间高、两边低，十丈左右开一小沟，百丈开一中沟，千数丈开大沟，以注雨潦。开始时种水稗。斥卤既尽，即可种稻。③ 万历年间，在天津代巡抚汪应蛟倡导和推动下，开浚河渠，灌水洗碱，屯田扩大到何家围、吴家嘴、双港、辛庄、盘沽、贺家围、东泥沽、西泥沽等地，分别以"求、仁、诚、足、愚、食、力、古、所、贵"十字命名，人称"十字围"。开田达"十八万亩"④。

清代，天津总兵官蓝理，引海河水围垦稻田二万余顷，亩收三四石，号称"小江南"。⑤ 雍正时（1723—1735），清政府又在宁河围垦，使这一地区"泻卤渐成膏"。⑥⑦ 乾隆时，陈宏谋在直隶天津州任职，"得放淤法：水溺挟沙行，导之从堤左入堤右出，如是者数四，沙沉土高，沧、景诸州悉成沃壤"⑧。直隶顺德府钜鹿县，向有碱地四万余亩，不能耕种。乾隆九年，任钜鹿县知县"于小张庄建闸一座，浇地数十顷。又于东、西郭城堤上开涵洞一座，将余水注于堤东。碱卤之地，凡经水之处，碱气顿除，布种秋禾，收成丰稔，百姓甚获其利"⑨。直隶怀柔县，乾嘉年间邑人钟其漷"凿渠引水，县境碱土自后遂成水田"⑩。光绪年间，署顺德府李守映庚禀请

---

① 丘浚：《屯营之田》，载《大学衍义补》卷35。

② 《明世宗实录》卷112。

③ 转见郭文韬等编《中国农业科技发展史略》，中国科学技术出版社1987年版，第372—373页。

④ 陈爱中：《"亮直有守"的汪应蛟恤民之举》，《徽州社会科学》2016年第10期，第42—43页。

⑤ 《圣祖实录》卷218。

⑥ 乾隆《宁河县志》。

⑦ 乾隆年间山东《济宁州志》、道光年间河南《扶沟县志》、道光年间山东《观城县志》都有改造盐碱地记载。

⑧ 《清史稿》卷94《陈宏谋传》。

⑨ 《畿辅水利四案》，《三案》。转见陈树平主编《明清农业史资料（1368—1911）》第二册，第984页。

⑩ 林则徐：《历代开治水田成效考》，《畿辅水利议》。

规复平乡水利文中提出冻浇治碱法。他说："冻浇则水土凝结，经春而融，其土自沃，而且不起碱，不生虫，并不畏春旱。畿南春旱十之五，暑旱十年、数十年间一见焉。如今年之旱，夏至以前方得雨，而冻浇之地麦谷俱丰，故盐地能得冬浇，如沐更生之赐"①。这时，改良盐碱地方法除引水洗盐法之外，又出现了绿肥治盐法、种树治盐法，以及深翻窝盐法。经过治理的盐碱地，不但成了好土，而且谷物产量亦大增。据《增订教稼书》称：经过栽种苜蓿的盐碱地，"四年后犁去其根，改种五谷、蔬果，无不发矣"②。河南扶沟碱地最多。道光年间，扶沟县知县殷秉镛提出改造方法：一、采用粗沙压之，二、种苜蓿。他认为："惟种苜蓿之法最好，苜蓿能暖地，不怕碱，其苗可食，又可牧放牲畜，三四年后，改种五谷，同于膏腴矣"。③《济宁州志》亦称：经过翻、换土之盐碱地，两三年后，"则周围方丈皆变为好土矣"。《阜宁县志》说，经过如此改造的盐碱地，"地顿饶沃，亩收数钟"。

北方地区在治理盐碱地的同时，也进行治沙工作。如直隶无极县有片延绵四十余里沙洼地，乾隆年间，知县黄可润教民种树治沙，原业望自行栽种，其中"每家资稍裕者，限三十亩，中者二十亩，下者十亩。"四年后"一望青葱，且成树者，风沙不刮，中可播种杂粮，民生渐有起色"。④

由于治沙、治理盐碱地的方法越来越丰富，对以前无法利用的荒弃地，变废为宝，对促进当地农业经济发展很有意义。

2. 冷浸田治理

冷浸田一般来说属于酸性土壤，地温较低，而且缺乏磷钾元素，因此产量低。宋时已有改良冷浸田的深耕冻垡、熏土暖田法，到了明清两代，这一技术又有较大的发展，如施用石灰、煤灰、骨灰、烤田及放水浸田等方法相继采用。明代天启、崇祯人宋应星说："土性带冷浆者，宜骨灰（凡禽兽骨）蘸秧根，石灰淹苗足"⑤。同时代人徐光启说，山田水冷，"闽广

---

① 《署顺德府李守映庚禀请规复平乡水利文并批》，《北洋公牍类纂》卷24。转见陈树平主编《明清农业史资料（1368—1911）》第二册，第985页。

② 盛百二：《增订教稼书》，《区种十种》。

③ 殷秉镛：《厚风俗告示》，见道光《扶沟县志》卷7。转见陈树平主编《明清农业史资料（1368—1911）》第二册，第986页。

④ 乾隆《无极县志》卷末《牧令书》卷10。

⑤ 宋应星：《天土开物》卷上，《乃粒》。

用骨及蚌蛤灰粪田"①。广东《兴宁县志》称："东乡之东，山高多阴，水寒而冽，有至芒种后始播，立秋后始获者，故必用牛骨烧灰调水蘸根，乃播，否则秀而少实"②。清光绪时，浙江瑞安县泰顺各处，山村农人插秧，多以猪牛各骨，杵为细粉，置之盎中，每插秧时，必蘸其根于盎中，否则无力。③ 湖南等地治冷浸田则多使用石灰。据湖南《永明县志》载："田多傍山，山泉溉田，气常寒，须石灰温之，故是处皆凿石烧灰者，或割稻存稿春月火之以肥田"④。《黔阳县志》记载："煅石为灰，禾亩初耘之时，撒于田，而后以足耘之，其苗之黄者一夕而转涤青之色，不然则薄收"⑤。永绥厅志云："自得石灰，向每亩收谷四担者，今可收六担；收包谷一担，今可收二担"⑥。广东《长宁县志》和《廉州府志》、江西《建昌县乡土志》都有类似记载。这是改造冷浸田常见之法，由于使用方便，成本又不太高，为民间乐意采用。

湖南宁乡等县农民还采用蓄水浸田法，以提高冷浸田土壤温度。《宁乡县志》记载：当地农民"秋获毕，即耕田蓄水，曰打白水，以七月八月为美，九月十月次之，有七金、八银、九铜、十铁之谚"⑦。《桂阳县志》也记有："近山田，水寒者……至冬惟蓄水犁田，无复栽种，若冬干则来岁收歉"⑧。

明清两代，由于采用施石灰、蚌壳灰、存稿烧田、麻饼、桐枯施于田，采用各类骨灰蘸稻根、蓄水浸田等改良冷浸田方法得到普遍推广，使湖南、广东、江西、浙江、福建等地冷浸田得到有效改造。经改造的冷水田，有效地提高亩产量，有的地方增产幅度高达50%甚至翻番。这是劳动人民智慧结晶。科学种田，对提高粮食单位产量有重要意义。

3. 砂田治理

甘肃砂田出现于明中晚期，但它的发展主要在清代。甘肃砂田主要分

---

① 徐光启：《农政全书》卷7，《农事·营治下》。
② 光绪《兴宁县志》卷5《风俗》。
③ 《各省农事述》，《农学报》第25期，光绪二十四年三月上。转见陈树平主编《明清农业史资料（1368—1911）》第二册，第971页。
④ 康熙《永明县志》卷2《风俗》。
⑤ 乾隆《黔阳县志》卷26《风俗》。
⑥ 宣统《永绥厅志》卷15。
⑦ 嘉庆《宁乡县志》卷8《风俗》。
⑧ 同治《桂阳县志》卷18《风俗》。

布在以兰州为中心的陇中地区，青海、河西等地也有零星分布，砂田占全区耕地面积7%—8%，该区常年降雨量300毫米，而蒸发量却高达1500—1800毫米，无霜期约150天，气温偏低，温差很大，作物生育期短，水资源不足，且地下水含碱量高，对农作物生长十分不利。当地劳动人民经过长期摸索，得出一套改良砂田办法。其办法是，先将土地深耕，施足底肥，耙平，敦实，然后在上面铺粗砂和卵石，或石片的混合体。砂石厚度：旱砂8—12厘米，水砂6—9厘米。每铺一次，有效利用时间可达30年左右。石砂田老化后，需要重新起砂、铺砂，实行更新。经过这种方法处理后的砂田，产量都超过同类未改土的田地。一般新砂田（十年以内）单产要高出30%—50%，至中年砂田（十年至二十年）单产仍可高出10%以上。以种植棉花为例，改良过的砂田与未改良过的砂田相比，两者产量相差则更大，经改土的砂田，每亩可产棉花五六十斤（皮棉），而未改土的田地连果实都结不出来。① 清代甘肃砂田的发展，对当地农业生产的发展，以及改善当地人民生活是很有意义的。

二　肥料制造及科学用肥

明清时期，农民在农业生产中投入的主要项目是肥料。肥料是农作物增产的重要因素，这点在实践中已为大家所认同。民间出现许多制粪法。《劝农书》所载制粪术有：踏粪法、窖粪法、蒸粪法、酿粪法、煨粪法、煮粪法，而煮踏粪为上。② 至乾隆年间，杨屾提出酿粪十法：一曰人粪，一曰牲畜粪，一曰草粪，一曰火粪，一曰泥粪，一曰骨蛤灰粪，一曰苗粪，一曰渣粪，一曰黑豆粪，一曰皮毛粪。③ 肥料来源的扩大，为农田提供更多样化肥料。肥料种类很多，但人畜粪尤受重视。农民勤于拾粪，往往是"一撅一筐，出必携之"，除勤于野外拾牲畜粪外，还重视养猪羊积肥。《沈氏农书》称："种田地，肥壅最为要紧……养猪羊尤为简便"。又称古人云："种田不养猪，秀才不读书，必无成功。则养猪羊乃作家第一著"。把养猪

---

① 有关甘肃砂田改造部分，参见梁家勉主编《中国农业科学技术史稿》第八章部分内容，中国农业出版社1989年版。

② 《授时通考》卷35《功作淤荫》。转见陈树平主编《明清农业史资料（1368—1911）》第二册，第961页。

③ 杨屾：《修齐直指》，见《区种十种》。转见陈树平主编《明清农业史资料（1368—1911）》第二册，第966—967页。

积肥重要性提高到秀才读不读书高度来认识，可见农家对积肥的重视。直隶永清县，"西乡土瘠，种艺者须培粪莳。有业者多畜圈猪，或八十蹄，或六十蹄，货猪屠肆，得值与食猪费略相当，利其粪壅"①。山西孝义县"近城地多圈羊积粪，俱仅足供本地用，无出鬻也"②。泽州府所属五邑"皆山高土瘠，耕者以积粪为壅灌计，否则歉收"，"每见居民文契，皆载粪池几区，坑屋几所入券中"。浙江也有养猪羊以积粪肥田记载，如《沈氏农书》称：养猪"亏折身本（指猪的本身价值），此其常规"。但是猪粪肥增产了稻谷，他认为两者折合计算还是有利的。张履祥《补农书·附录》也称：湖州地区种桑面积甚大，一般又不养秋蚕，因此利用桑叶喂羊，不仅羊长得肥壮，而且羊粪肥效也很好，用于稻田和桑地，能使稻谷丰收，桑叶丰产。江西新城县，由于种烟所需肥料日多，种烟之户争出高价购买粪肥，运输粪肥的船只长年不绝。③ 除人畜粪受重视外，饼肥也很受青睐，使用也极广泛。当时使用饼肥有豆饼、花核饼、菜籽饼、麻饼、柏饼、楂饼、大麻饼、小油麻饼、青靛渣、真粉渣、果子油渣等十多种。顺治十二年，苏州浒墅关的货物则例中，诸色豆及诸色饼均列在肥料项内。④ 雍乾时期，江南地区每年要从东北、华北、苏北、皖北输入大量大豆和豆饼。《阅世篇》称："豆之为用油腐而外，喂马灌田耗用之数，几与米等"。竹之词中特别提及"稻禾全靠粪浇根，豆饼河泥下得匀"⑤。沂州地区亦称："壅田以河泥灰粪为上，麻豆饼次之"⑥。在明清两代，往农田增加肥料的投入，已成为农家十分重视事情。

这时，对粪的性能也有更多认识。如骨灰、石灰、烟骨等，有利于冷浸田提高亩产。⑦ 河泥利桑，"家不兴，少心齐；桑不兴，少河泥。罱泥第一要紧之事，不惟一岁雨淋土剥借补益，正由罱泥之地土坚而又松，雨过便干。桑性喜燥，易于茂旺"。"羊壅宜于地，猪壅宜于田。灰忌壅地，为

① 乾隆《永清县志》卷6。
② 乾隆《考义县志》，《物产民俗》。
③ 嘉庆《浏阳县志》卷24，页8。
④ 《浒墅关志》卷5《货物则例》。
⑤ 《便民图纂》，《下塾》。
⑥ 康熙《沂州志》卷2。
⑦ 参见陈树平主编《明清农业史资料（1368—1911）》第三册，第962页。

其剥肥；灰宜壅田，取其松乏"①。"以梅豆壅田，力最长而不损苗，每亩三斗，出米必倍"②。《龙南县志》载："龙邑滋培田壤，其法有二：一曰烟骨。……培田之法，于栽晚禾时，以烟骨剪作二三寸许，排比竖插之，深入土中。土人云：山田土寒，取烟性辛热，且利杀虫。如法滋培，收成俱饶。一曰石灰，取灰杂以牛豕各粪，俟其腐化，先壅置田内，后以生灰洒之，乃插烟骨焉"③。

施肥技术也有进步，徐献忠《吴兴掌故集》和清代《丰裕庄本书》都认为，单季晚稻施肥，应当在深耕基础上，重施基肥，并根据稻苗的长势和苗色来巧施穗肥。即到立秋交处暑时，视禾苗叶色正黄之时，再追肥一次，"自足接其力"。并警告说：切不可未黄先下，"致好苗而无好稻"④。让禾苗疯长，而影响稻粒饱满，形成空穗，以至没有好收成。张履祥说："芸只需撒灰，麦则灰粪兼用。麦根直下而浅，灰粪俱要著根。……余至绍兴，见彼中俱壅菜饼。每亩用饼末十斤，俟麦出齐，每科（棵）撮少许，遇雨一次，长一次。吾乡（桐乡）有壅豆饼屑者，更有力。每麦子一升，入饼屑二升，法与麦子同撮。但麦子须浸芽出者为妙，若干麦，则豆速腐而并腐麦子"⑤。对油茶等作物施肥也有深刻的认识，这里不赘述。

棉田施肥也很有讲究，徐光启说："凡棉田，于清明前先下壅，或粪，或豆饼，或生泥，多寡量田肥瘠，剉豆饼，勿委地，仍分定畦畛均布之。吾乡密种者，切勿过十饼以上，惧太肥虚长不实。"⑥

制肥技术发展，增加肥料来源；对肥料认识加深，有利于科学用肥。人们在实践过程中，已摸索出一套看苗施肥办法，既能提高农作物产量，又不至于浪费肥。肥料的使用和投入增加，有利于农田亩产提高，起到促进明清两代农业生产发展的作用。

---

① 张履祥：《杨园先生全集》卷49，《补农书》。
② 张履祥：《杨园先生全集》卷50，《补农书》。
③ 光绪《龙南县志》卷2。
④ 转见郭文韬等编《中国农业科技发展史略》，中国科学技术出版社1987年版，第377页。
⑤ 张履祥：《杨园先生全集》卷50，《补农书》。
⑥ 徐光启：《农政全书》卷35，《蚕桑广类·木棉》。

三　农作物耕作制度的改革

由于农作物新品种传播，以及水稻北移、杂粮南扩，为明清时代多熟制耕作制度确立提供了可能。

北方的土地利用，在有明一代并不充分。这期间复种的情况，据较全面和可靠资料的分析，估计复种指数偏低。18 世纪中叶以后，我国北方除一年一熟的地区外，山东、河北、陕西的关中等地已经较普遍实行了三年四熟或两年三熟制。[1] 例如关中地区复种办法是：冬小麦和豌豆、扁豆、菜籽等收获后，经过夏闲，秋季再种小麦，组成三年四熟耕作制。一些肥料充足、劳动力强和畜力等条件好的农户，则实行两年三熟制。有的也实行加入苜蓿等周期较长的轮作。

南方多熟制耕作制度更为普遍。据李伯重估计，明末江南耕地总的复种指数为 140%，到清中期达到 170%。[2] 另据赵冈等称：就南方而言，明代复种指数应不超过 124.5%，清代复种指数为 132.1%。[3] 尽管他们估计有高有低，但有一点是相同的，即清代复种率比明代复种率要高。清中期时，稻麦轮作，一年两熟，已成江南地区的主要耕作制。陶澍说："吴民终岁树艺，一麦一稻。麦毕割，田始除；稻于夏，秀于秋，及冬乃获。"[4] 安徽来安"种则夏麦秋稻，岁常两收"[5]。四川天全州"芒种前后，锄田插秧，农乃登麦"[6]。

江南水稻区，除麦为水稻的前后茬外，还有蚕豆、油菜等作物。浙江桐乡人张履祥说："吾乡春花之利过半"[7]。据梁家勉主编《中国农业科学技术史稿》称：吴县耕作制与桐乡差不多，有百分之七八十的稻田是稻麦两熟。另一些则是水稻收割后种"冬菜"，春节前后"冬菜"收获后又种油菜。福建建宁县，明嘉靖二十三年前，"滩民所种，惟有水稻一种，若二麦

---

① 梁家勉主编：《中国农业科学技术史稿》，农业出版社 1989 年版。

② 参见李伯重《1620—1850 年间江南农业的发展》，王湘云译，上海古籍出版社 2007 年版。

③ 赵冈等编：《清代粮食亩产量研究》，农业出版社 1995 年版，第 55 页。

④ 陶澍：《江南催耕课稻范编》，《序》。

⑤ 道光《来安县志》。

⑥ 咸丰《天全州志》。

⑦ 张履祥：《杨园先生全集》。

则全无矣。""嘉靖二十三年，邑令何孟伦谕民种植，岁收颇多，民始知麦之利矣。"①

雍正五年，世宗皇帝云："朕闻江南、江西、湖广、粤东数省，有一岁再熟之稻"②。说明雍正前，部分地区已推行水稻一年两熟耕作制。此后，双季稻种植，又向广西、四川等扩展。这时广西浔江和郁江，以及浔江支流的容江、义昌江和桂江流域，柳江、红水河流域、桂东和桂西都种双季稻。江西由于地处长江中游，自然条件优越，尤其赣南地区双季稻发展很快，并且影响到湘、鄂、川等省。据《致富纪实》记载，道光、咸丰年间，醴陵使用的双季稻新品种，还是用江西的稻苏种培植而成，而且扩展到浏阳、善化、长沙、湘潭等地。四川种植的双季稻的稻种也取自江西。到 18 世纪后期，双季稻的种植已推广到北纬三十三度左右的里下河地区。林则徐倡导当地人民废除稻麦两熟制，改为双季稻制。③ 改变稻麦两熟原因在于"麦息甚薄"④。台湾的双季稻、三季稻种植也是清代发展起来的。嘉道年间人李彦章称："台湾百余年以前，种稻岁只一熟，自民食日众，地利日兴，今则三种而三熟矣"⑤。但一年三熟稻仅限在"上田"及南部地区，下田及中、北部地区仍以两年五熟或一年两熟为主。⑥

双季稻之所以在清代前期得以推广，首先在于它能增产多收，一亩之收一般要比单季稻增产百分之五十以上。⑦ 其次在于它可以救急，双季稻一般采用生长期短、收获期早的品种，到夏至后三四日，即可开镰收割"救公饥"等，该品种虽然产量较低，但"人利其先熟，择地种之以济急"⑧。最后，遇灾可以保收，遇上涝灾，"早粘浸死，尤持二遍粘（晚稻）以补救之"。遇到灾年，一般不致全年无收。

在双季稻种植的基础上，我国南方部分省区还形成了麦、稻、稻，或油菜、稻、稻的三熟制。如福建惠安县志载：嘉靖之时"邑之种植有岁获

---

① 嘉靖《建宁县志》卷 3。

② 《授时通考》卷 48《劝课·本朝重农·敕谕二》。

③ 《江南催讲课稻篇》，《林则徐序》。

④ 《耕心农话》下集《绪言》。

⑤ 《江南催耕课稻篇》，《再热之稻》。

⑥ 程瑶田：《九谷考》，见檀萃《说蛮·鸡笼番》。

⑦ 乾隆《会昌县志》。

⑧ 道光《雩都县志》。

三稔者，冬治田种早麦，仲春获，又种早稻，秋后又种冬稻，粪多力勤，亦自倍收。"[1] 嘉靖《龙溪县志》称："麦有大麦、小麦，南方多莳大麦。早者仲春即熟。……谓岁获三稔者，冬治田种早麦，仲春又早稻，秋又种冬稻，粪多力勤，亦可无饥。"[2] 广东河源县，乾隆七年时，知县陈张翼履任，"劝民多种三麦，高低沙土东乡之种麦者益广，兼以三年以来，二麦丰收，至乾隆十年尤盛。人情踊跃，虽云两造，实则三收"[3]。清中叶，广东惠州府推行"稻、稻、麦"或"稻、稻、油菜"的一年三熟制。[4] 屈大均称："东粤自来多谷，《志》称南方地气暑热，一岁田三熟，冬种春熟，春种夏熟，秋种冬熟。故交州有三田。又语曰：交人有三熟之禾，南海有九熟之禾"[5]。《东莞县志》载：南方地气暑热，一岁田三熟，冬种春熟，春种夏熟，秋种冬熟。[6] 与屈大均说法相同。福建也有部分地区推行三熟制。由于三熟制的推行，这部分地区复种指数有了较大提高。复种指数提高，相当于耕地面积扩大，有利于缓解人地关系矛盾，促进农业生产进一步发展。

四　生产工具改进与推广

明清时期，为了适应农业精耕细作需要，农具在小型化上、精巧上有很大进步。晚清还从外国引进一些新工具。这些对农业生产发展有重要意义。

1. 中小型农具改良与推广，以及外国工具引进

木牛，唐代已有，但失传。明成化二十一年，户部左侍郎李衍作木牛，"曰坐犁，曰推犁，曰抬犁，一抗活，曰肩犁。可水耕，可山耕，可陆耕。或用二人，多则三人，多者自举，少者自合，一日可耕三四亩"[7]。广东亦有以木牛代耕，屈大均称："木牛者，代耕之器也。以两人字架施之，各安辘轳一具，辘轳中系以长绳六丈，以一铁环安绳中以贯犁之曳钩。用时一人扶犁，二人对坐架上，此转则犁来，彼转则犁去，一手而有两牛之力，

---

①　嘉靖《惠安县志》卷5《物产》。

②　嘉靖《龙溪县志》卷1《物产》。

③　乾隆《会昌县志》。

④　道光《广东省通志》。

⑤　屈大均：《广东新语》卷14，《食语》。转见陈树平主编《明清农业史资料（1368—1911）》第一册，第186页。

⑥　宣统《东莞县志》卷13。

⑦　谈迁：《枣林杂俎》中集，第44页。

耕具之最善者也，吾欲与乡农为之"①。甘肃也用过木犁，称此具"诚良器也"。湖北也推广木牛，称："各处仿行有效"。浙江咸丰同治间，经战乱后，民困尤甚，耕种乏牛，左宪令按《耕架代牛图说》制木牛，"各乡以架代耕，无不称便，农不妨时，洵为力田大助"②。木牛推广，对一些缺乏耕牛地区而言，有利于提高生产效率，节省人力。

匋蓑，据清《致富纪实》称：湖南善化在早稻收后，"不再犁田"而"用匋蓑将禾兜打落"，而后晚稻"便可插秧"③。这是一种新的生产工具。

铁搭，苏松地区，"无牛犁者以刀耕，其制如锄而四齿，谓之铁搭。人日耕一亩。"④

秧马，贵州遵义府在清道光年间，推行一种用于稻田踏绿肥用的工具，这种工具"以纵木二，为断崇蒂四，横长倍广，下旁杀令上平如足榻状，底如四履，齿用柔条一，或绳贯两崇，为系高接手"。功用是将茎叶深陷泥中，效果是"甚便且速"。⑤ 这是沤制绿肥的一种新法，与苏轼所言秧马各异。

此外，还有踏田木架、塍铲塍刀、漏锄（露锄）、虫梳、锯镰、稻桶、稻床、拔车等。⑥

至清朝晚期，有些地方还引进一些新式农具，详见表4－5。

表4－5　　　　　　清代晚期各地作用新式农具事例

时间	地区	采用情况	资料来源
1884 年	江苏江宁	某富户由外洋购买耕田机器数架	《申报》，光绪十九年十日
1897 年	浙江镇海	县绅请准组织自来水灌田公司，设置机器引水溉田	《农学报》第17期，光绪二十三年十二月上

① 屈大均：《广东新语》卷16，《器语》。

② 李树人：《校刊泾阳王忠节公代耕架图说》，《农学报》第51期，光绪二十四年十月下。

③ 转见郭文韬等编《中国农业科技发展史略》，中国科学技术出版社1987年版，第363页。

④ 顾炎武：《天下郡国利病书》卷21，《江南九·苏松·松江府》。

⑤ 郑珍：《播州秧马歌序》，载光绪《平越直隶州志》卷21。

⑥ 转见郭文韬等编《中国农业科技发展史略》，陈树平主编《明清时期农业史资料》。

时间	地区	采用情况	资料来源
1898 年	江苏苏州	县绅范祎等奏准购买外国机器垦荒	《农学报》第 45 期，光绪二十四年十二月下
1898 年	江苏上元	张是保"购买美犁，导农深耕云"	《农学报》第 54 期，光绪二十四年十一月下
1898 年	湖北	"购致（置）美国新式农具"	《张文襄公奏稿》卷 29
1898 年	福建长乐县	该县旁海之乡绅士购"西人取水机器引水灌田"	《农学报》第 39 期，光绪二十四年六月下
1898 年	直隶丰润县	制造新式小农具"试验颇为合用，听民购使"	《农学报》第 22 期，光绪二十四年三月上
1906 年	湖南洞庭湖	慈利县绅创设垦务公可，购备机器垦荒	《东方杂志》3 卷 6 期，页 133
1906 年	山东	山东省试验场购回美国农具二十余种，日本农具数十种，凿井机器若干架	《东方杂志》3 卷 12 期，页 231
1908 年	奉天	奉天农业试验场购买欧美及日本犁、马耙、割麦器、割草器、玉蜀黍自束器等农具	《奉天农业试验场报告》，第二册
1909 年	黑龙江	由美国输入大批农业机器	
1910 年	黑龙江	由海参崴和欧俄输入西伯利亚的农业机器和农具，越过黑龙江进入黑龙江省	佐藤武夫：《满洲农业再编成的研制》，1942 年，第 226—228 页

资料来源：转引陈树平主编《明清农业史资料（1368—1911）》第三册，第 1346 页表 9 – 1 – 2。

2. 水力、风力农具的发展

水转翻车和筒车应用与推广。作为农田灌溉用的水转翻车、筒车在各地得到普遍应用。如江苏扬州府等地，据宋应星记：天泽不降，"凡河滨有制筒车者，堰陂障流，绕于车下，激轮使转，撩水入筒，一一倾于枧内，流入亩中，昼夜不息，百亩无忧"[①]。江苏扬州、高邮州、无锡县，浙江严州府，安徽石埭县，江西奉新县、赣州至南安、龙南各县，湖南零陵县、辰溪、郴州、湘潭、耒阳，湖北来凤县、恩施县、钟祥县，四川江中县、

---

① 宋应星：《天工开物》卷上，《乃粒》。

邛崃县、内江县、新繁县、潼川府、双流县、威远县、罗江县、开城县、大宁县、资阳县、筠连县，广东从化县、西宁县、永安县、琼州府、增城县、清远县，云南安宁县，罗平县，保山县、宾川州、寻甸州、平越州，陕西汉南府、同州府、郿县，甘肃皋兰县、河州、靖远，以及黄河两岸等地都利用水转翻车或筒车灌溉。①

据郭文韬先生等研究，明清时期风力农具有很大发展。如用于灌田的风车。风车有两种制式：一为由六至八片风帆，装成一个螺旋浆式的轮形风轮；一为由六至八片风帆，装成走马灯式的立帆风轮。利用风力水车灌田在浙西、苏北至少已有300年历史，明代洪武年间湖南零陵家家使用风力转动筒车车水。② 除了六片、八片式风帆外，还有七片风帆水轮。谈迁记载：江苏高邮州"农人架木悬蓬七片，设转毂车水，乘风而旋，省人牛之劳，亦创见也"③。郭云陞记载：浙江、江苏、安徽等省，灌园灌田"多用风旋车者"，并说"风旋车汲水，用风力也，此法更巧"。④

风力、水力农具的大力推广，不但有效地减轻了农民生产劳动的负担，而且有效地提高了农田灌溉的面积，同时也为抗旱、抗涝做出了贡献。《常州府志》载：明万历间，官出水衡钱，修无锡堤岸，置多闸堰于上，闸以启闭，而堰用置车。其车有用牛者，用帆者。牛一日灌百畦，帆则随其风之所向而设机转之。"涝则导圩之水而注之河，旱则引河之水灌之田。岁即大祲，此地独熟，亩可入三钟，厥田上上"⑤。

水车，"灌田以水车，即古桔槔之制，而巧过之。凡一车用三人至六人，日灌田二十亩。有不用人而牛运者，其制如大盘，如车轮而大，周施牙以远轴而转之，力省而功倍。"⑥

耘锄、耘瓜，陆世仪称：此"江浙间新制也。古无此器，匍匐水中，

——————

① 转见陈树平主编《明清时期农业史资料（1368—1911）》第三册，第1371—1388页。

② 转见郭文韬等编著《中国农业科技发展史略》。

③ 谈迁：《北游录》，《后纪程》。

④ 郭云陞：《救荒简易书》卷3，光绪二十二年。

⑤ 康熙《常州府志》卷5。转见陈树平主编《明清时期农业史资料（1368—1911）》第三册，第1372页。

⑥ 顾炎武：《天下郡国利病书》卷21，《江南九·苏松·松江府》。

以手耘之，故农人惟耘田为尤苦，今得此器，劳逸不啻天壤。"①

关于明清时期农业生产工具发展与不发展问题，有不同认识。有学者认为，明清时期主要农业生产工具还是一牛一犁，与秦汉以来没有大的变化，认为生产工具改良滞后。

判断生产工具是否滞后，不能单用一犁一牛来判断，生产工具种类繁多，不能以偏概全，况且犁本身结构也在变化，也在不断改良。不要只看外表，还得探求内在结构变化。况且，犁本身如前朝未见或使用不广的农具木犁、水车、风车、龙骨车等得到普遍推广。又如磨耙"两人肩手磨轧，则一日敌三牛之力也"②。另采用"生铁淋口"新技术，制造锄镈之属，即成锋利坚固用具。③ 另不能单纯看生产工具本身是否有所变化，重要的是看这种生产工具是否适应于当时耕作需求，如果一牛一犁在当时生产条件下，适应当时农业生产发展，应该说，以一牛一犁为格局的生产工具并没有过时，也不会滞后。

明清时期，中国的广大农村还是以一家一户为一个生产单位，不论是自耕农还是佃农所耕作的土地数量都不是很多，而且分散，并不连成一片，多是插花地。山区和丘陵地区，则多梯田，每块耕地面积都不是很大。南方地区，一般农户占地不过几亩至十几亩。④ 华北地区农民占地虽然多些，但大多数农户占有耕地也不过几亩至几十亩。⑤ 山东省光绪二十三年（1897）前后，42 个县 191 个自然村中，共有农户 25920 户，占地 50 亩以上户为 485 户，占总农户 1.87%。而占地几亩到 49 亩者占 98.13%。⑥ 当然东北地区每户占有耕地数量会比南方大些。

每家每户耕地面积小，且不连成片，在这种耕作条件下，一牛一犁格局对农户而言，既方便耕作，又符合他们的经济实力，也适合当时生产力发展水平。如果换上拖拉机耕种，拖拉机在这种生产条件下反而无用武之地。

---

① 陆世仪：《论区田》。
② 宋应星：《天工开物》卷上，《乃粒第一·稻工》。
③ 宋应星：《天工开物》卷中，《锤锻》。转见陈树平主编《明清时期农业史资料（1368—1911）》第三册，第 1340 页。
④ 中国社会科学院经济研究所藏：《屯溪档案·编审册》。
⑤ 《获鹿县档案·编审册》。
⑥ 根据罗仑、景甦《清代山东经营地主经济研究》，齐鲁书店 1985 年版，第162—176 页表中数字统计所得。

同时，农业生产水平的提高，并不完全依赖于生产工具改良，它与水利灌溉条件、种子改良、肥料施用、精耕细作程度、农民掌握新技术能力等都有关系。不要以为从秦汉至明清，中国农民以使用一牛一犁为主要生产工具，农业生产就滞后了。截至目前，中国广大农村农业生产工具还是一牛一犁格局，但由于袁隆平杂交水稻品种推广，粮食亩产由过去几百斤一下子提高到上千斤。这个事例足以证明：要大力推广先进工具，但不能唯工具论，仅以一牛一犁来衡量生产发展与不发展可能是一种误解。

五 农业著作大量涌现

在农业生产发展推动下，明清两代有关农业生产的著作有很大发展：一是农书数量大量增加；二是农书的种类更广泛。据张芳、王思明所搜集到的农书来看：明代以前为207种，明代为288种，清代为1252种。表4-6反映了明清时期各类农书数量。

表4-6　　　　　　　　　　明清时期各类农书数量统计

类型	明代以前	明代	清代	明清合计
合计	207	288	1252	1540
综合	28	32	86	118
时令占候	13	14	21	35
农田水利	12	39	224	263
农具	4	4	11	15
土壤耕作	4	1	49	50
大田作物	4	5	75	80
园艺	36	72	130	202
竹木茶	14	42	32	74
植保	1	1	35	36
畜技兽医	16	14	33	47
蚕桑	4	3	252	255
水产	9	11	13	24
加工	31	11	19	30
物产	2	1	34	35
农政农经	0	6	114	120
救荒赈灾	5	21	91	112
其他	24	11	33	44

资料来源：据张芳、王思明主编《中国农业古籍目录》（北京图书馆出版社2003年版）统计，重复的、不属于古农书的古籍已删除在外。转见闵宗殿主编《中国农业通史·明清卷》（中国农业出版社2016年版）第461页表9-1。

明清农书著作除大量涌现外，还有几个特点：①用哲学原理探索农学；②重视总结和研究地区性农业生产经验；③重视区种法的研究；④实用性通书类农学流行，以及蚕桑类农书大量出现。[1]

随着农业实践活动的发展，为明清两代农书创作提供范围更宽、种类更广泛的源泉。据闵宗殿称，这些新类型农书有：①外来作物类农书，如《棉花图》《甘薯疏》《烟谱》《种苧苎法》等。②治蝗类农书，如《捕蝗考》等20种。③野菜类农书，如《救荒本草》《野菜谱》等8种。④野蚕类农书，如《樗茧谱》等18种。⑤海洋鱼类农书，如《闽丰沟错疏》等10种，这些农书是中国农学研究海洋鱼类的先声，也是中国农业生产正向海洋发展。⑥金鱼类农书，如《朱矿鱼谱》等4种，揭开中国观赏鱼的开端。[2]

明清两代大量农书出版，对推动农业生产发展发挥了巨大作用。如对各地蚕桑发展做出积极贡献。又如对肥料沤制及使用研究，对提高粮食亩产发挥作用。《补农书》对如何提高雇工生产积极性提出新的见解，对改善主雇之间关系有一定意义。由于农书内容丰富，对农业生产发展具有十分重要指导意义。上述所举仅是一二事例而已，只能说挂一漏万。

第三节　粮食作物种植及高产作物的引进和传播

本节要讨论的是两个问题：一是粮食作物种植，了解各地区粮食种植情况及单位面积产量；一是高产作物引进和传播，明清两代，高产作物引进和传播中，最值得关注的是玉米和番薯的引进以及传播。这两种作物的引进和传播，对中国社会经济产生重要影响。

一　粮食作物种植与变迁[3]

粮食作物从品种看，有稻、麦、玉米、番薯、高粱、小米、荞麦、燕麦、豆类等，品种繁多。从地区种植情况看，由于自然条件不同，北方以

---

[1]　参见闵宗殿主编《中国农业通史·明清卷》，中国农业出版社2016年版，第462页。

[2]　参见闵宗殿主编《中国农业通史·明清卷》，中国农业出版社2016年版，第461—462页。

[3]　本子目写作所用资料，见陈树平主编《明清农业史资料（1368—1911）》第一册第二章。为方便后来者使用和核对，本文注释仅注原著，特此申明。

种麦为主，南方以种稻为主。但这期间水稻北移情况不断增多，小麦、大麦向南方推广情况也不断增加。南北种物交流，不但对丰富农民食粮，而且增强对自然灾害抵抗都有重要意义。从明代部分地区田赋征收情况看，各地粮食作物种植大致情况如表4-7所示。

表4-7　　　　　明代中国部分地区田赋征收的作物种类及比例　　　单位：石，%

地区	田赋总额	稻米	小麦	大麦	黑豆	粟米
陕西岐山县（西北地区）	29283 —	359 (1.2)	13431 (45.9)	134 (0.5)	1342 (4.6)	14017 (47.9)
河南内黄县（中原地区）	15170		4610 (30.4)			10560 (69.6)
江苏徐州（中原地区）	70115 —		36966 (52.7)			33149 (47.3)
江苏吴县（太湖流域）	133840	130400 (97.5)	3400 (2.5)			
湖北汉阳（长江中游）	19793	15330 (77.5)	2733 (13.8)	1730 (8.7)		
云南云南府（西南地区）	33639 —	25789 (76.7)	7850 (23.3)			
广东南海县（华南地区）	52741 —	52575 (99.7)	166 (0.3)			

注：1. 括号内数字为所占百分比。

2. 因四舍五入处理，百分比相加不等于100%。

资料来源：转见闵宗殿主编《中国农业通史·明清卷》，中国农业出版社2016年版，第223页。

　　但各地粮食作物种植并不是一成不变的，随着水稻北移、杂粮南扩以及高产作物传播，对各地粮食作物结构产生重要影响。同时，为南北方耕作制度改革、提高复种指数提供了条件。这点，应引起研究者更多关注。

　　由于中国疆域范围大，南北、东西自然条件有别，所种作物有所不同，下面分别按稻、麦、杂粮种植情况进行介绍。由于番薯、玉米有专门介绍，本子目不再涉及。

　　（一）明清两代水稻种植

　　水稻是中国古有作物，其品种发展之快，是其他作物所不可比拟的。水稻的品种，至明代，各类型的品种已一应俱全。[1] 据《群芳谱》记载，这时

————————

[1]　闵宗殿主编：《中国农业通史·明清卷》，中国农业出版社2016年版，第198页。

出现了"谷之红白、大小不同，芒之有无、长短不同，米之坚松、赤白、紫乌不同，味之香否、软硬不同、性之温、凉、寒、热不同"① 等不同类型的品种。据游修龄统计，至明末清初的水稻品种已达 3429 个。② 这些品种中有部分品种具有特殊的功能，如芦籼、早百哥、麦争场等以早熟为特点，可缓解青黄不接的食饭问题；抗旱稻有金城稻、百日早、六十日稻、小黄稻等品种；抗涝品种有丈水红、黄龙稻，"不畏水淹"；抗盐碱品种有金城稻、飞来籼等；耐沙品种有细子籼、雀不知、杜萝籼等；还培育出高产优质、经济效益高的水稻新品种，如麦争场、晚白、宁波籼等。③ 这充分显示了中国劳动人民在长期劳动生产实践中与大自然斗争的聪明智慧，同时也为不断扩大土地种用率，把原来不可耕种的荒地、废地变为宝地做出贡献。明清时期水稻北移，对提高北方粮食产量发挥积极作用。一年两熟、三熟稻不断在扩展，稻谷产量与前代相比亦有增长，为快速增长人口提供粮食保证。随着自然条件变化及人口结构变化，粮食产地也不断在变迁，不断产生新的产粮区。

1. 明代水稻种植

水稻在长江流域及南方各省种植已久，到明清时期种植面积不断扩大且品种增多，从一年种一次向一年种两次发展，海南地区甚至一年三熟，原本产粮重地逐渐被后来者赶上并超过。"宋时语曰：苏常熟，天下足。"到明代，已被"湖广熟，天下足"所取代。④ 明洪武元年，朱国达等称："楚固泽国，耕稼甚饶，一岁再获，柴桑、吴越多仰给焉。谚曰'湖广熟，天下足'，言土地广沃，而长江转输便易，非他省比。"⑤ 成化年间，福建泉州、漳州、台湾三府多种安南稻，嘉靖年间惠安县、安溪县种植畲稻。嘉靖年间广东钦州亦种畲禾，广东儋州种旱稻，曰山禾。这时，吴焕章在阳江县任职，他"以三收法为民劝，冬麦、夏黏、晚稻三稔也"⑥。万历年间，琼州田禾三熟，蚕丝八登。⑦ 广西岑溪县，隆庆、万历以前水田多种一造，

---

① 王象晋：《群芳谱》《谷谱》。
② 游修龄：《我国水稻品种资源的历史考证》，《农业考古》1981 年第 2 期。
③ 参见闵宗殿主编《中国农业通史·明清卷》，中国农业出版社 2016 年版，第 202—204 页。
④ 嘉庆《吴门补乘》卷 8。
⑤ 朱国达等：《地图综要》，第 116 页。
⑥ 民国《阳江县志》卷 25。
⑦ 朱国祯：《涌幢小品》卷 2，《农蚕》。

天启年间，始种早稻，岁耕两造。① 云南省，嘉靖至万历年间景东府，"旧田种秋，今皆禾稻。"② 安徽省，嘉靖十六年前，灵璧县"种稻颇多"，宿州"惟东北乡间有之。"③ 嘉靖二十九年前，"寿霍（丘）有稻田，种稻颇多，蒙（城）则差少。"④ 崇祯十四年前，"六皖皆产谷，而桐之辐舆更广，所出更饶，计由枞阳口达于江者，桐居十之九，怀居十之六，潜居十之三。往岁席承平，遇大有秋，本地谷可支本地三年。"⑤ 崇祯年间，谈迁称：淮安府"淮东麻麦被野，村烟相接，田家莳秧，穿堤设筒，输缗于官，犹吾乡之坝也。"⑥ 江苏地区还培育出一些水稻新种。如早熟稻："小籼禾即籼米，三月种，七月熟，农家蒸谷砻米，赖以续食"⑦。"麦争场，以三月种，六月而熟，谓之麦争场也。松江耕农，稍有本力者，必种少许以先疗饥"⑧。如抗旱稻：金城稻，"高田所种，米红而粒尖，性硬"。"卤地可种"。⑨

水稻北移，不是明清两代才开始，《宋史·何承矩传》称："自顺安濒海东面三百里，南北五七十里，悉为稻田"。《食货志》云："凡雄、鄚、霸州，平戎、顺安等军，兴埝六百里，置斗门引水淀溉灌，吾乡始为塘泺，终为稻田，防塞实边，具有成绩。"⑩ 到明清两代，水稻在北方地区种植面积得到不断扩大。直隶省，洪武年间，广平府磁州知州宗达于州西五里响水梁村开渠，引水灌田，营治稻田。⑪ 又崇祯八年，知州李为珩造东闸，"引水分渠，灌溉闸南等二十村，教民种稻，重杂植莲藕，遂为一境之胜。"嘉靖十九年前，河间、交河、沧州、东光、故城、兴济、献县、任丘之近河者，"凡东吴之粳稻，楚、蜀之糯谷……或播植焉"⑫。汪应蛟代天津巡抚

①　乾隆《岑溪县志》卷1。

②　万历《云南通志》卷4。

③　嘉靖《宿州志》卷2。

④　嘉靖《寿州志》卷4。

⑤　陈树平主编：《明清农业史资料（1368—1911）》第一册，社会科学文献出版社2013年版，第173页。

⑥　谈迁：《北游录后纪程》，第147页。谈迁系浙江宁海县人。

⑦　洪武《苏州府志》。转见闵宗殿主编《中国农业通史·明清卷》，中国农业出版社2016年版，第202页。

⑧　万历《松江府志》卷6。

⑨　洪武《苏州府志》；光绪《常昭合志稿》卷46。

⑩　姜扬武：《稻田议》，见民国《文安县志》。

⑪　同治《磁州续志》卷2。

⑫　嘉靖《河间府志》卷7《土产》。

期间，于万历二十八年，下令驻防兵丁 2300 余人进驻葛沽、白塘一带，筑堤围田，开浚河渠，灌水洗碱，开始屯垦。第一期垦田 5000 亩，其中水田 2000 亩，每亩产粮四五石；旱田 3000 亩，每亩产薯豆一二石。"岁得美谷盖二万石有奇"。在汪应蛟倡导和大力推动下，天津"田利大兴"，开田数量达"十八万亩，积谷无算"。① 京畿地区，据万历三十年记载，顺天府房山县"有石窝稻，色白粒粗，味极香美，以为饭，虽盛暑，经数宿不餲"②。万历三十八年，文安县于涿鹿觅越人之习水利者，创兴稻田。③ 天启至崇祯年间，徐光启称：旱稻"今北土种者甚多，畿内推平谷，山东推沂州，不啻新城粳稻矣。"④ 天启年间，左光斗为畿辅兴水利，"北人始知艺稻"。邹元标尝曰："三十年前都人不知稻草何物，今所在皆是，种水田利也。"⑤ 天启年间，时任太常少卿董应举，在天津卫兴水利，教民"艺稻"，其功效甚卓。⑥ 河南省成化年间，邵宝任许州知州时，见"许旧有堰，蓄水以艺粳稻"⑦。卫辉府嘉靖二十四年，据李濂记载：辉县西南三里有村曰稻田所，"相传昔人种稻之处，国朝以前已有之矣……缘山水冲淤，塍畛湮没，荒秽沮洳，不复可田，以致赋税莫办，居民转徙，辉人甚苦之。我侯首兴水利，以苏困穷。""上有卫源，建立闸口，下至云门，约有十九里，开渠阔丈许，深半之，川流沛然莫之能御，而渠之两旁，全民皆种稻。"⑧ 嘉靖三年前已有稻田，称"旧有稻田，岁久沟塍湮废，每遇秋淋，禾尽湮没。嘉靖三年甲申，知县许琯乃疏溪渠，导万泉之水，自九圣营引入其地，悉复故迹，遂成沃壤"⑨。嘉靖三十年敖宗庆分守河北，"为辉建三石闸，开稻田数百顷"。⑩ 万历三年，聂公讳良杞尹辉，"修理卫河闸堰，创开老鬲坡、秀才

---

① 陈爱中：《"亮直有守"的汪应蛟恤民之举》，《徽州社会科学》2016 年第 10 期，第 42—43 页。
② 徐昌祚：《燕山丛录》，见《中国农学遗产选集·稻》上编，第 118 页。
③ 民国《文安县志》卷 1《胡芳稻田议》。
④ 徐光启：《农政全书》卷 25，《树艺·谷部上》。
⑤ 吴邦庆：《畿辅水利辑览》，见《畿辅河道水利丛书》，第 20 页。
⑥ 吴邦庆：《畿辅水利辑览》，见《畿辅河道水利丛书》，第 18 页。
⑦ 道光《许州志》卷 4。
⑧ 李濂：《马家桥上闸记》，见道光《辉县志》卷 15。
⑨ 道光《辉县志》卷 7。
⑩ 道光《辉县志》卷 10。

庄、鲁家庄、程庄诸新渠，疏浚花木村旧渠，灌稻田数百顷。"① 万历年间，陈邦瞻为河南布政司，开水田千顷。② 山东省嘉靖年间，东平州，在知州李昇 "下车即浚治城隍，遍植粳稻，引芦泉水溉之，绕城二十余里，以所入供四时报享宾旅馆谷，民力为之一纾。"③ 万历年间，谢肇淛见到 "济南华不注山下见十数顷水田，其膏腴茂盛，逾于南方"④。崇祯年间，博兴县知县翁兆云，"筑河堤数十里，教民艺稻"⑤。陕西省，嘉靖至万历年间，西安府华阴县 "道旁多石涧，中流水潺潺，遍栽水稻。"⑥ 万历三年，绥德州清涧县知县霍文玉开南疃南淳、西疃西渠后，"县南二里许石佛寺有水田三十余亩，赤土沟有水田十余亩，二十五里许梨家湾有水田约十余亩，县西三十里宁川堡有水田约五十亩，九十里老君镇有水田约三十余亩"⑦。万历年间，同州府韩城县，"境内所饶者惟麻焉、木棉焉、柿焉、核桃焉，虽濒壖多稻，《志》以小江南称之。"⑧ 山西省，嘉靖年间，沁州 "道漳泉自柯山南至于张仙祠，沟断之，横木乘沟，空其中引水，又南至于交口，灌田四千；道甲水自溪亭东南至石陀，遂凿石渠至甲里，灌田三千六百亩；道清源自亦山，灌田三千亩。盖达于官邮，围水环流，往沁止播菽谷，新田皆种粳，亩收二钟有奇，釜时蔬，畜鱼凫，自餐清酤，乐岁介胡考之休，凶岁亦获可引生。"⑨

根据上述种植水稻事例看，北方地区首见于明代方志记载的州县有：山东福山等 17 州县，河南河内等 33 个州县，河北隆庆等 30 个州县，山西忻州等 25 个州县，陕西韩城等 11 个州县，甘肃肃镇等 8 个州县。⑩

2. 清代水稻种植

到清代，水稻种植不论南方还是北方都在扩大。南方主要表现在围垸和双

① 孙用正：《刘聂段三公遗爱碑》，见道光《辉县志》卷 16。

② 《续通典》卷 4《食货四》。

③ 宣统《山东通志》卷 71。

④ 谢肇淛：《五杂俎》卷 3。

⑤ 宣统《山东通志》卷 73。

⑥ 张瀚：《西游记》，见《松窗梦语》卷 2。

⑦ 民国《陕西通志》卷 61。

⑧ 万历《韩城县志》卷 2。

⑨ 崔铣：《沁州水田记》，见《明经世文编》卷 153。

⑩ 明代北方数省方志首见种植水稻州县，详见闵宗殿主编《中国农业通史·明清卷》，第 239—240 页。

季稻扩展，以及以前不种稻地方，今改为种稻；而北方主要体现在水稻种植区不断增加。与此同时，优良稻种不断出现，以及传播加快。雍正五年，世宗谕内阁时指出："朕闻江南、江西、湖广、粤东数省，有一岁再熟之稻。"①

清代水稻种植面积增加，与围湖造田及围沙造田有很大关系。如湖南省湘阴县，从康熙二十八年至乾隆十一年，共修围田 65 垸，堤长 108594.2 丈，田面积 145888 亩。虽有乾隆十一年和乾隆二十八年禁止滨湖筑堤垦田命令，但据彭雨新先生研究，这期间湘阴仍有五十多处围垸的增添。乾隆十六年开垦水田 3 顷 85 亩 8 分，十八年开水田 30 顷 88 亩，二十七年开水田 102 顷 4 亩 3 分，共 136 顷 78 亩 1 分。这里指的"水田"正是围垸田。该县明代虽有围垸，但围垸田仅 21187 亩而已。② 该县稻田增加主要是清代围垸造就的。又如巴陵县（今岳阳），从顺治十二年至康熙五十三年，修有 6 垸，除永兴垸无面积记载外，其余五垸共有田 28992.04 亩。③ 龙阳（今汉寿县）雍正八年，围民续垦田 23098 亩。④ 长沙县，乾隆二十八年，湖南巡抚查勘该县册报名围垸共 51 个，其中康熙年间修筑围堤 13 个，雍正年间 25 个，乾隆年间 13 个。这 51 围田"均系业民自修……筑自乾隆十二年以前，并非禁后私垦，列入岁修"。嘉庆六年，该县又一次查勘围埂 25 处，其中康熙年间修筑 6 处，乾隆年间 19 处，奏明各埂自筑乾隆二十八年前，因与水势流行无碍，应免刨毁。该县清代所修围垸共 76 处之多，其围堤和围埂总长达 194.47 里。⑤ 彭雨新先生认为：有名的湖北沔阳州，可谓是堤垸王国。全州 5 个乡 20 图 100 里，共有堤垸 1398 个，共有田 40653 顷 72 亩。⑥ 乾隆六年，山东安山湖地准"给民垦种"，"由是安山湖堤内垦种如鱼鳞，无隙地矣。"⑦ 江苏丹阳县练湖在巡抚慕（天颜）请将上练湖高阜之处，分拨一千余亩给安插京口投诚之人垦种，余听徒、阳二县之民上价开垦。

---

① 《授时通考》卷 48《劝课·本朝重农·敕谕二》。

② 以上数据见彭雨新《清代土地开垦史》，中国农业出版社 1990 年版，第 175—176 页。

③ 参见彭雨新《清代土地开垦史》，中国农业出版社 1990 年版，第 177 页。

④ 参见彭雨新《清代土地开垦史》，中国农业出版社 1990 年版，，第 177 页。

⑤ 参见彭雨新《清代土地开垦史》，中国农业出版社 1990 年版，，第 177—178 页。

⑥ 参见彭雨新《清代土地开垦史》，中国农业出版社 1990 年版，，第 181 页。

⑦ 参见彭雨新《清代土地开垦史》，中国农业出版社 1990 年版，，第 191 页。

自是上练湖全废，下湖亦被附近居民开垦湖田七千余亩。①

围沙造田则以广东为甚。广东广州围沙坦造田，以香山（今中山市）为最多，顺德、新会、东莞次之，番禺、南海又次之。据嘉庆二十三年报告称："已查明奏准升科者五千三百余顷"。至同治时"奏报沙坦一万九千余顷"。彭雨新先生认为，沙坦的垦辟缓冲了这里的土地问题。②

南方，两季稻种植地区在扩大，个别地区甚至有三季稻种植。屈大均载：康熙年间，已见东粤有一年三熟之稻。"东粤自来多谷，《志》称南方地气暑热，一岁田三熟，冬种春熟，春种夏熟，秋种冬熟。"③光绪年间记载，广东东莞县"一岁田三熟，冬种春熟，春种夏熟，秋种冬熟……广州固多谷之地也"④。光绪至民国年间，广东顺德县种两季稻，"谷凡两造，早造以新兴白、红头赤为多，晚造以金凤雪者为多。"广西也有一年三熟的地方。乾隆中期以前，已见梧州苍梧、岑溪有一岁三田记载。称："又有雪种，十月种，二月获，即一岁三田，冬种春熟也。"⑤道光年间记载，广西平南县种植两季稻，"早禾曰夏至白、三通、大红，晚禾曰油黏白、花三批、红谷等名。"⑥云南景东府，康熙以前田地皆种秝，"今则悉为禾稻"⑦。武定府元谋县，康熙三十二年，县民凿洞三里许，直达山前，"旱地俱为水田"⑧。东川府敦仁乡"平衍数十里多水田，皆知府义宁劝垦"⑨。

黄河流域种植水稻，主要是将旱地改造成水田。顺治至康熙年间，直隶广平府磁州康霖生"解囊开渠，令南方踏歌男女教种稻秧，一村变为膏壤，磁民效之，稻田由此渐辟"⑩。康熙年间广平府有水稻。《志》称"稻，产于府西南，引滏水灌田，白粲不减江浙"⑪。清初，直隶顺天府文安县，

---

① 黎世序：《请修练湖闸堤启》，《清经世文编》卷 104《工政·运河上》。

② 参见彭雨新《清代土地开垦史》，中国农业出版社 1990 年版，第 167 页，及本页注 4。

③ 屈大均：《广东新语》卷 14，《食语》。

④ 宣统《东莞县志》卷 13。

⑤ 乾隆《梧州府志》卷 2。

⑥ 道光《平南县志》卷 5。

⑦ 乾隆《云南通志》卷 8。

⑧ 乾隆《云南通志》卷 13。

⑨ 乾隆《东川府志》卷 8。

⑩ 杨方晃：《知即墨县康公传》，见康熙《磁州志》卷 6。

⑪ 《古今图书集成·方舆汇编·职方典》卷 130《广平府志》。

李光地称："闻此数年，文安水田殆且半县"①。保定府，康熙年间有"稻，涞水为最"②的记载。康熙四十三年复准："天津附近荒地，开垦万亩以为水田，将江南、关粤等地水耕之人，出示招徕安插，计口授田，给予牛、种，限年起科。"③雍正年间，在怡贤亲王开局兴水利营水田推动下，各州县掀起种植水稻热，详见表4－8。

表4－8　　　　　　雍正年间直隶省各州县水稻最多年份　　　　　　单位：亩

州县名称	最多时营治稻田数额		农民自营稻田最多时数额		改旱田为水田数额	
	时间	亩数	时间	亩数	时间	亩数
玉田县	雍正十一年	20313.90	雍正四年	355.00	雍正九年	400.00
丰润县	雍正十年	16978.00	雍正七年	4029.00	雍正九年	1154.00
迁安县	雍正四年	1278.40	雍正五年	99.00		
滦州	雍正四年	2116.30	雍正四年	219.00	雍正九年	538.20
平谷县	雍正五年	535.00	雍正五年	76.50	雍正九年	350.00
蓟州	雍正五年	2064.50	雍正五年	2942.00	雍正九年	1341.00
宝坻县	雍正七年	4479.04	雍正五年	2942.00	雍正九年	1341.00
宁河县	雍正七年	2039.96	雍正五年	4981.153	雍正九年	3710.74
武清县	雍正五年	1802.51				
新安县	雍正五年	13335.93	雍正六年	55966.99		
安州	雍正七年	15659.90	雍正七年	2788.00		
安肃县	雍正五年	4121.40	雍正五年	3910.20	雍正九年	8031.60
唐县	雍正五年	7035.705	雍正五年	1133.55	雍正九年	4881.76
庆都县	雍正五年	1253.50			雍正九年	1043.50
涞水县	雍正五年	2228.00			雍正九年	1244.00
房山县	雍正五年	2042.60	雍正五年	272.80		
涿州	雍正五年	1952.00	雍正六年	255.00		
霸县	雍正十一年	6000.00	雍正六年	1212.00	雍正九年	4135.20
任丘县	雍正六年	4580.00	雍正六年	4000.00	雍正九年	2459.20
文安县	雍正十二年	30500.00				
大城县	雍正十二年	30000.00				
定县	雍正六年	2236.50	雍正六年	2288.80		
行唐	雍正五年	1412.00				
新乐县	雍正五年	305.50	雍正五年	31.00	雍正九年	198.00
满城县			雍正六年	221.90		
宛平县			雍正年	1600.00	雍正年	

① 李光地：《请开河间府水田疏》，见《畿辅河道水利丛书怡贤亲王疏抄附录》。
② 《古今图书集成·方舆汇编·职方典》卷76《保定府部》。
③ 《光绪会典事类》卷166《户部十五·田赋》。

续表

州县名称	最多时营田数额		农民自营稻田最多时数额		改旱田为水田数额	
	时间	亩数	时间	亩数	时间	亩数
永年县			雍正六年	10620.61		
磁州			雍正五年	101089.00		
任县	雍正五年	8459.205	雍正七年	858.42	雍正九年	8179.213
正定县	雍正七年	1559.00	雍正五年	163.00		
平山县	雍正七年	14400.00	雍正五年	2002.00	雍正九年	8514.00
井陉县	雍正七年	4300.00	雍正年		雍正九年	500.00
邢台县			雍正五年	7838.80		
沙河县	雍正五年	148.40	雍正五年	357.111	雍正九年	71.699
南和县	雍正五年	1198.80	雍正五年	6124.20		
天津州	雍正六年	5292.00				
静海县	雍正五年	27562.50	雍正五年	8184.00		
沧州	雍正五年	59.00	雍正五年	491.00		
兴国、富国二场	雍正五年	3527.00	雍正五年	628.00		

　　资料来源：本表根据陈树平主编《明清农业史资料（1368—1911）》第一册，表 2 - 1 - 1 中选择种植数额最多部分制成。特此声明。

　　在这期间，玉田县最多时营治稻田 20313.90 亩，农民自营稻田最多时为 355.00 亩，旱田改为水田有 400.00 亩；丰润县最多时营治稻田 16978.00 亩，农民自营水田 4029.00 亩，改旱田为水田 1154.00 亩。后来，由于水利设施废坏，又无力修复，更加上有人反对改种水稻，于是，很多土地又改为旱地，放弃水稻种植。不过水利条件较好的地方还是坚持种水稻，毕竟水稻亩产要比麦高，这点农民心里有数。

　　康熙年间，山东省《邹平县志》记载："稻，漯水之滨，近始播种。"[1]《历城县志》称："历虽山城，而城北一带尽属水田，粳稻之美甲于山左。"[2] 乾隆二十年，山东巡抚郭一裕报称："各属开垦……水田十五顷十一亩有奇，分别升科。"[3] 乾隆二十六年，山东巡抚阿尔泰奏：新城县"先后开垦稻田共一百四十余顷"，青州"现在涸出稻田十余顷"，博兴县"陆续改垦三百余顷"，莱州府属之潍县"开垦稻田一十三顷"。[4] 乾隆年间，新

---

① 康熙《邹平县志》卷 8。
② 《古今图书集成·博物汇编·草木典》卷 26《稻部》。
③ 《清高宗实录》卷 482。
④ 《清高宗实录》卷 639。

城潍县、汶上县、临淄县、寿光县都有开垦水田记载。①

山西，沁州水稻种植始于康熙年间，"稻，康熙年间初种"②。平阳府霍、解、蒲、绛四州，临汾、襄陵、洪洞、赵城、稷山、夏县、闻喜诸县，在康熙年间俱种稻。③乾隆年间，五台县东、西潭"旧日滹沱河南岸，西起潭上，东至张家庄，张望青葱，皆稻田也"④。嘉庆至道光年间，霍州种稻，大张村、贾村有之，赵邑南乡最盛。⑤阳城县"稻……近沁溪者皆宜习种"⑥。据吴其濬称："旧志：闻喜、临汾、文水产粳糯，今〔道光年间〕太原、晋水、赵城、霍泉，稻田尤饶。"⑦

河南省，康熙年间，光山固始县、辉县、济源县、密县都有种水稻记载。河南府"洛下稻田亦多"⑧。乾隆年间，正阳县邑之"南偏多稻，与光、罗同"⑨。郑州"近开稻田，尽力沟洫，而水患以息"⑩。同治年间，信阳州"州境西南，山明水秀，遍种粳稻"⑪。

陕西省，康熙早期，北部"归德水、九股水、鱼河湵水、碎金驿水，皆溉旁近园田种稻"⑫。汉中西乡县，国初人被贼扰，遗民不能完赋。康熙、雍正年间，设招徕馆，南人至邑者承赋领地。"南人善垦稻田，故水利不及南郑、城固，而较胜于洋县。"⑬乾隆二年，据崔纪奏："汉中九属，渠水最盛，半系稻田。"⑭乾隆五十一年留坝厅"报垦起科水地壹顷叁拾亩玖分"⑮。嘉庆时，严如熤称："汉川周遭三百余里，渠田仅居其半，大渠三道，

---

① 见《清高宗实录》卷700、卷749。

② 《古今图书集成·方舆汇编·职方典》卷355《沁州部》。

③ 《古今图书集成·方舆汇编·职方典》卷323《平阳府志》。

④ 光绪《五台新志》卷2。

⑤ 道光《霍州志》卷10。

⑥ 同治《阳城县志》卷5。

⑦ 吴其濬：《植物名实图考》卷1，《谷类》。

⑧ 汪价：《中州杂俎》卷19。

⑨ 嘉庆《正阳县志》卷9。

⑩ 盛百二：《增订教稼书》，见《区种十种》。

⑪ 卞宝第：《方岳采风录》卷2。

⑫ 康熙《延绥镇志》卷1之4。

⑬ 严如熤：《三省边防备览》卷8，《民食》。

⑭ 《陕西巡抚崔纪奏》，见民国《陕西通志》卷61。

⑮ 嘉庆《汉南续修府志》卷12。

中渠十数道，小渠百余道，岁收稻常五六百万石，旱潦无所忧。"① 道光年间，商州城外及东南各村，"用南方渠堰之法以收水利，稻田数万，军糈之资不劳外境"②。道光三年，据《秦疆治略》载，紫阳县"依山之麓除沟窄水陡者，余悉开成稻田"；洵阳县"稻田极多，民多富足"；汉阴厅东西尚属平坦，有官渠十九处、私渠不下数百处，"灌田数十万亩，境内平原约长百里，在在均系水田"③。道光年间，榆林县、怀远县有稻田。④ 光绪以后种稻者更为普遍。

甘肃省，据杨应琚奏报：乾隆二十六年高台县毛目等处，"劝垦水田五千二百亩有奇"⑤。乾隆晚期，敦煌县知县彭以懋，"相地势可戽水溉田以种稻，为延川中能作水车者以往，得水田四万余亩"⑥。据称：乾隆年间，宁夏地近黄河地方，"多种水稻"⑦。嘉庆年间，张掖"此地多水田，产稻极佳"；高台县"顷见稻畦弥望，秧针秀苗"。⑧ 道光年间，兰州府皋兰、靖远也有种稻记载："近河地偶有之"⑨。

此外，东北辽宁、吉林，新疆叶尔羌、哈密、阿克苏，西藏等地也有种稻记载。

据王达等人统计，北方数省栽种水稻首见于清代方志记载州县有：山东蓬莱等39个州县，河南安阳等45个州县，河北宣镇等60个州县，山西云中等37个州县，陕西榆林等35个州县，甘肃甘镇等18个州县，辽宁奉天等15个州县，新疆库车等25个州县。据《清史稿地理志》现载北方8省共有624个州县，其中有水稻种植的州县有400个，约占总州县数64%。⑩

3. 水稻品种传播及多样化

水稻有早稻、中稻、晚稻之别，中稻为一季稻。据李彦章称：福建所传占城之稻，自宋时流布中国，至今两粤、荆湘、江右、浙东皆艺之。⑪ 据

---

① 严如熤：《汉中渠利说》，见民国《陕西通志》卷60。
② 严如熤：《三省边防备览》卷8，《民食》。
③ 民国《陕西通志》卷60、卷6。
④ 道光《榆林府志》卷23。
⑤ 《清高宗实录》卷647。
⑥ 光绪《郫县乡土志·耆旧》。
⑦ 《湖北荆州知府张方理传》，见同治《清苑县志》卷16。
⑧ 祁韵士：《万里行程记》，见《中国农学遗产选集·稻》上编，第250页。
⑨ 道光《兰州府志》卷5。
⑩ 转见闵宗殿主编《中国农业通史·明清卷》，第239—240页。
⑪ 《林则徐叙》，见李彦章《江南催耕课稻编》。

《授时通考》记载，康熙帝培育了"御稻米"，六月即熟，一岁两种，并在口外山庄种植成功，亦在江浙推广。[①] 康熙前期，江苏吴江已有一种白稻出现，"其粒大而圆，味甘美，他邑所无"[②]。光绪年间，该县又传入飞来凤，亦称凤凰稻，"洁白匀净，为近时贵品。"[③] 康熙年间，昆山出现抗涝新稻种：丈水红。该种"性耐水，低乡都种之"[④]。乾隆年间，上海县引进百日稻、六十日稻和五十日稻。[⑤] 嘉庆年间，太仓州种有雀不知、杜萝籼等耐沙品种。[⑥] 康熙末，知县祁瀚在安徽来安县推广黄瓜籼，俗名祁公早。[⑦] 雍正年间，浙江象山县传入粳稻新种"红蒙"，"不畏盒虫"。[⑧] 乾隆以前，湖南衡阳县没有晚稻，乾隆年间，由刘汉典传入。[⑨] 乾隆前期，安徽太平府从江西传入一种籼稻，"熟多早"[⑩]。同治初年，奉化县从浙西传入富阳稻。[⑪] 江苏淮安，道光间推广一穗稻。[⑫] 江西义宁州有衬禾，于耘早稻时栽禾于空格中。[⑬] 江西抚州稻种有：八月白、柳须白、金包银、乌壳红、红晚、琵琶黏、柳叶早、衮脚老、桠禾等。[⑭]

　　水稻产量。康熙年间，浙江江山县"一秋之熟，可支数年"[⑮]。乾隆帝认为"水田收获，倍于旱田"[⑯]。光绪三十三年出版的日本外务省《清国事情》（下）一书记载：日本外务省称：江苏苏州稻禾采取撒种的办法，可以随心所欲地播植稻谷，所以，"稻禾相接，收获几可数倍于我国"[⑰]。

---

①　《授时通考》卷 20《谷种·稻一》。
②　康熙《吴江县志》卷 17。
③　陈庆林：《江震物产表》，第 2 页，见《农学丛书》初集。
④　康熙《昆山县志》卷 6。
⑤　乾隆《奉贤县志》、乾隆《上海县志》，转见闵宗殿主编《中国农业通史·明清卷》，第 202 页。
⑥　嘉庆《太仓州志》卷 17。
⑦　《江南劝种早稻说》，见李彦章《江南催耕课稻编》。
⑧　道光《象山县志》卷 19。
⑨　同治《衡阳县志》卷 11。
⑩　乾隆《太平府志》卷 12。
⑪　光绪《剡源乡志》卷 23。
⑫　《上虞罗振常述淮安》，见《农学报》光绪二十年十二月下，第 57 期。
⑬　同治《义宁州志》卷 8。
⑭　何刚德：《抚郡农产考略》上卷。
⑮　姜亨肇：《上朱梁父夫子求开米禁书》，见同治《江山县志》卷 11。
⑯　《光绪会典事例》卷 166《户部十五·田赋》。
⑰　日本外务省：《清国事情（下）》，1907 年，第 41 页。

（二）明清两代新开拓，或重新恢复小麦种植区情况

宋应星称："凡麦有数种。小麦曰来，麦之长也。大麦曰牟、曰穬。杂麦曰雀、曰荞"。还称："四海之内，燕、秦、晋、豫、齐、鲁诸道，烝民粒食，小麦居半，而黍、稷、稻、粱仅居半。西极川、云，东至闽、浙、吴、楚腹焉，方长六千里中种小麦者，二十分而一……种余麦者五十分而一"。① 但小麦南移趋势明显，这点是值得关注的。

1. 明代各地新开柘小麦种植区情况

明代，除原有种麦区外，还新拓展了一些种麦地区，如九边之地原是畜牧区，明时屯兵开垦，永乐以后，共有屯田 96990 亩，万历初年增加到307860 顷。② 除屯田以外，还有民间开垦土地。据庞尚鹏称：宁武关（今山西宁武县）一带，"锄山为田，麦苗满目"；永宁州附近（治今山西省吕梁市离石区）屯田"俱错列万山之中，冈阜相连"；由永宁至延绥（治今陕西榆林市）沿途竟"即山之悬崖峭壁，无尺寸不耕"。③ 浙江杭州府《成化志》称："麦，大小二麦岭，旧多种麦"④。嘉靖至万历间，山西"地多产黍、麦"。⑤ 明代，福建有很多地方也种麦。如福州"其高田间种麦"，顺昌"邑多小麦"，建宁"嘉靖二十三年，邑令何孟伦谕民种植，岁收颇多，民始知麦之利矣。"永春也种麦，不过"邑人种之少"，泉南滨海地区，所树艺"惟麦、牟麦、黍、菽、瓜果之属，绝少粳稻"，惠安"邑人多莳大麦"，宁化也有种麦记载"二麦先熟，为接绝续乏之谷"，同安"丙戌（年），大无禾麦……川谷腾涌，百姓嗷嗷"。同安县在明末荒旱频仍，"去秋迄今，七月不雨大，二麦失种，民益惶惶"等。⑥ 据徐晓望研究，明代后期福建气温开始下降，闽西北地区不仅不利于种双季稻，也不利于种麦。如永春县志称："邑人种之少"，仅"十百之一二耳。"⑦ 广西南宁府，嘉靖元年王济载：旧时亦尝种过麦，但由于收藏不得法，皆蠹为红黑色，或有

① 宋应星：《天工开物》卷上，《乃粒》。
② 万历《大明会典》卷18《户部五·屯田》。
③ 转见闵宗殿主编《中国农业通史·明清卷》，第212页。
④ 宣统《杭州府志》卷78。
⑤ 张瀚：《西游记》，见《松窗梦语》卷2。
⑥ 转见徐晓望《福建经济史考证》，澳门出版社2009年版，第269—271页。
⑦ 徐晓望：《福建经济史考证》，澳门出版社2009年版，第270页。

食即呕吐成疾，故皆不种。"余备写种收之法，示之各村墟，间亦有人种矣。"[①] 江西瑞金县原无麦，隆庆年间知县吕若愚教民种麦之法，"其利始兴"[②]。湖南郴州，万历时，州守胡汉教民种麦，有劝农文。[③]

　　2. 清代各地种麦情况

　　（1）新开辟麦区和重新种植小麦区

　　清代，直隶广平府，康熙年间，"麦，有大、小二种，肥乡尤宜，水淤地肥，每获必倍。"[④]

　　[山东] 康熙年间，曹州地方"通计小麦居十之六七"[⑤]。

　　[河南] 乾隆五年，豫地"因去秋歉收，急欲得食，是以广种二麦，通省地亩种麦者，竟有十之七八。……现在结穗秀实，不过旬日之内，即可收获。"[⑥] 乾隆七年，崔应阶引进直隶春麦，豫地"各邑渐有布种者"[⑦]。

　　[陕西] 康熙中期，滕天绥守汉中府时，看到民间只知种水稻，不知收稻后可再种麦。仍教民种麦，"于是始知岁有两秋，而民日以裕。"[⑧]

　　[新疆] 乾隆年间，商民张子仪等三十二户，自乾隆二十八年起，"共报垦麦地三万九千六百一十八亩六分。"[⑨] 嘉庆志称："回地凡谷皆可种植，独以小麦为细粮，故种者最多。"[⑩]

　　[东北地区] 康熙年间称："黑龙江所产之麦最佳……相传中国麦种之佳者，系西城携来。"[⑪] 宣统二年，辽宁长白府称："本境种小麦者多"[⑫]。

　　（2）南方各省有关小麦种植情况

　　[浙江] 杭州府志称：清初至嘉庆年间，"杭之东郊外，田畴万顷，一

---

① 王济：《日询手镜》，见嘉庆《广西通志》卷88。
② 乾隆《瑞金县志》卷2。
③ 《古今图书集成·方舆汇编·职方典》卷《1292》《郴州部》。
④ 《古今图书集成·方舆汇编·职方典》卷《130》《广平府部》。
⑤ 《古今图书集成·方舆汇编·职方典》卷230《曹州府部》。
⑥ 《奏明动项收买麦石以实仓储等事》，见赵城等辑《心政录》卷2，《奏疏》。
⑦ 道光《淮宁县志》卷6《风土》。
⑧ 邹溶：《汉中守滕公劝民冬水灌田种麦碑记》，见嘉庆《汉南续修府志》卷27。
⑨ 松筠：《钦定新疆识略》卷6。
⑩ 嘉庆《回疆通志》卷12。
⑪ 爱新觉罗玄烨：《几暇格物编》，见《授时通考》卷26《谷种·麦》。
⑫ 张凤台：《长白汇征录》卷5。

望无际，麦陇高下，碧浪层层。邑中饶利独资小麦。"①

[江苏] 道光年间，林则徐称："盖吴俗以麦予佃农，而稻归于业田之家，故佃农乐种麦，不乐早稻。"② 道光年间，丹徒县"滨江居民，或以正月种麦，皆获丰收"③。

[江西] 隆庆年间，知县吕若愚购麦种，"教民播殖之法，其利始兴。至今大麦、小麦、荞麦各种皆生，而黄埠头、武阳围二处，尤擅其利"④。乾隆年间，《婺源县志》称："小麦……民食首重之，二麦熟，民有数月之食矣。"⑤ 嘉庆至道光年间，玉山县"秋收后种荞麦，为冬粮。……刈晚禾种大、小麦"⑥。光绪年间，抚州农产考称"小麦……抚郡六属皆有之，以东乡为多"⑦。

[福建]《泉州府志》载：雍正至乾隆年间种麦："小麦，即来也，五邑俱有，冬种春收，与北方经历四季而后登场者不同。近晋、南、惠、同亦有秋种者，为旱潦故也。"⑧ 乾隆年间，朱景英称：台湾府北路种麦者甚多。⑨ 嘉庆至道光年间，永定县志载："永昔年少种麦，今则通有无，分大小两种。大曰面，止堪作粥；小曰来，可粉为面。小又分两种，一长穬麦，麸厚面少；一赤谷麦，麸薄面多。又一种名荞麦，实三棱而黑，秋花冬实。"又称"旧不种麦，今则桃花风暖，黄浪盈畴矣。"⑩ 嘉庆至道光年间，福安县"小麦出六万余挑……分运到福州及江浙山左发售。"⑪

[广东] 乾隆年间，揭阳县"麦，有大麦，有小麦"⑫。嘉庆年间，《广东通志》作者案：唐时岭外不宜麦，今则大麦、小麦、荞麦皆播种矣。⑬

---

① 宣统《杭州府志》卷78。

② 《林则徐叙》，见李彦章《江南催耕课稻编》。

③ 光绪《丹徒县志》卷17。

④ 乾隆《瑞金县志》卷2。

⑤ 乾隆《婺源县志》卷4《地产》。

⑥ 道光《玉山县志》卷12。

⑦ 何刚德等：《抚郡农产考略》上卷。

⑧ 乾隆《泉州府志》卷19《物产》。

⑨ 朱景英：《海东札记》卷3。

⑩ 道光《永定县志》卷10、卷16。

⑪ 道光《福安县志》卷4。

⑫ 乾隆《揭阳县志》卷7。

⑬ 道光《广东通志》卷95。

〔湖北〕乾隆年间，襄阳府"居楚北上游，地势颇高，水田少而旱地多，襄麦较下游诸郡独胜，以界连豫境"①。汉川县，光绪年间田宗汉称："小麦……邑境山田、湖田，皆以此为上季之望。"②

〔广西〕《广西通志》载：庆远府"麦旧无种，康熙六十一年，郡民陈庆邦买自桂林，散布始广。"③ 嘉庆年间编著的《临桂县志》载："麦有大、小二种，粤土惟桂林面第一等。"④ 嘉庆至光绪年间，郁林州种小麦。称"小麦，亦名面麦，西南路多，近则各处皆有。"⑤ 道光年间，李彦章称：上林县感化一二团，二十年来始有麦。⑥

〔四川〕嘉庆年间，《郫县志》称："郫邑土带沙，故性松湿，不宜于麦，然农家必分少许田以种之者，以其为春季粮也。"⑦ 嘉庆至道光年间，懋功厅"麦为首务，有春、冬之别，冬麦九、十月种，平地卑下，易于灌溉，仲夏即获。春麦二、三月种，坡地硗确，全赖天时，九、十月获"⑧。道光年间，德阳县、乐至县有种小麦、大麦、荞麦记载。⑨ 道光年间，新都县志载：邑地高燥，宜麦，"岁收与籼稻等"⑩。

〔云南、贵州〕据道光六年雪渔氏载："秋麦以山东、河南为最，黔、滇所产亦颇佳，黔省产安顺者最良。"⑪

（三）五谷杂粮种植

杂粮品种繁多，曰黍、稷、秫、糜、大麦、燕麦、青稞、荞麦、山芋、马铃薯、豆类等。因气候和土质不同，各地所种植品种有所不同，但有一点是共同的，即对补充民食不足，尤其是山区人民粮食不足以及灾年救荒发挥很大作用。在杂粮推广上，政府作用值得关注。以前农业史不谈此问题，是一种缺失。

---

① 乾隆《襄阳府志》卷6。
② 田宗汉：《汉川图记征实》第4册。
③ 嘉庆《广西通志》卷90。
④ 光绪《临桂县志》上册，第375页。
⑤ 光绪《郁林州志》卷4。
⑥ 《江南劝种早稻说》，见李彦章《江南催耕课稻编》。
⑦ 嘉庆《郫县志》卷5。
⑧ 道光《绥靖屯志》卷7《风俗》。
⑨ 道光《德阳县志》卷1；道光《乐至县志》卷3。
⑩ 道光《新都县志》卷3。
⑪ 雪渔氏：《鸿泥杂志》卷2。

　　因明清两代种植杂粮地区很多，一一介绍的话，篇幅太大，也显得累赘，为读者方便，以表4-9示之。这样做既不失严谨，又可满足读者对一般情况了解的需求，亦可节省读者时间。

表4-9　　　　　　　　　　　明清时期各地种植杂粮大概情况

省别	合计	明代	万历	天启	康熙	雍正	乾隆	嘉庆	道光	同治	光绪	宣统	备注
黑龙江	7			1	2			2	1		1		1. 万历年间，据《授时通考》载：南北等地种高粱； 2. 天启至崇祯年间，据徐光启《农政全书》载：北方地区种蜀秫； 3. 都懿德《证佑文》记：民有高田，率种秫； 4. 天启至崇祯年间，据王象晋《群芳谱·谷谱》载：种植各种豆类； 5. 据吴其濬《植物名实图考》载：李时珍谓蜀中收（蚕豆）以备荒； 6. 天启至崇祯年间，据王象晋《群芳谱·谷谱》载：荞麦、穄子南北各地皆种。薏苡南北各地皆有； 7. 明后期，杨慎《开铅总录》载：云南沾益州有燕麦； 8. 天启至崇祯年间，据徐光启《农政全书》载：南北各地种山药
吉林	3			1	1		1						
辽宁	9			1	1		1	1			2	3	
直隶	21		1	2	1		3			1	12	1	
山西	10			1	1		3		2		3		
蒙古	2							1	1				
河南	12			2	2		1		2		5		
陕西	19			1	2		2	1	6	1	6		
甘肃	9								2		4		
新疆	6				1	4					1		
山东	8			1			1		2	3	1		
江苏	16	1①	3		1		1			3	7		
安徽	9		1	1			3	2	2				
浙江	13		1	1	3		3		2	1	1	1	
江西	8						1		3	4			
福建	12		2		1		6		2		1		
广东	21	2②			4	4	1	2			7	1	
广西	9				1		2		2	1	3		
湖南	31				1	4	3	12	1	4	6		
湖北	13				1			1	1	7	3		
四川	22		1	1			4	2	6	3	3		
西藏	5						2		1		1	1	
贵州	7				1		2		2		2		
云南	21	1③		1	1		2	4	2	8		1	
合计	293	4	9	16	27	14	44	26	46	28	72	7	

　　注：1. 据康熙《松江府志》载：正德年间，江苏松江府种蔓青。

　　2. 嘉靖《钦州志》卷2："绿粟……新立、永乐近山之民或有种者。"

　　3. 弘治年间，据《琼台志》载：多种鸭脚粟。

　　4. 本表备注栏中八项，因地区表述笼统，无法分省入表，仅在备注栏中列出，仅参考。特此说明。

　　资料来源：陈树平主编：《明清农业史资料（1368—1911）》第一册，第二章第五节，第322—376页，《杂粮》中提供资料整理而成。

从表 4 - 9 可以看出：①杂粮种植很普遍，北至黑龙江，南至海南岛，东至沿海，西至新疆、西藏，都有种植。②明代相对清代而言，种植杂粮之地比较少。可能与当时人口较少，人均地亩较多，粮食供求关系尚未达到清代紧张程度有关。从清代看，山区种植杂粮较平原地区多。其原因有二：一是与自然条件和水利条件有关。山区相对平原而言，首先气温较低，海拔越高，温差越大；其次土壤比较贫瘠，表土层浅，石片多；最后水利条件差，无法开垦成水田或水浇地，无法种植水稻或小麦。一些开垦出来的畲地，只能种植一些耐旱农作物，如种植玉米、粟、马铃薯、番薯之类杂粮。二是与山区缺粮有关。许多山区都存在山多、水少、田少情况，山区可种植水稻或小麦的田地少，为了填补粮食之不足，因地制宜种植杂粮，成为山区人民的唯一选择。从时间上看，清康熙、雍正时，杂粮种植地区相对较少，乾隆以后杂粮种植地区增加较快。究其原因：一是与人口锐增有关。乾隆十三年，朝廷发起米贵之由讨论，大臣认为米贵之由，是人口增加引起。推广和扩大杂粮种植，是为解决粮食不足。二是与耕作制度变迁有关，如北方地区由一年一熟制改为两年三熟制时，这二熟之间空档，就可以种植豆类等杂粮，以增加粮食收入；南方地区由一年一熟转向一年两熟时，除种双季稻外，也可先种一季大麦，而后再种一季水稻，形成一年两收。

为解决粮食供给，推广杂粮种植成为政府官员一件大事。下面，着重论述官员在杂粮推广过程中所发挥的作用，以补充以前缺失。

〔贵州〕明代晚期，母扬祖任绥阳县知县，看到县中平地居民只知种稻，山民只种秋禾、玉米、粱秫、菽豆、大麦等物，俱不知种黍、稷与小麦，以为土不宜种。经试种后，产量高过吴楚之数倍。于是推广之。① 咸丰元年，胡林翼任黎平知府，发布《谕黎郡布种春花》告示，劝民种春花。告示称："今本府为尔农民立定章程，所有种子，均令田主购买发给。种大麦、小麦，或种胡豆、豌豆，各随地之所宜，不拘一定。俟成熟后，田主准分十分之三，不得多取。"② 光绪二十四年，陈惟彦劝谕黎平府之民："早开荒土，多种小春。"③

---

① 母扬祖：《利民条约》，见乾隆《绥阳志·艺文》。
② 胡林翼：《谕黎郡布种春花》，见《胡文忠公遗集》卷58。
③ 陈惟彦：《劝种植垦荒示》，见《宦游偶记》卷上。

　　[湖南] 康熙年间，浏阳县令王珽发布：《劝谕栽植示》称："浏地有此大山，土壤竟不种植竹木杂粮，财于何出？目今早禾既登，宜将已刈之田即种荞麦，初冬收获，或可少济菽水之供，频年勤作，亦或有耕九余三之积；更宜有土即种姜薯，有沟即植莲茨，以至诸色豆、麦、穄、粟、高粱、油菜、芝麻暨苎麻、棉花，件件可种；况际秋收之后，时日空闲，必使境地无游惰之民，野鲜不耕之土。"① 乾隆年间，在浏阳县任职的吕正音，"教民以杂植荞麦……民利日兴"。②

　　[广东] 雍正十二年，有奏称：高、雷、廉、琼等处平坡山麓，及沿海一带平壤，宜菽宜麦，皆可有秋，止缘居民不晓土膏地脉之宜，一切农具，又不适用，以致地有遗利。经奏准："令山东、河南二省，选善种旱田者二十人送粤，教耕布种。"③ 嘉庆年间，程含章出任南雄州，称府属近山各县，山多田少，户鲜盖藏，游手好闲之徒，放逸为匪，大半皆为贫所逼。于是出《教士民示》："凡有属内官荒土，俱准附近居民绘图禀扳县官存案，广种杂粮，免其升科。"④

　　[浙江] 据陈经称：余杭以前不种荞麦，乾隆四十年大旱，至发秋禾尽槁，官府劝民种之，"山左鞠令君懊劝民补种，自尔遂繁。"⑤

　　[山西] 据《山西通志》载：乾隆二十九年，严庆云知浑源州，劝民广种阳芋，"其后屡遭旱歉，多借以济，关北州郡，迄今普利焉。"⑥《通志》还称："阳（洋）芋，植尤广，边县以为粮。"⑦ 郭云陞称："阳芋头，出山西、陕西、甘肃、四川等省。……山谷穷民，甚赖此以救饥也。"⑧

　　[云南] 乾隆年间，罗次县知县张应钧详称："嗣经前任导以置设栏圈，多蓄猪牛以便积粪之法，百姓习之已久，数年以来，所种杂粮俱已勃发。卑职到任，仍复率由成规，不时劝谕。……颇有成效。"⑨

---

① 王珽：《劝谕栽植示》，见嘉庆《重修浏阳县志》卷36。

② 嘉庆《重修浏阳县志》卷24。

③ 《光绪会典事例》卷166《户部十五·田赋》。

④ 程含章：《教士民示》，见《岭南集》卷7。

⑤ 陈经：《双溪物产疏》，见《中国农学遗产选集粮食作物》上编，第543—584页。

⑥ 光绪《山西通志》卷110。

⑦ 光绪《山西通志》卷1。

⑧ 郭云陞：《救荒简易书》卷1。

⑨ 陈宏谋：《开沟种树详》，见《培远堂偶存稿》卷4。

　　［陕西］嘉庆年间，严如熤任职汉中府时，推广多种杂粮以备荒。"本府为尔民家计打算……山内新民，于种包谷外，兼种粟谷、黄豆、番薯之类。"又称"即当予谋盖藏……可免饥饿流离之苦矣。"[1] 杨名飏在《颁种洋芋法以厚民生谕》称：秦中阴坡之地产洋芋。"数十年以来，密菁深沟，靡处不种，抑又全活无算生命矣。"他见洋芋能充饥养活人，兹由南山采买洋芋一万斤，分运延、榆、鄜、绥四府，颁予种法，试行种植，"俟有收成，分散四乡，用广其传，各宜加意培植，以厚民生。"[2] 道光年间，陕西石泉县志载：安康令陈仅，劝民广种藕，切片晒收储以备荒歉。并著有《艺藕集证》一书。他还说：石邑稻谷无多，"惟坡地须酌种麦、豆、黍稷耐于久贮者，不宜尽种包谷，庶盖藏可谋而备荒有恃。"[3]

　　［广西］道光《歙县志》载：谢景标任广西东兰州知州，看到州山多田少，农民不知树艺杂粮，他于"秋后教以播种豆麦，遂为民利。"[4]

　　明清两代推广杂粮种植中，有所作为的地方官员，发挥了很大的作用。这点以前给忽略了，应予补正。

　　杂粮的种植，对保证农民口粮，尤其是山区人民的口粮发挥重要作用。如《琼台志》载："鸭脚粟（即穇）正统间始种，有数种……土人给食造酒，省米谷之半。"[5] 王象晋载：荞麦"南北皆有之。……北人作煎饼及饼饵，日常以供常食，农人以为御冬之具。南人但作粉饵食。"[6] 安徽《凤台县志》载："荞麦，种甚广，为面食之耐饥，俭岁尤赖之矣。"[7] 江西南昌县多种荞麦，"磨为面用代稻粱"[8]。辽宁多种荞麦，张凤台称，荞麦"辽产甚夥，随麦、豆、高粱亦行销外处"[9]。四川《乐至县志》载："菽有红、绿、黑、白诸色，今通谓之豆。黄者、红者，于山地更宜，耕农广种，抵稻之半。"[10] 奉节县志按，苞谷、洋芋、红薯三种，古书不载，"乾嘉以来，

---

① 严如熤：《预盖藏以备凶荒示》，见嘉庆《汉南续修府志》卷27。
② 杨名飏：《颁种洋芋法以厚民生谕》，见《滇文丛录》卷45《告令类》。
③ 道光《石泉县志》卷2。
④ 道光《歙县志》卷8之2。
⑤ 正德《琼台志》卷8《土产》（上）。
⑥ 王象晋：《群芳谱》，《谷谱》。
⑦ 嘉庆《凤台县志》卷2。
⑧ 道光《南昌县志》卷2《土产》。
⑨ 张凤台：《长白汇征录》卷6。
⑩ 道光《乐至县志》卷3。

渐产此物，然犹有高低土宜之异。今则栽种遍野，农民之食，全恃此矣"①。
南江县志载：洋芋"以资山内民食，并济山外穷民"②。城口厅载："洋
芋……贫民悉以为食。"③ 彭水县"洋芋……邑山箐不生诸谷者，多莳以充
食。"④ 大宁县"洋芋……宁邑高山多种此，土人赖以为粮，邻县贫民来就
食者尤众"⑤。湖北宜昌府《鹤峰州志》称："阳（洋）芋……邑高荒土瘠，
民人多远徙，近十余年，得此代粮，并以饲猪，虽遇歉岁，可无大虞。"⑥
《长乐县志》载："羊（洋）芋……向无此种，近来处处有之。土人以之作
粮，又可作粉，卖出境外，换布购衣。"⑦ 郧阳府《房县志》载："洋
芋……至山深处包谷不多得，惟烧洋芋为食。"⑧ 施南府《建始县志》载：
"建邑僻处万山……民之所食者，包谷也、洋芋也，次则蕨根，次则蒿艾
也。"⑨《宜都县志》载："其深山苦寒之区，稻麦不生，即玉黍亦不殖者，
则以红薯、洋芋代饭。"⑩《恩施县志》载："环邑皆山，高山以包谷为正
粮……贫民则以种薯为正务。最高之山惟种药材，近则遍植洋芋，穷民赖
以为生。"⑪《施南府志》载："洋芋生高山，一年实，大常芋数倍……山民
聊以备荒。"⑫ 云南、贵州等地："阳（洋）芋，黔、填有之。……疗饥救
荒，贫民之储。"⑬ 云南多种燕麦，杨慎记载："燕麦，滇南沾益一路有之，
土人以为朝夕常食。"⑭《滇黔志略》载："滇境河土，视黔中为平敞，而土
性则瘠薄。……所收稻田，每穗寥寥数粒不及内地之半，故民间有广种薄
收之谣。所需日食，半资南豆（蚕豆）。"⑮ 据吴其濬称：蚕豆"滇南种于

---

① 　光绪《奉节县志》卷 15。
② 　道光《江南县志》卷下。
③ 　道光《城口厅志》卷 18。
④ 　光绪《彭水县志》卷 3。
⑤ 　光绪《大宁县志》卷 1《地理·物产》。
⑥ 　道光《鹤峰州志》卷 7。
⑦ 　咸丰《长乐县志》卷 12。
⑧ 　同治《房县志》卷 11。
⑨ 　道光《建始县志》卷 3。
⑩ 　同治《宜都县志》卷 1（下）。
⑪ 　同治《恩施县志》卷 7。
⑫ 　同治《施南府志》卷 11。
⑬ 　吴其濬：《植物名实图考》卷 6，《蔬类》。
⑭ 　杨慎《丹铅总录》，见《中国农学遗产选集粮食作物》上编，第 595 页。
⑮ 　谢研溪：《滇黔志略》卷 10。

田，冬暖即熟，贫者食以代谷。李时珍谓蜀中收以备荒。……冬隙废田，尤省功作，故固利乘便，种植极广，米谷视其丰歉以定价矣。"① 可见蚕豆种植对云南、四川两省重要性。吴其濬又称："湖南沿湖田多种稷，五月上旬，即可收获，伏涨未来，泽农赖之。"② 赵学敏记：青稞、黄稞"川、陕、滇、黔多种之……西南夷人倚为正食"③。据道光年间出版《植物名实图考长编》载：云南弥勒县有燕麦、玉麦，"近来遍种以济荒"④。据李希霍芬同治十一年记载："马铃薯在这个地区和长城以外以及山西北半部，大量地种植着。在这些地区，马铃薯和玉米一样，只有穷人才吃；但是在山区里，马铃薯便成为不可少的食物了。"⑤

二　高产作物引进和传播

1. 玉米的引进与传播

玉米传进中国，大体是嘉靖年间，或在此之前。如广西，在嘉靖十年（1531）就有种植记载，河南在嘉靖二十八年（1549）时，也见有记载，江苏在嘉靖三十八年（1559）时，也见有记录，⑥ 甘肃嘉靖年间已有玉米详细记载：番麦，一曰西天麦，"实如塔，如桐子大，生节间，花垂红绒在塔末，长五六寸，三月种，八月收"⑦。据陈树平研究，玉米传进中国大体有三条途径⑧：一是从海路传到东南沿海各省，而后传播到内地，如广西、福建泉州府属、广东惠州府属龙川县、浙江杭州等地，在 16 世纪中叶前后，都有栽种玉米的记载；一是从西北陆路传入陕甘地区，如华亭县；一是由西南陆路传入，嘉靖四十二年《大理府志》开始见到有玉米记载，至万历四年，也就是说十三年后，云南、大理、永昌、蒙化、鹤庆、姚安、景东七府和顺宁、北胜二州都已有种植玉米记载。⑨

---

① 吴其濬：《植物名实图考》卷 1，《谷类》。
② 吴其濬：《植物名实图考》卷 1，《谷类》。
③ 赵学敏：《本草纲目拾遗》卷 8。
④ 吴其濬：《植物名实图考》卷 2，《谷类》。
⑤ 《李希霍芬书信集·直隶与山西》，1903 年，第 9 页。
⑥ 转见万国鼎《五谷史话》。
⑦ 嘉靖《平凉府志》卷 4。该书成书时间为嘉靖三十九年。
⑧ 陈树平：《玉米和番薯在中国传播情况研究》，《中国社会科学》1980 年第 3 期。
⑨ 万历《云南通志》。

　　玉米传进中国以后，由于其对土质要求不高，适于旱地种植，加上高产，逐渐向周边地区扩散。嘉靖三十四年，河南、襄城和巩县已种植玉米。① 隆庆、万历之际，山东已见栽种玉米记载。② 至明后期，种植玉米的省份已扩展到十一个。但各个地区传播情形各不相同，有的省份种植比较普遍，有的省份只有个别县在种植。③ 这是玉米引进中国后最初的传播。

　　到清代以后，玉米在全国各地得到普遍推广。尤其是清前期，是普遍种植期。这时，全国各省府州县厅卫屯多已种植，并且不少州县的农民把玉米作为主要食粮或主食之一。康熙年间，玉米已成为云南通省皆种的作物。④ 乾隆年间，贵州的贵阳、黎平、兴义、咸宁、仁怀、绥阳、独山、镇远及普安厅等地都有苞谷的记载，其中兴义县属"则山头地角无处无之"，普安厅属"民间赖此者十之七"。⑤ 道光年间，遵义府属农民已把玉米当主食，"岁视此为丰歉"⑥。浙江玉米的推广也在清代前期，尤其是山丘地带更是如此。据记载，嘉庆年间山区县分已广泛播种。⑦ 安徽省在康熙年间开始种植，乾隆以后逐渐推广。如霍山县西南二百里间，到乾隆时，苞谷已"延山曼谷"，居民"持此为终岁之粮"。⑧ 道光前期，徽州府属已遍地种植，马步蟾等称"昔间有而今充斥者，惟包芦"⑨。江西赣州府山区农民，康熙年间"朝夕果腹多包粟、薯芋，或终岁不米炊，习以为常"⑩。湖南省种植苞谷始于康熙时期。⑪ 历乾隆、嘉庆至道光，已遍布阖省山区，谓"深山穷谷，地气较迟，全赖包谷、薯芋、杂粮为生"⑫。湖北省则以西北部的郧阳、襄阳，西南部的宜昌等府种植较多。乾隆年间，鹤峰县"田中青青唯包谷"。

---

① 嘉靖《巩县志》卷3。

② 《金瓶梅》中有两三处关于玉米记载。

③ 以上转见陈树平《玉米和番薯在中国传播情况研究》，《中国社会科学》1980年第3期。

④ 康熙《云南通志》卷12，《物产》《通省谷属》。

⑤ 爱必达：《黔南识略》，见乾隆《绥阳县志》，《艺文》；乾隆《独山县志》卷5；乾隆《镇远县志》卷16。

⑥ 道光《遵义府志》卷17，《物产·谷类》。

⑦ 张鉴等：《雷塘庵主子弟记》卷2。

⑧ 乾隆《霍山县志》卷7。

⑨ 道光《徽州府志》卷5之二（食货志），《物产谷粟》。

⑩ 同治《赣州府志》卷20，引康熙志。

⑪ 参见陈树平《玉米和番薯在中国传播情况研究》《中国社会科学》1980年第3期。

⑫ 陶渊：《陶文文毅公全集》卷13。

至嘉庆间，"山农无他粮，惟藉此（糊）口"。① 道光年间，"邑产包谷"，已"十居其八"②。四川虽种植较迟，但传播很快，嘉庆年间，"贫民逢米贵，尝以荞粱玉麦打饼为食"③。道光年间，《内江县志》记载：苞谷已在"蜀中南北诸山皆种"了。尤其是四川、湖北、陕西三省交界山区的数十州县，黄河流域的直隶、河南、山东、山西、甘肃等省在清代前期皆有广泛种植。

明代，由于玉米刚刚传入，地区较少，不另列表。到有清一代，传播范围扩大，为读者方便起见，就全国各地传播情况，列表 4-10。

2. 番薯的引进与传播

番薯，又称红薯、白薯、甘薯、地瓜、红苕等。传入我国时间较玉米传入时间晚些，传入途径也清晰些。

关于番薯传入途径，学术界看法较一致：一是从海路传入东南沿海的福建和广东；一是由陆路传入西南边疆的云南。

福建是我国传入番薯最早省份之一。据记载：闽人陈振龙至菲律宾吕宋经商，看到当地"被山蔓野"皆番薯，而吕宋人"珍其种不与中国"。因"啖夷人以利，得其藤数尺，并得刈植藏种法归，私治畦于沙帽池（今福州南台）舍傍隙地"。万历二十二年岁饥，陈振龙之子经纶，将种植番薯之法上报巡抚金学曾。金学曾在福建大力推广，漳郡、泉州、莆田、长乐、福清皆种之。④ "秋收大获，远近食裕"，民感恩金学曾，把番薯改称为"金薯"。⑤ 明季传入同安。⑥

万历年间，东莞县、电白县有从越南传入番薯记载。⑦ 天启至崇祯年间，广东有种番薯记载。⑧ 浙江，据《普陀山志》称：万历间日本番薯传入本省。明晚期，江苏太仓州种番薯，"州中山药，为世美味"。⑨

---

① 道光《鹤峰州志》卷13。
② 道光《鹤峰州志》卷6。
③ 嘉庆《夹江县志》卷3《风俗·物产》。
④ 周工亮：《闽小记》卷下。
⑤ 陈世元：《金薯传习录》上卷，第6—7页。
⑥ 嘉庆：《同安县志》卷14。
⑦ 《凤冈陈氏族谱》，见宣统《东莞县志》卷13；光绪《电白县志》卷3《记述六杂录》。
⑧ 徐光启：《农政全书》卷27，《树艺·蓏部》。
⑨ 崇祯《太仓州志》卷5。

表4-10　清代玉米在各地传播情况

省别	顺治	雍正	乾隆	嘉庆	道光	咸同光三朝
直隶		香河、唐山	古北口	永清、东安、宁河、涿州、安肃、乐亭、献县、任邱、景州、天津、沧州、大名、通化州、丰润、柏乡、热河、塔子沟		新城、南宫、承德府
奉天		铁领、盖平、盛京、辽西	凤凰城			
山西		河津	长治		庆云	大原、大同、繁峙、永济
陕西		延安	山阳	三原、延长、兴安州、洵阳、华阴、蒲城、商州、西乡、镇安、兴安州	周至、沔县、略阳、凤县、宝鸡、洋县、城固、褒城、留坝、陇南、凤县、宁羌、紫阳、汉阴、安康、扶风、安源、府、白河、汉阳厅、洛州、中部、商南	华州、南郑、西乡、石泉、兰田、宁陕厅、安定、榆林府、清涧、兴平
甘肃		临洮府、安定、巩昌府、平凉府、崇隆		皋兰、狄道州、陇西、镇番、肃州	华亭	兰州府、镇原、敦煌
新疆						哈密

续表

省别	顺治	雍正	乾隆	嘉庆	道光	咸同光三朝
四川				灌县、巴县、永川、广元、珙县、屏山、雅州府、打箭炉、荣经、威远、江安	成都、华阳、温江、金堂、郫县、崇宁、彭县、汉州、江津、昭化、通江、南江、宜宾、庆符、南溪、长宁、马边厅、乐山、峨嵋、洪雅、夹江、犍为、玉屏、渠县、彭山、青神、纳溪、资州、安县、汉州、永厅	新都、新津、雷波厅、龙安厅、乐江油、石泉、宁远府、中江、至、大竹、眉州、内江、仁寿、茂州、城口厅、忠州、石硅厅、绥靖屯
云南		云南府、大理府、嶍峨、宁州、新兴、罗平州、蒙化府		石屏州、河西、蒙自、陆凉州、东川府、会泽、弥勒州		昆明、赵州、澄江府、广南府、宜成府、元江、威远厅、保山、广西直隶州
贵州		思州府		贵阳府、独山州、镇远府、玉屏、晋安州、绥阳、仁怀、广顺进、威宁州、黎平府	正安州、黄平	平远州、永宁府、思南府、黔西州
广西			桂玉府、浔阳府	容县、镇安府	金州	宾州、庆远府、宣山、白山司、苍梧、归顺州、博白、永宁

续表

省别	顺治	雍正	乾隆	嘉庆	道光	咸同光三朝
广东		琼州府		归善、澄海、镇平		肇庆府、恩平、封川、开建、钦州、灵山、遂溪、长乐、平远、东安、西宁、佛冈厅
湖南				宝庆、岳、澧、长沙府、湘潭府、平江、新化、辰州府、沅州府、永顺府、芷江、黔阳、祁阳、荆州府、龙山、江陵	浏阳、武冈、常德府、沅江、宁远、石门、彬州、宜章	邵阳、溆浦、辰溪、永州府、凤凰厅、晃州厅
湖北			鹤峰州	襄阳府、竹山、郧西、彝陵、利川	郧阳、房县、竹溪、保康、黄柏山、兴山	施南府、建始
河南	封丘	归德府、怀庆府、汝州		仪封、兰阳、鹿邑、彰德、新乡、阳武、偃师、新安、嵩县、永、遂平、鲁山	孟津、渑池、商城	尉氏、禹州、太康、扶沟、辉县、泌阳、许州、伊阳
安徽		徽州府、凤阳府		太湖、歙县、霍山	休宁、绩溪、黟县、宁国府、宣城、旌德、东流、庐江、舒城、无为、怀远	怀宁、桐城、宿松、亳州府
江西		赣州府		广信府、上饶、德安、建昌府、萍乡	分宜	鄱阳、玉山、南城、宜黄、信丰、会昌、定南厅、宁都

续表

省别	顺治	雍正	乾隆	嘉庆	道光	咸同光三朝
福建	浦城		永安	晋江、安溪、福宁府	同安、福鼎	罗源
台湾府		诸罗		凤山县	台湾县	彰化、噶玛兰厅
浙江		山阴、天台		安吉州、鄞县、镇海、平阳	山虞、西安	富阳、余杭、临安、于潜、新城、昌化、嵊县、缙云、绍兴、宣平
江苏		苏州府、松江府		娄县、金山、上海县、淮安府、云台、通州、如皋	宜兴、东台、南通	青浦、江阴
山东	招远			济阳、淄川、福山、秦安府、济宁、鱼台、临青	禹城	博兴、蓬莱、荣城、平度州、州东阿、胶

注：1. 本表所列府、州、县、厅、司、屯，凡明代有种植记载的地区和清代前朝已有种植玉米地区，以后不再列入。

2. 一个地区有多次记载者，取其最早时间。

资料来源：根据中国社会科学院历史研究所清史研究室编《清史资料》第七辑《玉米篇》整理而成。

　　云南也是我国番薯传入最早省份之一。据万历四年《云南通志》记载：临安、姚安、景东、顺宁四府已有种植红薯（番薯）。这个记载比福建传入番薯时间早一二十年，比广东也早了八九年。①

　　番薯传入中国后，得到广泛传播，还是在清代。至雍乾间，福建台湾府人民，已以番薯为主食。史称："田家食至隔年四月方尽"②，"台人亦资以供常餐"③。一年中吃红薯长达八九个月之久。江浙两省部分地区"倚以为粮"④。江西赣州府属，至道光间，"用以充粮，为五谷之助"⑤。云南省在乾隆前，已把番薯列为通省的粮食作物。⑥ 四川红薯种植很普遍，仁寿县"瘠土则以种薯，无处不宜"⑦。忠州"近处处有之"⑧。内江"近时，山农赖以给食"⑨。山东省德州，在乾隆十一、十二年间，已普遍种植。⑩ 胶州半岛地区，乾隆十五年开始种植。⑪ 在乾隆年间，红薯已遍布山东全省。河南省至乾隆中期，大多数县份已种植番薯。陕西、直隶、山西各省在清前期都有种植番薯的记载。现将清代番薯在各地传播情况列表如表4－11所示。

　　玉米和番薯的广泛传播，使相当多的耕地面积提高了单位面积产量。严如熤称，玉米"种一收千，其利甚大"⑫。陈经甚至说：双溪所种包谷"每亩得子可六七石"⑬。番薯产量更高，据陆耀称："亩可得数千斤，胜种五谷几倍"。⑭《九江府志》谓："芋之收倍于稻，薯之收倍于芋"⑮。在一些

---

　　① 参见陈树平《玉米和番薯在中国传播情况研究》，《中国社会科学》1980 年第 3 期。据陈树平主编《明清农业史资料（1368—1911）》第一册第 278—279 页，陈经纶《献薯藤种法后献番薯禀帖》系出于万历二十一年六月初一日记载来看，福建传入番薯时间应比云南晚十几年，而不是一二十年。

　　② 黄叔敬：《台湾使槎录》卷 3；朱景英《海东札记》卷 3。

　　③ 朱景英：《海东机记》卷 3。

　　④ 光绪《青田县志》卷 4。

　　⑤ 道光《赣州府志》卷 20，《舆地志·物产》。

　　⑥ 乾隆《云南通志》。

　　⑦ 道光《仁寿县志》卷 2。

　　⑧ 道光《忠州志》卷 4。

　　⑨ 道光《内江县志要》卷 1。

　　⑩ 黄河润：《种薯》卷 3，《牧令书辑要》。

　　⑪ 陈世元：《金薯传习录》卷上。

　　⑫ 严如熤：《三省边防备览》卷 11，《策略》。

　　⑬ 陈经：《双溪物产疏》，《珍珠芦粟》。

　　⑭ 陆耀：《甘薯录》。

　　⑮ 同治《九江府志》卷 9。

表 4－11

顺治至道光年间番薯在各地传播情况

省别	顺治	康熙	雍正	乾隆	嘉庆	道光
直隶			北京	畿辅、良乡、涿州、通州、武清、宁河、保定、安肃、天津、盐山、广云、栾城、正定府、南和、大名、遵化州		新城、南宫、武强
山西						大同
陕西				咸阳、盩厔、凤翔府	汉南府	紫阳
四川			成都府	新繁、灌县、巴县、永川、合州、珙县、屏山、威远、潼川府、德阳、罗江、黔江	华阳、崇宁、彭县、江津、南溪、夹江、犍为、眉州、邛州、纳溪、江安、资州、绵竹	新津、綦江、江北厅、石泉、宁远府、大竹、蓬溪、东至、城口厅、内江、仁寿、忠州、石硅厅、资州
云南		新兴州、广西府		蒙自、陆凉州、景东厅	昆明	赵州、澄江府、广南府、威远厅、元江州
贵州				玉屏、开泰、黎平府		贵阳府、思南府、平远州、遵义府
广西				柳州府、马平、梧州府、武缘、横州、平南	桂林府、临桂、金州、平乐府	宾州、应远府、苍梧、博白
广东		番禺、花县、高州府、湘州、廉州府、海康、琼州府会同		归善、海丰、陆丰、揭阳、普宁、嘉应州、镇平、东安	新安、翁源、龙川、潮阳、澄海、雷州府、平远	韶州府、新会、永安、大埔、肇庆、阳春、恩平、电白、钦州府、遂溪、西宁、佛冈厅

省别	顺治	康熙	雍正	乾隆	嘉庆	道光
湖南		宝庆府		长沙府、湘潭、岳阳府、平江、安仁、辰州、芷江、麻阳、黔阳、宁远	长沙县、浏阳、武冈州、龙山、沅江、石门、常德府、宜章、郴州	凤凰厅、晃州厅
湖北				郧西		蒲圻、天门、施南府、建始
河南		汝宁府、上蔡、西平		东明、通许、洛阳、光山、汝州、鲁山、南阳	商城	禹州、大康、扶沟、泌阳、舞阳
安徽		休宁		望江、寿州		
江西		建昌府		南昌府、义宁州、武宁、浮梁、广信府、德安、新昌、袁州府、萍乡、安远、大庾、瑞金		丰城、武宁、鄱阳、上饶、贵溪、玉山、南城、定南厅、会昌、宁都州、赣州府
福建		蒲城福州府、兴化、长乐、莆田、泉州、永安、漳州、同安、宁化、漳浦、平和、寿宁、台湾府、清流、诸罗		福清、永福、仙游、晋江、马巷厅、安溪、海澄、龙溪、长泰、诏安、延平、将乐、邵武、汀州、福宁府、福安、永春、德化、凤山		厦门、顺昌、龙岩州、漳平、鹿港厅、彰化、噶玛兰厅

续表

省别	顺治	康熙	雍正	乾隆	嘉庆	道光
浙江		钱塘县、平湖、东阳、永嘉		余杭、武康、鄞县、奉化、镇海、象山、宁波府、定海、金华府、乐清、瑞安、平阳、泰顺、玉环厅	义乌、西安	绍云
山东		寿张		济阳、淄川、德州、曲阜、馆陶、高唐州、诸城、福山、威海、即墨、东阿、泰安府、济宁府、鱼台、临清州	禹城、德平、寿光、莒州	长清、博平、冠县、荣城、平度、胶州、商河、沂水、东阿、钜野
江苏		宜兴、崇明		盐城、丰县、砀山	扬州府、南通、如皋	

注：本表所列府、州、县、厅、司、屯为清代前期开始种植番薯地区，在明代已有种植记载的地区，本表不再收入。

资料来源：中国社会科学院历史研究所清史研究室编：《清史资料》第七辑，《番薯篇》。

土地贫瘠和山多田少地区，尤其是那些长期以来缺粮的华北地区，由于玉米、番薯的传播，民食问题暂时获得缓解。同时，玉米、番薯的广泛种植，有可能使更多的原来用以种植粮食的耕地，用来种植经济作物，从而为经济作物发展提供十分有利条件。①

番薯、玉米、杂粮发展，对满足农民口粮发挥至关重要作用，同时，也扩大农家经济收入。

首先，五谷杂粮扩种，补充了农民粮食不足。吴其濬说：陕、蜀、黔、湖称玉蜀黍为苞谷，"山氓恃以为命"。又说："山农之粮，视其丰歉。"②严如熤亦说：四川、陕西、湖北三省交界地区种苞谷，秋成"以其厚薄定岁丰歉"。③以四川产粮大省为例，杂粮仍然是山区人民的主粮。四川《石柱厅志》载："南境深山，惟玉蜀黍可种，贫民资以为粮，罕食稻米也。"④《夹江县志》载："贫民逢米贵，常以荞、粱、玉麦打饼为食。"⑤

其次，五谷杂粮扩种，还可煮酒、喂猪，增加家庭经济收入。严如熤谓：四川、陕西、湖北交界地区，"山中多包谷之家，取包谷煮酒，其糟喂猪，一户中喂猪十余口，卖之客贩，或赶赴市集，所得青蚨，以为山家盐布庆吊终岁之用。猪至市集，盈千累万，船运至襄阳、汉口售之，亦山中之大贸易，与平坝之烟草、药材同等济日用。"⑥

第四节　农田单位产量与农业劳动生产率问题

粮食亩产研究，是一个难度很大的问题：第一，前人没有给我们留下完整、系统的统计资料。第二，各地耕地面积各不相同，有的亩大于240方丈，有的亩则小于240方丈。第三，各地量器各不相同，有的10升一斗，有的则是7升为一斗；衡器也不一样，仅就安徽徽州地区而言有20斤一秤，

---

① 参看陈树平《玉米和番薯在中国传播情况研究》，《中国社会科学》1980年第3期。
② 《谷类》，见吴其濬《植物名实图考》卷1，《谷类》卷2。
③ 严如熤：《三省边防备览》卷11，《策略》。
④ 道光《石柱厅志》《风俗第六》，见《李氏新志》。
⑤ 嘉庆《夹江县志》卷2。
⑥ 严如熤：《三省边防备览》卷8，《民食》。

有 25 斤一秤，有 27 斤一秤，有 30 斤一秤。第四，各地计算亩产量方法不一样，江苏地区以米为计算，有的地区以谷为计算。以稻谷为计算的，其中还有很大差别，如安徽徽州地区亩产以上午谷为计算亩产标准，如果纳租的话，按午后谷交租，则要按八折计算；如按晒干干谷计租的话，要打五折计算，即交一半的租谷。如果不了解地方情况，按干谷计算亩产的话，亩产量则减少一半，按午后谷计亩产的话，亩产则减少了二成，相去甚远；第五，粮食亩产受自然条件影响巨大，丰收年景与一般年景和灾年，其产量波动甚大。估算亩产量时，如记载的产量是丰收年景收成，则会夸大亩产量；如记载的是灾年产量，则会压低亩产量。第六，耕地肥瘠有别，灌溉条件有别，耕作条件有别，产量也会有所不同。就同一块土地而言，也会因年度投入劳动不同、投入成本不同、年成好坏不同，影响到亩产量的变化。所以研究粮食亩产难！

目前研究粮食亩产的材料不外乎是：一是收租簿；一是契约（包括租佃契及土地买卖田契）；一是官员上报材料；一是笔记或地方志书记载。但这些资料都有很大局限性，所记的仅仅是当时当地个别情况，不代表一段时间、一个省的情况，更不能代表一个长达二三百年的朝代及全国情况。尽管如此，粮食亩产研究工作还得做。在目前已有资料条件下，尽量做得细些，力求尽可能符合当时历史实际，这是我们的责任。

前人在粮食亩产研究上，已经做了许多工作，也取得一些进展，尽管得出来的亩产量有高有低，相差较大，但成绩是应该给予肯定的，他们勇于开拓的精神是可嘉的。

明代粮食亩产多少？因为对此问题的研究不多，整理出来的资料也很少，所以要回答这个问题是很困难的，现只能就已掌握的零星材料以及前人研究成果加以介绍。

目前，见诸文献者，以徽州地契文书为多，如王钰欣等编《徽州千年契约文书》、中国社会科学院历史研究所徽州文契整理组编《明清徽州社会经济资料丛编》、安徽省博物馆编《明清徽州社会经济资料丛编》、张传玺编《中国历契约会编考释》（下），这些文献里汇编了徽州地区明代土地买卖文书、佃契等，这些文献多少都涉及耕地面积与地租记载，有助于当地粮食亩产研究。福建师范大学历史系主编《福建明清经济契约选辑》也辑录了一些明代土地买卖文约，但可惜的是，这些保留下来的契约都缺乏耕地面积记载，虽有租额，但无法推算出粮食产量，甚为可惜。《福建明清经济契约选辑》中,土地买卖文书、租佃文书虽多,但又不涉及明代;洪焕椿编《明清苏州农村经济资料》,只有笼统一说,吴"岁仅秋禾一熟,一亩之收,不能过三石,少者还过一石有余"[1]。何良俊云:松江西乡一带,土肥获多。"每亩收三石者不论,只说二石五斗,每岁可得米七八十石矣。"至于东乡,田高岸陡,灌溉条件差,收获较少,"若年岁丰熟,每亩收一石五斗……少者只黄豆四五斗耳"[2]。又云:"吴中之田,十九与绅富共有之也。上农不过任十亩,亩入不过二石余,取租而平,则八口无饥也。"[3] 根据洪焕椿研究,认为"明清之际,太湖地区之私租额,常例每亩一石左右"[4]。也就是说,桐乡一带,明时粮食亩产为二石。浙西习惯,业主向佃户收租以"米"为计。[5] 光绪《桐乡县志》卷6记载:业主向佃户收租,每亩约九斗米。折成谷的话,应当是亩产为四石。当时稻种谷壳比较厚,出米率约50%。苏州地区粮食亩产高者为六石,低者为三石。松江西乡一带粮食亩产:高者为稻谷六石、五石,低者三石,最低者收黄豆四五斗。浙江桐乡一带粮食亩产可达四石。安徽地区粮食亩产,根据我们辑录材料看,上田产量每亩可达666斤,下下田则每亩只收不过100斤。上下拉平,每亩粮食亩产约为454斤。按徽州地区习惯,亩产以水谷为准(即以上午收割脱粒稻谷为计算标准),若按苏州、或桐乡地区折成以干谷为标准的话,每亩粮食亩产仅仅227斤而已。这是山区,产量要相对低些,这是可能的。安徽徽州地区粮食亩产,详见表4-12。

表4-12　安徽省徽州府粮食亩产统计(明建文二年至崇祯十五年)

资料出处	耕地面积(亩)	地租数量	折成亩产(斤)	备注	资料出处	耕地面积(亩)	地租数量	折成亩产(斤)	备注
3	2.0	24 租	600		102	1.4938	24 租	468	
4	0.958	8 租	417		104	1.49	12 租	406	
5	1.0	10 秤	500		106	1.869	13 租	348	

---

[1]　顾炎武:《菰中随笔》卷2(上),转录《宣庙实录》,洪熙元年闰七月,广西右布政周干自苏、常、嘉湖等湖巡视后奏言。

[2]　何良俊:《四友斋丛说》卷14,《史十》。

[3]　陶煦:《租核》,转引张履祥《补农书》。

[4]　洪焕椿编:《明清苏州农村经济资料》,《编者注》,第576—577页。

[5]　参见张履祥《补发书·第一段》。

续表

资料出处	耕地面积（亩）	地租数量	折成亩产（斤）	备注	资料出处	耕地面积（亩）	地租数量	折成亩产（斤）	备注
8	1.365	13 砠	476		107	1.283	14 砠	546	
14	1.642	14 秤	426		108	1.159	8 砠	356	
15	1.375	9 砠	328		109	0.42	2 砠 5	262	
16	1.017	10 砠	490		110	1.922	20 秤	520	
24	0.627	6 砠	478		111	0.132	1.5 砠	568	
25	2.0	18 砠	450		112	8.5465	79.5 砠	466	
26	0.419	4 砠	476		113	2.05	26 秤	610	其中 2 秤为鸡谷
27	3.431	31 砠	450		125	12.6765	98 砠 18 斤	390	
29	2.519	15 秤	298		127	0.575	5 砠 6	454	
32	1.0	9 砠	450		129	4.36	41 秤 15 斤	478	
35	1.5	10.5 砠	350		130	1.0763	12 砠	558	
51	0.84	7 秤	416		132	0.586	1 砠 22.5 斤	508	
54	0.32	3 秤	468		136	4.249	36 砠 4 斤	426	
60	0.875	7 秤	400		137	5.25	31 砠 8 斤	298	
61	0.3	2.5 秤	416		139	2.8	33.5 砠	598	
62	0.562	4.5 秤	400		143	0.6453	5.5 砠	426	
67	3.85	39 秤	506		147	0.186	1 砠 8.5 斤	360	
70	1.6	16 秤	500		148	0.7875	10 砠	711	每砠 28 斤
77	0.625	5 秤	400		155	0.789	6 砠 21 斤		
83	0.06666	2 砠	750		159	1.96	15.5 砠	398	
84	6.5	70 秤 13 斤	542		161	1.0	2 秤	100	
85	0.67	4 秤	298		165	0.472	6 砠	638	
88	0.33	3 秤	254		170	1.0	6 砠	300	
90	0.72	6 砠 20 斤	472		172	1.7	15 砠	442	
92	1.568	13 秤	414		173	9.25	79 砠 22.5 斤		每砠 25 斤
94	1.26	11 砠	488	每砠 28 斤	174	0.5	5 秤	500	
97	1.022	10 砠	508	每砠 26 斤	175	0.6	8 秤	666	
99	1.167	13 砠	556		合计			28145	平均每亩454 斤
100	0.5	5 砠	500						

注：1. 本表根据《明代卖田文契总表（一）》整理。

2. 本表选择耕地面积明确，地租数额明确者，凡有疑义的删去。

3. 本表计算亩产量时，以每砠（秤）25 斤计算，有注明每砠数量者，按备注栏数计算。

4. 地租额折成亩产时，按二五分成租折算。

5. 本表中"资料出处"栏编号与《明代卖田文契总表（一）》序号排列一致，以便核对、查找。

资料来源：中国社会科学院历史研究所徽州文契整理组：《明清徽州社会经济资料丛编》，中国社会科学出版社 1990 年版。

　　至于明代全国粮食亩产研究,至目前为止,所见到的只有吴慧一家,他把明代粮食亩产分为南方、北方两个部分进行研究。

　　南方情况,他认为许多地区已由单种一季晚稻,变为麦类作物与稻谷在水田内的轮作两熟制,稻麦两熟,麦产量低,稻插秧推迟,产量也低,但加起来一般比单种一季晚稻产量要高些,也有的地方虽种两季,是油菜、蚕豆、豌豆、苜蓿与稻轮作。有的地方仍单处一季晚稻。稻麦复种水田,稻的亩产就不如单种一季晚稻之高,一般言之亩产稻谷为二石。如:《日知录》引洪熙元年周干说:"如吴江昆山等田,亩旧税五升,小民佃租富室田,亩出私租一石",什五之租,亩收二石。唐甄《潜书·食难》中说:四十亩田,"佃入四十一石"(下田岁熟),亩产量 2.05 石。湖广地区情况也相近。湖南衡阳"土宜稻,田虽旷,不甚腴,夏秋畏旱,亩收不过二石,上田倍之,下田不能一石"。在中等情况下,则稻以亩产二石为常,除非甚为肥腴之地,可亩收三四石。稻麦复种时,稻的单产一般是达不到三石的。亩产稻二石,折今亩为 288 市斤/市亩。①

　　稻麦复种水田,秋冬水放干,种麦。稻麦相加,亩产三石,稻麦相加为单一季晚稻的 1.1。依此推算,单一季晚稻产量大致是 3÷1.1≈2.73 石,折今制 393.84 市斤/市亩。他认为,江南产四五石,这些生产条件特好的地区,都不能作一般计算平均亩产的依据,旱地亩产二季按二石计。南方各种粮食作物的亩产依次为一季晚稻(连同早晚间作稻)2.72 石,稻豆复种或麦(豆)稻复种之稻 2 石,麦 1 石,豆 1 石,粮食作物播种面积为122%。依各种粮食作物比例,得出明代江南粮食亩产为 2.61 石,合今量为亩产 2.9 市石/市亩,每市亩产原粮为 380 市斤。

　　北方情况,吴慧认为,明比元略有增加,夏麦秋粟合计亩产二石,只种一季作物,产量也以二石计,两年三熟也作同样估计,合今亩产 300市斤。

　　明代南方与北方的垦田数占总垦田数的比例,分别为 50.21% 与49.79%。南北方亩产加权平均为:2.61 石 × 50.21% + 2 石 × 49.79% ≈2.31 石。合今制为 343 市斤/市亩。②

---

　　① 据吴慧计算:明 1 亩 = 0.9216 市亩;明 1 斗 = 1.0225 市斗,见《中国历代粮食亩产研究》,中国农业出版社 1985 年版,第 167 页。

　　② 吴慧:《中国历史粮食亩产研究》,中国农业出版社 2016 年版,第 191—192 页。

罗贯一认为：明时水稻亩产为 3 石，合 488 斤，北方粟每亩产 1 石，合 157.3 斤，全国平均每亩产量为 297.6 斤左右。①

至于明代粮食亩产是多少，大家可以研究，这里介绍的成果仅供参考。

清代粮食亩产研究，关注者较多，如吴慧《中国历代粮食亩产研究》，史志宏《清代前期的小农经济》，赵冈等《清代粮食亩产研究》，〔美〕珀金斯《中国农业的发展》，王业键《清代经济刍论》，方行、经君健、魏金玉主编《中国经济通史·清代经济卷》上册，这些论著都有专门章节论及清代粮食亩产。至于分省研究论文又更多些。如李令福《清代山东省粮食亩产研究》，刘永成《从租册、刑档看清代江苏地区的粮食亩产量》，谭天星《清前期西湖地区粮食产量问题探讨》，梁森泰《明清时期浮梁的田亩数和亩产量》，黄冕堂《清代农田的单位亩产量考辨》，江太新《论清代徽州地区的亩产》《论清代徽州地区地契中粮食亩产与实际亩产之间的关系》《谈粮食亩产研究中的几个问题——以清代为例》。本书提出亩产研究中应注意的几个问题，具有特别重要的意义，因为过去研究亩产中忽视了这些问题，又是今后亩产研究中必须正视的问题。

清代粮食亩产多少？各家有不同数据：吴慧认为全国平均亩产为 2.35 石（南方产稻区亩产为 2.626 石，北方产麦粟区亩产为 2 石），按今制为亩产 2.64 石，折合市斤 353.8 斤。史志宏认为清前期亩产为 310 斤。赵冈等认为清代亩产为 2.3 石。珀金斯认为 1770 年清代亩产为 203 斤，1850 年为 243 斤。王业键研究结果与珀金斯完全相同。郭松义经过多年研究，搜集了各省大量资料，并将所搜集资料整理汇总成表 4－13，这是迄今为止研究清代粮食亩产著作中，资料最为翔实、功夫也下得最多的成果，得出的结果是比较靠得住的。

是不是清代粮食亩产比明代低了呢？我们觉得清代前期粮食亩产与明代相比还要高些，问题在于把明代北方粮食亩产估高了。20 世纪 90 年代初，我们到河北省档案馆查资料，看到的粮食亩产统计情况是：1950 年，河北省有些地区粮食亩产还不到百斤，有的仅超过百斤。这时河北已解放，有的还是老解放区，人民已当家做主，生产力获得解放，生产热情高涨。就在这种条件下，产量还比较低。像河北这样的亩产量，恐怕不止一个省。现在看来，对亩产量的研究还得下更多功夫。

---

① 罗贯一：《中国农业经济史》，中国社会科学出版社 1989 年版，第 752 页。

表 4-13　　　　　　　　清代前期粮食亩产估计（1840 年前夕）

省别	亩产	
	石	折成市斤/市亩
直隶	麦粟 0.75	105
奉天、吉林、黑龙江	麦粟 0.8	112
山东	麦粟 1.0	140
山西	麦粟 0.7	98
河南	麦粟 0.85	119
陕西	麦粟 0.8	112
甘肃	麦粟 0.65	91
新疆	麦粟 0.8	112
江苏	稻谷 2.7	365
安徽	稻谷 2.4	324
浙江	稻谷 2.7	365
江西	稻谷 2.65	358
福建	稻谷 2.6	351
广东	稻谷 2.6	351
广西	稻谷 2.4	324
湖北	稻谷 2.6	351
湖南	稻谷 2.8	378
四川	稻谷 2.4	324
云南	稻谷 2.4	324
贵州	稻谷 2.0	270
平均数		248.7

注：1. 麦粟每石按 140 斤计。

2. 稻谷每石按 135 斤计。

资料来源：方行、经君健、魏金玉主编《中国经济通史·清代经济卷》上册，经济日报出版社 2000 年版，第 384—385 页。

农业劳动生产率的高低，主要取决于三个因素：参加粮食生产劳动力数、种植食作物耕地面积、粮食亩产量。这三者当中，有一项变化都会引起生产率或高或低变化。根据吴慧研究，以清嘉庆十七年为基准，耕地面积为 8.2944 亿亩，其中种植粮食面积为 7.05 亿市亩，每人平均 0.95 市亩，每人占有粮食 716 市斤，合成品粮 399 市斤。每个劳动力的粮食生产率为原粮 2579 市斤，成品粮 1437 斤。① 根据史志宏研究：鸦片战争前夕，人口总数为 4.13 亿人，全国从事粮食生产的劳动力为 1 亿左右，约占总人口数的 24.3%。用此劳动力数去除 3022 亿斤的粮食总产，平均每个劳动力生产粮食为 3022 斤（原粮），合成品粮 1825 斤，又按此劳动力数去除粮食种植总面积，平均每个劳动力负担耕地 9 亩余，生产 3022 斤粮食，这就是清前期农业劳动生产率水平。② 由于各人采用数计不同，即所得农业劳动生产率亦不相同。根据吴慧计算，明代农业劳动生产率为：平均每个农业劳动力生产粮食为 4027 斤（原粮），而清代每个劳动力生产粮食为 2579 斤（原粮），依此看来，明代农业生产率要高于清代。造成清代生产力下降的原因，主要在于人均耕地面积缩小，所以以每个劳动力生产粮食也在减少。③ 如果按罗贯一计算，种水稻者，一个劳动力可生产粮食 2190 市斤。④ 这里提供的数据仅供参考。至于明清农业生产率多少，随着研究深入，会有更符合历史实际的数据呈现在我们面前。

　　方行先生也指出，有些研究中国古代史学者，囿于自己的研究领域，明于前而昧于后，对明清时期的经济做出了不适当的贬低的评价。他们认为，明清时期，特别是清代，由于人口增长快，土地垦辟少，出现"人满为患"、"民穷财尽"、社会经济陷入长期停滞的局面，变为一个越来越贫穷的国家。与唐宋经济乃至秦汉经济，都无法比拟。这种论断与历史事实大相径庭，实有澄清的必要。在研究粮食亩产问题上，方行先生另辟蹊径，从全国各地搜集了大量的每亩播种量与收获之间对比的资料，论证了清代粮食生产比唐宋高的事实。⑤ 方先生的这一研究，为探索农业亩产开辟新路子，这种创新精神值得发扬。

　　明清两代，中国还是农业国，粮食生产在国民经济占据主要地位。粮食亩产多少，牵涉国民经济总量估算，牵涉当时中国在世界经济中的地位问题，所以这个问题应继续讨论。把不同时期、不同地区亩产一一弄清了，

　　① 吴慧：《中国历代粮食亩产研究》，中国农业出版社 1985 年版，第 195 页。
　　② 史志宏：《清代前期的小农经济》，中国社会科学出版社 1994 年版，第 200 页。
　　③ 吴慧：《中国历代粮食亩产研究》，中国农业出版社 1985 年版，第 222 页。
　　④ 罗贯一：《中国农业经济史》，中国社会科学出版社 1989 年版，第 752 页。
　　⑤ 方行：《正确评价清代的农业经济》，《中国经济史研究》1997 年第 3 期，见方行《中国古代经济论稿》，第 125—132 页。

全国不同时期的亩产也就清楚了。但需要有志者共同来做。

通过以上的探讨，我们认为明清两代农业经济在前代发展基础上，又有所前进；清代与明代比，又在明代基础上有所前进，并不是停滞不前。鸦片战争后，农业经济有所退步，那是灾荒、战乱以及封建主义和帝国主义双重压迫和掠夺的结果。这点必须明确，否则会使自己的研究走向死胡同，找不到出路。

第五节 粮食生产商品化及商品粮产区的形成

粮食作物商品化不断发展，促使有些地方形成以经营种植经济作物为主、粮食作物生产为辅的地区，或者不种粮食地区。如江南松江府、太仓、海门厅、通州等植棉区，"种花者多，而种稻者少，每年口粮全赖客商贩运"①。这些地区所缺的粮食，只好依靠产粮区供给。另一种情况是，随着城镇的发展，城镇人口迅速增加。这些城镇对粮食需求量也大增，如杭州一城，每年所需商品粮就达三四百万石。② 苏州府属，无论丰歉，都须由江西、湖广、安徽等省贩运米谷，每年消耗商品粮数百万石。③ 崇明县"民间食米皆仰给于上江"④。据王业键先生估计，18 世纪后期，流入江南地区各类粮食总计达 3000 万—3500 万石。⑤ 据吴承明先生估计，清代前期，在省际流通的商品粮食已达 240 亿斤左右，约占总产量的 10%。⑥ 岳琛等先生认同吴承明先生的估算。⑦ 据郭松义先生估计：鸦片战争前夕，全国商品粮约为 170 亿斤，占粮食总产量的 9.42%。⑧ 吴先生估计的商品粮要比郭先生估计的商品粮多 70 亿斤，但从商品粮与总产量之间比例看，还是比较接近的。当时的粮食商品量占总产量的 9.42%—10%。商品粮需求不断增加，促进

---

① 高晋：《清海疆禾棉兼种疏》，见《清经世文编》卷 37《户政十二》。

② 李鼎：《李长卿集》卷 19，《借箸编》。

③ 包世臣：《安吴四种》卷 26。

④ 光绪《崇明县志》卷 6。

⑤ 王业键：《1638—1935 年间江南米价变动趋势述要》。

⑥ 吴承明：《论清代前期我国国内市场》，《历史研究》1983 年第 1 期。

⑦ 岳琛主编：《中国农业经济史》，中国人民大学出版社 1989 年版，第 259 页。

⑧ 方行、经君健、魏金玉主编：《中国经济通史·清代经济卷》（上），经济日报出版社 2000 年版，第 400 页。

粮食生产商品化，也促使一些地区成为商品粮生产基地。

明清两代由于农田水利发展，湖区圩田增加，加上耕作制度改革，优良品种推广，高产作物推广，低产田改良，山区开发，台湾及东北新垦区发展，为粮食商品化提供保证。如湖南、湖北、四川、江西、安徽、台湾、河南、东北新垦区，都成为当时著名的商品粮产地。有人说，江苏、浙江即使是丰收之年，"亦皆仰食于湖广、江西等处"[1]。乾隆年间，四川外运粮食"常年动计数百万石"[2]。粤东、粤西、江南、江浙，甚至产粮区的江西、湖北，倘有荒歉，"皆资于湖南所贮之额"[3]。四川、湖北麦大熟之时，汉口两岸存粮多达"二千万石"[4]。湘潭是水陆要冲，每年秋冬之时，"米谷骈至，樯帆所舣，独盛于他邑"[5]。雍正年间，广西外运粮食达120万—130万石。[6] 安徽在这期间，由芜湖、枞阳口岸运出粮食有210900余石。[7] 乾隆八年七月至八月，"运出境外者，已不下二十万石"[8]。这些产粮地区形成了商品粮生产基地，每年向外运出大量粮食，供给沿海地区城镇需求。这些产粮区的发展得益于地区的开发。

明清时期南方圩田、垸田获得很大发展。圩田始于汉唐，盛于宋，到明清两代，获得更大更快发展。浙江上虞县，万历元年，乡民王茂贞上奏，得旨下工部，咨移两台行会稽知县杨维新、上虞知县林廷植，会勘得三湖圩田"创自汉唐，潴水灌田，实五乡民利，只因各湖高阜处所原有额田，小民因将近田湖地按次占种，各经奏勘，立碑禁革，豪民仍复侵占。至嘉靖三十九年，有民徐应元等欲田为实业，呈蒙军门都御史胡批府行县，勘明不准，但所占前田尚未吐出。至嘉靖四十一年，蒙遇丈量，该本府通判林仰成即作原田，丈出多数，入册差讫。丈量之后，各民复占成田太多，且地势渐低，必泄水方可布种……今次不禁，则侵占之渐，犹不可止，而

---

① 《雍正朝汉文朱批奏折汇编》第 9 册，雍正五年三日。

② 《清高宗实录》卷 1263。

③ 陈宏谋：《培远堂介存稿》卷 38。

④ 包世臣：《安吴四种》卷 34。

⑤ 嘉庆《湘潭县志》，卷 39（上）《风士·风俗》；乾隆《河南通志》卷 49《风俗》。

⑥ 雍正七年九月二十四月，广西巡抚金铁奏，《宫中档·雍正朝奏折》第 14 辑，第 539 页。

⑦ 晏斯盛：《上制府论布商易米书》，见《清经世文编》卷 47《户政》22。

⑧ 乾隆八年八月二十五日，陕西巡抚塞楞额奏，《历史档案》1990 年第 3 期。

五乡土害又不可言"①。又如慈溪县，宁波宋湘文太守言："利害之大者莫如慈溪杜、白二湖，五都十万之田全赖湖水灌溉，此其利也；而占湖为田，一遇旱年，多占一亩湖田，即少一亩湖水，此其害也"②。可见浙省圩田开垦到明中后期已出现过度开垦问题了。江苏丹阳县，康熙十九年时奏定："上湖高仰，召民佃种，下湖低洼，仍留蓄水，嗣后众皆效尤"。至四十二年，"佃者愈多……滨湖民田，岁有旱干之患，害不可胜言矣"。③至康熙后期，江苏丹阳县也出现了围垦过度问题。此后围垸造田更多地由江浙转向皖北缫湖沿岸和偏西的江西鄱阳湖区，在修复旧圩的基础上，不断将小圩连成大圩，以致有的州县竟至出现"殆无无圩之田"④的情形。

　　垸田在明代已相当普遍，清代乾隆后进入极盛期。垸田集中于湖北、湖南二省。如正德年间，牛谅任岳州同知时，"教民垦江滨苇场百余顷，植五谷，民赖其利"⑤。到清代有很大发展。据湖南巡抚陈奏："自康熙年间，许民各就滩荒筑围垦田，数十年来，凡稍高之地，无不筑围成田，滨湖堤垸如鳞，弥望无际"。⑥截至18世纪中叶，湖南湘阴县其有官民围垸130多处，建于明代4处，建于清康熙年间12处，建于雍正年间3处，另110多处均修于乾隆前期。有的学者就17世纪末到18世纪两湖15个州县的堤垸作了统计，认为总数达2398处。在这2398处中，少数始于明，多数当在清代完成。⑦由于围垸的发展，耕地面积迅速扩大，围湖造田结果，湖南水稻田占全省耕地面积的92.8%，湖北水田占全省耕地面积的55.9%。⑧在明嘉靖时，两湖已有"湖广熟，天下足"⑨的谚语，成为全国重要产粮区之一。

---

①　顾炎武：《天下郡国利病书》卷85。

②　《新报》，《毁工种桑策》，光绪八年三月初一日。

③　光绪《丹阳县志》卷3《水利》。

④　郭松义：《民命所系：清代的农业和农民》，中国农业出版社2010年版，第226页。

⑤　隆庆《岳州府志》卷13。

⑥　乾隆二十八年六月《湖南巡抚陈奏》，光绪《华容县志》卷2《堤工》。

⑦　郭松义：《民命所系：清代的农业和农民》，中国农业出版社2010年版，第227页。

⑧　龚胜生：《明清之际湘鄂赣地区的耕地结构及其梯度分布研究》，《中国农史》1994年第2期。

⑨　何孟春：《徐冬序录》卷59。

据郭松义研究，作为全国重要产粮区的两湖，到清代，已在江汉平原和洞庭湖、湘江沿岸，不但湖田、围田面积不断扩大，还因改进农业技术增加复种指数，单位面积也有新的提高。明清之际"长沙平田"，"禾岁所入，一亩不逾二石"，到乾隆、嘉庆时，沿江沿湖的一般田土，亩产就有二三石，少数上等好地可达五六石，号称"天下第一出米之区"①。

清代两湖输出粮食数量，郭松义举了两个例子：一是雍正十三年湖广总督迈柱的报告，这一年的上半年，"江浙商贩"已"运米五百余万石"。另一个事例是：道光时，"接济江浙"的湖广米谷，达到三四千万石。② 另外，他在《清代粮食市场和商品粮数量的估测》一文中说：两湖年运量估算在 1200 万—1500 万石。③ 龚胜生估计每年两湖出境米谷平均在 600 万石以上。④ 王业键认为 18 世纪湖南输出额应当不下于 500 万石。⑤ 江西外运粮食数量也不少。据陈支平估计：清代江西输出长江米谷可达八九百万。⑥ 虽然各家计估算粮食输出量有高有低，但两湖是重要商品粮基地之一的事实是可以肯定的。

湖南之所以成为商品粮的粮仓，与它所处的自然条件是息息相关的。湖南巡抚杨锡绂称："湖南地方专种稻田，所种之苗有早中晚三样，大约早中二稻居十分之七"⑦。一年可三获。另双季稻种植在不断推广，复种面积在扩大。如雍正年间，湖南巡抚赵宏恩称："劝民于早稻登场之后，接种晚稻，并播种杂粮、二麦"⑧。乾隆四十七年，湖南巡抚李世杰谓："早中晚稻岁仅一熟，惟遇节气较早，春暖雨足之年，早秧能于立夏前后莳插，约六

　　① 郭松义：《民命所系：清代的农业和农民》，中国农业出版社 2010 年版，第 409 页。

　　② 郭松义：《民命所系：清代的农业和农民》，中国农业出版社 2010 年版，第 409 页。

　　③ 郭松义：《清代粮食市场和商品粮数量的估测》，《中国农史》1994 年第 4 期。

　　④ 龚胜生：《清代西湖农业地理》，华中师范大学出版社 1996 年版。

　　⑤ 王业键、黄国枢：《十八世纪中国粮食供需的考察》，见《清代经济史论文集》第一册，台北稻乡出版社 2003 年版。

　　⑥ 陈支平：《清代江西的粮食运销》，《江西社会科学》1983 年第 3 期。

　　⑦ 葛全胜：《清代奏折汇编·农业·环境》，商务印书馆 2005 年版。

　　⑧ 转见赵伟洪《清乾隆时期长江中游米谷流通与市场整合》，博士学位论文，南开大学，2015 年。

月上旬，便可登场，再撒红芒谷种，尚可秋时割获"①。乾隆五十五年，湖南学政张姚成称："今年五月，早稻已得收割，所割剩之稻根仍委田中，一经暑雨，便俱腐烂，与土相融，乘此翻犁，则地极肥美，赶将晚稻酌减布种，不致有妨来年地力。而今年九月再收，尤可及早稻谷数之半，是一年有年半之获，实为向来稀有之丰年"②。虽然双季稻种植要受节气早晚、雨水多少影响，但在乾隆中后期还是不断在推广。这对人口迅速增加、口粮需求增多，起到缓解作用，同时也对维持商品粮出口发挥一定作用。

江西，由于大规模围垦鄱阳湖，使水田耕种面积扩大到全省耕地面积的85%。③ 该省也成了商品粮基地之一。明天启《赣州府志》称："赣无他产，颇饶稻谷，自豫章吴会，咸取给焉。两关转谷之舟，络绎不绝，即俭岁亦橹声相闻"。④ "吉安等府各县人民，年常前来谋求生理"，"搬运谷石"。⑤《豫章记》称："嘉蔬精稻，擅味于八方。沃野开辟，家给人足，畜藏无阙。故岁穰则供商旅之求，饥年则不告臧孙之籴"。⑥ 南昌"所领八州，其境方数千里，其田宜秔（粳）稌。其赋粟输于京师，为天下最"。⑦ 抚州"五谷之积于郊野不垣"⑧。据陈支平研究，清代江西输出长江米谷可达八九百万石。⑨ 郭松义估计江西输出粮食在 400 万—600 万石。⑩ 邓亦兵估算，清代前期输出稻米约 450 万石。⑪ 虽然他们估算的商品粮数量有高有低，但有大量余粮供输出这点是共同的，是无可置疑的。

四川产粮大省地位，在康雍年间得到确立。顺治年间楚、粤、闽、赣

---

① 《署理湖南巡抚李世杰奏折》，乾隆四十七年三月二十九月。转见赵伟洪《清乾隆时期长江中游米谷流通与市场整合》，博士学位论文，南开大学，2015 年。

② 葛全胜：《清代奏折汇编》，见《农业·环境》，商务印书馆 2005 年版。

③ 龚胜生：《明清之际湘鄂赣地区的耕地结构及其梯度分布研究》，《中国农史》1994 年第 2 期。

④ 天启《赣州府志》卷 3《土产》。

⑤ 乾隆《吉安府志》卷 66《艺文志》。

⑥ 光绪《江西通志》卷 48《舆地略·风俗》。

⑦ 道光《丰城县志》卷 1《风俗》。

⑧ 光绪《江西通志》卷 48《舆地略·风俗》。

⑨ 陈支平：《清代江西的粮食运销》，《江西社会科学》1983 年第 3 期。

⑩ 郭松义：《清代粮食市场和商品粮数量的估测》，见《民命所系：清代的农业和农民》，中国农业出版社 2010 年版。

⑪ 邓亦兵：《清代前期内陆粮食运输量及变化趋势—关于清代粮食运输研究之二》，《中国经济史研究》1994 年第 3 期。

之民，次第移垦。① 康熙年间，秦楚吴越接踵者千万余人。② 雍正年间，湖广、广东、江西等省，"相率而迁移四川者，不下数万人"③。在大量外来人口推动下，大量荒地得到垦复，很快成为产粮大省。雍正初年，浙江总督李卫说："查各省米谷，惟四川最多，湖广、江西次之"。每当收获以后，各省"商贩云集，纷纷籴购"，并"从长江至楚，以济邻省之用"。到乾隆末年，江浙等省输入川米的数额，几乎与楚米不相上下了。④

广西也是一个产粮区。李调元《粤东笔记》记载：由于广东"番禺、东莞、增城糖居十之四，阳江糖居十之六，而蔗田几与禾田等矣"。商品性农业发展，使珠三角米粮依赖外省供给，其中有相当部分米粮来自广西梧州戎圩。据乾隆五十三年《重建粤东会馆碑记》："国家重农务本，户口殷繁，而西省田畴广美，人民勤动性成，中岁谷入顿有余，转输络绎于戎，为东省赖。"⑤ 戎圩已成为广西重要的米粮集散地。

台湾是新产粮区。1662 年以后，漳、泉等地人民纷纷涌入台湾，大量荒地得到开垦，到雍正初，"民间所出之米，一年丰收，足供四五年之用"。"内地福、兴、漳、泉四府，必藉台米接济"。乾隆、嘉庆后，还运米到江浙销售。⑥

关外东北地区及蒙古地区，是清代发展起来的新产粮。东北及蒙古地区原是禁垦之地。康熙中后期，随着山东、山西、陕西、河南等省大批农民出关、出口，开垦种植，到乾隆初，"每遇丰收之年"，竟"转有熟荒之虑"。乾隆以后，"关东每岁有商船二三千只至于上海"，"载豆、麦、杂粟，一岁三运以为常"。据包世臣估计，运往上海豆麦，可到"千余万石"⑦。其他产粮区，不再一一枚举，望见谅。

---

① 民国《合江县志》卷 2《食货》。

② 乾隆《盛京通志》卷 34。

③ 道光《广东通志》卷 1。

④ 参见郭松义《民命所系：清代的农业和农民》，中国农业出版社 2010 年版，第 411 页。

⑤ 武勇：《西江流域商业发展探究》，《中国社会科学报》2017 年 11 月 10 日第 4 版。

⑥ 参见郭松义《民命所系：清代的农业和农民》，中国农业出版社 2010 年版，第 412 页。

⑦ 参见郭松义《民命所系：清代的农业和农民》，中国农业出版社 2010 年版，第 415 页。

　　产粮区发展既缓解新增人口口粮问题，也为城市人口发展和经济作物发展提供必要条件。正确估价粮食生产商品化对城镇发展和产业结构调整具有重要意义。现有成果中，谈粮食商品化时，只注意到流通量估算，而忽视了粮食生产商品化对城镇发展以及对农业生产中产业结构调整的推动作用，把产业结构调整与粮食生产商品化割裂开来，这种倾向应得到纠正。

　　我们还应当看到，计算的粮食总产量可能偏高。根据陈树平主编《明清农业史资料（1368—1911）》表 10-6-1"山西等八省秋季收成不满六成的县数统计表（1840—1910）"来看，山西这期间：1850 年段有 12 个县份收成不到六成，1845 年段有 24 个县份收成不到六成，1840 年段有 36 个县份收成不到六成，1855 年段有 42 个县份收成达不到六成，1880 年段有 5 个县份收成达不到六成，1875 年段有 53 个县份收成达不到六成，其余年段收成达不到六成的高达 53—102 个县份，占 108 个县份中的 49.1%—94.4%。类似山西的还有河南、陕西、浙江、安徽四省。如果按既定亩产计算粮食总量，毫无疑问，该五省粮食总产量就被抬高了。情况较好的江西省，1885 年段有 9 个县份收成达不到六成，1895 年段有 8 个县份收成达不到六成，1900 年段有 16 个县份收成达不到六成，其余年段达不到六成收成的县份都在 5 个以下。类似江西这种情况还有湖南省。这些收成较好的省份，偏差可能小些。湖北省则在两者之间，除 1840 年只有 4 个县份外，其余年份有 8—37 个县份收成达不到六成。[①] 像这样的省份，粮食总产也有被抬高的可能。

　　此外，谈到商品粮时，除了谈到扣除口粮之外，都撇开田赋、种子、农家婚丧喜庆等粮食消耗不谈。按中国田赋而言，一般来说是十一而税，即将收获物十分之一作为赋税交给政府。还有约二十分之一作为种子和农家办理婚丧喜庆、逢年过节之用粮食。扣除口粮、田赋和种子等用粮外，剩下的才是可供出售商品粮。如果撇开这些不谈，商品粮数字就有虚高之嫌。这是今后研究粮食商品化时值得关注的问题。

　　另外，南方产稻区，其亩产是按刚刚收割的稻谷为计，这是湿谷，不是干谷，折成干谷，一般是二折一。不知估算商品粮的作者是以干谷计算亩产，还是按湿谷估计亩产，若按湿谷估算亩产，商品粮的数量就达不到预期。

---

　　① 参见陈树平主编《明清农业史资料（1368—1911）》第三册，社会科学文献出版社 2013 年版，第 1499 页。

总之估算商品粮时，要顾及各种因素后，再作估算，这样才会比较切合实际，才能对中国社会经济发展与变化提供更切实情况。"大写意"对研究商品粮没有好处，还有可能掩盖储备粮不足情况，以致灾荒一来束手无策。

正确估算粮食产量，对今天来说尤为重要，因为牵涉十四亿人口备灾、防疫大事，同时还涉及国家备战等战略问题。如果把粮食亩产估算过高，就会出现忽略提早、提前做好粮食储备安排工作，以致造成要用粮时，临时抱佛脚的被动局面；如果把粮食亩产估算过低，就会浪费大量外汇，在国际市场买粮食，影响国家财政安排。如何做好粮食产量预测和统计就显得十分重要。

此外，在发展商品粮过程中，我们应吸取江苏、浙江、湖北、湖南、江西诸省过度圩田或围垸的教训。[1] 乾隆年间，湖南省为增加耕地面积，满足新生人口口粮同时，增加品粮生产，造成围垸乱象丛生，以致累刨累建，严重破坏生态平衡。嘉庆六年湖南巡抚奏称："滨湖筑围垦田，曾动官项修筑者为官围，民间报垦入册岁修者为民围，虽经投垦未准筑堤及未经报垦私砌土埂挖种者为私围。其私围一项，除奏明应毁六七十外，未入册报者，数尚不少"[2]。江浙情况也是如此。过度围垸造成雨水没有去路，大雨一来，宣泄不畅，形成泽国，田禾尽毁，房屋倒塌，酿成家园尽废。在发展生产同时，如何把保护生态平衡统一起来，这是值得后人吸取经验与思考的大问题。我们应以史为镜，走出发展生产与生态恶化怪圈，实现生产发展、生态优良新模式。

本章小结

中国是世界人口大国，粮食问题必须尽可能自己解决，若依赖国际市场，一旦出现粮荒，必受制于人，或受高价盘剥，或在政治上受人敲诈。为此，大力发展粮食生产至关重要。

1. 基本农田必须得到保障

基本农田是保障国家粮食安全的基石，基石动了，会直接影响到国家

---

[1]　参见陈树平主编《明清农业史资料（1368—1911）》第一册，社会科学文献出版社 2013 年版，第 163—167 页。

[2]　光绪《华容县志》卷 2《堤工》，嘉庆六年正月《湖南巡抚祖奏》。

的粮食安全。大家都知道，农田数量多少，是决定粮食总量最重要因素，少一份田，就少一份粮食产量，就有一部分人要饿饭。历史上与粮争地情况层出不穷，如福建种烟、种蔗业发展，大量占用粮田；江苏松江大量种植棉花，占用大量农田。这样做的结果，直接威胁到两地粮食供应不足，造成粮荒，引起粮价上涨，或造成抢米风潮，危害社会安定。所以基本粮地必须固守，不论遇到什么情况，都不能动用，这是维护粮食安全的底线。今天，中国人口已增至十四亿，牢牢守住基本粮食生产基地不放松，成为关切十四亿人口食饭的大事，切不可掉以轻心。当然，这里涉及种粮者经济利益问题，如果因种粮食影响到他们的经济收入，给粮食生产者以适当补贴是必要的，也关系到他们走上共同富裕道路的问题。

2. 抓好农田水利工作

农田水利是农业发展的基础，要及时兴修，及时维护。

3. 农地的垦拓，必须要与保持生态平衡结合起来，做到合理、科学开发

在解决好人民群众过上美好生活需求的同时，做到以不破坏环境为度的原则，大力推广"绿水青山，就是金山银山"的科学理论。

4. 做好科学种田

农业生产要保持持续发展，必须加大力度加强农业技术投入，做到加快优良品种培育及引进、施肥合理化、生产工具现代化，以及管理技术不断提高。

5. 农业生产要发展，国家必须要有充足的储备粮

遇到灾年、疫年，尤其是大灾之年，由于粮食歉收或颗粒无收，必然导致广大灾民缺食，甚至无食物可吃，从而在饥饿死亡中挣扎。在这种情况下，就会导致人口大量死亡，劳动力大量减员，土地荒芜，甚至会引起社会不安定。因此，国家必须要有充足的粮食储备，这样就可在救灾中发挥作用，保护好劳动人民安全和社会安宁。劳动人民的成长，需要相当长时间才能补上。因为一个人从出生到成年，最少要十七八年时间。在此期间，由于劳动力的短缺，会延滞农业的恢复和发展。另外，从历史上来看，灾年又是社会多事之秋，饿民为活命铤而走险，或为匪为盗。如果有充足储备粮，保证灾民能安全渡荒，社会就能安稳。林则徐说："今岁收成上

稳，间阎甚属安恬。"① 这说明粮食充足对社会稳定的重要性。

6. 要适时调整生产关系

农业生产要发展，必须力求耕作制度改革与社会经济发展相适应。当生产社会化规模日益扩大时，一家一户生产模式就无法保证社会经济发展需要。这时，必须要稳妥地引导农民走合作化道路，打破一家一户小生产模式，向社会化、规模化大生产方式转变。扩大生产，保障社会日益发展需求。

7. 节约粮食

一是号召人民群众养成节约粮食习惯，一是控制粮食酒的生产规模，防止粮食酒生产失控。白酒、糯米酒的生产都要消耗大量粮食，与民争口粮，因此历代都有禁酒令。当今，如何做好在满足人们需求同时，兼顾节约粮食问题，适当控制粮食酒的生产，也是节约粮食的好方法。

---

① 林则徐：《湖广奏稿·校阅两湖营伍并苗寨情形折》，见《林文忠公政书》乙集，卷2。

第 五 章

经济作物的发展和家庭
手工业普遍化[*]

随着社会经济的发展，人们对日常生活的需求也日益多样化起来，加上明清两代人口增长，为明清商品性农业发展提供更广阔的空间。与前代相比，明清时期的经济作物种植具有新特点：第一，无论是种植范围扩大方面，还是品种增加方面，都有发展。第二，有更多农户从单一的粮食作物种植向多种经济作物种植转化。第三，商品性农业扩展，与粮争地问题更加突出。

第一节　几种主要经济作物的发展

明洪武二十七年"命天下种桑枣"。上谓工部臣曰："但有隙地，皆令种植桑枣，或遇凶歉，可为衣食之助。"工部"又令益种棉花，率蠲其税"。① 宣德七年，宣宗谓户部臣曰："桑枣，生民衣食之计"。命移文天下郡邑，"督民栽种"。② 明政府对发展经济作物表现出高度重视。清康熙时王斑在《劝谕栽植示》中，为劝浏阳人民多种经济作物时称："浏邑山深土满，遍地沃壤，如山原平冈处所，民居墙垣内外，在在皆可种植，若松杉楠竹，可收久远之利，至若梅、若桃、若茶、若桑、若槐、若桐、若椿、

＊ 本章写作资料来源：参考 1. 方行、经君健、魏金玉主编《中国经济通史·清代经济卷》第一编第四章；2. 郑昌淦：《明清农村商品经济》有关章节；3. 陈树平主编《明清农业史资料(1368—1911)》第二册有关章节；4. 笔者本人搜集的有关资料。特此声明。

① 《明洪武实录》卷 232。

② 《明宣德实录》卷 95。

若棕、若李、若梨、若枣、若桔等类，以及乌桕之可以取油，冬青之可以取腊（蜡），栽植数年，不用灌溉工夫，岁获四时大利，且花香鸟语，可以娱心志，悦耳目，果实成熟可以货银钱，资日用，何故而不为此哉?""尔民止能勤于田禾，此外并无别货可以资生，故遇凶岁则饥馑洊臻，若无米谷；值年丰则谷贱钱荒，无计完粮。"[①] 鼓励人民多种经营。乾隆帝认为："其为天下万世筹赡足之计者，不独以农事为先务，而兼修园圃虞衡薮牧之政。""使山林川泽丘陵之民，得享山林川泽丘陵之利。"大力提倡要因地制宜，发展多种经营。在明清两代政府鼓励下，在社会经济发展需求推动下，经济作物种植得以迅速发展。

经济作物种植，早在明清两代以前就有所发展，如种桑、种茶、植蔗等。到明清两代除原有经济作物种植规模扩大外，还有新的经济作物出现，使经济作物品种空前增加，经营规模也空前扩大，为明清两代经济繁荣做出贡献，也为农村经济稳定，农民生活改善做出贡献。

以下就几种主要经济作物——木棉、蚕桑、苎麻、蔗、烟草、茶、蓝靛以及果树园蔬发展状况，作一简略介绍。由于经济作物种类繁多，产地很多，不可能一一作介绍，本书只是列举某些事例而已，挂一漏万，特此申明。

一　纺织原料种植的扩大

1. 木棉

（1）明代木棉生产

中国种植棉花是从宋元之际开始的，到明代，封建王朝更是大力推广。明弘治年间人丘濬曾说：棉花"宋元之间，始传其种入中国，关、陕、闽、广首得其利。……然是时犹未以为征赋，故宋元史《食货志》皆不载。至我国朝，其种乃遍布天下，地无南北皆宜之，人无贫富皆赖之，其利视丝枲盖百倍焉"[②]。据高寿仙研究，明代种植棉花州县达 156 个，除广西、云南、贵州外，其他布政司及南北直隶均有种植棉花的县份。[③] 随着棉花种植

---

① 王斑：《劝谕栽植示》，见嘉庆《重修浏阳河县志》卷36。

② 丘濬：《大学衍义补》卷22，转见《中国资本主义萌芽问题讨论集》上册，第13；徐光启：《农政全书》卷35，《蚕桑广类·木棉》。转见陈树平主编《明清农业史资料（1368—1911）》第二册，社会科学文献出版社2013年版，第337页。

③ 转见高寿仙《明代农业经济与农村社会》，黄山书社2005年版，第80页注4。

发展，洪武二十三年，已将棉花列入赋税清单，但具体数目不详。永乐元年，征棉花绒一十六万二千余斤；① 至永乐十七年，征棉花绒达五十八万三千余斤。② 宋应星称："棉花古书名枲麻，种遍天下。"③ 可见棉花种植发展之快。棉花种植之普遍，还可从政府征收棉布得到反映。《万历会计录》载：中国各地至迟到万历六年，明政府已在山东、山西、河南、陕西、湖广、四川、江西及南北直隶征收棉布，植棉已普遍化。④ 值得特别关注的是：植棉区的发展，促使棉花生产的商品化。嘉靖年间，昆山、嘉定等县，棉花逐渐成了当地的主要农作物。⑤ 天启年间，松江府属两百万亩耕地，"大半植棉，当不止百万亩"⑥。太仓州属，"郊原四望，遍地皆棉"⑦。苏州嘉定"宜种稻禾田地止一千三百十一顷六十亩，堪种花（棉花）、豆田一万零三百七十二顷五十亩"，"种稻之田约止十分之一"。⑧ 据李伯重估计明代江南棉花种植总面积为190万亩，范金民估计为160万亩。⑨ 浙江太平县，嘉靖间，木棉花"山田多产"⑩。江西九江府，嘉靖间，"棉，五邑俱产，惟德化封郭、桑落二洲者，核小而绒多"⑪。安徽池州府，嘉靖间"有木棉，出贵池、铜陵"⑫。福建安溪，嘉靖间"桑柘少植，惟种木棉"。又称：棉花"近时山坡平旷多有种之者"⑬。广东琼州府，正德间，儋、昌、崖出棉花。⑭ 韶州府，嘉靖间，棉花"六县亦有，惟乐昌、乳源为盛。外省之民，聚集遥耕，获利甚多"⑮。《钦州志》载："永乐地产绵（棉）花，率鬻于商

---

① 《明永乐实录》卷25。
② 《明永乐实录》卷115。
③ 宋应星：《天工开物》卷上，《乃服》。
④ 王国先等编：《万历会计录》各卷。参见严中平《中国棉纺织史稿》。
⑤ 归有光：《田川先生全集》卷8，《论三区赋役水利书》。
⑥ 徐光启：《农政全书》卷35，《木棉》。
⑦ 王在晋：《水利沦》，见崇祯《太仓州志》卷14。
⑧ 崇祯《太仓州志》卷15，《琐缀志·灾祥》。
⑨ 转见高寿仙《明代农业经济与农村社会》，黄山书社2005年版，第81页。
⑩ 嘉靖《太平县志》卷3。
⑪ 嘉靖《东乡县志》卷上。
⑫ 嘉靖《池州府志》卷2。
⑬ 嘉靖《安溪县志》卷1《风俗》。
⑭ 正德《琼台志》卷8。
⑮ 嘉靖《韶州府志》卷2《土产》。

贾。"① 北方由于棉田扩大，产量激增，"吉贝则泛舟而鬻诸南。"② 直隶大名府，弘治间，贡赋中已有征棉花记载：贡赋，净棉花二万五千一百八十二斤零。③ 说明该府植棉已很普遍。万历年间，沧州"东南多沃壤，木棉称盛"④。天启至崇祯年间，肃宁县一邑所出布匹，"足当吾松十分之一"⑤。可见本县棉花种植之普遍。山西种植棉花始于明代。据嘉庆《介休县志》载：介休县万历年间史记事"市棉花种于陕西"，分播民间，"至今利焉"。⑥ 陕西高陵县，嘉靖年间记载："泾河两岸宜木绵"⑦。耀州富平县，嘉靖间也有产木棉记载。⑧ 万历间，韩城县"境内所饶者，惟麻焉，木棉焉。"⑨ 河南正德年间已有种木棉记载，嘉靖志称：武安"东南北则沃衍，……与陟田绝宜木棉。"⑩ 河南兰阳县种棉花，嘉靖年间，李希程《木棉歌》云："兰邑之阳地平沙，比岁多种木棉花"⑪。据明志载，武安县"广出木棉"⑫。万历间，《内黄县志》称："邑内土产……独木棉最夥，出贩于山西泽、潞诸州县。"⑬ 到万历年间，"中州沃壤，半植木棉。"⑭ 山东六府皆种棉花，"五谷之利，不及其半"⑮。嘉靖间，武邑广出木棉，"为货物之冠"⑯。嘉靖至隆庆间，兖州府"木棉转鬻四方，其利颇盛"⑰。郓城县"土宜木棉，贾人转鬻于江南"⑱。明嘉靖时，东昌府已是植棉尤多之地，

① 嘉靖《钦州志》卷1。
② 《农政全书》卷35《木棉》。
③ 正德《大名府志》卷2。
④ 万历《沧州志》卷3《田赋志·土产》。
⑤ 徐光启：《农政全书》卷35《蚕桑广类·木棉》。
⑥ 嘉庆《介休县志》卷4。
⑦ 嘉靖《高陵县志》卷2。
⑧ 嘉靖《耀州志》卷4。
⑨ 万历《韩城县志》卷2《土产》。
⑩ 嘉靖《彰德府志》卷2。
⑪ 李希程：《木棉歌》，见嘉靖《兰阳县志》卷2。
⑫ 乾隆《武安县志》卷11。
⑬ 乾隆《内黄县志》卷5。
⑭ 钟化民：《救国荒图说》，《劝课纺织》。
⑮ 《古今图书集成·职方典》卷230《兖州府部·风俗考》。
⑯ 乾隆《武安县志》卷11。
⑰ 万历《兖州府志》卷4《风土志》。
⑱ 万历《兖州府志》卷4《风土志》。

"商人贸于四方,其利甚溥"①。据万历《临邑县志》,"木棉之产独甲他所"②。万历间,据张瀚称:登州、莱州三面距海,"宜木棉,少五谷。"③至天启年间,棉花产量激增,"贩者四方至"④。东昌府"高唐、夏津、恩县、范县宜木棉,江淮贾客列肆赍收,居人以此致富。"⑤ 王象晋总结明代几种棉花分布情况时说:如江花出楚中,北花出畿辅、山东,浙花出余姚等。⑥

（2）清代木棉生产

清代,随着经济发展及人口增加,人们对棉花有更多的需求,在需求不断增加情况下,清代棉花种植面积不断扩大。下面,对几个主要产棉区做些论述。

［江苏］松江、太仓州一带,明末清初时,耕地上种植作物大体上是稻、棉各半。至乾隆四十年,松江府、太仓州、海门厅、通州并所属之各县,逼近海滨,率以沙涨之地宜种棉花,"是以种花者多,而种稻者少","以现在各厅州县农田计之,每村庄知务本种稻者不过十分之二三,图利种花者则有十分之七八。"⑦ 方志指出:同治以后,松郡七邑"惟木棉所产尤多,民业赖焉,不可以不识"⑧。上海县,乾嘉年间,"邑种棉花……今遍地皆是,农家赖其利,与稻麦等"⑨。至光绪时,"棉田居其七"⑩。叶梦珠称:"种植之广,与秔稻等",或说:"农家树艺,粟荞棉花参半。"⑪ 至嘉庆时,当地种棉花者"居七八"⑫,至道光时,"种稻者十不得一"⑬。崇明县,乾

①　嘉靖《山东通志》卷8《物产》。

②　同治《临邑县志》卷2,"风俗",引万历二十九年旧志。

③　张瀚:《松窗梦语》卷4,《商贾记》。

④　邢侗:《来禽馆集》卷18,"先侍御府君行状"。转见《中国资本主义萌芽问题讨论集》,第897页。

⑤　万历《东昌府志》卷2《地理志》。

⑥　王象晋:《群芳谱棉谱》卷12。

⑦　高晋:《奏请海疆禾棉兼种疏》,见琴川居士编《皇清奏议》卷61。

⑧　光绪《南汇县志》卷20《物产》。

⑨　褚华:《本棉谱》。

⑩　黄宗坚:《种桂实验说》,见《农学丛书》第1集。

⑪　叶梦珠:《阅世编》卷7。

⑫　嘉庆《法华乡志》卷3。

⑬　张春华:《沪城岁事衢歌》,道光十九年。

隆间，"向因本地多种棉花，不种粮食"①。南汇县，乾隆间，"傍浦种木棉者十之七"②。《嘉定县志》称：棉花"通邑栽之"③。镇阳县（今太仓市）农民种植作物，"大率花六稻四"④。至道光间，太仓州及所属镇阳、嘉定、宝山等县，"利稻之处十仅二三，而木棉居其七八"⑤⑥。常熟东高乡，到乾隆时，"种棉渐多于稻"⑦。如皋，光绪间，来如皋者说："该处环绕数百里，近接通州，远毗海门，一望皆种棉花，并无杂树"⑧。江苏省东南地区已发展成为当时产棉的中心。

　　[浙江] 余姚植棉，到乾隆时："姚邑之北乡沿海百四十余里皆植木棉。每至秋收，贾集如云，东通闽粤，西达吴楚，其息岁以百万计，邑民资是以为生者十之六七。"又说，自乾隆至光绪的百余年间，由于海滨沙地日涨，该县棉花"种植益广，即塘南民田亦往往种之，较前所产又增益矣！"⑨光绪间，余姚至慈溪观海卫，西至上虞夏盖山一带，共百余里，沿海百姓"皆植木棉为业"⑩。杭州府，"钱塘滨江沙地遍莳棉花"⑪。兰溪县，道咸年间，纯孝乡沿河十余里盈阡累陌，上望皆是棉花。⑫ 平湖县，光绪间，荡地东西高阜，不宜水稻，多种棉花，成"蚕桑之外又一大利"⑬。光绪间，浙江海滨沙地，皆棉田也。⑭

　　[山东] 棉花种植扩展很快，到清中叶，全省107个州县中，已有90余个州县种植棉花。⑮ 据此测算，种棉州县已占84%。清初至康熙年间，濮

　　①　高晋：《奏请海疆禾棉兼种疏》，见琴川居士编《皇清奏议》卷61。
　　②　乾隆《南汇县志》卷15。
　　③　乾隆《嘉定县志》，《物产志》。
　　④　乾隆《镇阳县志》卷1。
　　⑤　林则徐：《林文忠公政书》，见《江苏奏稿》卷2。
　　⑥　雍正《南汇县志》卷15。
　　⑦　《一斑录》卷2《杂述》。
　　⑧　光绪十年六月二十二日《申报》。
　　⑨　光绪《余姚县志》卷26。
　　⑩　光绪二十六年二月十七月《汇报》，第146号第2册，第368页。
　　⑪　宣统《杭州府志》卷81。
　　⑫　光绪《兰溪县志》卷2《物产》。
　　⑬　光间《平湖县志》卷8。
　　⑭　《各省农事》，见《农学报》第15期，光绪三十三年十一月上。
　　⑮　方行《清代经济论稿》，天津古籍出版社2010年版，第179页。

州土地肥沃，多种木棉，大经营者"有万亩之家者"①。武定府属滨州，"地产木棉，种者十之八九。"据乾隆年间或嘉庆年间方志载：山东清平县棉田至"连顷遍塍，大约所种之地过于种豆麦"。木棉市集，"每日交易以数千金计"。② 历城县"棉处处有之，东北乡独多"③。《寿光县志》载：近日种棉者尤多，"村民大抵以植棉为业"④。道光年间方志载：东阿县"邑东南山中多种之"⑤。长清县"邑之西多木棉"⑥。巨野县"沙地多种木棉、芝麻"⑦。胶州自近岁多种棉花，东鄙之地"与稼穑同"⑧。高唐州情况是："种花多而种谷少。""花多谷少，富者愈富，贫者愈贫。"⑨ 据光绪年间方志载：恩县"木棉运至周村、潍县等处销售，系陆运，每岁约几千万斤，为本境之大宗。"⑩

[河南] 入清以后，棉花种植又有发展，尹会一谓："今棉花产于豫省，而商贾贩于江南。"⑪据康熙年间记载：延津宜种植花，"分地之半种棉"⑫。卫辉府物产"唯有棉花一种，为布御寒"⑬。雍正间记载，临漳县"询诸父老，佥谓邺素树桑育蚕，因植棉者广，悉纺棉，而蚕事渐疏。"⑭ 据乾隆年间方志记载：偃师农民"以棉花为急务，收花之利，与五谷等。"⑮ 武安县"广出木棉，见于明志，今犹昔也。盖地多沙田，宜于种棉，因志为货特之冠。"⑯ 洛阳县种棉花，以"万安山之阴，种尤多"⑰。据张九钺称：河南北

---

① 康熙《濮州志》卷 11。
② 嘉庆《清平县志》，《户书》，第 15—16 页。
③ 乾隆《历城县志》卷 5。
④ 嘉庆《寿光县志》卷 9《食货》。
⑤ 道光《东阿县志》卷 2。
⑥ 道光《长清县志》卷 2。
⑦ 道光《巨野县志》卷 23。
⑧ 道光《胶州志》卷 14。
⑨ 徐宗干：《斯未信斋文编》卷 1，《致侯理庭太守》。
⑩ 光绪《恩县乡土志》，《商务志》。
⑪ 《河南巡抚尹会一奏疏》，见光绪《畿辅通志》卷 231。
⑫ 康熙《延津县志》卷 9。
⑬ 《古今图书集·成职方典》卷 412《卫辉府物产考》。
⑭ 陈大玠：《重刻蚕书跋》，见光绪《临漳县志》卷 16。
⑮ 乾隆《偃师县志》卷 5。
⑯ 乾隆《武安县志》卷 11。
⑰ 乾隆《重修洛阳县志》卷 2。

部"三川棉花之利，盈于粟、麦"。《拾棉曲》云："孟冬朔日天暄和，黄云飞雪棉桃多；嵩邙巩洛五百里，高下原隰花骈罗。……今秋棉花三倍前，家家堆满黄金钱"[1]。光山县"亢爽之地，入夏尽艺木棉"[2]。项城县"近来乡间种棉花较多于昔"[3]。杞县，该邑产棉花，与蓝靛、芝麻共为两税之资。[4] 兰阳土原隰，"皆以种花为宜，其利益有加于禾麦，民多以此为生养之计。"[5] 乾隆末年，据道光年间方志载：安阳县境"正西及西南、西北一带，地处高阜，种棉者十之六七，种麦禾者十之三四。"[6] 太康县"康邑多种木棉，其利赖之"[7]。

[直隶] 入清后，河北种棉花之地有扩展。方观承曰："臣备员畿辅，优见冀、赵、深、定诸州属，农之艺棉者十之八九，产既富于东南。"[8] 束鹿县志载：货有棉花。[9] 至光绪时，束鹿县"本境城北数疃多种棉花，双井疃尤甚，每年种十之七八"[10]，每年外销棉花约三百万斤。永年县"秋后，客来收木棉"[11]。安肃县种棉花，"其利甚溥……土民皆利赖焉"[12]。畿辅旧志载：如保定以南各县州，凡好地多种棉花。[13] 保定、正定多种棉花。[14] 至乾隆时，情况有很大变化，河南巡抚尹会一奏称："保定以南，以前凡好地者皆种麦，今则种棉花。"[15] 乾隆间：博野县农作物以"木棉为盛"[16]。河间府"宁津种棉者几半县，岁无大水，其利倍入"[17]。永平府棉花"各邑皆

---

[1]　张九钺：《拾棉曲》，见《中国农学遗产选集·棉》上编。
[2]　乾隆《光山县志》卷13。
[3]　乾隆《项城县志》，《方产志》。
[4]　乾隆《杞县志》卷8《物产》。
[5]　乾隆《兰阳县续志》卷8《艺文志》。
[6]　王凤生：《河北采风录》卷2，《张泌诚覆禀》。
[7]　道光《太康县志》卷5《物产》。
[8]　光绪《赵州直隶州志》，《物产志》，引方观承《进呈棉花图疏》。
[9]　康熙《束鹿县志》，《土产志》。
[10]　光绪《束鹿县志》卷12。
[11]　雍正《永年县志》，《风土志》。
[12]　乾隆《安肃县志》，《方产志》。
[13]　黄可润：《畿辅见闻录》，转见《中国资本主义萌芽问题讨论集》上册，第351页。
[14]　乾隆《正定府志》卷12。
[15]　黄可润：《畿辅见闻录》。
[16]　乾隆《博野县志》，《物产》。
[17]　光绪《畿辅通志》卷74《河间府志》。

有，滦（州）乐亭为多"①。无极县货之属有棉花。② 新乐县 "近颇种棉。熟时，妇女孺子盈襁盈匡，计斛受雇"③。道光间：栾城土地 "四千余顷，稼十之四……木棉十之六，晋豫商贾云集"④。南宫县 "数十年来，广种棉花"⑤。太康 "农以木棉为主，其利最长"⑥。光绪间：吴桥县 "不种桑麻种木棉"⑦，新河县 "自方敏恪公教种木棉后，夏秋之交，绿云白云遍铺郊原，更值丰年，居然乐土矣!"⑧ 该县至民国时，"邑有花神庙之祀，则棉播种之盛，可想见矣!"⑨《广平府志》称：棉 "郡境植者最多"⑩。

[山西] 清代 "晋省诸郡皆有之"⑪。早期以晋南地区蒲州、解州、绛州等地为集中。康熙间：平阳府种棉花，"府境俱有，蒲、解州尤多"⑫。乾隆间，永乐县志称：木棉，晋省各郡皆有之，"唯永乐所出独多"，永乐人艺者于河壖，不计顷亩，岁无霜潦及河水所败则大收，"赖其用焉"⑬。 辽州为硗确之地，民艺黍毕多逋荡，在知府卫诣授种棉、养蚕法推动下，不数年，"布绢之利赖及他郡"⑭。嘉庆《介休县志》载：自万历年间引种棉花以来，"至今利焉"⑮。至清末，产棉最盛为虞乡、猗氏，岁收约一百万斤，歉年亦收五十五万至七十万斤不等；次则为解州、绛州、河津、芮城；又次则临晋、安邑、平陆、稷山等县。⑯

[湖北] 种棉比前代有所扩展。康熙间：广济县 "棉花，以龙、武两镇

① 乾隆《永平府志》，《物产》。

② 乾隆《无极县志》，《物产志》。

③ 乾隆《正定府志》卷11，《风俗志》。

④ 道光《栾城县志》，《物产》。

⑤ 道光《南宫县志》卷6。

⑥ 道光《太康县志》卷3《风俗》。

⑦ 吴名凤：《北吴歌并序》，见光绪《吴桥县志》卷12。

⑧ 光绪《新河县志》，《风俗》。

⑨ 民国《新河县志》，《社会经济》。

⑩ 光绪《广平府志》卷18《物产志》。

⑪ 乾隆《蒲州府志》卷3《物产》。

⑫《古今图书集成·方舆汇编·职方典》卷323《平阳府部》。

⑬ 乾隆《蒲州府志》卷3。

⑭ 光绪《山西通志》110。

⑮ 嘉庆《介休县志》卷4。

⑯ 农工商部编：《棉业图说》卷3，《中国棉业现情考略》。

为佳"①。乾隆间：襄阳府"棉花以枣、光二邑为多，谷城庙滩有绢……皆货属也"②。天门县"尤广植木棉"，"至赁佣之值，当栽插锄铲时甚昂，多悉力争倩"③。随州"随地户种木棉，人习为布，秋熟后，贾贩鳞集，随民多恃此为生计"④。同治间：应山县"唯棉花为民利"⑤。光绪间：汉川县"产棉恒广"⑥。蕲水县"多植棉花"⑦。据郑昌淦研究：武昌府属 9 县 1 州，除兴国州不产棉外，其余县均产棉花；荆州府属各县，除远安县外皆产棉；襄阳府属 6 县 1 州，除均州外，其余 6 县皆产棉花；郧阳府属 6 县，除保康不产棉外，其余县均产棉。⑧

〔湖南〕棉花种植较迟，到清代才发展起来。产棉区主要在洞庭湖滨和湘江两岸。《岳州府志》载："棉花多产巴（陵）、华（容）"⑨。巴陵县"近城及河西产木棉"⑩。慈利"棉出县附郭及溇（水）以北，而在溇北者良，贩者多捆以入蜀及鄂西鄙。盖慈利之棉盛矣！"⑪ 又云，其县龙窝宜木棉，"木棉，县号大产……岁货缗钱不下十万"⑫。临湘县"泽民以取鱼、种棉为生"⑬。澧州直隶州属："澧境盛产棉花，谓之花地"⑭。安福县种棉花，"唯大河两岸居多"⑮。石门县"木棉，地产所宜"⑯。郴州"棉花多产永（兴）、宜（章）"⑰。《辰州府志》载："辰郡近多种者，苗民亦皆植

①　同治《广济县志》卷 1。
②　乾隆《襄阳府志》卷 6。
③　乾隆《天门县志》卷 1。
④　乾隆《随州志》卷 3。
⑤　同治《应山县志》卷 8。
⑥　同治《汉川县志》卷 6。
⑦　光绪《蕲水县志》卷 2。
⑧　郑昌淦：《明清农村商品经济》，中国人民大学出版社 1989 年版，第 226—227页。
⑨　乾隆《岳州府志》卷 12。
⑩　嘉庆《巴陵县志》，《风俗志》。
⑪　光绪《慈利县志》，《物产志》。
⑫　光绪《慈利县志》，《山水志》。
⑬　同治《临湘县志》，《风俗志》。
⑭　同治《澧州直隶州志》，《风俗志》。
⑮　同治《安福县志》卷 25《物产》。
⑯　同治《石门县志》，《风俗志》。
⑰　嘉庆《郴州直隶州志》，《物产志》。

之"；沅陵县"乡村多种棉花"；凤凰厅"各乡村多莳棉花"。① 又载：辰州府"棉花出永明、江华二县"②。沅州府属种棉花，"郡中多树艺者"③。武陵县"滨沅诸地，沙丰而土薄，居人多以种棉"。"其产于取给一邑外，为行贾捆载以去者，岁又数十百万"④。

[四川] 据乾隆间方志载：石柱厅"厅地产棉花"⑤。屏山县"邑尽山地，多产棉花，妇女半以纺织为业"⑥。潼川府种棉花，"潼川艺之者尤众……一遇阴霪渐沥，相顾失色。"⑦ 简阳州旧志载："木棉。州属多种红花，今则渐种棉，始知其利倍于红花矣。"⑧ 嘉庆间，《威远县志》载："棉花，县地多山少水，土性所宜，可抵稻谷之半，而商贩集焉。"⑨ 道光间方志载："今夔属开县、万县皆出棉。"⑩ 《仁寿县志》载：木棉"邑人种之，利与种田等，亩可二十斤"⑪。蓬溪"木棉产县地。县西蓬莱镇、河边场、大堰场、钱家井、石畈滩、崇报寺、老鹳滩等处为盛"⑫。光绪《遂宁县志》载："今乡坝宜棉花之地，皆广种而丰收。每年运贩出境已达二三百万斤。"⑬ 合江县光绪末始种棉花，"比年家种户植，渐成巨宗，销行朱家沱、松溉各市，年值银数万两"⑭。

[东北] 尤其是奉天地区，种棉日多，乾隆十年，御史和其衷奏疏称："奉天各地多宜棉……率皆售于商贾，转贩他省。"⑮ 《盛京通志》亦称："今辽阳、盖平、海城亦多种棉"，"收时尚行远省"。⑯

---

① 乾隆《辰州府志》，《物产志》。
② 《古今图书集成职方典》卷1277《辰州物产考》。
③ 乾隆《沅州府志》卷24。
④ 李至祯：《武陵土产表》，见《农学丛书》初集。
⑤ 道光《石柱厅志》，《物产·第九》。
⑥ 乾隆《屏山县志》卷1。
⑦ 乾隆《潼川府志》卷9《图说》。
⑧ 民国《简阳县志》卷19《食货篇》。
⑨ 嘉庆《威远县志》卷1《物产》。
⑩ 道光《夔州府志》卷14。
⑪ 道光《仁寿县志》卷2《户口志·土产》。
⑫ 道光《蓬溪县志》卷15。
⑬ 民国《遂宁县志》卷8《物产》。
⑭ 民国《合江县志》卷2《食货》。
⑮ 和其衷：《陈盛京边防民食疏》，见《皇清奏议》卷142。
⑯ 乾隆《盛京通志》卷27。

此外，陕西、甘肃、新疆、福建、广东、广西、贵州、云南都有植棉记载。[①] 如新疆，据乾隆时参赞大臣伊勒图奏明："每年由叶尔羌、和阗等处额运棉花一万五千斤存库收贮，每岁八旗官兵分买。"祁韵士记载：吐鲁番、古高昌国，地极饶沃，"所产棉花遍地"。光绪间，吐鲁番"岁产草棉三百余万斤"，"由伊犁出俄地销行者十之六，由归化城入内地销行者十之三，在本境及省城一带行销者十之一。"

2. 蚕桑

明代时，桑树的种植虽然受木棉发展的影响，但依旧受政府重视，有些地区仍然很盛。明洪武九年六月乙未，朱元璋曰："农桑衣食之本，学校风化之源。"[②] 把种桑与培养人才相提并论，可见朱元璋对农桑的重视。十八年，太祖朱元璋再次提倡发展农桑，对户部臣曰："人皆言农桑衣食之本，然弃本逐末，鲜有救其弊者。先王之世，野无不耕之民，室无不蚕之女，水旱无虞，饥寒不至。"[③] 下令：有"田五亩至十亩者，栽桑麻木棉各半亩，十亩以上倍之。"[④] 二十七年，令户部移文天下，课百姓植桑枣。又以湖广辰、永、宝、衡等处宜桑，而种者少，命于淮、徐取桑种二十石，送其处给民种之。洪熙元年下达："督民以时栽种，仍遣官巡视"[⑤] 规定。

[浙江] 洪武十年，"杭州府属九县，夏税丝二万五千五百九十斤八刃有奇，下历永乐、宣德、正统、景泰、天顺，历届渐增，迨成化八年，载税丝有六十一万四千二百十两有奇，较洪武时几倍。……益知杭州府属九县产丝之盛自昔已然"[⑥]。明宣德七年间，吴江有桑"四万四千七百四十六株"[⑦]。弘治年间，严州及於潜等县，"民多种桐漆桑柏麻苎，绍兴多仰桑茶苎，台州多种桑柏。"[⑧] 湖州府，史称"桑麻万顷"，民"以蚕为田，故胜

---

①　参见陈树平主编《明清农业史资料（1368—1911）》，社会科学文献出版社 2013 年版，第三章第一节《棉花》，第 377—437 页。（此后再引该书时，不再列出版社及出版时间，特此注明）

②　《洪武实录》卷 106。

③　《明洪武实录》卷 175。

④　徐光启：《农政全书》卷 3，《农本·国朝重农考》。

⑤　徐光启：《农政全书》卷 3，《农本·国朝重农考》。

⑥　宣统《杭州府志》卷 81。

⑦　乾隆《吴江县志》卷 5。

⑧　陆容《菽园杂记》卷 13。

意则增饶，失意则农困"，"尺寸之堤，必树之桑"。① 嘉靖《吴典掌故》载："蚕桑之利，莫盛于湖"②。又有人称："傍水之地，无一旷土，一望郁然"③。茅处士一家，在唐家村上"种桑万余"④。王士性称："浙十一郡，惟湖最富。盖嘉、湖泽国，商贾舟航，易通各省，而湖多一蚕，是每年两有秋也。"⑤ 崇德"田地相埒，故蚕务最重"⑥。海盐县原不植桑养蚕，至天启年间始兴蚕利，时人记载："桑柘遍野，无人不习蚕矣"⑦。洪武二十九年，朱元璋以湖广诸郡宜桑而种之者少，"命于淮安府及徐州取桑种二十石，遣人送至辰、沅、靖、全、道、永、室庆、衡州等处，各给一石，使其民种之。"⑧

[江苏] 苏州在有明一代，仍是植桑养蚕重地，高启《蚕妇词》云："三眠蚕起食叶早，陌头桑树空枝柯。新妇守箔女执筐，头发不梳一月忙。"⑨ 可见养蚕之多和劳累。正德年间，松江府在官府劝导下，蚕桑"一时种植成林……今西南乡近嘉兴者，所植犹盛"⑩。成化年间，邓敏任云南楚雄府知府，教民种桑养蚕，"敏为之市种子，置器物，教民艺植，养蚕纺织。"⑪ 万历年间，楚雄府知府侯文才，教民植桑养蚕，"文才教之蚕桑，勤者赏，惰者罚，布帛之利以兴"⑫。嘉靖至万历年间，干崖宣抚司"境内甚热，四时皆蚕。"⑬

[山东] 嘉靖年间，登州府黄县"官民桑六万四百一十一株"⑭。嘉靖末年，河南陈州知州杨堪教民种桑，"邑有不毛之地二百顷，教之种桑，民

---

① 谢肇淛：《西吴枚乘》，见《湖州府志》卷29。

② 光绪《孝丰县志》卷4。转见陈树平主编《明清农业史资料（1368—1911）》第二册，第445页。

③ 《湖州府志》卷10，引《菰城文献》。

④ 唐顺之：《荆川文集》卷16，《茅处士妻李儒人合葬墓志铭》。

⑤ 王士性：《广志绎》卷4。

⑥ 顾炎武：《天下郡国利病书》，原编第22册《浙江下》。

⑦ 天启《海盐者图经》卷4《方域篇》。

⑧ 《明太祖实录》卷246。

⑨ 同治《苏州府志》卷20《物产》。

⑩ 光绪《松江府续志》卷6。

⑪ 万历《云南通志》卷10。

⑫ 乾隆《云南通志》卷19。

⑬ 万历《云南通志》卷4。

⑭ 同治《黄县志》卷3。

利赖焉"①。

清代，由于气候变迁和棉花种植面积不断扩大，植桑养蚕地方已大为减少，由于政府重视和引导，如清圣祖为"桑赋"，高宗时，编《授时通考》，以蚕桑终编。② 高宗还特地为推广山蚕作指示。③ 因此，适于植桑养蚕的浙江、江苏、四川、广东地区，则继续发展。柞蚕在山东、贵州两地也得到迅速发展。清后期，在外贸发展推动下，蚕桑业有过一段繁荣期。下面，分省进行论述。

[浙江] 湖州植桑，"潦水之地，无一旷土，一望郁然。"④ 或谓蚕事"湖人尤以为先，其生计所资，视田几过之。"⑤ 长兴县"无一农不精于治桑者"⑥。咸丰七年，王韬游湖州府平湖县时记载："由嘉兴至此（平湖），沿河皆种桑林，养蚕取丝，其利百倍，诚东南生民衣食之源也。"⑦ 长兴县"农桑并重，而湖俗之桑，利厚于农。自夷人通商，长兴岁入百万计。"⑧ 乌程县南浔已是"无不桑之地，无不蚕之家"⑨。德清县"无地不桑，季春孟夏时，无人不蚕"⑩。吉安州"山乡亦皆栽桑"⑪。武康县"蚕桑尤大利所归"⑫。《嘉兴府志》载："公私仰给，唯蚕丝是赖，比户以养蚕为急务。""蚕荒则田芜，揭债鬻子，惨不免矣。"⑬ 石门植桑之多，至"不可以株数计"⑭。桐乡"蚕不稔，则公私俱困"⑮。秀水县在乾隆时，"阡陌间强半植

① 道光《济南府志》卷52。
② 刘光蕡:《烟霞草堂文集》卷2，《蚕桑备要序》。
③ 《清高宗实录》卷204。
④ 乾隆《湖州府志》卷10，引《菰城文献》。
⑤ 乾隆《湖州府志》，《蚕桑总论》。
⑥ 同治《长兴县志》卷8。
⑦ 王韬:《漫游随录》。
⑧ 同治《长兴县志》卷8。
⑨ 咸丰《南浔镇志》卷21。
⑩ 康熙《德清县志》卷4
⑪ 乾隆《吉安州府》卷8。
⑫ 道光《武康县志》卷5。
⑬ 嘉庆《嘉兴府志》卷32《农桑》。
⑭ 光绪《嘉兴府志》卷32，引《石门邝志》。
⑮ 张履祥:《补农书》。

桑"①。杭州府九县"皆养蚕缫丝，岁入不赀"②。临安"田少山多……只竭力农桑，以给公输"③。於潜"邑中户户养蚕"④。富阳县东南、西南两乡蚕桑最盛，"每有新涨沙地，皆种桑树"⑤。

[江苏] 苏州府沿太湖一带州县，是种桑养蚕重地。吴江植桑，"乡间殆无旷土……通计一邑，无虑四十万株"⑥。"环太湖诸山，乡人比户蚕桑为务"⑦。吴江黎里以"丝之丰歉"，作为"小民有岁无岁之分"⑧ 的标准。震泽县"桑，所在有之……乡村间殆无旷土"⑨。镇江溧阳县"育蚕植桑向唯姜笡、新昌两村鼓舞利导"⑩。金陵南乡"率以饲蚕为业"⑪。丹阳县兵燹后，"不十年，桑阴遍野"⑫。太湖厅"桑，出东西两山，东山尤盛，蚕时设市，湖南各乡镇皆来贩鬻"⑬。同治间，昆山县"邑民植桑饲蚕……成为恒业"⑭。光绪志称：丹阳县在大吏采湖桑教民种植后，不十年，桑阴遍野，"岁获利以十数万计。"⑮

据方行先生研究，苏、杭、嘉、湖四府共三十余县，其中有种桑养蚕记载的县达二十五个，几乎县县都务蚕桑。地方千里，连成一片，成为当时全国最重要的蚕桑产区。⑯ 由于江浙蚕桑业发展，至顺康年间，吴丝衣天下，聚于双林，吴越闽番，至于海岛，皆来市焉。⑰

[四川] 桑蚕生产，由于明末清初战乱，荒废殆尽。直至康熙年间才逐

---

① 张仁美：《西湖纪游》。
② 光绪《杭州府志》卷80。
③ 康熙《临安县志》，《风俗志》。
④ 嘉庆《於潜县志》卷10《食货志》。
⑤ 光绪《富阳县志》卷15。
⑥ 乾隆《吴江县志》卷5。
⑦ 顾禄：《清嘉录》卷4。
⑧ 乾隆《黎里志》，转见郑昌淦《明清农村商品经济》，第258页。
⑨ 乾隆《震泽县志》，《物产志》。
⑩ 乾隆《溧阳县志》卷4。
⑪ 陈作霖：《金陵物产风土志》。
⑫ 光绪《丹阳县志》，《物产志》。
⑬ 吴曾：《太湖备考》卷6。
⑭ 光绪《昆新两县续修合志》卷8《物产》。
⑮ 光绪《丹阳县志》卷29。
⑯ 方行、经君健、魏金玉主编：《中国经济通史·清代经济卷》（上），中国社会科学出版社2007年版，第263页。
⑰ 唐甄：《潜书》下篇，《教蚕》。

渐得到恢复，此后有很大发展，成为清代第二个养蚕大省。绵竹县康熙年间引进蚕桑，"蚕丝之利自此始"①。《新繁县志》载："蜀号蚕丛，蚕固蜀之利也。今顺潼之州县，家以为业，而眉州亦多。成属之利不在蚕，然饲者亦十室而四。"② 彭县"邑多桑拓，务蚕事"。新津县"邑人喜蚕桑"③。郫县"满园桑柘绿依依，蚕事川西亦未稀"④。光绪年间，郫县引进日本夏蚕，"其饲养之功更捷，其收茧之利倍厚"⑤。《阆中县志》载："至人家隙地，在在皆种者，则无过于桑"；"邑中地利物产，固当以蚕桑为甲。"⑥ 什邡县徐家场"乡民栽桑养蚕，每岁获丝甚多"。潼州府属三台县"力稼穑，务蚕桑"。射洪妇女"率以蚕绩为事，故城乡多种桑麻"⑦。奉节县在蒯德模导向下，"种桑二十二万有奇"⑧。盐亭县"无产之人，均以植桑养蚕为业"⑨。荣昌县"民间勤于蚕桑"⑩。青神县"妇女当春采桑饲蚕，日夜奔忙"⑪。乐山县养蚕，《嘉州杂咏》云："蚕丛非旧日，蚕利独能兼。户解栽桑拓，人工织素缣。征材充贡赋，通贩到滇黔。"⑫ 石柱厅，道光年间，"近有饲蚕获利者。日增月盛，利益溥矣"⑬。此外，四川还有山蚕生产。在道光以后，山蚕放养发展势头很猛。綦江县虽然饲养山蚕时间较晚，但发展很快。当地"民间称栎树为青枫，从不知其可以养蚕"。道光初年"始学为之，十余年来，种桑养蚕者渐多"⑭。到道光末年，每岁二、三月，山陕之客云集，马驼舟载，本银百余万之多。⑮

[广东] 蚕桑生产主要集中在顺德、南海、香山、鹤山等县。入清以

---

① 光绪《绵竹县乡土志》，《政绩》。
② 同治《新繁县志》，《风俗》。
③ 道光《新津县志》卷29。
④ 李馨：《春晚连日村行杂韵》，见嘉庆《郫县志》卷35。
⑤ 光绪《郫县乡土志》，《物产》。
⑥ 咸丰《阆中县志》卷3。
⑦ 以上三县资料，转见郑昌淦《明清农村商品经济》，第268—269页。
⑧ 蒯德模：《带耕堂遗诗》卷首。
⑨ 乾隆《盐亭县志》。
⑩ 光绪《荣昌县志》，《风俗志》。
⑪ 光绪《青神县志》，《风俗志》。
⑫ 袁凤孙：《嘉州杂咏》，见嘉庆《乐山县志》卷12。
⑬ 道光《石柱厅志》卷九《物产》。
⑭ 道光《綦江县志》卷10。
⑮ 同治《綦江县志》卷10。

后，塘基种桑继续发展，至康熙末年，南海县九江乡、顺德县龙江乡、龙山乡、鹤山县坡山乡四乡，以及南海县的海州、镇涌、金瓯、绿潭、沙头和大同六乡，连成一片，形成以九江乡为中心的桑基鱼塘专业生产区。乾隆年间，当地蚕桑业受出口需求拉动，得到进一步扩展，纷纷"弃田筑塘，废稻树桑"①。南海九江乡"自乾嘉以后，民多改业桑鱼，树艺之夫，百不得一"，"一乡之中，塘居其八，田居其二。"② 嘉庆时，张鉴说："粤东南海县属毗连顺德县界之桑园，周回百余里，居民数十万户，田地一千数百顷，种植桑树以饲春蚕，诚粤东农桑之沃壤。"③ 道光年间，鹤山县坡山，唯敦乡民"皆以蚕为业，几于无地不桑，无人不蚕。"④ 光绪后，该县的平洲堡："近二十年来，遍地皆种桑麻。"又称"傍海疍民多业桑蚕，岁获厚利。"⑤ 东莞县志称："广州蚕桑之利，顺德称首，南海次之莞未之前闻。……前三十年刷，诸缙绅立普善堂，提倡蚕桑……自是播种渐兴，峡内、石步、周屋、厦半、仙山诸乡，产丝尤夥"⑥。

[山东] 既种桑养蚕，也放养山蚕。据记载，顺治间招远县："招邑多桑，其利甚溥，叶可饲蚕。"⑦ 登州府"农作物外，间治蚕桑"⑧。康熙间，邹平县"长、醴二乡多蚕桑，贸丝、织绢殊饶"⑨。乾隆间，黄县袁中立劝谕新植桑枣等树，共计一万九千二百七十四株。同治初年"蚕蕃息，桑叶连株一斤直（值）钱五十，有民家蚕将熟，因桑不给，弃诸田野"⑩。莱芜县："蚕，莱芜人好种桑"⑪。道光间，武城县令龚璁，劝民种桑，"数年后，桑柘蔚然，民获其利"⑫。

---

① 方行、经君健、魏金玉主编：《中国经济通史·清代经济卷》（上），中国社会科学出版社 2007 年版，第 266 页。

② 道光《九江儒林乡志》卷 3、卷 5。

③ 张鉴：《雷塘庵主勇子记》卷 5。

④ 道光《鹤山县至》卷 2。

⑤ 宣统《南海县志》卷 4《物产志》。

⑥ 宣统《东莞县志》卷 13。

⑦ 顺治《招远县志》卷 5《物产》。

⑧ 顺治《登州府志》卷 8。

⑨ 康熙《邹平县志》卷 8。

⑩ 同治《黄县志》卷 3。

⑪ 乾隆《泰安府志》卷 2。

⑫ 宣统《山东通志》卷 76。

山东是山蚕主要产地。张新《齐雅》载："山桑，叶大于常，登、莱、青、兖四府凡有山谷之处，无不种植。不论顷亩，以一人所饲为一把手，有多至千手之家。"① 沂州府"弥山遍谷，一望蚕丛"②。孙廷铨《山蚕说》称："山蚕齐鲁诸山所在多有……而以沂水所产为最"。沂水县令吴树声说："沂多山，山必有场，种勃罗（槲树）以蚕。岁出山茧、山绸无算"③。乾隆间，《诸城县志》载："其利最久且大者，曰山蚕。蚕养于槲与柞，皆名不落树。树生于山，春秋两次，蚕老吐丝"，"织为山绸，而衣被南北"④。栖霞县"自康熙二十年诸城人教之植柞树，饲山蚕成茧。今三叫诸社为多，然视诸城、沂水不及十分之一。"⑤ 宁海州在李湖向导下，"养山蚕，民食其利"⑥。泰安府七属山麓殆遍种槲树，放养山蚕，为利溥矣。⑦ 登、莱、青三府属多山，饲养野蚕，"获利甚广"⑧。

[河南] 种桑者也多。康熙年间记载："汴梁四野之桑高大沃若，吴越远不逮也。"⑨ 长葛县令刘大观，导民种桑，"今有成林者，民赖为利。"⑩ 嵩县在县令康其渊主持下，劝民植桑十万余株，"不数年，列树遍阡陌，东西各纵横。"⑪ 密县"出茧多"⑫。鹿邑县"邑重蚕桑"⑬。项城"货之属曰丝"⑭。至乾隆时，河南饲养山蚕有所发展。河南巡抚硕色奏称："查豫省开封、彰德、怀庆、河南、南阳、汝宁及汝州、陕州、光州等府州属产有柞槲等树，可喂山蚕。近有东省人民携茧来豫，伙同放养，俱已得法。"⑮ 鲁

① 《沂水桑麻话》。
② 乾隆《栖霞县志》卷 1。
③ 《沂水桑麻话》。
④ 乾隆《诸城县志》，《方物志》。
⑤ 乾隆《柄霞县志》卷 1。
⑥ 宣统《山东通志》卷 76。
⑦ 乾隆《泰安府志》卷 2。
⑧ 《光绪会典事例》卷 168《户部十七·田赋》。
⑨ 康熙《武陟县志》，《艺文·种树说》。
⑩ 道光《许州志》卷 4。
⑪ 乾隆《嵩县志》卷 15《食货》。
⑫ 嘉庆《密县志》，《物产志》。
⑬ 光绪《鹿邑志》，《物产志》，引《佩弦斋杂记》。
⑭ 宣统《项城县志》，《物产志》。
⑮ 《清高宗实录》卷 225。

山在乾隆时开始饲养山蚕，并获成效："近有放山蚕者，遂成行货。"① 林县"土人就城放蚕"②。

[陕西] 乾隆间，巡抚陈宏谋称："现在城固、洋县蚕利甚广。"③ 华西"四境多桑，蠓丝极丰。"④ 汉中府在知府滕天绥教民栽桑指导下，洋县县令邹溶，"奉行罔懈，遍劝境内，无不栽桑，二年之间，共劝栽桑一万二千二百余株。嗣后，犹岁岁督劝不已，年年增益。"到乾隆初，"汉南地署，蚕桑大举，独洋县最盛，而民富。""汉中一岁所出之丝，其利不下数十万金。"⑤ 巡抚陈宏谋在陕西也大力推广养蚕，"募江浙善育蚕者导民蚕，久之利渐著"⑥。至乾隆十一年，"通省增植桑树已及数十万株"⑦。嘉庆十三年，汉阴厅钱鹤年劝民饲蚕，"自此，民竞树桑，地无旷土矣"，"四乡饲蚕取丝、织绸作线者大有成就"⑧。除桑蚕外，宁羌州和兴平县有山蚕。康熙间，羌州知州刘棨教民放养山蚕，到道光年间，该州丝品"贩行川广，获利已属不赀"⑨。兴平县槲柞满坡，杨屾于雍正七年引进沂水蚕种，到乾隆初，已"岁岁见收，近来邻邑亦有慕效者"⑩。

[东北] 饲养山蚕"起于乾嘉年间，盛于咸同之际"⑪。据乾隆年间记载："奉省所属锦（州）、复（县）、熊（岳）、盖（平）等处，沿山滨海，山多柞树，可以养蚕，织造茧绸。现在，山东流寓民人，搭盖窝棚，俱以养蚕为业。春夏两季，放蚕食叶，分界把持。事毕，则捻线度日。"⑫ 据方行研究，东北所产柞蚕丝，除在当地生产一小部分土矿外，大部分运往山东宁海州、栖霞一带，在该处制造茧绸。⑬

---

① 乾隆《鲁山县志》卷1《物产》。

② 乾隆《林县志》卷5《风土》。

③ 陈宏谋：《巡历乡村兴除事宜檄》，见《培远堂偶存稿》卷19。

④ 康熙《续华州志》卷3。

⑤ 杨屾：《豳风广义》。

⑥ 《陈宏谋传》，见《清史稿》卷307。

⑦ 《清高宗实录》卷265。

⑧ 嘉庆《汉阴厅志》卷2。

⑨ 光绪《宁羌州志》卷5。

⑩ 杨屾：《豳风广义》。

⑪ 徐世昌：《东北三省政略》卷11。

⑫ 《清高宗实录》卷556。

⑬ 方行、经君健、魏金玉主编：《中国经济通史·清代经济卷》（上），中国社会科学出版社2007年版，第268页。

　　［贵州］柞蚕的发展始于遵义。乾隆七年，遵义府知府陈玉璧"始以山东槲茧蚕于遵义"，以后各地逐渐发展起来。到道光间，"纺织之声相闻，槲林之阴迷道路。""秦晋之商、闽粤之贾，又时茧成来墆鬻，捆载以去……使遵义视全黔为独饶。"① 顾青虹称："遵义之柞蚕业，以嘉道年间产丝最为旺盛，丝绸出产价值年达七八万元之多。"② 李宗昉谓："遵义蚕事最勤，其丝行楚、蜀、闽、滇诸省。村落多种柘树，茧客至春时，买其树放蚕于上，茧成老收取之。"③ 道光四年，地方官又在安顺府推广山蚕，至咸丰间，已是"种橡益多，放蚕益广"④。道光间，"正安每年有二十余万出息"。⑤ 由于山蚕养殖业发展，这里还派生了专售蚕种的"烘户"。"烘户者，专烘种待售，凡村落皆有之。"⑥

　　其他各省种植情况不再赘述。据《清朝续文献通考》记载，至光绪年间，各省桑蚕发展情况是：桑蚕以江苏、浙江、广东、四川为最盛，次湖北，次湖南、江西、安徽、福建、广西。江苏养蚕区域为苏州、常州、镇江、江宁、松江诸府，南通亦有，全省产茧年二三千万斤。浙江以杭州、嘉兴、湖州三府属称极盛，次则绍兴、宁波、金华、台州，茧产年八九千万斤，称全国第一。四川以成都平原为主要，保宁、顺庆、崇庆诸属次之，产茧年六七千万斤。广东以珠江三角洲为最多，顺德、南海、番禺等县其中心也，茧额年七八千万斤。湖北以汉川、沔阳、嘉鱼、当阳、宜都等县为主要，茧额年约一千万斤。此外如湖南之长沙、辰州、永州，福建之延平、邵武、兴化，安徽之池州、宁国、太平，均茧市，亦颇重要。⑦

　　3. 苎麻

　　明大学士丘濬称："自古中国布缕之征，惟丝、枲二者而已，今世则又加以木棉焉"⑧。王祯称："苎有二种：一曰紫麻，一曰白麻，本南方之物，

①　道光《遵义府志》卷16。
②　顾青虹：《黔省柞蚕问题》。
③　李宗昉：《黔记》，见《小方壶斋舆地丛钞》第7帙。
④　咸丰《安顺府志》卷17。
⑤　《山左蚕桑考节录》，见道光《续武城县志》卷7《凤俗物产》。
⑥　道光《遵义府志》卷16。
⑦　刘锦藻：《清朝续文献通考》卷385，《实业八》。
⑧　丘濬：《大学衍义补》。

近河南亦多艺之"①。王象晋《群芳谱》载:"苎,绩麻也。有二种,一种紫麻,一种白苎。出荆、扬、闽、蜀、江、浙,今中州亦有之。……每岁三刈,每亩得麻三十斤,少亦不下二十斤。每斤三百文,过常麻数倍。又有一种山苎,颇相似。"又载"葛……处处有之,江、浙尤多。"② 福建延平府将乐县、大田县多苎布之利。据何乔远称:万历间,将乐"乡有苎布之利",大田"平衍有种苎纺麻之利"。③《大田县志》载:"小民亦习于本业,第田不足居十之一,土棉利薄,小民半硗确山中,惟倚苎麻。"④

到清代,随着棉花种植日广,北方地区种麻者已不太多,但还是有。张之洞说:麻"特其质粗易生,故中国各省皆有之,南至吴楚闽广之泽国,西至黔蜀之山乡,北至燕赵之平陆,处处皆宜。"⑤ 苎麻产地只保留在南方诸省。据吴其濬称:"江南安庆、宁国、池州山地多有苎。而以江西、湖南及闽粤为盛。江西之抚州、建昌、宁都、广信、赣州、南安、袁州苎最饶"。"湖南则浏阳、湘乡、攸县、茶陵、醴陵皆麻乡"。⑥ 由于社会经济发展,加上南方地区夏天燠热,"服葛者日众"⑦,亦由于"栽麻可获厚利也。……以夏麻百斤所值,较麦价则多两倍,以秋麻百斤所值,较旱田豆谷杂粮之价则多三四倍,即较水田稻价,亦多一倍"⑧。由于经济价值高,除原产区种植有发展外,还出现一些新产区。种苎麻者还不少。

[福建] 种苎遍及各郡县,郭柏苍说:"苎……其用甚广,诸郡皆种"⑨。据方行先生等研究:福建,"特别是山区居民,往往穿棉布少而穿麻布多,因此,葛与麻的种植甚为普遍。浦城、连江、福清、永福诸县均盛产苎麻"⑩。据郑昌淦先生研究,福州府属有9县,兴化府属2县,泉州府属有5县1厅,永春直隶州所属有2县,漳州府属6县1厅,龙岩直隶州属

---

① 王祯:《农书》。
② 王象晋:《群芳谱桑麻葛谱》,第150、153页。
③ 何乔远:《闽书》卷38。
④ 万历《大田县志》,《风俗志》。
⑤ 张之洞:《创设制麻局请暂免税厘并请敕各省伤办》,见《张文襄公奏稿》卷42。
⑥ 吴其濬:《植物名实图考》卷14,《隰草类》。
⑦ 叶梦珠:《阅世编》卷7。
⑧ 黄厚裕:《栽苎麻法略》。
⑨ 郭柏苍:《闽产录异》卷1。
⑩ 方行、经君健、魏金玉主编:《中国经济通史·清代经济卷》(上),第270页。

2县，延平府属6县，汀州府属8县，邵武府属4县，建宁府属6县，福宁府属4县，计9府2直隶州共56县厅都种苎出麻布。[1] 如宁化种苎，"苎布四乡皆有，乡无不绩之妇故也"。"其贩行甚广，岁以千万计"[2]。安溪产麻，"货于他处"[3]。漳州府"山居之民，犹种麻苎"[4]。台湾府产麻，光诸二十二年"新竹一县出口额约八万六千五百石，其价约九万元，加之他五县，殆不下五十万元"[5]。郭柏苍谓：福建"苎，岁可三四收，装载出省，其用甚广，诸郡皆种"[6]。

[江西] 苎麻种植多，黄厚裕称："产麻之区，向以江西为最"[7]。著名产地为袁州府。清初时，袁州"山陬郁郁都多白苎，问谁种者闽与楚。伐木作棚御风雨，缘岗蔽谷成俦伍"[8]。至乾隆年间，"苎，山园皆有，山产者不及园产之肥，而宜春为尤胜，高者五尺。江广间织绸绫纱缎，多杂以苎，非宜者不中选，故价倍他邑"[9]。清中叶后，分宜县"邑北山地多种苎，其产甚广，每年三收。五月后，苎商云集各墟市，桑林一墟尤甚"[10]。玉山县的闽、建客户，"多以种苎为生"[11]。万载县产苎，民间流传"将绩苎，求于万载"[12] 之说。抚州宜黄县有"有竹木麻葛之饶"[13]。宁都州"苎……州治风俗，不论贫富，无不绩麻之妇女"[14]。瑞昌县"出产以麻与烟柏油为大宗，（光绪三十一年）麻约出五六万捆"[15]。"赣州各邑皆业苎"[16]。闽贾

---

[1]　郑昌淦：《明清农村商品经济》，中国人民大学出版社1989年版，第299页。
[2]　康熙《宁化县志》卷2。
[3]　乾隆《安溪县志》卷4《物产》。
[4]　乾隆《漳州府志》卷5。
[5]　《台湾所产苎麻说》，见《农学报》第54期，光诸二十四年十一月下。
[6]　郭柏苍：《闽产录异》卷1。
[7]　黄厚裕：《栽苎麻法略》，第10页。
[8]　嘉庆《宁国府志》，《物产志》；愚山先生（施闰章）：《麻棚谣》。
[9]　乾隆《袁州府志》卷7。
[10]　道光《分宜县志》卷1。
[11]　道光《玉山县志》卷12。
[12]　同治《高安县志》卷2。
[13]　蓝户部：《朱侯去思碑》，见同治《宜黄县志·风俗志》。
[14]　道光《宁都直隶州志》卷12。
[15]　刘锦藻：《清朝续文献通考》卷379，《实业二》。
[16]　吴其濬：《植物名实图考》卷14。

"于二月时放苎钱，夏秋收苎，归而造布"①。

[安徽] 种麻较多。黄厚裕称：麻出"皖省则安庆之桐、潜，庐州之舒、巢，六安之英、霍，获其利非只一日"②。康熙年间，《太平府志》称："郭外多种麻苎"③。乾隆间，歙县"苎麻多种溪滨沙濑"④。婺源每一岁概田所入，不足供通邑十分之四。乃并力作于山，"收麻、蓝、粟、麦，佐所不给"⑤。嘉庆年间，《宁国府志》称："今宁郡山陬，亦系棚民聚族种白麻"之区。南陵县"西南乡山，艺麻倍他邑"⑥。凤台县"麻，凡湖洼硗确之地多种之"⑦。光绪间，黟县五里排、乌石嘴、深坑、黄泥尖、一都、双溪南等处种苎麻，一年三收。⑧ 滁州"近来小西乡栽麻者不少"⑨。除此之外，据郑昌淦研究：庐州府属无为州产苎麻颇多。凤阳府属寿州产火麻、苘麻。颍州府属阜阳、颍上、太湖、亳州、霍邱产苘麻、苎麻等。泗州所属泗虹、盱眙、五河各县亦产苘麻、苎麻。和州出产苎麻和苎布。贵池产各种麻和葛。⑩

[浙江] 始于清初，那时已有福建棚民来此种麻，如常山县："自甲寅（康熙十三年）闽变后，人尽流亡，山川涤涤。时则有某招引江闽流民开种麻山，不数年间，几遍四境"⑪。至乾隆年间，得到广泛传播。江山、丽水、云和、长兴、余杭、安吉、绍兴、诸暨、缙云、玉环等县都种苎。⑫ 如乾隆时，福建、江西人租吉安乡村旷地，设厂种苎麻，"获利始倍"⑬。光绪时，缙云县"多种棉苎，女红之利，十居八九"。宣平县"山多田少，颇宜麻

---

① 吴其濬：《植物名实图考》卷14。

② 黄厚裕：《栽苎麻法略》，第10页。

③ 康熙《太平府志》，《风俗志》。

④ 乾隆《歙县志》卷6。

⑤ 乾隆《婺源县志》卷4《风俗》。

⑥ 嘉庆《宁国府志》，《物产志》。

⑦ 嘉庆《凤台县志》卷2。

⑧ 民国《黟县志》卷3《物产》。

⑨ 黄厚裕：《种苎麻法》，第7页。

⑩ 转见郑昌淦《明清农村商品经济》，中国人民大学出版社1989年版，第320—321页。

⑪ 嘉庆《常山县志》卷1。

⑫ 参见郑昌淦《明清农村商品经济》，中国人民大学出版社1989年版，第314—318页。

⑬ 同治《吉安县志》卷8。

靛，麻始于江右（江西）人，靛始于闽人，江闽人居宣者十之七，利尽归焉"①。奉化县种"黄麻，出泉口为多"②。

[广东]"粤中恒燠，以葛苎为常服"③，故广东各地种苎种葛者极为普遍，称麻种类有："麻有黄麻、青麻、苎麻、波罗麻数种"④。屈大均谓：种麻"新兴县最甚……其女红治络麻者十之六，治苎者十之三，治垄十之一"。又说："其葛产高凉碙洲，而织于雷"。⑤《潮州府志》称："货，其黄润者生苎也"。⑥ 据方行先生等研究，广东增城、雷州等地多产葛，顺德、三水、普宁等地多产苎。⑦

[湖南]乾嘉年间，种苎麻有较大发展。张其禄称："闻说栽麻胜种田，头麻二麻捆载连。车儿推入街头卖，不卖沈家鹅眼钱"⑧。沅江、宁乡、湘潭、兴宁、湘潭各县盛产苎麻，如湘潭县的苎麻："岁三割，每亩可收数十斤，贩运南省，获利甚厚"⑨。沅江"麻，境内近来（嘉庆）山乡广出，湖乡间有之"⑩。"平江、浏阳之苎，夏间苏杭大贾云集"⑪。攸县产苎麻，"邑山民近来栽种甚广，即城中隙地亦然，但只供贩运"⑫。有些县份甚至出现废田种麻情况。兴宁县种苎极盛，"南乡水田宜麻，居民多以倍租佃田植麻，获利数倍。"⑬。

[湖北]据方志记载，苎麻生产在清后期得到发展。同治时，施南府"低处肥土，遍植苎麻，分三季收之"。"商贾多江西、湖南之人，其土产之苎麻……概负载闽粤各地"。⑭ 广济县"麻，灵东乡多种之"⑮。光绪间，武

---

① 光绪《处州府志》卷24。
② 光绪《奉化县志》卷36。
③ 光绪《广州府志》，《物产志》。
④ 光绪《石城县志》，《物产志》。
⑤ 屈大均：《广东新语》卷15，《货语》。
⑥ 乾隆《潮州府志》，《物产志》。
⑦ 方行、经君健、魏金玉主编：《中国经济通史·清代经济卷》（上），第270页。
⑧ 张其禄：《沅江竹枝词》，见嘉庆《沅江县志》卷29。
⑨ 嘉庆《湘潭县志》卷39。
⑩ 嘉庆《沅江县志》卷19。
⑪ 嘉庆《重修巴陵县志》卷14。
⑫ 光绪《攸县志》卷54。
⑬ 同治《兴宁县志》卷10，《风俗志》。
⑭ 同治《施南府志》卷10。
⑮ 同治《广济县志》卷1。

昌县"吾乡农年来多艺麻，言比稻获数倍，岁连樯输汉上，得金数十万"①。

[四川] 苎麻生产，在乾嘉年间得到发展。重庆府属荣昌县："南北一带多种苎，比户皆绩，机杼之声盈耳。富商大贾购贩京华，遍逮各省。百年以来，蜀中麻产惟昌州称第一。故植麻艺黍，遍满郊圻"②。温江县"货属：麻"，又称"邑人喜种"。③ 嘉庆年间，郫县"邑与温江风俗相近，故多种麻"。又载"麻，郫邑田种多种火麻，春耕夏收……其货得价倍于他种，故种者恒多"④。道光年间，江北厅之地，种苎"一岁三收，近来人家多种之，以其利厚而种植易也"⑤。大竹县"邑产苎，行巴渝，四方之商贾辐辏来集"⑥。

此外，广西、直隶、山东、山西、陕西、甘肃、吉林也有种麻记载，但产地不普遍。⑦

4. 蓝靛

随着棉布生产的发展，作为织物染料的蓝靛，也在各地得到广泛种植。根据郑昌淦先生研究，将各省出产蓝靛红花染料州县数进行统计，见表5-1。

表5-1　　　　　　　　直隶等十八直省出产蓝靛等染料州县统计

省别	州县数（个）	省别	州县数（个）	省别	州县数（个）
直隶	64	山东	60	河南	56
福建	45	江西	39	山西	31
浙江	33	湖南	33	四川	28
江苏	27	安徽	25	湖北	22
广东	21	陕西	17	贵州	8
甘肃	6	广西	极少	云南	1

资料来源：郑昌淦：《明清农村商品经济》，中国人民大学出版社1989年版，第328—333页。

---

① 黄厚裕：《栽苎麻法略》，《柯逢时序》。
② 光绪《荣昌县志》卷16。
③ 嘉庆《温江县志》，《物产志》《风俗志》。
④ 嘉庆《郫县志》卷40，第5、48页。
⑤ 道光《江北厅志》卷3。
⑥ 道光《大竹县志》卷19。
⑦ 参见陈树平《明清农业史资料（1368—1911）》第二册，社会科学文献出版社2013年版，第603—605页。

为了对蓝靛种植加深了解，下面列举几个省为例。

[福建]宋时，福州盛产蓝靛，到明代"福州而南，蓝甲天下"①。万历间，宁德县："居山者不事锄畲，听从菁客佃作，如西乡八都，菁客盈千，利归他人"②。乾隆间，宁德"邑以种菁为业者，大抵皆汀人也。关口榷税充额，惟此为广"③。永福县"邑居万山之中，地之平旷者不得什一。……引水不及之处，则漳、泉、延、汀之民种菁、种蔗、伐山采木，其利乃倍于田"④。宋应星说："近来出产，闽人种山皆茶蓝，其数倍于诸蓝，山中结箬篓，输入舟航"⑤。郭柏苍称："闽诸郡多种蓝……旧记闽县、侯官、长乐为多"⑥。乾隆时，长汀府上杭县"邑人曩时，业此者甚夥，多获厚利"⑦。赵志也称：上杭县"杭人往南浙作靛，获利难以枚数"⑧。霞浦县"西区平原之农常种靛，清乾嘉最盛"，"乡民有以贩靛，而致巨富者"。⑨ 台湾府淡水厅，蓝靛"淡北内山种之，常运漳泉南北发售"⑩。

[江西]明代已种靛，泰和县"成化末年，有自福汀贩卖蓝子至者，于是州居之民皆得而种之。不数年，蓝靛之出，与汀州无异，商贩亦皆集焉"⑪。天启间，新昌县有"福建流寓种山者，自愿立篷开垦，插蓝认租"⑫。吉安府万羊山，"四方客民，种蓝其间"⑬。至清代，江西也成蓝靛著名产区。康熙间，赣州府"城南人种蓝作靛，西北大贾岁一至，泛舟而下，州人颇食其利"⑭。建昌府新城县，"田之硗薄者种蓝"⑮。乾嘉年间，

① 王世懋：《闽部疏》。
② 乾隆《宁德县志》卷 1《物产》。
③ 乾隆《宁德县志》卷 1《物产》。
④ 万历《永福县志》卷 2《风俗》。
⑤ 宋应星：《天工开物》卷上，《章施》。
⑥ 郭柏苍：《闽产录异》卷 1。
⑦ 乾隆《上杭县志》卷 4。
⑧ 民国《上杭县志》卷 10。
⑨ 民国《霞浦县志》卷 18。
⑩ 同治《淡水厅志》，《风俗志》。
⑪ 光绪《泰和县志》卷 2《土产》。
⑫ 康熙《新昌县志》卷 2。
⑬ 《明史·张翀传》卷 192。
⑭ 《古今图书集成·方舆汇编》，见《职方典》卷 923《赣州府部》。
⑮ 乾隆《新城县志》卷 7。

广信府、饶州府，"近时江西广、饶不可耕之山，皆种蓝"①。袁州府"惟耕山者种此，不妨田畴"②。同治间，乐平县"近城南岸，洲濑河十余里，种菜种靛，出息更倍"。又称"青靛随地皆有，大河水者佳"。③ 抚州府东乡县，"北源里多蓝靛，比户皆种，八月中旬，县城墟期，市靛者常集至千余人"④。兴国县"邑产除油烟外，蓝利颇饶"⑤。光绪间，九江府"彭泽县各乡专种靛青，每年约出二万桶"⑥。抚州府"角蓝含淀（靛）质较多，染色特佳，临川之山高湖、崇仁之廖洲多种之。崇之秋溪，宜之仙、崇二乡，东邑之东、北二路暨乐邑，俱种苋菜蓝。……郡属售用外，多运往余干、丰城、福建等处"⑦。

[浙江] 明弘治年间，绍兴府已有种蓝记载："蓝草可染青，山阴人种之为业"⑧。嘉靖间，太平县"蓝靛有三种：曰木蓝、曰松蓝、曰蓼蓝。近自汀得种"⑨。其后，在崇祯年间，闽人便在温州、处州种植蓝靛。宣平县"靛，冬底银钱出息，惟以此为最"⑩。温州府泰顺县，"自康熙以后，多汀州人入山种靛"⑪。乾隆时，处州龙泉县，"溪岭深邃，棚民聚处，种麻植靛"⑫。嘉兴府《海盐县续图经》载："草本中有俗名青者，每年于二三月间下子布种，疏削成林，取汁成靛，获其价值，数倍于谷麦"⑬。丽水种植蓝靛，"闽人始来种之，俱在山，今渐种于田矣"⑭。金华府汤溪县，"闽人依山种靛为利"。嗣后"土著亦效为之"。⑮ 温郡有"红花、靛青二种，颇

---

① 吴其濬：《植物名实图考》卷 10。
② 同治《袁州府志》卷 7。
③ 同治《乐平县志》，《风俗志·物产志》。
④ 同治《东乡县志》卷 8。
⑤ 同治《兴国县志》卷 12。
⑥ 刘锦藻：《清朝续文献通考》卷 379，《实业二》。
⑦ 何刚德等：《抚郡农产考略》下卷。
⑧ 乾隆《绍兴府志》，《物产志》，引《宏治志》。
⑨ 嘉靖《太平县志》卷 3《食货志》。
⑩ 光绪《宣平县志》卷 17《物产》。
⑪ 同治《泰顺县志》卷 2。
⑫ 光绪《处州府志》卷 24，引乾隆《龙泉县志》。
⑬ 光绪《海盐县志》卷 8《风土志》，引乾隆《续图经》。
⑭ 同治《丽水县志》卷 13。
⑮ 乾隆《汤溪县志》卷 1。

利民用，实其地之专产"①。宁波府奉化县，"昔时闽人、台人垦山种之，今则土著亦种矣，且多有种于田者"②。景宁县"靛，俗呼靛青，种传自闽人，今种者颇多"③。缙云县产靛蓝，"山民资以为利"④。

[江苏] 万历时，如皋县"近颇有采蓝收其利者"。或称"蓝，作靛蓝利最溥"⑤。顺康年间，上海县"自顺治初年，八闽未平，福靛难致，有觅得其种者，按其法而种之，获利数倍"⑥。乾隆间，《金坛县志》载：靛青，种出扬郡，江北流民多种之。⑦淮安府河南种靛，其种多取于淮。⑧溧水县种靛花，"乾嘉时多植此"⑨。嘉道年间，靖江县自有沙洲后，农民移居此地种靛，"往往有与园蔬并莳者，俗名小缸，其色深且佳"⑩。道咸年间，兴化县出产蓝靛，"远近数百里，皆赴兴采买，其利甚溥"⑪。

[湖南] 湘潭县，明末时，"蓝靛骤盛"⑫。桂阳州"民间种植蓝靛，多有邻境商贩开浚水道，前来贸易"⑬。黔阳县种蓝靛，称："今县东北太平里多种之。……初犹无几，今大半南亩矣"⑭。湘潭县，"蓝可作靛，秋月煮汁染衣。十都多以种蓝为业"⑮。

[四川] 郫县，"郫土之肥者，邑人多以种蓝"⑯。连郫县西境之崇宁、灌县二邑产靛。⑰仁寿县种蓝，"两母山四维四十里内，人遍种之，一亩可得靛十斤，其利倍于种谷"⑱。威远县志称："靛乃山中奇货，利倍于稻，多

---

① 乾隆《温州府志》卷 15。
② 光绪《剡源乡志》卷 23。
③ 同治《景宁县志》卷 12。
④ 光绪《缙云县志》，《物产志》。
⑤ 嘉庆《如皋县志》卷 6。
⑥ 叶梦珠：《阅世编》卷 7。
⑦ 乾隆《金坛县志》卷 1。
⑧ 乾隆《淮安府志》卷 24《物产》。
⑨ 光绪《溧水县志》卷 2。
⑩ 光绪《靖江县志》卷 5。
⑪ 咸丰《重修兴化县志》卷 3。
⑫ 光绪《湘潭县志》卷 11《货殖》。
⑬ 同治《桂阳直隶州志》卷 1。
⑭ 同治《重修黔阳县志》卷 18。
⑮ 嘉庆《湘潭县志》，《物产》。
⑯ 嘉庆《郫县志》卷 40。
⑰ 光绪《郫县乡土志》，《物产》。
⑱ 道光《仁寿县志》卷 2《土产》。

废稻田以种"①。蓬溪县"土又宜靛,近多种者,利乃过于绵"②。

此外,如河南鄢陵县种红花:明"成化前种者多。《一统志》云,鄢陵尤盛"③。嘉靖间,《尉氏县志》载:"赵岐云,陈留人以种蓝染绀为业,蓝田弥望,不种黍稷,慨其弃本逐末"④。乾隆间,林县志载:"境内虽有桑树,不成园林;虽有棉花,不成顷亩。……其染物颇出蓝靛……洹河左右近水之区,出小蓝靛,淇河左右近水之区,出大蓝靛"⑤。安徽太平府"青靛,圃人习以为业,贩者多收之"⑥。宁国府,嘉庆间,"近年温、处人赁山种之,所产甚茂"⑦。贵州黄平州,据嘉庆志称:蓝靛"旧志不载,近来种者甚夥。……数十年来,因以致富者不少"⑧。瓮安县种蓝靛,县志载"业此(蓝靛)致富者,比比皆是,大概每年可易银十余万两"⑨。平越州"靛,州界货产"⑩。直隶磁州,"近因磁人舍本逐末,多种烟叶、靛苗,稻田渐减"⑪。丰润县"靛,邑产槐靛……秋时客商云集,土人获利甚厚"⑫。广平府"靛,有大、小蓝两种……郡属俱有种者,染房用之,获利颇厚"⑬。山东《泰安县志》载:西南乡盛蓝靛、烟。⑭陕西华州"大蓝、小蓝,居民种之制淀(靛),或资其用。丰原乡地瘠,产红花,四方商多来售者"⑮。广东恩平县种靛,"甚为山农之利"⑯。广西《梧州府志》称:"靛即蓝草,腴田种之,获倍利"⑰。郁林州产靛,以"州西北方为盛,与北、陆、兴三

① 光绪《威远县志》卷2《物产》。
② 光绪《蓬溪县续志》卷1。
③ 嘉靖《鄢陵县志》卷3。
④ 嘉靖《尉氏县志》卷1。
⑤ 乾隆《林县志》卷5。
⑥ 《古今图书集·方舆汇编·成职方典》卷815《太平府部》。
⑦ 嘉庆《宁国府志》卷18。
⑧ 嘉庆《黄平州志》卷4。
⑨ 民国《贵州瓮安县志》卷9《风俗》。
⑩ 光绪《平越直隶州志》卷22。
⑪ 吴邦庆:《畿辅河道水利丛书·水利营田图说》。
⑫ 光绪《丰润县志》卷9。
⑬ 光绪《广平府志》卷18。
⑭ 道光《泰安县志》卷5。
⑮ 康熙《续华州志》卷3。
⑯ 道光《恩平县志》卷16。
⑰ 乾隆《梧州府志》卷3。

县靛从北洗江贩运广东、苏杭"①。

二　蔗、茶、烟草种植的扩大

1. 种蔗

种蔗，在中国已有长久的历史，据嘉靖《惠安县志》载：宋时，王孙走马埭及斗门诸村，皆种蔗煮糖，商贩辐辏，官置监收其税。② 以产量衡之，明代以闽粤为盛，蜀为新兴产地。宋应星称：凡甘蔗有二种，产繁闽、广间，他方合并，得其十一而已。今蜀中种盛③。到清代，福建、台湾、广东、江西和四川都出现专业种植区。据吴其濬称："甘蔗……闽、粤河畔，沙砾不谷，种之弥望，行者拔以疗渴，不较也。章、贡间，闽人侨居者业之，就其地置灶与磨以并糖。"④ 下面，分省述之。

［福建］惠安县，"深山肥润处种畬稻，兼种畬蔗，傍山煮炼，岁亦获利"⑤。万历十五年，福建漳南一带，甘蔗的种植满山遍野。⑥ 万历间，泉州府"附山之民，垦辟硗确，植蔗煮糖，黑白之糖行天下"⑦。泉州府到明末清初时，"往往有改稻田种蔗者"⑧。至清代乾隆间，漳州府"多种甘蔗、烟草，获利尤多"⑨。晋江县"附山居民，垦辟硗确，植蔗煎糖"⑩。嘉庆间，福鼎县"砂糖，煮蔗为之，今邑最多"⑪。道光间，永定县"蔗……始种于太平里民，今各里皆种之"⑫。光绪间，郭柏苍称："糖，下游多种甘蔗，泉、漳州、台湾尤多。"⑬ 民国《闽侯县志》载："福州西门外，各乡

---

① 光绪《郁林州志》卷4。
② 嘉绪《惠安县志》卷5《物产》。
③ 宋应星：《天工开物》卷上，《甘嗜》。
④ 吴其濬：《植物名实图考》卷32《果类》。
⑤ 嘉靖《惠安县志》卷5《物产》。
⑥ 万历《闽大记》卷11。转见《中国资本主义萌芽问题讨论集》下册，第1002页。
⑦ 何乔远：《闽书》卷38。
⑧ 陈懋仁：《泉南杂志》，第3页。
⑨ 光绪《漳州府志》卷38，引自《乾隆志》。
⑩ 乾隆《晋江县志》卷1。
⑪ 嘉庆《福鼎县志》卷3《物产》。参见陈树平主编《明清农业史资料（1368—1911）》第二册，第622页。
⑫ 道光《永定县志》卷10。
⑬ 郭柏苍：《闽产录异》卷1。

业糖者垂百余年，以新洲为最盛，年约产糖二三万担，近年尚有七八千担。马洲、官洲、甘蔗洲次之，各有四五千担。"①

福建台湾府，有清一代，种蔗极为普遍，产量也多，销路也广。康熙年间，高拱乾称："尔民……偶见上年糖价稍长，惟利是趋，旧岁种蔗已三倍于往昔，今岁种蔗，竟十倍于旧年"②。可见发展之快。乾隆府志载："台人十月内筑廊屋，置蔗车，雇募人工，动廊硤糖。……色赤而松者，于苏州发卖；若糖湿色黑，于上海、宁波、镇江诸处行销。"③《稗海纪游》载："台人植蔗为糖，岁产二三十万，商船舶购之，以贸日本、吕宋诸国"④。郁永河《台湾竹枝词》云："蔗田万顷碧萋萋，一望茏葱路欲迷，稇载都来糖廊里，只留蔗叶饷群犀。"⑤可见该地种蔗之盛。乾嘉年间，更加繁盛。通志称："台湾产糖，三县（台湾、凤山、诸罗）为多，彰化尚少。及至乾嘉之际，贸易绝盛。北至天津，东贩日本，几为独揽。"糖商"挹注之利，沾及农家。年丰物阜，生聚日众，一时称盛"⑥。乾嘉以后，彰化形成新的产糖区，彰化县志《蔗糖诗》云："剥枣忙时研蔗浆，荒郊设廊远闻香。白如玉液红如醴，南北商通利泽长。"⑦

[广东] 明代，广东种蔗多在珠江三角洲一带。番禺、东莞、增城、阳春等县，明清之际，"荻蔗，连冈接阜，一望丛若芦苇……惟以榨糖，糖之利甚溥。粤人开糖房者，多以致富。盖番禺、东莞、增城糖居十之四，阳春糖居十之六，而蔗田几与禾田等矣"⑧，其东莞之篁村、河田等村，到处种蔗，号称"千顷"⑨。雍正五年，广西巡抚韩民辅奏称："广东地广人稠……惟知贪财重利，将地土多种龙眼、甘蔗、烟叶、青靛之属，以致民富而米少"⑩。乾隆以后，种蔗业在其他地方得到相继发展。钦州"雍正初，地尚荒而不治，自乾隆以后，外府州县人迁居钦者，五倍土著。人力既集，

---

①　民国《闽侯县志》卷28。

②　高拱乾：《禁饬择蔗并力种田禾》，见康熙《台湾府志》卷10《艺文》。

③　乾隆《台湾府志》卷17，引自《赤嵌笔谈》。

④　乾隆《台湾府志》卷17，引自《稗海纪游》。

⑤　黄叔璥：《台海使槎录》卷4。

⑥　连横：《台湾通史》卷27。

⑦　陈学圣：《蔗糖诗》，道光《彰化县志》卷12（下）。

⑧　屈大均：《广东新语》卷27，《草语》。

⑨　屈大均：《广东新语》卷27，《草语》。

⑩　《授时通考》卷48《劝课·敕谕二》。

百利俱兴。山原陵谷皆垦辟种植甘蔗"①。博罗县"蔗产于荒区，闽人辟草莱而树之。他流寓多为盗，种蔗者独安其业，食力而易赡也"②。大埔县"近亦有种甘蔗、营蔗煮炼糖"，"以贩外省"③。《广州府志》载："按：粤东蔗糖行四方，始于闽人，今则利侔于闽矣。"④ 嘉庆县志载，增城"多糖，有赤、碧两色"⑤。嘉庆间，徐闻县"糖蔗之利，几与谷相半"⑥。道光时，潮州府形成"广东产糖，以潮州为盛"⑦ 格局。遂溪县"糖……通天津各省等处"⑧。揭阳种蔗，至光绪时，"今栽种益繁，每年运出之糖包，多至数十万，遂为出口货物一大宗"⑨。清远县"邑中所种玉蔗少，糖蔗多，卖糖趁朝市，列船成行，十月至正月，每朝或五六十船，或七八十船，泊二码头对面。"⑩ 南海县"三江一带山坡之田，旧多种蔗，故业糖甚多"⑪。然而，至光绪年间，由于种蔗利微，如归善、新宁、南海、东莞等县，或"少有人种"，或"仅三数家而已"，或称"已有每况愈下之势"，或哀叹"邑之糖业渐衰落矣"。⑫

[江西] 种蔗亦多。康熙年间，赣州府雩都县种蔗已多，"濒江数处，一望深青，种之者皆闽人"⑬。南安府南康县"近产甘蔗"，"糖蔗悉系闽人赁土耕种"。⑭ 康雍年间，宁都州种蔗，通志称："州治下乡，多种以熬糖，农家出糖多者，可卖数百金。"⑮ 雍乾年间，瑞金县"邑武阳地多蔗，乡人取其汁煎为红糖。近黄埠有从汀州得种者，茎稍壮，味更甜"⑯。《大庚县

①　道光《钦州府志》卷1。
②　乾隆《博罗县志》卷9。
③　乾隆《大埔县志》卷10。
④　乾隆《广州府志》卷47。
⑤　嘉庆《重修增城县志》卷1《物产》。
⑥　嘉庆《雷州府志》卷2。
⑦　道光《广东通志》卷95。
⑧　道光《遂溪县志》卷10《物产》。
⑨　光绪《揭阳县续志》卷4。
⑩　光绪《清远县志》卷2。
⑪　宣统《南海县志》卷4。
⑫　参见陈树平《明清农业史资料》第二册，第630页。
⑬　康熙《雩都县志》卷1。
⑭　康熙《南康县志》卷2。
⑮　道光《宁都直隶州志》卷12。
⑯　乾隆《瑞金县志》卷2。

志》载，乾隆时余光璧《双坑隘》诗词云："水深土亦厚，田地皆肥美；种蔗不种麦，效尤处处是。……深恐妨民食，贪鄙不知止。"① 可见当地百姓种蔗热情之高。嘉庆至同治年间，种蔗者日多。晏端书称：自赣州至南安"两岸尽为蔗田"②。东乡县"以蔗为多，种者常以亩计，并为锡霜，较胜赣产"③。乐平县"甘蔗出三十三都、三十四都，近则沿河各乡多种之"④。南丰县"甘蔗，东郭外沙地与县西二十里种之"⑤。南康县"甘蔗……嘉、道以来，种植繁多，埒于禾稼，核其岁入，几与闽、粤争利广矣"⑥。道光间，赣州至南安"三百六十滩"，"两岸尽为蔗田"。⑦ 泰和县"甘蔗……近今沿河遍植矣"⑧。光绪间，临川县"西南乡、西北乡之甘蔗……种植甚广，获利独丰"⑨。

[四川] 种蔗在清代有很大发展。定远县"江岸所产最多"⑩。内江县"沿江左右，自西往东，尤以艺蔗为务。平日聚夫力作，家辄数十百人"。"其壅资工值，十倍于农，因作冰霜，通鬻远迩，利常倍偁"⑪。简州，沿江之民种蔗作糖，州人"多以此致富"⑫。资阳县种蔗，《寰宇记》载："资州产甘蔗"。至咸丰年间，"今县与内江皆称盛焉"。⑬ 德阳县"濒水之地，蔗林一望皆是，煎糖者不下数百处，货者相望于道，洵出产一大宗也"⑭。云阳县"白蔗制糖，西北地近万县者近产颇蕃"⑮。民国《合川县志》载：

---

① 民国《大庾县志》卷13。

② 晏端书：《粤游纪程》。转见陈树平主编《明清农业史资料（1368—1911）》第二册，第626页。

③ 同治《东乡县志》卷8。

④ 同治《乐平县志》卷1。

⑤ 同治《南丰县志》卷9。

⑥ 同治《南康县志》卷1《土产》。

⑦ 晏端书：《粤游纪程》。

⑧ 光绪《泰和县志》卷2。

⑨ 何刚德：《抚郡农产考略》卷下，《附跋》。

⑩ 嘉庆《定远县志》卷33。

⑪ 道光《内江县志要》卷1。转见陈树平主编《明清农业史资料（1368—1911）》第二册，第627页。

⑫ 咸丰《简州志》卷12。按：四川遂宁，早在宋代已到处蔗田。

⑬ 咸丰《资阳县志》卷7《物产》。

⑭ 光绪《德阳县续志》卷1。

⑮ 民国《云阳县志》卷13。

"县中旧日制糖甚多"①。陈崇哲《富顺蔗糖诗》云："种得万挺千挺蔗，预货十千八千钱。始春得钱十胜千，半果饥腹半入田"②。富顺人对种蔗依赖的情景历历在目。

此外，广西、云南、浙江、江苏、湖北、湖南、安徽都有种蔗记载。如广西郁林州："竹蔗、肉蔗惟绞汁煎作糖，利颇厚。"③ 云南元谋、临安之人多种蔗，熬之为糖，"其买卖大矣"④。浙江义乌县及台州府，雍正间亦有种蔗记载，但"利颇微"，或谓"其利薄"。⑤ 瑞安县种甘蔗，"每岁出口约计万余元"⑥。江苏上海县，康熙开始种蔗制糖，"甚获其利"⑦。湖北东湖县产蔗，以"东邑种者甚多，止可生啖"⑧。湖南武陵县，光绪间，种甘蔗者最多。⑨ 安徽黟县，据民国县志载：甜蔗"近二十年间，湖北及太湖潜山等客民始种之，岁收颇夥"⑩。

2. 茶

据王圻称：茶"始于晋，著于隋唐，盛于宋……今乃遍天下"⑪。明代时，福建浦城县"茶笋连山"⑫。崇祯年间，浙江《富春谣》有："富春江之鱼，富阳山之茶"⑬ 记载。据《明史》记载：四川成都、重庆、嘉定、夔州、泸州各府；江西南昌、饶州、南康、九江、吉安五府为"产茶之地"；安徽有庐州、池州、徽州三府；湖南有长沙、宝庆两府；湖北有武昌、荆州二府；贵州、云南亦有产茶之地。⑭ 至有清一代，茶叶种植，在原有基础上，又有所发展。王圻说：茶之见于记载者，其在于今，有福建、

---

① 民国《合川县志》卷13。

② 光绪《叙州府志》卷21《物产》。

③ 光绪《郁林州志》卷4。

④ 檀萃：《滇海虞衡志》卷10。

⑤ 雍正《浙江通志》卷106。

⑥ 洪炳文：《瑞安土产表》，见《农学丛书·初集》，第1页。

⑦ 叶梦珠：《阅世编》卷7。

⑧ 乾隆《东湖县志》卷5，同治《宜昌府志》卷11。

⑨ 李至祯《武陵土产表》，见《农学丛书》，《初集》页3。

⑩ 民国《黟县四志》卷3，《物产》。

⑪ 王圻：《青烟录》卷8，《茶考》。

⑫ 嘉庆《浦城县志》卷6。

⑬ 谈迁：《枣林杂俎·智集》，《富春谣》。

⑭ 《明史》，《食货志》。见郑昌淦《明清农业商品经济》，人民大学出版社1989年版，第335—372页。

浙江、四川、江苏、安徽、江西、湖北、湖南、云南、贵州等地。又说：茶之品种，"草木之清味可茶者，各以其土性之宜，采为世用，不下百十种"①。其实除南方之外，河南南部、陕西南部都产茶。下面，择几个主要产茶区加以介绍。

　　[福建]武夷山的茶，宋代已著名。明代成化年间，《浦城县志》称：浦城山多田少，"桑麻被陇，茶笋连山"②。万历时，何乔远称：浦城"其地寡田，其民勤耕织，桑麻被亩，茶笋连山，民以啬力富，不烦于催科"③。嘉靖间，延平产茶，称"御茶改贡延平"④。周亮工说："武夷产茶甚多，黄冠既获茶利，遂遍种之，一时松栝樵苏殆尽。"又称：福州府"鼓山半岩茶，色香风味当为闽中第一，不让虎丘龙井也"⑤。

　　至清前期，由于受茶叶出口拉动，福建茶叶种植（特别是武夷茶）发展甚为迅速。康熙间，崇安"山中土气宜茶，环九曲之内不下数百家，皆以种茶为业，岁所产数十万斤，水浮陆转，鬻之四方，而武夷之名甲于海内矣"⑥。徐经称："通洋之市，遂以武夷主之。而凡他属之产，尽冒武夷，于是有山无不种茶"⑦。雍正年间记载，崇安"崇土产若茶、若纸、若笋，商旅携资至者，岁数十万"⑧。嘉庆方志载："土产茶最多。……茶市之盛，星、渚为最。初春后筐盈于山，担属于路，负贩之辈江西、汀州及兴、泉人为多，而贸易于姑苏、厦门及粤东诸处。"⑨ 光绪时，《福安乡土志》载："茶销行苏州、温州等处，统计十万挑。"⑩ 霞浦县多产红茶，但"其产量不及福鼎十之二，福安十之四"⑪。乾隆时，福宁府"茶，郡治俱有，佳者福鼎白琳、福安松罗，以宁德支提为最"⑫。蒋蘅称："今则建阳之徐墩、瓯

---

① 王讠斤：《青烟录》卷8，《茶考》。
② 嘉庆《浦城县志》卷6。
③ 何乔远：《闽书》卷38。
④ 《古今图书集成·方舆汇编·职方典》卷184《武夷山部》。
⑤ 周工亮：《闽小纪》卷上。
⑥ 《古今图书集成·方舆汇编·职方典》卷184《武夷山部》。
⑦ 徐经：《雅歌堂文集》卷7。
⑧ 雍正《崇安县志》卷1。
⑨ 嘉庆《崇安县志》卷1《风俗》。
⑩ 光绪《福安乡土志》卷2《商务门》。
⑪ 民国《霞浦县志》，《实业志》。
⑫ 乾隆《福宁府志》，《物产志》。

宁之水吉，皆有茶行，竞自踏装赴广。茶市之盛，不减崇安"①。陈盛韶称：
建阳之山，"近多租与江西人开垦种茶，其租息颇廉，其产颇肥"②。可见福
鼎、福安茶产之盛。延建郡一带，"每年茶季，棚寮遍野"③。宁德"其地
山陂泊附近民居旷地，遍植茶树。……计茶所收，有春夏二季，年获息不
让桑麻"④。南平县嘉庆时，"新兴、梅西、峡阳、梅南之地多产茶，民以茶
为业"⑤。同治间，南平"物产茶，大利所在"⑥。沙县"物产茶"，琅口地
方为"茶商所聚"。⑦《泉州府志》载：乾隆时，"安溪之山郁嵯峨，其阴长
湿生丛茶。居人清明采嫩芽，为价甚贱供万家"⑧。康熙间，汀洲府《宁化
县志》载："宁茶最蕃，岁计数十万斤"⑨。上杭"凡山皆种茶，多而且佳
者，惟金山为最"⑩。台湾府自咸丰初，台北居民"亦多以茶为业，新辟埔
地，所植尤繁，其味不减武夷"⑪。

　　[安徽] 清代，安徽茶以六安为著名："江南地暖，故独宜茶。大江以
北，则称六安"⑫。吴大澂称："六安茶叶最为著名，风行天下"。又称"广
德产茶叶为多"。⑬ 霍山"近县百里皆种茶，民惟赖茶以生"⑭。光绪志称：
"货之属，茶为第一"⑮。除六安外，其他地方亦产茶。如太湖县，"其树茶
所入，不减稼穑"⑯。徽州府属休宁县所产的松罗茶，康熙时"名噪一时，
茶因踊贵"⑰。据康熙志载：歙县"茶，出黄山榔源。……近邑人有薙染松

　① 蒋蘅：《云寥山人文钞》卷 4。
　② 陈盛韶：《问俗录》卷 1。
　③ 徐继畬：《松龛全集》卷 3。
　④ 乾隆《宁德县志》，《物产志》。
　⑤ 嘉庆《南平县志》，《生业志》。
　⑥ 卞宝第：《闽峤輶轩录》卷 1。
　⑦ 卞宝第：《闽峤輶轩录》卷 1。
　⑧ 乾隆《泉州府志》，《物产志》；阮旻锡：《安溪茶歌》。
　⑨ 康熙《宁化县志》卷 2《土产》。
　⑩ 乾隆《上杭县志》，《物产志》。
　⑪ 丁绍仪：《东瀛识略》卷 5。
　⑫ 许然明：《茶疏》。
　⑬ 吴大澂：《时务通考续编》卷 17。
　⑭ 乾隆《六安直隶州志》卷 33。
　⑮ 光绪《霍山县志》，《物产志》。
　⑯ 顺治《太湖县志·风俗志》。
　⑰ 康熙《休宁县志》卷 3。

萝者，艺茶为圃"①。此后，歙县种茶得到快速发展，至清中期，"民半业茶，虽妇女无自暇逸"②。据何润生称：徽属产茶，"以婺源为最，每年约纳洋庄三万数千引"③。祁门县"徽属山多田少，居民恒借养茶为生"④。黟县茶"统名松萝。贩者用木箱，箱内锡皮，箱外箬皮篾衣，不使通风走湿"⑤。太湖种茶，所获"不减稼穑"⑥。安庆府怀宁县"旨泉冲有茶园，居民多以种茶为业"⑦。《宁国府志》载：所属六邑皆产茶："宣城敬亭绿雪茶、南陵格里茶、宁国鸦山茶、泾县白云茶、旌邑凫山茶，太平云雾茶品最高。至松萝茶，处处皆有。……六县每岁销引三万有余"⑧。广德州土产："产茶叶为多"⑨。池州府建德为产茶之区，"绿叶青芽，茗香遍地，向由山西客贩至北地归化城一带出售"。"同治初年，则粤商改作红茶，装箱运往汉口，浮梁巨贾，获利颇多"。但光绪四年后，茶价渐低，至光绪九年"亏本益甚，故茶商之往者较往年，仅得一半，而市面荒凉几无过问"⑩。可见茶价变动，对茶农生产影响之大。

［浙江］明万历志载：黄岩县产茶，"茶，近山多有，惟黄土岭、宁溪岭山者佳"⑪。崇祯间，《富春谣》称："富春江之鱼，富阳山之茶，鱼肥卖我子，茶香破我家。采茶妇，捕鱼夫，官府考掠无完肤"⑫。歌谣既反映了富阳山产茶事实，又反映了当地政府对茶农压榨情况。进入清代后，杭州府、湖州府形成浙江主要的产茶区。杭州府志称：茶"余杭径山所产甚多"。又云"今杭茶为四方所珍……每岁货茶出洋之值，以数十百万计，其利与蚕丝相垺，实出产之一大宗也"⑬。於潜县东北山区、新城县山区、临

---

①　康熙《歙县志》卷5。

②　道光《歙县志》卷1。

③　何润生：《徽属茶务条陈》，见《皇朝经世文统编》卷6。

④　同治《祁门县志》卷15《食货》。

⑤　嘉庆《黟县志》，《物产志》。转引郑昌淦《明清农村商品经济》，第361页。

⑥　顺治《太湖县志》卷8。

⑦　道光《怀宁县志》卷6《物产》。

⑧　嘉庆《宁国府志》，《物产志》。转引郑昌淦《明清农村商品经济》，第361页。

⑨　吴大澂：《时务通考续编》卷17，光绪二十四年。

⑩　《益闻录》，第26号，光绪九年五月二三日。

⑪　万历《黄岩县志》卷3。

⑫　谈迁：《枣林杂俎》，《智集》，《富春谣》。

⑬　光绪《杭州府志》，《物产志》。

安县南部山区、钱塘县西南部分山区，均盛产茶叶。於潜县在乾隆以前，已是"民之仰食于茶者十之七"①。至嘉庆年间，该县还是"各山皆产茶"，"乡人大半赖以资生"②。新城县"春茶秋谷之外，无他业焉"③。昌化县农家收入，以茶、萸为利，县志称："春茶秋萸，其利甚溥"④。湖州府"各县山中产茶甚多，特长兴最著名耳"。孝丰县"茶出天目山者最佳"。"山乡鲜蚕桑之利，民每藉作恒产"。⑤ "茶出南山东……茶虽工繁利薄，然业此者每藉为恒产"⑥。此外，绍兴府亦产茶。府志谓："茶，各县均有"⑦。

［江西］明季时，岕茶已很有名气。道光志载，宁都州"岕茶，出州治之西一带石山，而以冠石为最。明季，南昌林时益寓居此山……课子弟艺茶为业"⑧。据乾隆志载：宁都州瑞金县产茶，"茶，山阜多产，惟铜钵山为最著"⑨。嘉庆至道光初，宁都州所产之茶质量好，"如黄竹砦、竹坑村、官人山、赤竹峰等处所产，色香味均无不美，向时土贡悉采于此。瑞金以铜钵山产者为佳，石城以通天岩产者为佳，二县称其几与林岕争胜，益见岕茶之足珍也"⑩。道光间，玉山县西坑茶，"与灵山茶并重"⑪。上饶县产茶，"四乡售者多园茶，今亦有租于山者"⑫。宁义州"道光中叶……最上腴土栽茶最多"。"每岁茶贸运来银钱多至数十百万"⑬。同治间，南丰县"山多产茶，香味略减于闽"⑭。安义县"茶叶昔无，近有，皎源西山最盛"⑮。景德县于1861年才开始种茶，今年（1875）产量大大增加，有的获得了极高

---

① 乾隆《杭州府志》卷53，引《于潜县志》。
② 嘉庆《于潜县志》卷10。
③ 康熙《新城县志》卷2。
④ 道光《昌化县志》卷5。
⑤ 光绪《孝丰县志》，《土产志》。
⑥ 乾隆《安吉州志》卷8。
⑦ 《古今图书集成·职方典》卷992《绍兴府物产考》。
⑧ 道光《宁都直隶州志》卷12。
⑨ 乾隆《瑞金县志》卷2。
⑩ 道光《宁都直隶州志》卷12。
⑪ 道光《玉山县志》卷12。
⑫ 同治《上饶县志》卷10，转引《道光志》。
⑬ 龚溥庆：《师竹斋笔记》卷3。
⑭ 同治《南丰县志》卷9。
⑮ 同治《义安县志》卷1。

售价。① 广丰县"十五都产青茶、红茶两种，贩运苏、浙销售，有教堂洋人赴山采买，价值陡涨"②。铅山县"山场亦皆栽茶树"，"茶业素为出产大宗"。③ 光绪年间，九江茶庄日趋减少，"利源日绌"④。茶业发展受到影响。

　　[湖南] 康熙时称："茶出安化县"⑤。安化县则"三乡遍种茶树"⑥。嘉庆前，长沙、宝庆两府多产茶。"楚南产茶之区，尽属西境。长郡之安化，宝庆之新化为尤著"⑦。郴州"茶，郴属均产，以五盖山为佳"⑧。湘潭产茶，史称"海禁开后，红茶为大。率五六十日，而贸买千万"⑨。又谓："茶，谷雨前采者为雨前茶。……十六都白莲圃所产尤良"⑩。零陵县"茶有青茶、红茶之分……亦生民之利也"⑪。鸦片战争后，由红茶出口推动，醴陵县茶叶种植获大发展。县志载："近日红茶利兴，三四月间，开庄发拣，贫家妇女……多资余润"⑫。又称："清光绪间，红茶为醴陵大宗产品……穷陬僻壤，青翠成丛"⑬。湘乡"货之属曰茶"⑭。《宝庆府物产考》云："茶出新化，武冈"⑮。新化县志称：本地商人"贩茶出外贸易"⑯。其他各府也有种茶记载。如《岳州府产茶》，"茶巴陵故少种，而君山旧有名"⑰。道光末，江广人贩茶出洋，名红茶。"虑茶伪，专取生，高其值，人争与市"⑱。巴陵"北港地皆平冈，出茶颇多。……土人颇享其利"⑲。临湘

---

① 《一八七五年英国驻华领事报告·九江》。
② 刘锦藻：《清朝续文献通考》卷379。
③ 刘锦藻：《清朝续文献通考》卷379。
④ 《茶事近闻》，见《农学报》第29期，光绪十四年闰三月中。
⑤ 《古今图书集成·职方典》卷1212《长沙府物产考》。
⑥ 黄本骥：《湖南方物志》卷2。
⑦ 嘉庆《攸县志》卷29。
⑧ 嘉庆《郴州总志》卷40。
⑨ 光绪《湘潭县志》，《货殖志》。
⑩ 嘉庆《湘潭县志物产志》。
⑪ 嘉庆《零陵县志》，《生计志》。
⑫ 同治《醴陵县志》卷1。
⑬ 民国《醴陵县志》，《食货志》。
⑭ 同治《湘乡县志》，《物产志》。
⑮ 《古今图书集成》见《方舆汇编·职方典》卷1235《宝庆府物产考》。
⑯ 同治《新化县志》，《风俗志》。
⑰ 吴敏树：《柈湖文集》卷20。
⑱ 光绪《巴陵县志》，《土产》。
⑲ 同治《巴陵县志》卷11《风土》。

县"山民以植茶、纺织为生"①。又云：临湘县"山民植茶舛，价乃三倍。岁岁泉流地上，几成乐园。"② 平江县"近岁红茶盛行，泉流地上。凡山谷间向种红薯之处，悉以种茶"③，永州府"东安之茶墨（末），虽粗而通行颇广"④，等等。

［湖北］明时，武昌、荆州两地为"产茶之地"⑤。入清以后，有发展。武昌府通山县"茶有红黑二品"。武昌县"茶之属，山乡多种于隙地"。崇阳县货类有茶，"近年，村家妇女逐队入市拣茶"。咸宁县货物有红茶，"谷雨季节，茶芽初发，乡间况事红茶，摘茶、踩茶、焙茶，民无暇刻"。蒲圻县"茶乡生计即山农"，"每岁西商于羊楼司羊楼洞买茶"。荆州府远安县产茶较著名，枝江县亦产茶，宜昌府各县产茶颇丰富，长乐县"邑属水浕、石梁、白溢等处俱产茶"。⑥ 鹤峰"州中产茶甚多"⑦。光绪志称："红茶……称为高品，州中瘠土，赖此为生计焉"⑧。崇阳县"道光季年，粤商买茶"，"往外洋卖之，名红茶"。采茶时，男女"日夜歌笑，市中声成雷，汗成雨"。⑨ 产茶之盛，可想而知。

［四川］明嘉靖时，《茶谱》载："蜀之巴东、剑南、邛州、涪州暨玉垒关外皆产茶"⑩。乐山"茶为蜀中郡邑常产，凌云沙坪初春所采，不减江南"⑪。《峨眉县志》载："峨邑原来产茶，自峨山万年寺以下，一路山地多采茶，皆园户采摘于市上发卖"⑫。南江县"崇清乡山河地土，居民蓄茶园"⑬。通江县"邑产惟茶……恃此为世业焉"⑭。大邑县"邑境雾中，鹤鸣

---

① 同治《临湘县志》，《风俗志》。
② 同治《临湘县志》卷4《食货》。
③ 李元度：《天岳山馆文集》卷20。又见同治《平江县志》卷20《物产》。
④ 道光《永州府志》，《生计志》。
⑤ 《明史·食货志》。
⑥ 以上资料引自郑昌淦：《明清农村商品经济》，第367—369页。
⑦ 同治《宜昌府志》卷11。
⑧ 光绪《鹤峰州志》卷7。
⑨ 同治《崇阳县志》卷4。
⑩ 乾隆《潼川府志》卷9《图说》。
⑪ 嘉庆《乐山县志》卷16。
⑫ 嘉庆《峨眉县志》卷3《食货》。
⑬ 道光《南江县志》卷上。
⑭ 道光《通江县志》卷4《物产》。

诸山,现俱产茶,每年尚额销边腹茶引二千三百余道"①。丹棱县茶俱产西山、总冈至盘陀石,蜿蜒数十里,"民家僧舍,种植成园,用此致富"②。永川县"茶……赖此为衣食者甚众"③。绵竹县"茶有三种。……每年茶出,销路极旺,约得万金之谱"④。《邛崃县志》载:"其实邛州产茶之地,何止十八堡,龙溪、川溪、双河、三坝皆产白毫,收茶之时,又何止谷雨。西南北诸山,处处产茶,自春及秋,均可采撷"⑤。等等。

　　〔云南〕尹继善奏疏称:思茅厅:"夷人穷苦,惟藉茶叶养生";普洱府"地寡蓄藏,衣食仰给茶山"。⑥ 檀萃称:"普茶名重于天下,此滇之所以为产而资利赖者也"。这里"周八百里,入山作茶者数十万人。茶客收买,运于各处,每盈路"⑦。大理府"茶,感通、三塔皆有"⑧。

　　此外,江苏、陕西、广东、广西亦有产茶记载。如江苏吴县,宋时已种茶,明时遭官吏骚扰不堪,守僧剃除殆尽。同治时,县志载:"茶,出吴县西山"。"近时东山有一种名碧螺春最佳"⑨。淞江府佘山、神山,在顺治、康熙初年,"近皆种之"⑩。光绪间,丹阳县产茶,杨城所产"风味不减武夷,近已有收买之者"⑪。广东珠江之南有三十三村,康熙时"多业艺茶","每晨茶估涉珠江以鬻于城"。⑫ 河源县业茶,"居人生业半赖于此"⑬。道光《鹤山县志》载:"古劳〔都〕之丽水、冷水〔村〕山阜皆植茶。……邑中物产,惟此可以甲诸郡"。又称,"近则自海口直至附城,无论土著客家,多以茶为业"⑭。陈兴琰称:道光年间,鹤山茶叶"全年出口

①　同治《大邑县志》卷7《风土》。
②　光绪《丹棱县志》卷4。
③　光绪《永川县志》卷2。
④　光绪《绵竹县乡土志》,《商务》。
⑤　民国《邛崃县志》卷2《方物》。
⑥　乾隆《云南通志》卷29《尹继善筹酌普思元新善后事宜疏》。
⑦　檀萃:《滇海虞衡录》卷11。
⑧　康熙《大理府志》,《物产志》。
⑨　同治《苏州府志》卷20《物产》。
⑩　康熙《淞江府志》卷4
⑪　光绪《重修丹阳县志》卷29。
⑫　屈大均:《广东新语》卷14,《食语》。
⑬　乾隆《河源县志》卷1《风俗》。
⑭　道光《鹤山县志》卷2（下）。

有二百万担之多"①。光绪前期，南海县"茶叶从前为出口货大宗"，"西樵山多产茶，山人向以植茶为业。"但光绪十八年后，销量锐减，"山人往往将地售作坟墓，所产茶株比前百不存一"②。广西岑溪县产茶，乾隆方志载："岑向无茶……迄今各乡近山处尽种，而谢孟堡山场所植尤夥，远近贩鬻，为利颇饶"③。光绪间，《郁林州志》称：茶宜于山，近山者之利。"昔时尝有远商来收买……今则少矣"④。

3. 烟草

烟、蔫，亦称淡巴菰。大约在万历年间，由菲律宾传入中国，先在福建漳、泉二州传种。⑤ 明朝晚年传播于广东之恩平、浙江之嘉兴、江苏之苏州等地。⑥ 生于嘉靖末逝于崇祯十三年的张介宾称：烟"始出于闽广之间。自后，吴楚间皆种植之矣"⑦。杨士聪谓：自天启中，"二十年来，北土亦多种之"⑧。《枣林杂俎》载："今艺之［长］江南北。崇祯十六年，敕禁私贩，至论死，而不能革也"⑨。可见传播之快及依赖之深，利之所在，禁而不止。至清康熙年间，陈淏子云：烟草"今随地有之"⑩。雍正、乾隆之际，福建烟田继续扩大，有的地区烟田竟占耕地十之六七。⑪ 或谓汀属八邑，过去山区农民皆种食粮，自康熙三十四至三十五年间，流寓这里的漳州农民"以种烟为业"以后烟田继续发展，占耕地十之三四。⑫ 浙江嘉兴府属，植烟之风日胜一日。⑬ 广西农家，半数兼种烟草。⑭ 河南之卢氏，湖北之均

---

① 陈兴琰：《广东鹤山之茶业》，见《国际贸易导报》第 8 卷，第 5 期。

② 宣统《南海县志》卷 4。

③ 乾隆《岑溪县志》卷 2。

④ 光绪《郁林州志》卷 4。

⑤ 方以智：《物理小识》卷 9，《草木》。张介宾：《景岳全书》卷 48。

⑥ 崇祯《恩平府志》卷 7《物产》；王逋：《蚓庵琐语》，《种植》；康熙《苏州府志》卷 22《物产》。

⑦ 张介宾：《景岳全书》卷 48。

⑧ 杨士聪：《玉堂荟记》卷 4。

⑨ 谈迁：《枣林杂俎》中集。

⑩ 陈淏子：《花镜》，第 351 页。

⑪ 郭起元：《论闽省务本节用书》，见《皇朝经世文编》卷 36。

⑫ 王简庵：《临汀考言》卷 6，《访利弊八条议》。

⑬ 光绪《海盐县志》，第 17—18 页。

⑭ 《清代文字狱档》第 5 辑，《吴英栏舆献策案》，见《中国资本主义萌芽问题讨论集》上册，第 352 页。

州，湖南之衡州，山东之济宁，山西之保德，都有种烟的记载。① 尤其是山东济宁州，清顺治年间开始种植；至雍正年间已"遍地种烟"。北京烟商"来贩收买者不绝"②。嘉庆、道光之际，烟田继续扩大。如江苏省，"各处膏腴皆种烟叶"③。江西新城县，家家种烟，禁不能止。④ 四川合江县，河坦山谷，种植殆遍。⑤ 四川新津县，良田熟地，随处种烟。⑥ 陕西城固县滑水以北，"沃土腴田，尽植烟苗"。⑦ 嘉庆年间，包世臣论述吸烟人数增加及烟田扩大的情况很值得我们参考。他说几十年前吃烟的人不过十之二三，现在则"男女大小莫不吃烟"，"以致各处膏腴皆种烟叶"。⑧ 根据郑昌淦先生研究，自明代烟草传入后，至清代，烟草种植已遍布大江南北。他对各省烟草种植情况，做了个统计：山东有 25 州县，湖南有 19 州县，江西有 20 州县，福建有 15 州县，安徽有 15 州县，浙江有 14 州县，四川、陕西、直隶、湖北各有 13 州县，河南有 7 州县，贵州有 7 州县，江苏有 6 州县，云南有 5 州县，甘肃有 2 州县，广东有 2 州县，山西有 2 州县、1 府、直隶州，直隶有 13 州县。东北地区及广西地区尚未统计在内，就以上统计看全国种烟地方有 17 省，193 州县，1 府，1 直隶州。⑨ 下面，举几个省为例，进行论述。

［福建］福建是烟草传入始发地，明代人姚旅称：淡巴菰出吕宋国，有人携漳种之，今反多于吕宋。又称：今莆中亦有之，俗曰金丝醺。台湾明代已栽烟，据《台湾府部》载："淡巴菰，原产湾地，明季漳人取种栽之。"⑩ 陈鸿称："金丝烟乃天启时从番国传来，泉州人构〔购〕其

---

① 吴熊光：《伊江笔录》（乾隆版）卷 2。转见《中国资本主义萌芽问题讨论集》上册，第 352 页；陆耀：《烟谱》卷 46，见《昭代丛书》。

② 《古今图书集成·方舆江编·职方典》卷 230《兖州府部》。

③ 包世臣：《安吴四种》卷 26，《农二》。

④ 同治《新城县志》卷 1。

⑤ 嘉庆《四川通志》卷 75，第 17—18 页。

⑥ 道光《新津县志》卷 29，第 38 页。

⑦ 岳震川：《府志食货志》，见《皇朝经世文编》卷 34。

⑧ 包世臣：《安吴四种》卷 26，《农二》。

⑨ 郑昌淦：《明清农村商品经济》，中国人民大学出版社 1989 年版，第 341—342 页。

⑩ 《古今图书集成·方舆汇编·职方典》卷 1110《台湾府部》。

种。……种植渐广，贵贱男女皆食"①。

到清初时，烟已成福建人招待客人的必需品，"客到，请其吸烟为先礼"②。至康熙年间，漳州烟已经很有名气，"今各省皆尚之"，"人多种之，利甚多"。又称漳州烟草"甲于天下，货地吴，于越，于广，于楚汉，其利亦较田数倍"。③ 汀州迩年以来，"八邑之膏腴田土，种烟者十居三四"④。宁化县"十余年内人竞莳之"⑤。永定种烟情况，据苏炯文称：到康熙中后期，烟草种植已非常普遍，广大农村，几乎家家户户种烟，人们说起农活，除了栽稻，开口就是种烟。⑥《永定县志》载："膏田种烟，利倍于谷"⑦。《上杭县志》赵志云："杭邑山多田少，人情射利，弃本逐末，向皆以良田种烟"⑧。龙岩种植烟草，至康熙时，已"与农夫争土而分物力者，已十之五矣"⑨。雍正间，《永安县志》载："比来佃田者不顾民食，将平洋腴田种蔗栽烟，利较谷倍"⑩。崇安"货属：夷茶、闽笋……烟叶"⑪。乾隆间，郭起元奏称：闽地"今则烟草之植，耗地十之六七"⑫。仙游县"东乡间种烟叶、花生，获利较赢"⑬。嘉庆间，浦城县"邑中种于田者曰田烟，种于山者曰山烟。山烟以产自黄龙山茅洋者为上，田烟以产自莲塘者为上，远近皆著名"⑭。南平县"年来烟草获利，栽者日夥，城堧山陬，弥望皆是，且有植于稻田者"⑮。由于福烟甲天下、销路广、收入高，至乾隆时，福建种烟之地高达十之六七，与粮争地情况很突出，以至大吏郭起元上奏请禁革

---

① 陈鸿：《莆变小乘》。
② 陈鸿：《莆变小乘》。
③ 康熙《漳州府志》卷27、卷26。
④ 王简庵：《临汀考言》卷6。
⑤ 康熙《宁化县志》卷2。
⑥ 苏炯文等供稿，黄畴改写：《条丝烟漫话》，见《永宋文史资料》第11辑。
⑦ 道光《永定县志》卷16。
⑧ 民国《上杭县志》卷9。赵志成书于乾隆十八年。
⑨ 康熙《龙岩县志》卷2。
⑩ 雍正《永安县志》卷9。
⑪ 雍正《崇安县志》卷1。
⑫ 郭起元：《论闽省务本节用书》，见《清经世文编》卷36。
⑬ 乾隆《仙游县志》卷8（下）。
⑭ 嘉庆《浦城县志》卷7。
⑮ 嘉庆《南平县志》卷6《风俗》。

福建种烟之事。①

[江西] 江西是产烟较多省份之一。赣州府种烟，始于康熙间，"近多闽广侨户，栽烟牟利，颇夺南亩之膏"②。据府志载："赣属邑遍植之，甚者改良田为蔫畲，致妨谷收，以获厚利"③。瑞金县"自闽人流寓于瑞，以莳烟为生，往往徒手起家，聚拥雄资。土著之人，贪目前之近利，忘久远之大害，于是赁田与人，或效尤而又甚"④。是时，该县有田"二千八百余顷"，"连阡累陌，烟占其半"⑤。乾隆志载："烟叶销售既广，种者日益多，当春时，平畴广亩，弥望皆烟矣"⑥。嘉庆时，宁都种烟，但"州治及石城所出，尚不如瑞金之多"⑦。《新城县志》载："彼栽烟必择腴田，而风俗又惯效尤，一人栽烟，则人人栽烟"⑧。可见该县种烟之普遍。《玉山县志》载："夫淡芭菰之名著于永丰，其制之精妙，则色香臭味，莫与玉比，日佣数千人以治其事，而声价驰大江南北"⑨。贵溪志称：烟，"人多种之"⑩。《南昌县志》载：烟草"近南昌亦多种之"⑪。道光间，广丰县、上饶县皆种烟。方志称：烟"向惟盛于广丰，今山农亦有种者"⑫。刘锦藻称：广丰县"乡民于山地遍种烟叶……岁出约十余万金"⑬。同治间，《兴国县志》称："兴邑种烟甚广，以县北五里亭所产为最……利规稼圃反厚"⑭。《南丰县志》载：种烟，利倍于谷，"惰农之所贪也"⑮。龙南县"烟草，邑乡里中，近年竞植之"，"以获厚利"⑯。光绪间，石城"惟烟叶一项，春种夏

---

① 郭起元：《论闽省务本节用书》，见《清经世文编》卷36。
② 康熙《赣州府志》卷63；又见同治《赣县志》，《风俗志》。
③ 乾隆《赣州府志》卷2《物产》。
④ 康熙《瑞金县志》卷4。
⑤ 康熙《瑞金县志》卷7。
⑥ 乾隆《瑞金县产》卷2。
⑦ 道光《宁都直隶州志》卷12。
⑧ 《嘉庆十年大荒公禁栽烟约》，见同治《新城县志》卷1。
⑨ 道光《玉山县志》卷11。
⑩ 道光《贵溪县志》卷12。
⑪ 道光《南昌县志》卷1《土产》。
⑫ 同治《上饶县志》卷10。
⑬ 刘锦藻：《清朝续文献通考》卷379，《实业二》。
⑭ 同治《兴国县志》卷12。
⑮ 同治《南丰县志》卷9。
⑯ 光绪《龙南县志》卷2。

收，获利亦厚"①。宣统时，庐陵县"永和、白沙多种烟草"②。有清一代，江西不但种烟者多，并且创出玉山烟声价驰大江两北。

［广东］明季，烟草已传入恩平，崇祯志载：烟叶"今所在有之"③。至清代康熙间，高要县记载：烟叶"今所在有之"④。雍正间，广西巡抚韩良辅奏称："广东本处之人，惟知贪财重利，将地土多种龙眼、甘蔗、烟叶、青靛之属，以致民富而米少"⑤。乾隆年间，肇庆府的烟草种植得到很大发展，全祖望称：淡巴菰"今新兴之天堂及阳春莳此为利，几敌种稻"⑥。鹤山县农民以种烟致富。县志称："耕凿之民，恒以是致富"⑦。据道光志称："本邑种烟村落甚多，以古蚕、芸蓼、沐河为上"。"田一亩，约种烟草一千四百根，烟叶干后约得三百余斤"。［按］曰："鹤邑无多物产，古劳茶之外，惟烟叶最盛"⑧。嘉庆间，大埔县农民"竞尚种烟，估客贩运江西发售，种烟之利，比稻加倍"⑨。道光间，新会的何村、天河等乡"种烟者十之七八，种稻者十之二三"⑩。石城县，烟草"种者甚多，其品不让闽漳也"⑪。光绪间，四会县"淡巴菰……邑人种此，利逾种稻"⑫。揭阳县烟草"土人多种之"⑬。据光绪二十四年《时务通考》载：澄海县"出口货最要者烟叶，估关平银七十四万一千余两"⑭。南雄出产烟，据《佛山忠义乡志》载："本乡乌烟向购自南雄"⑮。

［山东］有清一代，山东是我国产烟大省之一，产地极为普遍。滋阳种

---

① 刘锦藻：《清朝续文献通考》卷379，《实业二》。

② 宣统《庐陵县志》《物产志》。

③ 崇祯《恩平县志》卷7《物产》。

④ 康熙《高要县志》卷5。

⑤ 《授时通考》卷48《劝课·敕谕》。

⑥ 全祖望：《淡巴菰赋序》，见道光《肇庆府志》卷3；又见光绪《肇庆府志》卷3。

⑦ 乾隆《鹤山县志》卷2。

⑧ 道光《鹤山县志》卷2（下）。

⑨ 嘉庆《大埔县志》卷9。

⑩ 道光《新会县志》卷2。

⑪ 道光《石城县志》卷1。

⑫ 光绪《四会县志》，第88页。

⑬ 光绪《揭阳县志》卷4。

⑭ 王奇英：《时务通考》卷17，《商务八》。

⑮ 《佛山忠义乡志》卷6。

烟始于顺治，县志称："旧无其种，自皇清顺治四年间，城西三十里颜村店、史家庄创种，相习渐广，至今遍地栽烟，每岁京客来贩收买者不绝，各处因添设烟行，稍为滋民一生息云"①。寿光种烟"自康熙时。有济宁人家于邑西购种种之，获利甚赢。其后，居人转相慕效，不数年，而乡村遍植，负贩者往来如织，遂成邑产"②。郑板桥诗云："稻田不种稻，烟树杂嚣尘"③，是对寿光种烟之多的生动描述。《清高宗实录》载："兖属向不以五谷为重，膏腴之地，概种烟草"④。乾隆间，济宁州产烟"甲于诸郡，齐民趋利若鹜"⑤。据王培荀称：济宁"环城四五里皆种烟草"，"大约膏腴尽为烟所占，而五谷反皆瘠土"⑥。又据包世臣《闸河日记》称：济宁州"出产以烟叶为大宗。业此者六家，每年买卖至白金二百万两"⑦。道光《沂水县志》谓：农民多种烟，"闾阎恃以营生"⑧。宁阳县，在嘉道间种烟日盛，称："近日到处有之"⑨。至光绪间，该县"烟叶销售直隶客商，岁约一百二十万斤"⑩。道光《巨野县志》载："今观本邑种烟者，其工力与区田等，而不畏其难者，为利也"⑪。宁海州"烟草……园户多莳，种以为利"⑫。据同治《黄县志》载："烟草……近日颇种之"⑬。咸丰《金乡县志》载：烟草在乾隆时已有种植，但"旧志不载，然种者实多"⑭。光绪《临朐县志》载："淡巴菰稍减于丝，岁进亦数十万，以厚利，故农家多种之"⑮。由于种烟争地结果，山东发生良田被烟所占，种五谷之地反而是瘠土的情况。

〔湖南〕衡烟名于海内，始于明季。同治《衡阳县志》载："自明季，

---

① 《古今图书集成·方舆汇编·职方典》卷238《兖州府部》。

② 嘉庆《寿光县志》卷9《食货》。

③ 嘉庆《寿光县志》卷3。

④ 《清高宗实录》卷409。

⑤ 乾隆《济宁州志》卷2。

⑥ 王培荀：《乡园忆旧录》。

⑦ 包世臣：《安吴四种》卷6，《闸河日记》。

⑧ 道光《沂水县志》卷3。

⑨ 咸丰《宁阳县西》卷6。

⑩ 光绪《宁阳县志》，《商务》。

⑪ 道光《巨野县志》，《方舆》。

⑫ 同治《宁海州志》卷4。

⑬ 同治《黄县志》卷3。

⑭ 咸丰《金乡县志》卷3。

⑮ 光绪《临朐县志》，《物产志》。

海内通买社坛衡烟。社坛，城北旧坛地也。山西、陕西大商以烟草为货者，有九堂十三号，每堂资本出入岁十余万金，号大于堂，兼通领外为飞钞交子，皆总于衡烟。四方求烟草者，得真衡产蒸，而办种烟草者相望。近五六十载，福建所产盛行，衡烟益绌"①。吴熊光称：烟草"衡州一府皆种之"②。或谓："种烟者相望"③。黄本骥谓：湖南"烟叶各处多种，产攸县及平江者佳"④。乾隆间，沅州府"烟草，一名淡巴菰，多有种者"⑤。乾隆《清泉县志》载："祁（阳）、邵（阳）、茶（陵）、攸（县）所产（烟叶），皆售于衡郡"⑥。嘉庆《郴州志》称："蔫（烟），多种平原隙地，近通市衡湘。"⑦ 嘉庆《湘潭县志》载："客商贩买，预给值种烟之户，谓之定山，秋后成捆发行"⑧。嘉庆至光绪间，《善化县志》载："近日种蔫（烟）几成美利，或至废田与园而为之，一亩之蔫（烟）可获利数倍"⑨。道光间，永州府"烟叶，旧唯道州龙角营专产"，"今则遍郡皆种之"⑩。清晚至民国初，醴陵县种烟者甚夥，史称："烟……近四十年来，东乡耕者几乎无家不种"⑪。

　　［浙江］明崇祯时，浙江已有种烟记载。嘉兴府嘉兴县王逋称："崇祯末，我地遍处栽种，虽三尺童子莫不食烟"⑫。嘉兴府属，植烟之风日胜一日⑬。康熙间，"率土皆树烟，嘉郡尤多"⑭。《海盐续图经》载：乾隆间嘉兴府"今嘉郡多知树烟，乡城区圩布种林立，不惟供土著之需，抑且比闽

---

① 同治《衡阳县志》卷11。
② 吴熊光：《伊江笔录》上编。
③ 同治《衡阳县志》，《货殖志》。
④ 黄本骥：《湖南方物志》卷3。
⑤ 乾隆《沅州府志》卷24。
⑥ 乾隆《清泉县志》卷6。
⑦ 嘉庆《郴州总志》卷40。
⑧ 嘉庆《湘潭县志》卷29。
⑨ 光绪《善化县志》卷23《土产·附论》。
⑩ 道光《永州府志》卷7。
⑪ 民国《醴陵县志》卷5《食货志上》。
⑫ 王逋：《蚓庵琐言》。
⑬ 光绪《海盐县志》卷8。
⑭ 乾隆《海盐县续图经》卷1。

广之所产矣"①。康熙志称,杭州府"土人多种烟为业"②。乾隆至光绪年间,该府所属桐乡县,"烟叶产于县之南乡……乡人种此者,利与桑麻相埒"③。康熙年间,台州府黄岩县多种烟,"乡间遍种贾利"④。嘉庆至道光间,湖州府种烟,"《练溪文献》:徐巷村出坊佳。[吴兴]《宝前两溪志略》:前邱产烟草。按:烟草吴兴之南唐栖产最盛,前邱太平桥、唐兜圩一带所产尤佳"。又按:"今德清新市产此"。⑤ 该府所属安吉州称:"迩来乡人多种此"⑥。同治《景宁县志》云:烟草"今种者颇多"⑦。道光间,石门县"产烟叶有名,远商来贩者成市。乡民利此,亦称一熟"⑧。光绪间,遂昌县"淡巴菰,本地植之者多,利胜于种稻"⑨。宜平县"近又多种烟,悉择腴田,冀获重利"⑩。镇海县产烟,"今土人亦多种以为业,利过于茶"⑪。新昌县所产"烟叶……出西境丰乐乡一带者佳。新烟上市,客帮麇集"。"每岁所入约有百余万"⑫。

[四川] 据《重修傅氏宗谱》载:四川种烟,始于雍正年间。江西瑞金农民傅其,移居全堂县,"佃田使诸子力农","广种烟草,时蜀中未谙种烟法","故一时傅姓烟重于锦城"⑬。至乾隆间,烟草种植已蔓延到四川各地。彭遵泗称:"蜀多业烟……大约岁终获利,过稻麦三倍,民争趋焉。近日河坦山谷,低峰高原,树艺遍矣,骎骎乎与五谷争生死也"⑭。郫县志也称:烟草"川中到处皆有"⑮。乾隆前期,任郫县知县李馨《种烟杂韵》后

① 光绪《嘉兴府志》卷33。
② 宣统《杭州府志》卷79。
③ 光绪《桐乡县志》卷7。
④ 康熙《黄岩县志》卷2。
⑤ 同治《湖州府志》卷32。
⑥ 乾隆《安吉州志》卷8。
⑦ 同治《景宁县志》卷12。
⑧ 道光《石门县志》卷3。
⑨ 光绪《遂昌县志》,《物产志》。
⑩ 光绪《宜平县志》,《民事志》。
⑪ 光绪《镇海县志》,《物产志》。
⑫ 《绍兴新昌县土产表》,见《农学丛书》第6集,光绪三十年。
⑬ 民国《重修傅氏宗谱》卷10。
⑭ 彭遵泗:《蜀中烟说》,见嘉庆《四川通志》卷75。
⑮ 嘉庆《郫县志》卷10。

两句诗云："最与吾乡风土近，锄田先种淡巴菰"①。郫县烟草"生产最多，上通蛮部，下通楚豫。氓以其利胜于谷也，遂择上则田地种之"②。嘉庆间，泸州产烟，以"江安产者为尤佳"③。至道光间，新津县"邑人莳烟草者甚多，良田熟地，种之殆遍。六七月，邑中烟市堆积如山"④。德阳县"有烟草，本名淡巴菰，种者多至数十百亩"⑤。乐至县种烟，"农人岁田莳，获利颇厚"⑥。江北厅志载：烟"人家多种之"⑦。道光至咸丰间，资阳县有"一烟二蔗之谚，盖利甚溥也"⑧。王氏简州志稿云：烟草"简阳傍沱江、四河坝最多"⑨。同治间，南溪县新籍之民，"多临河种地。种地者，栽烟植蔗，力较逸于田，而利或倍之"⑩。光绪间，新繁县"每岁，本县栽烟之田以千亩为率，每亩计产烟二百斤，销本处"⑪。据此算之，该县年产烟约二十万斤。荣昌县"叶烟，邑西南多种"⑫。《苍溪县志》载：烟"自咸同以后，种者渐广，降及清末，凡嘉陵、宋江滨河之地，几占大半，山地亦有种者"⑬。

〔山西〕山西种烟始于明后期。乾隆《曲沃县》志称，"乡民张士英，自闽中携种植之。明季兵燹踵至，民穷财尽，赖此颇有起色。今则邑民大食其利矣"⑭。据雍正年间编纂的《山西通志》载："晋人种烟草，汾（州）、代（州）昉于曲沃"⑮。今则"并、代、汾、潞胥盈望矣"⑯。乾隆

---

① 李馨：《春晚连日邱行杂韵》，见嘉庆《郫县志》卷35。李馨，福建闽县人，乾隆十年至十九年任郫县知县。
② 乾隆《郫县志》，《物产》。
③ 嘉庆《直隶泸州志》卷5。
④ 道光《新津县志》卷29。
⑤ 道光《德阳县新志》卷1。
⑥ 道光《乐至县志》卷3。
⑦ 道光《江北厅志》卷3《物产》。
⑧ 咸丰《资阳县志》卷7《物产》。
⑨ 民国《简阳县志》卷19《食货》。据陈树平等考核《王氏州志稿》系咸丰《简州志》。
⑩ 同治《南溪县志》卷3《风俗》。
⑪ 光绪《新繁县乡土志》卷10。
⑫ 光绪《荣昌县志》，《物产》。
⑬ 民国《苍溪县志》卷10。
⑭ 乾隆《新修曲沃县志》卷24。
⑮ 雍正《山西通志》卷47。
⑯ 光绪《山西通志》卷100。

年间，保德州"凡河边淤土，不以之种黍稷，而悉种烟草……而不以五谷为本计也"①。道光年间，霍州种烟也"渐多"②。

[陕西]陕西烟草出产很多，据岳震川称：嘉庆间"今汉中郡城，商贾所集，烟铺十居其三四。城固渭水以北，沃土腴田，尽植烟苗。盛夏晴霁，弥望野绿，皆此物也。当其收时，连云充栋，大商贾一年之计，夏丝秋烟……南郑城固大商，重载此物，历金州以抵襄、樊、鄂渚者，舳舻相接，岁糜数千万金"。又称"紫阳务滋烟苗，较汉中尤精，尤易售"③。乾隆间，《宝鸡县志》载："烟，今是沿渭一带皆艺此"④。严如熤称："汉川民有田地数十亩之家，必植烟草。……烟草亩摘三四百斤，卖者蚨十千以外"⑤。光绪间，镇安县出产旱烟叶，"近年栽植渐广，颇获厚利"⑥。

[甘肃]甘肃是清代产烟大省之一。乾隆秦州志载："货则棉花、干粉……其最多者烟草"⑦。闽人梁章钜任职于甘肃，他称："余尝藩甘肃，屡欲申兰州水烟之禁。询之绅士，皆以为断不能禁，而徒以扰民。盖今日之吃水烟者遍天下，其利甚厚，利愈厚则逐末者愈多。甘肃地土硗瘠，甚于吾闽，循此而不知返"⑧。可见该省种烟之盛，已到欲禁而无能境地。舒位赞曰："兰州水烟天下无，五泉所产尤绝殊。居民业此利三倍，耕烟绝胜耕田夫"⑨。光绪五年，德国人福克游记称："将到兰州约离一百里许，地势稍低，民间出产亦丰。四围尽栽烟叶。""青条水烟，各种名烟，流通各省，为数甚巨"⑩。《皋兰县志》载："棉烟，俗名水烟。棉烟，每岁出七八千担，销路以四川为盛。绿色烟，俗名碧条，每岁出二万余担，销路以江苏为盛。黄色烟，每岁出二三千担，销路以广东为盛。每担重三百斤上下"⑪。可见当地产烟数量之大。据《甘肃全省各属农业实迹表》看，光绪间产烟

---

① 陆耀：《烟谱》卷46。
② 道光《直隶霍州志》卷10。
③ 岳震川：《府志·食货论》，见《清朝经世文稿》卷36。
④ 乾隆《宝鸡县志》，《物产志》。
⑤ 严如熤：《三省边防备览》卷9，《民食》。
⑥ 光绪《镇安县乡土志》卷下。
⑦ 乾隆《直隶秦州新志》卷4。
⑧ 梁章钜：《退庵随笔》卷8。
⑨ 舒位：《兰州水烟篇》，见褚逢春、顾禄《烟草录》。
⑩ [德国]福克：《西行琐录》，见《小方壶斋舆地丛钞》帙6。
⑪ 光绪《皋兰县志》卷11。

之地有：张掖县"西乡宜种黄烟"等。武威县土宜中有烟叶记载。平番县"间种烟叶"。皋兰"物产：兰烟为大宗"。狄道州"黄烟，岁出七千余担，行销四川龙安、重庆两府等地"。金县"物产：绿烟为大宗，每年出三十余万斤"。靖远县"黄烟运销福建"。狄道州沙泥判"黄烟叶收成之年，出十八九万斤"。宁远县"黄烟为大宗……每年产四五百担"。① 也就是说，年产在十二万斤至十四万斤。

[直隶] 种烟的地方较多，相对一些省份而言也较早些。康熙年间，新城"烟，近时人多种之"②。宣化府"菸，园圃多种"③。雄县"烟叶……本境自康熙年始种之，地斥卤，遂大宜，城内种者，味尤迅烈"④。雍正志称：深州烟叶"前此未有，国朝始传其种"⑤。磁州"近因磁人舍本逐末，多种烟叶、靛苗，稻田渐减"⑥。乾隆间，遵化州"烟，以鲇鱼石、罗文峪者为最"⑦。嘉庆至道光间，霍州"有烟……然其利厚，非牧令所能禁也"⑧。道光间，保安州"菸，音烟，园圃多种"⑨。光绪间，邢台县"货之属，羊皮为冠……其次则淡巴菰"。该志又称："土著者恒业淡巴菰，近以筹款抽捐，利渐萧索"。⑩

[东北] 东北三省都有种烟记载。辽宁省至迟在雍正间已产烟。据乾隆元年修编《盛京通志》载：烟草"出抚顺者佳"⑪。西清《黑龙江外记》载："人家隙地种烟草，达呼尔则一岁之生计也。自插秧至晒叶，胼胝之劳，妇女任之，皆自鬻于城市"⑫。据萨英额记载："烟，东三省俱产，惟吉林产者极佳，名色不一：吉林城南一带名为南山烟，味艳而香；江东一带，名为东山烟，香艳而醇；城北边台烟为次；宁古塔烟名为台片。独汤头沟

---

① 《甘肃全省各属农业实迹表》，光绪三十二年抄本。
② 《古今图书集成·方舆汇编·职方典》卷76《保定府部》。
③ 《古今图书集成·方舆汇编·职方典》卷156《宣化府部》。
④ 光绪《雄县乡土志》，《物产第十四》。
⑤ 吴汝纶：《深州风土记》卷21。
⑥ 《水利营田图说磁州》，见吴邦庆辑《畿辅河道水利丛书》。
⑦ 乾隆《遵化州志》卷71。
⑧ 道光《直隶霍州志》卷10。
⑨ 道光《保安州志》卷8。
⑩ 光绪《邢台县志》卷1。
⑪ 乾隆《盛京通志》卷27。
⑫ 西清：《黑龙江外记》卷8。

有地四五垧，所生烟叶只有一掌，与别处所产不同，味浓而厚，清香入鼻，人多争买。"①《奉化县志》载：该县产薏苡、罂粟、淡巴菰，"而淡巴菰之尤盛"②。

此外，其他省也有种烟记载。如河南省鹿邑县"旧志俱不栽烟草，今则遍地栽之"③。卢氏县"民贪利，平日多种烟叶"④。江苏通州"州郡附郭原田之迎濠沟者，十余年来多种烟叶，相沿日盛，利颇不赀"⑤。安徽含山县"近日种烟者甚多"⑥。凤阳县"近城一带所产烟叶较他处为佳。……贫民颇资以济食用之缺"⑦。太平府"所在旱地植之"⑧。宁国府"近今种者甚多"⑨。怀宁县"自独秀山至东西冶塘、江镇所产尤多"，"岁六七月，扬州烟贾大至，洪家铺、江镇牙行填满，货镪辐辏，其利见与米盐等。"⑩ 湖北均州产烟，"一州……皆种之"⑪。石首县"近者乡多种烟草"⑫。广西平南县"种烟之家，十居其半。大家种烟一二万株，小家亦不减二三千株"⑬。贵州黄平州"旧志亦不栽烟草，今则遍地栽之。州南及东北一带为甲"⑭。遵义府"郡人前种烟，唯贩索叶，今则并贩摺叶矣。大约烟之利过种稻数倍，是以人争趋焉"⑮。云南，据吴大勋称："各郡无不植烟，而宁州八寨多而且佳"，"种烟之地，半占农田"。⑯ 新疆烟叶"出昌吉"⑰。

①　萨英额：《吉林外记》卷7。
②　光绪《奉化县志》卷11。
③　乾隆《鹿邑县志》卷1。
④　吴熊光：《伊江笔录》上编。
⑤　乾隆《直隶通州志》，《物产志》。
⑥　康熙《含山县志》卷10。
⑦　乾隆《凤阳县志》卷4。
⑧　乾隆《太平府志》卷12。
⑨　道光《宁国府志》卷18。
⑩　道光《怀宁县志》卷7。
⑪　吴熊光：《伊江笔录》上编。
⑫　乾隆《石首县志》卷4。
⑬　《清代文字狱档》第五辑《吴英拦舆献策案》。
⑭　嘉庆《黄平州志》卷4。
⑮　道光《遵义府志》，《物产志》。又见光绪《黎平府志》卷3（下）。
⑯　吴大勋：《滇南闻见录》下卷。
⑰　史善长：《轮台杂记》（上），成书约道光前期。

第二节　蔬果、花卉种植的发展

由于明清时期城镇经济发展，城镇人口迅速增长，以及人们生活需求多样化，对蔬菜之属、水果之属、花卉之属、油料之属等需求也随之急剧增多，对品种需求更多样化。在社会需求拉动下，蔬菜、水果、花卉等作物都朝商品化方向发展。

一　蔬菜种植业发展

[北京] 是明清两代政府的首都所在地，随着城市人口日益增加，对蔬菜需求也日趋旺盛。明代时就有人进行园圃经营，陆容称："崧菜即白菜，今京师每秋末，比屋腌藏以御冬。"又称："闻之志者云：永乐间，南方花木蔬菜，种之皆不发生，发生者亦不盛。近来南方蔬菜，无一不有，非复昔时矣"①。据王世贞记载，顺义张君曾在兵部职方司做官，被罢官后，回到本县东北五里圃，由于圃远离河道，浇灌十分不便，于是以高工资募集工人打井，井成"环井而圃"，种植作物有：千树枣、千树栗、千畦姜韭菘，它蔬属称是。② 顺天府亦发展蔬菜种植，《本草纲目》载："今燕京诸处亦有之矣"③。西直门外海淀种茭白，"目为蔬中珍品"④。康熙时，保定府安肃县出产的黄芽菜，成为"士大夫不可一日无此味"⑤ 的佳肴。雍正时，怡贤亲王称：玉田县、丰润县，"现在近河居民，引浇种菜，千畦百陇，在在皆然"⑥。乾隆时，安肃县"姑庄西岸，悉种秋菘，民收倍利"⑦。乾隆四年，马宏琦奏称：天津"沽（海）河一带，多有民间种植菜园地亩。"⑧ 至嘉庆时，安邑所产白菜，"藩司载赴京师馈送，逐年加多，该邑每

---

① 陆容：《菽园杂记》卷 6，弘治七年。
② 王世贞：《弇州山人稿》卷 74，《张氏新泉记》。
③ 吴其濬：《植物名实图考长编》卷 5，《蔬类》。
④ 光绪《顺天府志》卷 50。
⑤ 《古今图书集成·方舆汇编·职方典》卷 76《保定府部》。
⑥ 《怡贤亲王敬陈京东水利疏》，《授时通考》卷 18，《土宜·水利三》。
⑦ 《畿辅水利四案·三案》。
⑧ 《畿辅水利四案·二案》。

年雇车赔累，不下一二千金"①。

[山西] 孝义县"邑人多业圃瓜及山药，皆出鬻邻邑。诸菜中白菜、罗（萝）卜尤多，番椒亦多"②。据《山西通志》载：沁源县人素不治圃，嘉庆间知县王定远"为疏渠导之灌溉，期年余蔬盈市"③。

[陕西] 商南出产木耳，"近日（指乾隆十三年前）收买成包，水陆发运，约邑每岁雨水调匀，乡民获利万金"④。扶风县"瓜、蓏、蔬菜并佳，而沣渭滩地并宜西瓜，瓜子尤大而肥。近则园圃盛植番椒、直（植）与葱、蒜等焉"⑤。咸阳县"有专务场圃者，合县所食之菜，皆贩之南乡，获利较厚"⑥。鄠县志载："食品姜……由陆路运至乾（州）甘肃，每年约销四五十万斤，本境约销十万斤"。"木耳出南山，由陆地远至省城，每年各销三四千斤。竹笋、茭白由陆路运至省城，每年各销二万斤，本境各销五六千斤"⑦。

[甘肃] 产蘑菇，"各府州多有之，甘肃祁连山产者佳，青海一带尤多。……头发菜，兰属、甘属俱产，以甘州河西为最"⑧。

[山东] 明成化年间，高凤知新泰县，教民种菜备荒，"新之有园圃者自凤始"⑨。德州所食蔬菜"多由故城贩去"⑩。宁阳县，"冬菜，邑西许家桥村左右，地势宜菘，种者甚繁，济宁商人，每岁购去，制为冬菜"⑪。蓬莱县"居山者瓜菜之利为多，近海者玭鱼之利最溥，皆足佐饔飧之不给，而以备布缕之所需"⑫。长青县"南乡园圃，则种蔬菜"⑬。《山东通志》称：白菜"近日登、莱各属业此甚多，竟成为出口货矣"⑭。宁阳县种姜，"利

① 吴熊光：《伊江笔录》上编。
② 乾隆《孝义县志》第四册《物产民俗志》。
③ 光绪《山西通志》卷110。
④ 乾隆《商南县志》卷5。该志成书于乾隆十三年。
⑤ 嘉庆《扶风县志》卷4。
⑥ 卢坤：《秦疆治略》。
⑦ 光绪《鄠县乡土志》。
⑧ 宣统《甘肃新通志》卷12。
⑨ 宣统《山东通志》卷71。
⑩ 光绪《故城县志》，《物产志》。
⑪ 光绪《宁阳县乡土志》，第41页。
⑫ 道光《蓬莱县志》卷5。
⑬ 道光《济南府志》卷13。
⑭ 宣统《山东通志》卷41。

倍他蔬"。至光绪时，所产之姜"大获其利"①。峄县："蔬，其属二十有八，菘（一名白菜）、芹、芥……以上诸蔬自食者多，惟菘、姜鬻于江淮者，颇获厚利，人尤愿种之"。又称地宜姜、芋，亩产可收数千斤，"居民冬时以芋代粮，而鬻其姜于外商，其利数倍"②。

[江苏] 松江府出产白菜，"松城东，潮流易淤，屡经开浚，两岸皆高阜，土松宜圃，乡人勤于种莳，其法最备，其品最饶，其候亦最早。至西为水，所产稍异，而莼菜擅美，往昔遂以为冠"③。同时，该府还盛产芦菔（一名芜菁），据《青浦县志》称：明天启崇祯间，"今吴淞两岸，产者甚多，冬时贩户小船舶江浒，获利较胜他处"④。苏州吴江庞山村"居民皆业圃，远近取给，每晨钟初静，黄童白叟累累然，数百担入城变易，皆土产也"⑤。常熟"藕，滨湖人以种植为业"。又载"菱，邑有湖泊人，以菱为岁业焉"⑥。金陵城近郊之处，以种菜为业，"其在春风始和，冰冻稍释，曰韭曰薹，乃始生殖。花散金黄，茎敷玉碧。入市炫新，三倍论值"⑦。常熟、昭文地方，"附郭农兼鬻蔬菜，织曲薄为业"⑧。无锡、金匮近郊之农"不植五谷，而植园蔬。……其冬菜一熟，可抵禾稼秋成之利"⑨。苏州府孙福保称："吾吴得山东胶州白菜，种之于地……价较油菜等数倍"⑩。丹阳县"萝卜，有红白二种，陵口一带多种之，白者亦名水萝卜，岁值丰收，利倍于谷"⑪。长洲盛产竹笋，称："笋之属，兰花笋、燕来笋、护据笋、粉金笋、五月贵。按：诸笋种各不同，味皆鲜美，各处园林村郭，所在皆有之"⑫。徐光启称："三吴人用大藕于下田中种之，最盛"⑬。吴江产菱，县

① 咸丰《宁阳县志》卷6；光绪《宁阳县志》卷。
② 光绪《峄县志》卷7。
③ 康熙《松江府志》卷4。
④ 光绪《青浦县志》卷2。
⑤ 弘治《吴县志》卷2。
⑥ 弘治《常熟县志》卷4《物产》。
⑦ 陈作霖：《风麓小志》卷3。
⑧ 乾隆《常昭合志》，《风俗志》。
⑨ 黄卬：《锡金识小录》。
⑩ 孙福保：《植物近利志》，见《农学报》第42期，光绪二十四年七月下。
⑪ 光绪《丹阳县志》卷29。
⑫ 乾隆《长洲县志》卷10。
⑬ 徐光启：《农政全书》卷27，《树艺·蓏部》

志载："菱，各湖荡多种之，秋间采之以易钱米，亦小民生计所资也"①。金坛县农民多种姜，"以为利"②。

[安徽]凤台县出产胡萝卜，"胡萝卜则切片腌之，远售江省矣"③。舒城种藕，"藕，城内外及桃溪、梅山，凡出自舒城者，皆肥大而甘脆，绝无渣滓，土人利之"④。宁国府产姜，"宣城、南陵姜利最大。……北人岁来贩姜者，巨舫衔尾，上农家亩可数十石，计一乡可得数万石"⑤。亳州出产金针菜，来购者"南北商贩甚夥"⑥。

[浙江]杭州府，"白菜，杭人呼为长梗白，冬月之菜，惟此宜久藏"⑦。又称黄矮菜有南北二种，"南产者，惟杭城太平门外沙地产者为最"⑧。金华府种北瓜，万历末，应募诸士兵，从边关携瓜种还，结实胜土瓜，"遂遍种之，山乡尤盛。多者，荐食外以之饲猪，若切而干之，如蒸菜法，可久贮御荒"⑨。湖州府出产竹笋，据万历《湖州府志》载："笋出栖贤山者佳"。据"崇祯《乌程县志》载：栖贤、康山之间专种猫竹，笋有重至二三十斤者"⑩。象山县产竹笋，"诸竹之萌曰笋，春冬采以供食，其风味少逊于天目山、问政山诸品"⑪。瑞安县产竹笋："笋，郡中贩来收买至申，转售洋人"⑫。东阳县"邑中种姜收数倍之息，人多以谷易之"⑬。瑞安县产姜黄子，"销路甚旺"⑭。温州出茄子，称"温州人善种茄，出货最早"，"每地一亩，能出茄秧百数十元"，"即购他人之秧，每亩种得其法，亦能采茄售洋数十元者，甚羡慕之"⑮。庆云县"居乡者以制菌为业，老者在家，

---

① 乾隆《吴江县志》卷5。
② 乾隆《金坛县志》卷1。
③ 嘉庆《凤台县志》卷2。
④ 《古今图书集成·方舆汇编·职方典》卷782《安庆府部》。
⑤ 嘉庆《宁国府志》卷18《食货志·物产》。
⑥ 道光《亳州志》卷21。
⑦ 宣统《杭州府志》卷78。
⑧ 赵学敏：《本草纲目拾遗》卷8。
⑨ 雍正《浙江通志》卷106。
⑩ 雍正《浙江通志》卷102。
⑪ 乾隆《象山县志》卷3。
⑫ 《瑞安生产表》，见《农学报》第26期，光绪二十四年三月中。
⑬ 雍正《浙江通志》卷106，转引《东阳县志》。
⑭ 洪炳文：《瑞安土产表》，见《农学丛书》初集。
⑮ 王上达：《农务实业新编》，第63页。

壮者居外，川陕云贵无所不历"。"大抵庆邑之民多仰食于菌山"。①

　　[江西] 宁都直隶州种白菜，"白盐腌食味甚美。瑞金近日白菜脆美尤胜"②。建昌府种并头莲，"分植郡城，最为奇品"③。广信府种莲藕，"今（指乾隆）种者已多，藕可作粉，莲子价重，几倍于稻，亦近利之可守者"④。玉山县种莲藕，因"莲子价昂，故种者多"⑤。南昌县土产有藕，"藕，荷之根出，峰东者重数十斤，甘美无渣，出东湖者亦佳"⑥。上饶县种藕，出产莲子及藕粉，"均能厚获远市，亦利之可守者"；又产黄花菜，"采其花干之，货卖于四方，供食品"。⑦《江西通志》亦称：饶州种藕，"藕可作粉，莲子价重，几倍于稻，亦近利之可守者。白莲，上饶、广丰为多"⑧。抚州府之姜，"产于梅洲及西南山之中……动数千斤，流行甚远"⑨。

　　[福建] 光泽县："白菜……近处处有之"⑩。建宁县，南瓜"今处处有之"⑪。延平府属产笋，行销天下。据《宁化县志》称："闽中延平属邑，新笋出土经尺者皆伐之，暴为明笋，岁千万斤，贩行天下，其利无算"；又称："宁化则产冬笋甚繁，苦笋脆爽特异，风味殊胜。他笋亦多，不甚著名耳"。⑫南平县之"罗源、灵盖、太平、余庆之地多产笋，民以笋为业"⑬。屏南县、沙县产香菇。⑭浦城县出产莲子，由于实大而坚，煮之易烂，"故建莲最有名"⑮。建阳盛产莲子，列为土贡之物。⑯厦门城西有池，广数顷，"居民以

---

①　光绪《庆云县志》卷7。
②　道光《宁都直隶州志》卷12。
③　康熙《建昌府志》卷3。
④　同治《广信府志》卷1。引乾隆旧志。
⑤　道光《玉山县志》卷12。
⑥　道光《南昌县志》卷1《土产》。
⑦　同治《上饶县志》卷10。
⑧　光绪《江西通志》卷49。
⑨　《古今图书集成·方舆汇编·职方典》卷888《抚州府部》。
⑩　乾隆《光泽县志》卷4。
⑪　康熙《建宁县志》卷2。
⑫　康熙《宁化县志》卷2；杨澜：《临汀汇考》卷4。
⑬　嘉庆《南平县志》，《生业》。
⑭　乾隆《屏南县志》卷5，《风土》；道光《沙县志》卷10。
⑮　嘉庆《浦城县志》卷7。
⑯　道光《建阳县志》卷4。

种蕻菜为业，其利甚溥"①。

〔广东〕恩平县种白菜，"出高要者最佳"②。清远县出产萝卜，"浛江、关前种之最早，亦最多，八九月以船载来邑城发卖"③。清远县产竹笋，"清明前后数十日，每日或数十担，或百余担，来城发卖。其后切笋片，剥笋衣，晒干始售"④。阳春、茂名"多以木耳为货"⑤。广州郊区，周围二十余里，"种莲者十家而九"⑥。

〔广西〕全州产姜，"种者本利数倍"⑦。

〔河南〕正阳县所产白菜，"为入馔名品。秋冬以后，园圃弥望皆满，信、罗、光、黄取给焉"⑧。太康县种白南瓜，"此瓜惟五隆集广种，远近负贩，土人因以为利"⑨。鲁山县产木耳，邑令傅燮调曰："鲁民虽不逐末，然所藉以完赋者，不专在田，兼恃木耳"。歌曰："茌头生耳不胜拾，有耳完税诚从容"。⑩ 可见木耳之出产对鲁县的重要。该县还出产姜，"园中老圃以此获利最巨"⑪。

〔湖北〕石首"田家畦圃，春韭秋菘，陈瓜擘果，其利亦溥"⑫。襄阳府志称："襄阳黄芽白菜最佳，山药亦肥美；香菌，均产者胜，与南漳皆有猴头菌，蘑菇谷城亦饶；木耳惟少笋蕨耳"⑬。汉川县出产冬瓜，"邑东乡以此为秋货大宗"；该邑又产芦菔，俗名萝卜，"邑长湾约种者多，邑境每年出产远货，约得缗钱十数万贯"⑭。房县出产"木耳，有红、白、黑三种，白者尤贵"⑮。东湖县"农人多于水田、塘堰内栽白莲藕，不开花，五六月

---

① 施鸿保：《闽杂记》卷 10。
② 道光《恩平县志》卷 16。
③ 光绪《清远县志》卷 2。
④ 光绪《清远县志》卷 2。
⑤ 屈大均：《广东新语》卷 27，《草语》。
⑥ 屈大均：《广东新语》卷 27，《草语》。
⑦ 嘉庆《全州志》卷 1。
⑧ 嘉庆《正阳县志》卷 9。
⑨ 道光《太康县志》卷 3《物产》。
⑩ 乾隆《鲁山县志》卷 1。
⑪ 乾隆《鲁山县志》卷 1。
⑫ 乾隆《石首县志》卷 4。
⑬ 乾隆《襄阳府志》卷 6。
⑭ 田宗汉：《汉川图记征实》第 5 册。
⑮ 同治《房县志》卷 11。

即可食，细嫩而大，清芬甘美，遂为佳种"①。汉川县产莲子、芡实，货于市。② 楚南幅员辽阔，山多岭峻，每有外府州县及邻县人民移来搭盖茅棚栖居，或佃地开垦，"种植瓜果蔬菜营生，或砍柴挖巖而活"③。

[湖南] 郴州，蔬之属，品种多样，各邑所产不一，如"花椒、香椿，郴与永邑多；油菜，宜章多……冬笋，郴与兴宁多；茭笋，郴与永兴多；姜，郴与兴宁多"④。兴宁，桂东、桂阳产"石耳、本耳、香蕈"⑤。衡阳"岁收莲实，有税者六千余万斤，斤二百钱，值钱一千二百万钱"；"春藕作粉，佳者色红碧。十斤藕澄粉裁数刃，斤亦至二百钱"；凫茈"近岁大盛，岁收亦数千万斤。……利亦至数万金"。⑥《桂阳直隶州志》载："州居山谷间，民倚山为粮，民食固不乏矣。……畦陇植蔬菜，水养茭菰，土宜种菘，岁亦卖数百金，姜薯藕芽皆至千金"；"姜千畦，藕千陂，利亦比万金之家"；"土蔬异者蘑芋，州西南以上皆有之。……舟运至江汉之间，百斤值钱四五千，州及三县岁产四五十万斤，利亦万金"。⑦ 武陵县种莲藕，"浙、宁来购者鳞集，于是莲为邑土货大宗，夺衡、湘之利而有之矣"⑧。武陵县种辣椒，"销场最旺，种者较稻利三倍，且省上故业此者亦最夥"⑨。

[四川] 大宁县产白菜，"邑产以南关内外为特佳，盖沙土松润，菜倍肥大。嘉庆初，德侯驻兵宁邑，极赏此种，谓其有北地风味，凯还捆载以行，至今老圃犹津津乐道之"⑩。新繁所产韭菜，甲于川省，查约百余万斤，除本县自食二三万斤外，均销行成都、新都、郫县、崇宁、彭县、温江、汉川、什邡、绵竹、赵家渡。茄苗，本县所产甲于成属，销行成都、新都、郫县、崇宁、彭县、温江、什邡，查每岁一千三四百万秧。醮椒秧，销行与茄秧同，每岁三四百万秧。蒜市在县城西街火神庙，每年六月初六日开市，七月罢市，销行新都、金堂、成都、彭县，每年八万余斤，郫县太和

① 乾隆《东湖县志》卷5。
② 田宗汉：《汉川图记征实》第5册，光绪二十一年。
③ 《湖南省例成案》卷5《兵律》。
④ 嘉庆《郴州总志》卷40。
⑤ 嘉庆《郴州总志》卷40。
⑥ 同治《衡阳县志》卷11。
⑦ 同治《桂阳直隶州志》卷20。
⑧ 崇祯：《武陵土产表》，见光绪二十五年《农学丛书初集》。
⑨ 崇祯《武陵土产表》，见《农学丛书》初集。
⑩ 光绪《大宁县志》卷1《地理·物产》。

场来附市约三万斤在内。① 乐至县"瓜属有西瓜，《寰宇记》：遂宁、乐至三县俱产。蓏之属，则有冬瓜、有南瓜、有丝瓜、匏瓜、有王瓜，园圃屋植之，以助北菜"②。另该县所产藕粉称"蜀中第一品"③。彭县"西山玉村坝，广数千亩，旧皆菜园"④。阆中县："二三月之牛皮菜、夏秋间之南瓜，担者、负者，不绝于途，尤其取之不尽者"⑤。万县盛产藕粉，"贩行远近"⑥。石柱厅"竹多种，且易生，为笋、为纸，大利民用"⑦。雷波厅产笋，"自厅北行至三稜冈百里，沿山皆厂，东林乡尤甚，黄海山地亦如之。年中春秋二季，产笋约数十万斤，厅民生业以此为最"⑧。南江县产木耳，"居民采摘数包、数十包不等……则商民运至汉中，远省行之"⑨。铜梁县出产黄花菜，"产中峰、南峰诸山，四五月时有以千金贩运者"⑩。

〔贵州〕遵义府产竹笋，"金竹……其竹不大，乡人食其笋种"，"里人每春入山采伐，贩至重庆诸处"。⑪ 仁怀厅"笋……厅境四时饶笋，冬笋尤佳"⑫。

〔云南〕产南瓜，"有重至三四十斤者，市人皆以刀切零卖。萝卜产郡者最佳，味甘而脆，与京师所出无异，省城产者亦可"⑬。檀萃称："滇省近来争种土瓜"⑭。吴其濬称：胡萝卜"先得滇，故滇之此蔬，尤富而巨"⑮。丽江府"丽郡所出鲜竹笋甚佳，五六月内市上售卖，取以入馔，清脆绝伦"；又载："竹叶菜，一名藏笋，出维四山中，成束售卖，用作脍羹，味

---

　① 嘉庆《新繁县乡土志》卷10。转见陈树平主编《明清农业史资料（1368—1911）》第二册，第661页。

　② 道光《乐至县志》卷3。

　③ 道光《乐至县志》卷3。

　④ 光绪《彭县志》卷7。

　⑤ 咸丰《阆中县志》卷3《物产》。

　⑥ 同治《万县志》卷13。

　⑦ 道光《石柱厅志》，《风俗第六·转引王氏旧志》。

　⑧ 光绪《雷波厅志》卷31《厂务》。

　⑨ 道光《南江县志》上卷。

　⑩ 光绪《铜梁县志》卷3。

　⑪ 道光《遵义府志》卷17。

　⑫ 光绪《增修仁怀厅志》卷8。

　⑬ 雪渔氏：《鸿泥杂志》卷2。

　⑭ 檀萃：《滇海虞衡志》卷11。

　⑮ 吴其濬：《植物名实图考》卷6，《蔬类》。

亦清淡"。① 滇南山中产菌，羊肝菌产维西山中，"滇省宾客，每以此杂海菜中作脍，味极清"；石花菜出永北一带，"滇省请客，多以此品调作凉菜"。② 大姚县产香菇，"商人运至吴越，亦获重利"③。

〔东北〕辽宁长白府产蘑菇，据张凤台称：蘑菰蕈"长属所产者，近次岁值，统计约八百金"。木耳"长属所产，价值岁约二百金"。④ 黑龙江蔬类：有莴苣、白菜、芹、韭、菠菜、生菜、芫荽、茄、萝卜、倭瓜、葱、蒜、秦椒。茄和王瓜"皆四月上市鬻之"⑤。

〔西藏〕据嘉庆间《和宁西藏赋注》载：蔬菜有波薐、菘、瓜、莴苣、葱、蒜、韭、芫荽、芹、茄、辣椒、蔓菁。⑥

地不分南北、东西，皆有蔬菜出产。尤其是四川，蔬菜生产形成产业化规模。

二　水果种植业发展

明清时期，水果种类繁多，产地遍市全国各地，因涉及面广，无法一一叙述，下面举几个产水果之大省为例，加以阐述。挂一漏万，敬请原谅。

〔广东〕广东地区水果种植，明清时期已具相当规模。如顺德陈村，周四十余里，"居人多以种龙眼为业，弥望无际，约有数十万株，荔枝、柑橙诸果居其三四，比屋更焙取荔枝为货，以致末富"⑦。增城县产荔枝，以沙贝所产为最，色香味迥异他县，"岁收数十万斛，贩于他方"⑧。吴震方称：增城荔枝亦美，"彼人取荔浆为酒……香味俱美"⑨。增城县下都石厦村，"村人遍种荔枝平原万株"。光绪三十四年，邑人朱云生、朱采田合资五千金，建"启芳园"，内植珍品荔枝千余枝，乌榄、白榄各六百余株，橙、柑、橘各二三千枝，婆罗不可胜数，其他花竹树等以千百计，更及牛羊。

①　雪渔氏：《鸿泥杂志》卷2。
②　雪渔氏：《鸿泥杂志》卷2。
③　道光《大姚县志》卷6《物产》。
④　张凤台：《长白汇征录》卷6。
⑤　西清：《黑龙江外纪》卷8。
⑥　和宁：《西藏赋注》，见《西藏图考》卷8。转见陈树平主编《明清农业史资料（1368—1911）》第二册，第661页。
⑦　屈大均：《广东新语》卷2，《地语》。
⑧　屈大均：《广东新语》卷25，《木语》。
⑨　吴震方：《岭南杂记》卷下。

王姓所建釜叟园："种植以婆罗至夥，其他乌榄、香蕉、柠檬、梨、桔、桃、竹木"，并引进了西方种植管理方法。光绪十二年，上都西瓜岭村附近，有地数百亩，"村人就遍植乌榄五千株，荔枝千余株。历年从事扩充，经营未艾……而获利亦溥云"①。屈大均谓：南海多龙眼树，番禺多荔枝树，居民"争以为业，称曰龙荔之民"②。番禺自小坑火村至罗冈三四十里，多以花果为业。因土瘠而民勤，广种柑橘，"以故，居人擅其利"。屈大均又说："自黄村至朱村一带，则多梅与香蕉、梨、栗、橄榄之属，连冈接阜，弥望不穷。"③ 吴震方称："广州可耕之地甚少，民多种柑桔以图利"，高州西荔枝村，"兼种桔、柚为业，其树连亘数亩"。④ 清远县产柚，"七八月间，船载陈村发卖。"⑤ 化州产橘红，土贡朝廷，"远售中外"⑥。海南、潮州、罗定州等地种植果木也很普遍，是当地出产的大宗商品。广西巡抚韩良辅奏称："广东本处之人，惟知贪财重利，将地土多种龙眼、甘蔗……之属。"⑦ 东莞"蕉产于水乡特佳，售之广州，市利几倍"⑧。琼州府"会同田腴瘠相半，多种槟榔以资输纳。诸州县亦皆以槟榔为业，岁售于东西两粤者十之三，于交趾、扶南十之七"⑨。

　　[福建] 果木种植不亚于广东。明人曹蕃云："闽中果实推荔枝为第一"⑩。明代人王世懋说：福州、漳州之橘，福州、兴化之荔枝，"无日不走分水岭及浦城小关，下吴越，如流水；其航大海而去者，尤不可计"。又说：福州郊区"荔枝，龙眼夹道交荫"；兴化府"枫亭驿荔枝甲天下，弥山被野"⑪。吴载鳌谓："福州荔被野，洪塘、水西尤盛。"⑫ 何乔远说："泉州

①　宣统《增城县志》，《商业志·种植志》。
②　屈大均：《广东新语》卷25，《木语》。
③　屈大均：《广东新语》卷25，《木语》。
④　吴震方：《岭南杂记》下卷。
⑤　光绪《清远县志》卷2。
⑥　谭莹等：《橘中人语》，见《中国农学遗产选集》上编，《柑橘》。
⑦　《授时通考》卷48《劝课·敕谕二》。
⑧　宣统：《东莞县志》卷13。
⑨　屈大均：《广东新语》卷25，《木语》。
⑩　曹蕃：《荔枝谱》，见吴其濬《植物名实图考长编》卷17，《果类》。
⑪　王世懋：《闽部疏》。
⑫　吴载鳌：《记荔枝》，见吴其濬《植物名实图考长编》卷17，《果类》。

有荔支（枝）龙眼之利，焙而干之行天下。"① 王沄曰：柑橘一类，"闽产为天下最，清漳尤称佳。先朝（指明代）盛时，闽桔之美，达于京师，岁时传柑，非此不乐。"② 漳州"果贵荔枝，红柑次之，俗多种，家比千户侯"。又谓"长泰柚名文目者，俗亦最贵，不可多得"③。除荔枝、龙眼外，其他水果种植亦多。如福州西门外，广数十亩地"皆种桔树"④。安溪多橘、柚、梨、柿之属，"非独博赢利取厚资，为民间充实财用者也"⑤。云霄厅产柑，"今浦中称柑者，别有数种，曰先柑，曰青柑……俱云霄出，不及龙溪"⑥。汀州府"郡治南，负郭居民耕稼外，艺蔬种果为业。果有梅、梨、桃、李、柿、栗之属。"⑦

　　［台湾府］水果种植很多，如《诸罗县志》载：龙眼"诸罗产甚多，味比内地"⑧。嘉庆间，台湾县荔枝"近皆成林，美不减内地"⑨。道光间方志载：彰化县"如诸志谓果无荔枝、橄榄、梨、柿，今则诸果咸有且多"⑩。另诸罗、彰化县多出槟榔。据《彰化县志》载，该地多植槟榔，"汉人近亦广植之，射利而已"⑪。诸罗县植槟榔，"汉人近亦广植之，射利而已"⑫。

　　［江西］果品有橘、梅、梨等。叶梦珠称，江西所产橘柚，向为土产，不独山间广种以规利，即村落园圃，家户种之以供宾客。⑬ 南丰以橘为著名，"果则有橘，四方知名。……近城水南杨梅村人不事农事，专以为业"⑭。星子县，黄埠"居民种橘为业"⑮。临川县"惟柑橘最盛"⑯。临江

---

① 何乔远：《闽书》卷 38。
② 王沄：《闽游纪略》，见《中国农学遗产选集》上编，《柑橘》。
③ 康熙《漳州府志》卷 26《风俗》。
④ 施鸿保：《闽杂记》。
⑤ 乾隆《安溪县志》卷 4《风土》。
⑥ 嘉庆《云霄厅志》卷 6。
⑦ 杨澜：《临汀汇考》卷 4。
⑧ 康熙《诸罗县志》卷 10。
⑨ 嘉庆《台湾县志》卷 1。
⑩ 道光《彰化县志》卷 11《丛谈》。
⑪ 道光《彰化县志》卷 9。
⑫ 康熙《诸罗县志》卷 10。
⑬ 叶梦珠：《阅世编》卷 7。
⑭ 同治《南丰县志》，《物产》。
⑮ 黄宗羲：《匡庐游录》，见《中国农学遗产选集》上编，《柑橘》。
⑯ 《古今图书集成·方舆汇编·职方典》卷 888《抚州府部》。

府"黄柑，各县俱出，独万硕州柑树成林"①。峡江县"各乡种橘甚多，味甘而售速"②。南昌府出产梅干，"武宁剑山中梅林村向多梅，村人拾取为乌梅，贾者络绎不绝"③。弋阳县"栗……东南乡多有之"④。抚州府的西瓜，"出丁家洲，去城三十里，其民种瓜而富"⑤。玉山、上饶产梨，府志载："梨唯玉山清消颇称甘脆，近来上饶早梨亦佳。"⑥ 道光时上饶县，"梨，近人颇知种植、收蓄之法，风味虽不逮宣城，与玉山青消可相颉"。⑦

[江苏] 嘉靖《上海县志》载：该县"江乡桃李颇多，湖乡多柑橘"⑧。吴县，明崇祯年间，"湖中诸山，大概以桔、柚等果品为生，多至千树，贫家亦无不种。……凡栽桔，可一树者值千钱，或二三千，甚者至万钱"⑨。吴江县、太湖厅种橘，"乡村间往往栽治以取利"。《吴江县志》载："三十年来吴江盛植之，结实不减洞庭。则知天顺、成化间已然，治至今三百年矣。"⑩ 陆蓉称："苏之洞庭山人，以种橘为业。"⑪ 陈庆林称：吴江县、震泽县出产"绿橘、扁橘、平橘，以上三种，自前明天顺、成化至我朝乾隆间最盛，结实不减洞庭"⑫。除橘子外，还有桃、柿、李、西瓜等水果。如同治《上海县志》称："近年……惟西南近乡，园圃比连，不下数万树。桃熟成市，利倍布谷。"⑬ 松江府产柿子，"七宝以北沿村皆植之，为最盛"⑭。太仓州产花红，"即古来禽也。郡城中多植之为利"⑮。太湖地区东、武两山，产西瓜尤多。"按：种瓜之利厚于种稻。"⑯

---

① 光绪《江西通志》卷49。
② 刘锦藻：《清朝续文献通考》卷379，《实业二》。
③ 同治《南昌府志》，《土产志》。
④ 咸丰《弋阳县志》卷2。
⑤ 《古今图书集成·方舆汇编·职方典》卷888《抚州府部》。
⑥ 同治《广信府志》，《物产志》。
⑦ 同治《上饶县志》卷10。
⑧ 嘉靖《上海县志》卷1。
⑨ 崇祯《吴县志》卷10《风俗》。
⑩ 乾隆《吴江县志》卷5。
⑪ 陆蓉：《菽园杂记》卷13。
⑫ 陈庆林：《江震物产表》，见《农学丛书》初集。
⑬ 同治《上海县志》卷8。
⑭ 康熙《松江府志》卷4。
⑮ 王世懋：《学圃杂疏》，《果疏》。
⑯ 吴曾：《太湖备考》卷6。

〔浙江〕衢州府："近衢州航埠沿溪三十里，夹岸树橘。"① 又有志载：橘"明时惟西安县西航埠二十里栽之，今遍地皆栽。"② 郭麟称："衢州民皆树橘，沿村累累。"③ 温州府："温州四邑之柑，唯泥山为最。"④ 杭州府："富阳地最宜，仁和所产多蜜橘，味极美。"⑤ 瑞安县产柑橘，"上等每亩可得五十余元，余各有差，今一郡等处多种之。"⑥ 嘉兴县濮院之西瓜，"产濮院东乡之圩汇……瓜田利颇厚"。"濮镇瓜市极盛，苏杭数百里间估客来贩者。"⑦

〔广西〕梧州府："梧产龙眼夥于荔枝，藤、容间傍水连村，一望金翠耀目。"又谓："梧属荔枝，独推苍梧泗化洲产为第一。"⑧ 平南县出产荔枝，据浔州杂佩云："浔州亦有荔枝，独平南所产甚佳。"⑨ 郁林州："荔枝，州中北流陆川甚盛。"又称："柑子种者颇多，价廉，客贩致远。"⑩

〔直隶〕顺天府东部与永平府之间，"其民种植枣、栗，所在成林，果实所收，贸迁远迩。"⑪ 正定府出产胡桃，"附山各邑产极夥"⑫。广平府平地山区种核桃，府志载："核桃，今平地亦有种者，邯郸、磁州山内种者多。"⑬ 邢台"栗产颇多，佳者鬻远方，得善价，登市者皆其次也。山村多柿"；"胡桃之实，酸枣之粉，并能致远。其余李、柰、沙果、花红、葡萄、枣、羊枣之类，皆西山之利也"。⑭ 遵化州在敖宗庆督促下："广莳梨树，不数年皆成林，取以济渴，且因利焉。"⑮ 束鹿县东北、西南两隅产梨，"行销

---

① 卢之颐：《本草乘雅半偈》，见《中国农学遗产选集》上编，《柑橘》。
② 康熙《衢州府志》卷23。
③ 郭麟：《江行日记》，见《中国农学遗产选集》上编，《柑橘》。
④ 劳大与：《瓯江逸志》，第13页。
⑤ 《古今图书集成·方舆汇编·职方典》卷949《杭州府部》。
⑥ 洪炳文：《瑞安土产表》，见《农学丛书》初集。
⑦ 光绪《桐乡县志》卷7《物产》。
⑧ 乾隆《梧州府志》卷3。
⑨ 道光《平南县志》卷5。
⑩ 光绪《郁林州志》卷4。
⑪ 胤祥：《怡贤亲王疏钞》，见《畿辅河道水利丛书》，第30—31页。
⑫ 乾隆《正定府志》卷12。
⑬ 光绪《广平府志》卷18。
⑭ 光绪《邢台县志》卷1。
⑮ 道光《安化县志》，《人物第八》。

邻郡及天津等处"①。

[山东] 山东出产枣。《古今图书集成》载："枣，六府皆有之，东昌属县独多。……商人先岁冬计其木，夏相其实而植（值?），货于四方。"② 滕县"俗好种树，而饶于枣栗……山居之民，千树枣千足羊。"③ 峄县"果则桃、杏、柿、栗及胡桃间有之。独多产梨、枣，每岁为他商预出直（值），鬻江南，贾厚利。"④ 又光绪志载："枣、梨、柿、楂尤有名，行贩江湖数千里，山居之民皆仰食焉。"⑤《恩平县志》载："成化间，参政唐虞令种植桑枣等树，赡给贫民，迄今夏寨等处树木茂盛，梨、桃、李之属获利颇多。"平原县与恩平县接壤的五六十里地，"杏花繁盛，桃李缤纷……夏间兼得果实之利。""又马颊河东岸坦处皆县地，枣树最盛"⑥。滕县"山地多枣"⑦。青州府出产核桃和柿饼，"贩之胶州、即墨，海沽载之以南，远达吴楚与闽粤，大为近郊民利。"⑧ 益都县，康熙志谓："果有桃、李、梨、奈之属，而苹婆与柿最佳县繁，为诸郡冠。"光绪志谓：出产柿饼、核桃，远销吴楚闽粤，"大为近郊民利"。⑨ 峄县出产果品繁多，据载："果，其属二十有一，梨、杏、桃、李……以上诸果土皆宜，枣、梨、柿、楂尤有名，行贩江湖数千里，山居之民皆仰食焉。"⑩ 堂邑县之郭充："力田种树，每岁以梨、枣附客江南，市纨帛为亲衣履，余则供甘旨，充赋税。"⑪ 馆陶县："梨，有秋白、五香、葫芦、雪花数种，多有从卫河往天津售卖，获厚利者。"⑫ 肥城县境"七里村、佛庄等处系产桃之区，穷苦商民，倚为生活。"⑬ 胶州出产

---

①　光绪《束鹿县志》卷 12。

②　《古今图书集成·方舆汇编·职方典》卷 255《东昌府部》。

③　《古今图书集成·方舆汇编·职方典》卷 230《兖州府部》。

④　《古今图书集成·方舆汇编·职方典》卷 238《兖州府部》。

⑤　光绪《峄县志》卷 7。

⑥　以上记载见乾隆《平原县志》卷 3。

⑦　道光《滕县志》卷 3《方物》。

⑧　道光《青州府志》卷 32。

⑨　康熙《益都县志》卷 2；光绪《益都县图志》卷 11。

⑩　光绪《峄县志》卷 7。

⑪　嘉庆《东昌府志》卷 32。

⑫　光绪《馆陶县乡土志》卷 8。

⑬　《详抚院请禁革供应肥桃不许勒发官价致滋扰累文》，见《山东劝业公所报告书》，《农务科文牍》，宣统二年。

西瓜、子瓜。称："农民多种之，货其子于海舶以射利。"①

[山西] 四处环山，果木栽培极为普遍。榆次"民无田者……或多树果蓏瓜，岁资为利，以供衣食租赋"。又载：榆次训峪诸村"民于沟间植桃为业……岁收以代稼。计所树，一家或数百株云"。又称：产西瓜"名闻天下"。② 马国翰说："种瓜之家，町畦相接……获利什倍。"③ 安邑县，自明初督民种枣，令初下，民踊跃，"枣林栉比，获利滋多。"④ 太平县产枣，"其树盈野，居人有半年粮之谣。"⑤ 蒲州府"蒲人所植柿，多者一聚或至千林，柿熟，取市其实以为利，几与昔所为竹林千户、橘奴万头者同。"又称："梨自虞乡出"，虽"不及蒲柿，人亦收其利"⑥。阳城县在明万历中开始种柿，"取材落实，民始受其利"⑦。赵城、洪洞种柿"独多，入秋贩市者相属于道"⑧。万泉县种柿，"田首、山坡中，一望千万树，少犹数百数……柿饼尤多，冬月后出白霜，出售平阳一平，获利甚钜"⑨。夏县出产核桃，"腊月望日，市集堆积如山"；"栗，出县东山，小者最佳。"又多种梨，"旧志：邑境多有，惟县南傍李绰堰为盛"；"今则北乡一带较盛于南矣。"⑩ 忻县"梨甘脆，与崞县并称，贩行甚远，颇获利"⑪。太原、平阳产葡萄，"皆制干，货之四方"⑫。汾阳县楼山园，"处于西山之中，在高原之上……其地宜果，土人专以为利。"⑬

[陕西] 白水县民多种柿子，制成柿饼，"乡民岁藉此卖钱供税，亦以酿酒"⑭。商南县产核桃，"乡城皆有，市余取以榨灯油"⑮。凤县"核

---

① 道光《胶州志》卷14。
② 同治《榆次县志》卷7，《风俗》卷15，《物产》。
③ 马国翰：《竹如意》卷下，《瓜王》。
④ 乾隆《安邑县志》卷2。
⑤ 道光《太平县志》卷1《舆地物产》。
⑥ 乾隆《蒲州府志》卷3。
⑦ 乾隆《阳城县志》卷4《物产》。
⑧ 雍正《山西通志》卷47《物产》。
⑨ 民国《万泉县志》卷1《舆地志·物产》。
⑩ 光绪《夏县志》卷1。
⑪ 光绪《忻县志》卷8《物产》。
⑫ 《授时通考》卷63《农余·果一》。
⑬ 光绪《汾阳县志》卷10《杂识》。
⑭ 乾隆《白水县志》卷1。
⑮ 乾隆《商南县志》卷5。

桃尤多，市中百十钱可买斗许"①。朝邑县"千树杏，万树桃，桑枣无虑以万计，葱茄千畦，莱菔瓜田百钟。秋夏之交，肩任背负，锱属辐辏，达于四境"。"语云：一亩园，十亩田，非虚言也。"② 泾阳县出果产颇丰，枣"熟时贩运省城"，桃"唯豁口为最佳"，杏"鲁桥产者多且美"，柿"多出鲁桥各村"③。蒲城县出产枣、梨、柿，"皆香美可食"④。麟游县"其果亦类他处，唯胡桃较多"⑤。洛南县"果之最盛者，无如核桃"⑥。紫阳县"桔柑之利为溥"⑦。

[河南]乐县"种桑植枣，弥望森蔚"⑧。嵩县"柿、栗、榛，嵩土皆宜。明万历以后，村落栉密，林木茂盛。兵燹后，十去其九，未见有新植者"⑨。林县"惟柿果、核桃、花椒三物，其利独溥"⑩。涉县知县张瑞云劝民："栽柿树、核桃、花椒，以为民利"⑪。永城县产枣干，"炕干每斤售钱四五十，晒干略贱……岁出十数万斤，销本省及安徽、江苏等处"⑫。孟县"果木之种，向有柿子、石榴、桃李、杏李等种"⑬。

[四川]叙、泸、涪州、合州、嘉定州出荔枝，以叙、泸为上品。⑭ 王象晋在谈论荔枝产地时说：荔枝"今闽之泉、福、漳与蜀之嘉、蜀、渝及二广州郡皆有之，以闽中为第一，蜀次之，岭下为下"。又云：龙眼"蜀道出荔枝处皆有之"。⑮ 荣昌县"邑东北一带浅山，近多种桔"⑯。懋功厅产

---

① 光绪《凤县志》卷8。

② 万历《续朝邑县志》卷4。

③ 宣统《泾阳县志》，《物产志》。

④ 光绪《蒲城县志》，《物产志》。

⑤ 光绪《麟游县新志草》，《物产志》，引自郑昌淦《明清农村商品经济》，第447页。

⑥ 乾隆《直隶商州志》，《物产志》。

⑦ 道光《紫阳县志》，《物产志》。

⑧ 乾隆《济源县志》卷10。

⑨ 乾隆《嵩县志》卷15。

⑩ 乾隆《林县志》卷5

⑪ 《涉县知县张瑞云覆禀》，见王凤生《河北采风录》卷2。

⑫ 韩国钧：《永城土产表》，见《农学丛书》第2集。

⑬ 《孟县知县易良傲覆禀》，见王凤生《河北采风录》卷4。

⑭ 雍正《四川通志》卷38。

⑮ 王象晋：《群芳谱》，《果谱》。

⑯ 光绪《荣昌县志》，《物产》。

桃，"七月熟，夷人携入市易茶布"①。江北厅出果品，"桃，人家多种之，利其实也"，"胡桃，俗称核桃，人家多有种者"②。中江县产白梨或称雪梨，"颇见珍重"，所产红橘"远近有名"。③ 万县多产橘、柚，苎溪夹岸有橘市。"柚则甘美，味不亚藥柚。"④

其他各省水果之属，如湖北南漳县知县李朴劝民："于隙地植胡、桃、枣、栗，至今民得借以资生。"⑤ 安徽宁国府"郡邑山谷多栗……公私赖之"⑥。甘肃敦煌县"各果品岁产六百万元"⑦。凤台县"大洪山、浑山、东华山、烟墩山多石榴，大博山、马兰山多梨，老云山、猛虎山多桃，平阿山多柿，山氓每种果为业"⑧。云南产苹婆果，"滇出盈街"，"花红林禽亦然"，"梨，两广无，而滇最多"。⑨ 新疆土鲁番产甜瓜、西瓜、葡萄，"而甜瓜、西瓜、葡萄种类甚多，无不佳妙，甲于西域"⑩。

三　花卉种植业发展

明清时期，花卉种植朝商品化方向发展。嘉靖万历间，张瀚称："牡丹出洛阳者，为天下第一，国色种种，以姚黄、魏紫为最品，特著二十五种，不独名圃胜园，在在有之，郊圻之外，多至数亩，甚至数顷，一望如锦。"⑪ 谢肇淛称："牡丹，自闽以北，处处有之，而山东、河南尤多。……余过濮州曹南一路，百里之中，香风逆鼻，盖家家圃畦中俱植之，若蔬菜然。"⑫ 欧阳公《牡丹谱》云："牡田出丹州、延州，东出青州，南出越州，而洛阳为天下第一"。陆务观作《续谱》谓："在中州洛阳第一，在蜀天彭第一。

---

① 同治《章谷屯志略》，振绮堂丛书本，第32页。
② 道光《江北厅志》，《物产》。
③ 道光《中江县志》，《物产》。
④ 同治《万县志》卷11。
⑤ 乾隆《襄阳府志》卷21。
⑥ 道光《安徽通志》卷64。
⑦ 《甘肃全省各属农业实迹表》，《安西州敦煌·物产》，光绪三十二年。
⑧ 嘉庆《凤台县志》卷2。
⑨ 檀萃：《滇海虞衡志》卷10。
⑩ 椿园：《新疆舆图风土考》卷1。
⑪ 张瀚：《松窗梦语》卷2，《北游记》。
⑫ 谢肇淛：《五杂俎》卷10，《物部二》。

今河南惟许州，山东惟曹州最盛，洛阳、青州绝不闻矣。"①

[直隶] 王士祯云："京师鬻花者以丰台芍药为最，南中所产惟梅、桂、建兰、茉莉、栀子之属，近日亦有佛手，榕树。"② 高士奇谓："芍药之种，古惟扬州，今以京师丰台为盛。"③ 京师丰台，芍药"连畦接畛。倚担市者日万余茎"④。史弱翁谓"京师三月时，桃花初出，满街唱卖"⑤。碧霞元君庙，"其北土近泉，居人以种花为业"⑥。可见，种植规模已不小，市场需求量也很可观。天津郊区情形也一样，人多艺花为业，所开花厂甚多。万紫千红，灿若朝霞，"花农于每日清晨，担花于市，人争购之"⑦。

[江苏] 扬州近郊之地，仍有"业花数世"⑧ 的花农。扬州亦种菊，"菊，种亦近年为繁，土人多从洛中移佳本，园师有鬻于市者"⑨。溧水县"玫瑰，花紫色，其香最烈，焙干或用糖渍为食料，邑产最佳，东乡艺植尤多。"⑩ 宋朱缅的后人，在苏州以"种艺田垒山为业"，"其贫者，岁时担花鬻于吴城"。⑪

[安徽] 亳州"芍药之种类，亳亦甚繁，花视他处尤大。昔之广陵，今之丰台，以多取胜而已。若花之光艳丰满，亦推此都独擅。"⑫ 黟县"兰，香草也。……黟居万山中，产兰最广，每至春初，深山中人肩挑兰携卖于市"⑬。

[江西] 赣州府种植茉莉花者甚多，"有专业者，圃中以千万计，舟载以达江淮，岁食其利"⑭。

---

① 王士祯：《池北偶谈》卷 25。
② 王士祯：《香祖笔记》卷 1。
③ 高士奇：《北墅抱瓮录》。
④ 潘荣陛：《帝京岁时纪胜》。
⑤ 史弱翁：《旧京遗事》。
⑥ 光绪《畿辅通志》卷 73《物产》。
⑦ 《津门杂记》卷下《花厂》。
⑧ 嘉庆《扬州府志》，《物产志》。
⑨ 《古今图书集成·方舆汇编·职方典》卷 763《扬州府部》。
⑩ 光绪《溧水县志》卷 2。
⑪ 参见《陈学文集》，黄山书社 2011 年版，第 26 页。后再出现此书时，只录书名，略去出版社及出版时间。
⑫ 道光《亳州志》卷 21，引《郑志》。
⑬ 道光《黟县志》卷 3。
⑭ 乾隆《赣州府志》卷 2《物产志》。

[山东]《聊城县志》载：自平阴、泰安而来，多种玫瑰花。"以城东菜市为总栈，天津、济宁贩商皆集于此，每年销售不下数万金。"① 徐宗干也称："州境种花地多，种谷地少"②。植花已成当地新兴产业。菏泽种植牡丹"动辄数十百亩，利厚于五谷"，"土人拥载之，南浮闽粤，北走京师。至则得厚值以归"。③

[四川] 乐山县出产茉莉，据县志载："茉莉，竹公溪十数里最夥，人多以此为业。"④ 郫县有"花业街，在县南门外，即今关帝庙前街也。相传明南京主事张守朴别墅在此，园中多奇花异卉，蜀府常使人买花于此，因之傍园居者亦多种花，以邀微利。每到春明，百花纷馥，香气袭人，红白花担，络绎途中，人因名其街曰花业"⑤。

[广东] 广州府"珠江南岸，有村曰庄头，周里许，悉种素馨，亦曰花田"。"花客涉江买以归，列于九门，一时穿灯者，作串与璎珞者数百人，城内外买者万家，富者以斗斛，贫者以升，其量花若量珠然。""语云：珠浦之人以珠为饭，花田之人以花作衣"。又谓："番禺鹿步都，自小火坑村至罗冈三四十里，多以花为业。"⑥ 广州南岸有洲，周围五六十里，江水四环，名河南。"花田者，河南有三十二村，旧多素馨。花时弥望如雪。"⑦《觚剩》"花田"条亦称：庄头村，"家以艺素馨为业，多至一二百亩。"⑧ 吴震方云："每日货于城中，不下数百担"。⑨

[福建]《漳州府志》载："出郭南五里有乡曰塘北，居人不种五谷，种花为业，花之利视谷胜之。盖地瘠，种谷不蕃，宜花。近则自城居以迄郊野无不种花者。"又载：茉莉"南人怜其香，竞植之。今漳在在皆是，自闽

---

① 光绪《聊城县乡土志》《商务记》。

② 徐宗干：《斯末信斋文集》卷1。

③ 光绪《菏泽县志》，《物产志》。

④ 嘉庆《乐山县志》卷4。

⑤ 嘉庆《郫县志》卷12。

⑥ 屈大均：《广东新语》，《草语》。

⑦ 屈大均：《广东新语》，《地语》。

⑧ 钮琇：《觚剩》，《花田》。转见郑昌淦《明清农村商品经济》，中国人民大学出版社1989年版，第412页。

⑨ 吴震方：《岭南杂记》。转见郑昌淦《明清农村商品经济》，中国人民大学出版社1989年版，第412页。

而上，价遂转高。近有传来番茉莉，花较大，更为可贵"①。龙溪的塘北，"居人不种五谷，种花为业，花之利视谷胜之。"②花卉种植已成为一个产业。王欣谓：余在济南，见时花局中，每家不下百数十盆，皆是由南船来者。③当然也包括福建所产。台湾府《诸罗县志》载："茉莉……有百叶者，花较大，名番茉莉，初得种时价甚高，近乃随处皆有。"④《番社采风图考》载：台湾府水仙花头销到广东，广东市上标写台湾水仙花头。⑤

〔湖南〕黄本骥称："攸县人多以莳花为业，其佳者以木兰、夏兰、山茶、茉丽（莉）为最。"⑥

〔河南〕汪价称：陈州"园户植花为种黍粟，动以顷计"⑦。

第三节　油料作物的发展⑧

随着社会发展，对油料需求日增，明清时期，油脂作物种植不断扩大，油脂作物得到迅速发展。油脂分食用油和器物用油两种。据《云霄厅志》载："油：有麻油、茶油、菜籽油、桐油，又有柏油、柑核油、柏子油等。近有落花生油"⑨。在数量增加的同时，品种也不断增加。

一　食用油脂作物种植业的发展

食用油脂品种很多，最普遍的有菜籽油、芝麻油、花生油、豆油、茶油等。

1. 花生

又名长生果、落花生、番豆、地豆、土豆等。关于花生何时传入中国，

---

① 康熙《漳州府志》卷26、卷27。
② 乾隆《龙溪县志》，《风俗志》。
③ 王欣：《青烟录》卷2，嘉庆十年。
④ 康熙《诸罗县志》卷10《物产志》。
⑤ 黄叔璥：《番社采风图考》卷1。
⑥ 黄本骥：《湖南方物志》卷2。
⑦ 汪价：《中州杂俎》卷18，转见《陈学文集》，第26页。
⑧ 本节所使用资料转见陈树平主编《明清农业史资料（1368—1911）》第二册，第702—722页。
⑨ 嘉庆《云霄厅志》卷6。

有明代说和清代说两种。据王世懋称：万历十五年，江苏嘉定已生产落花生。[1] 福建云霄厅志称："明末才有此种，今随地皆种"[2]。乾隆时，赵学敏称：落花生"康熙初年，僧应元往扶桑觅种寄回，亦可压油。今闽省产者出兴化为第一"[3]。明代，中国已有地方种植花生是可以肯定的，但种植还不普遍。至于康熙初年，僧应元往扶桑觅种寄回，可能是花生的另一品种而已，并非花生首次在中国种植。嘉庆时，檀萃大力推广花生种植，他说："落花生为南果中第一，以其资于民用者最广。……今已遍于海滨诸省，利至大。性宜沙地，且耐水淹，数日不死。长江、黄河沙地甚多，若遍种之，其生必大旺。……若南北遍种落花生，其利益中原尤厚，故因此志而推言之。"[4] 下面，就几个主要花生产地加以论述。

福建漳州府志载：落花生，昔年无之，今"俗以压油，其利甚溥"[5]。汀州府宁化县在顺治时开始种花生。康熙二十二年县志载："落花生，俗名番豆……此种来宁仅三十年也。"[6] 嘉庆间，檀萃谓："闽及粤，无不食落花生油。且膏之为灯，供夜作。…… 利至大。"[7] 嘉庆间，云霄厅"落花生……今随地皆种"。又载落花生油，"云霄出陈埭为多"[8]。惠安县，道光间有花生油，"由此，田地种花生者倍多。"[9] 同安除地瓜外，"惟花生为多"[10]。邵武县志载："落花生……向产福州、兴化，今郡中多种之。"[11] 台湾府田中艺稻之外，"间种落花生，俗名土豆。冬月收实，充衢陈列……鬻于街头。"[12] 诸罗县种花生，"用充果品，或以榨油"[13]。彰化县《生油诗》

① 王世懋：《学圃杂疏·瓜蔬疏》，转见陈树平主编《明清农业史资料（1368—1911）》第二册，第 644 页。

② 嘉庆《云霄厅志》卷 6。

③ 赵学敏：《本草纲目拾遗》卷 7。

④ 檀萃：《滇海虞衡志》卷 10，嘉庆四年。

⑤ 康熙《漳州府志》卷 27。

⑥ 康熙《宁化县志》卷 2。

⑦ 檀萃：《滇海虞衡志》卷 10，嘉庆四年。

⑧ 嘉庆《云霄厅志》卷 6。

⑨ 道光《惠安县志》卷 38《物产》。

⑩ 道光《金门县志》卷 2。

⑪ 咸丰《邵武县志》卷 5。

⑫ 黄叔璥：《台海使槎录》卷 3。

⑬ 康熙《诸罗县志》卷 10。

称："接陌边阡看落花，油车赖此利生涯"①。台湾县出产货物有糖、有油，"油出于落花生"②。

广东地方种花生。周轼称："两粤种花生者，每家或百石或数十石，俱以榨油"③。乾隆揭阳志载：落花生"揭中市售皆是"④。光绪志谓："落花生……可榨油食用，所资甚广。"又谓：揭阳出产麻、茶、菜籽、地豆四种油。称"山中人以榨油为业者，十室而九"⑤。恩平县载：落花生"邑人多种以榨油，颇为此方之利"⑥。韶关府种落花生，"商人采买为油，亦农之一大利也。"⑦ 清远县落花生"邑人多植之，八九月收成……各墟市皆罗列成行。"⑧ 茂名县种落花生，"以坡地为宜。南路平旷处，在在皆有，比之一大造收成。榨油多获厚利"⑨。东莞县落花生"邑人多种之"。油可以食，油可以点灯，渣可粪田，"利甚溥，为邑中出产一大宗。"⑩

广西贵县各里业，畲岭者多种落花生，各商采买榨油，每年不下十数万斤。又称该县"瘠土之民，并无谷粒，其完粮定婚之事多藉此"⑪。檀萃称："粤海之滨，以种落花生为生涯，彼名地豆，榨油，皆供给于数省。其生最易，其利甚大。"⑫ 桂平县种落花生，"沿江田地种者利抵五谷，商家以榨花生油为市中大宗贸易"⑬。宾州土豆"宾地多种之，可榨为油"⑭。博白县落花生"近来出产愈多。博邑农民之利，稻谷外，惟此为最"⑮。南平县

---

① 陈学圣：《生油诗》，见道光《彰化县志》卷12（下）。
② 嘉庆《台湾县志》卷1。
③ 《邑侯周劝种花生示》，见同治《东乡县志》卷8，转见陈树平主编《明清农业史资料（1368—1911）》第二册，第639页
④ 乾隆《揭阴阳县志》卷7。
⑤ 光绪《揭阳县志》卷4。
⑥ 道光《恩平县志》卷16。
⑦ 同治《韶关府志》卷11。
⑧ 光绪《清远县志》卷2。
⑨ 光绪《茂名县志》卷1。
⑩ 宣统《东莞县志》卷13。
⑪ 光绪《贵县志》卷1。
⑫ 檀萃：《滇海虞衡志》卷11，嘉庆四年。
⑬ 民国《桂平县志》卷9。
⑭ 道光《宾州志》卷20。
⑮ 道光《博白县志》卷12。

落花生"用以榨油，地道所宜，产倍他邑"①。《浔州府志》载：浔州烟草之外，惟地豆最盛，"每年出息，可抵谷石之半"②。郁林州种落花生，系"农家余利"③。桂平县，光绪年间，落花生"生产甚旺，沿江田地种者，利抵五谷"④。武陵县（今武鸣县）花生"年中榨油，出江舳舻衔尾，以百万全计"⑤。

　　江西大庾县出产长生果，光壁云："府志谓蔗糖、长生果二物，行远而利溥，南康较他邑为殷富，抑亦物产之力居多。"⑥ 新喻县志载：处处皆种花生，"八月间成熟，塞满衢市常数日"⑦。瑞金县出产落花生，据乾隆志载："瑞之浮西里人多种之，生殖繁茂，每种一亩，约收二三石不等。""土人云，较之种烟本少而利尤深云。"⑧ 南安府南邑志称："花生之艺，稍润疲氓。"⑨ 南昌府宁州、武宁沙地多种落花生。⑩ 南康县出落花生"行远而利溥"⑪。龙南县，邑境西沙土所种落花生，"胜于他处，称西河花生，贩运亦广"⑫。兴国县"花生、茶油出产最多"⑬。铅山县种落花生者"极多"⑭。峡江县，据周令景祁称："东西两乡，岁出花生一万六千斤。"⑮《清朝续文献通考》载："兴国县花生、茶油出产最多。"⑯

　　江苏明嘉靖年间已种落花生。王世懋称：嘉定县万历十五年"生产落花生"⑰。吴其濬载：落花生"嘉定有之"⑱。睢宁县民间布种，"溥如五谷，

---

① 道光《平南县志》卷5。
② 同治《浔州府志》卷8。
③ 光绪《郁林州志》卷4。
④ 民国《桂平县志》卷19。
⑤ 道光《武缘县志》卷3。
⑥ 乾隆《大庾县志》卷4。
⑦ 同治《新喻县志》卷2。
⑧ 乾隆《瑞金县志》卷2。
⑨ 同治《南安府志》卷30，引自旧志后序。
⑩ 同治《南昌府志》卷8。
⑪ 光绪《江西通志》卷49。
⑫ 光绪《龙南县志》卷2。
⑬ 刘锦藻：《清朝续文献通考》卷379，《实业二》。
⑭ 同治《铅山县志》卷5。
⑮ 刘锦藻：《清朝续文献通考》卷379，《实业二》。
⑯ 刘锦藻：《清朝续文献通考》卷379，《实业二》。
⑰ 王世懋：《学圃杂疏》，《瓜蔬菜》，第4页。
⑱ 吴其濬：《植物名实图考长编黄省曾种芋法》卷4，《蔬类》。

远近倚为油粮"。① 淮安府，乾隆年间开始传种花生，至光绪年间"今则盈畴被野，与麦豆等矣"。② 阜宁县，菜籽、落花生"莳恒被野，则又获可榨油。"③ 盐城县上冈、新兴场之间，"有沙地二十余里，近年皆产花生"。"岁产及万石"，"皆由南方估客运输上海等阜，石二千余文"。④ 六合县在光绪年间出产花生，"每岁产额三十余万石。时广庄派人至县坐收"⑤。铜山县"落花生，农家种者多，与番薯等。土人货之南方，与瓜子、金簪菜同为大宗"⑥。

　　浙江种落花生始于明万历间，万历《仙居志》载：落花生，"原出福建，近得其植之"⑦。至清康熙，种者渐多。杭州府种落花生，"近杭人多移莳也"。⑧ 衢州府在康熙年间种落花生。⑨ 至嘉庆以后，有很大发展。缙云县"落花生，嘉庆初始种，今随处有之，静岳诸地产者最良。"⑩ 瑞安县，落花生"邑人多业种之"。⑪ 温州昔无落花生，今"温州人设厂种之"。⑫ 景宁县，在同治间多种落花生，"今濑溪沙地多种之"⑬。平湖县落花生"温、台人侨居海上，多种之"⑭。新昌县所产花生"运销宁波"⑮。

　　山东种花生始于嘉庆。《宁阳县志》载：落花生，"嘉庆初，齐家庄人齐镇清试种之，其生颇蕃。近年则连阡接陌，几与菽粟无异。"又谓"今睹接陌连阡之盛，其收获乃至五谷垺"⑯。日照县盛产花生，"市场舶油坊，以易钱

①　光绪《睢宁县志》卷3。
②　光绪《淮安府志》卷2。
③　光绪《阜宁县志》卷1。
④　蒋黼：《盐城物产表》，见光绪三十年《农学丛书》第6集。
⑤　《农商公报》第44期，《选载》1918年3月。
⑥　王家诜：《养真室文后集·铜山县志·舆地考》。
⑦　雍正《浙江通志》卷105。
⑧　《古今图书集成·方舆汇编·职方典》卷949《杭州府部》。
⑨　康熙《衢州府志》卷23。
⑩　光绪《缙云县志》卷14。
⑪　嘉庆《瑞安县志》卷1。
⑫　同治《湖州府志》卷32，转引道光《武康县志》。
⑬　同治《景宁县志》卷12。
⑭　光绪《平湖县志》卷8《物产》。
⑮　《绍兴府新昌县物产表》，见《农学丛书》第6集，第41页。
⑯　咸丰《宁阳县志》卷6。

而已"①。《胶州志》载："落花生……东鄙种者尤广。"又载，东鄙农民"以落花生代稼"。② 益都种植花生较晚，但发展很快，光绪前后"民间种者甚广，……亦贫民所利也"③。刘贵阳说：蒙阴县沙地宜种长生果，"种者甚多"④。平度州，道光初知州周云凤，"教邑民试种花生，而油业始盛"⑤。临朐县则"巨洋以东，种者颇广……贫民之利也"⑥。峄县西境宜种花生，"由是境内人远近皆传植之，贩鬻日众，民衣食皆给"⑦。光绪间，泰安多种花生，近年且为出口大宗，民间经济力遂因之而涨，大呼"此新兴之利古无有也"⑧。安邱县自青岛通商以来，"落花生始为出口大宗"⑨。宣统二年，山东省所出花生很多，仅青岛一处出口花生"将及一万四千余吨，价值约在一千五百万元左右。而台儿庄运往江南，德州运往津沽及零星运销各处者，尚不在此数，其利益之厚概可想见"⑩。

直隶玉田县多种花生，"收获甚美，利优于谷"⑪。丰润县所产花生油"客商多运以舟车，邑人获利较厚"⑫。光绪时，深州花生之利始兴。吴汝纶赞称："其岁入过于种谷。此近年新获之田利，前古无有"⑬。唐山县种花生，"较种五谷得利加倍，十数年来，无论城乡，凡有沙土地者，均以种植花生为上策"⑭。顺天府种花生，"今本土西山一带产此甚广"⑮。《束鹿县志》称：种花生"其岁入过于种谷"。并称，各疃皆种花生，"而小章疃尤

① 《日照县志》，《物产志》。
② 道光《胶州志》卷14。
③ 光绪《益都县图志》卷11《物产志》。
④ 刘贵阳：《说经残稿》。
⑤ 民国《续修平度州志》卷11。
⑥ 光绪《临朐县志》，《物产志》。
⑦ 光绪《峄县志》卷7《物产志》。
⑧ 民国《重修泰安县志》卷1。
⑨ 民国《安邱新志》，《方产考》。
⑩ 《移商三游河工督办种植花生文》，见《山东全省劝业公所报告书·农务科文牍》。
⑪ 光绪《玉田县志》卷5。
⑫ 光绪《丰润县志》卷9。
⑬ 光绪《深州风土记》卷21。
⑭ 光绪《唐山县志》卷1《物产》。
⑮ 光绪《顺天府志》卷50。

盛，几至十之七八"①。宁津县称："种植之利，旧推花生"，"综计岁入颇巨"。② 滦州治西南北数十里，荒沙汗漫，春苦风而夏苦雨，十耕而九不获，"得种落花生之法，昔无食而今果腹矣，昔无衣而今裤襦矣"③。直隶北部口外地区的沙土，最宜种花生。徐澜称："从前出产每年只得银二三万两，近五六七年来，已增至五六十万两……此可获利者一也。"④ 该处因地制宜发展花生种植，从而摆脱贫困。这个经验对今天脱贫攻坚战，仍有参考价值。

湖南，道光《永州府志》称：康熙时，落花生"郡境间有之"。今见道州、宁远、永明间沙土遍种，收获多。⑤ 新宁种落花生，"土人以榨油，获利最多"⑥。武陵县，光绪年间，种花生者颇多，"可供一县应用"⑦。《桂东县志》载："落花生最多，有土种、洋种"⑧。

此外，如四川省潼川府，乾隆间种植落花生，"艺种之饶，倍于他处"⑨。中江县，昔时出售花生油，岁在十万以上。⑩ 仁寿县遍山种落花生，"居民以此致富者甚众"⑪。河南省祥符县，北门外沙积处五谷不生，"土人间种落花生，藉得末利"⑫。武陟县东沙田及西北乡种落花生，每亩约收三石，每石值钱一千七八百文，"每岁收三万余石，值钱五万四五千串。"⑬ 湖北省广济县，湖乡居人于沙阜地多种落花生，"以资生计"⑭。

2. 油菜

名芸薹，又名薹菜、胡菜，今油菜也，籽可榨油。明代时，北方多种

---

① 光绪《束鹿县志》卷12。
② 《劝种花生告示》，见程蓉荪《燕鸿爪印附宁津爪印》。
③ 光绪《滦州志》卷18。
④ 徐澜：《拟兴滦州卞凉汀商务公可节略》，光绪二十三年，见《徐愚齐自涂又年谱》。
⑤ 道光《永州府志》卷7。
⑥ 光绪《新宁县志》卷8。
⑦ 李至祯：《武陵土产表》，见《农学丛书》初集。
⑧ 光绪《桂东县志》卷中。
⑨ 乾隆《潼川府志》卷3。
⑩ 民国《中江县志》卷2《舆地二·物产》。
⑪ 道光《仁寿县志》卷2。
⑫ 卞宝第：《方岳采风录》卷1。
⑬ 杜诏：《武陟土产表》，见《农学丛书》第2集。
⑭ 同治《广济县志》卷1。

之。李时珍曰：今油菜也，"近人因有油利，种者颇广"①。入清后，安徽、湖南、福建、江西、广西、四川、甘肃等地都有种植。安徽黟县渔亭霞阜人家多种油菜，"一亩可收子二石，秸可供薪，籽可榨油"②。湖南沅州府多种油菜，因"可以压油，人以有油利，种者滋广"③。沅江县广种油菜，籽可榨油。因此"境内河土刈粟后遍种之……四月收子，可获厚利，阡陌种之以粪田，胜于他类"④。攸县洲地广种之，"春暖花香，弥望青黄"⑤。福建宁化县种油菜，专取子作油。"二月开花，黄绿相承，盈畦极亩，一望烂然"⑥。广西全州种油菜，字形可榨油。《郫州志》称："全地菜花甚多"⑦。四川郫县之民多种油菜，因燃灯甚明，"种此者为多"⑧。甘肃大通县所产菜油系一大宗，从本地贩往西宁、兰省一带。⑨ 秦州、岷州等地种植也较多，称："作蔬均佳，籽可供油"⑩。江西瑞金亦出产菜油。⑪ 宁都直隶州产菜油，位居油产第二位。"州俗鲜入食馔，特用以点灯"⑫。《瑞金县志》载：菜油、麻油，岁亦生殖（值）。⑬

3. 芝麻

又称脂麻。江苏淮安府多种之，称芝麻"黄河北多种之，籽可榨油，亦入药品"⑭。安徽含山县也多种之，称"黄山民每岁用以榨油，贸于市"⑮。江西抚州种芝麻榨油，与芸薹油（菜籽油）远售南昌。⑯ 宁都直隶

---

① 徐光启：《农政全书》卷28，《树艺蔬部》。
② 道光《黟县志》卷3。
③ 乾隆《沅州府志》卷24。
④ 嘉庆《沅江县志》卷19。
⑤ 光绪《攸县志》卷52。
⑥ 康熙《宁化县志》卷2。
⑦ 嘉庆《郫县志》卷1。
⑧ 嘉庆《郫县志》卷40。
⑨ 《甘肃全省各属农业实迹表》，见《西宁府大通县·物产》。
⑩ 宣统《甘肃新通志》卷12。
⑪ 乾隆《瑞金县志》卷2。
⑫ 道光《宁都直隶州志》卷12。
⑬ 乾隆《瑞金县志》卷2。
⑭ 乾隆《淮安府志》卷24。
⑮ 康熙《含山县志》卷10。
⑯ 道光《宁都直隶州志》卷12。

州亦盛产麻油。① 福建台湾府诸罗县，岁产胡麻十万石，"台、凤、漳、泉各路资焉"②。河南项城县多种之，县志载："利之最厚者曰脂麻，落花生利较厚"③。太康县"利之最厚者曰脂麻，境内亦多种之"④。鹿邑县"利之最丰者曰脂麻"。因土性极宜种芝麻，种者亦多，榨子为油，"贩行甚远"。⑤永城县合邑岁收芝麻四五千石，"销河北天津一带"；芝麻油"销山东、直隶等处。"⑥ 陕西耀州种亚麻、脂麻。州志载："边地树艺极多，榨油充用甚广。"⑦ 湖北广济县"湖乡居人近于沙阜多种之，以资生计"⑧。汉川县，邑境早年没有落花生，"近岁滨襄垸畈田亩，有为浮沙压者，不利禾苗，始种此果"⑨。甘肃永昌产胡麻，"每年约出贰拾余万斤"⑩。四川大宁县"麻油、茶油、烟子油均出邑产供用，漆油、木油则行销下河一带。"⑪

4. 茶油

产于福建、江西、湖南、广东、广西诸省。但以江西最著，一是产地多，二是产量大。福建则种植时间早。

明嘉靖万历间，福建建宁府之崇安县兴田及建阳，地产沙饴、茶油及竹笋，楮册，商"旅云集，所期物在焉耳"⑫。康熙时，《松溪县志》载："茶油树，种者遍山，籽可榨油"⑬。乾隆时，安溪出产茶油，称茶油有大小之异，"小茶油较贵，妇人用以泽发"⑭。

江西出产茶油是入清以后。乾隆时，瑞金出产油有数种：有茶油（亦称

　① 何刚德等：《抚郡农产考略》卷下。转见陈树平主编《明清农业史资料（1368—1911）》第二册，第705页。

　② 康熙《诸罗县志》卷8。

　③ 宣统《项城县志》，《物产志》。

　④ 民国《太康县志》。

　⑤ 光绪《鹿邑县志》卷9。

　⑥ 韩国钧：《永城土产表》，见《农学丛书》第2集，第3页。

　⑦ 道光《续耀州志》卷5。

　⑧ 同治《广济县志》卷1。

　⑨ 田宗汉：《汉川图记征实》第5册，光绪二十一年。

　⑩ 《甘肃全省各属农业实迹表》，见《凉州府永昌县·物产》。转见陈树平主编《明清农业史资料（1368—1911）》第二册，第706页。

　⑪ 光绪《大宁县志》卷1《地理·物产》。

　⑫ 张瀚：《松窗梦语》卷21，《南游记》。

　⑬ 康熙《松溪县志》卷6。

　⑭ 乾隆《安溪县志》卷4《物产》。

木油）、香油（玫瑰素馨兰桂诸香为香油）、桐油等，"其最佳者曰茶油……色味甘香清洁，土人多入食馔，妇人膏发尤佳。"又称"若菜油、麻油，岁亦生殖，较之木油、桐油则不及焉。"① 宁都直隶州多产茶油，州治界连瑞金之团箕山，多产茶油。州治之瑞、石，"远方商贾来贩者甚夥"②。靖安县县志载："邑人近争种茶子，榨其仁以取油，计一邑之所产，岁取值逾十万缗"③。同治间，《上饶县志》载："邑中诸山，近日多植茶子树，取实压油，厥利甚溥"④。萍乡县志载：萍乡县地狭人稠，各乡田亩皆有山水下注，足备灌溉，种植竹木、茶梓、柑橘之类，向颇繁盛。"近来矿路大兴，矿局煤窿需油甚费，油价渐昂。种茶子者益多……茶油岁可出二三万担"⑤。《安福县志》云："茶树子大如桃，山人采以作油，利最广"。《赣县志》载："赣田少山多，土性于茶、桐二树最宜"。又称："二油为赣佳产，每岁贾人贩之他省，不可胜计"。⑥《清朝续文献通考》载：赣县"以茶树、杉木出息为优"⑦。

湖南郴州所属五县出茶油，但以宜章、桂阳二县较多。⑧ 桂阳州临兰山，茶树弥望，"霜降取实为种，贩运郴、连［郴州、连州］，利逾茶叶"⑨。攸县产油茶，"今攸东棚民栽种成林……收子……压油，利较油桐更溥"⑩。

广东产茶油，主要在韶、连、始兴等地。据屈大均云："韶、连、始兴之间，多茶子树，以茶子为油，客至概以油煎诸物为献，燕、吴人购之为泽膏发。屈大均又称：广州人以茶子油和露花加工而成一种"露花油"，香气馥裂，"洋舶争买以归"⑪。

① 乾隆《瑞金县志》卷2。
② 道光《宁都直隶州志》卷12。
③ 同治《靖安县志》卷1。
④ 同治《上饶县志》卷26。
⑤ 刘锦藻：《清朝续文献通考》卷379，《实业二》。
⑥ 同治《赣县志》卷9。
⑦ 刘锦藻：《清朝续文献通考》，卷379《实业二》。
⑧ 嘉庆《郴州总志》卷40。
⑨ 同治《桂阳直隶州志》卷20。
⑩ 光绪《攸县志》卷52。
⑪ 屈大均：《广东新语》卷14，《食语》。

广西茶油树，以"怀远、融县为多。"①

5. 大豆

江苏赣榆县出产豆油，豆油由青口出海。方志载："海州三属，集镇数百，商贩贸易，以青口镇为最大……青口行铺，又以油坊为最大。"至清后期，整个赣榆县的油坊"利以为业者四境相望，行贩取赢，往往致富大万。"②《正阳县志》载："正阳旧有之实业出口，惟黄豆一种。"沪汉各商号投资争购焉。西平县《权寨镇·风土志》云：当地"出口货以芝麻、黄豆占最多数"。四川新繁县有菜油、麻油、花生油、豆油，"供他邑之用，而各城之运者且络绎不绝，则油利又大宗也。"③

二　器用油料作物种植业的发展

器物用油料作物有漆树、桐树、乌桕树、冬青、樟树等，这些作物主要生长在南方诸省及陕西山区。

1. 漆树

明洪武初，江苏江宁置漆园、桐园、棕园于钟山之阳，种木各万株，以收油漆、棕缆。④ 到清代，漆之产量以陕西、贵州、湖北最多，四川、湖南、福建、安徽、浙江次之，余省略有出产。⑤ 康熙时，浙江称漆树为佳木，桐江以上，"山居之民以采漆为业，利最饶沃"⑥。严州府李彦章诗云："居人生计多耕种，半课秧田半漆林"⑦。福建宁化产漆，"宁漆多产龙上下诸里，民多食其利"⑧。江西瑞金之漆，"出县东湖陂，视赣漆更胜，但不如赣漆之多耳"⑨。袁州府之漆，以"宜春稍多，贾人以达四方。曰袁漆，几

① 乾隆《柳州府志》卷12。
② 光绪《赣榆县志》卷3、卷2。
③ 同治《新繁县志》卷4。
④ 张瀚：《松窗梦语》卷2，《东游记》。
⑤ 刘锦藻：《清朝续文献通考》卷386，《实业九》。
⑥ 高士奇：《北墅抱瓮录》。转见陈树平主编《明清农业史资料（1368—1911）》第二册，第710页。
⑦ 李彦章：《严州诗》，见《榜园全集·榕园诗钞归横杂咏》。
⑧ 康熙《宁山县志》卷2。
⑨ 乾隆《瑞金县志》卷2。

与广漆、建漆等"①。安徽舒城县，西南二山所出漆甚多，"外府购用以舒为最"②。歙县"邑南乡漆沮等于北源茶荈，亦专产也，漆树遍山"③，所产之漆为漆贾所重。湖北东湖县："漆树，雾渡、楞演二铺山中多产之"④。四川安化县，"漆树倍于地产，夏秋之间，商贾辐辏"⑤。大宁县之漆，"邑后乡界竹房一带产之。七八月，商贩入山割取，运行甚远。漆子又可取油烧烛，名曰漆油，行销荆沙及本地之用。"⑥ 绵竹县产漆，"前清光绪初年，岁出约数千斤，远消（销）中江、梓橦、罗江等处，岁入约数千金。"⑦ 广西岑溪县产漆始于康熙年间，到乾隆时"各乡处处植之"⑧。梧州"岑溪有漆山，近年各乡有之，干者入药。"⑨ 贵州平越直隶州"山野间地"多种漆树，家有百株"利可埒十亩田"。⑩ 陕西镇安县之漆树"生崇山深沟内，汁即漆，最佳。……向来多湖北客民割其，量给租银，近年本地有效其术者。"⑪《汉南纪游》也载：镇安县黄龙铺，两边山"遍种漆树"⑫。《光绪县志》称："漆树，汁即生漆，（漆子）可榨油造烛，为本境出产大宗。"⑬ 据光绪乡土志载：漆油，每年销数约一二万斤；生漆，多由鄂贩购去。⑭ 安化县"土产，丹汞铁煤，葛麻，蜡蜜，桐柏之油，惟漆利赢"⑮。湖北施南府、宜昌府之巴东县、德安府之随州皆出产漆。⑯ 至光绪时，据统计，漆的出口量：多时每年可输出二万余担，少时一万七八千担，值海关银一百万两以上。⑰

---

① 乾隆《袁州府志》卷7。

② 嘉庆《舒城县志》卷12。

③ 道光《歙县志》卷5。

④ 乾隆《东湖县志》卷5。

⑤ 爱必达：《黔南识略》卷16。

⑥ 光绪《大宁县志》卷1《地理·物产》。

⑦ 民国《绵竹县志》卷9《实业》。

⑧ 乾隆《岑溪县志》卷2。

⑨ 乾隆《梧州府志》卷3。

⑩ 光绪《平越直隶州志》卷22。

⑪ 乾隆《镇安县志》卷7。

⑫ 王志沂：《汉南纪游》，第14页。

⑬ 光绪《镇安县志》卷下。

⑭ 光绪《镇安县乡土志》卷下。

⑮ 道光《安化县志》，《地理第一》。

⑯ 日本外务省：《清国事情》（日文）上。转见陈树平主编《明清农业史资料（1368—1911）》第二册，第713页

⑰ 刘锦藻：《清朝续文献通考》卷386，《实业九》。

据日本外务省报告：公元 1901—1905 年，每年由汉口输出的生漆"不下一万二千担"，详见表 5 – 2。

表 5 – 2　　　　　　　　　　1901—1905 年由汉口出口生漆情况

时间	数量（担）	价额（两）
1901 年	12302	467476
1902 年	12554	480930
1903 年	13238	510684
1904 年	13228	534592
1905 年	16023	842845

资料来源：日本外务省：《清国事情》（日文）上，明治四十年，第 898 页。转见陈树平主编《明清农业史资料（1368—1911）》第二册，第 713—714 页。

2. 乌桕

浙江、江苏明万历至天启年间，据王象晋称："江浙之人，凡高山、大道、溪边、宅畔无不种，亦有全用熟田种者。树大者或收子二三石"。又说：临安［杭州］人每田十数亩，田畔必种桕数枝，"其田主岁收桕子，便可完粮"。① 浙江富阳县："桐州中沙之民，多栽乌桕树为业"②。象山县木之属有桕，"落其子取清白二油，岁获其利"。又称"惟桕油出运四方货之"。③《乐平县志》称："桕油甚为民利，邑中无不植者"。福建宁化、归化县："凡田旁有桕木者，其田价必增，以桕叶可肥田，子又可采蒸取脂，浇烛货运，于人甚有利也"④。江西瑞金、石城种乌桕。瑞、石二县志曰："其油可做烛，贫民亦稍借为利"⑤。玉山县所产桕油质量最好，方以智称："玉山桕油加蜡最坚，他处桕油，盖蜡过各则暗矣。"⑥ 湖南《沅州府志》

---

① 《木谱》，见王象晋《群芳谱》，天启元年。
② 宣统《杭州府志》卷 101。
③ 乾隆《象山县志》卷 3。
④ 康熙《宁化县志》卷 2。
⑤ 道光《宁都直隶州志》卷 12。
⑥ 方以智：《物理小识》卷 8，《器用类》。

载："乌桕……收子压油，可以制烛，远近货之，树植之有利者。"①

3. 油桐

福建宁德栽梧桐、油桐，"山居借此取油货，售以佐生业者甚众"②。汀州府山中特多油桐，"乡人种蓝者，初入山即种此，以其树易长，子可压油也"。又载：刺桐即梧桐类也，"闽广最多，土人用以压油"。③ 江西宁都直隶州多种桐。"桐……村人多种之，取子压油"④。永宁县，光绪年间植"油桐四千余株"⑤。奉新县，光绪三十年，查境内新种桐、柏、松、竹等树，"约计四万余株"⑥。安徽婺源多种油桐，"以其子取油"⑦。建平县，《广德县志稿》按：郡号桐川，原以产桐得名，昔年油桐甚多。太平天国革命后，"原有桐树砍伐殆尽，今日油桐虽有，不及昔时千分之一"⑧。湖南《麻阳县志》载："近山居民，择其地肥土厚之处，布种桐树，获子打油。视人力之多寡，可足一家之费用"。黔阳县，在康熙元年知县张扶翼谕民种桐，今则各乡遍植，"洪江为油商囤积之地，黔阳最近所产甚多"⑨。湖南辰州、沅江、永顺三府及靖州等地，"诸山皆种桐、茶树，收其子以榨油"。自苗匪不靖，"市价数倍，沅陵人颇擅其利。"⑩《攸县志》载：油桐，"今攸邑种莳亦多，收子榨油为用。"⑪ 四川什邡、灌县、犍为、江北厅、万县、黔江、奉节、仁寿厅县盛产桐油树，江北厅"土人遍山种之"，仁寿县农民收取桐子，常至四五百石。万县多山，"故民多种桐，取其子为油，盛行荆鄂"。[按]者云："邑水陆商贩，向以米、棉、桐油三者为大宗，行于滇、楚。"⑫ 大宁县四面山乡皆产桐油，"场灶每年需用数十万斤"⑬。陕西安化

① 乾隆《沅州府志》卷24。
② 乾隆《宁德县志》卷1。
③ 杨澜：《临汀汇考》卷4。
④ 道光《宁都直隶州志》卷12。
⑤ 刘锦藻：《清朝续文献通考》卷379，《实业二》。
⑥ 刘锦藻：《清朝续文献通考》卷379，《实业二》。
⑦ 乾隆《婺源县志》卷4《地产》。
⑧ 民国《广德县志稿》。
⑨ 同治《黔阳县志》卷18。
⑩ 嘉庆《重修巴陵县志》卷14。
⑪ 光绪《攸县志》卷52。以上资料转见郑昌淦《明清农村商品经济》，第429—435页。
⑫ 同治《万县志》卷13。
⑬ 光绪《大宁县志》卷1《地理·物产》。

县，道光年间甘雨施教民种桐、柏，"以资生计"①。贵州古州厅志载，余泽春任古州厅时，捐购桐、茶、荞麦、菜蔬种，教民树艺，两年来渐有生意矣。②

此外还有蜡、樟脑。

福建既出蜡，又产樟脑。宁化县产蜡，"宁泉上下里专业之"。"于立夏前后取蜡子裹置枝上，不十日其虫化出，延缘各枝，久之纷白如絮，至秋割而熔之，遂成白腊，大获其利。"③ 郭柏苍谓："闽诸郡惟永春州少樟木，台湾内山近生番之地所产最多。取其含脂者煎之为樟脑，更炼为片脑。……山口湾由官招人包办，其利最广。"郭又谓："今之漳州多樟，亦出樟脑，或曰漳州即以樟树得名。"④

江西赣县，县令张学培称："所种樟树，设樟脑公司，亦获利。"⑤

四川、云南、贵州三省，据檀萃称："白腊，川滇之重货也。"⑥ 四川会理州有虫会，专门卖蜡虫。州志载："自二月起，商贾云集，设摊卖货；货卖毕，采买虫子，于立夏前摘下，乘凉疾行挑出……虫子以一斤为一包，每挑六十六包，名曰赶虫会。"⑦ 《乐山县志》载：从清至民国该县都设有蜡行，来货以峨眉为多，洪雅次之，犍为、夹江、眉山、丹棱及屏山亦有来行售卖者。"上年销货约壹百万斤，近年两行共销伍拾万斤内外，约合银叁拾万金左右。"⑧ 《西昌县志》载：清末，"四川产蜡虫，春夏之交，洪雅、夹江、峨眉市虫之客，千百成群，宁雅大道，旅店充塞。近山乡镇，固多虫市，即城外西街，夕阳西下，售客拥挤，川庙设虫会，灯光灿烂逾夜半，大小商人，旅馆、力夫均希赶集虫会，作一岁生计。"⑨

---

① 道光《安化县志》，《官师第五》。
② 光绪《古州厅志》卷4。
③ 康熙《宁化县志》卷2，第148、94页。
④ 郭柏苍：《闽产录异》卷1。
⑤ 刘锦藻：《清朝续文献通考》卷379，《实业二》，第11263页。
⑥ 檀萃：《滇海虞衡志》卷11，嘉庆四年。
⑦ 同治《会理州志》卷10《风俗》。
⑧ 民国《乐山县志》卷4。
⑨ 民国《西昌县志》卷5《礼俗志》。

第四节　药材种植业的发展①

据王象晋记载，明万历至天启年间，各地都出产药材：桂产于宾、宜、韶、钦诸州者佳。甘草，生陕西河东州郡，青州间亦有之。艾，处处有之，宋时以汤阴复道者为佳；自成化以来，惟以蕲州者为胜，谓之蕲艾，相传蕲州白家山产。人参，以上党为佳，今不复采。迩来所用，皆辽参高丽参。地黄处处有之，河南怀庆者佳。檀香，一名旃檀，一名直檀，出广州、云南等地及占城、真腊诸国。今岭南诸地亦皆有之。当归，今秦蜀诸处多栽莳货卖。五加，江淮、湖南州郡皆有之，北方亦产，但入药用南方产。地榆，蕲州呼为酸枣。平原川泽者皆有之。牛膝，江淮、闽越、关中皆有，怀庆为真，栽莳者为良。枸杞，根名地骨，根之皮名地骨皮。枸杞子、地骨皮古以韦山者为上，近时以甘州者为绝品。杜仲，一名思仲、一名思仙，汉中、建平、宜都者佳，脂厚润者良。豫州山谷及上党、商州、陕州亦有之。何首乌，处处有之，以西洛嵩山及柏城县者为胜。仙茅，一名独茅、一名茅瓜子、一为婆罗参，初出西域，今大庾岭、蜀州、江湖、两浙诸州亦皆有之。肉苁蓉，一名肉松容、一名黑司令，出肃州福禄县沙中，今陕西州郡多有之，然不及西羌界中来者肉厚而力紧。列当，一名草苁蓉，一名花苁蓉，一名粟列，秦州、原州、灵州皆有之。淫羊藿，一名仙灵脾，一名仙灵毗，江东、陕西、泰山、汉中、湖湘间皆有之，生大山中。覆盆子，处处有之，秦吴尤多。防风，出齐州、龙山最善，淄青兖者亦佳，今汴东淮浙皆有。黄连，江湖荆夔皆有，而以宣城者为胜，施黔次之，东阳、歙州、处州者又次之。黄芩，一名鼠尾芩，川蜀、河东、陕西近郡皆有之。紫草，一名紫丹，生砀山山谷、南阳新野及楚地。三七，生广西南丹诸州番峒深山中。紫菀，一名青菀，处处有之，以牢山所出，根如北细辛者为良。半夏，在处有之，齐州者为良。麻黄，近汴京多有之，以出荥阳中牟者为胜。薄荷，人家多栽之，吴越川湖多以代茶，苏州以产儒学前者为

①　本节所使用资料转见陈树平主编《明清农业史资料（1368—1911）》第二册，第 738—754 页。

佳。① 地黄产于河南中州污土之乡。② 直隶宣化府产芍药,隆庆时,州岁贡芍药二百斤,永宁县岁贡百斤,并充药物。③

入清以后,由于对药材需求量及品种增加,促进药材生产发展。辽宁通化县,在封禁时代,土人多以开山种人参为业。④ 据张风台记载:长白府多产药材,如所采、所种人参"行销内省,每岁所收,价值约万金"。人参子"售价颇昂"。贝母,长地所产,"销售价值约在东钱四千串之谱"。桔梗、黄精、防风、天麻、赤芍药、木贼、紫菀、苍耳子、紫苏、金银花,长属所产,售本省市中。这些药材年产价或三四百金或千金。紫草、独活砀、菟丝子、木通、黄檗、松子、榛子、龙胆草行销关内。松子每岁约值千余金,榛子价值约三倍于松子。⑤

直隶邢台县以野党参为上品,次则枣仁,"贩鬻远方,颇获重利"⑥。河北临漳县药材有:杏仁、桃仁、山药俱多。⑦ 据谈迁称:宣化府赤城卫,春时芍药满山谷,可食,枚乘七发所谓芍药之酱也。隆庆州岁贡芍药二百斤,永宁县岁贡百斤,并充药物。⑧

山东宁海县产沙参、黄芩。沙参逾年五六月采,黄芩三四月采,"估者收买,鬻于商舶。"⑨

山西归化城盛产黄芪、鹿茸,"客商来贩者本地客尤豪侈,以其利厚,锱铢不足计也"⑩。

河南温县"尚有栽种地黄、桃杏、榆柳之利"⑪。孟县"有兼种地黄者也,获利较优"⑫。河内县沁河以南,地土肥美,栽种药材,"虽工本较重,

---

① 《药谱》,见王象晋《群芳谱》,天启元年。
② 张介宾:《景岳全书》卷48。
③ 《芍药》,见谈迁《北游录·纪闻上》。
④ 民国《通化县志》卷1。
⑤ 张凤台:《长白汇征录》卷6。
⑥ 光绪《邢台县志》卷1。
⑦ 光绪《临漳县志》卷1。
⑧ 《芍药》,见谈迁《北游录·纪闻上》,第315页。
⑨ 同治《宁海州志》卷4。
⑩ 《古丰识略》卷20《市集》。
⑪ 王凤生:《河北采风录》卷4,《温县知县关元儒覆禀》。
⑫ 王凤生:《河北采风录》卷4,《孟县知县易良俶覆禀》。

而所得资利，十倍五谷。其最著者，地黄、山药、牛膝等物，获利更厚"①。

陕西镇安县产五倍子，"销行老河口及蜀河各路，每岁百数十石"。其他药材，商人零星收买，转销南北等省，难以定数。②汉中府有田地数十亩之家，栽烟草数亩，田则栽姜或药材数亩，"姜、药材亩收八九百斤，卖青蚨二三十千，以为纳钱粮、市盐布、庆吊人情之用"③。陵川县出产党参，"各束成捆，累千盈万，于外省药肆会上鬻之，多获倍蓰"④。凤县出产的药材，"党参甚美，大者一茎斤许，故凤党药家珍之。全红花椒，肉厚有双耳，殊胜他产。鹿茸、麝香、山羊血、熊胆，亦时有之。此外如何首乌、五加皮、白芨、枸杞子、五味子……之类，皆足备不时之需，土人入山采取，货于市足资衣食"⑤。

甘肃宁夏府安宁一带，家种枸杞园，"各省入药甘枸杞皆宁产也"⑥。表5-3反映了光绪年间甘肃全省各属出产药材情况。

表5-3　　　　　　光绪年间甘肃全省各属药材出产情况

州县名称	所产药材品种及年外销量	销往地点	价值
中卫县	枸杞八九百担，甘草一百余担	粤闽等省	枸杞值银十五六万两
平罗县	枸杞年出两千余斤	间有外客购买	每斤价钱一串二三百文
大通县	鹿茸、獐脐子	行销于西宁、兰省、三元	
宁远县	甘草、党参、黄芪、当归	贩销川陕等处	
岷州	当归七百余担，党参三百余担，黄芪二百余担，大黄、羌活、秦艽各一百余担，每担计重二百四十斤	运销四川、陕西等省	
秦州礼县	以当归为大宗	运销陕西三原、汉中	

① 王凤生：《河北采风录》卷4，《河内知县袁通覆禀》。
② 光绪《镇安县乡土志》卷下。
③ 严如熤：《三省边防备览》卷8，《民食》。
④ 光绪《陵川县志》卷16《物产》。
⑤ 光绪《凤县志》卷8。
⑥ 乾隆《中卫县志》卷1《物产》。

续表

州县名称	所产药材品种及年外销量	销往地点	价值
阶州	当归年产三四千包不等，大黄年产的四五百包不等	当归发往四川碧口境内销售，大黄发往陕西三原等处销售	
文县	党参产五十余万斤，当归产四十余万斤，大黄产四十余万斤	行销重庆，转销湘潭	
西固州	惟当归大宗，其余党参、花椒、羌活、黄芪、大黄不多	俱系阶州客民来固收买，发往别处销售	
华亭县	大黄、当归，每年共出药六七百担	运陕省行销	
皋当县*	光绪年间种百合	得利甚优	

注：＊见宣统《甘肃新通志》卷12。

资料来源：《甘肃全省各属农业实迹表》。转见陈树平主编《明清农业史资料（1368—1911）》第二册，第744—745页。

江苏靖江出产榆皮、茱萸子，"外方来收者颇众"①。通州产药极多，如沙参、大戟、何首乌之类。② 通州（今南通）土产极多，如沙参、大戟、何首乌之类。③

安徽《凤阳县志》载："南乡诸山多药草，春夏之交，居民入山采药，间有自远方来者，亦民间自然之利也"。又载：南山中多药材，二三月间，采药成群；临淮乡出瓜子，商贩收买。"此皆地利之养人者也"。④ 舒城县西南诸山出土参，以华嵩者为最，"外省甚珍"。所产获苓，重数斤，色白如雪若不亚云苓。⑤ 滁州"花利则惟药材"，"类皆客民借以糊口耳"。⑥ 檀萃称：获苓"惟安庆为盛，大舫大客载之，曰安庆获苓。"⑦

湖北蕲州出产艾叶，据《本草纲目》载："自成化以来，以蕲州者为

---

① 光绪《靖江县志》卷5。
② 吴大澂：《时务通考续编》卷17。
③ 同上。
④ 乾隆《凤阳县志》卷2、卷4。
⑤ 嘉庆《舒城县志》卷12。
⑥ 黄厚裕：《栽苎麻法略》，第6页。
⑦ 檀萃：《滇海虞衡志》卷11。

胜，用充方物，天下重之，谓之蕲艾。"① 恩施县《种药吟》载："山人不解艺禾黍，剪尽荆榛开药圃。……药贩居然列市廛，药租且免输官府。"② 崇阳县东南"偶种姜芎、地黄、红花、芥穗之属，延及平坂十之三四；西南偶种蓝、蔗、山药、瓜子、烟草之类，夺去五谷十之七。"③ 犁锄之夫半辍业以居货为事。

湖南东安县岭南一山，其土宜厚朴，乾隆初，"获利万计，一村率货钱二三千，富雄一乡。"土人惊羡，至今百年，种者"弥皋被冈，然价益不雠岁，仍捆致通一县之产，犹可货数千金耳。其余杂药百种，惟沙参、前胡、吉更［桔梗］、木通为多，收利不及十之一也"。④ 物以稀为贵也，货多则价落，经营者要切记。做脱贫工作者，应慎时度势，慎重选择，以史为鉴。

四川产附子，据《四川通志》载：其所产附子，"下品"销往陕辅，"中品"销往闽浙，"其上品则皆士大夫求之"。⑤ 綦江县产枳壳，"虽贵贱不定，每年总计，必值数千金或逾万"⑥。彭明县赤廉水、会昌、昌明宜附子，总四乡之地，为田五百二十顷有奇；然税稻之田五，菽粟之田三，"而附子之田止居其二焉。合四乡之产，得附子一十六万斤以上"。"其用工力比它田十倍，然其岁获亦倍称之"。⑦ 四川北部与陕南大巴山相连之处，药材之地道行远者，为厚朴、黄连两种。厚朴树栽于小坡平坝中，黄连在老林山凹山沟中种，"商人写地数十里遍栽之，须十年方成，常年佃棚户守连，一厂辄数十家。……雪泡山、灵官庙一带，连厂甚多"⑧。石柱厅出产土参、厚朴、黄连，而以黄连最多。厚朴"近年以来（道光间），价甚昂，斧斤几无遗种，土人栽植灌溉，数岁可为药材。"⑨ 懋功厅，深山多产药，大黄为最，"贩者甚夥，济用良溥"⑩。灌县货物以药材为大宗，本草纪名三百六十，邑中约得二百种之多，以川芎、泽泻为特产。行销各省者，川芎

---

① 嘉庆《湖北通志》卷 23。
② 詹应甲：《种药吟》，见同治《恩施县志》卷 11。
③ 同治《崇阳县志》卷 1。
④ 光绪《东安县志》卷 8。
⑤ 嘉庆《四川通志》卷 75。
⑥ 同治《綦江县志》卷 10《物产》。
⑦ 杨天惠：《附子记》，见嘉庆《四川通志》卷 75。
⑧ 严如熤：《三省边防备览》卷 5，《水道》。
⑨ 道光《石柱厅志》，《物产·第九》。
⑩ 同治《章谷屯志略》。

得百余万斤，泽泻半之。芎价可得二百万金，泽泻三四万而已。后山松潘、茂州及懋功五屯，出产药材甚多。如贝母出产五六万斤，价可十万；虫草二三千斤，价一万有余；棉芪岁约十万斤，产品价不过五万；羌活价得十万两；大黄多至三十万斤，少至十余万，价不及十万；麝香岁出百斤有余，价亦十万之间。鹿茸除后山产外，远者来自西宁。光绪二十八年，未设厘金以前，岁价至十余万金，厘金设而西宁之货不至，岁只得其半。① 秀山县八面山产杜仲，至万斤。② 大宁县出产药材以党参、黄连、杜仲、牛膝、当归、车前、厚朴、升麻为大宗。杜仲"行销甚远"③。崇庆县种芎劳，上田亩收三百余（斤），中田二百余（斤），下田百余（斤），岁亦数十万斤。④

云南，据檀萃载：所产药材有茯苓，盛名天下，"曰云苓"⑤。据雪渔氏载，云南出药材有：茯苓、何首乌、藏红花、冬虫夏草、肉桂、黄连、芦子、石耳、菊花参。藏红花，色紫黑，然不可多得，价值亦甚昂。⑥ 前胡各属皆有。⑦

贵州出前胡，各属皆有，"唯产遵义北鸡喉关者，心如菊花，他处不及……川广人于关上收买"⑧。

江西大庾县所产药材，皆他处所有，惟欧峒菖蒲、庾岑仙茅，独有擅名。⑨

福建所产牵牛花，福州以上各处有之，其子入药。延、建、邵人冬月收买，与使君子、钗石斛、泽泻等，贩江浙间，其利颇多。⑩

广东南海县，三江司黄边乡多产药材，仅桂皮每年寄往外洋销售四万余担。⑪

广西平南县出产桂皮、桂枝、桂心、桂子、桂油。桂皮贩卖出洋，岁

---

① 光绪《灌县乡土志》下册。
② 光绪《秀山县志》卷 12《货殖志》。
③ 光绪《大守县志》卷 1《地理·物产》。
④ 民国《崇庆县志》卷 5《食货十》。
⑤ 檀萃：《滇海虞衡志》卷 11。
⑥ 雪渔氏：《鸿泥杂志》卷 2，第 12、14 页。
⑦ 光绪《平越直隶州志》卷 22。
⑧ 光绪《平越直隶州志》卷 22。
⑨ 乾隆《大庾县志》卷 4。
⑩ 施鸿保：《闽杂记》卷 11。
⑪ 宣统《南海县志》卷 4。

二三百万斤。皮厚二三分者，亦曰通桂，通行各省。肉桂出猺山，亦出大乌，六陈诸山，以近里黄黑色嫩皮有味者为油。按曰：肉桂"缘四方所需，悉取诸桂、南二邑，从蕞尔之所产，应区夏之求，所以价值日腾，山力就窘也。"① 就此情况而言，给我们提出有关经济持续发展问题，即在发展种植业同时，如何保护地力培养，做到取之有度，不为眼前利益牺牲长远利益，保持经济持续发展？

第五节　经济作物发展及其与粮争地问题

商品性农业的发展，是与经济繁荣及人民需求相伴随的。当社会繁荣、经济发展时，人们为了吃得更好、穿得更好、生活更多样化，就会要求农业部门提供数量更多、品种更丰富、品质更优良的农产品供应市场，从而为商品性农业持续发展提供更广阔的前景。然而，经济作物的发展，是以分割部分农田为前提的。因此，在每个时期，如何把握好、调控好经济作物发展与粮食作物发展之间的关系，作为政府部门来说，是一个值得关注的大问题，因为事关人民吃饭及过好生活的双重大事，所以不能掉以轻心。

由于土地资源是相对固定的，耕地面积也是相对稳定的，增加经济作物的种植，就意味着要将更多的耕地面积投入经济作物种植中去。经济作物种植面积的扩大，粮田的种植面积就会相应减少。粮田耕地面积的减少，直接影响到粮食生产数量的减少。由于粮食生产数量减少，就会打破原有粮食生产数量与口粮供应之间的平衡，从而使更多经济作物种植区的农户成为缺粮户，更加上新生人口迅速增长，又要解决新增人口口粮问题，这就使经济作物侵占粮地生产，从而造成粮食短缺问题变得更加严重。因此，当时许多地方大吏就提出严禁发展经济作物生产的提议，但这些提议很难得到执行。其原因：一是忽视社会需要问题，二是忽视价值规律作用，三是忽视农民求富心态，四是遭当地绅士反对。虽然这些大吏提议得不到执行，但提出防止经济作物无计划乱发展，会引发粮荒问题，还是值得重视的。就当前而言，如何处理好商品性农业发展和保障粮食安全这两个大问题，就显得特别突出。中国是世界人口第一大国，而人均耕地面积与其他国家相比又要少得多，更加上"二孩"政策实施，人口增长速度将加快。

---

① 道光《平南县志》卷5。

因此如何保障粮食安全问题，显得尤为突出，也尤为紧迫。这种客观情况的存在，对提醒我们今后如何统筹安排好粮田生产与经济作物生产之间的关系，合理使用土地资源，具有重要借鉴作用。

福建地处亚热带地区，气候温和湿润，很适合各种作物的生长。于是福建地区经济作物种植特多。故缺粮现象也很严重。下面引述徐晓望研究成果。①

据徐晓望研究，清前期，福建耕地总数一直在1300万亩上下浮动，这时，人均地亩在1.6—2.24亩。全省农田平均亩产为300—350斤米。如果全部农田用于粮食生产的话，人均占有粮食为480—784斤米。清初福建人粮食消费量："人日计一升，通岁计三石"。以一石米折合150斤为计，三石米折合450斤。倘若清前期福建的农田全部用于种粮食，福建的粮食可以做到自给有余。② 福建之所以缺粮，他引用了乾隆年间任福建省大吏郭起元的话："闽地二千余里，原隰饶沃，山田有泉滋润，力耕之，原足给全闽之食。无如始辟地者，多植茶、蜡、麻、苎、蓝靛、糖蔗、离支、柑橘、青子、荔奴之属，耗地已三之一。其物犹足供食用也。今则烟草之植，耗地十之六七"③。结果，许多地方出现了缺粮现象，需要从外地输入粮食。

为了摸清福建各县产粮情况和产生缺粮原因，徐晓望根据德福《闽政领要》等记载，分府进行粮食生产考察。认为乾隆初期，"建宁七属、邵武四属田多膏腴，素称产谷之乡，而浦城、建宁两邑尤为丰裕，省城民食不致缺乏者，全赖延建邵三府有余之米得以接济故也"④。福州府位于闽江下游，土地最为肥沃，但由于人口众多，大多数县份仅能满足于自给，仅有个别县能输出一定的粮食。林希五说："转省居民不下数十万家，加以四方往来杂处之众，地入无几，全赖上游米以活。偶值天时稍旱，数日之间，米不得下，则环省嗷嗷无以举火。"⑤ 漳州、泉州两府靠海的县份全都缺粮，当然是由于这些县份工商业及经济作物特别发达。如漳州龙溪县："俗种蔗，蔗可糖，各省资之，利较田倍；又种桔煮糖为饼，利数倍，人多营焉；

---

① 参见徐晓望《福建经济史考证》，澳门出版社2009年版，第303—324页。
② 徐晓望：《福建经济史考证》，澳门出版社2009年版，第304页。
③ 郭起元：《论闽省务本节用书》，见《清经世文编》卷36。
④ 德福：《闽政领要》卷中，《岁产米谷》。
⑤ 林雨化：《林希五诗文集》卷上，《杨衡圃方佰书》。清道光十年刻本。

烟草者，相思草也，甲于天下，货于吴、于越、于广、于楚汉，其利亦较田数倍；其他若荔枝、龙眼、梨、柚、落花生之属，俗亦最贵。故或夺五谷之地而与之争，而谷病。"① 兴化府从宋至明末，都是福建著名的缺粮区。但清代前期该地人口下降幅度很大，因此，兴化府的粮食自给并有余。福宁府拥有霞浦、福安、宁德、福鼎诸县，其所生产的粮食尚足食用，有时还得从邻省运进。汀州情况和其他山区不同，康熙年间王简庵的《临汀考言》写道："汀属八邑，僻处深山，本无沃野平原，尽系层峦叠嶂，所有田土，即使尽栽稻谷，不足民间日给。……自康熙三十四五年间，漳民流寓于汀州，遂以种烟为业。因其所获之利息，数倍于稼穑，汀民亦效尤，迩年以来，八邑之膏腴田土，种烟者十之三四。……八邑通计，每年少收米谷不下百余万石……以致米价倍增，民情惶惑者，职此故也。"② 徐晓望通过全面考察，其结论是："清初福建61县中，粮食自给有余、可输出粮食的有22县，粮食自足的有23县，缺粮县为16个。所占比例分别为：36%、38%、26%。缺粮县主要分布在福州、泉州、漳州、汀州。福州是大城市，而泉州、漳州、汀州是甘蔗和烟草的主要产地。这充分说明清代前期福建缺粮的主要原因是商业性农业发展侵占了农田。"

徐晓望又对福建清中后期粮食市场进行考察，除新增人口因素外，认为："商业性农业非但没有萎缩，反而更加蓬勃地发展起来。"他列举南平和安溪为例。安溪志称："邑之业农者困矣。曩耕于田，今耕于山。曩种惟稻、黍、菽、麦；今耕于山者，若地瓜、若茶、若桐、若松杉、若竹，凡可供日用者，不惮陟巉岩、辟草莽……岁计所入，以助衣食之不足。勤者加勤，惰者亦勤。盖缘邑半山碛，田畴狭隘，而升平户口蕃滋，人满而土窄，势不得不然也。"③ 南平县，清初时，人均占有地有2.44亩，据《闽政领要》记载，这里的粮食是自给有余的。到清后期，南平在人口增加压力下，为谋生，发展小商品生产，"新兴、梅西、峡阳、梅南之地多产茶，民以茶为业；罗源、云盖、太平、余庆之地多产笋，民以笋为业；演仙、仁洲、金砂、保福之地多产纸，民以纸为业。"④ 其粮食生产萎缩。"山多田少，所

① 康熙《漳州府志》卷26《民风》。
② 王简庵：《临汀考言》卷6，《咨访利弊八条议》。
③ 乾隆《安溪县志》卷4《风土》。
④ 嘉庆《南平县志》卷8《风俗》。

获不能食五人焉。"因此，南平的粮荒日益严重，粮价节节上升。从全省看，清代后期福建种烟、种蔗、茶叶生产都在继续发展，与粮争地问题持续发酵。汀州永定县在清末的烟草产量达到五百多万元。① 汀州府归化"民间种烟之利多于谷，故米麦不敷民食。"② 除漳州、汀州之外，闽西北也有许多县发展为烟草产地，沙县的"沙烟"、浦城的"生丝"，都是畅销国内的精品。郭起元谓：福建大种烟草后，"闽田既去七八，所种秔稻、菽、麦，亦寥寥耳，由是仰食江、浙、台湾"。另外，甘蔗种植和糖生产也在发展，光绪三十一年（1905）前后，"福建运往本国各省者约值六七百万两，并有输出国外销售。甘蔗占田数量也可与烟草相比"。此外，茶叶生产大发展。福建武夷茶打入世界市场后，茶叶生产发展极快。19世纪70年代，福建每年出口的茶叶价值二千多万元。茶叶生产除破坏植被外，还侵占了许多山垄田。如沙县"并有将山旁沃壤弃而出租者"③，以致粮食生产衰退。刘世英说："夫建属七邑，向种之稻，本不敷食，仍籍他方运来，贴补不足，尚无大害。若茶山倍于稻田，均仰他省之谷而食，一遇荒年，他省不收，无米运来，岂非又一山西省乎？思之令人可怕。"④ 据陈盛韶说："古田西南多山，东北平衍广阔宜稻，可以耕三余一。本年夏月，米价突昂至四千钱一石。福道岭担夫塞路，疑为商贩所致，停舆视之，尽属糯米，可酒不可食。问之，皆曰：'民间计口授粮以外，尽争种此米，贩至肖城，变易货物。'旁有白发翁揖而前曰：'四十年前，古邑米甲通属。近因白米作粉十分去一，早米作曲三分去一，糯米作酒又三分去一，计三项运省者，每年数十万石。所由一遇荒歉，米价大昂，民不聊生也。'"⑤ 由于上述原因，清代后期福建各地的粮食自给率直线下降，粮食依赖外地的县增多了。

但当烟草和甘蔗种植衰退，原本因种商品性作物而缺粮的地区，情况发生了变化。如海澄县，当地烟草种植衰退，蔗糖市场不如台湾，农民转而种粮食。同治年间的《闽峤𫐐轩录》说：海澄县"沿溪田亩尽属膏腴，民多力农……稻谷一岁两收，足资储蓄。"⑥ 永定的种烟制烟业，在洋烟进

---

① 郭白阳：《竹间续话》，第61页。
② 卞宝第：《闽峤𫐐轩录》卷2。
③ 卞宝第：《闽峤𫐐轩录》卷2。
④ 刘世英：《芝城纪略》，《敬陈管见十二条》。
⑤ 陈盛韶：《问俗录》卷2，《古田县》。
⑥ 卞宝第：《闽峤𫐐轩录》卷1。

口打击下，激剧衰落。蔗糖生产从光绪二十一年（1895）开始走下坡，至民国二十四年（1935）蔗田面积仅占全省耕地千分之一不足。又如，茶叶生产因受印度、锡兰茶叶竞争，茶叶生产已严重滑坡，至20世纪30年代，福建茶叶输出仅一二十万担，至抗日战争期间，更降至四万担。商品性农业生产，与粮食争地问题不再产生决定性影响。

商品性农业生产发展，与粮争地者不仅是福建一省，其他省份亦然。以烟草种植和茶为例。① 陈琮云："烟草始自边关，兹则随处有之，渐成土产，种烟之地，半占农田，卖烟之家，倍多米铺，不独闽省为然也。衡烟出湖南，蒲城烟出江西，油丝烟出北京，青烟出山西，当花香烟出云南。"② 江西瑞金《禁烟议》称："瑞金山多田少，计田止二千八百余顷，岁收谷二十八万石，尽瑞谷仅足以供瑞人，况田有肥硗，岁有丰歉，则厌秕糠而拾橡栗时或不免，乃连阡累陌烟占其半，不思谷所以养人，而烟不足以食饥，不足以饮渴，舍烟取谷宜不待再计也。"③ 认为禁种烟草是迫在眉睫之事。《大庾县志》作者对种烟侵占粮田亦表示不满："种谷之田，半为种烟之地，粮食安得不日少而日贵乎！"④ 陆燿叹息道："余尝随宦至山西之保德州，凡河边淤土，不以之种禾黍，而悉种烟草，尝为河边叹云。盖深怪习俗惟利是趋，而不以五谷为本计也。"⑤ 方苞称："至于种烟，所减之粟米，较之烧酒所耗，亦十分之六七。"⑥ 可见，烟草种植，是以牺牲粮地为前提的，粮食生产减少了，致使粮食短缺，实属本末倒置之举。今天，我们对吸烟的危害性已有更深刻认识，处理好种烟与粮争地问题，应该更有作为。

关于种茶与粮争地问题，江西南昌府义宁州龚溥庆有详细论述："吾宁绵亘数百里，山多田少，生齿甚繁，谷不敷食，全赖杂粮储助。道光十年前，茶事未兴，家给人足，由于俗朴农勤，注意耕作，谷既倍收，土无茶占，杂粮又倍收，且茶油为利甚大，树畜等项出息滋多，所入既饶，用度又节，宜乎乐其乐而利其利矣。道光中叶，茶留通商，百举渐废，最上腴

① 以下引文见陈树平主编《明清农业史资料（1368—1911）》第二册，第517—520页。

② 陈琮：《烟草谱》卷1。

③ 谢重拔：《禁烟议》，见乾隆《瑞金县志》卷7。

④ 乾隆《大庾县志》卷4。

⑤ 陆燿：《烟谱》卷46。

⑥ 方苞：《请定经制札子》，见光绪《畿辅通志》卷107。

土栽茶最多，杂粮暗耗于不觉。茶事登场，农事正亟，因趋茶利遂荒田功，谷又暗耗于不觉。焙茶须炭，乌桕柴薪，烧炭伐尽，贮用箱，枫杉杂植，制箱斫尽，茶油材木又暗耗于不觉。至于纺织、牧畜等事，恃有茶业，更不暇计矣。"① 此论虽有偏颇，但从上述言论看，种茶与粮争地、破坏植被却是不争事实。

此外，还有棉粮争地问题。雍正三年，江苏巡抚张楷说：松江府东部诸县，"种稻者最多不过十之三四"②。乾隆间，江苏总督高晋说，松江府、太仓州。海门厅、通州诸地，"各村庄知务本种稻者，不过十分之二三，图利种棉者，则有十分之七八。"③

种植经济作物，都会有与粮争地问题，这点不容忽视，要有高度认识。因此在发展经济经济作物同时，提醒我们：如何处理好经济作物种植与粮争地、如何处理好环境保护、如何才能做到持续发展，值得大家去认真探讨。随着人们生活水平日益提高，对经济作物发展会提出更多需要，这是社会发展需求使然。如何解决这一问题，重要的是：首先要明确保障国家粮食生产自给自足，这是国家的基本方针，确保一定数量耕地种粮食；其次是要满足人民生活不断提高前提下，要努力满足让人民吃得好、吃得丰富、穿得好的需求。要做到这两点，既要做好统筹安排工作，又要努力提高粮食单位产量，同时运用好政策杠杆，充分调动粮农生产积极性，用更少的耕地生产更多粮食。同时，在保证粮食安全大前提下，大力发展经济作物生产，不断提高农民经济收入，不断提高人民物质生活水平，满足人们对美好生活的追求，使人民生活过得更丰富多彩，这是新时期赐予农业生产的任务，也是时代发展的需求。

---

① 龚溥庆：《师竹斋笔记》卷3。

② 方行、经君健、魏金玉主编：《中国经济通史·清代经济卷》（上），中国社会科学出版社2007年版，第255页。

③ 方行：《中国古代经济论稿》，厦门大学出版社2015年版，第146页。

第 六 章

农副业结合与多种经营的发展

在封建社会里，手工工场未发展前，家庭手工业是其必要补充，为社会需求填补空缺。此外，随着人口激增，耕地增加却受到自然条件种种限制，增加有限。在人口快速增长压力下，人地之间矛盾突出，无论自耕农也好，佃户也好，人均耕地面积都在缩小，农民家庭完全依靠种田收入，难以维持生计，利用农闲时间，利用家庭闲暇劳动力，利用当地资源，发展家庭手工业，或进行林业、牧业、渔业等多种经营，成为农家重要的经济来源的补充，也成为明清两代社会经济发展的常态。农家副业生产发展，因地而异，因人而异，林林总总，不一而足，这方面材料郑昌淦在《明清农村商品经济》一书中，多有列举，可供参考。

明清两代社会经济发展，人口日增，市场需求不断扩大，为家庭手工副业发展打开大门。所以，在封建社会里，家庭手工业生产总是与市场相伴随，不离不舍。家庭手工业种类繁多，本书着重论述家庭纺织业、手工造纸业、手工制烟业、手工编织业等情况。在涉及的手工业生产中，由于资料等问题，也很难进行全面论证，仅举例说明而已。挂一漏万情况普遍存在，敬请原谅。

第一节 明清两代家庭手工的发展

一 家庭手工纺织业的发展①

据郑昌淦研究，十八个直省中没有农村家庭棉纺织业的州县约在540个，而直隶及十七行省所属州县约1600个，约占1/3。明代无家庭手工

① 本子目资料来源：1. 陈树平主编：《明清农业史资料（1368—1911）》第二册，第三章第一节；2. 郑昌淦：《明清农村商品经济》有关章节。为读者核对方便，皆注原出处，特此申明。

纺织县份，比清代还要多些。① 也就是说，根据郑先生现有资料考察，全国约有 2/3 县份有家庭手工纺织业。家庭手工纺织业的普遍存在，对农家经济生活、满足社会需求，都发挥重要作用。明代以后，家庭纺织业以纺织棉布为主，亦有丝织、夏布等。

明人宋应星称："凡棉布寸土皆有，而织造尚松江，浆染尚芜湖"②。郭子章称："今天下蚕事疏阔矣。东南之机，三吴越闽最夥，取给于湖茧；西北之机，潞最工，取给于阆茧"③。

1. 明代家庭纺织业

直隶，天启至崇祯年间，徐光启称："肃宁一邑所出布匹，足当吾松十分之一矣"④。

[河南] 嘉靖年间，兰阳县，农家已织布出售，李希程有"纺织才成更鬻市"⑤ 记载。尉氏县也有纺织记载："每月遇日赶集，亦有贩粮食、绵花、绵布……于颍州溜上者"⑥。

[陕西] 嘉靖年间，高陵县产布，《县志》称："其市货布花、米麦优诸处"⑦。富平县"产木棉，织布转生息"⑧。

[江苏] 正德至嘉靖年间，上海所出之布，"今传四方矣"⑨。嘉靖至万历年间，谈迁记载："松江细布输京十二万三千八百六十匹有奇，华亭六万五千一百匹有奇，上海四万一千七百一十匹有奇，青浦二万三千四十匹有奇，万历初，加八千匹"⑩。天启、崇祯、康熙年间，上海县地产木棉，"纺绩成布，衣被天下。而民间赋税、公私之费，亦赖以济"⑪。

[浙江] 万历年间，杭州府海宁、长安、硖石等地，所产棉布"视他

① 郑昌淦：《明清农村商品经济》，第 103 页。
② 宋应星：《天工开物》卷上，《乃服》。
③ 郭子章：《蚕论》，见徐光启《农政全书》卷 31，《蚕桑》。
④ 徐光启：《农政全书》卷 35，《蚕桑广类·木棉》。
⑤ 李希程：《木棉歌》，见嘉靖《兰阳县志》卷 2。
⑥ 嘉靖《尉氏县志》卷 1。
⑦ 嘉靖《高陵县志》卷 1。
⑧ 嘉靖《耀州志》卷 4。
⑨ 嘉靖《上海县志》卷 1《物产第四》。
⑩ 谈迁：《枣林杂俎》，《智集》。
⑪ 叶梦珠：《阅世篇》卷 7。

县为多"①。这里透露了另一信息，即除以上县份外，浙江其他县份亦有家庭纺织业，不过产量少些就是。

[江西] 正德至嘉靖年间，东乡县出棉布，"东乡女红多习纺织，聚万石塘而市之"②。《九江府志》载："布帛，苎布织麻为之，葛布织葛为之，以上多出德安。绵 [棉] 布，粗者曰土布，细者为腰机，以上多出德安、瑞昌、彭泽。丛绢象 [像] 眼绫，出瑞昌"③。

[福建] 万历年间，延平府将乐县："民多技而好胜，乡有苎布之利"；大田县平衍之地，"有种苎纺麻之利。"④

2. 清代家庭纺织业⑤

有清一代，政府大力提倡兴"纺织之利"，于是以耕织结合的家庭手工纺织业得以普遍发展。家庭纺织业发展，上以缴纳赋税，下对解决家庭温饱问题，都有重要意义。徐光启称："尝考宋绍兴中，松郡税粮十八万石耳。今平米九十七万石，会计加编，征收耗剩，起解铺垫，诸色役费，当复称是，是十倍余也。壤地广袤不过百里而遥。农亩之入，非能有加于他郡邑也。所由供百万之赋，三百年而尚存，视息者全赖此一机一杼而已……以上供赋税，下给俯仰。若求诸田亩之收，则必不可办"⑥。这种情况，清代亦然。如果讨论明清农业发展史时，撇开纺织业对农家经济生活所产生的影响，是无法接受的。因此，要特别关切这一问题。但这部分内容实在丰富，无法对各省情况一一作介绍，只好以几个省为例。希望通过以点带面，以观全貌。

[江苏] 各府州县农户大多皆织布，但以苏松最为普遍。松江府"以织助耕，女红有力焉"⑦。华亭县"俗务纺织"，"田家收获，输官偿息外，未卒岁，室庐已空，其衣食全赖此"。⑧ 娄县元朝元贞年间，黄道婆教纺织。"今所在习之，远近贩鬻，郡人赖以为业"⑨。松江、太仓"以织

---

① 宣统《杭州府志》卷81，见《万历志》。

② 嘉靖《东乡县志》卷上。

③ 嘉靖《九江府志》卷14。

④ 万历《大田县志》，《风俗志》。

⑤ 本子目资料来源：1. 郑昌淦：《明清农村商品经济》；2. 方行、经君健、魏金玉等主编：《中国经济通史·清代经济卷》上册；3. 作者本人搜收资料。特此声明。

⑥ 徐光启：《农政全书》卷35。

⑦ 康熙《松江府志》，《风俗》，《嘉庆志》同。

⑧ 光绪《华亭县志》，《风俗》。

⑨ 乾隆《娄县志》，《食货》。

布富甲他郡"①。上海县农村"家家纺织，赖以营生"②，又称妇女"井臼余，供纺织"，"田所获，输赋、偿债外，未卒岁，室已罄，其衣食全恃此"。③ 南汇县"妇女纺织佐衣食"④。川沙厅有竹枝词云："纺织家家课女工"，"朝来不怕饭箩空"⑤。《太仓直隶州志》称："四民之最苦者农，农之最苦者佃户。耕耘粪壅，悉由称贷而来。迨至秋成，偿债还租，竭其所入。借以糊口者，东北乡纺纱织布，西北乡绩麻织苎。自棉、夏两布滞销，生计日蹙"⑥。嘉定县"瘠土编氓机杼之声勿绝也"⑦。崇明县"妇女业布缕以济农丁之困，络车咿哑，夜以继日"⑧。宝山县"躬耕之家仍纺棉织布，抱布易银，以输正赋，而买食米"⑨。镇洋县"工纺织，与嘉崇两邑同，以产布名于四方"⑩。苏州府"木棉布，诸县皆有，常熟为盛"⑪。常熟"女子不谙蚕桑，娴于络纬纺织"⑫。《常昭合志稿》称：女子勤纺织，"小民稼圃余闲，手足胼胝，借以助饔飧之不足者"。又云"乡村妇女，农时俱在田首，冬月则相从夜织。女塘水纱，唐墅苎布，皆轧轧出寒女机也"。⑬ 昆山县，土地"不宜五谷，多种木棉，土人专事纺织"⑭。常州府无锡"棉布之利独是于吾邑，为他邑所莫及"。所织之布"轻细不如松江，而坚致耐久则过之，故通行最广"⑮。又称"乡民食于田者，惟冬三月。及还租已毕，则以所余米春白而置于囷，归质库，以易质衣。春月，则阖户纺织，以布易米面而食，家无余粒也。……及秋，稍有雨泽，则机杼声又偏村落，抱布贸

---

① 姚贤镐：《中国近代对外贸易史资料》第 3 册，中华书局 1962 年版，第 1357 页。
② 《李煦奏折》，康熙三十四年九月。
③ 嘉庆《上海县志》，《风俗》，《同治志》同。
④ 光绪《南汇县志》，《风俗》。
⑤ 祝悦霖：《川沙竹枝词》，见光绪《南汇县志》。
⑥ 光绪《太仓直隶州志》，《风俗》。
⑦ 康熙《嘉定县志》卷 4。
⑧ 光绪《崇明县志》卷 4。
⑨ 乾隆《室山县志》，《风俗》，《光绪志》同。
⑩ 乾隆《镇洋县志》卷 1。
⑪ 乾隆《苏州府志》卷 12。
⑫ 康熙《常熟县志》卷 9。
⑬ 乾隆《常昭合志稿》，《物产》《风俗》。
⑭ 光绪《昆新续修合志》卷 44。
⑮ 黄印：《锡金识小录》(乾隆十七年编)卷 1。

米以食矣。故吾邑虽遇凶年，苟他处棉花成熟，则乡民不致大困"①。江阴
"农妇专事纺绩，兼馌饷之劳"②。或称"纺纱成布，黄山女工多业之"③。
靖江"农民种业多棉花，所为布，精细不及江南，然坚紧耐用，屡浣愈白，
纺织虽少，而利则蚕之上"④。江宁府各以棉纺织业为重要产业。溧水县
"东乡布坚致厚实，而幅最阔，西乡亦然，南乡布稍疏而狭，总名大布，皆
女工所为"⑤。江浦县所种棉花为"乌江卫花"，"其性尤暖"，"纺以织布，
谓之乌江大布"。⑥ 江北淮、扬二府也有棉纺业，如通州所产棉布"紧厚耐
著"，"朴素浑坚"。⑦ 其他各府州县相对少些，但都很有名气。

　　江苏丝织业，在清代得到发展。如苏州府盛泽、黄溪四五十里间，"居
民乃尽逐绫绸之利"⑧。乾隆时，"居民百倍于昔，绫绸之聚亦且十倍，四方
大贾辇金至者无虚日"⑨。黄溪市入清后"机户益多"⑩。江宁府南京，乾嘉
年间，"通城机以三万计"⑪。道光时，"缎机以三万计，纱绸绫线不在此
数"⑫。咸丰初年，城内有缎机三万五千台，附近乡村有织机一万五千台。⑬
吴江县"女工不事纺绩，日夕治丝。故儿女自十岁以外，皆早暮拮据，以
糊其口。而丝之丰歉，绫绸价之低昂，即小民有岁无岁之分也"⑭。光绪二
十四年间，吴江黎里镇因灾荒，稻子、桑叶皆歉收，"机户失业，聚众乞
食，多至数千人"⑮。

---

① 黄印：《锡金识小录》（乾隆十七年编）卷24，《力作之利》。
② 道光《江阴县志》，《风俗》。
③ 道光《江阴县志》卷10。
④ 康熙《靖江县志》卷6。
⑤ 光绪《溧水县志》卷6。
⑥ 光绪《江浦埤乘》卷1。
⑦ 姚贤镐：《中国近代对外贸易史资料》第3册，中华书局1962年版，第1331
页。
⑧ 乾隆《吴江县志》卷38。
⑨ 乾隆《吴江县志》卷4。
⑩ 道光《黄溪志》卷1。
⑪ 陈作霖：《风麓小志》卷3。
⑫ 光绪《续纂江宁府志》卷15。
⑬ 彭泽益：《中国近代手工业资料》第2卷，生活·读书·新知三联书店1957年
版，第64页。
⑭ 乾隆《吴江县志》，《生业志》。
⑮ 光绪《黎里续志》。

[浙江] 棉纺织业以嘉兴、湖州二府最发达，其他州县次之。据《湖州府志》称："地产木棉花甚少，而纺之为纱，织之为布者，家户习为恒业。不止乡落，虽城中亦然"。又说"小民以纺织所成，或纱或布，侵晨入市，易棉花归，仍治而纺织之。明旦复持以易，无顷刻闲。纺者日可得纱四五两，织者日成布一匹。燃脂夜作，男妇或通宵不寐。田家收获，输官偿债外，未卒岁，室庐已空，其衣食全赖此"。[①] 南浔镇"四乡之人，自农桑而外，女工尚焉。摧车蹋弓、纺线织机，率家有之。村民入市买棉，归诸妇女，日业于此"。[②] 乌青镇有"木棉布，出乌镇者佳"，所织之布"轻软而暖"，而"大小轻重，价亦有多寡不同"。[③] 嘉兴府平湖县，"比户勤纺织……积有羡余，挟纩（绵絮）赖此，糊口亦赖此"[④]。又云"布浮于帛"，"邑中妇女以此为业"。[⑤] 海盐县"地产木棉花甚少，而纺之为纱、织之为布者，家户习为恒业。……田家收获，输官偿债外，卒岁，室庐已空，其衣食全赖此"[⑥]。石门县"迩来织纺者众……田家除农蚕外，一岁衣食之资，赖此最久"[⑦]。秀水县新塍（原新城镇）妇女，"燃脂夜作，或通宵不寐。田家收获，输官偿息外，其衣食全赖此"[⑧]。嘉兴县梅里乡"物产之利，首推纱布。……户勤纺织，人多巧制"[⑨]。桐乡县"西乡女工，大概织锦绸素绢，绩苎麻黄草以成布匹。东乡女工，或杂农桑，或治纺织。若吾乡女工，则以纺织木棉与养蚕作绵为主。随其乡土，各有资息，以佐其夫"[⑩]。温州府永嘉县、乐清县："女红罕事剪绣，惟勤纺织，虽女孩老媪，未尝废织。或贫不能鬻花、苎，则为人分纱分织"[⑪]。瑞安县"女人自少惟以纺织为事"[⑫]。平阳县"女红不事刺绣，惟勤辟织。夏绩苎、冬纺棉，昼夜无间。

①　同治《湖州府志》卷 29，引朱国桢《涌幢小品》。
②　咸丰《南浔镇志》卷 24。
③　乾隆《乌青镇志》卷 7。
④　光绪《平湖县志》，《风俗》，引《乾隆志》。
⑤　光绪《平湖县志》卷 2、卷 8，引《康熙志》。
⑥　光绪《海盐县志》，《风土考》，引《涌幢小品》。
⑦　光绪《石门县志》，《物产》，引《道光志》。
⑧　郑凤锵：《新塍琐志》（道光）。
⑨　嘉庆《嘉兴县志》，《物产》。
⑩　张履祥：《补农书》。
⑪　乾隆《温州府志》，转引自郑昌淦《明清农村商品经济》，第 156 页。
⑫　嘉庆《瑞安县志》，《风俗》。

虽高门巨室，始齿之女，垂白之妇皆然"①。

浙江丝织以湖州、嘉兴、杭州三府为著名，其中几个镇尤为重要。湖州府归安县涟川"家家织纴"②，《双休镇志》称："双溪左右延袤数十里，俗皆织绢"③，"各省客商云集贸贩"④。如临平镇，雍正时有"轻绸机不下二三百张"⑤。道光时，杭州机户"以万记"⑥。嘉兴县梅里乡，"蚕丝之广，不下吴兴"⑦。杭州艮山门外一带，"人家世守蚕织，是以村村富实"⑧。西湖"人家多勤女红，春时皆以养蚕缫丝为业"⑨。海宁县二十四都四庄"力务农桑，出产丝布"⑩。於潜县"蚕熟丝多，乡人多资其利"⑪。临安"妇女缫丝尤工"⑫。富阳县"男力耕，女勤蚕织"。又称：丝、绢等为"货之擅胜者"⑬。萧山县产丝，育蚕之家以手工缫成。⑭ 宁波府鄞县"养蚕纺丝，向惟小溪鄞江桥一带为盛，近日种桑者多，诸村妇女咸事蚕织"。又称：出产货物：绢"甚佳"。⑮永嘉县"今枬溪山中多育蚕丝"，"岁入不无少补"。⑯ 东阳县"邑虽僻在山陬，而妇女颇勤于蚕。丝锦坚韧，特胜他处。凡土绸家绢，亦堪行远"⑰。太平县"今妇女多治蚕，其丝比杭、湖绢次"⑱。

双林、濮院、王江泾、新塍、王店等镇是丝织重镇。双林镇一带"近

---

① 乾隆《平阳县志》，《风俗》。

② 《沈氏农书》，《蚕务》。

③ 《双休镇志》卷12，《碑碣》，引范金民《国计民生——明清社会经济研究》，福建人民出版社2008年版，第311页。

④ 同治《双林记增纂》卷8。

⑤ 彭泽益：《中国近代手工业资料》第1卷，生活·读书·新知三联书店957年版，第216页。

⑥ 同上书，第74页。

⑦ 嘉庆补辑乾隆《梅里志》，《物产》。

⑧ 光绪《杭州府志》卷173《杂记二》。

⑨ 光绪《杭州府志》，《物产》，引《西湖志》。

⑩ 道光《海昌备志》，《都庄志》。

⑪ 嘉庆《于潜县志》，《食货》。

⑫ 光绪《杭州府志》，《物产》，引《临安县志》。

⑬ 康熙《富阳县志》，《风俗》《物产》。

⑭ 民国《萧山县志》，《物产》。

⑮ 光绪《鄞县志》，《风俗》《物产》。

⑯ 光绪《永嘉县志·物产志》。

⑰ 道光《东阳县志·物产志》，引《康熙志》。

⑱ 康熙《太平志》，《物产》。

镇数村以织绢为业，男子或从事打线，且必时常出市买丝卖绢，田功半荒，而衣帛食鲜"①。又称："农家育蚕外，工纺织，为衣履，比户皆然"。"女工以织绢为上，习此者多，而出息亦巨。机声鸦轧，晓夜不休"②。"各省客商云集贸贩"③。双溪镇："双溪左右延袤数十里，俗皆织绢"④。濮院镇丝织发达，称："机业十室而九"⑤。或称："近镇人家多业机杼，间有田业者，田事皆雇西头人为之"⑥。"户勤纺织，人多巧制"⑦。王江泾镇"近镇村坊，都种桑养蚕织绸为业"⑧。乾嘉时"烟户万家，其民多织缯为业，日出千匹，衣被数州郡"⑨。新塍镇的大张各圩及东北诸乡都以织绸为业。⑩王店镇（又称梅里镇）所织绸称为王店绸，又有褚氏画绢、花绉等，都很有名。⑪塘栖镇至清代时，烟火万家，机户"俱开机镇上"⑫。

　　[山东] 纺织业各府都存在，特别是济南兖州、东昌（今聊城）、曹州（今菏泽）几府为多。济南府"乡中妇女勤纺织"⑬。历城县棉布有"平机、阔布、小布三种"⑭。平原县"鲜桑树，久无蚕事，而纺棉织布……近时士大夫家闺阁亦然。民间则男子亦共为之⑮。齐东县"妇女蚕桑之外，专务纺绩。一切公赋，终岁经费，多取办于布棉"⑯。又称"齐东延袤百里，俗俭民厚，勤于纺织"，"通于关东，终岁且以数十万计。民生衣食之原"⑰。

　　① 同治纂、光绪补纂《双林镇志》卷8。
　　② 同治纂、光绪补纂《双林镇志》卷15《风俗》。
　　③ 同治纂、光绪补纂《双林镇志》卷8。
　　④ 《双休镇志》卷12，《碑碣》，引范金民《国计民生——明清社会经济研究》，福建人民出版社2008年版，第311页。
　　⑤ 光绪《嘉兴府志》卷2《风俗》。
　　⑥ 沈廷瑞：《东畲杂记》。
　　⑦ 《梅里志》卷7《物产》。
　　⑧ 天然痴叟：《石点头》卷4。
　　⑨ 引自《嘉兴府城镇经济史料类纂》，第117页。
　　⑩ 光绪《新塍镇志》卷3。
　　⑪ 光绪《嘉兴府志》卷4。
　　⑫ 张子鼎：《栖里景物略》卷1，转见朱新予《浙江丝绸史》，第104页。
　　⑬ 道光《济南府志》卷13。
　　⑭ 乾隆《历城县志》卷5。
　　⑮ 乾隆《平原县志》，《风俗》。
　　⑯ 康熙《齐东县志》，《风俗》。
　　⑰ 周以勋：《布市记》，见嘉庆《齐东县续志》。

章邱县"妇女多勤纺织"①。禹城县"其力作通财者，有棉线、布匹"②。德平县"男以耕耨为生，女以纺织为业，终岁不倦"③。邹平县"妇女蚕桑之外，专务纺绩"④。青州府博兴县"妇女无长幼贫富，皆勤纺织"⑤。寿光县"棉布，本境家家业此"⑥。兖州府滕县"妇女缉布，夜纺车之声，比屋相闻"⑦。汶上县"布，河西乡人多纺织之"⑧。寿张县"妇女纺织，几于家喻户晓"⑨。登州府荣成县"妇女纺绩营生"⑩。东昌府恩县"本境妇女多以纺织为业"⑪。馆陶县"妇女纺织为业"。又称，由于近年洋布洋线盛行，本境业此者，"已不足谋生"⑫。清平县"女工以纺织为事……一家衣被、日用皆取给焉"⑬。泰安府肥城县"妇女则勤于纺织，贫者得以赡家，富者亦以自给。百里之内，机轴之声不断"⑭。曹州府定陶县"所产棉布为佳，他邑皆转鬻之"⑮。武定府惠民县"女事纺织，农忙之外，机杼无暇日"⑯。滨州"妇女皆勤于纺织，男则抱布而贸于市"⑰。利津县"妇女无老少贫富，皆事纺织"⑱。蒲台县"蒲人生计，惟恃耕织"⑲。

　　山东丝织，在清代有所发展。如邹平县"公赋取办麦、棉花、丝、绢"。又云"妇女蚕桑之外，专务纺绩"⑳长山县"长山俗多务织作，善

① 乾隆《章邱县志》，《风俗》，《道光志》同。
② 嘉庆《禹城县志》卷5。
③ 乾隆《德平县志》，《风俗》，《光绪志》同。
④ 康熙《邹平县志》，《风俗》。
⑤ 道光《博兴县志》，《物产》。
⑥ 光绪《寿光县风土志》，《物产》。
⑦ 道光《滕县志》，《风俗》，《康熙志》同。
⑧ 康熙《汶上县志》，《物产》。
⑨ 光绪《寿张县志》卷1。
⑩ 道光《荣成县志》，《风俗》。
⑪ 光绪《恩县乡土志》，《物产》。
⑫ 光绪《馆陶县乡土志》，《物产》。
⑬ 嘉庆《清平县志》，《物产》。
⑭ 光绪《肥城县志》，《风俗》，引《嘉庆志》。
⑮ 康熙《兖州府志》，《风土》。
⑯ 光绪《惠民县志》，《民俗》。
⑰ 咸丰《滨州志》，《风俗》。
⑱ 光绪《利津县志》，《风俗》。
⑲ 乾隆《蒲台县志》，《风俗》。
⑳ 康熙《邹平县志》，《风俗》。

绩山茧。茧非本邑所出，而业之者颇多，男妇皆能为之"①。淄川县"邑人近事槲。然茧不产于淄，而织于淄，自食其力，以佐农之穷"②。博山县"槲绸为多，颇佳，胜于沂水所出"③。诸城县盛产山蚕，织为山绸，而"衣被南北，为一方之货"④。临朐县"货之属，丝为冠"。"岁计，其通常获银百数十万"。⑤ 寿光县"野狐庄、杨家庄机房，亦有织成绢绸者"⑥。登州府栖霞县"农作外，间治茧丝"⑦。此外，沂水、费城、曲阜、莱芜等县都产山绸。⑧

[河南] 各府都产布，以怀庆、河南、卫辉、汝宁诸府为多。如偃师县"产棉花，妇女相勖，朝夕纺绩，备婚嫁丧葬之资，轩车之声，溢于里巷"⑨。永宁县"妇女轩车机杼声相闻"⑩。内乡县"妇勤纺织，至有朝浣纱而夕成布者"⑪。罗山产细布，"民间衣被之布，多取诸、光、罗诸州县"⑫。沈邱县"其地之所产，茧丝虽云少入，而花布足以自赡，至粮税所需，尤多借以供办"⑬。扶沟县"妇女无境外之行，尤勤于纺织"⑭。光山县"妇女以纺织为务"，"以衣其家人，或贸以佐日用"。⑮ 修武县农民于夏秋二获后，"女则纺织为生"⑯。孟县"地窄人稠，男妇唯赖纺织营生糊口"。又称："人家多丁者有微利，而巷陌无丐者"。⑰ 温县"温产惟木棉为多。民间纺织，无问男女。每集，蚩氓抱布而贸者满市。……贫民赋税全赖于是。

---

① 道光《济南府志》，《风俗》。
② 康熙《淄川县志》，《物产》。
③ 民国《博山县志》卷七，引《旧志》。
④ 乾隆《诸城县志》，《方物》。
⑤ 光绪《临朐县志》，《物产》。
⑥ 《寿光县乡土志》，《物产》。
⑦ 乾隆《栖霞县志》，《物产》。
⑧ 转见郑昌淦《明清农村商品经济》，第289—290页。
⑨ 乾隆《偃师县志》卷5。
⑩ 乾隆《永宁县志》，《风俗》。
⑪ 康熙《内乡县志》，《风俗》。
⑫ 乾隆《新蔡县志》，《物产》。
⑬ 乾隆《沈邱县志》，《物产》。
⑭ 光绪《扶沟县志》，《风俗》。
⑮ 乾隆《光山县志》，《风俗》。
⑯ 王凤生编：《河北采风录》。
⑰ 乾隆《孟县志》，《物产》。

亦勤织之一验也"①。孟津县"邑无不织之家，秦陇巨商终岁坐贩，邑中贫民资以为业"②。修武县"农民于夏秋二获后，男则佣工贸易，女则织纺为生"③。正阳县"邑中种棉织布，大概有之，惟陡沟店独盛，家家设机，男女操作，其业较精"④。"陡沟细布"直至清末还畅销。至于丝织业，家庭自织者少。蚕丝多以原料出售。

〔直隶〕直隶省是新发展起来的纺织区。《农政全书》称："数年来，肃宁一邑所出布匹，足当吾松十分之一矣。初犹莽莽，今之细密，已与吾松之中品埒矣"⑤。至乾隆朝，"冀、赵、深、定诸州属，农之艺棉者什八九，产既富于东南，而其织纴之精亦与松娄匹"⑥。献县"妇勤于绩，夏月席门前树荫下，引钩声相应，比户皆然"⑦。河间府的棉布生产数量大、质量好，尤以"景州以布著"。"景州之布称龙华，龙华镇所出也，洁白细好，比于吴中"⑧。永平府属除临榆县外，"家机布，诸邑皆有"⑨。乐亭县"农隙之时，女纺于家，男织于穴，遂为本业。故以布易粟，实穷民糊口之一助云"⑩。《滦州志》称：该州"丰年且无余积，……稍饥馑，辄流亡焉。然女勤纺织，比屋皆然"⑪。顺天府宝坻县妇女"惟勤于纺织，无论老媪弱息，未尝废女红，或为邻家佐之。贫者多织粗布以易粟"⑫。宁河县"迩更勤于纺绩。司中馈毕，聚家之老幼，姑率其妇，母督其女，篝灯相对，星月横斜，犹轧轧纺车声达户外也"⑬。大城县"妇勤纺织，秋

---

① 顺治《温县志》，《市集》。
② 嘉庆《孟津县志》卷 4。
③ 王凤生：《河北采风录》卷 3。
④ 嘉庆《正阳县志》卷 9。
⑤ 《农政全书》卷 35。
⑥ 《授衣广训》。
⑦ 乾隆《献县志》卷 4，《风俗》。
⑧ 乾隆《河间府志》卷 4，《物产》。
⑨ 乾隆《永平府志》卷 3，《物产》。
⑩ 乾隆《乐亭县志》，《风俗》。
⑪ 嘉庆《滦州志》卷 1《物产》。
⑫ 乾隆《宝坻县志》，《风俗》。
⑬ 乾隆《宁河县志》，《风俗》，《光绪志》同。转见郑昌淦《朋清农村商品经济》，第 106 页。

冬间机轴之声相闻，夜分乃罢"①。保定府高阳县"以耕织为生"②。正定府正定县"女勤纺织，木棉花布之利，不减蚕桑"③。栾城县"男女勤纺纤，共操作"④。行唐县"女红纺织以糊口，利最溥"⑤。顺德府任县"女勤纺织"。又谓："惟织布之业遍于四境"。⑥ 平乡县"女务机杼，贫者鬻布以食"⑦。巨鹿县"农务耕作，其妇专以纺织为业；男子无事，亦佐理之"。"虽土瘠民贫，而抱布贸丝，皆足自给"。"利虽未厚，而源源接济，衣食所资，取之裕如"。⑧ 大名府大名县"妇勤纺织，中夜不辍"⑨。赵州直隶州"耕稼纺织，比屋皆然。老幼鲜窳，胼胝无虚日"⑩。深州直隶州饶阳县"农民力田而外，专事纺织"⑪。冀州直隶州"畿辅深、冀诸州布利甚饶，纺织皆女工"⑫。南宫县"妇女皆务纺织，男子无事亦佐之。虽无恒产，而贸布鬻丝，皆足自给"⑬。枣强县"男勤于织，女勤于纺，通功易事，赖以生活。小民生计，十居八九"⑭。新河县"丈夫力佃作，给徭役；女子工纺织"⑮。

直隶也产绸，如清丰县汤绸"佳一时"⑯。深州饶阳、安平旧时"出丝绢"，近"丝销不减于故"。⑰ 但从事丝织者不普遍。

[山西] 棉布生产，在清代有较大发展，寿阳、榆次、太谷、祁县等邑"机声轧轧，杼轴相闻。偶逢市集，抱布贸丝者，踵履相接，是以室家饶裕"⑱。

① 光绪《大城县志》，《风俗》。
② 雍正《高阳县志》，《风俗》，引《一统志》。
③ 光绪《正定县志》，《方物》。
④ 同治《栾城县志》，《风土》。
⑤ 乾隆《行唐县志》，《土产》。
⑥ 宣统《任县志》，《序》《物产》。
⑦ 光绪《平乡县志》，《风俗》。
⑧ 光绪《巨鹿县志》，《风俗》。
⑨ 乾隆《大名县志》，《风俗》。
⑩ 光绪《赵州直隶州志》，《风俗》。
⑪ 乾隆《饶阳县志》，《土宜》。
⑫ 光绪《深州直隶州志》，《物产》。
⑬ 道光《南宫县志》，《风俗》。
⑭ 康熙《枣强县志》，《风俗》。
⑮ 康熙《新河县志》，《风俗》。
⑯ 康熙《清丰县志》，《风俗》，《同治志》同。
⑰ 光绪《深州风土记》，《物产》。
⑱ 道光《大同县志》卷尾《志余》。

平定直隶州属寿阳县，"事耕织者十之五"①。太谷县"无问城市乡村，无不纺织之家"②；或称："男务耕，女务织，勤俭致殷阜"③。榆次县"榆人家事纺织，成布至多，以供衣服租税之用"④。徐沟县"间阎勤纺织，以供输将"⑤。汾州府孝义县"男妇皆能纺织，所制棉布，鬻于西北州县"⑥。蒲州府临晋县"女勤纺织"⑦。虞乡县"布皆妇女所为，自衣被外，折价贸易白银，以供官赋"⑧。绛州直隶州乡民"勤纺织"⑨。潞安府襄垣县产布，"按襄邑地本山陬。……女工尤勤苦，日食糟糠，而纺织不辍，每至夜分不寐"⑩。

山西丝织，在清代，主要集中在泽州及解州等地。泽州府"府境产丝，织成素帛，以橡壳皂之，谓之乌绫帕，用以抹额"⑪。潞安府"潞之产绸，机杼出于本地"⑫。解州出黄丝，"妇女勤者饲蚕作茧，取丝成绢，朴素无花，六月二十三日关庙会中，贸鬻成市"⑬。

[陕西] 纺织业出现较迟，直至清初才出现纺织者。乾隆时，咸阳县"农力勤稼穑，妇女多知绩纴"，"土著之民自行贩卖"⑭。周至县"纺棉绩麻，人人能之"，"桑麻布帛以为衣，积其所余，以供正赋，以资用度"⑮。宜川民"渐知种桑果，兴蚕事，又时置机杼，习纺织，衣食之资，视前稍赖焉"⑯。大荔县"妇女事织纴"⑰。又谓："为旧志所未详者：无论贫富之家，无不勤俭。贫家妇女贷棉二斤，纺之可得钱三十两，织之可成布三丈

---

① 乾隆《寿阳县志》卷8，《风俗》。
② 咸丰《太谷县志》，《风俗》，引乾隆《太原府志》。
③ 光绪《太谷县志》卷3。
④ 乾隆《榆次县志》卷7，《同治志·物产》记载相同。
⑤ 康熙《徐沟县志》，《风俗》。
⑥ 乾隆《孝义县志》，《物产》。
⑦ 乾隆《虞乡县志》，《风俗》，引《临晋县志》。
⑧ 乾隆《虞乡县志》，《物产》，《光绪志》同。
⑨ 光绪《绛州直隶州志》，《风俗》，引《祝氏志》。
⑩ 乾隆《襄垣县志》，《风俗》。
⑪ 雍正《山西通志》卷47。
⑫ 乾隆《潞安府志》，《田赋》。
⑬ 乾隆《解州全志》卷2。
⑭ 乾隆《咸阳县志》，《风俗》。
⑮ 乾隆《周至县志》，《风俗》。
⑯ 乾隆《宜川县志》，转见田培栋《明清明代陕西社会经济史》，首都师范大学出版社2000年版，第58页。
⑰ 乾隆《大荔县志》，《风俗》。

余。以所成之布，易棉四斤，除归还前贷之二斤外，是赢棉二斤矣。……棉、布相易，生生不已"。① 嘉庆时，洛川"布，昔年所出颇多，近日木棉价昂，纺织者渐少，卖布者多邻阳人"②。至道光年间，清涧县"近年，地多种棉，置机杼，习纺织，女红渐兴所望，比户娴习，大收织作之利"③。"洋县出有洋绸"，城固县马畅生产的绢以及宁羌县的宁绸，都是驰名的丝织品。此外，陕南城固、西乡、洋县多纺纱织布。④ 据《陕西实业考察》一书记载：清中期后，汉中县设有织布机房 33 家，产品有洋布、银针布、条子布、毛布，年产量五千余匹，运销本地及甘肃。丝织业 16 家，产品有绢绸丝帕绫绵等，年产两千余匹，运销本地及甘肃。织袜铺 20 家，产品有棉线袜、丝袜，年产八千余打，运销本地及甘肃。⑤

[湖北] 大多数州县都有纺织。武昌府武昌县"妇女勤纺织"⑥。大冶县"丈夫力田作苦，女工纺织不蚕"。又称："一夫所赖以赡八口，急公家之需者，区区撮土，草禾木棉之外，无他饶矣"。⑦ 汉阳府汉阳县"乡农之家勤于纺织，每夜登机，而昼成匹"⑧。又称"帛之属：扣布。南乡家春作外，以此资生"⑨。汉川县"至南岸，则勤纺织，皆晓夜为之，十室而九"。所产大布、小布，商贾"咸来争市焉"⑩。孝感县产棉布，"数年谷贱伤农，又值凶旱，民皆恃此为生"⑪。安陆府安陆县"自乾隆以来，男事耕耘，女勤纺织，商贾云集，货财日繁"⑫。德安府"今各属以纺织为生"⑬。应城县

---

① 道光《大荔县志》，《风俗》。
② 嘉庆《洛川县志》卷 13。
③ 道光《清涧县志》卷 13《风俗》。
④ 田培栋：《明清时代陕西社会经济史》，首都师范大学出版社 2000 年版，第 323 页。
⑤ 转见田培栋《明清明代陕西社会经济史》，首都师范大学出版社 2000 年版，第 324 页表中有关内容。
⑥ 光绪《武昌县志》，《风俗》。
⑦ 同治《大冶县志》，《风俗》《物产》，引《明志》。
⑧ 乾隆《汉阳县志》卷 9。
⑨ 乾隆《汉阳县志》，《物产》，《嘉庆志》同。
⑩ 同治《汉川县志》，《风俗》《物产》。
⑪ 光绪《孝感县志》，《土物》。
⑫ 道光《安陆县志》卷 8。
⑬ 光绪《德安府志》，《物产》。

乡村"多恃女工织纴，资给八口"。"邑境向勤耕织，颇称饶裕"。① 云梦县农民"甫释犁锄，即勤机杼"②。随州"随地户种木棉，人习为布。……随民多恃此为生计"③。黄州府罗田县"机杼声相闻"④。蕲水"机杼声相闻，抑且贸之以输正供，此贫家妇工之常业也"⑤。荆州府江陵县"棉布，乡民农隙以织为业者，十居八九"⑥。监利县"所产吉贝大布，西走蜀黔，南走百粤，厥利甚饶"⑦。石首县"妇女纺织，以供饘粥，以御冬寒"⑧。枝江县产棉布，"居民于农毕时，纺织兼营。无产业家，更借此为生计"。"其功勤，其利亦倍"⑨。襄阳府宜城县"闾阎争事纺织"，"亦足资小民生计"⑩。郧阳府房县"货，木棉布，山中乡民男妇俱织"⑪。

湖北产丝，多作为原料出售外地。也有织绢者，但不多。

〔湖南〕棉纺织业，不很普遍，有许多地方、许多家庭，没有纺织业。有家庭纺织业者州县如：湘乡"农无余粟，资女红以继之"。纺织之人"乃以资赋税之不逮，而免其于系扑"。⑫ 攸县妇女"纺织一也。……贫者耕不足恃，恒赖此支半载食用"⑬。岳州府巴陵县"其妇女纺织，宵旦勤劳"，"邑之利源，多出于此"。⑭ 巴陵县"妇女工织纴……每行乡间，闻机杼声、络纬声"⑮。澧州安福县（今临澧县）"居乡村者，操井臼，务织纺"。又称"妇女勤快者，一日夜即纺纱可得半斤。……艺熟手快者，一日夜即细布可成一匹。福邑乡民以此作生活者居多，不惟自衣，兼可获利"。⑯ 石门县

---

① 光绪《应城县志》卷1，引《康熙樊志》。

② 道光《云梦县志略》，《风俗》，引《道光府志》。

③ 同治《随州志》，《物产》。

④ 光绪《罗田县志》，《风俗》。

⑤ 光绪《蕲水县志》，引《旧志》。转见郑昌淦《明清农村商品经济》，第164页。

⑥ 乾隆《江陵县志》，《物产》。

⑦ 同治《监利县志》，《风俗》。

⑧ 同治《石首县志》，《风俗》。

⑨ 同治《枝江县志》，《物产》。

⑩ 同治《宜城县志》，《物产》。

⑪ 同治《房县志》，《物产》。

⑫ 同治《湘乡县志》，《风俗》。

⑬ 同治《攸县志》，《风俗》。

⑭ 嘉庆《巴陵县志》，《风俗》。

⑮ 光绪《巴陵县志》卷52，引《嘉庆志·编者言》。

⑯ 同治《安福县志》，《风俗志》《物产志》。

"女工克勤纺绩……比户机声轧轧"①。永州府东安县"妇女工纺绩，以赡衣食、赋税"②。衡州府衡阳县妇女，"绩箔纺车，寒暑罔闲"③。耒阳县，妇女"勤纺织，工缝纫，操作不辍，无论寒门富室大都类然"④。郴州永兴县"女功，春夏绩麻，秋冬纺棉，贫苦者以此赡其家"⑤。辰州府辰谿县"更有以织纴为业者"⑥。溆浦县"男耕女织，作劳不懈"⑦。

[四川] 在清代成为新棉纺织区，集中在成都平原及沿长江一些州县。新宁县"妇女惟事纺棉，贫富皆优为之"，"单寒之家，以纺织为生，则男女并力"。⑧ 大竹县"竹地产棉及苎。妇女无贫富大小，以纺织为务"，"故家虽极贫，计其女工之营，亦差足以自给"⑨。秀山县"妇女最工织布"，布售于市，"岁亦四五千金"。⑩ 垫江县"邑多纺棉，自给而外，率多贩卖"⑪。新津县"男女多纺织，故布最多，有贩至千里外者"⑫。中江县"邑境悉产木棉，下村尤盛，妇女又能纺，故织者恒多……商贩至滇黔，为大装货。"又谓："女工无他精巧，但非懒惰，皆能自食其力"⑬。乐至县"县产木棉……贫妇买诸市，指挂为线，积日卖之，利可温给"⑭。德阳县，道光时"女工，则多纺而少织。纺车之声盈于里巷，彻夜不休"。至同治时，所产棉布，运销越嶲、松潘、建南、打箭炉一带。⑮ 定远县"妇女无论贫富，皆勤纺织"⑯。仪陇县"集期交易，丝、棉及布为盛，盖土产也。虽噭

---

① 嘉庆《石门县志》卷18，《风俗》。
② 《古今图书集成·职方典》卷1277《永州府风俗考》。
③ 嘉庆《衡阳县志》，《风俗》。
④ 道光《耒阳县志》卷8。
⑤ 光绪《永兴县志》，《风俗》。
⑥ 道光《辰谿县志》，《风俗》。
⑦ 乾隆《溆浦县志》，《风俗》，引《康熙志》。
⑧ 同治《新宁县志》，《风俗》。
⑨ 道光《大竹县志》卷19，《风俗》。
⑩ 光绪《秀山县志》，《货殖》。
⑪ 乾隆《垫江县志》，《风俗》。
⑫ 道光《新津县志》，《物产》。
⑬ 道光《中江县新志》，《物产》《风俗》。
⑭ 道光《乐至县志》，《风俗》。
⑮ 道光《德阳县志》，《风俗》；同治《德阳县志》，《风俗》。
⑯ 嘉庆《定远县志》，《风俗》。

嗷十口，田不过半亩，而晨夜纺织，子妇合作，衣食悉待给焉"①。其他地方亦有纺织业：如石柱厅产棉花，织为布，"谓之家机布"②；屏山县"多产棉花，妇女半以纺织为业"③；大宁县附郭一带产棉花，"土人纺织成布"④。

　　四川丝织，入清后得到迅速恢复。成都是丝织业集中区域，县城内外都有机房。乾隆五十九年，渝城有"绸号四十余家，系自贩自卖，机房二百余家，色绫系伊等自织"。保宁府、潼川府、嘉定府也都是丝织品区。太平天国期间，丝织业得到快速发展，最高年产量达到七十万匹左右。⑤ 犍为县"女功，采桑养蚕、绩麻纺织、绵绸夏布、俱出其手"⑥。除了桑蚕纺织外，还有山丝纺织。道光时，綦江山蚕养殖得到发展，当地丝织业也随之兴旺起来，所织之绸称川绸。"所谓川绸者，皆从贵州而来"⑦。

　　［贵州］棉纺织业主要在遵义、安顺两府。独山州"女工纺织，自六七岁学纺纱，稍长即能织布，染五色，砧杵声辄至半夜，以布易棉花，辗转生息"⑧。安顺府产布，"顺布，以出安顺，故名顺布"。"郡民皆以此为业，城北尤盛"。⑨ 安平县"每逢申卯日天亮时，妇女俱执棉线，赴黑神庙兑易棉花，至辰时而散。场将散时，及次日早晨，以所织棉布交易"⑩。兴义府"地产棉花，妇女勤工作，纺车之声，络绎于午夜月明时"。又称"全郡男资以织，女资以纺，其利甚溥"。⑪ 遵义县东乡"多以织布为业"⑫。《贵州通志》载：都匀府产斜纹布，"出独山州烂土司，甚密致。"思南府产棉花，"居民纺织为布"。⑬

　　贵州柞蚕丝织业，到道光时得到发展。李宗昉云：遵义"居民无男妇

① 同治《仪陇县志》，《风俗》。
② 道光《石柱厅志》，《物产·第九》。
③ 乾隆《屏山县志》卷1。
④ 光绪《大宁县志》卷1《物产》。
⑤ 方行、经君健、魏金玉主编：《中国经济通史·清代经济卷》（上），第381页。
⑥ 嘉庆《犍为县志》，《风俗》。
⑦ 彭泽益：《中国近代手工业资料》第1卷，生活·读书·新知三联书店1957年版，第204页。
⑧ 乾隆《独山州志》卷3《风俗》。
⑨ 咸丰《安顺府志》，《物产》。
⑩ 道光《安平县志》，《场市》。
⑪ 咸丰《兴义府志》，《土产》，引《黔南识略》。
⑫ 道光《遵义县志》卷17《物产》。
⑬ 乾隆《贵州通志》卷15《物产》。

大小，手中皆持一捻丝坠子。余莅郡时，见执事役伺应之暇，就怀中取木坠子，捻丝不辍，可云勤矣"①。遵义县"纺织之声相闻，槲树之荫迷道路"②。"土著裨贩走都会，十十五五，骈坒而立胎，遵绸之名，竟与吴绫蜀锦争价于中州，远徼界绝不邻之区"，"使遵义视全黔为独饶"。③ 桐梓县生产"桐绸"，自乾隆至道光年间，成为当地一项大宗货产。至民国时"停止已近百年"。④ 正安州，自乾隆十三年引进浙江蚕种，仿制江南织具后，"织成绸匹"，"其地遂成市集，大获其利"。⑤ 至道光时，据称每年销售收入可达银二十余万两。⑥ 有人称"所谓川绸者，皆从贵州而来"⑦。

另外，江西、安徽、福建、广东也有棉织业，但产布不多。广东丝织业很发达，广东丝织业随出口增加，广州、佛山、顺德、南海等地发展很快，如佛山，清初发展为十八行，至道光时，仅帽绫行就有上千织工。⑧ 屈大均称："程乡茧绸为岭南所贵"⑨。又称："广之线纱与牛郎绸、五丝、八丝、云缎、光锻，皆为岭外京华、东西二洋所贵。《广州竹枝词》云：'洋船争出是官商，十字门开向二洋。五丝八丝广缎好，银钱堆满十三行'。"⑩

二　家庭手工造纸业的发展

到清代，造纸业遍布全国各地，但主要集中在原材料丰富、水源充足的南方，以小型为主，以家庭副业形式存在于福建、江西、安徽、浙江、四川、湖南、广西等省。北方地区以陕西为代表。造纸业发展对地方经济有重要影响，也增加了人民就业的机会，与人民生活休戚相关。

［福建］福建山多，多产竹，全省多数州县都有造纸业。《天工开物》

① 李宗昉：《黔记》卷2。
② 道光《遵义府志》卷16。
③ 道光《遵义府志·农桑志》；又见咸丰《安顺府志》卷46。
④ 民国《桐梓县志》卷24。
⑤ 彭泽益：《中国近代手工业资料》第1卷，生活·读书·新知三联出版社1957年版，第204—205页。（以后引该书时不再注出版社及出版时间。特此注明。）
⑥ 道光《武城县志续编》卷7。
⑦ 转见彭泽益《中国近代手工业资料》第1卷，第204页。
⑧ 黄建新、罗一星：《论明清时期佛山城市经济的发展》，见《明清广东社会经济研究》，广东人民出版社1987年版。
⑨ 屈大均：《广东新语》卷15，《货语·茧布》。
⑩ 屈大均：《广东新语》卷15，《货语·纱缎》。

称："凡造竹纸,事出南方,而闽省独专其盛"①。徐建青云:福建造纸以闽江流域最多,以闽北山区的建宁、延平,及西部的汀州数府比较集中,建阳、浦城、松溪、崇安、建安、瓯宁、南平、将乐、沙县、顺昌、永安、长汀、连城、归化、永定、上杭、武平等县都大量产纸。②彭望恕称:闽省出产之纸类……是与木材、茶叶鼎足而三,每岁出口数量,竟达二百万海关两左右,实不谓不巨。③福州纸房三四十所,各县所造纸张,年市价达数十万金。④据郭嵩焘称:归化地硗无生计,民皆佣旁县造纸。张学尹课之种竹,逾年竹成,归化纸逐为闽中冠。⑤顺昌之垸谷,"居民以纸为业"⑥。南平县"演仙、仁州、金砂、保福之地多产纸,民以纸为业"⑦。长汀县"邑人赁山栽竹,设槽造纸,为汀货之最"⑧。《闽产录异》称:"延、建、邵、汀皆作纸,凡篁竹、麻竹、锦竹、赤枧竹,其竹穰皆厚,择其幼稚者制上等、中等〔纸〕;麻头、桑皮、楮皮、薄藤、葛皮、稻稿之柔韧者制下等〔纸〕"。该书还称:福建各地所产毛边、花笺、海纸、毛六、毛八、毛九等纸,均销往各地,为福建大宗货物,同治时,年销售额数十万金。⑨永定之初溪村,山上有无边无际竹林,最盛时期,村中有40多家纸厂,生产土纸除供本县条丝烟厂做包装纸外,还外销到漳州、广东潮州等地,收入十分可观。⑩

〔江西〕造纸业遍及各府,尤以东北的广信府为最,是该地区一大副业。据《广信府志》称:"郡中出产多,而行远者莫如纸,上饶、广丰、弋阳、贵溪皆产纸"⑪。广丰县志称:康熙年间"东乡造楮皮纸……民利存焉"⑫。泸溪县(今资溪)多竹,近山之家以造纸为业,"为泸邑第一货

①　宋应星:《天工开物》卷中。

②　徐建青:《手工业篇》;方行、经君健、魏金玉主编:《中国经济通史·清代经济卷》(上),第444—445页。

③　彭望恕:《全国纸业调查记》,《农商公报》第121期,第2页。

④　郭柏苍:《闽产录异》卷1。

⑤　郭嵩焘:《张少衡先生墓志铭》,闵尔昌:《碑传集外》卷23,第19页。

⑥　转见彭泽益《中国近代手工业史资料》第1卷,第263页。

⑦　嘉庆《南平县志》卷8。

⑧　咸丰《长汀县志》卷31。

⑨　郭柏苍:《闽产录异》卷1。

⑩　苏志强:《初溪土楼的形成》,见《永定文史资料》20辑,2001年版。

⑪　同治《广信府志》卷一之二。

⑫　康熙《广丰县志》,转见郑昌淦《明清农村商品经济》,第478页。

殖"①。安远县"以楮树皮造纸，纸涂以桐油"，用以包货、包行李、搭棚，"利用甚便"。② 瑞金、石城两县皆产纸之区。石城县志称："去城六十里有横山纸，煮竹丝为之，制造甚精洁。省城、山左通行。每商贾贸贩，岁不下累万金"③。又称，石城之坪山一带，向以造纸为业。未停科举考试以前，广销出口，不下百万。④ 东乡县从事造纸人口占总人口的十之三四，县志称："乌合者动以千计"⑤。宁都州，光绪九年前不产纸，魏菘园和李啸峰见金精之谷，有竹万竿，逐往石城横江觅造纸匠师二人，至谷中建棚造纸。仍于下湿之地课工种竹，三岁成林。造纸既成，自运省城售卖。迄今十载，每岁已出纸二十万金。竹则岁岁增种，纸则岁岁增多，利源亦岁岁增广。不独魏、李致富，倚种竹、造纸以活，以安家乐业而长子孙者，岁已将万人。陈炽特别指出，州城本瘠区，岁得此二十万金之入款，工商士庶，咸有生机，气象郁郁葱葱，然与十载以前迥异甚矣。⑥ 唐谷谓：赣西北一带，利用竹子的纤维造纸，是这里的一大副业，在周围二十余方里中，就有造纸槽一百五十所左右。据估计一年可产纸一万二千担，均运销河南省及长江中游沿岸。⑦ 铅山石塘镇，居民中半数以纸业为生，史称"石塘一镇，贾客贸迁，纸货为盛"⑧。《清朝续文献通考》称：在洋纸流行之前，铅山纸槽共有二百余处，纸销路很好，"年可售银四五十万两"⑨。靖安县"火纸出奉新、宁州，遍布于江淮间"。《九江府志》称："楮皮纸出瑞昌，草纸出德安"⑩。《上高县志》称"新昌饶竹木暨纸，商贩络绎，咸称富薮"⑪。安义县"火纸西山出，土绵纸、纱绵纸西山架头出"⑫。万载县"表心纸四五

---

① 乾隆《泸溪县志》卷4。
② 乾隆《赣州府志》卷2。
③ 道光《石城县志》，转见王昌淦《明清农村商品经济》，第478页。
④ 《清朝续文献通考》卷392，《实业七》，引江西商务纪略。
⑤ 道光《东乡县志》卷4，又蒋继诛等《广信府志》卷一之二，第100页。
⑥ 陈炽：《续富国策》卷1，《种竹造纸说》，第17—18页。
⑦ 唐谷：《从枯竭到破产的农村经济》，《经济周报》第七卷第十一期，第14页。
⑧ 乾隆《铅山县志》卷1。
⑨ 《清朝续文献通考》卷384《实业七》，引《江西工务纪略》。
⑩ 康熙《九江府志》，《物产》。
⑪ 康熙《上高县志》，《物产》，《同治志》同。
⑫ 同治《安义县志》，《物产》。

六区皆出……皮纸出皂山，火纸出谢陂者佳，花笺纸出高村，高槽等处"①。临川县出产江清纸、火纸、牛舌纸。②　永丰县"纸有竹纸、料半纸"③　等。泰和县"竹纸，二十六都出"④。宁都直隶州，山居者多种竹为利，"勘坊、西甲、小布、树溪诸村，皆伐初生未成竹苗作纸"⑤。

　　[浙江] 据彭望恕称：浙江制纸工业亦殊不弱，虽不能与闽省并驾齐驱，然岁亦有三四百万两。产地最盛之处，向以严州、衢州、金华三县为巨。⑥ 康熙年间，富阳县"邑人率造纸为业，老小勤作，昼夜不休"⑦。所产各种竹纸、草纸、皮纸，名目甚多，是该县土产中最大宗的商品，其中草纸是"货之擅胜者"⑧。光绪县志称："南乡多山少田，居民终岁勤劳，造纸易钱，只足购米，积蓄颇难"。又谓"北乡妇女惟佐其夫，揭晒草纸，然所博甚微"。⑨《物产》谓，"竹纸出南乡……为邑中出产第一大宗。总浙江各郡邑出纸，以富阳为最良"。又按"富阳竹纸一项，每年约可博六七十万金。草纸一项，约可博三四十万金"。⑩ 据康熙《会稽县志》载："天乐乡出纸（竹纸等）尤盛，民家或赖以致饶"⑪。於潜县山多于田，木竹资源丰富，经营造纸业者也多，"邑中嘉后、波后、惟后皆造纸"。外销中，"於潜纸独擅其名"。⑫　《余杭县志》载："竹烧纸出邑中南建上高斜坑地方。……自江以南皆赖用之，民借以为利"⑬。嵊县出名纸，"剡藤纸名擅天下"，"民家或赖以致饶"。⑭ 孝丰县"纸有黄白纸、草纸、桑皮纸等种，出东南乡为多。……成纸作捆以鬻于市"⑮。昌化县"秀下、陈村、商解、田

---

① 同治《万载县志》，《土产》。
② 道光《临川县志》，《土产》。
③ 光绪《永丰县志》，《物产》。
④ 光绪《泰和县志》，《土产》。
⑤ 道光《宁都直隶州志》卷12。
⑥ 彭望恕：《全国纸业调查记》，《农商公报》第118期，第16页。
⑦ 康熙《富阳县志》卷5《风俗》。
⑧ 康熙《富阳县志》，《物产》。
⑨ 光绪《富阳县志》，《风俗》。
⑩ 光绪《富阳县志》，《物产》。
⑪ 康熙《会稽县志》，《物产》，《嘉庆志》同。
⑫ 嘉庆《於潜县志》卷10，《食货》。
⑬ 嘉庆《余杭县志》，引《旧志》，转见郑昌淦《明清农村商品经济》，第467页。
⑭ 同治《嵊县志》卷20《物产》。
⑮ 光绪《孝丰县志》卷4《土产》。

圩等村以造纸为业"①。分水县产纸,徐青纸"出九管、四管,广行他郡"。银包纸"出四、七两管"。烧纸"出西乡"。② 常山县出纸,"惟球川人善为之"③。龙游县"南乡稍有竹木、纸、笋之利"④。山阴县之"天乐乡出纸尤盛,民家或赖以致饶。"⑤

[安徽] 产纸,以安庆、宁国、池州府为多。宁国府"纸,宣、宁、泾、太皆能制造,故名宣纸,而泾人所制尤工"⑥。池州府贵池、石埭、铜陵、建德产纸。⑦ 怀宁县"纸出广村,有槽,开造已久。各族修谱多购用之。其行亦远"⑧。太湖县兴化、永福、长宁各乡都以造纸为业。⑨ 泾县物产以"茶、纸、笋三者最著",乡村有"槽户作纸"。⑩

[广东] 明代广州府北部从化县多产纸。据嘉靖《广东通志》载:"纸,今岭外纸品甚少,皆办于江浙。惟从化县流溪出竹纸,用以印书,流布甚广"⑪。该地"论其物产,早晚二稻之外,全以造纸为业,商贾往来流通江外"⑫。《广东新语》又说:明末清初时,从化县流溪堡人以造纸为业,"男女终岁营营,取给篁箐,绝无外务"。该地有两个渡口,名"上流纸渡,下流纸渡,二渡专以运纸,故名"。⑬ 到乾隆时,"有篷百余间,工匠动以千计"⑭。造纸业的兴衰,对当地民生产生巨大影响,据县志记载:"嘉靖初年,竹尽生花,土人顿失其业"⑮。松口、庵埠、澄海造纸业也很发达,尤其是有三万人赖以此为生的海澄莲阳铺,都在大规模制造神纸。从事神纸业商号在七十家以上,每年贸易总值为三百万至四百万元。其中输出占百

---

① 民国《昌化县志》卷5。
② 光绪《分水县志》,《物产》。
③ 雍正《常山县志》,《物产》。
④ 康熙《龙游县志》,《物产》。
⑤ 嘉庆《山阴县志》卷8。
⑥ 嘉庆《宁国府志》卷18。
⑦ 康熙《池州府志》,《物产》。
⑧ 民国《怀宁县志》卷6,引《道光志·物产》。
⑨ 道光《太湖县志》,《乡镇》。
⑩ 嘉庆《宁国府志》,《物产》。
⑪ 嘉靖《广东通志》卷24《民物志(五)·土产(下)》。
⑫ 雍正《从化县新志》,《疆域·流溪堡志》。
⑬ 屈大均:《广东新语》卷15。
⑭ 范端昂:《粤中见闻》卷23。
⑮ 雍正《从化县新志》,《物产》。

分之九十。① 长乐还出特色纸，称谷纸，"系谷木树皮为之。厚者八重为一，可作衣被，浣之再不坏，甚暖，能辟露水。东莞出蜜香纸，以蜜香木皮为之，色微褐，有点，如鱼子，其细者光滑而韧，水渍不败，以衬书，可辟蠹鱼"②。

[广西] 昭平县所产的纸，为出口大宗。销路之广，远及中国云、贵、川、黔、钦廉等。由于造纸业发展，改变了原来山岭旷弃之状，成为富庶之地。③ 容县纸厂建于康熙年间，至乾隆时，纸篷已有百余间，"工匠动以千计"④。另据光绪《容县志》称，纸篷沤竹作纸，"每槽司役五六人，岁可获百余金"。至乾隆时，多至二百余槽，"如遇荒年，借力役以全活者甚众"⑤。梧州府产纸，据《岑溪县志》载："火纸以丹竹为之，福纸以蒲竹为之。"⑥

[湖南] 造纸业很发达，辰州、衡州、宝庆、永州、永顺、郴州都是重要产纸区。衡阳县"山饶美竹……山民所在引泉沤竹，竹纸之利，岁计万金"⑦。耒阳"邑人仿之取笋竹挫断，沤石灰池中，捣烂，抄成为草纸，紫山区最多。又有于薜荔树肤者为皮纸"⑧。《桂阳直隶州志》记载：芦村、白水洞旁有"伐竹沤纸，多者岁二三千金"⑨。常德府武陵地区产谷纸。以构树为原料，皮可为纸，武陵人作谷皮衣，甚坚好。⑩ 邵阳产纸，"纸有粗细白皂各种"。县志称：纸"多系以竹为之……县地如东乡龙山、中乡、西乡滩头、隆回产竹最繁，造纸因众。运销省城……此纸产为县商务一大宗也"⑪。辰州以楮皮沤之为纸，"谓之谷皮纸，亦曰构皮纸"。出销货物"白蜡为最……构皮纸又次之"⑫。零陵县"沤竹为纸，转运他省，获利尤

① 转见彭泽益《中国近代手工业史资料》第 3 卷，生活·读书·新知三联书店1957 年版，第 47 页。

② 屈大均：《广东新语》卷 23。

③ 李树楠修，吴寿崧、梁材鸿：《昭平县志》卷 6。

④ 乾隆《梧州府志》卷 3。

⑤ 光绪《容县志》卷 6。

⑥ 乾隆《梧州府志》卷 3。

⑦ 同治《衡阳县图志·山水志》。

⑧ 光绪《耒阳县志》卷 7《物产》。

⑨ 同治《桂阳直隶州志》卷 20《货殖二》。

⑩ 光绪《湖南通志》卷 8《仓货七·物产二》。

⑪ 嘉庆《邵阳县志》，《物产》；光绪《邵阳县乡土志·商务志》。

⑫ 乾隆《辰州府志》，《物产考》。

胜"①。永顺府"土纸，四县皆出"②。《郴州府志》载："草纸出永兴……连三、连四、皮榜则出兴宁"③。慈利县产纸，"出老棚者曰草纸，其烧纸出溇南山中"④。攸县产毛竹，"园林多种之，鸢山、牌山尤盛，土人捣烂造纸"⑤。

〔四川〕手工造纸，向来是出口大宗。主要产地在成都、重庆府和川北的顺庆、夔州各府。夹江为四川有名之产纸区域，是有清一代科举考试专用纸，官府定造长帘文卷纸、方细土连大纸等十余万张。⑥ 至民国时期全县制纸槽户在计有五千余家。⑦ 彭县"天台、慈坪、五龙山中多竹，笋出林时，匠者采以为纸。细者名化连，粗者名土连，充用至广"⑧。重庆府江北厅乡间沿山种竹，用以造纸，"仁里自黄滩至太洪江一带，义里后河一带，分水岭至苟一带，礼里东山一带山谷俱出纸"⑨。綦江县产"竹纸，从前水竹为之，然水竹必平壤，人皆垦为田土，性栽甜慈、料慈二种，而料慈之纸较佳"⑩。同治间，所产之纸，"岁出亦不止千金"⑪。巴县造纸亦多，各界山场栽蓄竹木，农民做纸卖柴，"以敷差粮"⑫。梁山县出纸以"柏林漕、平井铺所造独多"⑬。大足县"纸以竹料为之，出拾万、万里、瓮溪等场"。夹江产竹纸，行销井研。⑭《铜梁县志》载："所行货，以射洪太和镇生纸为大宗"⑮。

〔贵州〕遵义、安顺府、恩南、兴义等府都产纸。《遵义府志》称："构花可食，皮供造纸，蓄谷（构）林者，三年一获，视种田增数倍之利"。又

---

① 光绪《零陵县志》，《生计》。
② 乾隆《永顺府志》，《物产》。
③ 嘉庆《郴州府志》，《物产》。
④ 转见郑昌淦《明清农村商品经济》，第486页。
⑤ 光绪《攸县志》卷52。
⑥ 民国《夹江县志》卷2。
⑦ 《四川工矿业近景》，见《西南实业通讯》。
⑧ 嘉庆《彭县志》卷40《物产》。
⑨ 道光《江北厅志》卷3。
⑩ 道光《綦江县志》卷10。
⑪ 同治《綦江县志》卷10。
⑫ 《巴档》，第329页。
⑬ 光绪《梁山县志》，《物产》。
⑭ 以上大足、夹江二处资料，转见郑昌淦《明清农村商品经济》，第490页。
⑮ 光绪《铜梁县志》，《风俗》。

称："遵义之纸,以构皮制纸者曰皮纸,以竹造者曰竹纸,皆宜书。以竹杂草为者曰草纸,以供冥锭粗用"。① 安平府安平县产草纸,"各寨居民业此者不下数百户"②。思南、兴义等府产皮纸,纸质较好,但数量不很多。③

〔陕西〕洋县古时为蔡伦封邑,西乡、定远皆旧洋川地,今多纸厂。商州志称:"民作纸,田赋赖此出"④。据道光初年记载,仅汉中府就有大小纸厂一百四十余座,"西乡有纸厂二十余座,定远纸厂逾百,近日洋县华阳亦有小厂二十余座"。大者匠作佣工得百数十人,小者亦得四五十人。山西居民当佃山内有竹林者,夏至前后,男妇摘笋砍竹作捆,赴厂售卖,处在有之,借以图生者,常数万计矣。严如熤《纸厂咏》谓:"洋州古龙亭,利赖蔡侯纸,二千余年来,遗法传乡里……匠作食其力,一厂百手指,物华天之宝,取精不嫌奢,温饱得所资,差足安流徙"⑤。洋县康熙年间出纸,至光绪时,"尚有余二三"⑥。还有"漆、白蜡……皮纸……皆为常产"⑦。另据卢坤记载:汉中、兴安、西安等府共有大小纸厂一百八十余座。⑧ 蒲城出棉纸,"纸洁白细腻,出兴市镇"⑨,为当地大宗土货,贩运较远。

三　家庭手工制烟业的发展

烟草自明代传入福建后,很快在各地传播开来,《职方典》载:"今各省皆尚之"⑩。至清代,福建、江西、浙江、山东、河北、湖南、湖北、四川、陕西、甘肃等省烟草已是"陇亩相望"了。此烟叶产地,也成制烟业集中产区。

〔福建〕制烟业很发达,著名品牌有"建烟""浦烟""岩烟"。产地亦多,"浦烟"出自浦城,与江西广丰接壤,"而叶实有借于丰"⑪。建宁、浦

---

① 道光《遵义府志》卷17《物产》。
② 道光《安平县志》卷4。
③ 方行、经君健、魏金玉主编:《中国经济通史·清代经济卷》(上),第449页。
④ 乾隆《直隶商州志》,《物产》,引《山阳县志》。
⑤ 严如熤:《三省边防备览》卷14、卷9、卷14。
⑥ 光绪《洋县志》,引郑昌淦《明清农村商品经济》,第518页。
⑦ 光绪《凤县志·物产志》。
⑧ 卢坤:《秦疆治略》。
⑨ 乾隆《蒲城县志》卷3。
⑩ 《古今图书集成·职方典》卷1104《漳州府物产考》。
⑪ 乾隆《广信府志》卷2。

城出生丝，漳州、平和出熟丝，俗称小溪烟。① 康熙《宁化县志》称，烟，种出东洋，"十余年内，人竞莳之。……取叶洒晒阴干之，细切如丝"②。龙岩在民国九年前，"烟夙昔驰名，长江南北，所在有岩人烟铺"③。汀州所制福烟"独著名天下，而汀烟以（上）杭、永（定）为盛，长（汀）邑所制，品有生熟之殊"④。下面以永定为例，看制烟业发展情况。

永定随着烟草种植业发展，烟草加工业也得到迅猛发展。由于需求旺盛，从乾隆至民国十五年间，抚市地区先后开办的烟棚（厂）就有 200 多间。⑤ 这些条丝烟除当地销售一部分外，其余烟丝都运销到全国各大城市，也有部分销售到南洋群岛，有的还销售到俄罗斯。据民国五年调查：上杭所出条丝"每年约三千担而弱，不及永定十分之一"⑥。也有人说：每年远销大江南北和南洋各地的烟达 300 余万公斤，价值银圆 200 余万，成为永定的主要财源。靠经营条丝烟而成为大小财东的，乡乡都不乏其人。⑦ 据《永定县志》记载，全县每年条丝烟出口达五六万笼（箱），值 200 多万银圆。按抚市烟笼重量每笼 90 市斤计，那么每年永定出口销售的条丝烟就有 450 万—540 万市斤。其中，抚市条丝烟产量就占五分之一，经济收入每年达 40 万—50 万银圆。⑧ 就抚市乡而言，从乾隆至民国十五年间，先后开办的烟棚（厂）资本在 10 万元以上的大烟号就有 30 家。⑨ 详见表 6 - 1。

---

① 乾隆《瑞金县志》卷 2。
② 康熙《宁化县志》，《土产志》。
③ 民国《龙岩县志》，引郑昌淦《明清农村商品经济》，第 342 页。
④ 咸丰《长汀县志》卷 31。
⑤ 黄慕农、黄刚：《清朝民国时期抚市条丝烟的制作和经济效益》，《永定文史资料》第 20 辑，龙岩市海得宝印刷有限公司承印，2001 年。
⑥ 转见郑昌淦《明清农村商品经济》，第 342 页。
⑦ 涂僧：《永定客家土楼的兴建和传播》，《永定文史资料》第 10 年版，龙岩市海得宝印刷有限公司承印，1991 年。
⑧ 黄慕农、黄刚：《清朝民国时期抚市条丝烟的制作和经济效益》，《永定文史资料》第 20 辑，龙岩市海得宝印刷有限公司承印，2001 年。
⑨ 黄慕农、黄刚：《清朝民国时期抚市条丝烟的制作和经济效益》，《永定文史资料》第 20 辑，龙岩市海得宝印刷有限公司承印，2001 年。

表6-1　抚溪乡（今抚市镇）在海内经营条丝烟大户商号简况

序号	所在村名（或现在村名）	烟号铭牌	创始人或继承人	经营所在地（省市县）	鼎盛时期经营资本	年平均盈利（银圆）	建造土楼名称或捐建公益事业
1	抚市乡桥村（今抚市村）	润隆行	黄启宏黄恒球	广东、汕头、潮州	清乾隆至道光年间，40万银圆（后期曾经过银票）	5万	兴建三堂屋式森王楼于甲华村
2	抚市乡桥村（今新民村）	骏隆号	黄恒惠黄定锦	四川重庆巴县湖南长沙、湘潭	清嘉庆至光绪年间，20万银圆	2万	兴建崇福楼于坪心村
3	抚市乡桥村（今新民村）	长茂厂	黄永赓黄永豪	湖南长沙、湘潭、浏阳	清嘉庆、道光年间，65万银圆	9万	兴建府第武高6层的永豪楼，独资捐建永邑考棚、洽溪丁坝、兴建崇志文馆于抚溪桥村
4	抚市乡桥村（今新民村）	永隆昌	黄万斗、黄万才、黄万鹏、黄定猷	湖南长沙、湘潭、浏阳江西南昌、九江江苏、上海、南京浙江杭州、温州	清道光、咸丰、同治、光绪年间直至民国时期，100万银圆	18万	兴建永隆昌楼群福盛楼、福善楼及临江文馆、捐建永邑东门大楼、建崇志文馆
5	抚市乡桥村（今抚溪村）	美玉谦	黄万谦黄定功	湖南长沙、湘潭	清道光至光绪年间，20万银圆	2万	修缮怀珠老楼于坪角村
6	抚市乡桥村（今抚溪村）	福昌观	黄定锯黄泰垣	湖南长沙、湘潭四川重庆贵州贵定	清同治至光绪年间直至民国时期，20万银圆	2万	修缮福昌观楼

续表

序号	所在村名（或现在村名）	烟号铭牌	创始人或继承人	经营所在地（省市县）	鼎盛时期经营资本	年平均盈利（银圆）	建造土楼名称或捐建公益事业
7	抚市乡桥村（今抚溪村）	裕兴行	黄定昌、黄泰陞（友山）	湖南长沙、四川重庆、成都	清同治至光绪年间直至民国时期，20万银圆	2万	修缮怀珠老楼于坝角村
8	抚市乡桥村（今新民村）	厚昌号	黄兰开 黄炳元 黄杏良	湖南长沙、湘潭 四川重庆、成都	清道光、咸丰、同治、光绪年间，20万银圆	2万	于大坪学堂背购建民居庭院一座
9	抚市乡桥村 社前村	庚兴号	赖贤兴	江西赣州、瑞金	清乾隆、嘉庆、咸丰、同治、光绪年间，65万银圆	9万	兴建三堂三落开天井式庚兴楼一座于社前村、在江西宁都独资捐建石拱桥一座
10	抚溪乡社前村	嫦娥厂	赖麟亭	湖南长沙、湘潭	清嘉庆、道光、咸丰、同治年间，30万银圆	3万	建府第式善庆大楼一座于社前村头
11	抚溪乡社前村	仁和恩	赖恩贵 赖成贵	湖南长沙、湘潭	清嘉庆、道光、咸丰、同治年间，30万银圆	3万	建府第式仁和恩大楼一座
12	抚溪乡社前村	永盛典	赖礼彬	湖南长沙、湘潭	清道光、咸丰、同治、光绪年间，20万银圆	2万	建永盛典鸳鸯式双合楼一座
13	抚溪乡社前村	万春全	赖玉堂	江苏上海、南京、苏州、无锡	清道光、咸丰、同治、光绪年间，40万银圆	5万	兴建永昌楼一座，捐建抚溪木质大桥一座

续表

序号	所在村名（或现在村名）	烟号铭牌	创始人或继承人	经营所在地（省市县）	鼎盛时期经营资本	年平均盈利（银圆）	建造土楼名称或捐建公益事业
14	抚溪乡社前村	及万祥	赖东山	湖南长沙、湘潭	清道光、咸丰、同治、光绪年间，30万银圆	3万	兴建三堂屋式和集楼一座
15	抚溪乡社前村	天生德	赖德兴赖道兴	江苏上海、南京	清咸丰、同治、光绪年间直至民国时期，60万银圆	8万	修缮府第式大楼善庆楼一座
16	抚溪乡社前村	德隆建	赖恒雅赖南雅	湖南长沙、衡阳四川重庆、巴县	清咸丰、同治、光绪年间直至民国时期，30万银圆	3万	修建德隆建府第式的贻兴楼一座
17	抚溪乡社前村	如兰桥	赖凤桥	湖南长沙、衡阳、湘潭	清咸丰、同治、光绪年间直至民国时期，30万银圆	3万	修缮府第式雅文楼
18	抚溪乡社前村	广兴茂	赖硕雅赖继雅	湖南长沙、湘潭	清咸丰、同治、光绪年间直至民国时期，10万银圆	1万	修缮府第式广兴茂大楼
19	抚溪乡社前村	广昌泰	赖泰辉	湖南长沙、湘潭广东广州、汕头	清同治、光绪年间直至民国时期（后期曾经营银票），40万银圆	5万	兴建三堂屋式的崇盛楼于社前村
20	抚溪乡中寨村	隆兴万	苏德顺苏德兴	湖北汉口、黄陂街有两间大烟店	清道光、咸丰、同治、光绪年间直至民国时期，50万银圆	6万	兴建隆兴万鸳鸯武双合楼一座于中寨村

续表

序号	所在村名（或现在村名）	烟号铭牌	创始人或继承人	经营所在地（省市县）	鼎盛时期经营资本	年平均盈利（银圆）	建造土楼名称或捐建公益事业
21	抚溪乡中兼村	隆兴贵	苏德顺 苏德兴	湖北汉口汉正街有十间店，其中三间经营烟号销售丝烟	清光绪年间直至民国时期继续经营条丝烟，30万银圆	3万	兴建隆兴万鸳鸯式双合楼一座
22	抚溪乡中兼村	元茂兰	苏德仁 苏德义 苏谷彀	在湖南长沙有烟店，兼营苎麻生意，经营资本30万银圆	清咸丰、同治、光绪、宣统年间直至民国时期，30万银圆	3万	兴建元茂兰的府第式大楼一座
23	抚溪乡中兼村	绵远堂	苏绵寿	江苏南京、上海	清咸丰、同治、光绪年间直至民国时期，10万银圆	1万	修缮绵远堂大楼，建造凉亭等公益事业
24	抚溪乡中兼村	恒顺昌	苏九江	江苏南京、镇江、无锡	清咸丰、同治、光绪年间直至民国时期，10万银圆	1万	修建大土楼一座于中兼村
25	抚溪乡鹊坪村（今鹊坪村）	协昌号	姜汝龄	江苏高邮、扬州	清咸丰、同治、光绪年间直至民国时期，10万银圆	6万	建有大型土楼于鹊坪村
26	抚溪乡鹊坪村（今鹊坪村）	福隆号	姜南龄	湖南长沙、湘潭	清咸丰、同治、光绪年间直至民国时期，30万银圆	3万	建有大楼一座
27	抚溪乡鹊坪村（今鹊坪村）	大新号	姜兰捷	湖南长沙、湘潭	清咸丰、同治、光绪年间直至民国时期，20万银圆	2万	修缮府第式大楼鹤仙楼

续表

序号	所在村名（或现在村名）	烟号铭牌	创始人或继承人	经营所在地（省市县）	鼎盛时期经营资本	年平均盈利（银圆）	建造土楼名称或捐建公益事业
28	抚溪乡鹊坪村（今鹊坪村）	协大昌	姜兰桂姜凤堂	湖南长沙、湘潭	清光绪、宣统年间直至民国时期，10 万银圆	1 万	修缮府第式大楼鹤仙楼
29	抚溪乡龙窟村（今龙川村）	永盛元	黄秀龙黄桥元黄林元黄廉元	江苏上海、南京广东广州、汕头	清道光、咸丰、同治、光绪年间直至民国时期，30 万银圆	3 万	在龙窟兴建三堂屋式的爱日楼
30	抚溪乡龙窟村（今龙川村）	永利庭	黄振先黄振兴	湖南长沙、湘潭江苏南京	清同治、光绪、宣统年间直至民国时期，10 万银圆	1 万	修缮龙窟一座大楼备坪楼
31	抚溪乡里龙坑村（今里县村）	协大号	王道煊王永煊	湖南长沙、湘潭湖北武汉贵州贵定	清光绪、宣统年间直至民国时期，20 万银圆	2 万	修缮里兴村王屋大楼一座

资源来源：黄慕农、黄刚：《清朝民国时期抚市条丝烟的制作和经济效益》，《永定文史资料》第 20 辑，龙岩中艺彩印公司 2001 年版。

　　永定高头乡条丝烟业（包括制造业和销售业）的起步，比起抚市和湖雷两乡要迟一点，但一经发轫，便迅速发展。据蓝吉研究，自清代咸丰元年（1851）至二十世纪三十年代，是高头条丝烟业从兴起到鼎盛的时期。其间，这个人口不到4000的村庄，居然同时办起大小90余家的烟厂：规模大的，雇用工人四五十人；规模小的，不雇工，由父子或兄弟几个人合作进行生产。

　　高头开办最早、规模最大的烟厂要数高北村的万顺仁烟厂。接万顺仁之后，开办的烟厂是高东村的万有谦烟厂。万顺仁、万有谦发财之后，高头条丝烟的制造有如雨后春笋，大家纷纷挂牌办厂，形成一股热潮。据统计，当时高头大小烟厂有90余家，其中较有名气的：高东村的公义昌、广隆昌、太华、新华、新华权记、有源、永天香；高北村的万有田、丰泰景、万裕晋、福茂仁、泰裕祥、太和香；高南村的万信得、金兰业；等等。

　　高头烟厂生产出来的条丝烟除部分在当地销售外，大部分产品外销。据统计，当时高头群众由于种植烟草和制造条丝烟而带来的收入，每年可达20万—30万银圆。[①] 若按一户五口人计算，这4000人口村庄只是800户而已，年收入烟业钱按平均25万银圆计算，每户每年平均烟业收入就可达300银圆。对当时来说，这是一笔很可观的收入。这对当地农业经济发展起到推动作用。清中后期，永定湖雷罗陂村也是生产条丝烟的大村庄，不足500人的村子，竟有30多家烟棚。全村老幼都撕烟叶，刨烟师傅、打烟叶工人有200余人。生产的条丝烟远销湖广、江浙、南洋等地，不少人在湖南长沙、攸县、醴陵，湖北汉口、武昌，云南昆明，江苏南京、扬州，上海等地办烟庄、开烟店。[②] 又说：该村在清中期曾因经营盐、油、烟、土纸等发财，而且富极一时，当时人称这村为"银缸子"[③]。以一家五口计算，该村只有百户人家，平均每三户就拥有一个烟棚（厂）。办烟厂成为当时致富象征，趋之者若鹜。

　　〔江西〕制烟业以玉山、瑞金著名。康熙时，瑞金"城郭乡村开锉烟厂

---

　　① 以上资料皆见于蓝吉《高头条丝烟业的盛衰》，《永定文史资料》第11辑，1992年。

　　② 张鸣：《依山而筑，装饰华丽的罗陂怀德楼》，《永定文史资料》第21辑，2002年。

　　③ 张鸣：《依山而筑，装饰华丽的罗陂怀德楼》，《永定文史资料》第21辑，2002年。

不下数百处，每厂五六十人，皆自闽粤来"①。瑞金制烟，"迨至烟熟，四方收烟之商及锉烟者动盈万人，聚食于弹丸之邑"②。到瑞金开设烟厂者："漳泉之人，麇至骈集，开设烟厂"③。《玉山县志》称："淡巴菰（烟草）之名著于永丰，其制之精妙则色香臭味与莫玉比，日佣数千人以治其事，而声价弛大江南北，骡马络绎不绝"④。

　　浙江制烟业中心在杭州，以"杭烟"为著名。据民国记载："杭烟之制造，大概起于清初。……浙省烟叶产地，浙东则萧山、新昌、嵊县及处（州）属松阳，浙西则桐乡及海宁为最著名。而制造旧烟，则以杭州为中心。是项旱烟，其原料用萧山、新昌、嵊等处所产烟叶，夹以两木板，以刨子刨切为丝。其上等者，则每叶中掺入兰花籽或檀香末，夹杂刨切，以保持其芬芳之气，亦有购入南雄等县之烟筋，夹杂叶中刨削，使增加强烈之味者。其烟品有陈奇、元白奇、贡奇等名目。陈奇原为陈四丰烟店所出，嗣后风行江浙，各家争相仿制"⑤。清代杭州烟业贸易额每年在一百万元左右。

　　[江苏] 制烟业在崇明。明崇祯年间，有彭姓引种烟草，以后制烟业也得到发展。叶梦珠称："遂有工其事者，细切为丝，为远客贩去"⑥。

　　[山东] 制烟业主要集中在水、陆交通便利的地方，如济宁、滋阳、临朐等地。《济宁直隶州志》称：济宁产烟，质量"甲于诸郡"⑦。又称："新谷在场欲糜烂，小麦未播播已晚。问何不敛复不耕，汲水磨刀烟上版"⑧。可见制烟业在当地农家经济中的重要性。据道光年间记载：从事制烟的也多，"业此者六家，每年买卖至白金二百万两，其工人四千余名"⑨。临朐县产烟丝，"其切如细发者，直谓之烟……货贸远及寿光、利津诸县"⑩。滋阳北乡是加工烟末之地，据光绪年间记载：滋阳附近宁阳县所产的优质烟叶，

---

① 乾隆《瑞金县志》卷7。
② 乾隆《瑞金县志》卷2。
③ 乾隆《瑞金县志》卷7。
④ 道光《玉山县志》卷11。
⑤ 彭泽益：《中国近代手工业史资料》第3卷，生活·读书·新知三联书店1957年版，第56页。
⑥ 叶梦珠：《阅世编》卷7。
⑦ 乾隆《济宁直隶州志》卷2。
⑧ 刘纹：《种烟行》，见乾隆《济宁直隶州志·物产》。
⑨ 包道臣：《安吴四种》卷6。
⑩ 光绪《临朐县志》，《物产》。

都运到滋阳加工，"本境烟质柔润，都门大贾恒辇资购取，于滋阳北乡碾末运去，以供鼻烟之用"①。

〔湖南〕制烟以衡阳著名。乾隆时，各地所产烟叶，如"祁、邵、茶、攸所产，皆售于衡郡，制为京包广包，鬻之各省，俱称衡烟"②。嘉庆时，桂东县、平江县所产烟叶，也都卖到衡阳加工。③

〔四川〕制烟业多数集中在成都一带，其中郫县为中心地。据称"烟产郫县特佳，业者最伙，城中外阛阓尽作坊，盖露、长行俱邑出也，名与闽勒"④。据同治志记载：烟叶"用烟刨推之，丝如发，名曰郫县烟，声价与福烟等"。合江也产烟，但"合江烟亚于郫县"。⑤

〔陕西〕制烟集中于郡城，城中"商贾所集，烟铺十居其三四"⑥。此地产烟叶，原料甚便。

〔甘肃〕制烟业以兰州为中心，兰州水烟生产始于明代。当地吸烟风气普遍，食者不分男女。至明末，已从一家一个水烟筒，到"人各一筒"。五泉烟从陕西泾阳外运者，"岁约金三万"。⑦ 咸丰以前，制水烟作坊，仅"省城有作坊一百余家"，到1885年时，尚有作坊二十余家。⑧ 光绪时，棉烟每年生产七八千担，碧条每年生产两万余担，黄色烟每年生产两三千担。这些烟主要销往四川、江浙、广东一带。⑨ 每担烟重约三百斤，年产将及千万斤。⑩

---

①　光绪《宁阳县乡土志》，《物产》。

②　乾隆《清泉县志》卷6。

③　嘉庆《桂东县志》，转引郑昌淦《明清农村商品经济》，第350页；嘉庆《平江县志》卷9。

④　彭遵泗：《蜀中烟说》，见嘉庆《四川通志》卷75。

⑤　同治《郫县志》卷40。

⑥　岳震川：《府志食货论》，见《清经世文编》卷36。

⑦　民国《韩城县续志》卷4，左懋第文。

⑧　彭泽益：《中国近代手工业史资料》第2卷，生活·读书·新知三联书店1957年版，第332页。

⑨　光绪《重修皋兰县志》卷11。

⑩　方行、经君健、魏金玉主编：《中国经济通史清代经济卷》，第462页。

四　家庭手工编织业的发展①

编织业是家庭手工业一个重要组成部分。主要取材于当地原材料，进行加工生产。如盛产竹的地方有竹编，盛产席草、芦苇地方有草编，北方地区产柳、产荆条，有柳条编、荆条编，盛产小麦地方有麦草编，等等，为百姓提供生产、生活中不可或缺的用品。另外，由于市场广泛，编织业成为农民家庭中一项重要的副业，对农家经济大有裨益。

浙江编织业有两类，一为竹编，一为草编。但竹编更普遍，故当地多产竹也。

竹编　安吉县所产的猫竹，"干最大，异于他种，为用最广。凡竹器十居八九。故吾邑东南乡，惟恃此为生"②。龙游县"南山多猫竹，土人用以制器"③。孝丰县出产笤帚、竹箸、竹筏、竹器等。④ 武康县筘里营出产织具"筘"，此外也产帚。⑤ 长兴县出产筛、簸箕、帚、竹椅等。⑥ 德清县出产钉、筛、簸箕、帚、竹椅、芦席、蒲鞋等，多半是农村手工艺品。孝丰县除产纸外，还出产笤帚、芦席、竹箸、竹筏、竹器等。⑦ 桐乡县"竹器产陈庄。湖州上柏山中货竹于此，故居民就制竹器出售。一切家具皆以竹为之，而蚕具所用……销路尤广"。又云：陈庄镇"居民以竹器为业，四方贸易甚远"。⑧ 徐珂记载："嵊县随地产竹，西乡竹工最著名。亦煮熟劈丝，用细眼之铁板将丝抽过，丝细如线，圆匀一律。……其编成细簟，宛如绸绫"⑨。孙衣言记：瑞安、平阳土人善劈竹为细缕，编织箱筐。⑩ 慈溪县

---

① 本节写作所用资料，皆取材于郑昌淦《明清农村商品经济》一书中第五章第二节"农村其他副业"中有关编织资料。故所引的资料不再注转引书目，仅注原始来源，以便后来者参考。特此声明。

② 同治《安吉县志》，《物产》，引《前溪逸志》。

③ 康熙《龙游县志》，《物产》。

④ 光绪《孝丰县志》，《土产》。

⑤ 道光《武康县志》，《物产》。

⑥ 嘉庆《长兴县志》，《生业》。《同治志》同。

⑦ 光绪《孝丰县志》，《土产》。

⑧ 光绪《桐乡县志》，《物产》《市镇》。

⑨ 徐珂：《清稗类钞》第 17 册。

⑩ 孙衣言：光绪《瓯海逸闻》，《物产篇》。

"竹器。今大隐诸山居民制为椅凳之属"①。

草编　归安县湖趺、荻港出产芦席。②　太平县"草席出渭川、莞田等处"③。黄岩县出产纸和灯心草席。④　萧山县"蒲水草可以作扇，萧山风俗，乡民以之为业"，又称："蒲包、灯笼，西兴相近各村，妇女皆以营生"。⑤ 鄞县"甬东里多种席草，民以织席为业，计所赢优于农产"⑥。兰溪县"蒲鞋出女红。邑农家妇女各为生计，纺织之外，兼制蒲鞋。苏杭贩卖，动以亿万计"⑦。宁海厅货之属"蒲水草也，凡新筑荡田俱植之。北坪居民结为蒲包，咸取用焉"⑧。

江苏编织业以席草、蒲草、竹子为原料，产品有席、草鞋、蒲包、蓑衣、箩、筐、篮、筛等。下面分别以草编、竹编为例，加以叙述。

苏州府吴县光福一带"妇女隙时皆织席"。"蒲鞋……草履，田家妇工也"。"凉枕，业此者在香山一带"。⑨ 吴县唯亭镇，"西南惯业织芦席"⑩。元和县周围各村杂造芦席、篾帘、草履、蒲包、蓑衣等。⑪ 句容县产麦草编，"麦秋至，村妇织为冠，冠可遮日。苏、常诸郡及浙西皆取资焉。近更精巧工致。亦女工之一也"⑫。吴江县"席草出周庄、平望，农夫种之，每获厚利。凡虎邱、浒墅之席，其草多取资焉"⑬。又称：震泽、平望等地"不治春熟，而植席草者"⑭。嘉定县"凉鞋出新泾一带，以广管草擗面积之，粗细不一，四方贾各捆载而往。更有制为凉靴者"⑮。又称"黄草种于

---

① 光绪《慈溪县志》，《物产》。

② 康熙《归安县志》，《土产》。

③ 康熙《太平县志》，《物产》。

④ 转引郑昌淦《明清农村商品经济》，第 469 页。

⑤ 民国《萧山县志稿》，《物产》，引《乾隆志》。

⑥ 光绪《鄞县志》，《物产》。

⑦ 光绪《兰谿县志》，《物产》。

⑧ 光绪《宁海厅志》，《物产》。

⑨ 道光《光福志》，《土产》。

⑩ 道光《唯亭志》卷 3《风俗》。

⑪ 道光《元和唯亭志》《物产》。

⑫ 乾隆《句容县志》，《风俗》。转见郑昌淦《明清农村商品经济》，中国人民大学出版社 1989 年版，页 472。

⑬ 乾隆《吴江县志》，《物产》。

⑭ 乾隆《震泽县志》，《生业》。

⑮ 乾隆《嘉定县志》，《物产》。

水田，收成者宜干阁，产东北乡。城东三里有蒲鞋邮，邮民以黄管织凉鞋。更有制为凉靴者"①。江阴县产蒲扇，"邑西民多业之"。"草履，出香山者佳"。② 无锡县"席出新安、开化之间，居民田事稍闲，辄以织席为业"③。兴化县"蒲包出中堡庄，蒲席出城北蓬垛，芦席出西门外"④。镇洋县蒲鞋"出茜泾。农隙皆捆履为业，利用甚溥"⑤。盐城县出产有芦席、蒲席、蒲包等，"聊以谋生"⑥。山阳县出产有鼓、芦席、蒲包等。⑦ 邳州"邳产蒲，可为扇，工最良"⑧。其他如泰州、高邮州、东台县等郡出产蒲包、帚、席、帘、蒲鞋、草履等。盖当地盛产蒲芦之属。这些产品多半为农家所制造。⑨

嘉定县"篾竹产南乡，城南有篾竹邮，邮人以制筛筐之属"⑩。吴江县出产竹器，"造作之属曰饭箩、洗帚作，在姚家湾、宋家滨居民男男女女多制竹器为业。四处变卖，近在市镇，远则入城，并有贩卖取利者"⑪。上元、江宁两县志载："通济门外，民善柔治竹木，雕刻文字，为折扇"⑫。武进阳湖产箆，"箆齿精熟，城西男妇多业此者"⑬。江阴县竹汗衫"出夏港镇"⑭。

安徽怀宁县"芦，洲渚所产……城中薪取给焉，亦可织以为席。洲之婆民业以为生"。"竹，小吏港、王家河之产为盛。家家皆业簟，错综成文，莹净柔滑，其行甚远。竹之枝扎为筐，为扫地具，利与簟埒"⑮。当涂县"其乡农民多于田工之暇……洒削农器"⑯，太湖县下太平乡农民，农闲之

---

① 光绪《嘉定县志》，《土产》。
② 道光《江阴县志》，《物产》。
③ 光绪《无锡金匮县志》，《物产》。
④ 咸丰《兴化县志》，《物产》。
⑤ 《镇洋县志》卷1《清末编》。
⑥ 光绪《盐城县志》，《风俗》。
⑦ 乾隆《山阳县志》，《物产》。
⑧ 同治《徐州府志》，《舆地考》，引《邳州志》。
⑨ 转引郑昌淦《明清农村商品经济》，第473页。
⑩ 光绪《嘉定县志》，《土产》。
⑪ 嘉庆《同里志》，《物产》。
⑫ 同治《上元江宁两县志》，《食货》。
⑬ 光绪《武进阳湖县志》，《土产》。
⑭ 道光《江阴县志》，《物产》。
⑮ 道光《怀宁县志》，《物产》。
⑯ 《古今图书集成·职方典》卷813《太平府风俗考》。

时，"编竹为器：篓、筐、箕……之类。……亦可以资生云"①。

江西南昌府新建县西山，只种粮食，"不能充赡家口，全资柴薪、竹器……诸物，转于山下，易粟为食"②。

湖北编织业以蒲草、麦秆、竹子为原料，产品有席、草帽、簟等。武昌县妇女"善制麦草帽"。又称："县西有芦洲，长港有席口，沿岸居民以织芦席为业"。③ 汉川县"西北之蒲芦，足织为席……远利民用"④。田宗汉称："香蒲……八九月刈叶，织蒲席、作蒲……"⑤ 应城县"有白蒲，织以为席，湖乡之利"；"有桃枝竹，即水竹，俗多析篾造器，织簟尤佳"。⑥

湖南盛产竹和龙须草，编织业以笠帽和席为主。乾隆四十年，宁乡县竹匠朱光祖将仿织灯笼之式，剖金竹为草笠帽圈，织花如人字，高矮精粗咸备。后四处效之，"今贫寒幼女小童赖为生活"⑦。衡阳县"居民编竹为筏，名曰舫。……旧为舫三千有奇，今多寡不等"。又"伐山木为园器，盘盂杯杓，形由心造，岁贩他邑，其利常倍"。⑧ 临武（县）"东山生龙须草……而连州山中尤盛。织席必于临武，故临武草席名天下"。称："麻枲之利及织席为事者，又可给数千家"。⑨ 桂东县出产货物中有龙须席、栽草席两种。⑩

四川编织业多以麦秆、席草、竹子为原料，产品有草帽（草笠）、草席、扇之属。华阳县货之属有"台笠。按今多编麦颖为之，名曰草帽。妇孺业此，坐行不释手。精致者价值数金"⑪。又有草鞋、麻鞋、棕鞋、竹帘、扇、席等。温江县产"草帽。编小麦秆为辫，以辫圈裁成帽。邑女工多以

① 民国《太湖县志》，《乡区志》，转见《道光志》。
② 转郑昌淦《明清农村商品经济》，第 24 页。
③ 光绪《武昌县志》，《风俗》《物产》。
④ 同治《汉川县志》，《物产》。
⑤ 田宗汉：《汉川图记征实》第 5 册。
⑥ 光绪《应城县志》，《物产》。
⑦ 嘉庆《宁乡县志》，《城市》。
⑧ 嘉庆《衡阳县志》，《物产》；道光《衡山县志》，《风俗》。
⑨ 同治《桂阳直隶州志》，《货殖》。
⑩ 嘉庆《桂东县志》，《物产》。
⑪ 嘉庆《华阳县志》，《物产》。转见郑昌淦《明清农村商品经济》，中国人民大学出版社 1989 年版，第 489 页。

此为业。最精细者可值钱数千文"①。郫县"草帽，草笠也，田家御暑御雨之具。郫邑女工多以麦草编成笠帽卖之。赤贫之家妇女多以此为生"②。双流县"女红之暇，即编草帽、蒲扇等，未尝或辍"③。新都县出雨伞及竹扇，称"雨伞极工致耐久，竹扇……货者甚众"④。什邡县"席草，三四月种，七八月收，功甚简，不妨农务。粤人（指康熙年间，广东移民）多以此起家"⑤。乐至县"灯心草纤长柔软，居人织席，以鬻于市"。又，该县富产竹，"织为筐、笥、薄、曲、箕、奠、箩、篱诸物，价廉而易售，行于旁邑。"⑥安平县称："蒲席出大弄场、双门寨、桥头、上下耳贡……条寨（共十寨），其利倍于种谷，故该居民数百户往往种蒲于田"⑦。南川县出芦竹帘。⑧荣昌县出产折扇，"邑中职此业者，不下千家万户"⑨。大宁县土人种慈竹，"织为盐包以谋利"⑩。

山东编织业以草帽辫、席为突出。《青州府志》载："博兴，水草宜菰，蒲亦蕃盛。为席、为履、为廪薄、为壁带、为扇。扇工尤精致，常货之远方"。又称"临淄，草之属曰苇曰芦，颇利民利"⑪。高苑县货有"苇席，出水泊"。⑫寿光县出产有"盐丝席布"。邑中盛出菇草，其佳者"尤宜织席"。"昔太史公谓：千亩厄茜，千畦姜韭，其人与千户侯等。今菇草不耕自植，其利当不下于茜厄姜韭。"该县"草辫，尚惟东华家庄为之，今则附近十余里，多业此矣"。⑬诸城县北境多蜀黍，"石屋山北诸村落取其皮以织席"，又"芬子草生黑龙沟侧，为蓑为汗衫，可取厚值"。⑭高密县货之属

①　嘉庆《温江县志》，《物产》。
②　同治《郫县志》，《物产》。
③　光绪《双流县志》，《风俗》。
④　道光《新都县志》，《物产》。
⑤　嘉庆《什邡县志》，《杂识》。
⑥　道光《乐至县志》卷3。
⑦　咸丰《安顺府志》，《物产》。
⑧　转引郑昌淦《明清农村商品经济》，第490页。
⑨　光绪《荣昌县志》，《物产》。
⑩　光绪《大宁县志》卷1《地理·物产》。
⑪　咸丰《青州府志》，转引自郑昌淦《明清农村商品经济》，第496页。
⑫　咸丰《青州府志》，转引自郑昌淦《明清农村商品经济》，第497页。
⑬　嘉庆《寿光县志》，《物产》；清末《寿光县乡土志》，《植物制造产》。
⑭　乾隆《诸城县志》，《方物》。

有席、蒲扇、蓑衣、笠、荆筐、簸箕、柳斗。① 曲阜县出产产品有"灯、莎草席、蒲席、芦荻薄、毡、箕、筐筥之器"。所出产杖、蜜、灯等"皆一邑民人饮食服用、养生送死、贸迁化居之资也"。② 即墨县货有席、花椒等。③ 观城县"贫民妇女皆以麦茎制辫为业,不事纺织"④。泰安县货有席⑤。沂州府货有毛毡、苇席、蒲席等⑥。日照县有"葛可束物,蒲苇可织席、笠,菅莎可为蓑,荻可为薄……扫帚尤济农用"⑦。乐陵县"苇以为席,荻作帘箔,邑资其利"⑧。海丰县清末时产草辫、桑皮纸、荻薄、苇帘等⑨。德州地区产草帽及席,乡土志记:草帽和凉帽为本州特产,"以特勒草为之,草出北口外"⑩。席有苇、秸二种。宁阳县"草帽辫,用麦茎七枚,左右交织而成。竭一人之力,日可作两丈余"。"草帽辫销售莱商,岁约十万斤"。⑪ 此外,嘉祥县"编竹为器"⑫。

直隶编织业有草编、柳编两种。

草编 草编较普遍,顺天府货类有苇帘、苇席、苇箔、蒲席、草帽、蓑衣、柳器等。⑬ 保定府,席出满城、新城,蒲绳、蒲扇、扫帚出博野县,蒲席、蒲扇、蒲筐、蒲团出雄县。⑭ 文安县货有苇席、草帽、蒲席、蓑衣、柳器等⑮。香河县货之类有蒲席、草帽、苇帘、蓑衣、柳器等⑯。静海县货属有苇席、蒲席等。妇女"工织席"⑰。永清县出产柳器、芦席等。县之

---

① 乾隆《高密县志》。
② 乾隆《曲阜县志》,转引自郑昌淦《明清农村商品经济》,第498页。
③ 同治《即墨县志》。
④ 乾隆《曹州府志风土志》。
⑤ 乾隆《泰安府志》。
⑥ 乾隆《沂州府志》。
⑦ 康熙《日照县志》。
⑧ 乾隆《乐陵县志》。
⑨ 转引郑昌淦《明清农村商品经济》,第502页。
⑩ 康熙《德州志》。
⑪ 光绪《宁阳县乡土志》。
⑫ 乾隆《济宁直隶州志》。
⑬ 《古今图书集成·职方典》卷21。
⑭ 《古今图书馆集成·职方典》卷76《保定府物产考》。
⑮ 康熙《文安县志》。
⑯ 康熙《香河县志》。
⑰ 康熙《静海县志》。

"南乡信安镇逼近文安、霸州二乡，故多水宕。其产芦苇兼葭，霜落取材。信安人就往贸之，劈绩为席"。西乡"东西义和无业之民，则购稗草秭皮，编为草具。……人多市之，其利与柳器略相上下"。① 河间府产品有蒲席、麻履等。乾隆志又称："在河间（县）以羊、以蒲席、帽著"。"河间业席、帽者，织苇为之，聚市（献县）商家林。其织作尤密致精好者，价颇高，过客多买焉。余有苇箄、柳箕之属，人资其利"。② 邢台县出苇席，"唐山以北诸邑咸取办于此，亦有时波及津沽。"③ 任邱县货之属有苇席、蒲扇。④ 献县"商家林妇人辫麦茎，缉为帽"⑤。武清县货类有蒲席、草帽、苇帘、襄衣、带席、苇箔、柳器等。⑥ 东安县货类有蒲席、苇帘、苇箔、苇席、柳器等。⑦ 隆平县货类有"芦席"等。⑧ 饶阳县产苇箔。⑨ 大城县货有蒲席、苇席等。⑩ 玉田县货之属有苇席、草帽（麦秸为之）、草帽辫等。又称：妇女"织席者尤多，皆在林南仓（镇名）附近各村。近因草辫价昂，城乡间亦无贫富，趋之若鹜。……邑闺阁之旧业也，今愈忙营此"⑪。丰润县货属有"席，邑南大泊多苇，土人以之织席，转运四方"⑫。青县货属有席、草帽，"兴济妇女日以编织为业"⑬。抚宁县之东王各庄出"蒲扇"⑭。

柳编　固安县货类有木器、柳器（如升斗、簸箕、栲栳之类）等。该县咸丰志指出："农力耕作……妇女或务织布，或制柳器，皆足自给"⑮。吴桥县货之属有荆筐，柳斗等。⑯《永清县》载：货之属有柳器、芦席等。又

① 乾隆《永清县志》。
② 康熙《河间府志》，《物产》；乾隆《河间府志》，《物产》。
③ 光绪《邢台县志》卷1。
④ 乾隆《任邱县志》。
⑤ 乾隆《献县志》。
⑥ 乾隆《武清县志》。
⑦ 乾隆《安东县志》。
⑧ 乾隆《隆平县志》。
⑨ 乾隆《饶阳县志》。
⑩ 光绪《大城县志》。
⑪ 光绪《玉田县志》。
⑫ 光绪《丰润县志》。
⑬ 嘉庆《青县志》。
⑭ 光绪《抚宁县志》。
⑮ 康熙《固安县志》，咸丰《固安县志》。
⑯ 康熙《吴桥县志》。

称："东乡浜河，河东韩庄、陈各庄一带，地土硗瘠，多沙碱，不宜五谷。居民率种柳树。柳之大者，伐薪为炭；细者折其柔枝，编缉柳器。无业贫民往往赖之"①。昌平州称编织品有荆筐，出聂山营、讲礼两村；② 枣强县产荆筐③；等等。

河南编织业有草编和竹编两种。

草编　仪封县器用财货有笠、筐、帚、席等。④ 陵县的"席、箔、筐、笪，皆本邑人为之"⑤。长葛县"人工制造，惟席片"⑥ 等。鄢陵县"席、箔、筐、笪，皆本邑人为之"⑦。鹿邑县所产，据傅松龄载："编麦秸为辫，制笠售之，邑人擅其利久矣。光绪十年前所售笠，以青白粗细辫工窳，价有绝殊者。嗣商贩至，专购细辫，宽二三四分不等，按斤给值，不论长短。自是业笠者浸少，而利专在辫，有'专工'司拆续，无迹可识。每数丈团为把，席裹如牛腰，源源捆载而去。商贩悉出山左人，岁销六七万金有赢。……少妇幼女行坐皆不释手。勤而速者，终岁所得，直恃以自衣被，且有赢焉"⑧。氾水县家庭，以编织草帽辫为特产。⑨ 项城县"近见郾城一带，无论乡村集市，老妇少女皆以编草帽辫为业。……勤而速者，终岁所得值，自给衣服，且有赢焉"⑩。武阳县"其临河一带居民，……女工尚勤纺织，并编草帽，以资糊口"⑪。

竹编　永宁县货之属有竹器。⑫ 光州货之属有竹筐、竹箩、竹帘、竹席等。⑬

---

① 乾隆《永清县志》。

② 光绪《昌平县志》。

③ 转引自郑昌淦《明清农村商品经济》，第508页。

④ 乾隆《仪封县志》。

⑤ 民国《鄢陵县志》《风俗》，引同治《文献》。

⑥ 乾隆《长葛县志》，《风俗》。

⑦ 民国《鄢陵县志》《风俗》，引同治《文献》。

⑧ 光绪《鹿邑县志》，引傅松龄《佩弦斋杂记》。

⑨ 转引郑昌淦《明清农村商品经济》，第512页。

⑩ 宣统《项城县志》。

⑪ 王凤生：《河北风采录》卷4。

⑫ 乾隆《永宁县志》，《土产志》。

⑬ 乾隆《光州志》。

山西编织业不是很多，如太原县物产有席、草帽等。① 长治县货有席等。②
洪洞县出产芦席等。③ 孝义县货有苇席等。记云："汾河旁多栽苇……秋冬
取作席。近河居民多业此。间有出鬻邻邑。"④ 蒲县出产的箕柳，以"金丝
最佳，土人植之取利"。又谓："县东北乡出箕柳，佳者一亩，岁收万钱。
民颇利之"。⑤ 祁县志食货有苇席、柳器、麻履等。⑥ 平陆县出产的草织，
有苇席等。⑦ 潞城县物产有席等。⑧ 赵城县："洼地不任稼穑者，多产芦苇，
谓之苇地。始生曰芦，既老曰苇。芦笋可食，苇秸可编箔，皆民之所利
也"。坊里志云：南乡"洼地产芦苇，岁取其值，可代耕"。⑨ 榆次县"其
地多苇荻，伐而织之为箔，以贸于远近，民借以给衣食。"⑩ 寿阳县货有
"柳器，出大小东庄诸村；苇席出温家庄、小东庄、孙家庄诸村"⑪。另马邑
县有编席记载。⑫

甘肃以草编为主。如嘉庆《永昌县志》"方产志"云："草推箕笈，可
为筐席，近织凉冠"。道光《镇番县志》云："草惟箕笈，可织席，而苏山
（草）一种尤无节，可爱，土人用织凉冠"。道光《敦煌县志·乡土志》载：
"芦草，贫民借以织席，希取小利"⑬。

此外，陕西也有编织记载，但不多。贵州《安顺府志》载：安平县出
蒲席，"其利倍于种谷"⑭。

---

① 道光《太原县志》。
② 康熙《长治县志》。
③ 雍正《洪洞县志》，同治《洪洞县志》都有记载。
④ 乾隆《孝义县志》第 4 册，《物产·民俗志》。
⑤ 乾隆《蒲县志》卷 1《物产》。
⑥ 乾隆《祁县志》。
⑦ 乾隆《平陆县志》。
⑧ 康熙《潞城县志》，光绪《潞城县志》有载。
⑨ 道光《赵城县志》。
⑩ 同治《榆次县志》卷 15《物产》。
⑪ 乾隆《寿阳县志》。
⑫ 雍正《朔平府志》。
⑬ 转见郑昌淦《明清农村商品经济》，第 532 页。
⑭ 咸丰《安顺府志》卷 17。

五　多种经营事例①

1. 木材种植业发展

明清时期政府鼓励种植林木。明洪武二十七年三月庚戌，"令天下种桑枣"②。宣德七年重申劝民种桑枣。上谓行在户部臣曰："桑枣，生民衣食之计。洪武间遣官专督种植，今有司略不加意。前屡有言者，已命尔申明旧令，至今未有实效。其即移文天下郡邑，督民栽种，违者究治"③。直隶安平县，王瑾于景泰至成化间任该县知县期间，县治北有沙冈数十里，"瑾植柳万余株，每三百株构一草屋，穿井其旁，募工守灌，逾年柳成阴。"④ 据《石侯政绩记》载，天顺至成化间，知县石伦劝民多种枣树，又督凿池，周树柳固之，株三千余。民感其德。⑤ 山东冠县，天顺间，许通种树获奖赏，"种树千株……天顺六年旌"⑥。成化年间，山东按察副使陈善治，对章五一镇，扼要运河之冲，委为民患之处，进行修治。除令民于农隙采石，岁修堤岸外，东岸十二里尽南旺湖，西岸八十里尽沙河，以达临清，"植柳数百万株，堤因以益固，其有功于漕河"⑦。山东恩县，王宏植树千株，"成化九年旌"。莘县的孔昭，植柏树千余株，成化年受到嘉奖。东昌府的赵全，植柏三千余株，弘治年受嘉奖。东昌府的自溥，植柏树千余株，弘治年旌，正德间恩加冠带。孙良郡植柏树万余株，"诏旌其门"。⑧ 山东平原县知县卢恭，在任职期间，植树万余株，以荫行旅，时人比之甘棠。⑨ 嘉靖间，任济宁州知州的范栻，沿河植柳。⑩ 万历年间，任山东德平知县杨子凤，"教民种树"⑪。王远宜于万历三十年任郓城知县，在任职六年间，劝民道旁种柳

---

① 本子目写作所用资料见陈树平主编《明清农业史资料（1368—1911）》第三册，第 1474—1483 页。以后只注原注，不加引注。特此申明。
② 《太祖洪武实录》卷 232。
③ 《宣宗宣德实录》卷 95。
④ 宣统《泾阳县志》卷 12。
⑤ 张元顺：《石侯政绩记》，见乾隆《无极县志》卷 10。
⑥ 嘉庆《东昌府志》卷 32。
⑦ 道光《济南府志》卷 35。
⑧ 嘉庆《东昌府志》卷 32。
⑨ 宣统《山东通志》卷 77。
⑩ 宣统《山东通志》卷 72。
⑪ 乾隆《无极县志》卷 8。

数万株，行人借荫，田家获利。① 弘治间，福建上杭县"邑人郭生璘往来贩负经此，念其岭高苦暑，捐资植松千余株，迄今树已成围"②。邵武府，万历年间，"郡人种杉弥满冈阜，公私屋宇悉用之，皆取诸本土而足，且可转贩以供下四府宫室之用。……郡人厨谓货，此其重者也"③。正德十四年，河南彰德府知府陈策，采纳安阳知县韩德泽建议，于官道东北作堰，夹壕植柳万株，莞然成林。④ 万历年间，湖北黄梅县曾维伦任职期间，"植柳数万株"，长达四十里，遂以名为"万柳堤，即曾公堤"。当时民歌曰："青青柳，胜甘棠，夏日不盖树生凉。"⑤ 陈璘出守南澳时，召时漳州卫指挥侯子锐、澄海所千户袁子庆臣、潮州卫镇抚杨汪咸，谈种树之事，"三子皆唯唯是。……庸是捐廪余，购松苗四万、杉苗三万有奇，命三子督各庸卒，分布于城后概左右各山麓，皆遍植之"⑥。天启至崇祯年间，据崇祯《开化县志》载：浙江开化县开地田少，民间惟栽杉木为生，三四十年一伐，谓之拼山。"闻诸故老，当杉利盛时，岁不下十万，以故户鲜逋赋。"⑦

　　入清以后，政府大力提倡、鼓励种树造林同时，还出台了保护林木政策。顺治十二年覆准："民间树植以补耕获，地方官加意劝课，如私伐他人树株者，按律治罪"。雍正二年谕："舍旁田畔，以及荒山不可耕种之处，度量土宜，种植树木。""其令有司课令种植，仍严禁非时斧斤"⑧。乾隆三年谕旨云："朕御极以来，转念民依，于劝农教稼之外，更令地方有司化导小民，时勤树植，以收地利，以益民生。今览该抚所奏，是豫省一年之内，已种树百余万之多。朕思中州接壤畿辅，为南北往来之冲，并未闻有教民种树滋事繁扰之处，安见豫省之法，不可仿行于他省耶？……可将此传愉各督抚善体朕心，勉力为之。"⑨

　　在政府提倡、督促、保护政策鼓励下，在经济利益驱动下，有清一代

①　光绪《郓城县志》卷6。

②　《古今图书集成·方舆汇编·职方典》卷1079《长汀府部》。

③　万历《邵武府志》卷9《物产》。

④　嘉庆《安阳县志》卷6。

⑤　光绪《黄梅县志》卷5。

⑥　陈璘《南澳山种树记》，见顺治《潮州府志》卷12。转见陈树平主编《明清农业史资料（1368—1911）》第二册，第831页。

⑦　雍正《浙江通志》卷106。

⑧　《光绪会典事例》卷168《户部十七·田赋》。

⑨　《光绪会典事例》卷168《户部十七·田赋》。

植树造林得以发展。

直隶无极县，东北二乡，半系沙洼，土瘠民贫。乾隆十一年，黄可润赴任，为植树立下章程，行之四年，出现未种者扩之，枯缺者补之局面。现在大者已成林，小者亦畅茂，"通计四十余村，绵亘四十余里，从前沙荒不毛，今一望菁葱，且成树者风沙不刮，中可布种杂粮，民生渐有起色。"①

山东茌平县知县屠湘，康熙年间在此任职十四年，河畔栽柳，坛壝植柏，人比之甘棠。②据署河道总督齐苏勒疏言：康熙至雍正初，山东沿河栽柳，成活八十九万二千余株。③赵知希于雍正三年任馆陶县知县，于城南栽官柳万余，为堤岸之备。④黄县，由于产木，人民收入较丰，所之"民间养生送死为极便。器用之具，贸迁他州，美矣"⑤。

山西垣曲县，康熙三年在纪宏谟主持下，"凡河坝闲田，谕令种树，旬日间种植者几遍垣野，可谓十年之计得，万家之利兴"⑥。交城县，"山民蓄木代耕，变价完粮"⑦。

河南陈留县志载：顺治十七年于南岸曲兴集建柳园一区，栽柳七百二十株；康熙元年于南岸书家庄前建柳园二区，栽柳七千五百株。又在遥垃北大王庙前建园一区，栽柳六千九百株；康熙九年，南岸建柳园一区，栽柳一千一百株；康熙十七年，南岸建柳园二区，栽柳二千五百二株；康熙二十四年，北岸贯台建柳园二区，栽柳二百株。⑧葛县志谓：钦奉世宗宪皇帝并我皇上叠颁谕旨，劝民种树，既缘各宪谆切指出，葛邑士民于田畔屋角，凡有隙地悉栽榆、柳，合县计之不下数百万株，悉成拱把，小民乐利无穷矣。⑨林县于道光间，知县刘九思大力推广栽种梦树，种者甚多，十年

---

① 乾隆《无极县志》卷末。
② 宣统《山东通志》卷76。
③ 宣统《山东通志》卷74。
④ 宣统《山东通志》卷76。
⑤ 康熙《黄县志》序。
⑥ 文登：《纪侯重修石堤记》，光绪《垣曲县志》卷12。转见陈树平主编《明清农业史资料（1368—1911）》第二册，第848页。
⑦ 光绪《交城县志》卷9。
⑧ 宣统《陈留县志》卷10，《河防》。
⑨ 乾隆《葛县志》卷1。

后当有成效。① 辉县大规模植树在道光间。据周际华称：道光八年"乃严立课程，责成里甲，令户各种数十株，并申放牧踩践及戕折之禁，于是民咸知奋。数月以来，计报新种者，除桑树四万余株外，得杂树十五万有奇。""入秋查规，存活者得其半耳。"②

安徽婺源县，每一岁种田收入，不足供全县十分之四。于是，人们并力作于山，种麻、种蓝、种粟来补充不足，而"以其杉桐之入，易鱼稻于饶，易诸货于休"③。黟县"物产赤杉、白杉。大抵新安之木，松、杉为多，必栽始成材，民勤于栽植。"④ 俞正燮谓：黟县青岭山"今居民于山巅植松桧，结樵伐，隔山望之，林木葱蔚在云间"⑤。舒城县"杉……西南诸山动插以万计。"⑥ 徽州府土产，吴大澂云："徽州产杉木极多"⑦。宣统间，据两江总督张人骏奏称，宣城栽树极多，如种桐树三万二千四百二十株，柏树六万八千一十株，楂树二万五千一百八十株，枣树五千四百七十株，茶树十二万三千一百九十株，橡树二千五百株，松树三十二万二千六百株，"其成材利用者，统计有二十万株"⑧。

浙江《杭州府志》载，万松岭多巨松，今平为大涂，而松亦无几。"国朝雍正八年，总督李卫补种万株，苍翠夹道，渐复旧观"⑨。西安县，物产杉。"杉于衢地取利最饶，而开化尤甚，有一山而鬻木至数千金者。西邑虽不逮，而自数百金至数十金，向亦往往有之。"⑩ 象山县，材有松、柏、桧、黄栩、檀、梓、樟、枫、稠、鸡丝木和杉，惟杉旧非土产，近东西乡植者渐多，第民稠用繁，拱把即伐作橡。⑪

福建泰宁县，康熙间，"土产杉木，邑号杉阳。以木发源于杉溪，多产

---

① 转见陈树平主编《明清农业史资料（1368—1911）》第二册，社会科学文献出版社 2013 年版，第 845 页。

② 周际华：《种树记》，见道光《辉县志》卷 17；《种树说》卷 18。

③ 乾隆《婺源县志》卷 4。

④ 《古今图书集成·博物汇编·草木典》卷 261《杉部》。

⑤ 俞正燮：《癸巳类稿》卷 8。

⑥ 嘉庆《舒城县志》卷 12。

⑦ 吴大澂：《时务通考续编》卷 17，光绪二十四年。

⑧ 刘锦藻：《清朝续文献通考》卷 382，《实业五》。

⑨ 宣统《杭州府志》卷 79。

⑩ 《古今图书集成·博物汇编·草木典》卷 261《杉部》。

⑪ 乾隆《象山县志》卷 3。

杉木。"① 宁化，康熙时，"植杉最甚……宁土之食此利者多矣"②。汀州府一带，林木"初栽插时，跨山弥谷，栉比相属，动辄数十里。十年后不止以谷量也。以故素封之家，不窥市井，不行异邑，坐而待收，利贻数世，胥以此为富给之资"。又谓"县中沿流乡村，多以此致富"③。福宁府"有主之山，其勤俭者俱于山上种植松杉木桐茶等树，获利甚多"④。云霄厅"自数十年来，潮民导种扶留藤，以竹为篱，以杉为蔽，深山穷谷，皆培竹木，以待时需，为利甚溥"⑤。安溪县在乾隆年间，常乐、感化二里多种杉。⑥

广东肇庆府广宁县产竹甚多，有诗云："山凹几顷种箐篁，抵得东田百亩粮。持取竹公凭客贩，连排凤尾广州商"⑦。屈大均称："高州道中，榕夹路垂阴，凡百株。"又谓"榕易高大，广大多植作风水。"⑧《揭阳县志》载："揭最多榕，故名榕城云。"⑨《东莞县志》载："杉，种自豫章来，山乡间种之。"又载"邑境近罗浮者固多松，然水帘、大岭、浑溪、宝山诸山古松亦夥，山居之民，有种松为业者"⑩。清远县"邑中多山松，近山者往往借以出息。"⑪ 据《清远县志》载：花尖、马鞍二山是陂水发源地，由大沙河至田龙湾出飞水口入浈水，经流八片等村一带民田，共秋粮米一百余石，皆借二山出息。村以滋水源，递筑九坡以通灌溉，自历代以迄国朝，皆禁开山砍伐树株，绿山光则地涸而水竭，林阴则地湿而泉多故也。经历届政府"封禁勒石，至今树木浓阴，租税永赖焉。"⑫

广西乾隆《岑溪县志》载：本邑向无杉木，"近年渐植。"⑬ 宾州志载：

---

① 《古今图书集成·博物汇编·草木典》卷261《杉部》。

② 康熙《宁化县志》卷2。

③ 杨澜《临汀汇考》卷4。

④ 乾隆《福宁府志》卷12。

⑤ 嘉庆《云霄厅志》卷20。

⑥ 乾隆《安溪县志》卷4《物产》。

⑦ 李本洁：《广宁竹枝词》，见乾隆《广宁县志》卷9《艺文》。

⑧ 屈大均：《广东新语》卷25，《木语》。

⑨ 乾隆《揭阳县志》卷7。

⑩ 宣统《东莞县志》卷14。

⑪ 光绪《清远县志》卷2。

⑫ 光绪《清远县志》卷5。

⑬ 乾隆《岑溪县志》卷2。

"水松宾地惟太守一带植之，山松则青葱弥望矣。"① 郁林州有樟木、枫木，"樟木者更佳"②。

江西兴国"山阜向植杉木"，"山居之人多种之，食其利者众"③。宁都直隶州"松，州治及瑞、石二县无不种松之山"。"杉……今各处山居人多种之……州治及瑞、石食其利者众"④。玉山县"木宜杉……山近德兴、开化，皆以种杉致富"⑤。贵溪县"多深山大谷，竞种杉以为封殖"⑥。南昌县志载，本邑：多樟，豫章得名以此；松，城冈岭最盛；柳最多，东湖最盛。⑦ 刘锦藻称：靖安县在光绪三十一年间，种植林木有：回溪堡中坑地方，栽松五千株，杉树二千株，竹一千八百余株，茶树五千丛……石下上堡山场二十四处，栽松一万八千余株，杉、樟、竹、柏八千余株。三十二年南门大片荒地栽枳谷三百株，麦冬四百棵，木南石马口狐尾岭集股栽松四万八千余株……罗汉树下载松五万余株……弋阳在光绪三十年，"东北两乡向以种松，易长利速，种植最多"；浮梁县"其山场多种杂树"；永新县在光绪三十年报称：南乡多山，向种松、杉、桐、柏、乌柏、茶树，四乡产木以杉为大宗，每年出产不下万金。三十二年报称：四乡土性宜松，已种松秧二十余万株。建昌县西北山地居多，种植松杉，并沿堤各处添种柏树，计成活七千二百余株，柳树一千八百余株。⑧

湖北蒲圻县，乾隆年间，孟超然路过此地，称其所见："林木之多，又北来三千里所未经见者，山率种松，长者百尺参天，新植者渐渐列行"⑨。

湖南祁阳县，"祁邑土山宜于栽杉，种植较他处独多。且开垦栽杉木，本轻而利厚，人多乐从，故素称产木之区"⑩。辰（辰州府）、沅（辰州

---

① 道光《宾州志》卷20。
② 光绪《郁林州志》卷4。
③ 道光《兴国县志》卷12。
④ 道光《宁都直隶州志》卷12。
⑤ 道光《玉山县志》卷12。
⑥ 同治《贵溪县志》卷1。
⑦ 道光《南昌县志》卷1《物产》
⑧ 以上各县栽植树木情况皆见刘锦藻《清朝续文献通考》卷379，《实业二》。
⑨ 孟超然：《使粤日记》卷上。
⑩ 同治《祁阳县志》卷8。

府）、瑶峒，多种杉木。① 桂阳直隶州，"州北宜柏，南宜松。柏香岁亦货千金。"② 祁阳县："祁邑……杉木一种，客商编筏贩至武汉，岁可得数万金。"③

贵州"黎平、镇远、都匀三府地方山多田少，赖蓄杉木以度民生"④。天柱县"土产远不及中州，然自城西汉寨、皮厦以上，地接黎阳，遍地杉山，土产以木植为大宗"⑤。贵阳府"旧无杉木"，乾隆六年布政使陈真荣："捐幕楚匠，包栽杉树六万株于城外各山。"⑥ 仁怀厅"本境有陀杉、尖顶杉、油杉、红杉、错节杉诸种，自猿猴山以下，山多种杉"。又载"柏，……处处栽植"⑦。《天柱县志》载："城西汉寨、皮夏以上，地接黎阳，遍地杉山，土产以木植为大宗。"⑧

云南，檀萃称："衰牢之山长千里，中通一径，走深林中垂一天，若使此山之木得通长江，其为大捆大放，不百倍于湖南哉！"⑨ 可见林木储量之多。永昌河，道光间，知府陆廷熵率民夫抗水救灾同时，"复捐买松树种数十石，遍种于山根箐脚以固其源。"⑩ 云南"竹木之利大，江南千树获，渭滨千亩竹，皆与万户侯等"⑪。

油桐、油茶明代已开始种植。福建建宁府，嘉靖至万历年间，"自兴田诣建阳，地产砂饴、茶油暨竹笋、楮册，商旅云集"⑫。入清以后，桐油、茶油获得更大发展。福建松溪县，"茶油树，种者遍山"⑬。安溪县"所产

---

① 吴其濬：《植物名实图考》卷33，《木类》，见《岭外代答》。

② 同治《桂阳直隶州志》卷20。

③ 同治《祁阳县志》卷22。

④ 《苗族山客李荣魁等呈贵州布政使状》，道光七年，见中国社会科学院经济研究所馆藏《清代钞档》。

⑤ 光绪《天柱县志》卷3。

⑥ 《清高宗实录》卷139。

⑦ 光绪《增修仁怀厅志》卷8。

⑧ 光绪《天柱县志》卷3。

⑨ 檀萃：《滇海虞衡志》卷11，嘉庆四年。

⑩ 道光《永昌府志》卷6。

⑪ 檀萃：《滇海虞衡志》卷11。

⑫ 张瀚：《松窗梦语·南游记》卷21。

⑬ 康熙《松溪县志》卷6。

惟桐油、茶油较多"①。宁德县种油桐，"山居借此取油货，售以佐生业者甚众"②。江西巡抚塞楞额称："江右山多田少，查南赣二府，种植桐梓，出产油、角力，其利甚角力"③。瑞金所产油："其最佳者曰茶油"，"次曰桐油，……视楚蜀所产尤胜，其用甚广"。④ 也有人说："吉赣一带，桐梓、茶梓处处成林，大有出息"⑤。吉安永丰县，茶油收入"岁入数十万缗"⑥。南安府除竹木外，茶、桐、柏三木之脂是其"利之溥者"⑦。宁都直隶州出茶油："州治界连瑞金之团箕山，多产茶油"⑧。靖安县"邑人近争种茶子"，"榨其仁以取油，计一邑之所产，岁取值逾十万缗"⑨。上饶县，同治年间"邑中诸山，近日多植茶子树，取实压油，厥利甚溥"⑩。萍乡县"茶油岁可出二三万担"⑪。乾隆年间，湖南辰州府桐油已销售遍天下，"商贾竞趋其利"⑫，山民收入亦大增。永州府"山林之利，富于农亩"，山林之出除材炭外，"厥利惟麻油桐油为大"，"其利视田收较易"⑬。凤凰厅之民，不论贫富，"恃以资生者，桐油苞谷为最"⑭。攸县种油茶，收子压油，"利较桐油更溥"⑮。四川秀山县擅桐油之利久矣，"载销湘汉淮涕之间"⑯。江北厅山民遍种桐树，"以收其利"⑰。万县，"万多山，故民多种桐，取其子为油，盛行荆鄂"⑱。

　　乌桕种植以浙江、福建、江西、湖南为多，民间借以为利。明宣德年

① 乾隆《安溪县志》卷4《物产》。
② 乾隆《宁德县志》卷1《物产》。
③ 《清高宗实录》卷257。
④ 乾隆《瑞金县志》卷2。
⑤ 道光《浮梁县志》，《艺文》。
⑥ 同治《永丰县志》，《物产》。
⑦ 同治《南安府志》，《物产》。
⑧ 道光《宁都直隶州志》卷12。
⑨ 同治《靖安县志》卷1。
⑩ 同治《上饶县志》卷26。
⑪ 刘锦藻：《清朝续文献通考》卷379，《实业二》。
⑫ 乾隆《泸溪县志》卷7。
⑬ 道光《永州府志》卷5。
⑭ 道光《凤凰厅志》卷18。
⑮ 光绪《攸县志》卷52。
⑯ 光绪《秀山县志》卷12。
⑰ 道光《江北厅志》卷3。
⑱ 同治《万县志》卷13。

间，浙江富阳县，"桐州中沙之民，多栽乌桕树为业"①。万历天启年间，"临安〔杭州〕人每田十数亩，田畔必种桕数株，其田主岁收桕子便可完粮"②。象山县"有桕，落其子取清白二油，岁获其利"③。福建归化县，乌桕"宁、归间，凡田旁有桕木者，其田价必增，以桕叶可肥田，子又可采蒸取脂，浇烛货运，于人甚有利也"④。江西瑞金、石城两县志载：乌桕"其油可做烛，贫民亦稍借以为利"⑤。湖南沅州府：乌桕，"收子压油，可以制烛，远近货之。树植之，有利者"⑥。

2. 渔业发展

渔业分边疆地区捕鱼业和沿湖濒海渔业来探讨。

（1）边疆地区捕鱼业⑦

黑龙江流域捕渔业。明代黑龙江下游的奴儿干永宁寺碑文记载："牲林北奴儿干国，其地不生五谷，不产布帛，畜养惟狗，或以渔为业，食肉而衣皮。"⑧ 又有记载称：明代黑龙江、乌苏里江一带兀剌卫居民"居草舍，捕鱼为食"，"暑用鱼皮，寒用狗皮。"⑨ 清初，东北地区渔业已具有一定发展，主要集中在黑龙江、松花江、乌苏里江一带。主要捕捞大麻哈鱼、鲟、鳇、大白鱼和鳌花等鱼品。据李调元载：大麻哈鱼在黑龙江宁古塔诸处，"称八月向海迎水入江，驱之不去，充积甚厚，土人竟有履鱼瓶而渡者腹中子，大如击蜀黍（按，即玉米），边人取鱼炙乾，积之如粮"。乾隆年间开始，大量汉民流民从关内迁徙到黑龙江落户，带去中原地区捕鱼技术，使黑龙江流域兴起大规模的亮子渔业和野泡网渔业。除捕鱼外，采珠捕虾业也有发展。《清朝文献通考·土贡考》记载："东珠，设珠轩，置长，上三旗珠轩五十有四，下五旗封轩三十有四。每珠轩以得东珠十有火颗为率，

---

① 宣统《杭州府志》卷101。

② 王象晋：《群芳谱·木谱》，第220页，转见陈树平主编《明清农业史资料（1368—1911）》第二册，第718页。

③ 乾隆《象山县》卷3。

④ 康熙《宁化县志》卷2。

⑤ 道光《宁都直隶州志》卷12。

⑥ 乾隆《沅州府志》卷24。

⑦ 本子目写作参考闵宗殿主编《中国农业通史·明清卷》，第194—197页。

⑧ 转引自闵宗殿主编《中国农业通史·明清卷》，第194页。

⑨ 《寰宇通志》，转引闵宗殿主编《中国农业通史·明清卷》第194页。

重自一分至十分为度。……其东珠由黑龙江将军捕牲总管选取输纳"①。

南海诸岛海域的渔业开发。南海诸岛包括：东沙、中沙、西沙和南沙群岛。古称"千里长沙"或"万里石塘"。《中国江海险要图志》载，南海渔场有 36 处："琼州岛畔渔艇亦夥，皆以坚重木料为之，以代中固常有之松木小艇也。每怎渔季，诸艇皆出行两月，常离其岛七八百里，收集海参，剥玳瑁，晒鱼翅。其所渔者，常在中国海东南部众浅水滩之间，出渔恒在西历三月，能望见北向诸岸。每船仅一二舵工，并数瓮清水而已。诸艇赍进至爪哇邻近诸大浅上，陆续渔至六月初始归，各积其所有以为货"。东沙、西沙、南沙群岛渔业是深水钓渔业，钓捕鲣、鲔和采捕海参、龟、贝等。②

北部湾北海市渔业。北海市是广西最大的渔港，历史悠久。至清代，海洋捕捞已相当发达。嘉庆年间，涠洲岛出入渔船"多至千余艘"，捕捞作业有塞网、拖大网、绞缯等。此外，还有打红鱼梗、天然石礁和沉鱼礁等作业。③

（2）沿湖濒海渔业

清初禁海，影响了濒海渔业发展，也影响沿海人民生计。康熙四年，谕兵部称：山东青、登、莱等处沿海居民，向赖捕鱼为生，因禁海多有失业。前山东巡抚周有德，亦曾将民人无以资生具奏。"今应照该抚所请，令其捕鱼，以资民生"④。雍正九年，世宗指出：闻天津一带民间渔船，专以贩鱼为业，每年谷雨以后，芒种以前，是其捕取之时，亦犹三农之望秋成也。若此时稍有耽误，则有妨一年之生计矣。谕内阁："此时不可强雇渔舟，致令失业"⑤。乾隆十一年两江总督尹继善奏，太湖六桅船，由来已久，现在查点吴县、阳湖、无锡、宜县共船一百八只。向在苏、常、湖州一带捕鱼。湖中产鱼甚薄，扁舟不能广捕，六桅船随风捕鱼，资生即同恒产；若将伊等子孙世守之业，勒令拆卸，驱之平陆，使一旦失所，不但有拂舆情，并妨民利。请以现在一百八只为限，此后不许再增。"高宗批示"有治

① 以上转见闵宗殿主编《中国农业通史·明清卷》，第 195 页。
② 参考闵宗殿主编《中国农业通史·明清卷》，第 196 页。
③ 参考闵宗殿主编《中国农业通史·明清卷》，第 196—197 页。
④ 《清圣祖实录》卷 14。
⑤ 《清世宗实录》卷 105。

人，无治法，惟在汝等实力行之耳"①。

（3）各地渔业发展情况

山东博兴县产鱼，以鳝为多，销往京师及济南。又有记载："沿河之村，并业鱼蒲"②。蓬莱县近海者，蚌鱼之利最溥，"皆足佐饔餐之不给，而以备布缕之所需"③。

江苏滨河、滨湖之地，民以渔为业。如弘治常熟志载："邑多水泽，民以网罟为业。"④ 苏州"濒湖而居者，捕鱼为业。"⑤ 吴江县志载："邑为水乡，农之外多业渔"，"鱼舟大小不等，为渔之具不一"。⑥ 当地所产鲈鱼"著名天下"，银鱼"擅名自宋，今愈著，过客必争购之"，斑鱼"出长桥南者尤佳"。⑦ 松江府"泖淀、江浦之间，民多以渔为业。"⑧ 青浦县湖中有螃蜞，"渔人捕以入市，恒虑其少。"各乡农民因怕鸭吃稻田螃蜞，来县具呈，"请禁畜鸭"。⑨ 浙江湖州府，州民"利在畜鱼也"。"故水发之日，男妇昼夜守池口。若池塘崩溃，则众口号呼吁天矣。"⑩

福建福州府，福州琅岐等处，"每年产蛏甚颗"⑪。

湖北汉川县多产虾米、银鱼，"渔人春冬取而售诸山乡，咸利赖之"⑫。潜江县"人稠地狭，绝少旷土。积潦之乡，不能耕种，以渔为业"⑬。汉阳县，土人捕鱼晒干，载至江西，卖之饶、信人。⑭ 蕲水县近江居民，以打鱼为生计。"资其利以给衣食者，盖十之一二矣"⑮。

湖南衡州府产鱼苗，"四方之畜鱼者，率于夏初来衡收鱼种焉。土人居

---

① 《清高宗实录》卷283。
② 咸丰《青州府志》；道光《博兴县志》，《风俗》。
③ 道光《蓬莱县志》，《物产》。
④ 弘治《常熟县志》卷1。
⑤ 道光《苏州府志》卷2《风俗》。
⑥ 康熙《吴江县志》卷16。
⑦ 乾隆《吴江县志》卷5。
⑧ 嘉庆《松江府志》卷5。
⑨ 陈其元：《庸闲斋笔记》卷2，《畜鸭之利弊》。
⑩ 张履祥：《杨园先生全集》卷50，《农书》（下）。
⑪ 《益闻录》第107号，光绪七年六月初七日，第3册，第152页。
⑫ 同治《汉川县志》，《物产》。
⑬ 光绪《潜江县志》，《风俗》。
⑭ 乾隆《汉阳县志》。
⑮ 光绪《蕲水县志》，《风俗》。

之，以网四方之利，税于官者不下千余金，其利可知矣"①。衡阳县居水涯者十之三，近水诸农，其田常苦水潦，十种九不收。"往往有弃农而渔者，亦有且农且渔者。以渔之所获，补农之不足"②。桂阳州陂塘出产常鱼，武水有美鲫。"溱水梁占滩、钟水大牛濑居民，捕鱼为生者数千人。至冬时，一人或得数千斤。自然之利也。州城南……陂塘之鱼，岁数千金"③。永绥、乾州、凤凰三厅，"苗民于山谷中有泥深不可耕植者，潴水为塘，市外间鱼秧蓄之。多蓄鲩、鲢二种。"④ 东安县大枧塘"方广三百余亩，唐氏稻田悉资灌溉，畜鱼之利，岁亦千金。"⑤

广东广州九江乡"濒海粒食维艰，多以池沼养鱼为业"⑥。广东，在茭塘、沙湾二都江水中，白蚬积厚至数十有丈，是曰蚬塘，"其利颇大，自冬至春，淘者鬻者，所在有之。"⑦ 由于基塘养鱼的发展，至万历九年间，珠江三角洲各县课税鱼塘已达到 159828 亩，其中南海县有 48326 亩，顺德40084 亩，番禺县 10702 亩，新会县 6588 亩，香山县 711 亩，宝安县 2698亩，东莞 32654 亩。⑧ 广州府九江乡濒海，粒食惟艰，"多以池沼养鱼为业"，又养鱼苗。谚语云："九江估客，鱼种为先，左手数鱼，右手数钱。"南海县九江村，"其人多以捞鱼花为业，曰鱼花户。""农人种禾兼种鱼，视鱼犹禾也。"还说广州地多池塘，所畜者：鲢、鳙、鲩、鲇、鲫，皆以鱼秧长之。⑨ 另一记载称：南海县九江一堡，"地处低洼，乏田耕种，各皆筑塘养鱼为业。"所产之鱼赴南、韶、惠、潮各府售卖，"岁输饷银七千余两。"⑩ 另广州沿海所属多蚝田。⑪

---

① 刘献廷：《广阴杂记》卷 3。

② 嘉庆《衡山县志》，《风俗》，《道光志》《光绪志》有同样记载。

③ 同治《桂阳直隶州志》，《货殖传》。

④ 严如煜：《边防备览》卷 8。

⑤ 光绪《东安县志》卷 8。

⑥ 屈大均：《广东新语》卷 22，《鳞语·鱼饷》。

⑦ 屈大均：《广东新语》卷 23，《介语》。

⑧ 转见黄启臣《黄启臣文集》（二），中国评论学术出版社 2007 年版，第 173 页。

⑨ 屈大均：《广东新语》卷 22，《鳞语》。

⑩ 《督宪给示勒石禁革碑》，乾隆四十四年十一月初五日，见光绪《九江儒林乡志》卷 5。

⑪ 郑光祖：《一斑录杂述》，卷 3《种蚝》。

3. 畜牧业发展情况①

中国地域辽阔，除农耕以外，长城以北和祁连山—岷山—大雪山以西地区以从事畜牧业为主。据《马可波罗游记》记载，宁夏、河西及天山南此地区皆盛产羊、马、牛、驼等畜。②《明史食货志》记载："番人嗜乳酪，不得茶，则困以病。故唐宋以来，行以茶易马法……有官、有商茶，皆贮边易马。""山后归德诸州，西方诸部落，无不以马售者。"③ 这些游牧部落以牛羊肉、乳酪为食，以马易茶。

清代以后，政府在天山南北兴办官营牧厂，养殖马、牛、羊、驼等，而以牛、羊、驼为多，羊的数量远超过马、牛等，占第一位。《伊江汇览》载：乾隆四十四年（1779）牧厂各类牲畜数量：羊 222505 只，骆 3017 峰，马 24307 匹，牛 27480 只。塔尔巴哈台牧厂，据乾隆五十七年计：孳生厂已有"大马九千六百七十一匹，马驹三百七十一匹；大牛四千一百五十四只，牛犊一千一百二十只；大羊七万八百六十三只，羊羔八千三百三十只"。备马厂有"马四千三百六十七匹，牛一千六百九十八只，羊三万四千二百五十九只。"④ 合计：羊 113452 只，马 14417 匹，牛 6972 只。

在官营畜牧业的带动下，新疆各地民间畜牧业也得到较快发展。如轮台县"牛、马、驴、黄羊，以上四项均为民间畜养，系本境常产"，而"羊只孳生极繁，系大宗出产"。⑤ 沙雅"动物以牛、羊为大宗，每年孳生约十余万。"⑥ "牛羊驼马，所在群聚。"⑦《新疆图志》载："凡畜牧孳生之数，惟羊群最蕃，获利亦最厚。"⑧ 蒙古高原地区亦是牧区，奕湘《定边记略》

---

① 本子目写作资料引自郑昌淦《明清农村商品经济》，中国人民大学出版社 1989 年版，第五章第一节，《农村畜牧业》。另参见闵宗殿主编《中国农业通史·明清卷》，中国农业出版社 2016 年版，第四章第三节。

② 转见闵宗殿主编《中国农业通史·明清卷》，中国农业出版社 2016 年版，第 227 页。

③《明史》卷 80《食货四茶法》。

④ 兴肇增补撰：《塔尔巴哈台事宜》卷四，《官厂牧畜》，台湾成文出版社 1969 年影印。

⑤ 光绪《轮台县乡土志》，《物产》。

⑥ 光绪《沙漠地县乡土志》，《风俗地理》。

⑦ 椿园：《新疆舆图风土考》卷 1。

⑧ 宣统《新疆图志》卷 28《实业一·牧》。

称："蒙古赋性不谙耕作，无贫富皆赖驼、马、牛、羊四项牲畜，以资度日。"[1] 青藏高原牧区，主要牲畜有马、骡、驴、牦牛、黄牛、长毛牛、猪、羊等，其中以牛、羊为大宗。如"拉里不产五谷，以牧畜牛羊为食"；"拉萨东北由哈拉尔苏至达木一带，皆蒙古与霍耳人错居，不产五谷，惟借牛羊。"[2]

河北满城县多养猪羊，猪的毛鬃为出口货，又按："猪羊为农家副业……养猪者，全境有之。"[3] 元氏县"多坡谷，便于牧养。故山村多畜牛羊，以为生息"[4]。《河间县志》载："近世或称瀛羊肥美，畜牧甚盛。"[5] 正定府志载："羊，郡如阜平、灵寿、元氏、赞皇各邑颇宜放牧，故羊之利归焉。"[6]《鹿邑县志》云：其利在孳畜者有鸭。[7]

山西、陕西多牧羊。据《延津县志》载："山陕牧羝者，多远牧于延，一群少者数千，多者盈万。"[8]

陕南汉川"山中多苞谷之家，取苞谷煮酒，其糟喂猪。一户中喂猪十余口……所得青蚨，以为山家盐、布、庆吊、终岁之用。猪至市集，盈千累万，船运至襄阳，汉口售之。"又谓："负粮贸易，道路辽远。故喂畜猪只，多者至数十头。或生驱出山，或腌肉作脯，转卖以资日用。"[9] 凤县"邑惟畜产丰饶。牛、羊、马、骡，家有其物。尤善养鸡、猪，其值甚廉。贩买者咸接踵至，自汉南来者尤多"[10]。延长县"多畜猪羊，闻有贩牵赴鄜晋省者"。又谓"城乡人率喂猪出鄜"。[11] 甘泉县所产之物运出外境者，"以猪为大宗，每年约能销一千八百余口，值银五千余两。"[12] 保安县"马牛羊

---

① 转见闵宗殿主编《中国农业通史·明清卷》，第 228 页。

② 《西藏志》，《物产》。转见闵宗殿主编《中国农业通史·明清卷》，第 228 页。

③ 民国《满城县志》，《物产志》。

④ 光绪《元氏县志》，《物产志》，转引《正定府志》。

⑤ 乾隆《河间县志》，《物产志》。

⑥ 乾隆《正定府志》，《物产志》。

⑦ 光绪《鹿邑县志》，《物产志》。

⑧ 康熙《延津县志》卷 9《条陈》。

⑨ 严如熤：《三省边防备览》卷 8，《民食》；卷 10，《策略》。光绪《佛拌厅志》，《杂记》；光绪《定远厅志》，《风土志》所记同。

⑩ 光绪《凤县志》卷 8。

⑪ 乾隆《延长县志》，《生计志》《服食志》。

⑫ 光绪《甘泉县乡土志》，《商务志》。

其大宗也。……而保安民多牧羊，坐食其利，其饶益马牛为广。"①

甘肃阶州、文县出产猪，由白水江顺流而下，鬻之屠家，以供四川阆中猪肉之不足。②

山东禹城县乡间多养牛、羊、驴。所产牛皮、羊皮、驴皮、羊毛，为外地商人收购。③ 山东东昌府"地寒土疏，独宜畜牧，毡毳之利，十居六七。"④ 寿光县多饲养牲畜，出产马尾、牛皮、羊皮、犬皮、猪鬃。宁阳县出产驴皮、羊毛。⑤ 高密县多饲养牲畜。其"皮毛骨角输境外者十七八。羊毛入青州织毡，猪皮入黄县造箱，马牛之皮多自莱郡出口"⑥。黄县"黄民多畜牧之利，水居兼利鱼虾"⑦。临朐县"六畜，羊尤蕃息。冬月，北郭市场群集数万。贩者杂沓，远达京师"⑧。

江苏金陵志载：猪，"金陵南乡人善豢之"⑨。苏州"乡人豢猪于栏，腊月宰之，卖于居人"⑩。黄印谓：西乡贫人王招，"偕其人贸豕于郡，畜养数年，得百余金"⑪。高邮，水田养鸭生蛋，"他方购买之"⑫。扬州出产鸭和蛋，"家鸭，江湖间养者，百千为群，高邮、泰州极多。……未孵者曰卵，主人盐藏之，以售四方，都下尤重之。"⑬ 姑苏志载："出光福诸山，田家畜乳牛……取其乳如菽，乳法点之名乳饼，可以致远，四方贵之。"⑭

安徽霍山县养猪，猪仔购自商城、固始。⑮ 太平府出产猪，"猪皆家畜，有货自江北者，土称淮猪"⑯。霍山县出产牛，据县志云："牛，农家饲养甚

① 光绪《保安志略》，《畜牧志》。
② 转见道光《阆中县志》，《物产志》。
③ 光绪《禹城县乡士志》，《商务》。
④ 嘉庆《东昌府志》卷46。
⑤ 光绪《宁阳县乡土志》。
⑥ 宣统《高密县乡土志》。
⑦ 同治《黄县志》，《物产》。
⑧ 光绪《临朐县志》，《物产志》。
⑨ 《金陵物产风土志》。
⑩ 《清嘉录》卷12《冷肉》。
⑪ 黄印：《锡金识小录》卷5。
⑫ 嘉庆《高邮州志》，《物产志》。
⑬ 嘉庆《扬州府志》，《物产志》。
⑭ 正德《姑苏志》卷11《物产》。
⑮ 光绪《霍山县志》，《物产志》。
⑯ 康熙《太平府志》，《物产志》。

勤，多有出境者。"① 荣城 "山中居民畜犉，颇蕃息，西府诸州县多来收买。"②

浙江遂安县 "农家从事畜牧"，"小猪小鸡运销徽省，岁产额不下十余万金"③。据吴江、震泽两县志载：绍兴人多来养鸭，千百成群，收其卵以为利。邑人呼为鸭客。④

福建惠安 "桑麻、鸡鹅、羊猪、蔬蔌、蠃蛤之利，家自力以给。岁暮，商贩以入，兴（化）泉（州）鸡鹅羊猪，大抵由吾邑往者多也"⑤。养猪、养鸡、养鸭为农家普遍副业。

江西赣州龙南县出龙猪。⑥

广东赤溪厅 "居民善牧豕，香山、澳门等处销售颇广。" "泽中千足，竟与千户侯等。"⑦ 南雄物产，"龙猪出保昌龙王岩，在城东百里，重一二十斤，小耳库脚细爪。土人腌熏，以竹片绷之，皮薄肉嫩，与常猪不类，广城亦重之。"高州府吴川县出产猪，"猪，邑人家豢之，海舶贩以取利。"⑧永平府滦州出产猪颇多，"乐亭民间有以此致富者"⑨。饶平县教场埔圩"专鬻牛只，交易以牙行。通江右、闽汀。诸客自秋迄春，无日不聚。"⑩

河南《淅川直隶厅乡土志》载：猪 "民间饲养最多，除供本境食用外，运赴湖北老河口销售。"⑪ 光山县，据民国八年、九年调查，邑出产 "猪年约万头，出售麻城宋埠，价值十二万元。"又载：鄢陵县猪多行于郑（州）汉（口）。⑫

湖此鹤峰州出产猪，贩售他邑，"可市布棉杂货，以有易无于山氓较

① 光绪《霍山县志》，《物产志》。
② 道光《荣城县志》，《物产志》。
③ 民主派《遂安县志》，《实业志》。
④ 乾隆《吴江县志》，《生业志》；乾隆《震泽县志》，《生业志》。
⑤ 嘉靖《惠安县志》，《风俗志》。
⑥ 转见道光《南雄州志》，《物产志》。
⑦ 金武祥：《赤杂志溪》卷下。
⑧ 光绪《吴川县志》，《物产志》。
⑨ 康熙《永平府志》，《物产志》。
⑩ 康熙《饶平县志》，《圩市志》。
⑪ 光绪《淅川直隶厅乡土志》，《物产录》。
⑫ 民国《光江县志约稿》，《食货志》。

便。"① 武昌县多养鸡鸭,称 "羽之属有鸡、有鸭。乡人有成群饲之者,曰放排鸭"②。

湖南永绥、乾州、凤凰三厅苗族人民,"知养马,马腾跃山中……富者或畜至十余匹,转卖于外"③。辰州出产猪,且 "价廉于他处"。又辰州出黄牛,"苗民无田可耕,畜而货之以供馔"④。宁乡县家家养猪,较他地产者更肥美。⑤《湘潭县志》载:本地产猪不足,"衡阳、湘阴贾贩负担而来"⑥。东安县:"县人多焙谷以暖凫鸭,七日出壳。……凡七设厂,以三月起,至于夏仲,持竿驱鸭,千百为群,散入全、邵卖之。""农妇养鸭,以卵易盐,衡、湘姬嫠率呼池鸭为盐船,鸭卵之利,其亦溥矣。"⑦ 善化县民间多饲养鸡鸭,"至有一家鸡鸭之谷,耗用数十石者。"⑧ 湘潭养鸭,家自为畜,"多至数千"⑨。

四川屏山县,谚语云:"喂猪纺棉,坐地赚钱。"⑩ 绥定府太平县 "粮食无从运销,惟以包谷饲猪,变易盐茶布匹。"⑪ 城口厅(原太平县)出产猪,"农皆畜之以为利"⑫。昭化县 "民间善养猪,家设猪圈一所,少者四五只,多者数十只。……宰杀不尽者,贩户囊金采买,向他处卖之。缘山居之家杂粮有余,无可市卖,因而饲猪以邀金为利。"《荣县志》载:"猪,农家倚其力,曰血财"⑬。仁寿县养猪出产,"居民以此致富者甚众"⑭。

云南,师范云:南中民俗,"以牲畜为富,故马独多。……重牧而不重耕,以牧利息大也。"⑮

---

① 道光《鹤峰州志》,《风俗志》。
② 光绪《武昌县志》,《物产志》。
③ 严如熤:《三省边防备览》卷8,《风俗考上》。
④ 乾隆《辰州府志》,《物产考》。
⑤ 嘉庆《宁乡县志》,《物产志》。
⑥ 嘉庆《湘潭县志》,《物产志》。
⑦ 光绪《东安县志》卷8。
⑧ 光绪《善化县志》,《土产志》,引《嘉庆志》附论。
⑨ 嘉庆《湘潭县志》,《物产志》。
⑩ 乾隆《屏山县志》卷1。
⑪ 乾隆《太平县志》,《风俗志》。
⑫ 道光《城口厅志》,《物产志》。
⑬ 民国《荣县志》,《物产志》。
⑭ 道光《仁寿县新志》,《土产志》。
⑮ 师范:《滇系》,《赋产篇》。

综上，家庭手工业及渔牧业的发展，确确实实为农家增添了经济收入，改善了农家经济状况，增强了保障自有土地的能力，减缓或减少了农家因贫困而卖地的境况，对农业生产发展有推动作用。在研究农业经济时，是一个不容忽视的因素。

从以上情况看，可以得出如下认识。

第一，农民之所以搞多种经营，是因为耕作不能维持起码生活，不能交赋税，更不能维持接生、送老、智力投资以及迎来送往之资。既然农田所获，不足以营生，那么因地制宜开发生产门道，就显得十分重要。所以，多种经营的发展，首先不是为了自给，而是为了换钱维持生计，如家庭手工纺织业发展，农户首先考虑到的不是自用，而是作为商品出售，通过卖布换取粮食，维持生计。把农家发展纺织生产仅认为是农家自给手段，可能就不那么全面了。当然，农家也留下一些布以满足家人添补衣服之需，但这是少量的，当揭不开锅时，甚至自留部分也会送到市场去换米而食。他们从开始搞多种经营那天起，从纺出第一锭纱，织出第一匹布，或其他第一件产品，都把它们与市场联系起来，作为交换的商品。若硬要把家庭手工纺织业视为农家自给自足生产方式的话，也只能把纺织品通过市场变卖后再买回家庭之所需，来实现自足。然而通过市场转换后实现的自给自足，已突破自家生产，满足自家需要的自然经济形态下的自给自足。这种自给自足，是通过价值形态方式来实现的。其实现的方式、手段已与自然经济形态下的自给自足完全是两码事了。分清两种经济形态下的自给自足，具有重要意义，切不可眉毛胡子一把抓，笼统称为自然经济。只有把两种自给自足区分开来，才能理解中国封建经济与市场紧密联系的特色。

第二，农村多种经营的发展是以市场为前提的。中国封建经济是以地主制经济体制为主体经济结构，以一家一户为经济单位，一个家庭经营几亩或几十亩土地，地主虽然有上千万亩地，但也是以小块土地出租给农民耕种，这些土地以种植粮食为主，主要解决口粮问题。在解决粮食需求前提下，也有兼营棉花、蚕桑、烟草、蓝靛、茶叶、甘蔗或果木，但每户兼营也只能是一种，因耕地面积所限，劳动力所限，只能如此。另由自然条件或资源限制，此地只能生产此，而不能生产彼。由于人们生产、生活所需多样化，而每家每户所生产的产品又单一化，所以必须通过市场交换，才能实现互通有无。地主虽然拥有较多土地，但从地租收入中获得的主要还是粮食，除粮食能自给外，其他需要只能通过出卖粮食换取货币，而后再通过市场交换，才能获取日用所需各种物品，满足日常所需。个体家庭经济结构造就中国地主经济必然与市场经济相结合，这点是中国地主制经济体制与欧洲领主制经济体制所不同之点。广大的市场存在，为农民开展多种经营提供了前提，就以纺织业来说，全国虽然有66%以上州县都有纺织记载，但还有540个以上州县没有纺织记载，也就是说，这540多个州县穿衣问题，需要通过市场交换才能得到解决，这就给1600个左右州县的纺织品提供了市场。同时，这1600个左右州县虽有纺织记载，但并不是每个县的每个村都在纺织，有的村落并不纺织，如无锡是产布大县，但并不是家家户户都织布，黄印《锡金识小录》就明确指出：开化乡民皆织席，"不能为布"，"新安乡半之"，据郑昌淦研究，另三乡既织布，又兼营其他副业。① 正如浙江桐乡人张履祥所言："随其乡土，各有资息"②。这些属于纺织州县，而不纺织者，也需购布而衣，况且，还有一定数量的布出口，正因为中国有这么大的市场，所以纺织业成为中国农村最广泛、最有活力的家庭副业就不足为奇了。

第三，新品种的开发，对农村经济发展，对农民家庭经济收入增加，具有十分重要的意义。如棉花种植和家庭纺织业发展，对农民家庭经济收入有重要意义。明清时期，松江之所以能承担百万之漕粮，普遍认为是家庭手工纺织业发达的结果。番薯的传播，不仅仅对救灾有意义，而且由于产量高，还可以让农民挤出一部分土地种植经济作物，以增加家庭经济收入。烟草种植和加工业发展，使一些贫困落后山区变成富裕之乡。花生传播，使一些无法种植的贫瘠沙地得到利用，从而使一些地方改变贫苦面貌。还有柞蚕传播，使遵义成为贵州最富之地等。要使农村经济得到发展，农民生活得到改善，充分利用当地资源，引进新品种，开发新产业，就显得十分重要。充分认识这点，对发展农业，改变农村落后面貌，增加农民经济收入，具有不可低估的作用。目前，我国正处于脱贫攻坚阶段，充分发挥当地资源优势，开发新产品，对脱贫致富具有重要意义。

第四，商品性农业之所以能得到发展，是以社会经济发展为前提的。明代中期与清代中期以前，由于政府采取种种扶农政策，农业经济由衰落走向发展，由发展走向繁荣。农民家庭收入增加，加上社会处于长治久安

---

① 郑昌淦：《明清农村商品经济》，第148页。

② 张履祥：《补农书》。

之中，增强人们消费信心；社会需求不断增加，对农副业产品种类要求得越来越多；社会需求旺盛，推动了商品性农业的发展；农家为追求更好的经济效益，也积极投入商品生产中来。在各种因素相互推动下，商品经济得到发展。商品经济发展，是社会经济发展综合指标的反映。到明后期及清后期，由于地主经济发展，土地兼并日趋严重，农民失地者越来越多，农民生活日趋贫困，消费信心受到严重压抑。由于社会中最大群体丧失拉动经济发展活力，经济由繁荣走向衰退，商品生产也随之走向衰落。有人说官僚、商人的高消费，可拉动社会经济发展，这种说法对商人、官僚集中之地可能成立，但对全国来说，拉动经济发展的动力，应该与占人口百分之九十的农村人口购买力高低有密切关系。如果看不到这点，就会忽视对农村经济发展的重视和关切，从而拖累整体经济发展。

第二节　商品性农业和家庭手工业发展对社会经济发展的影响

商品性农业发展和家庭手工业发展，对农家经济具有重要影响。《泉州府志》称："农曩耕于田，今耕于山，若地瓜、若茶、若桐、若松杉、若竹，凡可供日常者，不惮陟峣岩，辟草莽，岁计所入，以助衣食之不足。"① 陕西的南山老林，"兴（安）汉（中）商二府一直隶州，林深箐密居民稀少。乾隆时，赣皖川湖各省流亡迤逦而来，始则凿岩架屋，刀耕火种，谓之棚民。继则长子孙事诗书，既庶且富，俨成乐土。"② 可见商品性农业发展及家庭多种经济经营发展，对农村社会经济生活变化带来巨大的影响，同时对明清社会经济发展也产生了深远的影响。下面作详细探讨。

一　农家对商品性农业生产的依赖

明清时期，随着社会经济发展，随着人民生活改善和提高，以及社会风气流转，人们对衣着饮食要求更丰富、更多样化。如对衣着需求和对颜色需求更多样化，对糖、茶叶、蔬果需求更旺盛。至于烟草业在社会风气熏陶下，形成男女老少皆抽烟，在这种需求刺激下，制烟业也获得巨大发

---

① 乾隆《泉州府志》卷20。
② 民国《续修陕西通志稿》卷31。

展。人民生活需求提高和变化，为商品性农业发展提供了广阔的前景。另加上经济作物的价值一般来说要比稻、麦、粟、高粱、菽等粮食作物高，因此，在多种因素推动下，从事商品性作物种植者众。经济作物种植已经成为农家经济不可分割的一部分。下面，我们从两方面分析：一是种植经济作物利润丰厚；二是农民对经济作物依赖。

首先，种植经济作物利润丰厚。明万历间，徐光启称：上海种植棉花，如亩产三十斤，足供赋额；五十斤足徭役。"丰歉获收，家户殷给，悉仁言之利矣。"① 据吴伟业《木棉吟》序称：自上海、练川延及吾州，冈身高仰，适合种木棉，明"隆、万中，闽商大至，州赖以饶。"② 据方行先生估计，江苏地区的种棉花价值高于种稻。按嘉道年间米价计算，江苏地区平均亩产米 2.5 石，每石米价银 1.5 两，每亩产值为银 3.75 两；每亩地按产皮棉 25 斤，每斤皮棉价约 0.76 钱计，得银约 19 两。③ 据此推算，棉花产值约是种植水稻的 5 倍。光绪间，据黄宗坚称：上海棉田"每亩所获当较常田赢钱千有奇"④。《山东通志》称：六府皆植棉，东昌尤多，其利甚溥。⑤《吴兴掌故》载：桑，"大约良地一亩，可得叶八十个，每二十斤为一个，计其垦锄壅培之费，大约不过二两，而其利倍之。"⑥ 《长兴县志》载：该邑农桑并重，"而湖俗之桑，利厚于农。"⑦ 江西彭泽县，"木棉可抵稻粱之半"⑧。建昌县，同治间，知县李应鸿推广粤桑种，其利比豫章蚕桑岁止一登，增加五倍。⑨ 赣州府，光绪年间，吴大澂谓：据称"每田一亩，可植桑四千枝（此顺德之桑种），饲八造蚕，每造每亩，可摘叶四百斤，饲蚕八箔，每箔可得茧斤许，缫丝可三四两，每两售得价约洋二三角，则每亩获利不下五十金。"⑩ 湖北应山县志称："唯棉花为民利"⑪。湖南简阳州

① 徐光启：《农政全书》卷 35，《蚕桑广类·木棉》。
② 吴伟业：《梅村诗》，见《中国农学遗产选集·棉》上编。
③ 方行：《中国古代经济论稿》，厦门大学出版社 2015 年版，第 147 页。
④ 黄宗坚：《种植实验说》，见《农学丛书》第 1 集。
⑤ 嘉靖《山东通志》卷 8，《物产》。
⑥ 光绪《孝丰县志》卷 4。
⑦ 同治《长兴县志》卷 8。
⑧ 同治《九江府志》卷 8。
⑨ 宣统《南海县志》卷 14。
⑩ 吴大澂：《时务通考续编》卷 16。
⑪ 同治《应山县志》卷 8。

种棉花，"利倍于红花矣"①。贵州贵阳府贞丰州之罗斛州判称：其高原广种木棉，"较植稻粱，获利加倍。苗民善于图利，是以种。"② 兴义县 "所产木棉，为利甚溥。"③ 据吴大澂称：种烟不如种桑。"种植之利过于鸦片者莫如种桑，约计地一亩，可艺百八十株，三四年后，每株售叶，可得钱三百，是每亩获值五万余，若能自蚕，利且倍，每亩之获将十万，以视种烟之亩，得万余钱，已沾沾以为利。"④ 山东招远县 "邑多条桑，其利甚溥"⑤。刘锦藻论及四川蚕业时谓：光绪间，"丝最高价每斤一千五百文，最低一千文"⑥。直隶易州，"每年蚕忙不过四十天，而亦可抵农田一岁入之数。"⑦ 深州丝利有多少？据吴汝纶称："往时州人程西畴用贾盐起，语人云，川西诸村，岁买盐三百包，以醃茧。芦盐每包重百六十斤，即丝利可知矣。"⑧

也有记载，种烟之利甚溥。明崇祯人杨士聪称："二十年来，北土亦多种之，一亩之收，可以敌田十亩。"⑨ 王逋《蚓庵琐语》云："烟叶出闽中……关外至以马一匹易烟一斤。"⑩ 谢重拔说：缘乡比户往往以种烟为务者，何哉？"彼以为谷之利薄，而烟之利厚耳。"⑪ 刘燿说：山西保德，凡河边淤土，不以之种禾黍，而悉种烟草。尝为河边叹云："盖深怪习俗惟利是趋，而不以五谷为本计也。"⑫ 江西南丰县志载："烟草必种以沃田，利倍于谷。"⑬《蜀中烟说》载：种烟 "大约终岁获利，过稻麦三倍，民争趋焉。"⑭《资阳县志》载：当地有 "一烟二蔗之谚，盖利甚溥也"⑮。舒位《兰州水烟篇》云："兰州水

---

① 民国《简阳县志》卷19《食货篇》。
② 罗绕典：《黔南职方纪略》卷1。
③ 罗绕典：《黔南职方纪略》卷2。
④ 吴大澂：《时务通考续编》卷16。
⑤ 顺治《招远县志》卷5《物产》。
⑥ 刘锦藻：《清朝续文献通考》卷381，《实业四》。
⑦ 吴大澂：《时务通考续编》卷16。
⑧ 吴汝纶：《深州风土记》卷21。
⑨ 杨士聪：《玉堂荟记》。
⑩ 俞正燮：《癸巳存稿》卷11。
⑪ 谢重拔：《禁烟议》，见乾隆《瑞金县志》卷7。
⑫ 刘燿：《烟谱》卷46。
⑬ 同治《南丰县志》卷9。
⑭ 嘉庆《四川通志》卷75。
⑮ 咸丰《资阳县志》卷7《物产》。

烟天下无，五泉所产尤绝殊。居民业此利三倍，耕烟绝胜耕田夫。"①

　　至于种麻之利，黄厚裕称："栽麻可获厚利也"。他算了个账，即论近时粮价昂贵，然充小麦数斗之价，约不过值洋二元，充大麦石余之价，亦不过值洋二元，充稻二石余之价，约不过值洋三元有零，充豆谷杂粮不及水田收获之半之价，更不过值洋一元有零。"若麻，则每亩每季可收百斤，即时价最贱，亦应值洋六元以外。以夏麻百斤所值，较麦价则多两倍，以秋麻百斤所值，较旱田豆谷杂粮之价则多三四倍，即较水田稻价，亦多一倍。"② 刘锦藻根据江西抚州临川县种麻情况称："每亩刈麻一百余斤，可收二十千钱之利，较之种稻，利盈数倍。"③

　　其次，农民对经济作物依赖。如种蓝靛、蔬菜、花生等，获利都过于稻。《乐平县志》载："种菜种靛，出息更倍。"④ 江苏《如皋县志》载："蓝，作靛蓝利是溥。"⑤ 福建《漳州府志》载：落花生"俗以压油，其利甚溥"⑥。江苏《睢宁县志》载：落花生"今民间布种，溥如五谷。"⑦ 其余产品获利情况不一一枚举，请见谅。

　　由于商品性农产品价值比稻、麦及杂粮价值高，有的甚至高几倍，这对农家来说是有巨大诱惑力的。农家为提高经济收入，改善生活境况，在商品经济发展浪潮冲击下，纷纷被卷入其中，并且关系越来越紧密。商品性作物种植，已成农民家庭经济中不可分割的一部分。经济作物发展，侵田现象十分普遍。政府为了维护粮食作物种植，对经济作物种植虽有禁令，但农家为自身生计所计，不惜违抗禁令，依旧种之。有些官员想禁革经济作物种植，而遭到地方绅士阻拦。于是经济作物种植，遍地开花矣。

二　农家对利润的追求

　　棉花种植，丘濬认为：棉花种植遍布天下，"人无贫富皆赖之，其利视

①　褚逢椿、顾禄：《烟草录》。

②　黄厚裕：《栽苎麻法略》。

③　刘锦藻：《清朝续文献通考》卷379，《实业二》。

④　同治《乐平县志》卷1。

⑤　嘉庆《如皋县志》卷6。

⑥　康熙《漳州府志》卷27。

⑦　光绪《睢宁县志》卷3。

丝盖百倍焉"①。在高利润驱动下，松江、太仓州棉花种植占农田"十分之七八"②。上海县至道光年间，"业农者罕见种稻"③。浙江余姚县至清代时，邑民，资棉花种植为生者十之六七。④ 山东至清中期，全省 107 个州县中，已有 90 余个植棉州县。⑤ 清平县棉田"连顷遍塍"，"故土人望木棉成熟，过于黍稷。"⑥ 寿光县"村民大抵以植棉为业"。⑦ 河南偃师县农民"以棉在为急务，收花之利，与五谷等。"⑧ 张九钺谓：崤邙巩洛五百里，"今秋棉花三倍前，家家堆满黄金钱。"⑨ 太康县多种棉花，"甚利赖之"⑩。方观承称：直隶冀、赵、浑、定诸州属，"农之艺棉者十之八九，产既富于东南。"⑪ 安肃县种棉花，"土民皆利赖焉"⑫。据河南巡抚尹会一奏云："保定以南，以前凡好地者皆种麦，今则种棉花。"⑬ 太康县"农以木棉为主，其利最长。"⑭ 湖北汉川县，产棉恒广，"租赋待于斯，家哺给于斯。"⑮ 随州"户种木棉"⑯。汉（阳）黄（州）德（安）三府出产棉花，"小民生计，多半赖是。"⑰ 湖南武陵县，滨沅诸地，沙丰而土薄，居人多自种棉，夹河两岸，弥望数十里，除自本邑用外，外销岁又数十百万。⑱ 山西种棉花，据蒲城志载："晋省诸郡皆有之"⑲。嘉庆《介休县志》谓：自明万历年间引种以来，

---

① 丘濬：《大学衍义补》卷 22，转见《中国资本主义萌芽问题讨论集》上册，第 13 页。

② 高晋：《奏请海疆禾棉兼种疏》乾隆四十年，见《清经世文编》卷 37。

③ 张春华：《沪城岁事衢歌》，见道光《蒲溪小志》。

④ 光绪《余姚县志》卷 26。

⑤ 方行：《清代经济论稿》，天津古籍出版社 2010 年版，第 179 页。

⑥ 嘉庆《清平县志》卷 8《户书》。

⑦ 嘉庆《寿光县志》卷 9《食货》。

⑧ 乾隆《偃师县志》卷 5。

⑨ 张九钺：《拾棉曲》，转见《中国农学遗产选集·棉》上编，第 114—115 页。

⑩ 道光《太康县志》卷 3。

⑪ 方观承：《进呈棉花图疏》，见光绪《赵州桥直隶州志》，《物产志》。

⑫ 乾隆《安肃县志》，《方产志》。

⑬ 黄可润：《畿辅见闻录》。

⑭ 道光《太康县志》卷 3《风俗》。

⑮ 同治《汉川县志》卷 6。

⑯ 乾隆《随州志》卷 3。

⑰ 民国《湖北通志》卷 24。

⑱ 李至祯：《武陵土产表》，见《农学丛书》初集。

⑲ 乾隆《蒲城县志》卷 3《物产》。

"至今利焉"①。至清末，虞乡、猗氏产棉最盛，岁收约一百万斤，歉年亦收五七十万斤，次则为解州、绛州、河津、芮城，又次则临晋、安邑、平陆、稷山等县。② 四川威远县，县地多山少水，棉所产"可抵稻谷之半"③。程含章谓："海内木棉之盛在岑南，岑南木棉之盛在粤右江。"④ 贵州黎平府，洞苗在天柱、锦屏二属，以"种棉花为业"⑤。天柱县大塘头、白石场一带，"产棉花，晴多则获厚利，居民皆种之。"⑥ 云南扑喇之民，"垦山种木棉为业"⑦。师宗州"多种稻棉为衣食"⑧。

又如种桑养蚕。张履祥称：地得叶盛者，一亩可养蚕十数筐，少亦四五筐，最下二三筐。米贱丝贵时，则蚕一筐，即可当一亩之息矣。米甚贵，丝甚贱，尚足与田相准。他认为"蚕桑厚……多种田不如多治地"⑨。由于"丝棉日贵，治蚕利厚，植桑者益多"⑩，在植桑养蚕有利可图鼓舞下，农家植桑养蚕热情高。康熙帝曾说："朕巡省浙西，桑林被野……而蚕桑之盛，唯此一区。"⑪ 浙江湖州人，以植桑养蚕为先务，"其生计所资，视田几过之。"⑫ 顾炎武称：崇德县田地相埒，故田收仅足支八个月之食，"其余月类易米以供，公私仰给，惟蚕是赖，故蚕务最重。"⑬ 据王韬称：由嘉兴至平湖，沿河皆种桑林，养蚕取丝，其利百倍，诚东南生民衣食之源也。⑭ 乌程县南浔"无不桑之地，无不蚕之家"⑮。《嘉兴府志》载："公私仰给，唯蚕丝是赖，比户以养蚕为急务。""蚕荒则田芜，揭债鬻子，惨不免矣。"⑯ 于

① 嘉庆《介休县志》卷4。
② 农工商部编：《棉业图说》卷3，《中国棉业现情考略》。
③ 嘉庆《威远县志》卷1《物产》。
④ 《木棉花序》，见程含章《岭南集》卷4。
⑤ 光绪《黎平府志》卷2。
⑥ 光绪《天柱县志》卷1。
⑦ 倪蜕：《滇小记》，见《中国农学遗产选集》上编，《棉》。
⑧ 雍正《师宗州志》上卷。
⑨ 张履祥：《补农书·校释》。
⑩ 乾隆《吴江县志》卷5。
⑪ 乾隆《杭州府志》卷1《天章》。
⑫ 乾隆《湖州府志》卷10，引《菇城文献》。
⑬ 顾炎武：《天下郡国利病书》卷84，《浙江二》。
⑭ 王韬：《漫游随录》。
⑮ 咸丰《南浔镇志》卷21。
⑯ 嘉庆《嘉兴府志》卷23《农桑》。

潜县"蚕熟丝多，乡人多资其利。"① 江苏吴江之黎里"丝之丰歉"，"即小民有岁无岁之分"②。常州府金坛县，乾隆早期，各处俱栽桑，比前增倍。③ 山东栖霞县放养山蚕，"今三叫诸社为多，然视诸城、沂水不及十分之一。"④ 临清州武城县，道光年间，龚璁教民植桑养蚕，"数年后桑柘蔚然，民获其利。"⑤ 四川盐亭县，无产之人，均以植桑养蚕为业，"一岁之需，公私支吾，总以蚕之丰啬为用之盈缩"⑥。井研、峨眉两县农家，靠卖丝所得"送公租""缴纳租税"。⑦ 广东"粤东南海县属毗连顺德县界之桑园，围地方周回百余里，居民数十万户，田地一千数百顷，种植桑树以饲春蚕"⑧。陕西城固、洋县植桑养蚕，其蚕则甚广。⑨ 宁羌州放养山蚕，所产丝品"贩行川广，获利已属不赀"⑩。山西平顺县，康熙年间，在君讳珀，字舜玉教导下，放养山蚕，"逾年人食其利"⑪。长子县，在唐甄引导下，植桑养蚕，"三旬而树桑八十万本，民业利焉"⑫。陕西，乾隆间，据陈宏谋称："城固、洋县蚕利甚广。"⑬ 鹤山县之坡山、维敦皆以蚕为业，"几于无地不桑，无人不蚕"⑭。

再如种植烟草。陈琮亦称："种烟之地，半占农田。"⑮ 郭起元说：福建"今则烟草之植，耗地十之六七"⑯。江西兴国县，据县志载："兴邑种烟甚广，以县北五里亭所产为最，秋后吉郡商贩踵至，利视稼圃反厚。"⑰ 大庚，

① 嘉庆《於潜县志》卷10《食货志》。
② 乾隆《黎里志》，转见郑昌淦《明清农村商品经济》，第258页。
③ 乾隆《金坛县志》卷1。
④ 乾隆《栖霞县志》卷1。
⑤ 宣统《山东通志》卷76。
⑥ 乾隆《盐亭县志》。
⑦ 乾隆《井研县志》，《风俗志》；乾隆《峨眉县志》，《货殖志》。
⑧ 张鉴：《雷塘庵主弟子记》卷5。
⑨ 陈宏诺：《巡历乡村兴除事宜檄》，见《培远堂偶存稿》卷19。
⑩ 光绪《宁羌州志》卷5。
⑪ 王士正：《内邱县知县吴郡墓志铭》，见嘉庆《长山县志》卷14。
⑫ 王闻远：《西蜀唐圃亭先生行略》，见唐甄《潜书行略》。
⑬ 陈宏谋：《巡历乡村兴除事宜檄》，见《培远堂偶存稿》卷19。
⑭ 道光《鹤山县志》卷2（下）。
⑮ 陈琮：《烟草谱》卷1。
⑯ 郭起元：《论闽省务本节用书》，见《清经世文编》卷36。
⑰ 同治《兴国县志》卷12。

"种谷之田，半为种烟之地"①。石城县，"惟烟叶一项，春种夏收，获利亦厚。向只一二处种植，近年（指光绪年间）小松、桐江、新坊、大琴等村，几乎比户皆然"②。浙江嘉兴县人王逋称：崇祯末，"我地遍处栽种"③ 烟叶。嘉兴府，乾隆间，"今嘉郡多知树烟，乡城区圩，布种森立。"④ 桐乡县，据《记略参濮录》载："相传乾隆五十年，吾乡大旱，苗稿几尽，南乡有种烟者，收值数倍于谷，由是种者渐多。偶遇潦年，田蚕荒歉，颇赖此以资生计。"⑤ 安徽凤阳县"近城一带，所产烟叶较他处为佳，七八月间，商贩四集，贫民颇资以佐食用之缺"⑥。凤台县"治烟最勤，利亦最大，近城诸坊多种之。"⑦ 据《怀宁县志》载：烟叶"其值视他产为高，农民一亩烟之获利，厚于一亩田。……岁六七月，扬州烟贾大至，洪家铺、江镇牙行填满，货锱辐辏，其利几与米盐等。"⑧ 泗州五河县近时种烟者多，"而获利亦可补谷之不足"⑨。四川多种烟。彭遵泗《蜀中烟说》称："蜀多业烟"，"烟田一亩，佃课十金。"然而烟业"大约终岁获利，过稻麦三倍"。"近日河坦山谷，低峰高原，树艺遍矣，骎骎乎与五谷争生死也。"⑩ 成都府新津县，"邑人莳烟草者甚多，良田熟地种之殆遍。六七月，邑中烟市堆积如山。"⑪ 乐至县种烟"农人岁田莳，获利颇厚"⑫。湖南善化县民，嘉庆至光绪间多种烟，"近年种蔫（烟）几成美利，或至废田与园而为之，一亩之蔫，可获利数倍。"⑬ 湖北石首县，乾隆间，"近者乡多种烟草……县之艺以获利者，几胜五谷，而六湖山地尤胜。此亦不免妨农，而小民鹜利，难以骤禁者也。"⑭ 山东滋阳县，自顺治四年间，城西三十里颜村店、史家庄创

---

① 乾隆《大庾县志》卷4。
② 刘锦藻：《清朝续文献通考》卷 379，《实业二》。
③ 王逋：《蚓庵琐语》。
④ 光绪《嘉兴府志》卷 33。
⑤ 光绪《桐乡县志》卷 7。
⑥ 乾隆《凤阳县志》卷 4《舆地》。
⑦ 嘉庆《凤台县志》卷 2。
⑧ 民国《怀宁县志》卷 6。
⑨ 光绪《五河县志》卷 10。
⑩ 嘉庆《四川通志》卷 75。
⑪ 道光《新津县志》卷 29。
⑫ 道光《乐至县志》卷 3。
⑬ 光绪《善化县志》卷 16《土产·附论》。
⑭ 乾隆《石首县志》卷 4。

种，相习渐广，至今，遍地栽莴，每岁京客来贩收买者不绝，各处因添设莴行，"稍为滋民一生息云"①。寿光县种烟草，自康熙时，有济宁人家于邑西购种，种之，获利甚厚。其后居人转相慕效，不数年而乡村遍植，负败者往来如织，"遂成邑产"②。巨野县，"今观本邑种烟者，其工力与区田等，而不畏其难者，为利也。"③ 河南鹿邑县，种烟草。"此草今种益多，以收获之利数倍于谷也。"④ 卢氏县，"该邑亦在万山中，民贪利，平日多种烟叶"⑤。直隶磁州，"近因磁人舍本逐末，多种烟叶、靛苗，稻田渐减"⑥。霍州产烟，"今种者渐多矣"，虽有害于嘉种，"然其利厚，非牧令所能禁也"。⑦ 梁章钜称："余尝藩甘肃，屡欲申兰州水烟之禁。询之绅士，皆以为断不能禁，而徒以扰民。盖今日之吃水烟者遍天下，其利甚厚，利愈厚则逐末者愈多。"⑧《授时通考》载："在广东本处之人，惟知贪财重利，将土地多种龙眼、甘蔗、烟叶、青靛之属，以致民富而米少。"⑨ 广西平南县："种烟之家十居其半，大家种植一二万株，小家亦不减二三千。"⑩ 贵州黄平州，嘉庆志称：烟草"今则遍地栽之，州南及东北一带为甲"⑪。黎平府种烟，"大约烟之利过种稻数倍，是以人争趋焉。近日东北五里桥一带山坡树艺遍矣"⑫。黑龙江达呼尔，人家隙地种烟草，"则一岁之生计也"⑬。

种茶是山区人民维持生计的来源之一。浙江於潜县，"民之仰食于茶者十之七"⑭。福建崇安县，山中土气宜茶，环九曲之内不下数百家，"皆以种茶为业，岁所产数十万斤，水浮陆转，鬻之四方"⑮。《建阳县志》编者按：

① 《古今图书集成·方舆汇编·职方典》卷238《兖州府部》。
② 嘉庆《寿光县志》卷9《食货》。
③ 道光《巨野县志》，《方舆》。
④ 光绪《鹿邑县志》卷9。
⑤ 吴熊光：《伊江笔录》上编。
⑥ 《水利营田图说磁州》，见吴邦庆辑《畿辅河道水利丛书》。
⑦ 道光《直隶霍州志》卷10。
⑧ 梁章钜：《退庵随笔》卷8。
⑨ 《授时通考》卷48《劝课·敕谕》。
⑩ 《吴英拦舆献策案》，见《清代文字狱档》第5辑。
⑪ 嘉庆《黄平州志》卷4。
⑫ 光绪《黎平府志》卷3（下）。
⑬ 西清：《黑龙江外记》卷8。
⑭ 宣统《杭州府志》卷81。
⑮ 《古今图书集成·方舆汇编·职方典》卷184《武夷山部》。

今桑不过十之一，笋十之一二，惟茶十之八九。茶山袤延百十里，寮厂林立。① 南平县"邑治山多田少，岁收稻谷，不敷民食"。"物产茶，大利所在。"② 丁绍仪称："茶利益溥，福、延、建、邵诸郡种植殆遍。比闻台北居民，亦多以茶为业，新辟埔地，所植尤繁。"③ 安徽霍山县，"近县百里皆种茶，民惟赖茶以生"④。四川通江县，"邑产惟茶，用遍于他邑"。"民在山巅崖阿之下，恃此为世业焉。"反对县官禁种茶。⑤ 四川永川县萱花寺大小峰门等处种茶，"赖此为衣食者甚众"⑥。陕西紫阳县，山内产茶，山之极高处，皆有漆树。此二种，"不窖贫民赖以存活"⑦。广东珠江之南有三十三村，其土沃而人勤，"多业艺茶"。"每茶一亩，苦簦二株，岁可给二人之食。"⑧ 河源县种茶，"居人生业半赖于此"⑨。鹤山县，《采访册》载：近则自海口直至附城，"无论土著客家，多以茶为业"⑩。云南思茅厅，尹继善疏称："地方瘠薄，不产米谷，夷人穷苦，惟借茶叶养生。"又称普洱府"地寡蓄藏，衣食仰给茶山"⑪。

种麻织布，江西、安徽尤多，其他省份亦有，人民生计所赖也。江西《玉山县志》载：闽、建来玉客民，多利苎为生。⑫ 宁都州风俗，不论贫富，无不缉麻之妇女。"自宜辟旷土以植苎麻，则不必向远方货买，而所出之布本贱而利益蓄矣。"又载："总计城乡所出夏布，除家用外，大约每年可卖银数十万两，女红之利不为不普。"⑬ 分宜县"邑北山地多种苎，其产甚广。每年三收，五月后，苎商云集各墟市，桑林一墟尤甚。"⑭ 安徽婺源，每一岁概田所入，不足供通邑十分之四。"乃并力作于山，收麻蓝粟麦，佐所不

① 道光《建阳县志》卷2。
② 卞宝第：《闽峤輶轩录》卷1。
③ 丁绍仪：《东瀛识略》卷5。
④ 兰文：《霍山竹枝词》，见乾隆《六安直隶州志》卷33。
⑤ 道光《通江县志》卷10《物产》。
⑥ 光绪《永川县志》卷2。
⑦ 卢坤：《奏疆活略》。
⑧ 屈大均：《广东新语》卷14，《食语》。
⑨ 乾隆《河源县志》卷1《风俗》。
⑩ 道光《鹤山县志》卷2（下）。
⑪ 《尹继善筹酌普思元新善后事宜疏》，见乾隆《云南通志》卷29、卷8。
⑫ 道光《玉山县志》卷12。
⑬ 道光《宁都直隶州志》卷12。
⑭ 同治《分宜县志》卷1。

给。而以其杉桐之入，易鱼稻于饶，易诸货于休。"① 黄厚裕称："产麻之区，向以江西为最。皖省则安庆之桐、潜，庐州之舒、巢，六安之英、霍，获其利非只一日。"② 湖北武昌县，柯逢时《序》称："吾乡农年来多艺麻，言比稻获数倍，岁连樯输汉上，得金数十万。"③ 浙江缙云县"邑少蚕桑，多种棉苎，女红之利，十居八九"④。四川郫县多种火麻，其货得价倍于他种。⑤ 江北厅，近来人家多种苎麻，"以其利厚而种植易也"⑥。福建将乐"乡有苎布之利"，大田"平衍有种苎，纺麻之利"。⑦ 漳州府山居之民，"犹种麻苎，取其易种亦易蓄也。"⑧ 宁德县"苎，在县在乡皆有"。广东雷州"妇女多以织葛为生"⑨。陕西富平县，"邑温泉河地产麻，较甲诸邑，曩听民间贸易，与菽麦同也"⑩。

其余也有发展蓝靛、种蔗、种花生、种蔬菜者。如湖南黔阳县农民，在种蓝价值高的驱动下，"今大半南亩"⑪ 皆种蓝。四川《威远县志》载："靛乃山中奇货，利倍于稻，多废稻田以种。"⑫ 蓬溪县"土又宜靛，近多种者，利乃过于绵。"⑬ 广西梧州府产蓝靛，"腴田种之，获倍利"⑭。又如种蔗，利厚于稻，民争种之。福建泉州府，居民磨蔗煮糖，"其地为稻利薄，蔗利厚，往往有改稻田种蔗者"⑮。永安县民"将平洋腴田种蔗、栽烟，利较谷倍"⑯。龙岩州志载："火耕水耨之夫，终岁勤劬，犹苦贫，惟利蔗及

① 乾隆《婺源县志》卷4《风俗》。
② 黄厚裕：《栽苎麻法略》。
③ 黄厚裕：《栽苎麻法略·柯逢时序》。
④ 光绪《处州府志》卷24。
⑤ 嘉庆《郫县志》卷40。
⑥ 道光《江北厅志》卷3。
⑦ 何乔远：《闽书》卷38。
⑧ 乾隆《漳州府志》卷5。
⑨ 屈大均：《广东新语》卷15，《货语》。
⑩ 光绪《富平县志》卷4。
⑪ 同治《重修黔阳县志》卷18。
⑫ 光绪《威远县志》卷2《物产》。
⑬ 光绪《蓬溪县志》卷1。
⑭ 乾隆《梧州府志》卷3。
⑮ 陈懋仁：《泉南杂志》。
⑯ 雍正《永安县志》卷9。

烟草，获利数倍。"① 再如落花生。广东揭阳山中人以种落花生"榨油为业者，十室而九。"② 恩平县种花生，"邑人多种以榨油，颇为此方之利"③。茂名县南路平旷处，种花生者在在有之，"比之一大造收成，榨油多获厚利"④。广西博白种花生，"博邑农民之利，稻谷之外，惟此为最"⑤。贵县各里业畲岭者多种花生榨油，每年不下十数万斤，亦土产之大宗。"瘠土之民，并无谷粒，其完粮定婚之事多借此。"⑥ 湖南宝庆府新宁县居民种花生，"土人以榨油，获利最多"⑦。湖北广济县，湖乡居人近于沙阜多种花生，"以资生计"⑧。再如种蔬。山东峄县种菘（白菜）、姜鬻于江淮，"颇获厚利，人尤愿种之"⑨。湖北石首县，"田家畦圃，春韭秋菘，陈瓜擘果，其利亦溥"⑩。

三 农村经济发展与农家经济收入的增加

1. 商品性农业发展增加了农民收入，增强小农经济实力，延缓自耕破产，使一部分农民走上脱贫致富之道

直隶深州，光绪年间种花生，"其岁入过于种谷"。县志称："此近年新获之田利，前古未有。"⑪ 滦州治西南北数十里，荒沙汗漫，春苦风而夏苦雨，十耕而九不获者，"得种落花生之法，昔无食而今果腹矣，昔无衣而今裤襦矣"⑫。丰润县，邑产槐蓝，"秋时客商云集，土人获利甚厚。"⑬ 广平府靛，"郡属俱有种者，染房用之，获利颇厚。"⑭

山西平阳府曲沃县，明季兵燹踵至，民穷财尽，赖此（种烟草）颇有

---

① 乾隆《龙岩州志》卷 10《风俗》。
② 光绪《揭阳县志》卷 4。
③ 道光《恩平县志》卷 16。
④ 光绪《茂名县志》卷 1。
⑤ 道光《博白县志》卷 12。
⑥ 光绪《贵县志》卷 1。
⑦ 光绪《新宁县志》卷 8。
⑧ 同治《广济县志》1。
⑨ 光绪《峄县志》卷 7。
⑩ 乾隆《石首县志》卷 4。
⑪ 吴汝纶：《深州风土记》卷 21。
⑫ 光绪《滦州志》卷 18。
⑬ 光绪《丰润县志》卷 9。
⑭ 光绪《广平府志》卷 18。

起色。今则邑民大食其利矣。通志：晋人种烟草，汾、代昉于曲沃。①

陕西汉中府汉南九署农户，因"蚕桑大举，独洋县最盛，而民富"②。华州丰原乡，地瘠，产红花，四方商多来售。③

山东东昌府，万历间，高唐、夏津、恩县、范县出产木棉，江淮贾客列肆赍收，居民以此致富。④ 登、莱、青三府属多山，饲养山蚕，"收茧取丝，获利甚广"⑤。济宁州广种烟草，"每年买卖至白金二百万两"，"贫民之财不外出，宜其殷富也"⑥。泰安县，光绪年间种花生，"民间经济力遂因之而涨"，县志呼："此新兴之利古无有也"⑦。《峄县志》载，县西境，濒河之冈岭，多沙碛，丰岁所收谷不能自赡，民往皆负贩为业，困甚。近察其地宜落花生，居民艺之，亩岁得十余石，南商每以重价购之，"民衣食皆给"⑧。

江苏乾隆年间，据李绂称："八口之家，种棉一畦，岁获百斤，无忧号寒。市肆所鬻，每斤不愈百钱，得之甚易，服之所致，妇子熙熙，如登春台，有由然也。"⑨ 丹阳县，同治间桑荫遍野，"岁获利以十数万计"⑩。兴化县种蓝制靛，远近数百里，皆赴兴采买，其利甚溥。⑪

安徽石埭县，乾隆年间，"今则家皆植桑，户皆养蚕，莫不习缫丝浴茧之法，而衣与税足以取给"⑫。

浙江余姚县出产棉花，其息岁以百万计，"邑民资是以生者十之六七"⑬。嘉兴府种菁，"获其价值，数倍于谷麦"⑭。唐甄说：吴南诸乡种桑养蚕，岁有百十万之益，是以虽赋重困，穷民未至空虚，室庐舟楫之繁庶，

---

① 乾隆《新修曲沃县志》卷24。
② 杨屾：《豳风广义》。
③ 康熙《续华州志》卷3。
④ 万历《东昌府志》卷2《地理志》。
⑤ 《光绪会典事例》卷168《户部十七·田赋》。
⑥ 包世臣：《安吴四种》卷6，《闸河日记》。
⑦ 民国《重修泰安县志》卷1。
⑧ 光绪《峄县志》卷7。
⑨ 李绂：《种棉说》，见《清朝经济文编》卷37。
⑩ 光绪《丹阳县志》卷29。
⑪ 咸丰《兴化县志》卷3。
⑫ 乾隆《续石埭县志》卷2。
⑬ 光绪《余姚县志》卷6《物产》。
⑭ 光绪《海盐县志》卷8。

胜于他所，"此蚕之厚利也"①。浙江十一郡，惟湖最富。何也？据王士性称："盖嘉、湖泽国，商贾舟航，助通各省，而湖多一蚕，是每年两有秋也。"②

福建汀州府永定县：膏田种烟，利倍于谷，十居其四。"永民多借此以致厚实焉。"又载："前志云：永民挟千金贸易者，百不得一，今则不然矣。乾隆四十年以后，生齿日繁，产烟亦渐多，少壮贸易他省，或间一岁，或三五岁一回里，或旅寄成室如家。永民之财多积于贸易，捐监贡及职衔者，人以千数，外地置产者，所在多有，千金之家，固不乏人。"③ 据胡大新研究，永定县种烟业发展，"普通烟农也有了大兴土木、大建高楼大厦的经济基础"④。浦城县"其地寡田，其民勤耕织，桑麻被亩，茶笋连山，民以啬力富，不烦于催科。"⑤ 上杭多种蓝，"蓝……邑人曩时业此者甚夥，多获厚利"。又称：上杭人往南浙作靛，"获利难以枚数"⑥。大田县，田不足居十之一，"小民半绕确山中，惟倚苎麻"⑦。

江西广信府广丰县，邑山多田少，"乡民于山地遍种烟叶，所产米麦不敷民食，全赖下游运济，岁出约十余万金，幸有烟叶利息，足以塞此漏卮"⑧。赣州府城南人种蓝作靛，"州人颇食其利"⑨。义宁州道光十年以前，"茶油为利甚大，树畜等项出息滋多，所入既饶，用度又节，宜乎乐其乐而利其利矣"⑩。靖安县"邑人近争种茶子……榨其仁以取油，计一邑之所产，岁取值逾十万缗"⑪。上饶县"邑中诸山，近日多植茶子树，取实压油，厥利甚溥"⑫。萍乡县"地狭人稠，各乡田亩皆有山水下注，足备灌溉，种植

---

① 唐甄：《潜书》下篇（下）。
② 王士性：《广志绎》卷4。
③ 道光《永定县志》卷16。
④ 胡大新：《永定烟草业的历史考察》，《永定文史资料》第34辑，2015年。
⑤ 何乔远：《闽书》卷38。
⑥ 民国《上杭县志》卷9、卷10。
⑦ 万历《大田县志》，《风俗志》。
⑧ 刘锦藻：《清朝续文献通考》卷379，《实业二》。
⑨ 《古今图书集成·方舆汇编·职方典》卷923《赣州府部》。
⑩ 龚溥庆：《师竹斋笔记》卷3。
⑪ 《应禁各条》，见道光《宁都直隶州志》卷11。
⑫ 同治《上饶县志》卷26。

竹木、茶梓、甘橘之类，向颇繁盛"①。宁都州种蔗，"州治下乡，多种以熬糖，农家出糖多者，可卖数百金。"②临川《抚郡农产考略》称："考土产之最盛者，如南乡之灯芯草，西乡之榨桐子，皆以一物而获万金之利。西南乡、西北乡之甘蔗、黄黑豆种植最广，获利独丰"③。南安府《大庾县志》载，光壁按：三十年前，种蔗糖、落花生，行远而利溥，"南康较他邑为殷富。"④

广东韶州府所属六县，明嘉靖年间都种棉花，唯乐昌、乳源为盛。外省之民，"聚集遥耕，获利甚多"⑤。琼州府，其境大概土山，多平坡，一望无际，咸不科税，"杂植山萸、棉花，获利甚广，诚乐土也"⑥。恩平县，"靛，渍蓝成之，甚为山农之利"⑦。屈大均谓："粤人开糖房者，多以致富。盖番禺、东莞、增城糖居十之四，阳春糖居十之六，而蔗田几与禾田等矣。"⑧广西巡抚韩民辅奏称："在广本处之人，惟知贪财重利，将地土多种龙眼、甘蔗、烟叶、青靛之属，以致民富而米少。"⑨何如璋称："粤东繁盛甲于中国，天下皆称其富庶。……蔗糖、桑茧，近输直北，远输泰西，获利不可谓不溥。"⑩

广西岑溪县乾隆志载：茶"迄今各乡近山处尽种，而谢孟堡山场所植尤夥，远近贩鬻，为利颇饶"⑪。郁林州志《按》："郁林土产，除五谷外，以蓝取靛，花生取油，甘蔗取糖三者为大宗，岁得厚利，茶次之"⑫。

湖南临湘县，"山民植茶肆，贾乃三倍，岁泉流地上，几成乐园"⑬。平江县"第近岁红茶盛行，泉流地上，凡山谷间，向种红薯之处，悉以种

① 刘锦藻：《清朝续文献通考》卷379，《实业二》。
② 道光《宁都直隶州志》卷12。
③ 何刚德等：《抚郡农产考略》卷下，《附跋》。
④ 乾隆《大庾县志》卷4。
⑤ 嘉靖《韶州府志》卷2《土产》。
⑥ 顾岕：《海槎余录》。
⑦ 道光《恩平县志》卷16。
⑧ 屈大均：《广东新语》卷27，《草语》。
⑨ 《授时通考》卷48《劝课·敕谕二》。
⑩ 何如璋：《复粤督张振轩制军书》，见《茶阳三家文钞》卷3《何文下》。
⑪ 乾隆《岑溪县志》卷2。
⑫ 光绪《郁林州府》卷4。
⑬ 同治《临湘县志》卷4《食货·序》。

茶"①,获利甚丰。巴陵县,道光二十三年,与外洋通商后,"广人每挟重金来制红茶,土人颇享其利"②。光绪志称:"红茶,邑自丙子年(光绪二年)广商林紫宸来州采办红茶,泰和合、谦慎安两号设庄,本城五里坪办运红茶,载至武汉,兑易洋人,称为高品,州中瘠土,赖此为生计焉。"③ 桂阳州:"临兰山原,茶树弥望,霜降取实为种,贩运彬、连(郴州、连州),利逾茗荈。"④

湖北广济县,湖乡居人近于沙阜多种花生,"以资生计"⑤。

四川丹棱县,"茶俱产西山,总冈止盘陀,蜿蜒数十里,民家、僧舍,种植成园,用此致富"⑥。资州仁寿县,遍山种花生,"居民以此致富者甚众"⑦。

贵州遵义,乾隆七年"始以山东槲茧,蚕于遵义"。以后逐渐扩大,以致"槲林之阴迷道路"。乾隆间,武城县每年有七八十万出息。至道光年间,正安每年有二十余万出息。⑧ 嘉道年间,遵义柞丝最为旺盛,丝绸出产价值年达七八万元之多。⑨ "秦晋之商,闽粤之贾,又时茧成来墫鬻,捆载以去。"又加上丝织业发展,"遵绸""竟与吴绫蜀锦争价于中州","使遵义视全黔为独饶"。⑩ 原来并不富裕的遵义,在新兴产业发展带动下,拔掉穷根,走向富裕道路,成为全省最富饶之地。贵州黄平州嘉庆志"按":靛之为利较之种杂粮者,不啻倍之。近来种者甚夥,"数十来年,因以致富者不少,以故人争趋之"⑪。《贵州瓮安县志》载:种蓝靛致富者,"比比皆是,大概每年可易银十余万两。"⑫

---

① 同治《平江县志》卷 20《物产》。
② 同治《巴陵县志》卷 11《风土》。
③ 光绪《鹤峰州志》卷 7。
④ 同治《桂阳直隶州志》卷 20。
⑤ 同治《广济县志》卷 1。
⑥ 光绪《丹棱志》卷 4。
⑦ 道光《仁寿志》卷 2。
⑧ 《山左蚕桑考节录》,见道光《续武城县志》卷 8《风俗物产》。
⑨ 顾青虹:《黔省柞蚕问题》。
⑩ 道光《遵义府志》卷 16。
⑪ 嘉庆《黄平州志》卷 4。
⑫ 民国《贵州瓮安县志》卷 9《风俗》。

东北地区，放养山蚕"起于乾嘉之间，盛于咸同之际"①。乾隆年间，记载："奉省所属锦（州）、复（县）、熊（岳）、盖（平）等处，沿山滨海，山多柞树，可以养蚕，织造茧绸。现在，山东流寓民人，搭盖窝棚，俱以养茧为业。……事毕，则捻线度日。"②张培称：嘉道间，鲁人某流寓于奉，见林木有柞树在中，便在此养蚕，"由是转相则效，遂辟一从来未有之利源"③。吉林城北一带，种麻者居多，每岁所收，不减于烟，秋后入店售卖，此为吉林出产一大装，每岁约计卖银百余万两。④黑龙江达呼尔种烟收入，是其"一岁之生计"⑤。

2. 商品性农业发展不但增加农民收入，而且改善农民生活，也使赋税好收

在封建社会，赋役是农民一项沉重负担，往往有因赋役无出而倾家荡产。商品性农业发展，以及农民家庭多种经营开展，增加了收入，使赋役负担得到缓解，这就有助于延缓自耕农破产进程。虽然他们还不富裕，但使相当大部分农民可摆脱失业困境，可以糊口度日。至清后期，在地主经济发展挤压下，农民还占有耕地面积40%—50%，是一个很好说明的事例。

3. 商品性农业和家庭手工业发展，对文化教育事业发展起到巨大推动作用

以永定烟业发展为例。据道光志记载：永定种烟面积为2万—2.5万亩，产烟300万—360万斤，价值400余万银圆。⑥由于利润丰厚，以经营条丝烟致富的大小财东，热心乡梓的教育事业，以捐资办学为荣，至清光绪三十一年，永定的分院、文馆达82所，居同时期闽西客家地区之首位。"当时，永定村村有学堂，各座大型土楼都设有书斋。"教育事业发展，促使永定"人文鹊起"，"文风朴茂，甲第巍科为数郡之冠"。据胡大新称：有清一代，永定"有39人考取进士（其中武进士7名），303人考取举人（其

---

① 徐世昌：《东北三省政略》卷11。

② 《清高宗实录》卷556。

③ 张培：《劝业道委员调查奉省柞蚕报告书·序言》，光绪三十四年。

④ 萨英额：《吉林外记》卷7。

⑤ 西清：《黑龙江外记》卷8。

⑥ 道光《永定县志》。

中武举人126名）。此外，还涌现12名翰林"①。不能不说，商品性农业和家庭手工业发展，对永定教育事业做出的贡献是巨大的。

从以上村落及农户增加收入情况乃至脱贫致富的事例来看，有两点值得关注。

第一，根据市场需求，结合当地实际情况，因地制宜发展新的种植业。四川《云阳县志》记载了一个只看到市场前景、不根据当地土宜发展蔗糖业失败事例，很有警示作用。方志称：种蔗制糖，西北地近万县者近产颇蕃。光绪中，南乡李永忠市其种于马鞍山，督佃试种，数年而罢，得不偿劳，农弗趋也。方志结论是："亦可见土宜之不可易矣！"② 李永忠只看到蔗糖的市场前景，而忽视了土宜，故失败了。因此，在确定引导贫困农民摆脱贫穷挨饿困境，共同走向富裕大道方向时，必须要做好两方面调查工作：一是市场前景调查，二是对当地土质、水利、气候情况作调查。吃透这两方面情况后，再确定发展什么种植业，这点很重要。前人的智慧，对我们今天走向共同富裕大道，具有独特的借鉴作用和启迪的功效。

第二，怎么做才能使经济作物走向发展的道路，又是个十分重要的问题。在这个问题上，道光年间贵州安平县知县做法，值得后来者好好琢磨。该知县在安平县推广放养山蚕时，虽然又出告示又劝导，但民间数月没有动作。诘之：则皆曰无资本。"余怳然曰：是矣。是无担石粮者，安肯出中人产而谋此未见之利哉！向者，永从诸民，殆亦由是也。以水聚蝇，驱之不能；以膻以腥，则不招而自聚矣。冬月，招遵义茧匠数人来教之，又以贫民李茵等数十人之请，贷茧种银四百六十金，遇霾量免。丙戌五月，茧大熟，民知有利。余思负茧鬻遵义，非民便，且有茧不织，茧利未尽，恒业仍未广。于是招商开机房，数月无有应者，乃自夏至冬，复贷蚕民蔡万春、李荇、董太和等赀本银九百余两，益以各宪助银二百两，樾亭府宪银五十两，设机房三处，集织匠三十余人，以教民导筒织丝，男妇大小有恒业，民喜。"③ 这里讲的是三个问题：①要做好宣传引导工作，把大家的积极性激发起来。②了解情况，帮助农民解决发展生产中的实际困难，帮助

---

① 以上资料，参见胡大新《永定烟草业的历史考察》，《永定文史资料》第34辑，2015年。

② 民国《云阳县志》卷13。

③ 咸丰《安顺府志》卷49。

解决启动资金、技术和织机等问题。③解决好产品出路问题。如推广植棉、桑蚕之事，风气未开时，需政府宣讲、引导、示范，用事实证明当地可种植、可放养、可发展，以取民信，让百姓看到利之所在。另在资金、技术上给予支持，如发放种苗，请匠教习技术，资助纺织机等。产业发展起来后，还需要政府帮忙找产品出路，化资源为利源，同时还需要政府政策支持。否则，发展起来的产业，又会衰落下去，农民又会重新走向返贫之路。例如，直隶河间府宁津县，程蓉苏说，他入境伊始，沿途访问乡农父老，佥称种植之利，旧推花生。向届秋成，粤商之来宁收买花生者，有总行五家，分行十余家，综计岁入颇巨。自前年吴委员来宁查考，谣传官府将收税，甚言每亩将税十千。农民相继辍种，致上年收买花生之行仅止一家，间阎盖藏遂匮。① 又据张謇称：光绪二十一、二十二年由于免丝捐，海门厅"乡民获利大丰"。蚕事大毕后，总办穆克登沛翻免捐成案，"姑塞民望"，使蚕桑业衰败。② 直隶顺德邢台县，"土著者恒业淡巴菇，近以筹款抽捐，利渐萧条"③。民国《续修大竹县志》载，该县出产之茶有藤茶、甜茶、姑娘茶、老英茶等名，"因清有茶税，种者伐之，以避催科；卒至茶去税存，入民国始获免。今云雾山嫩茶出境"④。广东保昌县，旧有茶山虚税，民苦赔贩，时任百顺司天荣"详请豁免"⑤。这些都是鲜明对照。政府免除农产品销售税，或减少税收，减轻农民负担，让利于民，对商品性农业种植的发展具有十分重要的意义。另地方政府要帮助农民打开产品销路，为民增收做些服务性工作也很重要。如贵州遵义府正安州，徐阶平于雍正末乾隆初，在此任吏目十三年，不但教民植桑养蚕，还在三圣祠旁置丝绸市，招四方商贾贸易。⑥ 如湖北鹤峰州，盛产茶，但由商路不畅，获得不多。咸丰四年后，高炳之同众公议，请示设栈，多方经营，"由是远客鳞集，城乡悉食其利，而利源渐开矣"⑦。看来，开辟利源，手头有资源还不成，还得善

---

① 《劝种花生告示》，见程蓉苏《燕鸿爪印附宁津爪印》。程蓉苏光绪二十九年春任宁津知县。

② 张謇：《海通蚕桑兴衰事略复汪穰卿》，见《张季子九录·实业录》卷1。

③ 光绪《邢台县志》卷1。

④ 民国《续修大竹县志》卷12《物产》。

⑤ 乾隆《南雄府志》卷12。

⑥ 道光《遵义府志》卷30。

⑦ 同治《鹤峰州志》卷7。

于经营，打开产品通道，才能把资源变成利源。

在选择帮助农民脱贫致富项目时，最好选择一业能带动多业齐头发展项目。如清代福建长汀府永定县种烟业发展，带动了手工制烟业发展。由于制烟业发展，又促进当地手工制造烟刀业发展；由于刨好的烟丝需要纸包装，又促进了当地手工造纸业发展；由于烟丝外销时，为避免搬运时损坏，需要打包装运，又促进了手工编织业和木箱制造业发展；烟丝要往外地销售，又促进了陆运、水运交通发展；同时吸收了大批从事商业的人才。做到一业腾飞，多业齐头并进，带动附近村落因地制宜发展相关产业，使大家都走向共同富裕道路。①

脱贫解困是一项系列工程，须一环扣紧一环。因此，必须事先有个谋划，做到心中有数，行必果。以上事例很有启迪之功，值得我们好好探讨，吸收其中合理部分，为人类走向共同富裕贡献中国智慧。

四　商品性农业发展，促使原料产地与产品加工地分离

原料产地与产品加工地区分离，是农产品商品化发展的一个必然结果。有些产丝地方，自己不织绸；产棉地区，自己不织布；出产蓝靛的地方，自己不染织。如山东峄县"棉皆外鬻之，而衣服反仰于异地"②。有些地方则相反，当地不产棉，却成棉布生产地，当地不产丝或产少量丝，却成著名丝绸产地。这种情况普遍存在。

山西潞安府的长治县和高平县所产的"潞绸"很著名，但其原料都要依赖外地。明隆庆时，郭子章就指出："西北之机，潞最工，取给于阆茧"③。"阆茧"产自四川阆中。清初时，由于四川遭战乱破坏，养蚕业完全荒废，这时潞绸原料来源转由山东、河南、直隶大名府等处供给。④《职方典》称：直隶大名府属，多养蚕，"丝成，则坐贸山右之商"⑤。陕西延长县出丝，"时有晋人收购之"。清涧县所产"蚕丝，多货鬻山西等地"⑥。

---

① 胡大新：《永定烟草业的历史考察》，《永定文史资料》第 34 辑，2015 年。
② 光绪《峄县志》卷7。
③ 郭子章：《蚕论》，转见《农政全书》。
④ 乾隆《潞安府志》，《艺文志》。
⑤ 《古今图书集成·方舆汇编·职方典》卷 63《永平府物产考》。
⑥ 以上资料转见郑昌淦《明清农村商品经济》，第 297 页。

乾隆年间，"潞绸所资，来自远方川、浙之地"①。据光绪《黎里续志》称：光绪二十四年间，当地大灾荒，蚕丝业受到巨大影响，以织绸为业的盛泽镇，"机户失业，聚众乞食，多至数千人"。种桑与养蚕也开始向专业化发展。如浙江石门、桐乡以种桑为主。②吉安"乡民每有蓄叶待价"③。菱湖镇"四乡采桑贸叶，名曰叶市"④。

棉纺织业情况也如此，如山东聊城纺纱、织布的棉花除当地供给一部分外，还需靠高塘、清平"贩来"⑤。东平纺织所用棉花完全依靠"高堂、临清、堂邑等州县贩来，岁售约十数万斤"⑥。上海、青岛棉纺织厂所用棉花则依靠陕西、河南、山东、江苏等产棉区。河南孟县"通邑男妇唯赖纺织营生糊口。虽县西高坂颇产棉花，究属不敷，尚赖直隶、山东、湖广以及本省各外郡县棉花货用"⑦。湖南攸县，俗勤纺织，其所需棉花，"每岁贩运，湖花尤夥"⑧。河南巡抚尹会一称："今棉花产生豫省，而商贾贩于江南，豫省民家有机杼者百不得一。"⑨贵州遵义东乡"多以织布为业，盖其棉花由湖南常德贩买"⑩。根据刘秀生对清代中后期1059个产棉县调查，其中有374个产棉县不生产棉布。⑪也就是说，有35.3%产棉县份，所生产棉花仅作为原料输出，成为生产棉布地区提供原料产地。

江西、福建产蓝靛，但主要不是为当地染布之用，产品主要供外销。江西泰和县于成化末年开始种蓝，不数年，"商贩亦皆集焉"⑫。赣州城南人种蓝作靛，康熙年间，"西北大贾岁一至，泛舟而下，州人颇食其利"⑬。东

---

① 乾隆《潞安府志》，《物产》。
② 董蠡舟：《乐府·稍叶》，《小序》。
③ 同治《安吉县志》，《物产》。
④ 光绪《菱湖镇志》，《风俗》。
⑤ 光绪《聊城县志》，《商务》。
⑥ 光绪《东平州乡土志》，《商务一》。
⑦ 乾隆《孟县志》卷4（上）。
⑧ 光绪《攸县志》卷52。注：湖花指洞庭西来者。
⑨ 《河南巡抚尹会一奏疏》，见光绪《畿辅通志》卷231。
⑩ 道光《遵义府志》卷17。
⑪ 刘秀生：《清代棉布市场的变迁与江南棉花生产的衰落》，《中国经济史研究》1990年第2期。
⑫ 光绪《泰和县志》卷2《土产》。
⑬ 《古今图书集成·方舆汇编·职方典》卷923《赣州府部》。

乡县，比户皆种蓝，"八月中旬，县城墟期，市靛者常集至千余人"①。

原料产地与产品加工分离，促使了产品商品化，促使了市场繁荣。

五　商品性农业发展，促进了市场繁荣和发展

商品性农业发展，不仅促进了地方市场、国内市场繁荣和发展，而且促进了出口贸易繁荣。下面，请看几种商品性农业对市场发展的贡献。

棉花、桑蚕、苎麻业发展，对市场繁荣拉动。吴伟业《木棉吟》序写道，明隆庆、万历间，自上海练川延及吾州，棉花种植发展，闽商大至，州赖以饶。歌词云："眼见当初万历间，陈花富户积如山。福州青袜乌言贾，腰下千金过百滩。看花人到花满屋，船板平铺装载足。""市桥灯火五更风，牙侩肩摩大道中。"② 褚华称，上海小东门外市场繁盛，闽粤人于二、三月间，载糖霜到上海出卖，秋则不买布，而止买花衣以归，楼船千百，皆装布囊累累。每晨至午，"小东门外为市，乡农负担求售者，肩相摩袂相接焉"。同时，还出现检验棉花等次专业户。③ 当时、当地市场繁荣景象可见一斑。唐甄称："吴丝衣天下，聚于双林，吴越闽番，至于海岛，皆来市焉。五月载银而至，委织如瓦砾。"④ 吴江震泽镇，"天下衣被多赖之，富商大贾数千里辇万金来买者，摩肩连袂，如一都会焉"⑤。江苏太湖厅盛产桑叶，"蚕时设市，湖南各乡镇皆来贩鬻。"⑥ 徐州睢宁县，"丝，时当涌出，商贾云集收抽，民人获利"⑦。浙江新昌县，"近来茧行林立"。蚕种"每岁所入约十余万元"，茧"所入约六十余万元"。⑧ 江西宁都州种苎麻，产夏布，墟则安福乡会同集，仁义乡之固厚集，怀德乡之璜溪集，在城则军山集，"每月集期，土人商贾杂沓如云，计城乡所产，岁鬻数十万缗，外贸吴、越、燕、亳间"⑨。安徽滁州，"其土宜麻，数年来贩客麇至"⑩。河南

---

① 同治《东乡县志》卷 8。

② 吴伟业：《梅村诗》，见《中国农学遗产选集·棉》上编。

③ 褚华：《木棉谱》，第 2—17 页。

④ 唐甄：《潜书》下篇，《教蚕》。

⑤ 乾隆《吴江县志》卷 5。

⑥ 吴曾：《太湖备考》卷 6。

⑦ 光绪《睢宁县志》卷 3。

⑧ 《绍兴新昌县土产表》，见《农学丛书》第 6 集，第 2—3 页。

⑨ 吴其濬：《植物名实图考》卷 14，《隰草类》。

⑩ 黄厚裕：《栽苎麻法略·熊祖诒序》。

正阳县，邑中种棉织布大概有也，惟陡沟盛产棉布，"商贾至者，每挟数千金，昧爽则市上张灯设烛，骈肩累迹，负载而来，所谓布市市也"①。湖北随州，"随地种木棉，人习为布，秋熟后，贾贩鳞集"②。汉川县"产棉恒广，富商大贾携金钱而贩运者，踵相接也。"③ 吴大澂称，在光绪年间湖北农民争相植桑养蚕，汉口为湖北巨镇，商贾云集，"现在住汉收买者，岁计丝价不下一万余。"④ 武昌县，"吾乡农年来多艺麻，言比稻获数倍，岁连樯输汉上，得金数十万。"⑤ 湖南武陵县盛产棉花，"为行贾捆载以去者，岁又数十百万。"⑥ 平江县、浏阳县之苎，"夏间苏杭大贾云集，数十年前所未有也。"⑦ 四川威远县盛产棉花，"而商贩集焉"⑧。重庆府綦江县丝市，聚于扶欢坝，"每岁二三月，山陕之客云集，马驼舟载，本银约百余万之多。"又称："近二十年来，竟为川南开一大生广生世界矣！"⑨ 贵州遵义府饲养山蚕，茧绸产量丰盛，"而土著裨贩走都会，十十五五，骈埠而立眙，遵绸之名，竟与吴绫蜀锦争价于中州，远徼界绝不邻之区。秦晋之商，闽粤之贾，又时茧成来塴鬻，捆载而去……使遵义视全黔为独饶。"⑩ 直隶沧州，木棉称盛，"负败者皆络绎市上。而沧酒则有声于远"⑪。陕西高陵县县城，"市集在五街，日轮一街，惟六畜柴市在新街。其市货布花、米麦优诸处"⑫。富平县"人十九商贾，故富室独多"⑬。紫阳县产桐麻、线麻、苎麻三种，"惟苎麻利用甚多，广客收买"⑭。甘肃华亭县物产，除五谷外，麻属大宗，"每岁约共出麻肆拾余万斤，有外商来此贩运，行销陕西凤翔府、甘肃平

---

① 嘉庆《正阳县志》卷9。
② 乾隆《随州志》卷3。
③ 同治《汉川县志》卷6。
④ 吴大澂：《时务通考续编》卷16，第29页。
⑤ 黄厚裕：《栽苎麻法略·柯逢时序》。
⑥ 李至祯：《武陵土产表》，见《农学丛书》初集，第1页。
⑦ 嘉庆《重修巴陵县志》卷14。
⑧ 嘉庆《威远县志》卷1《物产》。
⑨ 同治《綦江县志》卷10《物产志》。
⑩ 道光《遵义府志》卷16。
⑪ 万历《沧州志》卷3《田赋志·土产》。
⑫ 嘉靖《高陵县志》卷1。
⑬ 嘉靖《耀州志》卷4。
⑭ 道光《紫阳县志》卷3。

凉、兰省等处"①。吉林产线麻，"秋后入店售卖……每岁约计卖银百余万两，烟麻店生理，大获其利"②。据美国学者马立博研究，18 世纪从长江流域输入华南的棉花占沿海地区棉花贸易量的一半。商人往往把广东的蔗糖销往长江三角洲，以交换江苏和湖北的棉花。③

蓝靛发展，给商业繁荣提供商机。江西赣州府，城南人种蓝作靛，"西北大贾岁一至，泛舟而下，州人颇食其利"④。东乡县产蓝靛，"八月中旬，县城墟期，市靛者常集至千余人"⑤。抚州府产蓝靛，"郡属售用外，多运往余干、丰城、福建等处。"⑥ 福建福州而南，明万历间，所产之蓝"无日不走分水岭及蒲城小关，下吴越如流水，其航大海去者，尤不可计。"⑦ 崇祯年间，所产之蓝靛"输入舟航。"⑧《闽产录异》载：福州"南台靛街，昔年货者聚焉，故名。"⑨ 宁德出产蓝靛，"关口榷税充额，惟此为广。"⑩《上杭县志》载："蓝……邑人曩时业此者甚夥，多获厚利，各省县多有上杭会馆，皆此业商人醵资所建。"⑪ 江苏兴化县产靛，"远近数百里，皆赴兴采买。"⑫ 湖南桂阳州，民间种植蓝靛，"多有邻境商贩开浚水道，前来贸易。"⑬ 广西郁林州，州之西北种蓝为盛，与北、陆、兴三县靛俱从北流江贩运广东、苏杭，人通谓为北流靛。⑭ 陕西华州丰原乡，康熙年间，产红花，"四方商多来售者。"⑮ 直隶丰润县，邑产槐蓝，"秋时客商云集"⑯。贵

---

① 《甘肃全省各属农业实迹表》光绪三十二年。
② 萨英额：《吉林外记》卷 7。
③ 转见武勇《西江流域商业发展探究》，《中国社会科学报》2017 年 11 月 10 日第 4 版。
④ 《古今图书集成·方舆汇编·职方典》卷 923《赣州府部》。
⑤ 同治《东乡县志》卷 8。
⑥ 何刚德等：《抚郡农产考略》卷下，光绪二十九年。
⑦ 王世懋：《闽部疏》，第 18 页。
⑧ 宋应星：《天工开物》卷上，《彰施》。
⑨ 郭柏苍：《闽产录异》卷 1。
⑩ 乾隆《宁德县志》卷 1《物产》。
⑪ 民国《上杭县志》卷 9。
⑫ 咸丰《重修兴化县志》卷 3。
⑬ 同治《桂阳直隶州志》卷 1。
⑭ 光绪《郁林州志》卷 4。
⑮ 康熙《续华州志》卷 3。
⑯ 光绪《丰润县志》卷 9。

州黔中苗峒，焚莱作靛，"远贩江汉"①。

种烟业发展，对市场繁荣发挥极大作用。陈琮记载：嘉庆年间，"闽地于五六月间，新烟初出，远商翕集，肩摩踵错，居积者列肆以敛之，懋迁者牵车以赴之，村落趁墟之人，莫不负挈纷如，或遇东南风，楼船什佰悉至江浙为市。"② 福建烟草甲于天下，"货地吴，于越，于广，于楚汉。"③ 江西玉山县所出烟丝，"声价驰大江南北，骡马络绎日不绝。"④ 江苏宿迁县产烟叶、罂粟，"远市争趋，所获倍蓰。"⑤ 浙江桐乡县盛产烟叶，"每岁夏秋间，远商来集，烟市极盛"⑥。新昌县"新烟上市，客帮麇集"⑦。山东章丘县，"邑中分六乡，关厢士民杂处，商贾辐辏"⑧。滋阳县遍地栽烟，"每岁京客来贩收买者不绝，各处因添设蔫（烟）行。"⑨ 寿光县乡村遍植烟草，"负贩者往来如织"⑩。济宁州"其出产以烟叶为大宗。业此者六家，每年买卖至白金二百万两。"⑪ 安徽怀宁县产烟叶多，质量也好，"岁六七月，扬州烟贾大至，洪家铺、江镇牙行填满，货镪辐辏。"⑫ 汉中郡城"商贾所集，烟铺十居其三四。"⑬ 甘肃兰州府出产烟，舒位《兰州水烟篇》云："有好官禁不能止，贾舶捆载行江湖。"⑭ 四川新津县，邑人莳烟草者甚多，"六七月邑中烟市堆积如山"⑮。

种茶业发展促进了市场繁荣。崇安县"茶市之盛，星、渚为最。初春后筐盈于山，担属于路，负贩之辈江西、汀州及兴、泉为多"⑯。蒋衡谓：

---

① 吴其濬：《植物名实图考》卷11，《隰草类》。
② 陈琮：《烟草谱》卷2。
③ 康熙《漳州府志》卷26。
④ 道光《玉山县志》卷11。
⑤ 同治《宿迁县志》卷7。
⑥ 光绪《桐乡县志》卷7。
⑦ 《绍兴新昌县土产表》，见《农学丛书》第六集。
⑧ 道光《章丘县志》卷6。
⑨ 《古今图书集成·方舆汇编·职方典》卷238《兖州府部》。
⑩ 嘉庆《寿光县志》卷9《食货》。
⑪ 包世臣：《安吴四种》卷6，《闸河日记》。
⑫ 民国《怀宁县志》卷6。
⑬ 岳震川：《府志·食货志》，见《清经世文编》卷36。
⑭ 褚逢椿、顾禄：《烟草录》，第8页。
⑮ 道光《新津县志》卷29。
⑯ 嘉庆《崇安县志》卷1《风俗》。

国朝以武夷茶与番夷互市，崇安"由是商贾云集，穷崖僻径，人迹络绎，哄然成市矣"。又称："今则建阳之徐墩、瓯宁之水吉，皆有茶行竟自踏装赴广，茶市之盛不减崇安。"① 南平县"物产茶，大利所在。泉、永、汀、广之人，春来秋去，往还经商"②。福鼎县"物产茶，白琳地方为茶商聚集处。"③《茶事近闻》作者称：江西九江城厢内外，往年茶庄林立，或五六十家，三四十家不等。④ 广丰县十五都产青茶、红茶两种，贩运苏、浙销售。⑤ 安徽建德县为产茶之区，向由山西客贩至北地归化城一带出售。同治初年，则粤商改作红茶，装箱运往汉口，浮梁巨贾，获利颇多。⑥ 六安州，六安茶叶最为著名，"风行天下"⑦。浙江瑞安茶，"每岁商人入山收买，贩运至申，售与洋商"⑧。湖南巴陵县种茶，与外洋通商后，"广人每挟重金来制红茶，土人颇享其利。"⑨ 安化县之茶，"谷雨以前之细茶，先尽引商收买，谷雨以后，方给客贩。"⑩ 湖北鹤峰州，州中产茶甚多，有茶行数家，荆、襄人多入山采买。⑪ 四川乐山产茶，据袁凤孙称："求货来蛮服，销烦挹露华。剧怜商舶至，争贵武夷茶。"⑫ 峨眉县产茶，"皆园户采摘于市上发卖"。⑬ 绵竹县每年茶出"销路极旺，约得万金之谱。"⑭ 邛州"茶市之在场镇者，西南北路为多，而城内则西街为最，谷雨前后逢场集期，一市千斤，场镇小市有不及者，而大市有过之者"⑮。南江县产茶，"春分即有陕西客

---

① 蒋衡：《建州十二观》，见《云蓼山人文钞》卷4。
② 卞宝第：《闽峤辅轩录》卷1。
③ 卞宝第：《闽峤辅轩录》卷1。
④ 《茶事近闻》，见《农学报》第29期，光绪二十四年（1898）闰三月中。
⑤ 刘锦藻：《清朝续文献通考》卷379，《实业二》。
⑥ 《益闻录》第26号，光绪九年（1813）五日二三日。
⑦ 吴大澂：《时务通考续编》卷17，光绪二十四年。
⑧ 《瑞安土产表》，见《农学报》第26期，光绪二十四年三月中。
⑨ 同治《巴陵县志》卷11《风土》。
⑩ 黄本骥：《湖南方物志》卷2，《三长物斋丛书》。
⑪ 同治《宜昌府志》卷11。
⑫ 袁凤孙：《嘉州杂咏》，见嘉庆《乐山县志》卷12。
⑬ 嘉庆《峨眉县志》卷3《食货》。
⑭ 光绪《绵竹县乡志》，《商务》。
⑮ 民国《邛崃县志》卷2《方物》。

民，来山置买。"① 广东河源县，居人生业半赖于茶，"春夏之交，贾人丛集。"② 广西岑溪县，乾隆时，各乡近山处尽种茶，"远近贩鬻，为利颇饶"③。云南普洱府产茶，"周八百里，入山作茶者数十万人，茶客收买，运于各处，每盈路。"④ 市场繁荣情况，可想而知。茶叶还成为中国出口主要商品之一。威廉·乌克斯称：自 17 世纪末叶起，英国向中国购茶数量渐增，1886 年达到贸易之最高峰，"此时中国之输出总量约 300000000 磅。"⑤ 左宗棠云：湖广川陕之茶叶，汇于甘肃嘉峪口，与俄互市。⑥

蔗糖业发展不但促进了国内市场发展，而且促进了对日本、吕宋贸易发展。福建惠安，明嘉靖年间，皆种蔗煮糖，"商贩辐辏，官置监收其税"⑦。泉州府，万历年间，种蔗煮糖，"黑白之糖行天下。"⑧ 台湾府，康熙年间所产之糖，"色赤而松者，于苏州发卖；若糖湿色黑，于上海、宁波、镇江诸处行销。"⑨《稗海纪游》称："台人植蔗为糖，岁产二三十万斤，商船舶购之，以贸日本、吕宋诸国。"⑩ 四川内江，以艺蔗为务，"因作冰霜，通鬻远迩，利常倍称。"⑪ 德阳县煎糖者不下数百处，"货者相望于道"⑫。广东遂溪县，产糖，"通天津各省等处"⑬。清远县产糖，"邑中时种玉蔗少，糖蔗多，卖糖趁朝市，列船成行，十月至正月，每朝或五六十船，或七八十船，泊二码头对面。"⑭ 揭阳县所产之糖，白而香，江苏人重之。"每年运出之糖包，多至数十万。"⑮

---

① 道光《江南县志》卷上。
② 乾隆《河源县志》卷 1《风俗》。
③ 乾隆《岑溪县志》卷 2。
④ 檀萃：《滇海虞衡志》卷 11。
⑤ ［美］威廉·乌克斯：《茶叶全书》下册，费鸿年等译，1949 年。
⑥ 左宗棠：《上总理各国事务衙门书》，见《左文襄公全集·书牍》卷 18。
⑦ 嘉靖《惠安县志》卷 5《物产》。
⑧ 何乔远：《闽书》卷 38。
⑨ 乾隆《台湾府志》卷 17，转引自《赤嵌笔谈》。
⑩ 乾隆《台湾府志》卷 17。
⑪ 道光《内江县志要》卷 1。
⑫ 光绪《德阳县续志》卷 1。
⑬ 道光《遂溪县志》卷 10《物产》。
⑭ 光绪《清远县志》卷 2。
⑮ 光绪《揭阳县续志》卷 4。

　　经济作物发展对市场繁荣的作用,从以上列举的一些事例就可以看到,余不赘述。

　　有学者认为,中国产品缺乏长途贩运,仅是地方性调节,这种认识随着新资料发掘以及研究不断深入,似乎有商讨余地。

第 七 章

明清两代小农经济的发展及农民身份地位提高

中国封建经济体制结构与西欧封建经济体制结构有所不同。

西欧封建经济体制结构是以庄园制经济为核心，庄园主的土地是由国王按每人所处等级分封的，土地基本上不能买卖，产权由各级领主长子世袭，是严格的等级所有制，是一种僵化的土地制度。在这种产权永恒不变情况下，土地具有主人的阶位，土地像封建领主的非有机机体，封建依附关系构成封建地权的一种固有属性。受封建领主剥削的农民，世代相传，不能离开，与庄园主有强烈的人身依附关系，因此这种农民实际是近乎奴隶地位的农奴。在这种情况下，一个庄园不只是一个经济实体，同时也是一个政治实体。

中国封建经济体制结构则是以地主制经济为主导，包括农民所有制、手工业和商业、各类官公田在内所形成的各类生产关系的总和及由此构成的整个经济体制，也就是说，它是以地主制经济为主导的多元经济混合结构体制。在这种多元经济共存情况下，各种经济成分都在变化中求发展，因此，此消彼长成常态。在土地作为财富象征时代里，地权占有成为主要争夺对象，由此土地买卖成常态化。土地可以买卖，地权分配状况变动无常，一般情况下，在一个封建王朝前期，经过农民战争或长期战乱之后，旧有的土地关系被打乱，地权趋向分散，农民小土地所有制占据较大比重；到中后期，经过土地兼并，地权趋向集中，地主大量出现，其中就有由农民发展起来的中小庶民地主。总之，中国地主制经济不是严格等级所有制，从而反映出土地制度的灵活性。另外，由于土地产权经常变动，尊卑贵贱等级关系不是同土地产权连生的，租佃农虽由于佃种土地与地主发生人身依附关系，但对封建地权来说它是外加的，土地主权可脱离人身依附关系而独立存在，它不是地权固有属性。因此人身依附关系的强弱可因地主权势的大小和有无而不同，如地主具有官僚身份，封建依附关系可以强化；如果是一般庶民地主，封建依附关系可以相对削弱。尤其值得关注的是，人身依附关系的强弱可因历史时期的不同而不同，在地主权势嚣张的时代，封建依附关系可以强化；在地主制经济正常运行的时期又是另外一种情况。但严格等级关系，不能长久持续，最终将退出历史舞台，进入正常运转轨道。中国封建社会人身依附关系，总是由强化到削弱，最后趋向松解，这时租佃农对地主只有单纯的纳租义务关系。在中国地主制经济体制下，有大量自耕农和半自耕农存在，同时主佃关系在日益松解，农民生产积极性较高，在一定范围内能自动调节改革以适应生产的发展，从而具有顽强生命力，也具有较大坚韧性。① 因此，地主制经济体制既是中国社会、经济、文化发展的推动力，同时又是束缚中国社会、经济、文化发展的桎梏。因此，地主制经济体制就形成具有中国特色的封建经济形态，与国家的繁荣富强、动乱衰亡紧密连接。这是值得我们高度关注的问题。

第一节　明清时期小农队伍的扩大和农民身份地位的提高

小农经济发展和变化，是中国封建社会兴衰的"晴雨表"。在中国封建社会里，当地主制经济体制正常运行时，自耕农和半自耕农经济占据主导地位，地主经济居于从属地位，佃农与地主之间依附关系薄弱，农民生产积极性高涨，人民安居乐业，国家财政丰盈，国力强盛，文化繁荣，处处是欣欣向荣的景象。这时，地主制经济体制成为社会经济发展的动力。但当地主经济占据主导地位、小农经济落到从属地位时，一方面自耕农赋役负担加重；另一方面，由于大多数自耕农和半自耕农破产流落到佃农队伍，佃农队伍在扩大，地主势力嚣张，佃农地位下降。这时农民生产积极性低落，社会动乱不安，国家财政收入短缺，国库空虚，国力衰弱，文化事业不振，处处呈现出民穷国弱、社会动荡惨象。这时，地主制经济体制成为

① 以上论述参见李文治、江太新《中国地主制经济论——封建土地关系发展与变化》一书"序言"部分，中国社会科学出版社 2005 年版。

阻碍社会经济发展的桎梏，面临着革命风暴的到来。小农经济发展和变化，对社会、经济、文化影响是巨大的。牢牢把握小农经济发展和变化，是窥视中国封建经济发展变化的脉络，学术界应给予高度重视和特别关注。

一　自耕农队伍的扩大

小农既包括自耕农、半自耕农，也包括佃农在内的阶层。

自耕农队伍的扩大，主要是四个方面原因：一是政府的垦荒政策；二是官田民田化；三是分家析产；四是部分致富了的佃农或其他小生产者转化为自耕农。

元末明初以及明末清初，由于长期战争破坏，荒芜土地普遍存在，在明清两代政府鼓励下，原来少地或无地农民纷纷获得土地，造就了大量自耕农民；在官田民田化过程中，除明代屯田向民田变化外，通过"官民一则"赋税改革，江南官田完全民田化了。清代则旗田向民田转化，此外还有"藩王"的庄田改为"更名田"，漕运屯田通过典卖向民田转化，原来为官府佃耕的农民，有一部分变化成为自耕农；分家析产结果，使原来中小地主下降为自耕农，这种情况，在徽州分家书中俯拾皆是；还有一些富裕起来的佃民通过购买土地上升为自耕农。魏礼说，福建无地农民到赣南为田主垦荒，数年后发了家，即回原籍买地购产；也有些原来贫困户，通过经商发家，而后购有薄田数十亩者。这些都是明清时期自耕农队伍扩大的原因。

明代前期，在相当长的一个时期内，农民小土地所有制广泛存在，是毋庸置疑的。李文治先生认为，以地权一向集中的苏州府而论，洪武三年，岁输粮 100—400 石者凡 490 户，岁输粮 500—1000 石者凡 56 户，岁输 1000—2000 石者 6 户，岁输 2000—3800 石者凡 2 户。[1] 以上输粮 100—3800 石者共 554 户。以上各户岁输粮额合计，从宽估计不会超过 20 万石。又苏州府每亩征米麦平均为 0.285 石，20 万石是 701754 亩的粮额。洪武二十六年，苏州府的粮额田共计 9850671 亩。[2] 如按此估计，输粮 100 石以上的较

---

① 《明太祖实录》卷 49。

② 参考梁方仲《中国历代户口田地田赋统计》，上海人民出版社 1985 年版，第 434 页。

大地主所占耕地面积为全府粮田的 7.12%。① 输粮 30—100 石的中小地主，户数及所占耕地面积不详。无论如何，这时苏州府地主所有制所占耕地面积不会超过一半，农民小土地所有制占有相当大比重。苏州如此，其他地区可想而知。

明初制定的里甲制度，以 110 户为里，一里之中，以丁粮多的 10 户为每甲的甲长，余百户分为 10 甲，甲凡 10 户，岁役里长 1 人。甲者 10 人，凡 10 年一周，先后以丁粮多寡为次等。这种里甲的制定和实行，就是以自耕农的广泛存在为条件的。如果不是这样，让那些只有丁口而没有土地的贫穷农民承担差徭，这是不容易办到的，也不会存在财产上的"三等九则"制了。直到明代中叶，有的地区，农民小土地所有制仍然相当普遍。"次农自给自足，不仰给于人"；"为上农者不知其几千万人"；② "田少者或十亩或数十亩"；"穷困之民，田多者不过十余亩，少者六七亩或二三亩，或无田而佃于人"。③ 这类记载，都是农民小土地所有制广泛存在的反映。④《中国经济通史·明代经济卷》作者亦认为："所谓'丁粮绝少'并无统一标准，一般说来，每户都按丁粮多寡取前 100 户编为正管之后，余下丁粮少的户就作畸零带管。明初，畸零户毕竟为数较少。既然大部分民户作为有丁产的甲首，编入里甲正管，这表明里甲以小农为主要编制对象，是建立在小农经济基础之上的组织"⑤。对明初自耕农广泛存在认识是相同的。

但自耕农的队伍扩大不是一帆风顺的。到明中后期，由于地主制经济体制发展偏离了正常轨道，权贵地主，绅衿地主迅速膨胀，土地兼并大肆进行，加上政府役繁赋重，民不聊生，于是自耕农纷纷破产，自耕农队伍也随之缩小。当时人评论说："中产以下皆无田"。虽然这句话未免有所夸张，但反映了地主制经济体制偏离正常轨道后，强权地主急剧膨胀的历史

---

① 李文治：《明清时代封建土地关系的松解》，中国社会科学出版社 1993 年版。输粮百石以上的粮户是洪武三年的数字，粮田亩数是洪武二十六年的数字。相距二十三年，统计不会十分准确，限于资料，提出来仅供参考。

② 吴宽：《夸翁家藏集》卷 36，《心耕记》。

③ 刘斌：《刘黄门奏疏》，《复议》。

④ 以上参见李文治《明清时代封建土地关系的松解》，中国社会科学出版社 1993 年版，第 74—75 页。

⑤ 《中国经济通史·明史经济卷》（上），经济日报出版社 2000 年版，第 235—236 页。

事实。这个情况亦可从《浙江遂安万历田土号簿》得到反映。该簿在册户计147户，占有耕地10—20亩者为11户，占总户数的7.48%，占有耕地共计161.146亩，占总耕地面积的9.45%。① 这里，明代经济史作者把占地10—20亩者定为自耕农。不管如何，明中叶以后，自耕农由明初向上发展期转入衰退期。② 地主制经济又进入一个短暂偏离正常轨道的运行期。

　　清政府建立以后，中断了自明中叶以后自耕农衰落趋势，使自耕农发展又走向正常轨道，队伍在不断扩大。关于这个问题，前章已有大量论证，这里只是略举几个例子加以说明。如河北获鹿县，康熙四十五年至乾隆三十六年，自耕农占有比例如下：获鹿地处华北山区，土地贫瘠，亩产不过百十斤，种10亩之地，多者收千斤，少者收几百斤，一家有三四口人的话，不足以自给，所以这里自耕农占地低点为20亩，高点为100亩，100亩以上为地主。详见表7—1。

表7—1　　　　　康熙四十五年至乾隆三十六年获鹿县自耕农比例

年代	康熙四十五年	雍正四年	乾隆十一年	乾隆三十六年
自耕农比例（%）	20.78	15.46	18.64	19.82
占总耕地比例（%）	78.03	43.66	47.72	51.63

资料来源：根据《获鹿县档案·编审册》整理。

　　康熙五十五年江南休宁县三都十二图六甲情况是，占地10—30亩的自耕农有42户，占总户数的21.03%，他们占有耕地612.2亩，占总耕地面积的53.97%。③ 乾隆二十六年休宁县十三都三图自耕农情况是：占地10—30亩农户占总户数19%，占有耕地占总耕地的39.33%。④

　　中华人民共和国成立前夕，湖南省被认为土地高度集中地区，但自耕

---

① 《中国经济通史·明代经济卷》（上），经济日报出版社2000年版，第113—114页。
② 据万历九年休宁十五都五图资料看，占地10—30亩农户只有10户，占总户数的1.91%；占地130.66亩，占总耕地的15.46%。见中国社会科学院经济研究所藏《屯溪档案》。
③ 中国社会科学院经济研究所藏：《休宁县三都十二图（上）编审册》。其中第六甲五十五年编审红册脱落，今采用康熙五十年地亩册计数。一般学者公认南方水田耕作区，以占田30亩以上者为地主。本书采纳这一见解。
④ 中国社会科学院经济研究所藏：《乾隆廿六年休宁县编审红册》。

农占地面积几乎占全部面积四分之一。自耕农户数也占总农村户数四分之一。如滨湖区中农户占 34%，占地 26%；丘陵区中农户占 28%，占地 26%；山区中农户占 23%，占地 26%。① 其他阶层农户占地面积，并没统计在内。

土地改革前华东农村各阶级（层）土地占有情况统计中，中农户占 32.15%，占耕地面积的 33.65%。②

河北清苑县 1930—1946 年，中农农户占 36.4%—52.78%，占有耕地面积为 42.51%—57.83%。这是四村情况。另外十一村情况是中农农户占 35.02—49.50%，占有土地 39.33—55.12%。③

从上面资料可以看到，乾隆以前自耕户队伍大约保持在农村总农户五分之一，而占有耕地达 39.33—78.03%，占地 40%—50% 占多数。北方地区由于土地贫瘠，占有耕地面积更多些；南方由于自然条件较好，水田较多，占有耕地面积相对少些。至于中华人民共和国成立前夕，情况又有不同，其中自耕农农户比清代多，由占农户五分之一上升到占总农户四分之一以上，占有耕地面积达四分之一。华东地区还占三分之一，华北地区中农农户在中华人民共和国成立前夕几乎占了二分之一，耕地占二分之一以上。

清代自耕农队伍比明中后期扩大了许多，民国时期又比清代增加一些。这说明商品性农业发展提升了农民自身经济力量，能在一定程度上抵制土地兼并，延缓土地集中的进程，保证自耕农延续。

佃农队伍扩大主要来自三个方面：一是破产的农户，包括自耕农、庶民地主以及缙绅地主；二是分家析产，使原来属自耕农、庶民地主的家庭，通过分家，致使每家所占有的地产细化，而经济地位下降；三是从权贵荫庇户中解放出来的农民。

在封建社会里，自耕农阶层是最不稳定的阶层，既可有农户上升到庶民地主阶层，也可以有农户下降到佃农阶层。但能上升到庶民地主阶层的很少，更多的是在税重役繁、天灾人祸袭击下，走上破产道路，下降为佃

---

① 转见中国社会科学院、中央档案馆合编《1949—1952 中华人民共和国经济档案资料选编》。

② 华东军政委员会土地改革委员会：《华东区土地改革成果统计》，1952 年 12 月。

③ 史志宏：《20 世纪三、四十年代华北平原农村的土地分配及其变化》，《中国经济史研究》2002 年第 3 期。

农或无地流民，这种情况随时随地可见，卖地契就反映了这一事实。①

一般农民户要积累一定量的土地，需要一个很长过程，一般来说得花一两代人的积蓄才能达到。由于自耕农积累有限，购买耕地过程是一分一亩进行的，速度缓慢。但分家析产却不同，一般都是 30 年左右分一次家。中国家庭财产继承制与西欧有显著区别，西欧领主制经济体制下，为了保护庄园制实施，推行的是长子继承制，其他儿子无财产继承权。而中国则不同，实行的是诸子均分制，只要是同一父亲传下的儿子，不管是妻生、妾生、婢生之子，都有同等继承的权利。如果一个父亲有几个儿子，经过几十年积累起来的田产，一下子就分散了。许多家庭通过分家析产后，经济地位就下降了，或为自耕农，或为佃户。②

明王朝给亲王、戚畹、国公赐地时，一般连同耕种土地的农民一起赐予，这些原来是自耕农民的农户，就变成这些权贵的荫庇户，向权贵缴纳租谷。经过明末农民起义洗涤，这些旧日的权贵没落了，其中有些农户乘机占有一些土地成了自耕农，而更多的农民成了佃户。清代顺康年间，旗地由壮丁耕种，乾隆后改由佃户耕种，原耕种旗地的壮丁，大部分转化为佃农，身份地位有所提高。

明清时期，佃农的队伍有多大，这很难估计，他们随着社会经济发展变化而变化，这是一个变量。但总的来说：明前期以及清前期佃农会少些，到每个朝代中后期，由于土地兼并盛行，佃农队伍会扩大些。明中期以后，佃农队伍有多大，据《浙江遂安万历田土号簿》记载，该簿总农户有 147 户，占地 10 亩以下佃户有 121 户，占总户数的 82.3%，占有的耕地 281.453 亩，占总耕地的 16.47%。③万历九年安徽休宁情况是：该县十五都四图有农户 522 户，占地 10 亩以下佃农共计 511 户，占总农户的 97.89%。④

清代期间，佃农队伍状况如何呢？首先看看华北地区情况，康熙四十五年，获鹿县占地 20 亩以下佃耕农户有 4101 户，占全县农户的 54.53%；雍正四年，占地 20 亩以下佃耕农户有 3580 户，占全县农户的

---

① 如徽州地区卖地契、福建各地卖地契以及宁波地区卖地卖山契，引自张传玺《中国历代地契注释》。
② 参见《中国经济通史·清代经济卷》（下），第 1639—1674 页。
③ 转见《中国经济通史·明代经济卷》（上），第 113—114 页。
④ 中国社会科学院经济研究所藏：《屯溪档案》。

64.02%；乾隆十一年，占地 20 亩以下佃耕农户有 7453 户，占全县总农户的63.63%；乾隆三十六年，占地 20 亩以下佃耕农户有 913 户，占全县农户的61.56%。① 从本县情况看，除康熙年间佃农队伍小于 55% 以外，其他年段，佃农队伍都保持在 60% 以上。江南地区状况又如何呢？安徽休宁三都十二图有农户 184 户，占地 10 亩以下佃户有 146 户，占总农户的79.35%；② 乾隆二十六年，休宁十三都三图有农户 116 户，占地 10 亩以下佃耕农户 93 户，占总农户的 80.17%；③ 江苏玉区情况是：23 户中，占地10 亩以下佃耕农户 11 户，占总农户的 47.83%；④ 中华人民共和国成立前夕，华东农民情况是：佃农占总农户的 45.71%；⑤ 中南地区以湖南为例，据李锐研究，滨湖区贫民（佃农）占 42%，丘陵区贫农（佃农）占 36%，山区贫农（佃农）占 44%。⑥ 十二省区抽样调查是贫农（佃农）占66.21%。⑦ 据河北省清苑县四村调查：1930 年时，贫农占总农户的46.14%，1946 年时占总户数 36.41%，从 11 个调查村情况看，1930 年时贫农占 43.18%，1946 年占 30.37%。⑧

从以上资料可以看到：第一，清代前期，华北地区佃农队伍比华东地区少些，华北地区在 55%—64%，而华东地区则在 80% 左右，江苏玉区资料不全，户数仅 23 户，可能是个特例。第二，至民国时期，佃农队伍有所变化，华北地区在 36%—46%。号称土地兼并严重的苏南及湖南，佃农比例为 41%—54.5%（湖南所占百分比系滨湖、丘陵、山区平均数），而东北松江佃农达 70.2%，甘肃佃户为 72.9%，四川佃农高达 78.6%。可见民国时期土地兼并最剧烈的地区是四川，而不是苏南地区及湖南省。佃农在各地所占比例有高有低，但每个王朝建立前期，佃农会少些，至中后期由于土地兼并激烈，佃农所占比重会多些。尽管各地佃农队伍有大有小，但每

---

① 根据《获鹿县档案·编审册》整理。

② 中国社会科学院经济研究所藏：《屯溪档案》。

③ 中国社会科学院经济研究所藏：《屯溪档案》。

④ 转见《历史教学月刊》第二卷第一期，1951 年 7 月 1 日。

⑤ 华东军政委员会土地改革委员会：《华东区土地改革成果统计》，1952 年 12 月。

⑥ 李锐：《湖南农村的状况和特点》，见《1948—1952 中华人民共和国经济档案资料选编》。

⑦ 转见严中平主编《中国近代经济史统计资料》，科学出版社 1955 年版。

⑧ 史志宏：《20 世纪三、四十年华北平原农村的土地分配及其变化》，《中国经济史研究》2002 年第 3 期。

个王朝到中后期时，佃农占全国农户一半以上是共同的，不管是明代、清代还是民国，这个估计数可能都是站得住脚的。

二　佃农社会地位的提高

自耕农和半自耕农，法权地位较高，他们与庶民地主同属于"凡人"阶层。这点无须多说。本文所关注的是佃农身份地位的变化。

在一般租佃制下，佃农在法权关系方面属于"凡人"地位，和地主同属于一个等级，是对等关系，而不是贵贱等级关系；主佃间彼此无主仆名分，即没有人身隶属关系。但身份性租佃农和佃仆制下的佃农则不同。这是下文要论述的主要部分。

明清时期，封建依附关系削弱，佃农社会地位提高，主要体现在三个方面：一是佃仆制向一般租佃制过渡；二是超经济强制向经济强制过渡，三是身份性雇佣向自由雇佣过渡。

1. 佃仆制向一般租佃制过渡

佃仆制古已有之，但由于明后期权贵势力嚣张，在大肆兼并土地的同时，把许多农民压制为奴、为仆，这些佃农在法权关系方面属于奴婢身份，同地主是贵贱等级关系，彼此之间有"主仆名分"，即严格的人身隶属关系。河南汝南称佃户为"佃仆"，"肆行役使，过索租课"。河南汝南、光州地区，佃户死后，地主可出卖他们的妻子，并强占他们的家资。安徽凤阳、颖州的地主就将佃户称作庄奴，不许他们任意离开土地。江西地主对于佃农还操有生杀予夺的大权，如信丰等县地主便可以任意活埋农民。他们又可以私设公堂、私牢，通过乡例、族规、家法来处罚农民。①

佃仆制向一般租佃制过渡，体现在两个方面：一是禁革蓄奴之风。洪武四年，明政府通过打击豪强，抑制兼并，把农民垦荒地给为永业及验丁授田等政策措施，下令"若兼并之徒，多占田以为己业，而转令贫民佃种者，罪之"②。与此同时，明太祖朱元璋在洪武五年下诏：庶民因贫沦为奴者，"诏书到日即放为良"，"违者依律论罪"，③ 洪武三十年，这条禁令被

---

① 以上事例见傅衣凌《明清社会经济史论文集》，中华书局 2007 年版，第393—394 页。

② 《明太祖实录》卷 62，洪武四年三月。

③ 《明太祖实录》卷 73，洪武五年五月。

写入律例。对沦为奴仆的农民摆脱人身隶属关系、获得人身自由并取得土地，创造了有利条件。二是法律地位提高，由"奴婢"向"凡人"地位转化。即宣布佃农对地主行"以少事长"之礼。根据礼制，"少长"指兄弟关系，也就是说在法权地位上，佃农与地主是平等的，他们都处在"凡人"这一等级。明确佃农在法律上的"凡人"地位，使其摆脱人身依附关系。但这只是问题的一个方面。明代在实际生活中，主佃间依然存在着不同程度的超经济强制关系。如安徽徽州佃仆，地主对其有人身支配权，不准佃户私自外出佣工。① 当然更不准许随意迁徙，实际上把农民束缚在地主的土地上；另佃仆子女婚配也受到一定程度的限制，没有完全自由。② 祁门《程氏祠堂簿》规定：地主对佃仆具有责扑权。③ 有的佃仆可随田出卖。④ 说明地主对佃仆的人身还有支配权。

以上各个地区存在的身份性佃户和佃仆，在明末至清前期数十年间，都发生不同程度的变化，总的来说，呈现衰落态势。各地区的衰落过程不完全相同，黄淮流域长江流域以北地区，系由农民大起义的冲击。长江流域以南地区则由于明末清初奴仆的反抗斗争造成的，这点傅衣凌先生已有论述。⑤ 在农民阶级反抗斗争使身份性佃户趋向衰落情况下，清王朝所采行的政策措施，对身份性佃户向一般性佃户过渡也起着一定作用。顺治十七年，江宁巡抚卫贞元奏请："将佃户为奴，请行禁止"⑥。康熙初年，江西提调学政邵延龄对吉安、赣州两府绅衿大户不准佃仆子孙参加童子试的数百年来陋习予以废除。⑦ 与此同时，清王朝也一再颁布解放奴仆（包括身份性佃户在内）诏令。康熙二十年，下令禁止绅衿大户将佃户"欺压为奴"及"随田转卖"，有将佃户穷人欺压为奴的，令各督抚"即行参刻"。⑧

到清代前期，在明中后期发展起来的身份性租佃制已相继衰落下去。

---

① 休宁：《吴葆和堂需役给工食定例》，见《乾隆程姓置产簿》。

② 《吴葆和堂需役给工食定例》。

③ 祁门：《程氏祠堂簿》；黟县江氏：《乾隆四十六年至五十四年状词和批示汇抄》。

④ 乾隆祁门善和里：《程氏置产簿》。

⑤ 傅衣凌：《明清社会经济史论文集》，中华书局2007年版，第386—401页。

⑥ 张光月：《例案全集》卷6，《户役》。

⑦ 邵长蘅：《提调江西学政按察使司签事加一级邵公延龄墓碑》，见《碑传集》卷80。

⑧ 张光月：《例案全集》卷6，《户役》。

据我们所了解到的清代前期大量有关租佃的刑档资料，很少看到关于这类租佃的案件，这可能是身份租佃制衰落的实际生活方面的具体反映。

皖南地区的佃仆制在社会经济发展影响下也发生了一些变化，这些变化反映于清王朝的几次诏令。雍正五年令："年代久远，文契无存，不受主家豢养者，概不得以世仆名之"①。同年又令：将徽州府"伴当"，宁国府"世仆"等"开豁为良"。②乾隆年间，安徽按察使景善奏请将徽州、宁国、池州三府之由于豪强欺压而陷于佃仆身份之人，"悉准其开豁为良"。③嘉庆十四年作了更为具体的规定："若年远文契无所考据，并非现在服役豢养者，虽曾葬田主之山，佃田主之田，著一体开豁为良"④。清朝的历次诏令，使部分佃农摆脱人身隶属关系，取得"凡人"地位。这样，世仆的范围逐渐缩小。据章有义先生研究，在徽州租佃制中，除了具有特殊性质的佃仆制外，一般租佃制广泛存在。⑤这是佃仆制瓦解在实际生活中的反映。

至于身份性租佃农，在有清一代也发生了变化：租种缙绅地主土地的佃农，身份地位上升到"凡人"地位，在法权关系上也是对等的。下面举几个《刑科题本》例案说明。

乾隆十三年（1748），江西乐安县发生一起命案：周瑞生租种贡生杨天爵租田二斗，每年租谷八石。周瑞生将一石二斗田私顶与李传生，杨天爵遣雇工吴长仔找周瑞生分收割谷，打伤周瑞生致死。当时杨天爵并不在场，以雇主关系"照不应重律""杖八十"，又以贡生关系"照律纳赎"。⑥

乾隆三十三年（1768），广东归善县生员钟华粤有田种二石，租与高方熹耕种，每年租谷十九石五斗。高方熹未交租谷，钟华粤催逼，发生斗殴，高方熹重伤身死。据广东巡抚判决：钟华粤合依斗殴杀人者"拟绞监候，秋后处决"。⑦

---

①　《清世祖实录》卷56，雍正五年四月癸丑。

②　嘉庆《大清会典事例》卷158《户部·户口》。据祝庆祺《刑案汇览》，《良贱相殴》条："若无卖身文契，又非朝夕服役，受人豢养，虽佃大户之田，葬大户之山，住大户之屋，非实有主仆名分者，不得压为世仆"。

③　（安徽按察使）王景善《案奏佃户分别种田确据以定主仆名分》，转见刘永成《清代前期的农业租佃关系》。

④　嘉庆《大清会典事例》卷158《户部·户口》。

⑤　章有义：《明清徽州土地关系研究》，中国社会科学出版社1984年版。

⑥　刑部尚书李元亮等题，乾隆十八年十月初六日。

⑦　管理刑部事务刘统勋等题，乾隆三十四年十一月初三日。

　　乾隆五十八年（1793），福建顺昌县武举萧廷超有田二段，由卢盛根佃种，卢以萧廷超分谷不均，殴伤萧廷超并致其死亡，案判卢合依斗殴杀人者"拟绞监候"。① 如此事例还很多，请参见李文治、江太新《中国地主制经济论——封建土地关系发展与变化》一书中有关章节。②

　　从以上事例看：无论是缙绅地主还是佃农，只要打死人，就得偿命，"绞监候"。可以看出他们的法权地位是等同的；另外，即使打死人时，缙绅本人不在场，由于是"雇主关系"，也得承担法律责任。这时，身份性租佃农已摆脱了隶属身份，与"凡人"等同。

　　2. 超经济强制向经济强制过渡

　　在地租形态中，分成租在长时期里占有统治地位。宋代开始，官田中有部分土地（如学田）在出租经营时收取定额租，到明代，民田出租经营时，也有收取定额租记录，如安徽徽州地区，定额租约占37.5%。③ 但分成租主导地位没有发生变化。到清代以后，定额租得到巨大发展，根据中国社会科学院经济研究所辑录的226件清代刑部档案资料有关地区的统计，定额租占79.2%。④ 根据《清代台湾大租调查》所载资料统计，实物定额租占83.1%。⑤ 乾隆至道光年间，锦、热七县情况是：实物定额租得到充分发展；嘉庆、道光以后，货币地租发展迅速。这里已没有分成租记录。⑥ 也有作者对吐鲁番出土唐、五代租契及敦煌出土的租契做了研究，认为唐、五代时已是分成租、实物定额租、预租、货币租并存，而以定额租占绝对优势格局。⑦ 这一成果，以注释方式提供大家参考。

---

　　① 管理兵刑部阿桂等题，乾隆五十九年十月十一日。
　　② 参见李文治、江太新《中国地主制经济论——封建土地关系发展与变化》，中国社会科学出版社2005年版，第392—393页。
　　③ 转见江太新《论预租制的发生和发展》，《中国经济史研究》1988年第2期。
　　④ 中国社会科学院经济研究所藏《刑档抄件》。
　　⑤ 《台湾文献丛书》第一五二种，《清代台湾大租调查书》。
　　⑥ 伪满康德四年地籍整理局：《锦热蒙地调查报告》。
　　⑦ 杨际平：《麴氏高昌与唐代西州、沙州租佃制研究》（见陈支平主编《相聚休休亭》，厦门大学出版社2011年版）。该文称：吐鲁番出土的100件唐、五租佃契中，分成租2例，占总数的2%；定额实物租67件，占总数的67%（其中，25件为预付定额实物租；42件为后付定额实物租）；货币地租31件，占总数的31%。总体上看，定额租占绝对优势。敦煌出土的11件租佃契约，预付定额实物地租的4件（包括典租1件），后付定额实物租的2件，与分成租的4件（其中2件为合种）。可供研究。

我们谈论定额租，是为了什么呢？原因很简单，即定额租的发展有助于超经济强制的削弱，有助于佃农封建依附关系的松解。

在分成租制下，地主以临田监分办法，保证其地租收入。地主为了确保从农民手里夺得更多租谷，便直接干预农民的生产过程，强制农民进行各种农事活动，干涉作物品种的种植，以致农民没有独立自主的经营权。在这种情况下，农民对地主有更多的封建依附关系。

实行定额租后，每块租地的租额都是固定的，到收获季节，地主无须再到地头踏看、监分。分租制向额租制变化的过程，也是地主对农民干预逐渐由生产过程缩小到收租过程。实行定额租后，农民有了较大的活动范围，可以获得更多时间来从事其他生产活动，并让这些劳动产品归他自己所有。地租形式的这种变化，影响于租佃关系变化。《祁阳县志》对这种变化评论说："祁之农务全在稻田，有恒产者自食其力，俯仰固属充裕；贫乏者佃种富室之田，偿租而外，与己业无异，凡山间地角稍有可垦者，无不开辟。"① 广东《增城县志》亦称："硗瘠之土，一经承佃，辄不惜工本以渔利，而田主莫能取盈"②。两江总督那苏图谓："南方佃户自居己屋，自备牛耕，不过借业主之块土而耕之，交租之外，两不相问，即或退佃，尽可别图，故视业主也轻，而业主亦不能甚加凌虐"③。这些都是主佃关系松懈的很好诠释。

但从分成租向定额租过渡，仅是超经济强制向经济强制转化的一步。地主还可以利用收租机会或踢斛，或淋尖，或改用大租斗，或增租，或夺佃，对农民进行超经济掠夺。随着农民抗租斗争发展，地主为了保证地租收入，又把定额租改为押租、预租、货币租。这时，主佃间的关系向契约关系发展，主佃之间关系剩下的仅仅是经济关系而已，封建依附关系已完全松解。但由于分成租长期延续，于是也有一部分佃农与地主之间还存在一定的封建依附关系。但已经不是租佃关系的主流了。

分成租过渡到定额租，定额租又发展成货币租，这是社会经济发展的产物，有利于推动社会经济发展积极的一面，但也应考虑到不管分成租也

① 嘉庆《祁阳县志》卷13，第5页。
② 嘉庆《增城县志》卷1，第9—10页。
③ 中国人民大学清史研究所等编：《康雍乾时期城乡人民反抗斗争资料》上册，中华书局1979年版，第11页。

好，定额租也好，货币租也好，只是地租收取方式的改变，地租占亩产量一半没改变，也就是说地主掠取佃农大部分剩余劳动这点丝毫没有变化。不同年份里，同一块土地的租额数量可能有变化，但地租占亩产量50%这点不会改变。也就是说地主对佃农的超经济剥削本质不变，从而封建经济性质也不会改变。

这里要附带谈一下地租率问题。国外某学者与中国一些学者，撇开任何时候地租都占亩产实际收获量一半的事实不谈，而大谈地主收租量与定额租之间的比例，认为地租率只有30%，而不是50%。我们认为这是玩弄数字游戏而已。所谓地租率，应该是实际亩产量与实际收租额之比，而不是收租数量与定额租之比。如一块耕地当年实际亩产收获量为二石，地主取走地租一石，于是说地租率占收获量一半，即50%。虽然地主收取的地租没有达到额租规定数量，但地主却实实在在获取到当年亩产一半，即50%租额。地主地租量减少，是由于亩产量减少造成的。亩产量减少主要是自然灾害影响及土地贫瘠化造成的。尽管亩产量减少，地主收取亩产一半地租的底线，从未改变；也就是说，地主所收的50%地租率没变。青田习俗是："遇水旱，租主佃户面同分收"①。安仁县情况是：灾年，要求主佃"临田均分"。泸州情况是：遇灾年"照俗例，主佃均分"。② 乾隆年间江苏部分地区受灾，巡抚陈宏谋发公示：要求业佃"即就田内所收各半均分"③。那苏图称："江南民例，凡十分收成之年，则照额定租，几分收成者，只完九分八分之租，其余以次递减"④。陶煦指出：定额租"犹虚额也"⑤，也就是说定额租并不是衡量地租的标杆，它只是一个虚数而已，属于随亩产变化而变化的动态性约定。这些资料准确无误地指出：地租收入多少，由亩产量决定，而地租收入占实际亩产量的一半不改变，这是不可争辩的事实。不谈论主佃之间当年亩产的实际收入与实际收租量之比，而泛泛谈论地租量与额租数量之比，是一种避开实际亩产谈租率的做法，实际上是偷梁换

① 光绪《青田县志》卷9《风俗》。
② 以上两条资料来源参见黄冕堂《清史治要》，齐鲁书社1990年版，第1137—1138页。
③ 陈宏谋：《业细公平收租示》，《培远堂偶存稿·文檄》。
④ 《康雍乾时期城乡人民反抗斗争资料》上册，中华书局1979年版，第10—11页。
⑤ 陶煦：《租核》。

柱行为，是愚弄人们的一种手法。弄清楚地租率这一概念，对某些人耍弄数字把戏的手法就容易识别了。他们想通过否定地主地租收入占据了佃农大部分剩余劳力成果的手法，从而达到否定中国封建社会是地主制经济的事实，达到否定中国共产党领导下新民主主义革命正确性的目的，也就不攻自破了。研究者应当脚踏实地，做深入研究，守住不崇洋、不媚外，更不要被所谓标新立异乱了方寸，守护好自己研究的阵地，自觉地对历史虚无主义进行抵制和批判，为中国经济史研究沿着正确轨道前进做出更多贡献。

3. 身份性雇佣向自由雇佣过渡

雇佣劳动与中国地主制经济相伴生，正因为如此，有学者就认为春秋战国时期，中国已有资本萌芽，但先生未对雇佣劳动者身份地位作进一步分析，把自由雇佣劳动的出现提前了 2000 多年。

自由雇佣劳动的出现应以法权为依据，并根据立法往往滞后于现实生活实际情况，对身份自由的劳动者做适当提前估计。但这时的长工还处于"雇工人"地位，雇工和雇主之间具有"主仆名分"，这种关系实际上成为主仆关系的一种。明万历十六年《新题例》出台后 171 年，清政府对长工法律地位予以修订，《大清律例》的新例称："凡官民之家，除'典当家人''隶身长随'仍照定例治罪外；如系车夫、厨役、水〔夫〕、火夫、轿夫及一切打杂受雇服役人等，平日起居不敢与共，饮食不敢与同，并不敢尔我相称，素有主仆名分者，无论其有无文契、年限，均以雇工〔人〕论。若农民佃户雇佣耕种工作之人，并店铺小郎之类，平日共坐共食，彼此平等相称，不为使唤服役，素无主仆名分者，亦无论其有无文契年限，俱依凡人科断"①。至此，农民，佃户（当然也包括庶民地主）雇请的长工、短工在法律上才获得与雇主平等地位，和雇主不再具有人身隶属关系。而缙绅之家雇佣工人，仍然处于"雇工人"地位，与雇主之间有人身隶属关系。直到民国元年（1912）颁行的《暂行新刑律》起，雇工人这个等级才消除。从此，雇佣劳动者在法律形式上的人身隶属关系才得到完全的解放。② 所以，从雇工人到自由雇工经历了一个漫长的历史时期，没有自由雇佣的出现，资本主义萌芽的出现就谈不到，因为那个历史时期还缺乏产生资本主

①　《大清律例》卷 28《刑律·斗殴》，附《大清律纂修条例》。
②　李文治、魏金玉、经君健：《明清时代的农业资本主义萌芽问题》，第 291 页。

义萌芽的历史条件。

明清时期农民身份地位提高，是农民斗争的成果，尤其是"奴变"的结果，既是明清两代赋役改革的成果，也是市场经济发展的成果。

明中后期，在地主制经济体制偏离正常轨道后，农民受地主压迫和剥削日益加重。据傅衣凌先生研究，在当时强大的地主经济压迫下，佃农人身依附关系非常严重。江南富家大族，把佃户和苍头视为同一等级人物。江西吉安地主不仅役佃户本身，且役其家属。安福乡有女儿出嫁也得缴钱的"河例"。另佃农负担非常苛重。如宁化有三七对分之例，永安有八二分租传说。也就是说，地主收取的地租量要占亩产收入的七成，甚至八成。地租之外，尚有种种名色的额外负担和封建的贡献。如江西宁都佃农于批赁田山时，田主例索批礼银、桶子谷、入学贺礼、帮纳差粮诸费。安徽徽州则有信鸡之纳。另还有地主额外加征。吴中田亩原无麦租，崇祯十四年，每亩索麦租斗。此外，利用度量衡不统一进行搜刮。大斗（秤）收租，[1] 小斗（秤）粜出。徽州，江西新城，广东惠州，福建宁化、永定、同安都有这种情况。[2]

由于土地兼并激烈进行，加上明季三饷——辽饷、剿饷、练饷强压在人民头上，不仅一般农民迅速破产了，就是农民中的富裕阶层和中小地主阶级也有惶惶不可终日之慨。天启末年崇祯初年，陕西人民率先起义，提出免赋均田口号，得到广大人民拥护。长江中下游和东南沿海地区的佃农和奴仆纷纷举起反封建大旗，群起而应之。崇祯四年有镇洋县农民抗租斗争，十一年有苏州吴县毛三等起义，横金农民抗租运动。

受到农民运动胜利鼓舞，江南地区也爆发巨大"奴变"风潮和佃农解放运动。据傅衣凌先生研究，这时江南地区农民运动已参加主体划分，大体可分三个地区论之。其一是江南地区，以奴仆为主，并有佃户及其他劳

---

　　[1]　傅衣凌《明嘉万以后福建泉州地区的地租是与佃农抚租斗争》一文称："迩来军无实伍，屯没（郡城）世豪。……田主之横已极，而虎干之虐更惨。乱布法马官科之祖制，擅造加倍等斗。"又说：同安、南安一带，"以斗租论，则斗有八升、九升、十升之不同。以石租论，则有八升斗、九升斗、十升斗之不同。又有大租一石而十五八斗者。""斗桶无定，催租仆役于桶外横征，加以淋尖。"见《厦大史学》第三辑，厦门大学出版社 2010 年版，第 5 页。

　　[2]　傅衣凌：《明清农村社会经济明清社会经济变迁论》，中华书局 2007 年版，第82—91 页。

动人民的参加。其二是湖广地区，以奴仆起义作为运动的中坚。其三是闽赣浙各省，系以佃农为主，而有奴仆的参加。①

江南奴变，始于明崇祯十七年。宝山奴仆"乘机谋叛，始于江东瞿氏之仆，沿及江西祝家库，大肆其毒，千百成群，焚庐劫契……真千年未有之变也"②。上海、吴淞、南翔、昆山、嘉定等地同时并起，而吴淞、大场各地，也群起响应。金坛、太仓"奴变"为较有组织的行动。太仓号为"削鼻班"（江南谓仆曰鼻）。溧阳亦以"削鼻班"为名，聚众起义。清顺治二年，皖南黟县奴仆万黑九的"反名分"抗争。后有宋乞、宋太等领导下"索取卖身文约"的斗争，这一斗争很快发展到休宁、祁、歙诸县。浙江亦发生"奴变"。

长江中下游奴仆斗争，起于崇祯十六冲。在张献忠起义军影响下，麻城奴仆首起响应，他们组织"里仁会"。顺治八年又有方继华的起义。起义震动了罗田二蕲，于是邻近的黄安，亦展开奴仆的反抗运动。③

江西、福建、广东、浙江等省毗邻地区，则系奴仆和佃农的解放运动紧密结合在一起。傅先生又将其细分为三大支：一为闽浙赣粤沿海的反租斗、争自由的斗争；一为闽浙赣粤四省丘陵地区的佃仆解放运动；一为广东地区的"奴变"风潮。

反租斗、争自由斗争，在崇祯年间已开始，民间组织了"斗桮会"。崇祯十七年，在福建泉州南安最先爆发，而后发展到泉州城。其邻近的永春、安溪、莆田相应发难。顺治三年方怀惠在莆田开展反田主收租不公的斗争，这种抗租斗争还影响到潮汕、瑞安。与此同时，泉州还发动"奴变"风潮，与佃农起义相呼应。广东潮阳也有"佣奴"起义。另外，闽浙赣粤四省丘陵地带的佃仆解放运动是当时农民运动的主流。如崇祯十五年，江西吉安、安福、庐陵、太和、永新等县佃仆起义，与入赣张献忠起义军互相配合，形成广泛的佃仆解放的高潮。顺治二年，江西零都、赣西，广东惠州府属，浙东山区，崇仁有"奴变"，新城则有较斛斗争。在农民斗争高潮下，闽赣

---

① 傅衣凌：《明清农村社会经济·明清社会经济变迁论》，中华书局2007年版，第94页。本问题写作参考本书《明清之际的"奴变"和佃农解放运动》（二），特此申明。

② 乾隆《宝山县志》卷1《风俗志》。

③ 傅衣凌：《明清农村社会经济·明清社会经济变化论》，中华书局2007年版，第103页。

的宁都、瑞金、石城、宁化、清流、泰宁、将乐等地，也爆发了起义斗争

清康熙元年，金坛又有奴仆起义。太仓则有乌龙会组织。乌龙会中，佃户也是一个重要组成部分。

经过农民斗争，佃农、佃仆、奴仆身份的自由化，以及社会风气的改变，"康熙间各富室不敢蓄奴"①。农民身份地位得到普遍提高，与此同时，有更多雇佣劳动者获得身份自由，为资本主义萌芽在中国大地上发展提供了前提条件。

三　雇佣关系的变化②

雇工人在明清两代有所发展，其原因有两个：一是明初禁奴政策实施，使用奴婢生产者减少，为农业雇工队伍扩大开辟道路；一是伴随工农业及商品货币经济的发展，为雇佣关系发展开辟了广泛的前景。弘治间，王鏊说，处士陆浚，家道富裕，"有佣无奴"③。万历间，吕坤官河南时说："梁宋间，百亩之田……必有佣佃。"④ 说明佣工已非常普遍。

有清一代雇佣制得到发展。经过明末清初奴变，奴仆制没落，有关雇工人的记载越来越多，地方志书屡有记载。如浙江平湖县，"田多募佣，有长工短工。"⑤ 宁海州，"农无田者为人佣作"⑥。金山县，"农无田者，为人佣耕，曰长工；农月暂忙者，曰忙工；田多人少，请人助己而还之者，曰伴工。"⑦ 江西东乡县，康熙间，地主雇工人"必先夕面约"，"未佣先以值给。"⑧ 湖北蕲水县，"最贫者为人佣工"⑨。湖南衡州府，农民"轻去其乡，

---

①　据谢国桢《明季奴变考》，商务印书馆 1934 年版。转见傅衣凌《明清社会经济变迁论》，中华书局 2007 年版，第 95 页。

②　参考李文治、江太新《中国地主制经济论——封建土地关系发展与变化》，中国社会科学出版社 2005 年版，第 407—414 页。

③　王鏊：《震泽先生集》卷 7，《陆处士墓志铭》。

④　吕坤：《实政录》卷 2。

⑤　乾隆《平湖县志》。

⑥　同治《宁海州志》卷 5。引康熙《宁海州志》。

⑦　乾隆《金山县志》卷 17。

⑧　同治《东乡县志》卷 8，转载康熙年间纪述。

⑨　顺治《蕲水县志》卷 18，《风俗》。

为贾为佣。"① 巴陵县"十分其力，而佣居其五"②。山东滋阳县、沂州、宁阳等地都有记载：十月朔，"农家皆设酒肴，燕佣人"③。此种事例极多，不再赘述。

雇工人地位与奴婢不同，奴婢是终身依附于主人，而雇工人只是雇佣期间与雇主有主仆名分。明朝天顺年间的《律便疏议》载："雇工人者，雇请役使之人，非奴婢之终身从役者。"④ 李天麟说："家长但得用雇工人之力而不得有雇工人之身，佣直未满，分相系属；一满，即同凡人矣。"⑤ 一般雇工人地位解放较早，明万历初《大明刑律金鉴》称："雇工人者，乃受雇长工之人，若计日取钱，如今日之裁缝、木匠、泥水匠之类皆不得为雇工人。若前雇工人年限已出外，有犯者亦不得为雇工人。"⑥ 万历十五年左都御史吴时来奏折谓："有受值微少，工作止计月者，仍以凡论。"⑦ 从"仍以"二字看，短工很早就以"凡人"身份出现了，短工已明确排除在雇工人行列之外。属于自由雇佣的雇工人逐渐扩大了，这是一个发展。

万历十六年制订的"新题例"，主要讲雇工人问题，规定"今后官民之家，凡倩工作之人，立有文契、议有年限者，以雇工人论；止是短雇月日、受值不多者其财买义男，如恩养年久，配有家室者，照例同子孙论；如恩养未久，不曾配合者，士庶之家依雇工人论，缙绅之家比照奴婢律论。"

雇工人在法权关系方面的地位，明律将其定在宗法家长体系之内，雇主对雇工人有一定的处罚权。雇工人社会地位低下，仍被视为"贱隶""佣奴"。到崇祯时，农业雇佣关系发生一些变化，即雇工人不那么听从地主任意摆布了，不再像过去那样逆来顺受，而要进行各种形式的反抗。

到清朝前期，这种变化更加突出。一是雇工人觉醒。雇工人为了和地主对抗，有的地区更进行有组织的斗争，有些地方把地主横暴行为"评告

---

① 康熙《衡州府志》卷 8。
② 《巴陵县志·田赋论》，见《皇朝经世文编》卷 39。
③ 《古今图书集成·职方典》卷 278《登旧府》，卷 230《兖州府》。
④ 李式之：《律例疏义·良贱相殴》。
⑤ 李天麟：《淑向汇编》卷 3。
⑥ 《大明刑律金鉴·刑律·奴婢殴家长》，上海图书馆藏抄本，转见经君健《明清两代农业雇工法上人身隶属关系的解放》。
⑦ 《明神宗实录》卷 191，万历十五年十月丁卯。

官府"，突破封建宗法制束缚，面向压迫奴役他们的"干犯名义"的条例宣战。一是客籍雇工推动。雇佣关系变化还与客籍佣工发展有一定联系。客籍雇工人和雇主之间缺乏因地区而形成的封建纽带关系的传统。他们勇于对雇主进行反抗斗争，致使"佣工之家人人自危"。[①]

雇佣关系变化，和伴随农业生产发展出现的庶民地主及富户大经营发展也有一定联系。清代前期，地主大经营有雇佣数十人乃至百人以上的，在清代刑档中也有不少关于大经营的记载，这是促成封建雇佣向自由雇佣过渡的又一个条件。

经过雇工人长期斗争和社会经济发展推动，到乾隆二十四年，把未立文契、年限而连续受雇不足五年的雇工人，给予"凡人"身份地位。乾隆三十二年条例，把农业雇佣劳动者从"主仆名分"中解放出来。至乾隆五十三年，"新题例"中明确提出：庶民所雇佣的长工属于"凡人"等级。身份自由的雇工人出现，对农业资本主义发展提供了条件。

第二节　经济作物效益提高与农民经济实力增强[②]

明清时期，农产品商品化除了与市场需求有密切关系外，与当时赋税改革也有密不可分的关系。元代及明初，赋税征收以实物为主，如麦、稻谷、谷子、棉布、棉花、丝绸、红花等，称收纳本色，征收货币部分很少。明初的折色主要源于通赋、灾伤、税粮储运困难等因素，如洪武三年，因赏军用布，其数甚多，松江秋粮以布匹输纳。[③] 洪武六年，改直隶府州、浙江、江西两行政秋粮以棉布代输，以给边戍。[④] 洪武七年，徽州、饶州、宁国等府，因不通水道，税粮输纳甚艰，今后夏税令以金银钱布代输。[⑤] 洪武十七年，苏、松、嘉、湖四府，以黄金代输当年田租。[⑥] 同年，云南以金

---

① 魏禧：《魏叔子文集》卷 7，《与曾闻庭》。

② 本节内容主要参见郑学檬主编《中国赋役制度史》；参见林金树等《中国明代经济史》三之四；部分资料转见郑昌淦《明清农村商品经济》《明实录》《明史》。

③ 《明太祖实录》卷 56。

④ 《明太祖实录》卷 85、卷 105。

⑤ 《明太祖实录》卷 105。

⑥ 《明太祖实录》卷 163。

钱、贝、布、丹纱、水银代秋租。① 洪武十九年，陕西西安府因本府仓储已多，夏税请折收钞。② 洪武三十年，全国通租，咸许任土所产折收布绢棉花及金银等物。③ 永乐九年，陕西因现积仓粮是支官军俸粮十年。今岁疫疠，农事有妨，以税粮之办全折输钞。④ 宣德三年，部分税粮请折布、花等物。⑤ 实际上折收还是以实物为主，在宣德朝，田赋中征收货币数量甚少，据方家研究，只占 0.0049%。⑥

据林金树等研究，导致田赋货币化成为现实的直接契机，是俸帖贱卖。俸禄是田赋分配中的最主要表现形式，明初百官俸禄以支付米麦布等实物为主，在商品交换逐渐频繁的条件下，为满足生活多样化的需要，官僚们不得不"辄以米易货"⑦，但最令百官头痛的是俸禄支取问题。朱元璋曾下令百官之俸皆取自江南官田，明成祖迁都北京后，因漕运不便，百官俸米皆令赴南京关支，由政府发给领取俸禄的凭证——俸帖。但由于路途遥远，往返劳费，一般情况下官员领帖后即卖与商人赴领，"每十石止值银一二两"。结果"朝廷虚费廪禄，各官不得实惠"。⑧ 国家财政体系中供给物品与需求物品相脱离，矛盾对立，统治阶级的切身利益受到损害，统治集团内部要求改革赋税征调方式的呼声不断高涨。

正统元年八月，都察院右副都御史周铨上疏称："行在各卫官员俸粮在南京者，差官支给，本为便利。但差来者将各官俸米，贸易物货，贵卖贱酬，十不及一，朝廷虚费廪禄，各官不得实惠，请令该部各会计岁禄之数，于浙江、江西、湖广、南直隶不通舟楫之处，各随土产折收布、绢、白金，赴京充俸"。巡抚江西侍郎赵新和少保兼户部尚书黄福等也先后上疏，提出类似建议。⑨ 周铨等人的主张得到大学士杨士奇等人的首肯，行在户部尚书胡濙还援引"太祖曾折纳税粮于陕西、浙江，民以为便"⑩ 的祖例，以证明

① 《明史》卷 78《食货二》。
② 《明太祖实录》卷 177。
③ 《明史》卷 78《食货二》。
④ 《明太宗实录》卷 77。
⑤ 《明宣宗实录》卷 41。
⑥ 转见林金树等《中国明代经济史》，人民出版社 1994 年版。
⑦ 《续文献通考》卷 22，《田赋》。
⑧ 赵翼：《廿二史札记》卷 32，《明官俸最薄》。
⑨ 《明英宗实录》卷 21。
⑩ 《明史》卷 78《食货二》。

其可行性。在众臣的一致赞成下,明英宗"遂放其制,米麦一石,折银五分。南畿、浙江、江西、湖广、福建、广东、广西、凡米麦四百余万石,折银百余万两,入内承运库,谓之金花银"①。

金花银的出现,使我国赋税征收制度向前跨越了一大步,尽管明代以前也曾出现田赋折银情况,但都是临时性的应急措施。而金花银出现则开创了以银为正赋(即田赋货币化)的制度开端,此后大规模折征例定,田赋的货币折征成为赋税征收的发展趋势。

田赋折银征收作为定例之后,首先在江南推广,周忱等人利用赋税折银条件,把解决江南官田重赋结合起来,加速了官田民田化进程。成化二十二年,田赋折银输纳办法也在北方推广,户部尚书李敏请"畿辅、山西、陕西州县岁输粮各边者,每粮一石征银一两,以十九轮编,依时值折……帝从之,自是北方二税皆折银"②。正统时,一般岁征金花银 814000 多两。③ 到正德初年,韩文称:以岁入言之,夏税共核 555000 余两,秋粮 944800 余两,金花银 995000 多两。④ 金花银征收已占到夏、秋两税的 66.34%。田赋货币化已迈出重要一步。

与金花银相辅而行的是漕粮折银,或因岁灾,或因交通不便,或因仓库不足,或因"地不产米"等,漕粮折色屡见不鲜,唐顺之指出:"无岁不有灾伤,则无岁不有折兑,此其因灾伤而折兑者,常例也"。⑤ 据鲍彦邦估算,明中后期漕粮永折的编派数高达 30 万—36 万石。⑥

明中期以金花银为主的田赋货币化改革,还推动了力役向折银方向发展,明中叶以后,随着均徭法推广,经常性的杂役从其他杂泛差役中独立出来,并折合为各项工食价银两,使越来越多的力役折交白银。正德元年均徭出现力差、银差之分,纳银代役已是大势所趋。随着时代的推移,银差日益增多,力差日渐减少。至张居正实行一条鞭改革,赋役合并,普遍用银折纳。与此同时,匠户的轮班制也逐渐为班匠银所取代。货币在赋役交纳上逐渐代替本色,而上升到主要地位。到清代,除有漕八省在征收漕

---

① 《盐乘》卷五,《食货志》。
② 《明史》卷 185《李敏传》。
③ 王鏊:《震泽长语》,《食货》。
④ 韩文:《为缺乏银两库空虚之事》,见《明经世文编》卷 85。
⑤ 唐顺之《唐荆川广集》卷 5,《与李龙冈邑令书》。
⑥ 鲍彦邦:《明代漕粮折色的派征方式》,《中国史研究》1992 年第 1 期。

粮时仍征收粮食外，其余各省，在田赋征收上皆以货币交纳，征收货币部分已大大超过实物交纳部分。

田赋由征收本色、工匠由服役向征收货币方向发展，这就促进了农户与市场的联系，广大农户为交纳赋税，必须把农产品投向市场，换取货币。何乔远谓："输赋之金，必负米出易"[1]。如明代冯琦云：青州之民"以粮易钱，以钱易银，由县输郡，郡输省，省输京师"[2]。《栖霞县志》称："田多砂石，收获除完官外，大率不足糊口"。编者按云："歉岁则糊口不给；屡丰则谷贱如泥，公赋、私交之费，所余几何？恐不能卒岁。"[3] 河南胙城县"土硗，歉于获，每亩不过三二斗耳。且比岁价廉，艰于办赋。谷贱伤农，我胙倍苦"[4]。罗山县天启年间，刘广生说："幸而有秋，则亟粜以办公赋，所余几何。"[5] 光山县乾隆年间，农民所收获粮食"终岁所入，口食所余，悉以出粜"。因而，"邻邑远方车骡运载不绝于涂（途）"[6]。江西万年县"地非水陆之冲，五谷之外，无他物产。……但时值谷贵而钱贱，则民常急于输将；或谷贱而农病，民乃艰于终事"[7]。湖南《东安县志》载："同治初，谷至贱，钱至贵。民当完纳一两银，卖谷十石，仍有不足"[8]。安徽《潜山县志》评论明时知县禁粜令指出："赋税公需，悉征银两。而土产惟谷。无价不能卖，有价又禁其卖，岂事休哉？"[9] 福建古田县情况是："古田地瘠民贫，岁收米制曲，易银完粮"[10]。四川情况也是如此，雍正四年，李卫奏称："川民乐于出售（米谷），以助完粮用度之用"[11]。甘肃宁远县"幸而有秋，则急粜以办公赋"[12]。

田赋货币化后，不但促使粮食生产商品化，也促进其他产品商品化。

---

① 何乔远：《闽书》卷38，《风俗》。
② 冯琦：《北海集》卷41，《东省防倭议》。
③ 乾隆《栖霞县志》，《民业志》。
④ 顺治《胙城县志》，《物产论》。
⑤ 乾隆《罗山县志》，引《天启志》。
⑥ 乾隆《光山县志》卷13。
⑦ 同治《万山县志》引《道光志》。
⑧ 光绪《东安县志》，《田赋志》。
⑨ 康熙《潜山县志》，《方物志》。
⑩ 乾隆《古田县志》，《税志》。
⑪ 《雍正硃批谕旨》，雍正四年六月一日李卫奏折。
⑫ 康熙《宁远县志》。

如农家所织的布匹。山西太原府榆次县,"农务本,纺织日夜";"布,榆人家事纺织,成布至多,以供衣服租税之用"。① 徐沟县"间阎勤纺织,以供输将"②,倚靠织布换钱,以缴纳赋税。虞乡县"棉花,境内皆种。布皆妇女所为,自衣被外,折价贸易白银,以供官赋"③。陕西周至县"农务"条称:"东乡多水田,西南多旱地,种稻粟菽麦以为食,桑麻布帛以为衣,积其所余,以供正赋,以资用度"④。山东齐东县,"妇女蚕桑之外,务纺织。一切公赋,终岁经费,多取办于布棉"⑤。河南光州直隶州光山县,"地间种木棉,兼治葛,差役之费,率多赖之"⑥。孟县"人多地狭,素封之家,田不数顷,虽力耕作苦,犹不能自给,而取给于纺织棉布之值,是以庸而代租"⑦。江苏松江府赋税之出,全赖一机一杼。徐光启说:"尝考宋绍兴中,松郡税粮十八万石耳。今平米九十七万石,会计加编,征收耗剩,起解铺垫,诸色役费,当复称是,是十倍宋也。壤地广袤不过百里而遥。农亩之入,非能有加于他郡邑也。所由供百万之赋,三百年而尚存视息者,全赖此一机一杼而已。……以上供赋税,下给俯仰。若求诸田亩,则必不可办"⑧。顾彧《竹枝词》云:"平川多种木棉花,织布人家罢织麻。昨日官租科正急,街头多卖木棉纱"⑨。嘉定情况正像王晦《木棉吟》其中有几句:"机声轧轧寒月阑,十手痛裂心不惜。待输公赋偿私逋,纵成万匹难存一"⑩。浙江乌程县"地产木棉花甚少,而棉之为纱,织之为布者,家户习为恒业。……田家收获,输官偿债外,未卒岁,室庐已空,其衣食全赖此"⑪。湖北武昌县,从明代始,养家纳赋就靠种稻纺织,县志云:"一夫所赖以赡八口,急公家之需者,区区撮土,草禾木棉之外,无他饶矣。"⑫ 田

①　同治《榆次县志》,《风俗志·物产志》。
②　康熙《徐沟县志》,《风俗志》。
③　乾隆《虞乡县志》,《物产志》。
④　乾隆《周至县志》,《风俗志》。
⑤　康熙《齐东县志》,《风俗志》。
⑥　嘉靖《光山县志》,《风俗志》。
⑦　道光《河北采风录》。
⑧　徐光启《农政全书》卷35。
⑨　乾隆《南江县志》。
⑩　乾隆《嘉定县志》,《木棉吟》。
⑪　光绪《乌程县志》,《风俗志》,引朱国祯《涌幢小品》。
⑫　同治《武昌县志》,《物产志》,引明志。

赋货币化使家庭纺织业与市场联系更加紧密。

明清时期田赋货币化改革也促进了经济作物的推广，如江苏苏州地区虽赋重，而民不至空虚，其原因在于多植桑养蚕，唐甄曰："吴丝衣天下，聚于双林。吴、越、闽、番至于海岛，皆来市焉。五月，载银而至，委积如瓦砾，吴南诸乡，岁有百十万之益。是以虽赋重，民未至于空虚"①。河南嵩县种蓝，但有人指责种蓝"非本务"。知县康基渊驳斥说：十亩地，以二亩种蓝，"收蓝易价，后种蔬，二亩所出，亦可获钱二十四千文，与种八亩麦相等"。而为"商贾所必需，贸迁境外，得钱极易，足以供贡赋，日用之需"。② 山东临朐县，"农人有田十亩者，常五亩种豆，晚秋收获，输租税毕，婚嫁皆恃以为资。岁偶不熟，困乃甚于无禾"③。临邑县棉区农民之于棉业"充赋治生倚办为最"④。陕西南郑县，"北坝旱地种粟谷、黄豆、芝麻、烟、姜等物，以为换买盐布、完粮、佣工之用"⑤。汉川民"有田数十亩之家，必栽烟草数亩，田则栽姜或药材数亩。……姜、药材亩收八九百斤，卖青蚨二三十千，以为纳钱粮，市盐布，庆吊人情之用"⑥。浙江开化县，"开田少、土瘠，不足一邑之食，惟栽杉为生。……合姜、漆、炭，当杉林五分之一。而惟正之供与养生送死之需，尽在其中"⑦。直隶昌平州情况是："农：山居之民以果树为业；山外者专务力田。供赋养亲，唯此是赖"⑧。浙江嘉兴府农民，"公私仰给惟蚕息是赖"⑨。

商品经济发展，促进了田赋向货币化发展，当田赋货币化以后，又反过来加速农产品商品化，拉近了农民与市场之间的距离，农民为获取更多经济效益，把农家生产与市场需求联系起来，使更多产品商品化。田赋征实到田赋货币化，是历史的进步，是促使农产品商品化的加速器。小农经济与市场经济相结合，是中国封建经济一大特色。认为中国封建经济是自

①　唐甄：《潜书》下篇，《教蚕》。
②　转见郑昌淦《明清农村商品经济》，第336—337页。
③　光绪《临朐县志》，《物产志》。
④　同治《临邑县志》卷2《风俗》，引万历二十九年旧志。
⑤　《秦疆治略》。
⑥　《三省边防备览》卷8《民食》。
⑦　雍正《开化县志》，《物产志》。
⑧　光绪《昌平州志》，《风土记》。
⑨　光绪《嘉兴府志》卷32。

给自足自然经济，这种认识可能是误解。

第三节　明清两代小农经济状况及历史地位

明清时期，农民的经济状况得到一定程度的改善，这与明清两代政府对农民的保护政策有关，与经济作物普遍种植有关，与农副业结合和多种经营发展有关，与农民身份提高、生产积极性得到调动有关。后三个问题，前面已经作了论述，这里不再重复。本节着重论述政府政策与农民的经济关系及农民的经济状况。

一　明清两代农民的经济状况

明清时期，农民的经济状况有所改善，如"次农自给自足，不仰给于人"；或说"为上农者不知其几千万人"。①"田少者或十亩或数十亩"②。即使是穷困之民，也占有土地二三亩，或六七亩，多者不超过十亩。③ 万历年间，山东章邱县"闾阎殷富"④。至清前期，湖南永州府属农民"垦辟荒土，久而富饶"。"人民世农，不言他事"。⑤ 康熙《泾阳县前志》卷三《贡赋志》称："昔之产在富，今之产在贫"。费南晖说，嘉兴府湖州府种桑养蚕的农民，"富室无论矣，贫家所养无多"，"利殊有限，丰收三五载，汔可小康"。⑥ 包世臣亦称：松江太仓州一带，"土民仍得各安生业，称东南乐土"，这里农民之所以能如此安生，是得益于棉纺，"凡所取给，悉出机杼"。⑦ 四川地区农民境况是："收稻最富，一岁所入，计口足供十年"⑧。这些都是农民生活状况改善的写照，不多枚举。

上面所说，过于空洞，很难得出一般自耕农和一般佃农的家庭资产情

---

① 吴宽：《匏翁家藏集》卷36，《心耕记》。
② 雷琠：《均田均役序》，见康熙《吴江县志》卷16。
③ 刘斌：《刘黄门奏疏》，《复信议》。
④ 转见李文治《明清时代封建土地关系的松解》，中国社会科学出版社1993年第76页。
⑤ 道光《永州府志》卷5《风俗》。
⑥ 费南晖：《西吴蚕略》。
⑦ 包世臣：《安吴四种》。
⑧ 道光《新宁县志》。

况。下面，转引方行先生根据姜皋《浦泖农咨》提供的相关资料，对江南有地十亩自耕农、有地五亩并兼事纺织的佃农家庭资产所作的具体分析。

从自耕农方面看：

第一，土地。江南地区主要种植粮食的农民，"一夫耕不过十亩"。今按农民有良田十亩计，田价按每亩八千文计，则其土地投资约为八十千文。种粮、织布的农民以田五亩计，田价仍按八千文计，其土地投资约为四十千文。

第二，耕牛。"耕牛其最上者须四十余千，递减至七八千而止。现在通用者，大率二十千左右而已"。"十亩之田，必养一牛"。牛价按二十千钱计，养牛一头，本钱为二十千。种田五亩，不必养牛一头，但富裕自耕农养牛，既自用，也可出租。

第三，种子。"每亩须谷一斗二升"。"今年稻种每斗须三百文"。十亩田种子费用，约为三千六百文。五亩田则为一千八百文。

第四，水车。水车为农民必备农具。"有牛打、人踏两种，惟上车异而下车同也。上车用车盘、用车棚、用眠轴，其价至少十余千。小者曰荷叶车，不过四五千而已。下车亦各不同，近水者车辐不过八十余，练头亦如之。若岸高者百五十练不止。车筒须三四千文。练每十六文，幅每六七文"。今按用荷叶车计，上车用钱五千，下车车筒用钱四千。练与幅用钱不多，今按岸高者计，车练共用钱二千四百文，车幅共用钱一千零五十文。总计水车约共为钱十二千五百文。不论种田十亩还是五亩，水车均须置备。

第五，其余农具。"农具于水车之外，耙最贵，其价须三四千文"；"犁价一千文"；"铁搭三四百文"。此外，如蓑衣、箬笠、粪箕、扁担、镰刀、砻、臼、风车、栲栳等，"备之亦须多钱"。种田十亩的农民，总共按约用钱十千文计，种田五亩的农民按约用钱八千文计。

第六，肥料。"上农用三通，头通红花草"。"草子价每斗六七百文至三四百文不等，每亩撒子四五升"。今按每亩撒子五升，草子每斗按四百文计，十亩田共约用钱二千文，五亩田共约用一千文。

"二通膏壅，多用猪践"。猪践"每亩须用十担"，"十担须洋钱一元"。今按猪践自积，不用花钱。

"三通用豆饼"。"亩须四五十斤"。"饼总以二千钱一担为率。甲午年（道光十四年）二千四百文一担"。今按每亩用豆饼五十斤计，豆饼按二千文一担计，十亩田用饼肥约十千文，五亩田用饼肥约五千文。

　　上述六项资料说明，种田十亩须用钱十二千文，种田五亩须用六千文。

　　第七，口粮。据包世臣《安吴四种》说，"合女口小口牵算，每人岁食米三石。按五口之家计，岁食米十五石。该书所记米价，有"今年者每石以六千结算"，米价过高，应为灾年米价。又说"一石米设仅值钱二千"，又嫌过低，据光绪《华亭县志》、《青浦县志》和《南汇县志》记载，道光初年，当地灾年米价每石多为五六千文，常年米价为二千七八百文。该书所记米价皆不足为据，今按米价每石为二千五百文计，食米十五石，约为钱三十八千文。

　　第八，房屋。乾隆十八年，苏州陶六观买屈姓地主"瓦屋两间"，"时值价银六两"。① 此屋在"圩田上"，当为农民住屋。松江地区房价资料不易找到，拟借此例。道光八九年间，江苏银一两，"兑钱一千二三百文"。② 今按银一两值钱一千三百文计，则此屋约值钱八千文。

　　以上两项说明，一个有田十亩，且生产资料和生活资料比较齐全的自耕农，其家产约为钱一百八十四千文，约值银一百四十两。有田五亩的农民，其家产约为一百三十四千文，为银一百两。这都是当时一个不小的数值。

　　根据上述资料，我们也可对一个种地五亩并纺织的佃农家产作如下粗略估计。

　　松江府一带的佃农多有田面权。田面"授受之价……亦视其田高下广狭肥瘠以为差等，向来最上者，一亩可值十余千，递减至一二千钱不等"。"若村落稠密，人户殷繁，进水出水便当，即下田亦如上田之价"。如田面价值按中等价每亩六千文计，田五亩为钱三十千文。

　　其他如种子、水车和其他农具，口粮、房屋均比照上述自耕农之数，共约为钱六十八千文。肥料费用不计草子与猪践之值，只计饼肥值，约为钱五千文。种田五亩的佃农多不饲牛，拟不计牛价。据此，则佃农家资共约为钱一百零三千文，合银约八十两。

　　清代前期，定额租制占据主导地位。定额租制是以佃农有比较完备的生产资料和生活资料为条件的，这也说明了随着农民经济发展，自有经济充实的佃农已大大增多。

　　从押租发展情况看，佃农也有较多积累。清代前期，农民有银一百两

────────────

① 洪焕椿：《明清苏州农村经济资料》，第 646 页。
② 魏源：《古微堂集》，见《外集》卷 7。

或铜钱一百千文，可以说是拥有一笔不小的资产。这里农民押租金额在一百两以上、铜钱一百千文以上的事例是不少的。在湖南，乾隆年间，衡山县佃农押租有的达 180 两和 230 两银子，浏阳县有的是 385 两和 250 两银子。在四川，嘉庆年间，犍为县为 132 两，灌县有 326 两，江安县有 800 两，射洪县有 100 千文，泸州有 120 千文，郫县有 60 两银子和加钱 170 千文，等等。云阳县则是佃农"压桩之费，常逾千两，或数百两"。南充县甚至是"有佃农拥压租万余铜，值银万余元者"。

尤其是在巴县，据《清代乾隆嘉道巴县档案选编》（上）记载，道光乾数十件租佃案例中，押租银在一百两以上共四十八件。其中：100—300 两的共 37 件，其余是：350 两、360 两的各一件，400 两的二件，470 两、500 两、541 两、780 两、800 两、900 两、1000 两的各一件。钱一百千文以上的六件，最多的达三百千文。在一个县二三十年的时间内，有这么多的案例，可见高押租不是个别的偶然现象。①

佃农经济条件好转不仅仅限于四川、湖南两省，其他地方亦有很多事例，如福建至江西佃耕之民，经过几代经营，"率皆致厚资立田宅于祖里"。这种客佃刚开始时，"尝赤贫赁耕，往往驯至富饶，或挈家返本贯，或即本庄轮奂其居，役财自雄，比比皆是"②。

明清两代，由于棉纺织业发展，需要染料激增，到浙江、江西、安徽徽州山区租山种蓝者极多。这些号称"棚民"的客佃，往往因租山种蓝、种杉、种茶、种烟而致富。崇祯初年，福建农民到浙江山区开垦，这些客佃"种靛、麻、蔗者布满山野"③。到清初，宣平县租山种麻种兰者，"闽人十居其七，利尽归焉"④。康熙年间，福建、广东人到龙泉县佃山，先种稻薯，后种杉苗，垦民因此致富⑤。江西人到福建建阳种茶，"其租息颇廉，其产殖颇肥"⑥。皖中水稻种植区"良佃"，他们"耕种及时"，"培壅有力"，"蓄泄有方"。而且宅第"屋宇整齐"，他们经营的"场圃茂盛"，他

---

① 以上内容引见方行《清代农民经济扩大再生产的形式》，《中国经济史研究》1986 年第 1 期。

② 魏礼：《魏季子文集》卷 8，《与李邑侯书》。

③ 《遂昌县志》卷 8《纪事》。

④ 乾隆《宣平县志》卷 9《风俗》。

⑤ 同治《龙泉县志》卷 15。

⑥ 陈盛韶：《问俗录》卷 1，《建阳》。

们种植的林木郁郁葱葱。① 明清两代，佃农经济的发展也是显而易见的。

二　明清两代小农的历史地位

中国封建社会是一个农业大国，小农既是农业主要生产者，又是农业经营者，小农经济发展的好坏，直接关系到社会经济发展与败落、社会经济发展与倒退王朝的兴衰及生死存亡。如何恰如其分评价小农经济的历史地位，显得非常重要，也非常必要。并且，正确认识小农经济的作用，对当前制定农村经济政策，具有重要理论意义和现实意义。

1. 小农经济是封建国家赖以生存的主体

从春秋战国开始，中国封建社会逐渐由领主制经济体制向地主制经济体制过渡，到秦汉时，地主制经济体制在中国确立。从此，中国封建社会走上一条具有自身特色的封建经济发展道路。这种经济体制是：以地主所有制为核心，包括自耕农小土地所有制、佃农经济所有制、工商经济所有制以及国有经济在内的多种经济成分混合体。在这种经济体制下，地主经营土地的方法不是采取庄园制经营方式，直接剥削农奴的劳动，而是采取租佃制形式，将土地分成一小块一小块出租给少地或无地农民耕种，按照社会再生产原则，采取一定比例分成方法，向佃户收取地租，地租可以是实物或货币。小土地所有者是一种自由经济，不是封建经济，它是一种独立经济成分，是一种最有活力、最有生机的经济体，同时又是一种比较脆弱的经济体，它经常向佃农经济转化，他们共同构成为小农经济。

在整个封建社会发展长河中，由于王朝更替都要经历一段十几年、乃至几十年的战争。因此，每个王朝建立之初都有大量荒芜土地存在。新建立起来的王朝为恢复和发展经济，稳定社会治安，都推行鼓励垦荒措施，推行耕者有其田政策，承认垦荒者土地所有权。在新王朝建立初期、中期，都有大量小土地所有者存在。同时，在新王朝建立初期、中期，政府对地主也采取一些限制措施，抑制地主对土地兼并，抑制地主对佃农过度掠夺；另外，在新王朝建立初期，由于长期战乱，劳动力伤亡过多，在劳动力紧缺情况下，佃农在产品分配上往往能得到一些好处，有利于佃农生产积极性发挥。

新王朝建立初期和中期，由于政府采取轻徭薄赋政策，加上吏治比较

---

① 张英：《恒产琐言》，见《皇朝经世文编》卷36。

严明，地主阶级转嫁赋役情况还不是那么突出，自耕农除完纳国家赋税徭役负担外，其他负担比较轻。在这种情况下，自耕农生产积极性比较高，社会经济比较快得到恢复、发展并走上繁荣。

这时，由于荒芜土地逐步得到垦复，国家赋税收入由少而多，国库由空虚到国库充盈，甚至达到仓有红腐之粮。

小农经济的发展，造就"民富""国强"，社会安定，民族团结，科学发展，文化繁荣新气象。

当王朝进入中晚期时，由于地主所有制经济得到快速发展，大肆兼并土地，大批自耕农遭到破产，沦落到佃农地位。佃农增加，竞佃相对激烈，地主往往会利用这个时机，增加地租收入，使佃农走入困境。而自耕农境况也很差。一方面是来自官府的剥削和压迫。由于吏治日趋腐败，对农民搜刮日益严重，苛捐杂税层出不穷。另一方面缙绅地主、豪强地主把赋役负担通过飞洒、诡寄，转嫁给自耕农。如官僚地主聚集的江南，由于"缙绅蔚起"，优免日隆，"应役者什仅四五"。就是起码的功名——生员，也不负担差徭。陕西西安，贵族缙绅地主的土地占十分之四，应役之田仅十分之六。如顾炎武所说，"如一县之地有十万顷，而生员之地五万则民以五万而当十万之差矣……而生员之地九万，则民以一万而当十万之差矣"。于是"杂泛之差乃尽归于小民"。

官绅地主的优免，是特别值得注意的现象，因为官绅地主是一个较勋戚贵族更为庞大的阶层。仅生员一项，据顾炎武估计，"县以三百计，不下五十万人"。

缙绅地主的优免，按嘉靖二十四年定，京官一品免粮三十石，人丁三十丁……九品免粮六石，人丁六丁。其实，这只不过是表面上的东西。实际上，缙绅所享有的优免要比政府规定的数额多得多。如常熟县，京官由甲科出身的，照会典所定加免十倍（如一品官，会典免一千亩，实免一万亩）；由乡科及贡生出身的，加免六倍（二品官，会典免八百亩，实免四千八百亩），外官减京官一半。其有功名而未作官者，进士免田二千七百亩至三千三百五十亩，举人及恩免田一千二百亩，贡生免田四百亩，秀才、监生免田八十亩。陈启新上奏云，人们一考上进士，便可"产无赋，身无徭，田无粮，廛无税"。

因而在一州一县之中，缙绅地主越多，农民负担越重。如江西福安县，因绅户众多而"田赋不均"；如江苏常州府，因"科第显官甲天下"而赋役繁重。

为了逃避繁重的赋役负担，农民纷纷投靠特权地主。如山东益都农民，"投靠藩势，借佃护身"。禹城县农民，为了逃避丁银，"挟田产投豪右，以资福庇"。曲阜农民，为了逃避国家徭役，投靠衍圣公孔家。还有的农民，以不堪绅户豪奴欺压，"里党不能安居，计惟投身门下"，以求一日之安。明代末年，投靠风气之盛，就投靠户数而论，或云每一缙绅所收，"多者亦至千人"；或谓由于缙绅多收投靠，"而世隶之邑，几无王民"。就被带投的土地而论，或谓一乡一邑之地，"挂名僮仆者，十有二三"。① 其他地方情况，大致相同。如太仓王锡爵家有僮仆数千，麻城的刘、梅、田、李诸大姓有奴仆数千，成都两院三司官员有奴仆数千，河南缙绅之家蓄奴动辄数百。这些原来都是国家"王民"，而今成了特权地主的奴仆。

这些自耕农或佃农，在官府和地方豪强层层掠夺下，走上了破产道路。他们或为流民，或为地主的荫户。政府赋税、徭役无从收取，从而国库空虚。政府为了自身利益，却变本加厉对农民进行搜刮，农村经济破产，农民在走投无路情况下，只好揭竿而起。这时，一场大革命风暴已经来临，在汹涌澎湃的革命洪流冲击下，旧王朝在战争中消亡。这就讲明一个道理：在封建社会里，富民政策必须放在第一位，民泰才能国安，民富才能国强。否则水能载舟，亦能覆舟也。

在封建国家里，地主土地所有制虽然是地主制经济体制中的核心，但地主经济仅仅起到维护其自身经济利益而已，它们并不承担国家赋税和徭役，不为国家财政做贡献。

以明代而言，皇庄、勋戚庄田约3876万亩；清代各类庄田505万亩。这些被权贵所占的土地，是不负担任何赋税和徭役的。至于地主占有的土地，属于缙绅地主所有，由于他们有优免权，实际上是不负担国家赋税；摊丁入地后，实际上废止了优免权。但他们依仗特权，上下勾结，逃避赋役，或转嫁赋役。他们虽然占有大量土地，但他们对国家财政没有做出贡献。至于庶民地主，他们虽然与小农一样需要承担国家赋税，但在摊丁入地以前，无论在户数上，还是在占有土地数量上都不如缙绅地主。同时，他们其中一部分人还通过婚姻关系，与缙绅地主联姻，因而逃避税收。地

---

① 以上转见李文治《明清时代封建土地关系的松解》，中国社会科学出版社1993年版，第485—487页。

主阶级虽然占有民田 40%—50% 的土地，但他们不是国家财政来源的主要承担者，一般来说，地主阶级多占一分地，国家就要少收一分粮，尤其是吏治败坏的情况下，更是如此。他们还通过包揽赋役手段，侵蚀国家赋役收入。

在中国封建社会里，地方商税不多。康熙年间为 47 万两，乾、嘉年间为 90 余万两。[①] 康熙二十四年田赋银为 24449724 两，粮 4331131 石，嘉庆二十五年田赋为银 30206144.46 两，米 7404091.09 石。[②] 仅按银而论，康熙年间全国各省区地方商税总额仅仅是全国田赋银的 1.92% 而已，嘉庆年间虽然多些，但也不过 2.98%，粮尚未折价计入。若把粮折价计入，则各省地商税总额比例还要低。就是说，在中国封建社会里，商税对国家财政贡献可以说是微不足道的。

历史事实雄辩地证明，小农经济是封建国家经济的基础，这个基础一旦动摇，赖以生存的王朝也将寿终正寝，如果这一基础保护得好，则小农经济繁荣昌盛，国家也繁荣富强。任何一个王朝，一旦偏离这一主体，将搬起石头砸自己的脚。小农经济与王朝之间的关系是：荣则俱荣，损则俱损，生息与共的互相依赖关系。也就是说，小农经济如水，政府财税如舟，水涨则船高，水枯则船空。认识到这种相互关系，对以农业经济为基础的国家来说，关注"三农"问题，显得尤为重要。

2. 小农经济是市场经济的主体

春秋战国以后，中国封建社会即由领主制经济体制向地主制经济体制过渡，庄园制下耕作方式逐渐被租佃制所代替。在庄园制下，农奴每周要在固定时间里为领主耕种土地，剩余时间才能耕种自己份地，领主剥削的是劳役地租，农奴与领主之间有严格的人身隶属关系，领主制下的庄园制是一个自给自足经济体；在地主制下，地主把土地分成一小块一小块出租给农民耕种，地主收取的是实物地租或货币地租。农民与地主没有严格的人身隶属关系。在地主制经济体制下，中国社会形成众多的小农家庭，而每个家庭都是一个独立的经济核算单位。这些家庭，从家庭人口构成来看，一般是父母与几个未成年孩子生活在一起，子壮则分家，所以家庭规模小，

---

① 许檀、经君健：《清代前期商税问题新探》，《中国经济史研究》1990 年第 2 期。
② 梁方仲：《中国历代户口、田地、田赋统计》，上海人民出版社 1980 年版，第 392 页乙表 71，第 401 页乙表 77。

劳动力少，这是一种情况。另一种情况是：无论自耕农或佃农，他们耕种的土地规模狭小，这是中国小农经济存在的普遍状况。这两种状况存在，就限定了他们的生产规模及兼营能力，也决定了他们必然依靠市场来维持简单再生产。以下分别就佃农、自耕农、地主生产情况以及与市场的关系作些分析。

从佃农家庭看，每户所占有的耕地面积不大，如南方，一个男劳动力所耕之地不过十亩；北方，一夫所耕不过三十亩。这些耕地主要是种植粮食作物，以满足口粮和交纳地租需求。实行定额租、押租、预租之后，也有佃农将部分土地种植经济作物，以增加经济效益。因受劳动力和耕地面积限制，所种植的经济作物也是比较单一的，或种烟，或种棉花，或种桑养蚕，或种苎麻，或种蔗，或种豆，或种芝麻，或种花生、药材等，只能选择其中一种或两种。佃农家庭为了补充农业收入不足，也搞些家庭副业，如纺织、编织、种菇、烧炭等，但每个家庭选项也很单一。这些产品，佃农自用者很少，主要是为了出卖而生产，增加家庭收入。每个家庭产品单一性与需求多样性的矛盾，在每个家庭内部无法得到解决，只能通过市场调节来解决。如佃农家庭，能自给或半自给的，仅仅是粮食而已，除粮食之外，其他都得依靠市场，如生产资料：犁、耙、锄、铁铣、镰刀、耕牛、水车、肥料等，都得从市场购买。肥料虽然农家自己可以通过积肥解决部分，但豆饼、骨肥、石灰则非依赖市场不可。如生活资料：锅、碗、瓢、盆等，这些都不是农家自己能生产的，得从市场买进。又如衣、被、蚊帐，有部分佃农自己纺纱、织布，穿着能解决，但大多数家庭得靠市场解决。年周节午或祭祖、庙会之时，所需用鸡鸭鱼肉，有的也得依赖市场。人际往来，迎生送死，都离不开市场。只有与市场联系起来，才能实现家庭经济运行，否则连简单的再生产也无法维持下去。

自耕农自己占有土地，但面积有限，少的仅几亩或十几亩，多者几十亩，不必租种地主土地，可免受地租剥削，在生产安排上也有较多自由，除种植粮食之外，还可以安排一定土地种植经济作物，也可以根据家庭劳动力构成，搞一些副业生产。他们同佃农一样，家庭规模小，劳动力有限，虽然耕地规模大些，但也有限。在产品生产上，主要是生产粮食，以满足口粮需求，产品比较单一。而单一产品不能满足家庭经济再生产需求，要维持家庭经济持续发展，就得依靠市场，出卖农产品或手工产品，换回货币之后，再买回所需的生产资料、生活资料，使再生产得以持续进行。而领主制下经济是自给自足自然经济，日常所用产品或生产资料等由内部生产解决，很少或没有与市场联系，当与市场发生联系时，庄园已发生解体，领主制经济体制也走向没落。

地主虽然占有较多土地，多者万顷，少者几十亩，或上百亩。但他们一般不是自己经营，而是将耕地分成一小块一小块出租给无地或少地农民进行耕种，他们所收的地租主要是粮食，北方为小麦，南方为大米。地主只有口粮用不着从市场购买，其他的日常生活所需都得从市场购买。他们将所收的粮食，除口粮之外，都送到市场变钱，而后，再从市场买回所需生活资料，以维持家庭日常所需，余下或以培养子弟读书、放债，或以购买土地扩大财富，或供挥霍。

官员、士兵、商人、城市人口，他们不从事生产，他们所需一切生活资料都是通过市场。离开市场，就难以生存。官员多的地区，对市场发展有一定的拉动作用，但不能把这点看得过重，更不能作为普遍情况看待。

市场经济的发展，主要靠小农经济发展来拉动。在中国封建社会里，城镇人口不过8%—10%而已，农村人口占总人口的90%以上。一方面，市场商品得依赖农民提供，另一方面市场的商品主要购买者是农民。事实证明，农村经济繁荣，则市场兴旺；农村经济萎缩，则市场萧条。在地主制经济体制下，对小农经济是市场经济主体认识不足的话，在理论上还会陷入封建社会是一个自给自足的自然经济的窠臼。

农民到市场出卖产品，是为了买回自己生产上或生活上所需商品，是实际情况，但这种通过市场经济活动来达到自给已经超越了产品自给自足范围，这种自足是通过价值形态来达到的。这点与自己生产自己消费在性质已完全不同，不能混同看待。

耕织相结合这种家庭经济结构，过去被视为是自给自足自然经济的典型形态，现在看来，这种认识有偏差。明清时期，家庭纺织业的崛起，并不是为了解决家庭成员穿衣问题，而是为了解决家庭经济收入之不足，或通过赚取加工费，解决一日三餐吃饭问题。这些家庭都把纺的纱、织的布视为商品，把产品送到市场上去出售，然后再买回棉花或纱，开始下一轮工作。松江外销的布匹，大部分是来自家庭纺织业，真正来自纺织厂的数量不多，其他地方情况也是如此。这些家庭的纺织品首先是商品，而后才是自给部分，然而，这部分数量有限。这种家庭经济结构确切地说，是市场经济结构的一个有机组成部分，这些家庭把自家的产品送到市场销售，而后又从市场购买回所需商品。

除了耕织结合这种家庭经济结构外，还有种植粮食作物和种植经济作物相结合的家庭经济结构。如除种植水稻、小麦、谷子、玉米、高粱等粮食外，还种植棉花、苎麻、桑、甘蔗、茶、烟、蓝靛、大豆、花生、芝麻等，这些都是为市场生产的。农民把这些产品送到市场，不但增加了市场商品的品种，而且带来了市场的繁富。商品性农业发展与家庭经济共存，正是市场经济发达的基础。

3. 小农经济发展推动社会经济前进

明清时期，中国农业经营中已出现了资本主义萌芽，这些具有资本主义性质的农场，并不是由缙绅地主经营的。缙绅地主经营土地的方式，一般来说，都是把土地出租给农民耕种而坐收其租，过的是衣租食税的生活。缙绅地主也留一部分土地自营，但他们使用的多为僮仆，他们与地主之间的人身关系上有较多依附性，加上缙绅地主是属于特权阶层，他们很难与雇工同食共住，你我相称。这些僮仆，构不成身份自由的劳动者。所以在缙绅地主这一阶层，很难产生具有资本主义性质的雇工经营。

明清时期，具有资本主义性质的农场，是由富裕的自耕农，或富裕佃农，或庶民地主所经营。这些富裕农民和庶民地主没有特权，他们与自由雇佣工人在法律上同处于"平民"等级，身份地位是平等的。同时，这些人本身就是劳动者，或者刚从劳动者上升到地主阶层。这些经营者白天与雇工一块劳动，吃在一起，彼此之间你我相称。他们与雇工之间构成了自由雇佣的关系，这些人是中国农村资本主义生产关系的首创者、传承人，是农村经济发展的推动者。

与农业资本主义萌芽发展的同时，中国广大农村又萌发一种新的土地所有制，即土地股份所有制。以前，在中国农村所推行的是一田一主制，即在一块土地上只有一个所有者，主权是完整的。明中后期以后，出现了一田二主或一田三主新现象，即同一块土地上，有两个或两个以上所有者。这些所有者按投入资本多少、经营出力多少进行产品分配，这种所有制形式里，只有股份多少区分，每个股份占有者在人身上、法律地位上都是平等的，他们都是股东。土地股份所有制出现，是中国封建社会后期生产得以持续发展的又一种动力。

当然，小农经济中耕织家庭经济结构、粮食生产和经济作物生产结合的家庭经济结构，有利于小农经济相对稳定化，当资本主义经济发展时，资本家很难招到廉价雇工，从而影响资本主义发展。

另外，小农经济是以一家一户为经济核算单位，生产什么，生产多少，是以家庭经济基础为出发点，很难适应社会大生产和市场经济发展的需要。从这方面考察，必须随着社会经济发展，对小农经济加以改造或引导，并为之转化积极创造条件，使之有秩序地纳入社会化生产轨道，使农业经济得以持续发展。但当小农经济存在和发展与社会经济发展相适应时，应尽量发挥小农经济作用，并努力创造转化条件，为国家做贡献。超越时代，过早取消小农经济，则会造成社会震荡，增加社会改革成本。这是历史经验，值得我们记取！在这里，不妨再次强调：当小农经济不能适应社会经济发展要求时，应当果断从事，积极、稳妥、有序进行改造。在小农经济问题上，只有这样做，才能避免保守，而又不至于冒进；只有这样，才能保障社会不断前进。"小农经济万岁"的认识有片面性，认为小农经济是落后、保守的，是社会经济发展阻力的看法，也有片面性。时至今日，广大农村还是以小农经济为主体，所以正确认识、正确评价小农经济历史作用和历史局限性，显得更为重要。

但总的来说，在地主制经济体制下，小农经济为中国封建经济、文化、科学技术繁荣、昌盛做出过重要贡献，也为新的经济因素发生、发展起过推动作用。但也有历史的局限性，它不能适应社会化大生产发展的需求。只有正反两方面都看到了，才有利于对小农经济进行改造，并引导它与时俱进。

第八章

明清两代土地占有状况及
对农业生产发展的影响

明清时期，土地占有状况发生很大变化，总的趋势表现在：一是官田民田化；二是自耕农和半自耕农占有土地数量在增加，地主占有土地数量在减少。

第一节　明清两代官田数量及官田民田化

从明清两代而言，明代官田数量要比清代多，具体而言，明代军屯数额、皇庄数额、贵族庄田数额比清代多，在官田民田化表现形式上也有不同，明代官田民田化主要表现为军屯民田化；清代官田民田化主要表现为旗地通过典卖方式，变官田为民田。

一　明清两代官田数量

1. 明代官田数量

明代土田之制，凡二等：曰官田，曰民田。开始时，官田为宋，元时入官田地。以后有还官田，没官田，断入官田、学田、皇庄、牧马草场，城坝苜蓿地，牲地，园陵坟地，公占隙地，诸王、公主、大臣、内监、寺观赐乞庄田，百官职田，边臣养廉田、军、民、商屯田，通称为官田。其余的为民田。①

明代官田以军屯、庄田为多。

---

① 《明史·食货志·田制》卷77。

太祖初，立民兵万户府，寓兵于农，边地三分守城、七分屯种；内地二分守城、八分屯种。每军受田五十亩为一分，给耕牛农具。军田一分，纳正粮十二石，贮屯仓，听本军自支，余粮为本卫所军官俸禄，后有所调整。① 据《万历会典》记载，永乐以后原额屯田 89319450 亩，屯田数额最多的为四川都司并行都司，有田 65954527 亩。最少的为广东都司，只有田 7234 亩。② 成化以后，数额多有变化，如成化二十三年为 285480 顷有余，弘治十年为 289895 顷有余，弘治十八年减至 161327 顷有余，万历三十年又骤增至 635343 顷有奇。③

明代屯军占射，也是一个严重问题。据《楚均田议》称："屯非独楚有也，而楚之屯非昔之屯也。按制每军给屯五十亩有奇，今屯浮者什佰其额，此非独依山滨水之地，耕新垦遗也。盖亦占射焉"④。万历《华容县志》载："宣成以来，法累更而民卒承其弊。始也，腴直相质剂，而民为之培壅，则田益腴。未几，雄冠虎视攘夺而袭取之，或且没民塍也。比科田令下又弗以付之有司，俾村官者履而籍其税，故疆畛愈广税愈轻。闻其人类，邑为恒产，计官若卒不下数千余家。咸仰食华容，而农氓代为之耕。其最腴者，又威其帅攘取之"⑤。万历年间，《慈利县志》谓："慈邑之田止有此数，然邻卫者，多为豪军所据；而邻隘者，类为隘丁所有。是田之额数不减，而其在民者十已去其一二矣。"⑥

皇庄建于天顺八年，至正德九年增至 31 处，共计占有耕地 37591.46 顷。

明代勋贵庄田以亲王为最。明代前后共封 50 个王，到明后期实存 28 王。分布在山东、山西、河南、陕西、湖广、四川、江西等省。诸王庄田数目可考者有 9 王。他们当中最少者也占有庄田 7200 顷，多者达 40000 顷。⑦ 9 王庄田合计当在 150000 顷以上。其他诸王庄田虽无数字可计，但都

---

① 《明史·食货志·田制》卷 77。

② 梁方仲：《中国历代户口田地田赋统计》，上海人民出版社 1980 年版，第 364 页，乙表 49。

③ 《明孝宗实录》卷 8、卷 132；《明神宗实录》卷 379。

④ 《古今图书集成》卷 58《楚均田议》。

⑤ 康熙《续修万历县志》。

⑥ 万历《慈利县志》卷 5。

⑦ 《明神宗实录》卷 128；《明史》卷 120，《潞简王翊镠传》。

数额巨大。如蜀王,其庄田占成都府平原沃野十分之七①,估计可能在10000—20000顷。全国28个王的庄田当在20万顷以上,如果平均每个王庄田为1万顷的话,诸王庄田可能多达28万顷。

据王毓铨先生统计,到明代后期,全国有398个郡王,郡王也多据庄田。郡王支子授将军,四世孙以下为中尉,也由国家赐田。明代后期将军、中尉人数不详,估计在万人以上。据欧阳铎《宗女》载,正德年间,将军、中尉共9872人,加上郡主、公主、郡君、县君、乡君合计19611人。朱氏郡王、将军、中尉占地合计当在10万顷以上。

此外,公主驸马也有庄田。如弘治年间,淳安公主赐田300顷。② 熹宗时,遂宁、宁德二公主庄田"动以万计"③。勋戚也赐庄田。如成化年间,外戚锦衣卫指挥周彧赐武强、武邑田600余顷。④ 嘉靖年间,皇戚陈万言得赐庄田800顷等。⑤ 景王朱载圳就藩安德府,当时所赐之地有随州、安陆、应山、云梦等县等庄房7处,孝感县东山、汉川县刘家隔等处水租房地900余顷,另有沔阳等境内数处湖泊和石首、监利境内柴洲数处。到万历末年,据叶向高统计,景王实际庄田,包括山场、湖陂在内已达40000顷以上。⑥据户部给事中姚宗文统计,兴王朱祐杬就藩后,先后获取庄田多达20000余顷。⑦ 勋臣国公亦有庄田,且数目相当可观。如云南沐氏庄田,原额田700顷。⑧ 万历年间,成国公朱允祯侵地至9600余顷。⑨ 据此,朱氏藩王、郡王、将军、中尉及勋戚、勋臣占的庄田合计约350000顷。

这些庄田除赏赐之外,其余的都是通过权势侵夺或强买来的。如弘治十五年,南京工科给事中余沂奏报:各皇亲于顺天、保定、河间等处皆有庄田,凡民田田土与之邻近或有沃饶者,"辄百计图之,以为己业"⑩;谷王

---

① 《明神宗实录》卷421。
② 《明史》卷198《王琼传》。
③ 《明史》卷77《食货一》。
④ 《明史》卷180《李森传》。
⑤ 《明史》卷300《陈万言传》。
⑥ 《明世宗实录》卷491;叶向高:《请减福藩庄田疏》,见《明经世文编》卷462。
⑦ 《明神宗实录》卷525。
⑧ 《明史》卷300《周能传》。
⑨ 《明史》卷232《王国传》。
⑩ 《明孝宗实录》卷190。

朱穗在长沙"夺民田，侵公税"①；"荆王朱瞻堈在蕲州"强占民田"②；景王朱载圳在德安"越界夺民产为庄田"，"土田湖陂侵入者数万"；③ 岷王朱楩的子孙在武冈州"横夺民田、子女"④。皇亲国戚大肆侵夺，引起世宗强烈不满，他指出："不问皇亲势要，凡系泛滥请乞及额外多占，侵夺民业，曾经奏诉者，查册勘还"⑤。朱祐榼争夺民田事，也引起万历皇帝不满，诏书称："有等豪暴强宗，往往一擅离封城，于各州县吞占田产，有司知而不问"⑥；明政府虽然对庄田一再进行清查，也作了些政策性规定，但规定并没有真正得到实施，庄田数额有增无减。

　　投献也是王府兼并土地的重要手段。长沙知府堵允锡称："长善两邑（田）旧额百万亩，今入藩封者且七八十万亩……此投献之害也"。又称："长善之田，投入吉藩者十之五"⑦。景王在德安田地，亦有"奸民投献，妄张其数"⑧。

　　牧马草场也是明代主要官田。据礼部左给事中周希令言：国初国设牧马场、息马厂，共计占地六十万顷。⑨

　　明代官田有多少？由于数计不同，总的数额也就不一样，据孝宗弘治十五年（1502），清查天下田时统计，官田为 59856 顷，民田为 3629601 顷，⑩ 合计为 4228058 顷，官田占全国地亩 14.15%。这是官民田严重失额情况下的数计，不足以为凭。如果按永乐后屯田数额 89319450 亩，皇庄 3759146 亩，诸王庄田 35000000 亩，牧马场、息马厂 60 万顷，计官田 188 万顷，全国耕地面积按 850 万顷计（明万历六年全田土田为 701 余万顷，加上万历八年至新查出土田 144 余万顷，两者相合计，刚好近 850 万顷，与明初大体相当）⑪。仅以上四项官田数额就占全国耕地总面积的 22.12%，其

　　① 《明史》卷 118。

　　② 《明书》卷 88。

　　③ 《明史》卷 120。

　　④ 《明史》卷 208。

　　⑤ 《明世宗实录》卷 82。

　　⑥ 《明神宗实录》卷 418。

　　⑦ 堵允锡：《地方利弊十疏》，《堵文忠公全集·年谱》。

　　⑧ 《明史》卷 227《郭惟贤传》。

　　⑨ 《明熹宗实录》卷 1。

　　⑩ 弘治《大明会典》卷 17《户部·田土》，转见罗贯一《中国农业经济史》。

　　⑪ 转见《中国经济通史·明代经济卷》，第 96 页。

他官田还未计算在内。

2. 清代官田数量

清代官田一般包括屯田、未开垦的田土、河海水流域退后形成的滩田，以及绝户、逃户的遗田，罪犯被没收的田地，学田等，官田中占数额较大的有旗地、屯田、学田等。

旗地包括皇庄、王庄、官员庄田、兵丁份地。

皇庄又称官庄，或叫内务府官庄。官庄设立"以供内府之用，有在盛京者，有在畿辅者"。顺治元年，"计立庄百三十有二"，坐落"顺天、保定、河间、永平、天津、正定、宣化等府州县。奉天、山海关、古北口、喜峰口亦令设立"①者。国初定制，"每庄"给田一百三十晌。事后，又陆续增设粮庄、棉庄、盐庄、靛庄以及瓜园、菜园、果园等。"粮庄五所，每庄给地二百四十晌；菜园五所，每所园地十五晌；口粮地三晌；西瓜园二所，每所园地三十晌，口粮地三十晌；马馆三馆、牛圈四处"②。粮庄设有畿辅庄、盛京庄、锦州庄、热河庄、归化城庄、打牲乌拉庄、驻马口外庄。其中一等庄 297 个，二等庄 55 个，三等庄 66 个，四等庄 362 个，其他 265 个，共 1078 个，庄田地亩计 3577275 亩。此外，内务府所辖畿辅纳银庄共 123 个，另有投充人 82 名，客户 36 名，苇户 7 名，庄田数额为 35599 亩。③据康熙十六年（1677）总计，内务府官庄田共 5748.30 顷。④

宗室庄田，据康熙《大清会典》记载：国初，令诸王、贝勒、贝子、公等，准于锦州各设庄一所，盖州各设庄一所，其额外各庄俱令退出。此后顺治二、三、五、六、七年都有新规定。⑤据《大清会典事例》和《八旗通志》记载，统计如下：镶黄宗室计 5 庄 1 园，共地 3660 亩；正黄宗室计 21 庄 3 园，共地 1656 亩；正白宗室计 5 庄 2 园，共地 3600 亩；正红宗室计 148 庄 64 园，共地 124416 亩；镶白宗室计 191 庄 28 园，共地 171714 亩；镶红宗室计 326 庄 113 园，共地 263001 亩；正蓝宗室计 717 庄 195 园，共地 531324 亩；镶蓝宗室计 303 庄 107 园，共地 225474 亩。八个宗室共计

---

① 《清朝文献通考》卷 5《田赋考五》。
② 《清朝通典》卷 2《食货五》。
③ 转见李文治编《中国近代农业史资料》第一辑。
④ 《清朝文献通考》卷 5《田赋考五》。
⑤ 康熙《大清会典》卷 21《田土二》。

1716 庄 513 园，庄田数额总共 1333847 亩。①

八旗官兵旗地。各处驻防官兵给田或不给田，给多少田，清政府都有明确规定，现据《大清会典事例》记载，统计如下：镶黄旗官兵额田 2363340 亩，正黄旗官兵额田 2354385 亩，正白旗官兵额田 2079648 亩，正红旗官兵额因 1240710 亩，镶白旗官兵额田 1544430 亩，镶红旗官兵额田 13055706 亩，正蓝旗官兵额田 1713660 亩，镶蓝旗官兵额田 1411128 亩，八旗官兵额田总计 14012871 亩。②

按清初规制，各类庄田共有 50500 顷，八旗官兵旗地 14 余万顷，两项合计约 20 万顷。

屯田包括军屯和民屯。

据《皇朝文献通考》称：开屯之初，每佐领拨壮丁 10 名，牛 4 头，于旷土屯田。规定：准州县卫所荒地无主者，分给流民及官兵屯种。此后，各地相继设屯，据嘉庆《大清会典》记载，各省军民屯田如下：直隶 7422064 亩，山东 2334827 亩，山西 3536095 亩，河南 6004419 亩，江苏、安徽共 2497317 亩，福建 787510 亩，浙江 49255 亩，湖北 1492512 亩，湖南 2292270 亩，陕西 4007423 亩，甘肃 9641243 亩，新疆 158833 亩，四川 13496 亩，广东 528770 亩，云南 915048 亩，贵州 63156 亩，计 17 个直省军民屯田数额 41744238 亩。③ 漕运屯田"皆按漕船均分给领运之军。耕以济运"④，但也有按屯丁之数派给的。据同治《漕运全书》提供数字分述如下：直隶 2 卫所、运船数 37 艘，屯田数额为 27864 亩；山东 4 卫所，运船 890 艘，屯田数额 698691 亩；江南（江安粮道、苏松粮道）19 卫所，运船 3222 艘，屯田数额 4258311 亩；浙江 7 卫所，运船 1138 艘，运田数额 163049 亩；江西 10 卫所，运船 638 艘，屯田数额 604353 亩；湖北 6 卫所，运船 180 艘，屯田数额 554658 亩；湖南运船 178 艘，屯田数额 806542 亩，总计 48 卫所，运船 6283 艘，屯田数额 7023468 亩。

学田。一般来说，包括学田和书院田。设立学田省份有 18 个，雍正以前，学田数额比较少，乾隆年间，学田急剧增加。如雍正二年，18 个省学

---

① 转见李文治编《中国近代农业史资料》第一辑，第 22 页。
② 转见李文治编《中国近代农业史资料》第一辑，第 23 页。
③ 转见《中国经济通史·清代经济卷》（下），第 1481 页表 4 - 6。
④ 乾隆《大清会典》卷 13。

田数额为 368367 亩而已，至乾隆十八年，学田数额猛增至 1158603 亩，是雍正二年的 314.5%。乾隆六十年仍保持这一数额。表 8 - 1 为乾隆十八年十八直省学田数额。

表 8 - 1　　　　　　　　乾隆十八年十八省学田数额

省别	学田数额（亩）	省别	学田数额（亩）	省别	学田数额（亩）
直隶	142988	山西	27798	山东	41722
河南	21671	陕西	5220	甘肃	31125
江苏	41858	安徽	22018	浙江	30017
江西	6800	湖北	12057	湖南	730080
四川	23000	福建	9070	广东	15116
广西	13407	云南	1488	贵州	4418

注：田赋、官田为学田田额，书院田未计在内。

资料来源：《皇朝文献通考》卷 12。

综上所述，清代主要官田共计 69202101 亩，占全国耕地面积 779321984 亩的 8.9%；若按 746612711 亩计①，则官田要占 9.6%。清代官田总数要比明代少得多，占耕地面积比例也少得多。

二　明清两代官田民田化

1. 明代屯田民田化

按明代律法规定：屯田严禁买卖。② 但事实上，明代屯田民田化，其主要途径并不是通过买卖来进行的，而是特权者依势侵占。明嘉靖以后，政府推行招垦措施，荒芜屯田任人开垦，并"永为己业"，这是民田化另一途径。

明代卫所屯田私有化过程，实际上是豪族势家侵夺过程。明臣马文升奏称："屯田多为势家侵占，或被军士盗卖"③。据王毓铨先生统计，从宣德

---

① 根据梁方仲《中国历代户口田地田赋统计》乙表 77，总计（二）数计算，官田占 8.9%。若按总计（一）数计算，官田占 9.6%。

② 万历《大明会典》卷 163，刑部（五），律例（四），《盗卖田宅》。

③ 马文升：《清屯田以复旧制疏》，见《皇明经世文稿》卷 63。

至崇祯年间，朱明勋贵、武官侵占屯田事例有 138 起。这 138 起事例中，除清查禁令及议论之类 14 例文件外，其余 124 例中，有 120 例是依势侵占，只有 4 例涉及盗卖。① 这些依势侵占屯田数额巨大，如正统九年十一月，田礼军侵占屯田 4127 顷有余②；又如正统十年五月，杨军侵种屯田 3445 顷余③；弘治十七年，河南新德卫有额内地 287 顷，山东青州左卫有额内地 68 顷，都因王府陈乞而亡失。④ 具体如表 8 - 2。

表 8 - 2　　　　　明正统年至天启三年将军豪右侵夺屯田事例

时间	题奏人	内容提要	注释
正统九年十一月	徐朝宗	田礼军侵占屯田四千一百二十七顷有奇	《英宗实录》卷 123
正统十年八月	陈镒	富豪势要贪图厚利，将膏腴屯田侵夺私耕	《英宗实录》卷 132
正统十年五月	徐朝宗	杨军侵种屯田三千四百四十五顷余	《英宗实录》卷 178
成化元年二月	工俭	权豪势要霸种	《宪宗实录》卷 14
成化十二年八月	蒋琬	大同、宣府等处腴土田数十万顷，为豪右强占	《宪宗实录》卷 156
成化十八年八月	兵部	高洪等谋管屯田	《宪宗实录》卷 231
成化二十年八月	毛泰	禁辽东武官役占屯田军士	《宪宗实录》卷 255
弘治六年五月	马文升	屯地多为势家侵占，或被军士盗卖	《孝宗实录》卷 75
弘治八年六月	张泰	甘州屯田饶者为太监总兵占据	《孝宗实录》卷 101
弘治十五年六月	车梁	故军良田多为镇守官占种	《孝宗实录》卷 188
弘治十六年二月	张鼎	辽东屯田，官豪势家乘机侵占	《孝宗实录》卷 196
弘治十七年十月	王承裕等	河南彰德卫额内地二百八十七顷，山东青州左卫额内外地六十八顷，先身俱因王府陈乞因而亡	《孝宗实录》卷 217
正德元年五月	户部复议	宣府屯田为在京僧寺霸占庄田不下十余处	《武宗实录》卷 13
嘉靖九年五月	郭登康	榆树卫所官占耕屯田，私役军卒	《世宗实录》卷 113

---

① 王毓铨：《明代的军屯》，中华书局 1961 年版。
② 《明英宗实录》卷 123。
③ 《明英宗实录》卷 178。
④ 《孝宗实录》卷 217。

续表

时间	题奏人	内容提要	注释
嘉靖十一年六月	张惟怨	迩来屯田耕籍不明，田归豪室	《世宗实录》卷139
嘉靖十三年七月	祝咏	甘肃屯田，名有实废	《世宗实录》卷165
隆庆三年二月	庞尚鹏	甘肃私相典卖	《穆宗实录》卷29
万历三年二月	殷正	所谓抛荒遗失等项，多奸豪隐占	《神宗实录》卷48
万历十八年二月	王继光	将官侵夺膏腴之地，卫官占逃亡之田；豪右影射，种无粮之耳地	《神宗实录》卷220
天启三年二月	舒荣都	楚地贫军之田，为富民有；绝军之田为军官有。	《熹宗实录》卷26

资料来源：见《明实录》，有关卷见各栏注释。

卫所屯田失额，另一渠道是典卖。如正德五年，蓟州东兴卫屯田多被侵占盗卖，田租拖欠终年。[1] 嘉靖、隆庆年间，沿边屯田"其间私相典卖者无地无之"[2]。崇祯二年，云南道御史毛羽健在谈到屯田私相典卖时指出："军士利于屯田之去籍，可以免著伍也。则私相卖；豪右利于屯田之无赋，可以免征输也。则私相买；官吏利于军士之逃亡，可以收屯利也。则任其私相买卖，而莫肯追捕"[3]。

由于屯田被侵占种、典卖，屯田籽粒无着落，而政府财政支出又有增无减，为改变这种情况，改屯田为民田，已成为势所必然。明中叶后，曾有不少人论及。嘉靖初年，林希元就说过："屯田之设，本在足食，粮苟不亏斯已矣，苟必军乎！"[4] 此后，李廷机也说："有能垦种，悉与为业，毋有所词"[5]。后来，顾炎武则明确提出："无视屯田之虚名，而先计垦田之实利"[6]，即主张屯田民田化。

为了改变屯田难以为继状况，明中叶以后，政府对屯田逐步实行改革，其办法是将荒芜的屯田招人开垦，垦者纳粮，永远为业。通过招垦，官田

---

① 《武宗实录》卷81。

② 庞尚鹏：《清理蓟镇屯田疏》，见《皇明经世文编》卷358。

③ 《崇祯长编》卷20。

④ 林希元：《应诏陈言屯田疏》，见《皇明经世文编》卷163。

⑤ 李廷机：《九边屯政考》，见《皇明经世文编》卷460。

⑥ 顾炎武：《亭林诗文集》卷6，《田功论》。

（国有土地）遂向私有土地转化，军田向民田转化。

明政府在上下一片实行屯田改革呼声中，于嘉靖九年正式做出决定：南京、镇南等荒芜屯田任人开垦，"待成熟之后照旧纳粮，仍令永远管业，不许补役复业者告争"①。此口一开，屯田民田化以锐不可当之势向前发展，各地纷纷效之。隆庆四年，延绥清查屯田时，对屯田被私人侵夺者，如有人首告，"给为永业"；管屯千百户之有能追出被占屯田者，以十分之四划归其人，并"永为己业"；军余自愿出力开垦荒屯者，也"给为己业"②。万历三年又定："所垦田地给与执炤，永为己业"。③ 万历二十九年，对天津屯田事宜，户部提出："如募殷实居民及南人有资本者听其承种，少或五十亩，多不过一二顷，悉令仿照南方取水种稻，本年姑免起科，次年每亩定收稻米五斗，数年之后，永为世业"④。崇祯年间，给事中汪始亨建议：屯田"无论军种民种，照民田起科"⑤，并获得政府批准。至此，屯田私有化过程，大体过一段落，官田民田化取得新进展。

明代，江南地区有一种抄没田，即近额官田。抄没田皆依被抄之前的私租起科，因此在各类土田中，田赋"惟抄没之田最重，有至一石以上者"⑥。这种抄没田以江南最多。如苏州府，洪武初，土田总数 67000 余顷，其中抄没田就有 16000 余顷，占耕地总数四分之一。⑦ 湖州府，正粮 46 万余石，其中抄没田重租田赋达 26 万余石。⑧ 由于抄没田赋重，江南田赋数量激增。如苏州，从元代 88 万石增至明初的 270 万石⑨，增加三倍以上，其中官田粮在宣德时为 260 万石⑩。松江，从元代 80 万石增至 120 万石，增加 50%。⑪ 常州，从元代 496000 余石增至 625000 余石⑫，约增 30%。湖

①　《大明会典》卷 42，《南京户部·屯田》。
②　《皇明经世文编》卷 359，《清理延绥屯田疏》。
③　《明神宗实录》卷 39。
④　《明神宗实录》卷 365。
⑤　《明史》卷 256，《毕自严传》。
⑥　顾炎武：《天下郡国利病书》，原编第六册《苏松》。
⑦　顾炎武：《天下郡国利病书》，原编第四册《苏松》（上）。
⑧　万历《湖州府志》卷 11，《赋役》。
⑨　陆世仪：《苏松浮粮考》，《榀香斋丛书》本。
⑩　《明史》卷 161，《况钟传》。
⑪　杜宗桓：《上巡抚侍郎周忱书》；顾炎武：《天下郡国利病书》原编第六册，《苏松》。
⑫　顾炎武：《天下郡国利病书》，原编第七册，《常镇》。

州从元代 35 万石，增至 597000 余石，约增 70%。由于农民不堪重负，逋税情况也十分严重。苏州府从永乐二十年至洪熙元年欠粮 392 万石。① 俞士吉称："湖州府于永乐时逋赋 60 万石。② 至宣德时，苏州府积逋竟至 790 万石。③ 宣德五年，松江府额定共米 43900 石，实征只有 6600 石。④ 欠 37300 石，实际交纳的仅占 15% 而已。逋赋数额巨大。

没官田、还官田起科太重，致使"人民多有逃亡者"⑤。顾炎武称：人民逃亡，赋税无出，促使宣宗下决心解决逋赋问题。宣德五、七年先后下诏，对官田改科减征。根据宣宗诏令：苏州、松江、常熟三府推行平米法。景泰二年，景帝批准孙原贞将"官田重租，分派民田轻租之家承纳，及归并则例，禁革分户"⑥ 提议。从此，江南抄没田和还官田赋税改革，从"加耗"方式，转变为"官民一则"征收方式演进。嘉靖十六年，欧阳铎在苏州推行"计亩均输"的田赋征收办法，在不改动原黄册科则前提下，用耗米和金花银来调整不同科则田地的负担，时称"牵耗""摊耗""均摊"。这一改革，实际上取消了官民田等的差别，采取官民田一则起科的新税则。官民田一则起科，意味着租税一体化，使官田、民田差别消失，从而导致中国社会中以招民佃耕为经营形式的国有土地最终泯灭了。此后，江南抄没官田和还官田已实际上不存在，已向民田转化。⑦

2. 清代官田民田化

清代官田民田化，主要体现在更名田划拨，改租为税，以及旗地、屯田通过典卖上。

按照清政府早期规定，官田不准典卖。《大清律例·盗卖田宅》条规定："凡盗卖他人田宅……田一亩、屋一间以下笞五十，每田五亩、屋三间加一等，罪止八十徒三年，系官田者各加二等"。《典卖田宅》条称："民田

---

① 《宣德实录》卷 74。
② 《明史》卷 149。
③ 《明经世文编》卷 397。
④ 顾炎武：《天下郡国利病书》原编第六册，《苏松》。
⑤ 《日知录》卷 10《苏松二府赋之重》。
⑥ 《景泰实录》卷 88。
⑦ 以上参考《中国经济通史·明代经济卷》（上），第 256—275 页。

私顶军田，匿不首报，一亩至五亩答四十，每五亩加一等，罪止杖一百"。①
规定甚为严格，处罚很重。但官田典卖仍在进行，实际上控制不了。

清代官田民田化，首先从更名地（更名田）开始。明代"藩封之产"，
遍布于直隶（河北）、山东、山西、陕西、甘肃、江西、湘北、湖南等省。
据商鸿逵先生统计七省更名田共 166000 余顷。王毓铨先生也做过类似统计。
据郭松义先生研究，不计山场园地等共有更名田 175126 顷 99 亩。② 顺治年
间，清政府曾几次颁发命令：收故明勋戚、内监田产分给贫民耕种。如顺
治三年，兵部给事中李运长奏："请先将故明勋戚、内监、皇庄、军庄补与
贫民。"③ 同年四月，谕户部："各省前期宗室禄田钱粮，与民田一体起科，
造册报部"④。康熙九年定："直隶各省废藩田产，奉旨免其易价，改之民
户，名为更名地。……著与民田一例输粮，免其纳租"⑤。康熙年间编定的
《六部题定新例》规定："该臣等查得直隶、山东、河南、湖广、陕西五省
废藩田产，经臣部差官会同该督抚将荒熟田地及给民征粮田地，酌量变价
之后，今奉上谕停止变价。其各省废藩变价田地及给民征粮田地，俱开写
各民名下某人田地。其无人承种余田，请敕各该督抚查明，务须设法招民
垦种，仍将地亩造册，题明到日再议。"⑥

废藩田民田化有个变化过程。开始时，还给故明宗室留部分"赡养
田"。顺治元年七月令旨称："故明勋戚赡田已业俱准照旧，乃朝廷特恩，
不许官吏侵渔、土豪占种。"⑦ 但无法执行。满洲贵族、八旗官兵乃在圈占，
地方官吏兵丁照样侵欺。顺治年间，对废藩田实行过"变化"及"召佃"
处理办法。直至康熙七年，政府还重申"悉行变价，照民地征粮"。⑧ 但由
于这种做法带来很多消极的后果，至康熙八年后，清政府正式宣布"免其
易价"，按民田一律起科。至此废藩田产民田化才走向正道，把废藩田产直

---

① 道光二十五年《大清律例》卷 9，《户律田宅》。此类规定，还可参见《钦定八
旗通志》卷 18，《土田志》；《清世宗实录》卷 93；《清代的旗地》（下）。

② 转见郭松义《民命所系：清代的农业和农民》，中国农业出版社 2010 年版，第
97—99 页。

③ 《清世祖实录》卷 24。

④ 《清世祖实录》卷 25。

⑤ 《清圣祖实录》卷 32。

⑥ 康熙《六部题定新例》，《户部新例·地丁》。

⑦ 《清圣祖实录》卷 6。

⑧ 《清圣祖实录》卷 27。

接分给贫户。据郭松义研究，"变价"田土约占全部废藩庄田的三分之一，未经变价的田土约为三分之二。①

至于旗地及屯田的民田化，则是以典卖的形式进行。

旗地典卖早在康熙初年就开始了。由于旗人不习耕作，更加上生齿日繁，以及贫富分化加剧，旗地早在康熙年间开始"稍稍典卖"。雍正初年，清查旗地，政府动用国库钱银将典卖之地回赎。② 但因为没有解决旗民贫困化根源，回赎只能暂缓旗地民田化过程，故时隔不久，典卖旗地的死灰复燃。乾隆九年，《户部回赎旗地奏议》称："伏查近京州县，地多圈占，民鲜恒业，每遇旗人出典地亩，有情愿多出重价置典者……俗欲以旗人之世业，权作民人之祖产。"③ 协理山西道事监察御史禄谦在谈到民人借名典买旗地之弊，宜严于禁止时说："于是旗人地亩入于民间者十之六七，以致旗人多失产业。"

民人典卖旗地事例很多。如：宗室善舒报称，其叔中麟将旗地典与民人，他说："据守坟茔家人德琨指称，坟东这地一顷二十亩，系身胞叔将红契跟随典与民人刘一收执；又将坟北二十亩（典）与民人宋宽名下；又地十八亩五分典给高老承种"④。如此事例甚多，详见《清代旗地》一书。典卖旗地者有宗室之家，亦有庄头，但更多的则是壮丁之类家庭。他们当中或由于生活奢侈，或由于生活困难，或由于盗卖、自卖庄田，致使千万亩旗地严重流失。

清政府为了阻止旗地民田化，雍正八年以后，开始动用公款，照原价回赎典卖与民旗地，并"将旗地仍归旗人"。乾隆年间政府又进行四次大规模回赎旗地工作，这四次分别是：乾隆十年至十二年为初次，乾隆十三年至十五年为二次，乾隆十六年至十八年为三次，乾隆十九年至二十五年为四次，共赎回旗地27813.8顷。⑤ 此后，虽然也开展回赎工作，但回赎的皆

①　参见郭松义《民命所系：清代的农业和农民》，中国农业出版社2010年版，第109页。

②　《癸巳存稿》卷9。

③　乾隆《永清县志》，奏议第一，乾隆九年《户部回赎旗地奏议》。

④　《内阁大库档案》，转见中国人民大学清史研究所等合编《清代旗地》（下册）。

⑤　回赎旗地数系采用《清高宗实录》卷456及《钦定旗通志》卷65，《土地志》（四）的统计数，这里没有采用《军机录副》记载："兹计三次赎出地5890顷零"数字，但列出供参考。

为一些零星之数，不成规模。

旗地回赎虽然受到政府高度重视，也动用不少国库钱银，但事实上阻止不了旗地民田化。这里除有政策因素外，主要原因在于清政府无法解决贫富两极分化这一大问题。

政策上原因有两个：一是规定"其在康熙年间典卖者，概不准赎"；二是允许旗民养子带地出旗。乾隆二十三年，户部奏准："另记档案及养子开户人等，俱准出旗为民，所有本身田产，并许其带往"。这样，上述两部分旗地已合法地转化为民田。

在旗地回赎过程中，官吏执行不力，有畏难情绪，也使回赎工作大打折扣。这件事赫德曾经提出过，他说清查霸州等五十六州县卫旗地典卖时，仅查出民典老圈旗地仅 9000 余顷，而近京五百里之内，大概多系旗地，自康熙二三十年间以至今日，陆续典出者多，赎回者少，数十年来，断不止于此数。① 州县卫所官吏"畏事，惟恐赎地一事纷繁拖累，故奉行不无草率"②。因官员清查不力，使许多典卖的旗地得不到回赎，使旗地民田化比重增大。

旗地民田化的真正原因在于清政府无力解决旗人贫困化问题。乾隆十年，赫德指出：因旗人时有急需，称贷无门，虽不敢贸然契卖，乃变名曰老典，其实与卖无二。③ 嘉庆十一年，富俊、荣麟、伍城额奏疏中也谈到旗人贫困化问题：因旗人贫困问题得不到解决，就是政府回赎了耕地，不过十余年又会重蹈覆辙。"检阅旧卷，清查并非一次，办结后，越十余年复蹈故辙"④。这是鲜明的写照。旗人贫困化问题得不到解决，出卖旗地是必然的结果。政府如何干预也解决不了旗地买卖问题，这是旗地民田化的实质所在。

"旗民交产"事实上是禁止不了的。到咸丰二年，在买卖风炽烈情况下，清政府终于解除了"旗人地亩不许民人典买"禁令，宣布准许"旗民交产"。⑤ 至此，旗地禁止买卖禁令为历史潮流所淘汰。明清以来官田不许买卖禁令被废除，官田典卖成为合法化，这个缺口一开，加速了官田民田

---

① 《钦定总管内务府现行则例》，《会计司》卷 4。转见《清代的旗地》。
② 《钦定总管内务府现行则例》，《会计司》卷 4。转见《清代的旗地》。
③ 《钦定总管内务府现行则例》，《会计司》卷 4。转见《清代的旗地》。
④ 《军机处录副》。
⑤ 光绪《会典事例》卷 160《官田庄田》。

化进程。

清代屯田民田化，主要是指漕运屯田向民田转化。屯田向民田转化途径有三条。一条，荒芜的屯田，军民自费工本开垦，政府"给照为业，免赎归船，照例津银贴运"①。二条，咸丰十年战役之后，荒芜屯田居多，"加以土民隐匿，客籍占垦，屯田之存益寥寥无几矣"②。三条，通过买卖，同治年间李宗羲奏称："屯田为津贴运丁世产，例严典卖，然私相授受，随处皆有，自知违例，每多隐讳。乾隆、嘉庆年间，历次清理，率未得实"③。

关于屯丁典卖屯田之事，多有记载，如扬州卫仪征帮屯田原额为171277亩，典卖了32993亩，占原额19.23%；扬州卫头帮屯田原额为37740亩，典卖多达29244亩，占原额70.08%；庐州卫头二三帮屯田原额为288700亩，典卖了151100亩，占原额72.35%；和州卫屯田原额为449473亩，经过陆续典卖，所剩下屯田无几了。④

3. 牧地放垦与国营牧业萎缩

为了满足军用马匹、驿站用马、宫廷用马等需求，明清两代政府都专门设有牧场，牧放马匹。

明政府除了在内地按丁养马外，还在西北地区设了陕西、甘肃二苑马寺，共十二监四十八苑。按规定：上苑牧马万匹，中苑七千匹，下苑四千匹。

从陕西、甘肃二苑马寺所辖监苑的地理分布看，西北监苑主要分布在位于黄土高原的延安、庆阳、平凉、巩昌、临洮诸府，及其陕西行都司东部诸卫所的广袤地区，东西横跨数千里。⑤据弘治年间杨一清奏称，整顿陕西马政时："查得牧马草场原额一十三万三千七百七十七顷六十亩，见在各苑，止存六万六千八百八十八顷八十亩"⑥。根据吕卓民研究，认为杨一清上述草场面积，尚未包括故甘肃苑马寺所属的苑牧地在内，如包括在内，明代永宣年间，西北监苑的草场牧地，应比杨一清所云的原额草场数，有

① 转见李文治、江太新《清代漕运》，中华书局1995年版，第244页。
② 光绪《嘉善县志》卷10。
③ 李宗羲：《奏请减征疏》，同治十三年；光绪《续纂句容县志》卷5《田赋》。
④ 参见李文治、江太新《清代漕运》，中华出局1995年版，第239页。
⑤ 吕卓民：《明代西北地区的畜牧业生产》，《中国农史》1995年第3期。
⑥ 杨一清：《为修举马政事》，见《明经世文编》卷114。

增加近一倍可能。①

　　明代除设监苑为官办牧马场外，有条件卫所亦往往设置牧场，牧放供卫军调用之马匹。洪武年间，以宁夏韦州之地宜于畜收，遂置群牧千户所于此，"专以牧养为事"。宁夏卫牧马草场中最值得称道的是延绥镇诸草场，该镇属33个城堡都设置牧马草场，计而统之，该镇各城堡共有草场地157493顷70亩，规模之庞大，甚至超过西北苑马寺所辖草场。该草场处于黄土高原与沙漠过渡带，虽辽阔，但草场一般比较贫瘠。②

　　明代官营畜牧业，以永宣时期最为发达，此后逐渐走向衰落。弘治十五年，杨一清奉命整顿马场，他在清理过程中，"查得牧马草场原额一十三万三千七百七十七顷六十亩。见在各苑，止存六万六千八百八十八亩"③，较原额流失了一半。至明后期，这种情况在继续发展。到隆庆元年，陕西苑马寺实有牧地仅存五万五千三百二十二顷二十六亩，其中川地一万二千一百二十顷，坡地一万一千九百三顷，山地一万一千三百七顷，存马一万六百七十四匹。草场比弘治十五年时又少了一万一千五百六十六顷五十四亩。万历十一年，开城等七监已出现"牧卒逃亡，马匹凋耗"严重现象。万历后期，陕西茶马御史黄彦士甚至提出"不如废监为县，改监正为县令，赋牧地为民田，裁寺卿以归道臣"④ 建议。可见，当时官营牧业已到难以为继地步。

　　国营畜牧业之所以由发达走向衰落，其原因有二：一是内官内使侵夺草场；二是改牧为耕。正统九年，户部右侍郎焦宏等奏称："臣同司礼监丞宋文毅等奉命踏勘坝上，大马房诸处草场，多被内官内使人等侵占，私役军士耕种，甚为起盖寺庙，擅立窑冶，及借与有力之家耕种，以致草场窄狭，马多瘦损"⑤。正德四年，大理寺寺丞杨武，查出大同镇巡守备等官，私自"占据七百余顷"⑥ 草场。嘉靖七年，户部右侍郎王车兀、户科给事中李鹤鸣、监察御史吴淮等奉命清查御马监草场，清查情况上报后，世宗诏

---

① 吕卓民：《明代西北地区的畜牧业生产》，《中国农史》1995年第3期。
② 参见吕卓民《明代西北地区的畜牧业生产》，《中国农史》1995年第3期。
③ 参见吕卓民《明代西北地区的畜牧业生产》，《中国农史》1995年第3期。
④ 参见吕卓民《明代西北地区的畜牧业生产》，《中国农史》1995年第3期。
⑤ 《明英宗实录》卷119。
⑥ 《明武宗实录》卷57。

称："自今敢有违例奏请，混占侵夺者，所司以实闻，重治不贷"①。可见，侵夺、混占草场的情况已十分严重。

在国营畜牧业经营管理不善情况下，明政府采取了变通办法，改牧为耕。如正德四年，武宗对清除草场作了批示，谕称："仍令可田者，给军士佃种起科"。② 这开启了牧场放垦序幕。到世宗七年，对清查出的二万一千五百七十余顷草场，芦苇地及抛荒草地三千余顷，"各照庄田事例征银解部。其召佃人户，定为差等：上户不得过二顷，中下户渐减之。"③ 把牧场地化为农耕地开了大门。到万历四十三年，陕西茶马御史黄彦士甚至提出完全放弃国营牧场，改草场为民田的主张。他奏称："不如废监为县，改监正为县令，赋牧地以为民田，裁寺卿以归道臣"④，从体制上彻底放弃国有牧场。尽管这一建议没有被明政府采纳，但牧地放垦趋势已无法阻拦，已有越来越多草场被开垦为田。草场放垦，使国营畜牧业进一步萎缩。

清政府沿袭明制，设立御马监，在察哈尔设牧马厂。顺治初在大库口外设种马厂，隶兵部。康熙九年改牧厂属太仆寺，分左翼、右翼二厂，均在口外。是时，大凌河设牧厂一；边疆设厂二：曰商达布逊诺尔，曰达里冈爱，隶上驷院；寻分设牧厂五：曰大凌河牧群马营，曰养息牧哈达牧群马管，曰养息边外苏鲁牧牛羊群及黑牛群牧管，曰养自边外牧牛管，并在盛京境。雍正三年，定马厂以四万匹为率。至乾隆五年，足额外溢七千余匹。

除盛京外，甘凉肃三州及西宁各设马厂，分五群，群储牧马二百匹，牧四十群，寻改甘州厂属巴里坤。乾隆二十五年，伊犁设孳生马驼厂，畀锡伯、察哈尔、索伦、厄鲁特四营牧之。咸丰以后，马政渐衰弛矣。⑤

清代，牧地化为耕地，主要是清政府实行放垦结果。康熙四十年，查青县等处西翼四旗马厂余地，原十八万八千四百六十二垧有零，令民认垦者止三万三千十六垧有零，其外有民偷垦邻亩暂充为己业者。对已垦或未垦地亩，政府采取宽容态度，一方面免其以往偷垦之罪，另一方面招民承

---

① 《明世宗实录》卷95。
② 《明武宗实录》卷57。
③ 《明世宗实录》卷95。
④ 《明神宗实录》卷538。
⑤ 《清史稿》卷141《兵志十二·马政》。

种，承认开垦之地为永业，其地"照则起科"①。同年，又查出东翼四旗马厂余地，"是在认垦八万一千七百十八垧零，康照四十年为始，照例起科，其余召垦续报"②。乾隆二十一年，清政府再次确认，"天津等十三州县马厂处，悉系官荒，应得招垦"，并对以前私垦及官员规避失职之事，著传谕方观承晓谕各该地方官及垦户人等。所有从前失察及私垦之处，"一概免其追究"。③ 同时将仍存马厂名色，"请改为恩赏官地字样，并与现修赋役全书内改正开载"④。高宗同意这意见。把牧地放垦做法，以法律形式固定下来，在法律保障下，又加速了牧地耕地化。

第二节 明清两代民田占有状况的变化

明清时期是中国封建社会后期，在民田占有方面，与前期、中期比较，有自己的独特之处。总的来说，地主占有耕地面积在减少，农民阶级占有的耕地在增多，但在不同时段，又有所变化。如明初，自耕农数量庞大，民田中绝大多数耕地为农民所占有。到明中后期，尤其是明后期，地主阶级大量兼并土地，原来自耕农向佃农转化。这时，地主制经济体制出现了短暂的逆转。进入清代以后，自耕农又得到巨大发展，清中期以前，民田中的绝大部分土地又为农民阶级所占有。乾隆中期以后，虽然地权有集中趋势，但有清一代，农民土地所有制依然占据重要地位，农民占有土地仍在40%—50%。

一 缙绅地主对民田的掠夺及政府的抑制政策

明弘治、正德两朝，勋贵通过各种方式，谋求庄田扩大的同时，一般官绅地主也疯狂地进行土地兼并。

明代藩王占田之多，是有名的。如嘉靖时，景王朱载圳封国湖北安陆，占地数万亩。又如万历时，潞王在湖广有田五万亩。福王在河南、山东、湖广等地有田二万顷。就是小小的"武岗州岷宗素横，每每强占人田房子

---

① 《清圣祖实录》卷205。
② 《清圣祖实录》卷205。
③ 《清高宗实录》卷526。
④ 《清高宗实录》卷530。

女"。崇祯时，湖南"长（沙）、善（化）两邑，旧额田百万亩，令入藩封（英宗子吉王后）者，且七八十万亩"①。

明代的缙绅地主，兼并土地的花样很多，有强买强卖，有接受流氓无赖投献，也有接受农民为逃避政府赋役负担而投献的土地，但更多的是使用暴力强占。据王邦直谓："官豪势要之家，其堂宇连云，楼阁冲霄，多夺民之居以为居也；其田连阡陌，地尽膏腴，多夺民之田以为田也"②。明时，江南地区官宦人家特多，所以在兼并土地问题上，江南地区也表现得特别突出。

以江苏为例。早在明代中叶，吴县豪右强买僧田，逼写文契，僧不从，则令家僮捶之致死。③ 常州监司某，"每置产，另（吝）不与值"④。弘治年间，江苏沿江浦等县，民垦沙洲以补沉江田额，太监黄赐官守备，接受奸民投献，民遂失业。⑤ 嘉靖年间，江苏如皋县"有都宪子，怙势占夺人田宅妇女，告牒盈几"⑥。兴化县知县傅佩奏称：势家大户，结党为奸，"多有田盈万亩者"⑦。天启年间，华亭大学士董其昌有"膏腴万顷"。据眉史氏《复社纪略》载，他的广大田产也多依势强买。董家因此引起当地农民愤慨。⑧ 淮安府，膏腴之产多系富豪之业。⑨ 崇祯年间编写《太仓州志》称：谓往者，"乡会榜发"，对考中举人、进士的人，群不逞者或以同族的田屋投献，或奴仆以主人的田屋投献，然后骑马下乡收田封屋，"平民洗荡同兵焚"。⑩ 由于缙绅地主大量兼并土地，至嘉靖年间，各郡县肥美之田，已为富室豪民所有。归有光称："富家豪民兼百室之产"⑪。《常熟县志》载：据

---

① 以上资料转见傅衣凌《傅衣凌著作集·明清社会经济变迁论》，中华书局 2007 年版，第 268 页。

② 王邦直：《陈愚衷以恤民穷以隆圣治亭》，见陈子龙等《明经世文编》卷 251，《东溟先生集》。

③ 徐复祚：《花当阁丛谈》卷 1，借月山房汇钞本。

④ 朱之栋：《所见偶存》。

⑤ 转见李文治《明清时代封建土地关系的松解》，中国社会科学出版社 1993 年版，第 62 页。

⑥ 乾隆《潮州府志》卷 28。

⑦ 万历《兴化县志》卷 3。

⑧ 李乐：《见闻杂记》卷 5。

⑨ 天启《淮安府志》，《四民》。

⑩ 崇祯《太仓州志》卷 5。

⑪ 归有光：《归震川先生全集》卷 11。

林希元嘉靖十年（1531）估计，该地富户占土地百分之五十，平民只有极少土地，最富的地主拥有数千亩土地。[1] 至明后期，苏松一带"有田者什一，为人佃作者什九"[2]。时人李琏建言"括江南富户报名输官"时称："缙绅豪右之家，大者千百万，中者百十万，以万计者不可枚举"。钱士升反对李琏说法，他认为："就江南论之，富者数亩以对，百计者什六七，千计者什三四，万计者千百中一二耳"[3]。钱士升说法虽然缩小缙绅地主占地数量及规模，但无法掩盖缙绅地主占有大量土地的事实。江苏宜兴储方庆亦说："明季兼并之势极矣，贫民不得有寸土，缙绅之家连田以数万计"[4]。张居正谓：江南"豪家田至七万顷，粮至二万，又不以时纳"[5]，而转嫁到自耕农身上。至明季，宜兴"缙绅之家，连田以数万计"[6]。

下面，再举一些其他地区情况。如福建，正德年间，福州"郡多士大夫，其士大夫又多田产，民有产者无几耳"[7]。嘉靖年间、福建南靖县官僚地主倚势侵夺民田。[8] 万历年间，福建永安县某些地区，田土多系富人之产，"田家所有二三而已"[9]。明末年间人谢肇淛称："闽中田赋亦轻，而米价稍为适中，故仕官富室，相率蓄田。贪官势族有畛隰遍于邻境者……黄云遍野，玉粒盈艘，十九皆大姓之物，故富者日富，而贫者日贫矣"[10]。另据《闽清县志》记载："相传明季辽饷逼迫，一年两纳，民间有田者，半多贱售于贵显，愿为之耕作，故呼业主为势头"[11]。又如山东，永乐年间，临邑人，任都指挥金事的纪纲"夺吏民田宅"[12]。山东曲阜孔氏家有"投充佃

---

① 转见黄启臣《黄启臣文集》（二），中国评论学术出版社 2007 年版，第 282 页。
② 顾炎武：《日知录》卷 10，《苏、松二府田赋之重》。
③ 《明史》卷 251《钱士升传》。
④ 储方庆：《荒田议》，见《清经世文编》卷 34。
⑤ 张居正：《张文忠公全集》卷 19，《书牍六答应天巡抚宋阳山论均粮足民》。
⑥ 储方庆：《荒田议》，见贺长龄、魏源等《清经世文编》卷 34，《户政九·屯垦》。
⑦ 《明史》卷 203，《欧阳铎传》。
⑧ 乾隆《潮州府志》卷 28。
⑨ 万历《永安县志》卷 20。
⑩ 谢肇淛：《五杂俎》卷 4。
⑪ 民国《闽清县志》卷 8《杂录》。
⑫ 《明史》卷 307《纪纲传》。

户"①,就是接受的投献户。至崇祯年间,山东历城县已是有恒产之家"百无一二"②矣。再如浙江省,据归有光记载,嘉靖年间,长兴县情况是:"豪民侵凌,分田劫假,莫甚于今时。"于是一里之中,"丁多有田之家共在一甲,往往占十甲之田"。③ 万历年间,庆元县诚意伯刘世延,侵占民田40000余亩。④ 徐渭称:绍兴府属,"而一邑之田仅四十万亩,富人往往累千至百十,等其类而分之,止须数千家而尽有四十余万之田矣。"至于广大农民,"则不与寸土者尚有十余万人也"。⑤ 其他地区情况,请参见李文治《明清时代封建土地关系的松解》一书。

清政府建立以后,曾大量圈占土地,设为旗地。其中王庄是八旗王公贵族收取王粮的庄园,这些土地分布于畿辅和奉天。这些宗室庄田,按爵位分授,以亲王为最多,大概2万亩。其次郡王、贝勒、贝子,至于镇国、辅国将军不过万多亩至数百亩。富厚有力之家,得田每至数百垧,分得大量圈地。⑥ 官兵势要依仗权力侵占民田。顺治十一年,都察院左都御史屠赖等奏言,"近间八旗投充之人,自带本身田产外,又任意私添,或指临近之地据为己业,或连他人之产隐避差徭"⑦。康熙十八年,罗人琮上奏疏云:"今之督抚司道等官,盖造房屋,置买田园,私蓄优人壮丁,不下数百,所在皆有,不可胜责"⑧。康熙二十三年,巡抚张鹏去山东上任前,圣祖接见他,并对他说:"今见山东人民,逃亡京畿近地及边外各处为匪者甚多,皆由地方势豪侵占良民田产,无所倚借,乃至于此。尔至任务剪除势豪,招集流亡。"⑨ 乾隆四十二年,高宗指出:"向来汉军习气,多于外任私置产

①　杨向奎:《明清两代曲阜孔家——贵族地主研究小结》,《光明日报》1962年9月5日。

②　崇祯《历乘》卷14。

③　归有光:《归震川先生全集》,《别集》卷9。

④　乾隆《潮州府志》卷28。

⑤　徐渭:《青藤书屋文集》卷18。以上部分资料转见《明清时代封建土地关系的松解》,中国社会科学出版社1993年版。

⑥　引傅衣凌《傅衣凌著作集·明清社会经济变迁论》,中华书局2007年版,第269页。

⑦　《清圣祖实录》卷88。

⑧　罗人琮:《敬陈末议疏》,见光绪《桃源县志》卷13。

⑨　《清圣祖实录》卷116。

业，以为后日安置地步"①。

　　这一时期，缙绅地主特点之一，是财富积累快，占地规模大。据康熙二十八年记载，做过少詹事的高士奇，在浙江平湖买前江苏巡抚慕天颜田千顷；做过刑部尚书的徐乾学，在江苏无锡买田万顷，吴县、长州、吴江、昆山、太仓、常熟各州县都有他的房屋田地。② 雍正年间，直隶总督李卫在原籍砀山有田四万多亩。③ 岳钟琪在四川成都、温江、金堂、邛州、彭山、彭县等六处，置有田产。④ 嘉庆四年，抄没大学士和珅家产，内有田产 80 万亩，他的两个家人也有田 6 万亩。⑤ 嘉庆十年，广东巡抚百龄有田 50 余万亩。⑥ 道光二十一年，抄没大学士琦善家产，据说有田 250 万亩。⑦ 绅衿地主也占有大量土地，《祁阳县志》载：何北辰、张大山"当明季小民苦赋役，各以田寄廪贡名下，张田约万五六千余亩，何田三万四五千余亩，家名数万金矣"⑧。桂阳州诸生邓仁心及弟仁恩，"居州北，兄弟田数百顷，以富雄一方，至用担石程田契，乘马不牧，游食田野数十里，不犯人禾"⑨。

　　下面，举几个事例，考察清代缙绅地主发家过程及速度。如山东济宁孙玉庭家，在康熙年间，家产"仅及中人"，玉庭的曾祖父不得不"用自力治生"。乾隆初，"家日贫"。乾隆四十年，玉庭考中进士，做了官，他家一跃为缙绅门第，开始买土地。嘉庆年间，玉庭官至两江总督，前后在济宁、鱼台、曲阜各州县买田三万多亩。⑩ 湖南长沙李象鹍，他兄弟二人，"于嘉庆壬申（1812），奉父命析产为二，各收租谷六百余石"。后来，象鹍中举升官，"禄入较丰，积俸所赢，置产倍于前"。象鹍发家之后，在道光十二

---

　　① 《清高宗实录》卷 1030。

　　② 《康熙东华录》卷 44。

　　③ 《清高宗实录》卷 738。

　　④ 转引自《傅衣凌著作集·明清社会经济变迁论》，中华书局 2007 年版，第 269—270 页。

　　⑤ 薛福成：《庸庵笔记》卷 3。

　　⑥ 《嘉庆东华录》卷 20。

　　⑦ 以上资料参见李文治编《中国近代农业史资料》第一辑，三联书店 1957 年版，第 67—68 页。

　　⑧ 民国《祁阳县志》卷 10《货物志》。

　　⑨ 同治《桂阳直隶州志》卷 20《货殖传第十》。

　　⑩ 罗仑、景苏：《清代山东经营地主经济研究》，齐鲁书店 1984 年版，第 110 页。

年，仍同他兄弟"合旧产为二析之，较壬申且六七倍"。① 诸如此类事，《清实录》《地方志》《东华录》《笔记》等都有记载，这里不再赘述。

缙绅地主兼并土地，与政府限制缙绅地主大肆掠夺土地之间的斗争一直在进行。缙绅地主依靠自己的政治权势和财力，或接受投献、投靠，或强夺，或购买，又利用优免特权或与地方官吏勾结，逃避赋役负担。缙绅地主侵蚀国家财政行为，使国家财政收入减少，财源枯竭。或用飞洒、诡寄伎俩，把赋役负担转嫁给贫民，贫民担负不了这沉重赋役负担，有的走上黑道，或匪，或贼，有的成了流民，严重危害社会安定。缙绅地主这种越轨行为，触动了政府根本利益，政府对他们的不法行为进行打击、限制。这种打击、限制在不同历史时期所起的作用不尽相同。当中央政府权力处于强有力阶段、政治比较廉洁之时，这种抑制政策是有用的，但当中央权力削弱时，或政治处于昏暗时，这种抑制政策就成了一纸虚文。下面我们着重谈谈明清两代政府在这方面的政策措施。

1. 禁投献

明政府定："若将互争（不明），及他人田产妄做己业，朦胧投献官豪势要之人，与者受者，各杖一百，徒三年"；"军民人等，将竞争不明并卖过及民间起科，僧道将寺观各田地……朦胧投献王府及内外官势要之家。……投献之人，问发边卫永远充军，田地给还应得之人。……其受投献家长并官庄人，参究治罪"。② 弘治元年，孝宗敕令称："南京自镇江至九江一带，俱有芦洲，近江州县并巡检司每年砍办本色芦柴及折收银两，交送南京工部烧造买办应用，已有定额。然洲场年久，坍涨不一，或因于塞而新生，或因移徙而重出，多被富豪军民人等占为己业；又或投献官豪势要之家，以一包十，咨意霸占；而旧额洲场，日见侵削"。又令郎中毛科说："今特命尔。不妨司事，提督清理沿江一带芦洲，禁约富豪军民人等及官豪势要之家强占侵夺，有司科扰小民之弊"，"所在府州县官员人等，敢有故违不遵，六品以下听尔径自提问，五品以上及军职参奏处治"。③ 嘉靖九年，巡抚云南御史刘臬奏称："黔国公沐绍勋庄田，近奏旨查勘，而奸恶

---

① 李象鹍：《棣怀堂随笔》卷首，《阖郡呈请入礼乡贤祠履历事实》。以上资料来源参见《李文治集》，中国社会科学出版社2000年版，第216页。

② 转见《光绪会典事例》卷755。

③ 《明孝宗实录》卷10。

管庄之人，凭借声势，始而侵占投献，终则劫掠乡村，动以激变，驾言阻挠……及今不处，则蓄乱宿祸，贻害地方，非世臣子孙之福"。户部复议："总兵庄田，原有额数，宜委守巡官老成练达者一员清查之。其额外无文籍可据者，即属侵占、投献之地，宜悉归军民"①。

有清一代，尤其顺治初年，投献之风极盛。如直隶涞水县，该县耕地有83.3%或投献或被圈占。② 而良乡则更惨，在册耕地已全被圈占和投献。③ 雄县投献地占总耕地的14%。④ 房山县投献地"居十之二"⑤。投充的结果，一是"有害于民也"⑥，二是"朝廷少一赋税"⑦。

由于投充害国害民，清廷对此极为重视，制定条例法规，对此行为严加禁革。如顺治元年定："凡旗下汉人，有父母兄弟妻子情愿入旗同居者，地方官给文赴部入册，不许带田投献"⑧。顺治二年，清世祖谕户部曰："凡包衣大等新收投充汉人，于本份产业外，妄行搜取，又较原给园地册内所载人丁有浮冒者，包衣大处死不赦"⑨。同年，《东华录》记载："禁内务府管领等私收投充汉人，冒占田宅，违者论死"⑩。顺治九年，福建道御史娄应奎疏称："投充之路，原以收养无依之民，不意此端既开，而奸猾蜂起，将合族之田，皆开除正项，躲避差徭，是投充之无益于国也，又有将他姓土地认为己业带投旗下者，一人投充，而一家皆冒为旗下，府县无册可查，真假莫辨，是投充之有害于民也。臣谓部中必须有投充清档，汇写一册，发本地方官示民通知，则种种情弊自然敛迹"⑪。顺治十一年，左都御史屠赖等奏请："近闻八旗投充之人，自带本身田产外，又任意私添，或指邻近之地据为己业，或他人之产隐避差徭，被占之民，既难控诉，国课亦为亏减，上下交困，莫此为甚。宜敕户部，将投充之人，照原投部档查核给地

① 《明孝宗实录》卷109。
② 光绪《涞水县志》卷3《田赋》。
③ 《良乡县志》卷7。
④ 民国《雄县新志》卷3。
⑤ 民国《房山县志》卷7。
⑥ 王先谦：《十朝东华录》，顺治十八年。
⑦ 刘余佑：《请革投充疏》，见《皇清奏议》卷5。
⑧ 康熙《大清会典》卷23《户部·户田》。
⑨ 《清世祖实录》卷13。
⑩ 王先谦：《东华录》顺治4。
⑪ 《清世祖实录》卷65。

外，其多占地亩，即退还原主，庶民累稍苏，而赋租亦增矣"①。在清政府三令五申严禁下，靠投献搜刮民田之风得到控制。

2. 禁侵占

明清两代政府，对缙绅侵占官民田者，进行严厉打击，如景泰五年，六科给事中林聪等提出：对官员逾制侵占土地"悉令还民耕种，违者治以重罪"。奏言称："有官守者自有禄以养之，岂可逾制而请求乎？近年以来，内外官员，多有恃宠挟恩，奏求田地，因而倚势虐人，侵占倍数。如武清侯石亨，食禄千钟，乃称养马艰难而求田刍牧。指挥郑伦，俸禄亦厚，乃谓日食不敷而求田地耕植。百户唐兴奏求田地多一千二百六十余顷。其田既多，一家岂能尽种？询访其实，多是在京奸诈之徒，投充家人名色，倚势占田，害人肥己，可不为之限乎！乞命正统以来，凡势要所求田，立为限制，少不过五顷，多不过十顷，其余侵占者，悉令还民耕种，违者治以重罪"。奏文上达后，英宗"嘉纳之"。②正德五年，尚宝司卿吴世忠清查蓟州等处屯田大量失额，奏请对占种者治罪。疏称："东胜、兴州等卫所屯田，多占种盗卖者，田租拖欠终年，积弊已久。"对"官豪占种及知情典买不首者，依律究问"。③万历八年，户部奏旨令各直省清丈田粮，户部提出八款要求，其中一款为"严欺隐之律：有自首历史诡占及开垦未报者免罪，首报不实者连坐，豪右隐占者发遣重处"。神宗依其议，"令各抚按官悉心查核，着实举行，毋得苟且了事"④。对这些不法之徒，明政府"则戮其孥，籍其家，没入其田，令民佃之。皆验私租以为税之多寡"⑤，以达到抑兼并目的。

清政府在禁止缙绅豪强侵占土地方面，做了大量工作。如康熙二十年，四川巡抚杭爱疏称："查四川通省地方，向系肥饶，而所征钱粮甚少，良由文武官员兵丁占种民田。今逃亡渐归，如有承认原田者，应令退还给民，如仍行强占者，照例治罪"。圣祖"从之"。⑥康熙二十九年，江南江西总督傅拉塔奏称："太常寺少卿胡简敬父子兄弟一门济恶、霸占民人妻女田

① 《清圣祖实录》卷88。
② 《明英宗实录》卷239。
③ 《明武宗实灵》卷61。
④ 《明神宗实录》卷106。
⑤ 史鉴：《西村集》卷5，《侍御刘公愍灾序》。
⑥ 《清圣祖实录》卷96。

产，诬良为盗等事，俱系精实"。刑部等衙门议复："胡简敬应革职徒三年，胡旭、胡敷世俱应绞"。另"巡抚洪之杰奉旨交审事件，不速行审讯，反收胡简敬诉词，明系徇情，应降三级调用。"圣祖最后拍板："今已告发审实，若不严加处分，立置重典，何以为直隶各省不法绅衿、积恶豪强之戒。胡简敬等，应于极处正法治罪。巡抚洪之杰为地方大吏，平日既不能体察纠参，既经告发，又不速行审治，迁延徇庇，殊负委任，应革职"。① 乾隆十六年，台湾武生李光显"咨意占管民番田园"。高宗批示，"从重处治，以警刁风"。② 乾隆二十八年，军机大臣等复奏：那亲阿在天津私自买田，系违例营私。判那亲阿革职外，"发往巴里坤，此项地亩入官"③。乾隆五十五年，闵鹗元因在职任地购买田产，自行管业，与绅士富户等交结往来。高宗帝认为，这些行为"实属颠倒瞀乱，天夺其魂"，必须"向闵鹗元严加究讯"。④

3. 打击逃避赋投行为

洪武十七年，明太祖谕户部臣曰："民有田则有租，有身则有役，历代相承，皆循其旧。今民愚无知，乃诡名欺隐，以避差役。互相仿效，为弊益甚。自今有犯者则入其田于官，能自实者免罪"⑤。英宗正统七年，应天府府尹李敏奏："本府上元、江宁二县，富实丁多之家，往往营充钦天监、太医院阴阳、医生、各公主坟户，太常。光禄二寺厨役及女户者，一户多至一二十丁，俱避差役，负累小民"。户部议复："以天文阴阳生，旧准一户存一丁习业，不当差役；女户旧免正身；其余俱无优免事例"。⑥ 正统十二年，云南鹤庆军民府知府林道节奏称："所辖诸州多土官，其见任者，家僮、庄户动计数百，不供租赋，放逸为非"。三司议定："四品以上宜免十六丁、五品、六品免十二丁，七品以下递减二丁，其余悉入偏氓"。⑦ 弘治十六年，刑事主事刘乔请定优免条例，"乞定优免之额，京官及地方官三品以上者优免若干，七品以上优免若干，八品以下者优免若干，其余丁田，

---

① 《清圣祖实录》卷 146。
② 《清高宗实录》卷 381。
③ 《清高宗实录》卷 685。
④ 《清高宗实录》卷 1352。
⑤ 《明太祖实录》卷 165。
⑥ 《明英宗实录》卷 89。
⑦ 《明英宗实录》卷 149。

悉照民间均派"①。嘉靖二十四年，制定优免事例："京官一品，免粮三十石、人丁三十丁；二品二十四石、二十四丁；三品二十石、二十丁；四品十六石、十六丁；五品十四石、十四丁；六品十二石、十二丁；七品十石、十丁；八品八石、八丁；九品六石、六丁。内官、内使亦如之。外官各减一半。举监师生各粮二石、人丁二丁。杂职省察吏承又半之。以礼致仕者，免其十分之七。闲住者免共一半。犯脏革职者，不在优免之例"②。其余粮役依民田例交纳。限制缙绅逃税行为。由于赋役不均，致"齐民困于征求，顾视田地为陷阱"③。隆庆元年定："以后投诡、花分田，请尽没入官，里书为奸者发戍也"④。

缙绅地主因拖欠田赋遭到处罚的很多，这里仅举一二例说明之。如天启年间，吏部尚书顾秉谦，因历年拖欠田赋银至一千四百两等不法行为，而被坐罪。⑤ 大学士董其昌"膏腴万顷，输税不过三分"⑥。以后也因他罪，而一起被告发。

有清一代，打击缙绅地主规避赋役力度，比明代有过之而无不及。清政府顺治十五年定："文武乡绅进士、举人、贡、监、生员及衙役，有拖欠钱粮者，各按分数多寡，分别治罪。"⑦ 康熙后期，戴兆佳在天台县任职时，发布文告称："新例内开：凡进士、举人、生员、贡生、监生，隐一亩不及十亩者，革去进士、举人、生员、贡生、监生，杖一百，其所隐田地入官，所隐钱粮按年行追"⑧。雍正六年又定：各省州县征粮时，于印簿及串票内注明"绅衿某人字样，按限追比"。并令奏销之时，将所欠分数，"逐户开出，别册详报，照绅衿抗粮例治罪"⑨。

清政府在打击缙绅拖欠钱粮最有代表性事例是："顺治十七年各省奏销案"。拖欠钱粮严重的山东、浙江、福建、广东、江西、陕西、安徽及江苏

---

① 《明孝宗实录》卷200。
② 《明世宗实录》卷300。
③ 《明世宗实录》卷545。
④ 《明穆宗实录》卷13。
⑤ 转见李文治《李文治集》，中国社会科学出版社2000年版，第183页。
⑥ 转见李文治《李文治集》，中国社会科学出版社2000年版，第183页。
⑦ 《光绪会典事例》卷172。
⑧ 戴兆佳：《天台治略》卷5。
⑨ 《光绪会典事例》卷152。

都卷入此案中。在这八个省中，受打击严重的是江苏的苏州、松江、常州、镇江四府。这时四府和溧阳一县，缙绅张至治等 2171 名，生员史顺哲等 11346 名，俱在降革之例。其中太常张认庵、编修叶芳蔼，以拖欠赋银一厘降调；郡庠生程玠，以拖欠赋银七丝而被黜革。① 曾羽王称："一时，人皆胆落"②。

在这次奏销案打击下，各地缙绅地主的经济实力受到严重创伤，有的落到倾家荡产的地步。叶梦珠说："百亩之产，举家中日用器皿房屋人口而籍没之，尚不足以清理"。所以"当日多弃田而逃者，以得脱为乐"。③ 武进邵长蘅，名列奏销案，他原有田八百亩，一月间弃卖过半，"然不名一钱，只白送人耳"④。嘉定县，经过奏销案，地价暴跌，"竟有不取值而售人者"⑤。有先生计算，仅华亭、上海两县名门世家，因这次奏销案打击而衰落的占 23.88%，⑥ 几乎占两县名门世家的四分之一。而且受打击时间延续了十数年之久，至康熙十四年，政府规定在顺治十七年奏销案中被黜革的绅衿可以捐银开复。但有银捐复者为数极少。

在庚子奏销案打击下，八省缙绅，尤其是江南缙绅遭到重创，原来掌握在他们手中的土地，大量流向社会各阶层，地权高度集中状况得到一定程度的缓解。与此同时，缙绅地主在相当长一段时间里以地为累，而无心购买土地，这次奏销案对缙绅地主兼并土地势头起到抑制作用。

4. 进行赋役改革

赋役改革的实质，是政府通过行政手段，调节各阶层的经济利益。明清两代，自耕农是国家田赋的主要承担者，是国家财政主要来源。但由于缙绅地主大肆规避赋税、徭役负担，把他们的赋役负担转嫁到自耕农、甚至是中小地主身上。自耕农和中小地主在沉重赋役负担压榨下，纷纷破产，有的沦落为佃户，有的沦落为流民，致使国家财政收入减少。这种状况，作为一个政府是不会允许的，只要这个政府在政治上还有能力控制这个国家权力，改革是不可避免的，但做到何种程度，决定于各阶层政治力量的

---

① 叶梦珠：《阅世编》卷 6，《赋税》。
② 曾羽王：《乙酉笔记》。
③ 叶梦珠：《阅世编》卷 6，《赋税》。
④ 邵长蘅：《青门稿》卷 11，《与杨青山表兄凝第二书》。
⑤ 《嘉定县志》卷 20。
⑥ 伍丹戈：《论清初奏销案的历史意义》，《中国经济问题》1981 年第 1 期。

对比。

　　明中叶以后，权贵大肆掠夺土地的同时，缙绅地主也紧随其后，大量兼并土地。一方面依仗他们依靠自身的特权，以及政府所给的优免条件，肆无忌惮逃避赋役，转嫁赋役；另一方面大肆接受投献，使土地失额。嘉靖八年，詹事霍韬等奉令编修《大明会典》，他们在翻阅旧典过程中发现了许多问题：比如，"洪武初年，天下土田八百四十九万六千顷有奇。弘治十五年，存额四百二十二万八千顷有奇，失额四百二十六万八千顷有奇，是宇内额田，存者半，失者半也。……再按天下户口，洪武初年，户一千六十五万有奇，口六千五十四万有奇。时甫脱战争，户口凋残，其寡宜也。弘治四年，则承平久矣，户口蕃矣。乃户仅九百一十一万，视初年减一百五十四万矣；口仅五千三百三十八万，视初年减七百一十六万矣"①。土田、人口大量失额，直接威胁到国家财政收支。表 8 - 3 为嘉靖二十八年至四十三年太仓银库收支情况。

表 8 - 3　　　　　　　　嘉靖二十八年至四十三年太仓银库收支情况　　　　　　　单位：两

年度	收入银数	支出银数	亏空银数	资料来源
嘉靖二十八年	3957116	4122727	165611	《明世宗实录》卷 356
嘉靖三十年	2000000	5950000	3950000	《明世宗实录》卷 380、卷 456
嘉靖三十一年	2000000	5310000	3310000	《明世宗实录》卷 399、卷 456
嘉靖三十二年	2000000	5730000	3730000	《明世宗实录》卷 456
嘉靖三十三年	2000000	4550000	2550000	《明世宗实录》卷 456
嘉靖三十四年	2000000	4290000	2290000	《明世宗实录》卷 456
嘉靖三十五年	2000000	3860000	1860000	《明世宗实录》卷 456
嘉靖三十六年	2000000	3020000	102000	《明世宗实录》卷 456
嘉靖四十二年	2000000	3400000	1400000	《明世宗实录》卷 528
嘉靖四十三年	2000000	3630000	1360000	《明世宗实录》卷 552
总计（十年）	21957116	43862727	21905611	

　　资料来源：转见郑学檬主编《中国赋役制度史》，厦门大学出版社 1994 年版，第 550 页。

　　土田失额，人民流亡，财政收入减少，这些都是政府不能长期忍受的。

---

　　① 《清世宗实录》卷 102。

宣德以后，便开始逐步进行改革，如周忱的"平米法"①，朱瑄的"论亩加耗法"，欧阳铎的"征一法"，②赵瀛的"扒平科则"，等等。至万历年间，内阁首辅张居正在前人改革基础上，进行土地清丈，并在此基础上推行一条鞭法。

张居正主持的万历清丈，首先是清丈出大量的欺隐土田。据樊树志统计，全国新增地亩总额为 182854.73 顷，③ 此数约占万历六年土田数额 26%。④ 其次是减轻了平民赋税负担，万历清丈目的不在于增加赋税，而是"止期均赋"，田亩大增，而税额不增，则每亩平均负担减轻，小民免于包赔荒地虚粮，从而减轻平民负担。⑤ 也使地多者多负担。

一条鞭法，始于桂萼编徭役，征调钱粮的新办法，后御史傅汉臣把这办法称为"一条鞭法"。万历初年，张居正积极支持地方官员推行一条鞭法，实施步骤是：一是把各项差名目合并，如把物料、徭费岁用、岁役⑥全部摊入地亩征收。二是把各项税粮合并编派。如余姚县将该征夏税、秋粮、盐米等攒为一总数，除去本色米麦某项某价照旧上纳以外，其折色某项某价各若干，每石该折银若干，通计折色银若干，然后查算全县田地若干，即将以上总数摊派于全县田地内，求得每亩的税率，该实征银若干。编派已定，每户填给由帖，开载承办额数及交纳期限等，人户依照由帖听载交纳税粮。⑦ 三是役与赋的合并。

这种做法实际上增加了土地负担，形成多地者多负担，少地者少负担。这一做法使国家财政收入大增，同时对抑制土地兼并有一定意义，但受到

---

① 宣德八年（1433）江南巡抚周忱，对江南科则重的田土派以轻粮，使其缴纳折色、轻赍，负担可以减轻；科则轻者派以重粮，使其缴纳本色，负担予以加重。又将官田所纳耗米划一征收。这种均赋法被称"平米法"。

② 梁方仲称："征一法是嘉靖中应天巡抚欧阳铎所行的，其法：计亩均输"。见《梁方仲文集明代赋役制度》，中华书局 2008 年版，第 7 页。

③ 据樊树志《万历清丈述论》，《中国社会经济史研究》1984 年第 2 期载：新增额为 1547058.60 顷，如果加上包括大同、蓟辽等清丈田地 27 余万顷，与洪武统计数大致相符。

④ 据《明会典》载：万历六年田土数为 7013976 顷。

⑤ 转见《中国经济通史·明代经济卷》（上），第 164—165 页。

⑥ 万历《祁门县志》卷 4《赋税》。

⑦ 梁方仲：《梁方仲文集·一条鞭法》，中山大学出版社 2004 年版，第 23—24 页。

缙绅地主反对。梁方仲在《明代一条鞭法论战》中已有论述，可供参考。[1]
此法也随张居正逝世而受阻，难以持续推行。但此法产生深远影响，为清
王朝推行摊丁入地改革提供借鉴。

到了清代，赋役改革继续进行，康熙初年，部分地区实行"均田""均
役"法，把徭役均摊到土地上，不论缙绅地主、庶民地主，还是自耕民，
有多少土地就得出多少土地的差银。至康熙五十一年，实行"增丁永不加
赋"之后，把丁银数额固定下来，不再变化，为实行地丁合一政策奠定基
础。康熙五十五年，广东率先实行摊丁入地改革，雍正、乾隆年间全国实
行"摊丁入地"赋役改革，这一改革实施后，缙绅地主赋役负担加重了，
地少的农民则减轻了赋役的负担，无地农民不再有徭役负担，农民从沉重
赋役负担中解放出来，增强了自身的经济实力。另外，由于土地负担加重，
有效抑制了缙绅地主对土地的兼并。

在康熙后期，实行清丈之后，缙绅地主不再像从前那样可以任意规避
转嫁赋役了，从而他们也不再那么热衷于土地兼并了，甚至宁愿抛弃已有
的土地。据龙升记述：济阳县情况是"迩日世家大族，或百石或数十石，
愿弃价割与安插矣（广东移民）。甚且不顾墓田，并不顾前人占立版籍为子
孙长久之计，皆愿倒甲以授安插（广东移民），更改姓氏（过割给广东移
民）"[2]。缙绅地主之所以要"弃价"抛弃土地，是要"苟全身命，以避徭
役"[3]。直隶获鹿县于雍正元年实行摊丁入地改革，摊丁入地后，也出现了
绅衿地主耕地面积缩小现象。由于丁银摊入地亩，土地负担加重，缙绅地
主纷纷卖地。[4] 如龙贵社四甲绅衿户梁映汉康熙六十年时有耕地 331.6 亩，
雍正四年时只有耕地 194.2 亩，五年间卖出土地 137.4 亩。又如梁殷罕康熙六
十年有耕地 331.6 亩，雍正四年时只有耕地 186.3 亩，五年间卖出土地 149.7
亩。再如龙贵五甲魏述祖，康熙六十年时有耕地 498.1 亩，雍正四年时只有耕
地 305.2 亩，五年间卖出土地 192.9 亩。其余绅衿户卖地情况见表 8－4。

---

①　参见梁方仲《梁方仲文集·明代一条鞭法论战》，中山大学出版社 2004 年版，
第 70—87 页。

②　参见《李文治集》，中国社会科学出版社 2000 年版，第 196 页。

③　同治《济阳县志》卷 6。

④　参见江太新《清代前期直隶获鹿县土地关系的变化及其对社会经济发展的影
响》，《平准学刊》第一辑，1986 年，第 347—367 页。

表 8 - 4 清代获鹿县绅衿户卖地事例
（康熙六十年至雍正四年）

社甲	户主	康熙六十年耕地面积（亩）	雍正四年耕地面积（亩）	五年间卖出土地面积（亩）
龙贵社四甲	梁映汉	331.6	194.2	137.4
龙贵社五甲	梁殷郅	336.1	186.3	149.7
龙贵社五甲	魏述祖	498.1	305.2	192.9
龙贵社五甲	魏 萃	176.1	98.3	77.4
龙贵社五甲	魏 鼎	1240.0	1019.8	220.2
留营社十甲	杜文贵	600.7	182.2	418.5
甘子社四甲	冯兆凤	400.2	270.3	129.9

资料来源：《获鹿县档案》，康熙六十年、雍正四年《编审册》。

从获鹿县摊丁入地前，与摊丁入地相比，耕地面积减少最多者达 418.5 亩，减少最少者为 77.4 亩，其余几户减少耕地在 129.9—220.2 亩。可见，摊丁入地政策对抑制地主对土地的贪欲发挥有效作用。因为目前所能看到像获鹿县这样完整的编审册很少，所以透过这个窗口看当时社会经济变化，具有特殊的意义。

明清两代政府对缙绅地主的抑制政策，主要是维护政府的稳定，保证赋役收入，对缙绅地主横暴行为予以一定压制，以及对他们规避赋役的做法予以制裁。但并不是剥夺缙绅地主所有特权，仍然允许他们享有法定以内的政治的和经济的权利，只不过加以限制而已。[1] 当地权再度集中时，绅权又会逐渐回复起来。

二　土地自由买卖的发展[2]

中国土地买卖，从受亲邻控制到市场自由买卖，有个发展过程。唐元和六年（811）前，政府对民间典卖物业规定："应典卖倚当物业，先问房

---

[1]　参见《李文治集》，中国社会科学出版社 2000 年版，第 197 页。

[2]　本节写作时有部分引用李文治、江太新《中国地主经济论——土地关系发展与变化》，中国社会科学出版社 2005 年版，第七章第二节文字。特此申明。

亲，房亲不要，次问四邻，四邻不要，他人并得交易"①。到宋时，关于先尽亲邻这一款得到加强。太祖开宝二年（969）九月，开封府规定："凡典卖业物，先问房亲，不买，次问四邻，四邻俱不售，乃外召钱主。或一邻至著两家以上，东西二邻则以南为上，南北两邻则以东为上"②。对四邻做严格界限，减少了土地买卖中四邻买地顺序不清难题。太宗雍熙四年（987）又定："今后应有已经正典物业，其业主欲卖者，先须问见佃之人承当，即据余上所值钱数，别写绝产卖断文契一道，连粘元（原）典并业主分文契批即收税，付见典人充为永业。更不须问亲邻。如见典人不要，或虽欲买，着价未至者，即须画时批退"。此规定对已经正典物业转卖时，不须问亲邻这点作了肯定。到元代时，除重申亲邻优先之外，另规定："须典卖者，经所属陈告，给据交易"③，对土地买卖更严加控制。但在取问时间上加以限制，不得无限拖延，这似乎比以前又有所前进。到了明清时期，政府有关土地买卖条文中，已不再出现"先尽亲邻"字样，"先尽亲邻"只是民间土地交易中的一种习俗而已，并不受法律保障。

（一）土地自由买卖已成主流

随着社会经济发展，明清时期土地自由买卖已成土地转让的主旋律，土地商品化已成为不可抗拒的潮流。

据我们手头掌握资料看，安徽徽州府、福建、四川、江苏等地都保存有大量明清时期土地买卖契约，从这些契约里，我们可以看到土地自由买卖这个不争的事实。

明代徽州地区保留下来的土地买卖文契很多，现将中国社会科学院历史所徽州文契整理组编《明清徽州社会经济资料丛编》第二编《明代土地买卖文契·卖田文契·卖地文契》及中国社会科学院历史研究所徽州文契整理组的《明清徽州社会经济资料丛编》④ 资料加以整理。两书提供卖田地文契共计340件，其中在亲房中进行买卖文约有79件，占总数的23.24%；在同姓民人中进行买卖有95件，占总数的27.94%；在异姓中进行买卖文约有166件，占总数48.82%。土地在亲属之间进行买卖的数量还不到四分之一。

---

① 《宋刊统》卷13。

② 《宋令要辑稿》卷35之1。

③ 《元典章》卷19《户部五·典卖田地给据税契》。

④ 《明清徽州社会经济资料丛编》，中国社会科学出版社1990年版。

　　福建晋江、南安、德化、安溪、厦门、云霄七县，从明永乐至崇祯二百多年间，保留下来的卖田契、卖园契、卖山契计23件，① 其中在亲属间进行买卖的有1件，占总数的4.35%；在同姓民人中进行土地交易，只有卖契1件，占总数的4.35%；在异姓中进行买卖契约有21件，占总数的91.30%。

　　从安徽和福建部分州县搜集到的363张明代土地买卖文契看，土地在亲属之间交易的并不多，先尽亲邻习俗已经淡漠。另外，这些地契中最令人难忘的是：都是按照时价出卖，如"三面评议价钱""面议时值""三面议定时价"等。土地按照时价出售，这对今天的研究来说具有十分重要的意义，但过去人们在研究中将其忽略了，以致对土地买卖导出了不符合实际的结论。

　　到了清代，我们所搜集到的地契资料要比明代多得多，范围也广泛得多，除安徽徽州、福建以外，还有山西、四川、苏州等地，至于刑档资料则遍布全国19个省地。有如此大量资料做基础，对勾画清代土地买卖轮廓十分重要。

　　清代前期，闽北地区77件土地买卖文书中，② 注明"先问亲房伯叔弟侄人等俱无力承卖"的契约有14件，占总数的18.18%。福建闽中、闽东和闽北地区辑录地契资料计402件，③ 文契中写明"先问房门人等俱各不受"卖契有44件，占全部地契的10.95%，其余皆声明："其田系自置物业，与亲房伯叔人等无干"，或谓"其田系承父遗授物业，与亲房伯叔人等各无干涉"，或称"其田系分定之业，与亲房伯叔人等各无相干"。从《明清徽州社会经济资料丛编·卖田契》一栏中，辑录有关清代土地买卖契约计157件，④ 其中有亲族之间进行交易的文契有30件，占总数的19.11%，其余的127件卖契中所强调的是："倘有亲房内外人等异说，俱系卖人承当"，或说："如有争论，俱身理直"等。这里所反映的无疑是土地出卖者自我意识的增强，卖地者认为：这块土地是我的，我有权处理，卖给谁或

---

　　① 《闽南契约文书综录》，见《中国社会经济史研究》1990年增刊。

　　② 杨国桢：《闽北土地文书选编》（一）、（二）。见《中国社会经济史研究》1982年第1、第2期。

　　③ 福建师范大学历史系：《明清福建经济契约文书选辑·田地典卖文书》。

　　④ 安徽历史博物馆：《明清徽州社会经济史资料丛编》第一集，中国社会科学出版社1988年版，第82—191页。

不卖给谁，与家族中其他成员无干。福建、徽州两地都是聚族而居的集中地，宗法宗族势力强大地方，土地买卖在亲族之间进行的比例尚且不大，各姓杂居之地，土地在亲族之间进行买卖的情况，更要受到客观环境制约，这也是可以想象得到的。下面，再看看苏州府沈氏家族从崇祯至道光年间置产情况。沈氏在此期间置产 595 款，买同姓田 87 款，占总数的 14.62%，买异姓田 508 款，占总数的 85.38%。① 四川新都县从嘉庆至同治年间保留下来的土地买卖契约共 52 件,② 其中有 2 件买主姓氏不明，舍去不计，余下 50 件情况是：亲房之间买卖 1 件，本乡民人（同姓）买卖 5 件，异姓间买卖 44 件，土地在异姓间买卖高达 88.00%，如果算上同姓民人间买卖，则高达 98%。四川巴县档案馆也保留有 55 件土地买卖文书,③ 其中卖阴地、卖房产及合约、领约等舍去不计。其中亲族间买卖有 11 件，占 20.00%；同姓民人间买卖 1 件，占 1.82%；异姓民人之间买卖占 78.57%。山西省襄汾县丁村从乾隆至光绪年间，共保留有买卖地契计 30 件，其中 1 件买主姓氏不明，舍去不计，余下 29 件中,④ 在亲属间进行买卖 3 件，占 10.34%；同姓民人间进行买卖 21 件，占 72.41%；异姓间进行买卖 5 件，占 17.24%。丁村是以一姓为主村落，所以土地买卖主要在同姓中进行，但在亲属间进行的比例很小，不过 10% 而已。清代前期土地买卖自由化情况还可以从十九个省地土地买卖情况了解到。这个时期我们搜集到土地买卖文书计 728 件,⑤ 在同姓中进行买卖的有 237 件，占 32.55%，在异性间进行买卖的 491 件，占 67.45%。在同姓买卖中，并不是所有的都是亲属关系，所以在宗族外进行买卖比例当在 70% 以上。

（二）土地买卖向自由化方向发展的几个原因

到了明清时期，土地买卖向自由化方向发展，原因是多方面的，本文仅着重从四个方面进行论述：一是农民起义对缙绅势力打击；二是宗族削弱；三是商品经济发展；四是政府对土地买卖中"优先权"的禁止以及对市场经济的扶持。

---

① 根据洪焕椿《明清苏州农村经济资料》中第 91—145 页地契整理。
② 据四川新都县档案馆史料组编《清代地契史料》加工整理。
③ 据四川大学历史秒、四川省档案馆主编《清代乾嘉道巴县档案选编》（三），《各类土地房产契约·买卖约》。
④ 据张正明、陶富海《清代丁村土地文书选编》整理。
⑤ 据中国社会科学院经济研究所藏《刑档抄件》整理。

1. 农民起义对缙绅势力打击

元末战乱，历时二十年之久，元代所培植起来的贵族、地主、官僚受到巨大打击，农民势力在增长，农村中两大阶级力量发生显著变化。明末清初农民大起义再一次震撼了地主阶级。李自成进京后，仅三月二十四日，杀戮勋卫武臣五百多人，受拷掠者则达一百二十七人，他们是公、侯、伯、都督、大学士、尚书、侍郎、御史、千户、大将、太监、府尹等官僚。① 由将军们收拷的则更多。如刘宗敏收拷大僚二百，杂流武弁及各衙门办事员役多达一二千人；郭立伟至山东济宁后，把当地的文武官僚、乡绅、举监生员及富豪拘捕起来，强迫他们助饷；贾士美等十人到河南归德府上任后，下车之后，便向当地追索饷银，凡官绅之家，或是家道富裕的，无不破产。② 安徽徽商很多，被拷掠者据说有四人，富商汪箕被索至十万两。③

在明末农民起义带动下，各地农民抗租斗争风起云涌，如《福建通志》称："有豫相约言，不许输租巨室者"。④ 江苏吴县佃农"相约不还田租"⑤。湖北应城县发生了佃农与田主抗衡事件，如未耕先索牛种，稍有旱潦，"颗粒不偿"⑥。《泉州府志》甚至称："竟无人敢入山收租者"⑦。可见，当时农村中绅衿地主权势的衰落以及农民阶级势力的强大。阶级力量变化之大可想而知。

明后期，社会经济一度逆转，土地为缙绅富豪之家所兼并，大量农民沦为奴或仆，到明末清初时，奴成为当时农民起义一个重要力量，他们"相与揭竿而起，困辱主人"⑧。这种情况安徽、江苏、福建、四川等地最烈。顺治二年，安徽徽州宋乞纠集大族奴产子及不逞之徒数千人，"发难于奇墅屏山"⑨。江苏奴变"聚众千人，手刃其主，一时各富家奴响应，如大场支氏、戴氏、南翔李氏、昆山顾氏、均惧其祸"⑩。

---

① 李文治：《晚明民变》，第 141 页；第 216—220 页表九。
② 《豫变纪略》卷 3。
③ 李文治：《晚明民变》，第 142 页。
④ 《福建通志》卷 56。
⑤ 顾炎武：《肇城志》第五册，《苏州府部》。
⑥ 光绪《应城县志》卷 11《风俗》。
⑦ 《泉州府志》卷 20，《风俗志》，引《温陵旧事》。
⑧ 道光《徽州府志》卷 6 之 2《武备志·武功》，第 8 页。
⑨ 《思豫述略》。
⑩ 皇甫氏：《胜国纪闻》。

这些农民大起义，给社会带来深刻影响。当时文人称："自明季闯贼煽乱，衣冠之祸深，而豪民之气横……奴隶玩弄于主翁，纲常法纪，扫地无余。贫儿陡成富室，贱隶远冒华宗"①。宗法宗族关系的松解、农民地位提高，对土地买卖中"优先权"的否定，起到十分重要的作用。

2. 宗法宗族制松解

宗法宗族制松解，已不是一时一日之事，早在明初就已开始。管志道称："开国以来之纲纪，唯有日遥一日而已。纪纲摇于上，风俗安得不摇于下！于是民间之卑胁尊，后生悔前辈，奴婢叛家长之变态百出，盖其所由来渐矣"②！万历年间，福建福宁州就有"尊卑无别，良贱不分"③ 记载。

至清代，这种变化在继续扩大。康熙、雍正、乾隆年间，湖北武昌已有"贵贱无分，长幼无序"④ 记载。陆陇其亦指出："子弟凌兄长，悍仆侵家长，而有司不问"⑤。甚至出现"奸民里猾动相扶持，使绅士侧足禁声，畏罪不暇，反动贱凌贵，小加大"⑥。宗法关系松解还表现在兄弟乃至父子分家析产上。顾炎武说："今之江南犹多此俗，人家儿子娶妇，辄求分异。"⑦ 浙江东阳，早在明嘉靖时，就已有"男壮出分，竞争家产"⑧ 记载。山东滕县"淳庞之气益离浮薄，以至父子兄弟异釜炊，分户而役"⑨。至于对待钱财、家产问题上，更是斤斤计较，分文必争。方志称："财利相见，虽兄弟锱铢必形于色"⑩。江苏沛县还出现兄弟之间争吵的普遍现象，"兄弟相阋，什室而五"⑪。四川在这方面表现更加突出，兄弟之间为了争夺遗产，每每"争讼不已"⑫。江西魏禧在谈论人情之薄时，更直截了当指出：人们

---

① 乾隆《长治县志》卷9《风俗》。
② 管志道：《从先维俗议》卷2，第60—61页，见《太昆先哲遗书》。
③ 万历《福宁州志》第2卷，《风俗》。
④ 《古今图书集成·职方典》第1120卷，第32页。
⑤ 陆陇其：《风俗策》，见《清经世文编》第68卷。
⑥ 《古今图书集成·职方典》第946卷，《浙江总部》第135册，第3页。
⑦ 顾炎武：《日知录》第13卷，《分居》。
⑧ 嘉靖《浙江通志》第65卷，第3—4页。
⑨ 顾炎武：《天下郡国利病书》，第15页，引《滕县志》，《风俗》。
⑩ 康熙《濮县志》第2卷，页51。
⑪ 乾隆《沛县志》第1卷。
⑫ 张澍：《蜀典》，转见光绪《新繁县乡土志》第5卷。

为争夺财货而发生的纠纷"十人而九"①。汪琬则丝毫不加掩饰说："今之父兄子弟，往往争铢金尺帛，而至于怨愤诟斗，相戕相杀者，殆不知其几也"②。

宗法宗族关系松弛化，直接削弱了绅衿或族长的权力，淡化了他们的作用，宗族之间血缘关系的纽带也因分家析产引起的纠纷、兴讼而松弛，甚至是淡漠，视之为路人，祖上传下来的陈规旧俗，在各自经济利益驱使下，已经变得没有丝毫的约束力，我行我素已成社会经济生活中新的准则。于是乎，土地买卖中亲邻"优先"问题也被抛弃，追求市场价格成为社会普遍现象，土地买卖中按时价交易成为准则。

3. 商品经济发展的刺激

明清时代与前代相比，商品货币经济有更大发展。商品货币经济的发展，使商品自由买卖的观念深入人心。原来在买卖过程中受到较多限制的土地买卖，在商品货币经济冲击下，卖主们猛烈地向束缚土地自由买卖的宗法宗族关系冲刺，树立"这是我的物业，我自己有权处理，与别人不相关"的思想观念，并在实际生活中化为行动，具体表现在：一是卖主对货币趋求；二是土地回赎时，要求按时价办理；三是"亲族"为了不让本家族土地外流，需出高于时价的钱购买。下面列举几个事例。

（1）卖主对货币的趋求。在土地买卖中谁出大价钱，就将土地出卖给谁。如江苏邳县农民社义有地三亩，乾隆三十八年前以四千文当与张潮。三十八年十二月，社义又把地以七千文价格卖给魏黑文。③ 这里，社义并没有按照当时有优先购买权这一俗例，而是直接把土地另卖与出价高的魏黑文。这里，社义并没有按"先尽"习俗去做，而是以谁出的田价高，就把地卖给谁。嘉庆十二年（1807），李大老有田三亩，朱观满先曾承买，但只肯出价四十千文，而许加贤愿出价钱四十五千文，于是李大老将田契卖与许加贤。④ 这里，显然是高出朱观满的五千文钱打动了李大老的心。嘉庆二十一年，海州程钟英等将祖遗庄田二百余顷，以每顷六十九千文卖给李法泳，立有草议。嗣后，程盛氏嫌价钱低，将地另卖与黄洵为业，卖价为每

---

① 魏禧：《肖小融五十序》见《清经世文编》卷60。
② 汪琬：《汪氏族谱序》，见《清经世文编》卷58。
③ 乾隆三十九年十二月十一日，巡抚江宁等地方萨载题。
④ 嘉庆十二年十一月十六日，管理刑部事务董诰等题。

顷一百千文，[①] 比每顷六十九千文多出三十一千文。浙江诸暨县周梦（?）誉，于嘉庆六年，将山一片出卖，有人许钱八千文，梦誉嫌价少，未允。后章世胜愿出价十千文，于是将山买去。[②] 江西会昌县，乾隆四十五年（1780），李作伦有基地一块出卖，李树堂出价三百千文，作伦嫌价少，不肯卖给。[③] 湖广谢国栋，乾隆二十七年（1762）前，将花去三十八两银子买来的田，以五十八两价格卖与汪国佐。[④] 湖南安化县，夏名汉有地一块，嘉庆四年前，卖一半与夏经添，剩下一半后来亦想卖给经添，经添仅出二千四百文，名汉嫌少索增，因价钱不合，这一半地没卖成。[⑤] 福建省台湾府淡水厅，乾隆三十五年时，刘子见有豆园一片，刘谭出价十四元，后李姓出价十七元，刘子见择出价高者卖之。[⑥] 广东龙川县，乾隆十三年正月间，曾玉登因要迁往阳春居住，将原价三十千文买来的三点零二亩田，以五十二千文卖给他的弟弟玉堂。这里，并没有因买主是亲弟弟而低价卖给，而是按照时价出售，“因田价渐贵，故议增价钱二十二千”[⑦]。河南安阳县，嘉庆十二年间，马袁氏有麦地八亩要卖，马添禄出价一百五十四千文，袁氏嫌少。后马有德愿出一百六十千文，于是十九日把地卖给马有德为业。[⑧] 陕西米脂县，嘉庆十四年前，马而元将山地一百零三垧卖与高理祥，得价一百三十四点五千文，嗣后而元将地赎回，并以高出原地价三十千文价格卖给吴步云为业。[⑨] 这是一种典型的追求货币的倾向。从上述事例看，在土地买卖中，卖主追求高价的现象，并不是某些地区、某些时间的个别事例，而是社会的普遍现象，应引起我们高度关注。

（2）打破传统习俗，回赎按时价。按照传统习俗，非绝卖土地，卖主有权回赎，这是乡间的习俗，或说是惯例。朝廷虽有明文禁止，但禁而不绝，回赎之事还是所在有之。回赎的价格，在清代以前，卖主以原价回赎，

① 嘉庆二十一年八月×日，管理刑部事务章煦等题。
② 嘉庆八年二月十六日，管理刑部事务董诰等题。
③ 乾隆四十五年秋审，佚名。
④ 乾隆二十七年秋审，湖广巡抚宋邦绥题。
⑤ 嘉庆四年十月十四日，刑部尚书成德等题。
⑥ 乾隆三十五年七月十二日，兼福建巡抚印务崔应阶题。
⑦ 乾隆十四年二月初一日，巡抚广东地方丘濬题。
⑧ 嘉庆六年秋审，江苏巡抚题。
⑨ 嘉庆十七年一月二十一日，巡抚陕西等地方董敖增题。

并不受地价上涨因素所影响，也不受银钱比价变动影响，所以未曾有因回赎价格问题发生的纠纷。到有清一代，这种情况发生了变化，卖主回赎土地时，按原价取赎，已行不通。买主要求原卖主赎地时要按照时价办理，这一新法则开始为民间所接受。如江苏砀山庞勇立堂叔庞菊于乾隆三十五年间，将坐落黄河北岸地十亩，以四十二两价银卖给冯五为业，嘉庆四年秋间，冯五欲将地转卖。庞勇闻知，至冯五家议照原价回赎。冯五提出：地已淤好，欲卖银五十两。① 贵州仁怀县，袁世敏于乾隆三十二年（1767）二月间，听得原买主罗夏氏要把从他祖父手上买去的土地转卖，他向罗氏表示："情愿照依时价赎回耕种"②。甚至有的回赎时还需加纳利息银（钱）。江苏荆溪，嘉庆十三年（1808）前，佘文大将田三亩卖给任济洺，得价一百二十千文。至嘉庆十三年时，任文楷向佘文大提出，赎田除交原价外尚需加交利钱三千文。③ 随着商品经济发展，农民的价值观念也发生变化，这种变化亦体现于日常经济生活中。

（3）到了明清时期，家族想要本族土地不至流入外人手，在家规中还特别加了一条：如有族人田产要卖、族田相互典卖时，要高出市场价格购买。如果强夺轻取，要给予处分。如安徽桐城赵氏宗谱规定："族人互相典卖（田宅），其价比外姓稍厚，不得用强轻夺。违者具告宗子，合众处分"④。这项规定，使土地买卖"亲属优先"习俗，注入新的法则，这法则就是：以经济法则取代"优先权"，以高于市场价格取代用强轻夺。这种土地买卖关系，已经完全不属于原来意义上的"优先权"了，而是市场法则的体现，是卖者追求好价钱的做法。此外，得到社会认可是土地买卖向自由化方向转化的一个重要标志。这种规定徽州地区也存在。据《雍正三年分家书》载："予所得产业，皆拮据重价，周庇手足"⑤。也就是说，这位业主购买亲房田产时，是以高于市场价格买下的，"皆挂据重价"是最好的注脚。同族中以高于市场价购买族人田产，这已不存在"优先权"问题了，也不存在宗法宗族关系束缚的问题了，而是卖者追求好价钱的行为，这完全是一种市场经济行为的表现。

① 乾隆三十二年十一月十八日，管理刑部事务臣刘统勋等题。
② 赵立方等：《桐城赵氏宗谱》，光绪九年四修本，《卷首·家约》，第6页。
③ 嘉庆十五年十二月十一日，巡抚江宁等处章煦题。
④ 赵立方等：《桐城赵无宗谱》，光绪九年四修本，《卷首·家约》。
⑤ 《雍正三年分家书》，见中国社会科学院经济研究所藏《屯溪资料》〇一七号。

民国初年，法政学社组织两批人，对中国土地买卖习惯进行调查，他们指出：江西"赣南各县，凡出卖不动产者，其卖契内载有先尽亲房人等俱各不受等语，是从表面上观之，凡是亲房人等有优先承买权，然实则皆以出价之高低而定，且亦不先尽亲房人等也。盖在昔有此'优先权'，现仅成为契约上之一种具文而已"①。这个调查虽然是民国初年之事，但一种习俗惯例的改变并不是一朝一夕之事，而是经过长期变化的积累而形成的共识。所以，这个调查对清代而言也是有意义的。同时，调查者把"其乡聚族而居，六乡一姓，有众至数千户"② 这样的地区作为调查的重点或样本，是很有说服力的。在土地买卖关系中宗法宗族制如此浓厚的地方，"优先权"都成了"契约上之一种具文"的话，那么，宗法宗族关系松弛的地方，"优先权"的束缚作用究竟有多大，就比较容易看清楚了。过去研究土地买卖的学者都把这些问题忽视了，见到土地在亲属间进行买卖也不做进一步分析，一概冠以宗法约束下土地买卖。这种认识显然是把强制性土地买卖扩大化了，这种不顾现实生活变化的研究方法，是背离当时社会实际的。

4. 政府提倡土地自由买卖

先尽亲房伯叔、业主、亲邻购买土地之说，往往成为亲属或同宗富有者兼并土地的一种手段。一些因天灾人祸不得不出卖土地的穷人，尽遭那些富有者勒掯。这种不合理的土地买卖习俗，当然受到卖地者强烈反对。当然朝廷对这种陈规陋习也表现出极端不满，并针对这种落后的、不近情理的惯行进行鞭挞，并宣布废除这种不合理的乡规陋习。

明清时期，政府废除土地买卖中亲邻"优先权"法规，提倡土地自由买卖。明王朝建立起来以后，在制定法律条文时，就把唐、宋、元一直保留下来的土地典卖时，先问房亲、次问四邻条款删除，在法律上不再承认土地买卖中"优先权"的合法性。这为土地自由买卖奠定了基础。到了清代，把民间习俗保留下来的"优先权"清除。康熙三十至四十年间，山东济宁知州吴柽认为不论何人许买，"有钱出价者即系售主。如业主之邻亲告争，按律治罪"③。雍正八年，清政府吸收地方律例，把"禁先尽业主"条款写入《会典事例》中，使之成为全国性法律条文。条例规定："及执产动

① 法政学社：《中国民事习惯大全》第一编，第三类，1924 年版。
② 《宋刑统》卷 13。
③ 田文镜：《抚豫宣化录》卷 4，第 52 页。

归原先尽亲邻之说，借端希图短价者，俱照不应重律治罪"①。

　　土地买卖价格问题，历代各朝态度非常明确。土地出卖时，宋元两代虽承认亲邻"优先权"，但在价格上不允许亲邻勒掯。《宋刑统》规定："亲房著价不尽，并任就得价高处交易"②。《元典章》也规定："若酬价不平，并违限者，任便交易"③。清代沿袭宋元两代保护卖地者权益作法，同时宣布废除"优先权"。康熙三十至四十年间（1691—1701），山东济宁知州吴柽就已指出：典卖田宅，必先让原业、本家，次则地邻之俗例，是很可笑的。他认为："夫弃产者，必有不能待之势，必要到处让过，已属难堪"。他还认为这种陋俗侵犯了卖地者的权益，有的人本想要买的，而故称不要，"或抑勒贱价，不照时价"，及至卖主不能久待，另售他人，这些人"即挺身告理"，④致使卖产者陷入困境。至雍正三年（1725）时，河南巡抚率先在豫省宣告废除先尽业主亲邻之说。在"禁先尽业主"条款中指出："田园房产，为小民性命之依，苟非万不得已，岂肯轻弃。即有急需，应听其觅主典卖，以济燃眉。乃豫省有先尽业主亲邻之说，他姓概不敢买，任其乘机勒掯，以致穷民不得不减价相就。嗣后，不论何人许买，有钱出价者即系售主。如业主之邻亲告争，按律治罪"⑤。雍正八年，清廷以法律形式把"禁先尽业主"条款写入《会典事例》中。条文规定："及执产动归原先尽亲邻之说，借端希图短价者，俱照不应重律治罪"。⑥乾隆九年，政府重申土地买卖按市场规则操办。条文称："各省业主之田，出资财而认买"⑦。把土地买卖推向市场化，土地自由买卖得到政府法律保障。清政府在办理土地买卖案件时，对借"先尽亲房"俗规，借端抑勒者绳之以法。如乾隆二十八年，贵州善安州因土地买卖酿成一起命案。案情是：乾隆四年，李廷槐有地一份，出当与李廷科，价银五两五钱。乾隆二十七年间，李廷槐将地赎回。尔后以二十一两价，要转卖与郎抢宾。李廷槐堂兄李廷贤得知后，以"这田是祖遗，不许卖与外姓"为由，想购此地。廷槐同意取消与郎抢

----

① 光绪《会典事例》卷755，第3页。
② 《宋刑统》卷13。
③ 《元典章》卷19《户部五·典卖·典卖田宅须问亲邻》。
④ 乾隆《济宁州志》卷31。
⑤ 田文镜：《抚豫宣化录》卷4，第51—52页。
⑥ 光绪《会典事例》卷755，第3页。
⑦ 《清高宗实录》卷175。

宾所订原约，将地卖与廷贤，但坚持田价要二十一两银子。廷贤坚持只能照过去当与李廷科时五两五钱银价承买。当然，李廷槐不能接受。官府对该案判决是：李廷贤依仗"先尽亲房"的俗规，仅以五两五钱银子就要买取这份地，"这分明借端抑勒"，"李廷槐当然不愿依从"。李廷贤"强逼成文"。因之发生命案。李廷贤"短价强逼买田酿衅，杖八十，折责三十板。……所争之田，应仍听李廷槐另行售卖"①。湖南湘阴县也有这样案例：曹少甫名下有田产一份，欲将卖给佃户廖文翰，其兄曹毓嵩指责廖不应承买田东之田，而县府认为："田为少甫名下私产，少甫主之，纵卖与廖文翰，亦例所不尽。……但少甫果须卖田，毓嵩果虑为廖得，何不备价购存此田？如不能购，亦不能禁少甫售与他人，方为情理之至"②。这反映了在土地买卖中，政府坚持以市场为法则的事例还有许多，不再一一枚举。

（三）土地买卖周期问题

明清时期，尤其是清代，土地买卖周期问题，引起当时人充分注意。山东《栖霞县志》称，"土地则屡易其主，耕种不时"③。福建安溪李光坡也指出："人之贫富不定，则田之去来无常"④。河东总督王士俊奏说："地亩之授受不常"⑤。广东顺德情况是："有田者多非自耕……抑且田时易主"⑥。江苏无锡钱泳说："俗语云：百年田地转三家。言百年之内，兴废无常，有转售其田到于三家也。今则不然，农民日惰而田日荒，十年之间易数主"⑦。

当代学者对这个问题也有各种看法。如李文治先生指出，从发展趋势看："所有这类记述，虽然不免有些夸张，但它毕竟反映了土地买卖频率的增加"⑧。章有义先生认为："尽管现有史料表明，到了清代，土地买卖更加频繁，却并不像某些人所想象的那样'田无定主'。"对于"千年田八百主"

---

① 康熙《栖霞县志》序。
② 李佳：《柏垣琐志》，第 17 页。
③ 康熙《栖霞县志》序。
④ 李光坡：《答曾邑侯问丁米均派书》，见《清经世文编》卷 30《户政五》。
⑤ 雍正《东华录》卷 12，雍正十二年十一月庚寅。
⑥ 乾隆《顺德志》卷 4。
⑦ 钱泳：《履园丛话》卷 4。
⑧ 李文治：《明清时代封建土地关系的松解》，中国社会科学出版社 1993 年版，第 502 页。

这一说法，他认为"这类见诸文献的谚语，切不可从字面上去作机械理解，就清代前期江南地区而言，大体说来，'百年田地转三家'这句话也许是比较可信的"①。秦晖、苏文认为："与人们喜欢引用的'千年田八百主'之类说法相较，当地（陕西关中）的现实土地买卖率在这一时期简直可以视为零！"②

　　研究土地买卖周期问题，最好能掌握长时段，比如二三十年、五六十年，一个地区，或几个不同地区土地买卖的连续记载资料，经过计算，得出的估计可能会更接近事实，比谚语更可靠。除了秦晖、苏文根据陕西关中鱼鳞册，以及江太新根据安徽徽州某县某都二图四甲税册，做了这方面研究工作外，这方面研究还做得很不够，要想得出比较符合实际的数据，还得有更多学者做这方面工作。

　　根据江太新研究，广东省乾隆二十八年，田房税契一项，收银 120 余万两。③ 按土地买卖规定，税银为卖价的 3%，再收税银的 5% 为火耗。④ 据此可算出广东省该年卖地总价银为 38095238 两，如每亩地价银为 4.47 两计。⑤ 当年卖出土地约达 8522425 亩，占广东省耕地面积的 24.9%。⑥ 按照这个数据看，广东省土地买卖周期为 4 年。但由于上述税契为田房税契，其中属于卖田税有多少，不清楚；同时土地买卖中逃漏税有多少也不详。所以这个数只是一个概数。但无论如何都反映了广东当时土地买卖频繁的情况，这点是可以认可的。

　　另一份材料是安徽徽州某县某都二图四甲《王鼎盛户实征底册》，该册记事起于乾隆七年，迄于乾隆二十八年，中间中断了一年，前后记事实际时间为 21 年，该甲 21 年中卖田 1141 款，计 648.74 亩，平均每年卖出的耕地为 30.89 亩。该甲实在田地山塘为 2043.8 亩，⑦ 按平均每年卖 30.89 亩

---

① 章有义：《清代徽州土地关系研究》，第 81 页。

② 秦晖、苏文：《田园诗与狂想曲》，第 83 页。

③ 《清高宗实录》卷 68。

④ 李文治：《中国近代农业史资料》第一辑，第 55 页。

⑤ 李文治：《明清时期封建土地关系的松解》，第 323 页，表 42 "各地地价及租额对比"中地价平均数。

⑥ 李文治：《中国近代农业史资料》第一辑，《清代历朝耕地面积》中乾隆三十一年广东省耕地面积为 342242 顷。

⑦ 中国社会科学院经济研究所馆藏：《屯溪档案》。

计，需要 66.16 年才能把该甲土地卖一遍。

从以上事例看，每个地方土地买卖周期是不一样的，有长有短。所以，不可以点代面，更不可以偏概全。若需要得出全国性土地买卖周期，尚需做大量工作，搜集各地资料，详加研究。

（四）土地买卖中有关补偿银问题

明清时期土地买卖过程中，江苏、安徽、江西、湖南、湖北、四川、河南、福建等地，原业主保留有索取补偿银两的习俗。如湖北称之为脱业钱，湖南称挂红银，也有称脱业钱，河南称赏贺银，江苏、四川、江西称画字银钱，安徽称谓较杂，有赏贺银、喜资银、倒根银等，福建、广东称找价、贴、洗、尽等。① 如湖北襄阳县康熙五十六年（1717），朱桂将荒屯田三十亩出卖给刘现章之父刘仁美，得银五十三两。雍正十三年（1735），刘现章由于"贫不能守，凭朱梅等说合，得价银一百七十八两，转售与赵祥为业，当给朱桂脱业钱二十千文，朱梅亦得钱五千文"②。湖南武陵县郭维藩，于雍正十三年，将田八斗卖给陈添位为业。至乾隆四年（1739），郭维藩复向陈添位索"挂红银二两四钱"，郭友文闻知，亦赴彼索取，添位"当给友文银六钱"。③ 安徽寿州，乾隆七年，方子玉把五斗种的一块田，换张世明家一块基地，但这田上手业主是方冠。据寿州俗例，"产动，原业主有分喜礼"。方冠的母亲托方连向方子玉要"喜礼"，子玉"许给二两银"。④ 河南固始县，乾隆八年，张鸣九买了许廷彩一份田地，依据该县乡俗：凡买田产，有给原业主赏贺银两之说，所以按乡俗张鸣九"该给业主许长太十五两贺银"⑤。江苏泰州，乾隆四十七年（1782）间，柏鸣山有祖遗公其田十五亩，卖与汤万锦，得价与族侄均分。五十八年，汤万锦将此

---

① 参见中国第一历史档案馆、中国社会科学院历史研究所编《清代土地占有关系与佃农抗租斗争》上册，中华书局 1988 年版。

② 中国第一历史档案馆、中国社会科学院历史研究所编：《清代土地占有关系与佃农抗租斗争》上册，中华书局 1988 年版，第 306 页。

③ 中国第一历史档案馆、中国社会科学院历史研究所编：《清代土地占有关系与佃农抗租斗争》上册，中华书局 1988 年版，第 111 页。

④ 中国第一历史档案馆、中国社会科学院历史研究所编：《清代土地占有关系与佃农抗租斗争》上册，中华书局 1988 年版，第 117 页。

⑤ 中国第一历史档案馆、中国社会科学院历史研究所编：《清代土地占有关系与佃农抗租斗争》上册，中华书局 1988 年版，第 123 页。

田转卖与汤广有管业，"原业主应分画押钱三千文"①。

　　原业主的补偿银两向谁索取，依情况而异。画字银（画押银）一般向买主索要。如四川涪州，乾隆十四年时，杨榜将己田卖与杨仕荣，杨仕荣各付给杨显兄杨春画字银九两。② 安徽合肥喜资银及画字银亦由买主付给。③ 湖北江陵县脱业钱，系原业主向新买主索取。④ 湖南安化习俗与湖北江陵相同。⑤ 安徽寿州情况与上述有别，给原业主的喜礼银是由卖主出的。据陈见美称："小的这乡里，向来有个俗例：凡转卖田产，原业主要向转卖的讨些喜礼银子的。"⑥ 霍邱情况与寿州相同，原业主的赏贺银由转卖的人付给。⑦

　　给原业主赏贺银、挂红银等银两按什么标准给呢？其他地方情况不详，湖北江陵俗例是："从乡例每两给银叁分"⑧，也就是说按 3% 抽取。

　　这些名目繁多的不同补偿银，由买主付给的，实际上是买价的一部分。如安徽合肥县，乾隆二十三年，雷相明将八斗六升半秧田外，有基地并浮房三间，卖给许赓，"言明正价四十两外，胞兄弟并亲族喜资银十四两，又过割交庄画字银十两，共银五十四两"⑨。在这里，喜资银和画字银占了正价银百分之六十。如果买主要在买价之外另付出高于买价一半以上银两，买主是不会愿意的。这些不同支出的银两，只是总价的分割的结果。因此，

---

　　① 中国第一历史档案馆、中国社会科学院历史研究所编：《清代土地占有关系与佃农抗租斗争》上册，中华书局 1988 年版，第 216 页。

　　② 中国第一历史档案馆、中国社会科学院历史研究所编：《清代土地占有关系与佃农抗租斗争》上册，中华书局 1988 年版，第 140 页。

　　③ 中国第一历史档案馆、中国社会科学院历史研究所编：《清代土地占有关系与佃农抗租斗争》上册，中华书局 1988 年版，第 147 页。

　　④ 中国第一历史档案馆、中国社会科学院历史研究所编：《清代土地占有关系与佃农抗租斗争》上册，中华书局 1988 年版，第 130 页。

　　⑤ 中国第一历史档案馆、中国社会科学院历史研究所编：《清代土地占有关系与佃农抗租斗争》上册，中华书局 1988 年版，第 203 页。

　　⑥ 中国第一历史档案馆、中国社会科学院历史研究所编：《清代土地占有关系与佃农抗租斗争》上册，中华书局 1988 年版，第 158 页。

　　⑦ 中国第一历史档案馆、中国社会科学院历史研究所编：《清代土地占有关系与佃农抗租斗争》上册，中华书局 1988 年版，第 161 页。

　　⑧ 中国第一历史档案馆、中国社会科学院历史研究所编：《清代土地占有关系与佃农抗租斗争》上册，中华书局 1988 年版，第 161 页。

　　⑨ 中国第一历史档案馆、中国社会科学院历史研究所编：《清代土地占有关系与佃农抗租斗争》上册，中华书局 1988 年版，第 147 页。

这些喜资银、画字银实际上是价格的一个组成部分，是按照乡例对总价进行分割而已。这样做仅仅是为了避免亲属之间，由分割钱财引起不必要纠纷，并不是买主对卖主亲属的额外之恩赐。至于转卖土地者付给原业主一定补偿银两，是对地价增值的一种分割。如湖北襄阳县，卫军朱桂于康熙五十六年（1717）将荒屯田三十亩卖与宣城刘仁美，得价银五十三两。在这里，实际上是由于地价上涨，原业主与转卖主之间对地价增值部分的分割，原业主所得大约为总价格的百分之十四。

土地买卖中像脱业钱之类补偿习俗，何以长期得以延续？原因大致有三个方面：第一是政府默认，甚至是支持，使之合法化；二是原卖主贫困化；三是地价不断增长。① 这类习俗，在一定程度上会制约自由买卖发展。但随着社会进步，这些陋习也将被历史所抛弃。第二、第三两个原因比较好理解，现在主要针对第一个原因引证一些资料说明。如湖南武陵县对郭维落卖田五年后，向买主索要挂红银一案判决称："郭维藩将久经卖绝之田进行索找，虽有不合，但系原主，应请免议。"② 安徽审理此类案件时，并没有否定这俗例，而仅将乡俗重述一遍："因霍邑乡间俗例，凡田地转售，原业主有应得喜礼钱文"③。江西铅山县，葛发崽转卖田地，原业主按俗例索要画字钱一案判决是："詹椿茂分得钱三千文，系循原业画字俗例，今己病故，免其着追"④。可见，政府对此类案件查处并不积极。

（五）简短小结

第一，土地买卖过程中，如何判断其是自由买卖还是在"优先权"压制下的买卖，其标志只有一个，即看其是否按市场价格出售，按市场价或稍高市场价进行交易的，不管在亲属间也好，在同姓民人间也好，在异姓间也好，都应视为自由买卖。如在"优先权"压制下，买主以低于市场价格强买掠取，这是封建性强买强卖。分清这点，对加深理解有清一代市场经济发展，是十分有益的。

---

① 以上部分参见《中国经济通史·清代经济卷》下册，第四编，《土地买卖》。

② 中国第一历史档案馆、中国社会科学院历史研究所编：《清代土地占有关系与佃农抗租斗争》上册，中华书局1988年版，第147页。

③ 中国第一历史档案馆、中国社会科学院历史研究所编：《清代土地占有关系与佃农抗租斗争》上册，中华书局1988年版，第150页。

④ 中国第一历史档案馆、中国社会科学院历史研究所编：《清代土地占有关系与佃农抗租斗争》上册，中华书局1988年版，第181页。

第二，土地买卖中，不要被契约中亲属间交易所迷惑。不要简单认为在亲属之间进行交易的，就是封建性的土地买卖，而是要进一步探索，看这笔交易是按市场价格进行的，还是强买掠取的。按市场价格进行买卖的，不管买主是谁，都是自由买卖。学界当前弊病是：忽视了契约中"按时值"或"三方议定按时价"等交易的表述，而对"先尽亲房伯叔"表述十分看重。但"优先权"有个历史变化过程。据民国初年法政学社调查："盖在昔有优先权，现仅成为契约上一种具文而已。"① 而这一重要成果，也被视为一纸具文。另外，前文谈到的土地自由买卖中，以地契为证，不许考虑亲房出高价夹地因素，在实际生活中，土地在亲族间转移现象比例不多。所以，以一种先入为主的观点，把问题硬化，不管实际生活如何变化，不理不睬，或充耳不闻，这就妨碍了对问题的深入探讨。

第三，土地买卖周期问题，根据几个事例看，土地转移频繁程度各地有很大差异，因此，在谈论土地买卖周期问题，不要以点代面、以偏概全。土地买卖频率是动态的，是与社会经济变化互为表里的。如大灾年间或战争所在地，农民为了渡荒或躲避战火侵害，卖地情况就会普遍得多。当政治比较廉洁时，当社会安定时，当社会经济发展，农家经济呈现出家给人足时，土地转移的频率就会变得低；当吏治腐败，农民受剥削、受压迫加重时，农民就会走向贫困化，这时，土地买卖频率就会上扬。研究土地买卖频率时，切勿离开社会经济发展的整体变化，否则就会失去方向。前人根据本人所在地方，以及所处时段而得出的有感，具有很强地域性和时段性，就当时当地而言，可能因符合实际而推而广之，就可能失去真谛了。在这点上，学者不要过于趋求。

第四，明清时期，土地自由买卖是社会经济生活中的主流。有杂音，只是发展过程中插曲而已。随着社会经济发展，是会被淘汰的。这一点一定要看清楚。土地自由买卖发展，对资源合理配置提供机会，也为农业生产发展拓宽道路，为明清两代农业经济发展开辟更美好的前景，为社会经济新关系产生奠定基础。所以，对明清两代土地自由买卖的历史意义，应予以重视。

---

① 法政学社：《中国民事习惯大全》，第一编第三类，1924 年版。

三　一田多主制发展与地权变化

1. 一田多主所有制发展

一田多主制所有制形式产生于何时，现在还说不清楚，但有一点是可以肯定的，至迟明中叶已存在。明弘治九年，安徽祁门已发现有一张吴逸转换耕种者契约："今因无力耕种，将前项田亩转佃休宁州三都李度名下，面议贴备输纳银贰钱正，其兑佃之后，听永远输纳耕种"①。这是一个经官府验证的赤契，为政府所承认。正德年间编写的《江阴县志》称："其佃人之田，视同己业，或筑为场圃，或构以屋庐，或作之坟墓其上，皆自专之，业主不得问焉。老则以分子，贫则以卖于人，而谓之摧；得其财谓之上岸，钱或多于本业初价（如××价银二两，上岸银或三四两，买田者买业主田得其半，必上岸乃为全业）。②据《龙溪县志》记载，至迟在嘉靖年间，柳江以西，一田二主。其得业带米收租者，谓之大租田；以业主之田私相贸易，无米而承小税者，谓之粪土田。③同一时期，《龙岩县志》也有类似记载："粪土即粪其田之人也。佃丁出银币于田主、质其田以耕……沿习既久，私相授受"④。万历年间，安徽徽州府《典贴》也反映了土地合股经营情况。据《典贴》称："一都住人江禄，今有粪草一号，坐落土名鲍村源，身情愿凭中立典与同都江名下前去交租无词，计早租拾秤，凭中三面，时值价文银五钱五分，其田当日与相交付明白。"⑤

从江苏、福建、安徽三省所列举事实看，土地股份所有制形式，在明中期已不是个别的、孤零零的事件，在当时已获得相当程度的发展，随着土地股份所有制盛行，万历年间，社会上刊行的一些日用文书指南书籍中，还刊载有书写土地股份所有制中股权转移的契式，即"某乡某都某图立榷田文书人某人，今将自己坐落某处民田若干亩，情愿出榷与某人耕种，一年二熟为满。当日凭中三面议定，每亩时值榷田价白银若干，立文书之日，一并收足无欠。所有田上粮租，出榷人自行办纳，不干得业人之事。如有

---

① 《徽州千年契约文书》，见《宋元明篇》卷1，花山文艺出版社1993年版。
② 正德《江阴县志》卷7，《风俗》。
③ 嘉靖《龙溪县志》卷1，《地理》。
④ 嘉靖《龙岩县志》卷上《民物志·土田》。
⑤ 中国社会科学院历史研究所藏，编号为1000026号。

虫伤风秕，水旱灾荒，眼同在田平半分收，次年初种。系是二边情愿，故非相逼，恐后无凭，立此榷田文书为照。某年月立榷田文书某人"①。

一田二主、一田三主的土地股份所有制，在有明一代，福建已得到推广。如嘉靖《龙溪县志》称：该县"田名粪土。税子谓之无米租，名大租谓之纳米租。无米租皆富家巨室蟠据，纳米租则有才力者攘取"②。嘉靖《龙岩县志》亦云："官人即主人也，谓主是田输赋于官者，其租曰大租"。"粪土即粪其田之人。佃丁出银币于田主，质其田以耕。"③ 万历《漳州府志》言："今福建一省寺田俱僧掌管，惟漳州一田三主，民户管田输租，僧户取租纳粮，已为定例"。④ 万历《南靖县志》谓："所谓一田三主之弊，尤海内所罕者，一曰大租，一曰业主，一曰佃户，同此田也，买主只收税谷，不供粮差，其名曰业主；粮差割寄他户，抽田中租配之，受业而租者，名曰大租主；佃户则出赍佃田，大租业税皆其供纳，亦名一主"⑤。万历《政和县志》也说："至于稼穑农夫，一售主田，数相贸易三两人，而主不得知负租者，比比皆然"⑥。据吴牲《忆记》称：邵武俗例，"置田者名田骨，佃田者名田皮，各费若干"⑦。崇祯年间，《长乐县志》云："他处田亩止属一主而已，长邑有田面，有田根。富者买面收租……贫者买根耕种，其价半于田面"⑧。陈益祥谈到福建一田二主或一田三主情况时指出："此风闽省最甚，故犴狯富厚者，多蓄田根，根价遂倍于面"⑨。

到了清代，土地股份所有制形式在全国大多数省份得到推广，而在明代已出现土地股份所有制地方，在有清一代得到更充分的发展。

看看福建情况。根据福建省师范大学历史系《明清福建经济契约文书选辑》中《田地典卖文书》看，该书收集田地典卖契约计418件，其中万历年间2件，崇祯年间3件，其余413件为顺治至光绪年间契约。这418件

---

① 《三台万用正宗》，《榷田文书式》，万历二十七年刊印。
② 嘉靖《龙溪县志》卷4，《田赋》。
③ 嘉靖《龙岩县志》卷上《民物志·土田》。
④ 万历《漳州府志》卷5《寺租》。
⑤ 万历《南靖县志》卷4《赋役志·税粮》。
⑥ 万历《政和县志》卷1《地理志·附风俗》。
⑦ 吴牲：《忆记》卷1。
⑧ 崇祯《长乐县志》卷13《丛谈志》。
⑨ 陈益祥：《采芝堂文集》卷13，《风俗》。福建对田面、田根称呼各不相同，有的地方把田面称着田根，田根称田面。特加注明。

田地典卖文书中,其中出卖田根、田面、大苗、小苗文书共计98件,[①] 占典卖文书的23.4%。也就是说,在有清一代几乎有四分之一的土地是属于股份所有制的。我们再从该书中的《土地典卖找价文书》看,这部分文书共计268件,时间为康熙至光绪。这268件文书中,属于田根、田面、大苗、小苗找价契约有60份,[②] 占找价文书的22.4%,与典卖文书所占比例相差无几。表8-5、表8-6反映了各府州县田根、田面、大苗、小苗典卖及找价情况。

表8-5　　　　从典卖文书看明清时期福建地区一田二主发展情况

时间	县份									
	侯官	福州	闽清	崇安	瓯宁	光泽	仙游	南平	永春	南安
崇祯	1									
顺治	1							1		
康熙	6		2					2		
雍正	1			1				1		
乾隆	8	1	3		2		8	7	1	3
嘉庆	2		3		2	3	1			
道光	6		2		3	4		4		1
咸丰	4				1			5		1
同治	3									
光绪									1	
合计	32	1	10	1	8	7	9	20	2	5

注:凡田皮、田根、大苗、小苗可分别买卖者列为一田二主。

资料来源:福建师范大学历史系:《明清福建经济契约文书选辑》一,《田地典卖文书》,人民出版社1997年版。

----

① 福建师范大学历史系:《明清福建经济契约文书选辑》一,《田地典卖文书》,人民出版社1997年版,第1—215页。

② 福建师范大学历史系《明清福建经济契约文书选辑》二,《土地典卖找价文书》,人民出版社1997年版,第216—307页。

表8-6　　　　　　从找价文书看清代福建地区一田二主发展情况

时间	县份							
	侯官	闽清	福安	宁德	瓯宁	仙游	永春	合计
康熙	3	1						4
雍正	9							9
乾隆	11	4		2	2	1		20
嘉庆	7	4					1	12
道光	3	1		3	2			9
咸丰				2				2
同治			1		2			3
光绪					1			1
小计	33	10	1	7	7	1	1	60

注：找价文书中有田皮（田面）、田骨（田根）、大苗、小苗记载者列为一田二主。

资料来源：福建师范大学历史系：《明清福建经济契约文书选辑》二，《土地典卖找价文书》，人民出版社1997年版。

　　该书所搜集到的686件典卖和找价文书中，包括侯官、福州、闽清、闽县、崇安、福安、瓯宁、宁德、光泽、南平、莆田、仙游、晋江、永春、漳州、龙溪、南安等十七个州县，而涉及有田根、田面、大苗、小苗典卖及找价州县有：侯官、福州、闽清、崇安、福安、瓯宁、光泽、南平、仙游、永春、南安等十一州县，占文书中出现的州县数的64.7%。也就是说，福建地区大多数州县都出现田面（田皮）、田骨（田根）分离情况，即一田有两主的土地股份所有制现象。

　　此外，从租佃契约也可窥视到田骨、田皮分别出租情况。《明清福建经济契约文书选辑》中收集到9个县份《租佃文书》计160件，其中康熙年间2件，雍正年间12件，乾隆年间64件，嘉庆年间53件，道光年间28件，另外1件为乾隆年侯官县租牛契，因与本主题无关，舍去不计。余下文约为159件，其中根面全者计14件，占8.81%；根面分离文书145件，占91.19%。详见表8-7。

表 8-7　　　　从福建省 9 州县租佃契约看清前期地权分割情况
（康熙至道光）

时间	县份	租约总数	根面全		根面分离		备注
			件	%	件	%	
康熙	侯官	1			1	100	
	闽清	1			1	100	
雍正	福州	3			3	100	
	闽清	4			4	100	
	侯官	3			3	100	
	光泽	2	1	50	1	50	
乾隆	侯官	15			15	100	其中有租牛契 1 件，不计
	仙游	6			6	100	
	闽清	19			19	100	
	南平	5			5	100	
	宁德	11			11	100	
	南安	1			1	100	
	福州	7			7	100	
嘉庆	闽清	6			6	100	
	永福	1			1	100	
	侯官	21	7	33.3	14	66.7	
	宁德	15	1	6.7	14	93.3	
	南平	7			7	100	
	福州	2	1	50	1	50	
	光泽	1			1	100	
道光	侯官	9	3	33.3	6	66.7	
	闽清	3	1	33.3	2	66.7	
	仙游	2			2	100	
	宁德	2			2	100	
	南平	5			5	100	
	光泽	5			5	100	
	福州	2			2	100	
合　计		159	14	8.81	145	91.19	

资料来源：福建师范大学历史系：《明清福建经济契约文书选辑》，人民出版社 1997 年版。

　　除民田出现土地股份所有制外，属于军队的卫所屯田，也出现土地股份所有制。嘉庆十一年（1806）侯官县一份典田契记载："立缴典契郑行瑞，自己手置有卫屯田根壹号，坐产侯邑廿（二十）三都汤院地方，土名沟浦湖，受种贰拾斤，年载面租谷肆佰柒拾捌斤。纳在程江陈处，历耕无异。今因别置，自愿将此田根托中向到梧峰张文享处"①。道光二十三年（1843），侯官县一份卖田契记载："立卖佃根契陈章焕，承嗣父手置有屯田根壹号，坐址本邑廿（二十）二都地方，土名曲岭上份，受种壹亩，年载面租柒斗伍管乡。内纳陈处伍斗，又纳黄处贰斗伍管，历掌无异。今因要钱乏用，自情愿托中将此佃根向在厝叔行滨处，三面言议，卖出佃根钱贰拾壹千文正"②。一田二主或一田三主的卫所屯田事例还有，这里不一一枚举。

　　徽州地区，也是土地股份所有制发达地方。据安徽省博物馆《明清徽州社会经济资料丛编》一书中的《卖田契》和《卖田皮契》看：从清顺治至宣统年间，所搜集到的卖田契和卖田皮契共计 233 件，其中卖田皮契为 70 件，③ 田皮卖契占全部卖契的 30%，几乎 3 款土地买卖中就有 1 款是田皮的买卖。

　　徽州地区还给我们留下了丰富的置产簿一类资料。这类资料记载的是一家一户购买土地契约，契约内容包括卖主姓名，买或租的是田皮，或是骨面具全之田。坐落、字号、耕地面积、买价多少，等等。对考察这块耕地是独资或是股份占有，具有重要意义。如《孙在中契墨抄白总登》中，抄有自康熙至乾隆买契 52 件，其中买田（皮、骨全）契 14 款，买田皮契 23 款，买田骨（大租）5 款，买房契 4 款，买山契 6 款。④ 扣除买房、买山契 10 件外，土地买卖契约计 42 件。在这 42 件中，田皮、田骨（大租）买卖达 28 件之多，占土地买卖契约的 66.7%。另一册《乾隆汪氏誊契簿》记载，该户最早买契为康熙四十九年，最后 1 款买契为道光二十三年，显然嘉

①　福建师范大学历史系：《明清福建经济契约文书选辑》，人民出版社 1997 年版，第 119 页。

②　福建师范大学历史系：《明清福建经济契约文书选辑》，人民出版社 1997 年版，第 155 页。

③　安徽省博物馆《明清徽州社会经济资料丛编》，中国社会科学出版社 1988 年版，第 82—236 页。

④　中国社会科学经济研究所藏：《屯溪资料·孙在中契置朱白总登》，置 078#。

庆、道光年间买契是后人所增。该户前后置产 47 款，其中皮骨全田 19 款，买田皮 14 款，买田骨（大苗）6 款，买山 8 款。[①] 扣除买山契外，购买土地契约 39 款。这 39 款中属于一田二主或一田三主土地股份所有制买卖为 20 款，占 51.3%。

此外，徽州地区也遗留下一批租佃契约，大买、小买一田二主情况也有所反映。根据《明清徽州社会经济资料丛编》第一集《租田地文契》看，本书搜集租佃契共 76 件，其中转租文契占 22 件，一般租佃文契 54 件，转租文约占文契总数 28.9%，详见表 8 – 8。

表 8 – 8　　　　　　徽州地区租佃契约中反映出的田骨分离情况

时间	租约总数	转租租约	一般租约
万历	1	1	
崇祯	3	3	
顺治	1		1
康熙	2		2
雍正	2		2
乾隆	9	2	7
嘉庆	14	1	13
道光	17	6	11
咸丰	9		9
同治	6	1	5
光绪	12	8	4
合计	76	22	54

资料来源：安徽省博物馆：《明清徽州社会经济资料丛编》，中国社会科学出版社 1988 年版。

无论是从徽州地区大范围进行考察，还是具体到一家一户考察，到了明清时代，土地股份所有制已经在这里得到广泛推行。

江苏，在有明一代，土地股份所有制已经有发展。如崇明县阜安沙于万历三十年成田，一半靠民力翻垦，按照民间惯例，将承价一半与民管业。平洋沙系旧城基，田荡涂十四万步，按照前例，民有承价一半。[②] 所谓承

---

① 中国社会科学院经济研究所藏：《屯溪资料·乾隆汪氏誊契簿》，置 167#。
② 万历《崇明县志》卷 4《学校志·学田》。

价，"承价之垫有圩本也"①。也就是说，农民在围圩造田时，由于投入了资金，或投入了人工，这些投入形成了股本，从而占有地权的一半。到了清代，土地股份所有制在江苏得到大力推广，据《明清苏州农村经济资料》看，苏州、通州、海门厅、江宁县、江都、甘泉、泰州、宝庆、如皋、泰兴都存在土地股份所有制。② 另据《清代地租剥削形态》一书所搜集乾隆刑科题本资料看，长洲、无锡、元和也存在土地股份所有制情况。③

从《清代地租剥削制形态·永佃制》看，本书搜集到乾隆年间有关永佃制案件计52件，其中属于土地股份制案件50件，涉及9省40个县，详见表8-9。

表8-9　　　　乾隆年间刑档中有关土地股份所有制省县分布情况

省别	县　名
直隶	怀安
江苏	长洲、无锡、元和
安徽	芜湖
浙江	临海、宁波、永康、庆元、鄞县
江西	安远、信丰、赣县、瑞金、德兴、会昌
湖南	醴陵
福建	莆田、永福、永春、南安、建安、建宁、彰化、崇安、侯官、平和、浦城
广东	揭阳、惠州、香山、河源、归善、建阳、海丰、海阳、惠来
广西	武宣、贵县、宣化

资料来源：《清代地租剥削形态·永佃制》。

台湾是新垦区，垦民大部分是福建漳州、泉州人。他们到台湾垦荒时，把漳泉地区惯例也推广到台湾。农民出一部分资金，从土地所有者手中买到一部分土地所有权，从而使这块土地所有权由一人占有，变成合伙占有。请看下面事例。

第一，立招佃人业户李朝荣，明买有大突青埔一所，坐落土名巴刘巴

---

① 民国《崇明县志》卷6《经济志·田制》。
② 洪焕椿编：《明清江苏农村经济资料》，江苏籍出版社1988年版。
③ 中国第一历史档案馆、中国社会科学院历史研究所：《清代地租剥削形态》，中华书局1982年版。

来，东至柳仔沟埠为界，西至大沟为界，南至入社大车路为界，北至黄邦杰厝后港为界，四至明白。今有招到李恩仁、赖束、李禄亭、梁学俊等前来承糜开垦，出和埔银六十五两正，情愿自备牛犁及建筑坡圳，前去耕垦，永为己业。历年所收花利照庄例一九五抽的，及成田之日，限定经丈八十五石满斗为一甲，每一甲经租八石，车运到港交纳，二比甘愿。日后不敢生端反悔，增加减少，亦不敢升合拖欠；如有拖欠定额，明官究讨。口恐无凭，立招佃一纸存照。

即日收过埔银完，再照。

雍正十年十月　日。

立招佃人　　李朝荣①

第二，立垦单字人业主萧因，所辖草地内有荒山一所，土名界址寮，东至湾坑岑下，西至简家田，南至坑崁下，北至简家田，四至界址明白。兹有崎头庄佃林降，欲自备工本开垦耕筑，前来给单；爰是踏明界址，交与佃人林降，任从垦筑。山田耕成之后，逐年配纳大租二斗，永为降之已业，日后该业主子孙等不得异言生端滋事。口恐无凭，合给垦单字一纸，付执为照。

乾隆四年三月　日给。②

开荒垦殖时，农民向土地所有者交纳部分埔银后，或自备工本开垦耕筑，从而从原土地所有者手中，取得相应部分所有权。从而，使同一块土地具有二个或三个以上所有者，这种情况在台湾开垦中普遍存在。

热河地区亦是清代新垦区。据刘克祥先生研究：日本人收集的513件蒙地契约中，农民缴有契价或押荒银的有497件，占总数的96.9%。③

土地股份所有制，在清代旗地中也非常盛行。如乾隆九年（1704）北京房山县的佃字据称：“立过佃户人张德兴，因有本身当差地一段，坐落在房山县西南娄子水村北，东西地计三亩，东至官道，西到邦茶为界，南至黄玉恒，北至道，四至分明。今情愿过与李泰名下永为耕种，不准李姓另租另典。言明压租银三十五两正，年例小租钱五百文，准其客辞主，勿许主辞客。立字之后，如有另人争论，有取租，张姓一面承管，不与佃户相干。此系两家情愿，各无返（反）悔。恐中无凭，立过佃字一样两纸，各

---

① 《清代台湾大租调查书》第一册，台湾银行经济研究室编印，1963年出版。
② 《清代台湾大租调查书》第一册，台湾银行经济研究室编印，1963年出版。
③ 刘克祥：《清代热河·台湾佃制比较研究》。

执一纸为证"①。乾隆四十一年，《刑料题本》也有关于旗地股份所有记载。
案件称："民人李茂哲耕佟镭家旗地，由于交了押组，得到了"永远长耕，不
许增租夺佃"② 权利。嘉庆年间，昌黎县旗人王大忠，因无力封纳官租，将祖
遗官租地一亩四分二厘五毫，情愿退与王克让名下耕种，按年封纳租银，共
银一钱六分五厘二毫。自退之后，"由置主盘窑、打井、使土栽树自便"③。
赤峰县乾隆五十八年一份垦荒合同记载：立合同人饶安章吉等保世户同站上
人等同心议允，愿将昂邦沟伍十家子上边有荒场一处，同众说允，言明价钱
中钱伍（仟?）贰百吊正，情愿卖与徐成、张贤二人名下开垦耕种，"永远为
业"。④ 嘉庆十四年，张良洪将自己生熟地一块，情愿卖与郭雄名下耕种，
"永远为业"，每年交大差一石二斗，杂差随土交纳。⑤ 建平县、朝阳县、丰
宁县旗地股份所有制情况，《锦热蒙地调查报告》多有记载，这里不赘述。据
热河省长官房土地科调查称：隆化、围场、平泉等县地处口外，凡有土地权
者，半多无力开垦，遂招集佃户"许以成熟后永远耕种"，每年纳粮若干，
"从此不得增租夺佃，载在租约"，"业主但有有租之利益，而无撤佃之权力，
现尚认为一种有效力之习惯"。⑥ 东北地区，嘉庆十六年一件立退地契记载：
立退地契人雨金社后一甲宋兴国同侄仁祥，度日维艰，将自己承领旗余地
四十一亩……同族人说允，情愿退与本甲民人李士祯'承领管业'，随钱粮
带银壹两肆钱叁分伍厘，租钱壹千肆佰叁拾伍文……估定开垦修补工力银
二百五十两整。……恐后无凭，立退约存据。"⑦

　　由于清政府无力解决旗人贫困化问题，加以旗人不谙耕作，以及清政
府不许旗地典卖政策，所以旗地以股份所有制形式大量出现，清政府虽然
进行三次规模回赎，但阻止不了旗地股份所有制的发展。

　　土地股份所有制形成，是由于农民以各种形式付出代价所取得的。如

---

①　转见杨国桢《明清土地契约文书研究》，人民出版社 1988 年版，第 94 页。

②　乾隆四十一年十月十日，直隶总督周元理题。

③　《中国农村惯行调查》卷 6，《中国农村惯行调查刊行会编》，岩波书店 1952—
1958 年版，《中国土地契约文书集》（全一清），第 167 页，东洋文库、明清史研究室 1975
年版。

④　《锦热蒙地调查报告》上卷，康德四年十二月，地籍整理局，第 641 页。

⑤　《锦热蒙地调查报告》上卷，康德四年十二月，地籍整理局，第 543 页。

⑥　《民商事习惯调查报告录》，民国十九年，第 710 页。

⑦　《民商事习惯调查报告书》，南满铁道株式会社编纂。

江西赣南农民"出资垦荒，即俗名工本；或由业主征收田价，即俗名坠脚，亦名退脚"，从而获得"皮业"之权。① 四川云阳县农民，通过交纳巨额"压稼之费"，从而获得"视同己产"权利。② 江苏崇明农民，则通过付出"圩田之本"，获得土地的"承价"。③ 安徽徽州农民，通过"自置"而获得"小租田皮"。④ 湖北钟祥农民，还有"贱卖图耕"习俗。农民出卖土地时，由于"买主对于佃权既未买入，故只能听其与所有权分离为二"。⑤ 浙江临海、宁波、庆元、鄞县农民，由于承耕田地时要付出"田脚"等钱，所以获得"田皮"，"可以顶卖"。⑥ 广东农民则由于承种土地时交有"顶耕银"，所以"出资买耕者，名为佃业"，也有称佃业为"质业"的。⑦ 福建龙海县民"无田者众，皆佃人之田"，承耕土地则需出粪土之价，而"粪土之价视大租田十倍"。⑧ 云霄厅农民"出力佃耕"，租税皆其办纳，以有粪土银，遂私相援受。⑨ 崇安农民承种土地，"曰赔，赔为田皮"，"佃人之赔价重于田主之卖价"。⑩ 闽清县有一份"立安开垦契"称："今安与佃户吴承德开垦耕种……所佃永远耕作，黄家不得另召"。⑪ 由于吴承德开垦时需要付出工本，所以，原田主以出让一部分土地所有权办法，来实现荒地开垦，而吴承德也从垦荒中也获得部分土地所有权。从而垦荒农民和原来田主，都成为这块耕地的共同拥有者，都是拥有这块土地的股东。古田县之田根（田面）"有手置，有祖遗，自持一契据管业，耕种"。⑫ 建阳县农民的土地股份所有制，"始于乡民为侨居山佃所愚，岁受赁钱数百文，听其垦

① 《民商事习惯调查报告录》，民国十九年，第 422 页。

② 民国《云阳县志》，《风俗》。

③ 乾隆《崇明县志》卷 4《赋役志》。

④ 中国社会科学院经济研究所藏《分家书》，第 1315 号。

⑤ 《民商事习惯调查报告录》，民国十九年，第 562 页。

⑥ 中国第一历史档案馆、中国社会科学院历史研究所：《清代地租形态·永佃制》，中华书局 1982 年版。

⑦ 中国第一历史档案馆、中国社会科学院历史研究所：《清代地租形态·永佃制》，中华书局 1982 年版。

⑧ 嘉庆《龙海县志》卷 1，《地理》。

⑨ 嘉庆《云霄厅志》卷 4。

⑩ 雍正《崇安县志》卷 1，《风俗》。

⑪ 福建师范大学历史系：《明清福建经济契约文书选辑》，人民出版社 1997 年版。

⑫ 陈盛韶：《问俗录》卷 2，《古田》。

种，日久受害，欲令退佃，则诡云工资浩大，挟令重价取赎，自是业不由主[1]。这里，侨居农民通过垦荒，花去工本，从而获得股份所有权。龙岩县农民获得土地股份所有权，则需向田主交纳"粪土"银，"质其田以耕"[2]。台湾府农民取得土地合股权，大多是农民出钱买耕。乾隆五年一份批耕字载："今因民不能自耕，情愿将此埔园托中送就与诚实汉人陈悻前来承去佃耕，当日三面议定出得埔底银一百三十大元"[3]。乾隆十一年，一份"立出永耕垦山契"记载："今因乏银使用，情愿将此荒山出垦永耕，外托中引就归与义学官田庄汉人陈麟瑞出首承垦永耕，当日三面言议时值价银七十六大员（圆）。"[4] 嘉庆八年，一份"立永耕字"契记载："今因乏银费用，自情愿将此田招佃永耕……外托中引就汉人张默观永远掌耕为业。逐年配纳番大租粟二石五斗满，不得少欠"[5]。如此事例甚多，不一一枚举。从《锦热蒙地调查报告》看，农民在此地获得耕作权，大部分是通过付"地价"而取得。道光十年一件立佃契约载：韩盆来同子韩俊因当差无凑，情愿兑付李万禄名下开耕为主，永远为业，"同众言明，地价钱叁拾吊，其钱笔下交足，并不短少，每年秋后交租钱贰吊与韩盆来"[6]。道光十五年一件，"立兑契文约"载许地主禀官究追，不得径行夺佃。[7]《洵阳县志》记载：凡流寓稞山，乡俗先交纳贺山主银数两，谓之进山礼，然后议租谷，其租约书明："永远耕种，听凭顶替，山主无得阻挠"[8]。

　　根据上述情况看，农民获得土地股份所有制的途径无非两条路而已：一是为地主开垦荒地时，农民通过垦荒开拓，花费了工本，从而从原土地所有者那里获得一部分土地所有权，这是以工本为形式的股份所有制；二是通过各种形式的购买，如赔价、顶首、押租、田价或贱价卖田根保田面

---

① 道光：《建阳县志》卷2。

② 嘉靖《龙岩县志》卷上《民物志·土田》。

③ 《清代台湾大租调查书》第三册，台湾银行经济研究室编印，1963年出版，第446—447页。

④ 《清代台湾大租调查书》第三册，台湾银行经济研究室编印，1963年出版，第449—450页。

⑤ 《清代台湾大租调查书》第三册，台湾银行经济研究室编印，1963年出版，第475—476页。

⑥ 《锦热蒙地调查报告》上卷，康德四年十二月，地籍整理局，第341—342页。

⑦ 光绪《白河县志》，《风俗》。

⑧ 乾隆《洵阳县志》卷11。

等，都属于农民出钱从原有土地所有者手中买得一部分土地所有权，从而形成土地股份所有制。通过以上二条途径，原来一田一主的耕地，朝一田二主或一田三主股份所有制方向发展。

2. 一田多主制下对土地的分割

地权分配问题，是学术界非常关注的问题，尤其是清代地权分配，更为学术界所瞩目。从中华人民共和国成立初期直到20世纪90年代，重要著作都在讨论这一问题，不过其重点是强调地权的集中。以80年代以来著作为例，如有学者认为："全国普遍的情况是'占田者十之一二，佃田者十之四五，而无田可耕者十之三四'。这种情况，到了鸦片战争以至清朝末年，也没甚变化"①。有学者认为：清代"到乾隆年间，土地兼并已发展到极端严重的地步"②。有学者认为："（民田）这是属于民间私有的田，其中多数为官僚、地主和高利贷者所有，属于农民的很少"③。此类论述还有："占农村人口90%以上的中农、贫农及其他人员占有20%—30%的土地"④。其余的这里不一一列举。

清代地权是否为此集中呢？不是的。笔者在《中国经济通史·清代经济卷》（下）的《土地分配篇》中已有详细论述。⑤这里要指出的是：以前学者在研究这个问题时，忽略了几个转变问题，如官田民田化；如分家析产的普遍化，带来的土地分散化；如土地股份所有制普遍化，从而形成的地权分割普遍化。此外还有自耕农民自身经济力量增强，政府对小农经济扶持，社会保障制度完善，族田义庄发展，等等。这些因素存在都有利于小农经济的延续，以及增强对兼并势力的抗争。本文要着重讨论的是：土地股份所有制发展对地权的分割的影响。

据我们目前所掌握的材料来看，至清代全国已有22个省区200个州县

---

① 曹贯一：《中国农业经济史》，中国社会科学出版社1998年版，第785页。

② 郑庆平、岳琛编：《中国近代农业经济概论》，人民大学出版社1987年版，第5页。

③ 郭文韬等编：《中国农业科技发展史略》，中国科学技术出版社1988年版，第349页。

④ 钱忠好：《中国农村土地制度历史变迁的经济学分析》，《江办社会科学》2000年第3期。

⑤ 方行、经君健、魏金玉主编：《中国经济通史·清代经济卷》（下），经济时报出版社2000年版。

已有土地股份所有制实施记载。当然，这还是很不完整的数字，但反映了一个发展趋势，还是很有意义的，如表 8 – 10 所示。

表 8 – 10　　　　　明清时期各直隶有关土地股份所有制实施州县统计

省别	州县
直隶	热河、围场、承德、清苑、良乡、察哈尔、怀安、滦州、昌平、涿州、天津、昌黎
山东	利津、历城
山西	辽州、五寨、绥云、归化
河南	渑池
陕西	宁陕、定远、佛坪、留坝、白河
甘肃	陇西
江苏	宝山、通州、昭文、江宁、松江、苏州、扬州、江都、甘泉、泰兴、宝应、如皋、海门、启东、长洲、无锡、溧水、句容、高淳、扬中、丹徒、木仓、吴县
安徽	黟县、休宁、歙县、祁门、绩溪、婺源、安庆、太平、芜湖、贵池
浙江	萧山、东乡、青田、鄞县、永康、庆元、缙云、宁波、绍兴、金华、处州、常山、江山、临海、海盐、嘉善、嘉应、景宁、上虞、衢州、温州、平湖、兰谿、开化、台州
江西	赣州、莲花、临川、南昌、南安、抚州、九江、赣县、兴国、雩都、瑞金、石城、宁都、广昌、新城、安远、信丰、德兴、会昌、建昌、浔阳
湖南	醴陵、安仁、汉寿、宁乡、茶陵
湖北	钟祥、利川、汉阳、安陆、郧阳、襄阳、德安、荆州、黄州、施南、黄梅、黄冈、竹山、长乐、麻城、兴山、竹溪、沔阳
四川	永川
福建	长乐、龙岩、连江、永安、南平、泉州、漳州、兴化、龙溪、南靖、仙游、建宁、延平、汀州、邵武、福宁、建阳、闽清、古田、莆田、永福、永春、南安、建安、宁德、崇安、侯官、平和、浦城、闽清、顺昌、福州、光泽、瓯宁、长泰、政和
台湾	台北、台中、彰化、淡水、诸罗、噶玛兰
广东	廉江、潮州、大埔、翁源、英德、广宁、揭阳、惠州府、香山、河源、归善、海丰、海阳、惠来
广西	苍梧、埔日、左县、百色、武宣、贵县、宣化
云南	镇雄

续表

省别	州县
贵州	大定
黑龙江	桦甸、绥化
吉林	滨江厅、长春厅、夹荒沟
辽宁	奉天、昌图厅

资料来源:《清代地租形态》下;《问俗录》;《清代台湾大租调查书》,1—6 册;《清高宗实录》卷175;中国社会科学院经济研究所:《刑抄件》,《地方志》,《民商事习惯调查报告书》,《满州旧惯调查报告书》,《热锦蒙地调查报告书》,《奉天省财政沿利弊说明书》,《续陕西通志稿》,《西江纪要》,《明清福建经济契约文书选辑》,《闽南契约文书综录》,《三省边防议览》;刘克祥:《清代永佃制的形式途径、地区分布和发展状况》;杨国祯:《明清土地契约文书研究》;黄冕堂:《清史治要》;周远廉等:《清代租佃制研究》;韩恒煜:《试论清代前期佃民永佃权的由来及其性质》;林祥瑞:《福建永佃权成因的初步考察》;连横:《台湾通史·农业志》等。

　　从表 8-10 可以看到,土地股份所有制,至清代已得到广泛推广。这点已不容置疑,但这仅是问题的一个方面,问题的另一个方面,也是更重要的方面,即土地股份所有制在民田中占有多大比重。如果这个问题能得到解决,土地股份所有制对土权的分割情况,也就迎刃而解了!但研究这个问题有许多难处:第一,各省、府、州县的各阶层占有土地情况,难以掌握;第二,地主阶级占有的土地中,有多少是属于股份合作制的;第三,不同历史时期,地权占有量是不同的。以上种种困难,给我们研究增加了难度。

　　从全国范围看,由于前人留给我们的资料,尤其是统计资料十分缺乏,难度很大,但从个别地区而言,我们通过努力,取得一些相关资料。如《明清福建经济契约文书选辑》中,收集到 165 件租佃契约,其中田根、田面分离者占 151 件,占总数的95.52%,一般普通租佃契约 14 件,仅占总数8.48%而已。安徽徽州地区,从《明清徽州社会经济资料丛编》一书考察,该书收集到租佃契约文书 76 件,其中田皮、田骨分离者为 22 件,占总数28.95%。从《乾隆汪氏誉契簿》记载看,该户从康熙四十九年购买了第一款田产,而后经雍正、乾隆、嘉庆、道光续置,总购买田产 39 款,其中购买田皮或田骨文约共计 20 款,占总数的 51.28%。台湾情况是,据《清代台湾大租调查书》资料看,凡是新开垦的田地,几乎是属于一田二主或一田三主。热河地区情况是，据刘克祥先生研究，垦荒时农民缴有契价或押荒银者占 96.9%。江苏地区情况是："吴农佃人之田者，十八九皆所谓租田，俗有田底田面之称"①。据 20 世纪 30 年代地政学院学员调查，田面、田底分离者，苏州占了 90%，常熟占了 80%，无锡占了 50%。② 据华东军政委员会土地改革委员会编《苏南土地改革文献》资料称：在中华人民共和国成立前夕，以"田底"与"田面"分裂为特征的县份有：松江、金山、川沙、青埔、上海、常熟、吴县、吴江、昆山、江阴、无锡、武进、江宁、溧水、句容、高淳、扬中、丹徒十八县。其中以中部地区为最多，吴县、吴江、常熟和无锡东北区，均占租田总数的 80% 左右，太仓较少，亦占 50%。③ 东北新垦区"凡有地权者，半多无力开垦，遂招集佃户，许以成熟给永久耕种"④。也就是说，东北新垦区的土地，至少有 50% 是通过股份合作方式得到开垦的。

　　田面占有者和田底占有者，他们之间土地所有权如何分割呢？江苏地区说得清楚。《崇明县志》称：阜安沙学田八十八亩，"照民间例，将承价一半与民管业"，平洋沙田荡涂十四万步，"民有承价一半"。⑤ 所谓半承价，即"主佃各得者曰半承价。如承价五两，佃人约费二两五钱，则半偿价适足以相偿，主家即给以半承价，批书一卷为凭，而存半承价归主家管业"⑥。根据民间俗例看，阜安沙八十八亩学田，有四十四亩是民业，沙田荡涂十四万步，有七万步是民业。一般情况下是以对半占有。其他也有三七、四六，甚至一九、二八颠倒诸例。甘肃地区一田二主分割办法是：户部则例规定："业主或欲自耕，应合原地肥瘠，业佃均分，报官执业"⑦。

　　从以上情况看，我们可以说，在田骨、田皮分离情况下，以前以田根（田骨）作为土地所有者的认识是有片面性的，无论从土地价格构成看，或是从土地收益分配看，或是从政府法令看，这种类型的土地，其所有权至

---

①　光绪《周庄镇志·风俗》。

②　何梦雷：《苏州无锡常熟三县佃租制度调查》第 2 章第 1 节，1934 年。

③　华东军政委员会土地改革委员会编：《苏南土地改革文献》，1952 年，第 514 页。

④　《民商事习惯调查报告录》，民国十九年，第 710 页。

⑤　万历《崇明县志》。

⑥　乾隆《崇明县志》。

⑦　同治《钦定户部则例》卷 7《田赋·开垦事宜》。

少在二人或二人以上。以前都把这类土地地权计算到地主户头上,而形成的地权集中,从理论上和实践上都说不过去。在这种情况下,地权的集中或分散,与田骨、田皮分离状况有密切关系。如苏州地区,历来号称地权高度集中,然而地主占有土地中,却90%是属于田骨、田皮分离者,即90%的土地所有权中,一半为农民所占有,从而,地权高度集中的说法引起人们思考、探讨和再认识。

广东的沙田,主要散布在三个地区:一是珠江三角洲九个县,约有田四百三十万亩;一是潮汕区七个县,亦约有五十八万亩;一是钦廉区四个县,亦约有二十五万亩,三区共约沙田五百一十万亩。这些沙田80%以上,是经过包佃人的手,"用批耕或分耕制大块分给农民,或用围馆制由包佃投资经营。而筑围为最大量之投资。其投资办法,大多为定期批给包佃人兴修。……包佃人中有百分之三十到四十为个人包佃,称为大耕家,大都系公田租尝之旺族,强房价理或恶霸,另百分之六十到七十为合股公司经营。一般的公司,为三种人户组成;即是沙棍(又称沙虫,系熟悉农业之业主者)、资本家(大都住省、港、澳)、军阀官僚或当地地主有势力者"。根据上述情况看,广东沙田五百多万亩中,有四百多万亩是属于大耕家或股份公司的。这些沙田所有权不为哪一家所独有,或是公田、租尝田,或是股份所有制,地权是分割的。把这些土地一股脑说成地主土地,就显得牵强附会。

由于一田二主或一田三主股份所有制发展,原为地主所垄断的土地所有制,通过这种组合形式,农民又从地主手中夺回部分所有权,从而使地主土地所有权一分为二,或一分为三,或分割得更细。这对当时的地权分配起了重要影响,尤其是地权集中的江苏、安徽、浙江、福建、广东更是如此。以前学者在讨论清代地权分配时,完全抛开了这种因素,现在看来是一种失误。但我们不能让这样的失误再延续下去了,大家协同起来,好好进行研究。地权分配研究取得进展,对社会经济的发展将产生深远的影响,绝对不要等闲视之。

四　分家析产及地权的分散

关于财产继承问题,中国社会有自己独特的方式。在西欧封建社会,财产由长子继承,而中国,财产的继承则采取诸子均分办法。特别到了宋代,世代同堂的习俗开始衰微,多子分居析产日渐普遍。顾炎武《分居》

一文称："宋孝建中中军府录事参军周殷启曰：今士大夫父母在而兄弟异居，计十家而七；庶人父子殊产，八家而五"①。到了明清时期，虽然仍有数代同居大家庭存在。但分家析产已成普遍现象。明洪武二十二年，祁门五都王阿许主持下，给三个入赘女婿分家，王阿许云："今思年老，若不标分各人管业，诚恐日后互相争战（竞）不便。今将户下应有田山、陆地、屋宅、池塘、孳畜等物品搭，写立天、地、人三张，均分为三，各自收留管业"②。正统二年，祁门五都洪阿王生有四子，"所有本户田地山塘新业，立文标分为四"③。天顺六华，祁门县在城陈宽同弟陈洪分地合同称："今凭托亲眷谢子敬眼同丈量、对半均分"④。正德十四年，休宁县郑良曙叔侄分产合同；正德十五年，休宁县郑笏兄弟分产合同；嘉靖十一年，休宁县郑梅兄弟分产合同等。⑤ 到清代分家析产的情况，则更为普遍。山东滕县"淳庞之气益漓浮薄，以至父子兄弟异釜而炊，分户而役"⑥。濮县有"一父一子，多有分者"，"财利相见，虽兄弟，锱铢必形于色"⑦。江苏沛县出现"兄弟相阅，什室而五"⑧ 的现象。浙江兰溪则"男壮出分，竞争家产"⑨。直隶大名府有"亲亡，兄弟异产；亦有亲在，遽析箸者，俗不为怪"⑩。广东情况是"父子各爨，兄弟异籍"。该志又称："同弟异居，父子割户"⑪。四川，兄弟之间为争夺遗产，每每"争论不已"⑫。安徽徽州地区分家书曰："树大则分枝，源长则流别，理势然尔"⑬。徽州地区保留下来的分家书，仅中国社会科学院经济研究所一家就珍藏有百件之多。

为适应社会发展，明清两代政府制定了家庭财产继承法，从法律角度

---

① 顾炎武：《日知录》第 13 卷，《分居》。
② 转见张传玺主编《中国历代契约会编考释》（下），北京大学出版社 1995 年版。
③ 转见张传玺主编《中国历代契约会编考释》（下），北京大学出版社 1995 年版。
④ 转见张传玺主编《中国历代契约会编考释》（下），北京大学出版社 1995 年版。
⑤ 转见张传玺主编《中国历代契约会编考释》（下），北京大学出版社 1995 年版。
⑥ 顾炎武：《天下郡国利病书》第 15 册，《山东》（上），引《滕县志》，《风俗》。
⑦ 康熙《濮县志》第 2 卷。
⑧ 乾隆《沛县志》第 1 卷。
⑨ 《古今图书集成·职方典》第 1006 卷，《浙江总部》第 139 册。
⑩ 乾隆《大名府志》第 20 卷。
⑪ 嘉庆《广东通志》第 73 卷。
⑫ 张澍：《蜀典》，见光绪《新繁县长乡土志》第 5 卷。
⑬ 中国社会科学院经济研究所藏《屯溪资料·雍正胡氏分家书》，分 034。

承认分家析产的合法性，为分家析产进一步扫除障碍。下面，将《大清律例》继承法规定抄录如下。

"一、嫡庶子男，除有官荫袭先尽长子孙；其分析家财田产，不问妻、妾、婢生，止以子数均分，奸生之子，依子量与半分；如别无子，立应继之人为嗣，与奸生子均分；无应继之人，方许承继全分。

"一、户绝财产，果无同宗应继之人，所有亲女承受。无女者，听地方官详明上司，酌拨充公。

"一、无子者，许令同宗昭穆相当之侄承继，先尽同父周亲，次及大功、小功缌麻；如俱无，方许择立远房及同姓为嗣。若立嗣之后，却生子，其家产与原立子均分。

"一、妇人夫亡无子守志者，合承夫分，须凭族长择昭穆相当之人继嗣。其改嫁者，夫家财产及原有米庄奁，并听前夫之家为主。

"一、无子立嗣，除依律外，若继子不得于所后之亲，听其告官别立。其或择立贤能及所亲爱者，若于昭穆伦序不失，不许宗族指以次序告争并官司受理。若义男女婿为所后之亲喜悦者，听其相为依倚，不许继子并本生父母用计逼逐，仍酌分给财产。若无子之人家贫，听其卖产自赡。

"一、凡养异姓义子，有情愿归宗者，不许将分得财产携回本宗。其收养三岁以下遗弃之小儿，仍依律即从其姓，但不得以无子遂立为嗣，仍酌分给财产，俱不必勒令归宗。如有希图资财冒认归宗者，照律治罪。"①

《大清律例》有关继承之法中，最突出之处是：除有官荫袭先尽嫡长子孙外，其家产一律都以子数均分，别无例外。在财产继承上，诸子一律平等。这是中国封建社会财产继承法中不同于西欧封建财产继承法之处。

除了官僚和商人家庭之外，一般庶民家庭，其田产积累往往需要一个长期过程。而且也不是一帆风顺的。如顺治十一年分家的汪姓阄书称：他自弱冠，拮据经营，十有余载，后于皇明万历三十九年，同本村金陈等在景德镇开丝绸店，经30年努力，"蚨物稍裕"。后累遭焚劫，一生辛勤，徒劳无功。至顺治十一年分家时，由他自置产业和承祖产业，不过32.155亩而已。这点财产却凝结了两代人的心血，时间却长达60年以上。②康熙四十七年，×姓分家书称：今所存房屋田园产业，皆一生辛勤艰苦，手自置

① 《大清律例》卷8，乾隆六十年。
② 转见张海鹏等编《明清徽商资料选编》，黄山书社出版1985年版。

买创造者，到分家时有田产 66.42 亩。其置产时间至少长达 30 年。① 像这样的事例，仅徽州地区就有 30 多个。②

以上事例告诉我们，一个家庭分家以前的田产积累，一般要经过一两代人才能完成。置产时间，一般是以二十几岁至五十几岁之间最具活力的三十多年完成。凡"自置产业"或"身置产业"都在这 30 多年完成。田产积累较多的家庭还有继承祖父及父亲遗产部分。这样，共积累田产所需时间就不是一代人所能完成，而是经过了两代人的努力，一般要长达 60 年以上，有的甚至需要几代人努力。

一般庶民之家田产积累除时间长这一特点外，另一特点就是增加速度缓慢，是由一小块一小块积累而成的。从休宁程姓《仁房》置产情况看，该户从康熙五十六年二月开始置产，最后一款止于乾隆十七年十一月，前后长达 36 年，置买田、地、山、塘共 83 款（其中 1 款已赎回，实为 82 款），共计 143.977 税亩，花去价银 1093.03 两。每年平均购置田地山塘仅 4 亩多一点。其余事例请参见《中国经济通史·清代经济卷》（下）第四篇第四章"田产继承"。③

一个家庭分家周期一般为 30 年左右。一般情况是，男子 20 岁左右娶妻，到五六十岁时，诸子已娶媳，并有孙枝。由于人口增多，家事纷繁，兄弟、子侄之间矛盾增加，在这种情况下，分家析产之事就提到议事日程上来了。孙在中《嘉庆二十四年三月立契墨抄白总登》为我们留下这样一份材料：

乾隆四十四年嘉庆九年十一月，置产人：父孙胜梁

嘉庆九年至道光十三年，置产人：子孙大彬

道光十三年至十八年，置产人：孙观之、曙之

道光十八年之后，置产人：孙观之

从这份材料看，孙胜梁从父辈分出后，到儿子分家时，有据可查时间为 21 年。孙大彬承父家业后，生二子，长为观之，次为曙之。观之、曙之分家年份至迟为道光十八年。依此计之，大彬单独立家后 34 年，这家又分

---

① 中国社会科学院经济研究所藏《屯溪档案·分家书》。

② 详见方行、经君健、魏金玉主编《中国经济通史·清代经济卷》（下），中国社会科学出版社 2007 年版，第 1639—1674 页。

③ 方行、经君健、魏金玉主编：《中国经济通史·清代经济卷》（下），中国社会科学出版社 2007 年版。

裂出新的户，也就是说，他们30年左右就分一次家。① 但也不是绝对的，这里所说的30年分一次家，只是一个概数而已。

分家导致了地权的分散，下面将安徽徽州地区分家析产事例整理如表8－11所示。

表8－11　　清顺治十一年至道光二十六年安徽徽州地区分家析产事例

立分关人	分关时间	分关房数(个)	分家前地产	分家后各房地产	资料来源
汪正科	顺治十一年	3	田32.155亩租298秤	田10.718亩租99.333秤	休宁汪姓阄书
洪大网	顺治十一年	2	田十多亩	田5亩多	顺治二睛年洪姓阄书
余弘均	康熙四年	2	田48亩	田24亩	康熙四年休宁胡姓阄书
父	康熙四十七年	3	田66.42田	田22.14亩	康熙四十七年某姓阄书
父	康熙五十一年	3	田600亩	田200亩	康熙五十一年休宁谢姓阄书会同公遗序
金阿程	康熙五十四年	4	田140多亩	田35亩	康熙五十四年歙县金姓阄书
陈士策	康熙五十九年	9	田约50亩	田5.556亩	康熙五十九年休宁陈姓阄书。这是一家商业地主，田产不多
洪廷魁	雍正三年	2	田76.67亩	约田36.63亩	雍正三年黟县洪姓阄书
阿吴	雍正六年	3	田189亩	田63亩	雍正六年歙县胡姓阄书
倪阿余	雍正六年	2	田41亩	田20.5亩	雍正十年歙县(？)倪姓关分书（外有可赎回田13.26亩）
陈正章	雍正十二年	11	田336亩	田30.545亩	雍正十二年歙县陈姓阄书
曹有时	雍正十二年	3	28亩	田9.333亩	雍正十二年祁门曹姓阄书
许计万	乾隆六年	2	田30—40亩	田15—20亩	乾隆六年许姓阄书
汪庭芝	乾隆十三年	5	田60多亩	田12亩多	乾隆十三年祁门汪姓阄书
洪徐氏	乾隆三十五年	6	田60多亩	田10多亩	乾隆三十五年歙县(？)洪姓阄书
李氏祖母	乾隆三十六年	4	田180亩	田45亩	乾隆三十六年黟县(？)王姓阄书

①　中国社会科学院经济研究所藏:《屯溪档案》，置076。

续表

立分关人	分关时间	分关房数（个）	分家前地产	分家后各房地产	资料来源
叶国	乾隆五十二年	2	田 30 亩	田 15 亩	乾隆五十二年休宁（？）叶姓阄书（江西乐平田产在外）
黄门程氏	乾隆五十九年	2	田 30 多亩	田 15 亩以上	乾隆五十九年黟县（？）黄姓阄书
叔祖孔昭	乾隆六十年	3	田 668 亩 山 262 亩	田 222.667 亩 山 67.33 亩	乾隆六十年黟县胡姓阄书
余苏氏	嘉庆二年	3	田 640 亩	田 213.337 亩	嘉庆二的督促检查宁（？）余姓关分书
谢文逵	嘉庆五年	3	田 200 亩以上	田 66.667 亩以上	嘉庆五年徽州谢氏阄书
潘富魁	嘉庆五年	4	田 41 亩	田 10.25 亩	嘉庆五年潘州阄书
佩兰	嘉庆十四年	2	250 亩以上	125 亩以上	嘉庆十四年黟县×阄书
盛尚钟	道光五年	4	田 30 亩 田皮 16 亩	田 7.5 亩 田皮 4 亩	道光五年歙县盛姓标分文册
胡汪氏	道光六年	2	田 30 亩以上	田 15 亩以上	道光站年黟县姓分关书
程世袭	道光六年	4	田 24.5 亩	田 6.125 亩	道光六年黟县程姓分关书
江一鹏	道光九年	3	田 200 亩以上	田 66.667 亩	道光九年黟县×姓阄书
吴锡柏	道光十二年	3	田 70 亩以上	田 23.333 亩	道光十二年休宁（？）吴姓阄书
宇春	道光十八年	2	田 200 亩	田 100 亩	道光十八年黟县×姓阄书
黄	道光二十二年	4	田 302.28 亩	田 75.57 亩	道光二十二年黟县黄姓阄分（总田亩数系文字阄得田 75.57 亩计之）
胡何氏	道光二十五年	3	田 42 亩	田 14 亩	道光二十五年休宁胡阄书
吴兆攻	道光二十六年	6	田 30 亩	田 5 亩	道光二十六年休宁（？）吴姓分关书

注：表中所列分家地亩数，参照章有义《明清及近代农业史论集》，中国农业出版社 1997 年版。

资料来源：中国社会科学院经济研究所藏：《屯溪档案·分家书》。

明清时期,分家析产已成社会经济生活的主流,对集中起来的财产起到了重新分割的作用,分家析产普遍化,使田产集中只成为暂时的历史现象,在集中的同时,又不断地进行重新分割,从而化为分散。

从上述分家析产情况可以看出,一些占有土地较多的户,化为中等地产所有者;中等地产所有者,经过分家析产,则化为小地产所有者。他们许多人实际上进入了自耕农行列。地主分家析产遂为自耕农队伍的主要补充来源之一。因此,分家析产对自耕农队伍的稳定和延续,具有十分重要的意义。

同时,对农业经济发展来说,也有激励作用。在吃大锅饭时,缺乏激励机制,勤者惰者一个样。分家析产后就不一样了,土地分到家,各个小家庭为了养活家口,增加家庭经济收入,都会尽力劳动,因为收入好坏、多少,与每个家庭息息相关,懒惰就意味着没饭化,或吃不饱饭,或衣不蔽体。分家逼着每个家庭必须勤奋劳动,争取过上好生活。从这个角度来说,在当时社会历史条件下,分家具有激励作用,这对促进和提高农业生产效力有好处。

第三节　农村中两大阶级的土地占有状况

明清时期,农村两大阶级土地占有状况,有一个发展变化过程。明前期,尤其是明初,民间土地主要为农民阶级所占有,地主阶级占有土地数量较少。随着缙绅地主特权膨胀,大肆兼并土地,地权占有情况发生逆转,到明后期,尤其是至晚明,呈现出地权高度集中现象。进入有清一代以后,乾隆中期以前,农民阶级占有大部分土地格局,一直未发生大的变化。乾隆以后,虽然出现土地兼并现象,但农民阶级占有一半或四成土地情况,终有清一代而未改变。但由于人口激剧增加,而土地增长落后于人口增长,人均耕地面积有递减之势。农村中约20%人口,占有50%—60%的耕地面积;而农村中80%人口,仅占40%—50%的耕地面积。相形之下,土地分配不均情况十分突出,这种情况的存在,阻碍了农业生产的发展,同时也激化了农村两大阶级的矛盾和对立。

一　明代两大阶级地权占有状况

明初至明中叶这段时间,农民小土地所有制一度得到广泛发展。李文治先生认为，明初建国，太祖朱元璋迁徙某些地区官绅地主，没收他们的地产，如在苏州、松江、湖州、嘉兴四府籍没收勋贵官绅土地 1663840 亩，约占四府耕地四分之一。这部分土地先由原租佃农民耕种交租，洪武七年，将租额减半征收，实际变为农民所有制。洪武初年苏州府田地总额为 67490 顷，官田和抄没田共计 46544.47 顷，约占总田额的 69%；民田计 20945.5 顷，约占总田额的 31%。① 明太祖一再下令：农民开垦荒田"永为世业"；同时对地主占田做了一些限制，对还乡地主之人少地多者不许"依前占护"。从而在明代前期，在相当广大地区，农民小土地所有制广泛存在，有的地区占据统治地位。明王朝正是在这种条件下，推行其具有特殊意义的里甲赋役制度。自耕农的广泛存在具体反映了当时人的议论。正统年间兵科给事中刘斌说："田多者不过十余亩，少者或五六亩或二三亩"②。刘斌所说系江南地区情形。明代中叶吴宽说："为上农者不知其几千万人"③。吴宽所说"上农"指占地稍多者或较多者，其间包括部分庶民地主，但主要指自耕农。雷璨也说过："田少者或十亩或数十亩"④。雷氏所说也是自耕农广泛存在的反映。也有地区地权分配特殊，地主所占耕地较多。⑤

　　农民阶级占有大部分土地的情况，个别地区一直延续到明万历年间。如安徽省徽州府休宁县十一都、十二都和十五都情况是：十一都三图有地户 249 户，共有耕地 470.18 亩；十二都（一图或三图）有地户 239 户，共有耕地 844.79 亩；十五都三图有地户 522 户，共有耕地 1711.59 亩。三图共计有地户 1010 户，有田地 3026.56 亩。其中占地 30 亩⑥以下农户为 1007 户，占总农户的 99.7%；占有耕地 1573.11 亩，占田地总额的 91.9%。⑦ 这三图的耕地绝大多数为农民阶级占有，是地权十分分散的地方。

　　到明中后期，由于权贵地主和缙绅地主大肆掠夺土地，形成了许多大

---

　　①　转见范金民、夏维中《苏州地区社会经济史·明清卷》，南京大学出版社 1993 年版。

　　②　《明英宗实录》卷 186。

　　③　吴宽：《匏翁家藏集》卷 36，《心耕记》。

　　④　雷璨：《均田均役序》，见康熙《吴江县志》卷 16。

　　⑤　以上转见李文治《李文治集》，中国社会科学出版社 2000 年版，第 170—171 页。

　　⑥　在江南地区，占有耕地 30 亩以上者，被视为地主。这样的划分被章有义和日本学者所认可。

　　⑦　转见章有义《明清徽州土地关系研究》，中国社会科学出版社 1984 年版。

地主，据黄冕堂统计，从弘治元年至明末，占地 10 万亩以上者，就有 36 人之多，详见表 8 - 12。

表 8 - 12　　　　　　　明中后期占地 10 万亩以上者名单　　　　　单位：顷

时间	占地者姓名	地点	占地面积	资料出处
孝宗弘治元年、七年、嘉靖元年	建昌侯张延龄	涿州	18455	《明孝宗实录》卷 196、卷 210，《明世宗实录》卷 20
嘉靖二年	庆阳伯夏臣	不详	13800	《明世宗实录》卷 23
嘉靖四十年	景王朱载圳	湖广	40000	《明史》卷 120《景恭王传》、《潞简王传》卷 213《徐阶传》
万历十七年	潞王朱翊镠	湖广	40000	《明神宗实录》卷 531
万历三十九年	黔国公沐昌祚	云南固原	10000	《明穆宗实录》卷 45，《明神宗实录》卷 480
万历四十二年	福王朱常洵	湖广河南山东	20000	《明神宗实录》卷 518
万历? 年	董其昌	松江	10000	《民抄董宦事实》
万历? 年	富者	湖州	10000	谢肇淛：《西吴枝乘》
嘉靖二年	隆福寺等	宣府	1300	《明世宗实录》卷 25
嘉靖三年	永福长公主	不详	1400	《明世宗实录》卷 44
嘉靖十年	吉王朱见浚	长沙	1297	《嘉靖事例·议处吉府田租》
嘉靖三十四年	宁安公主	不详	1154	《明世宗实录》卷 420
嘉靖三十七年	嘉善公主	蓟州	2595	《明世宗实录》卷 450
嘉靖四十四年	景恭王妃	宝坻	1520	《明世宗实录》卷 550
嘉靖末年	徐阶	松江	数十万亩	《海瑞集》卷下，《附录·海忠介公传》
隆庆元年	新都中官	湖广	9100	《明史》卷 210，《魏时亮传》
隆庆二年	驸马李和	不详	2800	《明穆宗实录》卷 27
万历五年	成国公朱公祯	京畿	9600	《明史》卷 232《王国传》
万历九年	寿阳长公主	不详	4990	《明神宗实录》卷 110、卷 116
万历十年	晋王朱敏淳	大同	7203	《明神宗实录》卷 126

续表

时间	占地者姓名	地点	占地面积	资料出处
万历十一年、十四年	德王	山东兖州章邱	2840（后保留1370）	《明神宗实录》卷135、卷170
万历二十二年	永宁长公主	不详	2500	《明神宗实录》卷280
万历二十四年	太监张诚	不详	数百所	《明神宗实录》卷293
万历三十年	豪民	宝坻	1300	《明神宗实录》卷370
万历三十七年	宁寿公主	顺天府	2590	《明神宗实录》卷459
天启元年	秦府承奉官张清	陕西	10000	《明熹宗实录》卷10
天启六年	肃宁伯魏良卿	献县	1700	《明熹宗实录》卷66、卷72
天启六年	遂平长公主	不详	7786	《明神宗实录》卷70、卷73
天启六年	宁德公主	不详	7786	《明神宗实录》卷70、卷73
天启七年	瑞王朱常浩	陕豫晋川	30000	《明熹宗实录》卷76
天启七年	惠王朱常浩	湖广	10000	《明熹宗实录》卷77
天启七年	桂王朱溃瀛	湖广	10000	《明熹宗实录》卷77
天启七年	魏忠贤	不详	10000	谈迁《国榷》卷88
明末	邹望	无锡	3000	黄卬《锡金识小录》卷7
明末	范良彦	河南	1000	郑廉《像变世略》卷2
明末	秦王	陕西	8992	康熙《陕西通志》卷9

资料来源：转见林金树等《中国明代经济史》，人民出版社1994年版，第223—224页表。

明中后期，勋戚大量兼并土地情况，还可以从洪武至天启年间占田及赐田变化情况得到印证，详见表8－13。

表8－13　　　　洪武至天启年间勋戚占田及赐田统计

年号	赐田人次（人）	赐田数量（顷）	占比（%）	说明
洪武	13	1562.50	0.82	
洪熙	2	154.10	0.08	
宣德	4	216.00	0.11	

续表

年号	赐田人次 （人）	赐田数量 （顷）	占比 （%）	说明
正统	10	3617.50	1.91	
景泰	4	2090.00	1.10	仅指名而没有田数者，未计入
天顺	12	982.00	0.52	赐田数目不详者，未计
成化	24	11488.94	6.06	
弘治	40	33598.55	17.74	
正德	20	19348.71	10.37	赐田数目不详者，未计
嘉靖	17	10943.47	5.78	赐田数目不详者，未计
隆庆	4	2293.87	1.21	
万历	12	33644.02	17.76	
天启	8	69190.82	34.94	
合计	170	189130.48	100.00	

资料来源：《明实录》各卷，转见郭厚安《明实录经济资料选编》，《田制》三，《庄田及土地兼并》，中国社会科学出版社1989年版，第145—207页。

明中后期，由于地主阶级疯狂兼并土地，自耕农破产，致使"贫民不得寸土，缙绅之家连田以数万计"[1]。李进在奏折中指出："缙绅豪右之家，大者千百万，中者百十万，以万计者不能枚举"。李进说法遭到礼部尚书、嘉兴人钱士升强烈反对，他说："臣不知其所指何也。就江南论之，富家数亩以对，百计者什六、七、千计者什三、四，万计者千百中一、二耳"[2]。尽管钱士升大大缩小了估计，但仍然可见到明代官绅聚集土地程度。张居正也指出：江南"豪家田至七万顷"[3]。崇祯时杨嗣昌对全国土地占有情况做了这样的概括："近来田地，多归有力之家，非乡绅则富民"[4]。缙绅地主对土地大肆掠夺，致使农民大量失去土地，尤其是江南地区，这种情况更

---

① 储方庆：《荒田议》，见《清经世文编》卷34。
② 《明史》卷251《钱士升传》。
③ 张居正：《张太岳文集》卷26，《答应天巡抚宋阳山论均粮足民》。
④ 杨嗣昌：《杨文弱先生全集》卷32，《钦奉上传疏》。

为突出。如江苏江阴县"农之家什九，农无田者十有七"①；安徽怀宁县"绝无一田者十之七八"②；福建南靖县"境内田亩归他邑豪右者十之七八，土著之民大都耕佃自活"③。据许涤新、吴承明估计，到明中后期，农民占有土地约占全部耕地的30%。④ 地权向地主阶级这一端集中，地主制经济体制又出现一个短暂的逆转期。

二　清代农村中两大阶级占有土地情况

经过明末清初长达半个世纪战乱，清初垦荒政策实施，加上分家析产盛行，有清一代地权占有情况，与明后期相比，朝着分散趋势发展，农民阶级始终占有百分之五十以上的土地。

下面，通过雍正、乾隆年间某些地区的编审册、税亩册及其他资料记载，对当时农民与地主占地情况做些具体分析。

首先，看看直隶获鹿县自耕农民与地主占地情况。清代，获鹿县属直隶正定府，地处太行山区。该县有197个自然村，设十八社一百八十甲。⑤十八社是：在城社，毕村社，郑家庄社，留营社，镇头社，任村社，甘子社，永壁社，龙贵社，塔冢社，德政坊社，方台社，同冶社，名邱社，太平社，新安社，安宁社，永清社。该县从康熙四十五年（1706）起至乾隆三十六年（1771）止，进行过十四次地、丁编审工作。编审工作一般以甲为单位进行，编审后装订成册向县呈报。这些档案虽然很不完整，但它毕竟还存在一批珍贵的历史资料，使我们能透过这个典型，对当时社会经济、政治窥见一斑。

为了弄清楚清代前期该县地权分配状况，我们做了大量分类和统计工作，考虑到地权分配变化情况在十年八年内难以看出发展趋势，我们以20年为一阶段，将康熙四十五年、雍正四年（1726）、乾隆十一年（1746）、乾隆三十六年（1771）以20年为一阶段计。详细情况见表8-14。

---

① 嘉靖《江阴县志》卷4。
② 《古今图书集成·博物汇编·草木典》卷28《稻部》。转见《中国农业通史·明清卷》，第41页。
③ 顾炎武：《天下郡国利病书》原编第26册，引《南靖县》。转见《中国农业通史·明清卷》，第41页。
④ 许涤新、吴承明：《中国资本主义的萌芽》，人民出版社1985年版，第57页。
⑤ 光绪《获鹿县志》卷1《地理》下，第1页。

表 8 - 14　　　　　**清代前期获鹿县地权分配情况（1706—1771 年）**

类别		康熙四十五年				雍正四年			
		户数		耕地		户数		耕地	
		户	百分比	亩	百分比	户	百分比	亩	百分比
无地户		1324	17.61			1234	22.07		
不足 1 亩户		257	3.42	128.5	0.11	251	4.49	130.5	0.16
1（含）—5 亩户		1180	15.69	3616.7	3.15	1089	19.47	3152.6	3.95
5（含）—10 亩户		1340	17.82	9847.0	8.57	1006	17.99	7216.4	9.04
10（含）—15 亩户		1038	13.80	12758.9	11.11	626	11.19	7231.0	9.05
15（含）—20 亩户		729	9.69	12669.6	11.03	379	6.78	6516.4	8.16
20（含）—25 亩户		521	6.93	11525.6	10.03	223	3.99	4952.1	6.20
25（含）—30 亩户		336	4.47	9165.3	7.98	168	3.00	4581.9	5.74
30（含）—35 亩户		226	3.01	7228.2	6.29	143	2.56	4644.3	5.81
35（含）—40 亩户		137	1.82	5213.2	4.54	84	1.50	3124.8	3.91
40（含）—45 亩户		82	1.09	3494.4	3.04	79	1.41	3353.5	4.20
45（含）—50 亩户		58	0.77	2717.4	2.37	37	0.66	1758.4	2.20
50（含）—60 亩户		90	1.20	4899.8	4.27	73	1.31	3958.0	4.96
60（含）—70 亩户		48	0.64	3105.0	2.70	47	0.84	3035.6	3.80
70（含）—80 亩户		31	0.41	2309.6	2.01	31	0.55	2307.3	2.89
80（含）—90 亩户		15	0.20	1254.4	1.09	21	0.38	1727.0	2.16
90（含）—100 亩产		19	0.25	1817.3	1.58	15	0.27	1426.7	1.79
100 亩 及以上户	庶民	35	0.47	5293.9	4.61	38	0.68	5848.4	7.32
	绅衿	54	0.72	17837.2	15.53	48	0.86	14901.8	18.66
合计		7520	—	114882	—	5592	—	79866.7	—

续表

类别		乾隆十一年				乾隆三十六年			
		户数		耕地		户数		耕地	
		户	百分比	亩	百分比	户	百分比	亩	百分比
无地户		3009	25.69	244	16.45	244	16.45		
不足1亩户		574	4.90	290.9	0.16	91	6.14	43	0.19
1（含）—5亩户		2132	18.20	6201.8	3.49	326	21.98	924.3	4.12
5（含）—10亩户		1738	14.84	13016.6	7.32	252	16.99	1830.1	8.16
10（含）—15亩户		1071	9.14	13269.5	7.46	144	9.71	1788.5	7.98
15（含）—20亩户		791	6.75	13585.5	7.46	105	7.09	1839.4	8.20
20（含）—25亩户		559	4.77	12454.7	7.00	73	4.92	1692.0	7.55
25（含）—30亩户		373	3.18	10201.8	5.73	46	3.10	1243.7	5.55
30（含）—35亩户		302	2.58	9881.6	5.56	40	2.70	1307.9	5.83
35（含）—40亩户		207	1.77	7704.6	4.33	25	1.69	942.8	4.21
40（含）—45亩户		133	1.14	5650.8	3.18	23	1.55	985.6	4.40
45（含）—50亩户		125	1.07	5857.1	3.29	16	1.08	752.9	3.36
50（含）—60亩户		170	1.45	9298.6	5.23	30	2.02	165.0	7.40
60（含）—70亩户		130	1.11	8324.7	4.68	15	1.01	887.1	3.96
70（含）—80亩户		81	0.69	6094.4	3.43	14	0.94	1043.7	4.66
80（含）—90亩户		67	0.57	5658.3	3.18	8	0.54	674.4	3.01
90（含）—100亩户		36	0.31	3428.1	1.93	4	0.27	381.7	1.70
100亩及以上户	庶民	137	1.17	22635.8	12.73	22	1.48	3196.2	14.26
	绅衿	78	0.67	24292.5	13.66	5	0.34	1224.4	5.46
合　计		11713	—	177847.3	—	1483	—	22416.7	—

注：因四舍五入处理，百分比相加不等于100%。

资料来源：清代《获鹿县档案》，康熙四十五年、雍正四年、乾隆十一年、乾隆三十六年《编审册》。

地主户五大类。以康熙四十五年统计数计为例：一类户为无寸地民户，占总户数的18.3%；二类户为占地10亩以下户（含10亩），他们占总户数的36.93%，占有总耕地的11.83%；三类户为占地10—40亩中等户，他们占总户数的39.72%，占有总耕地的50.97%，这类农户不但数量最大，而且占地比例亦最多；四类户为占地60—100亩的富裕户，他们占总户数的

4.56%，占有总耕地的 17.06%；五类户为占地 100 亩以上户。对于这一类农户有一个如何划分的问题，一种办法是把占地 100 亩以上农户统统划为地主户，另一种办法是把占地 100 亩及以上绅衿户仍然划为地主户，占地 100—150 亩庶民户划为富裕户。为什么要这样划分呢？看表 8 - 15 就一目了然，这 22 户占地 100—139.7 亩庶民户，共占有耕地 2455.6 亩，占总耕地的 2.14%，除程邦现、魏建烈两户劳动力较少外，其余 20 户都是劳动力充足、家庭人口多的农户，他们完全能自耕自种，土地不必出租经营。占地 100 亩以上庶民户有 35 户，扣除占地 100—150 亩 22 户外，还有 13 户占地超过 150 亩，他们共占有地产计 2838.3 亩，每户平均占地 218.3 亩。由于耕地多，其地可能就要出租经营。所以把占地 150 亩以上庶民户划为地主户。这是两种不同划分标准。如果按前一种划分标准衡量，富裕户及地主户比例不变。如果按后一种划分标准去衡量，富裕户占总户数将上升到 4.85%，净增 0.29 个百分点，占有耕地为总耕地为 19.2%，净增 2.14 个百分点；地主户占总户数下降到 0.89%，净减 0.29 个百分点，占有耕地数下降到占总耕地的 18%，净减 2.14 个百分点。

这两种划分标准，哪种更接近历史实际？我们倾向于把占有耕地 150 亩及以上庶民及占地 100 亩及以上绅衿户作为地主。采取这种划分方法，理由有三。

第一，清朝前期，经过战争的地区，普遍存在地多人少现象，在这种情况下，出现了一些富裕农民，即丁多占地也多的农户，是可能的。

明朝末年，获鹿县先后打过三次仗：崇祯六年（1633）一次，十一年（1638）一次，十七年（1644）又一次。仅崇祯十一年战役中，死者"动以千计"。死者中多有绅衿之流。十七年，李自成部攻陷正定，获鹿再次受到严重打击，因此又有"获邑肆扰"① 之说。不难设想，遭受打击的主要是豪绅地主。明季赋税负担的繁重，使人民无法生存下去，《获鹿县志》指出：崇祯年间（1628—1644），"履亩并征，继以助饷，兼行均输法，又计亩加练饷银，日朘月削，民不聊生，逃亡者众"②。更加上天灾，瘟疫接连不断发生。在灾疫、重赋、战乱重重打击下，获鹿在清初时呈现出人亡地荒的凄凉景象。在这种情况下，有些丁多、财力比较充实之家，多占些土地是

---

① 光绪《获鹿县志》卷 5《世纪》。
② 光绪《获鹿县志》卷 4《籍赋》。

可能的。顺治年间，该县有折征粮地96251亩，有丁38301口。[①] 平均每丁折征粮地2.513亩。该县地贫瘠，有的地7.5亩余折成粮地1亩，有的要9.1亩余才能折成粮地1亩。[②] 若以中等地8.5亩折成征粮地1亩计，当时一丁可得耕地20亩左右。在当时情况下，数丁之家占地100亩以上是可能的。

第二，从占有耕地较多之户所纳丁银数考察，一般是丁多口众。据获鹿县《编审册》材料，在雍正二年（1724）以前，即该县未实行摊丁入地时，丁银尚属另行征收，因此康熙年间编审册都记录了各户应交纳多少丁银数目。一户所纳丁银少的3分、4分，多的高达9钱至1两、2两。按全县丁银数额看，平均每丁需纳丁银0.105两。[③] 而占地100亩以上的庶民户，一般交纳丁银较多，如康熙四十五年二十七甲占地100—150亩庶民户负担丁银情况就是一例，详情见表8-15。

表8-15　　　　　　获鹿县27甲22户占地100—150亩
庶民户丁银负担情况（康熙四十五年）

户主	丁银	耕地	户主	丁银	耕地	户主	丁银	耕地
	两	亩		两	亩		两	亩
赵从会	0.6	106.4	聂兴忠	0.6	104.8	聂希极	0.4	121.2
刘焕	0.9	130.1	程邦现	0.1	101.1	康七儿	0.6	105.5
林文学	0.3	106.5	林标	0.36	112.2	魏有的	0.4	102.5
李义	0.8	126.0	张明贵	0.57	101.3	魏志玉	0.5	100.5
魏建猷	0.5	109.8	魏建烈	0.08	100.0	段春×	0.6	111.4
于成	0.5	104.7	魏其	0.5	139.7	赵联捷	0.73	106.2
史上才	0.8	108.4	石应存	0.8	132.2			
姬彪	0.6	124.1	聂进成	0.4	101.0			

资料来源：《获鹿县档案》，康熙四十五年《编审册》。

---

① 光绪《获鹿县志》卷4《籍赋》。
② 《获鹿县档案·编审册》。
③ 光绪《获鹿县志》卷4《籍赋》，第18页。"原额三等九则人丁通折下下丁502275丁，每丁征银不等，共征银5291.85两"。乾隆元年《获鹿县志》卷5，《户口》，"每丁征银一钱"。

表 8 - 15 中占地 100—150 亩的 22 个农户,共纳丁银 11.64 两。平均每户负担丁银 0.53 两。根据上述每丁平均负担丁银及获鹿临近县如灵寿县、新乐县每丁所取丁银一钱[1]衡量,这些农户应该是丁口多、劳动力充足之家,他们需要有比较多的土地来维持生活。

第三,从当时生产力发展水平看,一家有三四个劳动力,就可以耕作一百几十亩土地。雍正、乾隆年间直隶博野人尹会一说:"北方地土辽阔,农民惟图广种,一夫所耕,自七八十亩以至百亩不等"[2]。朱云锦亦说:"一夫之力耕旱田可三十亩。"[3] 山东巡抚阿里衮奏称:"此地多旱田,易种,一夫亦不过二十余亩"[4]。根据当时人记载来看,一个男劳动力一年耕种旱地三十多亩是可能的,一家有三四个劳动力的话,这 100 多亩地应该能自耕自种。即使有些农户在农忙季节需要雇工,但田间作业主要还是靠家庭成员来完成。所以这类农户耕地虽多,实行出租的可能性较少。此类农户基本是农民的一部分。

是不是占地 150 亩以内的庶民户中没有地主户呢,占地 150 亩以上的庶民户中就没有富裕户呢? 实际情况并不完全如此,其中会有交叉,因为资料本身不能清楚反映出这些农户经营土地的情况。所以才用较多笔墨来议论这问题。根据当时、当地情况,在分析对比中,我们觉得把占地 150 亩以内庶民户划在富裕农民行列中比较符合历史实际。

至于把 100 亩以上绅衿户划为地主,这点比较容易理解。中国封建社会的士大夫之家,不事稼穑,土地以出租为主。如新安齐康曰:"近世士大夫家,不能身亲稼穑,类皆分给佃户耕作"。山阳县知县祝豫亦云:"士大夫之家有恒产者,未能春而耕,秋而敛也。于是,佃其邑之农民、俾之耕作,岁取其租,输正供,以赡衣食"[5]。《获鹿县志》也指出:"贫者为人佣佃,奔走衣食"[6] 据此,获邑的绅衿之家也不会例外,他们的田产也主要是分给佃户耕作,过着衣租食税的剥削生活。因此,这类绅衿户绝大部分属于地主阶级成员。

---

① 同治《灵寿县旧续志》卷 4《田赋》。光绪《重修新乐县志》卷 2《赋役》。

② 尹会一:《敬阵农桑四务疏》,见《清经世文编》卷 30。

③ 朱云锦:《豫乘识小录》,《户口说》,见《清经世文编》卷 30,第 5 页。

④ 《山东巡抚阿里衮复奏》,乾隆十三年八月辛亥。

⑤ 李程儒:《江苏山阳收租全案》,见《清史资料》第二辑,第 5—6 页。

⑥ 乾隆《获鹿县志》卷 2《地理·风俗》。

依照以上划分标准,[①] 或按照 100 亩以上皆划为地主标准,虽然地主阶级在雍正、乾隆年间占有耕地比康熙年间占有耕地更多,但他们所占耕地仍然没有超过耕地的 30%。个别村庄地主虽然占有高达 50% 左右的土地,康熙四十五年龙贵社五甲,康熙五十年在城社四甲,康熙五十五年在城社二甲,雍正四年龙贵社五甲,乾隆十一年台台社四甲。但不普遍,不反映地权分配主流。该县地权分配状况,总括起来说:乾隆中期以前,耕地的 70% 左右掌握在农民手中,地主阶级占有的耕地只在 20%—30%。这是小土地所有制占统治地位的事例。

陕西情况与获鹿情况大致相同。秦晖、苏文根据近年来在关中东部的朝邑(今大荔属地)、韩城、潼关等地发现的一批清前期至民国年间的地籍档册,如鱼鳞册、清丈册、地粮册等材料,对部分册籍作了不平均度分析,计算出各册籍中反映的土地分配中的基尼系数,参见表 8 – 16。

表 8 – 16　　　　　关中地籍中的土地分配不均度康熙至民国时期

地名	年份	基尼系数			计算依据
		a. 原值	b 修正值 (一)	c 修正值 (二)	
			a×65%	a – 0.1450	
朝邑县 加里庄	康熙三十年	0.2988	0.1942	0.1538	《眷录旧簿加里庄地册》
	乾隆十六年	0.3405	0.2213	0.1955	《眷录旧簿加里庄地册》
	嘉庆十四年	0.2892	0.1880	0.1442	《加里庄轸史册》
	民国三十一年	0.2618	0.1702	0.1168	《平民县地籍原图》
朝邑县步 昌里下 鲁坡	光绪十六年	0.4809	0.3125	0.3359	《步昌里八甲下鲁坡村 鱼鳞正册》
	不早于民国二十一年	0.4607	0.2994	0.3157	《步昌里八甲下鲁坡村 鱼鳞正册》
朝邑县 步昌村	民国三十一年	0.4172	0.2712	0.2722	《平民县地籍原图》
朝邑县南、 北乌牛村	雍正七年	0.3638	0.2365	0.2188	《南北乌牛等九村地亩 阔尺册》
	道光十九年	0.2737	0.1779	0.1287	《南乌牛村河东口岸花 名册》

---

① 戴逸主编:《简明清史》,把获鹿县占有耕地 60 亩以上农户划为地主户。

续表

地名	年份	基尼系数			计算依据
		a. 原值	b 修正值 （一） a×65%	c 修正值 （二） a－0.1450	
朝邑县 雷村	雍正七年	0.3503	0.2277	0.2053	《河西河东六转减明清册》
	乾隆五十三年	0.3006	0.1954	0.1556	《雷村等处地籍名册》
	道光二十四年	0.2662	0.1730	0.1212	《雷村河西、东鱼鳞减明册》
	光绪二年	0.3858	0.2508	0.2408	《雷村清豁地粮花名册》
朝邑县 广济村	道光五年	0.4029	0.2619	0.2579	《广济村分户地籍文簿》
	民国三十一年	0.4618	0.3002	0.3168	《平民县地籍原图》
朝邑？ 村北社	同治五年	0.2838	0.1845	0.1388	《存北社垦地册》

资料来源：转引自秦晖、苏文《田园待与狂想曲——关中模式与前近代社会的再认识》，第77页。

他们认为，经过换算之后这 31 组分配的基尼系数两项修正值有近半数在 0.2 以下，另有 1/7 强的数据超过 0.3，其余近 2/5 在 0.2—0.3，31 组分配的总平均基尼系数修正值为 0.2064—0.2284，与土地改革前关中土地分配状况（基尼系数，在渭南一期土地改革区为 0.2218，二、三期土地改革区为 0.1973，宝鸡专区为 0.2284）几乎相同！就其中同一地区具有几个时间断面数据的加里庄、步昌庄、南鸟牛、雷村、广济村、北韩家、东林村、营田庄等处而言，它们在数十年乃至两个半世纪间土地分配状况不断有所变化。但并无越来越趋于集中的长期趋势。其中加里庄、步昌庄、东林村、营田庄等地最晚的数据与最早的相比，不均度有所下降，雷村、广济村则有所上升，但无论升降都非连续不断，而是呈波动状，并且除个别情况外都在较平均的或低分化的范围内。总而言之，在这些州籍所涉及的地区，自康熙迄民国的二三百年间土地分配状况虽然是因时因地而各异，但地权分散的特点是较明显的。①

---

① 秦晖、苏文：《田园诗与狂想曲——关中模式与前近代社会的再认识》，第74—80 页。

再看看江南地区情况。以安徽休宁县三都十二图六甲保留下来的康熙五十五年（1716）编审红册看，六甲共计233户，共有耕地1134.3亩，各类农户占地情况参见表8-17。

表8-17　　　　休宁县三都十二图六甲各类农户占地情况统计

（康熙五十五年）

类别	户数		耕地	
	户	百分比	亩	百分比
无地户	11	4.7		
不足1亩户	58	24.9		
1（含）—5亩户	83	35.6	221.5	20.0
5（含）—10亩户	39	16.7	273.1	24.7
10（含）—15亩户	29	12.4	351.8	31.8
15（含）—20亩户	7	3.0	117.6	10.6
20（含）—25亩户	4	1.7	85.3	7.7
25（含）—30亩户	2	0.9	57.5	5.2
合计	233	—	1106.8	—

注：1. 其中第六甲康熙五十五年编审红册脱落，今采用康熙五十年地亩册计数。

2. 因四舍五入处理，百分比相加不等于100%，同下。

资料来源：中国社会科学院经济研究所藏：《休宁县三都十二图（上）编审册》，井税A20，#147。

从编审红册看，该六甲中与占地20亩以上农户，多为劳动力较多家庭，如三甲姚春阳占地20.6亩，家有3个劳动力；四甲复廷占地29.9亩，家有4个劳动力；汪宗占地27.7亩，家有4个劳动力。这里"劳动力"是指成年男子，妇女不计在内，即所谓编审红册中的丁。此处系山区，山多田少，农户占地面积相对少些，但一家有3丁、4丁情况下，占地20多亩，似乎还够不上地主。章有义教授亦认为，占地20亩左右者可算殷实之户，有地30亩以上者，才是依靠地租收入为主的地主。[1] 由此看来，清初垦荒所造就

———————

[1]　章有义：《明清徽州土地关系研究》，第2页。

的自耕农，在当地还较好地保存下来。安徽霍山县情况也大致如此，方志记载："中人以下，咸自食其力，薄田数十亩，往往子孙世守之，佃而耕者十仅二三。"①

关于徽州地区地权分配状况，章有义教授撰有专门论述。下面就其研究成果简述如下。

从现有史料看，由明至清，大约到清代中叶为止，徽州地区的土地分配越来越明显地趋向集中，也同其他各地集中总趋势大致相仿，尽管进程也许比较缓慢一些。

同一地区前后可比的记录比较少见，姑且就万历九年休宁十五都五图的一册鱼鳞簿和康熙初年同县十四都的一册鱼鳞簿做一比较统计。② 虽非同一个地区，但彼此邻近，也许有一定的可比性。明代为前册，清代为后册，后册原题《休宁县丈量鱼鳞经册》，首尾残缺，仅存龙字第 17—1248 号，其中又有 25 号残，实存 1207 号。这些田地大都在十四都九图或七图，各号田地下所注产权转移或金税事项大都是康雍乾时代的，最早的是康熙四年纪事，约有八九十号注明康熙四年"清过""签入""挂乞"或入另户。可以推定这册建立于康熙初年，四年进行过清查，或一部分进行过核查。

这两册所反映的情况大体相同。有地户中，百分之九十以上是不足 5 亩的小户。地主很少，占地 25 亩以上，算得上富裕户或小地主的只有一两户，详见表 8 - 18。

表 8 - 18　　　万历、康熙年间休宁县个别都图部分田地分配统计

户别（有地户）	万历九年十五都五图				康熙初年十四都九图（或七图）			
	户数		耕地		户数		耕地	
	户	百分比	亩	百分比	户	百分比	亩	百分比
不足 1 亩户	322	61.69	104.87	12.41	237	52.43	104.76	11.25
1（含）—5 亩户	162	31.04	381.48	45.16	170	37.61	338.82	36.40
5（含）—10 亩户	27	5.17	197.21	23.35	27	5.97	174.40	18.74
10（含）—15 亩户	8	1.53	97.34	11.52	9	1.99	101.09	10.86

① 光绪《霍山县志》卷2。
② 徽州地处山区，受外界冲击相对少些，社会经济较为稳定，期间虽相隔80余年，但可比性相对好些。

续表

户别 （有地户）	万历九年十五都五图				康熙初年十四都九图（或七图）			
	户数		耕地		户数		耕地	
	户	百分比	亩	百分比	户	百分比	亩	百分比
15（含）—20 亩户	2	0.38	33.23	3.93	3	0.67	52.00	5.59
20（含）—25 亩户	0	0	0	0	4	0.89	92.03	9.89
25（含）—30 亩户	0	0	0	0	1	0.22	29.68	3.19
30 亩及以上户	1	0.19	30.66	3.63	1	0.22	37.95	4.08
合　　计	522	100	844.79	100	452	100	930.73	100

资料来源：中国社会科学院经济研究所藏：《屯溪档案》。

从横断面看，这两例未必具有普遍性，但或多或少可从中窥测出一些变化来。试将两例对比一下，不难看出趋向两极化的迹象。由万历九年到康熙初年，5 亩以下的小户所占田地由 57.57% 降至 47.65%。25 亩及以上的富户或地主所占地由 3.63% 增至 7.27%。离中系数，即标准差①对平均亩数的比例由 163.6% 上升至 183%。也就是说，由万历到康熙，休宁一带地权不均的现象有所增多。

至于清代前期的情况还可以进一步从一些编审册中得到较为确切的印象。税亩系"折实田税"，即山、地、塘一律折成田税。康熙、乾隆年间每五年编审一次。乾隆三十七年六月，清廷明令："嗣后编审之例，永行停止"②。各户税亩分"旧管""新收""开除""实在"四栏。"旧管"指五年前上次编审的税亩；"新收""开除"指上次编审以后增减的税亩；"实在"等于"旧管" + "新收" – "开除"，即现在净存的税亩，亦即本年编审的税亩。虽然编审册也同鱼鳞册一样，往往残缺不全，所包括的范围不是一图，同时也不免有因隐瞒、飞洒、诡寄等弊端，而造成的田亩数字的不确实。但毕竟是按户审计其全部地产，不像后者那样没有包括占地跨图、跨都的大户的全部田地。因此，作为各户地权分配统计的依据，编审册比鱼鳞册较为可靠。

---

① 设 σ 为标准差，N 为总户数，f 为各组户数，m 为各组平均亩数，则 $\sigma = \sqrt{\dfrac{N\sum fm^2 - (\sum fm)^2}{N^2}}$。

② 道光《安徽通志》卷首四之二。

康熙年间休宁县编审簿现存两册，一是康熙五十年《三都十二图编审册（上）》，包括二至六甲，二甲部分残缺，六甲略有残缺，实存184户；二是康熙五十五年同都图《编审红册（上）》，包括一至六甲，一甲部分残缺，六甲大部分残缺，实存197户。现就这两册各户税亩，分组统计如表8－19。

表8－19　　　　　　　　休宁县三都十二图地权分配统计

类别 （有地户）	康熙五十年				康熙五十五年			
	户数		耕地		户数		耕地	
	户	百分比	亩	百分比	户	百分比	亩	百分比
0（含）—1 亩户	55*	29.89	21.18	2.14	55*	27.92	21.81	2.37
1（含）—5 亩户	56	30.44	150.75	15.20	76	38.58	201.64	21.97
5（含）—10 亩户	35	19.02	253.40	25.54	33	16.75	222.78	24.27
10（含）—15 亩户	24	13.04	290.67	29.30	23	11.67	272.32	29.67
15（含）—20 亩户	9	4.89	153.94	15.52	5	2.54	80.75	8.80
20（含）—25 亩户	3	1.63	65.09	6.56	3	1.52	61.15	6.66
25（含）—30 亩户	2	1.09	56.97	5.74	2	1.02	57.51	6.26
合计	184	100	992.00	100	197	100	917.96	100

注：1. 各组上限数字，实际不足此数，如0—1，实际是0—9.99。

2. *内有无地户10户。

资料来源：中国社会科学院经济研究所藏：《屯溪档案》。

表8－19是不足五个甲或六个甲的统计。综合康熙五十年和五十五年的数字表看，平均每户有地约5亩，但有60%多农户，占有的土地达不到5亩的平均数。这些农户所占耕地只有20%左右；占地25亩以上的富裕户只有2户，他们所占有耕地仅为6%左右。再一次证明这一带地主少，地权比较分散。

这两册编审簿是同一都图的，但各有不同程度的残缺，有记录可考的户头前后不完全一致，因而不是完全可比的。如将先后残缺的户头和新立户除外，则剩下前后可比的二至六甲146户的占地情况（因为在康熙五十年册中记录了上一次编审的数字，故可列出四十五年、五十年和五十五年三年的可比数字），参见表8－20。

表8-20　　　　　　　　　　休宁县三都十二图地权分配变动情况

| 类别 | 康熙四十五年 | | | | 康熙五十年 | | | | 康熙五十五年 | | | |
| | 户数 | | 耕地 | | 户数 | | 耕地 | | 户数 | | 耕地 | |
	户	百分比	亩	百分比	户	百分比	亩	百分比	户	百分比	亩	百分比
0（含）—1亩户	35*	23.97	13.03	1.66	40*	27.40	15.28	2.01	40*	27.40	14.33	1.96
1（含）—5亩户	50	34.25	129.72	16.46	50	34.25	134.07	17.59	52	35.62	138.82	18.97
5（含）—10亩户	32	21.92	223.04	28.30	28	19.18	197.74	25.95	27	18.49	178.69	24.41
10（含）—15亩户	19	13.01	224.22	28.45	17	11.64	199.99	26.24	17	11.64	200.67	27.42
15（含）—20亩户	7	4.79	119.16	15.12	7	4.79	117.08	15.36	5	3.42	80.75	11.03
20（含）—25亩户	1	0.69	22.61	2.87	2	1.37	40.91	5.37	3	2.06	61.15	8.35
25（含）—30亩户	2	1.37	56.27	7.14	2	1.37	56.97	7.48	2	1.37	57.51	7.86
合计	146	100	788.05	100	146	100	762.04	100	146	100	731.92	100

注：1. 各组上限数字，实际不足此数，如0—1，实际是0—9.99。

2. * 内有无地户9户。

资料来源：中国社会科学院经济研究所藏：《屯溪档案》。

康熙四十五年至五十五年间，休宁县三都十二图农户平均占地由5.4亩降至5.01亩，其中不足5亩的少地和无地户与20亩以上的富裕户数和田亩数的百分比如表8-21所示。

表8-21　　　　　　　　　　休宁都占地情况比例　　　　　　　　单位：%

| 年份 | 占地不足5亩者 | | 占地20亩以上者 | |
	占户数百分比	占田亩数百分比	占户数百分比	占田亩数百分比
康熙四十五年	8.22	18.12	2.06	10.01
康熙五十年	61.65	19.60	2.74	12.85
康熙五十五年	63.02	20.93	3.43	16.21

资料来源：中国社会科学院经济研究所藏：《屯溪档案》。

在这十年间，不足 5 亩的少地和无地户，约由户数的 58% 增至 63%；20 亩以上的富户，约由户数的 2% 增至 3.4%，所占田亩由 10% 上升至约 16%。其中 2 户占地 25 亩以上可以算作小地主的，所占用地由 56.27 亩增至 57.51 亩（约由 7% 上升至接近 8%）。如果用离中系数来表示，则康熙四十五年为 101.3%，五十年为 107.1%，五十五年为 110.4%。由此可以窥见小土地所有者不断分化和地主田产递增的趋势。大体言之，到了康熙后期，这一带地权不均的现象仍在继续发展。

另有一册乾隆年间的编审簿，原题《乾隆廿六年休宁县编审红册》，包括十三都三图五至十甲，首尾有缺页，仅有 116 户。这一百多户的地权分配情况如表 8 - 22 所示。

表 8 - 22　　　　　　乾隆二十六年休宁县十三都三图地权分配统计

类别	户数		耕地	
	户	百分比	亩	百分比
0（含）—1 亩户	25 *	21.55	14.10	1.70
1（含）—5 亩户	47	40.52	124.82	15.08
5（含）—10 亩户	21	18.10	157.90	19.08
10（含）—15 亩户	8	6.90	90.59	10.95
15（含）—20 亩户	4	3.45	74.98	9.06
20（含）—25 亩户	6	5.17	134.39	16.24
25（含）—30 亩户	1	0.86	25.52	3.08
30（含）—35 亩户	2	1.73	63.42	7.66
35（含）—40 亩户	1	0.86	39.06	4.72
40 亩及以上户	1	0.86	102.90	12.43
合计	116	100	827.68	100

注：＊内有无地户 1 户。

资料来源：中国社会科学院经济研究所藏：《屯溪档案》。

从表 8 - 22 可见，这里平均每户占田 7.14 亩，其中无地户仅 1 户。在我们所见到的实例中，无地户这样少的，仅此一例，可以说，这是一个特殊的例子。但从地主占地情况看，又似乎具有较高的代表性。其中占地 25 亩以上的富户，占户数的 4.31%，占地达 27.89%；占地 30 亩以上可以划作地主户的，占户数的 3.45%，占地达 24.81%，无论如何，70% 以上的土地还在农民手中掌握着。①

――――――――――

① 以上引文参见章有义《明清徽州土地关系研究》，中国社会科学出版社 1984 年版。

随着土地兼并的发展，清初垦荒所造就的自耕农也有所分化，地主户的田产在膨胀，无地户、少地户在增加。以获鹿县郑家庄社二、四甲，甘子社九甲，同治社五甲为例，将康熙四十五年与乾隆元年做比较，情况就一目了然了，具体参见表8-23。

表8-23　　　　　　康熙四十五年与乾隆元年直隶获鹿县
社四甲各类农户占地比较

类别	户数（户）				耕地面积（亩）			
	1706年	百分比（%）	1736年	百分比（%）	1706年	百分比（%）	1736年	百分比（%）
无地户	209	19.5	279	25.5				
不足1亩户	40	3.7	55	5.0	21.7	0.1	35.4	0.2
1（含）—10亩户	348	32.5	332	30.3	1859.1	12.3	1742.0	11.1
10（含）—20亩户	247	23.1	201	18.4	3441.9	22.9	2877.4	18.4
20（含）—30亩户	106	9.9	91	8.3	2512.6	16.7	2246.8	14.3
30（含）—40亩户	48	4.5	48	4.4	1667.6	11.1	1610.6	10.3
40（含）—50亩户	22	2.1	24	2.2	975.2	6.5	1064.5	6.8
50（含）—60亩户	19	1.8	22	2.0	1049.4	7.0	1180.1	7.5
60（含）—70亩户	14	1.3	13	1.2	897.8	6.0	835.1	5.3
70（含）—80亩户	3	0.3	7	0.5	227.6	1.5	525.2	3.4
80（含）—90亩户	2	0.2	1	0.1	165.9	1.1	87.3	0.6
90（含）—100亩户	1	0.1	2	0.2	98.3	0.7	189.2	1.2
100（含）—150亩户	5	0.5	6	0.5	598.2	4.0	828.6	5.3
150（含）—200亩户	4	0.4	8	0.7	731.2	4.9	1190.8	7.6
200亩及以上户	3	0.3	5	0.5	807.2	5.4	1244.9	8.0
合　计	1071	—	1094	—	15053.7	—	15657.9	—

注：因四舍五入处理，百分比相加不等于100%。

资料来源：《获鹿县编审册》。

从获鹿县三社四甲三十年间各类户变化来看，至乾隆元年，无地户增加6%，不足1亩户增加1.3%，1（含）—10亩户、10（含）—20亩户、20（含）—30亩户、30（含）—40亩户却不同程度下降，90亩及以上户却增加0.6%；从各类户占地角度考察，不足1亩户增加0.1%，1（含）—10亩、11（含）—20亩户、21（含）—30亩户、31（含）—40亩户占有土地数量都在下降，占地90亩及以上户，占有耕地面积比例提高了7.1%。这反映了乾隆元年与康熙四十五年相比，地权更集中些，但70%以上的土地仍然为农民所占有。

浙江遂安县也有类似情况。沈炳尧根据雍正六年遂安县三都二图实征额册中 457 户土地分配情况，乾隆遂安县二都二图实征米册中 789 户土地分配情况，做了一个比较，虽然这一比较不是在同都同图进行，但毕竟地域相近。在同一标准下，探讨地权分配发展趋势还是有意义的。如雍正朝时，不足 5 亩业户占 45.08%，占地 8.62%，每户平均占地 2.37 亩；至乾隆时期，不足 5 亩业户增至 58.05%，占有耕地却下降到 4.81%，减少了 3.81 个百分点，平均耕地减少到 2.12 亩。而占地 30 亩及以上业户却有较大增加。雍正时，30 亩以上业户占 9.63%，占有耕地 47.60%，户均耕地 61.17 亩；乾隆时，30 亩及以上业户占 17.24%，占有耕地 82.91%，增加了 35.31 个百分点，户均耕地增加到 122.85 亩。相形之下，乾隆年间土地集中趋势明显。参见表 8 – 24。

表 8 – 24　　　　　雍正、乾隆年间遂安县部分业户土地分配情况　单位：户,%，亩

类别	雍正朝					乾隆朝				
	户数	百分比	土地亩数	百分比	户均土地面数	户数	百分比	土地亩数	百分比	户均土地面数
不足 5 亩户	206	45.08	487.41	8.62	2.37	458	58.05	969.86	4.81	2.12
5（含）—20 亩户	175	38.29	1688.50	9.86	29.65	158	20.02	1534.53	7.62	9.71
20（含）—30 亩户	32	7.00	787.52	13.92	24.61	37	4.69	939.48	4.66	25.39
30 亩及以上户	44	9.63	2691.57	47.60	61.17	136	17.24	16707.12	82.91	122.85
合计	457	100	5655.00	100	12.37	789	100	20150.99	100	25.54

资料来源：转见沈炳尧《明清遂安县房地产买卖》，《中国社会经济研究》1995 年第 4 期。

据《康熙四十年分本色统征仓米比簿》记载：江苏玉区第十七图十甲的全部粮户情况如表 8 – 25。

表 8 – 25　　　　　江苏玉区第十七图十甲粮户占地情况
（康熙四十年）

类别	户数（户）	耕地面积（亩）	各类农产占耕地面积百分比
0.5 亩户	1	0.5	
2.0—5.5 亩户	9	35.1	1.1
13.7—18.0 亩户	2	31.7	1.0
43.0 亩户	1	43.0	1.3
251.0—334.7 亩户	10	3120.3	96.6
合计	23	3230.6	100.0

注：此表系根据孙毓崇一九五一年七月一日发表于《历史教学月刊》第二卷第一期《清初土地分配不均的一个实例》文中资料加工而成。

按清朝里甲编制，每十户为甲，设一甲长，故每甲实为十一户。玉区十七图十甲农产应为一百一十户（实际可能有些出入）。如按一百一十户估计，其中无地户 88 户，占地 251 亩以上者 10 户，由于周瑞跨两甲，实际上应为九户，这九户占全图耕地面积 96.7%。这是一个地权高度集中的事例。

前述安徽休宁县也有类似情况。该县康熙初年鱼鳞簿所载田地坐落在十四都九图或七图，十三都与十四都邻近，试将该鱼鳞簿与乾隆二十六年编审簿所记十三都情况加以比较，参见表 8-26。

表 8-26　　　　　　　康熙乾隆年间休宁县个别都图地权分配比较　　　　　单位:%

类别 （有地户）	康熙初年休宁县十四都九图 （或七图）		乾隆二十六年休宁县 十三都三图	
	户数	田地	户数	田地
不足 1 亩	52.43	11.25	20.87	1.70
1（含）—5 亩户	37.61	36.40	40.87	15.08
6（含）—10 亩户	5.97	18.74	18.26	19.08
11（含）—15 亩户	1.99	10.86	6.95	10.95
16（含）—20 亩户	0.67	5.59	3.48	9.08
21（含）—25 亩户	0.89	9.89	5.22	16.24
26（含）—30 亩户	0.22	3.19	0.87	3.08
30 亩及以上户	0.22	4.08	3.48	24.81
合　　计	—	—	—	—

注：1. 因四舍五入处理，百分比相加不等于 100%。

2. 乾隆二十六年的编审册中，可以看到二十一年的数字，但间隔时间太短，看不出多少变化来，故采用乾隆二十六年编审册数计。

康熙初年，十四都不足 5 亩的少地产占有 47.65% 的土地；乾隆二十六年，十三都这类少地户仅占地 16.78%；而 25 亩以上或 30 亩及以上的富裕户和地主则相反：他们在康熙初年的十四都只占有 7.27% 或 4.08% 的土地；到乾隆二十六年的十三都，却占地达 27.89% 或 24.81%，可见出现了明显的地权集中趋势。尽管地权有明显集中趋势，但小农经济占绝大优势格局没有改变，这点值得关注。

其他历史文献中，也有反映某些地方地权比较集中的情况。如湖南，清初，桂阳县邓仁心、邓仁恩兄弟有田数百顷。[①] 乾隆十三年，湖南巡抚杨锡绂奏称："近日田之归富户者，大抵十之五六，旧时有田之人，今俱为佃耕之户"[②]。嘉庆年间，衡阳县木商刘重伟子孙"田至万亩"[③]。江苏海州，乾隆时孟鉴有地五千顷。[④] 嘉庆十二年，李法泳等买程继祖遗海州五庄田二百余顷。[⑤] 江北、淮南一带，康熙年间，盛枫指出：区方百里，户不下万余，丁不下三万，"其间农夫十五，庶人在官与士大夫之无田及遂末者十之四，其十之一则坐拥一县之田，役农夫，尽地利，而安然食租衣税者也"[⑥]。

从上述不同地区地权分配状况看，各地情况很不相同，获鹿县事例表明，从顺治至乾隆三十六年止，即清王朝建国一百二十多年后，农民所有制占统治地位的情况没有改变。陕西在整个清代，甚至到民国时期，农民所有制占据统治地位情况从来没有动摇过，有部分地区还得到加强。安徽休宁县事例表明，大部分土地还是掌握在农民手里。浙江遂安县则出现了农民所有制占据主导地位，向地主所有制占主导地位转化，土地由比较分散向土地集中转化过程。江苏玉区事例表明，九户地主几乎囊括了全图的耕地。就全国大多数地区而言，尽管土地兼并在不断进行，但在清代垦荒政策鼓励下造就的自耕农，不论是在清前期，或是清后期，仍然占据重要地位。据瓦格勒估计："小地产的成分约占所有种植的农业面积百分之六十，大地产的成分占百分之四十。"[⑦] 又据杰密逊光绪三十一年（1905）估计，农民所有地占当时耕地面积的二分之一。[⑧] 就土地改革前全国十二个省区部分情况而言，十二个省区地主平均占有耕地为40.8%，其中，地主占地最多的为四川8个县12个保，地主户占7.1%，占有耕地60%；地主占地较少的为云南砚山六诏村，地主户占4%，占有土地（水田、旱地平均数）26.8%。其他10个省区地主占地量或高或低，但都不超过这个上限和下限。具体情况见表8–27。

---

① 王闿运：《（同治）桂阳直隶州志》卷20。
② 杨锡绂：《陈明米贵之由疏》，见《清经世文编》卷39。
③ 彭玉麟：《衡阳县志》卷11。
④ 王先谦：《东华录》卷44。
⑤ 中国社会科学院经济研究所藏：《刑部抄档》抄件。
⑥ 盛枫：《江北均丁说》，见《清经世文编》卷30《户政》五。
⑦ 瓦格勒：《中国农书》上册，王建新译，商务印书馆1936年版，第152页。
⑧ 《中华年书》（*Chian Year Book*），1912年，第314页。

表8-27　　土改前各地农村土地占有情况

单位：%

地区	资料时期	地主			富农			中农			贫雇农			其他		
		户数	人数	土地	户数	人数	土地	户数	人数	土地	户数	人数	土地	户数	人数	土地
松江通河县3个屯	1946年	2.7	51.8	16.8	21.4	15.7	70.2	15.8	0.8	—	—	—	—	—	—	—
新疆5个专区	1951年	6.7	39.7	5.8	12.5	29.7	29.1	55.4	18.5	2.4	0.3	—	—	—	—	—
甘肃徽县四宁行政村6个村	1950年	0.9	2.2	37.6	0.6	1.6	8.2	25.5	25.3	40.3	72.9	70.9	13.9	—	—	—
陕西武功城关区一行政村	1951年	20.3	31.3	5.0	5.4	54.0	52.0	20.6	0.7	—	—	—	—	—	—	—
河南5个村	1951年	5.8	43.0	5.2	17.0	28.5	29.9	60.0	11.0	5.4	—	—	—	—	—	—
苏南25县973个村	1950年	3.6	3.1	36.2	2.1	2.9	6.5	30.6	34.9	31.6	54.5	50.6	19.4	9.2	8.5	6.2
江西28个村	1950年	3.9	30.6	5.2	12.6	28.8	32.2	56.3	21.4	13.0	1.8	—	—	—	—	—
湖南13保	1950年	3.0	55.0	5.0	13.0	30.0	26.0	49.0	7.0	13.0	—	—	—	—	—	—
湖北黄陂方梅区14个行政村	1950年	3.6	3.9	31.9	2.7	3.1	7.7	21.8	24.1	26.6	62.7	61.5	28.3	9.2	7.3	2.1
四川8个县12个保	1950年	7.1	6.5	60.0	3.3	4.3	14.1	9.3	10.9	17.5	78.6	77.1	8.4	1.3	1.0	—
贵州黄筑盂关乡	1951年	3.2	4.6	45.2	5.2	7.3	16.4	24.6	26.9	28.3	60.6	56.9	9.0	6.4	4.3	1.1
云南砚山六绍村	1950年	4.0	7.0	水田 32.4 / 旱地 21.2	4.0	4.0	水田 11.5 / 旱地 13.9	28.0	30.0	水田 39.9 / 旱地 49.5	64.0	59.0	水田 16.2 / 旱地 15.4	—	—	—

注：各阶级户数总和、人数总和、土地总和等于100%。

资料来源：参见严中平等编《中国近代经济史统计资料选辑》，1955年8月。

被认为土地高度集中的湖南，除滨湖区地主占地达60%外，丘陵区地主占地只有33%，山区地主占地只有27%，全省拖平拉均，地主占地为40%。参见表8-28。

表8-28　　　　　土改前湖南省滨湖区、丘陵区、山区农村

各阶级（层）占有土地情况统计　　　　单位:%

类别	滨湖区		丘陵区		山区	
	人口	土地	人口	土地	人口	土地
地主	3	60	4	33	3	27
富农	4	8	7	20	5	14
中农	34	26	28	26	23	26
贫农	42	4	36	8	44	18
雇农	9		5		16	
其他	8		20		9	
	（公田）1		（公田）12		（公田）14	

注：①表头名称系引者所加，原表没有。

②表中人口、土地皆以100为计所得的百分比。

资料来源：李锐：《湖南农村的状况和特点》，1950年7月2日。转见中国社会科学院、中央档案馆编：《1949—1952中华人民共和国经济档案资料选编·农村经济体制卷》，社会科学文献出版社1992年版，第8页。

长期以来，被学术界认为土地高度集中的江南地区，据华东军政委员会土地改革委员会调查，其结果出乎预料。土地改革前占农村总户数3.07%的地主户，占有的耕地数仅占总土地数的26.17%，加上半地主式富农占地数，合起来才达到27.54%，尚不超过30%。大量土地还在中农、贫农手中。详见表8-29。

表8-29　　　　土地改革前华东农村各阶级（层）土地占有情况统计

阶层	户数（户）	占总户数百分比	人口数（个）	占总人数百分比	土地		
					亩数（亩）	占地百分比	人均占地（亩）
地主	485428	3.07	2612643	4.00	37265955.29	26.17	14.26
半地主式富农	50924	0.32	271102	0.41	1952643.21	1.37	7.20

续表

阶层	户数（户）	占总户数百分比	人口数（个）	占总人数百分比	土地		
					亩数（亩）	占地百分比	人均占地（亩）
富农	306061	1.94	1794629	2.75	8321251.86	5.84	4.64
工商业者	59326	0.38	314397	0.48	443405.93	0.31	1.41
小土地出租者	375009	2.37	1110337	1.70	3639183.90	2.56	3.28
中农	5173128	32.72	23783996	36.40	47918593.66	33.65	2.01
贫农	7612914	48.15	29863778	45.71	25644368.04	18.01	0.86
雇农	784635	4.96	2087140	3.19	700931.31	0.49	0.34
手工业工人	69464	0.44	258104	0.40	50081.14	0.03	0.19
其他阶层	893999	5.65	3243537	4.96	1786887.31	1.25	0.5
公田					14696521.86	10.32	
合计	15810888	—	65339663	—	142419823.51	—	2.18

注：其他阶层包括：自由职业者、宗教职业者、贫民、游民、小商贩、债利生活者等。

资料来源：见华东军政委员会土地改革委员会《华东区土地改革成果统计》，1952 年 12 月。

透过光绪晚年及民国时期各阶级（层）地权分配情况的考察，虽然局部地区地权很集中，但从各省或全国角度来考察，农民阶级占有耕地的总量达到或超过十分之六。这个数据虽然不能完全反映清代前期地权分配全貌，但在地权发展趋向集中的清代，后期所得的统计资料无疑是具有重要参考价值。

从以上研究中可以看到，当地权分散时，有大量自耕农存在，对农业经济持续发展提供坚实基础；当土地兼并盛行时，大量自耕农就会失去土地，沦落为佃农，或流民。佃农在地主压迫和剥削下，失去生产的积极性，有的甚至离开土地，使农业生产衰退。

在封建社会里，小农经济发展与不发展，直接关系到国家的繁荣与社会秩序的安定，以及国家财政收入丰与歉。明清时期，小农经济与前代相比较，有所发展，主要体现在：一是自耕农队伍扩大；二是农民社会地位提高；三是农民经济条件改善，收入增多，生产和生活条件有所好转。明清地主经济虽有逆转，但是暂时的。

但明清时期前期与后期情况，仍然有所差别。明前期和清前期，由于自耕农占绝对优势，社会经济都曾出现过繁荣兴盛景象。如明代出现了宣德盛世，清代出现了康乾盛世。到明后期，由于土地兼并加剧，自耕农大量破产，地主经济逆转，社会矛盾日益尖锐，社会动荡不安，农业经济走向萎缩，但时间较短。到了清代，地主经济又沿着正常轨道运行。清代后期土地兼并虽然没有达到明后期剧烈程度，但由于人口激剧增长，农民人均耕地面积与地主人均耕地面积相差约 14 倍之多。土地资源占有严重不均，造成严重两极分化，造成贫富悬殊，从而阻碍清后期农业经济发展。

农业经济是当时社会稳定的基础，农业经济衰退，必将影响整个社会经济走向没落。在封建社会里保护好小农经济具有重要意义。在这里，不是在宣扬"小农经济万岁论"，但社会发展有其阶段性，当社会还处于农业社会时，若要消灭小农经济，大部分农民就会变成佃农，沦落为地主压迫和剥削的对象；当社会出现新生产关系曙光时，又要逐渐引导小农经济向大农业挺进。所以我们在研究中既要关注社会发展的阶段性，又不能把小农经济固定化，否则，社会变革的成本会太高太大。

第 九 章

地主经济发展及变化

明清时期，地主经济有个发展与变化过程。明初，在元末明初农民起义打击以及明初垦荒政策鼓励下，广大无地或少地农民获得了土地，成了自耕农民，而元代权贵地主和缙绅地主在农民起义打击下，死的死，逃的逃，加上明太祖大规模迁徙富户政策实施，极大地削弱了地主阶级的经济实力及政治势力。这时，小农经济占整个社会经济大部分，并居主要地位，而地主经济相对削弱。到明中后期，由于权贵势力膨胀，缙绅地主也乘机利用自己政治上的权势，大肆兼并土地，自耕农和半自耕农纷纷失去土地，沦落为佃户或荫户。这时，主佃之间的依附关系再次得到强化。经过明末清初长达半个世纪的战争，以及农民的反抗斗争，清初垦荒政策，更名田措施推行等，原本无地或少地农民，重新获得土地，成为土地的新主人，自耕农经济再次占据主要地位。到乾隆中期以后，虽然又出现土地兼并现象，但由于缙绅地主的衰落，像明后期那样土地高度集中的情况没有在中国重演，主佃之间的关系也朝着松解趋势发展。永佃制中分化出一田二主或一田三主的新生产方式，即旧的租佃关系被土地股份所有制取代。在缙绅地主走向衰落的同时，庶民地主获得发展契机，农业资本主义又获得发展新机遇。新生产关系产生和发展，构成这一个历史时期地主经济的新特点。

第一节　地主阶级构成与变化

中国学术界对地主阶级构成有不同划分法，有学者以占地多寡，把地主划分为三个阶层，即大地主、中地主、小地主；也有学者按地主有没有特权来划分，有特权的称为缙绅地主或绅衿地主，没有特权的称为庶民地主。大中小地主是按占有土地多少来划分还是以权势大小来划分？如果按占有耕地亩积来划分，占有多少土地是大地主，占有多少土地为中地主，占有多少土地为小地主，尤其大中地主、中小地主过渡时期尤为难分。由于大中小地主很难界定，从目前情况看，后一种分法为更多学者所接受，本文也以缙绅地主（绅衿地主）和庶民地主来划分地主阶级内部构成。

一 缙绅地主的衰落

关于缙绅地主发展的情况第六章第二节已经讨论过，这里不赘述。本节仅就明末清初缙绅地主衰落原因和衰落状况进行探讨。

1. 缙绅地主衰落的原因

缙绅地主到明末清初时期，为什么会走向衰落，这是一个很值得探讨的问题。其原因多种多样，但概括起来不外乎两点：一是明末清初的农民大起义对缙绅地主的扫荡；二是清政府调整了对缙绅地主的部分优惠政策。

首先，我们来看看明末农民大起义对缙绅地主的冲击。据李文治先生研究，明朝投降的官吏，有被录用的，有留在京师做六部及各寺官的，有分发到各地方去的，大多数是未被录用，而这些多遭到拷掠杀戮。据记载，崇祯十七年三月二十四日，被杀勋卫武臣五百多人。二十五日，开始拷掠官吏，除已授官职的，无论投降或不投降的，多不能免。李岩提议对明臣处理分三等。一等是贪污的，资产完全籍没入官；二等是贪官而又不归降的，追赃完毕仍定其罪；三是廉洁的官吏，听其自输饷，不用刑。凡明朝官吏，按官阶的高低定银之多寡，限阁臣十万两，京师锦衣或七万或五万、三万不等，科道官五万两，吏部二万两，翰林一万两，部曹数千两。拷掠一事，多由刘宗敏、李过、李牟诸人主持，各官如不能照数缴纳，即被夹打，对待勋戚尤为酷暴，家产完全籍没。比较富裕缙绅，都逃不过拘拷，甚至株连到朋友亲戚，又以徽州人广积储，营商的人很多，勒索尤酷，被拷掠的据说有千人，如对富商汪箕之夹箍，索银至十万两。

由权将军刘宗敏收拷的，计有大僚二百人，杂派武弁及各衙门事员役一二千人，归制将军李过、李牟拷掠的又若干人，其余诸武官及监押健儿皆得夹人拷掠，又不知若干人。官员不能如数缴纳，被夹打死的很多。其中，在京被拷掠的明朝勋戚臣僚参见表9-1。

表 9-1　　　　　　　李自成在北京拷掠明朝勋戚臣僚情况

被拷人姓名	拷　掠　情　形
成中公朱纯臣	拷掠无完肤，家产抄没，被杀（或云自尽）
英国公张世泽	拷掠后杀
定国公徐允桢	先拷后杀
定远侯郑文明	六人或追赃死，或杀死，谓六人殉节不确
永庆侯徐锡胤	
武定侯郭培民	
镇远侯顾肇迹	
西宁侯宗裕德	
怀宁侯孙惟藩	
博平侯郭振明	拷掠无完肤
扬武侯薛濂	濂性暴戾，好掳掠民财，故追赃最酷而死，闻者称快
定西侯	二人夹死，姓名不详
伏羌侯	
嘉定伯周奎	籍其家，得银六十万两（或云七十万两）。缀以车载之，相属于道。府第田产库藏什物俱没入官。与妻皆挐指笞死
襄城伯李国桢	自成责以受天子重任，既不能坚守，又不能守节，追赃与妻同掠死。《明史》卷146李濬传："贼劝国桢，国桢解甲听令，责贿不足，被拷折踝，自缢死。"或云殉节，不确
清平伯吴遵周	拷掠无完肤
平江伯陈治安	拷掠无完肤
太康伯张围纪	六人或追赃死，或杀死；或云六人殉难，不确
新建伯王先通	
永宁伯王长锡	
彰武伯杨崇猷	
安乡伯张光烂	
南和伯方履恭	
都督周鉴（周奎子）	夹死
都督周程（周奎侄）	四人拷掠无完肤
都督周锃	
都督周铉	
都督袁佑	

续表

被拷人姓名	拷掠情形
都督李国桂	四人或追赃死，或杀死
都督刘岱	
都督冉孔悦	
驸马都尉冉彤让	
大学士陈演	先献银四万两，宗敏喜。后又掘得窑藏银数万，黄金三百六十两，遂被行刑
大学士魏藻德	拘拷要银十万，完一万三千两（或谓籍没一万七千两）。刘宗敏诘以首辅致乱，藻德言：先帝无道。宗敏怒，批其颊，拶指夹足，五日不释，死。并拶其妻，杀其子。四月十三日与陈演、朱纯臣同斩
大学士方岳贡	或谓纳银三四万两，或谓纳银四百两。《明史·方岳贡传》谓：岳贡素廉，贫无以应，松江贾人其为代输千金。一云自杀，一云被杀
大学士邱瑜	邱瑜自缢未死，为自成所夹拶，获银二千两，或云千五百两，然后杀之。或云殉节，不确
大学士李建泰	拷银一万两
大学士冯铨	涿州旧辅，擒至北京索银
吏部尚书李遇知	夹足拶指，触阶死，拷银四万两，或云四万六千两
吏部侍郎沈惟炳	拷掠输银
吏部侍郎雷跃龙	拷掠后遁
户部侍郎王鳌永	拷掠输银，释留用
户部侍郎吴履中	夹足一次，入黄金八十两，银六百两，哀求得释
户部侍郎王正志	夹二夹，其子亦一夹一拶，输银获释，留用
礼部侍郎杨汝成	夹足一日，以古玉怀一，金壶一，美婢一，请周锺送王旗鼓得释。一云夹死
兵部尚书张缙彦	三月十九日同太监开齐化东便二门降自成，仍被夹拷掠，输银
兵部侍郎金之俊	拷掠输银
兵部侍郎张伯鲸	拷掠后遁
刑部尚书张忻	输银一万两
工部尚书陈必谦	夹后输银死
工部侍郎张凤翔	拷掠入银，释
工部侍郎刘馀祐	释留用
工部侍郎李逢申	掠死输银

续表

被拷人姓名	拷　掠　情　形
工部侍郎张正声	夹二夹输银
工部侍郎刘献绩	拷掠
工部侍郎朱芾煌	拷掠
工部侍郎聂一心	拷掠
工部侍郎沈自彰	入银释
工部侍郎邹蓬吉	输银夹死
工部侍郎萧弘谱	夹死
工部侍郎萧时丰	拷掠，一云夹四夹死
工部侍郎李向中	拷掠
工部侍郎彭敦历	拷掠
工部侍郎刘若宜	拷掠
工部侍郎杨元锡	拷掠（或作杨玄锡）
工部侍郎王锺彦	拷掠，或云自缢死
工部侍郎丁时学	输银十三万，免夹
工部侍郎郑逢兰	被拷输银
工部侍郎范方	被拷输银，一云夹一日一夜死
工部侍郎申济芳	相国后，实贫，夹死复苏
工部侍郎陈鹏举	不屈，被棰击
工部侍郎吴孳昌	削发，被拘，夹二夹。以上李逢申等二十人为各部郎中主事员外官
吏部职员郑某	在吏部火房办事，子侄从此出身者十三四人，贪污致富，家资十余万，被拘拷，追赃三万，其银俱放京债在外，一时不能完，父子五人俱死
御史黄熙能	拷掠
御史何肇元	拷掠
御史郑楚勋	掠死
御史陈纯德	掠死
御史冯垣登	以削发来三日，输银死，或云夹一日一夜死
御史俞忠虞	拷掠，释后至家，愤死
御史吴邦臣	被拷，入银释
御史曹溶	拷，入银不释
通政司参议赵京仕	拷掠
詹事府詹事张维机	夹足勒脑，入银得释。明季北略卷二十二作吏部侍郎，被挟自刎，误

续表

被拷人姓名	拷　掠　情　形
詹事府少詹事胡世安	被夹输银谕德李明睿拷掠后遁
谕德卫胤文	削发被拘拷，后殉难扬州
谕德杨士聪	入银释
谕德杨昌祚	削发被拘拷
翰林院侍讲方拱乾	或云被酷掠，或云赂四美婢免夹
编修李士淳	或谓入银释，或谓被酷掠
编修林增志	削发被拘拷
编修宋之绳	削发被拘拷
检讨方以智	入银释
检讨张家玉	被拘不屈
庶吉士万发祥	以涂面聋击被拘拷。传信录谓以发祥为县令，不确
国子监祭酒孙从度	追银四万两，或云万两左右，拷死，拶其妻断十指
太常寺卿王都	三次受夹，三次输银，释夹即死。或云释后遁去，存疑
太常博士龚懋熙	拷掠
光禄寺丞林兰友	剃发自匿被执拷，自成败，南还
六科给事中李世祺	拷掠死
六科给事中顾铉	拷掠死
六科给事中彭琯	拷掠
六科给事中吕兆龙	投井被拘，夹留用
六科给事中李永茂	被拷掠
六科给事中曾应遴	被拷掠
六科给事中钱增	被拷掠
中书科刘明英	以削发，二夹，降为自成夔州防御使
中书科陈翔	以削发，被夹
中书博士吴之瑞	拷掠死
中书汪箕	家累巨万，在京开当铺缎店七所，新以资贿纳为中书，结交缙绅，自成拘之，追赃十万，夹指箍脑死
行人郝杰	以削发拘
行人谢于宣	以削发三夹
行人刘中藻	以剃发被拷掠，自成败，南还。传信录谓中藻酷刑死，误
锦衣卫指挥骆养性	输银三万两，弟养忠养志皆受酷刑

续表

被拷人姓名	拷 掠 情 形
锦衣卫指挥张同方	与武职二百余人同斩
锦衣千户梁清宏	被夹昼夜不释，释夹即死
锦衣千户李国禄	追赋死
锦衣千户宋运臣	拷掠死，家产尽没
锦衣卫陈大猷	被拷体无完肤
勋卫常守经	拷掠后斩，发窟藏万金
京营大将张能愿	输银万两
太监曹化淳	献银五万两，免死
太监王之臣	夹拷，献银十五万两，其他金银器玩称是
监生万某	牛金星谓监生必富，索银三千两，夹三夹死
恩生周某	拷三日死
顺天府尹郝晋	入银释。或作霍晋，误
行取知县钱国瑞	夹死复苏

注：除上表所列者外，尚有官阶不详者：张昌龄、李天柱、宋之显、范志方、张泰徵、杨若桥、汪光绪、雷跃龙、陆禹思、曹惟才、何肇元、赵士锦、吴伯宗、蔡国光，黄胤熙、吴历忠、吴宗、李起龙、姜尚弼、黄大武诸人，皆被夹拷，或死或不死，征银有差。三月二十五日，点勋卫武职官二百余员，绑至午门外斩首。

资料来源：转见李文治《晚明民变》，中华书局1948年版，第216—220页附表9。

　　起义军不仅拷掠朝中官吏，对地方官吏士绅也一样。崇祯十七年四月，制将军郭之纬至济宁，把当地的文武官僚、乡绅、举监生员以及富豪拘捕起来，强迫他们捐助饷银至四十八万两。五月防御使张问行令济宁州牧任某劝令地方绅民助饷，曾做过各部侍郎的每人限捐银十万两，抚按每人限捐五万两，翰林每人三万两，司道部属每人一二万两，监生、生员、富民或千两或百两。吴征文为德州牧，强令大学士谢升助饷银十万两，其余各乡官万两千两不等。杨亮任临邑令，从事张琚主催饷，拷掠万历以来官家的子弟。至于湖南省，如归德一府，所属一州八县并管河通判等官贾士美等十人，于是年四月同来上任，下车之后便向当地追饷银，凡是官宦之家，或是家道富裕的，没有不破产的，有不少人拷掠至死。[①] 直隶获鹿县情况

[①]　以上参见李文治《晚明民变》第五章第六节之三，《戮辱明臣》，附录九：《李自成在北京拷掠明朝勋戚臣僚表》，中华书局1948年版。

是：从崇祯六年（1633）至崇祯十七年（1644）短短十一年中，地主阶级就受到三次较大打击，尤其是缙绅地主，仅崇祯十一年，李自成部的一支队伍攻打该县县城时，死者就"动以千计"。这些死者中有官绅三十人，有生员一百一十人。[1] 封建文人痛切哀鸣："残酷之惨，莫此为甚"。除官绅地主遭镇压外，他们的钱财、地产也成了农民的战利品，县志中所谓"焚掠殆尽"，[2] 可能就是这种情况的反映。湖北麻城大姓奴仆数千人，杀戮缙绅地主，以投献忠。[3] 张献忠攻克湖南武陵，曾下令将大官僚杨嗣昌"霸占田土，查还小民"[4]。在激烈斗争中，农民军"屠杀绅衿富民……焚烧官舍富家"[5]。经过剧烈的阶级斗争，"凡有身家，莫不破碎"；"缙绅大姓皆遁，莫知所之"[6]。缙绅地主经过明末清初农民起义打击，无论是政治势力，还是经济实力，都遭到前所未有的削弱，原有的缙绅地主衰落下去了。

其次，政府政策的调控。明清两代王朝为了皇权最高利益，对一些触及皇权根本利益的行为进行抑制。如缙绅地主规避赋役行为，接纳投献，投靠行为，等等。缙绅地主这些行为直接影响到国家财政收支以及社会的安定，这时代表最高皇权利益的政府，便会适时推出一些相应的对策进行调控，如对优免政策的修订，进行赋役制度改革等。

优免政策的修订。

清政府成立后，对缙绅地主权势膨胀怀有戒心，在利用、依靠他们的同时，也采取一些抑制甚至是打击的措施，如不许缙绅地主接受投献、投靠；打击缙绅地主逃税、逋税、漏税不法行为等。这些问题在第六章第二节已谈到，本文不再赘述。这里着重谈谈对优免权的限制。

明嘉靖二十四年，制定了优免政策，规定京官一品至九品免粮免役数额，如京官一品免粮三十石，人丁三十丁……九品六石、六丁。内官、内使与京官同，外官各减一半，杂职省察吏承又半之，以礼致仕者，免其十

---

① 光绪《获鹿县志》卷 11《人物》。
② 光绪《获鹿县志》卷 5《世纪》。
③ 王葆心《蕲黄四十八砦纪事》卷 1。
④ 杨山松《孤儿吁天录》。
⑤ 转见刘重日、陈守仁《论明末农民战争的历史作用》，《新建设》1962 年第 2 期。
⑥ 郑廉：《豫变纪略》。

分之七，闲住者免其一半。① 清初，沿袭明制，顺治五年所制定优免规定与明嘉靖同。② 至顺治十四年，清政府对优免政策进行修订，其内容有二：一是裁弃官绅优免"田赋"规定；二是裁弃官绅优免"丁"有差规定，重订官绅"止免本身丁徭，其余丁粮仍征充饷"。③ 与顺治五年比较，极大地缩减了优免范围。以前优免包括钱粮和丁银两种，经十四年修订后，钱粮已不再是优免范围，缙绅地主有多少田就须纳多少税，不再有优惠这一说。至于丁的优免，由以前按品级有差规定，修订后不再存在品级差别，不管官阶多高，一律止免本身丁徭。康熙二十九年，清政府重申优免规定，依顺治十四年例。④

优免政策的修订，对缙绅地主来说，无疑是加重了经济负担，削弱了他们的经济实力和兼并土地的竞争能力。

进行赋役制度改革。

各王公贵族占有大量庄田，庄田被免除赋税，而他们的家族成员和部分佃户被免除徭役负担。嘉靖二十四年制定，缙绅地主获取按品级优免赋役制度，而各州县规定优免额，都远远超过国家制定标准。只要人们一考上进士，便可"产无赋，身无徭，田无粮，廛无税"⑤。品官赋役优免制度，成为缙绅地主规避赋役的最好保护伞，如陕西西安，缙绅地主占据的土地，占当地十分之四，而应役之田仅十分之六。⑥ 江苏高邮州，史载田赋近五万，其缙绅地主优免者半，应者半。⑦ 缙绅地主优免的赋役，却转嫁到自耕农和庶民地主身上。高邮州以十分之五的土地，承担十分的赋税；西安以十分之六的土地负担十分赋税。缙绅对赋役侵蚀和转嫁，致使"役及毫厘，中人之产，化为乌有"。于是平民百姓，甚至是庶民地主"相率以有田为戒"，或称："村野愚懵之民，以有田为祸，以得有强豪兼并者，为苟免逃亡起死回生之计"。⑧ 张居正指出："豪强兼并，赋役不均，花分诡寄，恃顽

---

① 《明世宗实录》卷 300。
② 《清朝文献通考》卷 25《职役》5；另见《清世祖实录》卷 37。
③ 《清朝文献通考》卷 25《职役》5。
④ 《清朝文献通考》，第 5051 页。
⑤ 眉史氏《复社纪略》卷 2。
⑥ 《陕西通志》卷 52。
⑦ 转见《李文治集》，中国社会科学出版社 2000 年版，第 193 页。
⑧ 王夫之：《噩梦》。

不纳粮，偏累小民"。贫苦农民"曲输为累，民穷逃亡，故额顿减"。而豪家有粮不纳。如江南"豪家田至七万顷，粮至二万，又不以时纳"，结果"私家日富，公室日贫，国匮民穷"。① 缙绅地主这种行为，危害了国计民生，政府当然不能坐视不管，赋役改革必然会摆上议事日程。

万历八年（1580），张居正会同辅臣张四维、申时行及户部尚书张学颜等决定，把福建丈量之法推行于全国，"限三载竣事"②。在清丈土地的基础上，并重新编制或修订鱼鳞图册。这次赋役改革由度人而税，逐渐向度地而税转变。经过万历清丈之后，田有定数，赋有定额，部分改变了税粮负担不均状况，下层贫民的税粮负担相对有所减轻。而缙绅地主因隐瞒之地被查出，从而不得不承担赋税。如山东武阳侯自置田土，向借优免事例，偷漏赋税，自清丈之后，规定"自置田土，自当与齐民一体办纳粮差，不在优免之数也。"同时规定：勋臣土地"除赐田外，其余尽数查出，不准优免"③。官僚、地主、贵族的隐田漏税行为得到一定程度的抑制。

万历九年，张居正在清丈田地的基础上，在全国推广一条鞭法。一条鞭法实行之初，在一定程度上抑制地主豪绅的隐田匿税行为，均平了赋税。唐鹤征认为："（一条鞭法）不便于士绅耳，齐民则诚便。然以私计之，毋乃身为士绅之日寡，子孙为齐民之日久耶！毋乃士绅之不便轻，而子孙之长便重耶！"④

但到万历中后期，缙绅地主又故技重演，他们兼并土地之后不过户，又把赋役负担转嫁贫苦农民身上。如河南农民，田产卖去后，粮还留存户内，承担着"无田之粮，无米之丁"⑤。湖广地区也出现了"阡陌其田者，无升合之税；税至数十石者，地鲜立锥"⑥。江南地区则"一切差役，俱累小民代当"，以致"岁岁困于输挽"。⑦

---

① 《张文忠公全集》奏疏一，《陈六事疏》；书牍六，《答应天巡抚宋阳山论均田足民》；《明史纪事本末》卷61《江陵柄政》。以上转见《中国赋役制度史》。

② 《明史》卷77《食货一》。

③ 《张文忠公全集》书牍十三，《答山东巡抚杨本庵》。

④ 顾炎武：《天下郡国利病书》原编第七册，《常镇》。

⑤ 乾隆《获鹿县志》卷6《赋役》。

⑥ 范守已：《曲洧新闻》卷2。

⑦ 王国平、唐力行编：《江苏省明清以来碑刻资料选集》，江苏人民出版社1959年版，第519页。

由于晚明政治腐败，政府在内扰外乱情况下，只知增饷，而无力纠偏，这种情况便一直延续到明末。

入清以后，赋役不均情况依然严重存在。如松江各县"收兑""里催""赋长"等役，由于绅衿优免，率由地主和小土地所有者承担。徭役之重，"役及毫厘，中人之产，化为乌有"，甚至"性命殉之"。康熙初年，在个别赋役严重不均地区，率先实行"均田""均役"法，把差徭均摊在土地上，不论是缙绅地主，还是庶民地主和自耕农，都按占有土地数量摊入差银，有多少亩田就出多少亩田的差银。如康熙元年，无锡县率先实行"顺庄法"，"不拘绅衿民户，一概编入里甲，均应徭役，民始不偏累"，改变了明代"绅户免役，富民之田多诡寄于绅户，农民独出其力以代大户之劳"状况。① 康熙八年，松郡娄县"并田立户……尽去官、儒、役户名色"②，把差银摊入地亩，康熙十三年，苏州复行"均田"法，此时才改变明代时农民畏避徭役，不得已而依附缙绅大户，"大户役使如奴隶"，"小户田中所收，半匿大户"状况。③ "均田""均役"法行，削弱了缙绅地主的经济实力。

康熙中期以后，缙绅地主为了逃避编审丁役，大多与官吏勾结起来，通同作弊，放富差贫，坑害农民。陕西朝邑县，山东曹县都有这样事例。④ 到康熙晚年，户丁编审中这种弊病有增无减。许多地方都有"田连阡陌而载丁甚少，家无寸土而丁额倍多"⑤，"有地之家，田连阡陌，所输丁银无几；贫民粮仅升合，所载丁银独多"⑥。这造成丁银负担严重不均。

贫苦农民无法承担繁重丁银，只好逃亡，以躲避户丁的编审。为了消除因人丁变动而造成赋役征收无着，保证税收来源，在清丈地亩前提下，于康熙五十一年（1712）开始实行盛世滋生人丁永不加赋的政策，把丁银固定下来，这就为摊丁入地创造了条件。《无为州志》称："自续生之赋罢，丁有定数，征乃可摊"⑦，就是当时情况的反映。

---

① 黄印：《锡金识小录》。

② 李复兴《松郡娄县均役要略》序。

③ 赵锡孝：《徭役议》，见道光《苏州府志》卷10。

④ 参见乾隆《同州府志》卷16《编审碑》；光绪《曹县志》卷3《赋役志》。

⑤ 乾隆《直隶商州志》卷6。

⑥ 嘉庆《湖北通志》卷18《户口》。

⑦ 嘉庆《无为州志》卷7《食货一》。

康熙五十五年，御史董之燧上疏，首先提出在全国实行"摊丁入地"建议，但朝廷意见分歧较大，最后康熙帝采取折中之法，准广东先行。广东做法是："所属丁银就各州县地亩摊征，每地银一两，摊丁银一钱六厘四毫不等。"① 至雍正、乾隆年间，全国大多数省份完成了"摊丁入地"改革。

丁银摊入地亩，对土地多者来说，无疑是增加了经济负担。以直隶获鹿为例，郑家庄社一、二、四、六、七甲绅衿户，在康熙四十五年时，由于有优免，不负担丁银；摊丁入地后，每田赋一两摊入丁银二钱七厘有奇，以乾隆元年为例，该五甲丁银为 91.98 两，而绅衿户占 15.52 两，② 占总数 16.78%；若以户计，每户要负担 0.78 两银子。这 0.78 两银子意味什么？根据《获鹿县志》记载地亩和赋税总额折算，1 税亩需交纳田赋 0.134 两。由于获鹿县土地贫瘠，产量很低，当地计算田赋时，以折亩计之。当地上地以 7.5 亩折 1 税亩，中地 8.3 亩折 1 税亩，下地 9.1 亩折 1 税亩。若以中等地计之，这 0.78 两银子，相当于 48 亩耕地田赋。这对绅衿户来说，是一笔不小的负担。把丁银摊入地亩征收，在一定程度上抑制了缙绅地主对土地的兼并，同时也影响到缙绅地主的发展。

2. 缙绅地主衰落事例

清前期，政府对缙绅地主所采取的种种政策措施，对限制他们的发展发挥了一定作用，尤其是"摊丁入地"推行，抑制作用更为明显，雍正元年李维钧奏疏称：摊丁入地"实与贫民有益……但有力之家非所乐"③；浙江天台县知县也说："独利于贫民，而不利于官室"④，就是这种情况的写照。

清代缙绅地主在政府抑制政策下，出现了"士气因之顿沮"，"通籍者严重怙势之戒"。⑤ 而土地"竟有不取值而售人者"⑥。《浏阳县志》还说，

---

① 王庆云：《石渠余记》卷 3，《纪丁随地起》。

② 《获鹿县档案·编审册》。详细情况可参见江太新《清代前期直录获鹿县土地关系的变化及其对社会经济发展的影响》，《平准学刊》第一辑，中国商业出版社 1985 年版。

③ 《雍正硃批谕旨》，雍正元年七月李维钧折。

④ 戴兆佳：《天台治略》卷 6。

⑤ 《古今图书集成》卷 715《职方典》。

⑥ 《嘉定县志》卷 20。

世家大族，或百石或数十石的田产，愿意白白送与广东移民。缙绅地主之所以要"弃价"抛弃土地，主要是"苟全身命以避徭役"①。这与明代缙绅地主通过接受"投献""投靠"和使用暴力兼并土地现象有天壤之别。

以前谈论缙绅地主的发展与变化，仅仅列举若干事例以说明，缺乏一个统计数字来显示，给人们留下许多遗憾。《获鹿县档案》的发现与整理，使我们有机会和可能弥补这一历史留下来的不足。

"文化大革命"后期，北京市档案馆收藏了封尘已久的数十麻袋资料。正由于这些资料重见天日，使我们有机会透过这个窗口看到清代社会经济变化的缩影，其中缙绅地主发展与变化就是十分珍贵的历史遗产。

《获鹿县档案》最有价值的部分是《编审册》，现保存下来的有康熙四十五年至乾隆三十六年部分，前后时间长达65年。这65年的变化，可以帮助我们去认识事物发展变化的趋势。下面以康熙四十五年至乾隆三十一年为例，讨论缙绅地主的发展变化。

以康熙四十五年为基数，缙绅户为100，所占有的土地为100，以10年为计算单位，其变化情况是：康熙五十五年，缙绅户为138.89，占有土地为191.03；雍正四年时，缙绅户为154.44，占有土地为154.98；乾隆元年时，缙绅户为79.17，占有土地为108.64；乾隆十一年，缙绅户为93.06，占有土地为113.46；乾隆二十一年，缙绅户为47.22，占有土地为43.27；乾隆三十一年，缙绅户为111.11，占有土地为99.75。具体情况参见图9—1。

从图9—1我们可以直观地、形象地看到该县缙绅地主户户数及占有土地在摊丁入地前后变化情况，摊丁入地前的康熙五十五年，该县缙绅地主户及其占有土地都有很大发展，尤其土地占有情况发展更快，与10年前相比，几乎翻了一番。雍正二年，该县实行摊丁入地改革，此后两年，缙绅地主户户数和占有土地开始下降，至乾隆十一年，缙绅地主户较乾隆元年时提升了近14个点，但占有土地数量只提升4.82个点。乾隆三十一年时，缙绅地主户也好，他们占有的土地数量也好，都有所回升，但始终没有恢复到摊丁入地前水平。乾隆三十一年，回升的情况也与资料有关，本编审年度保留下来的编审册只有二个甲，因此存在不均衡的情况就突现出来了。至乾隆三十六年时，缙绅地主户和其占有土地数量又再次显现下滑趋势，

①　同治《浏阳县志》卷6。

缙绅户仅为 18.53，占有地产为 27.7。康熙五十五年后，缙绅地主由发展走向衰落的变化过程已是不争的事实。

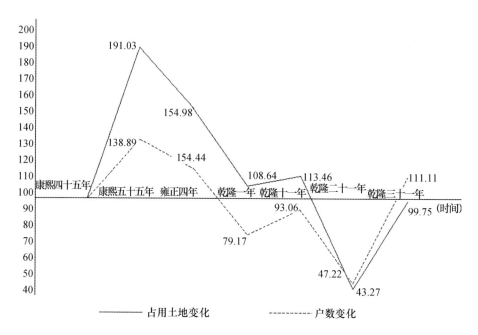

图 9—1　清代获鹿县缙绅地主户及其占有地产变化（康熙四十五年—乾隆三十一年）

资料出处：《获鹿县档案》，康熙四十五年至乾隆三十一年《编审册》。

二　庶民地主的发展

明代前期、中期，庶民地主有一定发展。如明初，河南临漳"民占田多者至七八千亩"①。明中叶后"江南庶姓之家，三万六千亩者恒是也"②。常熟谭晓、谭照兄弟有田数万亩。③ 湖南湘潭周氏："田兼四县，至南京沿道并有会馆，至府不履他阡，皆其田土"④。桂阳州"邓氏、傅氏皆用力田富。邓文盛者，居上田坊，明万历时，农人也，有七子列宅分地，数十里

---

① 乾隆《彰德府志》卷 12《风土》，引嘉靖《彰德府志》。

② 黄省曾：《五岳山人集》卷 28，《论三首·难四贤封建论一首》。转见傅衣凌《傅衣凌著作集·明清社会经济变迁论》，第 272 页。

③ 光绪《重修常昭合志稿》卷 48《轶闻志》。

④ 光绪《湘潭县志》卷 4（下）。转见傅衣凌《傅衣凌著作集·明清社会经济变迁论》，第 272 页。

田舍相望。邓士义，亦州北车江源农民也，明崇祯时以富称。"① 至明后期，由于贵族地主和缙绅地主对土地疯狂掠夺，以及把繁重赋役负担转嫁到农民和庶民地主身上，使大部分庶民地主纷纷破产，或沦为佃户，或沦落为奴仆，使地主制经济一度向权贵地主制经济逆转。到清代以后，由于明末清初长期战乱，土地荒芜十分严重，在清政府垦荒政策鼓舞下，有许多无地或少地农民重新获得土地，一些劳动力多、经济条件稍好的家庭，可以开垦更多土地，为清代庶民地主发展提供了条件。与此同时，清政府实施了优免权改革，废除清初沿袭明代优免制度，规定只免缙绅一人之丁银，至摊丁入地时，又把丁银摊入地亩完纳，阻止了缙绅户赋役银的转嫁，有利于减轻农民及庶民地主对赋役银的负担，有利于庶民地主的发展。清政府禁止绅衿诡寄地亩及包揽拖欠钱粮的同时，利用"辛丑奏销案"对拖欠钱粮的缙绅进行严厉打击，有效抑制了缙绅对土地的兼并，给庶民地主发展创造了一个较为宽松的环境。此外，由于商品经济的发展，一些农民转而从事经济作物种植，或者开展家庭手工业生产，或提高耕作技术，提高单位面积产量，从而通过力农致富上升为庶民地主。有清一代，为庶民地主发展提供了更广阔的空间，而土地自由买卖发展，为庶民地主发展提供了可能性。

有清一代，庶民地主阶层主要由商人地主及力农起家者两个部分构成。

商业资本向土地转移，是中国封建社会已有之现象，在明代文献资料里，我们也看到有关这方面记载，如徽商许英"广置田亩"，"为沙州富人"。② 王荫"置产构室，克光于前"③。江德征"累巨二十余万金，田连阡陌"④。到了清代，随着农业生产的发展、占有土地收益的增长和赋役转嫁现象的革除等，商人把资金转移到购置土地的现象，更加多了起来。由康熙至乾隆，歙县程永洪"贸易豫章数十年"，将所获财富置田产于浙江兰溪。⑤ 休宁巴尔常经商前只有地 27 亩，经商后，于乾隆十四年至乾隆四十

① 同治《桂阳直隶州志》卷 20《货殖传第十》。转见傅衣凌《傅衣凌著作集·明清社会经济变迁论》，第 272 页。

② 歙县《许氏世谱》，《明故处士许公英行状》。

③ 《泽富王氏宗谱》卷 2。

④ 《济阳江氏族谱》，《明处士祥公传》。

⑤ 歙县《程氏孟孙公支谱·永洪公传》。转见张海鹏、王廷元《明清徽商资料选编》，黄山书社 1985 年版。

六年间，前后共买土地 171 亩。① 徽州程某，"以贾起家，积财巨万"，至子辈"田宅益广"。② 歙县程廷柱，雍正前后，随父贸迁江广，积财"增置田产"③。嘉庆年间，绩溪章江，自幼贸迁，"积蓄成家，广置田庐"；章升善于经商，"创置田宅，以起其家"④，旌德汪承翰，分家之后，质田习贾，发家后把商业资本转移到地产上，至鸦片战争前，买田 800 亩，连质当田在内共千亩⑤。

江苏商人致富后，将资金投向地产者，如无锡王锡昌买田 3000 亩。⑥ 无锡薛某先后买田 40000 亩。⑦

山西晋商在乾隆年间开始投资地产。据山西巡抚罗巴延奏称："浑源，榆次二县，向系富商大贾，不事田产，是以丁粮分征。今户籍日稀，且多置田地，请将丁银摊入地粮征收，以归简便"⑧。晋商还到外省购买土地。如乾隆五十年间，河南连岁不登，"山西等处富户，闻风赴豫，举放利债，借此准折地亩"⑨。

山东章丘强学堂孟家，祖祖辈辈经商，至咸丰四年，历年积累的土地达到 960 亩。⑩ 文登县还出现专门以兼并土地为目的而发放贷款的典当商人。在商人盘剥下，农民"田归富人，家徒四壁"⑪。

广东商人发家后，也往往将资金投入土地。康熙年间：中山小榄商人何世宁，赚钱购土地多达 17 顷，另有基塘几十亩。道咸年间，商人何品益经历年购地，到 64 岁时已有土地 60 余顷。⑫ 道光年间，南海商人潘宽怀

---

① 中国社会科学院经济研究所藏：《休宁巴氏置产簿》誊抄本。

② 董含：《三风识略》卷 8，《积财贻害》。

③ 《程氏孟孙支谱·程廷柱传》。

④ 绩溪：《西关章氏族谱》卷 24，《家传》。转见张海鹏、王廷元《明清徽商资料选编》，黄山书社 1985 年版。

⑤ 汪声铃：《汪氏家乘》第 2 册，《皇祖府居事略》。

⑥ 齐学裘：《见闻随笔》卷 16，《侠丐》。

⑦ 余霖：《江南农村衰落的一个索影》，见《新创造》第 2 卷，1932 年 7 月第 12 期。

⑧ 《清高宗实录》卷 948，第 12 页。

⑨ 《清高宗实录》卷 1255，第 23—25 页。

⑩ 景甦、罗仑：《清代山东经营地主底社会性质》，山东人民出版社 1959 年版。

⑪ 民国《文登县志》卷 3，第 17 页。

⑫ 何仰镐：《据我所知道中山小榄镇何族历代的发家史及其他有关资料》（原件存佛山市档案馆）。

"筑广厦，置田园"①。咸丰年间，顺德商人梁炜买田320亩。②

其他各省商人也有发家后置买田产事例，据方志远研究，江右商帮也多置地产。③ 河北井研县王伟钦以盐荚起家，"族姓繁昌，占籍最广"④。四川云阳盐商"田庐卤井皆巨"⑤。从以上事例不难看出，在这一时期，商业资本转移于土地，乃至商业资本、高利贷和土地的结合，是相当普遍的现象。

又，这时值得我们注意的另一情况是"寄庄制"的发展。雍正七年的一道上谕称：在直隶省，"有人地皆在怀安而寄粮于万全、宣化者"；"有现在怀安纳粮，而寄地顺天府之宝坻"。其他如山东、山西、河南、江苏等十三省，都有这种情形。⑥ 据雍正十二年记载，在山东省内，"以彼邑民人，置买此邑地亩"者，有六十一县之多。⑦ 寄庄制发展原因除官僚地主在所在任地购田设置寄庄外，和商人在外籍购置土地有重要关系。如苏商、徽商在苏北清河购置土地。他们在这里"招贩鱼盐，获利甚厚，多置田宅，以长子孙"⑧。如晋商在河南"准折地亩"⑨。嘉庆十九年以前，直隶南部三十余州县连年灾荒，"本处富户及外来富人，多利其价贱，广为收买"⑩。乾、嘉年间，广东商人林大茂寄居广西贵县，在这购买了90万租的土地，可见数量之大。

值得注意的是，伴随着商人地主的发展，尤其是不在乡商人地主的发展，对租佃关系中超经济强制关系起到一定抑制作用，对主佃间的关系也起到松弛作用。

明清时期，庶民地主发展过程中，最值得我们去关注的是：专业从事农业土地经营的庶民地主。这类庶民地主，其中有一大部分是由"力农致

---

① 《潘氏堂族谱》卷6。

② 《顺德县志》卷30。以上3条资料均见张海鹏、张海瀛主编《中国十大商帮》，黄山书社1993年版，第247页。

③ 参见张海鹏主编《中国十大商帮》，黄山书社1993年版。

④ 参见《光绪井研县志》卷36。

⑤ 参见《民国云阳县志》卷23。

⑥ 《光绪会典事例》卷172，第1页。

⑦ 《雍正东华录》卷12，页17。

⑧ 中国社会科学院经济研究所藏：《清代户部档案抄件》。

⑨ 《清高宗实录》卷1255。

⑩ 《清仁宗实录》卷296。

富"或"勤苦起家"的农民上升而来的。另外，也有一部分是从经营副业或放高利贷发展起来的，这类庶民地主，虽然早在明代以前就已出现了，但它进一步发展，并且在农村经济方面产生显著影响，则是在清朝前期开始的。

在明清两代，都曾经存在过相当大量的自耕农小土地所有者，同时也始终存在着农民的阶级分化。但在明代，在农民分化的过程中发展起来的，虽然也有少数富裕农民，更大量的则是贵族官僚等特权地主。在清代前期，在农民分化过程中则出现了较多的富裕农民和庶民地主。这种不同的分化趋势，是由特定历史条件所规定的。

在明代中后期，中小庶民地主和富裕农民，不仅是封建统治进行压榨掠夺的对象，而且是特权地主转嫁赋役和豪绅恶霸进行侵夺的对象，这时所谓"赋役繁重"，以"有田为累"就是指这部分庶民地主和富裕农民。所谓豪右"横行乡里""鱼肉乡民"，压迫掠夺的对象也是他们。在这种社会条件下，庶民地主的发展遭受到严重的限制。

到了清代前期，这一情况发生一些变化。如对缙绅优免制度改革，"辛丑奏销案"对缙绅打击，摊丁入地实施，田粮蠲免等措施实行结果，虽然庶民地主还没完全从特权地主的暴力掠夺和赋役转嫁的压迫下摆脱出来，但这种压迫的程度毕竟获得一定程度的减轻，有的则获得较多减轻。以直隶获鹿县为例，该省系雍正二年实行全省摊征。每两税银摊丁银0.207两，摊丁入地后，该县郑家庄社一、三、四、六、七甲摊入丁银总数为91.98两，其中绅衿地主户摊入丁银15.52两。赋银系采用康熙三十六年征收税银18511.9两除以康熙三十六年税亩138389.2亩，所得商数约为0.134两，乾隆元年，绅衿户有耕地559.55税亩，纳赋银74.98两，按直隶省每两税银摊入丁银0.207两计，绅衿地主户摊入丁银为15.52两，农民户和庶民地主户摊入丁银为76.46两，而摊丁入地前，丁银按户按丁征收。以康熙四十五年郑家庄社一、二、四、六、七甲为例，这时实收银为213.84两。由于绅衿户有丁银优免，这213.84两丁银全部由农民户和庶民地主户承担。通过这两组数字的比较，我们可以明显地看到：获鹿农民户及庶民地主户赋役负担显著得到减轻。[①]

---

① 参见江太新《清代前期直隶获鹿县土地关系的变化及其对社会经济发展的影响》，《平准学刊》第1辑，中国商业出版社1985年版。

　　江南苏州地区，是赋役负担极为繁重之地，仅占全国耕地面积 1% 左右。苏州地区，每年要负担税粮 250 万石，占全国税粮总额 10%，以至年年逋负，岁岁压欠，"民力难支已不可言"。经过雍正三年和乾隆二年两次减免，去除浮银计 50 万两，农民负担比乾隆二年前大为减轻。[①] 如长洲县，每正粮钱一两，就可去减去 1 钱 3 分 3 厘 6 毫。[②]

　　清代前期农民和庶民地主赋役负担的减轻，使他们得到了较多发展的机会。而清初小土地所有者广泛存在，则是庶民地主发展的条件。

　　从经营土地发展起来的庶民地主也有两条途径，一是力农起家型的，一是经营经济作物型的。

　　在四川省，自耕农民和庶民地主的发展是比较显著的。经过明末农民大起义，在缙绅地主急剧衰落的同时，出现了大片无主土地任人占耕情况。康熙年间（1662—1722），乐至县"地旷人稀，多属插占，认垦给照"[③]。又新繁县，湖广、江西、福建、广东等省之人相继来此，"始至之日，田无业主，听民自占垦荒……谓之插占。"同时地价较低。据康熙末年记载："先年人少田多，一亩之田，其值银不过数钱。今因人多价贵，一亩之值竟至数两不等"。[④] 又如万源县，乾隆（1736—1795）以前，每田能产一石者，价值钱数钏而已。至嘉道年间（1796—1850），地价上涨，但"每石地亦仅值钱十余钏"。[⑤] 地价低廉及大量无主荒地存在，也给了农民获得土地以较多的机会。因此，在清代前期，各省农民为了取得土地，而纷纷入川。其中不少人变成小土地所有者，还有的发展成为地主，所谓"近人担簦入川，多致殷阜"[⑥]，正是这种情况的反映。苍溪县，在嘉庆以后，出现了杨、李、罗、赵等姓新地主，他们"或起自力田孝悌，或起自勤学科名"[⑦]。所谓"力田孝悌"，就是指这时发展起来的庶民地主。云阳县，乾隆年间，谢大成"父子力农，勤苦成家"，置买田产积一千多亩。荣县，道光年间，胡富

---

①　参见范金民、夏维中《苏州地区社会经济史》，南京大学出版社 1993 年版。

②　道光《苏州府志》卷 8《田赋》。

③　民国《乐至县志》卷 3，第 7 页。

④　《清朝文献通考》卷 2《田赋》。

⑤　民国《万源县志》卷 5，第 46—47 页。

⑥　民国《云阳县志》卷 13，第 2 页。

⑦　民国《苍溪县志》卷 10，第 2 页。

恒少年无立锥，兄弟经营二十余年，增置田产近400亩。① 湖南浏阳，康熙中叶，广东客民在这里得到发展，他们"身秉耒以耕，力皆出诸己"，种田50—70亩，"丰歉皆属己有"。② 江西，据魏礼称：清初闽佃到宁都租地耕种，经过几代人辛苦经营，"率皆致厚资，立田宅于其祖里，彼然后召顶种者，又获重价顶与之"③。这是由佃农上升为地主事例。福建莆田县地主方南川，占有田地数量非常之大，年租谷收入可达一万二千石。④ 但他是一个庶民地主。

北方地区也发展起一批力农致富的庶民地主。薛福保称：鸦片战争前"江北……无贫富皆占田，田多者以万计"。⑤ 如河南江山县，熊惟一在乾隆初年，还是一个无立锥之地的贫寒之家，后来与邻人合资养牛，多达数百头，"岁赢巨利"，"晚年有田千余亩"。⑥ 直隶安肃县，康熙年间，佃户郝某"以善治田发家"，积至土地达200亩左右。⑦ 博野县，雍正年间，蒋某"力耕致富，以身发财"，后发展成"连田千亩"的出租地主。⑧ 定兴县，乾隆初年，万某父亲"勤俭半世，置得薄产十余亩"，到他这一代"力农治家，田来日丰，渐置宅一所田三顷"⑨。这样的事例，傅衣凌先生著作中多有论及。⑩ 这里不再赘述。

还有一些农民通过经济作物种植发家致富，上升至地主。经济作物的效益往往高于粮食作物效益，有的要高过粮食作物的几倍，为农民致富提供了条件。如种棉花"五谷之利，不及其半"⑪。种蓝靛收入"取利甚

---

① 民国《云阳县志》卷27，第30页。

② 龙升：《对知县试策略》，见同治《浏阳县志》卷18，第22页。

③ 魏礼：《魏季子文集》卷8，《与李邑侯书》。

④ 《熙朝莆靖小纪》甲戌6月《清史资料》第1辑，中华书局1980年版。

⑤ 薛福保：《江北本政论》，见盛康《清经世文编续编》卷41《户政十三·农政上》。

⑥ 熊绪瑞：《光山熊氏宗谱》卷1。

⑦ 民国《徐水县新志》卷4。

⑧ 乾隆《博野县志》卷6。

⑨ 光绪《定兴县志》卷11，以上3例转见韩小白《清代前期保定地区庶民中小地主的发展》，《河北学刊》1991年第3期。

⑩ 参见傅衣凌《明清社会经济变迁伦》，人民出版社1989年版。

⑪ 高晋：《奏请海疆木棉兼种疏》，乾隆四十四年，见《皇清奏议》卷60。

倍"①，或产值"数倍于谷麦"②。种植烟草收益之厚"视蔬则倍之"。③ 种蔬菜之利则"十倍于谷粟"④。在这种情况下，一些小土地所有者，由于不受实物地租的制约，有可能首先改种经济作物，以扩大农业经营的经济收益，从一般农民中分化出来，发家致富，成为庶民地主。如嘉庆年间，河南西华县赵氏，以种植果树、蓝靛致富，由占地数十亩累积至 1000 多亩。⑤四川内江县有种植甘蔗的大经营者，据道光年间记载：经营者"平日聚夫力作，家辄数十百人"⑥。由于缙绅地主很少直接从事农业生产，他们很可能是庶民地主的一种类型。

还有一些是靠开发新垦区致富上升为地主的。如福建漳泉人、广东人到台湾开垦，在垦户中，出现不少大地主。据傅衣凌先生研究，康熙六十年前后，诸罗县有泉州人施长龄、吴洛、杨某以及广东人张振万等族，移往线东、弥西一带，投资开垦田园。而宜兰平原的开发，清初以漳人吴沙一族为主。嘉庆九年以后，则有所谓九族首（即漳人吴、杨、简、林、林、陈、陈七姓及泉州刘姓、粤人李姓）者，他们都是非身份性的人物，从开荒垦地而起家成富的。⑦

到了清代前期，庶民地主有很大发展，这是近年来历史学界和经济史学界比较共同的认识。但对庶民地主这一阶层在地主阶级中所占的比重，却很少去研究，尤其是对庶民地主发展过程更是知之不多。罗仑、景甦先生虽然对山东地区鸦片战争以前五家地主作了调查，发现这五家地主中只有一家是官僚地主，其余四家为庶民地主。⑧ 这时庶民地主占了 80%，但这个调查面太小，很难引起社会重视。

1980 年，我们对保留下来的清代获鹿档案进行全面清查，现根据当时保留下来的《编审册》资料进行整理。我们把占地 100 亩以上的都作为地主户处理。在处理这个资料时，我们把《编审册》中凡注明有生员、监生、

---

① 康熙《靖江县志》卷 6。
② 光绪《海盐县志》卷 8，第 17—18 页。
③ 方包：《方望溪全集·集外文》卷 1，《请定经制札子》
④ 陈芳生：《先优集》第一册，《田制》，第 9 页。
⑤ 《校经室文集》卷 5《赵吾墓表》。
⑥ 道光《内江县志》卷 1。
⑦ 傅衣凌：《傅衣凌著作集·明清社会经济变迁论》，第 272 页。
⑧ 景甦、罗仑：《清代山东经营地主底社会性质》，山东人民出版社 1959 年版。

贡生、举人、进士、或任职官员占地 100 亩以上者列为绅衿地主户；凡力农起家，占地 100 亩以上列为庶民地主户。资料时间，上限为康熙四十五年，下限为乾隆三十六年。为了清楚地看到庶民地主户发展过程，我们把每一个编审年的资料都列出，并分别以两个坐标图来反映两个情况。一是庶民地主户户数增长情况，二是庶民地主户占有耕地面积变化情况。详见图 9—2。

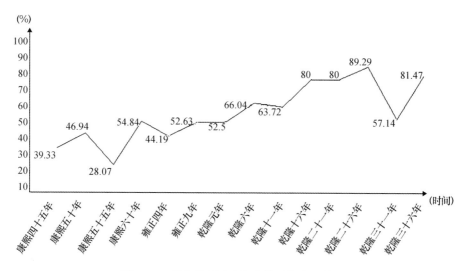

图9—2　获鹿县庶民地主户数消长变化情况
(康熙四十五年至乾隆三十六年)

资料来源：《获鹿县档案·编审册》。

从图 9—2 可以看出，康熙四十五年至雍正四年，该县绅衿地主户在地主阶级中占据主要地位。康熙六十年时，庶民地主户一度上升到主要地位，但随后又跌落下来。至雍正九年后，庶民地主户发展加快，并在地主阶级户数中稳稳地占据主要地位。

下面，我们再来看看庶民地主户与地主户占耕地面积情况的变化。

从图 9—3 来看，在乾隆元年以前，庶民地主户占地一直居于绅衿地主占地之后，居于次要地位，最高年份占地量也仅仅占到整个地主阶级占有土地量的 38.16% 而已，直到乾隆六年后，庶民地主占有土地数量才上升到占整个地主阶级 50% 以上，从居于从属地位上升到居于主导地位。虽然也

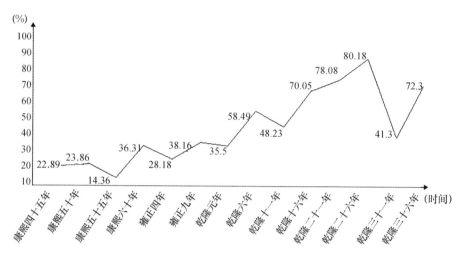

图9—3　获鹿县庶民地主户占地消长变化情况（康熙四十五年至乾隆三十六年）

资料来源：《获鹿县档案·编审册》。

有下降到50%以下年份，[1] 但总的趋势已不可逆转。

从康熙后期得到加快发展的庶民地主，其发展势头一直保持到清末，据罗仑、景甦两位先生调查：光绪年间，山东省 46 县 131 家经营地主中，其中有 64 家为商人地主，占调查总数49%；以种地起家的有 59 家，占调查总数45%；以做官起家的只有 8 家，仅占调查总数6%而已。[2] 也就是说，直至清末，庶民地主在地主阶级中所占据的统治地位并没有发生过重大变化。

庶民地主在有清一代的迅速崛起，并在社会经济生活中扮演越来越重要的角色，这对清代社会经济发展是具有重要意义的。

三　庶民地主发展对社会经济变化的影响

特别值得我们重视的是，庶民地主的发展，促成了中国农村社会经济的某些变化，首先是促成农业经营形式的变化。这一方面，李文治先生作过很好研究。

明代中叶，有些地区，尤其是缙绅地主聚集的江南，曾经出现过大规

---

① 乾隆三十一年留下的编审册只有二甲，代表性受限制。特此注明。

② 罗仑、景甦：《清代山东经营地主经济研究》，齐鲁书社 1984 年版。

模农业经营，同时还看到"奴仆千指""监督僮仆"之类记载。当然，这里所说"奴仆""僮仆"，可能包括部分雇工。但是这时的大经营，有的是使用奴仆强制生产的。经过明清之际的农民起义和阶级斗争，地主蓄奴之风大衰，奴仆的数目减少，除清室在直隶新建庄田旗地一度使用"壮丁"生产之外，在其他地区使用奴仆从事农业生产的经营形式已大为减少。即使是过去奴仆制一度盛行的长江流域各省，地主也多采取土地出租的经营形式。不可否认，这种发展变化的产生，固然是广大奴仆进行人身解放斗争的结果，同时和庶民地主的发展也有一定的联系，因为这类地主的生产经营一般是不使用奴仆的。

在农业经营方面一个更为重要的变化，是租佃形式向直接经营形式发展。

清代前期经营地主的发展，当代人有过明确的记载，谓"国朝后风气渐异"，汉人"所用皆系雇工"。① 所说虽不免夸张，但指出了这一时期农业经营方面的变化。这种变化，可从某些地区农业雇佣劳动的发展得到说明。如湖北蕲水县，浙江乌程、平湖等县，江西东乡县，山东登州和高唐州，贵州遵义县都有关农业雇佣劳动的记载。② 而且，从这些记载可以看出，这些地区的雇工经营，已不是个别现象，而是在明代原有的基础上又前进了一步。另外，这种变化，还从我们在刑部档案中所搜集到的农业雇工资料得到证明。在708件雇工案件中，雍正年间（1723—1735）有12件，乾隆年间（1736—1795）有259件，嘉庆年间（1796—1820）有437件。③雇工刑部案件数字的这种后来居上的扩大趋势，不是偶然的，表明了随着经营地主发展（也包括雇工的富裕农民）而出现的农业雇佣劳动的发展。没有经营地主（及富裕农民）的发展，农业雇佣劳动的发展是不可能的。这里的经营地主主要是庶民地主，因为贵族地主和缙绅地主所考虑的是如

---

① 《秋审条款附案》卷3，转据刘永成《论清代雇佣劳动》，《历史研究》1962年第2期。

② 顺治《蕲水县志》卷18；光绪《乌程县志》卷29，第2页；光绪《平湖县志》卷2，第51页；同治《东乡县志》卷8，第3页；《古今图书集成·职方典》卷278；《登州府，风俗考》；徐宗干：《斯未信斋方编》卷1，《劝捐义谷约》；祁藻：《马首农言》，第20页；道光《遵义县志》卷16，第3页。

③ 李文治：《中国近代农业史资料》第一辑，第111页，生活·读书·新知三联书店1957年版。

何扩大耕地面积，增加地租收入，一向不过问农业生产，所谓"知兼并而不知尽地之利"，"惟知租之入，而不知田之处"；所谓"深居不出，足不及田畴"，"坐资岁入，不知稼穑为何事"。这些议论，就是指这种类型的地主，他们是单纯的寄生性地主，是不从事于雇工经营的。庶民地主尤其是从富裕农民中上升起来的新地主，和特权地主显然不同，在直接经营比出租更为有利的条件下，他们采取了这种经营形式，由传统的地租剥削进而直接榨取农业雇工的剩余劳动。

据景甦、罗仑等在山东调查的五家地主来看：一家官僚地主和一家商人地主采取土地出租形式，其他三家庶民地主，都采取直接经营形式。其中章丘县旧军镇孟家，从康熙年间起进行直接经营。淄川县栗家庄毕家，由雍正至道光，占田由数十亩扩张至百亩；章丘县东矾硫村李家，由乾隆至道光，占田由一百亩扩张至二百亩。这两家也都采行直接经营。这类型地主之所以更多地采取直接经营形式，除因直接经营更为有利之外，还由于他们基本是在乡地主，有接近农事的方便。如果是由富裕农民上升起来的地主，他们原来就从事农业生产，对农业生产驾轻就熟，这就为他们直接经营提供了更为便利的条件。在条件许可的情况下，由依靠家内劳动经营的农场扩大为雇工经营的农场，是很自然的。

庶民地主的发展（还有富裕农民的发展）促成的雇工经营的发展，是更有特殊历史意义的。这种经营方式，由于经营者经济状况较好，有比较齐全的农具，有充足的肥料，有足够的人力，耕种得以及时，因而为农业生产水平的提高提供了可能。[①] 他们无论种植经济作物还是粮食作物，其中的绝大部分是为了出售而进行的商品生产，这一点和自给自足的小农经济不同。此外，这时经营地主从农业雇工身上所榨取到的剩余劳动，较之土地出租而言，还可能有一个超过地租以上的余额，这和单纯地租收益也不完全相同。

其次，由于庶民地主的发展，还促成了农村阶级关系的某些变化。

在封建社会里，封建主占有土地，并不完全占有生产劳动者，它通过经济外的强制手段，榨取生产劳动者的剩余劳动，这是封建土地所有制的基本内容。这就是说，任何类型地主与农民的关系，都是统治奴役关系，

---

① 据景甦、罗仑《清代山东经营地主底社会性质》，作者对清代后期所作的调查表明，经营地主农业生产的单位面积产量，比一般个体小生产者高出一倍左右。

都实行经济外的强制。但是，明清两代逐渐发生变化，一般租佃已经摆脱了人身依附关系，但地主对农民仍具有不同程度的超经济强制关系。这种程度上的不同，主要取决于地主的身份地位。因而，由"谁"占有土地，是一个极其重要的问题。如前所述"功名官爵"头衔，它是等级特权和封建势力的标志，当土地财产和这类头衔相结合时，则形成特权地主，他们对农民具有比较强烈的超经济强制权力。当土地财产和无功名官爵头衔的庶民相结合时，则形成庶民地主。他们虽然也是封建剥削阶级的成员，也依靠经济外的强制手段榨取地租，但其强烈程度和前者有所不同，超经济强制关系呈现一定的松解，从而在农民方面可以有较多的人身自由。①

另外，清代前期，随着庶民地主的发展，有大量中小地主出现。或者说庶民地主主要是中小地主。我们所看到的皖南地区的大量分家书、鱼鳞册等文契资料，有绝大部分地主，每家所占有的土地都在百亩左右，在几百亩以上的很少见。在其他文献资料中反映了相同的趋势。这类中小地主主要是庶民地主，因为这种类型的地主购买土地的资金主要依靠田场收入，和官僚富商比，土地累积速度比较缓慢，在遗产诸子均分制的制约下，难以发展为占田千亩、万亩的大地主。因此，占地面积的大小，反映了庶民地主和特权地主的区别。只有商人类型庶民地主是例外。

中小庶民地主的发展，是值得我们注意的变化。在封建社会里，无论是租佃关系还是雇佣关系，地主对生产劳动者的直接超经济强制程度的强弱，一方面由地主的身份地位所决定，另一方面取决于地主占地规模的大小。从这个意义上说，地主占地规模的变化，就其和农民形成的社会关系而言，同样表明超经济强制关系松解。

还有，在这一时期所出现的缙绅地主的特权受到一定程度的削弱，对阶级关系的变化也是有影响的，这在前面业已论及。

伴随着地主身份地位的变化和地主权势的削弱，地主对农民的直接的超经济强制关系的松解，农民获得了较多的人身自由。清代前期，遍及全国的汹涌澎湃的农民抗租斗争，就是在这种情况下出现的。从而地租的实现越来越有赖于国家法令的保证，地主对农民直接的超经济强制关系进一步从地权中游离出来，而更集中地表现为国家职权关系。胡如雷在《关于

---

① 就是庶民地主对生产劳动者的超经济强制关系，也同样受到明清之际阶级斗争的影响而有所衰弱。这种关系此处略。

中国封建社会形态的一些特点》一文曾经指出："我国的土地可以买卖转手，地主个人又没有被位置于固定的等级，这样，行政权、司法权、军事权就不能直接表现为土地所有权的属性。无宁说，这些权力是从地权上游离出来了。"① 这就是说，地主阶级的强制关系进一步代替地主个人的强制关系。于是，封建统治者在因慑于农民的反抗斗争的威力而对地主虐佃行为采取某些限制约束的同时，又不能不采行保证地主阶级地租剥削的措施。在颁发禁止缙绅地主私行拷打佃户的律例的同时，又制定了禁止农民"欺慢田主""抗欠租课"的新例。雍正五年（1727）制定："至有奸顽佃户，抗欠租课期慢田主者，杖八十；所欠之租，照数追给田主"②。这类政令不仅是阶级矛盾激化的反映，也是阶级关系发生变化的反映，说明这时地主依靠个人的强制力量榨取地租已经遭到极大困难。

地主身份地位的变化还影响雇佣关系的变化，在明代中叶已经出现的农业资本主义萌芽有了进一步发展。

在明清两代的律例中，雇佣间的相互关系，地主对"雇工人"是以"家长"的身份出现的，"雇工人"是以介乎"奴仆"与"庶民"之间的身份出现的，"雇工人"对地主具有身份义务关系，地主对"雇工人"有任意打骂惩罚之权。这是一种具有"主仆名分"的雇佣关系。③ 清代前期庶民地主的发展，以及因直接经营的发展而促成的雇工队伍的扩大，影响了雇佣关系性质的变化。庶民地主中的中小地主（尤其是富裕农民），有的和雇工一起工作、一起饮食，在实际生活中形成比较自由的雇佣关系，突破了尊卑等级界线。这样，和原有的身份等级法律遂不相适应。到这个时候，统治者不能不考虑改变这部分农业雇工的法律地位了。据乾隆五十一年（1786）上谕："若农民佃户，雇请工作之人，并店铺小郎之类，平日共坐同食，彼此平等相称，不为使唤服役者，此等人并无主仆名分，亦无论其有无文契、年限，及是否亲族，俱依凡人科断"④。这里雇佣农业雇工的雇主——"农民"，显然包括部分庶民地主。这个规定作为律例列入封建法典

---

① 胡如雷：《关于中国封建社会形态的一些特点》，《历史研究》1962 年第 1 期。

② 道光五年（1825）《大清律例》卷 27，第 26 页。

③ 参考经君健《明清两代雇工人的法律身份地位问题》，见《新建设》1961 年第 8 期。

④ 《清高宗实录》卷 1253，第 1—2 页。

之中。从此，继明万历十六年（1588）明确短期雇佣的人身自由，[1] 绝大部分长期农业雇佣获得了法律上的平等。[2]

雇工律例的这一变革，既是雇佣关系实际生活发生变化的反映，又反过来对实际生活发生作用，促成"无主仆名分"的雇佣关系的进一步发展。据我们所看到的清代前期雇工刑事案件，在乾隆五十一年雇工律例未改变以前的六十件长期雇佣案件中，注明"无主仆名分"的凡六件，占全部案件的10%。雇工律例改变以后，乾隆五十一年（1786）至嘉庆二十五年（1820），无主仆名分的雇工案件和所占比重大为增加，从所见到的140件长期雇佣案件，注明"无主仆名分"的68件，占全部案件的48.6%。[3] 这种变化，表明由封建雇佣关系向自由雇佣关系的过渡。如果没有庶民地主以及富裕民的发展，雇佣劳动者的法律身份地位能否发生这种变化，是值得怀疑的。就是在乾隆五十一年改定雇工律例之后，长期农业雇工的法律身份义务是否解除，仍然要依雇主的政治经济地位为转移。如果雇主是缙绅地主，或者是"足不及田畴"的大地主，在他们奴役下的雇工既不能和他们"平等相称"也不能和他们"共坐同食"，当然也就不能从法律上获得解放。[4] 律例本身就表明了由地主所处地位决定生产劳动者身份地位的原则。这种关系，正是当时农业雇佣实际生活的反映。

由此可见，庶民地主的发展，影响于地主对农民直接的超经济强制关系的松解，乃至促成直接经营和农业生产的发展。不可否认，这是一种进步的象征。但是，这种产生和发展，归根结底，取决于劳动人民的阶级斗争和生产实践。没有农业生产及社会经济的发展，没有劳动人民对封建宗

---

① 《明神宗实录》卷194，第11—12页。万历十六年（1588）正月庚戌，刑部尚书李世达等申明："官民之家，凡倩工作之人，立有文契议有年限者，以雇工论；只有短雇受值不多者，以凡人论"，其未"立有文契"的长工的法律地位不明确。从乾隆五十一年新例可以看出明清两代长工法律地位的变化。

② 经君健：《明清两代农业雇工法律上人身隶属关系的解放》，《经济研究》1961年第6期。

③ 这里仅据我们搜集的资料所做出的统计。这里的长期雇佣指年工。140件长期农业雇工，计注明"平等相称""共坐同食""无主仆名分"者68件，注明"未立文约"者4件，注明"有主仆名分"者1件，未加注、情况不明者66件。又月工155件，其中无主仆名分者67件，注明未立文约者1件，未加注释、情况不明者87件。

④ 经君健：《明清两代农业雇工法律上人身隶属关系的解放》，《经济研究》1961年第6期。

法关系的斗争和生产实践，这种变化是不可能有的。

关于庶民地主的发展，再一个值得注意的问题是和手工业资本主义萌芽的关系。明清时代，中国封建行会虽不若中古欧洲行会那么严格，但它对资本主义萌芽的发生和发展毕竟起着一定的束缚作用。[①] 中国工商行会主要通行于城市，对于广大农村来说，很少受它的制约。而中国农产品加工的手工作坊和手工工场，诸如榨油、酿酒、制糖、造纸、制烟等，主要在农村，而且很多是由地主和富裕农民兼营的。这类手工作坊和手工工场，主人事必躬亲，一般官僚地主是很少从事这类活动的，其中主要是庶民地主。因此农产品加工的手工业资本主义萌芽的发生和发展和庶民地主的发展有着一定的联系。总之，研究中国手工业资本主义问题，首先要考虑在广大农村普遍存在的农产品加工手工业的发展。关于这个问题这里不拟讨论，只是把问题提出来供研究参考。

以上是明清两代地主身份地位变化和农村阶级关系变化发展趋势，以及庶民地主发展的历史作用。但是，我们一方面要看到庶民地主的发展在社会经济方面所产生的影响，另一方面要看到庶民地主和特权地主之间的联系，如果采行土地出租，两者同属封建社会的封建地主，这一点是相同的。正因为如此，彼此之间就没有什么不可逾越的鸿沟，可以互相转化；庶民地主可以通过科举考试、捐纳成为官绅地主，官绅地主的子孙也可以由于没落而转化为庶民地主。

以上所论，参考李文治《明清时代封建土地关系的松解》一书，以及李文治、江太新《中国地主制经济论——封建土地关系发展与变化》一书。[②]

第二节　超经济强制向经济强制过渡

封建经济的基本特征是：地主占有土地，以庄园制或租佃制经营方式，剥削农民的剩余劳动。西欧封建经济经营方式是庄园制，而中国封建经济

---

① 关于这个问题，参考彭泽益《从明代官营织造的经营方式看江南丝织业生产的性质》，《历史研究》1969 年第 2 期；彭泽益：《十九世纪后期中国城市手工业商业行会的重建和作用》，《历史研究》1965 年第 1 期。

② 以上参见李文治《明清时代封建土地关系的松解》，中国社会科学出版社 1993 年版；李文治、江太新《中国地主制经济论——封建土地关系发展与变化》，中国社会科学出版社 2005 年版。

经营模式以租佃制为主。但不管经营方式如何变化，只要地主对农民的超经济剥削性质没改变，封建社会性质就不会改变。

中国地主制经济是以租佃制为经济模式，所以地主以收取地租方式来实现其经济收入。地租收取方式多种多样，有劳役地租、实物地租、货币地租等，而以实物分成租为主体。实物分成租，又以二五分成为指导。分成租后来又向定额租转化。分成租向定额租转化，官田公产开始较早。早在唐代，在某些地区定额租已在流行，到宋元时期，定额租已占主导地位，分成租退居次要地位，同时也出现了货币地租。对一般民田而言，到宋元时期，也有实行定额租的，但为数尚少，分成租还占主要地位。到明代，定额租有很大发展，分成租所占份额逐渐在缩小，同时，货币地租也在流行，到清代前期，地租形态发生了很大的变化，即分成租占主要地位的情况被定额租所替代，在租佃关系中定额租所占比例越来越大，分成租的比例却越来越小，但在少数地区还占有重要地位。同时，货币地租也有较大发展。在定额租为主体的前提下，押租制和预租制又在其身边滋长起来。这时，超经济强制逐渐被经济强制所取代。

地租形态的变化，对提高佃农生产积极性具有重要意义；超经济强制削弱，给农民带来更多自主经营权，为商品性农业发展打开了一扇大门，也为农民提高经济收入发挥作用。

一　定额租的发展及地租率

1. 定额租的发展

明代，定额租已有相当发展，从福建、安徽等地的《佃田文约》看，都有"每遇秋成收割，备办一色好谷若干，挑至本主仓前交纳，不得少欠升合"，或言明"议定每年租谷若干"，或写明"临田均分"字样。① 在这种租佃契式中，虽然把"议定每年租谷若干"与"临田均分"保存于同一张契式中，但从行文先后看，这时，定额租已更为人们所重视。明代，定额租在各种地租形态中所占的比例有多大呢？从全国范围来说，这个比例尚难计算，但个别地区情况还是可以得知的。笔者在翻阅档案过程中，搜集到安徽徽州地区，弘治年至崇祯年间所保留下来的租佃契约48件中，其

---

① 万历刊本《词林武库》，麦田，《佃田文约》。转见仁井田陞《中国法制史研究》第四章"元明时代的村规约和租佃契约"补缺文。

中实行实物定额租契有 18 件，① 占契约总数的 37.5%。虽然，这个数据并不足以反映明代全国各地地租形态发展情况，但它还是不失为研究明代中后期地租形态变化的一份十分难得和十分珍贵的典型资料，透过这份资料，我们可以看出当时定额租发展的趋势。

到了清代前期，实物定额租又有长足发展，首先从地域上看，定额租已在全国大多数省份（尤其是南方省份）推行，两江总督那苏图在乾隆四年一份奏折中称："北方佃户计谷均分，南方计亩征租"②。乾隆年间，孙嘉淦也奏称："江南业主自有租额，其牛具籽种皆佃户自备"③。孙嘉淦所指"租额"，说的是定额租。从这两位大臣反映情况看，在此之前，北方通行的还是分成租制，定额租还是不多。此后，情况有变化，定额租记载在增加。如直隶保安州，乾隆十年（1745），申玉租种董禄地四十亩零五分，"议定每年租粮两石五斗"④。乾隆十九年，山西寿阳人张怀德租种任有荣地八亩，"议定四斗租谷"⑤。乾隆四十六年前，范玉功租种范纯地一顷六十亩，"讲定每年租粮六石五斗"⑥。嘉庆十年（1850），陈国相等在多伦诺尔厅克会克腾旗租种坐落呼毕沟地二十四顷，议定"每顷交租粮三石八斗"⑦。

山西沁源县常进财于雍正十三年以前，租种李相山地一份，"每年出租一十七石"⑧。乾隆二十三年前，河曲县鲁浚佃种那木扎地亩，议定"每具牛地租银三两，黍子一石"⑨。乾隆二十年，平遥县民高进世租种高进林地四亩，言定："每年该租米一石六斗"⑩。嘉庆十年前，浦县郭凤玉向来种刘复仲上石蓊村地十亩，"每年议租谷二石"，并立有租约；嘉庆十年，郭凤玉只交租一石，下欠一石屡讨不还；同年十一月，刘复仲遇史学成，言欲另佃，史学成承认交租二石，即由其承耕。⑪

---

① 中国社会科学院经济研究所藏：《屯溪档案·佃约》。
② 《朱批奏折》，乾隆四年八月初六日，两江总督那苏图奏。
③ 孙嘉淦《孙文定公奏疏》卷 8。
④ 直隶总督方观承题，乾隆十八年十月二十四日。
⑤ 刑部尚书鄂弥达等题，乾隆二十年七月十一日。
⑥ 兵部尚书郑大进谨题，乾隆四十七年八月二十五日。
⑦ 直隶总督温承惠题，嘉庆十二年月十一日。
⑧ 刑部尚书来保等题，乾隆二十八年十二月十一日。
⑨ 山西巡抚和其衷题，乾隆二十八年二月十九日。
⑩ 刑部尚书鄂弥达等题，乾隆二十二年十月十三日。
⑪ 管理刑部书务董诰等题，嘉庆十二年二月十九日。

　　河南桐柏县，乾隆六年，廖明德租种王格一份地亩。"议明每年给租一石九斗"①。同年，灵宝县张文秉向张寅儿佃种二亩二分地，"议明每年稞租七斗"②。

　　陕西华阳县，乾隆二十八年，钱万清有地二十余亩，坐落华阳县中泉店地方，张忠承租地五亩，"每年议租麦谷各三石"③。乾隆三十二年前，张宣、苏恺租种咸阳县张其英与南景合开粮铺内夥地八十亩，"应给他们租麦四十石"④。嘉庆十一年，朝邑县王金子租种周奉庭旱地五亩，议定"每亩租麦二斗"⑤。

　　甘肃灵州金积堡，乾隆二十六年，撒三租种撒著阴沙田一亩，每年交租粮四升。⑥ 嘉庆六年，秦州岳顺夫妇佃种顾安山地，并在顾安住房旁空地盖草房三间居住，言明"每年出租粮石二斗"⑦。

　　吉林，嘉庆年间，姜学傅租种马虎地四坰，"议明租粮三石二斗"⑧。

　　辽宁锦、热七县蒙地情况是：从乾隆至道光年间，实物定额租得到充分发展，分租已不见记载，嘉庆、道光年后，货币地租得到迅速发展，并超过实物定额租而居首位。⑨

　　北方地区至清前期，实物定额租与明代相比，确实有很大发展。南方地区实物定额租在明代发展基础上又有新的发展，尤其是在云南、贵州、台湾一带。

　　云南富州宝宁县，乾隆十八年，富州威韦寨人矣瓦有自己价买的那弄田十丘，租与博竟耕种，"那年各分十八挑。十九年，博竟只还小的四挑谷子……小的投明头人罗万元理处，叫博竟补还十四挑"⑩。乾隆年间，阿迷州哈四十租种孔姓灯笼山田地，"每年完租谷二石四斗，历来是孔仁里们八支轮流收租"⑪。乾隆五十九年，镇雄州龙中开将山地一块佃与陈添才耕种，

---

① 　管理刑部事务董诰等题，嘉庆八年囯二月三日。

② 　管理刑部事务董诰等题，嘉庆八年囯二月三日。

③ 　刑部尚书秦蕙田等题，乾隆二十九年六月九日。

④ 　兵部侍郎、陕西巡抚明山题，乾隆三十二年十月十二日。

⑤ 　陕西巡抚〔原缺〕题，嘉庆十五年秋审。

⑥ 　刑部尚书赫德等题，乾隆二十七年闰五月二十日。

⑦ 　陕甘总督倭什布题，嘉庆十一年六月九日。

⑧ 　刑部题，嘉庆。

⑨ 　伪满康德四年地籍整理局《锦热蒙地调查报告》。

⑩ 　刑部尚书鄂弥达等题，乾隆二十一年六月十七日。

⑪ 　云南巡抚李湖题，乾隆三十九年九月二十六日。

当收押租银56两，"每年认纳租谷六石五斗"①。嘉庆七年，镇雄州龚文俸妻向龙腾云佃种地土一块，当收压佃银30两，并议定"每年认租十石四斗。"佃契还载明，"如租不清，扣银起佃"。②

贵州毕节县平定里苗民林文彬，向来佃种监生杨时享果木田土一分，"每年还租谷三十一石，地租银二两二钱。"③ 乾隆五十年，绥阳县民李子华，将置买的陶家坡地土一分，凭中说合，佃与李先举耕种，"每年议完杂粮十石"④。嘉庆十九年，遵义县报恩寺有常住田一份，佃与吴应全耕种，议定"每年纳租谷四石"⑤。

台湾是新开发地方，尽管开发较迟，但实物定额租发展很快。根据《清代台湾大租调查书》所载资料统计，雍正至道光年间情况是：主佃关系中，实行实物定额租者占83.1%，实行分成租者占16.9%。⑥

清代前期实物定额租的发展，还可以从统计数据看到。具体见表9-2至表9-5：表9-2是乾隆朝各直省实物分成租与实物定额租实行情况比较；表9-3是嘉庆朝各直省实物分成租与实物定额租实行情况比较；表9-4是明清时期徽州地区实物分成租与实物定额租实行情况；表9-5是清前期台湾府实物分成租与实物定额租实行情况。

表9-2　　　乾隆朝各直省实物分成租与实物定额租实行情况比较

（乾隆元年至乾隆六十年）　　　　　单位：件,%

省别	总件数	分成制		额租制	
		件数	百分比	件数	百分比
盛京吉林	5	1	20.00	4	80.00
直隶	20	7	35.00	13	65.00
山西	23	7	30.34	16	69.57
河南	12	10	83.33	2	16.67
甘肃	4	2	50.00	2	50.00

① 管理刑部事务董诰等题，嘉庆十一年二十月二日。
② 云南巡抚孙玉庭题，嘉庆。
③ 礼部尚书刘统勋等题，乾隆二十五年四月二十一日。
④ 贵州巡抚冯光熊题，嘉庆元年十二月十八日。
⑤ 贵州巡抚曾燠题，嘉庆二十一年二月十九日。
⑥ 《台湾文献丛刊》第一五二种，《清代台湾大租调查书》。

续表

省别	总件数	分成制		额租制	
		件数	百分比	件数	百分比
陕西	11	5	45.45	6	54.55
山东	13	7	53.85	6	46.15
江苏	29	5	17.24	24	82.76
安徽	26	12	46.15	14	53.85
浙江	59	4	6.78	55	93.22
江西	61	2	3.28	59	96.72
福建	107	11	10.28	96	89.72
广东	122	6	4.92	116	95.08
广西	21	3	14.29	18	85.71
湖北	27	3	11.11	24	88.89
湖南	36	4	11.11	32	88.89
四川	35	3	8.57	32	91.43
贵州	8	2	25.00	6	75.00
云南	9	3	33.33	6	66.67
合计	628	97	15.45	531	84.55

注：笔者采用该表时，表格次序按经济区划作了调整。特此申明。

资料来源：清代乾隆刊刑档、中国第一历史档案馆。转自刘永成《清代前期的农业租佃关系》，《清史论丛》第2辑，中华书局1980年版。

表 9－3　　　嘉庆朝各直省实物分成租与实物定额租实行情况比较

（嘉庆元年至嘉庆二十五年） 单位：件,%

省别	总件数	分成制		额租制	
		件数	百分比	件数	百分比
盛京吉林	9	7	77.78	2	22.22
直隶	7	5	71.43	2	28.57
山西	9	4	44.44	5	55.56
河南	3	1	33.33	2	66.67
甘肃	3	0	0	3	100.00
陕西	11	2	18.18	9	81.82
山东	6	6	100.00	0	0
江苏	10	0	0	10	100.00

续表

省别	总件数	分成制		额租制	
		件数	百分比	件数	百分比
安徽	16	10	62.50	6	37.50
浙江	20	3	15.00	17	85.00
江西	14	2	14.29	12	85.71
福建	26	5	19.23	21	80.77
广东	24	0	0	24	100.00
广西	13	2	21.43	11	78.57
湖北	4	0	0	4	100.00
湖南	24	0	0	24	100.00
四川	21	2	9.52	19	90.48
贵州	10	1	10.00	9	90.00
云南	10	2	20.00	8	80.00
合计	240	52	21.67	188	78.33

资料来源：清代嘉庆朝刑档，见中国社会科学院经济研究所馆藏。

表9-4　　明清时期徽州地区实物分成租与定额租实行情况　　单位：件

年代	实物分成租	实物定额租	货币地租	备　注
万历		1		转介绍人1件，地租形态不明
崇祯		2		
顺治		1		
康熙		2		
雍正		2		
乾隆	1	8		
嘉庆	1	11		出佃田皮1件，地租形态不明
道光		17	1	
咸丰		7	4	
同治		9		
光绪	3	8	1	
合计	5	68	6	

资料来源：安徽省博物馆：《明清徽州社会经济资料丛编》第八类，《租田地文约》，中国社会科学出版社1988年版，第423—451页。

表 9 – 5　　　　　　清前期台湾府实物分成租与实物定额租实行情况　　　单位：件,%

省别	总件数	分成制		额租制	
		件数	百分比	件数	百分比
雍正	9	—	—	9	100
乾隆	112	21	18.75	91	81.25
嘉庆	65	16	24.62	49	75.38
道光	50	3	6.00	47	94.00
合计	236	40	16.95	196	83.05

注：雍正年间总件数原书为 10 件，其中一件情况不明，舍弃不计。

资料来源：《清代台湾大租调查书》。

　　清前期定额租的发展，还可以从货币地租、押租及预租发展中看到。货币地租、押租以及预租的出现和发展，是建立在实物定额租发展及扩大基础上的，也就是说，货币租、押组和预租的发展有利于说明实物定额租发展的进程。

　　根据刘永成《清代前期佃农抗租斗争的新发展》[1] 及《论中国资本主义萌芽的历史前提》[2] 两文所搜集到的乾隆朝刑科题案中各类地租形态案件看，全国 20 个省区案件总数有 881 件，其中实物分成租 97 件，占总案件的 11%；实物定额租 531 件，占总案件的 60.3%；货币租 253 件，占总案件的 28.7%。如果把实物定额租与货币租合计一起统计，其件数占总案件的 89%。

　　据江太新《清代前期押租制的发展》[3] 一文研究，明清有押租记载：明代 1 款，康熙朝 2 款，雍正朝 3 款，乾隆朝 30 款，嘉庆朝 62 款，道光朝有 4 款。以上数字反映了随着社会经济的发展和时间的推移，经济越发展和时间越靠后，押租件数有逐渐增多的趋势，从另一个侧面反映了实物定额租发展和扩大趋势。另外，预租制的发展也同样反映了这一历史发展趋势，详见江太新《论预租制的发生和发展》[4]。赵冈、陈钟毅曾根据皖南的租簿

　　① 刘永成：《清代前期佃农抗租斗争的新发展》，《清史论丛》第 1 辑，中华书局 1979 年版。
　　② 刘永成：《论中国资本主义萌芽的历史前提》，《中国史研究》1979 年第 2 期。
　　③ 江太新：《清代前期押租制的发展》，《历史研究》1980 年第 3 期。
　　④ 江太新：《论预租制的发生和发展》，《中国经济史研究》1988 年第 2 期。

把地租分为监分制、正租制（一般定额租，中途改为硬租制）、硬租制几种不同地租形态进行统计，其统计年代为 1522—1900 年，佃户数目（包括田、地）3477 户，其中实行监分制农户有 284 户，占总农户 8.2%；正租制（一般定额租）有 2025 户，占总农户 58.2%；中途改为硬租制农户有 280 户，占农户总数 8.1%；实行硬租制农户 888 户，占总农户 22.5%。① 1820 年以后，实行硬租制比例要比 1820 年以前有更大提高，1820 年以前佃户数计 2146 户，直接实行硬租者 121 户，占农户 5.6%；1820—1900 年，佃户数为 1331 户，直接实行硬租者计 767 户，占农户 57.6%。之后，主佃之间直接签订硬租文约的比例都比前期高。如果这 3477 户仅分为监分制和额租制的话，额租制占 91.1%。

2. 额租租额及对地租管理

定额租租额，按俗例来说，是根据这块土地若干年收成的平均值来定的，也就是说，按一般收成年份为准。当时人称："计数岁中以为常，丰年不增，凶年亦不减"②。农业生产发展水平高低，与农业生产技术水平高低是一致的。明清时代，精耕细作技术虽然发展到一个新高度，但仍然摆脱不了自然条件影响，直到今天还是这样，天晴、下雨、刮风、下雹、虫灾，都无法调控。因此，风调雨顺之年，粮食亩产就会比常年提高；而遇上旱灾、水灾、风灾、雹灾、虫灾之年，严重者则颗粒无收，轻者也要比常年减收。定额租租额如何定，成为佃户、地主共同关注的社会问题。与分成租相比较，定得过高，佃户不愿意承种；定得过低，地主收入受影响。二五分成时的正常年景租额就成为最有价值的参照数，也是地主、佃户双方可以接受的数目。不过，这仅仅是理论上的说法而已。在实际生活中，由于人口增长快于耕地增长，在人多地少情况下，争佃情况就会出现。这时，地主往往会趁机提高地租额，以丰年租额代替常年租额，榨取更多剩余价值，甚至是佃农必要劳动。康熙年间，陈芳生指出，地主确定定额租租额时，"大约计丰年多收各得其半，以为常"③，就是这种情况。所以，一般来说，定额租租额会比分成租常年租额高些，比如说，占农田常年收获量的

---

① 转见方行、经君健、魏金玉主编《中国经济通史·清代经济卷》（下），中国社会科学出版社 2007 年版，第 1163 页表 5-2—5。

② 陈芳生：《先忧集》第 16 册，《减私租议》。

③ 陈芳生：《先忧集》第 16 册，《减私租议》。

60%—70%。徽州吴苏园祀产租簿记载，长土丘实行分成租时，每年平均租额为114斤，康熙二十七年改为定额租，每年租额为150斤，占面积产量的62.5%。地租额比分成租时提高了15个百分点。雍正二年，改由叶有德耕种时，租额由150斤改为170斤。祀产账册夹条记，"长土丘八秤，今叶有德种，已议七折硬租，递年交五砠二十斤矣"。地主利用换佃机会，将租额提高到占面积产量的70.8%；瑶塥白鹤塘田，面积产量十二秤，即360斤，实行分成租时，有簿记可查者为十年，共收租1307斤，每年平均收到租谷为130.7斤，占面积产量36.3%。康熙三十五年改为额租，"丙子换迁时种，立批硬交六砠"，即180斤，为面积产量的50%，比分成租时提高了13.7%。如果以平均年产量计，定额租租额达到常年产量的74.1%；塘口源田，面积产量为九秤，实行额租前十七年，共收租1833斤，平均每年收107.8斤，为面积产量的39.9%。康熙六十年，改行定额租，与租佃户徐约定："递年不论干旱，硬交本田干谷四砠半，不致短少"，即135斤，是面积产量的50%，但却是常年亩产量的62.6%；菁阳墩坟田，面积产量为三秤。雍正二年前，实行分成租，有记录年份为十二年，共收租谷498.3斤，平均每年收租谷41.5斤，为面积产量的46.1%。雍正二年改由李佛寿佃种，也由分成租改为定额租，租额为二秤，即60斤，占面积产量的66.7%，却占常年亩产量的72.3%。[①] 当然，这也不是绝对的，分成租改为定额后，有的租额可能增加幅度大些，有的租额可能增加幅度小些，但有一点是可以肯定的，即分成租改为定额租后，定额租的租额一定高过原分租租额，不超过原分租租额的话，就没有必要向定额租转化了。

定额租租额是否比分成租租额高些，应与分成租常年亩产量比较，而不能与契约文书上面积产量比较，如种、石、把一样，它是耕地面积的一种称呼，是虚数。如卖地时，往往把九石当十石卖有之；因水利灌溉变化，土质贫瘠化有之；因气候变化，单位面积产量下降有之；因自然灾害，减少收入有之；或受战乱影响，产量减少有之；等等。因此，地契中（或收租簿中）亩产，并不代表该地实际产量，或实际租额，这点并不是什么秘密，笔者在1996年发表的《论清代徽州地区地契中粮食亩产与实际亩产之

---

① 李文治：《明清时代封建土地关系的松解》，中国社会科学出版社1993年版，第449—450页。本账册一秤（砠）为30斤。这里所指常年亩产量系指以二五分租为准则，根据若干年所收租额为基数，计算年平均租额折算而成。

间的关系》一文中指出，以"实际收租量折算平均亩产仅为地契资料平均亩产量的 80%，为租簿中应交租额折算平均亩产量 90%"①。若以所谓正租额来衡量定额租剥削率，就会给人产生一种错觉，即定额租租额比分成租租额还低。这种认识不管在理论上，还是在现实生活中都是不可能出现的。因此，以此为据为地主地租剥削开脱罪责是站不住脚的。如果有的话，只能是在高押租情况下存在，但实质上高押租本身利息所得就包含着地租减少的部分，或超过地租减少部分，不然地主是不会减租的。

定额租的管理分为两种，一是"硬租"，一是"软租"。

硬租又有称为"铁板租"，铁板上钉钉子，不能变动之意。租额确定后，"丰年不加，灾年不减"。或言"丰损之年不得加减"②。明崇祯十五年，休宁县李奇佃种李三付田一备。"大小田三丘，计硬租十四秤十四斤。"清康熙三十三年五月，歙县胡百伦租种许荫祠名下田一丘一亩二分。"三面议定每年秋收交纳风车净谷二十斗，挑送上门，不致欠少"③。清康熙五十三年，福建闽清县龚光六承租福城王衙民田叁号，受种零石五斗五升零合，年载租谷共乙拾乙斗零升零合正。"递年不拘损熟，约定纳上好干净白粳谷，照租额定期送仓交纳"。雍正九年，福州林衙有承祖民田贰号出租，年载田租谷叁仟贰百五十斗，言议折实白早米贰百陆拾贰斗小，额内约禾廿五斗小，"递年不拘损熟，照额纳租"，"向后两家并无增减之理"。④ 嘉庆十二年，四川巴县何月清佃得李星华地一份，"二家面议，每年秋收风扬洁净，市斗交（纳）租租谷十二石，不得短少升合"⑤。乾隆二十六年，广西融县何均租种郑应太田耕种，"言明每年纳谷五百八十斤，丰年不加，旱年不减，立有租约为凭，历年从未少租"⑥。浙江地区亦有"有予议折实米数，

① 江太新：《论清代徽州地区地契中粮食亩产与实际亩产之间的关系》，赵华富编《首届国际徽学学术讨论会文集》，黄山书社 1996 年版。

② 福建师范大学历史系：《明清福建经济契约文书选辑》五，《租佃文书》，人民出版社 1997 年版，第 467 页。

③ 转见安徽省博物馆《明清徽州社会经济资料丛编》，中国社会科学出版社 1988 年版。

④ 转见福建师范大学历史系《明清福建经济契约文书选辑》五，《租佃文书》，人民出版社 1997 年版。

⑤ 四川大学历史系等编：《清代乾嘉道巴县档案选编》上，四川大学出版社 1989 年版。

⑥ 刑科题本，乾隆四十一年四月十八日，刑部尚书舒赫德题。

不论水旱者，曰实租"①。乾隆十四年，江苏苏州府陆仲南，租种屈府水荡一段，常年还正租七斗五升正。"自租之后，待至秋收，即将干洁好米，一并送还，决不少欠"②。凡是实行实物定额租地方，硬租（铁板租）占据主要地位。

软租，有些地方也称之为虚租。③ 佃户租种地主土地时，规定每亩（或每石、每种、每把等）租谷多少，若遇灾年，或按照收成分数交租，或按二五分成。与丰年不增、灾年不减硬租而言，这种遇到灾年歉收年份，租额可以做相应调整的这种收租办法，民间把它称之为软租。软租相对硬租而言，更富有弹性，更富有可行性。如福建仙游县，乾隆十九年李栋老租种林宅田一份，"年载早冬租伍石肆斗官，分作早冬二季送到交纳明白，不敢少欠。如少欠，将本田根即听田主召佃他人耕作，栋老不敢执占言说等情"。与此同时本契又着重申明："如荒损时年，请田主目同三分均分，田主得贰，佃得壹，不敢私割情由"。乾隆四十四年，仙游县林文老租种本里朱焕孙田一丘，"言约年纳租谷肆石捌斗民，带袋伍石拾壹斤，民粮为准，分作早冬贰季送到朱宅交纳，不敢少欠斤粒"。同时又声明"恐有风损时年，请本宅按照股均分，不敢私割少欠"。④ 安徽歙县，汪得和租种成名下田一号，三面言定每年秋收交纳风车净谷五十九斗六升整，"不致欠少"。同时规定："倘有天虫，白色、干旱，眼同干〔监〕割。"歙县二十一都黄文魁租种王名下田一亩六分，三面言定每年秋收交纳风车净谷四十斗整，"不致欠少"。同时约定："若有年成干旱，眼同监割均分无异"。⑤ 江苏苏州，乾隆十五年，顾文兰租到屈府水田六段，计十二亩，额租十二石，约至秋收成熟，即将干园好米，一并送还，不致拖欠。"如遇水旱虫伤，悉照乡沿大例，恐后无凭，立此租契为证"。同年，蒋景文租屈府水西地二段，八亩零，额租八石二斗六升正，每年约至秋收成熟，"即将干圆好米，一并送还，不致拖欠"。同时约定，"倘有风损虫伤，悉照乡沿大例"办租。乾

---

① 乾隆《乌青镇志》卷 2《农桑》。

② 洪焕椿：《明清苏州农村经济资料》，江苏古籍出版社 1988 年版。

③ 乾隆《乌青镇志》卷 2《农桑》。

④ 福建师范大学历史系：《明清福建经济契约文书选辑》五，《租佃文书》，人民出版社 1997 年版，第 473 页。

⑤ 安徽省博物馆：《明清徽州社会经济资料丛编》第八类，《租田地文约》，中国社会科学出版社 1988 年版。

隆十六年，王玉文租到屈府水荡一十二亩五分零，三面议定，每年该还额租米九石零一升五合，其租待至秋收成熟，"即将干圆好米，一并清还，不致拖欠"。同时议定："倘遇天高水旱风损虫伤，照依乡沿大例"交租。①四川巴县，嘉庆二年，唐占鳌佃到彭儒魁名下田一份，议定每年干纳田租谷子五十二石正。同时议定："若遇年岁不一，照市纳租，倘年丰租谷不清……将押佃银两扣除"。道光十一年，冷季顺租种游配义名下熟田一股及草屋四间，即日言定面议押佃老面银一百六十两正。其银无利。系每年上纳租谷八石，"如有年丰熟，升合不少；有年欠年照市纳租"。道光十七年，李新伦租种堂弟新玉名下石乔子堂田全份，佃日议定每年租谷六十七石正，其租谷内有糯谷二石，正租谷市斗交。"若遇年岁歉丰，照市纳租。"道光二十五年，余朝举租到口泰名下纱帽石田土全份，面议每年租谷八十四石，"不得短少升合"。同时面议："恐年岁欠缺，量田纳租，两无异说"。②泸州胡洪林，于乾隆二十六年租施金墨田亩，原定年纳租谷六石，后因天旱少苗，全部收成才四石九斗，佃户胡洪林要求"照俗例，主佃均分"③。广东保昌县，曾从方租种陈文华堂田二亩二分，"每年租谷五石，议定按照收成分数交租"④。浙江吴兴地方，"除实租外，视丰歉为盈缩"⑤。江西饶州安仁县，周全祖父子于乾隆十六年租种黎仲玉旱田十二亩，原定交纳额租，是年天旱歉收，佃户要求黎仲玉"临田均分"。嘉庆时，乐安县陈掌仔佃种元瑾六田十二丘，原定纳乡桶租谷三十八石，后因歉收，改为"临田分割"。⑥灾年，定额租改为主佃均分情况比较普遍。陈宏谋任江苏巡抚时曾颁发《业佃公收租示》文告，称："今岁（乾隆二十四年）苏、松、常、太等，田禾极其茂盛，可望十分丰稔，忽因生虫遇风，以致损伤田禾……本部院虑及业佃收租，易滋争执，业已批檄各州县官，凡报虫伤者，务即履亩亲勘禾苗，在田勘明收成分数，传谕业佃人等，按照所收分数完租。如

---

① 洪焕椿：《明清苏州农村经济资料》，江苏古籍出版社1988年版，第八章（一）地租剥削租佃关系：309《乾隆间苏州屈氏慎奈堂租佃契约》。

② 四川大学历史系等：《清代乾嘉道巴县档案选编》（上），四川大学士出版社1989年版。

③ 刑科题本，乾隆二十四年十一月六日，刑部尚书鄂弥达题。

④ 乾隆《乌青镇志》卷2《农桑》。

⑤ 转见黄冕堂《清史治要》，齐鲁书社1990年版，第137—138页。

⑥ 陈弘谋：《培远堂偶存稿》，见《文檄》卷45。

因分数多少争较者，即就田内所收各半均分，等因，饬遵在按，各属业佃，有按分数还租者，有将田中所收一半还业主者，亦有在田与业主各半分稻者，亦有田主量情饶让，佃户如数完交者，如此均平，尽可相安"①。崇明县"各业主亦系按照丰歉交收，相安已久"②。浙江青田一带，"遇水旱，租主佃户面同分收，此常例也"③。陶煦谓：许多地方都是"总在八月内，田主验明丰歉，酌议应收租额"，"此是历来旧规"。④陶煦认为"定额租犹虚租也，例以八折算之，小歉则再减"。在实际生活中，软租还是比较普遍。

但从租佃文书看，硬租比重大，软租比重小，从《明清福建经济契约文书选辑》五《租佃文书》看，本文契共208件，其中定额租为121件，在这121件中，约明"恐有风损时年，请本宅照股均分"等类字样者，仅4件而已，所占比例不过3.3%。安徽徽州地区《明清徽州社会经济资料丛编》第一辑《租田地文约》共计81件，其中定额租文契78件，在这78件中，议定"倘有天虫白色、干旱，眼同干〔监〕割"等类文字者，仅5件而已，所占比例为6.4%。江苏苏州府《明清苏州农村经济资料》所集佃约81件，其中言定："倘遇天高水旱、风损虫伤，照依乡沿大例"等言词者，仅4件，占文约4.9%。四川大学历史系等编《清代乾嘉道巴县档案选编》上，《租佃约》一栏所集文约共54件，其中定额租为52件，声明"恐年岁欠缺，量田纳租，两无异说"等话语者，共5件，占额租文约3.8%。从以上统计资料看，在灾年，也有地主愿意退回到"监分"纳租，但大多数地主不愿意作这样的承诺，他们只要求佃户承诺："不得少欠，如少欠，将本田根即听田主召佃他人耕作"等，尽量保持已得利益。

3. 定额租发展的诸因素

定额租并不是明清时代的产物，根据当前发掘材料来看，盛唐时期，西北地区已有实行定额租记载。至唐玄宗时，国有土地也采用了按亩规定租额办法。开元十九年（731）定：职田"仍依允租价对定，无过六斗；地不毛者，亩给二斗"，"借民佃植，至秋冬受数而已"。元稹说："其诸色职

---

①　军机处录副奏折，乾隆六年七月，苏州巡抚陈大受奏。

②　光绪《青田县志》卷9《风俗》。

③　中国第一历史档案馆等编：《清代土地占有关系与佃农抗租斗争》，中华书局1988年版，第659页。

④　陶煦：《租核》。

田，每亩约税粟三斗，草三束，脚钱一百二十文"，又说"其公廨田、官田、驿田等，所税轻重，约与职田相似，亦是抑配百姓租佃"。至元代，职田全是实物定额地租，而且在任何情况下也不能变通。当时，官田在全部耕地中占的比例相当大，以镇江地区为例，这里有官田九千余顷，约占当地耕地面积四分之一。到明代，王府的庄田、军队的屯田，全国各地的官田都实行实物定额租。①

但民田实行定额租却要比官田缓慢得多。据李文治先生研究，早在宋元时代，民田租佃基本上实行分成制，这时虽然出现定额租佃契约，但是额租只是个别事例，明代定额租制有所发展，和分成租制相比，两者大致不相上下，只是在各地区间稍有差异。到清代前期，定额租有进一步发展，至迟从乾隆朝开始，定额租已占据统治地位。②

现在问题是：民田实行定额租，为什么到明清时期才盛行起来？笔者认为有几个因素值得关注。

首先，唐以来，官（国）有土地一直在实行额租制，租额固定，收入有数，便于安排与规划。同时，节省了管理费用，不必派人到田间监督，不必派人到田头监割分收，了却许多麻烦。这些好处，经过长期考察以后，逐渐为民田地主所认识、所接受，这种思想认识是一个长期积累的过程，是一个潜移默化的过程，不是一蹴而就的。这种思想经过长期积累后，当比较多的人取得共识时，就会爆发开来，在同一时期，有更多地主来关注这一问题。从佃农角度来看，他们观察到的是：租额确定后，只要把这点租额交清了，生产过程如何安排，是佃农自家的事；劳动力如何点拨，也是佃农自家的事；农田种植什么，哪种作物种多种少，也是佃农自家的事。佃农觉得在定额租下，有更多的自主权来安排农作物种植，同时也有更多权利来安排自家副业，为家庭创造更多财富。另外，他们还看到一点，在定额租下，增产部分归自己所有，不再为地主所夺。当地主和佃户都认为定额租优于分成租时，定额租发展的障碍已清除，为定额租发展奠定了基础。

其次，天圣五年，宋仁宗颁布有关佃户迁徙法令，诏称："江淮、两

---

① 周远廉等：《清代租佃制研究》，辽宁人民出版社 1986 年版，第 133—136 页。

② 李文治：《明清时代封建土地关系的松解》，中国社会科学出版社 1983 年版，第 443 页。

浙、荆湖、福建、广南州军，旧条：私下分田客，非时不得起移，如主人发遣，给与凭由，方许别住，多被主人抑勒，不放起移。自今以后，客户起移，更不取主人凭由，须每田（年）收田毕，商量去往，各取稳便，即不得非时衷私起移，如果主人非理拦占，许经县议评"①。这是历史上著名的"天圣法"。此法令以立法形式保障佃户退耕自由和迁徙自由，标志着主佃关系得到进一步松解。但佃户身份地位的变化经历了曲折过程，至元代时，买卖佃客（地客）的情况仍然存在。地主和佃户之间的法律身份关系不是十分明确。从法律地位看，佃客地位在倒退，几乎近似奴婢了。但从实际生活看，佃客实际法律地位又不像规定的低下。总体来说，元代的舆论和司法大抵承认"所谓地客即系良民"看法，这比宋代有了较大的进步。到明清时期，地主与佃户双方在法权关系方面即以对等的身份出现，废除宋元以前佃户和地主之间具有等级性的人身依附体制，农民享有随时退佃的自由，佃农不再是土地的附属物，不再属于地主，他们同地主一样是国家的编户齐民，在法庭上与地主站在同等地位上。

农民享有随时退佃的自由，改变了过去被长期束缚于一个地主家的状况，佃农的流动，激活了佃租制度的变革。明代张萱说："佃户今年佃耕，明年可以弃而不耕"②。清代钱泳也指出，有的佃户还"利于易田"③。明清之际，有人形容，佃户驱牛荷耒，择地而往，"何乡不可施耒耜，而独恋兹土乎！"④ 一旦社会上劳动力缺乏，地主对于这种"今日掉臂而来，异时即不难洋洋而他适"的佃农，还不得不做这样的考虑："有愿赁此田者，本家给以资本，成熟取偿而不取息，则穷户之称贷而无从者，当有应者矣！自此多费心力以抚御之，使其感惠而不忍耕他人之土，则永无患矣。"⑤ 同时，地主开始认识到人的作用，如"良田不如良佃"⑥。因此，他们觉得应该在封建等级制度许可限度内要"善待"佃农，提出：一不过分苛索，二不过分役使，三不过分凌辱。他们认为这样做一方面可以调动佃农生产积极性，

① 《宋会要辑稿·食货志》一之二四。
② 张萱：《西园闻见录》卷40。
③ 钱泳：《履园丛话》卷4。
④ 康熙《清河县志》卷1。
⑤ 张履祥：《杨园先生全集》卷8，《与徐敬可》。
⑥ 张英：《笃素堂文集》卷14，《恒户琐言》。

另一方面可以保证稳定进行剥削，"衣食之源，悉藉其力，俯仰有取资"①。他们也认识到"常见凌虐佃户者，开口打骂，动辄呈官，甚至不论丰歉，滚砌准折，如此佃人能安堵，田地能膏腴乎"②。于是，在现实生活冲击下，清初张履祥设计过一个理想的主佃关系蓝图，其中几项重要规定为：第一，"佃户若系布种无资，每亩贷米二斗，秋成照数还纳白米，不起息；其遇水旱，用力车救，临时酌贷"。第二，"本宅有事，佃户若来效力，仍计工值酬劳"，"佃户畜养猪羊鸡鸭及种植瓜果之类，本宅需用，照时价平买"。第三，"佃户若能力行善事（如孝弟忠信义让等事），本宅特具酒食劝劳，其或与人忿争，亦为解劝"，"佃户凡有不孝不弟，犯上作非及酗酒赌博，惑于邪教，不务本业者，租课虽不亏欠，其田亦行别授"。③ 以上表明佃农自由流动对租佃关系发生的影响，以及主佃关系的松解，及佃农社会地位提高。佃农身份地位变化，有利于他们生产积极性的发挥，但他们又不愿看到增产的产品落到地主手中，这对定额租的发展有促进作用。

再次，定额租的发展符合业佃双方共同愿望。随着耕作技术提高，优良品种推广，引起耕作制度变化，原来一年一收的，可能改为一年两收，如一麦一稻，或两季稻，北方地区，或改为二年三熟。春花之类作物，要种才有，不种，谁也不要想分。另外，佃农往地里多投入，而多产出部分，他们希望全部获得；从地主角度看，他希望减少管理成本，如派人管理田间活动，到田监割分收等。而实行定额租后，佃农不必担心由于多投入而增产部分被瓜分，也不必担心春花部分被分割。因此，佃农希望实行定额租，同时，由于生产条件改善，佃农也有一定条件来支付地租，地主可从分成租改成定额租时，提高租额，同时保证每年固定收入，利于安排。因此，定额租便成了地主与佃农之间的结合点。尽管地主和佃农各有打算，但都希望实行额租的共识，成为明清时期额租发展必不可少的条件。

有些地方实行定额租后，地主想把定额租改回分成租时，受到佃农反对，也说明佃农心态的变化。如孔府的佃户多是交纳定额租，后来"以岁有丰歉，恐地户因薄收而不纳"，遂于乾隆十二年二月，"示谕各地户，嗣

① 车允中：《庸行编》卷6；王士俊：《闲家编》卷5。

② 车允中：《庸行编》卷6；王士俊：《闲家编》卷5。

③ 方行、经君健、魏金玉主编：《中国经济通史·清代经济卷》（下），第二章"分成租与定额租"，中国社会科学出版社2007年版。

后无论年岁丰歉，改为按亩分收"。但是，这种改定额租制为分成租制的决定，从一开始就未能顺利贯彻。山东泗水县佃农王怀玺等人首先反对，他们"连名具禀，情愿照常输租，不肯分种分收"，孔府在佃农反抗声中，也只好被迫同意，对不愿实行分成租制的农民，仍然实行定额租制。①

最后，社会经济的发展是分成租向定额租转化的经济基础。明清时期，水利工程建设，生产工具改良，土壤改良，复种指数提高，种子改良，制肥，施肥技术提高，番薯、玉米等高产作物传播，水稻向北方推广，北方粮食作物南移，经济作物推广，家庭副业发展，尤其是家庭手工纺织业普遍化，使佃农经济实力增强。据方行先生研究，清代前期，江南佃农资产，多者达白银百两。这就使佃农有能力向土地投入更多资本，提高农田单位面积产量，并能接受按定额纳租。李文治先生根据安徽省徽州府休宁县吴苏园祀产研究，揭示了分成租向定额租转化是以单位亩产量提高为基础这一事实。如实行分成租七处地亩，除楼角下一块产量忽高忽低，一直实行分租制外，其余六块在产量提高情况下，先后向定额租转化。二号瑶堨白鹤田，于康熙三十五年改为定额租，"立批硬交六砠"，为180斤，比分成租每年平均收租130.7斤，每年多收租谷49.3斤。三号田塘口源于康熙六十年改定额租，"递年不论干旱，硬交本田干谷四砠半，不致短少"。即每年交135斤，比分成租每年平均收租107.8斤，每年多收租谷27.2斤。四号长坵田，于康熙二十七年改定额租，租额150斤，雍正二年换佃时，"递年交五砠二十斤矣"，即170斤。实行分租制时每年平均收租114斤，第一次改定额租时，每年增租36斤，第二次增租时，比分成租年增租56斤，近乎分成租的149.1%。五号阳墩坟田，康熙三十二年以前都注有"监分"字样，平均每年租额41.5斤，雍正年改为定额租，租额60斤。比分成租时增加租额18.5斤。六号瑶堨白溪田，康熙三十一年前实行分成租，平均每年租额96.6斤，康熙三十一年，改由程子靖佃种，改为"硬批"，每年交租钱五钱。康熙四十年和四十一年，一度改为谷租，每年硬租20斗，即132斤，康熙四十三年又改银租五钱，七号瑶堨桑村厝田，康熙三十年以前只有七年收租记录，平均每年收租106.7斤，康熙三十一年换佃，"议重阳日硬与程子靖同交……每人五钱"。康熙四十年和四十一年，一度改交谷租20

---

　　①　周远廉：《清代租佃制研究》，辽宁人民出版社1986年版，第139页。

斗，即 132 斤，以租谷衡量，比分租时多交 25.3 斤。[①]

以上事例说明，生产发展，单位产量提高，是分成租向定额租转化的先决条件，并不是地主想如何就如何。没有这个基础，就是地主想提高地租量，也没有这个可能。

以上诸因素配合，成就了明清时期分成租制向定额租制过渡的高峰时代。定额租制取代上千年以来居于统治地位分成租制，跃居主导地位。

4. 地租率

何谓地租率？这是首先要弄清楚的。有人把定额租的面积产量作为基数与实际收租数额的比定为地租率。应该指出，这种认识是错误的。我们认为：地租率应是当年亩产量与实际收租额的比例，而不是固定亩产量与实际收租额之比。为什么呢？因为农产品生产要受自然条件制约，亩产量实际上是不稳定的，一年一个收成。尤其是遇到灾年，亩产量波动更大，有时甚至颗粒无收，实际租额就会随农田亩产变化而变化，或今年收多一点，或明年收少一点。租额变化依据，是长期以来约定的习俗，除铁板租外，又回到二五分成上来。地主收租数量虽然有多有少变化，但与当年实际亩产量之比，50% 的地租率是不变的。如果亩产量低于额定亩产量，地主强行以额定租数收租，那地租率则超过 50%，达到 60% 或 70%，甚至更高。但关于这个问题，有些人却不愿意提及，有意无意把这事回避了。

我们为什么要谈这个问题呢？原因是有某些先生以虚假地租率做文章，否定或有意隐瞒地主对农民的剥削，认为中国传统社会地租率不是 50%，而是 30%。或认为农民缴租，一般只缴定额租的七八成。于是，认为地主对佃农的剥削并不像人们所说的那样严重。

事实果然如此吗？我们把这个问题分成两种情况加以分析：一是分成租制下的地租率；二是定额租制下，可变租额的地租率，以及硬租或铁板租下的地租率。

首先，说分成租制下的地租率。

傅衣凌先生指出："长期以来，中国封建地租制剥削苛重，剩余劳动很小，而剥削率很大"。以实物地租而言，"实物地租既有正租，又有附租。所以租率一般在百分之六七十以上……至于货币地租，它也不是那时社会

① 李文治：《明清时代封建土地关系的松解》，中国社会科学出版社 1993 年版，第 449—450 页。

上生产、交换诸条件成熟的结果，而是实物地租单纯地换算与折纳，这种用货币折纳地租的出现，不仅不能减轻农民的负担，亦不能促进地主经济的正常发展"①。

魏金玉先生说，在分成租制下，实物部分一般要占到土地生产物数量的四至六成，甚至七八成。比如直隶景州、献县，山东单县，安徽凤台，江南上元，浙江绍兴等地，地主出备牛力种子者，"与分秋获之半"。河南汲县、鄢陵，田主出牛具者"大概麦（的收成）三八分，秋（的收成）三七分，柴草俱归主人"。河南鹿邑"主居之以舍而令自备牛车籽粒者，所获皆均之，主出籽粒者，佃得十之四，主并备牛车刍秣者，佃得十之三，若仅仗为种植芸，则所得不过什二而已"。②

黄冕堂先生在《清史治要》一书中，搜集有乾、嘉、道三朝分租事例195条，其中155条是对分制（均分制）资料，24条是主少佃多资料，14条是主多佃少资料，此外，还有1条特例。③据此，均分制占总数79.5%，主少佃多者占12.3%，主多佃少者占7.7%，若把二五分成及主多佃少二者合并，则占总数87.2%。地主地租剥削占50%或50%以上者占近九成之多。

我在编《明清土地问题资料》书稿时，接触了大量资料，许多文献记载，都以主佃"二五分成"为常态，部分地区地租亦有多于50%的，也有少数低于50%的。从徽州地区留下的大量租簿资料看，也是以二五分成为主。笔者在《论清代徽州地区亩产》及《论清代徽州地区地契中粮食亩产与实际亩产之间的关系》④两文中，列举的大量事例就说明这点。至于北方，那苏图称：以主六佃四为主。原因是佃户住地主的屋，地主出籽种等。

据黄正林研究：民国时期，甘肃地区收租习惯是："上地地主六成佃户四成，中地地主与佃户各得五成，下地地主三成佃户七成"。平凉和武威一

---

① 傅衣凌：《明清社会经济变迁论》，中华书局2007年版。

② 方行、魏金玉、经君健主编：《中国经济通史·清代经济卷》（下），经济日报出版社2000年版，第1148页。

③ 黄冕堂：《清史治要》，齐鲁书社1990年版，第166页。

④ 江太新、苏金玉：《论清代徽州地区亩》，《中国经济史研究》1993年第3期；江太新：《论清代徽州地区地契中粮食亩产与实际亩产之间的关系》，《首届国际徽学学术讨论会论文集》，1996年版。

带，按收获量分给地主三分之一。①

徽州地区保留下来的租簿中，还有一本特殊的租簿，记载的是光绪年间佃户欠租的情况，把欠租佃户统称为"刁佃"。在这本账册中，有许多佃户所欠的租谷仅几斤或几两而已，也被地主视为刁佃。从这里可以看到，地主对地租收入不仅仅是斤斤计较，甚至是两两计较。他们是不会轻易放弃租约中自己应得的那份经济利益。某些先生说，地主仅收30%的地租。如果地下有灵的话，地主可能要掌这些人的嘴巴，并指斥他们胡说八道。

其次，探讨定额租下的地租率。

定额租有两种，一种是遇灾歉收情况，主佃双方可协商，把额租改回分成租，这种定额租也称为软租；另一种是硬租，或称铁板租，这种租在任何情况下，租额都不变。前一种情形，在徽州地区很普遍。

硬租的租率是不变的，这里无须多讨论。对地租收入数量有影响的是软租。①从分成租转为定额租时，出现亩产虚高情况。如徽州康熙五十六年至雍正十三年林公御等四处田，定额租租额以最高亩产为准，比平均亩产高出22斤②。这样事例很多，详见江太新《对清代土地关系新变的认识》③一文。由于地租数额定得过高，农民无法负担，而放弃租地。在这种情况下，地主为保障地租收入，只好调整地租数量。但调整后的地租量与实际亩产相比，地租率仍然保持在50%层面上。②自然灾害影响。从徽州看，从明成化七年（1471）至1987年，共516年间，全区出现旱灾年份计136年次，发生水灾年份计176年次，水旱灾害发生年份共计312年次，平均每10年就有9个受灾年份。当地谚语称："旱灾一大片，水灾一条线"。频繁自然灾害，直接影响农田产量。按当地惯例，灾年按亩产分收。地方政府也规定：灾年地租按亩产分收。地主地租额虽然减少了，但50%的地租率不变。③土地贫瘠化，使亩产下降。如洪水造成农田沙化，水利失修造成农田贫瘠化，战乱造成农田荒废，农民贫困化也影响对土地投入。这些自然或人为因素都会影响亩产量，也会减少地主地租收入，但50%的地

① 黄正林：《民国时期甘肃农家经济研究》，《中国农史》2009年第1期。

② 中国社会科学院经济研究所藏：《屯溪档案·租簿》。

③ 江太新：《清代土地关系的新变化》，天津古籍出版社2011年版，第396—397页。

租率依然保持不变。一些学者认为地主收租率仅 30%，这是误导，是对地租率的有意歪曲，是为地主对农民残酷剥削打掩护。对这种玩弄数字游戏的手法必须揭穿。

另外，从地主贪婪成性看，地主也不可能放弃应收租额。《湖南省例成案》载："穷檐佃户，横遭田主额外需索规礼，种种苛求，无厌无耻，行同乞丐，全不念及佃户完租之数已倍于完粮，更复设立名色，百计贪求，复逾于租谷。……今访得有田之家，凡遇穷民佃耕其田，必先索取进庄礼银，每亩或三五钱，以及八九钱不等。又庄屋地租三五石不等，俱不在正租之内。既佃之后，除纳租外，又每亩派纳粮米一斗或几升，勒令佃户碾米上仓，亦不在正租之内。每年七月内，每亩索新鸡一只、新米几升；九月内，又索重阳鸡、重阳酒；腊月内，又索年糕或年粑几块、年鸡一只、年肉二三斤不等。更有各色不及细知者，尚难屈指。通计此规礼已过正租之数。更可恨者，凡佃户家嫁娶，田主必勒取挂红礼银，或一二两至三五两不等。横征勒索，竟同当日土司之鱼肉其民。又田主本家，遇有红白之事，以及修造房屋等项，或每田十亩，派工几名，不论忙闲，一呼即至。是名虽佃户，实与仆隶无异。以上各项需索，稍不遂欲，即将田另佃，或藉以踞庄骗租名色，送县差拿究比，甚至威逼人命"①。像是这样地主，能让农民短租乎！

二　押租制和预租制的流行

明清时期，押租制和预租制的发展原因，江太新在《清代前期押租制的发展》和《论预租制的发生和发展》② 两文中，已作了较详细的论述，这里不再重复。下面主要探讨押租制及预租制的发展。

1. 押租制的发展

押租制在我国发生较早，嘉靖年间，福建龙岩县已有押租记载，"佃丁出银币于田主，质其田以耕。田有高下，则质有厚薄，负租则没其质。"并

---

① 《湖南省例成案·户律》卷 7，《田宅禁田主纳租之外派纳籼米勒取礼银役使佃户》，中国社会科学院经济研究所馆藏，复印件。
② 参见江太新《清代前期押租制的发展》，《历史研究》1980 年第 3 期；江太新：《论预租制的发生和发展》，《中国经济史研究》1988 年第 2 期。

说这种做法"沿习既久"。① 通过这一记载，可以得知，福建龙岩县在嘉靖以前已流行押租制；押租金额多少，视田肥瘠高下而定；佃丁欠租，田主以其质银相抵。明后期，福建漳州府属也有出资佃田记载："佃户出力耕田，如雇佣取值，岂得称其主，缘得田之家，见目前小利，得受粪土银若干，名曰佃头银"②。《云霄厅志》称：佃头银乃"保佃之银，佃户无欠税，业主欲召佃，宜清还之"③。但作为一种制度来说，它还不那么完备。从实行的地区来看，还仅局限于福建某些地区，它还是属于个别的、零星的例子。大概这时的押租制处于萌芽时期。④ 此后几十年，到清代的康熙、雍正年间，押租制已在比较大的范围内推行了，如江苏、浙江、湖南、广东诸省相继出现押租的记录。同时，内容也较明代福建云霄厅更为完备。这时，地主已经明确提出要佃户租地时交纳押租，这种押租是一种抵押作质的货币。雍正年间，浏阳县对押租已做出规定，佃户在租种地主土地之时，要"书卷纳锱为质"⑤。这就是说，佃户在租种地主土地时，必须订立契约，并交纳一定数量金钱，作为地租的保证。广东省揭阳县农民朱文京，于雍正元年租种地主土地十九亩一分七厘，交顶首银六两八钱，后因家贫欠租，地主将顶首银两抵偿租项。⑥ 又如潮阳县，雍正十年，佃户郭钦相租种地主田五亩，交顶首银十七两，每年还要纳租谷十二石四斗二升。⑦ 到这时候，佃户向地主租种土地时，地主根据当时、当地情况，以及土地肥瘠，对每块地提出了要收取多少押金的要求，每年要纳多少租谷的要求，并把这些要求以文约的形式明确规定下来，比明代福建地区实行的"保佃"已有很大的发展。从地区上看，实行押租制的省份已扩展到数省，范围大大地扩大了。押租制发展到具备雏形的阶段了。到乾隆、嘉庆年间，全国二十六个省中就有十八个省有押租记载，地主向佃户收取押金已成为普遍现象。

① 嘉靖《龙岩县志》卷上第二《民物志·土田》。
② 顾炎武：《天下郡国利病书》第十六册，《福建》，第85—86页。
③ 光绪《云霄厅志》卷4《土田》。
④ 吴晗同志在《朱元璋传》一书中说，元代末年押租制已成租佃关系中的普遍现象。我们迄未发现有关元代乃至明代中叶以前押租记载，吴晗同志也未引证资料来源，暂存疑。
⑤ 《浏阳县志》卷1《风俗》。
⑥ 中国社会科学院经济研究所藏：《刑档抄件》T1924。
⑦ 中国社会科学院经济研究所藏：《刑档抄件》T2486。

许多方志都把这一制度作为一种通行的习俗记载，说明押租制在这一时期的迅速发展已侵入社会经济生活，并发生巨大的影响。乾隆三十四年（1797），福建道监察御史刘天成为《清除佃耕押租之积习以便无业贫民事》奏折中写道："臣闻川省近年以来，凡以田出佃，必先取银两，名曰押租。"又说："今川省固已如此，又闻他省似此者亦复不少"①。乾隆三十五年，江西省宁都县仁义乡横塘塍茶亭内立了一碑，碑中有一段记载："一，田山批赁，田主按赁收租，佃户照批掌耕，彼此借以为凭，原不可废。但批赁时，田主必索佃户批礼银，并创十年一批之说，殊属额外多取。嗣后凡遇易主换佃，方许立批赁。如主佃仍旧，则将初立批赁，永远为照，不许十年一换，其批礼银，无论初批，换批及苛索入学贺礼，帮纳差漕，一概禁革"②。这两件文献资料反映了同一个事实，即押租制发展到乾隆年间，已成为社会上一个突出的问题，所以刘天成写了专门的奏折向清廷反映，乾隆皇帝对这份奏折很重视，要"九卿议奏"③。江西省宁都县由于地主利用押租鱼肉人民，加重了对农民的剥削，从而引起了农民的强烈反抗，地方政府在农民斗争的压力下，不得不向农民作了让步，勒石立碑，禁止地主出租土地时向佃户收取批礼银，不许地主玩十年换一次批赁的花招。在湖南省，押租制更加普遍，乾隆年间编修的《湘潭县志》卷十三中记载了押租事例："贫民以佃为产，议佃这初有庄礼"。河南省汝宁府罗山县，嘉庆六年发生的一起租佃案中记载："该处俗例，佃户应出押佃钱文"。④ 广东省镇平县在鸦片战争以前，押租制也已经成为一种习俗，"佃户赁耕立承耕字，以银为质，如有欠租，即另招别佃，将此银抵扣所欠之租，名曰粪质银，亦曰粪尾银"⑤。道光五年，陈盛韶到福建阳县任职时，他见到的情况是："佃户除纳租外，当即出银数两与田主书立起埂字据，拨与栽种，日后起佃，仍将佃户银两退还"⑥。从上述文献资料可以看出，这时是押租制迅速发展阶段。它已经作为租佃关系中的一种制度，在全国大多数省份普遍推行，详见表9-6。

---

① 故宫博物院明清档案馆：《军机处录副》。
② 故宫博物院明清档案馆：《军机处录副》。
③ 《民商事习惯调查录》，第424页。
④ 中国社会科学院经济研究所藏：《刑档抄件》U6129。
⑤ 黄钊：《石窟一征》卷五，《日用》。
⑥ 陈盛韶：《问俗录》卷一，《建阳》。

由于押租制发生时间、地点、条件不同，使用的货币又有钱、银之别，押租的称谓遂也不同（见表9-7）。

表9-6　　　　　　　清代前期各省有押租州县统计*　　　　　　单位：例

省别	朝代						
	明季	康熙	雍正	乾隆	嘉庆	道光	
直隶					1	3	
盛京					1		
山西				2			
蒙古					1		
河南					3		
陕西					3		
江苏		1		1	2		乾隆年间尚有一例，州县不详，未计入
浙江					7		
江西				3	3		
安徽				1	3		
湖北				3	2		
湖南*			1	9	5		
四川				3	22		乾隆年间有二例，嘉庆年间有二例，州县不详，未计入
福建	1	1		2	2	2	嘉庆年间，有一例，州县不详，未计入
广东*			2	3		1	乾隆年间，有一例，州县不详，未计入
广西*					2	1	
云南*				2	2		嘉庆年间，有一例，州县不详，未计入
贵州*					1		广东
合计	1	2	3	29	60	7	

注：凡有*者，在同一朝代、同一州县里发生几例案件，或地方志书中也有同一州县记载，本表中按州县计一数；凡同一州县，在前一朝代已出现的，记在最早出现朝代内，以后各朝不重复计数。

资料来源：中国社会科学院经济研究所藏《刑档抄件》，故宫博物院明清档案馆：《刑档》；各省地方志书；北京师范大学清史研究组《红楼梦》历史背景资料（之二），见《北京师范大学学报》1978年第一期；全士潮《驳案新编》；《巴县档案》；《皇朝续文献通考》。

表9–7　　　　　　　　　　清代前期各省押租名称*

省名	押租名称	省名	押租名称
直隶	押租银、押租钱、佃礼钱	福建	押租银、保佃银、田根银、佃头银、起埂银、保租银、顶耕钱
盛京	押租钱	广东	顶批银、顶耕银、顶手银、顶首银、批头银、批头钱、粪质银（粪尾银）
蒙古	押租钱	广西	押租钱、顶批钱、批头钱
陕西	押租钱、进庄钱、顶手钱	湖北	佃礼钱、上庄银、价银、顶种钱、顶种银
河南	押租钱、押佃钱、佃礼钱	湖南	押租钱、押佃银、佃规银、佃规钱、规银、进庄钱、进庄礼银、典佃银
江苏	押租钱、佃礼银、顶耕银、顶首银、业租钱	四川	押租钱、押租银、押佃钱、押佃银、佃价钱、佃价
安徽	进庄银、寄庄钱、寄庄银、揽种钱、顶价、顶种钱	贵州	押租钱、顶佃钱、顶佃银
浙江	押租钱、押佃钱、揽佃银、佃规银、价银、顶耕钱	云南	押租银、押佃银、压佃银、顶耕钱
江西	押租钱、佃礼银、批礼银、顶耕钱、顶租钱、堕脚银、脱肩银		

注：＊即文中所列举的有关押租制称呼，并不完全是押租制的典型称谓，有些名称与永佃制的某些称呼完全相同，如顶耕银、顶首钱是也。由于这种情况存在，所以，在鉴别一条材料是否属于押租制的材料时，务必仔细分析材料，不能仅凭其名称，确定它的属性。

资料来源：中国社会科学院经济研究所藏《刑档抄件》；各省地方志；全士潮《驳案新编》；刘锦藻《皇朝续文献通考》卷二十一；刘永成《清代前期佃农抗租斗争的新发展》，《清史论丛》1979年第一辑。

　　从我们接触到的资料来看，鸦片战争以前，实行押租制更为普遍的省份应首推湖南、四川两省。

　　湖南省有押租记载的州县，据目前已经见到的资料，从雍正至嘉庆这段时间里，至少有十五个州县（见表9–8）。

表 9 - 8　　　　　　　清代前朝湖南省有押租记载州县

州县	押租名称	资料时期	资料出处	备注
浏阳县		雍正	雍正《浏阳县志》	佃户要"书卷纳锸为质"
茶陵县	进庄礼	乾隆七年	中国社会科学院经济研究所《刑档抄件》	
湘潭县	进庄礼	乾隆	乾隆《湘潭县志》	
岳州		乾隆十一年前	转见同治《巴陵县志》，引郡志	按，《岳州府志》最迟为乾隆十一年修
宁乡县	进庄银佃规	乾隆二十五年	嘉庆《宁乡县志》，又同治《宁乡县志》	
善化县	押规银	乾隆十二年	光绪《善化县志》，引乾隆十二年魏志	
末阳县	典佃银	乾隆二十四年	《刑档抄件》	两年后，还银退佃
湘阴县	进庄钱	乾隆四十年	《刑档抄件》	乾隆四十年写契
桃源县	进庄钱	乾隆五十六年	《刑档抄件》	
鄌县	佃规钱	乾隆五十八年	《刑档抄件》	
平江县	佃规银	嘉庆二十年	《刑档抄件》	
邵阳县	进庄礼	嘉庆	嘉庆《邵阳县志》	
巴陵县	进庄礼	嘉庆	嘉庆《巴陵县志》	
衡阳县	佃规押租钱	嘉庆	嘉庆《衡阳县志》	
郴县	批钱	嘉庆	嘉庆《郴县志》	

根据《湖南省例成案》所辑录乾隆二年案件，"有田之家，凡遇穷民佃耕其田，必先索取进庄礼银"①。乾隆十一年，按察使周人骥引用道州知州段汝霖的话说："楚南习俗，凡小民佃田，俱有进庄礼银，又名写田钱"②。另据乾隆《湘潭县志》卷十三："贫民以佃为产，议佃之初有庄礼"。从以上记述语气看，在乾隆年间，湖南省可能有更多的州县出现了这种制度。

据表9-8，湖南地区押租制出现的记载年代：浏阳县始于雍正年间；茶陵、湘潭等九州县开始于乾隆年间；平江、邵阳等五县开始于嘉庆年间。押租制实际发生的年代比开始有记载的年代可能还要早一些。有不少州县的押租制起初是以"进庄礼"的名义出现的。关于"进庄礼"的内容及流行情况，《湖南通志》的作者做过这样的概括：

---

① 《湖南省例成案》，见《户律·田宅》卷七。
② 《湖南省例成案》，见《户律·田宅》卷五。

"一，俗谓佃田为写田，每田十亩有纳进庄银至二三十两者，谓大写；有纳进庄银二三两者，谓之小写；有不纳银而多纳租者，谓之加租。

"一，大写则退庄之日，田东仍还原银，亦或有议定年分扣除银两者。

"一，小写退庄之日，原银不复取也。其中有议定年分者，亦有约载永远耕种者。然近则十余年，远则二三十年，仍出银再佃，谓之转耕。

"一，加租则既无久暂之成约，惟视东佃之合否为进退焉。

"一，然贫民佃种大写者少，其小写及加租者，往往拖欠租谷，积岁未清，又穷无所之，因而'霸种'不退，以致构结讼端。"①

将地方志书和刑部档案所提供的资料结合起来考察，在押租尚未作为一种成熟的制度出现之前，它所具有的特征是：各个地区不仅称呼不一，内容也有"大写""小写"之区别，进庄礼银有退还和计年扣除的差异；有的还保留着押租与加租混同在一起的情况。在雍正年间，还有这种情形，一般穷佃交不起"大写"进庄礼，只交"小写"进庄礼。这种"小写"，议定租佃年限，到期还佃，而礼银不退。如继续租佃，须另交礼银。从"进庄礼"这个称谓，顾名思义，是指佃农进地主之庄，住地主之屋，和地主建立租佃关系之始，先交纳一笔费用，故名之为"礼银"。在这里，押租表现为农民对地主的一种封建贡献是十分清楚的。因此，他的早期形态虽有押租的性质，但不可忽视它所显示的封建依附关系的内容。

这种制度接着在四川省蔓延开来。据光绪《奉节县志》卷二十八称："李上品，北乡芝麻田里民，于乾隆三十二年捐田地一分，价值三百余金，每岁收租谷十三石，佃钱十六千，施作两河口义渡之费，立有碑"。这里所指的佃钱就是押租。乾隆三十四年，御史刘天成把四川省实行押租的情况做了详尽的记述："臣闻川省近年以来，凡以田出佃，必先取银两，金曰押租，其租照常，其银无利，直俟退佃还银。其有租仅二三十石，而押租之银竟有倍至四五十两，更有加银夺佃，以致酿成争端者"②。乾隆四十年，巴县朱廷选向虎头寺僧佃田一段，每年租谷三十石，交押租三十一千文。同年，该县农民吴国雄也向虎头寺佃田一段，每年租谷十八石，交押租十千文。③ 从这些材料可以看到，在乾隆中期，押租制已在四川发展起来，到

---

① 乾隆《湖南通志》卷九。

② 故宫博物院明清档案馆：《军机处录副》。

③ 乾隆《巴陵档案》，《民刑》《田产》。

嘉庆年间进一步普遍化。据嘉庆朝的刑事案件材料考察，有关押租的案件在租佃案件中已占着极大的比重。该省当时发生租佃案总数为六十一件，涉及的州县三十七个，在这些案件中，有押租的案件二十八起，占总案件的百分之四十六弱，一般租佃案件三十三起，占总案件的百分之五十四强。发生租佃纠纷的三十七州县，有押租记载的有二十二个，占总州县数的百分之五十九点五。剩下的十五个州县虽然没有押租记载，但不能据此断定这些地方不存在押租制。

又据《忠州直隶州志》记载：该州共有书院田二十七处，其中记明有押佃钱的占十四处，计乾隆朝二处，嘉庆朝五处，道光朝三处，年代不明者四处。无押租记载的十三处。其征收押佃钱的十四处，田场面积比较大，每处所征租额平均在二十三石以上。其未收押佃钱的十三处，只有五处面积较大，其余八处每处只能出产稻子或杂粮数石，有四处甚至少到一至二石，征收的地租就更少了。

由以上记载可以看出，四川押租制度发展时间，大体是在乾隆中期以后，略晚于湖南省。但值得注意的是，四川省押租制一开始就脱弃了"礼银""佃规"的外壳，直接以押租的形态出现，或称"押租钱""押佃钱"，或称为"佃价"。这一点是和湖南以封建贡献形式出现的"进庄礼"有所不同。这一不同，大概与四川的佃户绝大多数由来自外省的客佃构成有关。

综上所述，押租制发生发展的过程就很清楚了。明代后期，首先在福建出现；到清代康熙、雍正两朝，继续在江苏、湖南、广东、浙江诸省发展起来；到乾隆、嘉庆两朝，这种制度在全国大多数省区出现，尤其是在湖南、四川两省更为普遍。

2. 预租制的发展

预租发生于何时，因受资料限制，目前尚无法确定。但有一点是可以肯定的，它是伴随实物定额租和货币定额租产生而产生的。从我们手头上掌握的资料看，明万历年间已有预租记载是千真万确的。安徽省徽州府留下的一件租约是这样记载的：

"十一都汪奉孙自情愿租到同都胡广、朱洪等名下坟前地壹块，又坟左庇外地壹块，内柿木大小四根，凭本管二家每年面议地木租银壹钱正，其银约至清明日交纳，不致短少。自佃之后，日后子孙毋许砍斫、变卖；如违听自胡、朱二家理治。恐后无凭，立此租约为照。

万历十四年三月初十日　　立租约人汪奉孙

本管里长吴贤　　吴俊德

代笔见人吴　圣

同业人胡广、胡保、朱洪、朱四十租银照粮均分。再批"①。

当时，预租可能还是个别地区的个别事例，处于萌发时期。

进入清代以后，预租有了发展。不但实行预租的地区不断扩大，而且越来越多的地主或田主出租土地时放弃了原来秋成收租老办法，采取了预收地租的新办法。

康熙前期，江西宁都所属的三个乡地主向福建汀州、上杭、连城三地到此佃耕农民收取"批田银"，如"不能即办批田银，田主许之宽假，计银若干，岁入息三分，统俟冬收交纳"②。雍正十三年以前，山西沁源县农民常进财租李相山地一分，每年出租一十七石。雍正十三年，李相山向常进财预收粟谷三十四石，议定作为两年租课。③ 雍正十三年正月间，广东平远县农民颜惟全向邻村林若薛租种田五斗五升，议定每年租谷五石五斗，"要早熟清交"④。到乾隆年间，江苏、浙江、江西、安徽、湖南、湖北、四川、直隶、山西、河南、陕西、甘肃、福建、广东、盛京十五个省区四十三州县都有实行预租的记录。嘉庆年间，全国各地又有十九个州县实行预租。到了清代前期，预租已在全国范围内推广开来（见表9－9）。

表9－9　　　　　　　各省预租件数及实行预租州县统计
（万历至嘉庆）

省别	时间									
	万历		康熙		雍正		乾隆		嘉庆	
	件数	州县	件数	州县	件数	州县	件数	州县	件数	州县
江苏							1	1	2	2
浙江							1	1	4	4
江西	1	1	1	1						

---

① 中国社会科学院经济研究所藏：《屯溪档案》，《租约》。

② 《魏季子文集》卷八《与李邑侯书》。见《宁都三魏全集》。

③ 《刑科题本》，乾隆六年3月11日，刑部尚书来保等题。

④ 《刑科题本》，乾隆二年4月7日，经筵讲官徐等题。

续表

省别	时间									
	万历		康熙		雍正		乾隆		嘉庆	
	件数	州县	件数	州县	件数	州县	件数	州县	件数	州县
安徽	1	1							2	2
湖南							1	1	1	1
湖北							3	3		
四川							4	4	2	1
直隶							15	15	5	3
山西					1	1	2	2	1	1
河南							1	1		
陕西							2	2		
甘肃							1	1		
福建							2	2	2	2
广东					1	1	5	5	1	1
盛京							1	1	3	2
合计	1	1	1	1	2	2	40	40	23	19

注：1.《皇朝文献通考》卷十，乾隆五年《禁屯田不得立卷预支》条及《嘉庆大清会典事例》卷一三六，乾隆五十六年议准"庄头等毋得预年支取"规定，由于省别不清，未计表内。

2. 四川省射洪县，直隶永清县、定兴县，盛京省广宁县由于乾隆年间已有预租记录，所以嘉庆年间州县数一栏总数少了四个。

资料来源：中国社会科学院经济研究所藏：《刑档抄件》，《屯溪档案》，《民商事习惯调查报告录》，民国十九年版；《淡水厅志》，《清代台湾大租调查书》第三册；乾隆《顺德县志》；《清代档案史料丛编》第五辑；《满州旧惯调查报告》，皇产。

清前期，预租的发展不仅表现在地区范围的扩大，而且体现在更多地主或田主采用这种先收租后耕地的出租办法。万历年间，安徽省徽州府田主收取预租的还是少数，我们所见十九件租约中，分成租占七件，定额租占七件，货币租四件，预租只有一件。① 到清代前期就不同了，许多地方形成了习惯。如，乾隆十五年出版的《顺德县志》指出："有田者多不自耕……耕者纳租，或在当年，或在上年"②。乾隆四十一年，广东南海县方

---

① 中国社会科学院经济研究所藏：《屯溪档案》，《租约》。
② 乾隆《顺德县志》卷四，第1页。

氏家族议定：租地者"银租于投田日现银交租，乃得登簿"。他们认为这种办法"甚属妥当，永远遵行"。① 湖南汉寿县民间习俗是："倒租者，佃户于未耕田之先，预将应纳之租谷送交田主……庄息者，佃户应于先一年冬季，按亩数缴纳田主庄钱若干，翌年方能耕种，年纳一次，退佃亦无返还"②。湖北南漳县亦有"先年交租，次年种地"③ 的风俗。此时，民间有关此类记载甚多，不一一列举。由此，我们可以看到，预租在民田租佃中已相当盛行。

这时，预租在官田、旗地实行情况如何呢？乾隆五年，清政府制定的条文中有一条规定："运军额设屯田，止许得当年租银，不得加租及立卷预支。"④ 乾隆五十七年规定，庄田、旗地"祇准按年交租，该庄头等毋得预年支取，倘仍向预支，许佃户呈控。"⑤ 东北地区户部官庄的佃户分永佃户和现佃户，现佃户耕种权的取得，是以预交第二年地租为条件的。⑥ 官庄旗地租佃中收取预租的已相当普遍。

从预租实施的范围及普遍性看，预租经过万历至清前期发展，到乾隆年间已成为租佃关系中一种新型的租佃方式——预租制。

预租成为租佃制度中的一种收租方式后，便在全国范围内得到普遍推广，并一直延续到民国时期。1934 年，《中国经济年鉴》写道："预租不特发展于江、浙、闽、粤、冀、鲁等沿海各地，内地各省亦有之。"⑦

从地租形态考察，预租有货币租和实物租两种。

货币预租是预租制中最常见、最普遍形式。如江苏崇明县张三向施忠租赁东旺沙柴荡，议明租价二十两；⑧ 浙江诸暨县楼王己美租余思田族祀田三十亩，预交租钱六十五千文；⑨ 湖北宜城县张起洪佃种杨国点的田，预付课租四十三千文；⑩ 四川射洪县范添顺兄弟佃吴耀土地耕种，"原议定预交

① 南海《方氏族谱》，《祠规》，光绪刻本。
② 《民商事习惯调查报告录》，民国十九年版，第 607 页。
③ 中国社会科学院经济研究所：《刑档抄件》。
④ 《清朝文献通考》卷十，第 4944 页。
⑤ 嘉庆《大清会典事例》，卷一三六，第 15—16 页。
⑥ 《满洲旧惯调查报告》，内务府官庄，第 189 页。
⑦ 《中国经济年鉴》，1934 年出版，第 7 章，第 686 页。
⑧ 《刑部档案》，乾隆四十二年三月十九日，兵部侍郎方杨魁题。
⑨ 《刑部档案》，嘉庆二十四年五月十四日，巡抚浙江等处地方陈若霖题。
⑩ 《刑科题本》，乾隆三十年五月十一日，兼管刑部臣刘统勋等题。

一年租息银二十二两"①；直隶永清县方瑞征租种贾杜地十亩，先给地租大钱十五千文；② 甘肃肃州卢廷吉有三石种子的地，租与西安开功县人陈宏康耕种，讲过租种三年，每年租银十八两，陈宏康"现给他二年的银子三十六两"③；广东潮阳县郑军踊向郑阿租田二分，欲行播种早秧，"当给租钱四百文"④；等等。民田如此，官田、旗田如何呢？根据我们所接触到的材料看，旗地预租皆为货币预租。乾隆至嘉庆年间，我们辑录到十二件旗地预租案。这十二件预租案记载的都是货币地租，如，乾隆七年发生一起案件中记载，正红旗宗室都隆额将投充人蓬自化的投充地四顷四十五亩，租与民人刘海祥等耕种，预收租银一千两；⑤ 乾隆十五年，直隶满城人段五租种在京旗人鲁高旗地二亩，每年预交租钱九百文；⑥ 嘉庆年间，直隶完县人刘恒惠等人夥种得山旗地四亩，又刘恒宽承种十二亩，每亩租价大钱三百文，得山因乏用，每亩预收租银一千一百十五文；⑦ 等等。直隶省各地内务府庄田，所收预租皆为货币租。如乾隆三十一年的一件案卷中记载：直隶滦州民人王玉庆、王贯一等十四人佃种内务府庄田，所佃地一顷八十九亩一分，应租滦钱五百五十吊零四百文。王玉庆种地二十五亩，预交三十一年租钱七十五吊，王连芳种地十亩，预交三十一年租钱二十六吊。⑧ ……嘉庆年间，张海佃种奉天炸子厂官差地八日半，言明每日纳租钱九吊整。"同众言明交现租九月十五日一半，过年二月十五日交结"，"其租价钱不到，地归本厂领催"。道光年间，盛京礼部官庄的一部分土地由现佃户耕种，耕种这部分土地的佃户以年末预交第二年租为条件。⑨ 由此可见，不论是民田，或是旗地，或是官庄，货币预租都是预租制重要地租形态。

随着预租制的发展，货币预租也越来越发展，到民国时期，货币预租已居于主要地位，正是由于货币预租的普遍化，给后人造成一个错觉，似

---

① 《刑科题本》，乾隆二十八年五月二十九日，议政大臣、尚书舒赫德等题。

② 《刑科题本》，嘉庆十二年六月二日，署理直隶总督温承惠题。

③ 《刑科题本》，乾隆九年三月十日，刑部尚书来保等题。

④ 《刑科题本》，嘉庆十六年秋审，广东巡抚。

⑤ 中国社会科学院经济研究所藏：《刑部抄件》。

⑥ 中国社会科学院经济研究所藏：《刑部抄件》。

⑦ 中国社会科学院经济研究所藏：《刑部抄件》。

⑧ 《内务府来文》2124 包，乾隆三十一年六月　日。见《清代档案史料丛编》第五辑，第 90 页。

⑨ 《满州旧惯调查报告·皇产》，第 96 页；盛京礼部官庄，第 122—123 页。

乎预租制地租形态只有货币租一种。其实不然，实物预租也是预租制的一种重要地租形态。从发展阶段看，它既存在于预租制发生早期，也存在于预租制发展成熟和鼎盛时期。从时间上考察，它既存在于清前期，也存在于清后期，并延续到民国时期。前面，我们已经列举了雍正十三年间，山西沁源和广东平远两县地主向农民预收谷物事例。下面，我们再举些不同时期、不同地方事例。嘉庆七年，安徽省太湖县杨月盛顶种原宋周柱膳田一石七斗，每年额租十八石九斗，八年的租谷已如数交清。① 清末民初，湖南汉寿县情况是："倒租者，佃户于未耕之先，预将应纳之租谷送交田主，无论年岁丰歉，田主绝不过问"②。这是一份民国初年调查，根据"相沿为风，相染成俗"习惯，我们认为汉寿县地主预收谷租做法，最迟不晚于清末，似乎可以成立。

据上所述，可以认为：预租的地租形态并不是单一的，而是货币和实物兼而有之。不过，货币预租更为发展、更为普遍而已（见表9-10）。

表9-10　　　　　　　嘉庆以前实物预租和货币预租发展比较

省别	实物预租					货币预租				
	万历	康熙	雍正	乾隆	嘉庆	万历	康熙	雍正	乾隆	嘉庆
合计	1	1	2	0	1	1	1		40	18
江苏									1	2
浙江									2	3
江西		1					1		1	
安徽	1				1	1				
湖南									1	
湖北									3	
四川									4	2
直隶									15	5
山西			1						2	1
河南									1	
陕西									2	
甘肃									1	
福建									3	1
广东			1						3	2
盛京									1	2

资料来源：同表9-9《各省预租件数及实行预租州县统计》表。

---

① 《刑科题本》，嘉庆十一年秋审，安徽巡抚。
② 《民商事习惯调查报告录》，民国十九年，第607页。

至于货币预租和实物预租哪种形态发生在先呢？根据现有材料难下断语，有待继续研究。我们相信，这两种形态的预租的产生，大致不会相隔太遥远，或许是同时发生。因为预租改变的仅是收租时间而已，并不涉及租额本身的变化，只要佃农有一定积蓄，对于这一点似乎是可接受的。交完预租后，土地如何经营，佃农可以完全做主，增产增收部分可以完全归己。这点对佃农来说是有吸引力的；而对地主来说，没有拖欠地租之忧。这可能是预租得到迅速推广的原因。

预租制最主要的特征是：佃农向地主或田主租种土地时，必须于订租约时交清当年全部租额，也有地主在订租约时，向农民预收两年或更多年头租额。农民耕种土地后，要于当年秋成后交清第二年租额，或于当年春耕前交清当年全部地租。否则，地主则换佃另租。1929年4月9日，《上海新闻报》指出："田主大都预征田租。不如所欲，即以另召佃户为要挟。"

地主向佃户预收地租，一般的情况是："或在当年，或在上年"①。如江苏某县陈景和将田四亩，凭中租与程胜陇承种。其中有二亩系佃种，"每年预付佃价钱二千文"②。浙江奉化县，葛更有田十三亩，一向租与孙考琛耕种，每年"收割后先交次年租钱"③。安徽徽州府县王顺义租有耕地一分，"言定清明前三日交纳不误"④。湖北省南漳县朱复舜租凌田一分，议定"先年交租，次年租地"⑤。直隶定兴县张书坤等租种文兴地一顷三十三亩，屡年以来"俱系头年交租，次年种地"⑥。山西阳曲县张天文租种张全二亩地，议定每年租钱"头一年先给的"⑦。福建省台湾府淡水厅习惯是："先纳一年租后，乃受耕"⑧。广东香山县风俗是："期价者，订租与期，先一年冬至输来岁银"⑨。东北有以租种一年为期的佃户，"以年末预交第二年租钱或秋粮为条件"⑩。承租庄头所管庄地或壮丁分种之庄地等。正如贺扬灵所

① 乾隆《顺德县志》卷四，第1页。
② 《刑科题本》，嘉庆十年8月23日，刑部尚书觉罗长麟等题。
③ 《刑科题本》，嘉庆二十三年7月11日，管理刑部事务章煦等题。
④ 中国社会科学院经济研究所藏：《屯溪档案》，《佃约》。
⑤ 《刑科题本》，乾隆十七年10月26日，署刑部尚书阿克敦等题。
⑥ 《内务府来文》，乾隆五十一年闰7月。原件藏中国第一历史档案馆。
⑦ 《刑科题本》，乾隆三十六年5月2日，山西巡抚鄂宝题。
⑧ 同治《淡水厅志》。
⑨ 光绪《香山县志》卷五《舆地下·风俗》。
⑩ 《满州旧惯调查报告》，《皇产》，第43页。

说：上期制即"批田时先讲好每亩田每年纳租银若干，并将第一年的租银交清，以后都要年头交银"①。除了上年和春耕前作为佃户交纳来岁或当年地租时间外，也有个别地主同意佃户在夏收时，将一年租谷付清。广东平远县地主若恭要求佃农颜惟全，将"租谷五石五斗，要早熟付清"②。

预租制中，地主向佃农预收一年租额的为绝大多数，除上述文字记载外，我们还可以从嘉庆以前六十七件预租事例看到：预收一年地租的占四十八件，为预租事例的百分之七十一点六，预收二年地租的有四件，预收三年至二十五年地租的有十件。预收年限不明确者五件。

出租土地时，一次向佃户预收几年、十几年，乃至二十几年地租者，一般出于三方面原因：第一，由于地主居住在城市，远离乡下，来往不便，加上各佃户租种土地不多，地主为了省事，希望下乡一次能把几年地租并为一次收取。这种情况，以旗地为多。乾隆十五年的一起案件记载，在京旗人鲁高之地在满城，租息托张魁代收。张魁以"种地数亩之家租钱无多，按年逐户收讨费力"，要鲁高"俱起三年租息"，鲁高"任其做主"。张魁即约段五至家，以鲁高欲起三年租息向告，段五仅许二年，张魁不允而散。③第二，多因地主急需用钱，并且所需款项数额较多，因而，一次收取多年地租。乾隆七年，正红旗宗室都隆额"需银使用"，将田亩出租，预收十五年租银一千两。④嘉庆八年，台湾府新社番卫里字乖有荒埔地一所，"今因乏银使用"，将地租给沈日富承垦，"价银二十大员正"，凭沈耕种二十五年。⑤其实，这里所说的价银，不过是预租的另一种说法，因为土地的所有权还是里字乖的。嘉庆十年，奉天府广宁县高明，"要借胡登高市钱一百千使用，把分给租种旗地三日，给胡登高耕种三年，抵欠"⑥。毫无疑问，这是高明预取的三年租钱。第三，地主想侵吞外乡来的佃户钱财，也有预收多年地租的。如乾隆九年一起刑事案件记载：甘肃肃州地主卢廷吉有三石种子的地，租西安乾州武功县人氏陈宏康耕种，每年租银十八两，讲过一

① 冯和法编：《中国农村经济资料》，第913页。贺扬灵编：《农民运动所引农民协会报告》，1927年。

② 《刑科题本》，乾隆二年4月7日，兼管刑部尚书事务徐本等题。

③ 中国社会科学院经济研究所藏：《刑档抄件》。

④ 《刑科题本》，乾隆年间，直隶总督那苏图题。

⑤ 《清代台湾大租调查书》第二册，第476—477页。

⑥ 《刑科题本》，嘉庆十三年3月18日，兼管奉天府尹事务荣麟等题。

租三年，陈宏康现给他二年租钱三十六两。才种一年，卢廷吉就把地收回，不让再种，"口说与小的退还一年的银子，屡讨不与。"①

为什么预收多年地租做法，在预租制中不占重要地位呢？其一是政府不允许"立券"预支。乾隆五年，政府颁布禁屯田私租与人者条文规定：运军额设屯田，止许得当年租银，"不得加租及立券预支"。② 乾隆五十七年又议准：民人租种庄头园头地亩，祇准按年交租，该庄头等毋得预年支取，倘仍向预支，许佃户呈控。③ 政府既然不准预年收租，当然，更不会允许预取多年地租。在政府法令压力下，地主预收多年地租做法受到抑制。其二是佃农交不起这么多的地租，如乾隆五十五年二月间，江西安远县农民魏老八向魏定省租田一丘，议定租钱为七百文，当交三百文，尚有四百文无钱可交，只好约定十一月内交足。嗣后，魏老八因所收番薯价贱，不能获利，欠下四百文无力偿还，只好躲避在外。④ 乾隆十五年，直隶满城佃户段五，对张魁要他预交三年租息时说："贫不能措"⑤。乾隆五十二年，直隶通州庄头韩三元为抵补亏空，"遂向各地户声言，除交来岁一年现租之外，尚须再交二年押租，方准种地。""以至众户无力完交，畏匿躲避"。⑥ 贫苦农民一次支付不起多年地租，可能是限制地主想预收多年地租而无法实现的更重要的经济因素。

预租称谓，各地有不同叫法。江苏、浙江、江西、安徽、湖北、四川、直隶、河南、陕西、福建等处称预租；湖南汉寿县称之为倒租，或庄息；河北霸县亦谓现租。河南城镇附近之园地所收预租，称为支租；广东香山县称之期价，而东江方面地区则称谓为上期制；奉天绥中等处叫上期租；等等。

预租制是地主向佃户预收地租的一种租佃制度，与押租制度各不相同，不能把它们混淆在一起，尤其值得指出的是，预租不是典当，因为在预租制下不存在产权转移问题。

① 中国社会科学院经济研究所藏：《刑档抄件》。
② 《皇朝文献通考》卷10，第4944页。
③ 嘉庆《大清会典事例》卷一三六，第15—16页。
④ 中国社会科学院经济研究所藏：《刑档抄件》。
⑤ 中国社会科学院经济研究所藏：《刑档抄件》。
⑥ 《内务府上传档》83号，乾隆五十二年九月十九日，转见《清代档案资料丛编》第五辑，第127页。

随着预租制的发展，先交租后种地这种做法，逐渐成为民间一种习惯。据《民商事习惯调查报告录》称："如皋县习惯，佃户承种业主之田，订约包租之始，须照约预完次年之租利，方得开始承种斯田"①。浙江永康县情况是：纳银租者"惟须于未播种前交纳"②。湖南汉寿县习俗是：不论倒租或庄息，佃户都得于未耕田之先，将租谷或租钱送交田主。③河北承德租种者有粮租、钱租之别，纳"钱租则春季付钱"④。台湾淡水厅"自堑而南，多纳早冬，其晚冬悉归佃户。亦有先纳一年租后，乃受耕"⑤。由此可见，清末民初时期，预租制已得到广泛发展。尽管有许多文字资料足以说明问题，但它总不能给人一个量的概念。为弥补这点不足，我们以几个典型地区为例。据1934年《中国经济年鉴》统计，江苏宝山县1923年各地预租田百分比是：盛家角5%，杨行5%，狮吼乡10%—20%，刘行20%。⑥该县预租应占各种租佃制的11.25%。据华东军政委员会土地改革时调查，江苏高淳县薛城乡有耕地8632.76亩，其中祠地为2222.38亩。根据当地习惯，凡祠地均系"超租"，即先交租后种田。按这种情况计算，那么预租应占该村总耕地面积的25.74%。由于该村其他耕地并不都是地主所有，应该还有部分自耕农土地不出租，因此，该村预租在各种租佃制中所占的比例还应当大些。河北霸县情况是："凡租地者，租价在年前旧历十月间预交"⑦。据此而言，该县预租获得了相当充分的发展，其他租佃制在这里似乎已无立足之地。广东东江方面还租方式有银纳制和谷纳制两种，银纳制"批田时先讲好每亩田每年纳租银若干，并将第一年的租银交清，以后都要年头交银"⑧。原作者虽然没有给我们算好银纳制和谷纳制之间的比例，但预租制在东江地区已占重要地位这点，是不可置疑的。东北地区奉天，凡种民田者，"多为上期租"。上期租者"于本年旧历十月初一交纳租金，次

---

① 《民商事习惯调查报告录》(一)，1930年，第348页。
② 魏颂唐：《浙江经济纪略》，永康县，1929年，第4页。
③ 《民商事习惯调查报告录》(一)，第607页。
④ 《满洲旧惯调查报告书》，《租权》，第46页。
⑤ 同治《淡水厅志》。
⑥ 《中国经济年鉴》第7章，1934年，第G85页。
⑦ 民国《霸县志》卷二，第29页。
⑧ 冯和法编：《中国农村经济资料》，第913页。贺扬灵编：《农民运动所引农民协会报告》，1927年。

年种地"。① 看来，奉天地区民田出租中，至少有 60% 的地主是收取预租的。上述事例告诉我们，各地实行预租情况是不尽相同的，但可以看到：预租制不论是在鸦片战争前，还是在鸦片战争后，还是在民国时期，都处于上升阶段，它与押租制平衡发展，构成有清一代及民国时期租佃制度的新特点。

三　永佃制的发展②

历代佃农反抗斗争发展，佃农的身份地位及人身自由逐渐得到改善和提高，宋天圣五年所制定的法规把以前现实生活中发生变化的事实，以法规形式固定下来，法规制定又进一步削弱了佃农与田主之间的依附关系。律法规定：佃农只需一年田事完毕，可以自由离开田主，可以自由选择新田主，而田主不得阻拦。至元代时，佃农地位虽然有倒退，但到明洪武年间，佃农与地主同处于平等地位再次得到确认。佃农身份地位变化，对社会经济发展与变化产生重要影响。农业生产发展所需的最重要条件是劳动力，不管土地多肥美，面积有多大，如果没有人去耕种，就是荒田一块，地主虽占有大量土地，如无人为他耕种，地租就无从获取，元末明初在有大量荒地存在情况下，在农民身份地位提高前提下，主佃之间都产生稳定佃权意向，地主怕失去佃农，致使地租无出；佃农希望所佃耕的土地能保持长久，好做长期安排。定额的流行和发展，也为永佃制地租固定化提供可参照实例。所有这些都为永佃制产生和发展提供了十分必要的社会条件。所以，本文所说的永佃制是指：在佃农身份地位与田主处于平等地位的条件下，彼此之间建立起来的一种新的经营方式。在这种经营方式下，只要佃户不欠地租，佃户拥有永远耕作权，不管永佃权以何种方式获得，但佃权与地权不分离，佃户无权转佃，更无权私自出卖。佃户不愿耕种时，即可离去，地主无权阻拦，但地主不能增租夺佃。这种经营方式与以往分成制或佃仆制下所建立起来的有封建依附关系的长期佃耕制有所区别。但永佃制又不同于一田二主或一田三主的土地股份所有制。把永佃制与一田二主或一田三主股份合作制等同起来，是一种模糊界限认识，把永佃制扩大

---

① 《中国民事习惯大全》第 1 编第 1 类，1924 年，第 24 页。

② 本子目写作参考刘克祥《中国永佃制度研究》一书及方行等主编《中国经济通史·清代经济卷》（下），特此声明。

化了。

在明清时期，永佃制形成三种方式：一是通过契约形式形成；二是通过垦荒形式形成；三是通过交押金形式形成。与此相对应的是，佃农永佃权也是通过三种方式获得：一是契约型永佃权；二是押金型永佃权；三是垦荒型永佃权。以下，对这三种永佃权形成分别论述。

1. 契约型永佃权

明代日用百科全书《家礼简仪》载：

"某宅有田一段，坐落某处，今有某前来承佃，每冬约经风干净谷若干，收冬之时，挑载至本主仓前量秤，不敢升合拖欠。倘遇丰荒，租谷不得增减，永远耕作。如佃人不愿耕作，将田退还田主，不许自行转佃他人，任从业主召佃，不得执占。今欲有凭，立此佃批付照。"①

通过这份契式，我们可以看到：第一，揭示出永佃契式出现之前，永佃权已在一部地区存在，并在一些地区得到发展。第二，"永佃契式"是应永佃制发展需求而出现的。在永佃制发展情况下，把双方应遵守规则用契约形式固定下来，已经成为十分迫切的事情。主佃双方都希望有个契约把约定的内容固定下来，成为双方都应遵守的凭证，避免口说无凭，产生争端，以保护双方各自的权益。另外，这种永佃制在"永佃契式"出现前，表述不一，容易发生纠纷，为了防止混乱，也需求划一的契式。在这种背景下，契式应运而生。契式是在各种各样佃契存在的前提下，综合当时各种契约表述，以主佃双方都认可的内容加以格式化，而后固定下来的。"永佃契式"主要内容是：一是规定佃户在不拖久租粒情况下，有"永远耕作"权利，田主不得增租夺佃。以维护佃农永远耕种权益；二是维护地主土地所有权不受侵夺权益。规定佃户不得将租田转佃他人，退耕之后，不得霸耕。"永远耕作""不拖欠租谷"是"永佃契式"的核心，如果主佃之间没有这点承诺，永佃权将不能成立，永佃制也化为乌有。

永佃制在明代时已在一些地区盛行起来。据刘克祥先生研究，到明中后期，除江苏崇明、江阴等地外，永佃制已较广泛出现于浙江、安徽、江西、福建、广东等东南沿海省区，并初步形成了相应的惯例和制度。②

① 转引自杨国桢《明清土地契约文书研究》，中国人民大学出版社2009年版，第92—93页。

② 刘克祥：《中国永佃制度研究》，社会科学文献出版社2017年版，第59页。

2. 押金型永佃权

《翰府锦襄》载有交纳押金型永佃契式，现抄如下：

"某里某人置有晚田某段，原计田若干种，年该苗米若干桶乡，原有四至分明，今凭某人作保，引进某人出赔价纹银若干，当日交收足讫明白。自给历头之后，且佃人自用前去管业，小心耕作，亦不得卖失界至，移丘换段之类，如遇冬成，备一色好谷若干，挑至本主仓所交纳，不致拖欠，不限年月，佃人不愿耕作，将田退还业主人，接取前银，两相交付，不至留难，今给历头一纸，付与执照。"[①]

另《杂字全集》也载有内容相同的押金型永佃契式，现抄如下：

"业主某宅，有田几段，坐址厶处，原计若干亩，带苗若干桶，四至原有明界，今凭私厶作保，引进私厶人出粪质银几两正，当日交地，即给历头一纸，付私厶佃去小，心用力耕作，每石种约供税谷若干，冬熟备办好谷，一色挑送本仓扇扬，不许拖欠，如欠，将类质抵偿，不拘年限，如不愿耕，将原田送还业主，接取前银，两相交付，不致留难，合给历头，付与为照"。

这样的契式还可从《锲翰林海琼涛河林武库》看到：

"某处某人，置有早/晚田几段，坐落土名某处若干亩几丘，岁该纳苗租若干石，原契载有四至明白。今凭某等作保，引进某人出讨田银若干整，当日交收领讫，为此合给布佃文约与某执照，照界管业辛勤耕种，不得抛荒丘角，埋没界至及转丘换段、隐瞒等情。每遇秋成收割，备办一色好谷若干，挑至本主仓前交纳，不得少欠升合。纵遇年岁丰凶，而苗租并无增减，永远耕佃，不限年月。如佃人不愿耕作，将田退还业主，任从召佃别市，不得留难争执。恐后无凭，给此布田文约为照。"[②]

这三件契式文书表明：第一，这时永佃权已在不同地区盛行起来；第二，佃户所取得的永佃权，是通过交"押金"，或出"粪质银"，或出"讨田银"获得的；第三，契式内容除地方色彩外，内容趋于一致，都强调在不欠地租的前提下，佃户可"不限年月"，或称"不拘年限"永远耕作，只许佃户退佃，不许田主夺佃。同时规定佃户不耕时，只能将佃田退还田主，不得另行转佃，保持地权完整性，而不被切割。这点，我们与魏金玉先生

---

① 转引自杨国桢《明清土地契约文书研究》，第 92 页。
② 转引自杨国桢《明清土地契约文书研究》，第 71—72 页。

的认识有某些相同处。①

除了契式外，实际生活中也存在这类契约。如：

"立招佃人业户李朝荣，明买有大突青埔一所，坐落土名巴刘巴来，东至柳仔沟埤为界，西至大沟为界，南至入社大车路为界，北至黄邦杰厝后港为界，四至明白。今有招到李思仁、赖束、李禄亭、梁学俊等前来承赎开垦，出得埔银六十五两正，情愿自备牛犁建筑陂圳，前去耕垦，永为己业。历年所收花利照庄例一九五抽的，及成田之日，限定经丈八十五石满斗为一甲，每一甲征租八石，车运到港交纳。二比甘愿，日后不敢生端反悔，增加减少，亦不敢升合拖欠；如有拖欠定额，明官究讨。口恐无凭，立招佃一纸存照。

即日收过埔银完，再照。

雍正十年十月　日。

立招佃人李朝荣"②。

用交押金办法获得永佃权的还有另一种方式，即自耕农将自己土地出卖时，以低于市场价格出卖给新田主，申明对出卖土地保持永远耕作权利。低于市场价部分应该是押金或叫佃价。

广东大埔"自耕者恒不敢有其田，宁愿贱价求沾于望族，自居佃户，藉求庇荫。"③ 条件是地主只能收租，而佃农有权永远耕种。

湖南醴陵杨永贵，因陆续借欠同村谭惟石的银子，无力偿还，被谭"催遍不过"，乾隆十九年（1754）将田两石零四升，作价一百三十八两，卖与谭惟石，订明"永远佃耕"，年纳租谷三十石。④

据《民商事习惯调查报告录》记载，湖北钟祥农还有"贱卖图耕"习俗。⑤

这种永佃权除广东、湖南存在外，江西、福建、湖北、广西都有类似情形。本书不再赘述。可参考刘克祥《中国永佃制度研究》上册有关章节。

---

① 方行、经君健、魏金玉主编：《中国经济通史·清代经济卷》（下），中国社会科学出版社 2007 年版，第 1175 页。

② 台湾银行经济研究室编印：《清代台湾大租调查书》第 1 册，第 60—61 页。

③ 民国《大埔县志》卷 10《民生志》。转引自刘克祥《中国永佃制度研究》上册，社会科学文献出版社 2017 年版，第 74 页。

④ 转引自刘克祥《中国永佃制度研究》上册，第 343 页。

⑤ 民国十九年《民商事习惯调查报告录》，第 562 页。

这种形式永佃权的产生大致原因是：一是赋役负担苛重，官府催科逼迫，自耕农为躲避赋役负担，把田低价出卖，以求大户庇荫，自当佃户，约定"永远耕种"；二是家庭遇过困难，或借欠无还，被迫卖田而保留"永远佃耕"权。当然，也包含有人口增加、竞佃激烈因素在内。为解决眼前困境，又不致日后失去耕作机会，只好忍气吞声接受这种不公平安排。

3. 垦荒型永佃权

元末明初、明末清初以及太平天国运动失败后的江浙皖等地，由于长期战乱，人口大量减少，许多地方都出现人亡地荒惨状。无地或少地农民通过政府和地主招垦，以垦荒投入人力为本，或顶手而获得永佃权。在甘肃等地，农民借绅衿出名承垦荒地而形成永佃权。

清初陕西西安、汉中两府属的宁陕、佛坪、定远、留坝四厅和兴安府属自河县等地，山林遍野，人烟稀少。康熙年间川陕总督鄂海招募客民，于各边邑垦荒种山，并在西乡设立"招徕馆"。湖北、四川等地的农民纷纷前往开垦。如"定远老林未垦之先，地旷人稀，狐狸所居，豺狼之薮。因招集外省流民，纳课数金，指地为约，准其垦种。流民无多，亦难尽种，转招客佃。积年已久，有至七八转者，有一户分作数十户者。客佃只认招主，不知地主。地主控告至案，中间七八转之。招主各受佃户顶银，往往算至数百金。断地归原主，则客地以荒山开成熟地，费有工本，而顶银当照据转给。中间贫富不齐，原主无力代赔，则亦听其限年再耕而已。"[1] 一些买进或租进土地不能全部自耕的客民，纷纷转顶或转租，佃农通过垦荒或缴纳顶手钱顶种而取得永佃权。

在甘肃各属，清初农民借绅衿出名承垦荒地而成永佃权。但"相传数世，忘其所自，业主子孙辄欲夺田换佃，而原佃之家忿争越控，靡有底止"。对此，乾隆七年奏议："嗣后如佃户系原垦之子孙，业主不得擅更。业主子孙欲自种者，准将肥瘠地亩各分一半立券报官。若业户他徙，承种之户久已应差纳课，即业主子孙回籍，亦不全令给还，计其抛荒年份配量分给。如过三十年以外者，概不分给。或业主回籍在一二年之内，将当年

---

① 参见刘克祥《中国永佃制度研究》上册，社会科学文献出版社 2017 年版，第 114—115 页。

所获籽粒全给承种之户承办粮差，次年仍归业主。"① 另据调查，甘肃全省通行"长租"习惯。凡立有"长租契约"，地虽易主，如新地主未提出撤佃，"以前契约规为继续有效"。调查者称："此种租佃权有永久存续之性质，佃户固不能阻止业主不处分土地，如不欠租，亦不受所有权转移影响"。②

永佃制和其他制度一样，是社会经济发展到一定阶段的产物。永佃制在明清两代大量产生并广泛存在，尤其是在清代发展更快，涉及省份更广。据刘克祥研究，至清代，江苏、浙江、安徽、江西、福建（含台湾）、广东、广西、湖南、湖北、河北、山东、山西、陕西、甘肃、东北、蒙古等省区都存在过永佃制。

永佃制的产生和发展，对地主制经济发展和变化产生积极影响。

1. 永佃农身份地位得到提高

在永佃制下，地权分为两个部分，即土地使用权（耕作权）和土地所有权（收租权）两种。土地使用权与所有权分离，使永佃农拥有土地使用的支配权，而不受地主限制。因此，永佃制下的农民与地主之间也没有直接依附关系，身份是自由的，与业主之间地位是平等的，佃户与地主之间，更多的是经济关系，佃户交租，业主收租，除此之外，各种干扰相对减少。佃农即使欠租，地主只能告官，不能逼佃户退佃。

永佃制下佃农身份地位提高，从安徽休宁吴郁一份退佃契可以得到证实。现将本份退契抄写如后："十七都三图城居人吴郁同母毕氏、先年故父佃到汪洵土名竹鹊岭园一片，自行种作长养树木，后四十三年汪洵卖与程□名下为业。今因母老有疾，不能种作长养树木，同母、男黄九商议，自愿凭中将园自愿退还本主，凭中三面议作原佃价及树木、石料等项价值文（纹）银贰拾贰两整。其银当日尽收足讫，其园树木、石料随即交还本主管业，再无异说。倘有内外人拦阻及重复交易，一切不明等事，是身之（支）当，不及本主之事。今恐无凭，立此退佃文约为照。

其瓦屋料舍尽与程□名下外，屋价银乙两正，再批。（下略）"

从这份退契文约可以看到：第一，退佃者是自愿的，不存在逼佃退耕

---

① 参见刘克祥《中国永佃制度研究》上册，社会科学文献出版社 2017 年版，第 115 页。

② 转引自刘克祥《中国永佃制度研究》上册，第 259—260 页。

之事；第二，树木折价是通过主、佃及中人三方议定，不存在业主说了算情形；第三，四位中见人（周、李、陈、汪）都是外姓人氏，与田主、佃户都没亲属关系，使议价更客观公正。① 张履祥在《赁耕末议》一文中说，有田者对待佃户应做到："有田者务以仁义固贫户，而已取之额可损不可益，使垦田之农不至失利，义也；推诚敦信，忧患与同，劳苦与念，相关之情有若妇子，仁也。"② 这不是张履祥慈善，是历史发展使然，是佃农身份地位提高、佃农和地主关系平等和封建依附关系松弛化的前提下的必然结果。

2. 永佃农生产积极性较高，有利于推广社会经济发展

永佃制下，由于耕作权是稳定的，地租是固定的，因此，在土地经营方面，永佃农在经营方面有权支配自己耕作的土地，而不受地主阻拦或干预。收获物除交租之外，所得盈余全部归佃农所有，地主无权获得增收部分。这种情形与分成租制下的农佃有很大区别。一般租佃农，由于租种地主的土地，并无支配土地经营权利，只是"借耕"而已，租佃期限的长短，佃农的去留，完全取决于地主的意志。在土地经营上，地主有权干预，佃农缺乏独立经营自主权；在收入分配上，农田收入则二五分收，或六四分成，因此，增收部分也为地主所夺。在这种情况，佃农不愿意在土地上投入更多人力、资本，严重挫伤佃农生产积极性。

由于永佃制有耕作权稳定、地租固定特点，农民获得永佃权后，愿意在土地上付出更多，从而有利于调动农民生产积极性。由于不用担心随时被撤佃危险，也不必担心增收部分被地主霸占，因此，佃农愿意为耕作土地做长时期规划，如兴修水利，或挖塘、修圳、挖井，添置排灌工具，增强抗旱排涝能力；愿意加大资金和人力投入，如买豆饼、养猪积肥、绿肥沤制等，增加肥料投入。加大人力投资，如未种之前增加犁耙次数，种后勤加除草松田，深耕细作；讲究科学种田，改良种子，适时施肥等，提高农田产量，增加收益；或改种高产值经济作物，如种烟、植棉、种桑养蚕等，以获得更多利润。

以兴修水利为例。据《清代台湾大租调查书》载，雍正十年（1732），四社商请张振万等6家垦户，筹集资金6600两，开筑大埤，修建引水公圳，

---

① 刘克祥：《中国永佃制度研究》下册，第734—375页。
② 张履祥：《杨园未刻稿》卷2，《赁耕末议》。

将水引入四社，"灌溉民田、番田"。这就得益于永佃制。有的佃农力量单薄，或工程费用过大，佃农本身无力承担，还自行联合约请财力充裕的商号或其他人出资兴修，以按年交纳水租的方式偿还。如：嘉庆十六年一件文约载："同立合约字人王腊、陈奠邦、简怀苑、赖阳等与东势庄一、二、三、四、五等结众佃魏建安、林华等，甘愿具立请约，邀请长庆源号，即简怀苑、陈奠邦、赖阳等出首作为合伙，充当东势埤圳主，掌管清水沟溪头开筑水圳，灌荫一、二、三、四、五等结田亩，递年众佃每甲田愿纳水租粟三石正。"① 这样的契约在《清代台湾大租调查书》中多有记载。

又如，投入更多工本发展农业生产。据嘉庆十年江西新城《公禁载烟约》称："一种无恒业者，专靠赁田栽烟"，"莳烟之耗人力，数倍于谷，合一家老幼尽力于烟，其惰者姑无论，即勤者亦难兼顾禾亩。而雇工则种稻轻其值，种烟重其值，于是雇工者竟趋烟地，而弃禾田。"② 因种烟一亩，"可以敌田十亩"③，虽然投入多，但由于地租固定，增收部分完全归自己所有，由此而愿意为之。在人力投入方面，据屈大均称："佃人之利，以多人功，其妻子皆能勤动。"④

永佃农发展生产事例很多，详见刘克祥《中国永佃制度研究》下册第七章有关章节，本书仅是点到为止，请见谅。

研究永佃制时，应避免把永佃制功能扩大化，应实事求是看待。需要指出的是：永佃制与一田二主或一田三主股份所有制有所不同。不能把一田二主或一田三主股份合作经营制与永佃制等同或混同起来。⑤ 永佃制下，永佃农只要不欠租便可以永远耕作，甚至可以把耕作权传给子孙。在没有获得田面权情况下，他们没有转移或出卖耕作权的权利，土地所有权完全由地主掌握。而股份合作制下农民耕种田面权是买来的，因此完全有权处理属于自己的那份田面（面底），或卖或顶可随心所欲，面不受根主限制。

---

① 刘克祥：《中国永佃制度研究》下册，第755页，第756页。
② 转引自傅衣凌《明清社会经济史论文集》，中华书局2008年版，第147—148页。
③ 转引自傅衣凌《明清社会经济史论文集》，第151—152页。
④ 屈大均：《翁山佚文辑》卷上，《获记》。转见傅衣凌《明清社会经济史论文集》第142页。
⑤ 江太新：《明清时期土地股份所有制萌生及其对地权的分割》，《中国经济史研究》2002年第3期。

一田之下的二主或一田三主之间地位是平等，他们之间并不存在依附关系。因此，永佃制不能等同于一田二主或三主的股份所有制，是介于分成租制与股份合作制下的一种过渡形态。但与一般佃租来说，它又是一种新的经营方式，是一种社会进步，这点是应该肯定的，否则，就看不到历史长河中社会经济发展与变化。如果把永佃制与股份合作制等同或混同起来，则把租佃制度与股份合作制两种性质不同的生产方式混为一谈，把股份合作制贬为封建的租佃制，把在封建社会晚期出现和发展起来的新式生产方式给淹没了。还需要关注的是：土地经营分散，不是永佃制的特有特征，是中国地主制经济体制下的普遍现象。中国地主制经济体制发生之时，地主就把土地分成一小块一小块出租给农民耕种，地主自身经营土地很少，过的是衣租食税寄生生活。如果指的是地权分割与地权零碎化，则与永佃制无关，是由一田二主或一田三主股份所有制造成。由于股权浸入，把原来主权完整的土地分为底田、田面两个部分，双方成为土地共同主人，加上田面可以分割顶替或买卖，而使地权零碎化。所以，在研究永佃制时一定要掌握好分寸，既不要拔高，也不要混同于普通租佃关系中，从而忽视它的历史作用。

四　分成租的延续

定额租在明代发展的基础上，清代又有大的发展，在中国地主制经济体制下，一直在地租形态中占据主要地位的分成租，这时让位于实物定额租了。但分成租并没有消失，还继续存在，甚至在太平天国运动后，某些地区的分成租制还有回升趋势。

从清乾隆朝刑部档案查得，这期间保存有租佃案件共 628 件，分成租占 97 件，占总案件的 15.45%。[1] 嘉庆朝保存有租佃案件共 226 件，分成租占 52 件，为总数的 23.01%。[2] 雍正至嘉光年间，福建台湾府保留下来的租佃文约，据《大租调查书》记载共有 236 件，其中分成租 40 件，占总数的 16.95%。[3] 明嘉靖三十一年（1552）至清光绪二十六年（1900）年间，赵冈、陈钟毅教授共搜集佃户 3477 户（包括田、地），其中实行分租者计 284

① 刘永成：《清代前期的农业租佃关系》，《清史论丛》第二辑。
② 中国社会科学院经济研究所藏：《刑档抄件》。
③ 《清代台湾大租调查书》。

户，占总户数的 8.2%。①

太平天国运动后，部分地区分成租又有回升，以安徽徽州地区为例，由于战争影响，地租制一度呈现逆转趋势，即原来定额租向分成租转化。章有义先生根据徽州府各县一些地主置产簿，地租所作统计：太平天国运动前，定额租制与分成租制两者比重约为 10∶1，太平天国运动后，定额租所占比重下降，两者之比约为 4∶1。② 这段时间已属于近代部分，这里仅提一笔，不作详细论述。

现实生活中，也保留有各地实行分成租记载，下面，列举一些事例：

清代前期定额租制有很大发展，但分成租制仍然在延续，如山东省邹平县白山范文正公祠田，到道光年间（1821—1850）还实行实物分成租制。据县志记载："租粮必当场均分，不得以预支或借贷抵除"③。河南献县，乾隆年间，农民租种地主土地 "与主中分"④。苏北地区的淮安府属 6 县 2 卫，杨州府属 4 州县 1 卫，徐州府属 8 县，海州府属赣榆县，江宁府属江浦等县，在道光年间，农民耕种地主土地仍采用 "所得租籽各半分收"⑤。据梁任葆研究，广西金田太平军起义前分租制仍很盛行。好田 "主佃各半"，下田 "主四佃六" 分收。⑥ 以上是原分租制较盛行地区情况。定额租制发达的江南地区，分成租制仍有一定市场。如江苏奉贤县，乾隆十四年，张应文将田五亩租给张武耕种，言明 "稻熟对分"⑦。安徽凤台县，乾隆三十二年，史旭将田四亩与当史洪范为业，后佃回耕种，"这麦子原该小的与史先均分"⑧。阜阳县丁敬业租种张长玉田六十六亩，"每年籽粒是均分清楚的"⑨。浙江武义县，乾隆十八年，陶子奇购置荒田六亩，交与陈清文耕种，"议定秋收分稻各半"⑩。江西鄱阳县，嘉庆八年，徐远臣有田十亩，租给王文期

　　① 转见方行、经君健、魏金玉主编《中国经济通史·清代经济卷》（下），中国社会科学出版社 2007 年版，第 1163 页表 5 - 2—5。

　　② 转见李文治《明清时代封建土地关系的松解》，第 461 页。

　　③ 道光《邹平县志》卷 5。

　　④ 乾隆《献县志》卷 4，《谷》。

　　⑤ 《江苏山阳收租全案》，道光七年刊印。

　　⑥ 梁任葆：《金田起交前广西土地问题》，《历史教学》1956 年 7 月号。

　　⑦ 江苏巡抚觉罗雅尔哈善题，乾隆十五年六月五日。

　　⑧ 安徽巡抚冯钤题，乾隆三十三年十一月十九日。

　　⑨ 安徽巡抚冯钤题，乾隆三十一年十二月初五日。

　　⑩ 刑部尚书阿克敦等题，乾隆十九年五月三十日。

耕种，议定"三七分租，文期分得三分"①。湖南华容县，乾隆三十四年，何必爵租种严开富一丘田种麦，"言定收割时三七均分"②。湖北清江厅八弓民郄辛保有田庄一所，地名龙卑，康熙三十五年招吴陇通佃种，"屡年籽粒，平分无异"③。湖北郧西县，赵于成及子赵高琼佃种张作成山地。收得粮食，向是两家均分"。四川泸州，乾隆二十五年，胡洪林佃施金玺地一份，他要求"照俗例主佃均分"④。洪雅县，嘉庆二十年，赵成科向租骑龙寺僧广惠山地一份耕种，议明"蔚麦成熟均分"⑤。福建诸罗县，蔡天有水田一甲三分，分给蔡送佃种，"议约收成对半分租"⑥。顺昌县，肖廷超有田二段，一向由肖廷谋佃耕，"每年租谷议定主佃二八均分"。肖廷谋身故后，这田由卢盛根代耕。乾隆五十八年晚稻成熟，通共收谷二十五石四斗，卢盛根分谷五石，肖廷超分谷二十石，尚剩四斗，卢盛根"也要二八分开"，肖廷超要并收四斗，卢盛根不肯，以致酿成命案。⑦ 政和县，嘉庆十四年（1809），杨宁信有土名水墟田一分，租谷二石，给林玉珠"佃种分租"。十四年十月，宁信欲多收稻谷，经官断令照旧"各半分收"。⑧ 广东清远县，乾隆四十八年十月，朱朝相将土名龙潭，调石二处田，计共六亩，批与邻村熊奇毓承种，"议明收割时对半均分"⑨。广东阳江县，乾隆五十四年，冯光扬和冯超胜有公共田种一石六斗，并水牛二十只，批与族人冯居洪、冯亚成领耕收养，"议定每年租谷一十二石，生育牛仔，四六派分"。五十六年，冯超胜"将田起佃，连原牛同生育的牛仔三只一并牵回。"后经清朝最高法庭处理："生育牛仔三只，从前既有四六派分之议，应饬令冯光扬将牛仔估价，追出四分给冯亚成收领"⑩。政府对前约表示认可。

清代政府官员也有论述。如乾隆初年翰林叶一栋曾作这样概括："北方佃户计谷均分"。乾隆四年，两江总督那苏图也做了类似估计："北方佃户

① 江西巡抚〔原缺〕题，嘉庆十四年秋审。
② 湖南巡抚德福题，乾隆十七年八月二十九日。
③ 贵州巡抚开泰题，乾隆五十八年六月十五日。
④ 经筵讲官鄂弥达等题，乾隆二十六年六月初五日。
⑤ 四川总督常明题，嘉庆二十一年三月九日。
⑥ 经筵讲官来保等题，乾隆十五年十一月初八日。
⑦ 经筵讲官阿桂等题，乾隆五十九年十月十一日。
⑧ 管理刑部事务董诰等题，嘉庆十九年十一月十四日。
⑨ 广东巡抚孙士毅题，乾隆四十九年三月十八日。
⑩ 经筵讲官阿桂等题，乾隆五十八年二月二十七日。

计谷均分，南省江北各属亦多如此"。孙嘉淦也说："直隶业主佃户之制，亦与江南不同，江南业主自有租额，其农具籽种，皆佃户自备，而业主坐收其租。直隶则耕牛籽粒多取给于业主，秋成之后，视其所收而均分之"①。他们认为相对江南而言，北方更普遍的是分成租制。

无论从统计资料看，还是从实际生活中看，还是从当时官员论述看，还是从灾年由定额租改回分成租看，定额租制发展同时，分成租制仍在延续，在各种地租形态中，还占据一定地位。定额租制的发展，并不能完全取代分成租制存在。

分成租制之所以得从延续，有几个因素在起作用，一是佃农经济比较薄弱地方，佃农经济不能独立，住房得依靠地主提供，耕牛、籽种也多取决于地主。在这种情况下，分配方式更多取决于生产水平，以及当地习俗。而分成租制又能比较好体现双方利益。因此，分成租制可得延续。这体现了分配制度受生产力水平的约束。二是灾荒年间，定额租向分成租转化，在科学技术水平还比较低的时候，人们无法战胜自然灾害的影响，尤其是传统农业，几乎是靠天吃饭，在遇到天灾时，就会影响到地里的收成。如果还是按定额交租的话，佃农交不起，在这种情况下，长期形成的社会习俗就会发生作用，定额租就会退回到分成租，这体现了社会保障的杠杆作用。同时，政府支持灾年实行分成租制，所以分成租制能够得到延续。三是地主为了掠夺佃农增产的成果。实行定额租制后，由于地租租额已固定，增产部分为农民自己所有，农民愿意在土地上增加投入，或兴修水利，改善灌溉条件；或深耕细作，改良土壤；或选择良种；或增加肥料；或种植经济价值较高的经济作物。在农民精心呵护下，单位面积产量提高了，或单位面积产值提高了，这时地主就会患红眼病，想掠取增产增收成果，于是就想把定额租转为分成租。如孔府就是一个典型的例子。四是一些自然条件恶劣、土地又贫瘠的地块，如河滨沙石滩，山冈上浇不上水的望天丘，常年产量极不稳定，风调雨顺之年，能打一些粮食，一遇灾年，则颗粒无收，这样的土地只能行分成租制，收多少，主佃分多少。由于分成租制较灵活，尤其是在灾年还能保证佃农部分收入，因此一定程度上得到佃农默许。所以，只要租佃制存在一天，分成租制就会延续下去。

---

① 周远廉等：《清代租佃制研究》，第91—92页。

第 十 章

农业资本主义萌芽的发生与发展

第一节　明清时期土地经营方式的新变化

明清两代，土地经营方式已有新的变化，除了土地自营和出租经营外，还出现了具有资本主义性质的农业雇工经营，以及一田二主或一田三主形式的股份制经营。

一　雇工身份地位的改变与自由雇工出现

封建主义与资本主义经济关系中，最本质、最核心的区别是什么？如果能把这最本质、最核心的内容弄清楚了，或弄明白了，那么，中国封建社会是否出现过农业资本主义萌芽、什么时候出现农业资本主义萌芽的问题就好解决了，或说就迎刃而解了。经过长时间的学习（尤其是对马克思列宁经典著作学习）、交流、对比、研究和思考，我们以为封建主义经济关系最本质、最核心的东西就是通过各种各样的依附关系，达到地主阶级对农民的奴役和剥削；而资本主义经济关系中最本质、最核心的东西就是货币持有者在流通领域购买到自由劳动力，榨取他们的剩余劳动以实现价值的增殖。即资本主义经济关系中的资本必须是用于剥削自由雇工而带来剩余价值的价值，它体现着资本家和自由雇工之间的剥削和被剥削的生产关系。关键问题是看货币是否转化为资本。是否出现这种转化，又决定于是否出现身份自由的雇工。因此，关于这个问题的研究，首先要把着眼点放在自由雇工出现的问题上。①

---

① 李文治、江太新：《中国地主制经济论》，中国社会科学出版社 2005 年版，第 444 页。

　　明朝天顺、成化、弘治、正德及嘉靖年间，在地方志书中，我们已经看到实际生活中零星出现一些身份自由雇工。但从目前所能掌握资料看，明确雇工法律上身份地位改变是始于明万历十六年"新题例"。

　　"新题例"出台前，《招拟指南》一书称，万历五年曾有过对雇工身份地位的议论："议者率以雇募用工者作凡人论"①。这类议论说明：实际生活中人们多把雇工看作"凡人"了。但雇工法律地位的改变，则始于"新题例"。该题例是根据万历十五年，都察院左都御史吴时来给皇帝上个奏折中有关"定'缙绅'家'奴婢'例"的部分制定的。万历皇帝根据吴时来建议，命令刑部、都察院和大理寺会同酌议，订出条款："今后，官民之家凡倩工作之人，立有文契、议有年限者，以雇工人论；止是短雇月日、受值不多者，依凡〔人〕论；其财买义男，如恩养年久，配有家室者，照例同子孙论；如恩养未久、未曾配合者，士庶之家依雇工人论，缙绅之家比照奴婢律论。"② 本条例有三层意思，但与农业雇工有密切关联是"止是短雇月日、受值不多者，依凡人论"这一层，条例明确宣布短工不具有雇工人身份，他们与雇主之间没有人身依附关系，他们与雇主之间在法律层面上是平等的，其身份是自由的。经君健先生认为："在农业生产中，短工的出现和存在是具有重要意义的。一批农村雇农，特别是短工的形成，是富裕农民存在的必要条件。"③ 除此之外，还有一重更为值得关注的事：确立短工是身份自由的雇佣者，对推动短工形成起到催化剂作用，同时也对具有资本主义性质的农业经营开辟了更宽阔的前景。

　　至于长工身份的解放却推迟到"新题例"制定后的一百七十一年后才得以实现。农业长工解除法律上的"雇工人"身份地位是从"未立文契"的雇工开始的。这期间虽有"未立文契"和"议有年限"长工以自由身份存在于农业雇佣中，但长工在法律层面上摆脱"雇工人"地位，直到乾隆二十四年才确立。乾隆二十四年新条例是："除'典当家人'及'隶身长随'俱照定例治罪外，其雇倩工作之人，若立有文契、年限，及虽无文契而议有年限，或计工受值已阅五年以上者，于家长有犯，均依雇工人定拟；其随时短雇、受值无多者，仍同凡论。"乾隆二十五年又补充了一个条例：

---

① 龚大器等：《招拟指南》卷首。
② 《明律集解附例》卷20，光绪三十四年清修订法律馆重刊本。
③ 经君健：《清朝社会等级制度论》，中国社会科学出版社2016年版，第27页。

"家长杀雇工人，必立有文契、议有年限，方依雇工人定拟；如无，同凡论。"① 乾隆二十四年、二十五年新条例已在法律层面上承认：从事生产劳动的雇佣劳动者，只要未立文契、年限，而连续受雇于同一雇主不足五年的雇工，给他们以"凡人"的法律地位；未立文契、年限，连续受雇于同一雇主五年以上的雇工，在不去侵犯雇主的条件下，也得到凡人的法律地位。② 从万历十六年短工解放到乾隆二十四五年长工解放是一个进步，将更多雇佣劳动者从雇工人地位解放出来，从而有助于雇佣劳动者的扩大和发展，也有利于农业雇工经营的发展，把更多从事雇工经营的富裕农民纳入资本主义经济轨道。另给从事资本主义萌芽研究者提供更多思考的空间。

关于这个问题，在李文治、魏金玉、经君健著《明清时代的农业资本主义萌芽问题》一书中，经先生有两篇文章专门论述此问题，可供大家参考。

二　农业资本主义萌芽的发生和发展③

在中国封建社会时期，雇工同地主制经济体制几乎同时出现。春秋战国时期已有雇工记载，并一直延续下来。这些原本身份自由的人，一旦与地主签订雇工契约，便丧失了人身自由，这时雇主之间仍是等级关系，所以这个时期的雇工经营还是封建雇佣关系，还不具备新型的资本主义生产关系的质。④ 这种封建雇佃关系不是本节研究的对象，只是点到为止，不多花笔墨。

本节所要研究的是指自由雇工出现后，雇主为了进行商品生产，并剥削雇工的剩余劳动增殖财富而进行的雇工经营，即带有资本主义性质的农业经营，哪怕是最原始的萌芽状态的资本主义经营的农业农场。

中国自由雇佣大致发生在明中后期。这时社会发生两种变化，一是地权集中，一是失业农民大量出现。首先看明中后期地权变化情况，据嘉靖朝何良俊称：成化、弘治以前，封建官僚还不讲求"积聚"；至正德而大变，官僚缙绅"竞营产谋利"；至明后期，据赵翼"明乡官虐民之害"一文

---

① 转见经君健《清朝社会等级制度论》，中国社会科学出版社 2016 年版，第38 页。

② 转见经君健《清朝社会等级制度论》，第 41 页。

③ 本小节写作参考李文治、魏金玉、经君健《明清时代的农业资本主义萌芽问题》，中国社会科学出版社 1983 年版，第 92—198 页。

④ 有学者认为：春秋战国时期已出现资本主义经营方式，所以本文作说明。

指出：有田之人一经奸民投献，土地"则悉为世家所有"。据《闽清县志》载：农民苦于辽饷加派，将田产贱售于"显贵"。这时期的土地兼并者主要是贵族缙绅。与此同时，也从富裕农民中发展起来一些中小庶民地主。其次看农民失业情况，王夫之称：农民离村"相沿至成化而始剧"；何良俊说：正德以前，百姓"十一在官，十九在田"，而无游食之人；至嘉靖年间就不同了，"去农而游食又十之二三矣"。何氏又说：正德以前，"百姓安于农亩，无有他志"；至嘉靖年间，"赋租日增，徭役日重，民不堪命，遂多迁业"。《福州府志》称：由万历至明末，福建古田县农民流离到外地作佣工；魏禧也说：江西南丰农民到宁都作佣工；《古今图书集成》"辽州部"载：山西辽州农民"多佣力他乡"。① 这种记载层出不穷。土地剧烈兼并，产生两种社会后果：一是中小庶民地主伴随而生，为雇工经营准备了条件；二是身份自由的雇佣工人大量出现。在商品性农业发展推动下，两者结合起来，催生了具有资本主义性质的土地经营产生。

从明代中叶起，不少地区的地方志书出现农业雇工记载，尤其是商品性农业较发达的江浙两省特别显著。

弘治《吴江县志》载："无产小民投顾（雇）富家力田者谓之长工。先供米谷食用，至力田时撮忙一两月者谓之短工"。

正德《松江府志》："农无田者为人佣耕曰长工，农月暂忙者曰短工"。

正德《华亭县志》："农无田者为人佣耕曰长工，农月暂忙者曰短工"。

嘉靖湖州府属，"无恒产者雇倩受值，抑心殚力，谓之长工。夏初农忙，短假应事，谓之忙工"。

嘉靖《江阴县志》："受值而赋事曰工"。

嘉靖、万历之际，扬州府属，"无力受田者名为雇工"。

嘉靖、万历之际，嘉兴府属，"富者倩雇耕作，或长工，或短工"。

万历《秀水县志》："四月至七月望日，谓之忙日，富农倩佣耕，或长工，或短工"。②

中国的新型农场产生于何时？根据前面所述情况看，我赞同李文治等

---

① 李文治等：《明清时代的农业资本主义萌芽问题》，中国社会科学出版社2007年版，第46—47页。

② 李文治等：《明清时代的农业资本主义萌芽问题》，中国社会科学出版社2007年版，第42—47页。

先生说法：即大概在 15 世纪已经在个别地区开始稀疏出现，在 17、18 世纪之际又有比较显著的发展的论断①。明万历十六年（1588）明确了短工法律上具有"凡人"地位，从"雇工人"阶层中解放出来，与一般平民百姓身份平等。一般来说，法律的规定往往落后于现实经济生活，它只是在实际生活存在一定时间后，才以法律形式规定下来，立法滞后于现实生活，这是普遍现象。万历十五年都察院都御史吴时来奏折中称："有受值微少、工作止计月日者，仍以凡人论。"这说明"新题例"出台以前，这些受值微少、工作止计月日者的短工已不属于雇工人范畴。身份自由的短工已存在，从地方志看，弘治（1488—1505）、正德（1506—1521）两朝一些地方志书中，农业长工和短工已有许多记载，然而农业长工、短工普遍出现还要比弘治、正德年间的方志记载的更早，比如成化（1465—1487），甚至天顺1457—1464）年间已开始。② 结合商业性农业发展情况进行考察，富裕农民雇佣身份自由的雇工进行农业经营，可能在天顺、成化年间就已存在。列宁指出："一批农村雇农、特别是短工的形成，是富裕农民存在的必要条件。"③ 下面，分别就富裕农民经营情况和庶民地主经营情况进行探讨。

1. 富裕农民雇工经营

明中期至清前期二三百年间，商业性农业得到很大发展的同时，也加速了农民阶级的分化，一些劳动力多、经济条件较好的家庭，逐渐上升为富裕农民。这些农民田场收入较多，除供给家庭生活所需之外，每年还有一些剩余。由于他们经济条件好，扩大财富可能性大，从而发家致富的欲望比较强烈。他们除种植粮食作物之外，往往还兼营一些经济作物；或以种植经济作物为主，在较小的土地上投入更多的劳动，进行集约性经营，以求资产增殖。

富裕农民的发生和发展，家庭内部协作仅仅是一个起点，更重要的是靠剥削别人剩余劳动来发展自己的经济。当这类农民进一步发展时，当他们的经营规模超过家庭劳动力所能承担的界限时，就要使用雇工，明清两代雇工市场的出现，就是农业雇工发展的有力证明。富裕农民的发展又促

---

① 李文治等：《明清时代的农业资本主义萌芽问题》，中国社会科学出版社 1983年版，第 94 页。

② 李文治等：《明清时代的农业资本主义萌芽问题》，第 222 页。

③ 列宁：《俄国资本主义的发展》，转见李文治等《明清时代的农业资本主义萌芽问题》，中国社会科学出版社 2007 年版，第 222 页。

进了农业雇工队伍的扩大。

这时，有些地区还出现了一些"力农致富"的记载。商品经济比较发达的江苏南部各州县尤为显著。何良俊说：正德以前，百姓十一在官，十九在田，盖因四民各有定业，百姓安于农亩，无有他志，官府亦驱之就农，不加烦扰，"故家家丰足，人人乐于为农。"吴宽亦指出："三吴之野，终岁勤动，为上农者，不知其几千万人也。"① 嘉靖年间，昆山县经营农业发家的，如魏钟、魏壁父子"以力稼致富"②；张某"以多耕致饶足"③；吴纯甫经营果树，种橘千株，"市鬻财自给"④；陈端世代业农，到他父亲陈太掌家务时期，以力农致富，到晚年买地一千亩。⑤ 又嘉定县张某，以"力田积居，家至不赀"⑥；太仓州张某，以商贾失利改事农业，亲自参加生产活动，逐渐富裕⑦；吴江县顾氏，"世以桔为业，园圃甚茂"⑧。明代后期，有的修筑堤埂，使洪荒变成沃壤，"用此法力耕，以致富厚"⑨。据朱国桢记述，"余目所经见，二十里内，有起白手致万金者两家"⑩。庄元臣称："凡桑地二十亩，每年雇长工三人，每人工银二两二钱。"⑪ 据《兴化县志》称："吴上农食九人而兴"⑫。言吴之上农是以剥削雇工而致富。明末，浙江东部山区种植蓝靛，寮主颇有资本，披寮蓬以待菁民至，"菁民者，一曰畲民，汀上杭之贫也，每年数百为群，赤手至各邑，依寮主为活，而受其佣值，或春来冬去，或留过冬为长雇者也。"⑬ 这些人虽然很多发展为地主，但他们都经历了"力农致富"的发展过程。如果把这个过程忽略了，富裕农民

---

① 转见傅衣凌《明清社会经济史论文集》，中华书局 2008 年版，第 133—134 页。
② 归有光：《震川先生全集》卷 25，《魏诚甫行状》。
③ 归有光：《震川先生全集》卷 13，《张翁八十寿序》。
④ 归有光：《震川先生全集》卷 25，《吴纯甫行状》。
⑤ 归有光：《震川先生全集》卷 18，《明故例授苏州卫千户所正千户陈君墓志铭》。
⑥ 归有光：《震川先生全集》卷 18，《鸿胪寺司宾署丞君墓志铭》。
⑦ 王世贞：《弇州山人稿》卷 95，《明封文林郎浙江处州府推官林张翁墓表》。
⑧ 叶绍袁：《湖隐外史》，《庶姓》，第 32 页。
⑨ 朱国桢：《涌幢小品》卷 1，《堤利》。
⑩ 朱国桢：《涌幢小品》卷 1，《堤利》。
⑪ 庄元臣：《曼衍斋草》。
⑫ 万历《兴化县志》卷 2。
⑬ ［明］熊人霖：《南荣集》卷 13，《防菁议下》。转见傅衣凌《明清社会经济史论文集》，中华书局 2008 年版，第 11 页。

存在就成了子虚乌有。

明嘉靖年间及嘉靖以后，也有经营地主出现。下面举一些事例说明。

嘉靖年间，据《常昭合志稿》载江苏常熟地主谭晓与其兄照经营农业事例："谭晓，邑东里人也，与兄照俱精心计。居乡湖田多洼荒，乡之民皆逃而渔，于是田之弃弗治者以万计。晓与照薄其值，买佣乡氏百余人，给之食，凿其洼者为池，余则围以高塍辟而耕，岁入视平壤三倍。"① 由于经营得法，获得甚丰。

万历年间，湖州庄元臣雇工种桑。据《曼衍斋草》记："凡桑地二十亩，每年雇长工三人，每人工银二两二钱，共银六两六钱，每人算饭米二升，每月该饭米一石八十，逐月支放，不得预支。每季发银二两，以定下用，四发共该发银八两。其叶或梢或卖，听本宅发放收银。"② 这是专门种桑、出卖桑叶的经营地主。

这些都是雇工生产的经营地主。

到了清代前期，伴随商业性农业的发展，有更多的人投资于农业经营。

康熙年间，据屈大均记载："蒲葵树……新会之西沙、头西、涌黎、东新、开营诸乡多种之，名曰葵田，周回二十余里，为亩六千有余，岁之租，每亩十四五两。"③

康熙年间，江西宁都人魏禧说："吾宁田旷人少，耕家多佣南丰人为长工，南丰人亦仰食于宁，除投充绅士家丁及生理久往宁者，每年佣工不下数百。"④ 雍正年间，有人作了这样的概括："其起家，大抵本富十之六，末富十之四，奸富十之一"⑤。这里的本富系指经营农业者，末富系指经营工商业者，把"起家"与"本富"连在一起，反映了这些富裕农民或地主起家时都经历了"力农致富"的发展过程。另该省德化县人雷子志，向当地地主桂继旦租田 110 石。如 1 石以 15 亩计，则 110 石相当于 1650 亩，经营的规模相当大。

雍正初，浙江泰顺县蓝明山兄弟二人佃种毛山，雇工经营，做靛发卖，获利甚厚。

---

① 《常昭合志稿》卷 48《秩闻》。
② 庄元臣：《曼衍斋草》，《治家条约》。
③ 屈大均：《广东新语》卷 16，《器语》。
④ 魏禧：《魏叔子文集》卷 7，《与曾庭闻》。
⑤ 光绪《常昭合志》卷 6，第 6 页。

乾隆十六年周添吉用 56 两银子，向江苏泰州地主程仰山租佃草荡，雇朱云土等 7 个刀工砍草出售，每人给工钱 40 文。

乾隆二十三年，湖北桂阳人刘希文租贵州桐梓县地当陈文莱大鹿井山，开设笋厂，雇工做笋发卖。

乾隆二十七年，江西人石发仔向福建崇安地主梁生奇"批山采茶"，开设茶厂，雇人帮工，议定自四月起至七月工完，每人为给银四两。

乾隆四十四年，徽州休宁人丁云高、胡宗义合伙租佃巴鸿万、巴五德、巴遂山场，租银 530 两，其中丁云高雇用的长工有 12 人植种苞谷，工钱每人一年银四两、六两不等。

乾隆年间，山西太谷县人牛希武租佃北京郊区张姓地主庄田，雇工农业经营，还和人合伙开设永隆号钱铺。

乾隆五十一年，山东莱州人石从德租舒勤肯肯屯正红旗穆克登得估领下披甲兴德保房二间，地 40 坰（约 600 亩），同纪韦国合伙经营，雇用工人生产。

四川邻水县人果英议，租地种稻谷和甘蔗，并开设米店和糖房，雇工生产。[①]

以下就刑部档案中所反映的雇工事例，考查清代前期富裕农民经营情况，时间为乾隆五十三年至五十七年，嘉庆二十年至二十四年间一些事例：

吉林三姓地方。雇主田喜，雇周兴、徐万成、刘诚、王义功佣工，由雇主妇女做饭。雇主与雇工一同劳动。

盛京广宁县，雇主陈世柱与雇工高现金一同捆烟。

盛京盖平县，雇主卢礼与雇工宋世发一同耕种。

直隶朝阳县，孙棠雇温增、宋惠佣工，孙棠一向种地度日。

山东昌邑县，雇主邵福香与雇工邵小住一同耕地。

山西丰镇，胡根狗先后雇冯发、侯满堂、庞顺佣工，胡根狗一同下地工作。

河南孟县，雇主谢逢运与雇工杜添水一同下地劳动。

四川云阳县，雇主汪尚行与雇工曹开榜一同赴山工作。

四川屏山县，雇主李汝楫与雇工姚成华一同下地，李汝楫上山砍竹。

---

① 转见闵宗殿主编《中国农业通史·明清卷》，第 406—407 页。

四川隆昌县，雇主李定仪与雇工洪丙子、陈老五下地犁地。

湖北当阳县，张学海雇贾启民佣工，张学海"种地营生"。

湖南醴县，雇主张际漠带领雇工张夜伢子、苏德茂等到山地割草。

湖南会同县，雇主廖勇与雇工吴盛礼、吴潮钲等携带刀锄修整田塍。

浙江上虞县，陈沅益雇沈添佣工，陈沅益在田工作。

浙江西安县，雇主叶辉文与雇工黄胖一同放水灌田。

福建彰化县，雇主刘连涛与雇工陈兴携带铁錍下田工作。

广东石城县，雇主杨咏兴与雇工袁何，平日同桌吃饭，杨咏兴耕种度日。

广东某县，雇主刘奉文带同雇工刘发孙赴田工作，刘在田边削草。

广西雒容县，雇主廖备与雇工廖老二、廖沅等在地耕种。

广西弥勒县，郭璋用银一百二十九两买地若干亩，带雇工李小三犁地。

广西宜山县，雇主莫士仪与雇工张老土、莫扶伦、谭扶秀等赴田工作。①

以上这类与雇工一同参加生产劳动的雇主基本是富裕农民，在清代刑档中，这类事例是相当大量的。② 详见表 10-1 至表 10-3。

表 10-1　　　　　　　清代前期未写立文契的雇佣事例
（雍正十三年至乾隆四十八年）

题本年代	地区	雇主、雇工姓名	年工资	雇佣关系
雍正十三年	甘肃省静宁州	马遇朝雇马的利佣工	钱 2000 文	未立文契，亦无期限
乾隆元年	直隶交河县	李正琯雇郭万仓佣工	小钱 3200 文	未经写立文契
乾隆二年	山东省泰安县	郎瑞雇王富贵佣工	钱 3500 文	未立文契
乾隆五年	江苏省上海县	诸仲祥雇吴宝帮工	银 1.6 两	不曾立过文契
乾隆五年	山东省蒙阴县	王让雇王有成做工	小钱 7000 文	没立文契
乾隆八年	山东省阳信县	史先雇牛景言佣工	钱 4000 文	无议年限，也没文契

---

① 以上转见李文治等《明清时代的农业资本主义萌芽问题》，中国社会科学出版社 1983 年版，第 102—104 页；李文治等：《明清时代的农业资本主义萌芽问题》，中国社会科学出版社 2007 年版，第 85—86 页。

② 有关长工刑事案件一百五十件事例，注明"无主仆名分"、"平等相称"及"未立文契"的七十五件，情况不明者七十四件，注明"有主仆名分"者只有山东邹平一例。

续表

题本年代	地区	雇主、雇工姓名	年工资	雇佣关系
乾隆九年	江苏省常熟县	黄应元雇季有凤佣工	银 4.0 两	没有立契
乾隆十年	直隶任县	王深雇张进礼佣工	小钱 6000 文	未写立文契
乾隆十一年	四川省邻水县	王辉国雇庞正华帮工	银 5.0 两	并未立契
乾隆十四年	山东省安邱县	张珍雇吴二佣工	钱 4500 文	未立文契年限
乾隆十七年	河南省蔺阳县	乔学圣雇王麻佣工	钱 3000 文	未立文契
乾隆十七年	河南省固始县	恒志雇张二佣工	钱 2000 文	未立文契
乾隆十九年	浙江省汤溪县	谢起常雇林乔蒿种靛三年	银 8.2 两	并无工契
乾隆二十二年	山东省济阳县	郭明雇王二做工	小钱 9000 文	没立文契
乾隆二十四年	直隶	郎可全雇贵白子佣工	小钱 6000 文	未立文契年限
乾隆二十五年	直隶口外	高合邦雇苗如潭佣工	银 1.2 两	未立文契
乾隆二十五年	安徽省安溪县	叶骏雇蔡奇佣工	银 1.2 两	没写立文契
乾隆二十六年	直隶热河塔子沟	张明雇赵有佣工	银 6.0 两	未写立文契
乾隆二十七年	河南省遂平县	肖逢春雇工王虎佣工	钱 2400 文	未立文契
乾隆二十七年	湖广	石士荣雇张友云帮工	银 2.0 两	并未立契
乾隆三十五年	广东省徐闻县	邹忠平雇叶亚佑牧牛	谷 2.4 石	未写立文契，亦未议定年限
乾隆三十七年	山东省武城县	梁吉雇曲林做工	大钱 3500 文	没写立文契
乾隆三十九年	直隶蠡县	刘金花雇刘常佣工	大钱 4000 文	无议立文契年限
乾隆四十年	直隶	许玉敬雇孙自成佣工	银 8.0 两	未议立文契年限
乾隆四十一年	直隶交河县	张抢元雇陈佩佣工	大钱 4500 文	未立文契
乾隆四十一年	直隶塔子河沟	关重雇吴子亮佣工	大钱 4830 文	未议立文契年限
乾隆四十一年	江苏省睢宁县	周子立雇王礼佣工	钱 5000 文	未立雇契
乾隆四十一年	江苏省睢宁县	周夫盛雇王礼佣工	钱 5000 文	未立雇契
乾隆四十一年	江苏省锡山县	邵祥瑞雇杨三佣工	钱 2400 文	没有工契
乾隆四十一年	江苏省铜山县	杨文雇王礼佣工	钱 3500 文	未立文契
乾隆四十一年	江西省乐平县	陈永复雇胡遇生耕作	银 5.4 两	未立文契
乾隆四十二年	广东省合浦县	苏廷参雇李维才佣工	钱 3000 文	未议定年限，未有文契
乾隆四十二年	直隶井陉县	郝希周雇李二妮佣工	大钱 2600 文	未立文契

续表

题本年代	地区	雇主、雇工姓名	年工资	雇佣关系
乾隆四十三年	山东省长清县	高希长雇张五佣工	小钱2000文	未立文契
乾隆四十三年	安徽省怀远县	九经雇张美祥佣工	钱3000文	未立雇契年限
乾隆四十四年	山东省东平州	陈文超雇张工做庄稼	小钱5000文	未立文契
乾隆四十四年	安徽省定远县	曹元廷雇李添时佣工	钱2200文	未立文契
乾隆四十八年	直隶高阳县	成成克安雇吕二佣工耕作五年为满	大钱4000文	未立文契

资料来源：中国社会科学院经济研究所藏：《刑档抄件》，转见李文治等《明清时代的农业资本主义萌芽问题》，中国社会科学出版社1983年版；转见李文治等《明清时代的农业资本主义萌芽问题》，中国社会科学出版社2007年版，第190—191页。

表 10 - 2　　　　　清代前期"无主仆名分"农业长工雇佣事例

（乾隆五十二年至嘉庆二十五年）

地区		雇主、雇工姓名	工资	雇佣关系
奉天	承德县	刘文兴雇柴秃子佣工	一年工价市钱六十千文	没立文契年限，无主仆名分
		左三雇国殿荣领人工作	十月为满，工价市钱六十吊	无主仆名分
	海澄县	李喜成雇邱贵种地	一年工价市钱六十吊	平等相称，无主仆名分
盛京	广宁县	潘谷金雇孙祥做工	一年工价市钱九十千文	同坐共食，无主仆名分
吉林	伯都讷	李成 雇徐文科做年工	每年工价三十六千文	未立有字样，无主仆名分
直隶	蠡县	耿玉书雇边成仁工作	每年工价四千文	无主仆名分
	清苑县	苑秉直雇李泳富做长工	一年工价七千文	平日同坐同吃，没主仆名分
	大兴县	王进孝雇赵三佣工	一年工价四千文	无主仆名分
	清苑县	刘勇雇王景工作	十月工价六千五百文	未立文契，无主仆名分
	枣强县	刘英杰雇刘俊做工	每年工价九千五百文	无主仆名分
山西	某县	赵鳌雇刘殿有佣工	一年工钱六千八百文	无主仆名分
	沁县田	学娃雇崔万虎牧牛	一年工钱九千文	未立约，无主仆名分
河南	灵璧县	罗招雇罗仁元、刘士明、杨三佣工	由春到庄稼收竣歇工	同坐同食
	息县	李望山雇杨允种地	每年价钱三千五百文	平等相称
	扶沟县	卢世全雇刘端种地	每年工价钱七千七百文	无文契年限，无主仆名分
	固始县	刘文定雇许连会做工	每年工钱三千文	无文契年限，无主仆名分
	信阳州	邹逢远雇李贵佣工	每年工钱三千文	无主仆名分
	息县	廖文升雇张囤帮工	每年工价钱二千八百文	平等相称

续表

地区		雇主、雇工姓名	工资	雇佣关系
陕西	咸宁县	班得远雇沙瓜儿佣工	每年工钱七千文	无主仆名分
	鄠县	冯远雇杨守德做庄稼	每年工钱五千文	无主仆名分
	怀远县	宋起德雇胡交年子帮工	每年工钱七千文	无主仆名分
	武功县	赵银子雇赵东五佣工	满年身价钱三千五百文	未立身契，平日共坐共食，无主仆名分
	沔县	田宗辉雇徐大连帮工	每年工钱六千文	无主仆名分
	渭南县	禹金庄儿雇李二沙佣工	每年工钱四千八百文	无主仆名分
	韩城县	雷春旺雇薛小改帮工	每年工价银九两	同坐同食，无主仆名分
	绛州	赵解氏雇崔喜贵种地	每年工价银十两	无主仆名分
	宁远厅	梁凡绢雇盛有才做工	年工钱十千文，每月谷子二斗	无主仆名分
山东	朝城县	吴绍德雇王贵工作	每年工价京钱五千	平等称呼
	堂邑县	相士位雇邱住安工作	每年工价钱十一千文	无主仆名分
	曹县	郭凡雇王三佣工	每年工钱二千四百文	平等称呼，未立文约
	菏泽县	张高氏雇张三工作	每年工价大钱三千五百文	没写立文契，无主仆名分
	莒县	朱俊雇咸成有种地工作	岁给工价京钱十千文	未立文契，无主仆名分
	东阿县	赵岳雇张主佣工	每年工价京钱十三千五百文	共坐共食，平等称呼
	朝城县	范宗贤雇范艮佣工	每年工价就钱六千文	平等相称，无主仆名分
	莒县	孙汝津雇康文幅佣工	每年工价京钱十三千文	无主仆名分
	胶州	韩霞雇唐元太佣工	每年工价京钱五千文	平日共坐共食，尔我相称
	胶州	宋当雇许二佣工	每年工价京钱十一千文	无主仆名分
	淄川县	张秀枚雇张四佣工	年工价京钱十九千五百文	无主仆名分
甘肃	渭源县	漆思训雇袁七十儿佣工	每年工钱三千文	无文契年限，无主仆名分
	静宁州	马丕宗雇潘世子佣工	每年工价大钱一千文	无文契年限，无主仆名分
	古浪县	杜良才雇张海做庄稼	每年工钱三千文	没立文契，一同坐食，无主仆名分

续表

地区		雇主、雇工姓名	工资	雇佣关系
甘肃	平罗县	万光明雇张兴做田工	每年工价大钱三千六百文	没立文契年限，无主仆名分
	隆德县	高恩源雇翟六保子做农工	一年工价大钱二千二百文	没写文契，无主仆名分
	伏羌县	李懋学雇刘巩儿工作	每年工价钱八百文	无主仆名分
	陇西县	张寅雇张瓒做工	每年工价钱二千八百文	无主仆名分
四川	泸州	李宏武雇李天荣佣工	工钱不详	共坐共食，无主仆名分
	西昌县	刘杨氏雇罗贵等二人种地	每年每人工钱四千文	没主仆名分
	彭县	赵庆芳雇万廷贵帮工	每年工钱六千文	未立约无主仆名分
	盐源县	占洪发雇徐文志帮工	每年工钱十千文	同坐共食，无主仆名分
	云阳县	彭德月雇冉官富帮工	十月为满，工钱六千文	无主仆名分
	南充县	张镜雇胥春喜做工	一年工钱六千文	同坐共食，无主仆名分
	邛州	侯国甫雇曾锡葵帮工	三年给工钱十千文，又大小衣服十件	平等称呼，无主仆名分
湖北	大冶县	程才华雇毛有富帮工	每年工钱四千文	同坐共食，无主仆名分
安徽	霍邱县	单明杰雇张四帮工	每年工钱二千四百文	平等相称，无主仆名分
	凤台县	宋如银雇宋抓孩佣工	每年工钱二千八百文	无立约，兄弟相称
	旌德县	程焕雇李海帮工	每年工钱七折钱十二千文	未立雇约，无主仆名分
	阜阳县	王宗恩雇李刚佣工	一年工钱三千六百文	未立文契，平等相称，无主仆名分
	怀远县	周大朋雇李学淋佣工	每年工钱三千五百文	未立约，无主仆名分
江西	乐平县	温贵秀雇黎甘子帮工	长年工银八两	平等称呼，并无文契
浙江		高奕贤雇施锦华帮工	每年工钱十一千五百文	无主仆名分
福建（含台湾）	彰化县	洪幼雇许参帮工	每年工钱二千二百文	无主仆名分
广东	始兴县	伍三满雇胡志八种地	周年工钱八千文	未立文契，无主仆名分
	钦州	沈显祚雇刘贵明做田工	每年工谷十石	无主仆名分
	遂溪县	梁乔雇倩林那子牧牛	每年工钱四千文	未议定年，共坐共食，无主仆名分

续表

地区		雇主、雇工姓名	工资	雇佣关系
广西	岑溪县	李子发雇钟胜才帮工	每年工谷二石五斗	无主仆名分
	藤县	黄建安雇倩陈再添种烟	每年工钱三千文	无主仆名分
	迁江县	笪老三雇谭特添帮工	每年工钱六千文	共坐共食，无主仆名分
云南	大关厅	邓仁佐雇林老大垦田	十月为满，工钱一千三百文	无主仆名分
贵州	桐梓县	罗昌仲雇杨仁达种田	每年工价银二两六钱	无文契，无主仆名分

资料来源：中国社会科学院经济研究所藏：《刑档抄件》，转见李文治等《明清时代的农业资本主义问题》，中国社会科学出版社1983年版；李文治等《明清时代的农业资本主义问题》，中国社会科学出版社2007年版，第192—194页。

表 10 - 3　　　　清代前期"无主仆名分"农业短工雇佣事例
（乾隆五十六年至嘉庆二十五年）

题本年代	地区	雇主和雇工	月工资	共坐共食情形
乾隆五十六年	陕西城固县	傅令文雇郑士孝佣工	钱388文	平日同坐共食，并无主仆名分
嘉庆元年	安徽庐江县	洪能贵雇刘大佣工	钱800文	同坐共食，并无主仆名分
嘉庆四年	云南镇雄州	刘远雇祝允富帮工	钱300文	共坐同食，平等相称
嘉庆四年	甘肃宁夏	马攀龙雇马伏金工作	钱680文	共坐同食，并无主仆名分
嘉庆十四年	河南叶县	张秉元雇赵羔儿	工钱300文	平日共坐同食，并无主仆名分
嘉庆十四年	陕西宜君县	李生茂雇王狗儿佣工	钱300文	平日同坐共食，并无主仆名分
嘉庆十五年	盛京兴京厅	郭太雇柳玉荣佣工	市钱11000文	同坐同吃，平等相称
嘉庆十五年	福建彰化县	赖淳雇蔡故做工	番银1.8元	同坐共食，平等称呼
嘉庆十五年	云南会泽县	罗老八雇蔡大发帮工	银0.6两	同坐共食，并无主仆名分
嘉庆十六年	四川天全县	郭骡子雇黄金顺帮工	钱120文	同坐共食，平等称呼
嘉庆十七年	安徽合肥县	陈建雇张宇化帮工	钱500文	平日共坐同食，平等相称，并无主仆名分
嘉庆十九年	陕西南郑县	陈继虞雇周三咭子帮工	钱750文	同坐共食，并无主仆名分
嘉庆二十年	陕西襄城县	金海雇唐文帮工	钱460文	平日同坐共食，并无主仆名分

续表

题本年代	地区	雇主和雇工	月工资	共坐共食情形
嘉庆二十四年	安徽颍上县	石可志雇王学海帮工	钱 933 文	平日同坐共食，无主仆名分
嘉庆二十四年	江西赣县	邹昌浩雇陈言佐帮工	钱 800 文	同坐共食，并无主仆名分
嘉庆二十四年	河南汝阳县	杨大志雇李保帮工	钱 400 文	平日同坐共食，并无主仆名分
嘉庆二十五年	四川华阳县	靳三万雇万正伦帮工	钱 800 文	同坐共食，无主仆名分
嘉庆二十五年	陕西鄠县	张均怀雇袁三义佣工	钱 800 文	同坐共食，平等相称

资料来源：李文治等：《明清时代的农业资本主义萌芽问题》，中国社会科学出版社 1983 年版；李文治等：《明清时代的农业资本主义萌芽问题》，中国社会科学出版社 2007 年版，第196—197 页。

特别值得注意的是，这些富裕农民雇一两个或两三个工人进行商品生产的事例。

如浙江泰顺县，雍正、乾隆之际，有富裕农民谢启恒雇林恒山帮种蓝靛，每月工价银六钱。乾隆十七年，浙江汤溪县谢启常雇林乔嵩连续种蓝靛三年，每年工银八两二钱。乾隆二年，广东电白县冯泮上雇苏亚养砍蔗，按日给付工资。乾隆二十八年，福建台湾府诸罗县张婆兼设廊，一向雇陈秘"研蔗看牛"。嘉庆元年，广西藤县黄建安雇陈再添种烟，每日工钱一百五十文。嘉庆十一年，山东曹州吕居仁雇张标、齐三看守棉田，收棉后给工钱五千文。[①] 以上这些富裕农民，都是雇用自由劳动者进行商品生产，剥削雇工剩余劳动，以达到资本增殖，这类富裕农民经营的农场，具有与以往性质完全不同的性质，即资本主义经营方式。

富裕农民雇工经营占多大比例，明代缺乏数据，无法估算。就清代前期情况而言，从以上三个《刑档抄件》所列事例来看，富裕农业雇工经营事例涉及 21 个省地，计 112 个州县厅。其中：山东 17 个州县，直隶 13 个州县，陕西 11 个县，四川、河南、安徽各有 10 个州县，甘肃 9 个州县，江苏、广东各 5 个州县，山西 4 个州县厅，广西、云南各 3 个县，福建、江西、奉天各 2 个县，盛京 1 县 1 厅，浙江、湖北、吉林、贵州各 1 县。无论从省地或州县角度来考察，清前期富裕农民雇工经营已是很平常之事。但

---

① 李文治等：《明清时代的农业资本主义萌芽问题》，中国社会科学出版社 2007 年版，第 87 页。

《刑档抄件》有局限性，只有发生案件才有记载，所以，没有发生案件地方，不等于没有富裕农民雇工经营，或富裕农民雇工经营者少，这点需要说明一下。至于富裕农民雇工经营在农业雇工经营中占有多大比例，可以参考景甦、罗仑研究。据景甦、罗仑两位先生研究：山东光绪年间有一百三十一家经营地主，其中有五十九家为"种地起家"者①。也就是说，富裕农民雇工经营者占总数45%。至于清前期，当然会比光绪年间比例低些，但这个数计还不失为一个考察的窗口。

富裕佃农雇工经营的发展。到明代，主佃之间关系发生了一些变化，明代只在"乡饮酒礼"条写了一句，佃农对地主行"以少事长之礼"。②废除了宋、元有关主佃关系的等级法典，主佃之间在法律面前基本平等。这就为富裕佃农发生、发展提供前提条件，但富佃的产生必须在交清地租之后，除了满足自己必需的需要以外，能否还能获得一个"余额"，这又是一个更为重要的条件。因此，富裕佃农经营要比富裕自耕农经营的产生更困难些。

明清时代生产力的发展以及地租形态变化，尤其是一田二主或一田三主股份制经营形式出现，为富佃经营产生和发展提供了充分条件。当租佃农民依靠使用雇工进行经营时，他的经营性质开始发生变化，由封建租佃转化为资本主义性质的租佃。

富佃的产生有两条途径，一是福建、广东、江西、安徽、江苏、浙江各省交界地带，有很多从未开垦过的荒山。明清数百年间，有不少从江西、福建、广东、浙江等农村中排挤出来的农民，深入山区，佃山垦荒，在这类垦户中，有的逐渐由贫佃发展成为富裕佃农。二是富户携带大量资金，一开始即进行租佃大面积山地，从事雇工经营。

据明末熊人霖记载，福建汀州人到浙江中南部租山种蓝，寮主向山主租山，有的将所租山场再行转租，有的雇工经营。菁民之中大部分是贫民，"菁民者一曰畲民，汀、上杭之贫民也，每年数百为群，赤手至各邑，依寮主为活，而受其佣值，或春来冬去，或留过冬为长雇者也"③。寮主之中，

---

① 景甦、罗仑：《清代山东经营地主底社会性质》，山东人民出版社1959年版，第146页。
② 《唐明律合编》卷9。
③ 熊人霖：《南荣集》卷11，《防菁议下》。

有的"久居各邑山中"。说明他们和山场主订立了比较长期的租约，一租很多年；有的颇有资本，说明他们经营规模不小。又从雇工"数百为群"考察，说明雇工队伍相当庞大，经营山场的富裕佃农也不止几家。①

《遂昌县志》记载，崇祯初年，福建省农民到浙江山区佃山开垦，"种靛、麻、蔗者布满山野"②。清代前期，福建农民到浙江垦山者益众。如到宣平县租山种麻、种蓝者，"闽人十居其七，利尽归焉"③。康熙年间，福建、广东两省人到龙泉县佃山，先种稻薯，后植杉苗，垦民有的以出卖树木致富，原出租山主反而日渐贫困。④ 雍正间，汀州人林上峰与兰氏兄弟在浙江泰顺县合伙佃山，雇工种蓝，作靛发卖。结账时，林欠兰姓银一百三十两。可能经营资金达几百两，是相当大规模的经营。⑤ 嘉庆初年，温州人到湖州西部山区赁山垦荒，种植红薯及落花生，于是"山日以辟，类日以众"⑥。种红薯是为了食粮，种花生是为了出售。

皖南山区，有关富裕佃农的发展，记载比较清楚。来到这里租佃山场的农民叫"棚民"。徽州、宁国、池州、广德等府州的山区是棚民聚集地区，这里棚民垦荒是从明代开始的。清乾隆年间，即在雍正朝实行摊丁入地，放松对户籍控制以后不久，棚民垦山事，一度获得迅速发展。

皖南移垦客民，有的"并无银本"，有的掌握大量货币，情况各不相同。尤其值得注意的是，携有大量资本赁山者。乾隆年间，怀宁县丁云高、胡宁义到休宁合伙向巴鸿万、巴五德、巴遂等租佃山场，搭棚开荒，一次即交租银五百三十两，预租十五年。二人分别经营，胡宗义在枧源等处搭棚开垦，丁云高在吕洞汰等处搭棚开垦，两处相距二里有余。丁云高雇用了冯建周、管昆三等十二个长工，每人每年工资银四至六两。这些雇工都是外地农民，靠"佣工度日"。⑦ 依据雇工数量推测，丁云高经营规模相当

---

① 熊人霖：《南荣集》卷11，《防菁议下》。

② 《遂昌县志》卷8《纪事》。

③ 乾隆《宣平县志》卷9《风俗》。同治《龙泉县志》卷15，第66—69页。以上转见李文治等《明清时代的农业资本主义萌芽问题》，中国社会科学出版社1983年版，第134页。

④ 刑科题本，乾隆元年八月四日浙江巡抚嵇曾筠题。

⑤ 凌介禧：《少茗文稿漫存》。见光绪《乌程县志》卷35，第28页。

⑥ 刑科题本，乾隆四十七年九月二十三日安徽巡抚萨载题。

⑦ 刑科题本，乾隆四十七年九月二十三日安徽巡抚萨载题。

可观。嘉庆年间，皖南地区发生当地官府勒令垦民返回原籍的案子，涉及"租山者十六人，帮工八百余名，所携眷口男妇共四千余人，原出租价四千余金"①。出资经营者按十六人计，平均每人雇用农工五十名，平均每人出租金二百五十两，每个雇工的年工资如按银五两计，饭食五两，每人共计银十两。每人雇用五十个工人，每年工食银为五百两。与租金合共计算为银七百五十两。一个农场主雇用五十个农工，投资七百五十两银子，是相当大规模的农业经营。②

嘉道之际，在徽州府租山的棚民，有的一次交租银达数百两乃至千两以上，预租期有的长达二三十年。如在休宁县垦荒的方会中等，共出租银二千六百多两，所租山场"约周二十余里"③。租种山场的棚民虽非一人，但租金数目及租山面积都十分可观。其中可能会有一些大的经营规模。据当时查禁棚民道台杨懋恬记述，垦山租约所定年限"或十年，或十五年，或二十年至三十年"。租佃年限较长，对富裕佃农产生十分有好处。关于雇工情形，"其随时短雇帮伙工人，春来秋去，往返不定，多少不一"④。再结合黟县"棚民种植山场雇用工人"⑤ 之类记载，结合起来考虑，棚民雇工经营是普遍现象。据杨懋恬查禁休宁县棚民报道，这次被迫拆迁的棚子有九十多个，其中有令棚民"率领丁属工伙下山分投回籍"之类话语，这里的"工伙"即指雇工。

据汪梅鼎说："此种棚民本与贫无所归者悬殊"⑥。这是反映了雇主与雇工之间阶级差别，从方椿反映"奈作苦，似甚贫；挟重资，又似甚富"⑦ 情况看，这些棚民自身还是劳动者，但又是富裕的佃农。他们与雇工之间的关系，必然是"共坐共食""平等相称"的关系。李文治先生认为，这些富裕佃农的经营目的非常清楚，不管生产什么，都是为出售而进行商品生产。

---

① 高廷瑶：《宦游纪略》卷上，第47—48页。

② 李文治等：《明清时代农业资本主义萌芽问题》，中国社会科学出版社1983年版，第135—136页。

③ 据《道宪杨懋恬查禁棚民案稿》。参见陶澍《陶文毅公全集》卷26，《查禁皖省棚民编设保甲附片》。

④ 据《道宪杨懋恬查禁棚民案稿》。参见陶澍《陶文毅公全集》卷26，《查禁皖省棚民编设保甲附片》。

⑤ 知县吴甸华：《禁租山开垦示》，见嘉庆《黟县志》卷11。

⑥ 汪梅鼎：《驱逐棚民案稿记》，见道光《徽州府志》卷4之2。

⑦ 道光《徽州府志》卷4之2，《楚颂房杂著》。

而且，他们向山场主交纳地租之后，在扣除生产费用和农民生活所必需劳动之外，还有一个"余额"。说明地租已经不是剩余价值的唯一形式了，当然，这个"余额"还不能构成平均利润以上的余额，因为这时平均利润还没有形成。这里的雇工已带有自由劳动性质，他们所出卖的只是一定时间的劳动力，不再包括他们的人身自由。因此，"寮主""棚民"类型的富裕佃农，其雇工经营基本是资本主义性质的农业经营。①

由乾隆至道光前后约百年间，四川、湖北、陕川交界的山林地带也有客民佃山垦荒的。据严如熤《三省山内风土杂记》称："外省客民，纳课数金，辄指地一块，立约给其垦种。客民亦不能尽种，转招客佃。积数十年，有至七八转者"。"招主"受"客租"顶银，有的多达数百两银子。据毕沅奏报，到陕南山区垦荒的客民，早在乾隆年间即达十余万。嘉庆后续有增加。据卢坤《秦疆治备》称，道光三年时，凤县一万七千三百四十余口中，"新民甚多，土著甚少，多系川、湖无业游民，佃地开垦"。从以上记述客民众多，招佃情况及顶银情况各方面考察，其中可能会出现一些富裕佃农经营。②

下面来看东北新垦区情况。

清代前期，东北地区除顺治十年至康熙七年前实行短暂放垦外，其他时间都实行封禁政策，尽管如此，出关谋生者还是禁而不止，据乾隆十一年清查，出关到盛京谋生者"续添至四万七千余口"③。乾隆五十七年，山东、直隶连年被灾，准农民"出口觅食"④。从此，东北人口日增。

东北地区，人口稀少，地价便宜，据李文治先生研究，嘉庆年间，辽阳每亩平均地价为一千三百七十五文。这个地价比同期河南、山东、江西都低，河南地价低者为每亩二千五百七十九文，高者为八千九百文。山东地价低者为每亩四千六百五十文，中等者为十二千七百七十五文，高者为

---

① 李文治等：《明清时代的农业资本主义萌芽问题》，中国社会科学出版社1983年版，第139页。
② 李文治等：《明清时代的农业资本主义萌芽问题》，中国社会科学出版社1983年版，第139页注①。
③ 《清高宗实录》卷257，第5—6页。
④ 《奉天通志》卷36，第18页。

十五千六百八十文。地价最高者首推江西，每亩价为辽阳的十三倍。① 地价低廉有利于租地经营者，使他们有更多机会获得"盈余"。劳动力少，土地多，也有利于佃农在地租分配上占有更多利益。这些都有利于富裕佃农产生和发展。

清代前期，东北出现了不少大规模经营。如山东掖县石从德，于乾隆五十一年到吉林三姓地方，向兴得保租佃旗地四十垧，房二间，每年粮租十一石。石从德与纪韦国合伙耕种，到乾隆五十八年，雇袁德生、高忠、李维周等人佣工，议定做活十月，每人工资由三十五千文至四十二千文不等。② 嘉庆十年，李经晏在宁古塔进行大规模农业经营，一次雇用雇工七人，每人每日工资三百八十文；又一次雇用短工十人，每人每日工资二百二十文。从雇用短工情况看，平时很可能另有长工数人在耕作。嘉庆二十年，河南涉县范金福在宁古塔、珲春租地经营，雇用长工数人。③ 又客民李金在吉林伯都纳典地雇工经营。

这些客籍雇主与客籍雇工之间，一向缺乏传统的封建统属关系，雇主对雇工根本无法实行超经济强制，同时，在劳动力缺乏的东北地区，雇工与雇主之间关系极为松懈，雇工不干了，可以随时辞去，工价要雇工满意才行。如雇主无力支付工资，雇工则强行拉雇主耕牛和车辆以抵工价。有的雇主欠雇工工钱，只好典当土地拨给雇工以抵工价。如遇灾荒歉收，雇主无力支付工资，得办酒席宴请雇工，要求将所欠工资暂缓数月支给。④ 从以上情况看，这里劳动力已开始变成商品，自由雇佣劳动已经开始形成。

其他地区也出现富裕佃农经营农场事例。如福建安溪人殷庚，到台湾府诸罗县租地雇工种植花生。乾隆五十年，他向商人王旺出售花生，一次交易的花生即多达一百石，议价番银七十元。⑤ 江苏泰州有租佃草荡的大经

---

① 李文治等：《明清时代农业资本主义萌芽问题》，中国社会科学出版社 1983 年版，第 140 页。

② 转见吴量恺《清代乾隆时期农业经济关系的演变和发展》，《清史论丛》第 1 辑，中华书局 1979 年版。

③ 以上资料转见李文治等《明清时代农业资本主义萌芽问题》，中国社会科学出版社 1983 年版，第 142 页。

④ 以上资料转见李文治等《明清时代农业资本主义萌芽问题》，中国社会科学出版社 1983 年版，第 143 页。

⑤ 刑科题本，乾隆五十一年八月六日福建巡抚徐学曾题。

营。周添吉向地主程仰山租佃划荡七十七引，租银五十六两。此后，周添吉又将二十二引转租与申裕书，租银二十三两。乾隆十六年六月二十四，周添吉雇工朱云山、周引方、周盛远、周德兼、王添九、王有道、王英选等人到草荡割草，每人每日工钱四十文；申裕书也雇储中和、杭殿卿、杭殿有、王三、许姓到草荡割草，每人每日工钱也是四十文，朱云山、储中和等"都是佣作穷人"，"向来替人家佣工度日"。① 两家经营所支付给短工的日工资完全相同，说明在地方上已形成统一的劳动力价格，是在雇工市上招雇来的。嘉庆年间，江西新城县"专靠赁田栽烟"的农户"不下数十人"，与"佣工竟趋烟地而弃禾田"② 之类论述联系起来考察，其中很可能出现一些雇工经营的富佃。

富裕佃农租地进行大规模商品粮生产的事例很多，这里也举一些事例说明。

乾隆年间，山西洪洞县王中孝，在蒲县租地经营，雇用任明章、武彦光等五个长工，每人每年工资三千文，秋收粮食议明主佃均分。③ 太原县刘汉昌在直隶顺天府宛平县租地雇工经营，他经马金太手租入旗人庄田十四亩半，其中约八亩种植西瓜，七亩种植大葱，支付地租京钱八千七百文，据刘汉昌供认，"连地租、人工一总算来只用了他（旗庄主人）五十吊钱"。据当时经纪人估计，七亩葱的产值为京钱三万一千五百文，平均每亩产值四千五百文；八亩西瓜的产值不详，如每亩产值也按四千五百文计，则有三十六千文，葱瓜合计共六十七千五百文。④ 扣除地租、人工、粪肥等项支出五十吊钱，田场盈余为十七千五百文。这个农场利润为35%，非常可观。

江西省德化县，雷子志在乾隆年间租桂继旦土地耕种，年纳租谷一百十石，雇工经营。⑤ 这是大面积经营。

浙江海盐县，杨培新在乾隆年间租种黄伦章田九亩八分，加上自有地共四十三亩。交地租九百八斗。杨雇用大量工人，"开圳筑堰"，兴修水利，

---

① 刑科题本，乾隆十九年七月十二日刑部尚书阿克敦题。

② 同治《新城县志》卷1《风俗》。

③ 刑科题本，乾隆五十五年十一月二十三日山东巡抚书麟题。

④ 刑科题本，乾隆三十八年九月二十三日周元理题。转见李文治等《明清时代农业资本主义萌芽问题》，中国社会科学出版社1983年版，第146页。

⑤ 刑科题本，乾隆十七年七月二十六日策楞题。

又"重本积肥，养牛耕种"。①

乾嘉年间，直隶通州、沧州，江苏崇明，福建侯官，广东香山，湖南浏阳、酃县，四川射洪县、郫县、江安县、泸州等县，都有大规模租佃经营记载。② 这些大规模经营中，有的雇用农工数人，多者达十数人。吴量恺在《清代乾隆时期农业经济关系演变和发展》一文中，从大量刑科题本中，辑录了97件富佃经营案件，这些案件遍布全国各个地区，尤其值得注意的是，种植经济作物富佃案件有三十件之多，③ 占总案件的30.9%。这仅是发生命案的事例，没有发生案件的富裕佃农经营，不知要比这数大多少倍，清代前期富裕佃农雇工经营发展是相当明显的。但富裕佃农发展还要受地租剥削限制，相对富裕自耕农民发展来说，要困难得多。

2. 庶民地主经营的发展

明清时代，庶民地主发展经营经历了一个曲折的过程，从明初到明中期大量存在，至明后期衰落，经明末清初农民战争洗礼后，加上清前期政策措施保护，庶民地主又获得较大发展。并在地主阶级内部占据主导地位。这点，前文已做详细论述。本节要讨论的问题是，庶民地主进行雇工经营的情况。

庶民地主的雇工经营明代亦有，但为数不多，主要发展于清代前期，当时的人有过这样的议论，如说："国朝（清朝）后风气渐异，汉人所用皆系雇工"④。李殿图《敬陈病农之弊端疏》亦称："百口之家，必畜骡马三四头，东作以耕种，西成以资转运"⑤。山东东昌府属情况，"土宜五谷六畜，大致千亩之家，千树梨枣，牛数具，骡马百蹄，园畦蔬果称是"⑥。这些记载显然是庶民地主经营发展的反映。下面，列举一些庶民地主雇工经营事例。

乾隆初年，广东完安县庶民地主柯凤翔、柯凤集两兄弟，各出银二十两，林嵩出银十两，共计银五十两，伙买荒山一处，雇工栽种槟榔树五万株。俟后树木长大结果，历年所生产的槟榔都卖给商人收割，所得价银五

① 刑科题本，乾隆四十二年三月二十四日舒赫德题。

② 详见李文治等《明清时代农业资本主义萌芽问题》，中国社会科学出版社1983年版，第146—148页。

③ 吴量恺：《清代乾隆时期农业经济关系演变和发展》，《清史论丛》第1辑，中华书局1979年版，第25页。

④ 《秋审条款附案》。转见刘永成《论清代雇佣劳动》，《历史研究》1962年4月号。

⑤ 李殿图：《敬陈病农之弊端疏》；徐栋辑：《牧令书辑要》卷3。

⑥ 《古今图书集成·职方典》卷255《东昌府部》。

股均分，柯氏兄弟共得四股，林嵩得一股。乾隆六年，柯氏兄弟将槟榔卖给刘白石收割。议完价银八十六两。槟榔果实尚未收割，价格忽然上涨，刘白石又将该槟榔转卖给薛四观收割，得价银一百三十二两。① 东莞县某地主，雇用长工二十一人，收稻季节并添雇短工多人。② 乾隆五十二年案件称，湖南醴陵县刘钦简雇丁绍用、刘明智、曾庭奎三个长工。③ 乾隆五十九年案件载，善化县曾文章雇张中立、周二、周先济三个长工。④ 乾隆五十七年案件称：四川永川县某地主，雇用长工六人。⑤ 乾隆五十九年案件云：山东寿光县李景华雇丁举惠、张恩德、杨小存三个长工。⑥ 嘉庆二十年案件曰：甘肃固原州某地主，雇用长工五人。⑦ 嘉庆二十三年案件指出，湖北房山县李谷斌，是一个土地出租兼雇工经营的地主，雇用长工三人以上。⑧ 从以上事例看，当时庶民地主雇用三四名或更多长工、短工经营是普遍现象。

　　乾隆五十一年雇工条例修订后，无主仆名分案件明显增多。如乾隆五十一年至嘉庆朝三十多年，从所搜集到一百零七个长工雇佣事例案件看，其中注明"有主仆名分"的一例，注明"代写文契"的一例，注明"共坐共食，平等相称"、"没立文契"及"无主仆名分"的有六十一例。又在这六十一例中绝大多数注明"无主仆名分"者凡五十七例。⑨ 这种情况与乾隆五十一年前有很大变化。乾隆五十一年前，辑有雇用长工案件九十一例，一般只注明"未立文契""没有文契""没有工契""未立雇契""未立文契""未立分券"之类字样，注明"无主仆名分"的只有一例。前后相比，变化十分明显。当然，据万历十六年律法看，这些没有订立文契者的身份已属自由，但提法上还不是很明确，含义比较模糊。

　　从刑档中，还看到另一种情况，即乾隆五十一年后，一些有低级功名的生员、监生之类家庭进行雇工经营。这些耕读相结合家庭与庶民地主比较接

---

① 刑科题本，乾隆三十九年四月五日，刑部尚书舒赫德题。转见黎民《乾隆刑科题本中有关农业资本主义萌芽的材料》，《文物》1975 年第 4 期。

② 刑科题本，嘉庆二十年二月十五日，刑部尚书董诰题。

③ 刑科题本，乾隆五十二年五月十六日，刑部尚书阿题。

④ 刑科题本，乾隆五十九年四月八日，刑部尚书阿桂题。

⑤ 刑科题本，乾隆五十七年一月二十九日某题。

⑥ 刑科题本，乾隆五十九年五月二十八日，山东巡抚福宁题。

⑦ 刑科题本，嘉庆二十年十月九日，陕甘总督先福题。

⑧ 刑科题本，嘉庆二十三年十一月十八日，湖北巡抚张映汉题。

⑨ 参见中国社会科学院经济研究所藏《刑档抄件》统计。

近，从案件反映出来的雇工与雇主关系看，他们之间"无主仆分名"。如乾隆五十六年，直隶唐县生员赵枋，雇用赵皂儿、洪四儿、杨丫头等佣工。赵枋经常下地看庄稼，与雇工彼此"平等称呼"，并没"主仆名分"①。乾隆五十七年，河南新乡县监生李成身，与雇工王成牛"并没文契，也没主仆名分"②。乾隆五十九年，直隶景州监生芑立，与雇工东山"系平等相称，并无主仆名分"。③ 看来，这些尚不能跻身缙绅等级的生员、监生之类的中小地主，无论从实际生活还是从法权层面来看，也多构成自由雇佣关系。

《中国明清时代农业资本主义萌芽问题》一书作者指出：以上与雇主"无主仆名分"的雇工，都属于自由雇工；与雇工"无主仆名分"的经营地主都属于带有资本主义性质的经营地主。这类经营地主不仅以土地所有者身份出现，而且以资本的掌握者身份出现。经营地主所得部分，已不是纯粹的地租形态，而包括支付资本取得的利润和地租。正是这种关系，这种剥削才赋有资本主义萌芽的性质。④

雇工经营的庶民地主中还有一部分商人地主，或地主商人。

工商业者兼经营地主，在明代甚至明代以前就已出现。以明代而言，弘治年间（1488—1505），山东濮州许卫，起初"本中人之产，素善营财"。由于"岁多丰稔（稔）"，他储存了几百石粮食。这时，他开始设酿坊制酒，用酒糟养猪，养了几百头猪，专有养猪的雇工。无论在北方还是南方，种田之家养猪是为了积肥，这时，他已发展成为规模较大的经营地主。他养猪每三个月一批，除掉资本外，每批可赚几十两银子，一年可赚一百多两银子。以后，他又兼营木棉生意，"利十倍之"。⑤

明中后期，安徽宁国王守玺，以经商致富，有一次他到江苏江阴经商，见到平宁沙大片荒地，生长着荒苇蔓草，遂招募沙民进行开垦。⑥ 他在开始之时是雇工经营的，并且投入了一定数量的资本，经营规模也相当可观。

万历年间，徽商阮弼在芜湖投资浆染业，这个工场生产货物行销吴、

---

①　刑科题本，乾隆五十六年二月十日直隶总督梁肯堂题。

②　刑科题本，乾隆五十七年十月二十日河南巡抚穆和蔺题。

③　刑科题本，乾隆五十七年，×月×日××××题。

④　李文治等：《中国明清时代农业资本主义萌芽问题》，第183页。

⑤　康熙《濮州志》卷4，第72页。

⑥　缪昌期：《从野堂稿》卷4，《仰峰王君传》。转见《中国资本主义萌芽讨论集》上册，第552页。

楚、荆、梁、燕、齐、鲁各地，而后，把盈利的一部分转投土地，"治甫田以待岁""佣奴各千指"。① 这是一个把商业与农业密切结合在一起的大经营。如果农业系自给生产的话，手工工场部分的产品还是商品生产。

但由于明代豪绅地主赋役转嫁所形成的赋役繁重，致使"江南大贾强半无田"②。或说，"商贾虽余多赀，而多不置田业"③。这阻碍了商业资本向土地浸透，也影响了农业资本主义发展进程。

到了清代前期，情况就不一样了。由于清初对豪绅地主兼并土地的限制及对逃税的打击，庶民地主从繁重赋役负担中解放出来，赋税负担减轻，刺激了商人买地积极性。正如胡定所说，富商大贾，"挟其重赀，多买田地，或数十顷，或数百顷"④。从康熙年间开始，一直到乾隆嘉庆年间，徽商和苏商都热衷于土地，他们"招贩鱼盐，获利甚厚，多买田宅"⑤。如皖南商人，乾隆年间，休宁巴氏以开设质押店起家，把商业盈利投向土地。⑥ 嘉庆年间，旌德县汪承翰，以开设布店起家，典买土地一千多亩。⑦ 江苏无锡商人王锡昌，买田三千多亩。⑧ 薛某以开设典当及贩卖粮食起家，买田四万多亩。⑨ 山东濮州商人房满，贸易起家后，买地二百亩，房满"躬亲稼事，自食其力"⑩。又濮州刘滋卖地贩盐，经过二十年经营，又将盈利投向土地，变成"田连阡陌"大地主。⑪ 经商起家后，又将赢利投向土地者还有山西商人、陕西商人、河南商人、四川商人、福建商人、宁波商人、广东商人、江西商人。⑫ 这里不一一枚举。

---

① 汪道昆：《太函集》卷35，《明赐级阮长公传》。转见《中国资本主义萌芽讨论集》下册，第928页。

② 谢肇淛：《五杂俎》卷4。

③ 顾炎武：《天下郡国利病书》卷32，《徽州府》。

④ 户部档案，乾隆五年四月十三日胡定奏。

⑤ 康熙《清河县志》卷1。

⑥ 中国社会科学院经济研究所藏：《休宁巴氏置产簿》。

⑦ 汪令铃：《汪氏家乘》第二册，《皇祖府君事略》。

⑧ 齐学裘：《见闻随笔》卷16，《侠丐》。

⑨ 余霖：《江南农村衰落的一个缩影》，载《新建设》第2卷第12期（1932年7月）。

⑩ 康熙《濮州志》卷4，第73页。

⑪ 康熙《濮州志》卷4，第69—70页。以上资料转李文治等《中国明清时代农业资本主义萌芽问题》，第154—155页。

⑫ 参见张海鹏、张海瀛主编《中国十大商帮》，黄山店社1993年版。

　　这些商人购买的土地，有采取出租经营的，也有采用雇工经营的。如山东毕家，雍正年间才有地三十亩。乾隆年间毕丰涟开始买织机织绸出售，盈利很大，织机由一台逐渐增至几台；一部分资本转投土地，经毕丰涟之手，置地百多亩，至道光年间，毕家土地已增到九百亩，织机二十多台，雇用工人七八十人。[①] 毕家由工起家依农致富，变成了大的经营地主。据景甦、罗仑对山东经营地地主调查，在一百三十一家经营地主中，兼营工商业的凡六十四家，占到49%以上。[②] 可见，兼营工商业的地主在庶民地主经营中占有重要地位。这点，在研究中不能忽视。

　　山西商人在新疆投资开垦中，也可能有一部分人采取雇工经营。[③]

　　富裕自耕农、富裕佃农、庶民地主雇工经营的发展，必然要在经营内容和管理方式方面引起一系列变化，在商品经济发展的环境下，经营者为了生产大量的作为商品出售的农产品，不自觉地按照资本主义原则组织生产。他们和出租地主不同，他们不是通过经济外的强制手段增加收入，而是企图通过提高劳动生产率来增加收入，因而要求改善经营管理，设法提高生产技术等。他们从切身经济利益出发，对如何使雇工工作得更好，如何提高雇工的工作质量，是他们关心而且时刻要考虑的问题。这就必须改变过去地主老爷式的暴力强制手段，更多采用物质鼓励来讨好雇工了，所以说，改善农业经营提高生产技术的要求，是和农业雇工的解放密切联系在一起的，自由平等的雇佣关系就是在这种条件下逐渐发展起来的。

　　富裕农民和经营地主发展，对发展农业生产起到重要作用。

　　首先，富裕农民和经营地主由于经济条件较好，在农业生产方面可以投入较多资金，有利于农业的改造，以提高劳动生产力。比如，扩大对农业生产投资，置备比较齐全的农具，造肥、购买更多的粪肥，实行精耕细作，进行集约经营等。其次，还可以通过使用畜力提高生产效率。明清时期，饲养耕牛成本较高，一般贫民难于置买，只能用人工翻地，不但速度慢，而且质量不一。富裕农民和经营地主使用牛耕，一头牛可以顶十个劳动力。[④] 再次，抗灾能力较强，富裕农民和经营地主可以修堤、筑塘，或购

---

① 景甦、罗仑：《清化山东经营地主底社会性质》，山东人民出版社1959年版，第69—73页。

② 景甦、罗仑：《清化山东经营地主底社会性质》，附表一。

③ 彭雨新：《清初的垦荒与财政》，《武汉大学学报》1978年第6期。

④ 正德《松江府志》卷4《风俗》。

买水车，对旱涝水灾有较强的防护能力。① 而贫民则"塘池不能浚而深，堤坝不能筑而固，一遇水旱则付之天而已"②。这是一个鲜明对比。由于富裕农民和经营地主有以上优越条件，因此，他们经营的田场，单位面积产量比较高，一般亩产甚至可比贫穷农民增加一倍。以江南地区而言，江苏常熟县各类不同农户的亩产差别之大，"大率亩之所入，上农以三石计，中农以石有赢计，下农以石计"③。沈氏记述崇祯十三年水灾后秋季补种的收获情形，各类农户的亩产大不相同，"上农所收一石六斗，中户数斗，无力种秧者全白"④。浙江《嘉兴府志》亦称，"上农勤则倍收"⑤。清前期，安徽凤台县郑念祖，雇一兖州人经营园圃，用肥多，勤照看，集约经营，"岁终而会之，息数倍"⑥。

富裕农民和经营地主在选择雇工上也比较注意，张履祥提出选择雇工的标准是："大约力勤而愿者为上，多艺而敏者次之，巧诈而奸，多言而嗜懒者，斯为下矣"⑦。雇工能否积极投入生产，对发展农业生产发展也有一定影响。

清代长工工资有多少，各省、各地都不相同，年薪最高者达19500文，最低者只有2800文。清代各省农业长工工资示例如表10－4所示。

表10－4　　　　　　　　　　清代各省农业长工工资示例

奉天 11 例	吉林 2 例	山东 9 例	直隶 7 例	河南 8 例	山西 4 例
嘉庆八年 36000 文	嘉庆十三年 70000 文	嘉庆六年 11000 文	嘉庆五年 7000 文	嘉庆六年 4800 文	嘉庆七年 6800 文
嘉庆八年 63000 文	嘉庆十四年 36000 文	嘉庆八年 9000 文	嘉庆九年 10000 文	嘉庆六年 3300 文	嘉庆八年 12000 文

---

① 乾隆《震泽县志》卷 25。
② 顾炎武：《天下郡国利病书》卷 14。
③ 嘉靖《常熟县志》卷 4《食货》。
④ 沈氏：《奇荒纪事》，见《双林镇志》卷 32《艺文》。
⑤ 康熙《嘉兴府志》卷 32。
⑥ 李兆洛：《凤台县志·论食货》，见《皇朝经世文编》卷 36。
⑦ 张履祥：《补农书·总论》。

续表

奉天 11 例	吉林 2 例	山东 9 例	直隶 7 例	河南 8 例	山西 4 例
嘉庆十一年 45000 文		嘉庆十年 10000 文	嘉庆九年 2700 文	嘉庆八年 5500 文	嘉庆九年 9000 文
嘉庆十四年 90000 文		嘉庆十年 8000 文	嘉庆十年 4000 文	嘉庆十年 3000 文	
嘉庆十四年 55000 文		嘉庆十四年 13500 文	嘉庆一十三年 6500 文	嘉庆十一年 3000 文	嘉庆二十五年 10000 文, 又每月谷子 2 斗
嘉庆十四年 60000 文		嘉庆十五年 13000 文	嘉庆二十三年 9500 文	嘉庆十二年 7700 文	
嘉庆十五年 70000 文		嘉庆二十年 11000 文	嘉庆二十三年 5200 文	嘉庆十四年 2800 文	
嘉庆二十一年 38000 文		嘉庆二十一年 5000 文		嘉庆十四年 3500 文	
嘉庆二十三年 55000 文		嘉庆二十二年 19500 文			
嘉庆二十四年 65000 文					
嘉庆二十四年 56000 文					

资料来源:李文治、魏金玉、经君健:《明清时代的农业资本主义萌芽问题》,中国社会科学出版社 2007 年版,第 200 页。

雇工经营发展,尤其是富裕农民和庶民地主雇工生产特别值得关注,第一,这些人没有政治特权,不能对雇工实行超经济剥削,加上他们和雇工一起劳动,共坐同食,在实际生活中和雇工形成自由平等关系,首先从这里打开由封建雇佣向自由雇佣过渡的缺口,出现资本主义自由劳动的萌芽。第二,他们除使用家内劳动外,还雇佣数量不等的雇工,比较多的人在一起劳动,出现了劳动社会化的萌芽。马克思指出"即在同一个劳动过程中同时雇用较大量的雇佣工人,构成资本主义生产的起点。"①

农业资本主义经营方式发展,有利于改变个体、分散、落后的经营方式,同时把土地所有权和经营权结合在一起,有利于经营者对土地改良,

① 《资本论》第 1 卷,人民出版社 1975 年版,第 372 页。

以及对田场收支作比较详细的核算，更多地突破旧的租佃经营方式，注意生产技术提高和改革，使更多人以农业企业家姿态出现，朝着生产社会化方向迈进，为社会生产更多、更丰富的产品，以满足社会发展的需求提供可能。这对封建经济来说，无疑会产生巨大的影响。有人认为，清代社会经济发展是迟滞的、落后的，之所以产生这种错觉，是由于他们对新的经济因素增长没有给予足够重视。

闵宗殿主编《中国农业通史·明清卷》载，"在相同的土地条件下，不同的经营所取得的效果是不一样的，经营地主雇工经营要比出租土地收入高64%—80%，经营地主的收入比伴耕高1.2—1.5倍，比个体农民高1.5—2.6倍"[1]。这说明雇工经营比伴耕、比个体方式的经营有更多优越性，对农业经济发展更有推动力。

三　土地股份制经营的发展[2]

随着社会经济发展，到明清时期，在农业经营方面，除了出现具有资本主义性质的家庭农场外，在中国土地上还出现了一种新的土地所有制形式，这种新型的土地所有制，既区别于地主土地所有制，也区别于个体农民所有制，它是由两个或三个对土地共同拥有所有权的群体所构成的股份所有制。在这种股份所有制里，股民有权处理属于自己所有的那部分股额，比如可以继承、分家析产物；可以分割成若干部分由儿子们继承；穷无所出时，可以把自己所有的那些股额直接出卖、抵押或典当。用一句话来说，他们各自都有自由处理属于自己的那部分股权。而其他的股东无权干涉、无权阻拦。在这种股份所有制下，股东之间只有股份占有多少的不同，而彼此之间的身份地位都是平等的。在股份所有制下，股东的收入按占有股份多少进行分配。这种新型的土地关系，过去一直被淹没在永佃制下，这是一种误会，应还它本来的历史面目。[3] 土地股份所有制已突破原有主佃之间封建依附关系，是封建社会母体孕育出来的新个体，这种应时而生的新

---

① 闵宗殿主编：《中国农业通史·明清卷》，中国农业出版社2016年版，第412页。

② 本节写作参考江太新《清代地权分配研究》，中国社会科学出版社2016年版，第十三章第三节。

③ 参见江太新《清代地权分配研究》，中国社会科学出版社2016年版，第524页。

型土地经营模式的出现，有利于推动封建经济持续发展。

　　本章主要任务是对股份制经营和管理进行探索，并探求这种新的经济管现方式对农业经济发展带来的影响。至于股份所有制发生原因、分布详细情况以及对地权分割的影响只做扼要介绍，不做具体论述。第七章已做了论述，这里不再赘述。

　　明清时期，一田二主、一田三主土地股份所有制经营方式，至少在直隶、山东、山西、河南、陕西、甘肃、江苏、安徽、浙江、江西、福建（含台湾）、广东、广西、湖北、湖南、四川、贵州、云南、黑龙江、吉林、辽宁等二十二个省的二百多个州县厅都有实行土地股份所有制经营方式记载。① 这种所有制下的经营方法与过去旧有的土地所有制经营方式都不相同，如与个体土地所有制比较，自耕农是在自己土地上耕种，而股份制下的农民是在自己占有的股份耕种同时，还租赁别人占有股份耕种，体现土地所有权不完整。自耕农耕种自己土地，土地上的收获物除交纳部分赋税外，完全归自己劳动所得。土地股份制下耕种农民（经营者）则不同，土地上的收获物得按投资多少进行分配。又是土地投资者，又是土地经营者，还可从中获得经营中部分劳动所得。如与一般佃农比较，一般佃农是租种地主土地，将收获物中二分之一，或更多一些交给地主，增收部分也被地主捞走。由于租种地主土地，又与地主发生封建依附关系。而股份制下的耕作者，是以资本投资者的身份，以部分土地所有者身份出现，与其他股东平起平坐，股东之间身份是自由的，地位都是平等的，彼此之间的联系仅是经济关系而已，不存在封建依附关系。在收获物分配上，按照投资土地资本及经营土地付出劳动来衡量。一般来说，既是土地投资者，又是土地经营者，在收获物分配上会占有更多份额。如与地主比较，由于土地是地主个人所有，地主对土地有支配权，或夺佃，或增租由地主说了算。在土地股份所有制下则不同了，投资者要出售自己的股份的话，只能出卖自己所占有的那部分股权，而不能出售其他股份所有者的权益。在分配上，也与普遍租佃制不同，在一般租佃制下，地主可以利用土地所有者身份，向佃农榨取更多剩余劳动。在股份制下，只能以股东身份进行分红，获取自己应得部分。在土地股份所有制下，股东都是投资者，在这里只有投资

---

　　① 根据江太新《清代地权分配研究》，中国社会科学出版社 2016 年版，第十三章第三节汇总。

额多少不同，彼此之间都以股东身份出现，没有高低贵贱之分，身份和地位都是平等的。农业股份合作制发展，使一田二主或一田三主经营方式，突破了封建租佃制度的束缚，从一般租佃经营制的母体分离出来而形成一种带有新质的经营方式。长期以来，人们把这种新的土地所有制形式归纳到租佃关系中研究，这是一种误解，也是误判，他们混淆了两种经营方式性质。时至今日，我们不能再这样让误解或误判继续流传下去了。因为这会妨碍对明清社会经济发展变化深入研究。应充分认识到：土地股份合作制是在封建社会晚期所产生的新的经济因素，并不是永佃制经营管理规式的延续，它已经突破了封建制下土地经营管理范式，虽然还不完全具备现代意义的股份制，但却朝着资本主义经营方式前进。这是社会发展的进步，这种新经济因素出现，对封建社会晚期农业经济发展起到推动作用。

一田二主或一田三主制的形成，是由农民以各种形式付出代价取得的。如弘治九年，安徽祁门农民吴逸将田面转给休宁农民李度名下耕种时，收到李度交的银子二两二钱正。① 正德年间，江苏江阴农民，耕种业主土地时，必须出钱买耕。② 嘉靖年间福建龙溪县农民，耕种业主之田，需交纳"粪土"钱。③ 江西赣南农民"出资垦荒"。④ 四川云阳县农民，则通过交纳巨额"压稿之费"。⑤ 江苏崇明农民通过付出"田工本"。⑥ 湖北钟祥农民"贱卖图耕"。⑦ 广东农民通过"顶耕银"获得"质业"。⑧ 台湾农民通过"埔底银"获得耕种权。⑨ 锦热地区农民通过"地价"⑩ 获得耕种权。根据上述情况，农民获得土地耕种权的途径无非两条而已：一是为地主开垦土地时，农民通过垦荒拓土，花去工本，从而获得耕种权。这是以工本为形式的投资，与原主结合成股份制经营形式。二是更大多数耕种者通过买耕，

---

① 《徽州千年契约文书》，《宋元明篇》卷1，花山文艺出版社1993年版。
② 正德《江阴县志》卷7《风俗》。
③ 嘉靖《龙溪县志》卷1《地理》。
④ 《民商事习惯调查报告录》，民国十九年，第422页。
⑤ 民国《云阳县志》，《风俗》。
⑥ 乾隆《崇明县志》卷4《赋役志》。
⑦ 《民商事习惯调查报告录》，民国十九年，第562页。
⑧ 中国第一历史档案馆、中国社会科学院历史研究所编：《清代地租剥削形态·永佃制》，中华书局1982年版。
⑨ 《清代台湾大租调查书》第三册，第446—447页。
⑩ 《锦热蒙地调查报告》卷上，康德四年十二月，第341—342页。

与原主结合成股份经营形式。

这种股份所有制下，一旦一方出现因负债把手中占有的股权（或称田面、田骨）转让给对方，一田二主制的股份经营即告结束；如果买耕者将耕作权（股权）出卖后，又租回这块土地耕种，那么这种关系又回到封建租佃关系上了。如，"立佃人汪元孙，今因土名方坑口田贰丘，计谷租拾壹石零伍斤，向是身耕种，因田租连年拖欠未清，今凭中将本田皮出佃与田主汪名下管业，三面议作时价文银肆两正。其银抵还田主租谷，清讫。其田听从田主自行招佃耕种，无得异说"①。汪元孙与汪某原是一田二主制经营的伙伴，汪元孙把自己持有的股份出卖给汪某后，汪元孙与汪某股份合作关系已经完结。又如，"立卖契郑元亲，承祖置有民田根一号，坐落本县本都汤院地方，土名中段，丈计中则田乙亩五分零。年载面租谷一百六十斤，纳在常朗处，历耕无异。今因要钱应用，自情愿托中就在本厝侄常朗处，三面言议，卖出田根价银一十一两正，水九五色顶九五平，其银即日交纹，其田根听从侄起佃耕作，纳租"。② 因负债或因要钱急用，出卖田面或田根者，随处可见。

在一田二主或一田三主股份制经营中，地租的分配是土地所有权的体现，而每个所有者地租收入的多少，则是资金提入多少的体现。既是田面持有者，又是土地直接经营者，在收益分配上会占有较大份额。魏金玉先生列举了三个事例，如万历年间，福建漳州府情况是："一田而有三主之名，一曰大租、一曰小租、一曰佃户。如每田十亩，带米九斗六升三合，值银八十两，年收租谷五十石。大租者只用银二十两，买得课租谷一十石，虽出银少，而办纳银差皆其人也。小租者则用银五六十两，买得年租谷二十石，虽出银多而一应差粮不预焉。至于佃户则是代为出力耕收，年分稻谷二十石"。"岁纳折色机兵驿传米人丁银等项，统银一两二钱有零。若以十石租论之，约值钱二两五钱"。③ 道光江西宁都地区情况是："佃人承赁主田，不自耕种，借与他人耕种者，谓之借耕。借耕之人，既交田主骨租，又交佃人皮租。如五十亩之田，岁可获谷二百石，俗谓四勾之田，则以五十石为骨租，以七十石为皮租，借耕之人自得八十石。然多寡亦微有不同，

---

① 南京大学历史系藏契约原件。
② 福建师大历史系编：《明清福建经济契约文书选辑》，人民出版社1997年版，第45页。
③ 万历《漳州府志》。

大约以三分之二作皮骨租"①。台湾"彰化淡水田皆通溪，一年两熟，约计每田一甲可产谷四、五十石至七、八十石不等，丰收之年上田有收至百余石者"②。连横《台湾通史·农业志》上说："上田一甲收谷百石，中七十石，下四十石"。如以一甲收获七八十石计，年额大租八石，纳小租二三十石不等，直接生产者所得当在四十石上下。

《台湾私法·附录参考书》第二卷所提代的台中地方大肚下堡张氏分家书中有关大、小租的材料，有助于我们弄清台湾地区土地股份所有制下大、小租分配情况，详见表10-5。

表 10-5　　台湾地区土地股份所有制下大、小租分配情况③

编号	水田面积（甲）	粮食产量（石）	小租数量		大租数量	
			（石）	占产量（%）	（石）	占产量（%）
1	1.25	69.25	65	93.87	4.25	6.13
2	0.63	33.12	31	93.60	2.12	6.46
3	2.00	97.00	80	82.47	17.00	17.53
4	1.00	48.20	40	82.47	8.50	17.53
5	0.60	35.10	30	85.47	5.10	14.53
6	1.46	29.00	24	82.76	5.00	17.24
7	2.00	97.00	80	88.88	17.00	11.22
8	1.25	79.25	75	94.64	4.25	5.36
9	0.63	27.25	25	92.18	2.12	7.82
10	2.00	98.80	92	93.12	6.80	6.88
11	2.00	97.00	80	82.47	17.00	17.53
12	1.25	79.25	75	94.64	4.25	5.36
13	0.63	27.12	25	92.18	2.12	7.88
14	1.25	69.25	65	93.86	4.25	6.14
15	0.63	33.12	31	93.60	2.12	6.40
16	1.90	106.15	90	84.88	16.15	15.12
合计	20.48	1025.86	908	88.50	118.03	11.50

注：此表根据《中国经济通史·清代经济卷（下）》，第1811页表5-7改造而成。

资料来源：临时台湾旧惯调查会编：《台湾私法·附录参考书》第二卷（下），南天书局出版社1992年版，第343—394页。

---

① 道光《宁都直隶州志》。
② 《明清史料·戊编》，第335—336页；《台湾汇录·甲集》第3册，第182—184页。
③ 此表根据方行、经君健、魏金玉主编《中国经济通史·清代经济卷》（下），中国社会科学出版社2007年版，第1202页表5-3—2改制。

在一田二主情况下，一者是以土地入股；一者是以资金投入，或以工本投入参股。他们都是同一块土地上的所有者。然而，后者又是该块土地直接耕作者，除了股本之外，在实际经营中还付出了耕牛、籽种、肥料、耕耘、水利兴修、收割等工本，因此在分红中所占的份额就大些。这些小租获得者要占产品收入的80%以上，而大租主由于投入少，所以分红时仅占产品收入10%—20%。

魏金玉先生认为，上述三地情况不同，产量各异，而且佃权所有者所得较多。据此估计，把交纳大、小租以后直接生产者的所得，加上大租或小租，（福建一些地方是大租，在宁都和台湾是小租）永佃农民的所得当为产量的3/5、3/4 和9/10 上下。这较之交的大、小租的佃户所得为2/5、2/5 和1/2 上下的多得多了。① 魏先生所指的永佃农民，是我们所指的持有田皮的直接生产者，也就是说，既是股份所有制中股权持有者，又是直接经营者。在这里，土地收益分配，实际上是按投入"买耕田"多少和所付出的劳动多少进行的。

在土地股份所有制经营方式下，田皮持有者和田根持有者有自由处置权，可以将已持有的田皮或田根自由买卖或自由转让，亦可继承；田根主和田面主之间关系仅仅是经济关系而已，不存在人身依附问题，明正德年间，江阴县志对一田二主制中的田面主作了如下描述："其佃人之田，视同己业，或筑为场圃，或构以屋庐，或作之坟墓其上，皆自专之，业主不得问焉。老则以分子，贫则以卖于人"②。类似情况，多有记载。如《江苏山阳收租全案》云："佃户揽种包租田地，向有取用顶首等名目钱文，名为田面。其有是田者，率多出资顶首，私相授受，由是佃户据为己有，业户不能自主。"光绪年间，《周庄镇志》称："吴农佃人之田者，十八九皆所谓租田，俗有田底田面之称。田面者佃农之所有，田主只田底而已。盖与佃农各有其半。故田主虽易而佃农不易，佃农或易而田主亦不易"③。宁都仁义乡横塘塍茶亭碑文记载："查佃户之出银买耕，犹夫田主之银买，上流下接，非自今始，不便禁革。但转辗相承，将退脚银两渐次加增，以使退脚

---

① 方行、经君健、魏金玉主编：《中国经济通史·清代经济卷》（下），经济日报出版社 2000 年版，第 1811—1812 页。

② 正德《江阴县志》卷 7《风俗》。

③ 光绪《周庄镇志》《风俗》。

贵于田价。往往蔑视田主，抗租私退，讼端由此而起"[1]。陈绍洙称：江西"建郡田皆主佃两业，佃人转买承种，田主无能过问"[2]。光绪《雩都县志》曰："田有田骨田皮，田皮属佃人，价时或高于田骨，因藐视田主，肯租不还，还亦批粟相半。少有水旱，却减分数。不知价之高者，因出息广，厚利皆归佃人，而田主仅得些须之租"。

明清时期，租佃经营方式向一田二主制经营方式发展，正是封建土地关系松缓的表现。一田二主制经营的发展，能将所生产的剩余产品一部分（或大或小）保留在持有田面权的直接生产者手中，这就有利于调动农民生产积极性，也有利于扩大再生产，或者财富的积累。一田二主制经营方式的发展突破了封建土地所有制原有的格局，既有别于地主土地所有制，又有别于小农所有制，这点是肯定的，它是以一种全新的所有制形式出现于中国封建社会后期。

第二节　对农业资本主义萌芽讨论的回顾

明清时期农业资本主义萌芽问题，事关中国土地上新的生产关系是否产生和发展的问题，以及无外国侵入，中国本土能否走向资本主义经营方式的问题。所以，中华人民共和国成立后，对农业资本主义萌芽的问题一直在讨论，尽管20世纪80年代后期至90年代末，有一个相对静寂时期，但隔三岔五地还有文章问世，到21世纪，讨论资本主义萌芽问题又在升温，重新受到学术界关注。新生产关系萌动与发展，是衡量明清农业经济发展与不发展的标志之一，因此，凡是研究明清经济史或明清史学者，都不敢有半点疏漏。

由于对农业资本主义萌芽问题争论较多，也较精彩。为了使大家对此问题有所了解，这里着重介绍农业资本主义萌芽问题研讨的情况。

中华人民共和国成立后，国内学术界对中国农业资本主义萌芽问题的讨论，大体上可分为三个阶段。第一阶段大体可以1958年年底为断限。这时期的状况是：对农业资本主义萌芽的讨论还只是零星地散见于一些讨论中国资本主义萌芽论著或文章中。从1959年起至1966年止，可划为第二阶

---

① 《民商事习惯调查录》，《宁都仁义乡横唐塍茶亭内碑记》。
② 《切问斋文钞》卷15，见陈绍洙《江西新城田租说》。

段。这一阶段的特点是：有关专著及专题论文陆续面世，但数量还不多。涉及的问题还不广泛，讨论的地区也范围较小。1976 年 10 月至今，虽然这其间有静寂之期，但总体在前进，可作为第三阶段。这一阶段的特征是：在前两个时期研究、讨论基础上，开始涌现出一些较全面、较深入的综合性论文。同时，研究区域性的专题论文增多，专题性研究论文涉及的面更广泛，发表文章的数量也增加不少。从史料发掘上看，更多的档案材料被整理出来，丰富了研究内容。从研究方法上看，比较研究为更多人所采用，数量分析的重要性也开始受到重视。农业资本主义萌芽的研究已成为我国史学界及经济学界的共同关注的问题。为了有助于这一问题继续深入研究，笔者觉得回顾一下几十年来对这一问题的讨论是十分必要的。

一　衡量资本主义萌芽的标准是什么

马克思在谈到资本主义生产关系产生时说："资本主义生产，事实上，是在这个地方开始，在这个地方，同一个资本同时雇佣较多数的劳动者，以至劳动过程扩大了它的范围，而以较大的量的规模来供给生产物。较多数劳动者在同时，在同地（或在同一工作场所）在同一资本家的命令下，生产同种商品，在历史上，和在概念上，都是资本主义生产的出发点。"[1]李文治认为，根据马克思这一观点，衡量资本主义萌芽的标志应是雇佣劳动者的性质。他说："雇工的人身自由特别值得重视，因为在这个问题上比较容易混淆。主雇之间，不只要求在双方成立雇约时是自由的，而且要求在整个雇佣期间身份上也是平等的。只有在这种情况下，农业雇工才能构成自由劳动者。也只有在这种条件下，为生产商品而剥削的生产资料的所有者，才能变成萌芽状态的农业资本家，资本主义生产关系才开始出现"[2]。魏金玉认为：在雇佣关系进入由等级性向非等级性过渡的条件下，利润在地租旁边的出现就是农业中资本主义生产关系发生的最本质的标志。[3] 这两位先生都把自由雇佣劳动作为资本主义萌芽标志这点是共同的，所不同的

---

[1] 《资本论》第 1 卷，人民出版社 1953 年版，第 384 页。

[2] 李文治：《论中国地主经济与农业资本主义萌芽》，《中国社会科学》1980 年第 1 期。

[3] 魏金玉：《关于中国农业资本主义萌芽的几个问题》，《中国资本主义萌芽问题论文集》，江苏人民出版社 1983 年版。

仅仅是表述方式不同而已。

二　对资本主义萌芽认识的讨论

什么是资本主义萌芽，大家的表述各一。尚钺同志认为，资本主义萌芽是马克思所说的这种生产关系发生的最初现象。① 傅筑夫、李竞能、束世澂等认为，所谓资本主义萌芽，即"资本主义生产关系的产生。"② 刘永成认为："资本主义萌芽，是指封建社会后期，即自然经济开始解体时所产生的资本主义生产关系的最初形态。它首先是稀疏地出现在个别城市的手工业生产部门中，然后缓慢地通过多种多样的形式渗透到农业经济部门。这是封建社会经济发展的普遍规律"③。吴承明谈到什么是资本主义萌芽问题时，他认为应从两个方面考察："第一，资本主义萌芽指的是一种生产关系，而不是一厂一店，因而不能用举例子的方法来论证，它指的是一种社会关系，而不是个别人之间的关系，因而不能孤立地看待。这种生产关系，是在封建社会晚期，在社会经济发展到一定条件时产生的，在这以前，象在自然和社会史中许多事物一样，它会有一些偶发的、先现的现象，但不能因此认为资本主义萌芽已经出现"。"第二，资本主义萌芽是封建社会内部的一种新的生产关系，它具有新生事物的生命力。它一旦产生，除非有不可抗原因，是不会中途夭折的，而是引导向新的生产方式，因而，真正的资本主义萌芽，应具有延续性和导向性"。④ 他在1981年11月发表的《中国资本主义的发展述略》一文中，也谈到了近似的意见，这里不重述。魏金玉认为中国农业资本主义问题是中国农业资本主义生产关系的发生问题。他说："资本主义萌芽指的是资本主义生产关系的初始形态，亦即发生时期的形态，是业已出现的具体的社会经济现象，而不是潜在的可能出现的社会经济现象。所以，中国农业资本主义萌芽问题也就是中国农业资本

---

① 尚钺：《中国资本主义生产因素的萌芽及其增长》，载《中国资本主义关系及演变的初步研究》，生活·读书·新知三联书店1956年版。
② 傅筑夫、李竞能：《中国封建社会内资本主义因素的萌芽》，载《中国资本主义萌芽问题讨论集》（以下简称《讨论集》），生活·读书·新知三联书店1957年版。束世澂：《论北宋时资本主义关系的产生》，载《讨论集》。
③ 刘永成：《论中国资本主义萌芽的历史前提》，《中国史研究》1979年第2期。
④ 吴承明：《关于中国资本主义萌芽的几个问题》，《文史哲》1981年第5期。

主义生产关系的发生问题"①。在 1981 年 5 月南京召开的"中国资本主义萌芽问题学术讨论会"上,多数同志认为,应该把资本主义萌芽如实地看作资本主义生产关系的发生过程。这是个渐进的演变过程,在过程中,新质要素不断增长,旧质要素不断衰亡。因此,萌芽的经济实体就不能不具有过渡性或者两重性,不能要求它必须是完全的、纯而又纯的资本主义性质,这不是降格以求,而是坚持资本主义生产关系的质的规定性的必然结果。此外,这一过程是一个发展不平衡的过程。不只是地区间发展不平衡,部门间、行业间发展不平衡,一个经济实体的生产关系的各个方面的发展也是不平衡的。②

就这一问题而言,不论是农业资本主义萌芽,还是手工业资本主义萌芽,它们都有共同之处。所以不分开介绍。

三　对产生农业资本主义萌芽条件的认识

主张农业资本主义萌芽说的同志论述此问题时,一般都从封建土地关系的松解、农业生产力及商业性农业的发展、主佃间封建依附关系的松解,封建雇佣向自由雇佣的过渡诸方面去阐明,分歧意见较小。同志们主要交锋的问题是何时具备了上述条件,以及对萌芽条件的认识。有同志认为宋代已具备了萌芽的条件,有同志认为到清乾隆年间才有这种萌芽。

束世澂认为,到了宋代,"社会分工和商品经济递进的增长,是'资本主义国内市场创立过程中的基本契机',这就替资本主义萌芽提供了条件"。另外,他还认为,宋代农民失去土地或失去佃种权以后,"他们也就失去了农村中封建制束缚的枷锁,而可以象鸟一般的来去自由"。这些无业的赤贫是靠出卖劳动力生活的,"北宋时期雇佣劳动者是普遍地、大量地存在着的"。③

吴海若认为,自战国至汉,这一时期的雇工应该这样认识,"第一,这是自由的雇佣关系";"第二,雇佣关系不是一时一地的偶然现象,虽然还

---

① 魏金玉:《关于中国农业资本主义萌芽的几个问题》,见《中国资本主义萌芽问题论文集》,江苏人民出版社 1983 年版。

② 参看魏金玉《中国资本主义萌芽问题研究的新进展》,《经济研究》1981 年第 9期。

③ 束世澂:《论北宋时资本主义关系的产生》,见《讨论集》,生活·读书·新知三联书店 1957 年版。

不是大量的，但是已经是常有的现象了"。"但是，这种雇佣关系的性质完全无法判断"。他认为唐宋时种蔗制糖都是商品生产，需要多人协作，糖霜户已经分化，"其中必然有资本主义生产萌芽"。明清两代，"无论在种植经济作物的农业部门，还是在生产粮食的一般农业部门，都出现了资本主义生产方式的萌芽"。①

尚钺认为，中国社会生产事业由十四世纪到十六世纪的发展，特别是明中叶以后，在城市手工业制造中，资本主义因素增长的速度惊人，同时，这种新的因素也渗透了农村。为适应市场扩大、竞争加强的要求，不仅促进了城市手工业和农业生产技术的改良与发展，同时也改变着农村的生产关系。②

傅衣凌认为，从明成化以后至嘉隆之际，一方面见到江南社会经济的繁荣、货币资本的集中、生活的豪侈；另一方面，有无数的直接生产者，从土地上排斥出来，为长工，为忙工，在农村中产生广大的雇佣劳动者。这些雇工是在商品货币经济已有一定程度的发达，并出现新的资本主义生产方式的萌芽之后才存在的。因此其中"有一部分的短工，身份较为自由的，并且这般雇工皆向雇主领取货币工资"。地主使用长工逐渐改为了以前"封建强制的方式，而采取经济上的鼓励办法"。③ 1981 年，傅衣凌先生在《关于中国资本主义萌芽的几个问题》一文中，重申了与上述相同的看法。④

孔经纬认为，明代中叶以来，农业与手工业较前有显著进步，此外，在江南以及河南等地的个别角落里已出现了雇佣农业劳动者而从事商品作物生产的经营地主。这些地区的商品通流也是比较发展的。除上述地区外，河北、山西等地的农村市场关系在明末也有些变化。他指出"所有这些，便给中国资本主义萌芽的成长创造了前提"。⑤

---

①　吴海若：《中国资本主义生产的萌芽》，载《讨论集》，生活·读书·新知三联书店 1957 年版。

②　尚钺：《中国资本主义生产因素的萌芽及其增长》，《中国资本主义关系及演变的初步研究》，生活·读书·新知三联书店 1956 年版。

③　傅衣凌：《明代江南地主经济新发展的初步研究》，见《讨论集》，生活·读书·新知三联书店 1957 年版。

④　傅衣凌：《关于中国资本主义萌芽的几个问题》，见《中国经济史论文集》，人民出版社 1981 年版。

⑤　孔经纬：《中国封建社会手工业中的资本主义萌芽》，见《讨论集》，生活·读书·新知三联书店 1957 年版。

　　韩大成认为，随着社会分工的不断发展，城市与工商业的日益繁荣，对商品粮食、原料、蔬菜、果品等的需求日益增加了。特别是城镇近郊和东南沿海商品经济比较发达地区的农民，便日益从事这些商品作物的经营。明中叶以后，租税的日益货币化更给商品经济发展有力的推动。这种情况不能不引起同类农民之间的竞争和分化。同时，在明代有不少地区的农业中存在着使用雇工的现象。雇主经营农业大都是为了取得"赢息"，一般雇工们靠出卖劳动力为生。他强调指出，尽管雇工之中有些人可能还有部分的生产资料，但已经远远不能维持生活了。因此，这并不能丝毫改变其"农村无产者的本质"。他们可以比较自由地出卖自己的劳动力，人身一般是自由的。而雇主逐渐采取平等待人的待遇来对待雇工了，"这是一个极其重大的进步和转变"。①

　　李文治认为，农业生产力的发展是"农业资本主义萌芽产生的前提"。"没有这个前提条件资本主义农业就难以产生"。他还认为，伴随着商业性农业的发展，商品经济浸透农村，有利于"促使封建经济趋向解体和农民的阶级分化，分化出萌芽状态的自由劳动者和农业资本家"。他强调指出："研究农业资本主义萌芽问题，既要重视商品经济发展的作用，更要重视封建宗法势力的影响"。"只有在封建宗法势力薄弱的地区，商品经济的发展对农业资本主义萌芽的发展才更有可能起到催生婆的作用"。他还着重指出："封建雇佣向自由雇佣的过渡"是资本主义生产关系产生的基本标志。他说，短工在明万历前期明确在法律上"凡人"地位以前，就以"自由的身份"出现了。农业长工身份地位的变化主要发生在清代前期，乾隆五十一年雇工律例修订，使更多长工以自由劳动者的身份出现。②

　　许大龄认为，16—17世纪主要经济趋势是，封建社会内部的生产力已有了一定的提高，社会地域性的分工已比较明显，工商业的城镇日益兴起，白银成为各地通行的货币，商品市场在国内也有了较广泛的开拓，这说明当时的商品经济有了较高程度的发展。同时，他还认为，出现在十六世纪弘治、正德、嘉靖之间商品经济最发达的苏州等地的忙工，条件与以前的

---

① 韩大成：《对黎澍同志"关于中国资本主义萌芽问题的考察"一文的几点意见》，见《讨论集》，生活·读书·新知三联书店1957年版。

② 李文治：《论中国地主经济与农业资本主义萌芽》，《中国社会科学》1980年第1期。

忙工不同了，"这些短工的出现，我们应该估计为中国农村中新生的现象"①。

薛国中认为，15—17 世纪的中国，就局部地区和发达的东南地区而言，商品经济已有相当的发展，"并不亚于同时代的西方"。雇佣劳动在东南农村"已不是一个例外和救急的办法"。同时认为，十五至十七世纪活跃在中国农村的雇佣劳动者，大半是所谓"无恒产"的农民，不受一小块土地的约束，比西方的雇工还"独立"些。他指出，"资本主义初期，无论长工短工，都不能用现代的眼光来对待，他们多少还受着封建制度的束缚，并非象鸟一样可以自由地飞来飞去"，"免不了在各方面要带着旧制度的痕迹"。他认为，只要历史条件具备，从中产生资本主义关系是完全可能的。②

吴量恺认为，清代前期至晚在乾隆时期，农村已经出现了"新型的生产者，或者称为'可能的自由劳动者'"。劳动力的买主与卖主进行交易时，在某些地区的约束、限制比较少；雇工与雇主之间的关系主要是经济关系，雇佣时间的长短由双方议定，雇工向雇主出卖的是劳动力而不是人身。有的雇工虽然还保存着少量的土地，但经济已遭到了严重的破坏，已经不能构成小生产者。另外这小块暂时保存的土地，已不能维持他们的生活，已经不是小生产者经济，其生活来源靠当佣工维持。因此"应当承认他们是工人"。他还认为，劳动力成为商品，是商品、货币经济发展的标志。劳动力变成了商品以后，社会上其他产品也逐渐地具有商品的属性了，这是资本主义生产关系萌芽的起点。③

刘永成认为，明代中期到清代前期，随着社会生产力不断提高，社会分工的扩大，手工业生产的迅速发展，工商业专业城镇的兴起，商品生产的发展确已超过了以前的任何时期。手工业生产的发展和城市人口的增长，促进了粮食商品化程度的增长。同时，到了清代还出现了商业资本与农业资本结合现象。此外，货币地租已有相当发展，从刑档看，乾、嘉年间已占地租的百分之三十左右。在货币地租形态下，主佃间关系必然要转化为

①　许大龄：《十六世纪、十七世纪初期中国封建社会内部资本主义的萌芽》，见《讨论集》，生活·读书·新知三联书店 1957 年版。

②　薛国中：《从〈补农书〉探索十五至十七世纪中国农村经济关系的变化》，《武汉大学学报》（社会科学版）1981 年第 5 期。

③　吴量恺：《清代乾隆时期农业经济关系的演变和发展》，载《清史论丛》第 1 辑，中华书局 1979 年版。

一种单纯的契约关系、货币关系，即由"有主仆名分"到"无主仆名分"的深刻变化。他认为这是封建社会晚期的特点，是唐、宋、元时代不曾有过的现象。①

魏金玉认为，明清时代，进入了封建社会后期，农业生产力有一个比较显著的发展。在农业生产力推动下，农业经济发生了新的变化：第一，封建经济政治发生了重大变化。如土地所有权与耕作权分离的扩大以及封建地租由实物形态向货币形态发展；封建地主所有制内部矛盾激化和农业内部分工扩大相联系的商品货币关系的进一步发展；农业中的雇佣关系越来越普遍；随着经济领域内部的变化，上层建筑上出现了一个受剥削、受压迫的直接生产者取得"凡人"等级地位的过程。第二，农业雇佣劳动由等级性向非等级性的过渡。第三，农业雇工经营性质由家长制经营方式向资本主义经营方法变化。所有这些变化，已为资本主义萌芽产生准备了条件。② 经君健认为，在农业雇工方面，乾隆五十三年以前，在雇主雇用短工经营这个范围内有可能产生"自由"雇佣关系；在乾隆五十三年以后，"农民佃户"使用雇佣劳动（包括长工、短工）的这种经营形式有可能具有资本主义性质。③

四　对农业资本主义萌芽发展过程中若干问题的讨论

纵观几十年来的讨论情况看，主张中国社会存在农业资本主义萌芽的同志占大多数，发表专著及论文也较多，为了便于同志们了解，拟以四个方面介绍。

1. 关于萌芽发生的时间

中国农业资本主义萌芽发生于何时？这是学术界争论较多的问题。概括起来说，大体上有四种意见：第一，战国时期说；第二，唐宋说；第三，明中后期说；第四，清前期说。

主张战国时期社会经济结构已有资本主义因素的有傅筑夫。他在《中

---

① 刘永成：《论中国资本主义萌芽的历史前提》，《中国史研究》1979 年第 2 期；刘永成：《清代前期农业资本主义萌芽初探》，福建人民出版社 1982 年版。

② 魏金玉：《关于中国农业资本主义萌芽的几个问题》，载《中国资本主义萌芽问题论文集》，江苏人民出版社 1983 年版。

③ 经君健：《明清两代农业雇工法律上人身隶属关系的解放》，《经济研究》1961 年第 6 期（原署名欧阳凡修）。

国古代经济史概论》中说：东周以后，中国由领主制经济逐渐发展变化为封建制度，它既不是原来的那种纯粹的封建制度，又不是真正的资本主义制度，它含有两种程度不同的成分，封建成分所占比重大些，资本主义所占比重小些。①

主张唐宋说的吴海若认为："唐宋时种蔗都是商品生产，需要多数人协作，糖霜户已经分化，其中必然有资本主义生产萌芽"②。张洞明、孙康荪、宣斯文认为：均田制完全瓦解之后，非身份性地主的"结构与身份性地主经济有着本质上的区别，而趋向于资本主义的范畴"③。束世澂认为，北宋已部分出现"完全使用雇佣工人的资本主义农业经营者"④。

认为萌芽产生于明代中后期同志较多。如李文治称："早在明代中叶，大约十五世纪时期，为生产商品而剥削雇工的富裕农民出现于舞台，就以萌芽状态的农业资本家面貌出现了"⑤。田培栋说：明代中期"江南地区出现了许多经营地主和富裕农民"⑥。尚钺云：在明末清初，江南一带农业的经营，"我们就明显地看见资本主义制度及经营方式的存在。因为，这种现象，是只有封建生产方式到资本主义生产方式过渡的国度或社会才会有的现象"⑦。韩大成曰："明代中叶以后，有的地区农业中已出现了资本主义的生产关系"⑧。傅筑夫、李竞能也认为，明清之际，农业经营的一些变化，"仅仅是中国封建社会自然经济开始解体的反映而已，还不能因此认为资本

---

① 傅筑夫：《中国古代经济史概论》，中国社会科学出版社 1981 年版。

② 吴海若：《中国资本主义生产的萌芽》，见《讨论集》，生活·读书·新知三联书店 1957 年版。

③ 张洞明、杨康荪、宣斯文：《试论中国封建社会非身份性地主经济的性质》，《学术月刊》1982 年第 10 期。

④ 束世澂：《论北宋时资本主义关系的产生》，见《讨论集》，生活·读书·新知三联书店 1957 年版。

⑤ 李文治：《论中国地主经济与农业资本主义萌芽》，《中国社会科学》1980 年第 1 期。

⑥ 田培栋：《关于明代后期"长工"的身份地位问题》，《北京师范学院学报》1982 年第 3 期。

⑦ 尚钺：《清代前期中国社会的停滞、变化和发展》，见《中国资本主义关系发生及演变的初步研究》，生活·读书·新知三联书店 1956 年版。

⑧ 韩大成：《对黎澍同志"关于中国资本主义萌芽问题的考察"一文的几点意见》。见《讨论集》，生活·读书·新知三联书店 1957 年版。

主义在当时中国农业中已有相当发展"①。陈诗启认为，明代城市手工业资本主义的生产形态"不能不影响到农业生产及农业经营方式的改变"。大规模的经营方式下面，部分地主是以雇用长工、忙工来耕种的，"雇主和雇工间的关系是雇佣关系，并不是中世纪的农奴与地主间的封建隶属关系"。②还有同志认为，在明后期或清前期，由于生产力发展，农业中出现了雇工经营，这类雇工经营方式"正处在由家长制经营向资本主义经营的过渡之中"③。杨生民说，明末清初，浙江嘉湖地区"农业方面已经出现了资本主义生产关系的萌芽"④。

也有不少同志认为萌芽时间确定在清代前期更为切合国情。翦伯赞称：18 世纪上半期，"农业生产中已经有了资本主义的萌芽"⑤。傅衣凌谓：在农业方面"其始具备资本主义萌芽性质的佣工，那是出现于十八世纪末到十九世纪初江西新城（今黎川）的栽烟业"⑥。黄冕堂曰：清代前期，各类小商品生产即家内手工业和商业性农业、农副业之中准备了产生资本主义的良好土壤，"部分生产已经处在由小商品生产转向资本主义生产的门槛上，个别部门已经跨入了资本主义生产的新阶段"⑦。黎民认为，在乾隆时期，农业生产领域里出现了一种新的经营方式，"即具有资本主义萌芽性质的已经稀疏地出现在我国的若干省区"⑧。李之勤云：清初已有"资本主义

①　傅筑夫、李竞能：《中国封建社会内资本主义因素的萌芽》，见《讨论集》，生活·读书·新知三联书店 1957 年版。

②　陈诗启：《明代的工匠制度》，见《讨论集》，生活·读书·新知三联书店 1957 年版。

③　参见魏金玉《中国资本主义萌芽问题研究的新进展》，《经济研究》1981 年第 1 期。

④　杨生民：《从〈补农书〉看明末清初浙江嘉湖地区的农业资本主义生产关系的萌芽》，见《明清资本主义萌芽研究论文集》，上海人民出版社 1981 年版（以后再见此书时，简称为《论文集》，特此声明）。

⑤　翦伯赞：《论十八世纪上半期中国社会经济性质》，见《讨论集》，生活·读书·新知三联书店 1957 年版。

⑥　傅衣凌：《略论我国农业资本主义萌芽的发展规律》，见《明清社会经济史论文集》，商务印书馆 2008 年版。

⑦　黄冕堂：《论清代前期的苏州、松江、嘉兴、湖州四府的农业经济发展与资本主义萌芽》，见《论文集》，上海人民出版社 1981 年版。

⑧　黎民：《乾隆刑科题本中有关农业资本主义萌芽的材料》，见《论文集》，上海人民出版社 1981 年版。

农业经营的出现"①。景甦、罗仑认为，清代山东经营地主经济体"是属于我国资本主义萌芽范围的东西"②。1981 年，罗仑在《答威尔金森先生》一文中重申上述观点。③ 吴承明认为，在 18 世纪和 19 世纪初期，农业中出现了资本主义萌芽，但极其微弱。④ 凌耀伦、熊甫、裴倜认为，在农业中，随着农产商品化的发展，至迟在清代也出现了资本主义的萌芽。⑤ 魏金玉说，从雇佣关系由等级性向非等级性过渡，利润在地租旁边出现就是农业中资本主义生产关系发生的这个观点看来，"这个过程是在进入清代以后开始的"⑥。

说明一点，因限于篇幅关系，还有一些大同小异观点，在此就不一一介绍了，请见谅。

2. 关于萌芽发生发展的过程

对萌芽发生发展过程的看法，有三种不同的意见。第一，从萌芽产生的阶级来叙述它的发展进程。如吴海若说，这种萌芽由两方面发生，一方面是从农民中"产生出富农经济"；另一方面是"地主雇工经营，出现经营地主"。⑦ 黎民说，农村商品经济的发展，以及农民的两极分化，其中少数人逐渐积累起较多的资金向经营地主和佃富农发展。⑧ 杨生民说："进行雇工生产的地主是封建中小地主和富裕农民中的少数人转化而来的。"⑨ 还有一些人认为："佃户或者自耕农雇工经营的这种现象，表明了从农民经济中演化出资本主义的道路，此外还存在着由地主经济中演化出资本主义的道路。有同志强调前一条道路，有同志强调后一条道路，有同志认为两条道路的并存和结合

① 李之勤：《关于中国清初资本主义生产萌芽的发展水平问题》，见《讨论集》，生活·读书·新知三联书店 1957 年版。
② 景甦、罗仑：《清代山东经营地主底社会性质》，山东人民出版社 1959 年版。
③ 罗仑同志：《答威尔金森先生》，上海《学术月刊》1981 年第 7 期。
④ 吴承明：《中国资本主义的发展述略》，见《中华学术论文集》，中华书局 1981 年版。
⑤ 凌耀伦、熊甫、裴倜：《中国近代经济史》，重庆出版社 1982 年版。
⑥ 魏金玉：《关于中国农业资本主义萌芽的几个问题》，见《中国资本主义萌芽问题论文集》，江苏人民出版社 1983 年版。
⑦ 吴海若：《中国资本主义萌芽问题论文集》，江苏人民出版社 1983 年版。
⑧ 黎民：《乾隆刑科题本中有关农业资本主义萌芽的材料》，见《论文集》，上海人民出版社 1981 年版。
⑨ 杨生民：《从〈补农书〉看明末清初浙江嘉湖地区的农业资本主义生产关系的萌芽》，见《明清资本主义萌芽研究论文集》，上海人民出版社 1981 年版。

是中国农业资本主义生产关系发生过程的基本特征"①。

第二,以萌芽发生地点探求其发展过程。傅衣凌认为,中国农业资本主义萌芽的发展展现了"从山区发展到平原,从经济作物发展到稻田生产"②的规律。

第三,从萌芽发生条件的变化及阶级先后的差别来阐明萌芽发展变化过程。如李文治认为,中国农业资本主义萌芽"先在商品经济发达的地区最早发生,以后在封建宗法势力控制薄弱的地区继续发展"。他还认为"由富裕农民到庶民类型经营地主的发展,表现了中国农业资本主义萌芽的过程和发展道路"。③

3. 萌芽发展的高度

对萌芽发展的高度基本上是两种意见。第一,认为不论从萌芽发展广度还是深度看,其水平都较高。尚钺说:明代中后期的农业经营"基本上采取了资本主义制"④。吴海若认为,无论种植经济作物的农业部门,还是生产粮食的一般部门,明清两代"都出现了资本主生产方式的萌芽"⑤。李之勤认为,已存在的资本主义萌芽"就是封建经济基础被冲击而部分的被破坏的结果"⑥。第二,认为萌芽发展水平尚低下,对封建经济冲突或破坏还很微弱。翦伯赞说,"当时农业生产中,资本主义因素只是萌芽,占统治地位的还是封建地主经济"⑦。黎民说,乾隆时期开始出现佃富农经济,在封建经济的汪洋大海中,仅是"星星点点"⑧。韩大成说,有的地区农业中

---

① 参见魏金玉《关于中国农业资本主义萌芽的几个问题》,见《中国资本主义萌芽问题论文集》,江苏人民出版社 1983 年版。

② 傅衣凌:《略论我国农业资本主义萌芽的发展规律》,见《明清经济史论文集》,中华书局 2008 年版。

③ 李文治:《论中国地主经济与农业资本主义萌芽》,《中国社会科学》1980 年第 1 期。

④ 尚钺:《清代前期中国社会的停滞、变化和发展》,见《中国资本主义关系发生及演变的初步研究》,生活·读书·新知三联书店 1956 年版。

⑤ 吴海若:《中国资本主义萌芽问题论文集》,江苏人民出版社 1983 年 4 月版。

⑥ 李之勤:《关于中国清初资本主义生产萌芽的发展水平问题》,见《讨论集》,生活·读书·新知三联书店 1957 年版。

⑦ 翦伯赞:《论十八世纪上半期中国社会经济性质》,见《讨论集》,生活·读书·新知三联书店 1957 年版。

⑧ 黎民:《乾隆刑科题本中有关农业资本主义萌芽的材料》,见《论文集》,上海人民出版社 1981 年版。

出现了资本主义生产关系，但不等于说"这些地区的农业中已基本采取了资本主义的经营方式"①。傅筑夫、李竞能认为，当时农业中商品生产发展及雇佣劳动日渐大量出现，地主和雇工的关系亦有变化，但"还不能因此认为资本主义在当时中国农业已有相当发展"②。许大龄说："把十六、十七世纪初期理解为某些地方已达到资本主义的手工业工场阶级或某些地区的农业已基本上采取了资本主义的经营，则不免估计过高"③。黄冕堂认为，江浙四府农业虽个别部门已经跨入资本主义生产的新阶段，但总的说来："江浙四府农业基本结构仍然是封建的，广大农村仍然是一幅封建社会的图画"④。杨民生认为，如果对《补农书》反映的雇工生产进行全面分析，就可以看出"这种地主是一种半封建、半资本主义性质的地主"⑤。吴量恺认为，清代前期，我国某些地区的农业经济领域里，已经孕育了资本主义性质的经济关系的萌芽，但"它还是很微弱的"，"自给自足封建自然经济，仍然处于统治地位；封建土地所有制及其它的封建生产诸关系，仍然占有主要地位"⑥。薛国中说，从《补农书》和其他同时代著作中，可以看到中国农村经济关系在悄悄地发生某些变化，其中确有新的因素在萌芽，"尽管这些幼芽还很稀疏，带有浓郁的封建泥土气息"，"但毕竟是与旧的封建经济多少不同的进步因素，是茫茫夜空中的启明星，是历史的希望"⑦。吴承明说：并不是说我国农业中没有资本主义萌芽，不过是"极其微弱"的，以致鸦片战争后直到二十世纪前期，我们在评价中国资本主义发展水平时，

---

① 韩大成：《对黎澍同志"关于中国资本主义萌芽问题的考察"一文的几点意见》，见《讨论集》，生活·读书·新知三联书店 1957 年版。

② 傅筑夫、李竞能：《中国封建社会内资本主义因素的萌芽》，见《中国资本主义萌芽问题讨论集》，生活·读书·新知三联书店 1957 年版。

③ 许大龄：《十六世纪、十七世纪初期中国封建社会内部资本主义的萌芽》，见《讨论集》，生活·读书·新知三联书店 1957 年版。

④ 黄冕堂：《论清代前期的苏州、松江、嘉兴、湖州四府的农业经济发展与资本主义萌芽》，见《论文集》，上海人民出版社 1981 年版。

⑤ 杨民生：《从〈补农书〉看明末清初浙江嘉湖地区的农业资本主义生产关系的萌芽》，见《明清资本主义萌芽研究论文集》，上海人民出版社 1981 年版。

⑥ 吴量恺：《清代乾隆时期农业经济关系的演变和发展》，《清史论丛》第 1 辑，中华书局 1979 年版。

⑦ 薛国中：《从〈补农书〉探索十五至十七世纪中国农村经济关系的变化》，《武汉大学学报》（社会科学版）1981 年第 5 期。

农业方面常可略而不计。①

4. 萌芽发展缓慢的原因

中国农业资本主义萌芽与手工业资本主义萌芽一样，发展迟缓，有时甚至停滞不前。其原因何在？不少同志进行探索。傅衣凌认为，由于中国农业资本主义萌芽是由山区发展到平原，从经济作物发展到稻田生产，所以，带来了先天的局限性。"1. 山区远离市场，在广大的自然经济包围下，时常受到封建政府和地主的干涉，无法进行扩大再生产，往往处于夭折和中断的状态之中，新城的种烟业，就是如此。2. 封建租佃制的牢固存在，城市工商业的不发达，使佃富农处于孤立无援的境地，限制了佃富农的正常发展，他们之间不断发生分化，有的转向成为地主，有的没落下去，终于夭折。这又是使中国封建社会长期处于又发展、又迟滞的一个重要因素"②。吴海若认为："封建地租侵蚀了利润，这就是农村中资本主义生产关系虽然萌芽很早，但始终没有得到发展的主要原因"③。李文治认为，农业资本主义萌芽发展没有摆脱发展迟滞的特点，其原因"归根结底，渊源于地主经济制"。又说："众所周知，货币的持有者可以无限制购买土地扩大田产，而无须投资于农业经营，地租与商业资本高利贷密切结合，工农结合的小农经济体制紧密联系在一起的，都受到地主经济制度的制约"。④ 刘永成说，中国资本主义农业发展缓慢的原因有二：一是封建土地所有制是农业经营新方式发展缓慢的重要原因；二是封建专制政权的束缚是农业经营新方式发展缓慢的又一重要原因。⑤

5. 关于中国没有产生农业资本主义萌芽的意见

在讨论中国农业资本主义萌芽时，还有一部分同志认为，由于中国农业生产力落后，自然经济尚未解体，自由雇佣劳动不曾出现，货币地租也不占统治地位，手工业资本主义萌芽很微弱，农业中不可能出现资本主义

① 吴承明：《中国资本主义的发展述略》，见《中华学术论文集》，中华书局 1981 年版。

② 傅衣凌：《略论我国农业资本主义萌芽的发展规律》，见《明清经济史论文集》，中华书局 2008 年版。

③ 吴海若：《中国资本主义萌芽问题论文集》，江苏人民出版社 1983 年 4 出版。

④ 李文治：《论中国地主经济与农业资本主义萌芽》，《中国社会科学》1980 年第 1 期。

⑤ 刘永成：《清代前期农业资本主义萌芽初探》，福建人民出版社 1982 年版。

萌芽。这些同志的各自见解如下。

朱健认为："中国在 1840 年以前，城市资本主义生产关系还只处于一种萌芽的状态，所以没有在农业部门产生资本主义经济体制的历史条件"。鸦片战争后，中国民族资本主义才开始有初步的发展，但中国资本主义软弱，加上帝国主义掠夺及极力维护农村中的一切封建关系，所以"中国农村在中国人民革命胜利以前，始终是处在封建主义的阶段"。[①] 朱宗宙认为：在明末清初时，人们甚至称长工为较早获得人身自由的短工，其性质还是属于封建雇佣。因为"当这些农民还没有和土地分离时，就不会'轻去其乡'，变成自由劳动者，其劳动力也就不会向商品市场转化"。所以"这种雇佣也就不可能是资本主义性质的"。他还说："只要有简单商品生产存在和发展的地方，这种雇佣劳动就可以'在偶发的分散的形式之下'出现和存在"。[②] 罗耀九认为，明中叶的雇佣关系还是属于封建关系的范畴（文章未涉及清代问题）。他说，可以肯定明代的长工不是自由劳动者。长工的身份是介于凡人与奴婢之间。短工没有人身隶属关系，这是没有疑问的，关键在于明中叶的短工还没有与生产资料分离。所以，当时农业上的短工也不具备资本主义性质的雇佣劳动者条件。[③] 李炳东认为："清代前期广西农业经济虽已有了显著的恢复和发展，但由于各种条件限制，还没有能为资本主义萌芽准备比较充分的条件"[④]。尹进认为，大量的中国近代经济史料告诉我们，在那半殖民地半封建社会里，自然经济有很长时期不得瓦解，至于农业生产部门的封建剥削关系，那就更是自始至终地弥漫整个农村，以致我们在民主革命时期土地中的斗争任务，还只是反封建而不涉及什么早期农业资本家的处理，等等。既然中国半殖民地半封建社会农村经济还是那样，那么，早在明清时代，那种所谓农业中资本主义萌芽产生的前提

---

① 朱健：《关于中国农业资本主义萌芽问题》，《学术月刊》1961 年第 4 期。

② 朱宗宙：《明末清初太湖流域地区的农业雇佣劳动》，《南京大学学报》1965 年第 2 期。

③ 罗耀九：《明代中叶的雇佣劳动是资本主义性质的吗？》，《历史研究》1961 年第 1 期。

④ 李炳东：《清代前期广西农业经济的发展与变化》，《广西大学学报》1982 年第 2 期。

条件肯定更是不具备的了。① 王方中认为，农业中资本主义生产关系发展在很大程度上取决于手工业中资本主义生产关系发展的水平。而当时手工业中资本主义萌芽水平还很低，离手工业工场时期还相当遥远，就是在手工业中，也远远谈不上平均利润、生产价格的形成，当然更谈不上平均利润、生产价格这些范畴进入农业生产关系。这些富裕佃户在主要方面还是为了缴纳地主的地租而生产，而不是为获取利润而生产，所以还根本谈不上是租地农场主。他还说，把清代经营地主说成带有资本主义性质的观点是不妥当的。②

第三节 对农业资本主义萌芽问题的认识③

农业资本主义萌芽产生的历史前提，如商品性农业发展、市场的扩大，前人都做过许多研究，④ 这里不再赘述。本节要着重探讨的是判断资本主义萌芽的标志及发展道路问题。

一 判断资本主义萌芽的标志

在中国封建社会时期，雇工同地主制经济几乎同时出现。在西周时期，有用奴隶从事农业生产，春秋战国时期改为使用雇工了，这时"庸夫"⑤ 之类已见记载。使用农副业雇工的主要是新发展起来的富裕农民和庶民地主，因为他们多从事直接经营。这时主雇之间仍是等级关系，雇工的地位只是比奴隶上升了一步，有较多的人身自由。这种发展变化为当时地主制经济发展变化所制约，主要是雇主身份地位变化，他们已脱离贵族地主等级身

---

① 尹进：《关于中国农业资本主义萌芽问题》，《历史研究》1980 年第 2 期；尹进：《中国封建社会后期农业中已有资本主义萌芽吗?》，《武汉大学学报》1981 年第 5 期。

② 王方中：《中国近代经济史稿》，北京出版社 1982 年版。

③ 本节写作参考：1. 李文治、魏金玉、经君健：《明清时代的农业资本主义萌芽问题》；2. 李文治、江太新：《中国地主制经济论》等。

④ 李文治、魏金文、经君健：《明清时代的农业资本主义萌芽问题》；李文治：《明清时代封建土地关系的松解》；刘永成：《论中国资本主义萌芽的历史前提》；吴承明：《关于中国资本主义萌芽的几个问题》；等等。

⑤ 《韩非子·外储说左上》；《战国策·齐策六》。

份。此后的隋唐，尤其是宋代，有关雇工记载更多。① 宋元时期，尤其是宋代，经过唐末五代长期战乱，土地占有关系发生很大变化，大部分土地为自耕农所占有。这些自耕农中有些劳动力充足、经济条件较好的家庭，力农致富，上升为庶民地主。与此同时，一些地少、劳动力少、经济条件较差农户，由于无力抵御天灾人祸，出卖土地，沦落为佃耕农或靠出卖劳动力为生的雇工。此时，雇工中还有大量无地的客户，这时使用雇工情况十分普遍，田家夏耕秋获劳动力不足者，则需雇工，由于雇工需要量大，还会出现供不就求情况。② 至于经济作物种植者，更是依赖雇工，如九陇县茶园："每年春冬，雇召人工薅划，至立夏并小满时，又雇召人工赶时采造茶货"③。这时使用雇工生产的主要是富裕农民和庶民地主。这时主雇之间关系虽然还是等级关系，但因为雇主本身是劳动者，没有特权，所以雇主与雇工之间等级关系相对薄弱。雇工具有较多人身自由。由于地主制经济的优越性，宋元时代工农业生产已有较高发展，如英人李约瑟在所著《中国科学技术史》一书中说：中国中世纪时期，科学技术比欧洲先进，这是由于中国封建制度比欧洲封建制度先进。李约瑟所说封建制度包括政治经济等，但核心是地主制经济体制。就宋元生产力发展状况而言，已为资本主义萌芽的产生创造了条件，只是雇工还无法摆脱封建依附关系的束缚而变成为自由劳动者，从而他们所创造的剩余劳动还不能构成为雇主的资本，也从而影响了资本主义生产关系的萌生。

明清时代，工农业生产及商品经济得到进一步发展，雇工队伍得到进一步扩大。值得注意的是，明初的禁奴政策，在为农业雇工队伍的扩大开辟道路。以农业雇工而言，从很多方面反映出来：第一，明代江南地方志书关于长工、短工记载大量出现。如弘治《吴江县志》，正德《松江府志》，《华亭县志》，嘉靖《湖州府志》《江阴县志》以及嘉靖、万历之际的扬州、嘉兴等府州县志书，多有这类记载。如正统年间（1436—1449），山东、山西、河南、陕西、直隶各州县贫民"佣丐依食以度日"④。嘉靖年间（1522—1566），贵州铜仁、篁子坪二处逃民流散清浪、平溪、思州、马江、

---

① 傅筑夫：《中国封建社会经济史》第四册，人民出版社1981年版，第120—127页；漆侠：《宋代经济史》上册，上海人民出版社1988年版。
② 《宋会要辑稿》，《食货》六五之七七。
③ 吕陶：《净德集》卷1，《奏为官场买茶亏损园户致有词诉喧闹状》。
④ 《明英宗实录》卷34，正统二年九月癸巳。

黄道、施溪等处，靠"佣赁"为生，"无虑数千"。① 万历年间，吕坤说："梁宋间，百亩之田……必有佣佃。"② 到了清代前期，地方志书中有关长工、短工的记载就更多、更普遍了。第二，从明代中叶开始，在封建文人的著述中多佣佃并提。如嘉靖《常熟县志》、嘉靖《吴江县志》和黄佐《泰泉乡里》等书都有关于这方面的记载。又如清前期江苏通州，"无田之农受田于人名为佃户，无力受田者名为佣工"③。说明"出雇"已成为当时无地、少地农民仅次于租佃的一种重要谋生手段。第三，到明代中后期，有不少关于外地佣工记载。如福建古田县农民到外地佣工。④ 江西南丰县农民到宁都州佣工。⑤ 山西辽州农民"多佣力他乡"。⑥《邠州志》称："佃作皆非土著""驽钝者名为佣工"。⑦ 乾隆四年，朝廷下谕曰："贫民入川垦地者，听其他散居各州县，佃耕佣耕，为糊口之计。"⑧ 等。由于农业佣工成了普遍现象，而且很多客籍佣工，对这些人如何进行约束以维持地方治安，便成为地方官府十分注意的事项。嘉靖年间（1522—1566），黄佐制定的《香山户口册》中特设"佣工"一栏。⑨ 万历年间山西巡抚吕坤令将雇工、佃户各由房主、地主"挨户管束"。⑩ 反映就很清楚。

伴随着农业雇工队伍的扩大，在有些地区出现了进行劳动力买卖的雇工市。从有关农业雇工记载考察，这类雇工市可能在明代中叶以前已开始，清代前期又有进一步发展。广东钦州、新会等州县，河南林县、柘城等县，山西阳高县，天津开原县，都有关于雇工市的记载。⑪ 以上这种现象是唐宋时代所少见的。

---

① 顾炎武；《天下郡国利病书》卷114，《少卿周宏祖议铜苗疏略》。
② 吕坤：《实政录》卷2。
③ 康熙《通州志》卷7。
④ 万历《福州府志》卷7。
⑤ 魏禧：《魏叔子文集》卷7，《与曾闻庭》。
⑥《古今图书集成·职方典》卷361《辽州》。
⑦ 康熙《邠州志·风俗》。
⑧ 光绪《大清会典事例》卷158。
⑨ 黄佐：《泰州乡里》卷6，《保甲》。
⑩ 吕坤：《实政录》，《乡里约》。
⑪ 乾隆四年四月四日广东巡抚王暮题本；雍正二年九月十七日广东巡抚阿尔松阿题本；乾隆《林县志》卷5；乾隆元年九月河南巡抚富顺题本，乾隆十六年十二月十日山西巡抚阿恩哈题本；乾隆三十八年八月二日管理刑部事务刘统勋题本。题本均见明清档案馆藏《刑科题本》。

这时，中国农业雇工队伍的扩大，是由于农业生产的发展导致农业经营形式的变化所产生的，这时有较多的富裕农民和地主从事雇工经营。雇工队伍的扩大和劳动社会形态变化又联系在一起，就在这时开始了封建雇佣向自由劳动的过渡。

封建雇佣向自由劳动的过渡，与雇工反抗斗争有关。雇佣案件日益增多，封建统治者开始考虑雇工身份地位问题。明万历十六年，先是解除了"未立有文契，议有年限"的雇工的封建身份义务，使其变成自由劳动者，其间包括广大的短期雇佣和部分未立文契的雇工。一般来说，法律变化很难跟得上现实生活中的变化，法律的制定仅仅是把现实生活已发生的变化加以承认而已，实际上在法律条文成形之前的一段时间里，已经有一批自由劳动者出现。① 可以说，这时资本主义关系已开始萌生。

至于农业长工向自由雇佣过渡，却经历了一个漫长的历史过程。这一过程，首先从长工地位提高开始。崇祯年间（1628—1644），浙江湖州沈氏论及雇佣关系变化时说：百年以前（即嘉靖年间），"当时人［雇工］可攻苦，戴星出入，俗［雇工］柔顺而主［雇主］尊；今人［崇祯时雇工］骄惰成风，非酒食不能劝，比百年前大不同矣"②。意思是说，嘉靖以前地主对雇工可任意役使，现在雇工不那么听从地主任意摆布了。他们再不像过去那样逆来顺受，而是进行各种形式的反抗。其次，万历十六年（1588）新订律例出台，则加速长工自由化进展。长工之"立有文契，议有年限者以雇工人论"③。对这条规定的理解，应该是指具备"立有文契，议有年限"两个条件的长工才以"雇工人"论，不书立文契的长工不应按"雇工人"论。此后，虽然掌握判决权的各级官吏有不同的理解，这是由身份性雇佣向自由雇佣过渡时期难免的现象。天启朝（1621—1627）冯梦龙关于卢柟打死钮成一案的构思，虽系小说家之言，但反映的应当是那时的社会现实。小说来源于生活，没有现实生活的原型，完全虚构是很难的。初判时汪县官认为卢柟所具雇约文书是伪造的，将卢柟逮捕入狱。后来汪县官

---

① 《明神宗实录》卷 191。据万历十五年（1587）都御史吴时来奏："有受值微少，工作止月日计者，仍以凡人论"。从"仍以"二字考察，短工在此之前早已以自由的身份出现了。

② 沈氏《农书·运田地法》。

③ 《明神宗实录》卷 194，万历十六年正月庚戌。

调离，继任县官重新审理，肯定了钮成的"雇工人"身份，将卢释放出狱。① 同一钮成，如无雇约文契，卢楠须按打死"平人"（凡人）判处；有雇约文契则按打死"雇工人"判处。这虽然是一个虚构的故事，仍不失为实际生活的反映。说明不书立雇约文契的长工有的可以解除法律上的身份义务关系。顺治、康熙之际，社会上已出现谴责雇主凌虐雇工行为，这种社会舆论有利于促进新题例修订。金长真说："若雇工佃户，原为力役之人，岂同臧获之辈，概行凌虐，大非人情。"② 雇主凌虐雇工行为已被视为是不合理的。又乾隆年间记载："查雇工人例以文契为凭……乃有服役数年后，犯事到官，仍以未立契约论比平人者"③。可与钮成一案判决互相印证。乾隆三十二年（1767）修订律例，虽然出现把未立雇约文契长工按"雇工人"定拟的规定，似乎是倒退现象。但从明代后期到清代前期一个相当长的时期内，雇工地位已逐渐提高，虽有反复，但其不书立雇约文契的长工，作为"平人"判处已逐渐变成为惯例，只是没有法律上明确规定下来而已。由此可见，长工解放过程是一个历史过程，而不书立雇约文契是一种过渡形式，是农业长工向自由过渡开始时期的象征。

农业长工身份地位的变化主要发生在清代前期，这种发展变化反映于雇工律例的几次修订和刑科题本中关于农业长工的判例。乾隆五十一年（1786）把解除大部分长工法律上的身份义务关系决定下来，并在以后写进律例。据我们接触到的此前由雍正到乾隆五十年（1785）发生的94件有关长工刑事案件，写立雇约文契的7件，无主仆名分的6件，未写雇约文契的47件，情况不明的34件。在清代刑档中，有关农业长工的案件很多，这里仅就我们所接触的部分题本进行分析。按照当时惯例，写立雇约文契的当属于有主仆名分的封建雇佣，其未写立文契的可能已逐渐排除在封建等级关系之外。这就是说，在乾隆五十一年以前，已有一部分农业长工以自由劳动者的身份出现了。由这类事例可以看出，首先是实际生活中的雇佣关系发生了变化，然后封建统治者修订雇工律例，以承认既成的事实。

乾隆五十一年提出、五十三年正式修订雇工律例明确规定，其得以解除法律身份义务的长工必须具备两个条件：一是在雇主方面必须是"农民、

---

① 冯梦龙：《醒世恒言》第29回，《卢太学诗酒傲公侯》。
② 金长真：《请严主仆》，见李渔《资治新书初编》卷7。
③ 陆耀：《切问斋集》卷3，《条议》。

佃户"。这里的"农民"指没有特权身份的"庶民"，既包括自耕农和庶民地主。"缙绅"属于封建社会的特权等级，是不包括在庶民地主之内的。二是在雇工方面必须是与雇主"共坐共食""平等相称"，并不为雇主"使唤服役"之人。这里显然也把缙绅地主奴役下的长工排除在外，因为他们根本不能与雇工"平等相称"，更谈不上"共坐共食"，其有服役性雇工的雇主主要也是这类缙绅地主。这次修订雇工律例所贯彻的按照雇主身份地位规定雇工身份地位的原则，出发点在于维护缙绅地主的特权地位，这是十分清楚的。也就是说，经过雇工律例的修订，不是所有由地主所形成的雇佣关系都发生了变化，只有庶民地主和富裕农民剥削下的农业长工解除了法律上的身份义务关系。在缙绅地主奴役下的农业长工还没有摆脱法律上身份义务的束缚。值得注意的是，在这一时期发展起来的经营地主主要是庶民地主。从我们所接触到的大量刑档资料看，乾隆五十二年（1787）以后，具有主仆名分的农业长工所占比重已经极小。

只有身份自由的雇工出现，货币才有可能转化为资本。所以，自由雇工的出现既是封建地主制经济中产生的新事物，又是产生资本主义经济最本质的事物。看一个国家是否有产生资本主义萌芽的可能性，首先要看这个国家是否有了自由雇工存在。探讨一个国家资本主义萌芽发生在何时，首先要研究这个国家什么时候出现了自由雇工。如果把自由雇工出现作为衡量资本主义萌芽的标志，以上问题就可以迎刃而解了。至于商品经济发展、农产品商品化，只是萌芽的前提条件，因为它的发展只是数量上的增加而已，并不反映生产关系中有质的变化。

研究资本主义萌芽问题，可不可以用对比研究方法，我们认为是可以的，史无定法嘛。但选择对比研究的坐标却大有讲究。判断一个国家已经产生资本主义生产关系，或者没有产生资本主义生产关系，应选择资本主义生产关系中最普遍、最本质东西为坐标，即自由劳动的产生，并与货币相结合，使之变成资本。自由劳动的出现是资本主义生产关系的标志，中国与欧洲概莫能外。只有牵住这一"牛鼻子"，对比研究才会更有意义。诸如商品经济、货币流通、地理条件、对外贸易等当然也可以对比，但这是前资本主义社会早已存在的经济，它无法作为判断社会性质的标尺。由于各国国情不同，如果仅以欧洲某一国家作为资本主义萌芽研究唯一模式进行对比，其结果势必使人得出这样的结论：凡是各方面条件对得上号的，那个国家就被认为产生了资本主义萌芽；凡是对不上号的，就被列为不具备产生资本主义萌芽行列。这种用秤称、用尺量的研究方法，完全忽视各国的特殊性，势必带来很大的片面性。所以，在采用对比研究方法时，切忌随意选择坐标点。这点，对我们研究工作来说，将是十分重要的。

我们认为，在今后的经济史或历史研究中，既要花大力气研究市场经济，也要花大力气研究资本主义萌芽，两者都不要偏废。

所谓市场经济，是在商品生产和商品交换的基础上，依靠市场供求和价值规律来调节经济活动运行，配置和利用资源的一种经济形式。市场经济萌芽于奴隶社会，形成于封建社会，在资本主义社会和社会主义社会得到广泛的发展。市场经济可以划分为不发达的市场经济和发达的市场经济两个阶段。① 也就是说，市场经济是一种调节经济活动和资源配置的经济形式，其本身不体现生产方式（或生产关系）性质，可以为各个社会形态所运用。所以，市场经济不能用来判断一个社会性质是否在变化。同时，判断不发达和发达的市场本身，也很难找出一个尺度，即缺乏标志。什么时段属于不发达市场经济，什么时段开始属于发达市场经济，很难加以划分。相对市场经济而言，资本主义萌芽却相对好把握，在商品经济发展的前提下，自由雇工的出现，即标志封建社会母体里已萌生新的生产关系，即资本主义生产关系萌芽，封建经济的掘墓者已在身旁，这时标志着封建经济已经进入发展的后期。如果在商品经济发展的前提下，自由雇工始终没有出现，也可以说明中国封建社会母体里流动着的还是封建经济的东西，还不具备进入封建社会发展的后期阶段。所以，把市场经济发展视为资本主义萌芽标志是否合适，理论上是否说得通，仍需继续讨论，加深认识。

二　资本主义萌芽发生过程及发展道路

中国资本主义萌芽是最先发生于手工业部门还是发生于农业部门？在过去学术讨论中，各个人都有自己的说法，莫衷一是。

中国资本主义萌芽首先产生于哪一个部门的提法，本身就是一个错误的命题。比如手工业有城市手工业，有乡村手工业，由于其所处环境不同，它们当中有的资本主义萌芽发生的较早，有的则发生比较晚。城市手工业

---

① 王公义主编：《现代市场经济学小辞典》，中国纺织出版社 1998 年版。《辞海》(1983) 称："市场经济：直接根据市场需要，通过市场供求关系和价格变动进行调节的商品经济"。

由于受到行会制度的限制和束缚，资本主义萌芽发生就比较困难。鸦片战争发生三十年后的中国，已经进入近代社会，但在 1872 年 12 月 14 日[①]却在苏州金箔业中发生这样的一个事件：一个董司因多收了一个学徒，而被一百多人活活咬死。[②] 鸦片战争三十年后，手工业行会对一个仅多收一个学徒的董司尚且如此，鸦片战争以前，手工业行会对手工业发展限制之严，也就可想而知了。城市手工业在行会制度控制下，手工业的发展就显得艰难些，突破的障碍要更多些，资本主义萌芽在这里发生就困难些。从时间上来说，资本主义萌芽发生也就会往后些。至于在乡村中由地主和富裕农民兼营的农产品加工手工业，诸如酿酒、榨油、制糖之类，这类手工业遍布广大农村，一开始就摆脱封建行会的束缚，获得自由发展的空间，而且这类手工业发生较早，经营者有就近收购原料的便利，在农村又有广阔的销售市场，在自由雇工刚形成的时候，就有可能先于城市工商业者萌发资本主义萌芽，与农业资本主义萌芽同时发生。

农业部门发生资本主义萌芽时间亦有先后之别，并不整齐划一。比如就农业经营者身份地位而言，有各种不同类型，而各种不同类型雇主和雇工之间的关系，在不同历史时期可以形成不同性质的雇佣关系。因此，研究农业资本主义萌芽问题，就必须审慎探索，在几种不同类型的农业经营中，有哪一类型雇主所构成的雇佣关系在经济关系方面首先突破传统的封建束缚，变成自由雇佣关系；又有哪一类雇主所形成的雇佣关系在经济关系方面不容易形成自由平等关系，并在解除法律身份义务方面遇到严重障碍。下面，我们对各种类型农业经营者身份进行分析。

缙绅地主是享受特权的阶层，在乾隆五十一年修订的雇工律例中规定，长工要解除法律上的身份义务，雇主必须是"农民、佃户"。这里指的农民是没有特权身份的庶民，即包括自耕农、佃户和庶民地主。缙绅是属于封建的特殊等级，是不包括在庶民地主行列的，这是其一。其二，在雇工方面必须与雇主"共坐共食""平等相称"，并不为雇主使役之人。这里也很明显把缙绅地主奴役下的长工排除在外，因为在缙绅地主奴役下的长工根本不能与雇主"平等相称"，更不可能与其"共坐共食"。有服役性雇工的

---

① 汪敬虞：《关于中国资本主义问题的两则笔记》，见《燕京学报》新一期，1995年，第 142 页。

② 黄钧宰：《金壶逸墨》卷 2，第 3 页。见《金壶七墨全集》，1912 年版。

雇主主要也是这类缙绅地主。这次按照雇主身份地位原则来划分雇工身份地位做法，实际上是在维护缙绅地主的特权地位。这就是说，经过雇工律例的修订，不是所有由地主所形成的雇佣关系都发生了变化，只有庶民地主和富裕农民剥削下的农业长工解除了法律上身份义务的束缚。所以缙绅地主这时所雇佣的劳动者还不是自由劳动者，也就是说，缙绅地主受自身条件的限制，要向资本主义经营方式过渡，需要克服自身及社会的更多障碍，从而步履艰难。

关于农业雇佣关系的过程、自由劳动的形成，我们认为首先是在富裕农民的经营中发生的。

经营者如果是富裕农民，他虽然占有土地，但这类小土地所有制和地主所有制不同，他虽然也要受封建所有制的制约，但毕竟不是封建所有制。经营者如果是富裕佃农，情形就更加不同。在封建社会里，富裕自耕农或富裕佃农，他们虽有较多土地或较多资金，但他们是农民阶级的成员，处于被统治地位，没有政治特权，从而反对任何形式的特权压迫。另外，由于他们的阶级地位和政治地位，决定了他们在政治上的平等思想，不难设想，他们和农业长工所形成的雇佣关系，尽管在法权关系方面还没有摆脱封建等级关系束缚，而在实际生活中，经济关系则是比较平等、自由的，从这里打开了封建雇佣向自由雇佣过渡的缺口。这种雇佣关系已经撕毁了过去掩盖阶级关系的传统的等级外衣，资本主义阶级关系开始表现出来。这就是说，早在明代中叶，大约15世纪，为生产商品而剥削身份自由雇工的富裕农民出现于历史舞台时，就以萌芽状态的农业资本家的面貌出现了。

以后又经历了约两百年的漫长岁月，到清代前期，伴随着庶民地主的发展，又在经营地主中出现了农业资本主义萌芽。

这类地主，有许多是由富裕农民逐渐发展起来的，有的是工商业者把部分资金投向土地进行直接经营。还有，在地主制经济制约下，缙绅地主和庶民地主可以互相转化。此外，在诸子田产家业均分制制约下，缙绅地主有的逐渐分化成多个中小庶民地主，甚至成为自耕的小农。这些从缙绅家分化出来的地主，有的由于本身没有功名，遂成庶民地主，扩大了资本主义经营地盘。

清代前期的经营地主基本上是庶民地主，这种情形无论在地方志书还是清代刑档中都有所反映。罗仑、景甦所调查的清代前期山东五家地主也说明这种关系。如一家官僚地主和一家商人地主都采取土地出租的剥削方式，而"种地起家"的三家庶民地主都采取雇工经营方式。又据他们对清代后期山东地区一百三十一家经营地主所做的统计，做官起家的八家，种地及经商起家的达一百二十三家。[①] 后者主要是庶民地主。可见，庶民地主的发展进一步促进了经营形式的变化。

这类庶民地主，尤其是由富裕农民上升起来的庶民地主，就其封建社会身份地位而言，比较接近富裕农民，和雇工容易形成自由雇佣关系。庶民地主的发展在经营管理方面也引起一系列变化。在商品经济发展的环境下，他们的生产不单纯为了自给自足，还为了进行商品生产。他们为了增加生产，要求改善经营管理，改进生产技术，以提高劳动生产率，就是说在不自觉地按照资本主义经济原则组织生产。从而他们对劳动生产者的榨取，不像出租地主那样，主要靠经济外的强制手段来实现。由这类经营所形成的雇佣关系逐渐向自由的雇佣关系过渡，这类农场经营的社会性质在发生质变，这类地主所占有的剩余劳动包含着一个利润量。

从明代中叶出现的具有资本主义性质的富裕农民到清代前期庶民类型经营地主的发展，所显示的农业经营中资本主义因素的增长，表明了中国农业资本主义萌芽发展过程的特点。对两类不同类型的雇工经营不加区别，则看不出中国农业资本主义萌芽发展的阶段性。

由此可见，在中国封建社会后期，标志着中国农业资本主义萌芽的两种不同类型的农业经营，在历史上出现的时间有早有晚，所具有的资本主义因素有多有少，带有的封建因素有强有弱。不仅富裕农民和经营地主不同，富裕自耕农民和富裕佃农也不可能完全相同。同属庶民地主，也会因形成过程不同和占地多少差别，所具有的资本主义因素也会有不同程度上的差异。农业资本主义萌芽发生发展过程和发展道路所呈现的这类特点，是由中国地主制经济所制约、所规定的。但它们通过对自由雇工剥削来实现利润的增殖性质是相同的、不会改变的，否则就谈不上什么资本主义经营方式了。

通过对中国农业资本主义萌芽发展过程的考察，我们认为有四个方面值得重视。

第一，农业资本主义萌芽在商品经济发达地区最先出现。在江南某些商业繁荣的地区，早在明代中叶就已开始了。但这里又是官僚地主集中、

---

① 参见罗仑、景甦《清代山东经营地主经济研究》，齐鲁书社 1985 年版。

封建宗法宗族势力强大地区，在这种势力压迫下，地主所追求的是读书仕官，已出现的经营地主相继放弃经营，而采行土地出租的方式剥削农民。这里商品经济发展，人们所掌握的货币并没有同农业生产相结合。正如马克思所说，这种商业资本"与资本主义生产的发展程度成反比例"①。已出现的农业资本主义萌芽，在封建宗法宗族势力的压迫下，相继夭折了。

第二，在封建宗法宗族势力相对松解地区，商品经济虽然赶不上江南商业繁盛地区，但农业资本主义萌芽却得到发展。如浙江中部以南地区，还有福建、江西、广东、安徽诸省交界山丘地带，都出现过租佃大经营，出现过自由的雇佣关系。这类地区的农业雇工经营，基本上摆脱了封建宗法宗族势力的压迫。

第三，在地价低廉、自耕农广泛存在、封建地主阶级遭受沉重打击的地区，实际也是封建宗法宗族势力相对薄弱地区，如四川省各州县，也曾出现富裕自耕农及富裕佃农的雇工经营。但一俟地权集中，封建宗法性地主一旦恢复，已经出现的农业资本主义萌芽又行没落。

第四，福建、广东则属于第四类地区。这里商品经济相对发展。在农业方面，有大面积的蔗田、烟田，有茶园、果园，这类经济作物与市场有着密切联系，它与男耕女织相结合的棉桑作物区不同，容易发展成带有资本主义性质的经营，而且不易夭折。在这里，商品经济的发展，在突破封建宗法宗族势力的束缚方面，也只是开始。

以上四类地区农业资本主义萌芽发生发展过程，证实了马克思这样一个观点：商业和商业资本，"对旧生产方式究竟在多大程度上起着解体作用，这首先取决于这些生产方式的坚固性和内部结构。并且，这个解体过程会导向何处，换句话说，什么样的新生产方式会代替旧生产方式，这不取决于商业，而是取决于旧生产方式本身的性质"②。因此，我们在研究农业资本主义萌芽的时候，必须要把立论的出发点建立在所有制的基础上，要十分重视封建宗法势力的作用。当然，也要注意商品经济发展对封建经济关系的冲击作用。

20世纪30年代，苏南地区农业资本主义之所以没有得到发展，原因很多。例如，苏南地区一田多主制很发达，原有田根占有者失去土地处置权，

---

① 《马克思恩格斯全集》卷25，人民出版社1974年版，第367页。
② 《马克思恩格斯全集》卷25，第371页。

他们想从事的雇工经营已受到制约；从佃农角度看，一家一户所能租到的耕地很有限。据 20 世纪 30 年代末调查，苏南 4 县 10 村土地租佃情况是：每户佃农平均租入耕地仅 5.36 亩而已，租地面积达三四十亩者很少，而这些佃户一般人口众多，劳动力充裕，不必雇工经营，同时，他们交纳地租后，很难维持家庭生活，就是能勉强维持，也无积累或积累很少，发展机会很小，很难发展成富佃，从而也不可能走向雇工经营道路；从自耕农看，所占土地少，人均耕地面积甚至比佃农还要少，根据当地、当时情况看，一个劳动力一年耕种 8 亩地是完全没有问题的，超过 10 亩则须雇工了。但当地自耕农家庭本来就耕地不多，所以也就无须雇工经营。另从劳动力流向看，由于到城市当工人或当店员，工资收入要比在当地当农业工人高得多，所以劳动力向城市流去，相对而言，在农业经营中要雇请工人则较为困难。尽管有这样或那样的原因，但主要的一条原因是：受经济利益的驱动是最根本的。在工商业还不甚发达时，把资本投向农业雇工经营，其经济利益显然要比土地出租经营高些，所以经营地主相对要多些。但到 20 世纪 30 年代，苏南地区近代工业、商业已有很大发展，经营工商业的利润远比经营农业高，在这种经济利益驱动下，当地地主或富农就会放弃农业经营，而把资金投向办工厂、开商店，原有从事农业经营的地主或富农就会减少，农业资本主义萌芽就会萎缩。资本的本质就是追求最大利润。在新的历史条件下，经营地主或富农放弃农业经营，是一种明智的选择。这种选择不过是一种择业的变化而已，并不影响当时资本主义因素的增长。当农业雇工经营一旦能获得资本平均利润时，资本主义的农业又会发展壮大，这也是社会经济发展的一条规律。从历史发展的长河来看，商品经济的发展与农业资本主义发展并不相悖。

第四节　对农业资本主义萌芽发展又不发展原因的探讨

资本主义萌芽对封建生产方式而言，是一种新生的事物。中国社会经济的发展已为它的发生、发展准备了一定的前提条件，中国资本主义萌芽应该说是具有一定生命力的。但它的发展却很缓慢，有时甚至呈现停滞状况。中国资本主义萌芽始于 15 世纪的嘉靖、万历年间，中间几经挫折，一直到 18 世纪后期，上距萌芽开始发生经历了约三百年漫长岁月，才又进入一个新的发展阶段。就是在这个时期，资本主义萌芽也没有摆脱发展迟缓的特点。中国资本主义萌芽发展过程中所表现来的迂回、缓慢乃至停滞状态的特点，其原因何在？这是十分值得探讨的问题。

前人在探讨中国资本主义萌芽发展缓慢，有时甚至出现停滞原因时，提出各种各样看法：有的认为是封建专制政权的束缚，有的认为是地租侵蚀了利润，有的认为是工农结合的小农经济体制的顽固性，有的认为是城市工商业不发达之故。这些原因都有道理，都是对的，但最本质的还是受地主制经济的制约。

中国农业资本主义萌芽的发展与不发展，与农村经济繁荣与衰落密切相关，一荣俱荣，一衰俱衰。而农村经济的盛与衰则受地主制经济体制发展和变化所制约。

明代前期及中期，清代鸦片战争以前，在这两个历史时期里，地主制经济体制基本上得到正常运行。经过农民努力，农村经济开始从战争废墟中重建，并逐步取得发展，在此基础上，达到繁荣。随着农村经济发展，农民经济生活也获得改善，农民购买力也由低到高，对市场需求也由少向多方向发展。在农民对市场需求日益旺盛情况拉动下，手工业、商业、农业、城镇得到迅速发展。自由雇工出现后，一批具有资本主义性质的企业，纷纷登上社会经济的历史大舞台，从封建经济的母体里破壳而出，并显现出勃勃生机。随着社会经济进一步发展，明王朝由中期转入后期，清王朝则由前期进入后期。这时，由于地主所有制经济大肆膨胀，地主制经济体制运行逐渐偏离正常轨道，地主阶级，尤其是缙绅地主疯狂兼并土地，地主阶级权势嚣张，原有的自耕农纷纷失去土地，大量向佃农阶层转化。尤其是明末三饷并征之后，在苛重赋役负担压榨下，农民经营条件恶化；清代在鸦片战争后，巨额战争赔款转嫁到农民身上，如中华人民共和国成立后新编《永定县志》载，十年内，每亩每年要摊派 0.27 两赔款。自耕农民因承受不了繁重经济负担而破产，家庭经济走向下坡路。在地主势力嚣张之时，佃农所受压迫和剥削，会比地主势力受抑制时更加严酷，佃农经济生活会更困难；自由雇佣工人的发展，也会受到阻碍。农民经济条件恶化，农村经济走向萧条，更加上明末清初几十年战争，农民苦于战火，求生乏术。这时，由于农民手头缺钱，无钱到市场购买商品，农民对市场要求由盛而衰，市场经济出现紧缩，使刚刚发展起来的资本主义工商业、农业受到严重打击而纷纷破产，农业资本家则改雇工经营为出租经营，向封建经济倒退。资本主义萌芽发展转入停滞，甚至是倒退时期。这是构成中国资本主义萌芽既发展又不发展的深层次原因。中国是个农业大国，百分之九十的人口是农民，农民经济发展与不发展，对拉动或抑制整个国民经济发展，起到举足轻重的作用。以前，对农村经济发展与不发展问题重视不够，这是一个缺陷。下面再从各阶层情况分析。

在地主制经济体制下，自耕农大量存在是封建地主制经济体制存在的基石，这个基石一旦动摇，这个政权就要陷入危机之中。我们都知道建立在地主制经济体制上的国家政权，它赖以生存的财政来源是农业税。而征收农业税的主要对象是自耕农。地主阶级尤其是缙绅地主，他们可利用政治上的特权来为自己逃避赋税负担，或利用飞洒、诡寄把赋税转移到自耕农身上。因此，保护自耕农的稳定是历届王朝考虑最多的问题。

历代王朝建立之初，总是千方百计地鼓励农民垦荒，使一些少地或无地农民通过垦荒变成自耕农。但自耕农经济又是一种极其不稳定的经济，由于耕地面积有限，多者几十亩，少者仅有几亩，经济力量极其脆弱，当遇天灾人祸时，每每濒于破产边缘。政府为了保证其财政收入，往往采取一系列政策措施来维护自耕农延续。如减轻农民负担方面，政府通过赋税改革，如明代一条鞭法、清代摊丁入地都曾发挥过一定作用。还有通过种种形式减免赋税，或蠲免农民负担。若赈济方面，国家设有常平仓，民间设有社仓、义仓，在灾荒年间，政府或用这些储备进行平粜，或进行借贷，或赈济，使农民渡过难关。若抑制兼并方面，有抑制投献，规定商人、地主在灾年购买土地，允许农民以原价回赎，抑制缙绅势力，削弱缙绅经济力量。在家庭财产分析上，以法律形式把诸子均分制固定下来，这样一方面使耕地细化，另一方面达到使大地产所有者化小，或补充到自耕行列。一般来说，自耕农或富佃要上升到地主行列，需要几十年时间，有的甚至需要上百年时间，而分家析产一般二十至三十年就面临一次。在这里，土地的分散远比积累来得快。当然官僚地主和商人地主除外。同时，明清时期商品经济发展，经济作物普遍种植以及家庭副业发展，使自耕农自身经济力量增强，提高了自身抵制兼并能力。但在封建社会里，贫富两极分化情况更为严重，土地兼并不断在进行。封建王朝虽然控制不了土地兼并，但它可以延缓土地兼并早日到来，为王朝长治久安而殚精竭虑。当王朝失去控制地主制经济平衡发展规律时，一场革命战争就会爆发，对地主制经济体制进行重新调整，以求新一轮的平衡与发展。

　　自耕农广泛存在，首先保证了政府田赋收入，同时也保证了国家财政收入的稳定。其次也减少了因失去土地而流向社会的人口，使社会秩序得到相对安定。明嘉靖以前，有的地方还延续到万历年间，清代则在道光二十年以前，这时自耕农还保持相对优势，农村经济处于繁荣时期。如山东临邑县，弘治、正德年间是一派兴隆景象；嘉靖前期犹"桑枣连""积累浑厚""盖藏露积""号称殷富"。① 又如江苏常熟县，万历三十六年，大雨成灾，"而民无菜色"。论者谓"盖犹有盛世之遗风"。② 从这里可以看到，常熟地区农村经济万历后期还没有显著衰退，在大灾之年还有抗灾能力。清代前期，反映农村经济繁荣的例子也有不少。如陕西泾阳县，明末之时，土地为地主所有，鼎革之后，土地为农民所有。方志称："昔之产在富，今之产在贫"③。农民成了土地主人，经济生活发生很大变化。四川乐昌县，经过明末战争和平息吴三桂之乱，该县已墟。郑吉士到乐昌后，积极推行招垦政策，效果显著，新安插千余户农民，"熙然鼓腹，足以养生而有余"④。衣食充足，还有富余，反映出农村繁荣新面貌。安徽霍山，地处内地，人口众多，但仍然呈现出"中人以下，咸自食力，薄田数十亩，往往子孙世守之"⑤。反映了当地经济富足、生活无忧、社会安定。康熙二十二年收复台湾后，福建、广东、浙江海禁逐渐松弛，大陆人民，尤其是漳泉人民，纷纷渡海赴台，在那里垦荒拓地，安家落户。号称："一年丰收，足供四、五年之食"⑥。一派宽裕、富足的农村经济画面历历在目，让人们难以忘怀。贵州《黔西州志》云："黔西从岩疆下里，而烟联万里，户积千箱。时所称刀耕火种之乡，今皆人浮万口，大有频书盈宁，富庶埒中州矣"⑦。早先刀耕火种之乡，到乾隆年间，人口繁衍，万里之地，家家户户积蓄有百箱、千箱，书声琅琅，富庶景象已与中原地区不相上下，农村经济一片繁荣景象。陕西南山老林，这是流民聚集之地，也是新垦区，这里的农村经济状况又如何呢？通志稿称："兴（安）汉（中）商二府一直隶

① 道光《临邑县志》卷2，第27—28页。
② 陈三恪：《海虞别乘》卷上。
③ 康熙《泾阳县志》卷3《贡赋志》。
④ 嘉庆《四川通志》卷80《学校志》，引郑吉士《岳阳书院记》。
⑤ 光绪《霍山县志》卷2。
⑥ 连横：《台湾府志》，《农业志》，引闽浙总督高其倬奏稿。
⑦ 乾隆《黔西州志》。

州，林深菁密，居民稀少。乾隆时，赣皖川湖各省流亡迤逦而来，始则凿岩架屋，刀耕火种，谓之棚民。继则长子孙，事诗书，既庶且富，俨成乐土"①。他们虽然身居深山老林之区，但经济发展，文化兴旺，处处皆有读书声，是一块人间乐土。口外，原是游牧之区，人烟稀少，经济比较落后。自从放垦之后，这里又成一个富庶繁盛农村。口外包括卓索图盟、昭乌达盟、察哈尔部一些蒙旗，相当于现在长城以北，东起阜新、西抵张家口坝上，延袤五百余里之地。康熙帝曾两次提及口外之事。康熙四十六年七月，他到口外巡行时看到："县各处都有山东人，或行商，或力田，致数十万之多"②。康熙四十八年十一月又一次提及口外之事，他又说："今河南、山东、直隶之民往边外开垦者多。大都京城之米，自口外来者甚多，口外米虽极贵时，秫米一石不过值银二钱，小米一石不过值银三钱，京师亦常赖之"③。把康熙帝前后两次讲话联系起来考察，可以看到口外开发，是河南、山东、直隶劳动人民付出辛劳的结果，昔日莽莽原野，今日已成京师的大粮仓。这里人民生活安定、富足，商贩往来甚多，五百里之地繁荣兴旺。以上事例都反映清前期尤其是康雍乾时期农村经济欣欣向荣景象。

万历、嘉靖以前和康雍乾这两段时间，由于农村经济繁荣，农民比较富裕，向市场需求也越来越多，这时带有资本主义性质的商业性农业经营得到很大发展。市场在这个时期发展很快。如江南吴江，弘治时只有二市四镇，正德时增为三市四镇，嘉靖时增至十市四镇，其中增长最快的是正德至嘉靖的半个世纪，由七市镇增至十四市镇，整整翻了一番。嘉定县正德年间有十五市镇，万历年间增至二十六市镇，几乎增长了一倍。常熟县正德年间有十四市镇，到嘉靖年间增加到二十市镇。只有两个县的松江府，至正德时已有四十四市镇。杭州经过元末战乱，刚进入明初，其五六百年来的市镇，"其存无几"，至万历时"以实计之，倍徒畴囊"，杭州府城及三个县共有五十二市镇，其府城有二十九市镇。湖州府在宋代熙宁、元丰间仅有六镇，到明代嘉靖、万历间已增至二十二市镇。

清代乾隆年间，又是市镇发展的一个新高潮。以苏州府为例，乾隆年间有市镇共计一百三十九个，几乎比正德年间增加一倍。又如松江府，乾

---

① 民国《续修陕西通志稿》卷 31。
② 《清圣祖实录》卷 230。
③ 《清圣祖实录》卷 240。

隆年间有市镇一百一十六个，比正德年间四十四个增加七十二个，与崇祯年间六十一个比，净增五十五个。松江市镇增长率是十分惊人，清中期比明中期增加 2.5 倍，比明末增加近 2 倍。①

市镇经济发展是农村经济发展的必然结果。农村经济繁荣，市镇经济便得到快速发展，市镇在原有基础上迅速增加，以适应农村经济发展需求。正德、嘉靖、万历年间农村经济繁荣，为市镇经济发展、为农业资本主义萌芽产生提供了最为深厚的经济基础。

但自耕农广泛存在又是社会经济发展的阻碍者。自耕农是个人耕地面积不多，经济力量薄弱，以一家一户为主体的经济单位。就南方而言，多者不过三十亩，少者二三亩而已；就北方而言，多者或上百亩，一般不过几十亩，少者三五亩而已。他们除了负担国家赋税徭役之外，还得承担地主转嫁给他们的赋役负担。尤其是王朝后期，苛捐杂税名目更多，农民赋役负担更重。苛重的赋役负担，一方面使大多数自耕农走向濒于破产的十字路口，从而阻碍了富裕农民的发生和发展，同时也抑制了人们的消费需求，限制了市场的扩大，限制了商品生产的发展，从而使已经发展起来的农业资本主义，因农村经济萎缩、萧条而倒退到土地出租经营。

明中后期，由于政治败坏，兼并之事不能止，致使缙绅势要之家，"白夺其（农民）田土，夷其坟墓，毁其房屋，辄伐其树木，于是百年土著之民，荡失产业，抛弃父母妻子"②，转入无业境地。山陕之民，由于徭役浩繁，"供给各边粮饷，终岁劳苦尤甚。及金派天下各王府校尉、厨役、斋郎、礼生，每当一名，必至倾家荡产"③。畿内、河南、山东等省，"最苦养马，破家荡产，皆马之故"④。靠近运河北直隶和山东之民，则苦于"发民挽舟"⑤。明中叶以后，自然灾害频繁发生，"人民缺食，穷乏至极，艰窘莫甚"⑥。江南地区赋税负担沉重，使"农夫蚕妇，冻而织，馁而耕，所共不

---

① 以上资料引自樊树志《明清江南市镇探微》，复旦大学出版社 1990 年版，第66—98 页。

② 李梦阳：《应诏上书疏》，见《明经世文编》卷 138。

③ 《明孝宗实录》卷 103。

④ 《明宪宗实录》卷 82。

⑤ 《明宣宗实录》卷 41。

⑥ 《明英宗实录》卷 278。

足则卖儿鬻女，又不足，然后不得已则逃"①。

　　清朝建立之初，由于长期战乱结果，农民大量逃亡，耕地严重荒废。顺治帝说："自兴兵以来，地多荒芜，民多逃亡"②。这是当时实际情况的反映。顺治二年刘明传奏称："比年以来，烽烟不靖，赤地千里，由畿南以及山东，比比皆然"③。如直隶，"地亩荒芜，百姓流亡十居六七"④。山西经战乱和大荒之后，"田地榛芜，生齿雕耗"⑤。陕西省直至康熙年间，汉中一带，仍存在"耕耘失宜，甚有谷稗争秀者"⑥ 情况。石泉县有"耕者如星，垦者如掌"⑦ 描述。商丹盆地还有"自前明兵燹以后，地广人稀，荒芜日积"⑧ 记载。山东，顺治元年，一份奏折称："土地荒芜，有一户之中，只有一二人，十亩之中，只有二三亩"⑨。河南，顺治元年，河南巡抚罗绣绵奏报："河北府是芜地九万四千五百余顷，因兵燹之余，无人佃种"⑩。南直隶，顺治三年，江宁巡抚王九华奏报，池、太等四府一州的情况是："地方残破，江宁城外九十余村，十室九空"⑪。江西，顺治八年，江西巡抚夏一鹗称："膏腴上亩，土结水枯，极目秋原，草深数尺"⑫。湖北情况，据户部题本反映："万井烟寒，千家空杵"，"横亩皆焦……野无粒食之农，村尽逃亡之屋"。⑬湖南，顺治四年，湖南巡抚张懋熺奏曰："岳州之焚毁杀戮极惨，而巴陵为最惨。自壬午以来，无岁不被焚杀，无地不为战场；加以今春奇荒，骼胔盈道，蓬蒿满城"。"衡州除连年兵寇杀掳之外，上岁颗粒无

----

① 正德《松江府志》卷7《田赋》（中）。

② 《清世祖实录》卷43。

③ 《清世祖实录》卷14。

④ 《清世祖实录》卷12。

⑤ 顺治八年八月二十八日，户部和硕端重亲王波洛等题。

⑥ 康熙《洋县志》，《风俗》。

⑦ 康熙《石泉县志》，《土田》。

⑧ 康熙《续修商志》卷3。

⑨ 顺治四年巡抚山东监察御史吴达题，见《皇清奏议》卷3。

⑩ 《清世祖实录》卷11。

⑪ 《江宁巡抚王九华揭贴》，《明清史料》（丙编），第518页。

⑫ 顺治八年六月二十六日，江西巡抚夏一鹗题奏。《户部抄档·地丁题本》江西（三）。

⑬ 《户部题本》，《明清史料》丙编（三）。

收，春夏米价腾涌，百姓饿死大半"。① 至顺治十三年，辰城地方还是："庄佃书役夺掳逃亡，田地尽为茂草，百里绝无人烟"②。四川，直到顺治十七年，人亡地荒情况还是没有什么变化。巡按御史张所志说："巴州、梓潼城郭丘墟，人民远窜"，"顺（庆）城之与顺属，其萧条景象更难言绘"，"职自去秋放舟南下，一入蓬（安）界，目不忍睹，雉堞金汤鞠为茂林丛麓，而乡堡村镇亦成石田荆棘"，"岳池户丁无风"，"中江凋敝不堪，射洪归并潼川，遂宁归并蓬溪，乐至、安岳虽然开复，奈无一民一户，石田空城，有名无实，久成旷土"，顺北二府一州，所辖州县二十有七，自开复至今十有余载，"而凋疲难起，荒残如故"。③ 至康熙十年，四川全省种粮熟地才14810顷，④ 仅相当于万历年间134828顷耕地的11%而已，还有将近90%的土还处于抛荒之中。

　　从万历至康熙二十年，可划分为两个时期。一是万历至崇祯末年。这七十年，是地主制经济体制运行脱离了正常轨道时期，贵族地主和缙绅地主势力膨胀，疯狂侵夺自耕农土地，使自耕农民激剧减少，逼使广大自耕农走向流亡之路，或沦落为地主的佃户或佃仆。更加上明末"三饷"并征，也加速了自耕农的没落。同时，地主也加重对佃农剥削和压迫。这时农村经济由繁荣走向萧条，再由萧条走向衰落。二是由顺治元年至康熙二十年，这三十多年为地主制经济走向正常运行轨道初期。由于明末清初长期战争，农村经济已遭到严重破坏，绝大部分自耕农已经破产，整个农村呈现出一片凋敝。清政权接受这个烂摊子后，最急迫的任务是恢复瘫痪了的农村经济。这时，政府的政策是鼓励无地、少地农民去开垦抛荒的土地，虽然也推行圈地政策，但从整体来说，时间很短，也仅局限于个别地区，是次要的。在清政府大力推行垦荒政策拉动下，农村经济开始由凋敝走向复生。在第一个时期，由于农村经济由繁荣走向萧条，市场经济受农村经济影响，也由昌盛走向没落。生产出来的商品，由于农民购买力低下而积压。这时，农业资本家因生产出来的商品找不到出路，放弃原有的经营。在封建地租

---

　　① 顺治四年八月初九日，湖南巡抚张懋熺揭帖。《明清史料》丙编（七），第608页。

　　② 顺治十三年六月二十三日，户部尚书车克等题。

　　③ 顺治十七年四月初一日，四川抚按御史张所志揭帖，《明清史料》丙编（十），第987页。

　　④ 康熙《四川总志》卷5。

高回报率引诱下，农业资本主义经营者会放弃原有的经营方式，向出租土地方向转化。在正德、嘉靖年间发展起来的农业资本主义经营方式，因地主制经济体制运行偏离正常轨道，受到挫折。清初三十多年间，由于社会经济发展还始于恢复时期，农民购买力还有限，他们还不能从手头上拿出更多钱来购买所需商品。因此，这时期农业资本主义经营还处于复苏阶段。至康熙中期以后，由于地主制经济体制在正常轨道上运行，农村经济又经历了繁荣昌盛时期，农村经济发展，农民也相应富裕起来，对市场需求也越来越旺盛，农业资本主义经营方式又应运而生，打破百十年来沉寂，再度兴盛起来。

在地主制经济体制下，佃耕农大量存在，他们以一家一户为耕作单位，从地主那里租来数量不多耕地进行耕作。将土地上收获物的一半作为地租交纳给地主，有的还要将土地上收获物的六成，甚至七成交纳给地主。苛重的地租剥削不仅侵夺了佃农的剩余劳动，甚至侵蚀了佃农的一部分必要劳动。使大部分的佃农生活在贫困线上，苦苦挣扎着。这种状况存在，一方面阻碍了佃农向富佃转化，另一方面也抑制了广大佃农的消费欲望，限制了消费扩大，使市场疲软甚至萎缩，从而限制了商品生产的扩大。

从分成租向定额租、押租、预租、货币地租转化后，主佃之间的依附关系得到进一步松解，超经济强制向经济强制过渡。主佃之间所呈现出来的仅是赤裸裸的经济关系。在这种关系下，佃户只要向地主交纳按规定的地租后，佃户获得了对土独立经营管理的大权，土地上栽种什么，家里劳动力如何安排，地主已无权过问。这就有利于佃农经济发展。比如说，经济作物发展，就给佃农经济带来生机。以烟草种植为例，福建漳州长泰，人多种烟，"利甚多"①。康熙三十四至三十五年间，"漳民流寓于汀州，遂以种烟为业，因其所获之利息，数倍于稼穑，汀民亦皆效尤。迩年以来，八邑之膏腴田土，种烟者十居三四"②。该府永定县，"乾隆四十年后，生齿日繁，产烟亦渐多"，"膏田种烟，利倍于谷，十居其四"。③陆耀说：烟草"第一数闽省，而浦城最著"④。广东南雄州，近四五十年种植烟草，其收入

---

① 康熙《漳州府志》卷27。
② 王简庵：《临汀考言》卷6。
③ 道光《永定县志》卷1。
④ 陆耀：《烟草谱》卷46。

"每年约货银百万两"①。鹤山种烟"耕凿之民，恒以是致富"②。江西瑞金，"自闽人流寓于瑞，以栽烟为生，往往徒手起家，聚拥雄资"③。浙江台州府黄岩县，"乡间遍种贾利"④。山东各地种烟十分普遍，"闾阎恃以营生"⑤。四川乐至多种烟，"农入岁田莳，获得颇厚"⑥。山西曲沃，明后期已开始种烟，"明季兵燹踵至，民穷财尽，赖此颇有起色，今则大食其利矣"⑦。湖南、甘肃、直隶、河南、陕西、江苏、安徽、湖北、云南之民皆有种烟之地。由于吃烟之人普遍，在"今则山陬海澨，男女大小，莫不吃烟"⑧ 情况下，烟的销路大，经济效益也好。又如种棉花，河南棉区"收花之利，倍于二麦"⑨。河北棉区"岁无大水，其利倍入"⑩。山东棉区"五谷之利，不及其半"⑪。四川棉区"民相习植棉，其利倍谷"⑫。种桑养蚕，共利甚溥，海宁陈确云："今中田一亩，岁出米麦三石以上，腴田出四五石以上，是一夫之食也。若夫桑麻瓜果之田，岁出一二十金以上，是数口之食也"⑬。乌程县施国祁说："蚕桑利三倍"⑭。种蓝靛收益也大，乾隆间，浙江海盐县农民种靛，"获其价值，数倍于谷麦"⑮。嘉庆间，贵州黄平州种靛，"靛之为利，较之种杂粮者，不啻倍之"⑯。至道光间，农民种靛，"其利倍于种谷"⑰。其他经济作物如茶、甘蔗、干鲜果品、油料等都有很大发展，都有助于增加农民经济收入。

---

① 嘉庆《南雄州志》卷9。
② 乾隆《鹤山县志》卷2。
③ 康熙《瑞金县志》卷4。
④ 康熙《黄岩县志》卷3。
⑤ 道光《沂水县志》卷3。
⑥ 道光《乐至县志》卷3。
⑦ 乾隆《曲沃县志》卷24。
⑧ 《安吴四种》卷26。
⑨ 乾隆《巩县志》卷7。
⑩ 康熙《河间府志》卷4。
⑪ 康熙《兖州府志》卷5。
⑫ 光绪《潼州府志》卷9，引道光《蓬溪县志》。
⑬ 《陈确集》第336页。
⑭ 同治《南浔镇志》卷1。
⑮ 乾隆《海盐县续图经》卷1。
⑯ 嘉庆《黄平州志》卷4。
⑰ 道光《仁寿县新志》卷2。

另外，家庭手工业发展，对农民家庭收入具有重要意义。纺织是中国农民家庭中最常见的手工业，在家庭经济收入中占有重要地位。以山西寿阳县为例，该县"布一匹，旧长三丈六尺，今长三丈四尺。健妇一岁得布五十匹。一布余钱可得百五十，计五十匹得钱七千五百余钱，得五十二三匹余布"。布"出本邑者，农人所需较东布（河北产的布，俗称东布）为多，余布鬻于北路，每尺钱二十上下"。① 一个妇女，终年织布收入，十分可观。在江南地区，康熙时"贫民业在纺织者，竭一日之力，赡八口而有余"②。至少"一人一日之功，其能者可食三人，次亦可食二人"③。也有人估计，"一手所制，若布、若带、若巾帨，易粟足活三口；三手事事，则八口无虞"④。其他如造纸、制烟、编织业等，都能给家庭带来较丰厚收入。

据方行先生研究，江南佃农，如家租种五亩田，其"家资约共为钱一百零三千文左右，合银约八十两左右"⑤。这说明随着社会经济发展，经济条件比较充实的佃农已大为增多。这些可以从高额押租、预租流行得到证实。如四川巴县，道光年间71起"租佃之争"案例中，押租银（钱）在一百两、押租钱在百千文以上者共48件，占案例67.6%。其中100—300两的共37件，350两的1件，360两的1件，400两的2件，470两的1件，500两的1件，541两的1件，780两的1件，800两的1件，900两的1件，1000两的1件。钱100千文以上的共6件，最多的为300千文。⑥ 在短短24年中，有如此之多的高押租事例，应该不是一个偶然的、个别的现象。这种情况还可从四川云阳得到证实，《云阳县志》称："压桩之费，常逾千两或数百两"⑦。魏金玉先生从《刑科题本》中辑有押租案计18件，其中押租

---

① 《马首农言》。

② 康熙《紫堤村志》卷首。

③ 《宫中档乾隆朝奏折》第五辑，江苏巡抚庄有恭奏。

④ 光绪《通州直隶州志》卷1，引乾隆志。以上所引参见方行《正确评价清代的农业经济》，《中国经济史研究》1997年第3期，第148—149页。

⑤ 方行：《清代农民经济扩大再生产的形式》，《中国经济史研究》1996年第1期，第41页。

⑥ 四川大学历史系、四川省档案馆主编：《清代乾嘉道巴县档案选编》，四川大学出版社1989年版，第149—175页。

⑦ 民国《云阳县志》卷3，《礼俗》（中）。

银（钱）百两或百千文以上者，共有 5 件,① 占总体数 27.8% 。所以，清代曾经有人认为："故里中兴起者多属佃农"②。或说，"赁耕小户，多有渐成殷富者。节俭功苦，又粮价腾起，实使之然"。并感慨而言，"此世局一大变动也"③。富佃出现已不再是少数。

佃农经济的好转，不但有利于富裕佃农产生，而且对市场经济发展起到推动作用，佃农是农村中的一个很大群体，他们购买力提高，对农业资本主义经营发展无疑是有重大意义。清代前期农业资本主义发展，与佃农经济繁荣息息相关。

自耕农也好，佃农也好，为了弥补家庭经济收入不足，一般都要经营一些副业，或纺纱织布，或种桑养蚕，或种蔗制糖，或从事手工编织，如织席、竹编、柳条编、麦草编等，同时也打打工。农家这种农副业相结合的生产方式，为市场提供一些商品。有先生认为，农民织布，除某些集中产区外，主要还是自给性生产，有余才出卖，这种自给性生产，就更加难以代替了。其实这是一种误解。农民从事织布业，首先是为了补贴家庭经济收入，织出来的布，首先就送到市场出卖，或换回粮食，或换回日用必需品。越是家庭经济困难农户，商品率越高，这是为养活家口所致。家庭纺织业发展，不是因自给自足而影响自然经济分解，而恰恰是，农村商品经济发展，使小农经济具有更顽强抗分解能力，使早在明中叶就已经产生的自由劳动与土地紧密结合在一起，从而抑制了自由劳动向商品市场大量转化，影响了廉价劳动力的供给。同时，这种不计工本的纺织品，价格自然较为低廉，张履祥说，家有织妇，"织与不织，总要吃饭。不计工食，自然有赢"④。但从事资本主义经营的企业却不同，他们雇工要付给工钱，要扣除机器、厂房折旧，还要获取利润。在生产条件大体相同条件下，这种手工工场，会遭遇到家庭手工纺织业强烈竞争，从而难以发展。

到了明清时期，大地主在没落，中小地主在发展。这种发展趋势为学术界所认同。根据目前我们所能完整地掌握的情况看，只有直隶（今河北）

---

① 转见魏金玉《清代押租制度新探》，见《中国经济史研究》1993 年第 3 期，第 33 页表"刑科题本中所见押租与地价关系示例"。

② 光绪《彭县志》卷 3。

③ 民国《中江县志》卷 2。

④ 转见方行《正确评价清代的农业经济》，《中国经济史研究》1997 年第 3 期，第 149 页。

获鹿县可作这样的统计：康熙四十五年至康熙六十年，保存下来的编审册总 75 甲，共有地主 257 户，户均占有土地 252.9 亩，雍正四年至雍正九年，保留下来的编审册共 35 甲，共有地主 143 户，户均占有土地 227.6 亩。乾隆元年至乾隆三十六年，保有下来的编审册共 118 甲，共有地主 475 户，户均占有土地 207 亩。这里的地主占地多者数百亩，少者百十亩。康熙朝亦好，雍正朝亦好，乾隆朝亦好，资料所及之处，尚未见到千亩以上地主户。[①] 民国时期有些资料亦可做参考，1929 年中央研究院社会科学研究所在陈翰笙等人领导下，对无锡农村作了一次调查，他们认为无锡县千亩以上地主占有总耕地的 8.33%，中小地主占有总耕地的 30.68%，而每户地主平均占有土地仅仅 54.5 亩而已。他们还认为：即使在地权比较集中、大地主较多的杭州、平湖地区，占地千亩以上的大地主也仅占当地地主户总数的 4% 而已。[②] 中华人民共和国成立前浙江北部某县 4 户地主占地 176.148 亩，每户平均占地仅 44.04 亩[③]。当然一些新垦区也有占地万亩以上的地主，但从全国来说，大地主是处于衰落之中。

根据陈翰笙先生调查，南方稻作区每户平均要有 6—10 亩才能维持生计。[④] 也有先生认为，要维持一个人起码生活，至少需要 4 亩地。章有义先生和日本一些学者认为，南方地区占地 30 亩以上才能够成为地主。由于中小地主一般占地不多，从地租收入看，仅占耕地收入一半，除了交纳赋税之外，所剩的要维持家人食穿、婚庆、丧葬、培养子弟、社交等。三除五扣，所能积累资金有限。这点，从安徽徽州地区保留下来的置产簿可以看到，他们每次所购置的地产面积都很少，一般在几分、几亩之间，所以很难有大笔资本投向工商业。有些经济实力较强的庶民地主，则向缙绅地主转化。

缙绅地主一般来说占有较多土地，大地主阶层主要由这些人构成，一般来说，他们占有较多地产，也有条件积累较多资金，但由于当时工商业发展欠发达，投资工商业所得的回报率还不如投资土地回报率高，同时变

①　《获鹿县档案》，康熙四十五年至乾隆三十六年《编审册》。

②　陈翰笙：《现代中国的土地问题》，见冯如法《中国农村经济论》，上海黎明书局 1934 年版。

③　转见曹锦清《当代浙北乡村的社会文化变迁》，上海远东出版社 1995 年版，第 26 页，图表 4。

④　陈翰笙：《解放前的地主与农民》，中国社会科学出版社 1984 年版，第 10 页。

数较多，风险较大。因此，这些缙绅地主发家后，仍然把积累的资金投向土地。在他们心目中，土地不怕水火，不怕盗贼，只使天灾，一年无收，当风调雨顺时，地租照样收取。只使发生战乱，土地无法扛走，战乱平息，土地仍然归我。这是一种十分安全、保险的投资。同时，他们还把投资土地视为一种储蓄手段，有钱则买，无钱则卖，使子孙遇到困难情况时不至于一筹莫展。另从经济收益角度而言，地租收入也比较丰厚，一般是二五分成，有的高达三七分成，甚至是二八分成。十年的地租收入可以偿还购地的成本。① 利润回报率十分可观。缙绅地主虽然也有直接经营农业的，但他们使用的大多数为僮仆，而不是自由雇工，因而谈不上是资本主义生产方式。但因为是大规模的农业经营，还具有一定的优越性。比如，通过集约经营可以提高农业产量，增加收入等。这种状况存在，使工商业发展缺乏雄厚资金资助，起动乏力。当然，他们奢侈的生活，也给市场发展带来一些机会，但毕竟这部分人数量不多，对市场拉动力有限，不能做过高的评价。

商人发财后，一般情况而言，他们首先想到的是购买地产，在他们思想中根深蒂固的是：以商起家，以农为本。因此，他们发家致富后，不是把盈利用来扩张工商业发展，而是把利润一部分投资于土地。另外是买官，向官僚转化，有的则任意挥霍、花天酒地、醉生梦死，把积累起来的资金用于消费了。工商业的发展受到资金的制约。

明清时期，外贸受阻，来自两个方面：一是政府限制对外贸易，尤其是民间对外贸易，使产品销路不畅，限制了企业扩大再生产；二是鸦片战争后，外国商品大量入侵，白银大量外流，以及帝国主义对农产品掠夺，给本国企业的生存和发展以极大压力，从而萌芽的发展受阻。

在地主制经济体制下，既为中国工商业发展提供了广阔天地，同时也给工商业发展以制约。

地主制经济与领主制经济相比较，领主制经济是以庄园为经济单位，在庄园内部实行产品自给，以达到庄园内部再生产进行。而在地主制经济下，情况则不同了。它以一家一户为经济单位，生产的产品主要是粮食，其他产品获得都得依赖于市场，这就决定了地主制经济必然与市场联系，

---

① 转见李文治《论清代鸦片战争前地价和购买年》，《中国经济史研究》1989 年第 2 期。

离开市场就无法进行再生产，甚至是简单再生产。所以说，在地主制经济体制下，每个经济单位都无法实现产品自给自足。以前说中国封建社会是一个自给自足的自然经济社会，看来是一种误解，是一个不符合中国国情的结论。在地主制经济体制下，只能是商品经济与自给经济相结合的社会。这是中国封建社会商品经济发达的最根本原因，然而农民经济的单薄，购买力的低下，又抑制了商品经济的发展，使新的生产关系萌芽产生后，发展乏力，因而出现了发展缓慢甚至有时停滞不前的现象。这就是中国商品经济发展又不发展的最深刻历史根源。如果离开地主制经济去考察，中国封建社会商品经济发展的原因无从解决，市场经济也无从谈起。

也有人说，中国商业经济不发展是由于政府推行"重农抑商"政策的结果。把商业不发展的帽子扣在政府头上，其实这是一个误解，是没有对中国社会经济作深入探讨的结果，仅是把前人说的话，重新说一遍而已，并没有什么创新之处。有很多先生曾指出，除汉武帝采用告缗钱政策，抑制商人发展以外，其后，历代王朝都没有对商人采取过打击或剥夺政策。虽然在政治上有限制商人参加科举考试规定，但并不影响商人当官，历代买官商人所在有之。况且汉武帝时所采取的告缗钱政策，主要还是针对逃税和不法商贾，是针对人，并不是针对要不要商业制度，所以对守法商贾还是准予经商，同时小商小贩并没有受到打击，盐铁买卖也照常进行。当时政府行为并不是取缔市场，禁止买卖这一点是很明确的。不能因为惩治不法商人，而笼统地夸大为抑商，更不能为因受告缗钱打击的不法商人叫屈。

中国封建社会商业发展与不发展，关键不在于抑商或不抑商，而在于占封建社会百分之九十的农民口袋子有没有钱，或有多少钱。农民口袋饱满，对生产资料和生活资料需求就多；反之口袋缺钱，他们就会压缩对生产资料和生活资料的需求。农民生产收入增加，消费就会旺盛，就会拉动商业发展，使市场走向繁荣；如果农业生产受到破坏，农民收入减少，家庭消费就疲软，商品就卖不出去，市场就不景气。这时，就会出现市场动荡，商人失业，手工业倒闭，社会经济萧条。这是最明白的道理。因此，发展生产是硬道理。生产发展了，农民生活改善了，对市场需求增多了，市场也就繁荣了。

如果硬要说政府抑商的话，那就是政府没有把重农政策贯彻到底而使农业生产遭到破坏，农民破产，购买力下降，从而引发市场萧条，商店倒闭。

中国农业资本主义萌芽出现后，尽管发展道路曲折，发展速度有快有慢，有时甚至停滞，但它一旦出现在中国大地上，就有顽强的生命力。有人说清代没有资本主义萌芽，或者说因为它很弱小可以忽略不计，这些观点都是值得商榷的。虽然弱小，但不等于无。

第十一章

明后期与清后期农业经济的衰落

明清两代前期，农业生产与以前王朝相比，发展到新的高度。无论是粮食亩产、高产作物传播还是复种指数等，都有提高；生产工具、水利建设都有发展；商品性农业和家庭手工业进一步扩大；劳动人口大幅度增加；新的生产关系不断涌现。这些都标志着在新的历史时期下，经济发展新成就。但到明中后期及清中后期，农业生产都出现衰退。这是什么因素在发挥作用，是需要我们去探索的问题。

同志们在探讨时都指出衰退的原因在于：土地兼并加剧，水利失修，土壤瘠化、农民贫困化、灾荒加剧等。我觉得这些原因都是对的，但没有揭示出其最本质的东西，所以还是给人留下许多悬念和思索余地。从地主制经济论角度来考察，封建社会经济主要由两大经济成分构成：一是自耕农经济，另一是地主经济。明清两代前期的发展主要得益于广大自耕农存在。这点，前面已经作了论述。到明清后期，地主经济得到快速发展，随之而来的是大量自耕农的破产，以及农业经济的衰落。应该说，明清后期农业经济衰落是地主经济发展的结果。

明中后期及清中后期，地主经济发展，对农业经济起到什么样的影响，这是本章要探讨的主要问题。

第一节 地主经济发展及对农业生产的破坏

地主制经济体制自秦汉确立以来，经历曲折、迂回的复杂过程，并一直延续到清朝灭亡。地主制经济体制是否在正常轨道运行，是封建王朝盛衰的晴雨表、风向标。当地主制经济体制在正常轨道运行时，也就是说自耕农经济占绝大多数、地主经济占小部分时，各个阶层人民安于生产，农民乐于种田，手工业者安于小商品生产，商人安于经商。这时，人民生活富足，王朝兴旺发达，国库丰盈，国力强盛，市场繁荣，文化事业昌盛，社会安定，阶级矛盾缓和，人与人之间和睦，人民与政府之间和平共处，整个社会处于蓬勃发展、和谐稳定之中。这时，各个王朝出现农业发展、国家昌盛时期。但每当地主制经济体制偏离正常运行轨道，也就是说地主经济从从属地位发展到主导地位时，社会财富占有失去原先的均衡，两极分化严重。由此，整个社会就会发生巨大变化：自耕农破产，大量农民因失地变成佃农或流民，国库开亏，国力衰弱，市场萧条，逃税抗租活动层出不穷，阶级矛盾不断激化，人民反抗斗争不断加剧，整个社会处于动荡不安之中，农业生产因之急剧衰退。因此，地主经济发展，是每个王朝后半期农业经济衰落的根源。

明清两代前期，由于是王朝建立之初，社会都经历过巨大的动荡。由于长期战乱、灾荒、瘟疫夺去大多数人的性命，原有地主经过战争扫荡，死的死，没落的没落。新王朝是建立在人少地多、一片废墟的基础上的。生存下来的人，通过垦荒，获得了土地产权。在地多人少情况下，许许多多原先失去土地的农民，通过垦荒重新获得土地，成为土地的新主人。这时，占全国人口90%的农民，占有全国80%以上耕地面积，甚至高达90%；而占全国总人口10%的地主，占有土地数量只在10%—20%。这时，各种经济成分占有土地资源相对均衡。自耕农大量存在；小手工业者、经商者各安其业；地主占有土地虽然多些，但仍在社会能包容范围之内。由于广大的农民群众回归到土地上，实现了耕者有其田，生产积极性极高，所以农业生产获得快速发展，社会经济从破落中得到恢复，并走向繁荣。有关这方面问题，前面已有详尽论述。本节要探索的是：明清两代中后期农业生产萎缩及衰落原因。

到王朝中后期，无论是政治还是经济，都发生巨大变化。第一，由于地主经济实力增强，政府对地主阶级失去控制力，地主经济在宽松环境里得到滋长；第二，地主阶级凭着特权和经济实力，得到快速发展；第三，每个王朝到中后期，政治上都开始走上腐败，贪污受贿横行。这时，手中掌握着大量财富的贪官污吏，也加入掠夺土地行列，从而加剧了地主经济的发展。因此，到王朝中后期，地主经济得到迅速扩张。

一　明清两代中后期地主经济的发展

1. 明代中后期地主经济的发展

明中后期，在权贵、缙绅大肆掠夺土地情况下，地主经济得到大发展。我们在第七章第三节已谈到，明中后期，贵族中占地 10 万亩以上就有 36 家，其实还有许多遗漏。如隆庆二年刘世曾奏："成国公朱希忠田千三百余顷"，"许从诚一千五百余顷，锦衣卫指挥谢守朴、林荐、张澍、陈书、文龙、邵辅、千户夏时际等田各千数百顷"。[①] 万历十三年，赐永宁长公主庄田二千二百余顷。[②] 万历十一年，给潞王庄田二千顷。[③] 万历三十九年，云南抚按奏：镇臣沐昌祚田自钦赐外，多至八千余顷。[④] 天启六年给遂平长公主庄田二千五百九十五顷八十二亩。[⑤] 崇祯时，藩封英宗子吉王后人田七八十万亩。[⑥] 除了占地十万亩及以上者外，占地十万亩以下还大有人在。如隆庆二年，刘世曾查称："定国公徐文壁、英国公张溶、惠安伯张元善田各五百余顷，泰宁侯陈良弼、锦衣卫指挥李光先等田各百数十顷。"另还有十六个田在五十顷以上者。[⑦] 隆庆四年载：仇鸾没官田有六百一顷。[⑧] 同年，宁安长公主获赐田千五百顷。[⑨] 隆庆五年，锦衣卫指挥佥事李钰获赐田一百二十二顷八十七亩。[⑩] 万历二十八年，大学士沈一贯题：前真人张国祥计田将二万余亩，几罄一县之境。[⑪] 天启元年六月购都督张国纪庄田五百顷，锦衣卫千户王学、做黄彝庄田一百顷。[⑫] 天启七年，赐安平伯魏鹏翼养赡庄田七百顷。[⑬] 以上，还只是一些例子而已，遗漏尚多。

---

① 《明隆庆实录》卷 27。
② 《明万历实录》卷 122。
③ 《明万历实录》卷 135。
④ 《明万历实录》卷 480。
⑤ 《明天启实录》卷 70。
⑥ 转见傅衣凌《明清农村社会经济·明清社会经济变迁论》，中华书局 2007 年版，第 268 页。
⑦ 《明隆庆实录》卷 27。
⑧ 《明隆庆实录》卷 42。
⑨ 《明隆庆实录》卷 46。
⑩ 《明隆庆实录》卷 54。
⑪ 《明万历实录》卷 353。
⑫ 《明天启实录》卷 6。
⑬ 《明天启实录》卷 81。

　　除了王室贵族占有大量土地外，官豪势要也占有大量土地。张居正称：江南"豪家田至七万顷，粮至一二万，又不以时纳"。严嵩、徐阶均各有田二十多万亩，所占皆膏腴之地，而又不负担赋役。以袁州为例："今袁州一府四县之田七在严（嵩）而三在民，在严者皆膏腴，在民者悉瘠薄，在严则概户优免，在民则独累不胜。"湖州董份、松江董其昌皆田过万顷。明季之宜兴"缙绅之家，连田以数万计。"福州"仕宦富室相竞畜田，贪官势族有畛隰遍邻境者……黄云遍野，玉粒盈艘，十九皆大姓之物，故富者日富，而贫者日贫矣。"河南"缙绅之家率以田庐仆从相雄长，田之多者千余顷，即少亦不下五七百顷。"① 除官绅之外，富庶之家占田亦多。明中叶后，"江南庶姓之家，三万六千亩者恒是也"②。由于明中后期地主经济发展，造成地权高度集中，使地主制经济体制运行偏离正常轨道，农业经济走向衰落。

　　2. 清中后期地主经济的发展

　　到清中后期，地主经济得到迅速发展。在地主经济快速发展、壮大下，自耕农赋役负担加重。自耕农在赋役重压和天灾人祸打击下，为交纳赋役而卖地，或在灾荒年间，为了活命而卖地者大大增多，加速农民贫困化过程。这时缙绅地主得到快速膨胀。如江苏苏州，元和人韩韮，乾隆丁酉科（四十三年）进士，先后任福建按察使、广东巡抚、刑部右侍郎，将历年廉俸所余，置买田产。③ 去世后，其子韩范捐义庄田一千一百三十一亩。④ 可见，其家土地扩张速度之快。《昆新两县续修合志》载：道光年间，徐元奎"遗命割膏腴产五顷赡族"。朱大松立义庄，"拨田千亩有奇，济贫族"⑤。他们都是大地产拥有者。嘉庆初，和珅被抄家时，清出土地就多达八千余顷。⑥ 广东巡抚百龄有田五十余万亩。⑦ 两江总督孙玉庭前后在济宁、鱼

　　① 参见傅衣凌《明清农村社会经济·明清社会经济变迁论》，中华书局 2007 年版，第 268—269 页。

　　② 参见傅衣凌《明清农村社会经济·明清社会经济变迁论》，中华书局 2007 年版，转见第 272 页。

　　③ 林则徐：《苏州捐建义庄并绅士韩范捐田入仓折》，《林则徐集·奏稿》。

　　④ 民国《吴县志》卷 68《列传七》。

　　⑤ 光绪《昆新两县续修合志》卷 33《好义》。

　　⑥ 中国第一历史档案馆藏：《和珅犯罪全案档》。

　　⑦ 王先谦：《东华录·嘉庆二十》，嘉庆十年十一月丙辰条。

台、金乡、曲阜各州县买田3万多亩。① 大学士、总督琦善一家，占地256万余亩。② 协办大学士英和田产57000亩；内务府一个四品衔郎中庆玉家有田产33000亩。③ 道光年间，山西巡抚梁萼涵，在原籍有田1000亩，在山西任巡抚时，在该省新置田5000亩。④ 曾任两江总督陆建瀛，在道光十八年和兄弟析产时，继承水田116亩。至道光二十九年，长江中游水灾，他乘机在两年内买进了田1234亩，作为"义田"。⑤《广安州志》称：该府士绅有田者，"谷米贩输出境，几遍巴蜀。富人坐拥仓箱，称雄乡里。往往有积年陈谷，因循滞鬻，一遇歉岁，则倍利矣。其秋收田租寄存佃家，次年春夏值昂上市……租收千石，平直亦粜五千缗，昂则数倍，岁可买田租四百石，明年得新租，乘之粜旧租，又什百之，故富益富，贫益贫矣"⑥ 的富户。光绪《湖北通志》称："楚士大夫仆隶之盛甲天下，麻城尤甲全楚，梅、刘、田、李强宗右族，家僮不下三四千人，雄长里闾。"⑦

随着经济发展，民间巨富所占土地，也有成百上千亩的，甚至多达万亩者。这些人中既有商人，也有力农起家者。如山东章丘县务恕堂的孟家，鸦片战争前110年间（1718—1828），仅有地46.86亩。鸦片战争后的短短9年（1842—1950）间，先后购地196.7亩（包括园宅地）。这9年所购地是110年间买进的地的4倍还多。又，该省淄川县有一家荆村堂的毕姓地主，在乾隆末拥有土地100余亩，至嘉庆年间（19世纪头10年前后）添至300余市亩，到道光末年（1840—1850），更增至900余市亩。这家地主在短短50年间，地产增加到原先的9倍。⑧ 直隶静海娄步瀛、湖南武陵丁炳

---

① 转见罗仑、景甦《清代山东经营地主经济研究》，齐鲁书社1985年版，第110页。

② 德庇时：《战时与和平后的中国》第1卷，第41页。

③ 中国第一历史档案馆藏：《德兴奏》，道光二十年二月初七目朱批，题本，法律，卷38。

④ 中国第一历史档案馆藏：《已革前任山西巡抚梁萼涵家产》，道光二十八年，题本，内政。

⑤ 中国第一历史档案馆藏：《录副奏折·广西道御史章嗣衡奏》，咸丰三年十月十三日。

⑥ 光绪《广安州新志》卷13，《货殖志·物类》。

⑦ 光绪《湖北通志》卷69，《武备七·兵事》，引陈诗编纂《湖北旧闻录》。

⑧ 转见严中平主编《中国近代经济史（1840—1894）》，人民日报出版社2012年版，第487—488页。

鲲等家，各有田 4000 亩以上①。江苏吴江沈懋德有田万余亩。② 长洲徐佩瑗，拥有土地六七千亩；吴江柳兆薰的稻田就有 5000 亩上下。③ 江南常熟谭晓、谭照兄弟有田数万亩。④ 桂阳州邓氏家族，"兄弟田数百顷"，"以富雄一方"，所畜马匹，"游食田野数十里，不犯人禾"；"嘉庆时，黄显儒、傅逢辰、彭相宣亦用勤俭力田，富称北乡"。⑤ 四川富顺县李振亨"业盐起家"，"置腴沃数千亩"⑥。合川县富商潘世干原以"数千金起家"，至"拥资数十万"，转手"买田百余顷"。⑦ 简阳县胡日嵩，以农商致富，大买地产，"田田宅宅，相继络绎"。该县商家悦除自己广置田产外，又为诸弟买田千余亩。⑧ 芦山县任体良兄弟，"以农起家，富冠全县"；叙州府李博章，"以勤俭起家，财雄一邑"。⑨ 眉州夏次珊，以善治田，买田 1000 多亩；大竹县蒋仕超"家资万石"⑩。彭县舒蟠有田 1000 余亩。⑪ 经营广东十三行的行商中，多兼置大量土地。如怡和行伍家，在其 5000 余万两的巨额家财中，稻田先于住宅、商铺和银庄而占据首位；另一同孚行潘家是仅次于伍家的"资财雄厚商人"，也把"大量财产投放在土地上"。⑫ 咸丰三年，广西道御史章嗣衡列举他所知道的拥资数百万、数千万的豪富凡数十家，其中有浙江慈溪冯云康、冯云濠两兄弟，冯本怀三兄弟；山西太谷孙、曹、贾三家，平遥侯家，介休张家，榆次许、王家族；江西万载宋家，安福蒋澄浦两兄弟；河南张百川叔侄两人；福建尤溪林国华兄弟两人等。⑬ 福建厦门一洪姓商人地主，据同治十一年一家报纸报道："家有百万之富，田亩甚多"，其

---

① 《京报》第 5 册、第 8 册。

② 熊其英等纂：《吴江县续志》卷 19。

③ 《太平天国史料专辑》，第 98—386 页。

④ 光绪《重修常昭合志稿》卷 48《轶闻志》。

⑤ 王闿运等纂：《桂阳直隶州志》卷 22。

⑥ 卢庆家等纂：《富顺县志》卷 12。

⑦ 张森楷纂：民国《新修合川县志》卷 48。

⑧ 汪金相等纂：民国《简阳县志》卷 10。

⑨ 刘天倪等纂：民国《芦山县志》卷 10。

⑩ 民国《大竹县志》卷 9。

⑪ 光绪《重修彭县志》卷 7。

⑫ 格林堡：《鸦片战争前中英通商史》（中译本），第 3 页注 5。

⑬ 中国第一历史档案馆藏：《录副奏折河南省巡抚陆应谷奏》，咸丰三年三月十三日。

佃户多达 1000 人。① 鸦片战争前，"江北……无贫富皆占田，田多者以万计，坐此农益困"②。台湾嘉庆九年后，则有所谓九族首者（漳人吴、扬、简、林、林、陈、陈七姓及泉州刘姓、粤人李），都占有大量土地，而成富人。③ 官僚地主却得到迅速发展。于是，土地兼并日益加剧，地权集中趋势明显。

太平天国运动失败后，地主阶级反攻倒算，在清理"绝产"和"逆产"过程中，豪强地主依"原主"身份，侵夺农民垦荒之田。江苏巡抚丁日昌指出："各处荒田，往往垦民甫办有眉目，即有自称原主，串同局董书差，具结领回。垦民空费经营，转致为人作嫁"④。更多的豪绅冒"原主"之名掠夺土地。据《中国近代经济史》作者称：光绪六年，浙江省杭州、嘉兴、湖州等府县，实系熟田而冒称荒田报领者凡 500 多万亩。当时论者指出："荒田之占，多系豪强兼并，而贫苦小民绝无所得"。嘉兴县办理查田的几十个庄书，侵吞熟田数万亩。孝丰县豪绅通过掌管"善后局"，承领"绝产"，侵占大量土地。皖南地区，"一家而兼有昔时数姓之田"，是当时地主冒认农民垦田的实录。陕西南郑县清产局清查"绝产"之时，地主富户每贿赂局绅，"凭空没田三四百亩，隐匿不报"。光绪十四至十五年间，宁波府农民到昆山县垦荒，地方豪绅为了侵夺客民开垦成熟的土地，勾通江苏巡抚黄彭年将客民驱逐出境。⑤

在太平天国运动中没有受到冲击的官绅、豪富，利用手中财富大量兼并土地。太平天国期间，逃亡到上海的江浙豪绅地主，大量收买其他逃亡地主的土地。如苏州某绅在十几天时间就买进万亩土地。战后，昭文县漕总张其，买田万顷。常熟县漕总严、潘等人，其富与张相埒。六合县候补道徐承祖，买田 1700 亩。通州张謇买田 3200 亩。浙江亦如此。如归安县吏胥，在光绪十三年前后 20 年间，每年勒索陋规不下万两，多变成"巨

---

① 《上海新闻》，同治十一年九月十五日。
② 薛福保：《江北本政论》；盛康：《清朝经济文编续编》卷 41，《户政十三·农政上》。
③ 傅衣凌：《明清农村社会经济·明清社会经济变迁论》，中华书局 2007 年版，第 272 页。
④ 丁日昌：《抚吴公牍》卷 37。
⑤ 民国《昆新两县续补合志》卷 23。

室"。①

镇压太平军军功地主，获得大发展。安徽、湖南则军功地主特多。合肥总督张树声、提督张树珊兄弟，巡抚刘铭传，提督周盛传、周盛波兄弟，提督唐殿奎、唐定奎兄弟，每家每年所收租谷在 2 万至 5 万石不等。总兵卫汝贵在合肥原籍买田收租约 2000 石。最大地主李鸿章兄弟，在合肥东乡的土地就有 50 万亩，占该乡全部土地三分之二。也有人说李氏兄弟六人，仅在合肥一地，每人平均约有 10 万亩土地，在外县的还不算。② 其余数以千百计的参将、游击以下各级军功武职，也同样以劫掠、冒饷所得，兼并土地。皖北凤台县提督徐善登捐书院田 3000 亩，崔县授知县衔的周田畴捐书院田 4000 多亩，他们自己占地之广，更不难设想。涡阳县曾当过提督的马玉昆"富连阡陌"。一些富户"坐拥良田美宅"，以致"田归富室，富者益富"，"贫者益贫"，造成"十室九空"惨状。湖南曾国荃、曾国藩兄弟在湖南广置田产，曾国荃是"每克一名城，奏一凯战，必请假还家一次，颇以求田问舍自晦"。曾国荃有土地"六千亩，长沙屋二所，湘乡屋一所"。曾国藩的家产也有他兄弟的一半。③ 左宗棠在同治十年，开始大量购买土地，到光绪五年，已是湘阴县有名大地主，各项田产在千亩以上。长沙举人周乐，至同治八年，租田增殖至五六千石以上。平江县以军功发家地主，收租几万担者十几家，几千担者几十家，几百担者无数家。湘乡县有军功者多达 1 万人，绝大部分成了当地特权地主。

黄河流域官绅、商人地主也很活跃。如直隶文安县生员李树勋，扩殖土地至 4000 多亩。某候补道在涿州、良乡、房山、固安等地置买旗地 1700余亩。滦县刘利合堂，从光绪六年开始买地 56 亩，至光绪二十一年，共买地 1759 亩。短短十几年间增地 1700 余亩。河南项城县大官僚袁甲三，在放债不如买田思想指导下，陆续买地至四五千亩。南召彭令，所置土地从 50顷增加到 600 多顷，分布在方城、南召、南阳三县 100 多个村庄。山东济宁州潘对凫，光绪十五年入仕后，陆续买地 5000 多亩。提督董福祥，在固原

---

① 参见严中平主编《中国近代经济史（1840—1894）》有关章节。

② 李文治：《中国近代农业史资料》第 1 辑，生活·读书·新知三联书店 1957 年版，第 182 页。

③ 李文治：《中国近代农业史资料》第 1 辑，生活·读书·新知三联书店 1957 年版，第 178 页。

一带兼并土地，连亘百余里，牛、马、羊、驼以万计。①

地主经济发展结果，造成地权高度集中。明万历二十一年，王锡爵谓："大抵方今国患在于民穷，民穷由于财尽"②。有学者称，清代后期湖南省百分之五六十土地"归于富者"③。某些县份如嘉禾，"土地尽为富者所有"④。

二　绅衿地主转嫁赋役以及农民负担的加重

1. 缙绅之家赋役优免的规定

大家都知道，在明清两代，官僚地主享有优免赋役特权。如明洪武十年规定：自今百司见任官员之家"悉免其徭役，著为令。"⑤ 正统七年，应天府尹李敏奏："本府上元、江宁二县，富实丁多之家，往往营充钦天监、太医院阴阳、医生、各公主坟户、太常、光禄二寺厨役及女户者，一户多至一二十丁，俱避差役。"⑥ 正统十二年定：云南土官"四品以上宜免十六丁，五品、六品免十二丁，七品以下递减二丁，其余悉入编氓。"⑦ 弘治十六年刑部主事刘乔言："浙江各府，徭役、军需，皆计亩派征，而官员之家，率得优免，遂致奸伪者多诡寄势豪，而征科重累小民。"⑧ 嘉靖二十四年定优免事例："京官一品，免粮三十石，人丁三十丁；二品二十四石、二十四丁；三品二十石、二十丁；四品十六石、十六丁；五品十四石、十四丁；六品十二石、十二丁；七品十石、十丁；八品八石、八丁；九品六石、六丁。内官内使亦如之。外官各减一半。举监师生各粮二石、人丁二丁。杂职省察吏承又半之。以礼致仕者，免其十分之七。闲住者免其一半。"⑨ 至清朝，政府沿袭官吏优免之例。

---

① 以上所引资料皆见严中平主编《中国近代经济史（1840—1894）》（二），人民出版社 2012 年版，第 819—840 页。

② 《明万历实录》卷 263。

③ 严中平主编：《中国近代经济史（1840—1894）》，人民出版社 2012 年版，第 490 页。

④ 《嘉禾县图志》卷 28。

⑤ 《明洪武实录》卷 111。

⑥ 《明正统实录》卷 89。

⑦ 《明正统实录》卷 149。

⑧ 《明弘治实录》卷 200。

⑨ 《明嘉靖实录》卷 300。

2. 赋役转嫁及官府勒索，与自耕农沉重负担

由于官僚地主和胥吏有钱粮和役优免权，更加上飞洒、诡寄，赋役负担都转嫁到小农身上，由是自耕农成为国家赋役征收主要对象。如明太祖朱元璋在吴元年十一月，对世子曰："汝知农之劳乎？夫农勤四体，务五谷，身不离畎亩，手不释耒耜，终岁勤动，不得休息。……而国家经费，皆其所出。"① 宣德六年，浙江右参议彭璟也指出："豪富人民，每遇编充里役，多隐匿丁银，规避徭役，质朴之民皆首实，有司贪贿，更不穷究。由是徭役不均，细民失业。"② 这还是明前期情况。

到明中后期，由于吏治腐败，缙绅、豪强地主利用权势，勾结官府，用飞洒、诡寄、花分、寄庄等手段，使土地摆脱里甲控制，逃避赋役，而农民赋役负担却加重。加上额外科征，致使农民日困。据弘治时户部侍郎韩文在《会计足国裕民疏》中称："正统以前，国家用俭，故凡百姓输纳皆不出常额之外。自景泰至今，供应日盛，科需日增，有司应上之求，不得已往往额外加派征纳，如河南、山东等处之添纳边粮，浙江、云南等处之添买香烛，皆昔年所无者。"③ 顾炎武称：福建福州府，"在成化间所办不过十三种，弘治间增至二十三种，正德间所贡繁多……有司莫能诘。"④ 正德九年，在北京建造乾清宫，"加天下赋一百万两"⑤。到嘉靖时，全国性的加派日益增多。二十九年秋，蒙古的俺答"犯京师"，除北方诸府及广西、贵州两省外，全国共加赋115万两。⑥ 万历年间，有"宁夏""播州""朝鲜"三大征，支出军费1160余万两，大部分"援例"派之民间。⑦ 至于地方官府向地方征收杂税，则名目更多，如庆贺、祭祀、乡饮、科贺等，⑧ 不一而足。

又如正德元年二月大学士刘健等又言："皇庄既以进奉两宫，止令有司照数收银，亦足供用。若必以私人管业，反失朝廷尊亲之意。且管庄内官

---

① 《明洪武实录》卷22。

② 《明宣德实录》卷76。

③ 御选《明臣奏议》卷10。

④ 顾炎武：《天下郡国利病书》，原编第25册，引《福州府志》。

⑤ 《明史》卷16《武宗纪》。

⑥ 《明史》卷202《孙应奎传》。

⑦ 《明史》卷235《王德完传》。

⑧ 以上参见岳琛主编《中国农业经济史》，第231页。

假托威势，逼勒小民，其所科索必愈常额。况所领官校如饿豺狼，甚为民扰，以致荡家产、鬻儿女，怨声动地，逃移满路。京畿内外，盗贼纵横，亦由于此"①。正德年间（1506—1521），江西"以至一省之中，图之虚以数十计，都之虚以数百计，县之虚以数千、数万计。递年派粮编差，无所归者，但命小户赔偿。"② 嘉靖四十一年，海瑞到江西兴国任职时看到的情况是："嘉靖三十年以前，犹四十里，今止三十四里，卑职到任后，极为招徕，今亦得四十里。其间半里、一分、二三分里尚多。通十排年计之，该五百七十七人，今止有四百三十二人，其间有里第而全无甲首，有甲首而止存一二户，户止一二人者。"③ 福建情况是："郡多士大夫，其士大夫又多田产，民有产者无几耳，而徭役尽责之民。"④ 隆庆元年，直隶巡抚御史董尧封奏："查出苏、松、常、镇四府提诡田一百九十九万五千四百七十亩，花分田三百三十二万五千五百六十亩"⑤。繁重赋役转嫁到贫民头上。如《海盐县图经》载"盖往因里甲不限田，故奸民意将田地诡寄富里，以致富里之民虽田盈千亩，一役不沾，患里之民虽户无立锥，且充数役。"⑥ 贫民不堪赋役繁重，而纷纷逃亡。山东有的地方，地主田进阡陌，并无一丁的负担，而没有寸土的农民则要承担几个人的丁银；在湖北，地主膏腴遍野，所缴纳的丁银却寥寥无几，而只有升合之粮的贫苦农民，则要负担很多的丁银。⑦《明史》载："无田之粮，无米之丁，田鬻富室，产去粮存，而犹输丁赋"的现象普遍存在；粮长、里长"名罢实存，诸役卒至，复金农民"。⑧ 张居正实行一条鞭法后，情况稍有好转。但张居正去世后，仅仅推行十余年变法，在豪绅地主反对和阻挠下，一条鞭法便被废弃了，赋役制度再度陷入混乱之中。

　　到万历晚年，三饷并征，赋役负担更为严重。万历四十六年，后金努尔哈赤起兵反明，四月陷抚顺、清河。明政府为支援辽东，定"除贵州地

① 《明武宗实录》卷 10。
② 唐龙：《均田役疏》，见陈子壮编《昭代经济言》卷 3。
③ 《海瑞集》上集，《兴国八议》。
④ 《明史》卷 203，《欧阳铎传》。
⑤ 《明隆庆实录》卷 13。
⑥ 天启《海盐县图经》卷 6《食货》。
⑦ 参见岳琛主编《中国农业经济史》，第 235 页。
⑧ 《明史》卷 78《食货二》。

硗，有苗变不派外，其浙江十三省，南、北直隶，照万历六年会计录所定田亩，总计七百余万顷，每亩权加三厘五毫，惟湖广、淮安额派独多，另应酌议。其余勿论优免，一概如额融通加派，总计实派额二百万三十一两四钱三分八毫零"①。神宗答应"辽饷事宁即为停止"。但战事未了，钱已花光。万历四十七年十二月，在姚宗文建议下，再次加征辽饷亩三厘五毫。万历四十八年三月，工部要求神宗"命各省直田地每亩再加派二厘"，三次合共亩征九厘。至此，全国田为加派辽饷达 5022917 两。②

辽东战事持续未结，李自成、张献忠又率领农民起义军转战陕西、甘肃、宁夏、河南、湖广、安徽诸省。为了剿灭起义军，崇祯十年，兵部尚书杨嗣昌建议增加兵饷 280 万两，要求增兵 12 万。征收办法四条：一是"均输"，按"每田一亩，派米六合，每米一石，折银八钱"，约可得银 190 余万两；一是"溢地"征银，向万历九年丈量时，比历万六年会计总录田亩多出溢额地加派银 40 万两；一是"寄学监生事例"，即以出卖国子监学历换银；一是"驿递"，即将裁省邮驿费银 29 万充饷。这些所得款项是为"剿饷"。崇祯十二年，政府为了应对努尔哈赤反明战争以及围剿李自成、张献忠农民起义军作战，需要扩军练兵，又出台"练饷"。当年派练饷 400 余万两，又派补缺额 100 余万两，共计 500 余万两。③ 至崇祯十六年，剿饷额约 300 万两。④ 据统计，三饷岁征税银近 2000 万两。明朝的正常岁收，除钱钞外，税银约为 1460 万两，三饷加派竟超出往常岁收的一倍以上。这种不分等则，只按地亩加征，完全抛弃科则的办法，促使赋役按等则征收规则走向衰败。如天启元年甄淑称："加派因乎田地，而田地或相倍蓰，比而同之可乎？田地既不同，则岁入不同，贫富亦不同，上农加派九厘犹可办也，若不毛之地，农夫无颗粒之入，责以正赋且难，矧赋外又赋哉！"⑤ 天启三年，毕自严奏疏称，淮安盐城县，三次加派辽饷23600 余两，逾正赋近两倍；桃源县"为江淮第一荒疲之邑，骤增新饷一万三千一百余两，亦逾正课几三千矣！"⑥，李邦华称："加派之不问荒熟，不审贫富，一概横

---

① 《明神宗万历实录》卷 574，万历四十六年九月辛亥。

② 以上资料参考王毓铨主编《中国经济通史·明代经济卷》（上），第 316—317 页。

③ 杨嗣昌：《杨文弱先生集》卷 35，《申明剿饷请旨遵行疏》。

④ 倪元略：《倪文贞公奏疏》卷 11，《阁部最要事宜疏》。

⑤ 《天启实录》卷 17。

⑥ 毕自严：《督饷疏草》卷 5，《关鲜需饷籴米虚悬疏》。

征。"这种不分青红皂白地强行加派行为，加重了农民的负担，深为百姓痛绝。三饷加派百姓大受其害，像山东，未加派前，因为农民逃荒严重，荒田很多，已经有一亩顶出五六亩土地的赋税，到万历末年，每亩加辽饷9厘，有的就达到4分2厘的高额负担。在这样的残酷压榨下，登莱"沿海之民，全里全甲尽人逃窜，临歧痛哭，沉子于池，雉经于林，即有未逃，非退地卖主而不耕，即推地于典主而不受"。河南唐县"故多瘠土"，又因"民田或兼并"，本已"力不能任赋税"，后来"益以饷辽，至溢额且倍其三，而妇子日嗷嗷悲剜肉矣"①。

乾隆中叶后，赋税日重，百姓难以承担。

有漕省份苦于杂费之派。据工科给事中于可托奏："江右漕粮杂费之苦，较正项而倍甚。开仓有派，修仓有派，余米有派，耗米有派。"② 福建道御史胡文学奏："过淮监兑有派，修船使费有派，官役规例有派，他如踢斛、淋尖、垫仓、扬簸种种名色，以致截头、水脚使用，多寡不等，故应纳粮一石，必须用数石，应折银一两必费数两。"③ 因此民间有"兑漕之苦，不在正赋之难完，而在杂费之名多"④ 的说法。嘉庆四年，仁宗实录称：州县征漕"多有每石加至数斗及倍收者"，因此"所收米未至三分之一，本色已足"。⑤ 道光元年，王家相称：由于漕斛大，加以胥役斛量作弊，粮户"则二石完一石，在官吏已视为定额矣"⑥。道光二十八年，董瀛山奏：粮户完漕，正米之外，"有大样米、小样米、尖米各名色，有九折、八折、七折各扣头，又有书差之茶饭钱、串票各花项，约纳一石正粮，而所费加倍"⑦。曾国藩说："苏、松、常、镇、太，银粮之重甲于天下。每田一亩，产米自一石五六至二石不等，除去佃户平分之数，与抗欠之数，计业主所收，牵算不过八斗。而额征之粮，已在二斗内外，兑之以漕斛，加之以帮费，又须去米二斗。计每亩所收之八斗，正供以输其六，业主只获其二斗耳"。由于银贵钱贱，"昔日卖米三斗，输一亩之课而有余，今日卖米六斗，输一亩之费而不足。朝廷自守岁取之常，

---

① 转见郭松义《民命所系：清代的农业和农民》，第545、546页。
② 乾隆《漕运全书》卷12，《征纳兑运·历年成例》。
③ 乾隆《漕运全书》卷12，《征纳兑运·历年成例》。
④ 乾隆《漕运全书》卷12，《征纳兑运·历年成例》。
⑤ 《清仁宗实录》卷40，嘉庆四年三月丁亥。
⑥ 《清档》，道光元年六月十五日，江西道监察御史王家相奏。
⑦ 《清档》，道光二十六年九月，山西道御史朱昌颐奏。

而小民暗加一倍之赋。此外，如房基、如坟地，均须另纳秋课，准以银价，皆倍昔年"。又说："浙江正赋，与江苏大略相同，而民愈抗延，官愈穷窘，于是有截串之法。截串者，上忙而预征下忙之税，今年而予截明年之串。……予截太多，缺分太亏，后任无可复征。虽循吏亦无自全之法，则贪吏愈得藉口，鱼肉百姓，巧诛横索，悍然不顾"。①

江苏赋重，为人们关注。嘉庆四年，吴兴县征漕，"竟有每石加至七八斗者"②。道光十九年，鸿胪寺卿金应麟奏折呼吁："苏省之田谓之累字头，以赋重为累，而累字之形田在上也。大户日多，而小户日少，州县于小户完粮勒索苦派无所不至，甚且将坟山、住屋、菜地一并列入田册，任意加增，此等积习宜早饬禁"③。道光十六年，常州府属，正漕一石，粮户实交三石。④咸丰三年，冯桂芬谈到苏松漕粮时，亦称苏松农户当今所纳花户费、验米费、筛扇费、廒门费、廒差费，合计约米值一二斗，各项合起来，"总须二石五六斗当一石。道光初年，御史王家相疏云：'官以其私征米一石，当正供七斗，民不堪命'。不知三十年间，何以遽增至此"⑤。

安徽情形亦一样，陆费琐说，皖北州县差役，每遇词讼，纳钱请西子，而数倍取偿于百姓。历任官皆以为肥，"由是差役横行，甲于也省"⑥。

浙江嘉善县，乾隆五十五年，粮户陆某运交漕粮 161 石，该县书役"仅给一百九升九升串票"。书吏侵蚀粮 60 石。⑦ 奉化知县王济增加粮价，"以致人心不服"⑧。据光绪《奉化县志》记载，江南地区的赋税名目繁多，诸如田赋、地税、山税、苔涂荡税、蛤戽税、屯田税、人丁赋、河泊税、地漕银、起运银、户部本色银、户部折色银、礼部本色银、津贴路费银、工部本色熟铁银、工部朱银、工部折色银、盐课、漕运本色银、漕运折色银、

---

① 曾国藩：《备陈民间疾苦疏》，见盛康辑《皇朝经世文编续编》卷32，《户政四·养民》。

② 《清仁宗实录》卷49，嘉庆四年七月丙子。

③ 金应麟：《请除漕务积弊折》，道光十九年六月十三日，《清档》。

④ 江苏巡抚陈銮奏：《常州府收漕情形疏》，道光十六年，见董醇辑《议漕折钞》卷18。

⑤ 冯桂芬：《咸丰三年与许信臣抚部论苏松漕弊书》，见盛康辑《皇朝经世文编续编》卷36，《户政·赋役》。

⑥ 黄钧宰：《金壶浪墨》卷4，《漕变》。

⑦ 《清高宗实录》卷135，乾隆五十五年五月丁亥。

⑧ 王先谦：《东华续录》道光朝卷52，道光二十五年九月庚辰条。

耗羡以及加润银等。名目繁多的税收，给当地百姓造成沉重负担，往往在缴纳赋税时，出现因"钱粮无办"或者"乏钱用度"而出卖耕地、山场的情况。据王万盈《清代宁波契约文书辑校》一书所辑资料统计，该书所辑契约资料计415件，因钱粮无办，急用或乏用而出卖耕地者共358件，占总契约的86.27%。这种情况的存在，往往会造成"因钱粮激成民变，拒捕殴官"的现象发生，有时甚至发生官府"征收钱粮"、"乡民滋闹的对立事件"。①

江西临川、贵溪赋重的情况，得到当时官员的印证："银贵，吏又持之急，官困，民独不困邪！奈何遽目为畔逆"②。

湖南耒阳，农民钱粮负担沉重。据徐台英谓：当地钱粮"皆柜书、里差收解，所入倍于官。刁健之户酌量轻收，僻远良善之家，则多方扣折，至鬻田宅完粮不足"③。

清朝大吏曾国藩论及江西、湖广赋重时说："江西、湖广课额稍轻，然自银价昂贵以来，民之完纳愈苦，官之追呼亦愈酷，或本家不能完，则锁拿同族之殷富者，而责之代纳；甚者或锁其亲戚，押其邻里，百姓怨愤，则抗拒而激成巨案，如湖广之耒阳、崇阳，江西之贵溪、抚州。此四案者，虽闾阎不无刁悍之风，亦由银价之倍增，官吏之浮数，差役之滥刑，真有日不聊生之势"④。

湖北官吏视漕为利薮。道光二十一年，皖人周其官于楚，"谋加漕价，石至十千外"⑤。胡林翼谓："北漕南米，合征分解，其征收米石者，谓之本色；以钱折米者，谓之折色。其征收折色，多寡不同，有本色多于折色者，有折色多于本色者，有本色、折色各半者，有全收折色者。其征收折色，每石折收钱或五六千，或七八千，或十二三千，或十五六千，竟有多至十八九千者。其征本色，每石浮收米或五六斗，或七八斗，或加倍收，竟有多至三石零者。此外，又有耗米、水脚等项，分款另收，又有由单券票、

①　以上资料见王万盈《清代宁波契约文书辑校》，天津古籍出版社2008年版，第2页。

②　王柏心：《河南分守河北兵备道蒋公墓志铭》，见闵尔昌纂录《碑传补》卷16。

③　《清史列传》卷76《循吏传三·徐台英传》。

④　曾国藩：《条陈民间疾苦疏》，见盛康辑《皇朝经世文编续编》卷32，《户政四·养民》。

⑤　黄钧宰：《金壶浪墨》卷4，《漕变》。

样米、号钱等名，多端需索。民力几何？其能堪此！"①

山东钱粮，嘉庆年间，每两收至三千一二百文，至道光八年，有加至四千文者，以市价二千六百文计之，折收几于加倍。②道光二年，山东河南二省征漕，有的征漕一石，粮户实交三石。③道光年间，山东"堂邑令苛敛虐民"，激起"万余人困其城"。④河南情况大致相同。

湖广总督胡林翼称："各州县因循怠玩，任听奸书蠹役等把持舞弊，私收入己。……书办曰散失无存，官亦曰散失无存。于是听其颠倒户名，而不知完欠之为谁矣。书办曰板券烦重难稽，于是听其改用活券，而不知催比之何据矣。侵欺铜敛，百弊丛生"⑤。从以上所言，民间赋重可见一斑。除赋重之外，农户还受吏役敲诈勒索。"晶分（柜书、保正）之奸，与胥吏狼狈为奸，凡忙银条漕征收之先"，先向农户勒索"易知单"之钱，或三百，少亦二百，田只分毫者，亦以亩计，不与不得易知单。又于春秋收成时，索麦米若干，有牛畜者必盈斗，又索取柴几束，"均谓之出乡，亦曰小租"。⑥这就更加重纳税人负担了。

其他无漕省份，农民赋役负担也同样繁重。

鸦片战争后，政府搜刮民财，人民负担加重。陕西省藩司冯光遹称："甲午以来迭奉派，拨月饷、洋款等项，搜刮靡遗。……从前西、同、凤翔各属，富户尚多，中户尤伙，不难捐集巨款。今则殷实日即衰微，中户且将待赈，是筹粮筹捐之难，皆有甚至丁丑（光绪三年）奇境之岁矣"！⑦陕西的赋税，加上"耗羡""平余"，连同"正耗"，正赋一两加至一两五六钱，即田赋附加增到了正式田赋的百分之一百六十。⑧咸丰之后，官吏、国外贡使、国内藩属和改流地方所属喇嘛土司贡差，以及各衙门丁役公干的

---

①　胡林翼：《咸丰七年谨陈湖北漕弊拟办减漕密疏》，见盛康辑《皇朝经世文编续编》卷37，《户政九·赋役四》。

②　刘锦藻编：《皇朝续文献通考》卷2，《田赋考二·田制之制》。

③　道光二年九月，河南道御史孙贯一奏，见《清档》。

④　《清史列传》卷73《文苑传四·潘焕龙传》。

⑤　胡林翼：《湖北漕弊拟办减漕密疏》，见《道咸同光奏议》卷27，咸丰七年。

⑥　陶煦：《租核·剔耗蠹》，民国十六年（1927）重排。

⑦　《续修陕西通志稿》卷129。

⑧　《续修陕西通志稿》卷26《田赋一》，转见田培柑《明清时代陕西社会经济史》，首都师范大学出版社2000年版，第116页。

过境"流差"负担，皆由农民按地摊派。①

3. 地租剥削加重及农民生活困难

明中后期，地租剥削加重。嘉靖八年，吏科给事中李鹤鸣奏：内官龚成隐占朝阳关外庄田四十六顷，"且多科子粒银两"②。嘉靖十年，山东御史邵锡勘报：王府所奏请，多指民间垦田为之荒地。既得请为庄田，"则纵官校为虐，征敛过于税粮，地方骚然，民不堪命"③。万历三十九年，云南抚按奏：镇臣沐昌，"横征暴敛"，"滇民如在水火"④。崇祯九年，福建德化县《崇祯间邑令姚迟关详辞任文》谓："臣等僻居山邑，田土军民参半，力作聊生，讵意势豪张威，恃屯酷剥。有泉州卫逆弁某等不念世荷国恩，通海寇，受倭金，各冒屯三十余户，遇清查则匿名，奉税契则隐漏，年享数十万子粒，并不纳粮。迫至比追，诬开佃户，呈官拘赔，害军殃民，田主之横已极，而虎干之虐更惨。乱布法马、官斛之祖制，擅造加倍等斗，勒佃运租，盘山越岭，过县抵溪，及上船即船海接济海寇，并集赤棍千余，入山收租，篝（轿）马连云，酷索下程土产夫钱，斗头饭米，尖量折水。至于本色原无起科，概借部文加派横索，十倍正供，稍忤虎威，喝凶挞楚，碎体裂肤，仍势嘱粮馆卫经提害，收租则为宦干，告佃则为府差，截途锁拷，酷设水牢，禁死丢尸，饿楚难堪，勒退田屋家业，仍复送官，赂延不审，食尽奔回，催刑保家，田家作苦，所余几何？荡家财，鬻妻子，露体殍丐，尚未了局。崇祯六年十二月内迫死邹某等数十命，黑惨无伸；迫窜萧某等数百家，哭声载道，吞忍多年，莫敢受理"⑤。

乾隆中期以后，由于土地兼并日趋激烈，失地农民日益增加，加上新增人口成倍增长，这些失去土地农民和新增加人口，为了生存下去，就得租种地主土地。地主看准了这千载难逢的机会，往往以增租夺佃为手段，增加对佃农的剥削。

---

① 田培栋：《明清时代陕西社会经济史》，首都师范大学出版社 2000 年版，第 116 页。

② 《明世宗实录》卷 106。

③ 《明世宗实录》卷 130。

④ 《明神宗实录》卷 459。

⑤ 民国《德化县志》卷 7《民赋志屯粮》，《崇祯间邑令姚迟关详辞任文》。转见傅衣凌《明清农村社会经济·明清社会经常变迁论》，中华书局 2007 年版，第 165—166 页。

清代后期，增租夺佃的方式，主要体现为征收押租和预租的耕地越来越多，征收押租和预租的地区越来越广，征收押租和预租的数额越来越高。

首先，看看押租剥削情况。

以江苏情况而言，农户租田耕种情况更加严重。陶煦称："吴农佃人之田者，十之九皆所谓租田，然非若古之所谓租，及他处之所谓租也。俗有田底田面之称，田面者佃农之所有，田主只有田底而已。盖与佃农各有其半，故田主虽易，而佃农不易；佃农或易，而田主亦不易。有时购田建公署、架民屋，而田价必田主与佃农两议而瓜分之，至少亦十分作四六也。然而田中事，田主一切不问，皆佃农任之。粪壅工作之资，亩约钱逾一缗，谷贱时亦七八斗之值也。三春虽利菽麦，要其所得，不过如佣耕之日食其力而无余。岁恃秋禾一熟耳，秋禾亩不过收三石，少者只一石有余，而私租竟有一石五斗额。"田主收租不收米而折钱，"必以市价一石二三斗或一石四五斗之钱作一石算，名曰折价；即有不得已而收米者，又别有所谓租斛，亦必以一石二三斗作一石。"租额极重。如若欠租，司租之徒"出缧绁而囚之，甚且有以私刑盗贼之法刑此佃农。"① 手段极为残酷。他还说："上农不过任十亩，亩入不过二石余，取租而平，则八口无饥也，乃多者二十而取十五，少者亦二十取十二三。车牛有费、修末有费、粪田有费，一资给于租余之数分，疾病、丧祭、婚嫁之端尚未之及，奈何！而民不穷且毙也。"② 佃农一年"所得不过数斗，至有今日完租，而明日乞贷者。"③ "农民伯叔妇子终岁勤动，而力田所获不足蔽其衣食，冬暖号寒，年丰啼饥，且追呼不绝，褴褛就逮者，时有所闻，心窃悯之。"④ 有些寡独之佃户，抱布纳租，"司租之徒，必严拒峻施，谓我城中无此例也，甚者不得已而哀亡，则怒詈可出，旁列隶役已挥之去矣。"⑤ 吴江租额更重，"下下田"亦收一石有余之租。民间诗歌云："催租急于石壕吏，倾瓶侧筐向何藏，坐使农家泣空釜，累累看汝堆仓箱。"⑥ 这是当地佃农悲惨生活写照，也是佃农

---

① 陶煦：《租核·重租论》，民国十六年（1927）重排。
② 陶煦：《租核·重租论》，民国十六年（1927）重排。
③ 陶煦：《租核·重租论》，民国十六年（1927）重排。
④ 陶煦：《租核·重租论》，民国十六年（1927）重排。
⑤ 陶煦：《租核·重租论》，民国十六年（1927）重排。
⑥ 民国《南浔镇志》卷 29《折股怨》。转见郭毅生《太平天国经济制度》，中国社会科学出版社 1984 年版，第 7—8 页。

在地主重租剥削下的贫困化写照。

从湖南收取押租看，逐步提高押租数额趋势已一目了然了。乾隆二年，每亩交进庄钱三五钱至七八钱不等。① 乾隆十一年，楚南习俗，每亩交进银一至二两。② 乾隆二十二年，"大写"进庄银每亩二至三两，"小写"进庄银每亩二至三钱不等。③ 这种趋势至嘉庆时已发展到严重地步。表 11 - 1 是湖南四县押租与正租的比较情况。

表 11 - 1　　　　　　　　　　湖南四县押租与正租的比较情况

时间	县别	正租额（谷、石）	押租额			押租对正租百分比（%）
			银（两）	钱（文）	折谷（石）	
乾隆四十年	湘阴县	24.0	—	6000	6.66	28
乾隆五十六年	浏阳县	120.0	140.0		150.55	125
乾隆五十八年	酃县	83.0	—	100000	111.11	134
嘉庆六年	善化县	41.0	100.0		111.11	271
嘉庆十年	浏阳县	12.0	250.0		277.78	2315
嘉庆十七年	浏阳县	5.0	385.0		427.78	8556

注：1. 押租折谷一栏，系参照嘉庆谷价，每石以银0.9两计，以钱900文计。

2. 此佃户所交的押租金额甚大，不是一般贫佃所能交得起，有可能是富裕佃农从事资本主义经营，特别是经济作物区，更可能是如此。

资料来源：中国社会科学院经济研究员所馆藏：《刑档抄件》。

下面，再来探讨嘉庆年间湖南各地借贷利率情况，见表 11 -2。

表 11 -2　　　　　　　　　　嘉庆年间湖南各地借贷利率示例

时间	州县	借贷人	借贷金额		年利率（%）
			银（两）	钱（文）	
嘉庆元年	永明县	罗必才	10.5	—	24
嘉庆二年	永宁县	—	70.0	—	12

① 《湖南湖例成案》卷7《户律·田宅》。

② 《湖南湖例成案》卷7《户律·田宅》。

③ 乾隆《湘潭县志》卷19。

续表

时间	州县	借贷人	借贷金额		年利率（%）
			银（两）	钱（文）	
嘉庆三年	宁远县	欧洪智	—	1200	24
嘉庆五年	龙山县	舒宗荣	—	800	36
嘉庆七年	衡山县	—	10.0	—	30
嘉庆八年	浏阳县	涂崇仕	10.0	—	18
嘉庆十年	宁乡县	陈士进	300.0	—	24
嘉庆十五年	石门县	张开列	—	1000	36
嘉庆十六年	衡阳县		0.8	—	24
嘉庆十六年	湘潭县	唐席尚	20.9	—	25

资料来源：中国社会科学院经济研究所馆藏：《刑档抄件》。

按表 11－2 所载，借贷利率低者年息为 12%，高者年息为 36%，平均年息在 25% 以上。年息暂按 25% 计，每亩押租银按 2.5 两计，每石谷价按银 0.9 两计，地主每年可从每亩押租银（钱）中，捞取 0.61 两银子的利息，可折成谷子 0.68 石。每亩正租谷 1.5 石，与押租息谷合计，总数在 2 石以上。江西宁都俗例："批赁时，佃户不能现交礼钱，照依银数，每岁入息三分。"[①] 如果按江西宁都借贷利率的惯例计之，地主对佃农剥削还更重。

陕西"汉中的贫农向地主佃进田地，往往须纳顶首，即是押租。所交的租要超过田间总收获的半数。有些地主和佃农对中分粮食，有些取上季的麦租，可是多数取下季的稻租。上等水田平均每亩可产秋稻三担多，租谷例要纳两担。正租以外还要献敬地主年礼、节礼，实际租额因此必然地加重。"[②] 这些资料虽是民国年间调查所得，但对清后期仍有参考价值。

广西佃户，在鸦片战争前所受剥削较前有增无减。如浔州府桂平县的龙华寺庙田的地租，在十年之间由"租谷八千斤"外，另又增租三千七百七十斤，"共额租一万一千七百七十斤"。[③] 租额增加了百分之四十多。金田村田租也由"百种千租"，增加到播百斤谷的田要交一千五百斤租谷。桂平

[①] 《民商事习惯调查录》卷 424。

[②] 冯和法：《中国农村经济资料》，黎明书店 1935 年版，第 811 页。

[③] 《龙华寺实在租粮并田丘永远碑记》，据桂平县历史学会录本。转见郭毅生《太平天国经济制度》，中国社会科学出版社 1984 年版，第 8 页。

城郊各村竟高达二千斤。其如平南、贵县、武宣、象州、博白等县，地租也在百种千租至二千斤租谷之间，占农民田间收入的百分之六十至百分之七十。[①]

四川彭县地主对农民剥削很重，以致佃户"赔租"。《彭县志·风俗志》载："彭之私租每亩岁在八斗至二石一斗不等，田之上者，丰年不过收谷二石六七斗，下田在二石左右。岁少歉，所赢无几，或且赔租。"[②] 另从巴县押租来看，押租之重，又成佃农二项沉重的负担。表 11－3 将佃户交纳地租和押租数额做一对比。

表 11－3　　　　乾嘉道年间巴县佃户交纳地租和押租数额

时间	租佃人	田主	地租	押租
乾隆六十年九月	张元才	高廷秀	银 3 两	银 1.8 两
嘉庆二年八月	唐占鳌	彭儒魁	谷 52 石	银 30 两
道光四年八月	罗世品	刘值先	谷 5 斗	银 70 两
道光九年八月	程思智	文绍权、文绍光	租 30 石，绍权、绍光各 15 石	银 70 两
道光十年二月	况钊	何永刚	银 2 两	银 2 两
道光十年七月	罗尚锦	罗尚武	均分（扣除谷种）	银 60 两
道光十年七月	杨贵贤	秦邓氏	主客均分	银 27 两
道光十年七月	杨贵宗	秦超举	主客均分	银 32 两
道光十年八月	赵尚文	李应成	谷 3 斗	银 26 两
道光十一年八月	冷季顺	游配义	谷 8 石	银 160 两
道光十二年九月	毛凤阁	超廷魁	钱 1000 文	钱 2150 文
道光十二年十一月	李应宁	李应禹	均分	钱 4000 文
道光十五年七月	徐相友	徐相庭	钱 400 文	银 10 两
道光十五年七月	刘顺辉	宋国基	谷 2.4 石	银 24 两
道光十五年 x 月	陈万中	宋在业	高粱 6 斗（六成交细）	银 10 两
道光十五年九月	李光连	李庆云	均分	钱 4000 文
道光十五年十月	五僖冲	赵绍文	谷 4 斗	银 23 两
道光十六年八月	肖茂珊	徐相廷	钱 300 文	钱 8000 文

① 参见郭毅生《太平天国经济制度》，中国社会科学出版社 1984 年版，第 8 页。
② 光绪《彭县志·风俗志》。

续表

时间	租佃人	田主	地租	押租
道光十七年九月	刘汝贤	罗光裕	钱 1500 文	银 2 两
道光十七年九月	李新伦	李新玉	谷 67 石	银 200 两
道光二十年七月	周合顺等	罗义盛	谷均分	银 220 两
道光二十年九月	胥福泰	邓发先	主六客四分摊	银 70 两
道光二十年冬	黄登科	钟秦氏	租钱 500 文	钱 4000 文
道光二十三年七月	李长泰	罗义盛	分租	银 360 两
道光二十四年十一月	蹇润阶	张名山等	银 1 两	银 20 两
道光二十四年十一月	舒其光	王会章	银 1 两	银 20 两
道光二十五年八月	余朝举	泰	谷 84 石	银 120 两
道光二十九年七月	黄广顺	李嘉敏	谷 68 石	银 300 两
道光二十九年七月	熊九林等	惠民宫	银 20 两，钱 11700 文	银 205 两

注：原有租佃契约计 53 件，现收 29 件。收的原则是：地租和押租两项齐全者收录，仅有地租缺押租者或仅有押租缺地租者不录。

资料来源：四川大学历史系、四川省博物馆主编：《清代乾嘉道巴县档案选编》（上），《租佃约》，四川大学出版社 1989 年版。

从表 11－3 可以看出，佃户除了缴纳地租外，还得缴纳押租，而押租一般要比地租高出几倍至十几倍，个别的甚至高达二十六倍之多。押租比地租少者仅一款，地租与押租相等者也仅一款而已。其中有八款表中已收均分地租、一款主六佃四分摊租者，依然收押租，甚至是征收高押租。押租之重，由此可见一斑。高额押租侵蚀了佃户扩大再生产能力，也迫使一般佃户进一步贫困化。

贵州思南县佃户除交租外，地主还额外勒索。据记载："一塘头书架岩小炔一份，大小共四十八丘，李大芳所卖出谷一百挑，价值铜钱四百五十千文，佃户五世才承认耕种。议定每年收获之时，请首事临田，每十挑先抬走一挑，方与佃户均分。每年佃户帮差粮钱一千文，载粮八升。"[1] 这里明文规定，分租之前，十挑谷子要先抬走一挑，而后才对分。据此测算，实际地租率要达到68%。此外还要补贴差粮钱一千文、粮八升。加上补贴，可能佃户所交地租要达七成。

其次，再看看预租剥削的情况。

---

[1] 民国《思南县志》卷 4《学校志》。

地主除了收取押租之外，还收预租。何谓预租？用一句话来说，即先交租，后种地。一般的情况是：租收于"或在当年，或在上年。"① 或租地者"银租于投田日现银交租，乃得登簿。"并认为这种办法"甚属妥当，永远遵行。"② 或谓"倒租者，佃户于未耕之先，预将应纳之租谷送交田主，无论年岁丰歉，田主绝不过问"③。湖北南漳县"先年交租，次年种地"④，已成风俗。这种先交租后种田的情况极其普遍，甚至发展到非常严重地步，以致政府不得不运用行政手段加以干预，甚至认为这种行为是违犯法制的，须订立法律条文加以禁止。如乾隆五年发布《禁屯田不得立卷预支》的规定，乾隆五十六年议准"庄头等毋得预收支取"⑤。根据我们接触到的文献来看，至嘉庆时，15 个省份中有收取预租记录的州县就有 62 个，嘉庆时又增加了 19 个州县，详见表 11 - 4。

表 11 - 4　　　　　各省预租件数及预租州县（万历至嘉庆）　　　　单位：件，个

省别	时间									
	万历		康熙		雍正		乾隆		嘉庆	
	件数	州县数	件数	州县数	件数	州县数	件数	州县数	件数	州县数
盛京									3	2
直隶							15	15	5	3
山西					1	1	2	2	1	1
河南							1	1		
陕西							2	2		
甘肃							1	1		
江苏							1	1	2	2
安徽	1	1							2	2
浙江							1	1	4	4
江西			1	1			1	1		
湖北							3	3		

① 乾隆《顺德县志》卷 4。
② 《南海方氏族谱》，《祠规》，光绪刻本。
③ 《民商事习惯调查报告录》，1939 年，第 607 页。
④ 中国社会科学院经济研究所馆藏：《刑档抄件》。
⑤ 《皇朝文献通考》卷 10；《嘉庆大清会典事例》卷 136。

续表

省别	时间									
	万历		康熙		雍正		乾隆		嘉庆	
	件数	州县数	件数	州县数	件数	州县数	件数	州县数	件数	州县数
湖南							1	1	1	1
四川							4	4	2	1
福建							2	2	2	2
广东					1	1	5	5	1	1
合计	1	1	1	1	2	2	39	39	23	19

注：1.《皇朝文献通考》卷10，乾隆五年《禁屯田不得立卷预支》条及《嘉庆大清会典事例》告136，乾隆五十六议准"庄头毋得预年支取"的规定，由于省别不清，未计入表内。

2. 四川射洪县、直隶永清县、定兴县，盛京省广宁县，由于乾隆年间已有预租记录，所以嘉庆年间州县一栏总数少了4个。

资料来源：中国社会科学院经济研究所馆藏《刑档抄件》，《屯溪档案》；《民商事习惯调查报告录》，1930年；《淡水厅志》；《清代台湾大租调查书》第三册；乾隆《顺德县志》；《清代档案史料丛编》第五辑；《皇产》。

在预租制下，地主有预收一年地租的，也有收两年以上地租的，但以预收一年地租为普遍。以嘉庆朝67件预租事件为例，预收一年地租的有48件，为预租事例的71.6%；预收两年地租有4件；预收三年至二十五年地租的有10件。预收年限不明确者5件。但预收多年者，农民缴纳不起，"以至众户无力完交，畏匿躲避"。

先交租、后种地的这种租佃制度，除富佃外，对于首次租地的众多农民来说，意味着尚未从租地上获得收益之前，就得先交上一年或一年以上的租谷，或租银，或租钱，这无疑是一项沉重的经济负担。按照习俗，无法交纳预租者，得按借款方式交纳利息。"计银若干，岁入息三分，统俟冬收交纳。"① 据民国时期调查，江苏崇明的农民，承种业户土地时，需出顶首钱文，倘若佃户无法出此顶首，而业户情愿交其承种，"则佃户须将顶首钱上应有之息金，历年于开种大熟前，预先付业户。"② 河南省情况是：凡城镇附近之园地，出租时均预收钱租，"农民之无力缴纳者以借贷论，加息

---

① 《魏季子文集》卷8《与李邑侯书》。

② 《中国民事习惯大全》第2编第1类，第26页。

起利，每月利率二至三分为最普遍。"① 这部分佃农既受地主的地租剥削，又要受地主债务剥削。他们在地主双重剥削下，十分艰难地生活着，根本没有能力在耕作上投入更多资本，提高地力，从而使土地贫瘠化。

乾隆十五年，直隶满城佃户段伍，在张魁要他预交一两年租息时说："贫不能措"②。乾隆五十二年，直隶通州庄头韩三元为抵补亏空，"遂向各地户声言，除交来岁一年现租之外，尚须再交二年押租，方准种地。""以至众户无力完交，畏匿躲避。"③

民国时期，直隶、山东某些县份在收预租时，每亩收租银四元乃至五元；分期交纳者，每亩需六元上下。有人根据这种情况，得出交预租者租额较轻的说法。其实，这种说法是仅看表面现象，没有深入探究的结果。事实是：预租的发展并没有减轻农民的负担。关于这点，需要从两个方面进行考察：一是从交纳预租农民方面进行考察，二是从地主方面进行考察。根据文献记载：农民交纳不起预租者，需"岁入息三分"，或"月利率二至三分"。但有清一代，民间借贷利息一般为月息三分，高者五六分，最甚者加一五不等。④ 借贷米谷，年息有加三者，也有加五者，或多至加倍者。⑤ 试以直隶乾隆年间借贷案例为佐证：乾隆元年，枣强县某某借银三百两，月息一分五厘；乾隆二十三年，赵州田春儿借钱三千文，月息为三分；乾隆三十七年，宁津县王士珍借钱二十千文，月息十分；乾隆四十五年，饶阳县范进才借钱二百五十文，月息四分。⑥ 直隶乾隆年间可搜集到借贷案例17起，上述仅列举数例而已。这些案例中，年息最低者为18%，高者为120%，其余为22%—48%。与新城、河南借贷利率大体一致。现在，我们以月息三分这个中等利率为计算标准，如果某某佃户借银一两交预租，一年后，归还本息时，则是一两三钱六分。如果地主将预租银出借，年收入利息为三钱六分。按直隶、山东交预租者，每亩交银四五元，不纳预租者交银六元左右的数字计算，如纳预租每亩四元者，加上一年息银在内，实

① 《中国经济年鉴》，1934年，G91页。
② 中国社会科学院经济研究所馆藏：《刑档抄件》。
③ 《内务府上传档》第83号，乾隆五十二年九月十九日。转见《清代档案资料丛编》第五辑，第127页。
④ 田文镜：《抚豫宣化录》卷4。
⑤ 同治《新城县志》卷3。
⑥ 中国社会科学院经济研究所馆藏：《刑档抄件·借贷》。

为纳租五元四钱四分；如果每亩预纳五元，加上一年息银，则是六元八钱矣！比分期纳租者多交了八钱。如果租佃者是自筹租金，他们把所交纳预租拿去生息的话，每两银子可获三钱六分利息，但由于交纳预租的缘故，他们生息的机会却被地主所掠夺。从上述情况看，佃户负担一点也没有减轻，而地主的租钱也一点没减少，与交分期租相比，地主反而从交预租者那里增加了八钱的收入。

预租的发展，对优化资源配置来说，发挥了良好作用。但对绝大多数有了上顿没下顿的穷苦农民来说，意味着深受高利贷和地租双重剥削，越是挣扎，就陷得越深，不得不一直过着艰难困苦的生活。

由于受到地租苛重的剥削，佃户不得不一直"终岁耕种，除交还租米外，所余无多，率皆不敷籽本，是以在乡农民，历来穷苦特甚"[1]。由于租重难交，鸦片战争前后，在苏州"动辄数十名及数百之多"的佃户被控告，由官押缴。[2] 陶煦亦说："岁以一县计，为赋受刑者无几人，为租受刑者，奚翅数百人，至收禁处有不能容者"[3]。刘天成说："臣来自田间，每见农人终岁勤动，间有纳租之后，便已无粮，及通籍以来，往来此道，亲见农人馈饷尽皆粗粝不堪，杂面水饭之属心切燃然，是有田耕种，衣食尚且维艰，如必有银押租，则无钱者势必八口嗷嗷，辗转播迁，未有不流于浪子乞人，为匪为窃，其情甚属可悯。"[4] 这是佃农生活的真实写照。然而有人却视而不见。

三　帝国主义侵略及其对农业生产的破坏

1. 战争赔款转嫁，农民负担加重

公元1840年，英帝国主义发动对华鸦片战争，对中国农业经济起到巨大破坏作用：其一，在鸦片战争期间，广东、福建、浙江、江苏四省境内居民深受战争祸害，英国军队所到之处，或被抢掠一空，或"失业废时"，弄得"民穷财尽，殆不可支"。其他各省在清军征调所过之处，为保障供给，尽力输将，"民之贫者愈窘，民之富者亦贫"，"国脉自此伤也"。战争

---

[1]　王炳燮：《上李抚将军请停止政租局状》，见《毋自欺室文集》卷6。
[2]　裕谦：《勉益斋续存稿》卷8。
[3]　陶煦：《租核·重租论》，民国十六年（1927）重排。
[4]　故宫博物院明清档案馆：《军机处录副》。

结束时，又遭英帝国主义敲诈勒索，战争赔款高达银圆 2800 万元，折合银 1960 万两。这笔巨款，直接取自商民的，约 510 万元，占总数的 54%，取自官库 1290 万元，占 46%。这笔赔款于国于民都是沉重负担，对中国经济造成极大的破坏。其二，银贵钱贱对社会经济的严重破坏。鸦片贸易使白银大量外流，致使银贵钱贱。银、钱比价大幅度波动，对国家财政和国民经济带来不利影响。"以银准粟，昔之一两，今之三两"，从民间征取银一两，实竭民间"三两之力"，"民安得不贫"？民既日贫，导致征收困难，"逋欠则乡多一乡，亏短则任多一任"。结果"官民交困"，"兵民交困""官困而民益困"，叹声一片。其三，赋役加重。鸦片战争沉重军费和战后赔款，70% 以上转嫁到农民身上，当地有人对政府运用各种手法增加田赋实征量愤慨质问："官以用不足而朘诸民，民不足而将谁朘乎"？力役上的徭繁吏横，更使民间闻讯色变，竟有以"早死相祝"者。而地主"视佃农苦瘠漠不关心，残忍刻薄，恣意征求"，严重危害农民利益，更激化着地主与农民的矛盾。[①]

　　1895 年甲午战争失败后，日本帝国主义勒索战争赔款高达二万万两。在国库空虚情况下，这些赔款从何而出？我在福建省永定县档案馆里，从中华人民共和国成立以后的新编县志查到，永定县每亩田摊甲午战争赔款银 0.277 两，且时间长达十年。[②] 这对农民来说是一项十分繁重的负担。永定是山区，亩产量不高，田里收入不多，而这笔额外负担又重，怎能不起到对农业生产的破坏！

　　2. 商品性农业的发展及衰落

　　鸦片战争后，在帝国主义不断加强原料掠夺的情况下，商品性农业逐渐扩大，尤其甲午战争之后，帝国主义势力伸入中国农村，进行原料掠夺，中国农产品商业化得到进一步扩展。根据章有义先生研究，棉花，1923 年供出口和帝国主义在华棉纺织业消费的就几乎占国产商品棉的一半；花生，1925 年直隶等 6 省 16 处总产的 52% 供出口，其中山东济阳、章丘两县，输出部分竟高达 60%；1924—1930 年，东北所产大豆，出口占 79.27%，国

---

　　① 参见严中平主编《中国近代经济史（1840—1894）》上册，人民出版社 1989 年版，第 431、433、455 页。

　　② 1994 年《永定县志》。

内消费占 20.79%。① 在出口拉动下,商品性农业得到加快发展。这些数据虽然是民国早期统计数,但距离清后期不远,还有一定参考价值。

由于中国商品性农业发展严重依赖国际市场,因此,当国际市场行情发生变化时,往往会走向衰落。业者受到沉重打击。中国早期发展起来的一些经济作物——茶、甘蔗、蓝靛等,甲午战争后,出口减少,使这些作物迅速衰落下去。如茶叶出口受到印度、锡兰和日本茶叶的竞争,光绪二十三年《农学报》报道:"厦门十余年前,产茶二十七兆余磅。近减去十余倍,茶田多就荒"②。广东南海县由于种植"茶叶失败,山人往往将地售作坟墓,所产茶株比前百不存一"③。

明清两代中后期,由于地主经济发展,自耕农纷纷加入佃农队伍中,地主却乘机抬高地租。佃农遭受地主残酷剥削,无力把更多资金投入生产中去,从而使农业生产力进一步退化。

四   自耕农和半自耕农大量破产

在地主经济发展挤压、政府大力搜刮下,明初和清初造就的大量自耕农和半自耕农,到明中后期及清中后期纷纷破产。同时,农业经济的发展也遭到了破坏。

明中后期,王府勋戚大量搜刮土地,致使大量自耕农沦落为佃农。弘治二年正月,巡抚江西右副都御史李昂劾:"宁府、仪宾人等多纵家人置田庄,夺民产,而税粮仍令民输,军校复骚扰为民害。"④ 弘治十一年二月,赐卫王平度州及昌邑、寿光二县田一千顷有奇。⑤ 弘治十三年二月,上赐兴王祐杭近湖淤地一千三百五十二顷。户部尚书周经等执奏:"前项地土,其住种之人一千七百五十余户,世代为业,虽未起科,然借此以贴办税役,若归王府,必生怨尤"。经等复奏:"市井小民,虽一物之微,夺彼与此,

---

① 章有义:《中国近代农业史资料》第 2 辑,生活·读书·新知三联书店 1957 年版,第 221—229 页。

② 李文治:《中国近代农业史资料》第 1 辑,生活·读书·新知三联书店 1957 年版,第 448 页。

③ 李文治:《中国近代农业史资料》第 1 辑,生活·读书·新知三联书店 1957 年版,第 452 页。

④ 《明孝宗实录》卷 22。

⑤ 《明孝宗实录》卷 134。

尚生忿争，现世守立业乎"。"上仍命依前皆行"①。一千三百多户自耕农丧失土地，沦为王府佃户。弘治十五年八月，南京监察御史徐敬等言七事，其中有皇亲国戚夺占民田事："一曰全外戚。谓皇亲之家，占小民之田，罔天下之利，狼贪虎噬，漫无纪极。近闻又侵占泰州光孝寺民粮田土，道路喧传，民心惊骇"。南京工科给事中徐沂等谓："各皇亲于顺天、保定、河间等处皆有庄田。凡民间田与之邻近或有沃饶者，辄百计图之，以为己"②。正德三年四月，衡王奏："然续拨地亩亦多夺民之产"③。正德六年三月，巡按直隶监察御史李嵩奏："南宫、宁晋、新河、隆平四县管皇庄太监刘祥、金风等先后十数人，专肆克剥，民害苦之，恐相率为盗。乞将祥等取回，以侵地归民，税归有司"④。《嘉靖实录》指称，"正德以来，畿内逋逃民田，多为奸利之徒投献近幸，征租掊克，民甚苦之"⑤。户部复巡按御史范永銮奏言："静海县濒海地多闲旷，小民自行开辟，办纳赋税已百有余年，近皇亲沈传、吴让受奸民投献，冒请夺之"⑥。嘉靖二年二月，兵科给事中等官夏言等以查勘庄田事毕，因陈四事："其二言：勋戚凭借宠昵，奏讨无厌，如庆阳伯夏臣等得地至万三千八百余顷，多受奸民投献，侵夺民业"⑦。嘉靖十年九月，御史邵锡勘报："王府所奏请，多指民间垦田为之荒地"；又称"山东自德、衡、泾三府庄田占据之后，民间地土搜括殆尽"⑧。嘉靖三十九年十二月诏："以湖广德安府属随州、安陆、应山、云梦等县红庙等庄房七处，东山汉并刘家隔四处水租房地九百余顷；河南卫辉上付属新乡、获嘉、辉县及宁山县卫地二百余顷；开封府属河阳、汜水、阳武、原武等县并怀庆府属武陟温县、怀庆卫房地六百余顷；义和盐店；万县盐税及湖广沔阳州葫芦三湾、鲁湖等湖；石首县马脑堤、洋子洲、白沙套、小峦套、紫洲湖地；监利县紫洲；衡州府煤、锡、鱼舫三坑，俱属景府管业"⑨。天

---

① 《明孝宗实录》卷 159。
② 《明孝宗实录》卷 190。
③ 《明武宗实录》卷 37。
④ 《明武宗实录》卷 73。
⑤ 《明世宗实录》卷 2
⑥ 《明世宗实录》卷 4。
⑦ 《明世宗实录》卷 23。
⑧ 《明世宗实录》卷 130。
⑨ 《明世宗实录》卷 491。

启七年三月，陕西总督王之寀疏言："三秦物力，地不加拓，分藩至瑞府而五，委实势难取盈。今自汉中府报四十余顷之外，各府并无废产，不得已通融坐派十分之一，臣等当力任之；若再派于三千顷之外，土膏罄尽，搜刮力穷，臣等虽欲曲为王国计，有不能尽必者。"① 王府勋戚大肆掠夺民田，以及奸猾之人投献，致使自耕农大量流失。李文治先生说："明代前期，自耕农占着相当大的比重。中叶以后，不少地区地权趋向集中，很多地区地主所有制占据统治地位。"② 至明末，苏南地区土地已高度集中，顾炎武指出："吴中之民有田者什一，为人佃作者十九"③。

清中期后，自耕农在繁重赋役压榨下，自耕农走向贫困化之路，出卖土地成为常态。

安徽省博物馆编的《明清徽州社会经济资料丛编》一书中，辑有清代卖田契计 163 款，其中顺治朝 4 款，康熙朝 41 款，雍正朝 12 款，而乾隆至光绪间共 106 款，占总数的 65%。附表（一）《卖田契》辑有契约 251 款，其中康熙朝 63 款，雍正朝 38 款，乾隆至光绪共 150 款，占总件数的 59.76%。《典当田地契》所辑清代资料有 35 件，其中山契 11 件，顺治 1 件，康熙 1 件，乾隆 5 件，嘉庆 3 件，光绪 1 件，乾隆至光绪卖契占 81.81%。附表（二）《卖地契》辑有文约 49 件，其中康熙 4 件，雍正 10 件，乾隆 19 件，嘉庆 1 件，道光 10 件，同治 1 件，光绪 2 件，宣统 2 件。乾隆至宣统卖地契占 71.42%。④

据王万盈《清代宁波契约文书辑校》一书中，该书辑有田地、山林买卖文约共 415 件，其中乾隆朝 2 件，嘉庆朝 1 件，道光朝 182 件，咸丰朝 124 件，同治朝 91 件，光绪朝 15 件。⑤ 从这些文约看，道光至光绪年间，宁波地区土地买卖明显加快。太平天国运动前夕，浙江诸暨已出现"四象八牛，三十六只陈阉鸡，七十二只灰狗"之谚。以象、牛、鸡、狗来评定他们财产的等第。城中葛大敬、陈国藩，浮塘赵万贤，斯宅斯元儒，皆豪

---

① 《明熹宗实录》卷 77。

② 李文治：《明清时代封建土地关系的松解》，中国社会科学出版社 1991 年版，第 81 页。

③ 顾炎武：《日知录集释》卷 10，《苏松二府田赋之重》。

④ 安徽省博物馆编：《明清徽州社会经济资料丛编》，中国社会科学出版社 1988 年版。

⑤ 王万盈辑校：《清代宁波契约文书辑校》，天津古籍出版社 2008 年版。

于资。万田以上比于象，千田以上比于鸡。① 当地地主豪绅兼并土地的情况，与宁波土地买卖的情况，可以互相参照。由此也反映出自耕农和半自耕农的破产及萎缩的加剧。

福建师范大学历史系编的《明清福建土地经济契约文书选辑》一书辑有顺治至宣统年间的土地买卖契约文书410件。涉及州县有：侯官、宁德、南平、福州、闽县、瓯宁、龙溪、仙游、崇安、莆田、光泽、南安、永春、漳州、晋江等16个。卖地原因有：急用、乏用、钱粮急迫、做生意别用、耕作不便或管业遥远、回赎、死葬、娶亲、欠债等项（其中有几款没有注明卖田原因）。其中因急用、乏用、钱粮急迫而卖地总计330件，乾隆至宣统共284件，占86.1%。②

四川省新都县档案史料组编的《清代地契史料》一书中，辑有土地买卖文约共50件，其中嘉庆朝5件、道光朝20件、咸丰朝6件、同治朝19件。③ 这些文契，全是乾隆朝以后发生的。出现这种情况的可能性是：乾隆以前（包括乾隆时期）该县土地买卖还较少，所以，要搜集到相关资料比较困难。这种可能还可以从上述几个朝代土地买卖趋势看到。但不管哪种原因，都反映了乾隆以后，地权转移更加频繁这一历史事实。

从安徽徽州，浙江宁波，福建闽北、闽东、闽中、闽南，四川新都县等地的田、地、山买卖数据可以看到：乾隆以后，田、地、山买卖（典当），要比顺治、康熙、雍正期间频繁得多。这直接反映了乾隆以后农村贫困化及土地兼并在加速的历史事实。

江苏长淮以北地区，据薛福保称："江北俗朴愿，往往胜江南……无贫富皆占田，田多者以万计，坐此农益困。"④ 从"坐此农益困"来看，这里的田主要为大户所占，贫者占田少，致使力农者日益步入困境。据江苏无锡《倪氏宗祠置产簿》记载，在19世纪40年代，该祠共买田31起，超过一亩的只有2起，其余的购田面积都在5分左右。这些土地交割后，由原田主佃耕。这个事实说明，这些小块土地的卖主绝大多数是自耕农或半自耕

① 张祖相：《太平天国时期的莲蓬党起义》，《光明日报》"史学"第306号。转见傅衣凌《明清封建土地所有制论纲》，中华书局2007年版，第30页。

② 福建师范大学历史系：《明清福建经济契约文书选辑》，人民出版社1997年版。

③ 四川省新都县档案史料组编：《清代地契史料》，四川新都县档案馆，2004年。

④ 薛福保：《江北本政论》，见《皇朝经世文续编》卷41，《户政十三·农政上》。

农。同一时期，江苏苏松地区的田主有不堪重赋"朘削"，"弃田不顾者"；很多"小户"在"脂膏已竭"的情况下，"苟有恒产，悉售于大户"；19世纪40年代中期，"小户之田，或契卖，或寄粮，犹水之就下，急不可遏。"再过一些年，形成了"大户"所占土地"已将十分之九"，"小户"所有"不过十分之一"的局面。①

山东曲阜的自耕农和半自耕农土地，大部分落入孔府手中。据民国县志称，曲阜"计一县百姓之地，其止一千五十顷八十五亩，而孔府所买百姓之田又据其半，百姓之地实不过数百顷而已"②。

陕西陕南地区，原是自耕农世界，乾隆年间，开始发生变化。据田培栋研究，在"新民"迁入过程中，土地占有制度也开始发生变化，"新民"中产生了地主阶级，贫穷者沦为佃户。从乾隆年到道光乃至清末，该地区各县农民大约为85%，其中自耕农、半自耕农约占农民人口的半数，佃户约占农民人口的半数，其他人口约占总人口的15%，其中地主约占10%，占地面积却达50%以上。③ 据1927—1932年调查：镇巴一带，情况更为突出，占总人口不过12%左右的地主富农，却占有75%的土地，而占总人口60%—70%的贫雇农却只有很少的土地。④ 这些资料虽系民国年间调查所得，但对清代后期来说仍有参考价值。

河南是多灾地区，乾隆五十一年的情况："豫省连岁不登，凡有恒产之家，往往变卖糊口。近更有于青黄不接之时，将转瞬成熟麦地，贱价准卖，山西等处富户，闻风赴豫，举放利债，借此准折地亩。"⑤ "饥年田亩必贱，民以田易命，安问贵贱。而有力殷户，往往以此大富。"⑥ 该地区自耕农减少，已经引起清廷最高层关注。同年五月，乾隆帝指示要对富商兼地行为进行抑制。上谕称："江苏之扬州，湖北之汉口，安省之徽州等处地方，商

---

① 以上参见严中平主编《中国近代经济史（1840—1894）》，人民出版社2012年版，第488页。
② 民国《续修曲阜县志》。
③ 田培栋：《明清时代陕西社会经济史》，首都师范大学出版社2000年版，第287页。
④ 田培栋：《明清时代陕西社会经济史》，第287页。
⑤ 《清高宗实录》卷1255。
⑥ 周天爵：《周文忠尺牍》卷上，《与刘次白书》。

贩聚集，盐贾富户颇多，恐有越境买产，图利占踞者，不可不实力查禁。"① 但此谕令仅是一纸空文而已，商人以延时规避之法，躲避政府之规定。

洪亮吉在探讨人们遭受风雨霜露等自然灾害时指出，饥寒颠沛之死者比比皆是，究其原因有两个，一是人口快速增长，一是兼并。关于兼并问题，他说："又况有兼并之家，一人据百人之屋，一户兼百户之田。"② 应该说，他还是指出了盛世之后，自耕农、半自耕农减少的事实。嘉庆《涉县志》载："贫民无所得食，往往出张家口佣作，有数十年不归者。"③ 南方一些地方，如李兆洛说"贪民之食于富民者十而九"④。《汤溪县志》载："其有田而耕者什一"⑤。虽然有些地区自耕农保存多些，如冯和发调查，至20世纪30年代，成都平原44%土地掌握在自耕农手里，还有10%土地掌握在半自耕农手中。广元县志称："农多自耕，佃农较少"⑥。据章有义先生研究：自康熙初年至中华人民共和国成立前，苏南地区地主、富农占地约65%，自耕农占地约35%。⑦ 但与清前期比，已将近减少一半。

北方有些地区，加上有些地方"硗瘠"，"农无余积"，生活困苦。陕北鄜州的自耕农生活情况是："地不产棉，尺布缕丝，皆须外购。男子春耕夏耘，终岁勤苦，所获糊口之粮，又顷枲易蔽体之物，故敝缊蓝缕，拮据时形。俗极俭朴，居多土穴，纵有墙屋，亦锅灶与卧炕相连，柴烟熏灼，甚不洁净，食唯麦馍糜饵，衣多短褐不完，佐食之盘辣椒葑韭而已。"⑧ 在这些情况下，一遇不测，只有卖田活命。

根据我们研究，由于地主经济发展，土地兼并剧烈，至清后期，自耕农占有土地已从清初的80%—90%，下降到40%—50%。自耕农已大为减少。据章有义先生研究，按照1912年12省1120个县的调查统计：自耕农

---

①　《清高宗实录》卷1255。

②　洪亮吉：《卷施阁文甲集》卷1《意言二十篇·治平篇第六》。

③　嘉庆《涉县志》卷1，《风俗》。

④　李兆洛：《祝君赓扬家传》，见《养一斋文集》卷14。

⑤　乾隆《汤溪县志》卷1。

⑥　以上二条资料转见郭松义《民命所采：清代的农业和农民》，中国农业出版社2010年版，第306页

⑦　章有义：《康熙初年江苏长洲三册鱼鳞簿所见》，《中国经济史研究》1988年第4期。

⑧　《续修陕西通志》卷196，《风俗二》。

在各农户中所占比例为 49%，其中北方地区为 58%，南方地区为 34%。①有的地区自耕农比例还要少，如江苏昆山县，详见表 11 – 5。

表 11 – 5　　　　**1905—1924 年昆山县各类农户所占比重的变化**　　　　单位:%

时间	自耕农	半自耕农	佃农
1905 年	26.0	16.6	57.4
1914 年	11.7	16.6	71.7
1924 年	8.3	14.1	77.6

注:总的来说，自耕农减少趋势十分明显。这些虽然有民国初年资料，但还是有很大参考价值。

资料来源:岳琛主编《中国农业经济史》，中国人民大学出版社 1989 年版，第 314 页。

五　农民逃亡，土地荒芜

明中叶以后，由于地主经济发展壮大，自耕农纷纷丧失土地，除一部分下降为佃耕农外，其余都成为无地可耕的流民。于是，各地都出现大批流民。如弘治十四年，南京大理寺夏鍭(浙江天台县人)上疏言:"本州之民，逃亡者多于现在，饥寒困苦者十八九。邻近州府，大率皆然"。又言:江南"嘉、湖、苏、常，天下称殷富焉，然一家而兼十家之产，则一家富而十家贫。是以贫者反倍于他州，而富者亦不免为贫矣。江南如此，江北可知"。"今天下赋敛横流，徭役山压，加以彼干此涝，收田之入，不足以缓公府之追求，则有破家去产而已"②。正德元年，据刑部左侍郎兼都御史何鉴奏:"清查过荆、襄、南阳、汉中等处流民二十三万五千六百余户，七十三万九千六百余口。"③ 正德十三年，户科给事中李长奏:"直隶、山东地方，霪潦弥漫，五谷绝望。京师流民，相属于道，携妻与子，仅易斗粟;僵尸枕藉，所不忍见。"④ 正德十四年，户部称:"流民之患，不独山东为然，山西、陕西、河南、湖广亦皆如此。"⑤ 隆庆年间，巡抚宁夏都御史朱

---

① 章有义:《中国近代农业史资料》第 3 辑，生活·读书·新知三联书店 1957 年版，第 279—280 页。

② 《明孝宗弘治实录》卷 172。

③ 《明武宗正德实录》卷 11。

④ 《明武宗成化实录》卷 158。

⑤ 《明武宗正德实录》卷 174。

笈疏称："自臣去大同丁忧，起复仍莅斯土，距今仅四年，而逃移者又不啻五千余矣。屡经前抚臣招徕复业，毕竟伤弓之鸟，惊栖不定，但闻清派，相继逃移，遂使市井萧条，村落荒废，有不忍言者"。① 万历四年，刑科给事中郭四维言："山东百姓流移，有一邑而逃数十社者。"②

农民之所以流亡，除赋役、地租繁重外，还有：第一，明中叶以后的加派，也使佃农大受其害。地主乘机提高地租收入，把负担转嫁佃农身上，向佃户"增其租直"③。以致广大佃农处于"今日完租而明日乞贷者"的悲惨处境。第二，遇到灾年，政府救灾无力和灾后处理不当所致。官仓无粮，遇到灾荒，无法应对。巡抚荆襄右副都御史杨璿奏："德安等府官仓无粮，官府虽为设法籴运，不能周给。是以流徙四散，盗贼因之而起。"④ 灾荒后，政府对回归者迫征，而私家讨债不断。礼科给事中张宾言："荆襄流民，皆各处被灾，公私急迫而来者也。"⑤ 而不是安抚、赈济。大理寺左少卿宋旻奏赈荒八事，其中也提到公私急迫之事："大名、顺德、广平三府流民虽已复业，然先遗下房屋已被人折毁，田地被人占种，财富荡然一空；而又官钱拖欠，私债未还，常时逼取，无以安生，必至复逃。"第三，投献、奏讨之事。"广平府清河县，先年德府奏讨地共七百余顷，中间多系民人开垦成熟，并办纳粮差地亩，被奸民妄作退滩空地投献"；"顺德府钜鹿县，先年都督钱雄祖母陈氏奏讨地一千三十顷，其间多民人祖遗田产，被奸忘妄作退滩荒地献于陈氏。"⑥ 第四，土地兼并。夏鍭奏称："嘉、湖、苏、常，天下称殷富焉。然一家而兼十家之产，则一家富而十家贫。是以贫者反倍于他州。"他又指出："今天下赋敛横流，徭役山压；加以彼干此涝，收田之人，不足以缓公府之追求，则有破家去产而已。"⑦

至清后期，人逃地荒、水冲沙压情况严重。道光二十四年，甘肃因灾，"水冲沙压之地，未经垦复者七千五百余顷之多"⑧。同治年间，左宗棠称：

① 朱笈：《豁免屯粮赔累疏》，见乾隆《中卫县志》卷9。
② 《明神宗万历实录》卷47。
③ 魏大中：《藏密斋集》卷14，《与钱昭自》。
④ 《明宪宗成化实录》卷61。
⑤ 《明宪宗成化实录》卷79。
⑥ 《明宪宗成化实录》卷86。
⑦ 《明孝宗弘治实录》卷172。
⑧ 《清道光实录》卷406。

甘肃肃州、安西，"军兴以来，民困于逆回之扰掠，复苦于军营之捐摊久矣。民人存者不过十之三四，地亩荒废居其大半"①。同治年间，黄昇授陕西陕安道时，该道当时情景是："北山自兵燹后，百姓逃亡，商贾歇业"②。山西巡按张之洞疏称：山西"现饬善后局查开，已报之有主无主荒地未垦者共一万顷有奇，缘曩年饿莩过半，流亡不归，比年虽稍稍来归，而丁少工昂，芜深赀薄，复畏赋役之累，契税之征，相率观望"③。同治年间，冯桂芬称："皖北三河运漕一带，有百里无人烟者，江南宜兴一带有十里无人烟者，他郡县有差。田一年不耕便荒，况两三年乎"④。光绪三十三年，江督端方奏称："苏属四府一州，自兵燹后，各属荒田统计不下一二百万亩，虽经农务局出示招垦，而民智未辟，措意者少"⑤。据《广德县志稿》载：明嘉靖，州属官民田地山塘一万五千五百九十六顷七十五亩余，至光绪五年，可耕地仅四百四十六顷六十二亩余。仅及嘉靖百分之二点九而已。就广德县而言，至民国时荒地"尚未全复"⑥。据《宿迁县志》载：光绪以后，灾[荒]迭告，户口日耗。宣统二年丁口之数仅五十八万九千二百三十三，较咸丰时，殆不及半⑦。同治五年，据戴槃称：浙江自兵燹后，田亩久荒，各市镇悉为焦土。远近乡村，人烟寥落，成阡累陌，一片荆榛⑧。光绪六年，兵部尚书浙江巡抚谭为称：查光绪五年统计荒产："金、衢、严三府剩有荒产一万六千余顷，而杭、嘉、湖三属通计有六万一千余顷。"⑨福建浦城县志称：邑原"繁盛殷富，俗尚奢华，故谚有小苏州之号"，"戊午之变，玉石俱焚，室庐灰烬，陇亩荆榛，元气伤夷，久而未复"⑩。据光绪三十三年张鸣岐奏称：广西"凡永福、永宁、雒容、柳州各属附一带，居

---

①《左文襄公年谱》卷6。

② 民国《陕西通志》卷67。

③ 张之洞：《晋省未垦荒地尚多请宽起征年限疏》，见《皇朝结世文统编》卷25。

④ 冯桂芬：《垦荒仪》，见《显志堂稿》卷10。

⑤《江督端方奏准归并苏属农工商局先从农业办理》，光绪三十三年九月二十一日，见《光绪政要·实业七》。

⑥ 民国《广德县志稿》，第12—13页。

⑦ 宣统《宿迁县志》卷6。

⑧ 戴槃：《定严属垦荒章程并招棚民开垦记》，见《严陵记略》，第1页。

⑨《浙抚查荒续示》，见光绪六年四月二十日《申报》。

⑩ 光绪《浦城县志》卷6。

民逃徙殆尽。迄今满目荒凉，人迹罕到"①。

六　小结

地主经济发展，严重破坏农业生产。请看下面事例。

1. 明中后期及清中后期，因催科无序，流民日增

如：正德元年三月，刑部左侍郎兼都御史何鉴奏："清查过荆、襄、南阳、汉中等处流民二十三万五千六百余户，七十三万九千六百余口"②。正德元年十月，提督抚治郧阳等处都御史孙需奏："续清出荆、襄、郧阳、南阳、汉中、西安、商汉等府州县流民一十一万八千九百七十一户"③。正德十四年五月，巡按山东御史徐冠言："山东自流贼残破之后，水旱相仍，人民逃窜，田多荒芜。间有复业者，辄为里胥追征逋负，又复转徙"④。万历四年二月刑科给事中郭四维言："山东百姓流移，有一邑而逃数十社者，皆因灾眚频仍，催科无序"⑤。清代的情况，据郭松义先生对《乾隆朝刑科题本》辑录的1101个人的资料的研究，除72人的情况不明外，其中开地垦种或为人佃作和从事农业雇工的404人，占总数的36.69%；其余有打铁、木作等小手艺者，以及投奔主家作仆婢的有148人，占总数的13.44%；另有104人进入矿山开矿，或窑场烧窑、纸坊造纸等，占总数的9.45%；进入城镇求食的有373人，占总数33.88%。⑥也就是说流移的人口中只有三分之一强的人口回归到农业生产，大约三分之二的人口离开农业生产。参加农业生产劳动的人口减少，或说是劳动力流失，对农田荒芜和农业生产衰退起到推动作用。

2. 土地兼并，赋役苛重，农民苦于征求

嘉靖四十四年给事中周诗言："方今天下最苦，民贫不乐其生。臣尝吏于南北，稍知病源。大约豪宦连田阡陌，其势力足为奸欺；而齐民困于征求，顾视田地为陷阱。是以富者缩资而趋末，贫者货产而傭庸。又其甚，

---

① 《光绪东华续录》卷206。

② 《明正德实录》卷11。

③ 《明正德实录》卷18。

④ 《明正德实录》卷174。

⑤ 《明万历实录》卷47。

⑥ 郭松义：《民命所系：清代的农业和农民》，中国农业出版社2010年版，第390—391页。

则弱者逃，强者盗矣。即今农困已极，有司又从而朘削之。言征敛，则自两税外，如岁派、造作、供应，昔无而今有者，未有不准田起科者也。言差徭，则自旧额外，如兵勇、如听差，无经义起，昔半而今倍者，未有不兼田金粮者也。其它病三农、妨本业，未易卒举。臣又闻淮之南北，逃亡特甚，有经行数千里绝无人烟，灌莽弥望，虎狼穴焉者，皆征粮办差地也。夫有民而逃，与无民同；有地不耕，与无地同；有赋不输与无赋同；失今不图，公私俱敝矣"①。隆庆年间，巡抚宁夏都御史朱笈疏称："宁夏孤悬河外，逼邻虏巢，地土硝碱，膏腴绝少，而当时定税，遽拟一斗二升，其后因马缺料，加增地亩草束，赋日益重。又其后河势迁移，冲没良田，遂增至河崩沙压，高亢宿水，荒芜无影等项，而田不得耕矣。继又加以杂差，则挑河修坝，采草纳科，卷埽起坞等项，而劳者弗息矣。比先，当事臣工不忍前项田良苦累，节经具题，未蒙豁免，由是岁无丰凶，例取登足，故粮有拖欠，撒派包赔，包赔不过，逼勒逃窜，逃窜不无，则又摘丁补顶，派自婴孩，年复一年，以有限之丁，受无穷之累，驯至户口逃亡，生齿凋耗。"又称："夏方何为而敝也，以差粮烦重之累也"②。这是真实的写照。

　　清后期陕西三原县知县余庚阳，对太平军入陕及"花门事变"后，人民不愿回归土地的原因做了精辟分析。他说："卑职因公下乡，见夫井里凋，人烟稀少，窃以爱恋田庐，人之恒情，今当大难既平之后，胡乃甘作流佣，留滞异乡，不思还里修治农业？查问其故，则曰：恐派差徭也，恐征钱粮也。卑县平原地亩现并无人过问，唯北原间有议价出售者，每地一亩索价二三百文，而买主仍复迟疑不受。查问其故，则曰：恐派差徭也，恐征钱粮也。卑县前此绝产，向例以亲族领受纳粮，今以绝产给予亲族，或则谓服制已远，或则服制已尽，类皆饰词推诿，坚不承领者。问其故则曰：恐派差徭也，恐征钱粮也。卑县田多之家，皆招佃户租种，除收租外，仍令佃户纳粮，并质有押租钱文。今则佃户无不退田，并向业主索取押租，业主或许以减租，或径行免租，而佃户仍不肯承种者。问其故则皆曰：恐派差徭也，恐征钱粮也。卑县富户，全悄贸易，每家仅有墓田数十亩，皆给予守墓之人耕种，并不取租，只令纳粮。今则守墓之人，无不告辞，富

---

① 《明嘉靖实录》卷545。
② 朱笈：《豁免屯粮赔累疏》，见乾隆《中卫县志》卷9。

户虽许以资助，仍不肯留。查问其故，则皆曰：恐派差徭也，恐征钱粮也"①。从知县笔下，我们不难看出当时差徭之繁，钱粮负担之重，已达到农民无法忍受的地步，即使给田，也无人愿种。田赋差役繁重，一方面，把自耕农或半自耕农逼到卖田卖宅的地步；另一方面，使荒芜田地无人愿意领耕，人以有田为累。

地主经济膨胀，田归豪宦、缙绅之家，而齐民"困于征求"，"民以田为累"，农民流移失业。在这种情况下，农业生产难以为继，农业经济遭到严重破坏。

第二节　明清两代中后期政治腐败及对农业生产的影响

一　明中后期吏治败坏

政治和经济是一对孪生兄弟，荣则共荣，败则俱败。这一事实，为历代政府兴衰更替得到验证。当国家政治廉明之时，贪腐隐退，各项事业得以有序进行。这时，经济繁荣，国家昌盛，人民安居乐业；当国家政治腐败时，贪污受贿丛生，人民就会受贪官污吏宰割，国家财富被贪官污吏侵吞，各项事业处于无序状态，社会经济走向萧条，民穷国弱，社会震荡，民不聊生，最终破坏农业生产的发展。

明中后期，吏治腐败。那些贪赃成性的官吏，借上面催科紧急，供机"多方朘削"。南直隶的广德、太平等县，"百姓所最苦者，不肖官吏之比征愈急，输税愈缓，私囊愈赢，公赋愈亏"。陕西泾阳县，官吏们在征收钱粮时，除规定数额外，"有加派羡耗三四分，有五六分；有现收数少者，却于流水簿、开封袋捏写数多者"。嘉靖元年，巡仓御史刘寓生奏："天下卫所运粮四百万石，常额外加耗，有曰太监茶果者，每石三厘九毫，计用银一万五千六百两。有曰经历司，曰该年仓官，曰门官门吏，曰各年仓官，曰新旧军斗，俱每石各一厘，共计用一万六千两。有曰会钱者，上粮之时有曰小荡儿银者，每石一分共计用银八万两。又有曰收斛面银者，每石五厘，计用银二万两。率一岁四百万石，分外用银一十四万余两，军民膏血，安

---

① 光绪《三原县新志》卷8《杂记》。

得不困竭也"。① 隆庆六年八月礼科给事中陆树德奏："人皆知军运之苦,不知民运之苦尤深可怜。如船户之驱使求索,运军之挟诈欺凌,及洪闸等役之骗害;入京又有揽头之需索;入仓又有交纳之艰难。嘉靖初,民运尚有得全之家,十年之后则无不破矣。近者东南流离日众,逋负日多,里邑萧条,盗贼滋起,莫不由斯"②。万历三十九年三月,工科给事中归子顾疏言:"东南赋役,莫苦于北运。其受累之甚:一曰水脚之侵牟,二曰沿途之需诈;三曰交纳之留难"③。天启二年,登莱巡抚陶朗先,在任一年多,利用"上下相蒙,互为窟穴",贪污辽东军费几十万两。李应升说:"自登莱添巡抚而监饷,费饷百余万,添招练监军,而冒费又十余万。他若淮海之召买,两淮之疏理,辽饷之赞划,前后侵糜亦各数十万。"④ 官吏贪腐行为还体现在侵渔水利工程上。万历十六年,苏、松、常、镇水利副使许应远浚吴淞江,支帑金十万两兴修水利,百弊丛生,怨声载道。应遂册报开吴淞江用银五万八千七百有奇,存贮四万二百九十两有奇,浚过七浦、杨林等塘,千墩、道褐等浦,苏团、鲁耳区等河,丁家、张墓等港销糜工贵,徒扰民间,毫无裨益。万历年间,川沙厅有号曰泥头,借以包揽兴修水利为名,惯与奸胥朋谋蚕食,得银辄与胥役分受嘻嘻,不顾公事。结果"利归于奸胥,害积于地方。"⑤ 崇祯年间,江苏长洲县,前知县胡士客设置义田积租缮塘,后竟移为别用,旷久不修,长堤崩尽,无以捍水,防农病涉。⑥

二　清中后期吏治腐败

随着政治形势变化,乾隆中期以后,尤其和珅当政以后,政治廉洁之风被政治腐败之风取代,社会风气恶化,吏治败坏,官吏贪污成性。

乾隆中期以后,政治腐败已经很突出。据童超等人研究,乾隆年间,甘肃总督王亶以赈灾为名,拍卖"监生"资格,贪污钱财。甘肃省一大半

---

① 《明世宗实录》卷 12。
② 《明神宗实录》卷 4。
③ 《明神宗实录》卷 481。
④ 转见郭松义《民命所系:清代的农业和农民》,中国农业出版社 2012 年版,第 542—543 页。
⑤ 同治《苏州府志》卷 10。
⑥ 以上资料转见陈树平主编《明清农业史资料 (1368—1911)》第三册,《农田水利》,社会科学文献出版社 2013 年版,第 1237—1238 页。

官员都与之同流合污，贪赃枉法。事发与之同判死刑的官员竟有 56 人之多。① 据李治亭研究，乾隆后期查出一批一县一府乃至全省集团性贪污收贿案件。如乾隆四十六年，查出甘肃"通省大小官员联为一气，冒账分肥，遂至积成弊薮，牢不可破"。被处死者自总督勒尔瑾以下大小官员达 22 人。乾隆四十七年，江西巡抚郝硕进京朝见皇帝，向下属勒索，包括所辖各府州县，层层摊派，为他"集资"，共得银 3.04 万两。第二年，又巧立名目勒索银 3.85 万两。乾隆后期，因官吏侵蚀所致，钱粮亏空越来越严重，又再现康熙时的弊端："一县如此，一省皆然；一省如此，天下皆然。于是大县有亏空十余万者，一遇奏销，横征暴敛，挪新掩旧"。如山东、云南、浙江、福建、江苏、直隶诸省，都出现巨额亏空。乾隆五十二年，查出浙江仓库亏空粮食 300 余石，银 25 万两。封疆大吏贪污增多。如江西巡抚阿思哈、两淮盐政高恒、贵州巡抚良卿与钱度、云贵总督彭宝与李侍尧、闽浙总督杨廷璋、四川总督阿尔泰、直隶总督杨景素、山东巡抚国泰、湖南巡抚方世俊等二十余人，都查出贪腐行为。福建巡抚浦霖出身清苦，当官后贪污受贿，家财巨万。②

　　乾隆五十五年，内阁大学士尹壮图针对政治败坏、官吏贪污受贿的情况曾指出："各督抚声名狼藉，吏治废弛"。还说，他到直隶、山东、河南、湖北、江苏、浙江、广西、贵州等省，发现"商民半皆蹙额兴叹，各省风气，大抵皆然"③。这一警示，不但没有引起乾隆皇帝的反思，反而被视为"诬及朕躬"④。乾隆帝宣称："吏治肃清"，即使"有不肖之心"，"必默化潜移，岂敢以身试法"⑤。将不同意见打压下去，把问题掩盖起来。结果，以致腐败之风日积日重。乾隆六十年，高宗不得不承认吏治腐败事实，指斥福建："闽省近年以来，吏治废弛已极！"各海口地方"盗贼肆行出没"，如入无人之境；"盗船"停泊在福州五虎门，屡行抢劫，毫无顾忌。这些"皆由该督抚等平日漫无整理所致"⑥。同时，不得不承认："各省督抚廉洁

_____

① 童超主编：《康草气盛世》，云南教育出版社 2010 年版，第 239 页。
② 以上资料转见李治亭《清康乾盛世》，江苏教育出版社 2005 年版，第 544 页。
③ 《清高宗实录》卷 1367。
④ 《清高宗实录》卷 1372。
⑤ 《清高宗实录》卷 1372。
⑥ 乾隆朝《东华录》卷 120。

自爱者，不过十之二三，而防闲不峻者，亦恐不一而足。"① 乾隆末，高宗虽然认识到官吏腐败的普遍性，但为时已晚，已成积重难返的局面，难以扭转。腐败之风盛行，官吏肆行掠夺，鱼肉百姓，敲骨吸髓，民脂民膏尽入污吏囊中。

嘉庆帝上台后，即将大贪和珅打倒。嘉庆四年，查抄和珅财产时，有"地亩 8000 余顷，房屋 3000 余间，当铺 75 座，银号 42 座……"有人做过估算，查抄的和珅资产总共估值约白银 11 亿两，相当于清政府约 15 年的国库收入。② 嘉庆初年，漕运总督富纲收取河南粮道刘文徵、湖南粮道吴兰苏送银各一千两，浙江粮道恩特赫谟、江南十府粮道赵由坤送银各六千两不等。③ 这些巨额财富都是通过地方官吏搜刮民财而聚集起来的，都是来自民脂民膏。

清代漕政袭明朝之旧例，弊端较多。清初，户部尚书车克称："各衙门人役皆以漕为利薮"④。经过康熙、雍正两帝大力整顿，吏治一新。据道光间江西道监察御史王家相奏报：自雍正七年江苏抚臣尹继善奏革江苏漕弊后，"自此漕弊悉除，官民便利者五十余年"。⑤ 据此，漕政整肃，一直坚持到乾隆中期。但这五十余年"官民便利"，是来自康雍两届政府对吏治不断治处的结果，并不是一朝一夕所获。尹继善奏革江苏漕弊仅仅是个标志而已。

乾隆中期以后，漕政又日趋败坏。道光元年，汪廷珍奏称：谓漕政弊端始于和珅掌权之时，当时"大吏多簠簋不饬，因而不能禁之浮收，因而启弁丁之勒索，由弁丁之勒索，因而致群蠹之贪求，辗转相因，遂成痼弊，丁力疲乏即此之由，并非所颁份例不足敷用之故也。……地方大吏不知严杜弊源，而惟讲求津贴，是徒竭百姓有限之脂膏，以填群蠹无厌之溪壑，而于旗丁究无毫丝之益"⑥。和珅当政二十年，政治腐败，官吏贪污，遂至漕政败坏。

---

① 《乾隆起居志》，乾隆六十年八月。
② 童超主编：《康乾盛世》，云南教育出版社 2010 年版，第 205 页。
③ 参见张婷《法外之罚：乾隆朝官员罚议罪银》，《明清论丛》第 9 辑，紫禁城出版社 2009 年版，第 249 页。
④ 《清档》，顺治九年九月二十六日，户部尚书车克等题。
⑤ 《清档》，道光元年六月十日，江西道监察御史王家相奏。
⑥ 《清档》，道光元年六月二十五日，汪廷珍奏。

征漕加派及官绅勾结对税产的贪索，加重农民负担。如工科给事中于可托奏："江右漕粮杂费之苦，较正项而倍甚。开仓有派，修仓有派，余米有派，耗米有派。每年征米，或委县佐，或差本官，仆役经承俱有常例，名曰漕费。"[1] 福建道御史胡文学奏："过淮监兑有派，修船使费有派，官役规例有派，他如踢斛、淋尖、垫仓、扬籭种种名色，以致截头、水脚使用，多寡不等，故应纳粮一石，必须用数石，应折银一两必需费数两。"[2] 而这一切需索，最后都通过浮收勒折加在一般粮户身上。

据陆世仪说："朝廷岁漕江南四百万石，而江南岁出一千四百万石，四百万石未必尽归朝廷，而一千万石常供官旗及诸色蠹恶之口腹。"[3]

州县征漕浮收使用种种手法：一是加大量斛容积。二是在量米时使用手脚，或使用踢斛法，以加大量米密度；或使用淋尖法，使量米高出斛面。三是兑收漕粮时对粮户进行刁难，以达到多收米石的目的。四是计算粮额时以零作整。浮收之重，多有记载：如乾隆五十五年，浙江嘉善县粮户陆其运交漕粮 161 石，该县书吏"仅给一百石九斗九升串票"[4]。书吏侵蚀了60 石。嘉庆四年，《仁宗实录》称：州县征漕，"多有每石加至数斗及倍收者"，因此"所收米未至三分之一，本色已足"[5]。江苏宜兴县征漕，"竟有每石加至七八斗者"[6]。道光元年，王家相称：州县征收漕粮有增无减，仓斛本大，又兼斛手之重，粮户"则二石完一石，在官吏已视为定额矣"[7]。道光二年，河南道御史孙贯一奏称，山东、河南二省征漕，有的正漕一石，粮户实交三石。[8] 这样的事例还有许多，不再一一枚举。

与浮收并行的，粮户还须花销各种使费，如吏胥和斗级索要茶饭钱，粮仓胥役索要各项花费，又有口袋花红各种名目。如不满所欲，即以米质低劣为辞，拒绝接收，使粮户拖延时日难以完纳，粮户拖延不起时日，只

---

① 乾隆《漕运全书》卷 12《征纳兑运·历年成例》。
② 乾隆《漕运全书》卷 12《征纳兑运·历年成例》。
③ 陈岱霖：《请严革征漕积弊疏》，见《清朝经济文编》卷 39。
④ 《清高宗实录》卷 1354，乾隆五十五年五月丁亥。
⑤ 《清仁宗实录》卷 40，嘉庆四年三月丁卯。
⑥ 《清仁宗实录》卷 49，嘉庆四年七月丙子。
⑦ 《清档》，道光元年六月十五日，江西监察御史王家相奏。
⑧ 《清档》，道光二年九月，河南道御史孙贯一奏。又见《宣宗圣训》卷 122，《上谕》。

好让其勒掯。嘉庆十四年上谕称：民户完粮，"皆由官吏多勒掯，有意刁难，以致民户守候需日，不得不听从出费"①。只好满足吏胥的要挟。

除以上敲诈勒索外，州县榨取粮户另一种手法是"勒折"。乾隆年间，福建道御史胡文学奏："应折银一两"之粮，"必需费数石"之米。② 乾隆五十二年彭绍升论曰：苏州府属迫令粮户折交现银，"每米一石银至四两。"③ 湘乡粮户童高门应交漕粮 10 石，粮书延不兑收。童氏只得折交现银 47.5 两，"作米十石"，又交银之时，"每两须纹银一两三钱"。即须 61.75 两，每石该折银 6.175 两。④ 嘉庆十二年，御史纪彦博奏：州县征漕勒收折价，"计市价好米每石二千文之时，折价则四五千文。"⑤ 道光二年，每石折收制钱 6000—7000 文，三倍市价。⑥ 咸丰七年，湖北省某些州县，每石折收制钱 6000—7000 文，或 12000—13000 文，有的多至 18000—19000 文。⑦ 咸丰十一年，山东武定一带每石折收制钱 20 余千文或白银 7—8 两。⑧ 光绪十年，王邦玺奏，州县征漕，每年只开仓二三日即行封仓，概收折色，"每石定价七八千，有多至十余千者。"⑨ 当为市价数倍。

州县官吏为满足个人贪壑和贿赂上司，在征漕时设法浮收勒折，有的甚至把农户所有山地、坟墓、住宅占地也列入田亩册，一并纳粮。农民小户在重税压迫下，有的被迫投靠绅衿大户受其包揽。被包揽的小户，对包揽的绅衿大户要支付一定贡献，诸如样米、扣头、茶饭费、串票钱等，不一而足。⑩

官吏无止境勒索，致使粮户不断走向贫困化，从而破坏了农业生产的发展。《湘潭县志》称：漕政是官吏的利薮，"殖官于此恒欣然乐饶，民间为之语曰：不贪不滥，一年三万。嗜利者不知足，见可以多取辄增取之。自承平

---

① 光绪《漕运全书》卷 84。

② 乾隆《漕运全书》卷 12《福建道御史胡文学疏》。

③ 彭绍升：《论纳粮折银》，见嘉庆《吴门补乘》卷 1《田赋》。

④ 《清高宗实录》卷 1359，乾隆五十五年七月丁未。

⑤ 光绪《漕运全书》卷 81。

⑥ 《清档》，道光二年九月二十七日，奏收漕余弊重请严禁仰祈圣鉴疏。

⑦ 《道咸同光奏议》卷 27，咸丰七年，胡林翼：《谨陈湖北漕弊拟办减漕密疏》。

⑧ 丁宝桢：《丁文诚公奏稿》卷 1，《查复济阳县征收钱漕折》。

⑨ 王邦玺：《条陈丁漕利弊疏》，光绪十年，见《清朝经济文编》卷 37。

⑩ 光绪《漕运全书》卷 85。

以来，屡以钱漕讼然，公私悦利，穰穰尤盛"①。这些贪官污吏，以漕为利薮，随意搜刮民财。他们把贪污受贿之钱，除过奢侈生活外，大部分投资于地产，大量兼并土地，使众多自耕农破产，破坏了农业生产发展。

第三节　明清两代中后期国库空虚及对农业生产的影响

一　明中后期太仓存银及京通二仓储粮减少

1. 太仓库存银减少

按明朝政府的规定，"财赋岁入太仓库者"，"以七分经费，而存积三分，备兵、歉以为常"。到弘治十八年兵科给事中王建相奏："今天下大可忧者，在于民穷财尽"。② 正德元年五月，尚书韩文会英国公张懋等议："京库银两，岁入者一百四十九万两有奇。以岁用言之，给边折俸及内府成造宝册之类为一百万两，余皆贮之太仓，以备饷边急用。故太仓之积，多或至四百万，而少亦半之。近岁所入，以积欠、蠲除，亏于原额，而所出乃过于常数焉。盖一岁之用已至五百余万两矣"③。到了入不敷出地步。嘉靖二十八年户部复议称："成化以前……一岁出入，沛然有余。今则不然，京通仓粮，岁入三百七十万石。嘉靖十年以前，每岁军匠支米二百八十万石，廪中常有八九年之积。十年以后，岁支加至五百三十七万石，抵今所储，仅余四年。太仓银库，岁入二百万两。先年各边额用主兵年例银四十一万余两，各卫所折粮银二十三万余两，职官布绢银一十一万余两，军士布花银十万余两，京营马料银一十二万余两、仓场粮草银三十五万余两。一年大约所出一百三十三万，常余六十七万。嘉靖八年以前，有库积银四百余万，外库积有一百余万。近岁除进用、修边、给赏、赈灾诸项外，每年各边加募军银五十九万两，防秋、摆边、设伏、客兵银一百一十余万两，补岁用不敷盐银二十四万余两，马料银一十八万余两，商铺料价银二一十余万，仓场粮草银五万余两，一年大约所出三百四十七万。视之岁入，常多一百四十七万。及今不为之所，年复一年，将至不可措手矣。且今生财之

---

① 光绪《湘潭县志》卷6《赋役》。
② 《明孝宗实录》卷222。
③ 《明武宗实录》卷12。

道既极，计惟节用。"① 隆庆元年九月，户部尚书马森奏："昔谓国无三年之蓄，国非其国。今查京、通二仓之粟七百余万石，以各卫官年月粮计之，仅支二年之用"②。隆庆四年八月，户部尚书张守直言："近者遣四御史括天下府藏，二百年所积者而尽归之太仓。然自老库百万之外，止二百十万有奇。不足九边一年之用。国计至此，人人寒心"③。隆庆年间，张居正奏报：当时户部岁入折色钱粮及盐课、赃赎事例等项，共计250余万两，支出400余万两，入不敷出达150余万两。万历三十六年，宰辅王锡爵指出："适有传户部告急疏者，仓无数万之储，军无半年之饷，二百年来未有此极穷之时……中外汹汹，朝不图夕。"④ 万历四十年，户科给事中宫应震奏："念太仓库银四百万余，属边饷者三百八十九万有奇。顷九边共欠至二百九十三万六百两，太仓之匮可知也"⑤。天启二年，大学士叶向高等合题："今日东西逆贼势甚猖獗，各处索饷请帑，臣等每当看详，欲拟允则内帑有限；若拟不允则地方危急。欲令户部设处，则户部亦束手无策；欲拟各省严追逋欠，则民穷已极，嗷嗷思乱。臣等心苦而计无所出"⑥。

2. 京通二仓储粮减少

嘉靖二十五年十月，世宗帝曰："漕运粮米，岁有常数，系祖宗成法，即遇灾伤，自有蠲省常例。近来内外各官奏免，任意纷更。该部一概提复，不闻执奏，以致岁减过半，坐损国储"⑦。隆庆六年五月，户部右给事中粟在庭言："盖每岁漕粮四百万石，除转饷诸镇及漂流挂欠，灾伤改折殆且百万。其纳京、通二仓者实止三百余万，仅供官军、匠役一岁之食尔！而太仓陈粟，不足以支三年。今复岁减百万，京师米价翻贵。万一事出非常，运道梗塞，畿无枵腹，卫士脱巾，将胡以待之？"⑧ 天启三年五月，总督仓场户部尚书李宗延奏："万历初年，朽腐相陈，可支十年。今括十有一仓储

---

① 《明世宗实录》卷 351。
② 《明穆宗实录》卷 12。
③ 《明穆宗实录》卷 48。
④ 参见郭松义《民命所系：清代的农业和农民》，中国农业出版社 2012 年版，第 526—527 页。
⑤ 《明神宗实录》卷 502。
⑥ 《明熹宗实录》卷 17。
⑦ 《明世宗实录》卷 316。
⑧ 《明穆宗实录》卷 70。

佇，仅当一年之用"①。粮库之空虚，可见一斑。

在明中后期以后，由于封建政府腐败，需索无度，严重破坏了农业生产，摧残农村经济，迫使农民破产，走向逃亡之路，结果造成土地荒芜，国家财政收入萎缩，人民赋役负担繁重，社会救济功能丧失，人民反抗斗争风起云涌，社会处于动荡之中。

二　清中后期国库及仓储粮空虚

清中后期，地主经济迅速膨胀，土地兼并日趋激烈，自耕农激剧减少，直接影响国家财政收入减少。与康乾盛世相比，嘉庆以后，从总体上看，财政收入在逐渐减少，虽然也有波动，但总的趋势是在减少。下面，从三方面进行考察：一是库存银减少；二是京通两仓存粮减少；三是常平仓库存减少。

1. 库存银减少

乾隆时，库存银最多时达 8182 万两，至乾隆六十年库存银尚有 6939 万两，至嘉庆后，总趋势逐年在减少，虽然有忽高忽低变化，但始终没有达到嘉庆元年库存量。详见表 11 –6。

表 11 –6　　　　　　乾隆四十二年至光绪朝银库库存　　　　单位：银万两

年份	库存（银）	年份	库存（银）
乾隆四十二年	8182	咸丰三年	11.9
乾隆六十年	6939	咸丰四年	12.6
嘉庆元年	5658	咸丰五年	11.4
嘉庆二年	2792	咸丰六年	9.2
嘉庆六年	1693	咸丰七年	10.5
嘉庆九年	2165	咸丰八年	5.0
嘉庆二十五年	3121	咸丰九年	7.5
道光元年	2749	咸丰十年	6.9
道光六年	1758	咸丰十一年	6.8

① 《明熹宗实录》卷29。

年份	库存（银）	年份	库存（银）
道光七年	3001	光绪八年	683
道光八年	3348	光绪九年	527
道光十二年	2569	光绪十六年	487
道光二十二年	1301	光绪十七年	478
道光二十三年	993		

注：该表由表1-31、表1-32、表1-33构成。其中：表1-32、表1-33只取其中库存银部分。

资料来源：转见史志宏《清代产部银库收支和库存统计》，福建人民出版社2008年版，第104页表1-31；第111页表1-32；第112页表1-33。

清代库存银，以乾隆四十二年达到顶峰，而后逐渐下降，但至乾隆末期仍然持有6939万两。嘉庆元年，还有乾隆朝留下老本，库存银仍保持高位。从嘉庆二年后，库存银再也没有达到3500万两高位。库存银只在3121万两及1693万两之间徘徊。至道光年间，只有道光七年、八年库存银达到3000千万两以上外，其余年份都在2749万两至993万两之间徘徊，并且乾隆朝后出现库存银首次跌破千万两范围。咸丰年间，库存银跌落到谷底，只在12.6万两至5万两之间徘徊。光绪年间库存银与咸丰年间比有所回升，但仍在683万两与478万两低位之间。

2. 京通两仓储粮减少

京通二仓储粮，嘉庆前为数较多，康熙六十年（1721）为5829507石，雍正八年（1730）积存高达14963385石，达到有清一代储粮最高峰，乾隆十四年至二十年（1749—1755），约有1000万石，乾隆四十年（1775）后减为600万—700万石。嘉庆以后京通二仓存贮粮总额在400万—500万石。道光年间，由于农村经济衰落，京通二仓贮粮总额遂由300万石递减为200万石。咸丰以后，长江中下游经长期战乱，农村经济遭受严重破坏，京通二仓储粮以数十万石为常。光绪年间，京通二仓储粮一般为100多万石，贮粮数额与康乾时期相比，大为减少。① 详见表11-7。

---

① 参见李文治、江太新《清代漕运》，社会科学文献出版社2008年版，第47页。

表 11－7		咸丰至光绪间京通二仓储粮数	单位：石
年份	京仓	通仓	总计
咸丰元年	3134198	—	—
咸丰二年	2218599	64715	2283314
咸丰三年	1339861	10205	1350066
咸丰四年	505180	98262	603442
咸丰五年	596367	—	—
咸丰六年	1003011	90298	1093309
咸丰七年	628460	94362	722822
咸丰八年	—	131179	—
咸丰九年	—	155654	—
咸丰十年	—	181075	—
同治元年	219671	58839	278510
同治二年	148383	42288	190671
同治三年	—	56351	—
同治四年	433148	43931	477079
同治五年	513240	60378	573618
同治六年	309419	82138	391557
同治七年	412093	111192	523285
同治八年	616670	—	—
同治九年	760785	171697	932482
同治十年	849956	202422	1052378
光绪五年	—	334574	—
光绪六年	—	326113	—
光绪九年	3010257	—	—
光绪十年	1257030	—	—
光绪二十三年	1238708	50461	1289169
光绪二十四年	1257030	74217	1331247

资料来源：《清档》，京通各仓奏缴清册。

清中期后，中央政府为充实京仓储粮，不得不提拨常平仓积贮。嘉庆九年，提拨河南、湖南、湖北、江西等省常平仓积谷 70 万石，碾成米 35 万石，运交京仓。此后的嘉庆二十三年、二十四年，道光四年、五年、七年、二十二年，先后动用各省常平仓积谷 100 余万石，道光二十一年，朝廷令山西、陕西、直隶、山东、河南数省，查报常平仓积谷，转运京仓。① 至清后期，随着漕粮运额锐减，京仓空虚，朝野人士纷纷建议提拨地方积谷。道光年间，姚椿在《河漕私议》一文中，提议一向未承担漕赋的四川、广东、福建三省征实漕粮运京师。咸丰元年，王东槐建议将四川沿江各州积谷50万石，雇商船运赴湖北，交兑漕船北运京师；又建议将山东、山西、河南三省常平仓积粟、麦提拨20万石交京仓。②

3. 清后期，常平仓库存减少

清后期，农业经济破坏，常平仓仓储积谷减少。道光二年，糜奇瑜奏称：黔省各属额储仓谷，多有缺额，"酌量加买补足，总不得逾五年之限"。要求官员离任时，"务须以实谷贮仓交代，概不准将例价折交"③。道光三年，帅承瀛奏称：浙江各厅州县，嘉庆五年清查："册报原亏谷七十六万七千一百七十一石零……于嘉庆二十二年全行补充"。清查案前尚未买谷"十七万三千七百七十石零"。前次清查以后，至此次清查，"共盘缺谷二十四万五千六百石零"。④ 道光四年，高溥奏称：江西南昌等十二府州所属各厅州县缺谷，"共计二十四万石有零"⑤。咸丰四年，罗惇衍奏称："京仓支绌"⑥。光绪二十四年，盛宣怀奏称：仓储为民食攸关，"近来州县办理不善……十邑九空"。他又说："一遇偏灾，请蠲请赈，缓不济急。"⑦ 此评论可谓一针见血，道出仓储空虚实情。

三　国家财政空虚，严重影响社会救济功能发挥

由于明清两代中后期库存银减少，以及京通两仓储粮锐减，严重影响到两代政府中后期社会功能的发挥。明前期，因灾蠲免钱粮之事，实录多有记载。这里列几个事例说明：洪武十二年五月，诏曰："近者广平所属郡邑，天久不雨，致民艰于树艺，衣食不给。……其北平今年夏秋税粮，悉

---

① 参见李文治、江太新《清代漕运》，社会科学文献出版社2008年版，第79页。
② 以上筹粮建议均见光绪《漕运全书》。
③ 《清宣宗实录》卷40。
④ 《清宣宗实录》卷50。
⑤ 《清宣宗实录》卷74。
⑥ 《清文宗实录》卷121。
⑦ 《清德宗实录》卷430。

行蠲免"①。洪武十八年，河南水患及山东，北平大雨，涝伤民田。"诏：凡被水之处，免今年田租。河南二十三万七千五百余石，山东、北平二百五十五万五千几百余石"②。永乐十一年六月，徐州水灾，"即遣人驰驿发廪赈之；所鬻男女，官为赎还"③。正德九年二月，永平等府，旱潦相仍，上曰："畿甸之民至此，朕心恻然。其令悼发所在仓库赈之。仍输通州粮十万石，减催榷散，一应岁赋，亟勘报蠲免。"④

然而，至明中后期时，情况完全不同，受灾地区由于得不到政府赈济，吃草根树皮者有之，饿死者有之，流离失所者有之，甚至发生人相食惨况。如万历十四年七月，南京工科等科给事中孙世祯等奏称："山东、河南、陕西，赤地千里，方为恻心蒿目；乃大江南北庐舍漂流，江西、荆楚之间，又闻被灾者过半矣。将来救时之术，不过蠲、赈。然议蠲免，则国家财用所需甚急；议赈济，则中外储蓄匮诎可虞"⑤。由于当时政府财乏粮空，以致救灾无措。万历二十九年五月，畿辅八府及山东、山西、辽东、河南荒旱，"野无青草，载道流离，盗贼群行，白昼抢劫。……迄涣发明旨，以拯民命于既死，销祸变于燃眉"。但这一请求被压下，"不报"。⑥ 结果赈济竟没下文。万历四十四年二月，山东比年荒旱，道殣委籍，父子兄弟互相残食，妇女流鬻江南，淮安遂成人市。盗贼并起，所在攻击。政府不但不设法赈济，反而下令镇压灾民。有旨"饿民啸聚，乱形已成，务相机捕除首恶"⑦。政府不但不体恤民众之困苦，反而对灾民加以镇压，这一行为必导致民反。

至清代后期，在农业经济衰退下，民间鲜有盖藏。据张振勋奏报，近年米谷日贵，粒食日艰，无论凶荒之岁也，即年岁顺成，米价曾不少落，几乎农田所出有不敷海内民食之患。"试就广东而说，向仰食于广西、江西已也，今则西粤并仰食于暹罗（泰国）、安南（越南）之米矣"⑧。由于政

① 《明太祖实录》卷 124。

② 《明太祖实录》卷 176。

③ 《明太宗实录》卷 88。

④ 《明武宗实录》卷 109。

⑤ 《明神宗实录》卷 176。

⑥ 《明神宗实录》卷 359。

⑦ 《明神宗实录》卷 542。

⑧ 张振勋：《张弼士侍郎奏陈振兴商务条议》，《招商设立贷耕公司议》。

府既缺钱又缺粮，救灾无力，致使灾情发展到目不忍睹的地步。如光绪三年，山西被灾，政府无粮赈济。曾国荃称："省南灾重缺粮，不特无树皮草根可挖，抑且无粮食可购。哀鸿遍野，待哺嗷嗷，道殣望，惨不可言"①。他还说："甚至有一家种地千亩，而不得一餐者。"② 王锡纶谓：自乙亥（光绪元年）以来，比目不登，丁丑五月后，粮价日腾。被灾极重者八十余区，饥口入册者不下四五百万，而饿死者十之五六，有尽村无遗者。小孩弃于道，或父母亲提而掷之沟中者。死则窃食之，或肢割以取肉，或大脔如宰猪羊者。……层见叠出，骇人听闻。小康之家，皆拆房屋取材木以售，闲官未秩，及试用候补之员，卖器具以食，而市肆典赊俱绝。③ 光绪五年，河南大灾，金苕人太守办赈归来，至桐访友，"述所亲见饿莩惨酷情状，有攫遗骸而吮其髓者，有抱骷髅而盐其脑者，及呼吸无力，而亦倒矣。甚至割煮亲长之尸，并有生啖者"。作者感慨地说："豫省如此情形，晋省则更有甚焉"④。光绪二十三年，大吏张之洞说："天门、汉川被水，灾民数十万，不惟无粮可食，无田可耕，抑且无地无屋可栖止"⑤。光绪三十二年，江北受灾，《时报》报道：当地"草根树皮铲除皆尽……被灾民数有一千五百万之多"⑥。宣统三年，江苏淮海及安徽凤颍等属，因累被水灾，自去秋至今，"江皖二十余州县灾民三百万人，已饿死者约七八十万人，奄奄待毙者约四五十万人"。⑦

由于国家储粮空虚，救灾只得依赖进口粮。清代进口粮食，康熙年间就开始，康熙六十一年，从暹罗进米三十万石至广东、福建、宁波等处贩卖，但数量有限。大量进口粮食主要在清后期。光绪二十六年，黄河水溢，年成歉收，进口之米从光绪二十四年 118000 英担增至 743000 余英担。同年，福建兴化，雨多麦损，"美国面粉，销路渐广矣"⑧。光绪三十年，福建

---

① 《曾忠襄公奏议》卷6，《勘灾筹赈疏》。

② 《曾忠襄公奏议》卷5，《请饬拨西征军饷疏》。

③ 王锡纶：《丁丑奇荒记》，见《怡青堂文集》卷6。

④ 严辰：《自上梅中丞书》光绪五年，见光绪《桐乡县志》卷7《积谷》。

⑤ 张之洞：《致宜昌赵晖凌三道台施南傅镇台额守董令》，光绪二十三年六月十二日，《张文襄公电稿》卷23。

⑥ 《时报》光绪三十二年十一月十六日。

⑦ 张廷骧：《江皖沉灾》，见《不远复斋见闻杂志》卷10。

⑧ 李文治：《中国近代农业史资料》第一辑，生活·读书·新知三联书店 1957 年版，第 772 页。

他区"偶遇禾稻损坏，所蓄之资多出购外洋谷米"①。宣统元年，江苏徐海淮十七州县灾区，每一州县，极贫之丁口十七八万至二三十万不等，平均以二十万计，已三百四十余万。每人每日十文，"势不能活"，况购运米麦薯干，近则奉天、山东，远则日本、暹罗，又远则美国，"周折文繁，欲避无从，费用之巨欲省不得"②。表 11－8 为咸丰七年（1867）至宣统三年（1911）历年进口大米统计情况。

表 11－8　　　　　　咸丰七年至宣统三年进口大米统计

年份	量（担）	值（两）	担（价）	年份	量（担）	值（两）	担（价）
1867	713496	1101565	1.54	1890	7574257	11445779	1.51
1868	349167	510009	1.46	1891	4684675	6597259	1.41
1869	346573	481526	1.39	1892	3948202	5826415	1.47
1870	141298	247933	1.75	1893	9474562	12965249	1.37
1871	248396	405620	1.63	1894	6440718	9743005	1.51
1872	658749	1092873	1.66	1895	10096448	15622509	1.55
1873	1156052	1439862	1.25	1896	9414568	15021979	1.60
1874	6293	7596	1.21	1897	2103702	4011053	1.91
1875	84621	106773	1.26	1898	4645360	10448838	2.25
1876	576279	660278	1.15	1899	7365217	17813083	2.42
1877	1050901	1593617	1.52	1890	6207227	11376675	1.83
1878	297567	527468	1.77	1891	4411609	7050887	1.60
1879	248939	333796	1.34	1892	9730654	23611125	2.43
1880	30433	43517	1.43	1893	2801894	7650711	2.73
1881	197877	247064	1.25	1894	3356830	8379530	2.50
1882	233149	288002	1.24	1895	2227916	8544971	3.84
1883	253210	303485	1.20	1896	4686452	11749590	2.51
1884	151952	202359	1.33	1897	12765189	3411307	2.70
1885	316999	466624	1.41	1898	6736166	26578933	3.95
1886	518448	894262	1.72	1899	3797705	15655342	4.12
1887	1944251	2755654	1.42	1910	9409594	31320326	3.33
1888	7132212	9633829	1.35	1911	5302805	18695724	3.53
1889	4270879	6021090	1.41				

注：1867—1873，上海两；1873—1911，海关两。

资料来源：杨端六：《六十五年来中国国际贸易统计》。

---

① 光绪三十年二日《厦门商政局报告·实业现况》。
② 张謇：《代江督拟设导淮公司疏》，宣统元年，见《张季子九录政闻录》卷10。

进口粮食作为救灾的辅助措施是可取的。但完全或大部分依赖进口粮来救灾就成为问题了。一是远水解救不了近渴。从订单签订开始到米到达中国，需要一个过程，加上要漂洋过海，里程长，至少半个月，多则数月，遭灾之民，不能一日无食，岂能久等！二是由于供求关系影响，当大量购买时，国际市场的粮价就会跟随需求增加而攀升。从表11－8就可以明显看到：原来只要1.21海关两就能买到1担粮食，到灾年却要花2倍甚至3倍的银子才能购买到1担粮。这对国家财政来说，是一种沉重的负担。灾年国家财政收入已减少，而今粮价又高抬，是一个繁重负担。对灾民来说，已因灾而山穷水尽，今又遇上粮价高抬，岂不雪上加霜！作为一个国家粮食主管部门来说，备粮要有长远的战略眼光，常备不懈，不能搞突击，若一时大批量进口，会受国际市场挟制，趁火打劫。粮食是战略物资，尤其会受到有些不怀好意的国家从中操纵，使粮价高企，以削弱国力，或以此煽动国内一些不良分子乘机捣乱，或闹事。因此，在粮食问题上要做到：第一，在粮食生产上要狠抓不放，必须严格按国家计划行事；第二，在粮食储备问题上，必须从长计议，做到"十年要有三年存粮"。民以食为天，不可一日无粮。在这问题上，千万不可掉以轻心。

第四节　明清两代后期农田水利失修及对农业生产破坏①

明清两代水利失修，对农业生产破坏，分两种情况：一是明清两代中后期政治腐败，政府无能兴修水利，致使农业生产遭受破坏；一是随着明清两代地主经济发展，尤其是中后期地主经济发展，地主权势嚣张，霸水情况不断出现，致使对农业生产遭到破坏。

一　明后期水利失修及对农业生产破坏

中国是个自然灾害多发区，从灾害历史发展趋势看，明代自然灾害频繁，而水灾、旱灾尤其严重。详见表11－9。

---

① 本节资料来源：1.《明实录》；2.陈树平主编《明清农业史资料》；3.江太新搜集的部分《地方志》。引用时只注原注，特作说明。

表 11 - 9　　　　　　　　　　明代各种自然灾害统计

灾种		水	旱	风	雹	雪	霜	低温	蝗	虫	鼠	兽疫	疫	地震	沙尘暴	饥荒	合计
明代	灾次（次）	1516	1046	48	325	22	33	3	328	28	7	—	48	968	32	859	5263
	比重（%）	28.8	19.9	0.9	6.2	0.4	0.6	0.06	6.0	0.5	0.13	—	0.9	18.4	0.6	16.3	—

注：1. 原表有部分统计数字误，如"低温"栏明代比重不是 0.05，应为 0.0006。"鼠栏"明代比重不是 0.013，应为 0.0013。现已一一更正。特此注明。

2. 因四舍五入计算，比重相加不等于 100%。

资料来源：转见闵宗殿主编《中国农业通史·明清卷》，第 20 页，表 1 - 9。

从以上所列十五种灾情看，水灾、旱灾最为突出，排在第一、第二位。水旱之灾所以肆虐，水利工程失修是重要原因之一。

1. 明中后期水利失修

明中后期以后，由于官府忽视对水利兴修，或官吏侵渔，或地方争水，造成水利失修，致使水灾、旱灾连年发生，农业生产遭受破坏。

苏松水利失修。嘉靖四十五年，江西布政使司右参政凌云翼奏："苏、松地方，延袤千里，财赋所入，当天下三分之一。由外滨大海，内阻江湖，大河环列于郡县，以吐纳江海之流，支河错综于原野，以分析大河之派，寸土尺地，皆获灌溉。此东南财赋之源也。迩来淤塞日甚，支河不达于大河，大河不达于江海。旱则一望枯槁，潦则立成巨浸。田亩日荒，逃移日众。"[①] 嘉靖二十年，吕光洵疏称："近年以来，纵浦横塘，多埋塞不治。二三十年以前，民间足食无事，岁时得因其余力，营治圩岸，而田益完美。近年空乏勤苦，救死不赡，不暇修缮，故田圩渐坏，而岁多水灾。"[②] 隆庆三年，海瑞奉命巡抚江南，他看到"近年以来，水利官旷职不修，抚按亦不留心，潮泥日积，填于本江（吴淞江），无所泄泻，太湖因之奔涌，处处农田受灾，岁稼不登，唯有坐禀。"[③] 万历六年，工部题复工科给事中王道

① 《明弘治实录》卷 558。

② 吕光洵：《修水利以得财赋重地疏》，嘉靖二十年。见徐光启《农政全书》卷 14，《水利·东南水利（中）》。

③ 同治《苏州府志》卷 10。

成疏称："国初以来，一切圩岸、陂塘之属，尽皆荒圮。年复一年，水利大坏，一遇旱潦，坐而待毙。"① 万历四十二年，工科给事中归子顾疏言："我朝正统间，巡抚周忱始立表江心，设法开浚，淤塞顿通。……浚者凡五。迄今四十余年，废不讲矣。以致万历三十七八等年，大浸稽天。三吴之民，胥沦鱼鳖，田禾颗粒无收。"② 万历年间王锡爵称："盖他县之水，皆江湖之清波，而嘉定独潮汐之所出入，浊泥浮沙，日有积焉。余尝考其地志，塘浦在县界者，凡三千余，昔人以治水为大政，故二百年常通流不废。正、嘉之际，其遗迹犹有存者，至于今湮没者十之八九，其存者如衣带而已。"③《嘉定县志》载："自水利不修，邑中种稻之田不能十一。"④ 嘉定原种水稻之田，因水利失修，只好改种棉花。

山西水利废坏。山西榆次县《旧志》称：河渠"在明万历中，列名记籍，多至四十渠，今间亦就废。"⑤

河南《邓州志》载，崇祯七、八年后，陂堰尽荒。⑥

云南水利遭忽视。嘉靖年间，"夫曲错之水，洱海之旱，患之久矣，而未闻有治之者，不重也。"⑦ 大理府城北有数处，昔因居民坏塔以致蜕变，如哦㟧村良田覆没，鞠为茂草。⑧ 宾川州之炼洞、甸头、甸尾诸渠，古渠痕迹俱存，由于修复"古渠工费颇巨，官不为倡，田犹荒阪。"⑨

明后期水利之所以失修，探求其原因有三个：第一，陂堰为豪强兼并。如邓州陂堰为豪强所占，民间失其利，闸口阏（淤）塞，尽成旱田。崇祯七八年后，陂堰尽荒。⑩ 第二，官吏忽视水利兴修。徐贞明称：西北之水一开浚，遂可无患而为利。大要浚上流入淀，浚下流入海而已。"余尝为有司

---

① 《明万历实录》卷77。

② 《明万历实录》卷519。

③ 王锡爵：《永折漕粮碑记》；顾炎武：《天下郡国利病书》原编第六册，《苏松备录·嘉定县志》。

④ 转见顾炎武《天下郡国利病书》原编第六册，《苏松备录·嘉定县志·田赋》。

⑤ 乾隆《榆次县志》卷5。

⑥ 顺治《邓州志》卷11。

⑦ 《滇南水利策》，见《授时通考》卷16，《土宜·水利二》

⑧ 万历《云南府志》卷2。

⑨ 万历《云南通志》卷2。

⑩ 顺治《邓州志》卷11。

及乡绅言之以为然，而为事者不知此理，遂中止。"① 隆庆三年，海瑞奉命巡抚江南时也指出："近年以来，水利官旷职不修，抚按亦不留心"，以致水利失修。② 第三，官吏侵渔。周孔教称：万历年间，华亭县水利失修，弊在"坐在法无画一，或差或停，任意行止，或轻或重，任意派拨，于是奸胥窟穴其中，塘长该年之精神不用之浚筑，而用之布置，百姓之脂膏不尽之于河圩，而尽之使费"③。

水利失修，直接造成造农田废坏，或圩岸被废，良田变成泽国，或被沙压，或因失原有灌溉条件，而使土质贫瘠化。水利失修失去旱涝调节功能，从而对农业生产造成严重破坏，对人民生命财产造成巨大危害。原来可以种植水稻之田，现在只好退而求其次，种植棉花，造成当地严重缺粮的后果。原来征收漕粮的州县，只好要求改征折色，致使国家仓储粮食减少。

2. 清中后期水利失修

清代是处于自然灾害多发期，加上中后期水利失修，更加重自然灾害危害，详见表 11–10。

表 11–10　　　　　　　　　　　清代灾情情况

灾种		水	旱	风	雹	雪	霜	低温	蝗	虫	鼠	兽疫	疫	地震	沙尘暴	饥荒	合计
清代	灾次（次）	2573	1140	174	618	63	70	34	137	132	4	1	10	733	168	386	6243
	比重（%）	41.2	18.3	2.8	9.9	1.0	1.1	0.5	2.2	2.1	0.06	0.02	0.2	11.7	2.7	6.2	—

注：1. 原表有部分统计数字误，如"鼠"栏清代不是 0.06，应为 0.0006。"兽疫"栏清代比重不是 0.02，应为 0.0002。"疫栏"清代比重不是 0.2，应为 0.002。现已一一更正。特此注明。

2. 因四舍五入，比重相加不等于 100%。

资料来源：转见闵宗殿主编《中国农业通史·明清卷》，第 20 页，表 1–9。

江苏水利。清中后期以后，国家财政支绌，逐渐忽略对水利工程兴建，

---

① 徐光启：《农政全书》卷 2，《农本·诸家杂论（下）》。
② 同治《苏州府志》卷 10。
③ 周孔教：《行华亭知县聂绍昌浚筑成规》，见光绪《川沙厅志》卷 3。

很少再为此拨款，造成农村水利失修，尤其是漕粮中心区的太湖流域水利的破坏，对农业生产造成巨大影响。以苏州府而论，由道光元年至同治十三年前后 50 多年间较大水利工程共计 25 次，其中有款额记载者 11 项，共用银 27288 两，钱 251902871 文。款项虽然不少，但只有两次记明由厘金或藩司拨款，其余多次或由绅董捐办，或由地方官捐廉，或按亩摊征。① 陈树平主编《明清农业史资料》中"农田水利"这一章指出，从"清代江苏省苏州府历年主要水利工程表"可以看出："乾隆以前，水利工程比较频繁，工程费用多由清廷开支，或由清廷借垫。嘉庆以后，兴修的次数渐少。工程费用，除同治间由地方厘金收入项下拨款挑浚外，清朝廷不再动用大批款项作为水利费了。"② 也反映出清后期苏州水利事业的萎缩。水利工程的一条沟洫，即涉及一村乃至数村，一条河流则涉及千家万户，非一家一户或一村一乡所能独办，个体农户对此无力而为。国家既然无力拨款兴修，灌溉沟洫于是逐渐被毁，有的地区至淤为平陆。③ 张朝桂称：宝山县自嘉庆以来，通邑之河港，渐淤塞为平地，捍海之塘工，亦坍卸而不修。"比年来，旱涝不常，既不能资以宣蓄，故十岁而九荒。更遭飓风，则一邑之民命危于呼吸。"④ 余起霞谓：昆山县"自海塘障，而东江已湮，仅存娄江、吴淞二江，亦皆失其故道"。"而濒海居民又堰而为田，或筑以为舍……而不知江之数十里者仅存数十丈矣，数十丈者仅存三四丈矣。江流既狭，不足泄上流之水，而上流之来者日不绝，一遇淫雨经旬，则水势四溢，东南数百里膏腴之壤，悉为巨浸。其或夏秋亢旱，则又因蓄水不多，不足以资挹注。"⑤ 刘锦藻谈及江苏山阳、盐城二县境内水利时说：境内河水"蜿蜒百里，东注于马家荡，沿河民田数千顷，旱则资其灌溉，潦则资其宣泄。自乾隆六年大挑以后，迄今一百余年，河淤田废，水旱均已成灾。"⑥ 张朝桂论江苏宝山县道光年间水利情况说："今邑之河，有十余年不浚者矣，有数十年不浚者矣，有如线如缕而涝不能泄者矣，有如满如污而旱不能溉者

---

① 李文治：《历代水利之发展和漕运的关系》，《学原》1948 年 2 卷 8 期。

② 陈树平主编：《明清农业史资料》第八章，《农田水利》，社会科学文献出版社 2013 年版，第 140 页。

③ 李文治、江太新：《清代漕运》，中国社会科学出版社 2008 年版，第 281 页。

④ 张朝桂：《水利徭役积弊论略见》，见光绪《宝山县志》卷 4。

⑤ 余起霞：《三江水利论》，见光绪《昆新两县续修合志》卷 48。

⑥ 转见李文治、江太新《清代漕运》，中国社会科学出版社 2008 年版，第 283 页。

矣，有河底俱成町畦而种棉种稻者矣，有河面俱盖屋庐而成廛市者矣"。由于水利失修，"旱涝不足以蓄泄，而田畴荒"。① 光绪《海盐县志》载："连岁南乡之田，荒多熟少，民食不给，诚可悯也"②。

浙江水利工程。嘉庆后逐渐失修，道光三年的大水灾，是一个转折点。道光三年，江、浙之所以发生大水灾，系由于水利工程多年失修所致。瞿中溶曾经作过论述，他说，浏河为太湖入海要道，顺治、康熙以至乾隆朝屡次疏浚。嘉庆十七年后再未疏导，多处淤成平陆，最后导致道光三年大水。水灾发生后，"中溶反复推求，有些大水，虽系天灾，而水不能即消，淹浸至两三月之久，实为数十、数百年来未有之事，而乃见之于浏河闭塞未久之后。"③ 瞿氏明确指出：水利多年不修，以致造成道光三年大水灾。道光三十年，大学士卓秉恬奏：东南各省，"每遇水潦盛涨，便有泛滥之虞，而所以莫遏其患者，不由于疏浚之非时，即由于保障之不固。近年来，海口受淤，江防屡决，被灾之区，民困已极，诚宜即时补救"④。咸丰年间，清王朝忙于镇压太平天国战争，对水利工程起着更大破坏作用。华辉奏称："中国水利，惟江南各省最为讲求。自发匪［太平军］构乱以来，旧日河渠亦多湮塞，民既无力修复，官亦置若罔闻。"⑤

江西水利败坏，对农业生产、人民生命财产造成极大危害。包世臣在道光十六年曾说："江右产谷，全仗圩田，从前民夺湖以为田，近则湖夺民以为鱼。圩田大都在会垣四面二百里内，失收六年，流亡过半，而堤身情形，皆壁立不能御涨。民力既殚，公项亦匮，若遂听之，则余黎嗟靡遗矣。"又说，"有司注意，唯在钱漕，从未有周历巡视问钱漕之所从出者。……是故一圩着险，有司以其完破无关大局而轻置之；及决后修后，仍不思为变计，审定善后章程，于是无年不破圩已。江右变腴为瘠，职由于此。"⑥ 水利失修，致使江西沃壤贫瘠化，可叹！

广东水利失修。嘉庆年间，程含章任职南雄州，询问修陂之事，农民

---

① 以上资料转见李文治、江太新《清代漕运》，中国社会科学出版社 2008 年版，第 282 页。

② 光绪《海盐县志》卷 6。

③ 转见李文治、江太新《清代漕运》，中国社会科学出版社 2008 年版，第 281 页。

④ 华辉：《请讲求务本至计以开利源折》，见《道咸同光奏议》卷 26。

⑤ 转见李文治、江太新《清代漕运》，中国社会科学出版社 2008 年版，第 281 页。

⑥ 包世臣：《留致江西新抚部陈王生书》，见《安吴四种》卷 27。

说：请官筑陂难言也，"见矣，而今日许勘焉，至明日而寂然；后日许勘焉，至再后日而仍寂然。迨食尽归来，足方及门，而公人踵至，则又以遁逃见罪矣。不得已，盈粮以往，而官勘之，信仍杳然也。于是再词请焉，三词请焉，四词请焉，始知官人事繁，日不暇给也。幸而来矣，则又彩棚有费，饭餐有费，夫马有费，下逮仆夫、皂隶亦罔不有费，陂之开否未可知，而小人之田已卖去若干亩矣。向非使君躬先劝民，则民宁饥而死，不愿子孙请开是陂也。"程含章听后，感慨地说："一陂之开，其难如些，无惑乎百年来无有开者！"①

关于直隶河工之事，曾国藩疏称：查"永定河工，从前每年部拨岁修银近十万两，隔数年辄复另案发帑，加倍土工。自道光二十二年后，而另案之土工停矣。自咸丰三年以后，而岁修十万仅发四分之一矣。"② 治河经费日益减少，治河难以为继。望都县志称，曩年滨河一带，多属稻田，产稻冠诸属。道光间，恩诏免进。"旋逢霖雨六十日，河水暴涨，沟渠刷平，稻田从些墟矣。"③

陕西周至县鱼鳞渠原可灌田一顷余，至清咸丰年间湮度（废?），因各村堡人心涣散，是以不复开浚。④

四川《西充县志》称：西充水利，至今未讲，无岁不祈雨泽。⑤

云南永北厅板山河坝，自道光二十四年发大水，冲没田庐无算。"兵燹后，无力修浚，田亩久荒。"长羊坪河沟坝，兵燹后，"山崩沟阻，河水泛溢，冲坏民田无数。"《楚雄县志》载："乱后沧海桑田，半多倒塌。"昆明县，自咸丰丙（六年）丁（七年）以后，昆明祸患频仍，沿河堤埂闸坝，拆毁居多，水利全荒，农民失业。威远厅三岔河坝，自嘉庆元年"夷匪滋扰，闸亦被毁"后，水利失修。⑥

① 程含章：《新开裕丰陂记》，见《岭南集》卷6。

② 曾国藩：《直隶应办事宜疏》，见光绪《畿辅通志》卷189。

③ 光绪：《望都县乡土图说·望都县》，第1页。

④ 转见陈树平主编《明清农业史资料（1368—1911）》第三册，第八章"农田水利"，社会科学文献出版社2013年版，第1244页。

⑤ 光绪《西充县志》卷3。

⑥ 以上三条资料见民国《云南通志》卷141、卷140、卷139、卷141。

二　豪强地主霸占水利及对农业生产破坏

［直隶］明万历年间，徐贞明躬历京东州县，相原隰，度土宜，周览水泉分合，曾列事宜以上。"而奄人、勋戚之占闲田为业者，恐水田兴而已失其利也，争言不便，为蜚语闻于帝。……帝卒罢之，而欲追罪建议义者"。① 雍正五年，宜兆熊、刘师恕奏言，直隶兴修水利营田，实系惠民大政。"讵有保定府属唐县劣生于超、于跃、刘士熙，劣监于思谦等，捏造将来加粮名色，恐吓愚民，将去岁已经具结情愿营种之稻田，不许加功，以致群相观望"②。道光五年，直隶任县，县尊谢为两留村灌溉事出告事，"不料河头前衔李秋成等，忽违旧章，独霸水利"③。光绪年间，直隶东淀被附近乡民，逐渐侵种，竟已占去淀地大半。因政府要清理东说水道，得到势豪拦阻。"前闻各户中有刁劣之徒，侵种多顷，久未完粮，因而造谣煽惑，希冀把持罔利"④。

［山西］泉岩河是五台水利之最大者，引源灌田。"万历间，为上游豪右所占，凿沙滩为水田，数日频灌，而下游输上则之赋者，曾不得占涓滴"⑤。清顺治年间，山西灵石县，"灵邑旧有水利，为邻邑权势所夺"⑥。道光至咸丰间，襄陵县与临汾受平水下流，岁资其灌溉，而豪右垄断居奇，非有买水券水不得下，致使有土地者"反无水"，坐是争水聚斗者百千人。⑦

［河南］据顺治《邓州志》载：邓州诸陂堰，自汉以来，代有修废。明正德间，知州程鹏清理，始复彼堰之旧。天启以后，陂堰为豪强兼并，民间失其利，闸口淤塞，尽成旱田，讼益众。⑧ 乾隆年间，济源县亨利渠，乾隆六年重修，定例谷雨以后灌溉稻田，霜降以后灌溉旱地。乾隆七年，"因张居德等欲截下河水利，私建闸座，下堰利户邓天衡等赴县赴府呈控"⑨。

---

① 《明史》卷 233《徐贞明传》。
② 《畿辅水利四案·初案》，第 39 页。
③ 《南永固闸断案碑记》，见民国《任县志》卷 1。
④ 《李鸿章奏设法清理东淀水道疏》，见民国《文安县志》卷 9。
⑤ 光绪《五台新志》卷 3。
⑥ 乾隆《济源县志》卷 10。
⑦ 宣统《南海县志》卷 14。
⑧ 顺治《邓州志》卷 11。
⑨ 乾隆《济源县志》卷 6。

　　[陕西] 渭南县之瑞泉，"其水六出，悬流百尺，涝则泄流洒水，旱则灌溉本社地亩，实一方之保障，合里之血脉"。康熙三十年，"后甲有赁水灌田者，相沿既久，强梁之徒辄起窥伺之谋，据以为私"。①

　　[甘肃] 成化十二年，巡挟御史许进称："河两十五卫，东起庄浪，西抵肃州，绵亘几千里，所资水利，多夺于势豪"②。

　　[新疆] 嘉庆十八年，松筠称："查南路各回子，种地纳粮当差最为勤苦，往往本管伯克为灌本身田亩，侵占水渠，以致种地回子乏水灌田，收比歉灌，催比差徭，难免致资苦累"③。

　　[江苏] 万历年间，苏州府"近多豪家适己自便，于上流广插茭菱，稍有淤垫，即谋佃为田……竭泽而渔，……奸滑人户，乃于浦口下流，设堰横截，百般刁难……又其甚者，假以报税起科，遂侵为己物，潴水专利，以致田地灌溉无资"④。扬州至通，有旧河运盐，泰州徐家坝拦上河水，使不下泄，闭百余年。乾隆二十一年，"商人贿闸，官私开之，上河水遂涸，民禾尽槁"⑤。乾隆年间，赵振业在《吴江占水私议》中称：吾邑豪民之为一方蠹也，"占田不已，进而占水"⑥。据江苏《武阳志余》记载：咸丰年间，阳邑刘行方、江邑刘春松，私开三缺，"以致下流附近四万余亩毫无勺水"⑦。李遵义称：阳湖县丹徒县以南有万顷洋，阳湖县有徐湖，咸丰年间，"近则四面占垦为田，不知始于何时，山水爆发，无所容纳，旁溢四出，决堤破圩之患岁有所闻。而徒阳交界沃壤之区，十年计之，荒恒六七"⑧。淮扬一带，咸丰年间屡次歉收，皆由于"劣绅土豪复藉买水为名，图饱谿壑，以重赂营谋，竟敢于官河筑坝拦截，使下游涓滴无沾。而下游八坝，概不堵筑，致运河水无停留，上游灌溉无资"⑨。

---

　　① 民国《陕西通志》卷 57。

　　② 《续通典》卷 4《食货四》。转见陈树平主编《明清农业史资料 (1368—1911)》第三册，第 1269 页。

　　③ 松筠：《奏回疆事宜规库十则》，见《钦定新疆识略》卷 3。

　　④ 林应训：《兴修水利文移稿》，见《授时通考》卷 17，《土宜·水利 (三)》。

　　⑤ 光绪《畿辅通志》卷 234。

　　⑥ 赵振业：《吴江占水私议》，见同治《苏州府志》卷 11。

　　⑦ 光绪《武阳志余》卷 6，《永禁芙蓉圩开坝碑》，咸丰六年。

　　⑧ 李遵义《垦余闲话》。转见李文治、江太新《清代漕运》，中国社会科学出版社 2008 年版，第 283 页。

　　⑨ 《清文宗实录》卷 225，咸丰七年五月。

[浙江] 乾隆四十一年，海盐县知事张万行示称："照得永安湖灌溉湖田八千余亩，湖口设立大小闸两座，……以备蓄泄。迩来有等地棍贪戽平车，往往不待中湖水浅，先时强行开放。又或中河支浜实在干涸需水，上游港阔水深之处转肆阻挠，不容及时开闸。……均属徇私害公"①。

[福建] 晋江县"邑南门外有扦水塘，名六里陂，周回三十六埭，上引九十九溪，灌溉田禾数十万顷。道光年间，有巨族林姓据为己有，私开私闭，以致上流堤岸多被冲塌，下流畎亩常苦旱干"②。

[广东] 香山县，乾隆年间，"县南旧有罗婆陂，久为豪强改筑，遏水自私，民多苦之"③。清远县马头冈村前，有粮田种子数十石田，靠罗塘灌溉。"嘉庆五年，乡人廖姓占踞畜鱼，壅泉不放，绝水害农"④。

[云南] 鹤庆府治西南有龙泉，灌溉田五万余亩，此泉上累为豪民所占。正德年间，新守王昂指责："夫以数家之利而亡千万亩之良，恣一夫之奸而贻千万众之戚，何心哉？"⑤ 嘉靖年间，鹤庆府东北四十里有青龙潭，并开有丰利渠，"近被豪右侵潭为田，水鲜潴蓄，溉恒之且未均"⑥。赵州甘陶水塘，旧有堤防，嘉靖年间，"利为豪右所专"⑦。宾川州城西百一十里，旧有陂池潴之备旱。往者（指嘉靖年间知州朱官改水筑堤之前），"豪右利陂底土肥可田，断水别流，陂外之田半为废壤"⑧。据《明代昆明农民控告沐庄霸占水利碑》记载，从嘉靖至万历元年前，昆明县水利为张时泰等占据，每逢插秧，将水霸占轮放，兼行倒卖肥己。"民无涓滴，如遇亢旱，荒者十常八九，致使插秧失时，久绝依源"⑨。清光绪十七年前，河阳县镶闸坝被左所武绅熊遇春、广南营武峰赵廷献恃强占霸。"春耕时，上中下龙沟泉水不能东流"，西街六十余村及附郭据民控告其霸道行径。⑩

---

① 光绪《海盐县志》卷6。
② 卞宝第：《闽峤輶轩录》卷1。
③ 乾隆《澳门纪略》卷首《列传》。
④ 光绪《清远县志》卷5。
⑤ 万历《云南通志》卷3。
⑥ 万历《云南通志》卷3。
⑦ 康熙《大理府志》卷5。
⑧ 乾隆《云南通志》卷13。
⑨ 《明代昆明农民控告沐庄霸占水利碑》，见《云南各族古代史略》，第728—729页。
⑩ 民国《云南通志》卷140。

地主经济发展，为一己之利，霸占水利之事常有发生，对农业生产起到巨大破坏作用。

明中后期及清中后期水利废坏，给农业生产带来巨大损失。如乾隆五十九年，直隶、山东、河南等省，因雨水稍多，河流涨发，漫水所注，多有淹损地亩、坍塌民居之处。而直隶之河间、天年、正定、顺德、广平、大名，山东之临清、东昌、德州，河南之卫辉、彰德、怀庆等属，春间因被旱歉收，今又被水淹没，受灾较重。① 又如光绪三年，陕西蒲城等处被旱，福建闽县等处被水、蝗……云南东川等府被旱，直隶保定等处被旱……江西靖安被水，丰城等处低田被淹，鄱阳被旱，广东靖远等处被水……浙江余杭等处田禾被淹、富阳等处田禾被风被水，湖南浏阳等处低田被淹……江苏沿江沿河低田被淹，山东各属田禾被旱被伤，安徽各属间被水旱虫灾。② 至于一般描述有："田圩渐坏，而岁多水灾""处处农田受灾，岁稼不登""一遇旱潦，坐而待毙""胥沦鱼鳖，田禾颗粒无收""十岁而九荒""河淤田废，水旱均已成灾""旱涝不足以蓄泄，而田畴荒""水利全荒，农民失业"等。诸如此类，不一而足。

水利失修，对人民生命财产安危、对农业生产发展之重要，不言而喻矣！这里给后人留下启迪是：要时刻把水利事业放在心上，时常深浚河道，经常维修堤岸、闸坝，使河流畅通，堤岸坚固。要做到这点：第一，要求守职者常备不懈，不可玩忽职守；第二，国家要有常备治水基金；第三，遇到特殊情况时，在诸多方案中，选择利大于弊方案，以最小损失，求得最大人民生命、财产的安全。

第五节　气候变化对农业生产破坏

以前学界对气候变化对农业生产影响重视不够，虽然也有文章涉及，但专门把它作为一个问题来研究却不是太多。由于气候变化时段长，几十年或上百年，破坏性大，必须引起足够重视。尤其今后相当一段时间里，气温会持续升高，而气温升高会给社会带来什么样的影响？需要及早进行

---

① 《清高宗实录》卷1457，乾隆五十九年七月下。
② 转见闵宗殿主编《中国农业通史·明清卷》，中国农业出版社2016年版，第21页。

探讨，研究应对措施，做好长期准备工作，把灾害损失降到最小。

明代的粮食亩产到万历中（万历二十八年）达到最高峰，此后一直下滑，直到明朝灭亡。清代后期粮食亩产，从嘉道年间每亩平均326斤，一直下滑到清亡时的295斤，下降幅度接近10%。[①]　为什么会出现下滑，原因是复杂的，既有气候变化，使自然灾害加剧因素；也有农田水利废坏因素；也有农民赋役负担加重，造成社会动荡不安因素；也有外国农产品入侵，致使农民贫困化因素，等等。下面将着重气候变化对农业生产影响的问题进行探讨。

明代的气候，正处于"小冰期"寒冷期。据高寿仙介绍：竺可桢先生根据考古资料、文献记载和物候观察，认为1400—1900年我国气候处于一个寒冷期，此间气候也存在冷暖波动，若以世纪划分，则以17、19世纪最为寒冷。继他之后，学者们除充分发掘文献记载外，还广泛利用树木年轮、孢粉、冰芯岩等信息，对小冰期进行更细致研究。李远平、杨太保综合一些学者的研究成果，制作了一份国内小冰期研究比较表，详见表11–11。[②]

表 11 – 11　　　　　　　　国内小冰期研究比较表

研究地区	分析时段	信息来原	冷期最盛期	
			出现时间（年）	降温幅度（℃）
青藏高原古里雅冰帽	年	冰芯δ180	1510—1519	-1.2
祁连山敦德冰帽	年	冰芯δ180	1620—1629	-1.5
清海都兰	秋	树轮	1620—1629	-1.2
秦岭太白山顶	年	孢粉	1560—1569	-0.8
蒙古岱海	年	湖泊沉积物	1620—1629	-1.4
东北长白山	冬、春	树轮	1660—1669	-1.0
华北	年	史料、观察	1650—1659	-1.1
华东	年	史料、观察	1650—1659	-1.2
中国南部	年	史料、观察	1650—1659	-1.8

资料来源：李远平、杨太保《中国小冰期区域气深化研究》，《皖西学院学报》2005年第2期。

从表11–11可以看到：从1510年至1659年，中国气温下降幅度在-0.8℃至-1.8℃。

---

① 史志宏：《清代农业生产指标的估计》，《中国经济史研究》2016年第5期，第26页。

② 高寿仙：《明代农业经济与农村社会》，黄山出版社2006年版，第95—96页。

气温变化会对农业生产带来许多不良影响。高寿仙认为：第一，会影响作物的成熟时间。北半球平均气温每增减 1℃，就会使农作物的生长期增减 3—4 周。第二，会影响作物的种植。以单季稻为例，气候温和时期可北进至黄河流域，寒冷时期则要南退至淮河流域。第三，会影响作物的产量。如其他条件不变，年平均气温变化 1℃，粮食亩产量相应变化为 10%；年平均降雨变化 100 毫米，亩产量的相应变化为 10%。明代各地的气温普遍下降了 1℃ 以上，这样大幅度的气候转寒，当然会对农业经济产生不小影响。①据徐晓望研究：自明代后期，福建气温开始下降，闽西北地区不仅不利于种双季稻，也不利于种麦。《永春县志》记载："麦之属，种有大小，大麦唯饭，小麦面饭。北方多小麦，南方多大麦。""按：永春少旱田，又地弗宜黍、稷。谷止此四者（指稻、麦、麻、豆），然麻、豆、麦又十分之一二耳。"福建山区在清明前后，常有阴雨连绵的天气，但此时恰为麦子收获的季节，许多成熟的麦子因来不及收割而烂于田中，所以，这些地区不可多种麦。② 这就是说，明后期到康熙后期百年间，由于中国处于小冰期时期，像福建闽西北地区，原来一年二收的地方，这时也只有一年一熟了。无疑，这些地区粮食产量要受影响。

据闵宗殿说："实际上，严寒的天气在明中叶已经出现。据《明史》记载，从景泰四年至万历四十六年 165 年中，曾有 8 年出现过低温严寒的天气，人畜、鱼蚌、树木冻死者数以万计。"③《明史·五行志》载：景泰四年冬十一月戊辰至明年孟春，山东，河南，浙江，直隶淮、徐，大雪数尺，淮东之海冰四十余里，人畜冻死万计。五年正月江南诸府大雪连四旬，苏常冻饿死者无算。是春，罗山大寒，竹树鱼蚌皆死。衡州雨雪连绵，伤人甚多，牛畜冻死三万六千蹄。④

从明万历四十八年（1620）到康熙五十九年（1720）的 100 年间，是属于明清小冰河时期，整体气候偏寒；此后至道光十年（1830）进入偏暖时期；再下又进入偏冷期。在暖期，每 10 年会出现 1.4 年的寒冬；而在冷期，每 10 年约有 4 年是寒冬。冷期和暖期对气候的影响表现在降水量和降水地区都有不

---

① 高寿仙：《明代农业经济与农村社会》，黄山出版社 2006 年版，第 96 页。
② 徐晓望：《福建经济史考证》，澳门出版社 2009 年版，第 270 页。
③ 闵宗殿主编：《中国农业通史·明清卷》，中国农业出版社 2016 年版，第 17 页。
④ 闵宗殿主编：《中国农业通史·明清卷》，第 17 页。

同的变化，从而反映在灾害出现频率和灾害所涉及的地区上，也有很大的不同。据专家考察，乾隆十五年（1750）到嘉庆四年（1799）是气象上的暖期，在这期间，秋收有17次是无灾年，夏收出现10次无灾年，无论是灾害的次数或地区，都相对平缓。可进入冷期后，就反差明显。且以咸丰二年（1852）到民国四年（1915）的64年为例，除少数年份外，全国几乎年年有灾，而且多数灾情严重。自道光二十六（1846）至宣统二年（1910）的65年间，直隶、山东、河南、山西、陕西、甘肃、江苏、浙江、安徽、江西、湖北、湖南12个省区中，共有1835个州县（另有13个府3个直隶州未计入）遭受水旱等灾，平均每年受灾州县达282个。若将年受灾次数按多少归类排列，那么：

表 11-12　　　　　道光二十六年至宣统二年直隶等 12 省区平均
每年受遭受水旱等灾情况

受灾州县数	平均受灾年数	占受灾年数比例（%）
受灾州县在 100 个以下	9 年	13.84（包括无报灾年1）
受灾州县在 100—150 个	6 年	9.23
受灾州县在 151—200 个	6 年	9.23
受灾州县在 201—250 个	6 年	9.23
受灾州县在 251—300 个	3 年	4.61
受灾州县在 301—350 个	8 年	12.31
受灾州县在 351—400 个	8 年	12.31
受灾州县在 401—450 个	15 年	23.08
受灾州县在 450—500 个	2 年	3.08
受灾州县在 501 个以上	2 年	3.08
合计　1835 个	65 年	100

资料来源：郭松义《民命所系：清代的农业和农民》，中国农业出版社 2010 年版，第 365 页。

在上述年份中，受灾州县数目最多的是光绪二十七年（1901），有 506个；其次光绪八年（1882），504 个；无报灾年份仅 1 次，即同治六年（1867）。在涉及道光、咸丰、同治、光绪、宣统 5 个时期中，尤以光绪年间受灾地区最广，平均每年高至 373.63 个州县。再者，前数只是 12 个省区的记录，若加上尚缺的华南、西南和东北等地的数字，肯定还会更高。①

---

① 参见郭松义《清代的灾害和农业》，见《民命所系：清代的农业和农民》，中国农业出版社 2010 年版，第 365—366 页。

据《清史稿》记载，从顺治九年至光绪二年的200多年中，低温严寒天气共有40年次，其中乾隆至光绪年间占22次，其中有冻死人记载为6年次。①

天气变化对清代中后期粮食生产带来巨大影响。据史志宏研究，清代后期粮食亩产，从嘉道年间每亩平均326斤，一直下滑到清亡时的295斤，下降幅度接近10%。②周翔鹤、米红也认为："在明清时期的寒冷期中，农作物产量下降，耕畜死于严寒，农业经济萎缩，从而限制了人口再生产。"③

清后期极端天气，给农业生产带来巨大破坏性，受损的不单是农田收成，还有大量牲畜受害，甚至冻死大量劳动人口，致使该地区在相当长一个时期里劳动力短缺，生产萎缩。从当前来看，今后相当长一段时间里，由于全球气候变暖，极端天气可能随时发生，对农业生产可能带来不利影响。对此，应加强气象预测工作，密切关注天气变化；应有充分思想及物质准备，尤其是粮食储备，时刻准备好应对措施，把气候变化造成对农业生产损失减少到最小值，为国为民做出更多贡献。

第六节　农业生产衰退

讨论农业生产衰退时，我们想以清代后期为例。因为我们手头有更多资料：第一，掌握清后期农家经济生活状况资料；第二，掌握清代前后期粮食亩产资料，可供清前后期农业生产变化对比。

清中后期，伴随地主经济发展，以及政府腐败及官吏贪腐，农民经济状况日趋恶化。早在嘉庆年间，包世臣曾指出："今者民无殷，窭莫安其生"；民间"愁叹盈室，冻馁相望"④。到清后期，农民经济则进一步恶化。道光三十年，大学士卓秉恬奏疏称："臣闻民间终岁勤动，仅足供上下两忙之费而无余，是以虽值屡丰，不免冻馁；一遇水潦，相继流亡。国课之所以岁逋，民生之所以日蹙，胥由此也。况近岁以来，海口淤而下流不畅，江防驰而上流屡决，濒水之区积年不得耕获，鬻妻弃子哀吁之声，最足干

---

① 《清史稿》卷40，《灾异志》一。

② 史志宏：《清代农业生产指标的估计》，《中国经济史研究》2016年第5期，第26页。

③ 周翔鹤、米红：《明清时期中国的气候和粮食生产》，《中国社会经济史研究》1998年第4期。

④ 包世臣：《安吴四种》卷7，《说储》（上）。

天和而致水旱。"① 下面，举几个描述农民生活困难事例。

同治年间，强汝询关于农民的经济生活作了这样的估算：南方耕作，一人不过 10 亩，上田丰岁亩收麦 1 石，稻 3 石，共计 40 石。八口之家，老稚居其半，每人日食 4 合；壮者居其半，每人日食 8 合。合家合计每日食粮 48 合，一年共食粮 17.28 石，尚余麦 4 石，稻 7 石。所余麦稻变卖折钱，麦每石值钱 1200 文，稻每石值钱 800 文，两者共卖 10400 文。一年开支，计赋役钱亩 500 文，10 亩为 5000 文，尚余 5400 文。这 5400 文 "而制衣服、买犁锄、岁时祭祀，伏腊报寒、亲戚馈送、宾客饮食、嫁女娶妇、养生送死之费，皆出甚中，而当凡物皆贵之日，其困固宜。" 又说："况所耕不及十亩，或值瘠土遇歉，又处赋重役繁之区，而当谷贱之时乎"，农民遇到这种情形生活就更加困难了。农民收入少而开支大，"其困固宜"。② 强汝询强调农民收入少而赋役负担重这个事实。

大约也在同治年间，金文榜为江苏农家收支算了一笔账，谓春熟无几，全赖十月获稻，"以中年论之，亩获稻三石，碾米一石五斗，准谷升时价，石米仅值大钱二千四百文，亩可得钱三千六百文"。一亩田漕粮和地丁开支，计 "正漕额征米一斗七升；上下忙额征银一钱五分，加以零星小费共需钱一千余文"。一亩的生产费需 "一千余文"。最后农家所得不过千余文，即米 7—8 斗。按金氏估算，如农家有田以十亩计，赖以维持全家生计的不过米 7—8 石，显然不足食用。因此自耕农的经济状况极端困难，"而乡农之有田未弃者，受官吏格外苛勒，势又不能保其恒产"；其丧失土地农户，"改习他业，更难保其不流入奇邪"。金氏认为这种恶果 "皆赋重利薄所致"。③

仍在同治年间，秦湘业也为无锡县农家收支算一笔账，他说：一般农民小户，"田止数亩以至数十亩，终岁勤动，本不足供八口一年之食，折漕既无现钱，势必举其日食之米而贱售之"。加以小钱通行，官多挑剔，每石虽可卖钱二千数百文，"不能得通足制钱二千，折耗尤甚"。他认为 "恐此辈完漕之后，小则号寒啼饥，大则卖男鬻女，有不可问者矣"。④ 他们俩共

①　《清档》，道光三十年四月二十九日，大学士卓秉恬等奏。

②　强汝询：《求益斋文集》卷 4，《农家类序》。转见李文治、江太新《清代漕运》，社会科学文献出版社 2008 年版，第 309—301 页。

③　金文榜：《与彭通政论去差徭减重赋书》，见《清朝经济文编》卷 39。转见李文治、江太新《清代漕运》，社会科学文献出版社 2008 年版，第 309—301 页。

④　秦湘业：《折漕变通议》，见光绪《无锡金匮县志》卷 38。

同一点是，指出赋役繁重，对农业生产破坏。

清代农业生产衰退标志主要表现在粮食亩产下降，时间节点主要在晚清。粮食亩产是各种因素作用的综合性成果，是衡量农业生产发展与衰落的最有力的证据，或者说是指标。图11—1反映了安徽省农田亩产变化情况。

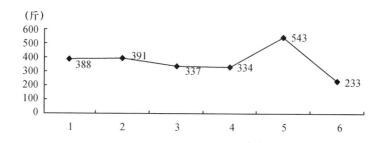

图11—1　清代徽州地区各个时期未调整定额租前的粮食平均亩产

注：1. 康熙五十六年至雍正十三年平均亩产量388斤。

2. 雍正十二年至乾隆十九年间平均亩产量391斤。

3. 乾隆二十年至乾隆五十五年间平均亩产量377斤。

4. 乾隆四十八年至嘉庆五年间平均亩产量334斤。

5. 嘉庆二十二年至道光八年间平均亩产量543斤。

6. 光绪九年至光绪三十四年间平均亩产量233斤。

资料来源：中国社会科学院经济研究所馆藏：《屯溪资料》，《租395》《租2734》《租241》《租245》《租243》《租484》《租B005》。

从图11—1中可以看到，清前期安徽徽州地区平均粮食亩产是处于逐步上升期，乾隆二十年至乾隆五十五年间，虽有下降，但与康熙四年至康熙十九年相比，平均亩产还是上升了24斤。乾隆四十八年至嘉庆五年间平均亩产下降至287斤，嘉庆二十二年至道光八年虽然平均亩产达到最高峰，但到光绪九年至光绪三十四年平均亩产却跌落到谷底，只维持在233斤左右。总的趋势看，到清后期平均粮食亩产在下降，与清前期相比，是处于衰退状况中。

另从清代定额租不断往低调整，也可以看到清后期尤其晚清时期农业生产的衰退。康熙五十六年至雍正十三年的48款耕地中，租额往低调的有8款，占总数16%，这8款耕地地租平均下降幅度是23%；雍正十二年至乾隆十九年的56款耕地中，租额往低调的有14款，占总数25%，这14款耕地地租平均下降幅度为25%；乾隆二十年至乾隆五十五年的25款耕地中，租额往下调的有 12 款，占总数 48%，这 12 款耕地地租平均下降幅度是 31%；乾隆二十二年至乾隆三十八年的 87 款耕地中，租额往低调的有 9 款，占总数 10%，这 9 款耕地地租平均下降幅度是 23%；乾隆四十八年至嘉庆五年的 67 款耕地中，租额往低调的有 41 款，占总数 61%，这 41 款耕地地租平均下降幅度 20%；嘉庆二十二年至道光八年的 83 款耕地中，租额往低调的有 7 款，占总数的 8%，这 8 款耕地地租平均下降幅度为 17%；光绪九年至三十四年的 47 款耕地中，租额往低调的有 38 款，占总数的 81%，这 38 款耕地地租平均下降幅度为 29%。在这七本收租簿中，共记录了 414 款耕地，其中地租租额往下调的共 129 款，占总数的 31%，地租平均下调的幅度为 24%。[1] 从上述情况看，从清中期越往清末走，定额租往低调的款数占耕地总数百分比越高。这又从另一角度证实了清中后期生产条件退化，以及耕地贫瘠化。尤其是清晚期，地租往下调的地块已占绝大部分，这充分反映了清代晚期农业生产的衰退。详见图 11—2。

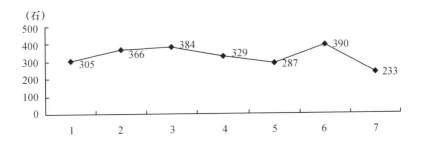

（石）

图 11—2　清代徽州地区各个时期调整定额租后的粮食平均亩产

注：1. 康熙四年至十九年间平均亩产量 305 斤。

2. 康熙五十六年至雍正十三年平均亩产量 366 斤。

3. 雍正十二年至乾隆十九年间平均亩产量 384 斤。

4. 乾隆二十年至乾隆五十五年间平均亩产量 329 斤。

5. 乾隆四十八年至嘉庆五年间平均亩产量 287 斤。

6. 嘉庆二十二年至道光八年间平均亩产量 390 斤。

7. 光绪九年至光绪三十四年间平均亩产量 233 斤。

资料来源：中国社会科学院经济研究所馆藏：《屯溪资料》，《租 395》《租 2734》《租 241》《租 245》《租 243》《租 484》《租 B005》。

---

[1]　江太新、苏金玉：《论清代徽州地区的亩产》，见《纪念中国社会科学院建院三十周年学术论文集·经济研究所卷》，经济管理出版社 2007 年版，第 293—294 页。

另从李文治先生编的《中国近代农业史资料》所辑《晚清江南某县一块稻田的历年产量（1894—1903）》，也可以看到晚清粮食亩产降低趋势。如表11－12。

表11－12　　　　　　　晚清江南某县一块稻田的历史产量

年份	麦　季		稻　季	
	产量（斗）	指数（1894＝100）	产量（斤）	指数（1894＝100）
1894	6.00	100	320	100
1895	8.00	133	360	113
1896	10.00	167	270	84
1897	3.60	60	340	106
1898	4.00	67	300	94
1899	3.20	53	280	88
1900	2.00	33	184	58
1901	—	—	340	106
1902	—	—	260	81
1903	—	—	270	84

资料来源：中国社会科学院经济研究所馆藏《景记租簿》，见李文治编《中国近代农业史资料》第一辑，生活·读书·新知三联书店1957年版，第754页表。转见史志宏《清代农业的发展和不发展》(1661—1911年)，社会科学文献出版社2017年版，第77页表2－10。

表11－12告诉我们，除1895年麦季和稻季亩产量超过1894年亩产外，其他年度麦稻年产总量都低于1894年。1901年稻季收成虽好于1894年，但麦季已无收成。

史志宏先生认为：至晚清时，"12个省中有8个省的亩产量都是晚清时期低于清前期，高于清前期的仅有4个省"。如果清前期以嘉庆道光朝为例，晚清以咸丰至宣统朝为例，就可以看见端倪了。如表11－13。

表11－13　　　　　　清前期与晚清期十二省水稻产量对比

省份	嘉庆至道光		咸丰至宣统	
	事例数量（件）	平均亩产（石）	事例数量（件）	平均亩产（石）
合计	738	3.21	519	3.12
江苏	30	2.42	10	2.58
安徽	135	2.93	19	2.56

省份	嘉庆至道光		咸丰至宣统	
	事例数量（件）	平均亩产（石）	事例数量（件）	平均亩产（石）
浙江	34	4.28	19	3.42
江西	42	3.36	47	3.33
福建	33	5.41	14	3.40
广东	67	3.68	25	5.85
广西	58	2.22	79	2.55
湖北	80	2.28	66	2.22
湖南	96	3.16	150	3.79
四川	101	3.66	75	3.66
云南	7	2.31	5	2.03
贵州省	55	2.76	10	2.08

资料来源：此表根据史志宏《清代农业的发展和不发展（1661—1911）》第 69 页表 2－7 中嘉庆道光平均亩产量一栏及第 77 页注 1 合编而成。咸丰至宣统时期事例数量按第 54 页晚清栏数计。

　　章有义先生在《明清徽州土地关系研究》一书中曾多次谈到，当地地租实收数，大部分或绝大部分时期仅及约定租额七成，多至八成多，简言之，八成左右。[①] 为什么定额租只能收到七成多至八成呢？明显是因为农业生产在衰退，由亩产量下降所造成。清后期尤其是晚清时期，农业生产衰退是不争事实。造成清后期农业生产衰退原因前文已分别作了探讨，这里不再赘述。这里要总结的是，如何使清后期妨碍农业生产发展的诸因素在今后建设新农村中不再发生，这才是我们探讨清后期农业衰退的要旨。

　　从历史经验看，农业经济要发展，首先要保证农民有稳定收入，并脱贫致富，走共同富裕之路。要做到这点，第一，要求政府要有一个系统的惠农政策，减少农民各项负担。如稳定粮食收购价格和销售价格，建立和完善社会保障制度，遇到天灾加强政府对发展生产的引导，使农民灾年能安全渡荒。另外必须防止丰年不至于发生熟荒，保证丰年丰收，使农民安心于南亩，全心投入农业生产。第二，要随时关注水利事业。水利事业是

---

　　① 章友义：《明清徽州土地关系研究》，中国社会科学出版社 1984 年版。

发展农业生产的命脉，河道及时修浚，河堤及时维修，保证水流畅通，遇旱能灌溉，遇涝能排泄，圩田堤岸要加固。兴修水利款项要有充分保障，能保证应急之需。第三，要提倡科学种田，推广优良品种，推广新式种植方法，推广新型农器，改革经营方式，提高农业生产力，满足人民不断提高美满幸福生活追求，同时，不断提高农民经济收益，改善农民生活，走共同富裕康庄大道。

结　语

　　在中国封建社会里，为什么每个王朝建立的前期，农业生产都得到发展，而王朝发展到后期时，农业生产却走向衰退。其原因何在？这是研究农史者不可回避的问题，也是必须要回答的问题。如果这问题不解决，是研究者的失职、失责。可是这个谜底在许多研究者中尚无明确答案。这是一件令人遗憾的事。研究历史的目的是古为今用，要为今天经济发展献计献策，为使国家发展过程中少走弯路，少付出前进过程中的成本。这是历史赋予我们的任务，我们必须挺身而出，勇敢面对。

　　明清两代后期农业生产，与明清两代前期农业生产相比较，明后期与清后期农业生产发展处于衰退时期。为什么会出现这样问题，人们从各个方面、各个角度去寻找原因，如吏治败坏、气候条件变化、人地比例失调、生态环境恶化、战乱频繁、土地兼并剧烈、农民赋役负担加重、水利事业严重破坏、政府救灾无力等，力求揭开这个谜底。这些原因，都是导致农业生产衰落的因素，也是对的。前人的努力应予充分肯定，应为他们努力求索的精神点赞。但这些原因都还停留在就事论事上，没有提高到理论高度来认识，因此没有规律可循，达不到纲举目张的境界，这就成为促使后来者上下求索的动力。既然有研究的不足，那就需要我们去面对、去充实、去提高，在前人研究成果基础上继续前进，攀登新的高峰。

　　我们认为：中国封建社会各个王朝，之所以走不出农业前期发展和后期衰落的怪圈，关键在于受到地主制经济体制发展变化的制约。何谓地主制经济？中国地主制经济是指一种经济体制，这种经济体制是以地主所有制为中心，包括个体农民所有制、国家所有制、个体手工业、商业在内的所有经济成分。① 在这种经济体制下，每个王朝建立前期，广大农民通过垦荒，占有土地资源的百分之八九十，基本上实现了耕者有其田。这时，自耕农在农业经济中占据主体位置，农民生产积极性得到发挥，农业经济得到发展。在农民经济发展拉动下，手工业、商业走向繁荣，国家财政充实，国力强盛，社会安定，各项事业得到蓬勃发展。这时，整个社会财富分配比较均衡，贫富之间差别较小，各阶层人民和睦相处，大家共同走向富裕道路。小农经济繁荣，是封建王朝前期农业生产发展的动力。也就是说，在研究王朝前期农业生产发展，只要抓住占农村总人口百分之九十的农民是否在农业经济中占着主体位置这点就成。若是百分之九十农民占有百分之八九十土地资源，这个王朝前期一定能造就一个农业经济发展新局面，即农业经济蓬勃发展，农民生活稳定，国家财税收入丰盈，国力强大，市场繁荣，贫富之间差别较小，人民安居乐业。

每个王朝转入中后期时，地主凭自身经济优势和政治权势，得到蓬勃发展，绝大部分土地资源为他们所掠夺。这时大量自耕农或因官僚地主掠夺，或因贫困化，失去土地，社会财富向地主这一极集中，贫富两极分化加剧。占人口百分之九十的农村人口贫困化，购买力萎缩，导致手工业和商业萧条。自耕农破产也使国家财税收入减少，致使国家财政收支见绌，国力下降。因国家财力下降，政府为补充财政亏空，加重对农民压迫和剥削，从而引起农民不满。这是其一。其二，由于国家财政短缺，各项事业发展受阻，并走向衰落。由于贫富不均，致使阶级矛盾尖锐化，于是社会动荡不安，农民起义不断。地主经济发展是导致王朝后期农业经济衰退的症结所在。研究者只要抓住地主制经济体制这一理论，把握住两极变化这个纲，便能纲举目张，明清两代前后期农业经济变化的问题，就可迎刃而解。明代后期由于权贵地主和缙绅地主大肆掠夺土地，自耕农纷纷破产，地权高度集中结果，致使广大农民贫困化。这时地主制经济运行偏离了正常运行轨道，致使农业经济由昌盛走向没落。清代后期，由于地主大肆兼并土地，使大量自耕农推动土地，地权再度集中，地主制经济体制运行再次偏离正常轨道，而使清代农业经济发展走向衰退。所以只要抓住地主制经济论这个"牛鼻拴"，对封建经济纷繁复杂的变化就能一目了然。

---

① 李文治、江太新：《中国地主制经济论——封建土地关系发展与变化》，中国社会科学出版社 2005 年版，第 1—2 页。

明清以来，农业资本主义萌芽得到发展，但由于受到地主制经济体制制约，其发展又呈现出发展与不发展局面。首先地主经济发展，压缩了富裕农民从事资本主义农业经营空间。由于地主经济发展和地主权势扩张，赋役负担转嫁到自耕农和富裕农民身上，自耕农和富裕农民在繁重赋役负担下，纷纷破产，从事资本主义经营的农户在缩小。其次高额稳定地租收入，吸引了富农，当他们在从事商品性农业经营受到挫折时，会习惯性退回到从事出租经营的老路。据1929年无锡20个村落富农出租土地情况看，占有土地越多，土地出租经营也越多。如表1所示。

表1　　　　　　　　　1929年无锡20个村富农出租田数统计

占有土地面积	户数（户）	土地总亩数（亩）	出租亩数（亩）	出租亩数占土地总亩数比例（%）
16 亩以下	22	181	1.5	0.83
16（含）—32 亩	29	667.1	80.4	12.05
32 亩及以上	1	358.2	143.3	40.1
总计	52	1206.3	225.2	18.67

资料来源：转见岳琛主编《中国农业经济史》，中国人民大学出版社1989年版，第370页表。

另一事例是：各地兴办新式农投垦殖企业，也存在向封建租佃制转化的趋势。如江苏，淮南沿海各盐垦、垦殖、垦牧企业，地垮南通、如皋、东台、盐城、阜宁等县，可垦地经600余万亩，到1924年共有垦殖企业45家，拥有资本达2000余万元，有一部分土地曾由企业进行统一雇工经营，用以种植棉花和饲养牲畜。但由于经营不利，则停止雇工，而将土地分割出租给小农去经营，于春秋两熟时，以将50%收获物作为地租。[①]

研究中国农业经济发展与不发展时，切记地主制经济体制的制约作用。离开中国地主制经济体制这个纲，或说是这个"牛鼻拴"，就无法做到纲举目张，各种因素混在一起，就会造成主次不分。根据矛盾论原理，事物发展有主因还有附属因素，如果不分主次，眉毛胡子一把抓，就不能给人一种规律性认识，也不能给人指出解决问题的方略。只把各种因素并列在一

① 转见岳琛主编《中国农业经济史》，中国人民大学出版社1989年版，第348—349页。

起，对于研究人员来说，还是不够的，我们还要多问几个为什么，把研究推向一个新的高度，这是我们的共同责任。并通过我们的研究，给后人能留点什么，给当前社会经济发展留点什么借鉴，这点很重要。做研究工作仅停留在为研究而研究，还是有点不够，应当要有更高目标，为国家、为人民做出更多贡献。

从明清两代农业经济发展变化来考察，除了要把握地主制经济体制这个纲外，政府经济政策变化值得格外关注。每个王朝建立初期，都采取恢复农业生产政策，如鼓励农民垦荒、实施轻徭薄赋、兴修农田水利、灾年赈济、抑制地主对土地兼并、整顿吏治等措施。到王朝中后期，随着地主经济发展，政府经济政策逐渐转移到维护地主经济利益上来。如对地主兼并土地不闻不问，地主把赋役负担转嫁到自耕农身上政府不管，镇压农民抗租斗争，放松对官吏治理、官吏贪污成性，水利失修没人过问，等等。这时，政府由从前期重农政策转为扶持地主政策上来。由此看来，农业经济要发展离不开政府扶农政策有效执行，政府无论何时，制定经济政策时都要把维护大多数利益放在第一位。这是保证农业发展的定海成针。在这里，我们只是想为解决长期以来未理清楚的问题，提供一个思路，仅供后来者参考。